Argentinien

Sandra Bao

Gregor Clark, Bridget Gleeson, Carolyn McCarthy

Andy Symington, Lucas Vidgen

REISEPLANUNG

REISEZIELE

SAN ANTONIO DE ARECO
S. 137

FELICITAS MOLINA/GETTY IMAGES ©

FARO JOSÉ IGNACIO S. 648

ELIJOITORPE/GETTY IMAGES ©

PATAGONLANDSCAPES/SHUTTERSTOCK ©

Inhalt

LA BOCA, BUENOS AIRES
S. 72

Inhalt

REISEZIELE

SAN TELMO,
BUENOS AIRES S. 68

SAN MARTÍN DE LOS
ANDES S. 429

Inhalt

Willkommen in Argentinien

Keine Frage, warum Argentinien Reisende immer wieder fasziniert: Man denke nur an Tango, Steaks, Gauchos, Fußball, Patagonien oder die Anden. An erstklassigen Attraktionen herrscht wahrlich kein Mangel.

Straßenszenen

Die Ankunft in Buenos Aires ähnelt einem Sprung auf einen fahrenden Zug. Durchs Taxifenster erkennt man das Mosaik einer modernen Metropole – mit Cafés, purpurblühenden Jacaranda-Bäumen am Rande des Bürgersteigs und mit den *porteños,* den Bewohnern der Hauptstadt, die in gepflegter Kleidung an den eleganten Fassaden des frühen 20. Jhs. entlangflanieren. Nicht nur Buenos Aires wirkt derart imponierend; auch Córdoba, Salta, Mendoza und Bariloche haben ihren eigenen Charme und garantieren unvergessliche Eindrücke.

Wunder der Natur

Das Land zwischen den mächtigen Iguazú-Fällen im subtropischen Norden und dem gewaltigen Gletscher Perito Moreno im Süden ist eine Wunderwelt der Natur. Argentinien besitzt artenreiche Feuchtgebiete und leuchtende Berge, darunter einige der höchsten Andengipfel. Die Wüsten sind mit Kakteen übersät, man findet riesige Eisfelder und aride Steppen, kühle Valdivianische Regenwälder voller Flechten, Salzpfannen und ein spektakuläres Seengebiet. Auch die Tierwelt hat viel zu bieten, beispielsweise Pinguine, Flamingos, Wasserschweine und andere Arten. All das sieht großartig aus und wartet nur auf erlebnishungrige Gäste.

Die Landesküche

Liebhaber saftiger Steaks kommen in Argentinien voll auf ihre Kosten, denn das wunderbar aromatische Rindfleisch des Landes wird hier geradezu perfekt gegrillt. *Parrillas* (Steak-Restaurants) findet man an jeder Straßenecke. Italienische Pizza und Pasta sind ebenfalls überall zu haben. In Buenos Aires kommt dann noch eine Riesenauswahl an diversen ethnischen Gerichten hinzu – das Angebot reicht von südostasiatischer bis zu nahöstlicher oder skandinavischer Küche. Und zu jeder Mahlzeit findet sich mühelos der passende argentinische Wein.

Argentinische Kultur

Der Tango ist wahrscheinlich Argentiniens bedeutendster Beitrag zur Kultur der Welt – ein Tanz voll knisternder Erotik. Eine weitere Leidenschaft der hier lebenden Menschen gilt dem *fútbol.* Argentinier sind dem Fußball mit Haut und Haar verfallen, und wer diesen Sport liebt, sollte hier unbedingt einmal ins Stadion gehen. Hinzu kommt dann noch die Liebe der Argentinier zu Literatur, Kino, Musik und bildender Kunst: Das Ergebnis ist eine reiche Kultur, die teils lateinamerikanisch und teils europäisch geprägt ist und der sich niemand entziehen kann.

Warum ich Argentinien liebe

Von Sandra Bao, Autorin

Argentinien ist meine Heimat: Hier bin ich geboren und aufgewachsen, bis meine Familie in die USA ausgewandert ist. Seit meiner Kindheit hat sich das Land sehr verändert; am meisten beeindrucken mich immer noch die Menschen, die hier leben. Sie haben ihre Kreativität und Anpassungsfähigkeit immer wieder bewiesen, in guten wie in sehr schlechten Zeiten, und sie haben ihre Traditionen, ihren Humor und ihren Stolz bewahrt. Ich kehre immer wieder gern nach Argentinien zurück.

Mehr Informationen über die Autoren gibt es auf S. 746

Tangotänzer, El Caminito (S. 72), Buenos Aires

Argentinien & Uruguay

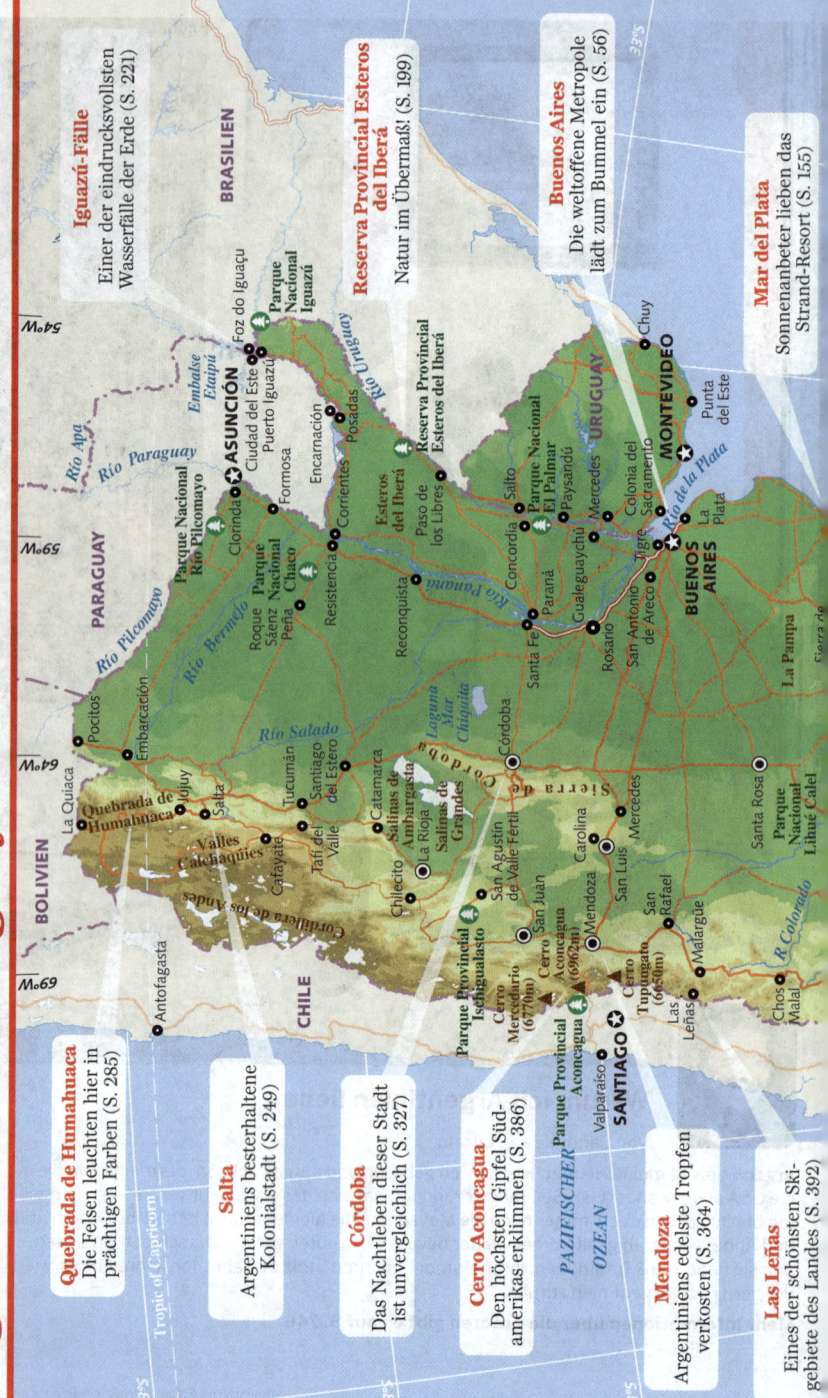

Iguazú-Fälle
Einer der eindrucksvollsten Wasserfälle der Erde (S. 221)

Reserva Provincial Esteros del Iberá
Natur im Übermaß! (S. 199)

Buenos Aires
Die weltoffene Metropole lädt zum Bummel ein (S. 56)

Mar del Plata
Sonnenanbeter lieben das Strand-Resort (S. 155)

Quebrada de Humahuaca
Die Felsen leuchten hier in prächtigen Farben (S. 285)

Salta
Argentiniens besterhaltene Kolonialstadt (S. 249)

Córdoba
Das Nachtleben dieser Stadt ist unvergleichlich (S. 327)

Cerro Aconcagua
Den höchsten Gipfel Südamerikas erklimmen (S. 386)

Mendoza
Argentiniens edelste Tropfen verkosten (S. 364)

Las Leñas
Eines der schönsten Skigebiete des Landes (S. 392)

500 km

BRASILIEN

BOLIVIEN

PARAGUAY

CHILE

URUGUAY

PAZIFISCHER OZEAN

ASUNCIÓN

MONTEVIDEO

BUENOS AIRES

SANTIAGO

Foz do Iguaçu
Ciudad del Este
Puerto Iguazú
Parque Nacional Iguazú
Encarnación
Posadas
Formosa
Corrientes
Clorinda
Esteros del Iberá
Reserva Provincial Esteros del Iberá
Paso de los Libres
Salto
Parque Nacional El Palmar
Paysandú
Mercedes
Chuy
Punta del Este
Colonia del Sacramento
La Plata
Tigre
Concordia
Gualeguaychú
San Antonio de Areco
Paraná
Rosario
Santa Fe
Reconquista
Resistencia
Roque Sáenz Peña
Parque Nacional Chaco
Embalse Itaipú
Parque Nacional Río Pilcomayo
Pocitos
La Quiaca
Quebrada de Humahuaca
Jujuy
Salta
Tucumán
Santiago del Estero
Catamarca
Salinas de Ambargasta
Salinas de Grandes
Tafí del Valle
Cafayate
Valles Calchaquíes
Chilecito
La Rioja
San Agustín de Valle Fértil
San Juan
Córdoba
Laguna Mar Chiquita
Carolina
San Luis
Mercedes
Santa Rosa
Parque Nacional Lihué Calel
Parque Provincial Ischigualasto
Cerro Mercedario (6770m)
Cerro Aconcagua (6962m)
Parque Provincial Aconcagua
Mendoza
San Rafael
Cerro Tupungato (6650m)
Valparaíso
Las Leñas
Chos Malal
Malargüe
La Pampa
Sierra de Córdoba
Embarcación
Antofagasta

Río Apa
Río Paraguay
Río Pilcomayo
Río Bermejo
Río Paraná
Río Uruguay
Río Salado
Río de la Plata
R. Colorado
Cordillera de los Andes

Tropic of Capricorn

54°W
59°W
64°W
69°W

23°S
28°S
33°S

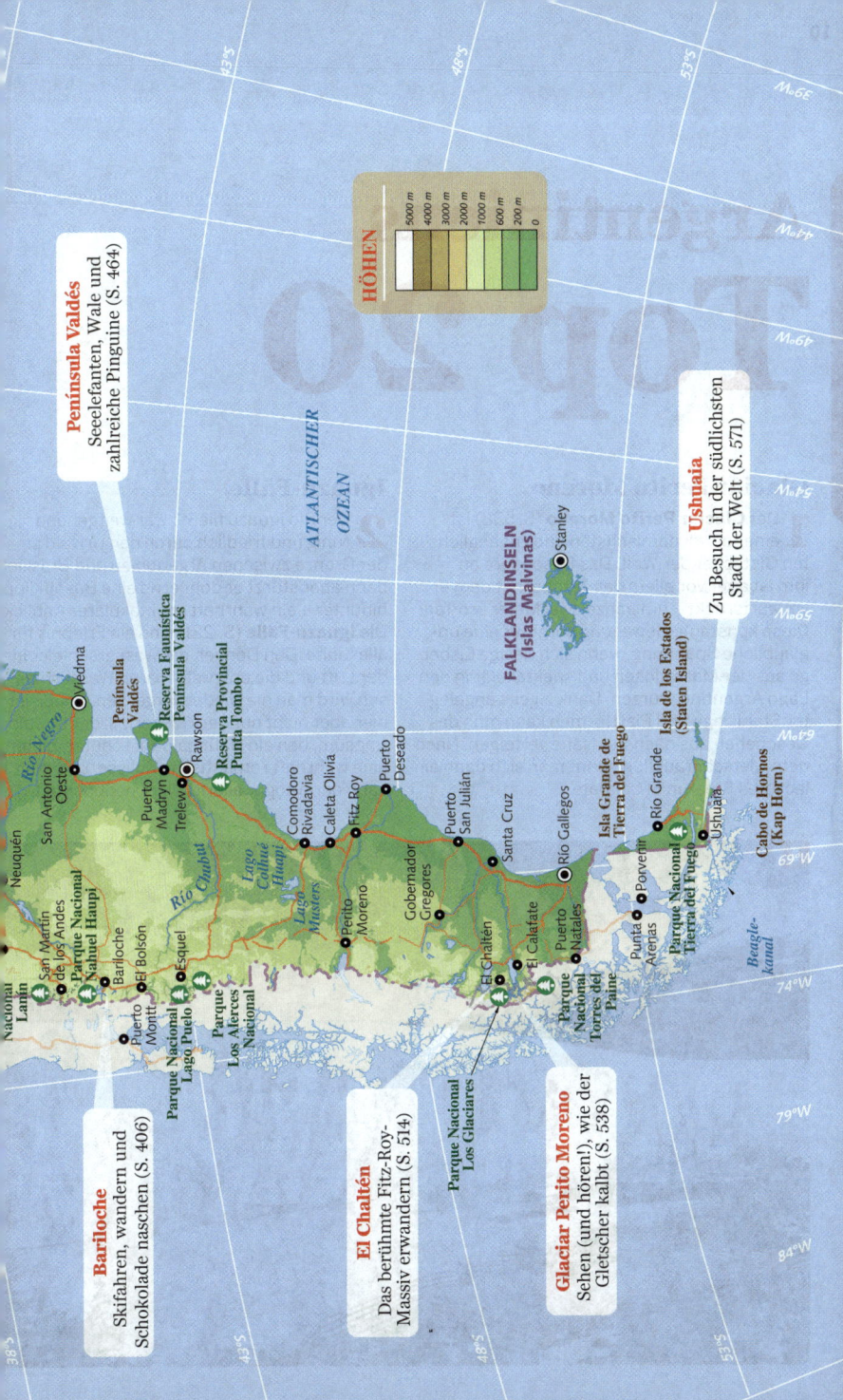

Península Valdés
Seeelefanten, Wale und zahlreiche Pinguine (S. 464)

Ushuaia
Zu Besuch in der südlichsten Stadt der Welt (S. 571)

Bariloche
Skifahren, wandern und Schokolade naschen (S. 406)

El Chaltén
Das berühmte Fitz-Roy-Massiv erwandern (S. 514)

Glaciar Perito Moreno
Sehen (und hören!), wie der Gletscher kalbt (S. 538)

HÖHEN

5000 m
4000 m
3000 m
2000 m
1000 m
600 m
200 m
0

ATLANTISCHER
OZEAN

FALKLANDINSELN
(Islas Malvinas)

Stanley

Viedma

Península
Valdés

Reserva Faunística
Península Valdés

Río Negro

San Antonio
Oeste

Rawson

Reserva Provincial
Punta Tombo

Neuquén

Puerto
Madryn
Trelew

Comodoro
Rivadavia

Puerto
Deseado

Caleta Olivia

Fitz Roy

San Martín
de los Andes

Parque Nacional
Nahuel Huapi

Bariloche

El Bolsón

Esquel

Río Chubut

Lago
Colhué
Huapi

Lago
Musters

Puerto
San Julián

Santa Cruz

Isla de los Estados
(Staten Island)

Nacional
Lanín

Puerto
Montt

Parque Nacional
Lago Puelo

Parque
Los Alerces
Nacional

Perito
Moreno

Gobernador
Gregores

Río Gallegos

Isla Grande de
Tierra del Fuego

Río Grande

Ushuaia

Cabo de Hornos
(Kap Horn)

El Chaltén

El Calafate

Puerto
Natales

Porvenir

Parque Nacional
Tierra del Fuego

Parque Nacional
Los Glaciares

Parque
Nacional
Torres del
Paine

Punta
Arenas

Beagle-
kanal

Argentiniens
Top 20

Glaciar Perito Moreno

1 Der **Glaciar Perito Moreno** (S. 538) ist einer der dynamischsten und zugänglichsten Gletscher der Welt. Das Besondere an ihm ist aber vor allem das Tempo, mit dem er vorwärtsrückt – um ganze zwei Meter pro Tag! Diese konstante Bewegung sorgt für eine unglaubliche Spannung, wenn sich riesige Eisberge aus der Masse lösen und spektakulär in den Lago Argentino stürzen. Dank eigens angelegter Stahlwege und Plattformen kann man das Geschehen aus nächster Nähe verfolgen. Nach dem Gletscherausflug gönnt man sich dann ein leckeres Steak in El Calafate.

Iguazú-Fälle

2 Der Río Iguazú fließt zwar weitgehend ruhig und friedlich durch den Urwald an der Grenze zwischen Argentinien und Brasilien, dann aber stürzt er donnernd eine Basaltklippe hinunter – ein wahrhaft spektakulärer Anblick. Die **Iguazú-Fälle** (S. 221) sind ein Erlebnis für alle Sinne: Den Donner, die Wasserschleier in der Luft und die unvorstellbaren Wassermassen wird man nie wieder vergessen. Schön ist hier aber nicht nur der Wasserfall; der Urwald ringsum, den ein Nationalpark schützt, bietet eine wahrhaft romantische Kulisse, und man kann darin sogar allerlei Tiere beobachten.

1

Weinproben rund um Mendoza

3 Hier gibt es so viele gute **Weine** (S. 365), dass man sich eigentlich in ein Lokal zurückziehen könnte, um eine Flasche nach der anderen zu verkosten. Fast genauso schön ist es aber, hinaus zu den Weingütern zu fahren und sich dort anzuschauen, wie der Wein angebaut und verarbeitet wird. In Argentinien gibt es Weinproben für wirklich jedermann – im Rahmen von Radtouren für Rucksacktouristen ebenso wie in Luxusunterkünften bei höchst exklusiven Winzern.

Gastronomie in Buenos Aires

4 Argentinisches Rindfleisch zählt zum besten der Welt. Deshalb kann man es sich in einer der unzähligen *parrillas* (Steak-Restaurants) so richtig gutgehen lassen. Zu einer Mahlzeit gehören dort ein guter Malbec und natürlich aromatische Steaks. Buenos Aires (S. 95) bietet aber noch viel mehr – Restaurants für geschlossene Gesellschaften, topaktuelle Lokale und die Molekularküche bestimmen die Gastronomieszene der Hauptstadt ebenso wie Speisen aus aller Herren Länder. Oben: Eine Parrillada (ein gemischter Grillteller)

5

6

Cementerio de la Recoleta

5 Ausgerechnet eine Totenstadt (S. 75) ist heute eine der Haupttouristenattraktionen von Buenos Aires. Entlang schmaler Gassen stehen dort Hunderte alter Mausoleen aus Marmor, Granit oder Beton, jedes auf eigene Weise gestaltet und mit Buntglas, Engelsfiguren und religiösen Symbolen geschmückt. In den Mauerritzen wuchert die Vegetation, und wilde Katzen streunen zwischen Grabmälern umher. Der etwas morbide Ort hüllt den Tod in Schönheit; an Fotomotiven herrscht hier wahrlich kein Mangel.

Wandern am Fitz Roy

6 Mit seiner wilden Pracht und den Zackengipfeln gilt das **Fitz-Roy-Massiv** (S. 524) als Argentiniens attraktivstes Wanderrevier. Die Kletterrouten sind eine echte Herausforderung, die Wanderwege hingegen sind erstaunlich leicht zu bewältigen. Ranger versorgen die Urlauber mit Informationen. Nur eine einzige Tageswanderung von der Stadt entfernt genießt man die herrlichsten Ausblicke. Nach einer Wanderung belohnt man sich schließlich in El Chaltén mit einem kühlen Bier in der Brauereigaststätte La Cervecería.

Ruta de los Siete Lagos

7 Eine Fahrt auf der **Straße der Sieben Seen** (S. 429) ist ein außergewöhnliches Abenteuer. Die Strecke führt durch grüne Wälder, an Wasserfällen und imponierenden Bergkulissen entlang und natürlich zu den sieben kristallklaren Seen, der sie ihren Namen verdankt. Dort kann man Picknickpausen einlegen, baden, angeln oder am Ufer zelten. Mit dem Bus bewältigt man die Route in ein paar Stunden, mit dem Fahrrad erlebt man eine mehrtägige Tour. Bereuen wird man die Entscheidung auf keinen Fall! Unten: Villa la Angostura (S. 425) am Ufer des Lago Nahuel Huapi

Ushuaia am Ende der Welt

8 Der Hafen zwischen Beagle-Kanal und den schneebedeckten Martial-Bergen ist der letzte Zipfel der Zivilisation, den Schiffe auf ihrem Weg Richtung Antarktis zu sehen bekommen. **Ushuaia** (S. 571) ist aber mehr als nur das Ende der Welt – eine Handelsstadt ebenso wie ein Treffpunkt von Abenteurern. Die frostige Jahreszeit ist ideal für den Wintersport, und an den langen Sommertagen kann man bis in den frühen Morgen zu Fuß oder mit dem Rad die Natur erleben. Restaurants, Bars und Pensionen sorgen dafür, dass man sich ein paar Tage lang wie zu Hause fühlt.

CHRISTIAN ASLUND / GETTY IMAGES ©

VERONICA GARBUTT / GETTY IMAGES ©

Kolonialstadt Salta

9 Im Nordwesten Argentiniens liegen die eindrucksvollsten Kolonialstädte des Landes, und keine von ihnen ist reizvoller als Salta (S. 249). Der schöne Ort liegt in einem fruchtbaren Tal direkt am Weg zur Gebirgskette der Anden. Hübsche Kirchen, eine lebendige Plaza und unzählige vornehme Bauten verleihen der Stadt ein ganz besonderes Flair. Hinzu kommen noch großartige Museen, eine quirlige Folk-Musik-Szene, wunderbare Unterkünfte und etliche Sehenswürdigkeiten im Umland: Die Stadt ist wirklich eindrucksvoll. Oben: Iglesia San Francisco (S. 249)

Wintersport in Las Leñas

10 Die hervorragenden Skipisten von **Las Leñas** (S. 392) gehören nicht nur den Selbstdarstellern (die es hier natürlich auch gibt). Dieser Berg besitzt nämlich das abwechslungsreichste Gelände, die meisten Tage mit Pulverschnee pro Jahr und einige der schnellsten und modernsten Liftanlagen im ganzen Land. Unterkünfte findet man auf dem Berg oder – durchaus preiswerter – im direkten Umland. Als Wintersport-Fan sollte man Las Leñas deshalb auf gar keinen Fall auf seiner Reise auslassen, wenn man zur passenden Zeit durch Argentinien reist.

San Telmo

11 Eines der charmantesten Viertel von Buenos Aires ist **San Telmo** (S. 68) mit seinen Kopfsteinpflastergassen, den Kolonialbauten und einer klassizistischen Architektur, die einen ins 19. Jh. zurückversetzt. Am besten kommt man sonntags zur feria (Straßenmarkt), wenn Dutzende Buden Kunsthandwerk, Nippes und Antiquitäten anbieten, während Straßenmusikanten auf ein paar Münzen hoffen. Tango ist hier ganz besonders angesagt, und man hat die Wahl zwischen spektakulären Darbietungen oder improvisiertem Straßen-Tango – beides ist sehenswert. Oben: Feria de San Telmo (S. 121)

MARCOS RADICELLA / GETTY IMAGES ©

Bariloche

12 Dank der herrlichen Lage am Seeufer nahe bei einem der spektakulärsten Nationalparks ist **Bariloche** (S. 406) das ganze Jahr über ein ideales Reiseziel. Im Winter schnallt man sich die Skier an und genießt das prächtige Panorama vom Gipfel des Cerro Catedral. Wenn der Schnee geschmolzen ist, tauscht man die Skier kurzerhand gegen Wanderschuhe aus und begibt sich in den Parque Nacional Nahuel Huapi. Dort sorgt ein dichtes Netz aus Wanderwegen und Berghütten dafür, dass man gehen kann, so weit einen die Füße tragen. Oben links: Hotel Llao Llao (S. 417)

Nachtleben in Córdoba

13 Bei sieben Universitäten ist es eigentlich kein Wunder, dass Argentiniens **zweitgrößte Stadt** (S. 327) als einer der besten Orte für Nachteulen im ganzen Land gilt. Um die große Auswahl an kleinen Bars, dröhnenden Mega-Diskos und Kneipen mit Livemusik wirklich komplett zu genießen, bräuchte man allerdings einige Monate. Wer in Córdoba ist, sollte sich unbedingt einmal Cuarteto anhören: Diese überall im Land beliebte Musikrichtung wurde hier entwickelt, und die besten Aufführungen finden nach wie vor in Córdoba statt.

Gaucho-Kultur

14 Der unerschrockene Gaucho ist eine geradezu mythische Figur der argentinischen Kultur. Der Berufsstand entwickelte sich, als die Spanier vor Jahrhunderten ihr Vieh auf die Pampas trieben. Die nomadischen Cowboys ritten Pferde ein, fingen Rinder und tranken reichlich Mate. Wer Einblick in diese Tradition nehmen möchte, reist heute am besten im November zum Día de la Tradición (S. 30) in San Antonio de Areco. Auch *estancias* bieten Gaucho-Darbietungen an, die ansonsten auch bei der Feria de Mataderos in Buenos Aires zu sehen sind. Oben: Día de la Tradición, San Antonio de Areco (S. 138)

Quebrada de Humahuaca

15 Hier, in der nordwestlichen Ecke des Landes, ist man weit von Buenos Aires entfernt – und man fühlt sich wie in einer völlig anderen Welt. Das eindrucksvolle **Tal** mit seinen vielfarbigen Gesteinsschichten (S. 285) und den eigentümlichen Felsformationen hinterlässt beim Betrachter einen tiefen Eindruck. Die Quebrada-Siedlungen der Ureinwohner sind sehr traditionell gehalten; statt der üblichen Steaks servieren die Restaurants die Küche der Anden, und auf den kargen Hochlandwiesen grasen nicht Rinder, sondern Lamas. Unten: Purmamarca (S. 285)

Reserva Faunística Península Valdés

16 Einst lebten auf der Halbinsel nur ein paar Schafhirten; heute gilt die **Península Valdés** (S. 464) als einer der besten Orte für Tierbeobachtungen auf dem Kontinent. Hauptattraktion sind die Südlichen Glattwale. Zu sehen gibt es aber auch Killerwale, Magellan-Pinguine, Seelöwen, Seeelefanten, Nandus und Guanakos. Auf einer Küstenwanderung bekommt man einen guten Einblick, am meisten erlebt man aber, wenn man sich einer Kanu-Tour anschließt oder einen Tauchgang wagt. Unten: Magellan-Pinguine, Península Valdés

GAPOSDI IMAGES ©

Jesuiten-missionen

17 Die Jesuiten brachten nützliche Dinge nach Argentinien, darunter den Weinbau. Außerdem gründeten sie großartige Missionsstationen. Viele davon sind erhalten, mittlerweile als Unesco-Weltkulturerbe ausgewiesen und zugänglich; einige beherbergen sogar Museen. Zu den schönsten zählt **San Ignacio Miní** (S. 218). Auch Santa Ana und Loreto wirken sehr stimmungsvoll. Und wer sich an diesen Missionsstationen gar nicht sattsehen kann, unternimmt eine Tagesreise ins Nachbarland Paraguay.
Oben: San Ignacio Miní

Reserva Provincial Esteros del Iberá

18 Rund um die flache, vegetationsreiche Lagune in diesem **Feuchtgebiet** (S. 199) lassen sich besonders viele Tiere beobachten. Wer im Boot hinausfährt, entdeckt Alligatoren, exotische Vögel, Affen, Zackenhirsche und eines der niedlichsten Nagetiere der Welt, das Wasserschwein. Dieser Ort liegt völlig abseits aller Reiserouten, doch man findet genügend schöne und gemütliche Unterkünfte, um sich hier ein paar Tage echte Entspannung zu gönnen.Oben rechts: Wasserschwein (Capybara; S. 694)

Cerro Aconcagua

19 Der höchste Berg der westlichen Hemisphäre, der **Cerro Aconcagua** (S. 386), bietet einen wirklich erhebenden Anblick, auch wenn man gar nicht vorhat, ihn zu besteigen. Genau das aber wollen viele, die von überall her anreisen – doch die Herausforderung ist wahrlich nicht zu unterschätzen. Wer aber genügend Bergerfahrung besitzt, um sich an eine Gipfelbesteigung zu wagen, der wird mit einem einzigartigen Rundblick vom „Dach Amerikas" belohnt. Ansonsten genießt man den Anblick des Berges von unten und widmet sich den Weinproben in Mendoza.

Mar del Plata

20 In Argentiniens **Top-Strandresort** (S. 155) ist im Sommer immer ganz viel los. Zunächst wird ein Stückchen Strand erobert, dann kann man sich ausstrecken, Sand und Meer und den Anblick der Sonnenanbeter genießen, ein wenig Sport probieren, oder man stürzt sich einfach in die Wellen. Zu den Outdoor-Angeboten zählen Surfen, Angeln, Reiten und sogar Fallschirmspringen. Nach Sonnenuntergang kommt die Zeit fürs Abendessen, anschließend beginnt allmählich das Programm der Bühnen und Nachtclubs. Rechts: Cabo Corrientes und Playa Varese (S. 157)

SILVINA PARMA / GETTY IMAGES ©

Gut zu wissen

Weitere Hinweise im Kapitel „Praktische Informationen" (S. 700)

Währung
Argentinischer Peso
(Arg$)

Sprache
Spanisch

Visum
In der Regel bei einer
Aufenthaltsdauer von
bis zu 90 Tagen nicht
erforderlich.

Geld
Geldautomaten
sind weit verbreitet.
Kreditkarten werden in
den meisten Mittel- bis
Spitzenklassehotels,
Restaurants und Ge-
schäften akzeptiert.

Mobiltelefone
Argentinische SIM-Kar-
ten (und Prepaid-Kar-
ten) sind preiswert und
weit verbreitet; sie pas-
sen zu entsperrten GSM
850/1900-kompatiblen
Mobiltelefonen.

Zeit
Argentinische Standard-
zeit (MEZ minus vier
Stunden, mitteleuropäi-
sche Sommerzeit minus
fünf Stunden).

Reisezeit

Salta
REISEZEIT
April–Oktober

Iguazú-Fälle
REISEZEIT
ganzjährig

Buenos Aires
REISEZEIT
ganzjährig

Bariloche
REISEZEIT
ganzjährig

Ushuaia
REISEZEIT
Oktober–März

Wüste, trockenes Klima
Trockengebiet, trockenes Klima
Warmer bis heißer Sommer, milder Winter
Warmer bis heißer Sommer, kalter Winter
Kaltgebiet, polares Klima

Hauptsaison
(Nov.–Feb.)

➡ Für den Besuch
von Patagonien sind
die Monate Dezem-
ber bis Februar am
besten geeignet
(aber auch am teu-
ersten).

➡ Von Ende Dezem-
ber bis einschließlich
Januar strömen die
Massen zu den zahl-
reichen Stränden des
Landes.

Zwischen-
saison (Sept.–
Nov. & März–Mai)

➡ Von den Tempe-
raturen her die beste
Reisezeit für Buenos
Aires.

➡ Das Seengebiet ist
sehr hübsch; im März
sind die Blätter ein-
fach phänomenal.

➡ In der Region
Mendoza locken
Traubenernte und
Weinfeste.

Nachsaison
(Juni–Aug.)

➡ Ideal für den
Norden.

➡ In den Strandor-
ten schließen viele
Einrichtungen, und
Bergpässe können
wegen Schnee ge-
sperrt sein.

➡ Der Juli ist ein
winterlicher Ferien-
monat, sodass es an
Skiorten voll werden
kann.

Websites

Argentina Independent (www.argentinaindependent.com) Aktuelle Berichte, Kulturveranstaltungen und vieles mehr.

Buenos Aires Herald (www.buenosairesherald.com) Das Land aus internationaler Sicht.

Ruta 0 (www.ruta0.com) Praktische Tipps für Autofahrer wie z. B. Angaben zu Entfernungen und Fahrtdauer, Benzinverbrauch, Straßenzustandsbericht und Gebührenordnung.

Lonely Planet (lonelyplanet.com/argentina) Infos zu Reisezielen, Hotelbuchungen, Foren und vieles mehr.

Telefonnummern

Landesvorwahl Argentinien	☑ +54
Auskunft	☑ 110
Touristeninformation (in Buenos Aires)	☑ 11-4312-2232
Polizei	☑ 101; ☑ 911 in einigen größeren Städten

Wechselkurse

Eurozone	1 €	16,18 Arg$
Schweiz	1 sFr.	14,74 Arg$
USA	1 US$	14,25 Arg$

Aktuelle Wechselkurse unter www.xe.com

Preissteigerungen

Lonely Planet möchte eine Vorstellung davon vermitteln, was die Dinge vor Ort kosten. Statt also Hotels und Restaurants irgendwelchen vagen Preiskategorien zuzuweisen, nennt Lonely Planet die exakten Preise, die während der Recherche für eine Auflage zu ermitteln waren. Das Problem besteht darin, dass die Inflationsrate in Argentinien auf fast 30 % gestiegen ist. Die Erfahrung hat jedoch gezeigt, dass die Leser lieber konkrete Zahlen wünschen und auf dieser Grundlage die Anpassungen dann selbst errechnen.

Argentinien bleibt ein günstiges Urlaubsland, aber die hier aufgeführten Preise sind angesichts der Inflation nicht mehr mit denen vor Ort identisch. Man sollte auf der Homepage der genannten Hotels oder Reiseanbieter nachschauen, bevor man die Kosten für die eigene Reise kalkuliert. Dort sind die Preise aktuell.

Tagesbudget

Preiswert: unter 60 US$

➡ Platz im Schlafsaal: 15–20 US$

➡ Doppelzimmer in einem guten Hotel: 50 US$

➡ Preiswertes Essen: unter 11 US$

Mittelteuer: 60–120 US$

➡ 3-Sterne-Hotel: 80–150 US$

➡ Durchschnittliches Hauptgericht: 11–16 US$

➡ Busfahrkarte (vier Stunden gültig): 30 US$

Teuer: über 120 US$

➡ 5-Sterne-Hotel: 150+ US$

➡ Hauptgericht der gehobenen Kategorie: über 16 US$

➡ Taxifahrt in der Stadt: 10 US$

Öffnungszeiten

Im Folgenden sind die allgemeinen Öffnungszeiten aufgeführt; es gibt natürlich immer Ausnahmen. In manchen Städten wird am Nachmittag eine ausgedehnte Siesta eingelegt.

Banken Montag bis Freitag 8–15 oder 16 Uhr; samstags haben manche bis 13 Uhr geöffnet.

Bars Täglich 20 oder 21 Uhr bis 4 oder 6 Uhr früh (im Stadtzentrum; einige öffnen und schließen eher)

Cafés 6 Uhr bis Mitternacht oder später; täglich geöffnet

Restaurants Mittags bis 15.30 Uhr und 20 Uhr bis Mitternacht oder 1 Uhr (an Wochenenden länger)

Geschäfte Montags bis samstags von 9 oder 10 Uhr bis 20 oder 21 Uhr

Ankunft in Argentinien

Aeropuerto Internacional Ministro Pistarini („Ezeiza", Buenos Aires) Shuttle-Busse verkehren häufig in 40 bis 60 Minuten ins Zentrum von BA, Regionalbusse brauchen zwei Stunden. Am besten nur offizielle Taxiunternehmen nutzen.

Aeroparque Jorge Newbery („Aeroparque", Flughafen für Inlandsflüge, Buenos Aires) Shuttle-Busse fahren regelmäßig in 10 bis 15 Minuten ins Zentrum von BA. Alternativ fahren die Regionalbusse 33 oder 45. Taxis gibt es auch.

Unterwegs vor Ort

Auto Ein Auto ist zwar teuer, bietet aber Unabhängigkeit und empfiehlt sich für entlegene Gegenden, wie etwa Patagonien.

Bus Im Allgemeinen die beste Reisemethode; schnell, häufig, preiswert und flächendeckend.

Flugzeug Argentinien ist ein riesiges Land. Daher bringt das Flugzeug Zeitersparnis. Ab und zu gibt es Verspätungen.

Zug Einige Zugverbindungen könnten für Reisende sinnvoll sein.

Mehr zum Thema **Unterwegs vor Ort** auf S. 716

Was gibt's Neues?

Centro Cultural Kirchner

Das neueste Kulturzentrum von Buenos Aires besitzt Dutzende Ausstellungs- und Veranstaltungshallen, außerdem Museen und Vortragsräume. (S. 61)

Espacio Memoria y Derechos Humanos

Dieses ehemalige Marinegelände ist bekannter unter dem Namen ESMA und spielte im Schmutzigem Krieg eine Schlüsselrolle – es war ein großes Internierungs- und Folterlager, das heute in eine Gedenkstätte mit Museum verwandelt wurde. (S. 80)

Speakeasies in Buenos Aires

Dieser Trend in der Bar-Szene ist in der argentinischen Hauptstadt im Kommen – fantastische und „geheime" Bars, für die man oft ein besonderes Passwort braucht, um überhaupt eingelassen zu werden.

Burger, Bier und Kaffee

Die Leute in Buenos Aries fliegen auf kleine Hamburgerläden, die aus dem Boden schießen und einige Gourmet-Varianten dieser so beliebten amerikanischen Spezialität anbieten. Bars mit Kleinbrauereien und moderne Cafés mit eigenen Kaffeeröstereien sind ebenfalls stark im Kommen.

El Pedral

Dieses neue private Naturschutzgebiet auf einer *estancia* vor den Toren von Puerto Madryn tut sich durch seine Magellan-Pinguine hervor, die sich hier versammeln. (S. 463)

Piattelli

Dieses schöne Weingut ist ein großes Projekt vor den Toren der Stadt Cafayate. Es handelt sich um eine moderne Anlage mit guten Weinverkostungen und exzellenten Restaurants, in denen die Gäste ihr Mittagessen genießen können. (S. 274)

Paseo de la Familia in Salta

In diesem Karree von Catamarca, zwischen San Luis und La Rioja breitet sich eine Restaurant- und Imbissszene mit regionaler Küche aus. An Straßenständen gibt es unter einer Markise Grillhähnchen, Pizza, Tamale und *lomitos* (Steak-Sandwiches).

El Shincal

Diese Inka-Ruinen nordwestlich von Catamarca sind schön aufgepeppt worden. Zur Einführung empfiehlt sich das Museum. (S. 315)

Wandern in Cachi

Südwestlich von Salta wird von Turismo Urkupiña eine neue Wanderroute durch privates Land angeboten. Sie umfasst einen malerischen Abstieg durch das Valle Encantado und die Cuesta del Obispo – die Sichtung von Kondoren eingeschlossen. (S. 266)

Tierauswilderung, Esteros del Iberá

Der verstorbene ökologisch engagierte Doug Tompkins und seine Frau Kristine haben den Großen Ameisenbär wieder in der Gegend des Esteros del Iberá angesiedelt; zu den aktuellen Projekten gehört die Rettung der Pampa-Hirsche, Halsbandpekaris, Ara-Papageien und des Jaguars. (S. 199)

Paseo Superior, Iguazú-Fälle

Dieser Weg im Parque Nacional Iguazú führt oberhalb der Wasserfälle auf der argentinischen Seite entlang und bietet Aussichten auf den Salto San Martín. (S. 232)

Weitere Empfehlungen und Tipps unter lonelyplanet.com/argentina

Wie wär's mit …

Städte

Gourmetrestaurants, Weltklasse-Museen, tolle Shoppingmöglichkeiten, ausgefallene Musik und ein pulsierendes Nachtleben tragen dazu bei, den Gästen die nötige Dosis an Großstadtkultur zu verabreichen.

Buenos Aires Die Mutter aller argentinischen Städte. Man sollte gleich mehrere Tage einplanen, um die Weltklasse-Angebote dieser einzigartigen und verblüffenden Metropole so erleben zu können, wie die Stadt es verdient. (S. 56)

Córdoba Von Jesuiten-Ruinen über Kunst bis zur *cuarteto*-Musik kann man in dieser geschichtsträchtigen Stadt einfach alles erleben. (S. 327)

Salta Die vom Kolonialismus am meisten geprägte Stadt Argentiniens bietet viel Kultur, darunter außergewöhnliche Museen und berühmte *peñas* (argentinische Folk-Clubs), in denen man authentische Folkmusik erleben kann. (S. 249)

Bariloche Tagsüber heißt es Skifahren, Wandern oder Wildwasserfahren, abends genießt man dann Schokolade und patagonisches Lamm. (S. 406)

Ushuaia Die südlichste Großstadt der Welt mit ihrer atemberaubenden Lage gehört unbedingt auf die persönliche Liste wichtiger Reiseziele. (S. 571)

Strände

Ah, diese Wellen, der salzige Wind im Gesicht und der warme Sand zwischen den Zehen! Gibt es im Urlaub Schöneres als einen Tag am Strand? Egal, ob man dabei nun auf Partys aus ist, Abenteuer oder Einsamkeit sucht, Argentinien hält alles bereit.

Mar del Plata Beliebt bei der Mittelschicht Argentiniens. „Mardel" wird regelmäßig zur größten Sommerparty-Location des Landes. (S. 155)

Necochea Meilenweit nichts als Strand, eine anständige Brandung und sogar ein Pinienwald. (S. 163)

Pinamar Beliebtes Reiseziel mit vielen anderen Hinguckern in der Nähe – von erschwinglichen Wohngebieten bis zu einem der exklusivsten Badeorte Argentiniens: Cariló. (S. 151)

Puerto Madryn Ob man nun windsurfen mag, Wale beobachten oder tauchen möchte, Puerto Madryn macht viele Träume wahr. (S. 453)

Punta del Este Sicher, der Ort liegt in Uruguay, aber im Sommer finden sich an diesem legendären Strand die Reichen, die Berühmtheiten und die Models aus Argentinien zum Partymachen ein. (S. 643)

Wandern & Bergsteigen

Die Anden verlaufen am Westrand Argentiniens wie eine höckerige Wirbelsäule und erheben sich mit dem Aconcagua auf fast 7000 m Höhe. Sie bieten einige der schönsten Wanderungen und Bergsteigertouren des Kontinents.

Bariloche Liegt am Ufer des Lago Nahuel Huapi und ist von schneebedeckten Gipfeln umringt, die zum Klettern einladen. (S. 406)

El Bolsón Dieses zwanglose Städtchen lockt mit Wäldern, Wasserfällen und malerischen Höhenrücken. (S. 420)

El Chaltén Der Ort schlechthin für erstklassige Wanderungen, mit fantastischen Gletschern, unberührten Seen und Berglandschaften, die ihresgleichen suchen. (S. 514)

Mendoza Hierher strömen die Bergsteiger, um den Cerro Aconcagua, Südamerikas höchsten Gipfel, zu erklimmen. (S. 364)

Parque Nacional Torres del Paine Dieser imposante Nationalpark liegt zwar in Chile, aber sehr nah an der Grenze zu Argentinien; hier findet man einige der besten Wandermöglichkeiten der Welt. (S. 557)

Essen

Argentinien ist zwar für seine Steaks bekannt, aber in Buenos Aires gibt es überall internationale Restaurants. Im Rest des Landes überwiegen schmackhafte regionale Gaumenfreuden.

Buenos Aires Die Mutter aller argentinischen Städte. Man sollte einige Tage einplanen, um die Weltklasse-Angebote dieser einzigartigen und atemberaubenden Metropole zu erkunden. (S. 95)

Andiner Nordwesten Wer Richtung Norden unterwegs ist, sollte auf jeden Fall *locro* (einen herzhaften Eintopf mit Mais, Bohnen, Rind, Schwein und Würstchen), *humitas* (süße Tamales) und *empanadas* probieren. (S. 248)

Atlantikküste Trotz der langen Küstenlinie ist Argentinien überhaupt nicht für seine Meeresfrüchte bekannt. Wer sich aber am Meer aufhält, sollte auf jeden Fall Fisch, Shrimps, Austern und Königskrabben probieren. (S. 129)

Seengebiet Die Gegend um Bariloche ist bekannt für Wildschwein, Rehwild und Forelle, und für die vor Ort hergestellte Schokolade. (S. 404)

Patagonien Wer Lamm mag, der wird sich in Patagonien wie im Paradies fühlen. Auf jeder Speisekarte findet sich *cordero* und Schafhalter sind die eigentlichen Herren des Landes. (S. 452)

Unvergessliche Landschaften

Argentinien besitzt viele zauberhafte Landschaften, darunter Wüsten voller Kakteen, erhabene Gipfel in

Oben: *Locro* (Mais-Fleischeintopf), *tamales* und *empanadas*
Unten: Wandern mit Blick auf El Chaltén (S. 514), Patagonien

den Anden, tiefblaue Seen und grüne Wälder. Wenn man dazu noch die Iguazú-Fälle und die Wunder Patagoniens ins Feld führt, kann einem schon das Wort „unvergesslich" in den Sinn kommen.

Andiner Nordwesten Hügelige Wüstenlandschaften sind mit Kakteen durchsetzt, die wie Wachposten aufrecht stehen; außerdem findet man eigenartige Felsformationen und Berghänge, die in allen erdenklichen Farben herrlich im Licht schimmern. (S. 248)

Iguazú-Fälle Sie erstrecken sich über mehr als 2,5 km und sind ohne Einschränkung die wohl außergewöhnlichsten Wasserfälle der Erde. (S. 221)

Seengebiet Argentiniens „kleine Schweiz" ist genau das: schneebedeckte Berge, die über Seen inmitten von Wäldern emporragen. (S. 404)

Anden Sie ziehen sich durch ganz Südamerika und sind spektakulär und atemberaubend schön.

Patagonien Nicht viele Regionen der Erde können es als geheimnisvolle landschaftliche Sehnsuchtsorte mit Argentiniens letzter Grenzregion aufnehmen – obwohl ein Großteil Patagoniens eigentlich eher ein kahles, windiges Niemandsland darstellt. (S. 452)

Natur & Tierwelt

Argentiniens Natur bietet Lebensraum für viele seltene Geschöpfe, darunter der flugunfähige, auf Grasland heimische ñandú (Nandu), der majestätische Andenkondor, Pumas und die robusten, an das Leben in der Wüste angepassten Tiere wie Lama, Guanako und Vicunja.

Península Valdés Diese öde, seltsam geformte Halbinsel zieht eine Fülle wilder Tiere an, wie beispielsweise Südliche Glattwale, Seeelefanten, Magellan-Pinguine und Orkas. (S. 464)

Reserva Provincial Esteros del Iberá Üppige, wunderschöne Feuchtgebiete, in denen eine Vielzahl interessanter Tiere ihre Heimat gefunden haben, etwa die beliebten Capybaras (Wasserschweine), Mohrenkaimane und Brüllaffen sowie zahllose Vogelarten. (S. 199)

Iguazú-Fälle Nahe bei den spektakulären Wasserfällen mitten im tropischen Regenwald leben viele Affenarten, Eidechsen und Vögel (einschließlich Tukane!). Nicht zu übersehen sind die Nasenbären. (S. 221)

Ushuaia In der südlichsten Stadt der Welt trifft man auf Kolonien von Kormoranen, auf Seelöwen und sogar Pinguine. Die Stadt ist Ausgangspunkt für Reisen in die Antarktis, ein weiteres fantastisches, besuchenswertes Wunderland. (S. 571)

Weinproben

Der Malbec ist jener dunkle Wein mit kräftig pflaumiger Geschmacksnote, der die Region um Mendoza bei Weinliebhabern so berühmt gemacht hat. Doch Argentinien besitzt noch weitere lohnende Weinsorten – frischen Torrontés, fruchtigen Bonarda oder erdigen Pinot Noir.

Mendoza In Argentiniens produktivstem Weinanbaugebiet werden die meisten Trauben des Landes geerntet. Hier gibt es folglich auch unzählige Winzer. (S. 364)

San Juan Viel weniger berühmt als die benachbarte Region Mendoza, aber recht gut

bekannt für Syrah und Bonarda; darüber hinaus befindet sich hier in einer Höhle ein Weinkeller. (S. 393)

Cafayate Unmittelbar südlich von Salta liegt diese hübsche Stadt, die in puncto Herstellung von Qualitätsweinen an zweiter Stelle hinter Mendoza im Land rangiert. Sie ist unter anderem berühmt für die Torrontés-Traube. (S. 271)

Neuquén Wenn man von diesem unscheinbaren Ort am Nordrand von Patagonien hört, denkt man eigentlich eher nicht an Wein, aber es gibt doch einige gute Winzer in der Nähe. (S. 448)

Kolonialarchitektur

Obwohl Argentinien nicht gerade für einzigartige Bauwerke berühmt ist, besitzt das Land als ehemalige spanische Kolonie besonders im Norden einige wunderschöne Beispiele alter Kolonialarchitektur.

Córdoba Argentiniens zweitgrößte Stadt verfügt über einen wunderschönen Stadtkern mit Dutzenden Gebäuden aus der Kolonialzeit. (S. 327)

Salta Das auffälligste Wahrzeichen dieser Stadt ist die farbenfrohe, reich verzierte Iglesia San Francisco. (S. 249)

Buenos Aires Im Zentrum der Hauptstadt sind die Gebäude meist im französischen oder italienischen Stil gehalten, aber im südlich gelegenen San Telmo dominieren Kolonialstil und kopfsteingepflasterte Straßen. (S. 56)

Colonia del Sacramento Eine kurze Schiffsreise von Buenos Aires entfernt liegt das architektonische Juwel Uruguays, das im Volksmund einfach „Colonia" genannt wird. (S. 622)

Humauaca Dieses malerische Städtchen liegt ins Tal Quebrada de Humahuaca eingebettet und eignet sich hervorragend als Ausgangspunkt für die Erkundung der übrigen Wunder der Region. (S. 283)

Abenteuersport

Argentinien ist das achtgrößte Land der Welt und bietet daher viel Platz für Abenteuersport. Wilde Flüsse, nackte Klippen, schneebedeckte Berge und hoch gelegene Thermal-

quellen – wer auf der Suche nach Adrenalinschüben reist, ist hier goldrichtig.

Ski- & Snowboardfahren Die besten Wintersportmöglichkeiten findet man in Las Leñas & Los Penitentes in Mendoza, auf dem Cerro Catedral bei Bariloche und auf dem Cerro Chapelco bei San Martín de los Andes. (S. 38)

Rafting & Kajakfahren Hinein ins unberührte Wildwasser geht es in den Bergen bei Mendoza, Bariloche und Esquel. (S. 41)

Mountainbiken Die Berge rund um Bariloche eignen sich

hervorragend für abenteuerliche Fahrten, und das besonders im Sommer auf dem Cerro Catedral. (S. 40)

Klettern Der Cerro Catedral und die Felswände rund um El Chaltén sowie die Granitfelsen von Los Gigantes 80 km westlich von Córdoba laden besonders zum Klettern ein. Auch in der Provinz Mendoza finden sich einige wirklich exquisite Stellen zum Klettern. (S. 37)

Gleitschirmfliegen Einige der besten Startorte finden sich bei La Cumbre, Bariloche und Tucumán. (S. 41)

Monat für Monat

Januar

Der Januar ist der Sommermonat schlechthin in Argentinien. Alle *porteños*, wie sich die Einwohner von Buenos Aires gern nennen, fliehen dann aus ihrer hitzeflirrenden Stadt und machen sich auf zu den Weg zu den überfüllten und meistens recht teuren Badeorten. Auch in Patagonien ist im Januar Hochsaison, weshalb man dann auch hier tief in den Geldbeutel greifen muss.

☆ Festival Nacional del Folklore

Die Stadt Cosquín in der Nähe von Córdoba ist während der letzten Januarwoche Schauplatz des Nationalen Folklorefestivals. Es handelt sich um das größte und bekannteste *folklórico*-Festival des Landes (S. 342).

✹ Dakar-Rallye

Diese 9000 km lange Querfeldein-Rallye (www.dakar.com) war ehemals unter dem Namen Paris-Dakar bekannt. Seit 2009 wird sie in Südamerika ausgetragen. Sowohl Amateure als auch Profifahrer nehmen an diesem Klassiker unter den Ausdauerrennen teil.

Februar

Es ist noch immer Sommer an den Stränden, weshalb die Massen erst gegen Monatsende allmählich den Rückzug antreten. In den Anden-Wüsten und in der Iguazú-Region ist es noch sehr heiß; aber immerhin lohnt jetzt ein Besuch im Seengebiet. In Mendoza beginnt die Weinlese.

✹ Carnaval

In Argentinien ist der Karneval zwar nicht so turbulent wie in Brasilien, aber dafür im Nordosten ziemlich derb, vor allem in Gualeguaychú (S. 205) und Corrientes (S. 194). Ebenfalls lebhaft geht es in Montevideo zu, der Hauptstadt Uruguays (S. 608). Die Termine sind von Stadt zu Stadt verschieden.

☆ Fiesta Nacional del Lúpulo

Auf dem Hopfenfest von El Bolsón wird der wichtigste Inhaltsstoff des handwerklich gebrauten Craft-Bieres geehrt. Hier kann man sich auf Musikdarbietungen, Aktionen aller Art, Essen und (natürlich) viel Bier freuen. (S. 421)

März

In Argentinien beginnt der Herbst, und von den Temperaturen her ist es in Buenos Aires angenehm. An den Stränden und in

Patagonien fallen die Preise, doch es bleibt warm. Im Norden wird es kühler, und an den Iguazú-Fällen ist es jetzt nicht mehr so heiß und feucht.

Fiesta Nacional de la Vendimia

Die eine Woche lang andauernde Fiesta Nacional de la Vendimia in der Stadt Mendoza beginnt mit Paraden, *folklórico* und einer Krönungszeremonie – alles zu Ehren der Mendoza-Weine. (S. 369)

April

In den Wäldern des Seengebiets ändern sich allmählich die Farben – aus üppigem Grün wird feuriges Rot, helles Gelb und leuchtendes Orange. Patagonien wirkt aufgeräumt, aber mit etwas Glück herrscht angenehmes Wetter zum Wandern. In Buenos Aires beginnt die Nachsaison mit noch angenehmen Temperaturen.

Festival Nacional del Chocolate

Im Mittelpunkt des Schokoladenfestes von Bariloche, das in der Karwoche stattfindet (das Datum wechselt deshalb jährlich), steht oft ein neun Meter hohes Schokoladenei, das am Ostersonntag zerbrochen und gegessen wird. Außerdem ist hier dann der längste Schokoriegel der Welt zu bestaunen.

Festival Internacional de Cine Independiente

Fans des Independent-Films sollten dieses Festival in Buenos Aires auf keinen Fall versäumen, denn dort werden mehr als hundert Filme aus Argentinien und Uruguay gezeigt. (S. 82)

Mai

Es ist Spätherbst, in Buenos Aires ist es kühl und es regnet weniger. Dies ist der ideale Zeitpunkt für einen Besuch der Iguazú-Fälle. In Mendoza, wo die Weinberge sich in herbstlich leuchtendem Rot präsentieren, wird es jetzt ebenfalls deutlich ruhiger.

Día de Virgen de Luján

Am 8. Mai sind Tausende von Gläubigen unterwegs auf ihrem 65 km langen Pilgerweg zur Pampas-Stadt Luján, um dort die Jungfrau Maria zu ehren. Weitere Prozessionen finden Anfang August, Ende September, Anfang Oktober und am 8. Dezember statt.

Juni

In Argentinien beginnt der Winter. In den Badeorten und in Patagonien wird der Service zurückgefahren. Jetzt ist die ideale Zeit für einen Besuch der nordwestlichen Andenwüsten und der Iguazú-Fälle, weil um diese Jahreszeit weniger Regen fällt und die Hitze dort nachlässt.

Fiesta de la Noche Más Larga

In Ushuaia feiert man die längste Nacht des Jahres mit einer zehntägigen Fiesta voller Musik und Shows. (S. 579)

Todestag von Carlos Gardel

Am 24. Juni 1935 kam die Tango-Legende Carlos Gardel bei einem tragischen Flugzeugunglück ums Leben. Auf dem Friedhof Chacarita in Buenos Aires kann man Fans sehen, die Grab und Statue die Ehre erweisen.

Juli

Die winterliche Skisaison ist in vollem Gange, weshalb der Geldbeutel gespickt voll sein sollte, wenn man zu den Skipisten rund um Bariloche, San Martín de los Andes und Mendoza aufbricht. Auf der Halbinsel Valdés kommt die Whalewatching-Saison (Walbeobachtung) in Schwung.

Día de la Independencia

Am 9. Juli findet der argentinische Unabhängigkeitstag statt. Die Feierlichkeiten konzentrieren sich besonders auf Tucumán, weil dort die Unabhängigkeit des Landes ausgerufen wurde.

August

Die Badeorte sind wie ausgestorben, Patagonien ist kalt und verlassen. In Buenos Aires ist es noch kühl, aber man kann die Zeit für einen Besuch der Theater, Museen und Galerien nutzen.

Festival y Mundial de Tango

Während dieses zweiwöchigen Festivals in Buenos

Aires treten nationale und internationale Tangotänzer der Weltklasse auf. Hier kann man die besten Tangotänzer und -musiker des Landes in Aktion erleben. (S. 82)

September

Der Frühling ist endlich da, die Whalewatching-Saison (Glattwale und Orcas) erreicht ihren Höhepunkt rund um die Halbinsel Valdés. In Buenos Aires beginnt die sehens- und besuchenswerte Polo-Saison, die Skipisten leeren sich allmählich.

Vinos y Bodegas

Weinliebhaber sollten dieses riesige Ereignis in Buenos Aires keinesfalls versäumen, denn hier werden Weine von *bodegas* (Weingütern) aus ganz Argentinien zur Verkostung und zum Verkauf angeboten. (S. 82)

Oktober

Die Zeit ist günstig, um Buenos Aires und Zentralargentinien zu besuchen. In Patagonien beginnt die Saison allmählich, aber die Besucherzahl hält sich noch in Grenzen. Im Seengebiet blühen die Blumen.

Fiesta Nacional de la Cerveza/ Oktoberfest

Bei Argentiniens nationalem Bierfestival in Villa General Belgrano, dem argentinischen Oktoberfest, kann man mitten in den Sierras ein kühles Bier zu Blasmusik genießen (S. 350).

Oben: Tanzpaar beim Tango, Festival y Mundial de Tango (S. 28)
Unten: Fiesta Nacional de la Cerveza (Oktoberfest; s. rechts)

November

Das Wetter in Buenos Aires ist bestens, und die Jacaranda-Bäume tragen stolz ihre Blütenpracht. Die Zeit ist günstig für einen Besuch der Badeorte und eine Reise nach Patagonien, weil die Massen – und mit ihnen auch die hohen Preise – erst einen Monat später hereinbrechen.

✸✸ Día de la Tradición

Dies ist ein Festival für Gauchos und vor allem für San Antonio de Areco (S. 137), eine der klassischen Gaucho-Städte, von großer Bedeutung. Das Fest spielt jedoch auch in dem Bergstädtchen San José de Jáchal (S. 400) eine wichtige Rolle – und ist dort weniger touristisch.

Dezember

Der Sommer beginnt, und schon vor der Hauptsaison im Januar herrscht in den Badeorten herrliches Strandwetter. Ideale Bedingungen für Aktivitäten in freier Natur findet man im Seengebiet; in Patagonien ist die Zeit für Pinguinbeobachtungen und Wanderungen gekommen.

✩ Buenos Aires Jazz

Dieses große Jazzfestival findet fünf Tage lang im November oder Dezember auf Bühnen in ganz Buenos Aires statt und zieht Tausende Besucher an.

Reiserouten

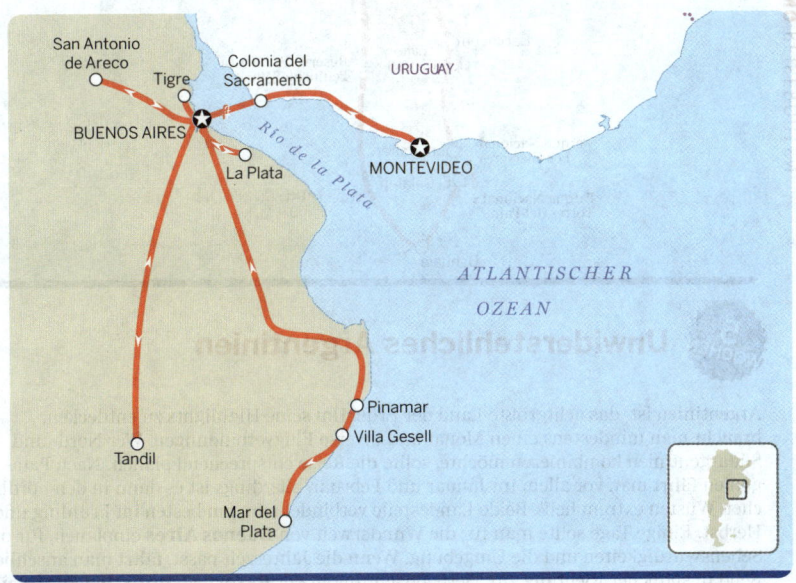

1 WOCHE Rund um Buenos Aires

Vor den Toren von Buenos Aires locken noch kleine kopfsteingepflasterte Städtchen oder auch größere Städte und Badeorte mit schönen Stränden. **Tigre** mit den versteckten Wasserwegen und dem von Menschen wimmelnden Flussdelta ist für ein bis zwei Tage ein beliebtes Naherholungsgebiet für die *porteños*, die Einwohner von Buenos Aires. Lohnend ist auch ein Tagesausflug nach **San Antonio de Areco** mit seiner Geschichte der Gaucho-Kultur oder nach **La Plata** mit der Kathedrale. Manche mögen ja vielleicht auch ein Strandwochenende. **Pinamar** und **Villa Gesell** eigenen sich hervorragend für einen sommerlichen Strandaufenthalt. Gleiches gilt für **Mar del Plata**, den größten argentinischen Badeort. Oder man fährt einige Tage ins Landesinnere nach **Tandil**, einer hübschen Stadt am Fuße einer malerischen Hügelkette – ein beliebter Erholungsort.

Dann gibt es noch Uruguay, das nur eine kurze Schiffsreise entfernt liegt. **Colonia del Sacramento** ist mit seinen kopfsteingepflasterten Straßen und den Kolonialbauten bezaubernd. **Montevideo** wirkt wie die kleine Schwester von Buenos Aires, ist kleiner und weniger turbulent, aber mit bedeutenden Sehenswürdigkeiten wie dem schönen Theater, einer historischen Altstadt und einer vielseitigen Architektur. Hier lohnt sich auch eine Übernachtung.

Unwiderstehliches Argentinien

5 WOCHEN

Argentinien ist das achtgrößte Land der Erde. Um seine Highlights zu entdecken, braucht man mindestens einen Monat und diverse Flugverbindungen. Wer Nord- und Südargentinien kombinieren möchte, sollte die Reise entsprechend planen. Nach Patagonien fährt man vor allem im Januar und Februar, allerdings ist es dann in den nördlichen Wüsten extrem heiß. Beide Landesteile verbindet man am besten im Frühling und Herbst. Einige Tage sollte man für die Wunderwelt von **Buenos Aires** einplanen, für die Sehenswürdigkeiten und die Umgebung. Wenn die Jahreszeit passt, fährt man anschließend in südlicher Richtung zur Tierbeobachtung in der **Reserva Faunística Península Valdés** – schon wegen der Wale, Seeelefanten und Pinguine. Von dort geht es mit dem Flugzeug weiter nach **Ushuaia**, der südlichsten Stadt der Welt und Ausgangspunkt für einen Trip in die Antarktis, der weitere zwei Wochen und mindestens 5000 US$ kostet.

Dann geht es gen Norden nach **El Calafate**, wo der Glaciar Perito Moreno im **Parque Nacional Los Glaciares** eine der spektakulärsten Sehenswürdigkeiten der Welt darstellt. Wer sich gerne in der Natur aufhält, sollte die chilenische Grenze überqueren, um in den **Parque Nacional Torres del Paine** zu gelangen, eine Ansammlung von Bergen mit einigen der schönsten Landschaften der Erde. Wieder auf argentinischer Seite kommt man nach **El Chaltén** mit super Möglichkeiten zum Klettern, Wandern und Campen. Weiter nördlich, entlang der Anden, erstreckt sich das argentinische **Seengebiet**, wo man einen Aufenthalt in **Bariloche** einplanen sollte. Mag sein, dass man von der tollen Landschaft, den Aktivitäten in der Natur und den liebenswerten Städtchen in der Umgebung dazu verführt wird, länger zu bleiben als geplant. Nächste Station ist **Mendoza**, das Mekka der Weinkenner, wo Aktivitäten in freier Natur locken, aber auch atemberaubende Andenlandschaften. Nach einer zehnstündigen Busfahrt gelangt man nach **Córdoba**, der zweitgrößten Stadt des Landes mit einer großartigen Kolonialarchitektur und einer aktuellen Kulturszene. Von hier aus geht es Richtung Norden ins hübsche **Salta**, wo man farbenfrohe Canyons, bezaubernde Dörfer und Wüsten bewundern kann. Weiter geht es Richtung Osten in den **Parque Nacional Iguazú**. Hier warten die mächtigsten Wasserfälle der Welt. Anschließend fliegt man zurück nach Buenos Aires.

Oben: Catedral de la Plata (S. 132)
Unten: Ruta 40 (S. 501)

KAVRAM / SHUTTERSTOCK ©

30 TAGE **Ruta Nacional 40**

Die RN 40 ist die wichtigste Straße Argentiniens, sie durchläuft das Land der Länge nach. Um dieses Abenteuer erleben zu können, sollte man idealerweise einen Geländewagen mieten. Ausgangspunkt sind die farbenfrohen Berghänge der **Quebrada de Humahuaca**. Erste Ziele sind **Salta** und die Dörfer der **Valles Calchaquíes**. Dann sollte man eine Rast in **Cafayate** und im spektakulär gelegenen **Chilecito** einlegen, bevor man die lange Reise hinunter nach **Mendoza** antritt, um dort die Weine kennenzulernen. Weiter gen Süden locken die Lagunen und heißen Quellen bei **Chos Malal**. Hier bietet sich die Erkundung der Nationalparks **Lanín** und **Nahuel Huapi** an, ehe man **San Martín de los Andes** und **Bariloche** erreicht, beides Ausgangspunkte für Outdoor-Abenteuer. Auf der Weiterreise lohnt ein Abstecher zur **Cueva de las Manos** mit den Höhlenmalereien der Ureinwohner. Ein Zwischenstop in **El Chaltén** empfiehlt sich wegen der großartigen Wandermöglichkeiten; danach geht es zum **Gletscher Perito Moreno**. Nach Überquerung der chilenischen Grenze kann man den **Parque Nacional Torres del Paine** bewundern, bevor der Weg zur Endstation in **Ushuaia** führt.

18 TAGE **Reise durch Patagonien**

Tolle Andengipfel, Bergdörfer und eine exotische Tierwelt an der Küste – auf all das trifft man auf dieser Reise durch Patagonien. Die Reise beginnt in **Ushuaia**, wo man mit dem Boot auf dem Beagle-Kanal kreuzen und vielleicht Pinguine erspähen kann. Im **Parque Nacional Tierra del Fuego** wandert man durch Landschaften, die einem das Gefühl vermitteln, am Ende der Welt zu sein. Dann fliegt man nach **El Calafate** und bestaunt den **Perito-Moreno-Gletscher**. Outdoorfreaks werden die Grenze überqueren und in Chiles **Parque Nacional Torres del Paine** wandern. Weiter geht es in nördliche Richtung nach **El Chaltén**, wo Weltklasse-Wanderungen möglich sind und wo die Bedingungen zum Zelten ausgezeichnet sind. Nun fliegt man nach Bariloche, wo man tagelang wandern, angeln, raften oder Rad fahren kann – z. B. in den **Nationalparks Nahuel Huapi** und **Lanín.** Wenn man noch ein oder zwei weitere Tage Zeit hat, kann man die Hippie-Siedlung in **El Bolsón** oder das Dorf **Villa Traful** besuchen. Schließlich gelangt man nach **Puerto Madryn**, wo man in der **Reserva Faunística Península Valdés** Wale, Seeelefanten und Pinguine beobachten kann.

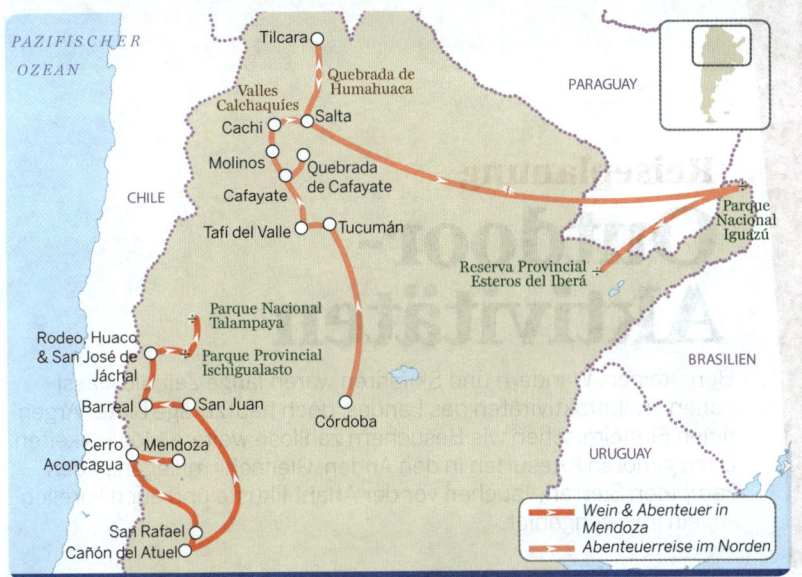

PAZIFISCHER OZEAN

Tilcara

Quebrada de Humahuaca

PARAGUAY

Valles Calchaquíes
Cachi — Salta

Molinos
Quebrada de Cafayate
Cafayate

CHILE

Tafí del Valle — Tucumán

Parque Nacional Iguazú

Reserva Provincial Esteros del Iberá

Parque Nacional Talampaya

BRASILIEN

Rodeo, Huaco & San José de Jáchal

Parque Provincial Ischigualasto

Barreal — San Juan

Córdoba

Cerro Aconcagua — Mendoza

URUGUAY

San Rafael
Cañón del Atuel

Wein & Abenteuer in Mendoza

Abenteuerreise im Norden

Wein & Abenteuer in Mendoza

2 WOCHEN

Man sollte die Reise in **Mendoza** am Rand der Anden beginnen. Hier liegen berühmte Weinberge, aber nicht nur Weinkenner, sondern auch Outdoor-Fans fühlen sich wie im Himmel. Mendoza ist der ideale Ort für Wildwasserrafting und Skifahren, und der **Cerro Aconcagua**, der höchste Gipfel der westlichen Hemisphäre, erhebt sich ganz in der Nähe. Nun nimmt man in aller Frühe einen Bus nach **San Rafael**, mietet ein Fahrrad und radelt zu den Weingütern, von denen sich einige auf Sekt speziali-siert haben. In dieser Gegend liegt auch der **Cañón del Atuel**, ein farbenfroher Mini-Grand-Canyon. Dann geht es weiter Richtung Norden nach **San Juan** wo man Syrah und andere Weißweine genießen kann. Mit dem Mietwagen fährt man in westlicher Richtung zum Raften, Bergstei-gen und Landsegeln ins himmlische **Barreal**. Danach geht es noch weiter nördlich, um in die entlegenen traditionellen Dörfer **Rodeo**, **Huaco** und **San José de Jáchal** zu gelangen. Abschließend sollte man die Landschaften im **Parque Provincial Ischigualasto** und **Parque Nacional Talampaya** besuchen. Hier stößt man auf spektakuläre Felsformationen mit Petro-glyphen und Dinosaurier-Fossilien.

Abenteuerreise im Norden

2 WOCHEN

Ausgangspunkt ist **Córdoba**, die zweit-größte Stadt Argentiniens, wo es viele Beispiele kolonialer Architektur gibt. Von dort geht es weiter Richtung Norden ins historische **Tucumán**, wo Argentinien seine Unabhängigkeit von Spanien erklärt hat. Westlich davon liegt das hübsche **Tafí del Valle**; schon die Anreise über eine Bergstraße ist eine Freude. Ein Stückchen weiter nördlich befindet sich das schöne **Cafayate**, wo man den aromatischen Torrontés-Weinen zusprechen kann. Dann geht es in einer Tagesreise weiter durch die monumentale **Quebrada de Cafay-ate** und in die außerirdisch anmutenden **Valles Calchaquíes** sowie in die Lehm-ziegel-Dörfer **Molinos** und **Cachi**. Der Hauptplatz in **Salta** ist einer der besterhal-tenen in Argentinien; von hier aus sind auch Exkursionen in die Anden empfehlenswert. Weiter geht es durch das Tal **Quebrada de Humahuaca**, wo man in dem Ort **Tilcara** übernachten kann. Zurück in Salta geht es per Flugzeug in den schönen **Parque Na-cional Iguazú**, wo man die Wasserfälle bewundert. Wer noch Zeit hat, fährt in die **Reserva Provincial Esteros del Iberá**, ein Feuchtgebiet voller Wasserschweine, Kaimane und Vögel.

Reiseplanung

Outdoor-Aktivitäten

Bergsteigen, Wandern und Skifahren waren lange Zeit die klassischen Freiluftaktivitäten des Landes, doch heutzutage bietet Argentinien Einheimischen wie Besuchern zahllose weitere Möglichkeiten. Dazu gehören Kitesurfen in den Anden, Gleitschirmfliegen in den Pampinen Sierren, Tauchen vor der Atlantikküste und auch Forellenangeln im Seengebiet.

Beste Ausgangspunkte für Abenteurer

Bariloche
Eine der Topadressen in Argentinien für Outdoor-Aktivitäten, z. B. Wandern, Skifahren, Radfahren, Sportfischen, Rafting und sogar Gleitschirmfliegen

Mendoza
Nur ein Wort: Aconcagua! Skifahren, Rafting, Klettern und vieles mehr

El Chaltén
Wandern, Trekking, Klettern, Kajakfahren und Sportfischen auf höchstem Niveau

Puerto Madryn
Tauchen mit Seelöwen oder Windsurfen und Kajakfahren

Junín de los Andes
Großartige Flüsse, wie geschaffen fürs Fliegenfischen (es gibt hier riesige Forellen!)

Córdoba
Die am nächsten zu Los Gigantes gelegene Stadt, Argentiniens Kletter-Mekka (80 km entfernt)

Wandern & Trekken

Das argentinische Seengebiet ist wahrscheinlich die beste Wanderregion des Landes und bietet sowohl Ein- als auch Mehrtagestouren in verschiedenen Nationalparks, etwa im Nahuel Huapi mit Start in Bariloche und im Nationalpark Lanín mit San Martín de los Andes als Ausgangspunkt.

Wunderbar wandern kann man auch in Patagonien. El Bolsón, südlich von Bariloche, dient als Ausgangspunkt für Wanderungen in den umliegenden Wäldern oder im Parque Nacional Lago Puelo. Wunderbar sind auch die Wandermöglichkeiten im Parque Nacional Los Glaciares; dort dient El Chaltén als idealer Ausgangspunkt (wobei hier auch die heimischen Brauereien nicht zu verachten sind).

Anschließend fährt man in den chilenischen Parque Nacional Torres del Paine, der sich nicht weit vom El Calafate in Argentinien befindet; dort stehen einige großartige Wanderungen auf dem Programm. Auch Feuerland bietet einige atemberaubende Routen, am bequemsten erreichbar sind sie im Parque Nacional Tierra del Fuego.

Und dann locken da noch die hohen Andengipfel westlich von Mendoza: Hierher zieht es vor allem die hochalpinen Bergsteiger, aber das Gebiet bietet auch einige gute Trekkingmöglichkeiten. Eine weitere Destination sind die nördlichen Anden um die Schluchten der Quebrada de Humahuaca.

In Bariloche, Ushuaia, El Bolsón und Junín de los Andes gibt es den Wander- und Bergsteigerverein Club Andino, eine gute Anlaufstelle für Insiderinformationen, Karten und aktuelle Hinweise zur Wegbeschaffenheit.

Trekking in the Patagonian Andes von Lonely Planet ist eine gute Informationsquelle für all diejenigen, die größere Trekkingtouren planen.

SEGELN … OHNE WASSER?

Im Parque Nacional El Leoncito in der Provinz San Juan ist im Seebett der Pampa El Leoncito ein Zentrum für *carrovelismo* (Land- oder Strandsegeln) entstanden. Hier flitzt man in sogenannten Segelwagen über den am Fuße der Andengipfel gelegenen ausgetrockneten See. Also auf nach Barreal!

Bergsteigen

Die Anden sind der Traum eines jeden Bergsteigers – besonders die Provinzen San Juan und Mendoza, in denen einige der höchsten Gipfel der westlichen Hemisphäre in den Himmel ragen. Die berühmteste Hochgebirgstour führt auf den Aconcagua, den höchsten Berg Nord- und Südamerikas. Es gibt hier aber noch andere hohe Andengipfel – von denen viele interessanter und technisch herausfordernder sind. Nahe Barreal bietet der Cordón de la Ramada fünf Gipfel über 6000 m, dazu gehört der Cerro Mercedario mit 6770 m. Die Region ist weniger überlaufen als der Aconcagua, hat schwierigere Anstiege und wird von vielen Bergsteigern bevorzugt. In der Nähe erstreckt sich die Cordillera de Ansilta mit sieben Gipfeln zwischen 5130 und 5885 m.

Die Gipfelkette des Fitz Roy im Parque Nacional los Glaciares in Südpatagonien nahe El Chaltén zählt zu den besten Bergsteigerzielen der Welt. Die Berge des Parque Nacional Nahuel Huapi bieten Spaß auf allen Niveaus.

Klettern

Im patagonischen Parque Nacional Los Glaciares befinden sich mit dem Cerro Torre und Cerro Fitz Roy zwei der weltweit wichtigsten Kletterziele. Der Cerro Torre zählt zu den fünf schwierigsten Gipfeln auf Erden. Die nahe Stadt El Chaltén ist eine echte Kletterhochburg, und mehrere Läden bieten Unterweisungen an oder verleihen Ausrüstung. Wer weder Zeit noch

Talent für eine Besteigung des Cerro Torre hat, kann hier aus vielen anderen Angeboten auswählen.

Los Gigantes in den Pampinen Sierren entwickelt sich mit seinen eindrucksvollen Granithängen allmählich zur argentinischen Haupstadt des Kletterns. Auch in Carolina zu Füßen des Cerro Tomalasta gibt es einige gute Möglichkeiten zum Klettern.

In der Provinz Mendoza bietet sich der kleine Ort Los Molles als angenehmer Ausgangspunkt für Klettertouren an, noch mehr Möglichkeiten gibt es im nahen Chigüido (bei Malargüe). Rund um Mendoza locken Los Arenales und El Salto Bergfreunde an.

Rund um Bariloche gibt es ebenfalls gute Klettermöglichkeiten – besonders der Cerro Catedral hat beliebte Felswände. Auch im Torres del Paine in Chile sind gute Klettertouren möglich. Selbst in den Pampas locken einige Angebote, etwa in Tandil und Mar del Plata.

Angeln

Patagonien und das Seengebiet gehören weltweit zu den bekanntesten Destinationen der Fliegenfischer. Eingesetzte Forellenarten (Bach-, See- und Regenbogenforelle) und der nicht-wandernde Atlantische Lachs erreichen in den landschaftlich schön gelegenen Kaltwasserflüssen respektable Größen.

Im argentinischen Seengebiet liegt Junín de los Andes, das sich selbst zur Forellenmetropole Argentiniens ernannt hat. Einheimische Führer bringen Sportangler zu den hervorragenden Lachsflüssen des Parque Nacional Lanín. Ganz in der Nähe

LAUF, HASSO, LAUF!

Keiner kann von sich behaupten, dass er schon alles ausprobiert hat, wenn er noch nicht mit dem Hundeschlitten gefahren ist. Argentinien ist ideal, um damit anzufangen. Natürlich kann man diesen Sport nur im Winter (Juni bis Oktober), wenn Schnee liegt, betreiben – allerdings kann die Saison in Ushuaia länger dauern. Hier einige Orte:

Cavihue Ein Dorf an den Flanken des Volcán Copahue

San Martín de los Andes Ein malerisches Städtchen nördlich von Bariloche

Ushuaia Die südlichste Stadt der Welt!

strömen die Angler nach Aluminé an den Ufern des Río Aluminé, der zu den besten Forellenflüssen des Landes zählt. Auch Bariloche und Villa la Angostura sind sehr gute Standorte.

Etwas weiter südlich, im Parque Nacional Los Alerces (bei Esquel), gibt es hervorragende Seen und Flüsse. Von El Chaltén aus kann man Tagesausflüge zum Lago del Desierto oder zur Laguna Larga unternehmen. Der Río Gallegos ist ideal zum Fliegenfischen. Andere wichtige Flüsse in Patagonien sind der Río Negro und der Río Santa Cruz.

Die Stadt Río Grande auf Feuerland ist weltbekannt für die Möglichkeit zum Fliegenfischen. Im gleichnamigen Fluss leben einige der größten braunen Seeforellen der Welt.

Hochseeangeln ist in Camarones und Puerto Deseado möglich; bei Gobernador Gregores gibt es einen See mit Lachs- und Regenbogenforellen.

Im subtropischen Nordosten des Landes lockt der breite Río Paraná Fliegen-, Spinn- und Trollerangler aus aller Welt an. Sie ziehen riesige Flussfische an Land, darunter den *surubí* (einen schweren Wels) und *dorado* (einen forellenartigen Süßwasser-Edelfisch). Der *dorado*, nicht zu verwechseln mit dem Meeresfisch Mahi-Mahi, ist ein kampfstarker Schwimmer und einer der aufregendsten Fische, den man beim Fliegenfischen erwischen kann.

Führungen & Sonderleistungen

In kleineren Städten wie Junín de los Andes ist das Touristenbüro die erste Anlaufstelle. Dort erhält man eine Liste mit Angelführern oder -anbietern. Eine weitere gute Anlaufstelle für Angler, die im Seengebiet ohne Gruppe reisen, ist die **Asociación de Guías Profesionales de Pesca Parque Nacional Nahuel Huapi y Patagonia Norte** (www.guiaspatagonicos.com.ar). Sie hält eine Liste und Kontaktdaten von lizensierten Führern in Nordpatagonien und im Seengebiet bereit.

Auskünfte zum Fliegenfischen erteilt die **Asociación Argentina de Pesca con Mosca** (in Buenos Aires 011-4773-0821; www.aapm.org.ar).

Viele Angler buchen ihre geführten Rundreisen allerdings auch bereits bei Agenturen in ihrem Heimatland.

Gesetzliche Regelungen

Im Seengebiet und in Patagonien beginnt die Angelsaison im November und endet im April oder Mai. Im Nordosten Argentiniens darf zwischen Februar und Oktober gefischt werden. Seen und Bäche in Privatbesitz haben teilweise eine längere Saison. Forellenangeln ist an Vorschriften gebunden: In Patagonien (einschließlich dem Seengebiet) müssen einheimische Fischarten immer zurück ins Gewässer gesetzt werden. Meist handelt es sich um Kleinfische wie *perca* (eine Barschart), *puyen* (wissenschaftlich Galaxias, ein kleinwüchsiger Fisch der Südhalbkugel), der patagonische *pejerrey* und die seltene *peladilla*.

Angellizenzen sind in entsprechenden Zubehörläden erhältlich, außerdem beim *club de caza y pesca* (Jagd- und Fischereiverein) und manchmal in den Touristeninformationen und YPF-Tankstellen.

Skifahren & Snowboarden

In den argentinischen Bergen gibt es durchaus einige herausragende Destinationen. Fast alle bieten tollen Pulverschnee und viel Sonnenschein. Viele Wintersportorte unterhalten Skischulen mit Skilehrern aus aller Welt, sodass es

Oben: Skifahrer, Cerro
Chapelco (S. 435)

Unten: Unterwegs mit
dem Kanu, Bariloche
(S. 406)

BUENAVENTURAMARIANO / GETTY IMAGES ©

IMMER HART AM WIND

Die Windsurfer und Kiteboarder der ganzen Welt drängen zum isoliert liegenden Stausee Dique Cuesta del Viento in den zentralen Anden. Der Stausee beim winzigen Dörfchen Rodeo in der Provinz San Juan steht im Ruf, eine der besten Destinationen des Planeten für Windsurfer und Kiteboarder zu sein. Der beständig und kraftvoll wehende Wind stellt sich von Oktober bis Anfang Mai jeden Nachmittag ein – darauf ist Verlass! Schon manchen Surfer hat es hier allerdings ordentlich davongeweht.

kaum Sprachprobleme geben dürfte. In einigen traditionelleren Skiresorts ist eine Leihausrüstung allerdings manchmal schon relativ alt.

Die drei wichtigsten Wintersportgebiete sind: Mendoza, das Seengebiet und Ushuaia. Mendoza liegt nicht weit von Argentiniens Top-Resort, dem Ort Las Leñas mit dem besten Schnee und den längsten Abfahrten. Im Seengebiet gibt es einige preisgünstige Orte wie Cerro Catedral bei Bariloche und Cerro Chapelco bei San Martín de los Andes. Obwohl der Pulverschnee hier weniger ideal liegt, sind die Ausblicke denen in Las Leñas weit überlegen. Und Esquel, noch weiter südlich in Patagonien, wartet im Ort La Hoya mit einem Traumpulverschnee auf.

Die weltweit südlichsten Orte mit kommerziellem Wintersport liegen bei Ushuaia. Die Skisaison reicht überall meist von Mitte Juni bis Mitte Oktober.

Radfahren

Der Radsport ist in Argentinien sehr beliebt. Radler in Fahrradbekleidung sind mittlerweile kein ungewöhnlicher Anblick mehr auf den Straßen (obwohl es im Land nur wenige echte Radwege gibt). Immerhin findet man einige hervorragende befestigte Fahrwege, insbesondere im argentinischen Seengebiet und, in geringerer Anzahl, im Nordwesten der Anden.

Im Nordwesten liegen ausgezeichnete Straßenrouten, etwa der Highway von Tu-

cumán nach Tafí del Valle, die Direktverbindung von Salta nach Jujuy und – wohl die spektakulärste Strecke – die RN 68, die durch die Quebrada de Cafayate hindurchführt. Auch die Pampinen Sierren bieten gute Radstrecken: Das Netz an zumeist befestigten Straßen zieht sich durch eine Landschaft, die teilweise an Schottland erinnert. Mendoza bietet wunderschöne Straßen durch die Anden, für die aber eine gewisse Erfahrung und Kondition notwendig sind. Wem das jedoch zu anstrengend ist, der kann sich auch zwischen den Weingütern von Maipú gemütlich auf den Radsattel schwingen.

Im Parque Nacional Nahuel Huapi, der im argentinischen Seengebiet liegt, existieren mehrere vorzügliche Strecken (einschließlich Circuito Chico), die an herrlichen Seen vorbeiführen, welche in die traumhaft schöne patagonische Landschaft eingebettet sind. Radfahrer nehmen ihr Rad gern auf den Cruce de Lagos mit, eine berühmte zweitägige Boots- und Busreise, die über die Anden nach Chile führt.

Patagonien ist mit seinen einsamen, schönen und endlosen Landschaften ein beliebtes und märchenhaftes Ziel. Man sollte sich jedoch auf heftigen Wind aus wechselnden Richtungen und holprige Schotterpisten einstellen. Eine Ganzjahresausrüstung ist selbst im Sommer empfehlenswert, wenn die langen Tage und das relativ warme Wetter für die beste Radfahrsaison des Jahres sorgen. Die RN 40 gilt als klassische Strecke, aber das Radeln ist hier wegen des Windes und des fehlenden Wassers sehr anstrengend; daher wechseln die meisten Radfahrer streckenweise auf die Carretera Austral in Chile.

In jüngster Zeit ist Buenos Aires durch seinen Ausbau der Fahrradwege und -spuren ein wenig fahrradfreundlicher geworden. Hinzugekommen ist auch noch das kostenlose Fahrrad-Sharing. In Mendoza und Córdoba gibt es ebenfalls einige Straßen mit Fahrradspuren.

Mountainbiken

Mountainbiken ist in Argentinien noch ziemlich unterentwickelt, man findet nur wenige ausgewiesene Strecken für Mountainbiker. Wie auch immer, in den meisten Outdoorzentren (wie in Bariloche) kann man Mountainbikes für einen Tag mieten oder auf eine geführte Mountainbiketour gehen – einfach fantastisch, denn manche

Landschaften kann man nur auf diesem Wege richtig kennenlernen.

Gute Anbieter für den Verleih von Mountainbikes gibt es in San Martín de los Andes, Villa la Angostura, Bariloche und El Bolsón im Seengebiet, in Esquel in Patagonien, Mendoza und Uspallata in der Provinz Mendoza, Barreal in der Provinz San Juan, Tilcara im Nordwesten der Anden und Tandil in der Provinz La Pampa.

Wildwasser-Rafting & Kajakfahren

Momentan angesagt sind vor allem der Río Mendoza und Río Diamante in der Provinz Mendoza sowie der Río Juramento bei Salta, eine aufregende Alternative.

Die Flüsse Patagoniens bieten die spektakulärste Landschaft. Der Río Hua Hum und der Río Meliquina bei San Martín de los Andes sowie der Río Limay und Río Manso bei Bariloche ermöglichen großartige Fahrten. Das gilt auch für den Río Aluminé beim Städtchen Aluminé. Von der patagonischen Stadt Esquel bietet sich die Teilnahme an einer Raftingtour auf dem unglaublich schönen, von Gletschern gespeisten Río Corcovado an. Eine relativ unbekannte Flussstrecke liegt bei Barreal, wobei zugegebenermaßen die Andenszenerie mehr beeindruckt als die Stromschnellen. Gute Fahrten der Klasse II bis III sind auf den meisten der genannten Flüsse durchführbar, Klasse IV bieten die Flüsse Ríos Mendoza, Diamante, Meliquina, Hua Hum und Corcovado. Bei organisierten Touren können gut auch Unerfahrene teilnehmen.

Kajakfahrten sind auf vielen der genannten Flüsse möglich, außerdem bei Ushuaia, El Chaltén, Viedma, Puerto Madryn, Paraná, Rosario und Salta. Kajakfahren auf dem Meer kann man im Naturreservat Río Deseado und bei der *estancia* (Ranch) an der Bahía Bustamante.

Gleitschirmfliegen & Fallschirmspringen

Gleitschirmfliegen ist in Argentinien sehr beliebt. Daher werden auch an mehreren Orten Tandemflüge oder entsprechende Unterrichtsstunden angeboten. Viele Anbieter für Gleitschirmflüge haben ihren Sitz in Bariloche. Tucumán ist besonders groß in diesem Sport, aber Salta, La Rioja und Merlo sind gute Alternativen im oder in der Nähe des andinen Nordwestens. Der vielleicht aufregendste Ort zum Gleitschirmfliegen ist La Cumbre in den Sierras de Córdoba – das gilt auch fürs Fallschirmspringen.

Reiseplanung

Essen & trinken wie die Einheimischen

Argentinier haben in der Kunst des Grillens eine unvorstellbare Perfektion erreicht. Die besten Pizzas stehen denen aus Neapel in nichts nach. Hier bekommt man zudem einen wunderbaren Wein. Der für das Land so typische Mate-Tee fungiert als soziales Bindeglied unter Familienangehörigen und Freunden. Und die Geschmacksnerven jubilieren einfach nur, wenn sie auf das unvergleichlich leckere argentinische Eis treffen.

Tipps zum Ausgehen

Reservierungen

Sind nur an Wochenenden in gehobenen Restaurants oder in der Hochsaison in Touristenstädten wie Mar del Plata oder Bariloche erforderlich.

Das Budget

Wer zum Mittagessen das *menú del día* oder *menú ejecutivo* wählt, kann einiges sparen. Diese festen Menüs beinhalten im Allgemeinen ein Hauptgericht mit Dessert und Getränk.

Große, moderne Supermärkte gibt es fast überall, und hier findet sich alles, was der Selbstversorger so braucht. In der Regel gibt es dort auch eine Theke für den Außenverkauf.

Die Rechnung

Die Rechnung fordert man mit dem Satz „*la cuenta, por favor*" („die Rechnung, bitte") oder man gibt ein entsprechendes Handzeichen. Manche Restaurants nehmen Kreditkarten an, in vielen aber (besonders den kleineren) ist nur Barzahlung möglich.

In feineren Restaurants erscheint auf der Rechnung ein *cubierto* (ein kleiner Aufpreis für Brot und Besteck). Das sollte man nicht mit dem Trinkgeld verwechseln; dafür zahlt man noch einmal rund zehn Prozent extra.

Grundnahrungsmittel & Spezialitäten

Rindfleisch

Als die ersten Spanier zum ersten Mal nach Argentinien kamen, brachten sie einige Rinder mit. Ihre Bemühungen, eine Kolonie zu gründen, scheiterten damals jedoch, und die Herden wurden in den Pampas zurückgelassen. Hier fanden die Rinder so etwas wie ein Paradies auf Erden: viel saftiges, frisches Gras und nur wenige natürliche Feinde. Als die Europäer dann später erneut zur Kolonisierung anreisten, übernahmen sie diese verwilderten Herden zusammen mit anderen Rinderrassen.

Üblicherweise fraßen argentinische frei laufende Rinder nährstoffreiches Pampasgras und wurden ohne Antibiotika und Wachstumshormone aufgezogen. Diese Kultur ist aber inzwischen leider größtenteils verloren gegangen, sodass heute der überwiegende Teil vom Rindfleisch für die Restaurants aus Mastställen kommt.

Der durchschnittliche Rindfleischverbrauch liegt in Argentinien bei 59 kg pro Person und Jahr – in früheren Jahren war es noch deutlich mehr.

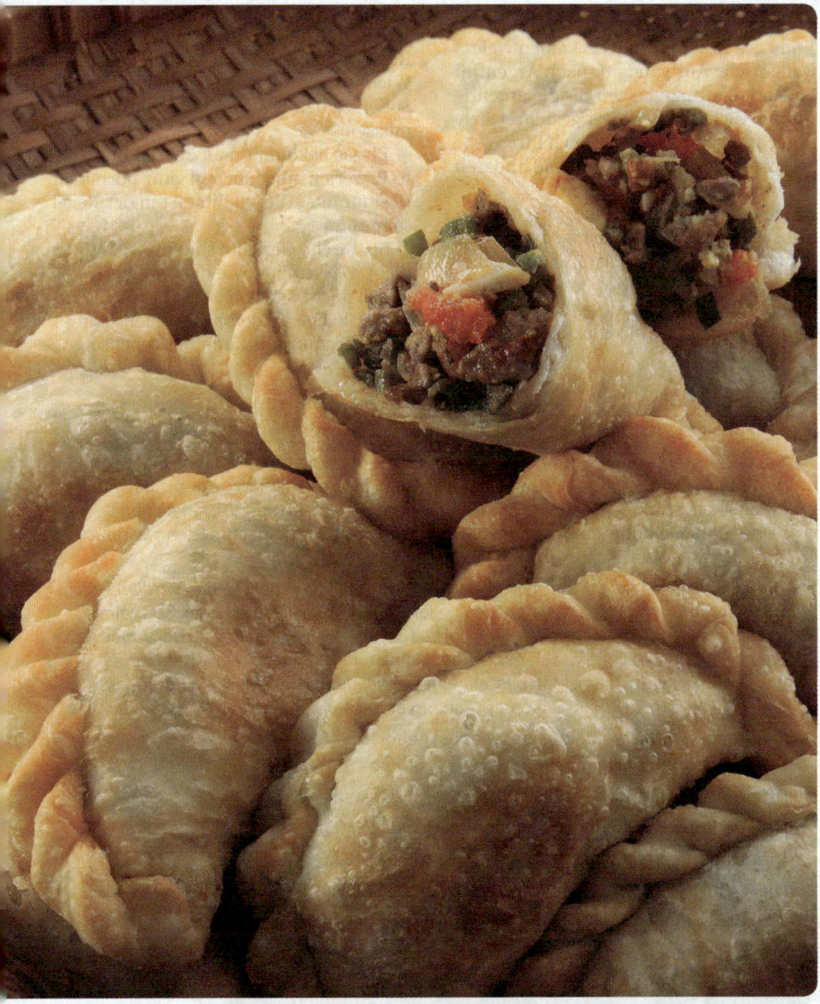

ROBERT FRERCK / GETTY IMAGES ©

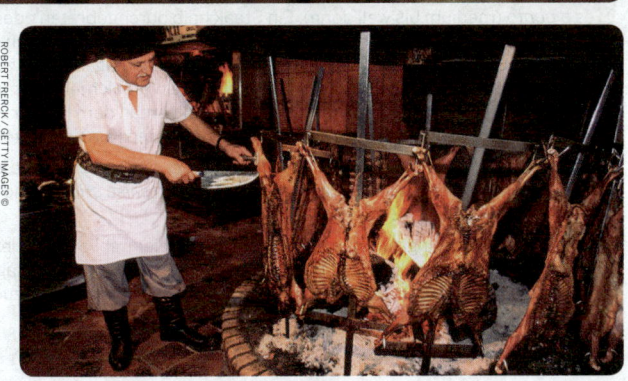

Oben: Empanadas

Unten: Eine traditionelle *parrilla*

Italienisch & Spanisch

Ende des 19. Jahrhunderts kamen viele italienische Auswanderer nach Argentinien – mit enormen Folgen für die argentinische Küche. Außer ihrer gestenreichen Sprechweise brachten sie auch ihre Liebe zu Pasta, Pizza, Gelato (Eis) und anderen italienischen Spezialitäten mit.

Viele Restaurants machen ihre Pasta selbst – sie heißt dann *pasta casera* (hausgemachte Pasta). Zur Pasta-Vielfalt gehören *ravioles, sorrentinos* (große, runde Ravioli-ähnliche Paste), *ñoquis* (Gnocchi) und *tallarines* (Fettuccine). Zu den Standardsoßen gehören *tuco* (Tomatensoße), *estofado* (Rindfleischeintopf, beliebt mit Ravioli) und *salsa blanca* (Béchamel). Wichtig zu wissen ist allerdings, dass die Soßen zu den Paste extra bezahlt werden müssen.

Pizzas bekommt man überall im Land in Pizzerien, aber auch in ganz normalen Restaurants. Die Qualität ist in der Regel sehr gut.

Spanische Gerichte sind in Argentinien nicht so verbreitet wie italienische, sie bilden aber trotzdem einen Eckpfeiler der Landesküche. In den zahlreichen spanischen Restaurants kann man ebenso gut

RINDFLEISCH IST NICHT GLEICH RINDFLEISCH

Beim Betreten einer traditionellen *parrilla* (Steakrestaurant) atmet man einmal tief die Luft am bruzzelnden Grill ein und sucht sich dann einen Platz. Wer bislang nur zwischen maximal zwei oder drei Steakzuschnitten wählen konnte, hat es nun in seiner Entscheidung schwer, denn die Speisekarte stellt mindestens zehn Varianten zur Auswahl. Was also tun?

Wer ein bisschen von allem probieren möchte, wählt am besten die *parrillada* (gemischte Grillplatte). Dazu gehören in der Regel *chorizo* (Rinds- oder Schweinswürstchen), *costillas* (Rippchen) und *carne* (Rindfleisch). Möglich sind dort aber auch exotischere Dinge wie *chinchulines* (kleine Innereien), *mollejas* (Kalbsbries) und *morcilla* (Blutwurst). Man bestellt eine *parrillada* für beliebig viele Personen und die *parrilla* wird die Portionen entsprechend anpassen.

Zu den wichtigsten Rindfleischstücken gehören:

Bife de chorizo Lendensteak; ein dickes, saftiges Stück

Bife de costilla T-Bone-Steak oder Porterhousesteak

Bife de lomo Filet; ein zartes und geschmacklich milderes Stück

Cuadril Rumpsteak; oft ein dünn geschnittenes Stück

Ojo de bife Ribeye-Steak; eine Auswahl kleinerer Stückchen

Tira de asado kurze Rippchen; dünne, knusprige Rippchenstreifen

Vacío Flanken- oder Bauchlappensteak; durchwachsen und lecker

Wer keine genaueren Angaben zu seinem gewünschten Steak macht, bekommt es *a punto* (medium bis well done). Ein Steak halb durchgebraten oder blutig zu bekommen, ist schwieriger als man vermutet. Wer sein Fleisch innen ein wenig rosa möchte, sollte es *jugos* bestellen; wer es richtig blutig mag, bestellt *vuelta y vuelta* und hofft auf Erfolg ... Recht oft bekommt man sein Steak mehr als gut durchgebraten; hat man eine ganz spezielle Vorstellung, sollte man dem Kellner vielleicht ein Foto vom angeschnittenen Fleisch in der gewünschten Konsistenz zeigen.

Auf jeden Fall sollte man *chimichurri* probieren, eine leckere Soße aus Olivenöl, Knoblauch und Petersilie. Gelegentlich gibt es auch *salsa criolla*, eine Würze aus gewürfelten Tomaten, Zwiebeln und Petersilie.

Wer eine Einladung zu einem *asado* (einer Grillfeier mit Familie oder Freunden) bekommt, kann sich glücklich schätzen und sollte auf jeden Fall zusagen – hier wurde die Kunst des Grillens wirklich zur Perfektion gebracht, und zudem ist es ein einzigartiges soziales Ereignis.

Paella bestellen wie typisch spanische Fischgerichte. Viele der angebotenen *guisos* und *pucheros* (Eintopfgerichte) sind spanischer Herkunft.

Regionale Spezialitäten

Obwohl der Terminus *comidas típicas* in Zusammenhang mit allen möglichen regionalen Gerichten auftaucht, wird er vor allem für die Küche aus dem bergigen Nordwesten verwendet. Die Gerichte aus diesem Landesteil haben ihre Wurzeln in präkolumbischen Zeiten und zeigen damit größere Gemeinsamkeiten mit der bolivianischen und peruanischen als mit der europäisierten Küche im restlichen Argentinien.

Das Essen ist meist stark gewürzt bzw. scharf und damit eine Ausnahme in einem Land, in dem alles Scharfe als unerträglich gilt. Zu den typischen Gerichten zählen *locro* (ein herzhafter Getreideeintopf mit Fleisch), aber auch *tamales* sowie *humitas* (süße Tamales) und gebratene *empanadas*.

In Patagonien steht Lamm genauso oft auf der Speisekarte wie Rindfleisch. An der Küste isst man gern Fischgerichte, Austern und Königskrabben, im Seengebiet Wild, Wildschwein und Forelle. Im Westen brüsten sich die Provinzen Mendoza, San Juan und La Rioja mit ihrem *chivito*, dem Fleisch junger Ziegen. Im Nordosten werden oft *dorado*, *pacu* (Verwandte der Piranhas) und *surubí* (eine Art Wels) angeboten.

Snacks

Überall in der Stadt gibt es *kioscos* (Kioske), die Süßigkeiten, Kekse, Eis und abgepackte Sandwiches verkaufen. An den Straßen werden auf Verkaufswagen *pancho* (Hot Dog) und *garrapiñadas* (süße geröstete Erdnüsse) frisch zubereitet und angeboten.

Sandwiches de miga (dünne Sandwiches ohne Kruste, normalerweise mit Käse und Schinken gefüllt) sind ebenfalls beliebte Snacks. *Lomitos* (Steaksandwiches) sind

MATE & DAS RITUAL

Mit der Zubereitung und dem Genuss von *Mate* ist mehr verbunden als das bloße Getränk. Es handelt sich um ein ausgefeiltes Ritual unter Familienangehörigen, Freunden und Kollegen.

Yerba mate ist das getrocknete, zerkleinerte Blatt des *Ilex paraguayensis*, eines Verwandten des gemeinen Ilex (Stechpalme). Argentinien ist weltweit der größte Produzent und Konsument dieses Produkts: Die Argentinier vertilgen pro Jahr und Person durchschnittlich fünf Kilogramm dieser Blätter.

Allein schon die Zubereitung und erst recht das Trinken sind ein echtes Ritual. Eine bestimmte Person, der *cebador*, füllt das Kürbisgefäß fast bis zum Rand mit *yerba* und schüttet dann langsam heißes Wasser darüber. Dann reicht der *cebador* das Gefäß abwechselnd jedem am Tisch; getrunken wird mit Hilfe der *bombilla*, einem Trinkhalm aus Metall mit einem Sieb am unteren Ende. Jeder am Tisch trinkt das Gefäß jeweils leer. Die *bombilla* darf keinesfalls berührt werden und das Gefäß soll möglichst zügig an den nächsten Trinker weitergereicht werden. Ein schlichtes *gracias* sagt dem *cebador*, dass der Nächste dran ist.

Eine Einladung zum Mate ist eine Art kulturelles Muss und sollte nicht ausgeschlagen werden. Mate ist jedoch ein gewöhnungsbedürftiges Getränk und schmeckt für Neulinge anfangs sehr heiß und bitter, weshalb ein bisschen Zucker eventuell hilft.

Mate gibt es nur selten in Restaurants oder Cafés; man kauft stattdessen einfach eine Thermosflasche, eine Kürbisflasche, die *bombilla* und eine Tüte mit den Kräutern in jedem großen Supermarkt. Die Kürbisflasche härtet man mit heißem Wasser und *yerba* und lässt sie 24 Stunden stehen. Fast alle Restaurants, Cafés und Hotels befüllen die Thermosflaschen, manchmal gegen eine kleine Gebühr. Man wischt seine Thermosflasche einfach aus und fragt: *„¿Podía calentar agua para mate?"* („Würden Sie mir bitte etwas Wasser für *Mate* heiß machen?"). Und schon findet man neue Freunde.

Oben: Mate

Unten: *Alfajores*, gefüllt mit *dulce de leche*

das beste, was Argentinien an Sandwiches zu bieten hat; *choripán* ist ein klassisches Sandwich mit Grillwürstchen.

Empanadas – kleine gefüllte Teigtaschen, die es überall in Argentinien gibt – werden in jeder Region des Landes unterschiedlich zubereitet (im Nordwesten der Anden gibt es mit würzigem Rinderhackfleisch gefüllte *empanadas*, wohingegen in Patagonien eine Lammfleischfüllung üblich ist). *Empanadas* sind eine schmackhafte, schnelle Zwischenmahlzeit, die sich besonders gut für Busreisen eignen.

Desserts & Süßigkeiten

Zwei der allerbesten Köstlichkeiten des Landes sind *dulce de leche* (eine mit Karamellzucker gesüßte Milchcreme) und *alfajores* (runde, keksartige Sandwiches, oftmals mit Schokoüberzug). Jede Region Argentiniens besitzt ihre eigene Variante von *alfajor*.

Aufgrund von Argentiniens italienischem Erbe ist das argentinische *helado* vergleichbar mit dem besten Eis, das es sonst noch auf der Welt gibt. In jeder Stadt gibt es einige *heladerías* (Eisdielen), wo die leckersten Kreationen in der Waffel oder im Becher aufgetürmt werden. Das Eis wird dann mit einem Plastiklöffel, der in die Seite gesteckt wird, ausgegeben. Das sollte man sich auf keinen Fall entgehen lassen!

In Restaurants stehen häufig Obstsalat und Eis auf der Speisekarte; *flan* ist eine gestockte Masse aus Eiern und Milch, entweder mit einem Sahnehäubchen oder einem Überzug aus *dulce de leche*.

Getränke
Alkoholfreie Getränke

Argentinier lieben ihren Kaffee, und man kann ihn in verschiedensten Variationen bestellen. Ein *café con leche* ist ein Milchkaffee (halb Kaffee, halb Milch), wohingegen ein *cortado* ein Espresso mit etwas Milch ist. Ein *café chico* ist ein Espresso und eine *lagrima* ist viel Milch mit nur einigen Tropfen Kaffee.

Té negro oder *té común* ist schwarzer Tee; ein Kräutertee ist in der Regel *manzanilla* (Kamille). Schokoladenliebhaber sollten einen *submarino* probieren, einen in heißer Milch geschmolzenen Schokoriegel. Frisch gepresster Orangensaft heißt *jugo de naranja exprimido*. Ein *licuado* ist ein Obstsaft mit Milch oder Wasser.

Selbst in großen Städten wie Buenos Aires ist das *agua de canilla* (Wasser aus dem Wasserkran) trinkbar. In Restaurants bestellen die meisten Leute jedoch Mineralwasser in Flaschen – man unterscheidet *agua con gas* (mit Kohlensäure) oder *agua sin gas* (ohne Kohlensäure). In älteren, traditionellen Restaurants ist Tafelwasser aus Sodasprühflaschen (*un sifón de soda*) eine tolle Sache. *Gaseosas* (nichtalkoholische Erfrischungsgetränke) sind in Argentinien sehr beliebt.

Alkoholische Getränke

Mendoza ist Argentiniens größtes Weinanbaugebiet und weltbekannt wegen seines kräftigen Malbec-Weins, aber auch in anderen Provinzen werden hervorragende Weine gekeltert. San Juan ist wegen seines wohlschmeckenden Syrah und Cafayate wegen seines Torrontés, eines knackigen, trockenen Weins berühmt. Inzwischen kennt man auch Patagonien als Anbaugebiet eines Pinot Noir.

Wenn Argentinien denn überhaupt eine eigene Biersorte aufweisen kann, dann ist es Quilmes. Wer einen *porrón* bestellt, bekommt ein Flaschenbier (in Buenos Aires einen halben Liter, weiter nördlich eine große Flasche); ein *chopp* ist ein kühler gezapfter Krug. Wenn man Bier ohne eine Mahlzeit bestellt, gibt es meist einen kostenlosen Snack dazu.

Feinere Restaurants reichen dem Gast eine Weinkarte (*la carta de vinos*). Sommeliers sind eher rar.

Zu den etwas härteren Getränken zählt insbesondere Fernet Branca, ein bitterer italienischer Kräuterdigestif, der ursprünglich als Medizin diente. Fernet con Coke ist der beliebteste Cocktail Argentiniens und entgegen der weit verbreiteten Behauptungen, davon bekomme man keinen Kater, muss man festhalten: Man bekommt ihn durchaus!

Wohin zum Essen & Trinken?

Restaurants sind zum Mittagessen im Allgemeinen von 12 bis 15 Uhr geöffnet und von 21 Uhr bis Mitternacht zum Abendessen, wobei es natürlich von Restaurant zu Restaurant durchaus Unterschiede geben kann.

Das beste Fleisch bekommt man in einer *parrilla* (Steakrestaurant). Pizzerias servieren Pizzas und *panaderías* sind Bäckereien. *Confiterías* (Cafés, die leichte Mahlzeiten servieren) sind ganztägig bis tief in die Nacht geöffnet und stellen oftmals eine breite Auswahl an Speisen und Getränken bereit. Cafés, Bars und Kneipen haben gewöhnlich nur eine kleinere Auswahl an Snacks und Gerichten, manche bieten aber auch ein komplettes Menü. Ein *tenedor libre* (wörtlich: „freie Gabel") ist ein All-You-Can-Eat-Restaurant; die Qualität ist ganz ordentlich, aber oft ist ein kleines Getränk verpflichtend und kostet extra.

Argentinier essen wenig zum Frühstück, meist nur einen Kaffee mit *medialunas* (Croissants – entweder *de manteca*, süß, oder *de grasa*, neutral). *Tostadas* (Toast) mit *manteca* (Butter) oder *mermelada* (Marmelade) ist eine gute Alternative; Gleiches gilt für *facturas* (Gebäck). Teurere Hotels und B&Bs servieren oftmals herzhaftere Speisen zum Frühstück.

Vegetarier & Veganer

Reform- oder Biokost und auch vegetarische Restaurants findet man zwar in den großen Städten, aber außerhalb, auf dem Lande, wird es schon schwieriger.

Auf den meisten Speisekarten finden sich auch ein paar vegetarische Gerichte, Paste sind ohnehin fast überall zu haben. Pizzerias und *empanaderías* (*Empanada*-Lokale) sind eine gute Wahl – man sollte sich am besten für *empanadas* mit *acelga* (Mangold) und *choclo* (Mais) entscheiden. Wen es in eine *parrilla* verschlagen hat, sollte Salate, Omeletts, Pasta, gebackene Kartoffeln, *provoleta* (eine dicke Scheibe von gegrilltem Provolone-Käse) oder Röstgemüse wählen. Auch *pescado* (Fisch) und *mariscos* (Meeresfrüchte) sind manchmal erhältlich.

Sin carne bedeutet „fleischlos", und die Ansage *soy vegetariano/a* („Ich bin Vegetarier") ist dann angebracht, wenn man einem Argentinier klar machen will, warum man eben kein argentinisches Steak essen möchte.

Wesentlich schwerer haben es Veganer; die entsprechende Vokabel lautet *vegano/a*. Wem das wichtig ist, sollte prüfen, ob in der hausgemachten Pasta keine Eier verwendet wurden und das gebratene Gemüse nicht in Schmalz (*grasa; manteca* ist Butter) zubereitet wurde. Auch beim Brot kann man sich nicht ganz sicher sein; manche Sorten enthalten Milch oder Käse. Kreativität ist wichtig, will man als Veganer in Argentinien überleben. Tipp: In einer Unterkunft mit Küche kann man sich selbst nach Gusto etwas kochen.

Reiseplanung

Reisen mit Kindern

Obwohl Argentinien bestens bekannt ist für Steaks, Gauchos und Tango – und das sind ja nicht gerade kindgerechte Themen –, gibt es in diesem Land dennoch viele Dinge, die auch für die Kleinen von Interesse sind: beeindruckende Dinosauriermuseen, Badeorte zum Plantschen und viele Outdoor-Angebote zum Austoben. Man glaubt es kaum, aber auch Argentinien kann ein wunderbares Ziel für Familien mit Kindern sein.

Argentinien für Kinder

Argentinien ist ein bemerkenswert kinderfreundliches Land, vor allem was die Reisesicherheit und die Einstellung der Leute gegenüber Familien mit Kindern betrifft. Denn in diesem Land steht die Familie an erster Stelle.

In der Regel sind die Kinder in der Öffentlichkeit sicher aufgehoben, auch wenn sie einmal eine Zeit lang nicht von Erwachsenen beaufsichtigt werden.

Die zahllosen Plazas und Parks in den argentinischen Städten und Dörfern, viele mit Spielplätzen, sind recht beliebte Treffpunkte für einheimische Familien und Touristen. Argentinier berühren sich im Alltagsleben häufig, und freundliche Fremde streichen Kindern oft ganz arglos liebevoll über den Kopf. Dazu kann man beobachten, dass Kinder große „Eisbrecher" sind und durch ihre Anwesenheit den Kontakt mit den Einheimischen erleichtern.

Oft sieht man argentinische Familien mit ihren Kindern noch bis in die späten Abendstunden auf der Straße, aber das ist in Argentinien, wie in fast allen südlichen Ländern, ganz normal und gehört zum sozialen Miteinander.

Top-Regionen für Kinder

Buenos Aires

In Argentiniens Hauptstadt gibt es etliche Museen, Parks und Shopping-Malls – viele davon mit Spielbereichen für Kinder. Weitere Details auf S. 78.

Atlantikküste

Strände, Strände und nochmals Strände – Schwimmsachen und Sonnenschutz einpacken und dann Sandburgen bauen!

Iguazú

Wasserfälle und Wildnis pur; dazu noch die abenteuerlichen Bootsfahrten, bei denen man garantiert Spaß hat und ordentlich nass wird.

Península Valdés

Hier wimmelt es nur so von Tieren, darunter Wale, Seeelefanten und putzige Pinguine.

Bariloche

Ein Paradies für Outdoor-Fans – Wandern, Klettern, Reiten und Rafting.

Mendoza

Weinproben sind natürlich nichts für Kinder, aber man kann hier auch Skifahren gehen und zum Wildwasser-Rafting aufbrechen.

Highlights für Kinder

Tiere beobachten

➡ Empfehlenswert ist der Zoo **Güirá Oga** (S. 223) in der Nähe der Iguazú-Fälle.

➡ In den **Esteros del Iberá** (S. 199) wimmelt es nur so von Sumpfhirschen, Mohrenkaimanen und den liebenswerten Wasserschweinen.

➡ Auf der **Península Valdés** (S. 464) kann man Wale, Seeelefanten und befrackte Pinguine sehen .

➡ Der **Jardín de los Niños** in Rosario (S. 173) ist ein Erlebnispark mit Aktivitäten und Rätselaufgaben für die Kleinen.

Spaß & Action

➡ **Parque de la Costa** (S. 78), ein Freizeitpark in Tigre direkt vor den Toren von Buenos Aires, lockt mit Achterbahnen und vielen anderen Attraktionen.

➡ **Complejo Termal Cacheuta** (S. 381) außerhalb von Mendoza ist ein Thermalbad mit Wellenbad und Wasserrutschen.

➡ Die Anden rund um Bariloche und Mendoza sind ein großartiges Skigebiet.

An Regentagen

➡ Im **Museo Paleontológico Egidio Feruglio** (S. 470), dem Dinosauriermuseum von Trelew, können Kinder sogar übernachten.

➡ Das **Museo de La Plata** (S. 133) ist Argentiniens interessantestes naturhistorisches Museum; die Tierpräparate und Skelette sind besonders beeindruckend.

➡ Das **Glaciarium** (S. 528) ist das raffinierteste Museum von El Calafate; es gibt interessante Einblicke in die Welt der Gletscher.

➡ Größere Einkaufszentren haben oft Spielplätze, Video-Arkaden, Spielwarenläden und Eisdielen.

Outdoor-Spaß

➡ Der überaus aktive Glaciar Perito Moreno in El Calafate zieht Besucher aller Altersgruppen an.

➡ Die Strände an der argentinischen Atlantikküste sind familienfreundlich und haben viel Sand, Sonne und tolle Wellen zu bieten.

➡ Reiten und folkloristische Darbietungen zählen zu den Höhepunkten bei einem Aufenthalt auf einer *estancia* (Ranch).

Reiseplanung

Für Outdoor-Aktivitäten eignet sich die Zeit außerhalb der Wintermonate Juni bis August (ausgenommen Skifahren). Für Kleinkinder gibt es Ermäßigungen bei Aufenthalten in Motels, bei Museumsbesuchen und in Restaurants. Supermärkte führen ein großes Sortiment an Babynahrung, Säuglingsmilchnahrung, Wegwerfwindeln, Feuchttüchern und anderen nützlichen Dingen. Auch große Apothekenketten wie Farmacity führen solche Artikel.

Auf überfüllten und unebenen Gehwegen ist das Schieben eines Kinderwagens beschwerlich, eine Babytrage oder ein Tragetuch ist praktischer. Öffentliche Toiletten sind meistens ganz schlicht eingerichtet, Wickeltische findet man kaum.

Süße Träume

In den allermeisten Hotels sind Familien mit Kindern willkommen, in den besseren Häusern wird ein Babysitterservice angeboten. Probleme mit sehr kleinen Kindern gibt es in manchen kleinen Boutiquehotels oder Pensionen. Hostels sind im Allgemeinen nicht sonderlich gut für Familien mit Kindern geeignet, obwohl Familien dort manchmal willkommen sind.

In den Sommermonaten sollte man ein Hotel mit Swimmingpool buchen. Praktisch sind Zimmer mit Küchenzeile. Apartments findet man vor allem in Buenos Aires; in ländlichen Feriengebieten kann man *cabañas* mit ausgestatteten Küchen reservieren. Auch größere Campingplätze verfügen über *cabañas*, gemeinsame Kochgelegenheiten und manchmal Spielplätze.

Essen gehen

Die meisten Restaurants bieten spezielle Kindermenüs an, darunter Gemüse, Nudeln, Pizza, Hühnchen und *milanesas* (panierte Koteletts). Empanadas sind gesunde Snacks und werden zudem noch mit großem Spaß vertilgt. Keinesfalls sollte man in Argentinien auf Eis verzichten – eine wahre Köstlichkeit!

Unterwegs

Argentinier sind in öffentlichen Verkehrsmitteln sehr hilfsbereit. Taxis und *remises* (Funktaxis) sind in den meisten Städten verbreitet und auch recht erschwinglich.

Argentinien im Überblick

Das achtgrößte Land der Erde hat mehr als genug zu bieten: Naturlandschaften jeder Art, von gletscherbedeckten Berggipfeln bis zu kakteenübersäten Wüsten, von artenreichen Sumpfgebieten bis zu ariden Steppen. Wer Outdoor-Abenteuer sucht, kommt garantiert auf seine Kosten. Strandliebhaber genießen ihr Sonnenbad auf dem warmen Sand, und Weinkenner verkosten edle Tropfen direkt vor Ort in den Weingütern.

Die größeren Städte, allen voran Buenos Aires und Córdoba, stellen mit ihren Angeboten jeden Nachtschwärmer zufrieden. Außerdem gibt es ein schier endloses Angebot an Unterhaltungsprogrammen, Läden und Restaurants und dazu auch noch Kultur: exzellente Museen, Tango-Salons und viel Kolonialgeschichte. Argentinien bietet also wirklich alles, was das Herz begehrt – man muss sich einfach nur auf den Weg machen und natürlich auch genügend Zeit mitbringen.

Buenos Aires

Essen
Nachtleben
Tango

Steaks & mehr

Es gibt viele gute Steakrestaurants. Daneben entdeckt man dort noch Dutzende internationaler Lokale mit den Speisen aus Mexiko, Brasilien, Indien, China, Thailand, aus dem Orient – also aus praktisch allen Teilen der Welt.

Nach Mitternacht

Buenos Aires ist tatsächlich eine Stadt, die niemals schläft. Nach dem Abendessen – das an Wochenenden oftmals erst nach Mitternacht beendet ist – gehen die *porteños* (Bewohner von BA) noch in eine Bar oder Kneipe und dann ab 2 Uhr in die Nachtclubs. Viele andere Events finden zu „vernünftigen" Zeiten statt, aber tendenziell bleibt die Stadt eben lange wach.

Bereit zum Tanz?

Ach, der Tango! Dieser erotische Tanz hat es wirklich in sich. Und in BA finden unzählige Tanzveranstaltungen und -kurse statt, außerdem hochrangige Wettkämpfe. Also: Tanzschuhe einpacken und bereit sein für ein Abenteuer – dies ist die Stadt des Tangos!

S. 56

Die Pampas & die Atlantikküste

**Strände
Gauchos
Wandern**

Strandleben

Im Januar werden die Küstenstädte wie Mar del Plata, Pinamar und Necochea von sonnengebräunten Argentiniern heimgesucht, die sich am Strand rösten und die ganze Nacht Partys feiern.

Gaucho-Kultur

Die Zeit der legendären Gauchos liegt schon Jahrhunderte zurück, doch beim alljährlichen Festival in San Antonio de Areco wird ihr Erbe lebendig gehalten. Auch beim Besuch einer *estancia* (Farm) kann man mitunter entsprechende Vorführungen erleben: Reitkünste, aber auch *asados* (Grillfeste).

Wandern & Natur

Das uralte, verwitterte Hochland der Pampas ist natürlich nicht so spektakulär wie die geologisch jüngeren Anden. Doch rund um Sierra de la Ventana gibt es einige Wanderungen mit großartigen Ausblicken auf die Landschaft – darunter eine Stelle, an der man durch ein „Felsenfenster" schauen kann.

S. 129

Die Iguazú-Fälle & der Nordosten

**Wasser
Tierwelt
Missionsstationen**

Breite Flüsse & und der mächtige Iguazú

Die Städte an den beiden wichtigsten Flüssen der Region sind ideal zum Bootfahren, Bummeln, Essen und Partymachen, während Angler Fische aus den Fluten ziehen. Weiter nördlich faszinieren die Iguazú-Fälle.

Wasserschweine

In den Feuchtgebieten Esteros del Iberá lebt eine artenreiche Tierwelt, darunter Kaimane, Vögel und pummelige Wasserschweine. Weiter nördlich trifft man im Nationalpark von Iguazú auf ein Urwald-Ökosystem mit ebenso reicher, aber völlig andersartiger Tierwelt.

Jesuitische Ruinen

Die Jesuiten bauten im 17. und 18. Jh. entlegene *reducciones* (Missionen), um dort die heimischen Guaraní-Indios zu bekehren und zu schützen. Die Einrichtungen florierten etwa 150 Jahre, bis die Jesuiten vertrieben wurden und die Missionen den Sklavenüberfällen und der Kolonialisierung überlassen wurden.

S. 168

Salta & der andine Nordwesten

**Kultur der Ureinwohner
Kolonialstädte
Aktivitäten**

Vor Kolumbus

Im Nordwesten herrschten zunächst die Inkas; dann kamen die Spanier. Jahrhunderte später sind nur noch Ruinen von ihren Städten geblieben, aber das Essen, das Alltagsleben und das Kunsthandwerk zeugen noch immer von einer alten, lebendigen, sich stets wandelnden Kultur.

Historische Städte

Hier im Nordwesten befinden sich die ältesten Städte des Landes. Die Mischung aus ehrwürdigen Kirchen, vornehmen Fassaden und hübschen, baumbestandenen Plazas verleiht ihnen ein einzigartiges Ambiente.

Sportlich unter freiem Himmel

Die Topografie wird von den Anden bestimmt und ermöglicht hervorragende Kletter-, Wander- und Geländewagentouren. Einen anderen Akzent setzen subtropische Nationalparks mit ihrer üppigen Vogel- und sonstigen Tierwelt. Drachen- und Gleitschirmflieger können hier die Welt von oben betrachten.

S. 248

Córdoba & die Pampinen Sierren

Historische Gebäude
Nachtleben
Paragliding

Jesuitisches Erbe

Die Jesuiten haben in Córdoba mehr hinterlassen als nur Wein und eine gute Schulbildung – nämlich ein paar herausragende Bauwerke. In der Innenstadt gibt es einen ganzen Block mit gut erhaltener Jesuitenarchitektur, weitere Objekte sind über die Provinz verstreut.

Nachtleben

Independent-Filme oder Theaterstücke, Tanz oder ein paar ruhige Drinks in einer gemütlichen Bar – in Córdoba mit seiner jungen Szene kann man sich alle Wünsche erfüllen.

Könige der Lüfte

Wer immer schon vom Paragliden geträumt hat, sollte seine Träume hier wahr werden lassen: An weltberühmten Orten wie La Cumbre oder Merlo bieten Könner Tandemflüge ins Reich des Kondors an.

S. 325

Mendoza & die Zentralen Anden

Weinanbau
Berge
Rafting

Land der Trauben

Hier schlägt das Herz der argentinischen Weinkultur! Man besucht Weingüter, plaudert mit den Winzern und schaut sich an, wie die edlen Tropfen in die Flasche kommen.

Hoch hinaus

Die ganzjährig mit Schnee bedeckten Andengipfel vor dem Horizont – das ist ein klassisches Bild Argentiniens. Wer näher heranfährt, möchte vielleicht sogar den Aconcagua besteigen oder seine Skikünste auf den Weltklasse-Pisten von Mendoza demonstrieren.

Reißendes Wasser

Die Schneeschmelze der Anden versorgt nicht nur die Weinreben mit Wasser. Hier entspringen auch ein paar Gebirgsflüsse, die das Herz aller Wildwasserfreunde höher schlagen lassen.

S. 362

Bariloche & das Seengebiet

Aktivitäten
Dörfliches Leben
Paläontologie

Hinaus in die Natur!

Im Seengebiet kann man das ganze Jahr über etwas unternehmen. Skibegeisterte zieht es im Winter auf die Pisten der Top-Wintersportgebiete, während die Bergpfade, Hütten und herrlichen Aussichten zu anderen Zeiten des Jahres ein Paradies für Wanderer darstellen.

Ausspannen

Schön an dieser Region sind auch die vielen kleinen Bergdörfer inmitten von Wäldern und atemberaubenden Gipfeln – besser kann man der Großstadt gar nicht entfliehen.

Jurassic Parks

In dieser Gegend lebten einst ein paar wirklich riesige Tiere, darunter die größten Dinosaurier und die größten Fleischfresser der Welt. Ihre Fundstätten sind öffentlich zugänglich.

S. 404

Patagonien

Wandern
Tierbeobachtung
Abenteuer

Patagonische Wanderungen

Zu Recht berühmt sind die Wanderwege um Fitz Roy und Torres del Paine. Wer genügend Zeit mitbringt, sollte aber auch die tausendjährigen Wälder im Parque Nacional Los Alerces und die türkisfarbenen Seen im abgelegenen Parque Nacional Perito Moreno aufsuchen.

Wilde Kreaturen

Im Wasser tummeln sich hier zahllose Tiere, weshalb die Küsten und vor allem die Península Valdés bei Naturfreunden hoch im Kurs stehen. An Land kann man Guanako-Herden und Nandus bestaunen, und obem am Himmel kreist der Kondor.

Freiheit & Abenteuer

Ausritte auf einer *estancia,* Autofahrten auf der RN 40, ein Ausflug zum Gletscher oder das Erlebnis der wirklich wilden Anden: Patagonien verschafft einem das Erlebnis grenzenloser Freiheit.

S. 452

Feuerland

Wandern
Seereisen
Wintersport

Unterwegs mit dem Wanderstab

Die langen Tage des südlichen Sommers sind ein echtes Geschenk für Rucksackreisende. Klassisch ist die Wanderung in den Dientes de Navarino, großartige Natur präsentieren aber auch die subantarktischen Wälder im Parque Nacional Tierra del Fuego.

Segel setzen

Man muss nicht unbedingt Kap Hoorn umrunden, um die Magie dieser südlichen See zu spüren. Es genügt eine Fahrt durch den Beagle-Kanal, eine Bootstour durch chilenische Fjorde oder ein Trip mit dem Seekajak.

Weiße Wunderwelt

Wie wäre es mit einer Winterreise zum eisigen Ende der Welt? Von Juni bis Oktober lockt im Land um Ushuaia das weiße Abenteuer. Dann rast man die Pisten am Cerro Castor hinab, macht Langlauf oder saust mit dem Hundeschlitten durch die Schneeverwehungen. Feuerwerke, Meeresfrüchtebankette und gemütliche Lodges krönen den Tag.

S. 570

Uruguay

Strände
Estancias
Essen & Wein

Küstenspaß für jedermann

Das Strandtreiben an der Atlantikküste von Uruguay hat viele Facetten: Surfer warten bei La Pedrera auf die perfekte Welle, andere bewundern die Seelöwen von Cabo Polonio oder lauern in Punta del Este auf Prominenz.

Weites Land

Uruguays Gaucho-Seele lebt in den Weiten des Landesinneren. Wer das traditionelle Rancherleben kennenlernen möchte, verbringt ein paar Tage auf einer *estancia:* Tagsüber reitet man dem endlosen Horizont entgegen, abends entfalten das Lagerfeuer und der klare Sternenhimmel ihren Zauber.

Paradies für Fleischliebhaber

Irgendwo wird in Uruguay immer etwas gegrillt. Die typische *parrillada* besteht aus Steaks, Schweinekoteletts, Chorizo und *morcilla* (Blutwurst). Dazu schmeckt ein Glas vom heimischen Tannat-Wein.

S. 599

Reiseziele

Buenos Aires

011 / 3 MIO. EW / 203 KM²

Auf nach Buenos Aires!

Man nehme eine Metropole mit Gourmet-Küche, tolle Einkaufsmöglichkeiten und ein flippiges Nachtleben – und fertig ist Buenos Aires. Die Stadt präsentiert sich in einer Mischung aus Pariser Architektur, römischem Verkehr und durchfeierten Madrider Nächten, das Ganze noch gewürzt mit südamerikanischem Flair. Buenos Aires ist kosmopolitisch, verführerisch, emotional, frustrierend und vielschichtig – und einzigartig auf dieser Welt. Das klassische Buenos Aires bietet Kaffeehäuser im Stil der Alten Welt, Kolonialarchitektur, extravagante Märkte und multikulturelle Gemeinden. Nicht auslassen sollte man einen Besuch bei Evita auf dem Friedhof von Recoleta, ein saftiges Steak, einen melancholischen Tango und ein aufregendes *Fútbol*-Spiel.

Jeder kennt jemanden, der schon einmal in der Stadt war und begeistert davon erzählt hat. Also nichts wie hin! Nur wer Buenos Aires besucht, versteht, warum sich so viele Besucher in diese unglaubliche Stadt verlieben.

Gut essen

➡ i Latina (S. 102)
➡ Casa Saltshaker (S. 100)
➡ Chan Chan (S. 97)
➡ Sarkis (S. 100)
➡ Don Julio (S. 101)

Schön übernachten

➡ Poetry Building (S. 90)
➡ Miravida Soho (S. 94)
➡ The 5th Floor (S. 94)
➡ Casa Calma (S. 89)
➡ Cabrera Garden (S. 91)

Reisezeit
Buenos Aires

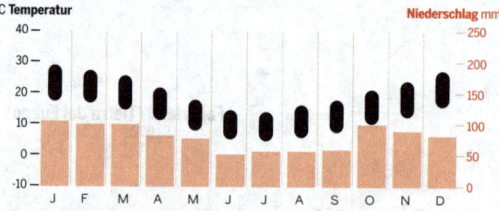

Okt.–Dez. Die warmen Temperaturen locken in die Patios, Bars und Restaurants im Freien.

Aug. Im Winter findet das Tangofestival statt; Museen und Kunstgalerien lohnen einen Besuch.

März–Mai Im Herbst will BA erkundet werden; im April lädt das Independent Film Festival ein.

Geschichte

Buenos Aires wurde 1536 von dem Spanier Pedro de Mendoza gegründet, doch zwangen Lebensmittelknappheit und Überfälle von indigenen Bevölkerungsgruppen Mendoza im Jahr 1537 zu einer überstürzten Abreise. Es verließen allerdings auch andere Expeditionsteilnehmer die Siedlung, segelten rund 1600 km flussaufwärts und gründeten Asunción, die heutige Hauptstadt von Paraguay. Erst im Jahr 1580 kehrte eine neue Gruppe von Siedlern in den Süden zurück, um sich an Mendozas verlassenem Außenposten erneut niederzulassen.

In den darauffolgenden 196 Jahren war Buenos Aires ein Dorf und aufgrund der Handelsbeschränkungen, die das Mutterland Spanien auferlegt hatte, ein Schmugglerparadies. Dennoch lebten hier um 1776 – als Spanien den Ort zur Hauptstadt seines Vizekönigreichs am Río de la Plata erkor – bereits an die 20 000 Menschen.

Der *cabildo* (Stadtrat) von BA kappte im Mai 1810 die Bande zum Mutterland. Es folgten Jahrzehnte, in denen BA und die ehemaligen Provinzen des Vizekönigreichs um die Macht kämpften, was schließlich in einen Bürgerkrieg ausartete. Im Jahr 1880 wurde die Stadt dann zum unabhängigen Bundesstaat Buenos Aires ernannt und ist seitdem auch die Hauptstadt des Landes.

Der Export von landwirtschaftlichen Produkten schnellte in den nächsten Dekaden in die Höhe, was der Stadt enormen Reichtum bescherte. Betuchte *porteños* – wie die Einwohner von BA heißen – erbauten prachtvolle Herrschaftshäuser im französischen Stil, und die Regierung investierte enorme Gelder in öffentliche Einrichtungen. Allerdings sollte der Boom nicht ewig andauern: Der Börsencrash an der Wall Street im Jahr 1929 versetzte den Märkten des Landes einen herben Schlag, und bald kam es zum ersten von etlichen Militärputschen. Das Ende des Goldenen Zeitalters in Argentinien war gekommen.

Armut, Arbeitslosigkeit und der Niedergang der Infrastruktur wurden in den nächsten Jahrzehnten zu Dauerproblemen. Extreme Regierungen und ein Auf und Ab in der Wirtschaft, das einer Achterbahnfahrt glich, setzten Argentinien ebenfalls immer wieder zu. Doch all diesen Widrigkeiten zum Trotz gelingt es Argentinien alle paar Jahre, wieder auf die Beine zu kommen. Heute präsentiert sich BA als eine pusierende Stadt mit unverwüstlichen, anpassungs-

---

TOP 5: TEUER, ABER DAS GELD WERT

➡ Ein Zimmer im klassischen, opulenten Alvear Palace Hotel (S. 90) buchen

➡ Einen Tisch im „geschlossenen" Restaurant i Latina (S. 102) reservieren

➡ Im Argentine Experience (S. 95) gut essen, trinken und dabei alles über argentinische Sitten und Bräuche erfahren

➡ Aufs Land fahren und mit Caballos a la Par (S. 81) einen Ausritt unternehmen

➡ Zwei Eintrittskarten für den erotischen Rojo Tango (S. 115) erstehen, eine Show im Faena Hotel

---

fähigen Einwohnern – wie einstmals ihre Vorfahren, die ersten Siedler.

⊙ Sehenswertes

⊙ Microcentro

Hier ist man am Puls der Zeit: Unzählige Geschäftsleute hasten im Schatten der Wolkenkratzer und europäisch anmutender Gebäude ziemlich bedeutsam durch die schmalen Straßen.

Die lang gezogene Florida wurde in eine Fußgängerzone umgewandelt, heute ist sie die Hauptschlagader des Viertels. Hier drängen sich tagsüber die Geschäftsleute, Touristen und all jene, die ihre Einkäufe erledigen; sie alle schätzen es natürlich, ohne Behinderung durch Verkehr von Nord nach Süd zu gelangen. Straßenmusikanten, Bettler und fliegende Händler nutzen die Gunst der Stunde und sorgen für zusätzliches Lokalkolorit, aber natürlich auch für Lärm. Restaurierte alte Gebäude wie die wunderschönen Galerías Pacífico verleihen dem Viertel heute einen Hauch von Eleganz.

Weiter südlich liegt das Finanzviertel von Buenos Aires mit mehreren lohnenswerten Museen. Anschließend kommt die Plaza de Mayo: Hier nutzen viele die Bänke für eine Ruhepause oder schießen Fotos von den historischen Gebäuden, die den Platz säumen.

★ Plaza de Mayo
PLAZA
(Karte S. 62; Ecke Av de Mayo & San Martín) Zwischen der Casa Rosada, dem Cabildo und der

Highlights

1 Mit den reichen und berühmten Toten auf dem **Cementerio de la Recoleta** (S. 75) „Zwiesprache" halten

2 Bei der Besichtigung der Amtsräume des Präsidenten an der **Plaza de Mayo** (S. 57) in die Geschichte eintauchen

3 Am Sonntag den überaus beliebten **Antiquitätenmarkt** (S. 121) an der Plaza Dorrego in San Telmo erkunden

4 In **Palermo Viejo** (S. 100) in den Gourmetrestaurants speisen und in den Boutiquen shoppen

5 Bei einer Tangoshow in Locations wie dem **Café de los Angelitos** (S. 115) über die artistische Beinarbeit und die lasziven Bewegungen staunen

6 In Palermos schicken, total angesagten Nachtclubs wie dem **Niceto Club** (S. 113) die ganze Nacht durchfeiern

7 Ein lautes, spannendes und stets leidenschaftliches **Fútbol-Spiel** (S. 70) besuchen

8 In der quirligen **Calle Florida** (S. 57) flanieren, einkaufen und Leute beobachten

9 In La Boca über den **El Caminito** (S. 72) bummeln und am Wochenende die Straßenmusikanten bewundern

7 **Fútbol-Spiel**
Espacio Memoria y Derechos Humanos (800 m);
Olivos (17 km);
San Isidro (21 km);
Tigre (34 km)

Parque Norte
Pachá
Tierra Santa
Aeroparque
Jorge Newbe

BELGRANO

Av Figueroa Alcorta

Congreso de Tucumán

Av Monroe

Museo de Arte Español Enrique Larreta

Lago de Palermo

Juramento

La Pampa

Av del Libertador

José Hernández

Av Cabildo

Estación Colegiales

Campo Argentina de Polo

Estación Ministro Carranza

Av Dorrego

COLEGIALES

Álvarez Thomas

Av Forest

Palermo Nachtleben **6**

Palermo

PALERMO

Av Sarmient

PALERMO HOLLYWOOD

Av Dorrego

Av Juan B Justo

PALERMO SOHO

4 **Palermo Viejo**

F Lacroze

Estación F Lacroze

Av Córdoba

Av Scalabrini Ortiz

Cementerio de la Chacarita (Friedhof)

Av Corrientes

VILLA CRESPO

Av Warnes

Av Corrientes

Bulnes

Av San Martín

s. Karte Palermo (S. 92)

Av Ángel Gallardo

Parque del Centenario

ALMAGRO

Av Díaz Vélez

Av Gaona

CABALLITO

Castro Barros

Av Boedo

Río de Janeiro

Av Rivadavia

Primera Junta

BOEDO

Boedo

José M Moreno

Av La Plata

Av San Juan

Emilio Mitre

Av La Plata

Av Castanares

59

N 0 ————— 2 km

Río de la Plata

Pier

Aliscafos
(Hydrofoils)

Estación
Maritima

Parque 3 de
Febrero

Estación
Saldias

PALERMO
CHICO

Av Figueroa Alcorta

Av del Libertador

Av General Las Heras

RECOLETA

s. Karte Retiro, Recoleta & Barrio Norte (S. 76)

1 Cementerio
de la Recoleta

Dársena A

Austria

Av del Libertador

Av Pueyrredón

Retiro

Av Callao

BARRIO
NORTE

RETIRO

Gallo

Av 9 de Julio

Av Santa Fe

Florida

Av Eduardo Madero

Dársena
Norte

Av Córdoba

Av Córdoba

8

TRIBUNALES

Florida

Av Tristán Achaval Rodríguez

Lago
de las
Gaviotas

Av Corrientes

MICROCENTRO

ONCE

Reserva Ecológica
Costanera Sur

Estación Once

Pasco

Plaza de Mayo

2

Lago
de los
Patos

ría

Plaza
Miserere

Alberti

Av de Mayo

Av 9 de Julio

5

**Café de los
Angelitos**

CONGRESO

Reserva Ecológica
Costanera Sur
(southern entrance)

BALVANERA

Av Belgrano

MONTSERRAT

Paseo Colón

Av Ing Huergo

PUERTO
MADERO

Av Independencia

s. Karte Zentrum,
Congreso & San
Telmo (S. 62)

**Plaza
Dorrego**

3

Dársena Sur

s. Karte La
Boca (S. 73)

General
Urquiza

Club
Gricel

Jujuy

CONSTITUCIÓN

Av Brasil

Autopista La Plata
Buenos Aires

Pichincha

Av Juan de Garay

Av Martín García

Av Almirante
Brown

Av Entre Ríos

Estación
Constitución

Av Juluy

Bernardo de Irigoyen

Av Patricios

LA BOCA

Av Chiclana

Av Amancio Alcorta

Brandsen

Av Caseros

BARRACAS

El Caminito

9

wichtigsten Kathedrale der Stadt erstreckt sich die begrünte Plaza de Mayo: Hier finden immer die Protestkundgebungen der Hauptstadt statt. In der Mitte der Plaza ragt ein kleiner Obelisk, die **Pirámide de Mayo**, auf. Er wurde errichtet, um den ersten Jahrestag der Unabhängigkeit Argentiniens von Spanien gebührend zu würdigen. Donnerstags um 15.30 Uhr fordern die Madres de la Plaza de Mayo mit einem Marsch um den Platz soziale Gerechtigkeit ein.

Casa Rosada
GEBÄUDE

(Rosafarbenes Haus; Karte S. 62; ☎ 011-4344-3600; ☺ Kostenlose halbstünd. Führungen Sa & So 10–18 Uhr) An der Ostseite der Plaza de Mayo steht die stattliche Casa Rosada. Hier hielt Eva Perón vom Balkon aus ihre berühmten Ansprachen an die zahlreichen begeisterten Argentinier.

Die Farbe des Gebäudes ist angeblich dem Versuch des Präsidenten Sarmiento geschuldet, während seiner Amtszeit von 1868 bis 1874 einen Frieden zu erreichen – indem er das Rot der Föderalisten mit dem Weiß der Unitarier mischte. Eine andere Theorie besagt, dass die Farbe vom Rinderblut stammt, mit dem der Palast einst gestrichen wurde – was im ausgehenden 19. Jh. noch ganz normal war.

Die Casa Rosada befindet sich heute an jener Stelle, wo in der Kolonialzeit am Flussufer befestigte Wehranlagen standen; nach mehreren Landaufschüttungen ragt der Palast heute allerdings mehr als 1 km landeinwärts auf. Die Seite des Palastes, die auf die Plaza de Mayo hinausgeht, ist übrigens eigentlich die Rückansicht. Hier befinden sich die Amtsräume des derzeitigen Präsidenten von Argentinien; seine Privatresidenz liegt im beschaulichen Vorort Olivos, nördlich vom Stadtzentrum.

Unter der Casa Rosada wurden bei Ausgrabungen die Überreste der Fuerte Viejo freigelegt, einer Ruine aus dem 18. Jh. Betreten kann man sie über den Eingang zum Museo del Bicentenario.

Während der Militärdiktatur von 1976 bis 1983 war die Casa Rosada nicht zugänglich; heute steht sie der Öffentlichkeit zur Besichtigung weitgehend offen. Es werden kostenlose Führungen angeboten, die eine halbe Stunde dauern.

Museo del Bicentenario
MUSEUM

(Karte S. 62; ☎ 011-4344-3802; www.museobicentenario.gob.ar; Ecke Av Paseo Colón & Hipólito Yrigoyen; ☺ Mi–So 10–18 Uhr) GRATIS Hinter der

Casa Rosada sticht ein keilförmiges Gebilde aus Glas ins Auge – das luftige, schillernde Untergrundmuseum, das in den Backsteingewölben der alten *aduana* (Zollhaus) zu Hause ist. Die Besucher steigen in einen weitläufigen Saal mit über einem Dutzend Nebenräumen hinunter – jeder widmet sich einer anderen Epoche der turbulenten Polit-Geschichte Argentiniens. Zu sehen sind überwiegend Videos (auf Spanisch) und einige Artefakte, außerdem Wechselausstellungen zeitgenössischer Kunst sowie eine beeindruckende, restaurierte Wandmalerei des mexikanischen Künstlers David Alfaro Siqueiros. Und man sollte natürlich nach dem Kleid von Evita Ausschau halten!

Catedral Metropolitana
KATHEDRALE

(Karte S. 62; Museum Eintritt 40 Arg$; ☺ Mo–Fr 7.30–18.30, Sa & So 9–19 Uhr, Museum Mo–Fr 10–12.30 Uhr) Die erhabene Kathedrale, die an der Stelle errichtet wurde, wo einst eine originale Kolonialkirche stand, wurde erst 1827 vollendet. Sie gilt als bedeutendes religiöses und architektonisches Wahrzeichen der Stadt. Über der dreieckigen Fassade und den neoklassizistischen Säulen sind Basreliefs in den Stein gehauen, die Jakob und Josef zeigen. Der weitläufige Innenraum ist nicht minder beeindruckend mit seinem barocken Zierrat und dem eleganten Rokoko-Altar. Ein kleines Museum widmet sich der Geschichte der Kathedrale. Wer ein Andenken an Papst Franziskus erstehen möchte, wird im kleinen Souvenirladen unweit vom Eingang fündig.

Cabildo
MUSEUM

(Karte S. 62; ☎ 011-4342-6729; www.cabildonacional.com.ar; Bolívar 65; Eintritt 15 Arg$; ☺ Di–Mi & Fr 10.30–17, Do bis 20, Sa & So bis 18 Uhr) Das Rathaus aus der Mitte des 18. Jhs. ist heute ein Museum. Früher wies es Arkaden auf, die um die gesamte Plaza de Mayo verliefen, doch die wurden leider ein Opfer des Straßenbaus. Innen gibt es einige Erinnerungsstücke zu bestaunen, die sich mit den britischen Invasionen im 19. Jh. beschäftigen, außerdem Gemälde im Kolonialstil und aus den frühen Jahren der Unabhängigkeit; gelegentlich werden auch Wechselausstellungen gezeigt. Von Balkon im zweiten Stockwerk bietet sich ein schöner Ausblick auf die Plaza de Mayo.

Galerías Pacífico
WAHRZEICHEN

(Karte S. 62; ☎ 011-5555-5110; Ecke Florida & Av Córdoba; ☺ 10–21 Uhr, Foodcourt bis 22 Uhr, Führungen Mo–Fr 11.30 Uhr) Das wunderschöne

BUENOS AIRES IN ...

... zwei Tagen

Los geht es mit einem Spaziergang durch **San Telmo,** wo man in ein paar Antiquitätenläden vorbeischaut. Dann bummelt man gen Norden zur **Plaza de Mayo** (S. 57), die eine historische Perspektive vermittelt, und weiter ins **Microcentro**, vielleicht noch mit einem Abstecher zum **Puerto Madero** – perfekt für eine Pause.

Nun geht es weiter in Richtung Norden nach **Retiro** und **Recoleta** mit einem Zwischenstopp im **Museo Nacional de Bellas Artes** (S. 75), um einige Impressionisten zu bewundern. Unbedingt einen Besuch wert ist der **Cementerio de la Recoleta** (S. 75), um mit der verblichenen Elite von BA Zwiesprache zu halten. In Sachen Abendessen und Nachtleben lässt sich **Palermo Viejo** kaum übertreffen.

Am zweiten Tag bietet sich die Erkundung des Viertels **Congreso** an oder auch von **La Boca**. In **Palermo Viejo** macht ein Einkaufsbummel Spaß, und abends verlockt eine **Tangoshow** oder auch eine Vorstellung im **Teatro Colón** (S. 117).

... vier Tagen

Am dritten Tag kann man sich überlegen, einen Tagesausflug nach **Tigre** oder auch nach **Colonia** in Uruguay zu unternehmen. Am vierten Tag bieten sich eine besondere **Führung** oder eine **Tangostunde** an, die **Parks von Palermo** wollen erkundet werden, und – falls gerade Wochenende ist – auch die **Feria de Mataderos** (S. 121). Zum krönenden Abschluss sollte man am letzten Abend ein gutes Steak-Restaurant aufsuchen.

Gebäude im französischen Stil nimmt einen ganzen Block ein und wird bis heute den kommerziellen Zwecken gerecht, die den Architekten vorschwebten, als sie das Bauwerk im Jahr 1889 errichteten. Die Galerías Pacífico sind heute ein Einkaufszentrum, das nachts im Schein von lauschigen Lämpchen erstrahlt, und sich mit feudalen Geschäften und einem großen Foodcourt hervortut. Das hervorragende Centro Cultural Borges nimmt die gesamte oberste Etage ein. Es werden Führungen auf Spanisch und auch auf Englisch angeboten; dafür sollte man einfach beim Infokiosk in der Nähe vom Foodcourt vorbeischauen.

Centro Cultural Borges   KULTURZENTRUM
(Karte S. 62; ☑ 011-5555-5359; www.ccborges.org.ar; Ecke Viamonte & San Martín; ⊙ Ausstellungen Mo–Sa 10–21, So 12–21 Uhr) Dies ist eines der besten Kulturzentren, die Buenos Aires zu bieten hat. Präsentiert werden kostengünstige, aber dennoch hochwertige Kunstausstellungen in den Galerien, außerdem Kino, Musik, Vorträge, Unterricht und Workshops. Auch Tangoshows zu erschwinglichen Preisen stehen auf dem Programm.

Manzana de las Luces   GEBÄUDE
(Block der Erleuchtung; Karte S. 62; ☑ 011-4342-6973; www.manzanadelasluces.org; Perú 272; Führungen 35 Arg$; ⊙ Führungen Mo–Fr 15, Sa & So 16.30 & 18 Uhr) Während der Kolonialzeit galt die Manzana de las Luces als das bedeutendste Kultur- und Bildungszentrum in BA. Selbst heute noch symbolisiert dieser Gebäudekomplex das hohe kulturelle Niveau der Hauptstadt. An der Nordseite des Blocks befinden sich zwei der fünf Originalgebäude; 1912 entdeckte man die Verteidigungstunnel der Jesuiten. Es werden Führungen (auf Spanisch) angeboten. Im zugehörigen Kulturzentrum stehen Unterricht, Workshops und Theater auf dem Programm.

★ **Centro Cultural Kirchner**   KULTURZENTRUM
(Karte S. 62; ☑ 0800-333-9300; www.cultural kirchner.gob.ar; Sarmiento 151; ⊙ Do & Fr 17–21, Sa & So 14–21 Uhr, außerhalb der Sommersaison weniger lang) Néstor Kirchner musste einfach ein greifbares Erbe hinterlassen, und dieses sagenhafte Kulturzentrum ist wohl sein bestes Vermächtnis. Es befindet sich in der ehemaligen Hauptpost von BA, einem wuchtigen Beaux-Arts-Gebäude mit acht Stockwerken, das einen ganzen Block einnimmt. In Dutzenden Räumen sind Kunstgalerien, Theater, Veranstaltungssäle, Auditorien und sogar ein Eva-Perón-Saal untergebracht. Eine Dachterrasse ist auch noch vorhanden. Die Hauptattraktion ist jedoch wohl La Ballena Azul, ein riesiger Konzertsaal mit 1800 Plätzen – das Domizil des Symphonieorchesters von Argentinien.

Zentrum, Congreso & San Telmo

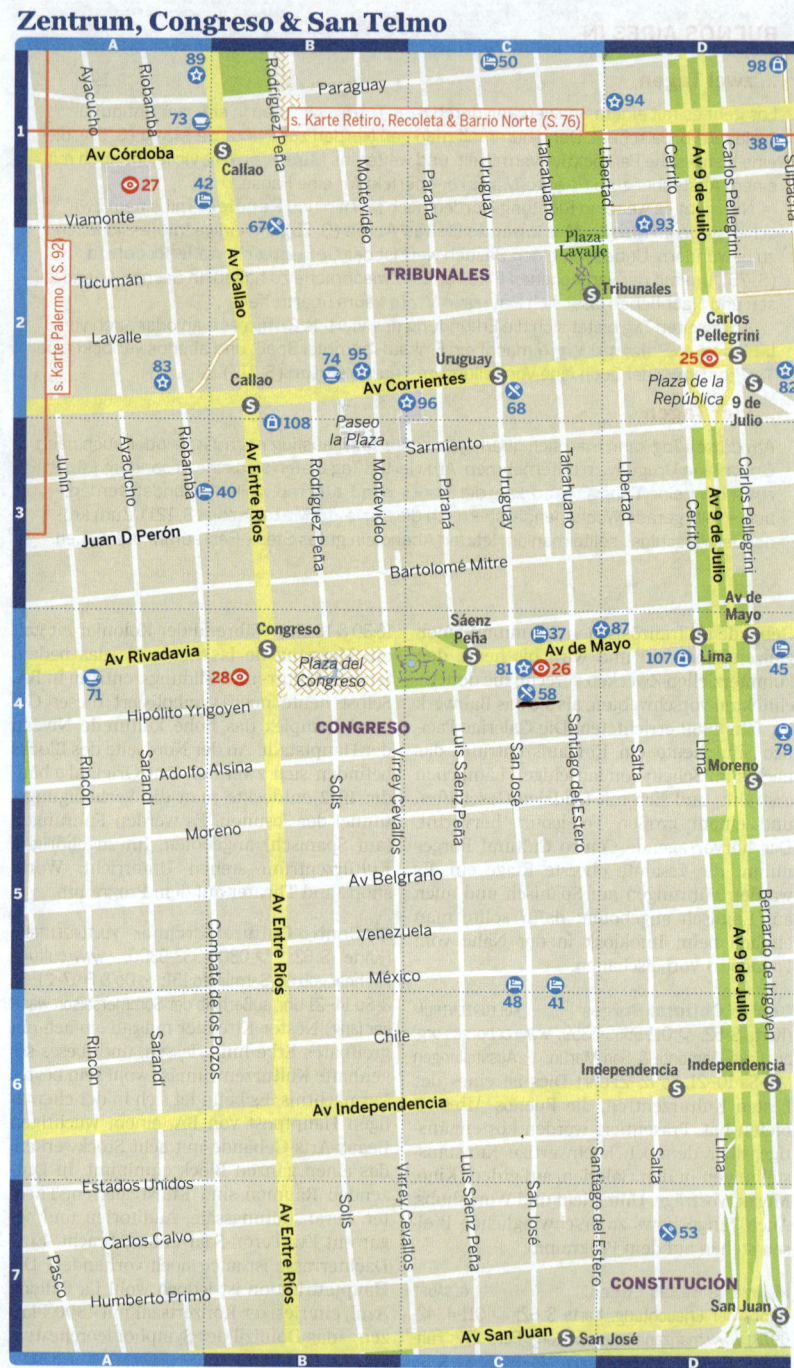

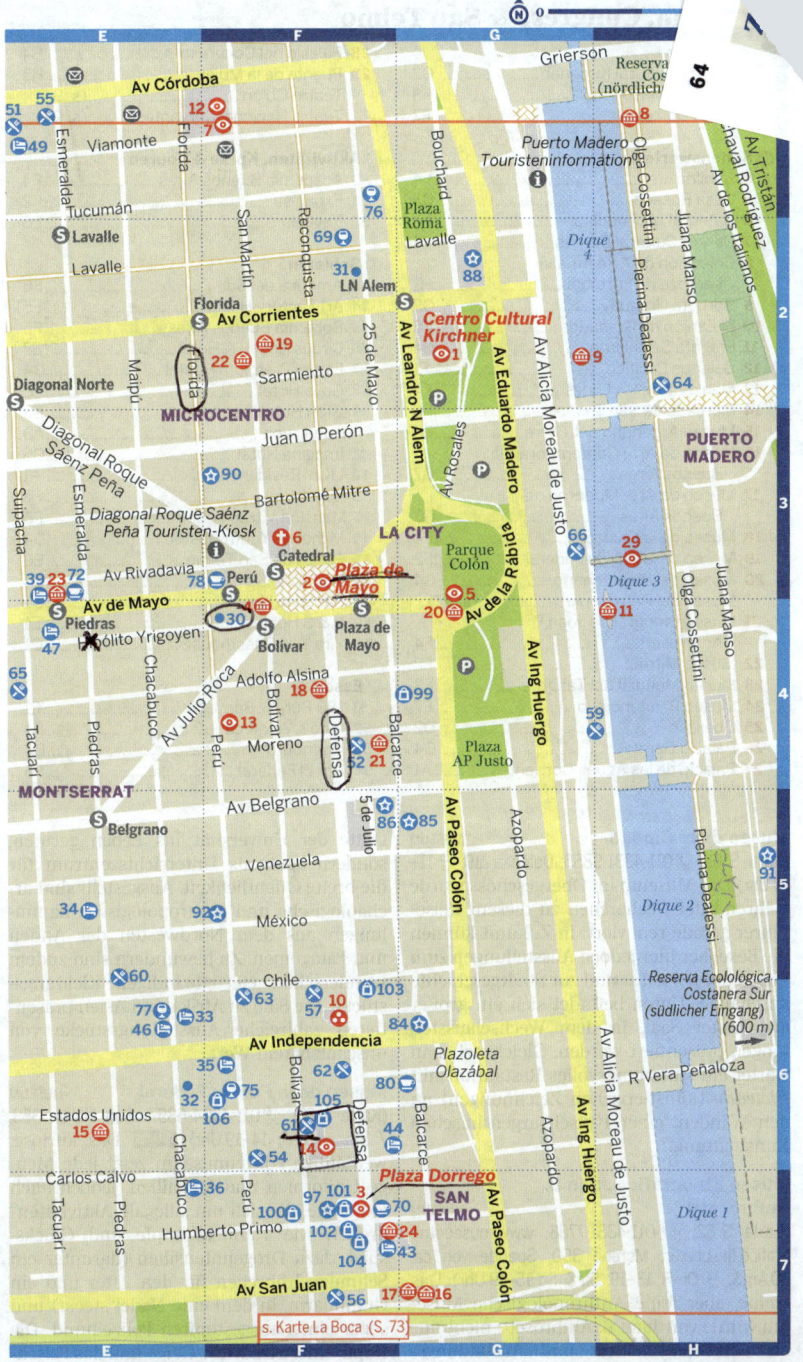

s. Karte La Boca (S. 73)

Museo de la Ciudad
MUSEUM

(Karte S. 62; ☎ 011-4331-9855; Defensa 219; ⊙ 11–19 Uhr) Das Museum im Obergeschoss wurde während der Recherchen zu diesem Reiseführer gerade renoviert. In Zukunft können die Besucher hier jedoch Ausstellungen zum Leben der *porteños* und zur Stadtgeschichte anschauen. Unten befindet sich ein großer angebauter Saal, in dem Wechselausstellungen präsentiert werden. Gleich nebenan wartet ein stimmungsvolles Restaurant mit *fileteado* (künstlerischen Zeichnungen) an den Wänden, einer typisch argentinischen Kunstgattung.

Museo Etnográfico Juan B. Ambrosetti
MUSEUM

(Karte S. 62; ☎ 011-4331-7788; www.museoetnografico.filo.uba.ar; Moreno 350; Spende von ca. 20 Arg$; ⊙ Di–Fr 13–19, Sa & So 15–19 Uhr) Das kleine, aber feine Anthropologische Museum wurde von Juan B. Ambrosetti nicht nur als Forschungsinstitut und Ausbildungs-

stätte der Universität ins Leben gerufen, sondern auch als Unterrichtszentrum für die breite Öffentlichkeit. Ausgestellt sind archäologische und anthropologische Sammlungen aus dem Nordwesten der Anden und Patagonien. Zu bewundern sind zudem wunderschön gefertigte indigene Kleidungsstücke. Die Säle zu Afrika und Asien präsentieren zahlreiche Ausstellungsstücke von unschätzbarem Wert.

Museo de la Policía Federal
MUSEUM

(Karte S. 62; ☎ 011-4394-6857; San Martín 353, 7. St.; ⊙ Di–Fr 14–19 Uhr) GRATIS Das kuriose, weitläufige Polizeimuseum zeigt jede Menge Uniformen und Medaillen, jedoch auch Exponate, die sich um „illegale Aktivitäten" drehen wie Hahnenkämpfe und Glücksspiel, dazu Drogenutensilien (darunter ein Schmuggelröhrchen für den After und ein Gummiarm, in dem eine Nadel steckt) und sogar einen ausgestopften Polizeihund. Die Kopie einer Stradivari-Geige und das Falschgeld sind auch unterhaltsam. Einfach nach einem irgendwie deplazierten Hochhaus Auschau halten; das Museum ist nicht durch ein Schild gekennzeichnet.

Museo Mitre
MUSEUM
(Karte S. 62; ☏ 011-4394-8240; San Martín 336; Eintritt 20 Arg$, Mo frei; ☺ Mo–Fr 13–17 Uhr) Das Museum befindet sich in einem Kolonialgebäude, in dem Bartolomé Mitre – Argentiniens erster Präsident, der gemäß der Verfassung von 1853 rechtmäßig gewählt wurde – von 1859 bis 1906 mit seiner Familie wohnte. Mitres Amtszeit dauerte von 1862 bis 1868; einen Großteil dieser Jahre verbrachte er damit, die Truppen des Landes gegen Paraguay anzuführen. Mit zum Gebäudekomplex gehören zwei Höfe, Salons, ein Büro, ein Billardzimmer sowie Mitres ehemaliges Schlafzimmer. Da sich ein Teil des Museums im Freien befindet, stehen Besucher bei starken Regenfällen vor geschlossenen Türen.

Museo Mundial del Tango
MUSEUM
(Karte S. 62; ☏ 011-4345-6967; Av de Mayo 833, 1. Stock; Eintritt 20 Arg$; ☺ Mo–Fr 14.30–19.30 Uhr) Das Tangomuseum befindet sich direkt unter der Academia Nacional del Tango. Ein paar große Räume sind vollgestopft mit Erinnerungsstücken, die sich um den Tango drehen – von alten Schallplatten und Fotos bis hin zu historischer Literatur und Postern. Tangoschuhe sind ebenfalls ausgestellt, doch die eigentliche Attraktion sind sicher die berühmten Filzhüte von Carlos Gardel. Ein weiterer Eingang befindet sich an der Rivadavia 830.

◉ Puerto Madero

Das neueste und unkonventionellste der offiziell 48 Stadtviertel von BA ist Puerto Madero, östlich vom Microcentro gelegen. Heute kann man hier entspannt zwischen ehemaligen Lagerhallen bummeln, die zu schicken Lofts, Büros und Nobelrestaurants umgestaltet wurden. Früher war dies kein besonders attraktives Viertel, doch heute sind die Immobilienpreise in Buenos Aires nirgendwo höher als in Puerto Madero.

Mitte des 19. Jhs. wurden die Sumpfgebiete am Fluss in einen modernen Hafen für den florierenden internationalen Handel Argentiniens umgewandelt. Der Puerto Madero wurde 1898 fertiggestellt, schon damals wurde das Budget stark überschritten. Doch bereits 1910 war der Hafen für die viele Fracht zu klein geworden. Erst mit der Fertigstellung des Neuen Hafens – Puerto Nuevo in Retiro – im Jahr 1926 konnte das logistische Problem gelöst werden.

Reserva Ecológica
Costanera Sur   NATURSCHUTZGEBIET
(☎ 011-4893-1588; Av Tristán Achaval Rodríguez 1550; ⊙ Nov.–März Di–So 8–19 Uhr, April – Okt. bis 18 Uhr) GRATIS Das wunderschöne Sumpfland des etwa 350 ha großen Naturschutzgebiets hat sich zu einem beliebten Wochenendziel zum Picknicken und Wandern entwickelt. Wer gerne Vögel beobachtet, sollte sich ein Fernglas einstecken – mehr als 300 Vogelarten lassen sich ausmachen, außerdem Flussschildkröten sowie Eidechsen und Biber. Ein Stückchen weiter östlich am Ufer besteht die Möglichkeit, das ziemlich schlammige Gewässer des Río de la Plata aus nächster Nähe zu betrachten.

An warmen Wochenenden und an Feiertagen besteht die Möglichkeit, bei schönem Wetter am **Nord-** (Karte S. 62) oder **Südeingang** (Karte S. 62) ein Fahrrad auszuleihen. Es finden am Wochenende Führungen statt; einmal im Monat werden freitags auch Touren bei Vollmond angeboten (die genauen Zeiten telefonisch erfragen).

Colección de Arte Amalia
Lacroze de Fortabat   MUSEUM
(Museo Fortabat; Karte S. 62; ☎ 011-4310-6600; www.coleccionfortabat.org.ar; Olga Cossettini 141; Eintritt 60 Arg$; ⊙ Di–So 12–20 Uhr, Führungen in spanischer Sprache Di–So 15 & 17 Uhr) Dieses beeindruckende Kunstmuseum macht dem Malba in Palermo in Sachen hypermoderne Architektur Konkurrenz. Es liegt markant am nördlichen Ende von Puerto Madero und präsentiert die Sammlung der Milliardärin, Philanthropin und Persönlichkeit des öffentlichen Lebens Amalia Lacroze de Fortabat – der reichsten Frau Argentiniens. Diverse Galerien widmen sich Antonio Berni und Raúl Soldi, zwei berühmten argentinischen Malern, aber auch Werke internationaler Künstler wie Dalí, Klimt, Rodin und Chagall sind hier ausgestellt; einen Blick wert ist Warhols bunte Darstellung von Amalia höchstpersönlich – das Bild hängt in der Galerie mit den Familienporträts. Gruppenführungen auf Englisch sollte man vorher vereinbaren.

Fragata Sarmiento   MUSEUM
(Karte S. 62; ☎ 011-4334-9386; Dique 3; Eintritt 5 Arg$; ⊙ 10–19 Uhr) Mehr als 23 000 argentinische Schiffskadetten und Marineoffiziere wurden an Bord dieses 85 m langen Segelschiffs ausgebildet, das von 1899 bis 1938 sage und schreibe 37 Mal die Welt umsegelte. An Bord befinden sich detaillierte Aufzeichnungen dieser langen Reisen, eine Bildergalerie der befehlshabenden Offiziere, eine Fülle nautischer Objekte, darunter auch alte Uniformen, und sogar Lampazo, der Schiffshund, der ganz entspannt daliegt: ausgestopft natürlich! Es besteht die Möglichkeit, in den Schiffsbauch, in die Küche und den Maschinenraum einen Blick zu werfen und sich sogar die Haken anzuschauen, an denen die Hängematten zum Schlafen befestigt wurden.

Corbeta Uruguay   MUSEUM
(Karte S. 62; ☎ 011-4314-1090; Dique 4; Eintritt 2 Arg$; ⊙ 10–19 Uhr) Das 46 m lange Kriegsschiff wurde zur Patrouille an der Küste Argentiniens eingesetzt und versorgte den Stützpunkt in der Antarktis mit Nachschub, bis das Schiff im Jahr 1926 ausrangiert wurde – nach 52 Jahren. Unter dem Hauptdeck befindet sich eine interessante Ausstellung mit Relikten der Antarktis-Expeditionen, also beispielsweise Steigeisen und Schneeschuhe, aber auch historische Fotos und nautische Objekte. Einen Blick lohnt die winzige Küche mit Mate-Utensilien – na klar, was auch sonst?

Puente de la Mujer   BRÜCKE
(Frauenbrücke; Karte S. 62; Dique 3) Die auffällige Puente de la Mujer gilt als das Vorzeigeobjekt von Puerto Madero schlechthin. Das blendend weiße Bauwerk wurde im Jahr 2001 enthüllt und spannt sich seitdem über den Dique 3. Es erinnert äußerlich an einen scharfen Angelhaken oder sogar an eine Harpune – doch weit gefehlt: Es soll ein Paar beim Tangotanzen darstellen. Entworfen wurde die Brücke von dem renommierten spanischen Architekten Santiago Calatrava und größtenteils auch in Spanien gebaut. Die 160 m lange Fußgängerbrücke kostete

etwa 6 Millionen Arg$ und lässt sich um 90 Grad drehen, um Schiffen die Durchfahrt zu ermöglichen.

◉ Congreso

Congreso ist eine Mischung aus altmodischen Kinos und Theatern, pulsierendem Geschäftsviertel und harter Politik. Die Gebäude haben europäisches Flair, aber irgendwie wirkt alles eine Spur urtümlicher als im Microcentro – das Viertel hat mehr Lokalkolorit und verblichene Eleganz, außerdem tummelt sich hier weniger Schicki-micki-Volk.

Die Avenida 9 de Julio trennt das Viertel vom Microcentro, die stolzen *porteños* prahlen gern damit, dass sie „die breiteste Straße der Welt" sei. Das kann mit 16 Fahrspuren an der breitesten Stelle durchaus stimmen, zumal die nahe gelegenen Nebenstraßen Cerrito und Carlos Pellegrini den Eindruck von Weite sogar noch verstärken.

Teatro Colón
GEBÄUDE

(Karte S. 62; ☎ 011-4378-7127; www.teatrocolon. org.ar; Tucumán 1171; Führungen 180 Arg$; ☺ Führungen 9–21 Uhr) Das wunderschöne, beeindruckende Gebäude mit sieben Stockwerken zählt zu den bekanntesten Wahrzeichen von BA. Das Theater gilt als bedeutendste Bühne der Stadt und ist die einzige Einrichtung dieser Art im ganzen Land – ein Forum von Weltrang für Oper, Ballett und klassische Musik mit einer wahrlich außerordentlichen Akustik. Das Colón, das einen ganzen Block einnimmt, bietet seinem Publikum 2500 Sitzplätze und dazu noch 500 Stehplätze. Das Theater wurde mit Verdis *Aida* eröffnet und begeistert seitdem die Zuschauer. Führungen, die einen Blick hinter die Kulissen erlauben, werden häufig angeboten.

Palacio del Congreso
GEBÄUDE

(Kongressgebäude; Karte S. 62; Hipólito Yrigoyen 1849) Der monumentale, mit einer grünen Kuppel gekrönte Palacio del Congreso kam

---

BUENOS AIRES GRATIS

In Buenos Aires bietet sich eine erstaunliche Fülle von kostenlosen Aktivitäten. In vielen Kulturzentren stehen kostenlose oder preisgünstige Events auf dem Programm, und in einigen Museen muss man an bestimmten Tagen gar nichts oder nur den halben Eintrittspreis bezahlen. Die Website www.bue.gob.ar informiert über bevorstehende Festivals und Events.

Centro Cultural Kirchner (S. 61) Geboten sind überwiegend kostenlose Aktivitäten und Konzerte (auf der Website nachschauen), man muss allerdings manchmal schon vorher reservieren.

Usina del Arte (S. 117) Hier warten mehrere kostenlose Konzerte pro Woche, die ein breites musikalisches Spektrum abdecken.

BA Free Tour (☎ 15-6395-3000; www.bafreetour.com; Spende empfohlen) Für die Stadtführung in der Gruppe wird eine „Spende" erwartet, aber es besteht natürlich kein Zwang, ein Trinkgeld zu geben.

Museo Nacional de Bellas Artes (S. 75) Kunstmuseum der klassischen Moderne von Weltrang, das einen Besuch wirklich lohnt.

Reserva Ecológical Costanera Sur (S. 66) Sumpfiges Naturschutzgebiet in der Nähe vom Zentrum BAs, das meilenweit weg zu sein scheint.

Ferias Artesanales Die Straßenmärkte mit Kunsthandwerk an zahllosen Ständen werden meist am Wochenende abgehalten; oft wird gegen eine „Spende" auch für Unterhaltung gesorgt – beispielsweise Tangoshows auf der **Feria de San Telmo** (S. 121).

Polo-Turniere Die Qualifizierungsspiele für die Offenen Argentinischen Polo-Meisterschaften, die von September bis Mitte Oktober auf dem Campo Argentino de Polo in Palermo ausgetragen werden, kosten keinen Eintritt.

Tangounterricht Er findet am Musikpavillon in den **Barrancas de Belgrano** (S. 80), einem Park mit weiten Grünflächen in Belgrano, statt, und zwar im Sommer von Freitag bis Sonntag um 19 Uhr. Danach beginnt die *milonga* (Tangoball). Auch manche Kulturzentren bieten kostenlosen Tangounterricht an.

doppelt so teuer wie ursprünglich geplant und setzte einen neuen Maßstab in Sachen zeitgenössische öffentliche Bauprojekte in Argentinien. Er wurde dem Kapitol in Washington D.C. nachempfunden und im Jahr 1906 vollendet. Gegenüber würdigt das **Monumento a los Dos Congresos** zwei Kongressgebäude: das von 1810 in Buenos Aires und das von 1816 in Tucumán, die beide ihren Teil zur Unabhängigkeit Argentiniens beigetragen haben.

Montags, dienstags, donnerstags und freitags werden Führungen durch den Senat auf Spanisch und Englisch um 12.30 und 17 Uhr angeboten; Führungen durch die Abgeordnetenkammer finden um 11, 13, 15 und 17 Uhr statt. Wer teilnehmen möchte, begibt sich zum Eingang in der Hipólito Yrigoyen und legt seinen Ausweis mit Foto vor. Alle Führungen sind kostenlos.

Palacio Barolo GEBÄUDE

(Karte S. 62; ☑ 011-4381-1885; www.palaciobarolo tours.com; Av de Mayo 1370; Führung 45 Min. 175 Arg$, 1½ Std. 340 Arg$) Dieses 22-stöckige Betongebäude ist eines der auffälligsten Bauwerke im Viertel Congreso. Der einzigartige Palacio Barolo zeigt sich von Dantes (1265–1321) *Göttlicher Komödie* beeinflusst: Seine Höhe (100 m) huldigt einen jeden *canto* (Gesang), die Anzahl der Stockwerke (22) entspricht den Versen pro Lied, und die dreigliedrige Struktur symbolisiert Hölle, Fegefeuer und Himmel.

Der im Jahr 1923 vollendete Palacio Barolo war bis zur Errichtung des Edificio Kavanagh, eines Wolkenkratzers in Retiro, das höchste Gebäude der Stadt. Ganz oben befindet sich ein Leuchtturm, von dem sich ein wunderbarer 360-Grad-Panoramablick über die ganze Stadt entfaltet.

Die einzige Möglichkeit, den Palacio Barolo zu besichtigen, besteht im Rahmen einer Führung; die genauen Zeiten vorher erfragen, denn sie definieren sich durch den jeweiligen Tag.

Teatro Nacional Cervantes GEBÄUDE

(Karte S. 62; ☑ 011-4815-8883; www.teatrocervan tes.gov.ar; Libertad 815) Sechs Blocks südwestlich der Plaza San Martín beeindruckt das mit reichen Ornamenten verzierte Theater Cervantes. Vom prachtvoll gefliesten Foyer bis zum eigentlichen Theatersaal ist die lange Geschichte dieses Theaters spürbar. Dass das Cervantes in die Jahre gekommen ist, bezeugen die abgenutzten Teppiche und andere Schönheitsfehler, doch Instandset-

zungsprojekte sind bereits in Planung. Bis dahin können die Besucher die verblichene Eleganz des Theaters im Rahmen einer Führung bestaunen (die genauen Zeiten sollte man telefonisch erfragen). Im Teatro Cervantes stehen Schauspiel, Comedy und Tanz auf dem Programm.

Palacio de las Aguas Corrientes GEBÄUDE, MUSEUM

(Karte S. 62; Ecke Av Córdoba & Riobamba) `GRATIS` Der schwedische Ingenieur Karl Nyströmer und der norwegische Architekt Olaf Boye leisteten einen Beitrag zum Entstehen dieses wunderschönen eklektischen Gebäudes der Wasserwerke. Im zweiten Stockwerk befindet sich das kleine, kuriose **Museo del Patrimonio** (Karte S. 62; ☑ 011-6319-1104; ⊙ Mo–Fr 9–13 Uhr, Führungen auf Spanisch Mo, Mi & Fr 11 Uhr) `GRATIS` Diese sehenswerte Sammlung mit hübschen Kacheln, Wasserhähnen, Griffen, Rohrverbindungen aus Keramik sowie Unmengen alter Toiletten und Bidets wird ansprechend präsentiert und ist auch gut ausgeleuchtet. Führungen ermöglichen einen Blick hinter die Kulissen auf die Innenanlagen und die riesigen Wassertanks. Der Eingang befindet sich in der Riobamba; ein Ausweis mit Lichtbild ist vorzuzeigen.

Obelisco WAHRZEICHEN

(Karte S. 62; Ecke Av 9 de Julio & Corrientes) Der berühmte Obelisco, der 67 m über der ovalen Plaza de la República aufragt, ist ganz klar eines der Wahrzeichen von Buenos Aires. Er wurde im Jahr 1936 errichtet, genau gesagt zum 400. Jahrestag der ersten spanischen Siedlung am Río de la Plata. Nach wichtigen Fußballspielen feiern die ausgelassenen *fanáticos* den Sieg ihrer Mannschaft, indem sie den Obelisco in ihrer Begeisterung mit einem ohrenbetäubenden Hupkonzert umrunden.

◉ San Telmo

San Telmo ist eines der schönsten und geschichtlich interessantesten Viertel von Buenos Aires und hat seinen ganz besonderen Charme. Die schmalen Kopfsteinpflastergassen mit niedrigen Kolonialgebäuden haben das Flair der guten alten Zeit bewahrt. Inzwischen bringen die begehrten Dollars der Touristen natürlich auch ein paar Veränderungen mit sich.

Früher einmal fanden in San Telmo brutale Straßenkämpfe statt. Das war die Zeit, als britische Truppen, die gegen Spanien

Krieg führten, im Jahr 1806 in die Stadt einfielen. Die Briten rückten bis Defensa vor, wurden aber dann durch einen erfolgreichen Gegenangriff zu ihren Schiffen zurückgetrieben. Dieser Sieg gab den *porteños* recht viel Selbstbewusstsein gegenüber der Kolonialmacht Spanien; die Unabhängigkeit der Stadt folgte dann drei Jahre später.

Später kam San Telmo als Nobelviertel in Mode, doch dann brach gegen Ende des 19. Jhs. eine Gelbfieberepidemie aus, und die Reichen sahen sich gezwungen, ins heutige Recoleta zu ziehen. Viele ältere Herrschaftshäuser wurden unterteilt und zu *conventillos* (Mietskasernen) umgebaut, in die dann arme Familien zogen. Vor etlichen Jahren lockten diese *conventillos* zahlreiche Künstler und Bohemiens an, denn die Mieten waren ziemlich niedrig. Heute sieht man hier eher ausgefallene Geschäfte.

★ **Plaza Dorrego**   PLAZA
(Karte S. 62) Nach der Plaza de Mayo ist die Plaza Dorrego der älteste Platz der Stadt. Er datiert aus dem 18. Jh. und diente ursprünglich als Zwischenstopp für Karawanen, die aus ganz Argentinien Waren nach Buenos Aires transportierten. Ende des 19. Jhs. wurde die Plaza Dorrego ein öffentlicher Platz, gesäumt von Kolonialgebäuden, die sich bis zum heutigen Tag erhalten haben. Das herrlich nostalgische Flair ist noch immer spürbar, und wer Café-Restaurants einen Besuch abstattet, unternimmt ganz unwillkürlich eine Zeitreise in die Vergangenheit – falls es einem gelingt, die Filialen großer Kaffeeketten in der Nähe irgendwie auszublenden.

Die Plaza Dorrego liegt im Herzen von San Telmos berühmter *feria* (Straßenmarkt), die immer sonntags stattfindet.

El Zanjón de Granados   ARCHÄOLOGISCHE STÄTTE
(Karte S. 62; ☎ 011-4361-3002; www.elzanjon.com.ar; Defensa 755; Führungen Mo–Fr 1 Std. 170 Arg$, So 40 Min. 150 Arg$; ◷ Führungen Mo–Fr 12, 14 & 15, So 11–18 Uhr im 20-Min.-Takt) Dieses bemerkenswerte Architekturdenkmal zählt zu den wirklich einzigartigen Sehenswürdigkeiten in BA. Eine Reihe alter Tunnel, Abwasserkanäle und Zisternen (ab 1730 erbaut) wurden über einem Nebenfluss errichtet und dienten als Fundament für eine der ältesten Siedlungen in BA, die später in ein Familiendomizil und anschließend in ein Mietshaus samt allerlei Läden umfunktioniert wurde. Wer an einer Führung teilnehmen möchte, sollte unbedingt reservieren.

Museo de Arte Moderno de Buenos Aires   MUSEUM
(MAMBA; Karte S. 62; ☎ 011-4300-9139; www.museodeartemoderno.buenosaires.gob.ar; Av San Juan 350; Eintritt 20 Arg$, Di frei; ◷ Di–Fr 11–19, Sa & So bis 20 Uhr) Das weitläufige, mehrstöckige Museum in einem recycelten Tabaklagerhaus präsentiert die Werke (überwiegend) zeitgenössischer Künstler aus Argentinien. Einstellen können sich die Besucher auf ein wahrlich breites Spektrum – von Fotografie bis zu Industriedesign und von figurativer bis zu konzeptioneller Kunst ist alles geboten. Ein Auditorium und ein Andenkenladen gehören mit dazu.

Museo de Arte Contemporáneo Buenos Aires   MUSEUM
(MACBA; Karte S. 62; ☎ 011-5299-2010; www.macba.com.ar; Av. San Juan 328; Eintritt 50 Arg$; ◷ Mo & Mi–Fr 12–19, Sa & So 11–19.30 Uhr) Kunstliebhaber sollten dieses herrliche Museum nicht verpassen. Es hat sich auf geometrische Abstraktionen spezialisiert, die sich aus der technikbestimmten Welt ableiten, die uns heute umgibt – also Architektur, Kartenmaterial und Computer. Anstelle von traditionellen Gemälden bekommt man hier großformatige, farbenfrohe und minimalistische Exponate zu sehen, die zum Nachdenken anregen.

Museo Penitenciario   MUSEUM
(Karte S. 62; ☎ 011-4361-0917; Humberto Primo 378; ◷ Di, Fr & So 14–18 Uhr) GRATIS Das Gebäude aus dem Jahr 1760 war zuerst ein Nonnenkloster und später ein Frauengefängnis, bis es schließlich 1980 dann zu einem Gefängnismuseum umfunktioniert wurde. Die rekonstruierten alten Gefängniszellen vermitteln einen Eindruck von den damaligen, harten Haftbedingungen. Unbedingt einen Blick wert sind die selbst gebastelten Spielkarten und allerlei spitze Gegenstände, außerdem die Tennisbälle, die als Versteck für Drogen dienten.

Museo Histórico Nacional   MUSEUM
(Karte S. 73; ☎ 011-4307-1182; Defensa 1600; ◷ Mi–So 11–18 Uhr) GRATIS Das historische Nationalmuseum befindet sich im Parque Lezama. Es widmet sich der argentinischen Revolution vom 25. Mai 1810 und beschäftigt sich, wenn auch etwas geringfügig, mit den präkolonialen Zeiten. Zu bestaunen sind verschiedene Porträts von Präsidenten und anderen bedeutenden Persönlichkeiten dieser Epoche, außerdem ein wunderschön

Bei einem Fútbol-Spiel

In einem Land, das Maradona wie einen Gott verehrt, ist der Besuch eines Fußballspiels schon fast eine religiöse Erfahrung. Ein Spiel zwischen den Boca Juniors und River Plate, ein *superclásico*, galt schon immer als das Sportereignis schlechthin, das ein Argentinier zumindest einmal im Leben im Stadion miterlebt haben muss. Aber auch weniger spektakuläre Spiele geben einen Einblick in die Fußballleidenschaft des Landes.

Sich ein ganz normales Fußballspiel anzuschauen, bereitet keine sonderlichen Probleme. Die Websites der Clubs verraten, wo und wann die Karten zu haben sind; oft werden sie am Stadion direkt vor dem Spiel verkauft. Man hat die Wahl zwischen *populares* (Stehplätze) und *plateas* (Sitzplätze); *populares* sind allerdings nicht empfehlenswert, da es dort recht ruppig und gefährlich zugeht.

Wer ein *clásico* sehen möchte – ein Topspiel – tut sich schwerer mit den Karten. Boca Juniors hat für wichtige Spiele keine Karten im freien Verkauf; sie gehen alle an *socios* (Mitglieder). Am besten wendet man sich an Agenturen wie Tangol oder bucht über Organisationen wie www.fcbafa.com und www.landingpadba.com. Billig kommt der Spaß zwar nicht, aber es geht viel einfacher – und sicherer ist es auch, da einem keine gefälschten Karten angedreht werden.

Auch wer an einer Karte zu einem *clásico* oder *superclásico* interessiert ist, hat online durchaus Chancen. Die Websites lauten www.buenosaires.craigslist.org oder www.mercadolibre.com.ar.

Im Stadion sollte man sich unauffällig kleiden und benehmen. Etwas Bargeld genügt, die Kamera sollte man dicht bei sich halten. Speisen und Getränke sind teuer. Wer frühzeitig da ist, erlebt die besondere Atmosphäre vor dem Spiel.

MANNSCHAFTEN

Buenos Aires besitzt zwei Dutzend Profimannschaften – so viele gibt es in keiner anderen Stadt der Welt. Hier einige der bekanntesten Clubs:

Boca Juniors (☎011-5777-1200; www.bocajuniors.com.ar)

River Plate (☎011-4789-1200; www.cariverplate.com.ar)

Racing (☎011-4371-9995; www.racingclub.com)

Independiente (☎011-4229-7600; www.clubaindependiente.com/en)

San Lorenzo de Almagro (☎011-4016-2600; www.sanlorenzo.com.ar)

1. Fans von River Plate **2.** Spieler der Boca Juniors
3. La Bombonera, Heimstadion von Boca Juniors

2

3

ausgeleuchteter Saal, der Generälen vorbehalten ist. Es lohnt sich einen Blick ins rekonstruierte Schlafzimmer von José de San Martín zu werfen – dem Militärhelden und Befreier Argentiniens (und anderer Länder Südamerikas).

Mercado de San Telmo — MARKT

(Karte S. 62; zwischen Defensa & Bolívar, Carlos Calvo & Estados Unidos Block; ⏰ 9–20 Uhr) Dieser Markt wurde im Jahr 1897 von Juan Antonio Buschiazzo erbaut, also demselben in Italien geborenen, argentinischen Architekten, der auch den Cementerio de la Recoleta entwarf. Der Markt nimmt innen einen ganzen Block ein, was angesichts der bescheidenen Eingänge kein Mensch je annehmen würde. Die Innenausstattung mit viel Schmiedeeisen, auch die schöne Originaldecke ist beachtenswert, macht den Markt von San Telmo zu einem der stimmungsvollsten der ganzen Stadt. Die Einheimischen kaufen hier gern ihr frisches Obst und Gemüse sowie Fleisch. Antiquitätenstände am Rand haben alte Schätze im Angebot.

Wer ein Faible für Kaffee hat, sollte nach dem **Coffee Town** (Karte S. 62; ☎ 011-4361-0019; www.coffeetownargentina.com; Bolívar 976, im Mercado de San Telmo; ⏰ 10–20 Uhr) Ausschau halten, einem Kiosk.

◉ La Boca

In dem Arbeiterviertel wohnen hauptsächlich Einheimische. Mitte des 19. Jhs. wurde La Boca zur neuen Heimat vieler spanischer und italienischer Einwanderer, die sich am Riachuelo niederließen, dem Fluss, der die Stadt von der Provinz Buenos Aires trennt. Viele kamen zur Zeit des Booms in den 1880er-Jahren und arbeiteten dann in den vielen Konservenfabriken und Lagerhäusern, wo das für Argentinien lebenswichtige Rindfleisch verarbeitet wurde. Nachdem sie die Frachtkähne aufgemöbelt hatten, spritzten die Hafenbewohner die restliche Farbe auf die Wellblechwände ihrer Häuser – was La Boca später ungeahnten Ruhm verschaffte. Manche leuchtend bunten Farben stammen aber leider nur von den Industrieabwässern im Fluss.

El Caminito (Karte S. 73; Av Don Pedro de Mendoza, unweit Del Valle Iberlucea), nicht weit vom südlichen Rand La Bocas entfernt, ist die bekannteste Straße des *barrio* – und steht in dem zweifelhaften Ruf, eine Touristenfalle zu sein. Busladungen von Touristen mit Fotoapparaten um den Hals stöbern

hier auf dem kleinen Kunsthandwerksmarkt herum, schauen den Tangotänzern zu, die für ein paar Münzen ihre Tanzkünste zeigen, und werden von Schleppern animiert, für ein Foto mit Tangorequisiten zu posieren. Ein Spazierweg am Fluss entlang bietet einen Blick aus nächster Nähe auf den Riachuelo – unangenehme Gerüche inbegriffen. Ein paar Museen sorgen für geistige Anregung.

Fundación Proa — MUSEUM

(Karte S. 73; ☎ 011-4104-1000; www.proa.org; Av Don Pedro de Mendoza 1929; Eintritt 40 Arg$; ⏰ Di–So 11–19 Uhr) Nur die hochkarätigsten Künstler aus dem In- und Ausland werden von diesem eleganten Kunstmuseum mit weitläufigen Ausstellungsräumen, hohen Decken und weißen Wänden eingeladen, ihre Werke zu zeigen. Die sensationellen zeitgenössischen Installationen bedienen sich einer Fülle von Medien und Themen.

Die Dachterrasse gilt als der schicke Treff in La Boca schlechthin, um sich bei einem Drink oder Snack zu entspannen – mit wunderbarem Blick auf den Riachuelo. Zum reichhaltigen Kulturprogramm zählen auch Diskussionsrunden, Lesungen und Workshops sowie diverse Konzerte und Filmvorführungen.

★ Museo de Bellas Artes de La Boca Benito Quinquela Martín — MUSEUM

(Karte S. 73; ☎ 011-4301-1080; www.museoquinquela.gov.ar; Av Don Pedro de Mendoza 1835; vorgeschl. Spende 20 Arg$; ⏰ Di–Fr 10–18, Sa & So 11.15–18 Uhr) Das Kunstmuseum war einst das Zuhause und Atelier des surrealistischen Malers Benito Quinquela Martín (1890–1977). Es präsentiert seine Werke sowie die Arbeiten anderer klassischer Künstler aus Argentinien. Wiederkehrende Motive von Martín sind Silhouetten von Arbeitern, Schornsteine und Wasserspiegelungen, ausgeführt mit groben Pinselstrichen und dunklen Farben. Auf den Dachterrassen stehen diverse Skulpturen im Freien, und von der obersten Etage bietet sich ein herrlicher Blick über den Hafen.

Museo de la Pasión Boquense — MUSEUM

(Karte S. 73; ☎ 011-4362-1100; www.museoboquense.com; Brandsen 805; Eintritt 115–130 Arg$; ⏰ 10–18 Uhr) Dieses tolle Hightech-*fútbol*-Museum zeigt einen chronologischen Abriss des ruppigen Viertels La Boca, des berühmtem Stadions La Bombonera, des Werdegangs einiger großer *Fútbol*-Stars, Vi-

La Boca

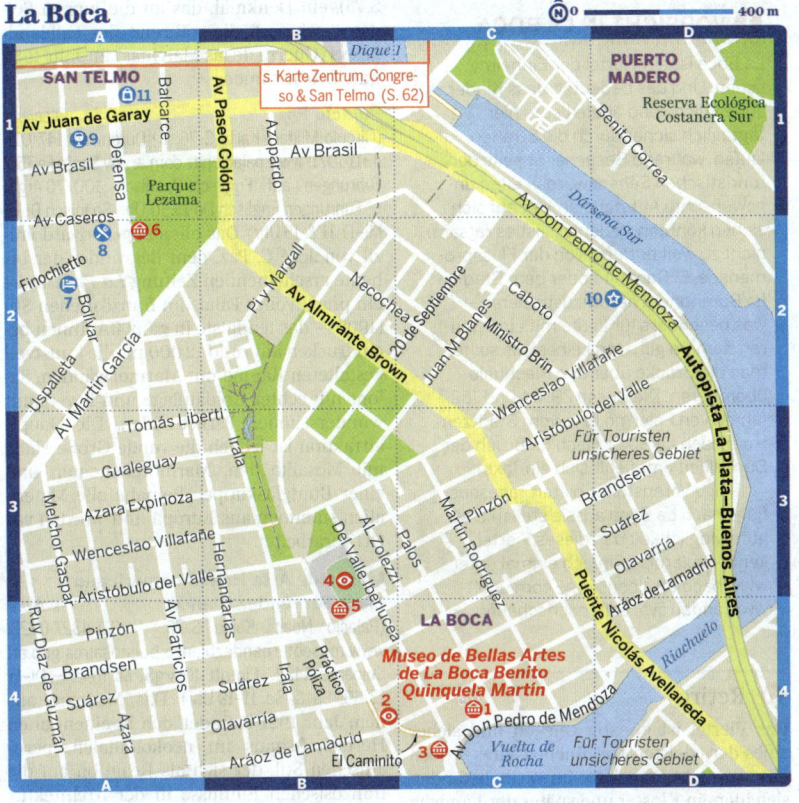

La Boca

⦿ Highlights
1 Museo de Bellas Artes de La Boca
  Benito Quinquela Martín C4

⦿ Sehenswertes
2 El Caminito.................................B4
3 Fundación Proa C4
4 La Bombonera Stadium......................B3
5 Museo de la Pasión Boquense B4
6 Museo Histórico Nacional A2

🛏 Schlafen
7 Mundo Bolívar A2

✕ Essen
8 Hierbabuena A2
  Proa Cafe........................ (s. 3)

🍷 Ausgehen & Nachtleben
9 Doppelgänger A1

⦿ Unterhaltung
10 Usina del Arte............................D2

🛍 Shoppen
11 Moebius A1

deo-Highlights, die Meisterschaften, die Trophäen und – wie kann es anders sein? – die Toooore. In einem gigantischen fußballartigen Auditorium befinden sich ein beeindruckendes 360-Grad-Panoramatheater, eine Sammlung mit alten Trikots und ein Anden-

kenladen. Das Museum liegt direkt unter dem Stadion, ein paar Blocks vom touristischen Abschnitt des El Caminito entfernt; wer ein paar Pesos mehr ausgeben möchte, kann sich einer Führung über das Spielfeld anschließen.

ⓘ VORSICHT IN LA BOCA

La Boca ist ein Viertel der Einheimischen. Und das bedeutet, dass Kinder, Jugendliche und ältere Leute hier tagtäglich sicher durch die Straßen laufen, während Besucher abseits der touristischen Sehenswürdigkeiten ungewünschte Aufmerksamkeit auf sich ziehen könnten. Jedenfalls ist es ratsam, nicht zu weit entfernt von der Flusspromenade, El Caminito oder dem Stadion La Bombonera herumzuspazieren – was besonders für Leute mit einer teuren Kamera gilt. Und keinesfalls sollte man die Brücke über den Riachuelo überqueren. Die Busse 29, 64 und 152 fahren von Palermo bzw. vom Stadtzentrum nach La Boca. Nach Einbruch der Dunkelheit empfiehlt sich ein Taxi.

Einige Veranstalter bieten Tagesausflüge nach La Boca an; sie stellen eine gute Möglichkeit dar, dieses Viertel kennenzulernen. Einfach einmal unter www.baculturalconcierge.com und www.andatravel.com nachschauen.

⊙ Retiro

Das Viertel ist günstig gelegen und sicher eines der edelsten von Buenos Aires – doch das war nicht immer so: Im 17. Jh. befanden sich hier ein Kloster und später der Landsitz *(retiro)* von Agustín de Robles, einem spanischen Gouverneur. Seitdem beherbergte die heutige Plaza San Martín – sie liegt an einem Steilhang – einen Sklavenmarkt, eine Militärfestung und sogar eine Stierkampfarena. Die Zeiten haben sich geändert und mittlerweile geht es hier allerdings viel ruhiger und exklusiver zu.

Plaza San Martín · PLAZA

(Karte S. 76) Der französische Landschaftsarchitekt Carlos Thays entwarf die begrünte Plaza San Martín; sie ist von einigen der beeindruckendsten öffentlichen Gebäude gesäumt, die Buenos Aires zu bieten hat. Das bekannteste Denkmal im Park ist das obligate **Reiterstandbild von José de San Martín**; Würdenträger, die in BA zu Gast sind, kommen oft vorbei, um zu Ehren des Befreiers von Argentinien einen Kranz am Sockel des Denkmals niederzulegen. Auf der abschüssigen Seite des Parks steht das **Monumento a los Caídos en Malvinas** (Karte S. 76), ein Denkmal, das an die jungen Soldaten erinnert, die während des Falklandkriegs (Guerra de las Malvinas) im Jahr 1982 ums Leben kamen.

Palacio Paz · GEBÄUDE

(Círculo Militar; Karte S. 76; ☑ Durchwahl 147, 011-4311-1071; www.palaciopaz.com.ar; Av Santa Fe 750; Führungen auf Englisch/Spanisch 100/70 Arg$; ☺ Führungen Englisch Do 15.30 Uhr, Spanisch Di 15, Mi–Fr 11 & 15 Uhr) Das ehemalige Privatdomizil von José C. Paz, dem Begründer der bis heute erscheinenden Zeitung *La Prensa,* ist ein prachtvolles Palais im französischen Stil (1909) – das feudalste in ganz BA. Innen beeindrucken auf rund 12 000 m² die kunstvoll gestalteten Räume mit Marmorwänden, Salons mit echter Goldauflage und Foyers mit wunderschönen Parkettböden. Die Hauptattraktion ist jedoch die runde Große Halle mit Mosaikböden, Marmorelementen und einer Buntglaskuppel. Beinahe alle Materialien stammen aus Europa und wurden vor Ort verarbeitet.

Museo de Arte Hispanoamericano Isaac Fernández Blanco · MUSEUM

(Palacio Noel; Karte S. 76; ☑ 011-4327-0228; www.museofernandezblanco.buenosaires.gob.ar; Suipacha 1422; Eintritt 10 Arg$, Mi frei; ☺ Di–Fr 13–19, Sa & So 11–19 Uhr) Das Museum aus dem Jahr 1921 befindet sich in einem alten Herrschaftshaus im neokolonialen, peruanischen Stil, der sich als Reaktion auf die französischen Einflüsse in der Architektur Argentiniens zur Jahrhundertwende ausprägte. Zu der beeindruckenden Sammlung von Kolonialkunst zählen Silberarbeiten aus dem Alto Perú (dem heutigen Bolivien), Sakralgemälde und Barockinstrumente, beispielsweise eine Guarneri-Geige. Die geschwungene Decke im Hauptsalon weist herrliche Malereien auf, ein beschaulicher Garten ist auch noch vorhanden.

Museo de Armas · MUSEUM

(Waffenmuseum; Karte S. 76; ☑ Durchwahl 179, 011-4311-1071; www.museodearmas.com.ar; Av Santa Fe 702; Eintritt 40 Arg$; ☺ Mo–Fr 13–19 Uhr) Selbst jemand, der beim Militär war, hat vermutlich noch nie so viele Vernichtungswaffen gesehen. Das labyrinthartige Museum präsentiert eine erschreckend umfangreiche, aber hervorragende Sammlung von mehr als 3500 Bazookas, Granatabschussrampen, Kanonen, Maschinengewehren, Musketen, Pistolen, Rüstungen, Lanzen und Schwertern; sogar eine Gasmaske für ein Schlachtross ist ausgestellt. Die Entwicklung von Gewehren und Handfeuerwaffen ist besonders gründlich dokumentiert, zudem gibt es einen kleinen, aber beeindruckenden Saal mit japanischen Waffen.

Torre Monumental WAHRZEICHEN

(Karte S. 76; ☎ 011-4311-0186; Plaza Fuerza Aérea Argentina; ☺ Mo–Fr 10–18, Sa & So bis 18.30 Uhr) GRATIS Gegenüber der Plaza San Martín ragt markant die 76 m hohe Miniaturausgabe des Londoner Big Ben auf – eine Spende der britischen Gemeinde im Jahr 1916. Der Turm wurde aus Materialien errichtet, die eigens aus England mit dem Schiff hertransportiert wurden. Man kann in die Basis des Turms hineingehen, wo dann ein paar historische Fotos hängen. Der Lift nach oben ist für die Allgemeinheit gesperrt.

◉ Recoleta & Barrio Norte

Die reichsten Bürger von Buenos Aires leben in Recoleta, dem exklusivsten und schicksten Wohnviertel der Stadt. In den 1870er-Jahren zogen viele porteños der Oberschicht während einer Gelbfieberepidemie von San Telmo hierher um. Heute lässt sich der große Reichtum des Luxusviertels am besten in der Avenida Alvear erkennen, in der viele alte Herrschaftshäuser – und neuere Boutiquen mit teuren internationalen Labels – zu bewundern sind.

Recoleta mit seinen Parks, Museen und seiner französischen Architektur ist am besten für seinen Cementerio de la Recoleta bekannt. Am Wochenende findet auf der Plaza Intendente Alvear immer ein beliebter Markt für Kunsthandwerk statt. Ein kleines Stück weiter nördlich beeindruckt die Floralis Genérica, eine 20 m hohe Blumenskulptur, deren gigantische Blütenblätter sich nachts „schließen".

Das Barrio Norte ist ein Viertel südwestlich von Recoleta, wobei die Grenzen sich allerdings verwischen.

★ Cementerio de la Recoleta FRIEDHOF

(Karte S. 76; ☎ 0800-444-2363; Ecke Junín & Guido; 100 Arg$; ☺ 7–17.30 Uhr) Dieser Friedhof ist zweifelsohne die bedeutendste Attraktion von BA und ein Muss auf jeder Besichtigungsliste eines Backpackers. In dieser beeindruckenden Totenstadt kann man stundenlang herumstreifen; die unzähligen „Straßen" sind von imposanten Statuen und Marmormausoleen gesäumt. Es macht Spaß, einen Blick in die muffigen Krypten zu werfen, die staubigen Särge zu betrach-

ten und zu versuchen, die Geschichte der Verblichenen zu enträtseln. Ehemalige Präsidenten, Kriegshelden, einflussreiche Politiker, aber auch einfach die Reichen und Berühmtheiten haben es hinter die Mauern dieses Friedhofs geschafft.

Basílica de Nuestra Señora del Pilar KIRCHE

(Karte S. 76; ☎ 011-4806-2209; www.basilicadelpilar.org.ar; Junín 1904; Museum 6 Arg$; ☺ Museum Mo–Sa 10.30–18.10, So 14.30–18.10 Uhr) Den Mittelpunkt dieser strahlend weißen Kolonialkirche, die 1716 von den Jesuiten errichtet wurde, bildet ein peruanischer Altar, der mit Silber aus dem Nordwesten Argentiniens verziert ist. Im Kirchenraum hält man sich links, um das kleine historische Museum im Kreuzgang zu besuchen; es beherbergt sakrale Gewänder, Gemälde, Schriften und interessante Artefakte. Von hier kann man den schönen Blick auf den Friedhof von Recoleta genießen.

★ Museo Nacional de Bellas Artes MUSEUM

(Karte S. 76; ☎ 011-5288-9900; www.mnba.gob.ar; Av del Libertador 1473; ☺ Di–Fr 12.00–20.00, Sa & So 9.30–20.00 Uhr) GRATIS Das bedeutendste Nationalmuseum der Schönen Künste in Argentinien präsentiert viele Schlüsselwerke von Benito Quinquela Martín, Xul Solar, Edwardo Sívori und anderen argentinischen Künstlern des 19. und 20. Jhs. Doch auch die Werke europäischer Meister wie Cézanne, Degas, Picasso, Rembrandt, Toulouse-Lautrec und van Gogh beeindrucken. Alle hier ausgestellten Kunstwerke werden

---

EVITAS GRAB

Sie ist der größte Star von Recoleta, und jeder, der dem **Cemeterio de la Recoleta** einen Besuch abstattet, möchte auch ihre letzte Ruhestätte sehen. Und so findet man sie: Vom Eingang zum Friedhof geht man geradeaus weiter bis zur ersten großen „Kreuzung", wo eine Statue steht. Hier biegt man scharf links (90 Grad) ab und spaziert weiter, bis einem ein Mausoleum den Weg versperrt. Nachdem man es rechts umrundet hat, biegt man rechts in einen breiten Weg ein. Nach drei Blocks sieht man auf der linken Seite dann auch schon Besucher mit Blumensträußen an Evitas Grab stehen. Mit irgendwelchem Pomp sollte man hier nicht rechnen, denn das Mausoleum ist eher bescheiden.

BUENOS AIRES SEHENSWERTES

Retiro, Recoleta & Barrio Norte

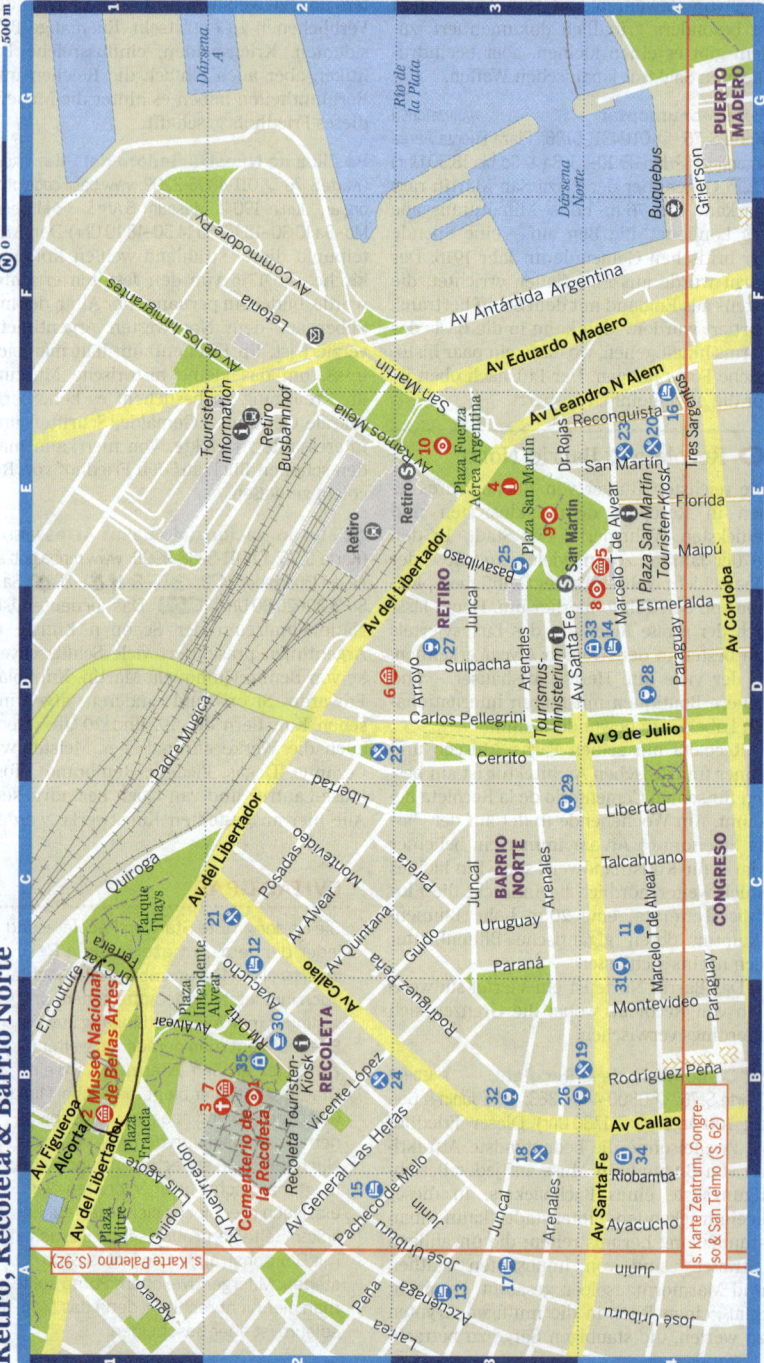

500 m

N 0

Dársena A

Río de la Plata

PUERTO MADERO

Dársena Norte

Grierson

Buquebus

Av Commodore Py

Av Antártida Argentina

Av de los Immigrantes

Letonia

Av Eduardo Madero

San Martín

Av Ramos Mejía

Av Leandro N Alem

Reconquista

Tres Sargentos

Touristen-information

Retiro Busbahnhof

Retiro

Retiro

RETIRO

Plaza Fuerza Aérea Argentina

Dr Rojas

San Martín

10

4

Plaza San Martín

9

San Martín

Florida

Maipú

Av del Libertador

Basavilbaso

25

Juncal

Plaza San Martín

Marcelo T de Alvear

Touristen-Kiosk

Esmeralda

33

34

8

5

16

23

20

Av Córdoba

Suipacha

Arroyo

27

6

Arenales

Av Santa Fe

Tourismus-ministerium

28

Paraguay

Carlos Pellegrini

Av 9 de Julio

Cerrito

29

Padre Mugica

Libertad

22

Libertad

BARRIO NORTE

Talcahuano

CONGRESO

Parque Thays

Quiroga

Av del Libertador

Posadas

Montevideo

Parera

Juncal

Arenales

Uruguay

Paraná

11

Marcelo T de Alvear

Paraguay

Dr Carlos Pellegrini

El Couture

Plaza Intendente Alvear

21

Av del Libertador

Ayacucho

Av Alvear

Av Quintana

Guido

Rodríguez Peña

Montevideo

31

Plaza Francia

Av Alvear

RM Ortiz

30

12

Av Callao

RECOLETA

Vicente López

Guido

19

Rodríguez Peña

Museo Nacional de Bellas Artes

Luis Agote

3·7

1

Recoleta Touristen-Kiosk

RECOLETA

32

26

Av Callao

Av Figueroa Alcorta

Cementerio de la Recoleta

Av General Las Heras

24

18

Av Santa Fe

34

Riobamba

Av del Libertador

Plaza Mitre

Guido

Av Pueyrredón

Pacheco de Melo

Juncal

Arenales

Ayacucho

s. Karte Palermo (S. 92)

Agüero

Azcuénaga

13

17

Larrea

Peña

Azcuénaga

José Urunburu

Junín

José Urunburu

s. Karte Zentrum, Congreso & San Telmo (S. 62)

15

José Urunburu

Retiro, Recoleta & Barrio Norte

geschickt und im rechten Licht präsentiert. Ein Kino, Konzerte und Seminare gibt es hier auch noch.

Museo Xul Solar MUSEUM
(Karte S. 92; ☎ 011-4824-3302; www.xulsolar.org.ar; Laprida 1212; Eintritt 20 Arg$; ◷ Di–Fr 12–20, Sa bis 19 Uhr, Feb. geschl., Führungen auf Spanisch Di & Do 16, Sa 15.30 Uhr) Xul Solar war ein Maler, Erfinder, Dichter und Freund des Schriftstellers Jorge Luis Borges. Das Museum – es befindet sich in seinem alten Herrschaftshaus – präsentiert mehr als 80 seiner einzigartigen, farbenprächtigen und doch dezenten Gemälde. Xul Solars an Paul Klee erinnernder Stil beinhaltet fantastische Themen und fast cartoonartige Figuren, die in surrealen, kubistischen Landschaften platziert sind. Wirklich sagenhafte Bilder, die so bizarr sind, dass sie Xul Solar zu einer Kategorie für sich machen.

◎ Palermo

Palermo ist für die Mittelschicht von Buenos Aires geradezu der Himmel auf Erden. Die weitläufigen Parks mit ihren Grünflächen sind großzügig mit Denkmälern geschmückt und ein beliebtes Ziel für Wochenendausflüge. Dann flanieren viele Familien auf den schattigen Wegen, bevölkern die Radwege und paddeln über die beschaulichen Seen. Im Viertel liegen einige bedeutende Museen und elegante Botschaften, und ein paar Straßenzüge weiter liegen angesagte Destinationen für Einkaufswütige und Nachteulen.

Die Grünflächen von Palermo waren nicht immer für die Massen gedacht. Das Areal rund um den **Parque 3 de Febrero** diente im 19. Jh. ursprünglich als privates Erholungsgebiet des Diktators Juan Manuel de Rosas und wurde erst nach seinem Sturz in einen öffentlichen Park umgewandelt. Auf dem Areal liegen der Tierpark, das Planetarium und mehrere Gärten. Ein Stück südlich vom Zoo gilt die **Plaza Italia** als der wichtigste Verkehrsknotenpunkt Palermos.

Eines der hippsten Viertel der Kapitale ist **Palermo Viejo**, eine malerische Gegend mit Kolonialgebäuden und einer Fülle von edlen Geschäften, Speiselokalen und einem fetzigen Nachtleben. Die Einheimischen unterscheiden zwischen Palermo Soho und Palermo Hollywood. Das Herz des Viertels schlägt an der **Plaza Serrano** (Karte S. 94), einem kleinen, sehr beliebten Platz, der von Bars und Restaurants umgeben ist. Hier findet am Wochenende auch ein kleiner Kunstmarkt statt. Ein weiteres beliebtes, aber erheblich kleineres Viertel in Richtung Norden ist **Las Cañitas**. Die vielen Restaurants

BUENOS AIRES FÜR KINDER

Der **Parque 3 de Febrero** (Karte S. 92; Ecke Av del Libertador & de la Infanta Isabel; 🚌10, 34,130) in Palermo ist ein riesiger Park, dessen Ringstraße am Wochenende für den Verkehr gesperrt wird (Fahrräder, Boote und Inline-Skates kann man gleich in der Nähe ausleihen). Weitere gute Zwischenstopps geben hier das Planetarium, der Tierpark und der Japanische Garten ab. Wer sich in der Innenstadt aufhält und eine Pause in der Natur gebrauchen könnte, besucht die **Reserva Ecológica Costanera Sur** (S. 66), ein großes Naturschutzgebiet, in dem sich prima Vögel beobachten lassen.

Shoppingmalls geben ebenfalls ein sicheres Ziel für Familien ab – zu den besten zählt der **Mercado de Abasto** (S. 80) mit einem „Museum" (d. h. einem einfallsreichen Spielplatz) für Kinder und einem Mini-Vergnügungspark.

In San Telmo lohnt der Besuch des Marionettenmuseums, des **Museo Argentino del Títere** (Karte S. 62; ☎ 011-4307-6917; www.museoargdeltitere.com.ar; Estados Unidos 802; ⏱ sehr unterschiedliche Öffnungszeiten, vorher anrufen) GRATIS mit preiswerten Vorstellungen am Wochenende.

Das **Museo Participativo de Ciencias** (Karte S. 76; ☎ 011-4806-3456; www.mpc.org. ar; Junín 1930; Eintritt 65 Arg$; ⏱ sehr unterschiedl. Öffnungszeiten, vgl. Website) in Recoleta ist ein praxisorientiertes Wissenschaftsmuseum mit interaktiven pädagogischen Exponaten. In Caballito befindet sich das interessante **Museo Argentino de Ciencias Naturales** (S. 80).

Christliche Eltern besuchen mit ihren Kindern vielleicht auch gern **Tierra Santa** (S. 79), einen geschmacklosen, aber dennoch ganz witzigen religiösen Themenpark, der seinesgleichen sucht. Nicht weit weg liegt der **Parque Norte** (S. 81), ein großer Wasserpark, der sich für heiße Tage anbietet.

Tigre, im Norden von BA, gibt einen tollen Tagesausflug ab. Man kommt mit dem Tren de la Costa hin, der direkt am **Parque de la Costa** (☎ 011-4002-6000; www.parquedela costa.com.ar; Vivanco 1509; Eintritt ab 150 Arg$) endet, einem typischen Vergnügungspark mit allerlei Fahrgeschäften.

Außerhab der Stadt liegt der **Parque Temaikén** (☎ 034-8843-6900; www.temaiken. org.ar; RP25, Km 1, Escobar; Erw./Kind 245/200 Arg$; ⏱ Dez.–Feb. Mi–So 10–19 Uhr, März–Nov. Di–So bis 18 Uhr), ein wirklich außergewöhnlicher Tierpark. Zu sehen sind hier nur ganz besonders reizende Tiere – also beispielsweise Meerkatzen, Zwergflusspferde und weiße Tiger –, die in natürlichen Gehegen frei herumlaufen. Im hervorragenden Aquarium befinden sich auch Becken mit Tieren zum Anfassen; die zahlreichen interaktiven Bereiche sorgen dann für geistige Anregung. An manchen Dienstagen gibt es Ermäßigung.

Und wenn sich der Nachwuchs in einem Tobsuchtsanfall ergeht, schafft der Besuch einer der zahlreichen hervorragenden Eisdienen in BA Abhilfe.

und Kneipen locken abends ganze Horden von Nachtschwärmern an; dann ist in der Avenida Báez mit dem Auto kein Durchkommen mehr.

⭐ Museo de Arte Latinoamericano de Buenos Aires
MUSEUM

(Malba; Karte S. 92; ☎ 011-4808-6500; www.malba. org.ar; Av Figueroa Alcorta 3415; Eintritt 75 Arg$, Mi 36 Arg$; ⏱ Do–Mo 12–20, Mi bis 21 Uhr) Das luftige Museum für Moderne Kunst hinter schillernden Glaswänden gilt als eines der hippsten der Stadt. Der Millionär und Philanthrop Eduardo Costantini präsentiert hier seine exquisite Sammlung lateinamerikanischer Kunst, zu der Werke der Argentinier Xul Solar und Antonio Berni gehören,

plus diverse Arbeiten von Diego Rivera und Frida Kahlo, beide aus Mexiko. Ein Kino zeigt Filmkunst. Ein Andenkenladen und ein Café dürfen natürlich nicht fehlen.

Museo Nacional de Arte Decorativo
MUSEUM

(Karte S. 92; ☎ 011-4802-6606; www.mnad.org; Av del Libertador 1902; Eintritt 20 Arg$, Di frei, Führungen 15 Arg$; ⏱ Di–So 14–19, Jan. So geschl.) Das Museum befindet sich in einem beeindruckenden Jugendstil-Anwesen, der Residencia Errázuriz Alvear (1917); hier wohnten einst der chilenische Adelige Matías Errázuriz und seine Frau Josefina de Alvear. Heute sind hier viele ihrer überaus noblen Besitztümer zu bestaunen, außerdem so schöne

Architekturelemente wie korinthische Säulen und ein herrliches Treppenhaus, das sich vom Schloss von Versailles inspiriert zeigt. Beeindruckend ist ein Foyer mit geschnitzter Holzdecke, Buntglasscheiben sowie einem riesigen Kamin aus Stein. Draußen befindet sich ein hübsches Café.

Jardín Zoológico TIERPARK

(Karte S. 92; ☏ 011-4011-9900; www.zoobuenos aires.com.ar; Ecke Av General Las Heras & Sarmiento; Erw./Kind 180 Arg\$/frei; ☉ Okt.–März Di–So 10–18 Uhr, April–Sept. bis 17 Uhr) Der 18 ha große Tierpark von BA ist ein seriöser Zoo mit mehr als 350 Tierarten – viele davon sind in „natürlichen", recht großen Gehegen zu bestaunen. An sonnigen Wochenenden wird es hier immer brechend voll, wenn Familien die weitläufigen Grünflächen und künstlichen Seen bevölkern. Doch auch einige der Gebäude, in denen die Tiere untergebracht sind, beeindrucken – so lohnt beispielsweise das Elefantenhaus einen Blick. Ein Aquarium, eine Affeninsel, das Reptilienhaus und eine große Voliere zählen zu den weiteren Attraktionen. Einige der Sonderattraktionen (wie die Seelöwenshow oder das Karussell) sind extra zu bezahlen.

Jardín Japonés GARTEN

(Karte S. 92; ☏ 011-4804-4922; www.jardinjapones. org.ar; Ecke Av Casares & Berro; Erw./Kind 50 Arg\$/ frei; ☉ 10–18 Uhr) Der 1967 eröffnete Garten wurde im Jahr 1979 der Stadt Buenos Aires zum Geschenk gemacht – anlässlich des hundertsten Jahrestags der ersten Einwanderer aus Japan in Argentinien. Jedenfalls bietet sich der Jardín Japonés für eine beschauliche Ruhepause an. Im Garten befinden sich ein japanisches Restaurant und hübsche Teiche mit vielen Kois, über die sich elegante hölzerne Brücken spannen. Die japanische Kultur kann man im Rahmen von gelegentlichen Ausstellungen und Workshops zu Ikebana, Haiku, Origami, Taiko (japanisches Trommeln) und anderen Veranstaltungen kennenlernen.

Museo Evita MUSEUM

(Karte S. 92; ☏ 011-4807-0306; www.museoevita. org; Lafinur 2988; Eintritt 40 Arg\$; ☉ Di–So 11–19 Uhr) Jeder von Rang und Namen hat in Argentinien sein eigenes Museum, und Eva Perón (1919–1952) stellt da natürlich keine Ausnahme dar. Das Museo Evita macht seine Nationalheldin anhand einer Fülle von Videos, historischen Fotos, Büchern, alten Postern und Schlagzeilen aller möglicher Zeitungen unsterblich. Das eigentliche

Highlight unter den zahlreichen Erinnerungsstücken ist jedoch ihre Garderobe: Kleider, Schuhe, Handtaschen, Hüte und Blusen liegen stolz unter Glas – für immer und ewig gebügelt und tipptopp gepflegt. Sogar Evitas alte Brieftaschen und Parfümflakons sind ebenfalls ausgestellt. Viele Besucher begeistern sich allerdings besonders für ein Foto, das sie beim Kicken eines *fútbol* zeigt – in Stöckelschuhen.

Tierra Santa THEMENPARK

(☏ 011-4784-9551; www.tierrasanta.com.ar; Av Costanera R Obligado 5790; Erw./Kind 100/ 40 Arg\$; ☉ April–Nov. Fr 9–21, Sa, So & Feiertage 12–20 Uhr, Dez.–März Fr–So & Feiertage 16–22 Uhr) Sogar überzeugte Katholiken finden den „ersten religiösen Themenpark der Welt" bei allem Respekt arg gewöhnungsbedürftig. Zu sehen sind computeranimierte Dioramen von Adam und Eva und dem Letzten Abendmahl, am übelsten ist jedoch ein riesiger Jesus, der von einem Pseudoberg in den Himmel fährt – und zwar im 30-Minuten-Takt. Der Park liegt nördlich von Palermo nicht weit vom Wasser entfernt.

Centro Islámico Rey Fahd MOSCHEE

(Karte S. 92; ☏ 011-4899-0201; www.ccislamicorey fahd.org.ar; Av Int Bullrich 55; ☉ Führungen Di, Do & Sa 12 Uhr) Die Moschee, mittlerweile ein Wahrzeichen der Stadt, wurde von den Saudis auf einem Grundstück errichtet, das der ehemalige Präsident Carlos Menem gestiftet hatte; sie befindet sich im Südosten von Las Cañitas. Dreimal wöchentlich werden kostenlose Führungen auf Spanisch angeboten (den Pass mitbringen und auf konservative Kleidung achten; der Eingang befindet sich an der Avenida Intendente Bullrich).

◉ Belgrano

In der Avenida Cabildo mit ihrem überwältigenden Durcheinander aus Lärm und Neon schlägt das Herz von Belgrano rasend schnell. Die in beiden Richtungen befahrene Straße ist vollgestopft mit Geschäften, in denen Klamotten, Schuhe und Haushaltsartikel erhältlich sind – hier shoppen die *porteños*.

Nur einen Block östlich der Avenida Cabildo findet am Wochenende an der Plaza Belgrano ein bescheidener, aber netter Kunsthandwerksmarkt statt.

In der Nähe der Plaza ragt die italienisch anmutende Iglesia de la Inmaculada Concepción auf. Die Kirche, wird im

Volksmund wegen ihrer beeindruckenden Kuppel schlichtweg „La Redonda" – „die Runde" – genannt. Vier Blocks nordöstlich der Plaza Belgrano erstrecken sich auf einer der wenigen natürlichen Anhöhen der Stadt die **Barrancas de Belgrano**, ein attraktiver Park. Und nicht weit von hier, gleich auf der anderen Seite der Bahngleise, liegt die kleine **Chinatown** von Belgrano mit ganz ordentlichen Chinarestaurants und Läden mit Billigwaren aller Art.

Museo de Arte Español Enrique Larreta
MUSEUM

(☑ 011-4784-4040; Juramento 2291; Eintritt 10 Arg$; ⊙ Mo–Fr 13–19, Sa & So 10–20 Uhr) Der hispanophile Romancier Enrique Larreta (1875–1961) residierte in diesem eleganten Kolonialgebäude gegenüber der Plaza Belgrano, in dem nun seine private Kunstsammlung der Öffentlichkeit präsentiert wird. Das prachtvolle, geräumige alte Gebäude beherbergt klassische spanische Kunst, Stilmöbel, sakrale Schnitzereien, Wappen und Waffen. Die Parkettböden und Bodenfliesen sind wunderschön, zudem ist alles herrlich ausgeleuchtet. Montags bis freitags finden um 17 Uhr Führungen auf Spanisch statt, ebenso samstags und sonntags um 16 Uhr und 18 Uhr. Der reizende Garten hinter dem Haus lädt zum Flanieren ein.

Espacio Memoria y Derechos Humanos
MUSEUM

(ESMA; ☑ 011-4702-9920; www.espaciomemoria. ar; Av del Libertador 8151, Nuñez; ⊙ Fr–So 12–17 Uhr) GRATIS Der Schmutzige Krieg (1976–1983) gilt als das wohl düsterste Kapitel in der wechselvollen Geschichte Argentiniens. Menschenrechtsgruppierungen schätzen, dass bis zu 30 000 Menschen unter der Militärdiktatur Jorge Rafael Videlas entführt, gefoltert und getötet wurden. Die meisten dieser Gräueltaten ereigneten sich hier in dieser alten Marineschule, genannt ESMA; sie wird bisweilen als Auschwitz Argentiniens bezeichnet. Mittlerweile wurden diese Gebäude in ein Museum umfunktioniert – um der Opfer zu Gedenken und um zu verhindern, dass sich ein derart unvorstellbares Ereignis wiederholt.

◉ Once & Umgebung

Das ethnisch bunteste Viertel der Stadt ist Once, denn hier leben beachtliche Gruppen an Juden, Peruanern und Koreanern. Auf dem Billigmarkt am Bahnhof Once geht es immer hoch her: Die Händler verkaufen ihre Waren auf dem Gehsteig, überall drängen sich die Menschenmassen.

Museo Argentino de Ciencias Naturales
MUSEUM

(Naturwissenschaftliches Museum; Karte S. 92; ☑ 011-4982-6595; www.macn.gov.ar; Av. Ángel Gallardo 490; Eintritt 15 Arg$; ⊙ 14–19 Uhr) Ganz im Westen liegt der ovale Parque del Centenario, eine große Grünfläche, an der sich auch das hervorragende Museum für Naturwissenschaften befindet. Ausgestellt sind umfangreiche Sammlungen von Meteoriten, Gestein und Mineralien, Muscheln, Insekten sowie Nachbildungen von Dinosaurierskeletten. Besonders gelungen sind die Säle mit ausgestopften Tieren und Skeletten. Auch die Kids kommen hier auf ihre Kosten – sie können sich unter Hunderte Kinder mischen, die das Museum im Rahmen eines Schulausflugs besuchen.

Museo Casa Carlos Gardel
MUSEUM

(Karte S. 92; ☑ 011-4964-2071; Jean Jaurés 735; Eintritt 5 Arg$, Mi frei; ⊙ Mo & Mi–Fr 11–18, Sa & So 10–19 Uhr) Klein, aber fein ist diese Hommage an die berühmteste Stimme des Tangos. Das Museum in Gardels ehemaligem Haus spürt seiner Partnerschaft mit José Razzano nach und präsentiert Erinnerungsstücke wie Fotos, Schallplatten und Zeitungsausschnitte. Viel zu sehen gibt es eigentlich nicht – und somit ist das Museum eigentlich eher etwas für echte Fans oder Leute, die schlichtweg neugierig sind. Einfach nach der Ansammlung von bunt gestrichenen Häusern Ausschau halten.

Mercado de Abasto
GEBÄUDE

(Karte S. 92; ☑ 011-4959-3400; www.abasto-shopping.com.ar; Av Corrientes 3247; ⊙ 10–22 Uhr) Der historische Mercado de Abasto (1895) wurde von dem US-ungarischen Financier George Soros zu einem der schönsten Einkaufszentren der Stadt umgestaltet. Das Gebäude, früher ein großer Gemüsemarkt, erhielt 1937 einen Architekturpreis für seine Fassade an der Avenida Corrientes. Heute befinden sich in dem Komplex mehr als 200 Geschäfte, ein großes Kino, ein weitläufiger Foodcourt sowie der einzige koschere McDonald's außerhalb von Israel (der im Obergeschoss, neben Burger King).

🏃 Aktivitäten

Die weitläufigen Grünanlagen von Palermo sorgen für viele Erholungsflächen – vor allem am Wochenende, wenn die Ringstraße um den Rosengarten für den Verkehr gesperrt wird. Recoleta kann auch mit Parks aufwarten, aber Achtung vor den Hundehaufen! Am schönsten ist sicher die Reserva Ecológica Costanera Sur, ein Naturparadies gleich östlich von Puerto Madero: Es eignet sich ideal, um Spaziergänge zu unternehmen, zu joggen, mit dem Rad zu fahren und Tiere in freier Wildbahn zu beobachten.

Radfahren

BA ist nicht gerade die tollste Stadt zum Radfahren, aber ein paar Ausnahmen gibt es dann doch. Am besten ist es vermutlich, sich einer Radtour durch die Stadt anzuschließen, bei der Fahrrad und Guide inbegriffen sind; diese Veranstalter bieten in der Regel auch Leihräder an. Und wer am ersten Sonntag eines Monats vor Ort ist, sollte die in BA praktizierte Variante von **Critical Mass** (www.masacriticabsas.com.ar) erkunden. Weitere Informationen zum Thema Radfahren rund um BA siehe im Abschnitt Unterwegs vor Ort (S. 125).

Reiten

Caballos a la Par   REITEN
(☎ 011-15-5248-3592; www.caballos-alapar.com) Wer ein paar Stunden der Stadt den Rücken kehren und sich in den Sattel schwingen möchte, sollte die touristischen *estancias* (Ranch) einfach vergessen und sein Glück bei Caballos a la Par versuchen. Die Ausritte mit einem Führer finden in einem Provinzpark statt, etwa eine Autostunde von BA entfernt. Selbst wer noch nie auf einem Pferd gesessen ist, beherrscht bald schon den Trab und kann vielleicht bis zum Sonnenuntergang schon herumgaloppieren.

Fútbol

So mancher war nach dem Besuch eines Profi-*fútbol*-Spiels so beeindruckt, dass er am liebsten gleich selbst losgelegt hätte. Kein Problem! Einfach Kontakt zu den **FC Buenos Aires Fútbol Amigos** (www.fcbafa.com) aufnehmen und sich anderen Backpackern, Expats und Einheimischen anschließen. Das Beste an der ganzen Sache sind aber wohl die *asados* (Grillfeten), die oftmals nach dem Spiel stattfinden – und natürlich die Freundschaften, die man beim Kicken schließt.

Schwimmen

Es ist in Buenos Aires gar nicht so einfach, eine anständige Möglichkeit zum Schwimmen zu finden – es sei denn, man wohnt in einem Hotel mit einem brauchbaren Swimmingpool. Die bezahlbare Alternative ist das Hallenbad des nächsten Fitnesscenters.

Parque Norte   SCHWIMMEN
(☎ 011-4787-1382; www.parquenorte.com; Av Cantilo & Guiraldes; Eintritt Mo–Fr 80 Arg$, Sa 100 Arg$, So 110 Arg$; ☉Pool Mo–Fr 8.30–20, Sa & So bis 22 Uhr) Wenn die Temperaturen und die Luftfeuchtigkeit in die Höhe klettern, macht es Spaß, gen Norden zu diesem großen Wasserpark in Belgrano zu fahren. Auch Familien kommen hier dank der riesigen seichten Becken (mit höchstens 1,20 m Tiefe) plus einer großen Wasserrutsche und jeder Menge Sonnenschirmen und -liegen (beide gegen Aufpreis) auf ihre Kosten. Außerdem laden weitläufige Grünflächen zum Picknicken oder auf einen Mate-Tee ein. Handtücher sind mitzubringen. Und außerdem sollte gewährleistet sein, dass man auch sauber ist – es werden kurze Gesundheitschecks auf Unannehmlichkeiten wie Fußpilz oder Läuse (!) vorgenommen.

🎓 Kurse

Wer in BA zu Gast ist, dem bieten sich unzählige Gelegenheiten, so ziemlich alles zu lernen – von Kochen bis zu Tango. Die meisten Kulturzentren warten mit einer Fülle von Kursen zu erschwinglichen Preisen auf.

BA gilt als bedeutende Destination für Leute, die Spanisch lernen wollen; gute Institute sind die Regel. Beinahe alle organisieren auch ein Freizeitprogramm und Familienaufenthalte; alle haben auch Privatunterricht im Angebot. Wer auf der Suche nach der passenden Sprachenschule ist, sollte sich einfach nach den aktuellen Empfehlungen umhören.

Spanglish   SPRACHKURSE
(www.spanglishexchange.com) Wer das Besondere sucht, sollte Spanglish ausprobieren. Das Konzept entspricht dem Speed-Dating: Man spricht fünf Minuten Englisch und fünf Minuten Spanisch, dann werden die Partner gewechselt.

Fundación Ortega y Gasset   SPRACHKURSE
(Karte S. 62; ☎ 011-4314-2809; www.ortegaygasset.com.ar; Viamonte 525, 3. St., Microcentro) Renommiertes Institut im Centro Cultural Borges, das mit Einzel- und Gruppenunterricht auf das international anerkannte Spanischdiplom DELE (Diploma de Español como Lengua Estranjera) vorbereitet; die Prüfung kann vor Ort abgelegt werden.

Academia Buenos Aires
SPRACHKURSE

(Karte S. 62; ☎ 011-4345-5954; www.academia
buenosaires.com; Hipólito Yrigoyen 571, 4. St.,
Microcentro)

Expanish
SPRACHKURSE

(Karte S. 62; ☎ 011-5252-3040; www.expanish.
com; 25 de Mayo 457, 4. St., Microcentro)

Rayuela
SPRACHKURSE

(Karte S. 62; ☎ 011-4300-2010; www.spanish-argen
tina.com.ar; Chacabuco 852, 1. St., No 11, San Telmo)

Vamos
SPRACHKURSE

(Karte S. 92; ☎ 011-5984-2201; www.vamospanish.
com; Av Coronel Díaz 1736, Palermo)

VOS
SPRACHKURSE

(Karte S. 76; ☎ 011-4812-1140; www.vosbuenosaires.
com; Marcelo T de Alvear 1459, Recoleta)

Foto Ruta
FOTOGRAFIE

(☎ 011-6030-8881; www.foto-ruta.com) Das Ate-
lier wird von zwei Expat-Frauen geleitet, die
ihre Teilnehmer mit ein paar Themenvorga-
ben zum Fotografieren in die Viertel schicken – anschließend schauen sich dann alle
gemeinsam die Diashow an.

Geführte Touren

Organisierte Touren gibt es zuhauf – von der
Variante in großen Touristenbussen bis hin
zu geführten Gratis-Radtouren (gegen eine
Spende) und klassischen Stadtspaziergängen. Einige Reisebüros veranstalten auch
Exkursionen, darunter Touren für Abenteuerlustige.

Die Unternehmen haben Touren auf Englisch im Programm und manchmal auch in
anderen Sprachen; die meisten bieten zudem nach den jeweiligen Kundenwünschen
ausgearbeitete Privatausflüge an.

BA Walking Tours
STADTSPAZIERGÄNGE

(☎ 15-5773-1001; www.ba-walking-tours.com) Auf
dem Programm stehen Spaziergänge bei Tag
und bei Nacht, historische Führungen und
Tango-Exkursionen.

Biking Buenos Aires
FAHRRADTOUREN

(☎ 011-4300-5373; www.bikingbuenosaires.com)
Die netten amerikanischen und argentinischen Guides unternehmen mit den Teilnehmern verschiedene Touren durch Buenos
Aires; an Themen stehen u. a. Architektur
und Graffiti auf dem Programm.

Buenos Aires Street Art
STADTSPAZIERGÄNGE

(www.buenosairesstreetart.com) Die angebotenen Stadtspaziergänge führen zur interes-

santesten Straßenkunst in Buenos Aires. Es
werden hierbei auch einheimische Künstler
unterstützt.

Buenos Tours
STADTSPAZIERGÄNGE

(www.buenostours.com) Die guten Privattouren
werden von netten, kundigen und verant-
wortungsbewussten Expats geführt.

Graffitimundo
FÜHRUNGEN

(☎ 15-3683-3219; www.graffitimundo.com) Hervorragende Touren führen zu den wohl besten Graffitis, die Buenos Aires zu bieten hat.
Die Teilnehmer werden über die Geschichte
und die Graffiti-Kultur der Stadt informiert.
Es stehen dabei mehrere Touren zur Auswahl. Auch Schablonenmalerei gehört zu
diesem Programm.

Urban Biking
FAHRRADTOUREN

(☎ 011-4314-2325; www.urbanbiking.com) Geboten sind ein- und zweitägige Fahrradtouren,
aber auch Fahrrad- und Kajakausflüge, die
nach Tigre führen.

Feste & Events

Die Touristeninformationen erteilen wis-
senswerte Auskunft zu weiteren Veranstaltungen und kennen auch die aktuellen Termine und Events, die sich von Jahr zu Jahr
verschieben können.

Festival Internacional de Cine
Independiente
FILM

(http://festivales.buenosaires.gob.ar; ⊙ Mitte April)
Es werden an zig Veranstaltungsorten in der
ganzen Stadt Independent Filme aus dem
In- und Ausland gezeigt.

Arte BA
KUNST

(www.arteba.org; ⊙ Mai) Beliebter Event im
Zeichen der zeitgenössischen Kunst, bei
dem spannende, neue, junge Künstler vorgestellt und die Arbeiten hochkarätiger Galerien präsentiert werden.

Festival y Mundial de Tango
TANGOFESTIVAL

(http://festivales.buenosaires.gob.ar; ⊙ Mitte Aug.)
Meisterhafte Tangovorführungen, Tango-
filme, Unterricht, Workshops, Konferenzen
und Wettbewerbe an verschiedenen Veranstaltungsorten im gesamten Stadtgebiet von
Buenos Aires.

Vinos y Bodegas
WEIN

(www.expovinosybodegas.com.ar; ⊙ Sept.) Ein
Event, den Liebhaber eines edlen Tropfens
nicht verpassen sollten. Es werden erlesene
Weine von mehr als 100 argentinischen *bodegas* (Weingütern) angeboten.

Noche de los Museos KUNST
(www.lanochedelosmuseos.gob.ar; ⊙Ende Okt.)
Bei diesem überaus beliebten Event, der
nur einen Abend lang von 20 bis 3 Uhr
stattfindet, öffnen Hunderte Museen, Kulturzentren und Galerien in Buenos Aires
ihre Pforten, um dem Publikum kostenlose
Ausstellungen, Konzerte, Performances und
andere Veranstaltungen zu offerieren. Auf
den wichtigsten Linien ist die Benutzung
des Busses gratis.

Creamfields MUSIK
(www.creamfieldsba.com; ⊙Nov.) Dies ist Antwort von BA auf die hochkarätige englische
Outdoor-Veranstaltung; zu E-Musik steigt
die ganze Nacht eine Tanzparty – mit Dutzenden internationalen DJs und Bands.

Campeonato Abierto de Polo SPORT
(www.aapolo.com; ⊙Dez.) Hier kann man den
weltbesten Polospielern und ihren Pferden
zuschauen, wie sie den Poloplatz von Palermo hinauf- und hinunterdonnern.

🛏 Schlafen
In den letzten zehn Jahren haben sich die
Übernachtungsmöglichkeiten in Buenos Aires locker vervielfacht. Vor allem Boutiquehotels und Gästehäuser sind in Vierteln wie
San Telmo und Palermo nur so aus dem Boden geschossen, auch Hostels gibt es zuhauf.
Somit besteht für die Besucher der Stadt
kein Problem, eine gewünschte Unterkunft
zu finden, aber es ist dennoch empfehlenswert, rechtzeitig zu reservieren, und zwar
vor allem während der Ferien und in den
Sommermonaten von November bis Januar,
wenn hier Hochsaison herrscht.

Einige Unterkünfte sind beim Transfer
zum und vom Flughafen behilflich, inso-
fern er frühzeitig gebucht wird. Die wirklich
teuren Hotels akzeptieren Kreditkarten,
preiswertere Bleiben nicht unbedingt. Fast
überall ist irgendein Frühstück inbegriffen,
das häufig aus ein paar *medialunas* (Croissants) und Kaffee oder Tee besteht; noblere
Unterkünfte bieten ein kontinentales Frühstück oder auch ein Frühstücksbüfett an.

Die Preise in Spitzenhotels definieren
sich oft durch die aktuelle Auslastung. Generell gilt, dass die Preise meist günstiger
sind, wenn man vorher anruft oder über
die jeweilige Website bucht. In Hostels, die
Hostelling International (HI) angeschlossen
sind, bekommt man nach dem Erwerb einer
Mitgliedskarte eine Ermäßigung auf die aufgelisteten Preise.

Die in diesem Reiseführer angegebenen
Preise gelten für die Hochsaison (etwa Nov.–
Feb.); die in BA gültige Bettensteuer von sat-
ten 21 % ist bereits enthalten. Zu Spitzenzei-
ten (Weihnachten und Ostern) können die
Preise enorm in die Höhe schießen, in der
Nebensaison fallen sie dafür.

Die Preise sind nachfolgend in US-Dollar
angegeben (zum offiziellen Wechselkurs),
um die hohe Inflationsrate in Argentinien
zu umgehen. Viele Hotels geben ihre Preise
aber sowieso in US-Dollar an und akzeptieren diese Währung auch als Zahlungsmittel.

🛏 Microcentro
Microcentro liegt nicht nur sehr zentral,
sondern kann auch noch mit der größten
Bandbreite und der höchsten Zahl an Quartieren aufwarten. In Richtung Norden ist es
zu den Fußgängerzonen Florida und Lavalle
nicht weit. Gleiches gilt für Retiro und Recoleta. Um die Plaza erstreckt sich das betriebsame Finanzviertel mit vielen historischen
Gebäuden, San Telmo liegt in Laufweite.
Den ganzen Tag über ist hier viel los, abends
wird es schlagartig ruhiger, wenn die Geschäftsleute nach der Arbeit fluchtartig das
Zentrum verlassen. Auf ein großes Angebot
an Restaurants mit besonders kreativer
Küche sollte man hier nicht hoffen – dafür
muss man sich nach Palermo begeben.

Gran Hotel Hispano HOTEL $
(Karte S. 62; ☎011-4345-2020; www.hhispano.
com.ar; Av de Mayo 861; EZ/DZ 55/72 US$;
❋@🛜) Die winzige Lobby mit der Treppe
ist nicht gerade ein beeindruckender Auf-
takt, aber im Obergeschoss befindet sich
dann ein reizendes Atrium mit einem überdachten Patio. Die meisten Zimmer sind
modern und haben Teppich. Die nach vorne
hinausgehen, fallen am größten aus, und die
in der obersten Etage sind am hellsten. Auch
eine nette Sonnenterrasse ist vorhanden.
Das Hotel ist beliebt, liegt zentral und ist gepflegt – deshalb rechtzeitig reservieren. Bei
Barzahlung gibt es einen Rabatt von 10 %.

Portal del Sur HOSTEL $
(Karte S. 62; ☎011-4342-8788; www.portaldelsurba.
com.ar; Hipólito Yrigoyen 855; B ab 16 US$, EZ/DZ
ab 40/50 US$; ❋@🛜 🅂Línea A Piedras) Die
Unterkunft in einem hübschen alten Gemäuer zählt zu den besten Hostels der Stadt.
Wunderschöne Schlafsäle sowie prächtige
Einzel- und Doppelzimmer in Hotelqualität
gruppieren sich um einen Gemeinschafts-

1

2

4

ANTON PETRUS/GETTY IMAGES ©

1. El Caminito (S. 72)
Die Häuser in der berühmtesten Straße von
La Boca tragen leuchtende Farben.

2. Puerto Madero (S. 65)
Das jüngste Stadtviertel von Buenos Aires
eignet sich wunderbar zum Bummeln. Im
Vordergrund liegt das Museumsschiff, die
Fragata A.R.A. Presidente Sarmiento vor
Anker (S. 66).

3. Parque 3 de Febrero (S. 78)
In dieser Parkanlage gibt es einen Zoo und
ein Planetarium.

4. Teatro Colón (S. 67)
Im beliebten Theater von Buenos Aires
treten regelmäßig bekannte Künstler auf.

ANIBALTREJO/GETTY IMAGES ©

KURZ- & LANGZEITVERMIETUNG

Viele Backpacker, die Buenos Aires einen Besuch abstatten, gefällt die Stadt so gut, dass sie länger bleiben und sich ein Apartment suchen wollen. Doch es ist gar nicht so einfach, eine Bude zu ergattern, wie man vielleicht meint: Der Mieter muss sich oft auf eine Mietdauer von zwei Jahren festlegen, und beinahe immer ist ein Einheimischer erforderlich, der für die monatlichen Mietzahlungen bürgt – was für die meisten Ausländer fast schon ein Ding der Unmöglichkeit ist.

Um die Nachfrage zu decken, sind in den letzten Jahren Dutzende Websites entstanden, die Apartments abieten. Sie verlangen erheblich höhere Mietpreise, als Einheimische sie bezahlen müssten, machen dafür aber auch keine nervtötenden Auflagen. Die Interessenten können sich Fotos der Mietobjekte samt Ausstattung und Preisen im Internet ansehen. In der Regel entsprechen die Fotos auch dem, was dann in Wirklichkeit geboten ist, allerdings nicht immer. Wer das jeweilige Apartment vor der Anmietung prüfen lassen möchte, wendet sich an Madi Lang von BA Cultural Concierge (S. 122); dann ist gewährleistet, dass die Bleibe nicht an einer viel befahrenen Straße, in einem entlegenen Viertel oder in der Nähe einer Baustelle liegt.

➡ www.4rentargentina.com

➡ www.apartmentsche.com

➡ www.buenosaireshabitat.com

➡ www.oasiscollections.com/buenosaires

➡ www.santelmoloft.com

➡ www.stayinbuenosaires.com

Wer lediglich ein Zimmer sucht, kann sein Glück unter www.spareroomsba.com versuchen. Eine andere Möglichkeit ist, sich in einem Gästehaus für Langzeitbewohner einzumieten (die Zimmer verfügen meistens über ein Gemeinschaftsbad); fündig wird man unter www.casalosangelitos.com und www.lacasademarina.com.ar. Das Chill House Hostel (S. 90) bietet ebenfalls Langzeitaufenthalte an. Und natürlich gibt es auch in Buenos Aires eine Zweigstelle von Craigslist.

bereich, der etwas düster ausfällt, jedoch offen gestaltet ist. Das Highlight ist die nette Dachterrasse mit Bar und Lounge sowie einer schönen Aussicht. Das Hostel bietet kostenlose Tangostunden, Spanischunterricht und Stadtspaziergänge sowie eine ganze Reihe weiterer Aktivitäten an.

Milhouse Youth Hostel   HOSTEL $

(Karte S. 62; ☏ 011-4345-9604; www.milhouse hostel.com; Hipólito Yrigoyen 959; B ab 16 US$, EZ/DZ ab 55/60 US$; ❋ @ 🛰; Ⓢ Línea A Av de Mayo) Diese beliebte Hostelling-International-Bleibe gilt als die Partyhochburg Nummer eins in BA. Geboten ist eine Fülle von Aktivitäten und Dienstleistungen. Die Schlafsäle sind gut, und die Zimmer sind oft sogar total nett eingerichtet. Die meisten gruppieren sich um einen attraktiven offenen Patio. Zu den Gemeinschaftseinrichtungen gehören ein Bar-Café (mit Billardtisch) im Erdgeschoss, eine TV-Lounge im Zwischengeschoss sowie eine hübsche Dachterrasse.

Die reizende Dependance in einem Gebäude, das sich in der Nähe befindet, bietet einen ähnlichen Service.

V & S Hostel Club   HOSTEL $

(Karte S. 62; ☏ 011-4322-0994; www.hostelclub. com; Viamonte 887; B ab 16 US$, Zi. ab 58 US$; ❋ @ 🛰; Ⓢ Línea C Lavalle) 🍃 Das attraktive, zentral gelegene und ökologische Hostel in einem hübschen älteren Gebäude zählt zu den besten der Stadt. Die Gemeinschaftseinrichtungen mit Speise- und Lobbybereich eignen sich prima, um mit anderen Backpackern ins Gespräch zu kommen. Die geräumigen Schlafsäle haben Teppiche, und die Zimmer verfügen alle über ein eigenes Bad. Ein netter Schnörkel ist der winzige Patio hinter dem Haus draußen.

Goya Hotel   HOTEL $$

(Karte S. 62; ☏ 011-4322-9269; www.goyahotel. com.ar; Suipacha 748; EZ 60–70 US$, DZ 85–95 US$; ❋ @ 🛰) Mit seinen 42 modernen

Zimmern ist das Goya eine gute Wahl im mitteleren Preissegment. Da es sich in einer verkehrsfreien Straße befindet, werden die Gäste kaum durch Autolärm gestört. Die „klassischen Zimmer" sind älter und haben eine offene Dusche; die „Superior-Zimmer" sind schicker und verfügen über eine Badewanne. Hübsch ist das Frühstückszimmer mit einem Patio – und das Frühstück schmeckt hier wirklich lecker.

🛏 Congreso

In Congreso sind viele der älteren Theater, Kinos und Kulturzentren der Stadt zu Hause. Die betriebsame Avenida Corrientes kann mit bescheidenen Geschäften, Dienstleistungsunternehmen und Buchläden aufwarten. Rund um die Plaza del Congreso ist immer viel los – oft finden hier (meist friedliche) Demonstrationen statt. Im Allgemeinen ist diese Gegend nicht so überfüllt wie das Microcentro und gibt sich auch nicht so geschäftig und touristisch, doch auch hier pulsiert das Leben Tag und Nacht. Die Anzahl exquisiter Restaurants hält sich allerdings in Grenzen.

Estoril Premium Hostel HOSTEL $
(Karte S. 62; ☎ 011-4382-9073; www.hostelestoril. com.ar; Av de Mayo 1385, 1. & 6. St.; B ab 19 US$, EZ/DZ ab 45/60 US$; ❋ @ 🛜) Das tolle Hostel in einem alten Gebäude liegt auf zwei Etagen. Es ist schick und sauber, bietet angenehme Schlafsäle, die auch eine anständige Größe aufweisen, und Doppelzimmer mit Hotelqualität. Außerdem gibt es eine nette Küche und einen Innenhof. Von der sagenhaften Dachterrasse bietet sich ein toller Blick auf die Avenida de Mayo. Dieselbe Familie führt auch noch ein preisgünstigeres Hostel im dritten Stockwerk.

Sabatico Hostel HOTEL $
(Karte S. 62; ☎ 011-4381-1138; www.sabaticohostel. com.ar; México 1410; B ab 15 US$, Zi. mit Gemeinschaftsbad/eigenem Bad ab 50/60 US$; ❋ @ 🛜; Ⓢ Línea E Independencia) Dieses Hostel mit *buena onda* (guten Schwingungen) liegt abseits der Touristenpfade in einem Stadtviertel mit viel Flair. Die Zimmer sind klein, aber nett; zu den guten Gemeinschaftsräumlichkeiten gehören eine hübsche Küche, ein Ess- und ein Wohnzimmer, luftige Gänge am Patio sowie eine hübsche Dachterrasse mit Hängematten, *asado* (Grill) und einem Minipool zum Erfrischen im Sommer. Außerdem können sich

die Hausgäste über eine Tischtennisplatte, Tischfußball und einen Fahrradverleih sowie *asados* am Samstag freuen.

Hotel Lyon APARTMENT $$
(Karte S. 62; ☎ 011-4372-0100; www.hotel-lyon. com.ar; Riobamba 251; DZ/3BZ/4BZ 85/105/120 US$; ❋ @ 🛜; Ⓢ Línea B Callao) Wer auf die Billigtour mit der Familie oder in der Gruppe unterwegs ist, sollte diese Unterkunft in Betracht ziehen. Die Zwei- und Drei-Zimmer-Apartments sind einfach und haben keinerlei Schnickschnack, fallen aber sehr geräumig aus; zu allen gehören ein großes Bad und ein separater Essbereich mit Kühlschrank (aber keine Küche). Frühzeitig reservieren; WLAN gibt es nur in der Lobby.

Imagine Hotel HOTEL $$
(Karte S. 62; ☎ 011-4383-2230; www.imaginehotel boutique.com; México 1330; Zi. 120–155 US$; ❋ @ 🛜; Ⓢ Línea E Independencia) Dieses wunderschöne Gästehaus aus den 1850er-Jahren bietet neun einfache, farbenfrohe Zimmer, die alle unterschiedlich rustikal, aber dennoch feudal möbliert sind. Die Zimmer gruppieren sich um drei hübsche Patios im Freien, auf denen originale Fliesen und Grünpflanzen Akzente setzen. Der Dritte im Bunde verfügt über einen Garten mit Grünfläche. Zum Frühstück gehören frisches Obst, Joghurt und Eier, die nach den Wünschen der Gäste zubereitet werden. Das Hotel ist ein kleines Paradies in einem nicht-touristischen Viertel. Frühzeitig reservieren; Hund im Hotelareal.

Livin' Residence APARTMENT $$
(Karte S. 62; ☎ 011-5258-0300; www.livinresidence. com; Viamonte 1815; Studio 90 US$, 1-Zi.-Apt. 109 US$, 2-Zi.-Apt. 175 US$; ❋ 🛜; Ⓢ Línea D Callao) Alle Studios und Apartments mit ein oder zwei Schlafzimmern weisen ein schlichtes, modernes Flair auf; geboten sind geschmackvolles Mobiliar, TV mit Flachbildschirm, eine kleine Küche und Balkon. Auf der winzigen Dachterrasse warten ein Whirlpool, ein *asado* und in der Nähe auch ein Fitnessraum. Die Gegend gilt als sicher; frühzeitig reservieren.

🛏 San Telmo

Südlich von Microcentro hat sich San Telmo viel traditionelles Ambiente bewahrt. Die Gebäude haben mehr Charme als im Nachbarviertel und sind wirklich noch älter als im Zentrum und meist auch nur wenige Stockwerke hoch. Viele Restaurants und schicke Boutiquen haben in den letzten Jahren hier eröffnet, dazu gesellen sich einige gute Bars, Tangokneipen und andere Nachtlokale. Die meisten Übernachtungsmöglichkeiten bieten Hostels, eher bescheidene Hotels oder gehobene Gästehäuser, 5-Sterne-Hotels fehlen in San Telmo eher.

América del Sur   HOSTEL $

(Karte S. 62; ☑ 011-4300-5525; www.americahostel.com.ar; Chacabuco 718; B ab 18 US$, DZ ab 70 US$; ✳ @ 🛜; Ⓢ Línea C Independencia) Dieses reizende Hostel im Boutiquestil ist das raffinierteste seiner Art in BA; es wurde eigens als Hostel konzipiert. Hinter der Rezeption befindet sich ein feudaler Bar-Bistro-Bereich mit einem großen, eleganten Patio aus Holz. Zu den sauberen Schlafsälen mit vier Betten gehört ein erstaunlich gut konzipiertes Bad. Die Doppelzimmer sind geschmackvoll ausgestattet und besser als in so manchem Mittelklassehotel. Eine Fülle von Dienstleistungen wartet auf die Gäste.

Art Factory Hostel   HOSTEL $

(Karte S. 62; ☑ 011-4343-1463; www.artfactoryba.com.ar; Piedras 545; B ab 17 US$, DZ ab 47 US$; ✳ @ 🛜) Das freundliche Hostel, das sich die Kunst als Motto auserkoren hat, ist wirklich etwas Besonderes und rundum prima. Geboten sind mehr Doppelzimmer als andernorts üblich – und in allen hängen riesige Wandgemälde, die von Künstlern aus dem In- und Ausland gemalt und gestaltet wurden. Sogar die Gänge und Wassertanks beeindrucken mit farbenfrohen Motiven, die im Cartoon-Stil gehalten sind. Das weitläufige Herrschaftshaus aus den 1850er-Jahren trägt ein Übriges zum eleganten Flair bei. Super ist die große Dachterrasse mit Hängematten und einem separaten Bar-Lounge-Bereich samt Billardtisch.

Circus Hostel & Hotel   HOSTEL $

(Karte S. 62; ☑ 011-4300-4983; www.hostelcircus.com; Chacabuco 1020; B 15 US$, Zi. ab 50 US$; ✳ @ 🛜 ⛴   Ⓢ Línea C Independencia) Von der schicken Lounge vorne bis zum Planschbecken hinter dem Haus, um das eine Holzterrasse verläuft, hat dieses Hotel-Hostel etwas Hippes. Sowohl die Schlafsäle als auch die Zimmer sind klein und einfach, funktional möbliert und verfügen über ein eigenes Bad. Es gibt einen Billardtisch und einen schicken TV-Bereich, aber keine Küche.

Bohemia Buenos Aires   HOTEL $

(Karte S. 62; ☑ 011-4115-2561; www.bohemiabuenosaires.com.ar; Perú 845; Zi. ab 60 US$; ✳ @ 🛜

Ⓢ Línea C Independencia) Das Hotel in San Telmo mit dem Flair eines etwas gehobeneren Motels ist das Geld wert. Vorhanden sind 22 einfache, ordentliche Zimmer; die meisten weisen auch eine anständige Größe auf, wirken allerdings ein bisschen steril wegen der weißen Bodenfliesen. Allerdings verfügt kein Zimmer über eine Badewanne. Anstatt ein entspannendes Bad zu nehmen, können die Gäste jedoch im beschaulichen Hof mit Rasen hinter dem Haus ausruhen oder in den kleinen Innenhöfen rasten. Einen Pluspunkt bekommt das Frühstücksbüfett, ein Restaurant ist ebenfalls vorhanden. Nachlass gibt es bei Barzahlung.

★ Mansión Vitraux   BOUTIQUEHOTEL $$

(Karte S. 62; ☑ 011-4878-4292; www.mansionvitraux.com; Carlos Calvo 369; Zi. ab 120 US$; ✳ @ 🛜 ⛴; Ⓢ Línea C Independencia) Das Boutiquehotel mit Glasfront ist beinahe schon zu schick für San Telmo. Es bietet zwölf wunderschöne Zimmer, die alle ein individuelles Design aufweisen. Alle verfügen entweder über TV mit Flachbildschirm oder über Projektions-TV. Die Bäder sind in sehr modernem Design gehalten. Das Frühstücksbüfett wird in der Weinbar im Untergeschoss gereicht, und mit etwas Glück steht während des Aufenthalts sogar eine kostenlose Weinprobe auf dem Programm. Außerdem gibt es hier noch einen großen Whirlpool, eine Trockensauna und eine schicke Dachterrasse mit einem kleinen Pool zum Erfrischen.

Mundo Bolívar   BOUTIQUEHOTEL $$

(Karte S. 72; ☑ 011-4300-3619; www.mundobolivar.com; Bolívar 1701; Studio & Apt. 85–110 US$; ✳ 🛜   🚌 29) Die 14 geräumigen Studios und Loft-Apartments mit Kitchenette in diesem bemerkenswerten Anwesen präsentieren sich seit der Renovierung mit modernen, attraktiven Räumlichkeiten – einige weisen noch Originaldetails wie geschnitzte Eingänge und bemalte Decken auf. Jede Wohneinheit mit separatem Eingang liegt an einem Flur, von denen sich mehrere durch den ganzen Komplex ziehen. Ein hübscher Gartenpatio lädt zum Verweilen ein. Das Personal spricht Englisch, Dänisch, Deutsch und Portugiesisch. Kein Frühstück; Langzeitaufenthalte sind möglich.

Patios de San Telmo   BOUTIQUEHOTEL $$$

(Karte S. 62; ☑ 011-4307-0480; www.patiosdesantelmo.com.ar; Chacabuco 752; Zi. 145–190 US$; ✳ @ 🛜 ⛴) Dieses angenehme Boutiquehotel in einem *conventillo* (Wohnhaus) aus dem

Jahr 1860 offieriert insgesamt 30 schlichte, elegante Zimmer, die sich um mehrere Patios gruppieren. Schön sind das Bibliothekszimmer, das mit allerlei Kunstwerken ausgestaltet ist, der rückwärtige Patio mit gemütlichen Hängekorbsesseln sowie der winzige Pool auf dem Dach mit Holzveranda. Das Frühstücksbüfett steht den Gästen im gesundheitsbewussten Restaurant im Untergeschoss bereit.

🛏 Retiro

Das tolle, zentral gelegene Retiro ist das Viertel schlechthin in Buenos Aires, allerdings nur etwas für Leute mit dem entsprechenden Kleingeld. Viele der teuersten Hotels der Stadt haben hier ihre Adresse – und einige der betuchtesten Bürger ebenfalls. Gleich in der Nähe liegen die grüne Plaza San Martín, der Bahnhof und Busbahnhof Retiro sowie viele Edelgeschäfte und Dienstleistungsunternehmen. Recoleta und das Microcentro lassen sich mit ein paar Schritten zu Fuß erreichen.

Hotel Tres Sargentos HOTEL $
(Karte S. 76; ☎ 011-4312-6082; www.hotel3sargentos. com.ar; Tres Sargentos 345; EZ/DZ/3BZ 50/65/ 80 US$; ❄🛜; Ⓢ Línea C San Martín) In Anbetracht seiner Lage ist das Tres Sargentos echt ein Schnäppchen. Das Budgethotel verfügt über eine anständige Lobby und befindet sich in einer autofreien Straße. Die Teppiche im Foyer sollten eigentlich mal ausgetauscht werden, die in den einfachen, gemütlichen Zimmern hingegen noch recht sauber. Einige der Zimmer, die sich in den oberen Etagen befinden und nach draußen gehen, bieten sogar etwas Aussicht. Ein Apartment für fünf Personen steht den Hausgästen auch noch zur Verfügung.

★ Casa Calma BOUTIQUEHOTEL $$$
(Karte S. 76; ☎ 011-4312-5000; www.casacalma hotel.com.ar; Suipacha 1015; Zi. ab 285 US$; ❄@🛜) 🌿 Für Leute mit Umweltbewusstsein kann BA nun mit der perfekten Bleibe aufwarten: Die Casa Calma ist ein zentral gelegenes, umweltfreundliches und luxuriöses Hotel. Die Zimmer sind wunderschön hell und entspannt (einige bieten sogar einen Whirlpool oder eine Sauna) und haben ein Bad mit ZenFlair und eine heitere Atmosphäre. Yogamatten und Bambusräder stehen den Gästen zur Verfügung. Wer sein Zimmer ohne Frühstück bucht, erhält eine Ermäßigung.

🛏 Recoleta & Barrio Norte

Die meisten Unterkünfte in Recoleta sind teuer, die wenigen preiswerteren Hotels in der Regel ausgebucht. Die Gebäude hier geben sich imposant und prachtvoll, aber das ist ja kein Wunder im reichsten Viertel der Stadt. Der berühmte Friedhof von Recoleta liegt gleich in der Nähe, und auch zu den hübschen Parks, Museen und Boutiquen ist es nicht weit.

Yira Yira Guesthouse GÄSTEHAUS $
(Karte S. 62; ☎ 011-4812-4077; www.yirayiraba. com; Uruguay 911, No 1B; EZ/DZ/3BZ 40/55/ 85 US$; ❄@🛜 Ⓢ Línea D Callao) Die legere, freundliche Pension in einer Wohnung wird von dem hilfsbereiten Paz geführt, der selbst auch hier wohnt. Die Böden sind aus Holz, die Decken hoch, und es gibt gerade einmal vier große Zimmer (alle mit Gemeinschaftsbad), die auf den zentralen Wohnbereich mit einem winzigen Patio hinausgehen. Jedenfalls kommen die Gäste hier gut mit anderen Backpackern ins Gespräch, und nicht weit von der Innenstadt entfernt liegt das Gästehaus auch noch. Im Voraus reservieren.

Hotel Lion D'or HOTEL $
(Karte S. 76; ☎ 011-4803-8992; www.hotel-liondor. com.ar; Pacheco de Melo 2019; EZ/DZ/3BZ ab 32/ 43/59 US$; ❄🛜; Ⓢ Línea D Pueyrredón) Dieses alte Gemäuer – ein ehemaliges Botschaftsgebäude – hat durchaus seinen Charme, allerdings fallen die Zimmer sehr unterschiedlich aus: Manche sind groß, einfach und dunkel, andere wiederum prächtig. Trotz einiger Schöheitsfehler bieten alle viel fürs Geld, außerdem wurden die meisten Zimmer (manche mit Gemeinschaftsbad) modernisiert und sind nun recht komfortabel. Das alte Marmortreppenhaus und der Lift sind sagenhaft, und eine hübsche Dachterrasse gibt es auch noch. Die besonders preiswerten Zimmer verfügen lediglich über ein Gemeinschaftsbad; die Klimaanlage kostet einen Aufpreis.

Reina Madre Hostel HOSTEL $
(Karte S. 92; ☎ 011-4962-5553; www.rmhostel. com; Av Anchorena 1118; B ab 16 US$, EZ/DZ ab 40/44 US$; ❄@🛜; Ⓢ Línea D Pueyrredón) Dieses tolle Hostel ist sauber, sicher und gut geführt. Es befindet sich in einem alten Gebäude mit viel Charme, hat hohe Decken und Original-Fliesen. Alle Zimmer sind gemütlich und modern (mit Gemeinschaftsbad). Einladend ist das Wohnzimmer mit

Balkon und kleiner Küche einschließlich zahlreicher Esstische. Die Hauptattraktion ist jedoch sicher die Dachterrasse aus Holz mit *asado*. Hauskatze vor Ort.

Art Suites
APARTMENT $$

(Karte S. 76; ☎ 011-4821-6800; www.artsuites.com.ar; Azcuénaga 1465; 1- & 2-Zi.-Apt. 140–295 US$; ✳☎; ⑤ Línea D Pueyrredón) Die 15 luxuriösen, geräumigen Apartments sind alle hell, lassen minimalistisches Dekor sehen und bieten eine voll ausgestattete Küche oder Kochnische, einen sonnigen Balkon und schicke, moderne Möbel. Die Fenster mit Doppelverglasung gewährleisten einen ruhigen Schlummer, das Personal spricht Englisch, und die Sicherheit ist perfekt. Bei Langzeitaufenthalten gibt es Rabatt. Im Voraus reservieren. In einer Dependance befinden sich noch mehr Apartments.

★ Poetry Building
APARTMENT $$$

(Karte S. 76; ☎ 011-4827-2772; www.poetrybuilding.com; Junín 1280; Apt. 215–285 US$; ✳☎✉ ⑤ Línea D Pueyrredón) Diese tollen Studios und Apartments mit ein oder zwei Schlafzimmern eignen sich perfekt für Familien oder kleinere Gruppen. Jede Wohneinheit ist individuell und vielseitig gestaltet und mit Reproduktionen antiker Möbel ausgestattet; zu allen gehört eine voll ausgestattete Küche. Manche haben einen Balkon oder Patio, aber es gibt auch eine wunderschöne Terrasse mit kleinem Pool zum Abfrischen für alle. An Annehmlichkeiten warten TV mit Fachbildschirm, iPod und Miethandys auf die Gäste.

Alvear Palace Hotel
HOTEL $$$

(Karte S. 76; ☎ 011-4808-2100; www.alvearpalace.com; Av Alvear 1891; Zi. ab 620 US$; ✳@☎✉ ▣130) Das Alvear Palace gilt als das nobelste und traditionsreichste Hotel in BA. Die Eleganz der alten Welt und der hervorragende Service tilgen rasch die Spuren des langen Flugs nach BA; im Bad tragen die Wanne mit Whirlpool und die Toilettenartikel von Hermès, aber auch die Bettlaken aus ägyptischer Baumwolle im Zimmer zu einer sanften Reise ins Land der Träume bei. Es gibt hier auch ein exzellentes Restaurant, ein elegantes Teezimmer, eine Champagnerbar, ein nobles Wellnesscenter, ein Hallenbad und – in der Luxussuite – einen Butlerservice.

🛏 Palermo

Palermo, etwa zehn Minuten mit dem Taxi vom Zentrum entfernt (und durch Bus und Subte gut angebunden), ist für viele Reisende die erste Wahl. Das Viertel hat nicht nur viele weitläufige Parks, die sich für Wochenendausflüge und sportliche Aktivitäten anbieten, sondern auch massenweise schicke Restaurants, Event-Bars, Designerboutiquen und hippe Tanzclubs direkt vor der Tür. Die meisten befinden sich in Palermo Viejo, einer weitläufigen Gegend, die sich wiederum in Palermo Soho und Palermo Hollywood unterteilt.

Mansilla 3935 B&B
B&B $

(Karte S. 92; ☎ 011-4833-3821; www.mansilla3935.com; Mansilla 3935; EZ/DZ 40/60 US$; ✳☎) Das B&B, ein Familienbetrieb in einem anheimelnden, dunkleren Haus, bietet wirklich viel fürs Geld. Jedes der sechs einfachen, aber hübschen Zimmer hat ein eigenes Bad. Die Decken sind hoch, und ein paar winzige Patios tragen ein Übriges zum Charme bei.

Chill House Hostel
HOSTEL $

(Karte S. 92; ☎ 011-4861-6175; www.chillhouse.com.ar; Agüero 781; B 17 US$, DZ 49–67 US$; @☎; ⑤ Línea B Carlos Gardel) In diesem umgebauten alten Haus befindet sich eines der coolsten Hostels von BA mit hohen Decken und rustikal-künstlerischem Flair. Zur Auswahl stehen zwei Schlafsäle und acht Doppelzimmer mit Bad (das Zimmer sechs ist besonders schön). Außerdem verlocken eine herrliche Dachterrasse, auf der jede Woche ein *asado* stattfindet, gelegentlich Livemusik und kostenlose Leihräder.

Eco Pampa Hostel
HOSTEL $

(Karte S. 92; ☎ 011-4831-2435; www.hostelpampa.com.ar; Guatemala 4778; B 20 US$, EZ/DZ 70/85 US$; @☎ ⑤ Línea D Plaza Italia) 🌱 Das erste „grüne" Hostel von BA präsentiert sich als legere Bleibe mit nostalgischen Möbeln, Energiesparlampen und einem Recyclingsystem. Auf dem Dach oben befinden sich ein kleiner Gemüsegarten, ein Komposthaufen und Sonnenkollektoren. Die Schlafsäle weisen eine anständige Größe auf, und jedes der acht Gästezimmer besitzt ein eigenes Bad und TV mit Flachbildschirm (die meisten haben Klimaanlage).

Eine Zweigstelle befindet sich weiter nördlich in **Belgrano**.

Art Factory Palermo
HOSTEL $

(Karte S. 92; ☎ 2004-4958; www.artfactorypalermo.com.ar; Costa Rica 4353; B ab 15 USD$, Zi. mit Gemeinschaftsbad/eigenem Bad ab 50/60 US$; ✳@☎) Das anständige Hostel ohne Schnickschnack befindet sich gleich an der

Grenze zu Palermo, liegt jedoch in Laufweite zu vielen Restaurants und zum regen Nachtleben in diesem Viertel. Wie sein Pendant in San Telmo, so ist auch das Art Factory von Palermo in einem alten Gemäuer untergebracht und mit künstlerischen Wandgemälden und Schablonenmalereien ausgestaltet. Eine kleine Küche und ein Wohnbereich sind vorhanden, zudem eine beschränkte Anzahl an Bädern – ihre Nutzung kann sich allerdings etwas kompliziert gestalten. Eine Dachterrasse ist im Enstehen.

★ The 5th Floor
B&B $$

(Karte S. 92; ☏ 011-4827-0366; www.the5thfloorba. com; nahe bei Vidt & Sante Fe; Zi. 90–170 US$; ❄ @ Ⓢ Línea D Scalabrini Ortíz) Das edle B&B kann mit sieben eleganten Zimmern aufwarten, drei davon mit eigenem Balkon. Alle sind geschmackvoll gestaltet mit Jugendstilmöbeln und modernen Annehmlichkeiten. Der Aufenthaltsraum bietet sich für einen Plausch mit dem Besitzer an – einem Engländer, der sich für Polo begeistert. Nett ist auch der rückwärtige Patio mit vielen hübschen Fliesen. Das Frühstück ist hervorragend. Die genaue Adresse wird erst bei der Reservierung bekannt gegeben; Mindestaufenthalt: drei Nächte.

★ Cabrera Garden
B&B $$

(Karte S. 92; ☏ 011-4777-7668; www.cabreragarden. com; José Antonio Cabrera 5855; Zi. 145–250 US$; ❄ @ ❄; ▯140) Dieses schwulenfreundliche B&B mit drei Zimmern ist eines der reizendsten Quartiere in BA. Das umgebaute Gebäude aus den 1920er-Jahren hat einen herrlichen Garten mit Grünfläche samt kleinem Patio und Pool, außerdem gibt es ein wunderschönes Wohnzimmer zum Abhängen. Die Zimmer sind sehr komfortabel und alle unterschiedlich; sie verfügen über moderne Annehmlichkeiten wie TV mit Flachbildschirm und eine iPod-Station. Man spricht Deutsch, Englisch und Polnisch; frühzeitig reservieren.

Hotel Clasico
HOTEL $$

(Karte S. 92; ☏ 011-4773-2353; www.hotelclasico. com; Costa Rica 5480; Zi. 120–170 US$; ❄ ☎) Das attraktive Hotel bietet 33 geschmackvolle „klassische" Zimmer; manche haben einen winzigen Balkon, alle weisen Holzböden und moderne Annehmlichkeiten auf und sind in Erdtönen gehalten. Wer das Besondere sucht, nimmt das Penthouse mit Terrasse. Ein kreativer Lift mit einer Glaswand geht auf eine künstlerisch angehauchte

Wandmalerei hinaus. Das super Frühstück wird im rustikal-hippen Restaurant im Untergeschoss serviert.

Le Petit Palais
B&B $$

(Karte S. 92; ☏ 011-4962-4834; www.lepetitpalais-buenosaires.com; Gorriti 3574; EZ/DZ ab 70/80 US$; ❄ ☎) Das kleine, aber reizende B&B unter französischer Leitung bietet gerade einmal fünf einfache, aber angenehme Zimmer, die alle ein eigenes Bad haben. Die eigentliche Hauptattraktion ist jedoch die hübsche kleine Terrasse in zweiten Stock, auf der bei milden Temperaturen das wohl beste Frühstück in ganz BA auf den Tisch kommt – frischer Joghurt, Marmeladen und verschiedene Sorten Brot, die allesamt hausgemacht sind, dazu Eier, *medialunas* und Cerealien. Hier sind auch ein paar nette Katzen zu Hause.

Infinito Hotel
BOUTIQUEHOTEL $$

(Karte S. 92; ☏ 011-2070-2626; www.infinitohotel. com; Arenales 3689; Zi. ab 105 US$; ❄ @ ☎; Ⓢ Línea D Scalabrini Ortíz) Das Hotel verströmt ein gewisses Modebewusstsein, das sich schon an der Café-Rezeption in der kleinen Lobby bemerkbar macht. Die in Lilatönen gehaltenen Zimmer sind klein, aber angenehm und mit TV mit Flachbildschirm und Kühlschrank ausgestattet. Eine Sauna und ein Whirlpool warten auf die Gäste. Das Hotel bemüht sich um Umweltfreundlichkeit, und zwar vor allem durch Recyclingmaßnahmen. Es liegt in der Nähe einiger Parks, aber ins Nachtleben von Palermo kann man sich dennoch zu Fuß stürzen. Das Frühstücksbüfett ist inbegriffen.

Rugantino Hotel
HOTEL $$

(Karte S. 92; ☏ 011-6379-5113; www.rugantino hotelboutique.com; Uriarte 1844; Zi. 75–85 US$; ❄ ☎ Ⓢ Línea D Palermo) Das kleine, persönliche Hotel in einem Gebäude aus den 1920er-Jahren wird von einer italienischen Familie geführt. Diverse winzige Terrassen und Stege verbinden die sieben einfachen, aber wunderschönen Zimmer; alle haben Parkettböden und präsentieren sich in modernem Stil – kombiniert mit ein paar Antiquitäten. Der Wilde Wein, der sich am kleinen Brunnen im zentralen Innenhof emporrankt, hat etwas Beruhigendes; zum Frühstück können sich die Gäste auf einen starken Espresso einstellen.

Palermo Viejo B&B
GÄSTEHAUS $$

(Karte S. 92; ☏ 011-4773-6012; www.palermoviejobb. com; Niceto Vega 4629; EZ/DZ 70/80 US$; ❄ @ ☎;

Palermo

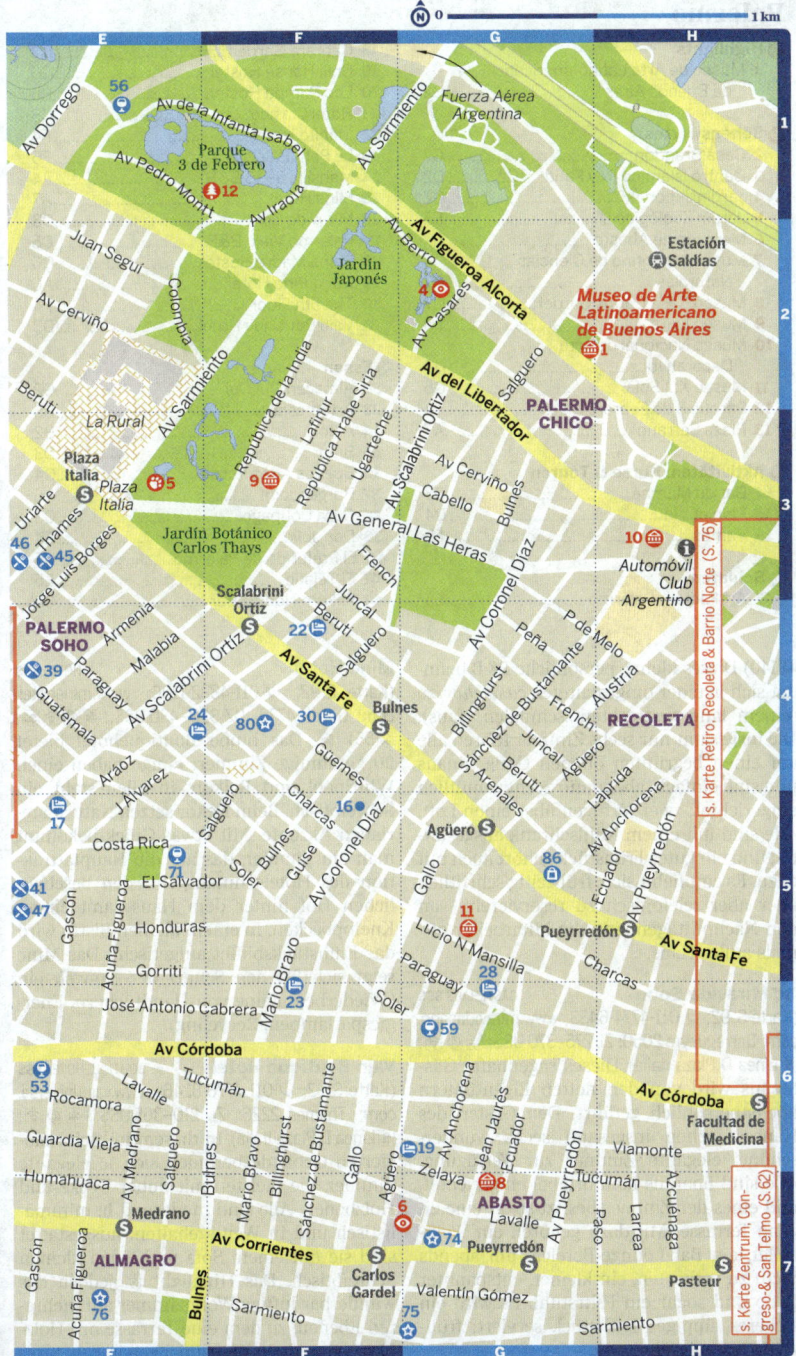

N 0   1 km

56

Av Dorrego
Av de la Infanta Isabel
Av Pedro Montt
Parque
3 de Febrero
Fuerza Aérea
Argentina
Av Sarmiento
12
Av Iraola
Juan Seguí
Av Cerviño
Colombia
Jardín
Japonés
Av Berro
Av Figueroa Alcorta
4
Av Casares
Estación
Saldías
Museo de Arte
Latinoamericano
de Buenos Aires
1
Beruti
La Rural
Av Sarmiento
República de la India
Lafinur
República Árabe Siria
Ugarteché
A Scalabrini Ortiz
Salguero
Av del Libertador
PALERMO
CHICO
Plaza
Italia
Plaza
Italia
5
9
Av Cerviño
Cabello
Bulnes
Av General Las Heras
10
Automóvil
Club
Argentino
Uriarte
Thames
46
45
Jorge Luis Borges
Jardín Botánico
Carlos Thays
French
Juncal
Av Coronel Díaz
Peña
P de Melo
RECOLETA
PALERMO
SOHO
Armenia
Malabia
Scalabrini
Ortiz
Beruti
22
Billinghurst
Av Santa Fe
Sánchez de Bustamante
French
Juncal
Austria
39
Paraguay
Av Scalabrini Ortiz
Salguero
Bulnes
24
80
30
Guemes
Av Arenales
Lápida
Guatemala
Aráoz
J Álvarez
Charcas
16
Beruti
Agüero
Av Anchorena
Av Pueyrredón
17
Costa Rica
Soler
Bulnes
Guise
Gallo
86
41
47
El Salvador
71
Av Coronel Díaz
Ecuador
Gascón
Honduras
Acuña Figueroa
Salguero
11
Lucio N Mansilla
Pueyrredón
Av Santa Fe
Gorriti
Mario Bravo
Paraguay
28
José Antonio Cabrera
23
Soler
59
Av Córdoba
53
Rocamora
Lavalle
Tucumán
Sánchez de Bustamante
Billinghurst
Gallo
Av Anchorena
Jean Jaurès
Ecuador
Av Córdoba
Facultad de
Medicina
Guardia Vieja
Av Medrano
Salguero
Bulnes
Mario Bravo
19
Zelaya
Tucumán
Viamonte
Azcuénaga
Humahuaca
Agüero
8
ABASTO
Av Pueyrredón
Paso
Larrea
Medrano
6
Lavalle
ALMAGRO
Av Corrientes
74
Pueyrredón
Pasteur
76
Bulnes
Carlos
Gardel
Valentín Gómez
75
Sarmiento
Sarmiento

s. Karte Retiro, Recoleta & Barrio Norte (S. 76)

s. Karte Zentrum, Congreso-& San Telmo (S. 62)

Palermo

🖥140) Dieses kleine, persönliche B&B befindet sich in einer umgestalteten *casa chorizo* (einem lang gestreckten, schmalen Haus). Die insgesamt nur sechs Zimmer führen alle auf einen begrünten offenen Gang hinaus und sind einfach, aber dafür recht gemütlich eingerichtet; zwei verfügen über einen Loft. Alle sind mit einem Kühlschrank ausgestattet, und ein gutes Frühstück gehört auch mit dazu. Es empfiehlt sich, frühzeitig schriftlich oder aber telefonisch zu reservieren – an den Nachmittagen sind die Mitarbeiter oftmals außer Haus.

⭐ **Miravida Soho** GÄSTEHAUS $$$
(Karte S. 92; ☎011-4774-6433; www.miravidasoho.com; Darregueyra 2050; Zi. 275–370 US$; ❄@🛜; Ⓢ Línea D Plaza Italia) Dieses sagenhafte Gästehaus wird von den netten Eigentümern höchstpersönlich geführt. Den Gästen des Hauses stehen insgesamt sechs wunderschöne, elegante Zimmer zur Verfügung. Alle sind überaus komfortabel eingerichtet, und eines der Zimmer besitzt sogar eine eigene Terrasse. Mit dazu gehören ein Weinkeller, ein Bar-Lounge-Bereich, um abends Wein zu verkosten, ein kleiner, entspannter Patio und sogar ein Fahrstuhl. Es wird ein leckeres, üppiges Frühstück serviert; frühzeitig reservieren.

Mine Hotel HOTEL $$$
(Karte S. 92; ☎011-4832-1100; www.minehotel.com; Gorriti 4770; DZ 320–430 US$; ❄@🛜♨; 🖥55) 🅿 Das hippe Boutiquehotel bietet 20 geräumige Zimmer; einige haben einen Whirlpool und Balkon, in allen steht ein Schreibtisch. Beim Dekor setzen Naturmaterialien Akzente. Mit etwas Glück bekommt man ein Zimmer, das auf die Hauptattraktion des Hotels hinausgeht: den beschaulichen Hof hinter dem Haus samt einem Kneippbecken. In einem kleinen Bistro wird das Frühstücksbüffet aufgetischt. Das Mine setzt sich für den Schutz der Umwelt ein (Wiederbenutzung von Handtüchern, Energiesparlampen, Recycling).

Vain Boutique Hotel BOUTIQUEHOTEL $$$
(Karte S. 92; ☎011-4776-8246; www.vainuniverse.com; Thames 2226; Zi. 210–365 US$; ❄@🛜; Ⓢ Línea D Plaza Italia) In diesem hübsch renovierten Gebäude befinden sich 15 elegante Zimmer, die meisten mit hoher Decke und Holzboden. Alle sind modern, d. h. minimalistisch und in Weiß gehalten; ausgestattet sind sie mit einem Sofa und einen kleinen Schreibtisch. Das Highlight ist jedoch das wunderbar luftige Wohnzimmer auf mehreren Ebenen, zu dem eine Terrasse mit Holzplanken und ein Whirlpool gehören.

✗ Essen

In Buenos Aires zum Essen zu gehen, ist ohne Frage ein gastronomisches Highlight. Neben den landestypischen *parrillas* (Steakrestaurants), in denen man zu Spottpreisen essen kann, bietet das Viertel Palermo Viejo viele unterschiedliche Stilrichtungen. Hier findet jeder seine Lieblingslandesküche: Es gibt hier Restaurants mit armenischer, brasilianischer, mexikanischer, indischer, japanischer, südostasiatischer und arabischer Küche, außerdem noch Fusionküche, sprich eine Mischung aus verschiedenen kulinarischen Stilrichtungen. Die meisten sind akzeptabel, manche auch wirklich außergewöhnlich gut.

Die Lokale in Microcentro haben sich auf Geschäftsleute spezialisiert, während sich im nahen Puerto Madero die eleganten und teuren Restaurants häufen. Das Viertel Congreso ist hinsichtlich der Küche recht traditionell, das gilt auch für „Klein Spanien". Recoleta ist ebenfalls ein teures Pflaster mit touristischen, aber dennoch netten Lokalen (nicht weit entfernt vom Friedhof). In San Telmo eröffnen immer mehr Restaurants, die einen Besuch lohnen.

In Allgemeinen ist es nicht erforderlich, einen Tisch zu reservieren – außer in total

EIN STEAK-ERLEBNIS BESONDERER ART

In eine *parrilla* zum Essen zu gehen ist eine tolle Sache, doch es gibt noch andere witzige Möglichkeiten, sich ein leckeres Steak schmecken zu lassen.

Argentine Experience (www.the argentineexperience.com) Hier werden die Gäste über die Geschichte des Rindfleischs in Argentinien informiert und wie man Empanadas und *alfajores* (zweilagiges Gebäck mit Füllung dazwischen) macht. Ein superzartes Steak bekommt man auch noch vorgesetzt.

Steaks by Luis (www.steakbuenosaires. net) Bei diesem noblen *Asado-Erlebnis* goutiert man Käsehäppchen und schlürft edlen Wein, während man zuschaut, wie das Fleisch gegrillt wird.

Parrilla Tour (www.parrillatour.com) Die Teilnehmer treffen ihren kundigen Guide in einem Restaurant, wo sie sich zuerst ein *choripán* (traditionelles Brötchen mit Bratwurst) schmecken lassen, gefolgt von einer Empanada. Die Exkursion endet dann in einer einheimischen *parrilla*.

beliebten Restaurants und vielleicht auch noch am Wochenende. Von den 5-Sterne-Restaurants einmal abgesehen, ist der Service angemessen.

Feudalere Restaurants stellen ein *cubierto* in Rechnung, d. h. sie nehmen ein geringes Entgelt für das Gedeck samt Brot. Allerdings ist das Trinkgeld in diesem Betrag nicht inbegriffen und sollte mindestens 10 % (15 % in feudaleren Lokalen) betragen.

Viele Lokale, vor allem außerhalb des Microcentro, haben montags geschlossen und sonntags eingeschränkte Öffnungszeiten. Eine empfehlenswerte Website für Restaurants in Buenos Aires ist www.guiaoleo. com (auf Spanisch); gute Blogs und detaillierte Informationen auf Englisch finden sich unter www.saltshaker.net und unter www.pickupthefork.com.

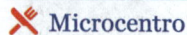

Microcentro

180 Burger Bar   BURGER $
(Karte S. 62; ☎ 011-4328-7189; Suipacha 749; Burger 60–75 Arg$; ☺ Mo–Fr 12–16 Uhr) Lust auf einen Hamburger? Dann sollte man sich

schleunigst zu dem hippen Jungvolk gesellen, das wahrscheinlich in diesem kleinen Imbiss Schlange steht, und bestellen. Man wählt eine *salsa* (Sauce; *mayochimi,* Tzatziki, *barbacoa)* aus und dann noch eine Sorte Käse, wenn man mag. Gegessen wird in den engen Grenzen, die von den Betonwänden gesetzt werden – samt klobigen Möbeln und dröhnender Musik.

Latino Sandwich   SANDWICHES $
(Karte S. 62; ☎ 4331-0859; www.latinosandwich. com; Tacuari 185; Sandwiches 40–56 Arg$; ☺ Mo–Fr 8–17 Uhr) Einige der besten Esslokale in BA sind kleine Kneipen – eine Tatsache, die das Latino Sandwich nur bestätigt. Hier ist man richtig, um sich in der Innenstadt ein Sandwich zu schnappen, beispielsweise die argentinische Variante mit *milanesa* (paniertes Schnitzel, jedoch mit Rucola und Guacamole!), aber auch Schweinefleisch vom Grill mit Cheddar-Käse oder mit gegrillten Zucchini und Aubergine. Es gibt nur einen Tisch, an dem alle Gäste Platz nehmen, denn das Lokal versorgt überwiegend Geschäftsleute, die sich ihr Essen mitnehmen.

ALS VEGETARIER IN BUENOS AIRES

Die argentinische Küche ist international für ihr saftiges Fleisch vom Grill berühmt, allerdings bedeutet das nicht, dass Vegetarier – oder gar Veganer – beim Essen hier das Nachsehen haben.

Die meisten Restaurants – selbst die *parrillas* – servieren einige Gerichte, die auch für Vegetarier in der Regel ganz akzeptabel sind, also beispielsweise Salate, Omeletts, Pizza und Pasta. Die Schlüsselwörter, vor denen man sich in Acht nehmen sollte, sind *carne* (Fleisch), *vaca* (Rindfleisch) *pollo* (Huhn), *cerdo* (Schweinefleisch) und *cordero* (Lamm). *Sin carne* bedeutet „ohne Fleisch", und der Satz „Soy vegetariano/a" (Ich bin Vegetarier/in) ist oft praktisch, um seine Wünsche zu kommunizieren.

Gleich in der Nähe vom Microcentro befinden sich die beliebte Cafeteria **Granix** (Karte S. 62; ☎ 011-4343-7546; Florida 165, 1. St.; pro Kilo 165 Arg$; ☺ Mo–Fr 11–15.30 Uhr; ✍) im Obergeschoss einer Shoppingmall sowie das coole **Vita** (S. 97) mit einem Schuss Hippie-Flair. Das **Broccolino** (Karte S. 62; ☎ 011-4322-7754; www.broccolino.com; Esmeralda 776; Hauptgerichte 80–200 Arg$; ☺ 12–23.30 Uhr; ✍) hat sich auf Pasta spezialisiert; das Lokal ist nicht fleischlos, es stehen aber viele Gerichte für Vegetarier zur Auswahl. In San Telmo kann man das trendige **Hierbabuena** (Karte S. 73; ☎ 011-4362-2542; Av Caseros 454; ☺ Di–So 9–24, Mo bis 17 Uhr; ✍) ausprobieren.

Das Viertel Palermo Viejo kann mit einer erheblich breiteren Auswahl an Lokalen aufwarten, beispielsweise:

Bio (S. 102)

Artemesia (Karte S. 92; ☎ 4776-5484; Gorriti 5996; ☺ Di–Sa 12.30–15 & 21–23.30, So 10–17 Uhr; ✍)

Buenos Aires Verde (Karte S. 92; ☎ 011-4775-9594; Gorriti 5657; ☺ Mo–Sa 9–0.30 Uhr)

El Rincón Orgánico (☎ 2062-9515; Bulnes 910; ☺ Mo–Sa 11–20 Uhr) Es befindet sich nicht weit entfernt in Almagro und hat sich auf Biogerichte spazialisiert, die überwiegend, aber nicht ausschließlich vegetarisch sind.

Vita
GESUNDES ESSEN **$**

(Karte S. 62; ☑ 011-4342-0788; ~~www.vitamarket.~~
~~com.ar;~~ Hipólito Yrigoyen 583; Hauptgerichte 60–
65 Arg$; ☺ Mo–Mi 8–20, Do & Fr bis 1, Sa 10.30–1,
So 11–19 Uhr; ✐) Dieser auf gesunde Kost
ausgerichtete Imbiss mit einem Schuss Hip-
pie-Flair bietet leckere vegetarische Gerichte
wie Bioseitan-Pizza, Linsenburger und Ge-
müse-Calzone. Verschiedene frisch gemixte
Obstsäfte und *licuados* (Obst-Smoothies)
stehen zur Auswahl – wobei man ganz nach
Gusto noch Weizengras ergänzen kann. Außerdem gibt es allerlei Gourmetsalate, und
Biokaffee wird auch noch serviert. Eine
Zweigstelle befindet sich in Palermo.

Aldo's Vinoteca
ARGENTINISCH **$$**

(Karte S. 62; ☑ 011-4334-2380; www.aldosvinoteca.
com; Moreno 372; Hauptgerichte 120–180 Arg$;
☺ So–Do 12–24, Fr & Sa bis 1 Uhr) Dieses Res-
taurant mit Weinhandlung ist ein feudales
Speiselokal, in dem eine kleine, aber feine
Auswahl an Fleisch-, Meeresfrüchte- und
Pastagerichten serviert wird – und zwar in
einem Raum, in dem sich der Wein an den
Wänden nur so stapelt. Das wirklich Einzig-
artige an diesem Restaurant ist jedoch, dass
der Wein zu Einzelhandelspreisen verkauft
wird – so lassen sich die fast 600 Marken
einfacher durchprobieren (und kaufen).

✗ Puerto Madero

i Central Market
MODERN ARGENTINISCH **$$**

(Karte S. 62; ☑ 011-5775-0330; Av Macacha Güemes 302; Hauptgerichte 140–250 Arg$; ☺ 8–1 Uhr)
Das moderne Restaurant direkt am Wasser
ist an sonnigen Tagen besonders schön – die
Tische an der Promenade sind sagenhaft,
um das muntere Volk zu beobachten. Am
besten bestellt man sich zum Frühstück einen Espresso mit Gebäck, zum Mittagessen
munden Panini oder moderne argentinische
Gerichte. Im Gourmetdeli kann man in lege-
rerem Ambiente Platz nehmen. Außerdem
kann man noch in einem Geschäft für Kü-
chenartikel herumstöbern.

★ Chila
MODERN ARGENTINISCH **$$$**

(Karte S. 62; ☑ 011-4343-6067; www.chilaweb.com.
ar; Alicia Moreau de Justo 876; 3-Gänge-Menü
980 Arg$, 7-Gänge-Menü 1400 Arg$, Getränke nicht
inbegr.; ☺ Di–So 20–24 Uhr) Mit die beste und
originellste Küche in BA stammt von der
prämierten Köchin Soledad Nardelli. Für
ihre Drei- und Vier-Gänge-Menüs der Haute
Cuisine werden nur die erlesensten saisona-
len Zutaten verwendet; das Restaurant ar-

SPEISECLUBS

Puertas cerradas (Restaurants mit
„geschlossenen Türen") sind ein Phä-
nomen, das in den letzten zehn Jahren
entstanden ist, wobei diese Lokale so
beliebt wie eh und je sind. Die Restau-
rants mit Festpreisen sind oft nur einge-
schränkt geöffnet, d. h. an bestimmten
Tagen zu einer festgelegten Uhrzeit,
und einige verraten nicht einmal ihre
Adresse, bevor man reserviert – was
in der Regel obligatorisch ist. Aber
wem das Gefühl Spaß macht, sich an
einem irgendwie geheimen Ort aufzu-
halten – und dort jede Menge gutes
Gourmetessen zu verspeisen –, der wird
diese außergewöhnlichen Speiseclubs
bestimmt total spannend finden.

beitet eng mit ausgezeichneten Produzenten
zusammen. Jedenfalls können sich die Gäste
im Chila auf wunderbar präsentierte Spei-
sen, professionelle Mitarbeiter und – mit
etwas Glück – auf einen Tisch mit romanti-
schem Blick auf den Hafen einstellen.

Le Grill
PARRILLA **$$$**

(Karte S. 62; ☑ 011-4331-0454; www.legrill.com.
ar; Alicia Moreau de Justo 230–
460 Arg$; ☺ Mo–Fr 12.30–15 & 19–24, Sa 19–24,
So 12.30–15 Uhr) Eine Überraschung ist das
nun gewiss nicht – Fleisch vom Grill ist die
Spezialität dieser überaus schicken *parrilla*. Empfehlenswert sind der Lammrücken,
das Jungschwein und das Kobe-Rind – aber
wirklich eine Wucht ist das einzigartige, trocken abgehangene Steak (480 Arg$). Gäste,
die kein Fleisch mögen, finden einige Mee-
resfrüchte- und Pastagerichte. Man sollte
versuchen, einen Tisch im Atrium zu reservieren – dann hat man die Puente de la Mujer komplett im Blickfeld.

✗ Congreso

★ Chan Chan
PERUANISCH **$**

(Karte S. 62; ☑ 011-4382-8492; Hipólito Yrigoyen
1390; Hauptgerichte 60–90 Arg$; ☺ Di–Sa 12–16
& 20–0.30, So bis 23.30 Uhr) Dank der anständigen Preise und des relativ flotten Service
ist dieser farbenfrohe peruanische Schnell-
imbiss mittags immer brechend voll mit Bü-
roangestellten, die ihre Teller mit *ceviche* (in
Zitronensaft marinierte Meeresfrüchte) und
ajiaco de conejo (Kaninchen-Kartoffel-Ein-

topf) verschlingen. Außerdem gibt es hier noch jede Menge Gerichte mit *arroz chaufa* (frittierter Reis peruanische Art), die sich prima mit einem scharfen Pisco Sour oder einem Glas *chicha morada* (süßes, fruchtiges Getränk ohne Alkohol auf der Basis von Mais) hinunterspülen lassen.

Pizzería Güerrín

PIZZA $

(Karte S. 62; ☑ 011-4371-8141; Av Corrientes 1368; Pizzaschnitte 16 Arg$; ⊙ So–Do 11–1, Fr & Sa bis 2 Uhr) Diese klassische alteingesessene Pizzeria in der Avenida Corrientes bietet sich für einen schnellen Boxenstopp an. Man bezahlt, deutet auf die vorgebackene Pizzaschnitte hinter dem Glastresen und isst dann im Stehen mit den anderen Kunden. Oder man nimmt Platz und bestellt sich eine frisch gebackene Pizza; dann fällt auch die Auswahl an Belägen größer aus.

Parrilla Peña

PARRILLA $$

(Karte S. 62; ☑ 011-4371-5643; Rodríguez Peña 682; Hauptgerichte 80–160 Arg$; ⊙ Mo–Sa 12–16 & 20–24, So 12–16 Uhr) Diese einfache, alteingesessene *parrilla* ist für ihr qualitativ hochwertiges Fleisch und die üppigen Portionen bekannt. Der Service ist flott und effizient. Mit Touristenhorden ist hier nicht zu rechnen – das Lokal ist eigentlich eher etwas für die Einheimischen. Erhältlich sind auch selbst gemachte Pasta, Salate und *milanesas* (panierte Schnitzel), außerdem vielerlei leckere Nachspeisen. Die Weinkarte ist gut.

★ Aramburu

GOURMET $$$

(Karte S. 62; ☑ 011-4305-0439; www.aramburu resto.com.ar; Salta 1050; Festpreis 1100 Arg$, mit passenden Weinen 1700 Arg$; ⊙ Di–Sa 20.30–23 Uhr) Die sogenannte Molekularmahlzeit mit 19 Gängen des Küchenchefs Gonzalo Aramburu ist wirklich verblüffend. Jeder kunstvoll zubereitete Gang besteht nur aus ein paar Happen kulinarischer Hochgenusses. Die Gäste können sich hier auf erlesene Geschmacksvarianten, Texturen und Düfte einstellen sowie auf einzigartige Präsentationen – was natürlich für ein überaus denkwürdiges Speiseerlebnis bürgt. Das Restaurant befindet sich im trendigen, aufsteigenden Viertel Montserrat. Sein Pendant, das Aramburu Bis, ist nicht weit entfernt.

✕ San Telmo

Bar El Federal

ARGENTINISCH $

(Karte S. 62; ☑ 011-4361-7328; Carlos Calvo 599; Hauptgerichte 65–160 Arg$; ⊙ So–Do 8–2, Fr & Sa bis 4 Uhr; ☎) Diese historische Bar aus dem Jahr 1864 tut sich mit ihrer klassischen, etwas rustikalen Atmosphäre hervor, in der originales Holz und alte Kacheln Akzente setzen; und eine attraktive antike Bar ist auch noch vorhanden. Zu den Spezialitäten hier zählen Sandwiches (vor allem mit Truthahn) und *picadas* (Vorspeisenteller für mehrere Personen), aber es gibt auch jede Menge Pasta, Salate, Desserts und große Krüge mit eiskaltem Bier.

El Banco Rojo

INTERNATIONAL $

(Karte S. 62; ☑ 011-4362-3177; Bolivar 914; Hauptgerichte 50–60 Arg$; ⊙ Di–Sa 12–0.30, So bis 23.30 Uhr) Das kleine, trendige Lokal in San Telmo zieht wie ein Magnet das Jungvolk an. Serviert werden Sandwiches (Tandoori-Schweinefleisch, Lamm-Kofta), Falafel, Burger, Tacos und Salate. Unbedingt probieren sollte man die *empanada de cordero* (Teigtasche mit Lammfüllung), falls sie gerade erhältlich ist. Ein sehr legeres Lokal mit brüllend lauter Rockmusik und nur ein paar Stühlen am Tresen.

Gran Parrilla del Plata

PARRILLA $$

(Karte S. 62; ☑ 011-4300-8858; www.parrilladel plata.com; Chile 594; Hauptgerichte 90–200 Arg$; ⊙ Mo–Sa 12–16 & 20–1, So 12–1 Uhr) Diese traditionelle *parrilla* – eine der besten in San Telmo – ist überhaupt nicht überspannt, sondern bietet ein altmodisches Flair und üppige Portionen Fleisch vom Grill zu anständigen Preisen. Und falls ein Vegetarier hier hereinschaut, kann er ja eines der guten Pastagerichte nehmen.

Chochán

ARGENTINISCH $$

(Karte S. 62; ☑ 011-4307-3661; Piedras 672; Hauptgerichte 125–175 Arg$; ⊙ Mo–Fr 20–24, Sa & So 12–16 & 20–24 Uhr) Dieses Speiselokal bietet sich nur für Fans von Schweinefleisch an – die Rippchen, die geschmorte Schulter, die Haxe und die Ravioli – alles ist vom (oder mit) Schwein oder *chancho* (Chochán ist ein Wortspiel). Man kann sich aber auch einfach ein Sandwich schnappen – mit Schweinebauch, Schweinenacken oder Schweinezunge. Oder auch eine Supppe mit Mais und geräuchertem Schweinefleisch. Oder einen kleinen Teller mit Blutwurst vom Schwein. Und bloß keine unnötigen Schuldgefühle – hier kann man sich wirklich tierisch den Bauch vollhauen.

El Desnivel

PARRILLA $$

(Karte S. 62; ☑ 011-4300-9081; Defensa 855; Hauptgerichte 100–180 Arg$; ⊙ Di–So 12–24, Mo 19–24 Uhr) Diese berühmte und schon seit ewigen Zeiten bestehende *parrilla* ist immer brechend voll mit Einheimischen und Touristen, denn hier kommen Köstlichkeiten wie *Chorizo*-Sandwiches und *bife de lomo* (Rinderlende) auf den Tisch. Der brutzelnde Grill vor dem Haus ist allerdings die reinste Tortur, wenn man auf einen Tisch warten muss (der sich auch im großen Hinterraum befinden kann). Jedenfalls sollte man vor allem am Wochenende hier frühzeitig eintreffen.

⭐ **Café San Juan** INTERNATIONAL $$$
(Karte S. 62; ☑ 011-4300-1112; Av San Juan 452; Hauptgerichte 300–350 Arg$; ⏱12.30–16 & 20–1 Uhr) Der berühmte Fernseh-Starkoch Leandro Cristóbal, der in Mailand, Paris und Barcelona seine Ausbildung absolvierte, führt nun als Küchenchef in diesem renommierten Bistro in San Telmo Regie. Am besten beginnt man das Gelage mit den sagenhaften Tapas, danach wendet man sich dem vorzüglichen spanischen Tintenfisch vom Grill zu, den *Molleja*-Canelloni (mit Kalbsbries) oder der köstlichen *bondiola* (leckeres Schweinefleisch, das nach ungefähr neun Stunden Bratzeit unglaublich zart ist). Ein Großteil der Meeresfrüchte wird jeden Tag aus Patagonien eingeflogen. Es empfiehlt sich, mittags wie auch am Abend zu reservieren.

Wer hier keinen Tisch ergattert, sollte sein Glück im **Café San Juan La Cantina** (Karte S. 62; ☑ 011-4300-9344; Chile 474; Hauptgerichte 200–250 Arg$; ⏱Di–Do & So 12.30–16 & 20–24, Fr & Sa bis 1 Uhr) versuchen; es ist lediglich ein paar Blocks entfernt und führt eine eigene Speisekarte.

✗ La Boca

Proa Cafe CAFÉ $
(Karte S. 73; ☑ 011-4104-1003; www.proa.org/eng/cafe.php; Av Don Pedro de Mendoza 1929; Hauptgerichte 60–100 Arg$; ⏱Di–So 11–19 Uhr) Küchenchef Lucas Angelillo hat in diesem luftigen Speiselokal das Sagen, das sich in der obersten Etage der Fundación Proa (freier Zutritt) befindet. Es macht Spaß, einfach auf ein Glas frischen Saft oder ein Gourmet-Sandwich vorbeizuschauen oder auch länger zu verweilen und ein Fleisch-, Meeresfrüchte- oder Pastagericht zu bestellen. An einem warmen, sonnigen Tag sollte man sich die Dachterrasse nicht entgehen lassen – der Blick über den Riachuelo ist hübsch und wird hoffentlich nicht durch irgendwelche lästigen Gerüche beeinträchtigt.

TYPISCHE GERICHTE

➡ *Bife de chorizo* – Rumpsteak

➡ Empanadas – gebackene Teigtaschen mit herzhafter Füllung

➡ *Helado* – mit Sicherheit das beste Eis der Welt

✗ Retiro

Filo ITALIENISCH $$
(Karte S. 76; ☑ 011-4311-0312; www.filo-ristorante.com; San Martín 975; Hauptgerichte 120–190 Arg$; ⏱12–1 Uhr) Die große Pizzeria im Pop-Art-Stil, die bei Geschäftsleuten zum Mittagessen hoch im Kurs steht, serviert 30 verschiedene Sorten Pizza mit einer großen Vielfalt an frischem Belag. Besonders empfehlenswert ist die Pizza, auf der sich Schinken und Rucola türmen. An weiteren Köstlichkeiten stehen Panini, Gourmetsalate, Dutzende Pastagerichte und eine Fülle von Drinks und Desserts zur Auswahl. Die Speisekarte ist jedenfalls umfangreich – hier findet jeder etwas, das ihm schmeckt.

Dadá INTERNATIONAL $$
(Karte S. 76; ☑ 011-4314-4787; San Martín 941; Hauptgerichte 150–200 Arg$; ⏱Mo–Do 12–2, Fr & Sa bis 5 Uhr) Das winzige Bohemienlokal Dadá mit rot gestrichenen Wänden und einer Bar voller Weinflaschen hat etwas von einer dezenten Eckkneipe in Paris. Tagsüber bestellt man sich etwas Leckeres von der Bistro-Speisekarte, beispielsweise ein Pfannengericht; abends speist man Lachs vom Grill und genehmigt sich einen meisterhaft gemixten Cocktail.

⭐ **Elena** MODERN ARGENTINISCH $$$
(Karte S. 76; ☑ 011-4321-1728; www.elenaponyline.com; Four Seasons, Posadas 1086; Hauptgerichte 350–400 Arg$; ⏱7–11, 12.30–15.30 & 19.30–0.20 Uhr) Wer abends einmal so richtig über die Stränge schlagen möchte, sollte dem Elena einen Besuch abstatten. Das renommierte Spitzenrestaurant im Four Seasons Hotel verwendet nur Zutaten bester Qualität zur Zubereitung seiner exquisiten Gerichte. Wer etwas wirklich Besonderes probieren möchte, der sollte die Spezialität des Hauses bestellen: wunderbar abgehangenes Steakfleisch. Die Cocktails, Desserts und der Service haben selbstverständlich ebenfalls 5-Sterne-Standard.

✖ Recoleta & Barrio Norte

Cumaná
ARGENTINISCH $

(Karte S. 76; ☎ 011-4813-9207; Rodriguez Peña 1149; Hauptgerichte 75–125 Arg$; ⏱12–16 & 20–1 Uhr) Wer gerne die Regionalküche Argentiniens kennenlernen möchte, sollte diesem farbenfrohen, preiswerten Speiselokal mit riesigen Panoramafenstern und einem altmodischen Adobe-Ofen einen Besuch abstatten. Das Cumaná hat sich auf köstliche *cazuela* spezialisiert, also üppige Eintopfgerichte mit Kürbis, Mais, Auberginen, Kartoffeln und Fleisch. Sehr beliebt sind auch die Empanadas, *locro* sowie *humita* (Tamales mit Mais, Käse und Zwiebeln). Wer keine Geduld hat, lange zu warten, sollte am besten frühzeitig vorbeikommen.

Como en Casa
ARGENTINISCH $

(Karte S. 76; ☎ 011-4816-5507; www.tortascomoencasa.com; Riobamba 1239; Hauptgerichte 80–130 Arg$; ⏱Di–Sa 8–24, So & Mo bis 20.30 Uhr) Dieses wunderschöne, feudale Café-Restaurant mit überaus elegantem Flair lockt die Reichsten aus Recoleta an. Am schönsten ist hier der schattige Patio mit einem großen Brunnen, umgeben von prächtigen Gebäuden – ein Muss an einem milden Tag. Zum Mittagessen kommen einfallsreiche Sandwiches, Salate, Gemüsekuchen und Gourmetpizzas auf den Tisch; abends gibt es auch Gulasch und selbst gemachte Pasta. Und eine Fülle von köstlichen Desserts sowie Frühstück ist auch erhältlich.

El Sanjuanino
ARGENTINISCH $

(Karte S. 76; ☎ 011-4805-2683; Posadas 1515; Empanadas 19 Arg$, Hauptgerichte 80–150 Arg$; ⏱12–16 & 19–1 Uhr) Dieses gemütliche kleine Lokal existiert schon seit ewigen Zeiten und wartet mit dem wohl preiswertesten Essen in Recoleta auf – was einheimische Sparfüchse und auf ihren Geldbeutel bedachte Touristen anlockt. Die Gäste können im Erdgeschoss oder unten im Basement Platz nehmen und sich pikante Empanadas, Tamales oder auch *locro* (Eintopf mit Mais und Fleisch) bestellen. Die geschwungene Ziegeldecke trägt zum Flair bei, doch viele nehmen ihr Essen dann doch lieber mit – die herrlichen Parks von Recoleta sind lediglich ein paar Blocks entfernt.

Rodi Bar
ARGENTINISCH $$

(Karte S. 76; ☎ 011-4801-5230; Vicente López 1900; Hauptgerichte 100–200 Arg$; ⏱Mo–Sa 7–1 Uhr) In diesem Lokal im noblen Recoleta kommt bodenständiges Essen zu anständigen Preisen auf den Tisch. Das Traditionsrestaurant an der Ecke mit viel Flair der Alten Welt und einer umfangreichen Speisekarte hat für jeden Geschmack etwas zu bieten – von preiswerten Kombi-Tellern bis hin zu so ungewöhnlichen Gerichten wie marinierter Rinderzunge.

★Casa Saltshaker
MEDITERRAN, ANDINISCH $$$

(www.casasaltshaker.com; Menü inkl. passende Weine 70 US$; ⏱Mi–Sa 20.45 Uhr) Der Ex-New Yorker Dan Perlman ist der Küchenchef dieses renommierten Restaurants, das sogenannten *puerta cerrada* (Restaurant mit „geschlossenen Türen", d. h. Speiseclub) in seinem Privatdomizil. Man muss vorher reservieren, zu einer bestimmten Uhrzeit eintreffen und nimmt dann mit den anderen Gästen an einem großen Tisch Platz – was viel amüsanter sein kann, als es sich vielleicht anhört – jedenfalls für Leute, die alleine kommen. Serviert wird dann ein meisterhaftes Fünf-Gänge-Menü, bei dem kreative, von der mediterranen und andinischen Küche beeinflusste Gerichte im Mittelpunkt stehen. Die genaue Adresse und Telefonnummer bekommt man bei der Reservierung mitgeteilt.

✖ Palermo

★Sarkis
ARABISCH $

(Karte S. 92; ☎ 011-4772-4911; Thames 1101; Hauptgerichte 65–160 Arg$; ⏱12–15 & 20–1 Uhr) Das Essen ist in diesem alteingesessenen Restaurant mit arabischer Küche vom Feinsten – und noch dazu preiswert. Am besten kommt man in der Gruppe, um die viele exotischen Gerichte zu probieren. Das Gelage beginnt mit Hummus aus gebratenen Auberginen, *boquerones* (marinierte Sardinen), *keppe crudo* (rohes Hackfleisch mit Gewürzen) und *parras rellenas* (gefüllte Weinblätter), gefolgt von Fleischspießen oder Lamm in Joghurtsauce. Mittags geht es hier weniger hoch her; abends sollte man sich auf lange Wartezeiten gefasst machen.

Oui Oui
INTERNATIONAL $

(Karte S. 92; ☎ 011-4778-9614; www.ouioui.com.ar; Nicaragua 6068; Hauptgerichte 70–90 Arg$; ⏱Mo–Sa 8–20 Uhr; 📶) *Pain au chocolat* und schäbiger Schick? Oui! Das reizende, beliebte Café im französischen Stil stellt seine Produkte selbst her – dunklen Kaffee, Buttercroissants und Krüge mit kräftiger Limonade – und besticht auch noch mit seiner gemütlichen kleinen Gaststube. Es gibt auch kreative Salate, Gourmet-Sandwiches und köstliches Gebäck. Das **Almacén Oui Oui** (Karte S. 92; Ecke Dorrego & Nicaragua; ◷ Di–So 8–21 Uhr) befindet sich im Nebengebäude im gleichen Block.

Fukuro Noodle Bar JAPANISCH $

(Karte S. 92; ☎ 15-3290-0912; www.fukuronoodle bar.com; Costa Rica 5514; Nudelsuppe 110 Arg$; ◷ Di–Do 20–24, Fr & Sa bis 1 Uhr) Wer eine willkommene Abwechslung nach dem ausufernden Fleischgenuss sucht, sollte diesem Lokal mit Essen, das Leib und Seele zusammenhält, einen Besuch abstatten. Zur Auswahl stehen vier verschiedene *ramen* (Nudelsuppen), dazu diverse leckere *bao* (gedämpfte Teigtaschen) und *gyoza* (Klößchen). Es gibt glutenfreie Nudeln, außerdem Sake sowie Bier vom Fass aus einer Mikrobrauerei. Das Lokal ist beliebt; sitzen kann man allerdings nur am Tresen.

NoLa CAJUNISCH $

(Karte S. 92; ☎ 15-6350-1704; www.nolabuenosaires. com; Gorriti 4389; Hauptgerichte 90–100 Arg$; ◷ Mo–Fr 17–24, Sa & So 13–24 Uhr) Das kleine, beliebte Restaurant mit Cajun-Küche aus New Orleans hat sich die Amerikanerin Lisa Puglia einfallen lassen. Hier ist alles hausgemacht, vom Brathuhn-Sandwich (dem Verkaufsschlager) bis hin zum *Chorizo*-Gumbo und den pikanten roten Bohnen mit Reis für Vegetarier. Das *Jalapeño*-Maisbrot und die Bourbon-Kaffee-Pecannusspastete sind sehr gehaltvoll, was aber auch für das Bier aus der Mikrobrauerei gilt.

El Preferido de Palermo ARGENTINISCH $

(Karte S. 92; ☎ 011-4774-6585; Jorge Louis Borges 2108; Hauptgerichte 100–120 Arg$; ◷ Mo–Sa 9–23.30 Uhr) Traditioneller als dieser Familienbetrieb mit viel Flair kann ein Lokal kaum sein. Am besten bestellt man sich Tapas, eine Fleischplatte, hausgemachte Pasta oder eine Suppe mit Meeresfrüchten. Oder aber man probiert eine der Spezialitäten des Hauses – die Tortillas, die *milanesas* oder den kubanischen Reis mit Kalbfleisch und Polenta. Zum Charme des Lokals tragen die herunterbaumelnden Schinken, die Gläser mit Oliven und die hohen Tische mit klotzigen Holzstühlen bei.

Burger Joint AMERIKANISCH $

(Karte S. 92; ☎ 011-4833-5151; Jorge Louis Borges 1766; Burger 60 Arg$; ◷ 12–24 Uhr) So ziemlich die saftigsten Burger in ganz BA gibt es in diesem beliebten Lokal, das über und über

mit Graffiti vollgekritzelt ist. Der in New York ausgebildete Koch Pierre Chacra bietet seine Burger in nur vier Varianten an, doch die sind wirklich vom Feinsten. Besonders empfehlenswert sind der Mexiko-Burger (Jalapeños, Guacamole und scharfe Soße) und der Jamaika-Burger (Ananas, Cheddar und Schinken); als Beilage werden handgeschnittene Pommes gereicht.

★ Don Julio PARRILLA $$

(Karte S. 92; ☎ 011-4832-6058; Guatemala 4699; Hauptgerichte 115–230 Arg$; ◷ 12–16 & 19.30–1 Uhr) Der herausragende Service und die hervorragende Weinkarte verleihen diesem überaus beliebten, traditionellen Steakhaus einen Hauch von Exklusivität. Das *bife de chorizo* (Rumpsteak) ist hier die absolute Hauptattraktion, aber der gebackene Ziegenkäse, *bondiola de cerdo* (Schweineschulter) und die Gourmetsalate sind ebenfalls köstlich, und die Portionen fallen groß aus. Wer frühzeitig eintrifft, kann sich lange Wartezeiten ersparen.

Las Pizarras INTERNATIONAL $$

(Karte S. 92; ☎ 011-4775-0625; www.laspizarras bistro.com; Thames 2296; Hauptgerichte 140–215 Arg$; ◷ Di–So 20–24 Uhr) In diesem schlichten, absolut nicht hochgestochenen, aber dennoch hervorragenden Restaurant zaubert Küchenchef Rodrigo Castilla einen schillernden Regenbogen aus ganz unterschiedlichen Gerichten wie Wild vom Grill oder mit Kirschen und Pistazien gefülltes Kaninchen. Gäste mit empfindlicherem Magen entscheiden sich vielleicht eher für das Spargel-Pilz-Risotto oder für eine hausgemachte Pasta. Dass die Speisekarte mit Kreide auf einer Schiefertafel angeschrieben steht, trägt zur urigen Atmosphäre bei.

Gran Dabbang INTERNATIONAL, FUSIONSKÜCHE $$

(Karte S. 92; ☎ 011-4832-1186; Scalabrini Ortiz 1543; kleine Teller 80–95 Arg$; ◷ Mo–Sa 20–24 Uhr) Einzigartig und kreativ – diese Charakterisierung ist eher noch untertrieben, wenn es darum geht, die erstaunliche Cuisine dieses schlichten Restaurants in einer betriebsamen Avenida zu beschreiben. Es werden etwa acht kleine Teller mit einer wahnwitzigen Fusion von Einflüssen aus Indien, Thailand, Paraguay (unter anderen) angeboten, die sich von den Weltreisen des Küchenchefs Mariano Ramón beeinflusst zeigen. Man sollte sehr früh oder relativ spät kommen, um die unweigerlichen Wartezeiten zu umgehen.

Siamo nel Forno
PIZZA $$

(Karte S. 92; ☏ 011-4775-0337; Costa Rica 5886; Pizza 120–160 Arg$; ⊙ Di–Do & So 20–24, Fr & Sa bis 1 Uhr) Hier gibt es wohl die beste neapolitanische Holzofenpizza mit hochwertigen Zutaten in ganz BA – sie ist so knusprig, dass es knackt. Empfehlenswert ist die Margherita mit Tomaten, frischem Mozzarella, Basilikum und Olivenöl; die Variante Champignon & Prosciutto ist mit Pilzen, Schinken und Ziegenkäse belegt. Auch die Calzone ist vom Feinsten.

Bio
VEGETARISCH $$

(Karte S. 92; ☏ 011-4774-3880; www.biorestaurant.com.ar; Humboldt 2192; Hauptgerichte 120–150 Arg$; ⊙ So–Do 11–24, Fr & Sa bis 1 Uhr; ☏) ✿ Keine Lust mehr auf Fleisch? Dann nichts wie hinein in dieses legere Restaurant – ein Familienbetrieb, der sich auf gesundes, vegetarisches Bioessen spezialisiert hat. Sehr empfehlenswert sind das Quinoa-Risotto, der Curry-Seitan, das mediterrane Couscous oder auch Pilze à la Bahiana (brasilianische Art). Die erfrischende Ingwer-Limonade sollte sich niemand entgehen lassen. Auch Menschen mit Zöliakie, Veganer und Fans von Rohkost kommen hier auf ihre Kosten. Hier finden auch Kochkurse statt.

El Tejano
GRILLSPEZIALITÄTEN $$

(Karte S. 92; www.facebook.com/ElTejanoBA; Honduras 4416; Hauptgerichte 105–145 Arg$; ⊙ Di–Sa 12.30–16.30 & 21–24 Uhr) Appetit auf riesige Steaks vom Grill? Hier kann man seiner Lust frönen. Larry Rogers, ein waschechter Texaner, grillt das beste Rindfleisch und die besten Schweinerippchen der Stadt, aber auch geräucherte Rinderbrust, Schweineschulter und Chicken Wings landen auf dem Rost. Das Angebot variiert täglich, aber mit erstaunlich zartem, köstlichem Fleisch kann man immer rechnen; die Empanadas und Pommes sind auch der Hit.

★ i Latina
SÜDAMERIKANISCH $$$

(☏ 011-4857-9095; www.ilatinabuenosaires.com; Murillo 725; Menü 900 Arg$, mit passenden Weinen 1380 Arg$; ⊙ Di–Sa um 19 oder 21 Uhr) Das Restaurant südlich von Palermo in Villa Crespo zählt zu den besten in BA. Das Menü besteht aus sieben Gängen, die alle hervorragend zubereitet und auch präsentiert werden. Die Aromen sind unglaublich raffiniert und anregend. Jedenfalls ist das i Latina kein herkömmliches Restaurant, um sich einfach den Bauch vollzuschlagen, sondern eher, um ein kulinarisches Erlebnis zu genießen, das die Geschmacksknospen in Erstaunen versetzt. Reservierung unbedingt erforderlich.

Astor
MODERN ARGENTINISCH $$$

(Karte S. 92; ☏ 011-4554-0802; www.facebook.com/astorbistro; Ciudad de la Paz 353; ⊙ Mo–Mi 12.30–15.30, Do & Fr 12.30–15.30 & 20.30–24 Uhr, Sa 20.30–24 Uhr) Der in Frankreich ausgebildete Küchenchef Antonio Soriano führt die Regie in der Küche dieses modernen Restaurants in einem wunderschönen alten Gebäude. Die wenigen Hauptgerichte wechseln allwöchentlich, sind aber stets köstlich und zudem ein Augenschmaus – sie sind mit essbaren Blumen garniert. Wer das Degustationsmenü bestellt (370 Arg$), sollte großen Hunger mitbringen.

La Carnicería
PARRILLA $$$

(Karte S. 92; ☏ 011-2071-7199; Thames 2317; Hauptgerichte 180–190 Arg$; ⊙ Di–Fr 20–24, Sa & So 13–15 & 20–24 Uhr) Es hat ja eine Weile gedauert, aber nun hat BA seine kleine Boutique-*parrilla* – und sie ist wirklich sehr gut. Die Speisekarte ist nicht gerade umfangreich, aber alle Gerichte sind schlichtweg spektakulär – vom gebackenen Kohl als Vorspeise bis hin zum knusprigen *provoleta* (gegrillter Käse) und den Filet- und Rumpsteaks. Nicht entgehen lassen sollte man sich die *lengua* (Zunge), falls sie gerade auf der Speisekarte steht. Die Kreativität ist jedenfalls grenzenlos, und die Portionen fallen groß aus. Rechtzeitig reservieren.

Casa Coupage
INTERNATIONAL $$$

(Karte S. 92; ☏ 011-4777 9295; www.casacoupage.com; Soler 5518; Hauptgerichte 200–220 Arg$; Degustationsmenü 560 Arg$; ⊙ Mi–Sa 20.30–23 Uhr) Freunde von einem edlen Tropfen Wein werden von diesem Restaurant mit „geschlossenen Türen" begeistert sein, das die beiden netten Sommeliers Santiago Mymicopulo und Inés Mendieta führen. Die Gäste können sich für das Degustationsmenü entscheiden oder à la carte essen. Die Gourmetspeisen werden wunderschön präsentiert und zählen mit zu den besten, die man in BA genießen kann. Die dazu gereichten Weine sind hervorragend und werden auch großzügig ausgeschenkt. Jedenfalls kann man hier den besten Malbec, Pinot, Torrontés und Chardonnay probieren, den Argentinien zu bieten hat. Frühzeitig reservieren.

La Cabrera
PARRILLA $$$

(Karte S. 92; ☏ 011-4831-7002; www.lacabrera.com.ar; José Antonio Cabrera 5099; Hauptgerichte

250–400 Arg$; ⊙ So–Do 12.30–16.30 & 20.30–1, Fr & Sa bis 2 Uhr) Das Restaurant ist unglaublich beliebt, wenn es darum geht, die edelsten Fleischstücke in Buenos Aires zu grillen. Die Steaks wiegen 400 bis 800 g und werden mit allerlei kleinen, kostenlosen Beilagen serviert. Am besten kommt man um 19 Uhr zur Happy Hour, denn dann kosten alle Gerichte 40 % weniger – allerdings sollte man unbedingt frühzeitig eintreffen, wenn man einen Tisch ergattern will. Es gibt aber notfalls auch noch andere Lokale, die meist nicht weit weg sind.

Sudestada
ASIATISCH $$$

(Karte S. 92; ☎ 011-4776-3777; Guatemala 5602; Menü 115–130 Arg$, Hauptgerichte 210–235 Arg$; ⊙ Mo–Do 12–15.30 & 20–24, Sa & So bis 1 Uhr) Die gut zubereiteten Currys, Wok- und Nudelgerichte im Sudestada geben sich von der Küche Thailands, Vietnams, Malaysias und Singapurs inspiriert – und wer die scharfe Variante bestellt, hat dann auch wirklich scharfes Essen auf seinem Teller. Nicht entgehen lassen sollte man sich einen exotischen Cocktail oder einen köstlichen Lychee-*licuado* (Obst-Smoothie). Das beliebte Tagesmenü weist ein hervorragendes Preis-Leistungs-Verhältnis auf.

Ausgehen & Nachtleben

Kaffeehäuser sind ein nicht wegzudenkender Bestandteil des Lebens in Buenos Aires, wer also in der Stadt ist, sollte in einen der beliebten Treffpunkte der Einheimischen gehen und mit ihnen eine gepflegte Tasse Kaffee trinken und eines der wirklich köstlichen Gebäckstücke probieren. Es gibt Unmengen Cafés, fast unwillkürlich stolpert man über eines – und hat die perfekte Ausrede, um eine Pause einzulegen. Einige der Kaffeehäuser sind Klassiker, die zu einer Art Zeitreise in die Vergangenheit des frühen 20. Jahrhunderts einladen.

In den meisten Cafés kommen sämtliche Mahlzeiten und alle sonstigen Essensvarianten auf den Tisch: Frühstück, Brunch, Mittagessen, Tee am Nachmittag, Abendessen und Snacks zu später Stunde. Im Allgemeinen machen sie schon früh am Morgen auf und bleiben dann durchgehend bis spät am Abend geöffnet.

In einer Stadt, die nie schläft, gestaltet sich das Auffinden eines guten Drinks so simpel wie ein Spaziergang die Straße hinunter. Ganz egal, was dem Einzelnen zusagt – eine schicke Lounge, ein irisches Pub, ein traditionelles Café oder eine Sportbar:

im Stadtgebiet von Buenos Aires ist sozusagen alles vorhanden.

Generell trinken die Argentinier nicht viel Alkohol, und ein Betrunkener auf der Straße ist eine Seltenheit. Eines tun die Argentinier jedoch sehr wohl: ewig lang aufbleiben. Die meisten Bars und Cafés haben daher bis 2 oder 3 Uhr morgens geöffnet, am Wochenende sogar bis um 5 Uhr – oder bis der letzte Gast durch die Tür stolpert.

Wem es Spaß macht, mit jungen Leuten, die gern tief ins Glas schauen, Party zu feiern, sollte den **Buenos Aires Pub Crawl** (☎ 15-3894-0586; www.pubcrawlba.com) ausprobieren, eine Zechtour.

In den *boliches* (Nachtclubs) von BA schlägt das Herz des weltberühmten Nachtlebens. Wer cool sein will, braucht vor 2 Uhr (oder eher 3 Uhr) gar nicht erst aufzukreuzen und muss sich mächtig aufstylen. Der Eintritt und die Drinks sind beinahe immer bar zu bezahlen.

So ziemlich die größte und wohl auch einzigartige Fete der Stadt lernt kennen, wer die improvisierte Percussion-Party **La Bomba de Tiempo** (Karte S. 92; www.labombadetiempo.com; Sarmiento 3131; ⊙ Mo 19 Uhr) besucht; sie findet immer montags um 19 Uhr im Ciudad Cultural Konex statt.

Microcentro

La Cigale
COCKTAILBAR

(Karte S. 62; ☎ 011-4893-2332; www.facebook.com/lacigalebar; 25 de Mayo 597; ⊙ 12–16 & 18 Uhr bis open end) Das sinnliche Bar-Restaurant im Obergeschoss steht tagsüber bei Büroangestellten hoch im Kurs und später am Abend bei den Leuten aus der Musikindustrie. An den meisten Abenden spielen entweder Gruppen Livemusik oder es legen DJs auf. Am bekanntesten ist das Lokal jedoch für seine „Minelek-Nacht" am Dienstag; dann locken Electronica und exotische Cocktails jede Menge Nachtschwärmer an. Fusionsküche wird mittags und abends serviert.

Café Tortoni
CAFÉ

(Karte S. 62; ☎ 011-4342-4328; www.cafetortoni.com.ar; Av de Mayo 829) Das älteste und berühmteste Café von BA, das Tortoni, ist ein Klassiker und steht bei Touristen mittlerweile so hoch im Kurs, dass es sich schon in eine Touristenfalle verwandelt hat. Dennoch zählt ein Besuch hier zum Pflichtprogramm eines jeden Touristen, der sich in BA aufhält: Am besten bestellt man ein paar *churros* (längliches Schmalzgebäck) zur heißen

Der Tango

Eine Frau im geschlitzten Kleid und mit High Heels sitzt allein an einem Bistrotisch. Sie lässt ihren Blick durch den Raum schweifen, auf der Suche nach einem subtilen Signal. Plötzlich treffen ihre Augen auf die eines Fremden, und da ist er: der *cabeceo*. Sie nickt und steht auf, bereit zur Begegnung – das neue Paar schreitet in Richtung Tanzfläche davon.

Geschichte des Tangos

Der Tango war zwar nicht immer so geheimnisvoll, aber der Tanz blickt auf eine lange und komplexe Geschichte zurück. Die genauen Ursprünge sind heute nicht mehr zu ermitteln, aber viele glauben, dass der Tanz in den 1880er-Jahren in Buenos Aires entstanden ist. Tausende europäischer Einwanderer, die meisten von ihnen Männer der Unterschichten, strömten nach Buenos Aires, wo sie ganz neu beginnen wollten. Die meisten vermissten natürlich ihre Heimat und ihre dort zurückgelassenen Frauen. In den Cafés, Bars und Bordellen versuchten sie ihre Einsamkeit zu vergessen; die Männer amüsierten sich mit Kellnerinnen und Prostituierten und tanzten mit ihnen: Es war eine kraftvolle Mischung aus Machismo, Leidenschaft und Verlangen, Verzweiflung und Aggressivität.

Bald spielten kleine Bands zu diesem Urtango, sie spielten Melodien, die von den *Milonga*-Liedern der Pampas, spanischen und italienischen Liedern und den afrikanischen *Candombe*-Trommeln beeinflusst waren. (Das *bandoneón,* eine Art kleines Akkordeon, ein noch heute in Tango-Orchestern gespieltes Instrument, wurde um diese Zeit eingeführt.) Hier wurde auch der Tangogesang geboren: Er spiegelte die neuen Erfahrungen der Einwanderer in der Großstadt wider und erinnerte voller Wehmut an ein aufgegebenes Leben. Die Lieder handeln von starken Gefühlen, den Veränderungen im Stadtviertel, von den Müttern, der Freundschaft zwischen Männern und dem Verrat der Frauen. Manchmal wurden auch noch schlüpfrige Verse hinzugedichtet.

1–3. Tangotänzer

2

3

Die „besseren Kreise" der Gesellschaft lehnten den vermeintlich vulgären Tanz ab, doch manche jungen Männer der Oberschicht erlernten den Tango und brachten ihn nach Paris. Dort wurde Tango rasch zum Kult: ein Tanz als Ausdruck für menschliches Verlangen, getanzt in den schicken Bars und Cafés Europas. Der Trend erfasste den alten Kontinent und schließlich auch die USA. 1913 galt vielen als das Jahr des Tangos: Der erfolgreiche, weiterentwickelte Tanz fand seinen Weg zurück nach Buenos Aires, wo der elegante und berühmte Tango endlich die Anerkennung fand, die er verdiente. Die goldenen Jahre des Tangos hatten begonnen.

Tango heute bei einer Milonga

Buenos Aires ist voller *milongas* (Tango-Tanzlokale). Darunter sind ganz klassische Häuser mit altertümlicher Atmosphäre, aber auch hypermoderne Lagerhäuser, in denen die Tänzer in Jeans kommen – mit anderen Worten: Es ist für jeden etwas dabei.

Wer in einer angesehenen *milonga* einen guten, vom Können her vergleichbaren Partner finden will, muss viele verborgene Verhaltensregeln und Zeichen beachten. Manche Männer fordern eine unbekannte Frau erst nach dem zweiten Lied auf, damit sie am Ende nicht an eine schlechte Tänzerin gebunden sind. Denn schließlich ist es ein Gebot der Höflichkeit, mit einem Partner wenigstens ein Set von vier Liedern durchzutanzen; wenn man nach nur einem einzigen Lied mit einem knappen *gracias* verabschiedet wird, gilt man als abserviert.

Die eigene Platzierung am Rande der Tanzfläche kann ausschlaggebend sein. Idealerweise sitzt man nahe an der Tanzfläche, sodass man die Tänzer, auch auf der gegenüberliegenden Seite, gut sehen kann. Singles sitzen gewöhnlich weiter vorne, Paare weiter hinten. Im Allgemeinen gelten Paare als „unberührbar". Wenn die Partner mit anderen tanzen wollen, signalisieren sie dies dadurch, dass sie den Raum getrennt betreten

1. Tangounterricht **2.** Musiker mit *bandoneón*

oder dass der Mann eine andere Frau zum Tanzen auffordert. Dann gilt die eigene Frau für andere Männer als frei.

Der *cabeceo* – die schnelle Kopfbewegung, der Augenkontakt und die hochgezogenen Augenbrauen – kann auch quer durch den Raum erfolgen. Die Frau, an die der *cabeceo* gerichtet wurde, nickt und lächelt oder sie gibt vor, nichts bemerkt zu haben. Wenn sie ihr „Ja" signalisiert hat, steht der Mann auf und geleitet sie zur Tanzfläche; tut sie so, als habe sie nichts bemerkt, gilt das als Zurückweisung. Nicht selten finden in einem einzigen Tanzlokal verschiedene *milongas* statt, je nach Tageszeit oder Wochentag. Jede *milonga* (das Wort steht auch für „Tanzveranstaltung") kann von einem anderen Veranstalter ausgerichtet werden, sodass jede ihren eigenen Stil, ihre eigene Atmosphäre, Musik und Tischaufstellung besitzt, unterschiedliche Altersgruppen anspricht und unterschiedliche Grade des Könnens voraussetzt.

Gute Infos und Tipps zur Tangoszene enthält der praktische Führer *Happy Tango: Sallycat's Guide to Dancing in Buenos Aires, 2. Auflage* (www.sallycat way.com/happytango), von Sally Blake. Kostenlose Tangozeitschriften liegen bei den *milongas* aus und sind auch in Geschäften erhältlich, die Tangoschuhe verkaufen.

Tangostunden kann man oft in den gleichen Häusern nehmen, in denen die *milongas* stattfinden, und zwar in den Stunden davor. Man findet Tangokurse auch in Jugendherbergen oder Kulturzentren – manche sind kostenlos, wenn man dazu noch den Besuch einer Tango-Show bucht. Wenn die Kurse überwiegend auf Touristen ausgerichtet sind, finden sie häufig auf Englisch statt.

TOP-MILONGAS

➡ Salon Canning (S. 116)
➡ Club Gricel (S. 116)
➡ Confitería Ideal (S. 116)
➡ La Viruta (S. 117)
➡ La Catedral (S. 116)

Schokolade und vergisst die Wahnsinnspreise dann ganz einfach. Abends finden hier auch Tangoshows (S. 103) statt – Reservierung empfohlen.

London City
CAFÉ

(Karte S. 62; ☎ 011-4342-9057; Av de Mayo 599; ⏰ 6–2 Uhr) Das stilvolle historische Café sorgt schon seit 50 Jahren für das Wohl von Koffeinsüchtigen und behauptet, dass in seinen heiligen Hallen Julio Cortázar einst seinen ersten Roman verfasste. Der größte Arbeitsaufwand, mit dem sich die Gäste heute konfrontiert sehen, ist hingegen, das richtige Gebäck zur frisch gebrühten Tasse Kaffee auszusuchen.

Bahrein
CLUB

(Karte S. 62; ☎ 011-6225-2731; www.bahreinba.com; Lavalle 345; ⏰ Do–So) Das Bahrein ist ein enorm beliebter Club in einer ehemaligen Bank in der Innenstadt (es lohnt ein Blick ins Gewölbe im Basement), der jede Menge tätowiertes Jungvolk anlockt. Im Erdgeschoss befindet sich der Funky Room im Stil einer Lounge, in dem die DJs des Hauses Electronica und House auflegen. Im Basement wartet auch die angesagte Xss Discotheque mit ihrem beeindruckenden Soundsystem und einer Tanzfläche, die so groß ist, dass sich dort ganze Hundertschaften amüsieren können.

🍷 Congreso

Café de los Angelitos
CAFÉ

(Karte S. 62; ☎ 011-4952-2320; www.cafedelosangelitos.com; Av Rivadavia 2100; ⏰ 8–24 Uhr) Dieses Café hieß ursprünglich Bar Rivadavia und fungierte einst als Treff von Dichtern, Musikern und sogar Ganoven – was einen Polizeikommissar Anfang 1900 dann veranlasste, es scherzhaft „los angelitos" (die Engelchen) zu nennen. Das in seiner alten Pracht restaurierte, historische Café ist nun eine elegante Location, um einen Kaffee oder Tee zu trinken; abends werden auch Tangoshows (S. 115) präsentiert.

Clásica y Moderna
CAFÉ

(Karte S. 62; ☎ 011-4811-3676; www.clasicaymoderna.com; Av Callao 892; ⏰ Mo–Fr 8–21, Sa 9–21 Uhr) Seit 1938 ist dieses gemütliche und intime Buchgeschäft mit Restaurant und Café schon um das Wohl eines literarisch angehauchten Publikums bemüht und verströmt in seinen Ziegelmauern mit viel Flair auch weiterhin Geschichte. Das Clásica y Moderna ist hübsch ausgeleuchtet, auf den

Tisch kommen leckere einfache Mahlzeiten, und allabendlich treten Musikgruppen auf, die Folk, Jazz, Bossa Nova und Tango (nach 21 Uhr) zum Besten geben. Berühmtheiten wie Mercedes Sosa (sie ruhe in Frieden), Susana Rinaldi und Liza Minnelli sind hier schon aufgetreten.

El Gato Negro
TEEHAUS

(Karte S. 62; ☎ 011-4374-1730; Av Corrientes 1669; ⏰ Mo 9–22, Di bis 23, Mi & Do bis 24, Fr & Sa bis 2, So 15–23 Uhr) Holzkabinette, in denen alle möglichen Tees aufgereiht stehen, und ein würziges Aroma heißen den Besucher in diesem hübschen kleinen Schlürfparadies willkommen. Hier munden jedenfalls allerlei importierter Kaffee und Tee zum Frühstück, aber auch leckere *sandwiches de miga* (dünne Sandwiches ohne Kruste, die traditionell nachmittags zur Brotzeit gegessen werden). Die importierten Tees und Kaffees werden lose verkauft, und eine breite Auswahl an exotischen Gewürzen und Kräutern ist auch noch erhältlich.

🍷 San Telmo

⭐ Bar Plaza Dorrego
CAFÉ

(Karte S. 62; ☎ 011-4361-0141; Defensa 1098; ⏰ So–Do 8–24, Fr & Sa bis 3.30 Uhr) Das Flair in diesem Traditionscafé lässt sich kaum überbieten. Hier schlürfen die Gäste ihren *submarino* (heiße Milch mit Schokolade) an einem malerischen Fenster und schauen zu, wie das Leben draußen auf der Straße seinen Gang nimmt. Man kann aber auch an einem der Tische auf der lebhaften Plaza Platz nehmen. Traditionell gekleidete Kellner, Tangomusik zur Untermalung, antike Flaschen und an die Wände gekritzelte Graffiti lassen die Gäste eine Zeitreise in die Vergangenheit unternehmen.

Doppelgänger
COCKTAILBAR

(Karte S. 73; ☎ 011-4300-0201; www.doppelganger.com.ar; Av Juan de Garay 500; ⏰ Di–Do 19–2.30, Fr bis 4, Sa 20–4 Uhr) Diese coole Eckkneipe in allen möglichen Schattierungen von Smaragdgrün ist eines der wenigen Lokale in Buenos Aires, in denen man auf einen perfekt gemixten Martini zählen kann – was der Tatsache geschuldet ist, dass sich das Doppelgänger auf Wermut-Cocktails spezialisiert hat. Die Atmosphäre ist ruhig, und die recht lange Getränkekarte hat etwas Faszinierendes: Am besten beginnt man mit einem Journalist, dass ist ein Martini mit einer Bitterorangenspirale, oder man nimmt einen Don Draper, um dann zum Bestseller der Bar überzugehen – einem altmodischen Dry Martini.

La Puerta Roja BAR
(Karte S. 62; ☎ 011-4362-5649; Chacabuco 733; ⊙ ab 17 Uhr) Ein Schild, das auf diese Bar im Obergeschoss hinweist, gibt es nicht – einfach nach der roten Tür Ausschau halten, der das Lokal seinen Namen verdankt. Im Puerta Roja herrscht eine coole, entspannte Atmosphäre; der Hauptraum ist mit niedrigen Lounge-Möbeln ausgestattet, hinten steht versteckt ein Billardtisch. Die Bar gibt sich traditionell, und das heißt, dass auf der Speisekarte keine Fruchtcocktails stehen – aber es gibt leckeres internationales Essen wie Currys, Tacos und Chicken Wings.

Gibraltar PUB
(Karte S. 62; ☎ 011-4362-5310; Perú 895; ⊙ 12–4 Uhr) Das Gibraltar zählt zu den klassischen Pubs von BA. Es hat eine gemütliche Atmosphäre und einen anständigen Tresen für Leute, die allein unterwegs sind. Außerdem bietet sich das Lokal für recht authentische ausländische Küche an – es verlocken Thai, indische und englische Gerichte. Wem der Sinn nach einem netten kleinen Wettkampf steht, kann im rückwärtigen Bereich Billard spielen. Im TV flimmert Sport, und die Happy Hour dauert jeden Tag von 12 bis 20 Uhr.

Retiro

★ **Florería Atlántico** COCKTAILBAR
(Karte S. 76; ☎ 011-4313-6093; Arroyo 872; ⊙ Mo–Sa ab 19 Uhr) Die Florería Atlántico ist eine der besten Bars, die BA zu bieten hat. Die Mondscheinkneipe im Basement befindet sich in einem Blumenladen, was der Location etwas Geheimnisvolles verleiht und vermutlich der Hauptgrund für ihren Erfolg ist. Hipster, Künstler, Geschäftsleute und Expats strömen wegen der guten Cocktails her, ob nun Klassiker oder Eigenerfindungen. Und der Mangel an Gasleitungen bedeutet, dass sämtliche leckeren Tapas und Hauptgerichte auf der *parrilla* zubereitet werden.

BUENOS AIRES AUSGEHEN & NACHTLEBEN

WEINVERKOSTUNG & MEHR

Ein Faible für guten Wein? Dann gibt es in Buenos Aires gleich mehrere Möglichkeiten herauszufinden, was die besten Rebsorten Argentiniens zu bieten haben. .

Für eine private Weinverkostung ist man bei **Anuva Wines** (☎ 15-5768-8589; www.anuvawines.com) am besten bedient. Hier kann man fünf Boutiqueweine mit passenden Häppchen probieren; die Einkäufe werden auch in die Heimat verschifft. Nach einer informellen Weinverkostung kann man bei **Pain et Vin** (Karte S. 92; ☎ 011-4832-5654; Gorriti 5132) anfragen, einem legeren Wein- und Brotladen. Die **Bar du Marché** (Karte S. 92; ☎ 011-4778-1050; www.bardumarchepalermo.com; Nicaragua 5946; ⊙ Mo–Sa 12.30–16 & 20–24 Uhr) ist ein bescheidenes Bistro, das 50 offene Weine ausschenkt (eine dazu gehört eine Weinhandlung gleich nebenan). Die **Gran Bar Danzón** (Karte S. 76; ☎ 011-4811-1108; www.granbardanzon.com.ar; Libertad 1161) ist hingegen ein feudales Lounge-Restaurant, das auch eine gute Auswahl an offenen Weinen kredenzt.

Eine „Weinexkursion" stellt eine andere nette Möglichkeit dar, einige der besten Trauben zu probieren, die Argentinien zu bieten hat. Empfehlenswert ist die **Wine Tour BA** (www.winetourba.com), auf der sich die Teilnehmer durch das Viertel Palermo futtern und zechen, aber auch das **Urban Adventures** (www.urbanadventures.com) ist wärmstens zu empfehlenswert.

Einige *puertas cerradas* (Restaurants mit „geschlossenen Türen", d. h. Speiseclubs) schenken ihren Mahlzeiten edle Tropfen ein; die **Casa Coupage** (S. 102), die von einem argentinischen Sommelier-Paar geführt wird, erweist sich dabei besonders weinorientiert. Empfehlenswert sind auch die **Casa Saltshaker** (S. 100) und **i Latina** (S. 102).

An Weinhandlungen lohnt **Lo de Joaquín Alberdi** (S. 122) in Palermo einen Besuch – hier finden auch Verkostungen statt. In San Telmo gilt das **Vinotango** (Karte S. 62; ☎ 011-4361-1101; www.vinotango.com.ar; Estados Unidos 488; ⊙ 10.30–21 Uhr) als eine sehr gute Adresse. **Aldo's Vinoteca** (S. 97) ist ein Restaurant, das den Wein zu Einzelhandelspreisen verkauft und auch Tabletts mit Jahrgangsweinen sowie allwöchentlich Weinproben offeriert.

Zu guter Letzt wäre da noch das **Miravida Soho** (S. 94), ein Boutiquehotel, das sich eines sagenhaften Weinkellers rühmt und Weinverkostungen veranstaltet.

BASA Basement Bar

BAR

(Karte S. 76; 011-4893-9444; www.basabar.com. ar; Basavilbaso 1328) Die trendige, noble Bar ist auch ein edles Restaurant und schafft mit freien Flächen, schummrigem Licht und gemütlichen Sofas eine angenehme Atmosphäre. Einen Blick wert ist die ausführliche Cocktailkarte – der erfrischende Moscow Mule ist eine angenehme Überraschung, und zwar vor allem an heißen Tagen. Da das BASA nicht gerade billig ist, daher sollte man es sich überlegen, während der Happy Hour auf eine Drink-Spezialität vorbeizukommen; sie beginnt wochentags um 19 Uhr, am Wochenende um 20 Uhr. Gutes Essen wird hier auch serviert, und am Wochenende sorgen DJs für den entsprechenden Sound.

Milión

COCKTAILBAR

(Karte S. 76; 011-4815-9925; www.milion.com. ar; Paraná 1048; So–Mi 18–2, Do bis 3, Fr & Sa bis 4 Uhr) Das Millión ist eine der reizendsten und elegantesten Bars, die BA zu bieten hat. Das erotische Etablissement nimmt drei Etagen in einem renovierten alten Herrschaftshaus ein. Der Garten hinter dem Haus ist ein grünes Paradies; auf ihn geht ein massiver Balkon mit den besten Sitzplätzen des Hauses hinaus. Die Marmortreppe gleich in der Nähe gibt ebenfalls einen guten Standort ab, um mit einem eisgekühlten Mojito oder Basilikum-Daiquiri, dem leckersten Cocktail auf der Getränkekarte, abzuhängen. Im Restaurant im Basement werden internationale Gerichte serviert.

🍷 Recoleta & Barrio Norte

⭐ Pony Line Bar

BAR

(Karte S. 76; 011-4321-1200; www.elenaponyline. com; Posadas 1086; Mo–Do 11–2, Fr bis 3, Sa 18–3, So 17–1 Uhr) Diese schicke, feudale und vom Polosport inspirierte Bar befindet sich im 5-Sterne-Hotel Four Seasons – was für ein nobles Ausgeherlebnis bürgt. Die Drinks sind außergewöhnlich und hochwertig – von den Craft-Bieren bis zu den exotischen Cocktails und den feinen Alkoholspezialitäten aus dem In- und Ausland. Das Essen schmeckt hier ebenfalls fantastisch. Man sollte sich schick machen, eine gut gefüllte Brieftasche einstecken und früh eintreffen, wenn man den Ansturm umgehen möchte; andernfalls empfiehlt es sich zu reservieren.

La Biela

CAFÉ

(Karte S. 76; 011-4804-0449; www.labiela.com; Av Quintana 600; So–Do 7–2, Fr & Sa bis 3 Uhr)

Das La Biela gilt in Recoleta als wahre Institution; schon seit den 1950er-Jahren verwöhnt dieses klassische Traditionscafé und Gastro-Wahrzeichen die Crème de la Crème der Stadt – damals zählten noch die Sieger von Autorennen zum Stammpublikum des Lokals. Die Terrasse vor dem Haus ist an einem sonnigen Nachmittag unschlagbar, und zwar vor allem wenn in der Nähe am Wochenende die *feria* (Straßenmarkt) voll im Gange ist. Allerdings muss man wissen, dass das Privileg, hier zu sitzen, dann mit einem satten Aufschlag von rund 20 % zu Buche schlägt.

Casa Bar

SPORTSBAR

(Karte S. 76; 011-4816-2712; www.casabarargentina.com; Rodríguez Peña 1150; Mo–Fr 18–5, Sa 21–5, So–5 Uhr) Das alte Haus wurde aufgemöbelt und in eine Sportsbar umfunktioniert, die nun eine große Auswahl an Alkohol und Bieren aus Mikrobrauereien offeriert, dazu eine Weinkarte, auf der Flaschen des höheren Preissegments stehen. Es gibt hier auch Nachos, Pizza und scharfe, pikante Chicken Wings sowie Happy-Hour-Specials von 19 bis 22 Uhr. Die Casa Bar präsentiert sich schick, ist aber dennoch leger – und eine super Location, um sich im Fernsehen Sport anzuschauen, vor allem American Football und Baseball.

Shamrock Basement

CLUB

(Karte S. 76; 011-4812-3584; Rodríguez Peña 1220; Do–Sa) Der coole, aber absolut nicht hochgestochene Club im Basement ist für seine erstklassigen DJ-Lineups bekannt, die dröhnende House-Musik und das bunte Jungvolk. Dank des Shamrock, des seit ewigen Zeiten beliebten irischen Pubs oben, ist hier die ganze Nacht sprichwörtlich der Teufel los. Wer um 3 Uhr in der Früh kommt, erlebt den Club voll im Gange. Man kann aber auch die Treppe hinuntergehen, nachdem man zuvor im Erdgeschoss ein paar Bierchen gekippt hat.

Palermo

Viele Hotels und Restaurants in Palermo haben eine tolle Bar, beispielsweise das **Home Hotel** (Karte S. 92; 011-4778-1008; www.home buenosaires.com; Honduras 5860; 8–24 Uhr). Die wohl hippste Szene der Stadt findet sich an der Plaza Serrano (in Palermo Viejo); dort macht es Spaß sich in einer der zahlreichen angesagten Kneipen rund um den Platz niederzulassen.

★ LAB Training Center & Coffee Shop
CAFÉ, KAFFEE

(Karte S. 92; ☑ 011-4843-1790; www.labcafe.com. ar; Humbolt 1542; ⊙ Mo–Sa 8–20 Uhr) Hohe Decken und Industriechick sind die Kennzeichen dieses hervorragenden Kaffeegeschäfts. Die Kunden können sich ihre vor Ort gerösteten Kaffeebohnen aussuchen und den Kaffe dann per Chemex, Aeropress, V60, Kalita, Syphon oder mit einem smarten Filtersystem zubereiten lassen. Es gibt überwiegend Sitzplätze am Tresen; Gäste, die ernsthaft arbeiten möchten, können oben an einem Gemeinschaftstisch Platz nehmen. Unterricht in Sachen Filterkaffee und Espresso wird auch erteilt.

★ Victoria Brown
COCKTAILBAR

(Karte S. 92; ☑ 011-4831-0831; www.victoriabrown bar.com; Costa Rica 4827; ⊙ Di–Sa 21–4 Uhr) Die Mondscheinlounge, die sich diskret hinter einer großen, mit einem Vorhang verdeckten Tür in einem reizenden Kaffeegeschäft verbirgt, serviert hervorragendes Essen und leckere, qualitativ hochwertige Cocktails. Die Bar ist überaus beliebt, man sollte sich also so richtig aufstylen und auch früh kommen, um noch ein Sofa oder eine geschwungene Nische mit einem Tisch zu ergattern. Das Victoria Brown beeindruckt mit seinem schönen, edlen Ambiente im Industriedesign. Sogar die Armaturen im WC sind kreativ. Wer hier zu Abend essen möchte, sollte einen Tisch reservieren.

★ 878
COCKTAILBAR

(Karte S. 92; ☑ 011-4773-1098; www.878bar.com.ar; Thames 878; ⊙ Mo–Do 19–3, Fr bis 4.30, Sa & So 20–4.30 Uhr) Diese „geheime" Bar versteckt sich hinter einer Tür ohne Namensschild, aber so exklusiv ist sie dann eigentlich doch nicht. Die Gäste betreten ein Wunderland mit eleganten, niedrigen Lounge-Möbeln und roten Ziegelwänden. Whiskeyfans können mehr als 80 verschiedene Sorten probieren, aber auch die Cocktails schmecken gut. Und wenn der Magen knurrt, gibt es allerlei Tapas (zum Abendessen Tisch reservieren).

★ Verne
COCKTAILBAR

(Karte S. 92; ☑ 011-4822-0980; Av. Medrano 1475; ⊙ Di–Do 20–3, Fr bis 4, Sa 21–4, So bis 3 Uhr) Die feudale, aber dennoch legere Bar spielt dezent mit Jules-Verne-Motiven. Spezialität des Hauses sind die Cocktails, die einer der besten Barkeeper der Stadt mixt – Fede Cuco. Die Gäste haben die Wahl unter verschiedenen Sitzgelegenheiten: Sie können an ein paar Tischen Platz nehmen, es sich aber auch auf kuscheligen Sofas oder im luftigen Patio draußen gemütlich machen. Wer zuschauen möchte, wie die köstlichen Drinks gezaubert werden, setzt sich an die Bar. Einen Blick wert ist der Wermutspender aus Frankreich. Selbst gemachten Negroni bekommt man hier auch.

★ Magdalena's Party
BAR

(Karte S. 92; ☑ 011-4833-9127; www.magdalenas party.com; Thames 1795; ⊙ Mo 20–2, Do 11–3, Fr & Sa bis 4, So bis 5 Uhr) P In dem beliebten Bar-Restaurant mit entspannter Atmosphäre und *buena onda* (guter Schwingung) legen donnerstags bis samstags am Abend DJs auf. Und dank der preiswerten Drinks ist diese Bar auch eine prima Anlaufstelle, bevor man sich in die Clubszene stürzt; probieren sollte man den Wodka mit Limonade. Die tägliche Happy Hour dauert von 12 Uhr bis Mitternacht, und leckeres expat-freundliches Essen kommt auch auf den Tisch, beispielsweise Hamburger aus frischem Hackfleisch, Burritos kalifornische Art und Biokaffee. Am Wochenende findet ein beliebter Brunch statt.

Harrison Speakeasy
COCKTAILBAR

(Karte S. 92; ☑ 011-4831-0519; Malabia 1764; ⊙ Di & Mi 21–0.30, Do bis 2, Fr & Sa bis 4 Uhr) In eine der exklusivsten „Geheimbars" der Stadt gelangt man durch einen Weinkeller und dann durch eine Tresortür. Das Ganze hat etwas von einer Zeitreise ins New York der 1920er-Jahre, inklusive Ambiente mit Kerzenlicht und einer Nebelmaschine. Der Chef-Barkeeper Seba Garcia kreiert einige der besten Cocktails, die Argentinien zu bieten hat. Aber wenn man nicht vorher in Nicky's Sushi-Restaurant gegessen hat (und nach der Rechnung darum bittet, den „Weinkeller" anschauen zu dürfen) oder den Concierge seines 5-Sterne-Hotels bezirzt, stehen die Chancen reinzukommen, leider nicht sonderlich gut.

Frank's Bar
COCKTAILBAR

(Karte S. 92; ☑ 011-4777-6541; www.franks-bar. com; Arévalo 1445; ⊙ Mi–Sa 21–4 Uhr) Wer diese beliebte, total schicke und elegante Mondscheinbar besuchen möchte, benötigt ein Passwort, um reinzukommen (es wird über die Telefonzelle mitgeteilt). Anfordern kann man es via Facebook oder Twitter. Die Räumlichkeiten mit Kristalllüstern, wogenden Deckendrapierungen und exklusivem Flair sind wunderschön. Es werden

Cocktail-Klassiker aus der Zeit vor den 1930er-Jahren gerührt – aber nie geschüttelt! –, die dann den Gästen aus dem In- und Ausland serviert werden.

Antares
BAR

(Karte S. 92; ☎ 011-4833-9611; www.cervezaantares. com; Armenia 1447; ⏱ 19–4 Uhr) Lust auf ein anständiges *cerveza* (Bier)? Dann bloß nicht lange herumsuchen, um den Durst zu löschen. Diese moderne, aber entspannte Restaurant-Bar serviert in Argentinien gebrautes Helles, Dunkles, Starkbier und hochprozentigen Gerstenwein. Man kann sich eine Bier-Kombi bestellen, die Sonderauswahl des Braumeisters probieren oder auch einfach während der Happy Hour zwei Pinten für den Preis von einer kippen. Auch im **Las Cañitas** (Karte S. 92; Arévalo 2876).

El Carnal
BAR

(Karte S. 92; ☎ 011-4772-7582; www.carnalbar.com. ar; Niceto Vega 5511; ⏱ Di–Sa 19–5.30 Uhr) Sehen und gesehen werden lautet die Losung auf der Dachterrasse dieser seit ewigen Zeiten beliebten Kneipe – und zwar vorzugsweise mit einem eisgekühlten Wodka Tonic in der Hand. Mit seinen Rattan-Loungemöbeln und wogenden Vorhängen ist das Carnal an lauen Sommerabenden einfach unschlagbar, um sich zu entspannen. Anfang der Woche geht bei Reggae die Post ab, von Donnerstag bis Samstag laufen Popmusik und Oldies aus den 1980er-Jahren.

On Tap
BRAUEREI

(Karte S. 92; ☎ 011-4771-5424; www.ontap.com.ar; Costa Rica 5527; ⏱ Di–Mi & So 18–24, Do–Sa bis 1 Uhr) Diese beliebte neue Brauerei schenkt rund 20 Sorten argentinisches Craft-Bier vom Fass aus, darunter IPA-Biere, Pils, Starkbiere, Weizen- und Honigbiere. Jedenfalls bietet sich die Brauerei wirklich an, um sich ein Bier zu genehmigen, und nicht so sehr zum Abhängen. Es gibt bloß ein paar Stühle am Tresen und an einem großen Tisch für alle. Ein paar Burger und anderes Kneipenfutter wird allerdings schon aufgetischt. Man kann sich einen Krug zum Nachfüllen mitbringen. Die Happy Hour dauert von 18 bis 20.30 Uhr.

Mundo Bizarro
COCKTAILBAR

(Karte S. 92; ☎ 011-4773-1967; Serrano 1222; ⏱ Mo–Do 20–3, Fr 21–4, Sa bis 5 Uhr) Diese rot beleuchtete, futuristisch-nostalgische, schicke Loungebar hat am Wochenende so ziemlich die ganze Nacht offen. Die Schallwellen lassen alles hören – von alten amerikanischen Titeln, über hippe DJ-Mischungen bis hin zu Jazz. Wenn der Magen knurrt, empfiehlt sich das amerikanisch angehauchte Essen von der Bar – die Auswahl reicht von Tex-Mex bis hin zu Burgern und heißer Apple Pie mit Eis. Nach ein paar Drinks tanzt dann so manche(r) an der Stripperstange.

Sugar
SPORTSBAR

(Karte S. 92; ☎ 011-4831-3276; www.sugarbuenos aires.com; Costa Rica 4619; ⏱ Di–Fr 19–5.30, Sa 11–5.30, So 11–3 Uhr) Die quirlige Expat-Kneipe lockt mit ihren Drink-Specials zu anständigen Preisen und Comfort Food wie Hühnchenstäbchen und Buffalo Wings jede Menge junge Nachtschwärmer an. Die Gäste können hier auf fünf großen TV-Bildschirmen Sport gucken. Oder man kommt am Donnerstag zur Ladies' Night, bei der es allerdings manchmal recht ruppig zugehen kann. Am Wochenende kann man ausschlafen und trifft trotzdem noch rechtzeitig zu Eiern und *mimosas* (Champagner mit Orangensaft) ein.

Lattente Espresso & Brew Bar
CAFÉ, KAFFEE

(Karte S. 92; ☎ 011-4833-1676; www.cafelattente. com; Thames 1891; ⏱ Mo–Sa 9–20, So 10–20 Uhr) Dieser moderne Coffeeshop schwimmt auf der Welle des Kaffeebooms in BA. Serviert wird Kaffee aus vor Ort gerösteten Bohnen. Die Gäste können sich einen Espresso, Cappuccino, Americano oder eine Latte macchiato (mit Aeropress oder V60 zubereitet) bestellen und sich an einen der großen Tische zu den anderen hippen Koffeinsüchtigen setzen. Etwas Gebäck und *alfajores* (zweilagige Kekse mit Füllung dazwischen) stehen zur Auswahl.

Pachá
CLUB

(☎ 011-4788-4288; Av Rafael Obligado 6151; ⏱ Sa) Der beliebte Electronica-Club existiert schon seit ewigen Zeiten und ist dafür bekannt, dass er berühmte DJs aus dem In- und Ausland anlockt, die dann für die oft von Drogen umnebelten Massen Musik auflegen. Laser-Lightshows und ein tolles Soundsystem machen das schicke Volk glücklich bis der Tag anbricht – unbedingt die Sonnenbrille einstecken, um den Sonnenaufgang über der Terrasse zu beobachten.

Kika
CLUB

(Karte S. 92; www.kikaclub.com.ar; Honduras 5339; ⏱ Di–So) Da der Club wirklich total günstig nicht weit vom Herzen der Kneipenszene in Palermo Viejo entfernt liegt, lässt sich die beliebte „Hype-Party", die dienstagnachts

BUENOS AIRES FÜR SCHWULE & LESBEN

Im Juli 2010 legalisierte Argentinien als erstes Land Lateinamerikas gleichgeschlechtliche Ehen. Seitdem ist Buenos Aires zu einer Schwulendestination ersten Ranges avanciert – die treibende Kraft für lokale Events wie die **Marcha del Orgullo Gay** (Gay Pride Parade; www.marchadelorgullo.org.ar; ⊙Nov.) und das **Queer Tango Festival** (www.festivaltangoqueer.com.ar).

Wer sich unter die einheimischen Schwulen mischen möchte, sollte so beliebte Bars wie das laute **Sitges** (Karte S. 92; www.facebook.com/fiestaplop; Ecke Federico Lacroze & Álvarez Thomas) und das legere **Flux** (Karte S. 76; ☑011-5252-0258; Marcelo T de Alvear 980; ⊙So–Do 19–3, Fr & Sa bis 4 Uhr) besuchen. Der Coffeeshop **Pride Cafe** (Karte S. 62; ☑011-4300-6435; Balcarce 869; ⊙10–20 Uhr; ☎) in San Telmo lockt ein gemischtes Publikum an. Einen amüsanten Abend mit einem Guide, bei dem gezecht und gefeiert wird, verspricht der **Out & About Pub Crawl** (www.outandaboutpubcrawl.com).

Zu den besten Nachtclubs zählen das wilde **Amerika** (Karte S. 92; ☑011-4865-4416; www.ameri-k.com.ar; Gascón 1040; ⊙Fr–So), das schöne, sexy **Glam** (Karte S. 92; ☑011-4963-2521; www.glambsas.com.ar; José Antonio Cabrera 3046; ⊙Do–Sa) und der **Palacio Alsina** (Karte S. 62; ☑011-4331-3231; www.palacioalsina.net; Adolfo Alsina 940; ⊙So & 1. Fr im Monat). An heißen Schwulenfeten steigen momentan einmal im Monat die **Fiesta Plop** (www.facebook.com/fiestaplop), die **Fiesta Dorothy!** (www.fiestadorothy.com) sowie **Rheo** (www.rheo.com.ar). Im **Niceto Club** (s. unten) findet donnerstagabends ein Cross-Dressing-Event statt.

Als besonders schwulenfreundliche Unterkunft gilt das **Lugar Gay** (Karte S. 62; ☑011-4300-4747; www.lugargay.com.ar; Defensa 1120; B 30 US$, EZ 50–70 US$, DZ 80–105 US$), ein legeres Gästehaus, das gleichzeitig als Info-Center fungiert. Die **Casa Brandon** (Karte S. 92; ☑011-4858-0610; www.brandongayday.com.ar; Luis Maria Drago 236; ⊙Mi–So 20–3 Uhr) ist eine Kombination aus Kunstgalerie und Kulturzentrum.

Gute allgemeine Websites sind www.thegayguide.com.ar und www.nighttours.com/buenosaires. An kostenlosen Schwulenpublikationen sollte man nach *La Otra Guía*, **Circuitos Cortos** (www.circuitoscortos.com.ar/mapagay) und *Gay Maps* (www.gmaps360.com) Ausschau halten.

Viele Locations, die ausschließlich für Lesben gedacht sind, gibt es in Buenos Aires nicht. Einen Versuch wert ist die alteingesessene, intime **Bach Bar** (Karte S. 92; ☑15-5184-0137; José Antonio Cabrera 4390; ⊙Mi–So 23–6 Uhr), ansonsten bleiben noch die oben aufgeführten Schwuleneinrichtungen. **La Fulana** (www.lafulana.org.ar) ist ein Kulturzentrum für Lesben.

Und zu guter Letzt: Tangounterricht und *milongas* (Tangobälle) für Schwule finden im El Beso im Rahmen der **La Marshall Milonga** (S. 117), im **Tango Queer** (Karte S. 62; www.tangoqueer.com) in San Telmo sowie im Lugar Gay statt.

---

im Kika steigt, vom Szenevolk problemlos erreichen. Geboten ist eine Mischung aus Electro, Rock, Hip-Hop, Drum and Bass und Dubstep, aufgelegt von DJs aus dem In- und Ausland. An den anderen Abenden dominieren Electronica, Reggaeton, Latin und Livemusik das Geschehen.

Jet CLUB

(☑011-4872-5599; www.jet.com.ar; Av Rafael Obligado 4801; ⊙Do–Sa) Dieser Club lockt mit seinem exklusiven Flair Berühmtheiten und Fashionistas an. Man sollte also sein bestes Outfit anziehen, sonst wird man dem Dresscode nicht gerecht. Am früheren Abend kann man in der trendigen Cocktaillounge herumhängen, ein paar Tapas oder Sushi essen und den schönen Blick auf den Jachthafen genießen. Am späteren Abend machen dann langsam die hippen jungen Nachtschwärmer ihre Aufwartung – wer nach drei Uhr morgens kommt, kriegt das gestylteste Volk zu sehen. Die Musik tendiert zu House und Elektro.

Niceto Club CLUB

(Karte S. 92; ☑011-4779-9396; www.nicetoclub.com; Niceto Vega 5510; ⊙Do–Sa) Der Club ist einer der größten Publikumsmagneten der Stadt; und der Event, den man hier auf keinen Fall verpassen sollte, ist der Club 69 am Donnerstagabend, wenn subversive DJs ein

extravagantes Programm aus toll gekleideten Showgirls, tanzenden Drag Queens,
futuristischen Videoinstallationen und
improvisierter Performance-Kunst zusam-
menbasteln. An den Wochenenden haben
die Meister des Auflegens aus dem In- und
Ausland das Sagen, wenn sie dem quirligen
Tanzvolk mit einer Mischung aus Hip-Hop,
Electro-Rhythmen, Cumbia und Reggae ge-
hörig einheizen.

Crobar   CLUB

(Karte S. 92; ☎ 011-4778-1500; www.crobar.com.
ar; Ecke Av de la Infanta Isabell & Freyre; ⊙ Fr & Sa)
Das schicke, geräumige Crobar ist und bleibt
einer der beliebtesten Nachtclubs in Buenos
Aires. An Freitagen mixen in der Regel DJs
aus dem In- und Ausland die aktuellste Auswahl an Techno zusammen, der Samstag mit
Electro-Pop und Latin-Rhythmen steht vor
allem beim LGBT-Volk hoch im Kurs. Die
Hauptebenen des Clubs weisen Zwischen-
geschosse und auch Laufstege auf, die einen
interessanten Blick von oben auf das Geschehen ermöglichen. Jedenfalls sollte man
einen prall gefüllten Geldbeutel mitbringen,
denn das Crobar ist ein Nobelclub im obersten Preissegment.

☆ Unterhaltung

Buenos Aires bietet rund um die Uhr endlos viele Möglichkeiten, sich zu amüsieren.
Dutzende Theater beeindrucken mit ihren
hochkarätigen Vorstellungen, es gibt kommerzielle Kinos und Filmkunst, schwüls-
tige Tangoshows, ausgeflippte Tanzpartys
und natürlich auch spannende und rassige
Sportveranstaltungen.

Viele Zeitungen haben Beilagen mit Veranstaltungshinweisen; der *Buenos Aires Herald* bietet sie sogar auf Englisch. Informativ
ist auch die Website www.vuenosairez.com.

Für wichtige Veranstaltungen müssen
die Eintrittskarten bei **Ticketek** (☎ 011-5237-
7200; www.ticketek.com.ar) reserviert werden,
wofür eine Gebühr erhoben wird. Bei *carteleras* (Schalter für ermäßigte Eintrittskarten) besteht die Möglichkeit, Karten mit
einer Ermäßigung von 20 bis 50 % zu kaufen, und zwar für Tangoshows, Theater, Kino
und Konzerte. Hier die Anbieter: **Galería
Apolo** (☎ 011-4372-5058; www.cartelerabaires.
com; Av Corrientes 1382, Galería Apolo); weiter
rechts: **Lavalle** (☎ 011-4322-1559; www.123info.
com.ar; Lavalle 742);und an der **Avenida Corrientes** (☎ 011-6320-5319; www.veamasdigital.
com.ar; Av Corrientes 1660, Local 2).

Tangoshows

Für Touristen konzipierte Tangoshows mit
viel Effekthascherei werden an jeder Ecke
präsentiert und sind durchaus beeindruckend; Puristen halten sie allerdings nicht
für authentisch. In der Regel treten verschiedene Tanzpaare auf, dazu spielt ein Orchester mit mehreren Sängern. Diese Shows
dauern etwa 1½ Stunden und werden gern
in Verbindung mit einem Dinner angeboten. Für fast alle ist eine Reservierung erforderlich. Bei Buchung übers Internet gibt
es manchmal einen unwesentlichen Rabatt;
wer möchte, kann sich in seinem Hotel abholen lassen.

Bescheidenere Shows sind persönlicher
und kosten erheblich weniger, dafür geht es
nicht so theatralisch zu, die Kostüme werden nicht gewechselt, und der optische Eindruck ist insgesamt nicht so überwältigend
(was aber auch ein Plus sein kann, je nach
Auffassung natürlich). Für einige Shows
sind ermäßigte Eintrittskarten erhältlich –
einfach in den *carteleras* nachfragen. Die
Website www.tangotix.com ist auch oft hilfreich, um die passende Show zu finden, und
verkauft auch ermäßigte Eintrittskarten.

Auf einigen *milongas* (Tangoball) werden gelegentlich auch erschwingliche Tangoshows gezeigt; gute Anlaufstellen sind die
Confitería Ideal (S. 116), La Viruta (S. 117)
oder die **Academia Nacional del Tango**
(Karte S. 62; ☎ 4345-6967; www.anacdeltango.org.
ar; Av de Mayo 833).

Wer kostenlosen Tango erleben möchte (d. h. zumindest fast: Eine Spende wird
schon erwartet), sollte am Wochenende
nachmittags nach San Telmo fahren. Dort
lassen Tanzpaare ihre Künste mitten auf der
Plaza Dorrego sehen, wobei es allerdings
recht voll werden kann. Ein zweiter guter
Tipp am Wochenende ist El Caminito in La
Boca; oft tanzt auch ein Paar an der Kreuzung Florida/Lavalle Tango.

Centro Cultural Borges   TANGO

(☎ 011-5555-5359; www.ccborges.org.ar; Ecke Viamonte & San Martín; Shows 22–28 US$) Dieses
hervorragende Kulturzentrum kann mit
vielerlei qualitativ hochwertigen Angeboten
aufwarten, darunter auch mehrmals wöchentlich mit beeindruckenden Tangoshows
zu akzeptablen Preisen. Bien de Tango am
Freitag- und Samstagabend um 20 Uhr ist
besonders gut; die Show kann locker mit
anderen Präsentationen mithalten, die das
Dreifache kosten. Am besten informiert
man sich auf der Website des Kulturzent-

rums oder schaut kurz vorbei, um zu erfahren, was genau auf dem Programm steht, und um vorab die Eintrittskarte zu kaufen.

Café de los Angelitos TANGO

(Karte S. 62; ☏ 011-4952-2320; www.cafedelos angelitos.com; Av Rivadavia 2100; Show ab 110 US$, Show & Dinner ab 140 US$) Im Angelitos bekommt das Publikum eine der besten Shows in Buenos Aires geboten. Natürlich steht Tango auf dem Programm – und doch viel mehr als das. Die Tänzer treten in Kostümen vom Feinsten auf und arbeiten mit interessanten Requisiten wie Drapierungen und beweglichen Wänden. Sie tanzen auch auf modernen Elektro-Tango, der beipielsweise von der einheimischen Band Bajofondo gespielt wird. Trotz des Nachtclub-Ambientes – es ist vor allem der schummrigen Beleuchtung geschuldet – ist hier alles überaus geschmackvoll und kreativ.

Rojo Tango TANGO

(Karte S. 62; ☏ 011-4952-4111; www.rojotango. com; Faena Hotel & Universe, Martha Salotti 445; Show 220 US$, Show & Dinner ab 290 US$) Diese erotische Tangovorführung übertrifft alles – was vor allem auch für die Wahnsinnspreise gilt. Der Kabarettsaal des Hotels Faena, der gerade einmal 100 Zuschauer fasst, präsentiert sich in blutrote Vorhänge gehüllt samt Möbeln mit Blattgold. Die eigentliche Show folgt dann der Geschichte des Tangos; sie beginnt mit den Wurzeln des Tanzes im Kabarett und endet mit der modernen Verschmelzung musikalischer Genres von Ástor Piazzolla, dem Begründer des Tango Nuevo.

Piazzolla Tango TANGO

(Karte S. 62; ☏ 011-4344-8201; www.piazzollatango. com; Florida 165; Show ab 90 US$, Show & Dinner ab 135 US$) Das wunderschöne Art-Nouveau-Theater in der Calle Florida, einer Fußgängerzone, war früher ein Kabarett im Rotlichtmileu. Die Show hier basiert auf der Musik von Ástor Piazzolla, einem *Bandoneón-Spieler* (eine Art kleines Akkordeon), der die Tangomusik revolutionierte, indem er Elemente aus der klassischen Musik und aus dem Jazz integrierte. Das Publikum sitzt an langen Tischen beieinander; um die Show zu verfolgen, muss man den Kopf zur Seite drehen. Auf der Website nach den oft erheblichen Rabatten schauen.

El Viejo Almacén TANGO

(Karte S. 62; ☏ 011-4307-7388; www.viejoalmacen. com; Ecke Balcarce & Av Independencia; Show ab 90 US$, Show & Dinner ab 140 US$) Das El Viejo Almacén in einem reizenden alten Gebäude aus dem frühen 19. Jh. präsentiert eine der ältesten Shows (seit 1969) der Stadt. Zuerst wird in einem Restaurant auf mehreren Etagen im Hauptgebäude ein leckeres Dinner serviert, anschließend gehen dann alle über die Straße zum kleinen Theater mit intimer Bühne. Die Show beginnt mit einem Kurzfilm über die Geschichte dieser Tangoshow, um dann die überaus athletischen Tänzer und Tänzerinnen mit viel Glamour zu präsentieren. Zu den Highlights zählt die außergewöhnlich gute Folklore-Einlage.

La Ventana TANGO

(Karte S. 62; ☏ 011-4334-1314; www.laventanaweb. com; Balcarce 431; Show ab 115 US$, Show & Dinner ab 170 US$) Das Lokal im Basement eines umfunktionierten alten Gemäuers mit Ziegelwänden in San Telmo existiert schon seit ewigen Zeiten. Die Tangoshow beinhaltet auch ein Folklore-Segment mit Musikern aus den Anden sowie eine Vorführung von *boleadoras* (Jagdwaffen eines Gaucho). Auch eine patriotische Homage an Evita gehört mit dazu. Das Dinner bietet eine Fülle von verschiedenen, leckeren Hauptgerichten – was bei Tangoshows ungewöhnlich ist. Gala Tango heißt ein exklusiverer Event, der im Obergeschoss stattfindet. Eine kostenlose Tangostunde ist inbegriffen.

Esquina Carlos Gardel TANGO

(Karte S. 92; ☏ 011-4867-6363; www.esquinacarlos gardel.com.ar; Carlos Gardel 3200; Show ab 96 US$, Show & Dinner ab 140 US$) Eine der fantasievollsten Tangoshows in BA wird in diesem beeindruckenden Theater mit 430 Plätzen gezeigt, einer alten *cantina* direkt neben der schönen Shoppingmall Mercado de Abasto. Die edle Show präsentiert erstklassige, leidenschaftliche Musiker sowie Tänzer und Tänzerinnen in Kostümen der jeweiligen Tango-Epoche; aber auch das moderne Segment mit einem knalligen Ganzkörperanzug ist hochkarätig, athletisch und ganz einfach unvergesslich.

Café Tortoni TANGO

(Karte S. 62; ☏ 011-4342-4328; www.cafetortoni. com.ar; Av de Mayo 829) Jeden Abend finden in dieser historischen, aber dennoch arg touristischen Location Tangoshows (unbedingt reservieren) statt. Wer davor dem Café einen Besuch abstatten möchte, muss draußen oft Schlange stehen. Trotz dieses negativen Aspekts ist das Tortoni das berühmteste Café von BA und beeindruckt bis heute mit seinem wunderschönen Ambiente.

Los 36 Billares   TANGO
(Karte S. 62; ☎ 011-4381-8909; www.los36billares.
com.ar; Av de Mayo 1271; Show 10–12 US$) Das
Lokal aus dem Jahr 1894 ist eine der ge-
schichtsträchtigsten Café-Bars der Stadt.
Wie der Name schon sagt, kann es mit jeder
Menge Billardtische aufwarten – im Basement kann sich jeder selbst davon überzeugen. Die Tangoshows finden mehrmals
pro Woche im rückwärtigen Theater mit
60 Plätzen statt. Wem es wichtig ist, sollte
sich vor dem Kartenkauf versichern, dass
auch wirklich getanzt wird, denn manchmal
handelt es sich um Shows, bei denen nur
Tangomusik gespielt wird. Tangounterricht
findet mittwochs um 19 Uhr statt.

Todo Mundo   TANGO
(Karte S. 62; ☎ 011-4362-2354; Pasaje Anselmo
Aieta 1095) Ein Tangotanzpaar unterhält in
diesem legeren Restaurant an der Plaza Dorrego die Gäste von 12.30 bis 20 Uhr während
des Essens gegen ein kleines Trinkgeld. Die
einfachen Gerichte sind eher von mäßiger
Qualität, also beispielsweise Empanadas,
Pasta und *parrilla*. Umfangreichere Tangoshows werden donnerstags zum Dinner
präsentiert. An den anderen Abenden stehen Flamenco, Rock, Salsa, Folk und Jazz
auf dem Programm; alle Shows beginnen
etwa um 22.30 Uhr.

Milongas

Milongas sind Tangobälle, bei denen die
Teilnehmer ihre Tanzkünste zur Schau stellen. Die Atmosphäre dieser Veranstaltungen
kann modern oder altmodisch, leger oder
traditionell sein. In den meisten Fällen legen
Tango-DJs die Musikauswahl fest, bisweilen
treten jedoch auch Orchester auf.

Milongas beginnen entweder am Nachmittag und enden dann um 23 Uhr, oder
sie fangen gegen Mitternacht an und dauern bis zum Morgengrauen (möglichst spät
kommen, wer die echten Cracks bewundern
möchte). Häufig wird vorher ein Einfüh-
rungskurs angeboten.

Wer Insider-Infos zur Tangoszene von
Buenos aires für seine „Tour" durch die *milongas* benötigt, schaut nach unter www.
narrativetangotours.com oder auch unter
www.tangotrips.com. Eine aktuelle Auflistung der *milongas* findet sich auf der Website www.hoy-milonga.com.

La Glorieta   MILONGA
(Barrancas de Belgrano; ☺ Fr–So ca. 19 Uhr) Wer
ein einzigartiges Tanzerlebnis unter freiem
Himmel miterleben möchte, der sollte dem

Musikpavillon in den Barrancas de Belgrano
einen Besuch abstatten. Hier findet die legere *milonga* La Glorieta statt. Oftmals wird
vorher noch kostenloser Tangounterricht
erteilt. Einzelheiten verrät die Seite auf Facebook.

Salon Canning   MILONGA
(Karte S. 92; ☎ 15-5738-3850; www.parakultural.
com.ar; Av Scalabrini Ortiz 1331) So ziemlich die
besten Tangotänzerinnen von BA – Mauer-
blümchen sieht man hier keine – geben diesem traditionellen Salon mit seiner hervorragenden Tanzfläche die Ehre. Die bekannte
Tangotruppe Parakultural veranstaltet hier
montags, dienstags und freitags gute Events,
beispielsweise Livemusik, Tango-DJs, Sänger und Tanz. Auf einen Riesenandrang und
jede Menge Touristen sollte man sich jedenfalls gefasst machen.

Club Gricel   MILONGA
(☎ 011-4957-7157;   www.clubgriceltango.com.
ar; La Rioja 1180) In diesem klassischen Tra-
ditionsclub – weit vom Zentrum entfernt;
Taxi nehmen – drängen sich oft die Massen,
und zwar vor allem donnerstags. Das Gricel
lockt ein älteres, gut gekleidetes Publikum
an – und viele Touristen. Die Tanzfläche ist
wunderbar gefedert, und gelegentlich geben
Orchester hier Livekonzerte.

Confitería Ideal   MILONGA
(Karte S. 62; ☎ 011-4328-7750; www.facebook.
com/idealconfiteria; Suipacha 384, 1. Stock) Diese
Institution existiert schon seit 1912 und gilt
als die Mutter aller historischen Tango-Loca-
tions; es finden (fast) täglich Unterricht und
milongas statt. Gelegentlich können sich die
Tanzpaare der Livemusik von Orchestern
hingeben, und freitags und samstags stehen
Dinner-Tangoshows auf dem Programm.
Das eigentliche Café könnte ein bisschen
Kosmetik gut vertragen, denn es wirkt etwas dumpf, fad und unpersönlich, aber ein
Klassiker ist es allemal. Die Confitería war
im Film *Tangofieber* (1997) zu sehen.

La Catedral   MILONGA
(Karte S. 92; ☎ 15-5325-1630; www.lacatedralclub.
com; Sarmiento 4006) Wenn Tango voller ju-
gendlichem Schwung, trendig und hipp sein
kann, dann sicher hier. Die schmuddelige
Lagerhalle gibt sich betont leger mit flippigen Kunstwerken an den Wänden, Möbeln
aus dem Gebrauchtwarenladen und stim-
mungsvoller, schummriger Beleuchtung. Sie
erinnert eher an einen Nachtclub für Bohemiens als sonst etwas, und ein Dresscode

existiert auch nicht – die Tänzer und Tänzerinnen tragen oft Jeans. Super sind auch die preisgünstigen Getränke; die bekanntesten *milongas* finden regelmäßig am Dienstagabend statt.

La Viruta   MILONGA
(Karte S. 92; 011-4774-6357; www.lavirutatango. com; Armenia 1366, Basement) Beliebtes Lokal im Basement. Vor den *milongas* finden gute Schnupperkurse für Anfänger statt – und das bedeutet, dass sich anfangs jede Menge Anfänger auf der Tanzfläche tummeln. Erfahrene Tänzer und Tänzerinnen sollten also dementsprechend spät kommen (nach 3.30 Uhr). Am frühen Abend läuft eine breite Palette an Musik – von Tango bis Rock und von Cumbia bis Salsa; der spätere Abend bringt dann traditionellere Töne. Es werden auch Tangoshows gezeigt.

El Beso   MILONGA
(Karte S. 62; 011-4953-2794; Riobamba 416, 1. Stock) Das El Beso ist ein beliebtes Traditionslokal, das einige hervorragende Tänzer und Tänzerinnen anlockt – wer hier herkommt, sollte sich seiner Tanzkünste also schon sehr sicher sein. Das Lokal mit Wohlfühl-Ambiente liegt im Obergeschoss und kann mit guter Musik aufwarten.

Am Freitagabend findet im El Beso die erheblich weniger traditionelle, aber doch überaus bekannte **La Marshall Milonga** statt, eine Schwulen-*milonga* für alle, die beim Tangotanzen auch gerne einmal die Rolle tauschen. Unterricht wird um 22.30 Uhr erteilt, bevor dann um 23.30 Uhr die *milonga* beginnt.

Livemusik
In kleineren Lokalen spielen überwiegend einheimische Gruppen; internationale Stars treten gern in so gigantischen Locations wie den *Fútbol*-Stadien oder im **Luna Park** (Karte S. 62; 5279-5279; www.lunapark.com.ar; Ecke Bouchard & Av Corrientes) auf. Im Clásica y Moderna (S. 108) lassen sich gelegentlich Jazzgruppen sehen.

Da so viele *porteños* spanische Vorfahren haben, ist es kein Wunder, dass es in der Stadt auch ein paar Flamenco-Lokale gibt. Die meisten befinden sich im spanisch geprägten Viertel Congreso, in der Nähe der Kreuzung Salta/Avenida de Mayo.

Música folklórica hat in Buenos Aires ebenfalls ihren Platz. Es gibt mehrere *peñas* (Folkclubs) in der Stadt, aber auch in anderen Locations wird oft *música folklórica* gespielt – einfach die Augen offen halten.

Centro Cultural Kirchner   KONZERTSAAL
(Karte S. 62; 0800-333-9300; www.cultural kirchner.gob.ar; Sarmiento 151) Das Kulturzentrum befindet sich in der attraktiven ehemaligen Post von BA. Das gewaltige Gebäude beherbergt Dutzende Säle für Events – darunter auch einen Konzertsaal, der beinahe 2000 Personen Platz bietet; er ist übrigens auch das Domizil des Symphonieorchesters von Argentinien. Die genauen Veranstaltungen stehen auf der Website; nur wer frühzeitig kommt, kann mit einer Eintrittskarte rechnen. Die meisten Events sind momentan noch gratis, können künftig jedoch ein geringes Entgeld kosten.

Usina del Arte   KONZERTSAAL
(Karte S. 73; www.usinadelarte.org; Agustín Caffarena 1) Das restaurierte alte Elektrizitätswerk ist ein kühner Versuch, eine ruppige Gegend von La Boca neu zu beleben. Zu dem attraktiven Klinkergebäude gehört ein malerischer Uhrturm, und der Konzertsaal – mit hervorragender Akustik –, der 1200 Personen fasst. Geboten sind hier auch kostenlose oder preiswerte Kunstausstellungen, dazu Musik-, Theater- und Tanzaufführungen. Was genau auf dem Programm steht, erfährt man auf der Website.

Teatro Colón   KLASSISCHE MUSIK
(Karte S. 62; 011-4378-7100; www.teatrocolon. org.ar; Cerrito 628) Die Topadresse in BA in Sachen Kunst – es verlocken Ballett, Oper und klassische Musik.

La Trastienda   ROCK, REGGAE
(Karte S. 62; 011-5254-9100; www.latrastienda. com; Balcarce 460) Das große Theater mit viel Flair in San Telmo heißt mehr als 700 Besucher willkommen, verfügt über eine gut sortierte Bar und präsentiert fast jeden Abend Livekonzerte von Musikern aus dem In- und Ausland. Einfach einmal nach Größen wie Charlie García, den Divididos, José González, Damien Rice und Conor Oberst Ausschau halten. Wer aktuell auftritt, ist der Website zu entnehmen.

Notorious   JAZZ
(Karte S. 62; 011-4813-6888; www.notorious. com.ar; Av Callao 966) Das schicke und intime Lokal zählt zu den besten Jazz-Locations in ganz Buenos Aires. Im vorderen Bereich besteht die Möglichkeit, CDs aller möglichen Musikrichtungen zu kaufen, im Restaurant-Café hinten – das auf einen grünen Garten hinausgeht – finden beinahe jeden Abend um 21.30 Uhr Liveshows statt. Die Website verrät das ge-

naue Programm. Es wird überwiegend Jazz gespielt, manchmal aber auch brasilianische Musik.

Thelonious Bar
JAZZ

(Karte S. 92; ☎ 011-4829-1562; www.thelonious.com.ar; Salguero 1884, 1. St.; ⊙ Do 21–1, Fr & Sa bis 3 Uhr) Diese schummrige Jazzbar mit hohen Ziegeldecken und einem guten Soundsystem befindet sich im ersten Stock eines alten Herrschaftshauses. Wer frühzeitig kommt, hat gute Chancen auf einen Sitzplatz, aber man kann natürlich auch vorher reservieren. Dann kann man sich der typisch argentinischen Speisekarte und der guten Auswahl an Cocktails widmen. Das Thelonious ist für seine klassischen wie auch zeitgenössischen Jazz-Lineups bekannt; zudem unterhalten manchmal Musiker aus dem In- und Ausland die Gäste.

Ávila Bar
FLAMENCO

(Karte S. 62; ☎ 011-4383-6974; Av. de Mayo 1384; ⊙ Do–Sa) Flamenco präsentiert dieses kleine, gemütliche spanische Restaurant mit gutem traditionellen Essen schon seit vielen Jahren. Zu den Hauptgerichten (oder auch Tapas) zählen Kaninchen, Paella und Eintöpfe mit Meeresfrüchten. Die Flamencoshows beginnen so etwa um 22.30 Uhr; an den Wochenenden läuft hier ohne Reservierung gar nichts.

Los Cardones
VOLKSMUSIK

(Karte S. 92; ☎ 011-4777-1112; www.cardones.com.ar; Borges 2180; ⊙ Mi–Sa ab 21 Uhr) Diese nette, bescheidene *peña* ist etwas für Leute, die an ausgeklügelten Gitarrenshows, Jamsessions mit Publikumsbeteiligung (und möglicherweise auch Tanz), herzhafter Regionalküche aus Nordargentinien und Rotwein in Strömen Spaß haben. Die Shows fangen unter der Woche um 22 Uhr an, am Wochenende um 23 Uhr. Was aktuell auf dem Programm steht, verrät die Website. Wer auf einen guten Tisch Wert legt, sollte unbedingt rechtzeitig reservieren.

Theater

Die Avenida Corrientes, zwischen der Avenida 9 de Julio und der Callao, gilt traditionell als das Theaterviertel von BA, aber es finden sich in der ganzen Stadt noch Dutzende weitere Bühnen.

Teatro Nacional Cervantes
THEATER

(Karte S. 62; ☎ 011-5222-4109; www.teatrocervantes.gov.ar; Libertad 815) Das architektonisch wunderschöne Theater mit drei Sälen, einer

großartigen Lobby und Bestuhlung in rotem Samt präsentiert gute Produktionen zu erschwinglichen Preisen.

Teatro San Martín
THEATER

(Karte S. 62; ☎ 011-4371-0111; www.complejoteatral.gob.ar; Av Corrientes 1530) Der bedeutende Komplex besteht aus mehreren Zuschauerräumen (der größte bietet Sitzplätze für über 1000 Personen) und präsentiert Filme aus dem In- und Ausland, Theater, Tanz und klassische Musik, wobei die Events konventionell oder auch etwas ausgefallener sein können. Eine Kunstgalerie, in der oft beeindruckende Fotoausstellungen gezeigt werden, gehört mit dazu.

Teatro Presidente Alvear
THEATER

(Karte S. 62; ☎ 011-4371-0111; www.complejoteatral.gob.ar; Av Corrientes 1659) Das im Jahr 1942 eröffnete Theater ist nach einem argentinischen Präsidenten benannt, dessen Frau Opernsängerin war. Es bietet 850 Zuschauern Platz. Präsentiert werden viele Musikproduktionen, darunter auch Ballett. Gelegentlich stehen sogar kostenlose Aufführungen auf dem Programm.

Kinos

Buenos Aires hat unzählige Kinos, und zwar altmodische Lichtspielhäuser wie auch ultramoderne Kinokomplexe mit vielen Sälen. Das traditionelle Kinoviertel befindet sich in der Fußgängerzone Lavalle (westlich der Florida) und an der Avenida Corrientes.

Der *Buenos Aires Herald* verrät, welche Kinofilme im englischen oder anderssprachigen Original laufen. Generell werden die meisten Filme in der jeweiligen Originalsprache mit spanischen Untertiteln gezeigt; nur Kinderfilme sind synchronisiert.

🔒 Shoppen

Shoppen ist für viele *porteños* eine Art Sport. Trotz steigender Inflationsraten wird eingekauft, als gäbe es kein Morgen. Und wie es so schön heißt: „Der Argentinier verdient einen Peso und gibt zwei aus."

Die Fußgängerzone in Microcentro heißt Florida, dort wimmelt es nur so von Kaufwütigen. Die Avenida Santa Fe gibt sich nicht ganz so fußgängerfreundlich, ist aber ebenfalls eine der Haupteinkaufsstraßen der Stadt. San Telmo ist die beste Adresse für Antiquitäten, und die Avenida Pueyrredón in der Nähe des Bahnhofs Once gilt wiederum als die Location für billige (aber auch minderwertigere) Kleidung. Juweliere finden sich in der Libertad südlich der Avenida Corrientes. Lederjacken und Taschen kauft man besonders preiswert in der Calle Murillo (Block 500–600) in Villa Crespo.

Wer Avantgardemode sucht, ist in Palermo Viejo richtig. Das durch die Eisenbahngleise in Palermo Soho und Palermo Hollywood geteilte Viertel weist die größte Konzentration an Boutiquen auf, wobei die meisten Klamotten zwischen der Plaza Serrano und der Plaza Palermo Viejo verkauft werden. Außerdem gibt es hier auch Haushaltsartikel und Läden mit nettem Schnickschnack. Die Preise sind hier jedoch ziemlich gesalzen.

Wie in allen Geschäften der westlichen Welt ist es in der Regel nicht üblich, zu handeln. Bei teuren Artikeln wie Schmuck oder Lederjacken sind Ausnahmen möglich, vor allem wenn man gleich mehrere Stücke kauft. Auf den Straßenmärkten lässt sich manchmal ein günstigerer Preis aushandeln – aber man sollte dabei im Hinterkopf behalten, dass die Künstler ihre Ware häufig höchstpersönlich verkaufen – und nicht zu den Gutverdienenden zählen. Eine Ausnahme stellt lediglich der Antiquitätenmarkt von San Telmo dar, die Feria de San Telmo: Hier gelten überzogene Touristenpreise.

Microcentro & Congreso

Arte y Esperanza KUNSTHANDWERK
(Karte S. 62; ☑ 011-4343-1455; www.arteyesperanza.com.ar; Balcarce 234; ☻ Mo–Fr 9–18.30 Uhr) Dieses Geschäft verkauft handgemachte Produkte aus fairem Handel, darunter vieles von indigenen Handwerkskünstlern aus Argentinien. Silberschmuck, Töpferei, Keramik, Textilien, Mate-Kalebassen, Körbe, Webtaschen, Holzartikel und Tiermasken sind erhältlich. Eine Zweigstelle befindet sich in **Retiro** (Karte S. 62; ☑ 011-4393-3270; www.arteyesperanza.com.ar; Suipacha 892).

Zival's MUSIK
(Karte S. 62; www.zivals.com; Av Callao 395; ☻ Mo–Sa 9.30–21.30 Uhr) Das Geschäft zählt zu den besseren Musikalienhandlungen der Stadt, und zwar vor allem, wenn Tango, Folk, Jazz und klassische Musik gefragt sind. Die Hörstationen bekommen einen dicken Pluspunkt, und alle möglichen Bücher sind hier ebenfalls erhältlich.

Wildlife OUTDOOR-AUSRÜSTUNG
(Karte S. 62; ☑ 011-4381-1040; Hipólito Yrigoyen 1133; ☻ Mo–Fr 10–20, Sa bis 13 Uhr) Wer vor-

hat, alle mögliche Outdoor-Ausrüstung und Campingbedarf zu erstehen, ist hier genau richtig. Steigeisen, Messer, Zelte, Rucksäcke, Klettergeschirr, Schlechtwetterbekleidung, Skateboards, Militärausrüstung und gelegentlich sogar Mauleselsättel sind in diesem recht unkonventionellen, muffigen Laden käuflich zu erstehen.

San Telmo

Walrus Books BÜCHER
(Karte S. 62; ☑ 011-4300-7135; Estados Unidos 617; ☻ Di–So 12–20 Uhr) Dieser winzige Buchladen, den ein amerikanischer Fotograf führt, ist wohl die beste Anlaufstelle für englischsprachige Bücher in ganz Buenos Aires. Tausende neue und gebrauchte Titel aus den Bereichen Belletristik und Sachbuch reihen sich in den Regalen aneinander, zudem gibt es auch eine gute Auswahl an lateinamerikanischen Klassikern, die ins Englische übersetzt wurden. Die Kunden können hochwertige Bücher hier auch verkaufen. Spannende Literatur-Workshops werden hier ebenfalls angeboten.

Cualquier Verdura KLEIDUNG, HAUSHALTSARTIKEL
(Karte S. 62; ☑ 011-4300-2474; Humberto Primo 517; ☻ Do–So 12–20 Uhr) Dieses witzige Geschäft in einem hübschen, restaurierten alten Gemäuer bietet ein bunt zusammengewürfeltes Sortiment – von Vintage-Klamotten bis hin zu alten Büchern, aus Floppy-Discs recycelten Lampen, modernen Haushaltsartikeln und brandaktuellen

> ### BRUTALE INFLATION
>
> Zur Warnung gleich vorab: Während der Recherchen zu diesem Reiseführer waren die in diesem Buch angegebenen Preise natürlich richtig, mit einem steilen Anstieg ist allerdings zu rechnen. Die inoffizielle Inflationsrate liegt bei mehr als 30 % (offiziell: 15 %).
>
> Auf Grund der hohen Inflation in Argentinien legen Hotels und diverse andere Unternehmen ihre Preise manchmal in US-Dollar fest. Die Preise der in diesem Reiseführer empfohlenen Unterkünfte sind immer in US-Dollar angegeben, für die meisten anderen Auflistungen in Pesos. Jedenfalls sollte man stets gut aufpassen, ob Arg$ oder US$ neben der Preisangabe steht.

Spielsachen. Bei einem Streifzug durch den Patio sollte man auf die Buntglasfenster an der Wand und den Buddha achten, der über dem Brunnen Mate-Tee trinkt.

Materia Urbana
KUNST, HAUSHALTSARTIKEL

(Karte S. 62; ☑ 011-4361-5265; www.materiaurbana. com; Defensa 702; ☉ Mi–Fr 11–19, Sa 14–19, So 10.30–19 Uhr) Dieser innovative Designladen präsentiert die Arbeiten von mehr als 100 einheimischen Künstlern; an coolen Stücken beeindrucken beispielsweise Terminplaner aus Leder, Retro-Einkaufstaschen, Mate-Gefäße aus Plastik sowie Schmuck aus Metall, Holz und Leder.

Punto Sur
KLEIDUNG

(Karte S. 62; ☑ 011-4300-9320; www.feriapunto sur.com.ar; Defensa 1135; ☉ 11.30–19.30 Uhr) In diesem sagenhaften Bekleidungsgeschäft stehen die Arbeiten von beinahe 70 argentinischen Designern im Mittelpunkt. Der Kreativität sind allerdings keine Grenzen gesetzt, und deshalb macht es großen Spaß, einen Streifzug durch das einzigartige, flippige Klamottensortiment zu unternehmen, darunter interessante Strickwaren, bunte Röcke, bedruckte T-Shirts, Schmuck und Accessoires, coole Handtaschen und sogar Kindersachen.

Moebius
KLEIDUNG

(Karte S. 73; ☑ 011-4361-2893; Defensa 1356; ☉ Di–So 11–20 Uhr) Auf den Stangen dieses flippigen kleinen Ladens der Inhaberin und Designerin Lilliana Zauberman hängen dicht an dicht vielerlei spannende Stücke: Jerseykleider im Stil der 1970er-Jahre, Bikinis mit raffinierten Drapierungen, mit Koi-Fischen und Froschmustern bedruckte Röcke, kirschrote Trenchcoats und Handtaschen aus recycelten Materialien. Da hier an die 60 Designer ihre Arbeiten verkaufen, gibt es immer etwas Neues, Besonderes und Witziges, wonach man als Kunde Ausschau halten kann.

Gil Antiguedades
ANTIQUITÄTEN

(Karte S. 62; ☑ 15-6295-1079 annex; Humberto Primo 412; ☉ Di–So 11–13 & 15–19 Uhr) Der vollgestopfte Antiquitätenladen existiert schon seit etwa 45 Jahren. Zum Verkauf steht so ziemlich alles, was man sich nur vorstellen kann – chinesisches Teegeschirr, Hutschachteln aus Leder, alte Spielwaren, Spiegel, nostalgische Koffer, Spitzentischdecken und Waren aus Kristallglas. Im Nebengebäude (nur nach Vereinbarung) sind Hochzeitskleider und Accessoires erhältlich.

Recoleta & Retiro

El Ateneo
BÜCHER

(Karte S. 76; Av Santa Fe 1860; ☉ Mo–Do 9–22, Fr & Sa bis 24, So 12–22 Uhr) Das legendäre Buchgeschäft von Buenos Aires hat auch einige englischsprachige Titel im Sortiment, darunter Lonely-Planet-Reiseführer. Es existieren mehrere Zweigstellen im gesamten Stadtgebiet, doch diese Filiale – Grand Splendid heißt sie – in einem wunderschön restaurierten historischen Kino ist wirklich etwas ganz Besonderes.

Autoría
KUNST, ACCESSOIRES

(Karte S. 76; ☑ 011-5252-2474; www.autoriabsas. com.ar; Suipacha 1025; ☉ Mo–Fr 9.30–20, Sa 10–18 Uhr) Diese coolen, gestylten Ausstellungsräume – mit trendigen Kunstbänden, modernen Plastiken, exzentrischen Tischskulpturen aus Leder und Schmuckunikaten aus jedem erdenklichen Material (Seidenkokons!) – haben es sich zum Ziel gesetzt, Designer aus Argentinien bekannt zu machen. Besonders interessant sind die recycelten Materialien – beispielsweise Taschen aus Tyvek, Fahrrad- und Feuerwehrschläuchen oder sogar aus altem Segelmaterial. Die Preise der qualitativ hochwertigen Produkte sind erschwinglich.

Palermo

Rapsodia
KLEIDUNG

(Karte S. 92; ☑ 011-4831-6333; www.rapsodia.com; Honduras 4872; ☉ 10–21 Uhr) Diese große, beliebte Boutique ist ein Muss für jeden Modekenner. Die Materialien hier reichen von Leinen bis Leder, die Details von Fransen bis hin zu Pailletten. Alt und Neu verbinden sich zu kreativen, farbenfrohen Stilen mit exotischen und künstlerischen Akzenten. Die Einheimischen sind jedenfalls ganz versessen auf die Kleider und Jeans aus diesem Laden; es gibt über ein Dutzend Filialen in der ganzen Stadt.

Bolivia
KLEIDUNG

(Karte S. 92; ☑ 011-4832-6284; Gurruchaga 1581; ☉ Mo–Sa 10.30–20.30, So 15–20.30 Uhr) Hier wird kaum etwas feilgeboten, von dem der kleine, hippe und vermutlich schwule Mann nicht begeistert wäre – von schicken Karohemden bis hin zu knallengen Jeans und Jacken im Militärstil. Metrosexuell bis zum Anschlag ist das Bolivia ein Paradies für Männer, die vor gewagten Mustern, Schottenkaros und Pastelltönen keine Angst ha-

STRASSENMÄRKTE IN BUENOS AIRES

Das vielleicht beste Kunsthandwerk und die schönsten Andenken werden in Buenos Aires auf den zahlreichen Straßenmärkten verkauft, und zwar oft von den Künstlern höchstpersönlich. Manchmal muss man sich durch allen möglichen Kitsch und Krempel kämpfen, aber man findet auch kreative, originelle Kunstwerke. Oft gibt es dazu noch ganz nebenbei „kostenlose" (Spende erwünscht) Unterhaltung von Straßenkünstlern.

Feria de San Telmo (Karte S. 62; Defensa; ⊙ So 10–18 Uhr; 🚌 10, 22, 29, 45, 86) Sonntags, wenn in San Telmo die Hauptstraße für den Verkehr gesperrt ist, verwandelt sich dieses Areal in ein Meer von Einheimischen und Touristen, die an den Ständen stöbern, an den Karren der Händler für einen frisch gepressten Orangensaft Schlange stehen, auf der Plaza Dorego die ausgestellten antiken Ornamentgläser durchschauen und sich die Darbietungen der Unmengen Musikgruppen anhören. Der Markt erstreckt sich von der Avenida San Juan bis zur Plaza de Mayo.

Feria Artesanal (Karte S. 76; Plaza Intendente Alvear; ⊙ 10–19 Uhr) Der unglaublich beliebte Markt in Recoleta bietet Dutzende Stände mit einer breiten Auswahl an kreativen, handgearbeiteten Waren. Hippies, Pantomimen und Touristen geben sich ein buntes Stelldichein. Am Wochenende ist hier am meisten los. Der Markt befindet sich vor dem Eingang zum Cementerio de la Recoleta.

Feria Plaza Serrano (Karte S. 92; Plaza Serrano; ⊙ Fr–So 10–20 Uhr) Modeschmuck, handgestrickte Oberteile, Mate-Gefäße, Leder-Accessoires und jede Menge Trödel stapeln sich auf den Ständen dieses kleinen, aber quirligen Marktes an der schicken Plaza Serrano in Palermo.

Feria de Mataderos (☎ 011-4342-9629; www.feriademataderos.com.ar; Ecke Av Lisandro de la Torre & de los Corrales; ⊙ April–Mitte Dez. So 11–20 Uhr, Ende Jan.–Mitte März Sa 18–24 Uhr) Die Feria de Mataderos ist wirklich etwas Besonderes. Sie findet im Arbeiterviertel Mataderos statt – also weitab vom Schuss. Aber es lohnt sich herauszufahren wegen der Reitervorführungen, Volkstänze und der billigen, authentischen Köstlichkeiten. Von der Innenstadt nimmt man den Bus 126, 155 oder 180 (1 Std.). Die genauen Öffnungszeiten sollte man vorher allerdings noch abklären; zwischen den beiden Saisonterminen hat der Markt ein paar Wochen lang geschlossen.

ben. In **Palermo** (Karte S. 92; ☎ 011-4832-6409; Nicaragua 4908; ⊙ Mo–Sa 11.30–20.30 Uhr) befindet sich eine Filiale.

Calma Chicha　　　　HAUSHALTSWAREN
(Karte S. 92; ☎ 011-4831-1818; www.calmachicha. com; Honduras 4909; ⊙ 10–20 Uhr) Das Calma Chicha hat sich auf kreative Haushaltsartikel und Accessoires spezialisiert, die vor Ort aus Leder, Kunstleder, Schaf- und Rinderfell sowie aus bunten Stoffen gefertigt werden. Einen Blick lohnen die Butterfly-Stühle, Läufer, Tischsets aus Leder, bunten Kissen und Taschen aus Rinderfell.

Patio del Liceo　　　　SHOPPINGMALL
(Karte S. 92; ☎ 011-4822-9433; Av Santa Fe 2729) Die abwechslungsreiche kleine Shoppingmall hat etwas Flippiges und Legeres. In den letzten Jahren haben sich hier junge, aufstrebende Künstler etabliert und einen künstlerischen Knotenpunkt geschaffen, der nun voller ganz unterschiedlicher kleiner Boutiquen, Ausstellungsräume und Ateliers ist. Es gibt hier aber auch ein paar Büchergeschäfte, einen Plattenladen und etliche Designgeschäfte. Die einzelnen Läden haben individuelle Öffnungszeiten.

Hermanos Estebecorena　　　　KLEIDUNG
(Karte S. 92; ☎ 011-4772-2145; www.hermanos estebecorenashop.com; El Salvador 5960; ⊙ Mo–Sa 11–20 Uhr) Die Brüder Estebecorena lassen ihren enormen kreativen Fähigkeiten freien Lauf bei Oberteilen mit smartem Design, Jacken, die sich zu einer Tasche zusammenfalten lassen, Businesshemden mit Polokragen und sogar nahtloser Unterwäsche. Der Hauptakzent liegt dabei auf origineller, total schicker und dennoch sehr funktioneller Männerbekleidung, bei der Künstlertypen gern ins Schwärmen geraten. Die Auswahl hält sich in Grenzen, aber es zählt ja nun bekanntlich, was vorhanden ist.

ℹ️ IN BUENOS AIRES GEFAHRLOS UNTERWEGS

Natürlich gibt es in Buenos Aires Kriminalität wie in jeder anderen Großstadt auch, doch es fällt auf, dass die *porteños* sehr sicherheitsbewusst sind. Jedenfalls ist BA im Allgemeinen eine recht sichere Stadt. In vielen Gegenden kann man die ganze Nacht problemlos herumlaufen – sogar, wenn man als Frau allein unterwegs ist –, denn die Leute gehen hier generell sehr lange aus. In einigen Vierteln sollte man allerdings Vorsicht walten lassen, genau gesagt in Constitución (rund um den Bahnhof), am östlichen Rand von San Telmo sowie in La Boca (außerhalb der touristischen Straßen).

Touristen werden fast immer nur Opfer von Bagatelldelikten, also beispielsweise Taschendiebstahl auf überfüllten Märkten, in der Subte oder im Bus, oder auch von Handtaschenraub, wenn man gerade einmal nicht aufpasst. Doch dagegen können sich Reisende natürlich wappnen. Und Achtung beim alten „Senftrick": Jemand macht einen darauf aufmerksam, dass ein Vogel die Klamotten bekleckert hat oder die Kleidung aus anderen Gründen verschmutzt ist – was natürlich auf das Konto eines Komplizen geht. Derjenige bietet sich dann an, den Fleck zu reinigen, während der Komplize mit den Wertsachen verschwindet.

Ein Auge sollte man auch auf Falschgeld haben. Meist bekommt man die Blüten in düsterer Umgebung wie im Taxi oder im Nachtclub angedreht.

Kleinere Ärgernisse sind der Mangel an Respekt, den Autofahrer Fußgängern entgegenbringen, die laschen Kontrollen beim Umweltschutz und der enorme Lärmpegel.

Im Fall eines Diebstahls wendet man sich an die **Touristenpolizei** (S. 123), um Anzeige zu erstatten; Übersetzer werden gestellt.

Lo de Joaquín Alberdi   LEBENSMITTEL, WEIN
(Karte S. 92; ☏ 011-4832-5329; www.lodejoaquin alberdi.com; Jorge Luis Borges 1772; ⊙ Mo–Sa 11–21.30, So 12–21.30 Uhr) In den Regalen und im Keller dieser attraktiven Weinhandlung reihen sich in Argentinien gekelterte Weine für jeden Geschmack und Geldbeutel aneinander. Donnerstags und freitags finden um 19.30 Uhr (unbedingt nachfragen) Weinproben statt, bei denen viererlei Weine und ein Happen Käse dazu gereicht werden.

ℹ️ Orientierung

BA ist eine riesige Metropole, doch fast alle Sehenswürdigkeiten befinden sich in Stadtvierteln, die sich gut erreichen lassen.

Das Herz der Stadt schlägt im **Microcentro**; es ist relativ klein, sodass man recht problemlos zu Fuß unterwegs sein kann. Gleich östlich liegt **Puerto Madero** mit seinen malerischen Hafenanlagen und einem großen Naturschutzgebiet. Weiter südlich wartet **San Telmo**, das für seine reizvolle Kolonialarchitektur und den Markt am Sonntag bekannt ist. Südlich von hier erstreckt sich **La Boca** mit seinen berühmten bunten Wellblechhäusern.

Westlich vom Microcentro liegt **Congreso**, das politische Zentrum BAs mit diversen staatlichen Gebäuden. Nördlich davon erstreckt sich das feudale **Retiro**; in diesem Viertel befinden sich auch der Hauptbahnhof und der Busbahnhof. Und gleich nordwestlich davon erstrecken sich **Recoleta** und **Barrio Norte** mit einigen der teuersten Immobilien von BA; diese Viertel sind mit Kunstmuseen, edlen Geschäften und Luxusanwesen gesprenkelt.

Weiter nördlich ist dann **Palermo** erreicht, Vorort der gehobenen Mittelschicht mit weitläufigen Parks, Unmengen Geschäften und einem Schwung Restaurants; er teilt sich auf in die Trendviertel Palermo Soho, Palermo Hollywood und Las Cañitas, um nur einige zu nennen. **Belgrano** und **Once** grenzen direkt an Palermo an; in beiden Vierteln leben viele Chinesen, Koreaner, Peruaner und Juden.

Der Flughafen von BA, Ezeiza, liegt rund 35 km südlich vom Stadtzentrum entfernt.

ℹ️ Praktische Informationen

CONCIERGE-SERVICES

BA Cultural Concierge (☏ 15-3876-5937; www.baculturalconcierge.com) Der Concierge-Service von Madi Lang ist bei der Planung von Reiserouten behilflich, organisiert den Transfer vom und zum Flughafen, übernimmt Botengänge, besorgt ein Handy, reserviert Theaterkarten, sucht ein Apartment und erledigt noch tausend andere Dinge, damit die Reise auch wirklich problemlos klappt.

GELD

Banken und *cambios* (offizielle Wechselstuben) finden sich im Stadtzentrum überall; die Warteschlangen sind in den Banken länger und die Öffnungszeiten eingeschränkter, dafür ist der Wechselkurs aber oft besser. *Cuevas* (heimliche

Wechselstuben) eröffnen und schließen wieder – einfach mal umhören, wo sich die nächste befindet. Wer die Dienste der allgegenwärtigen *arbolitos* (d. h. inoffizielle Geldwechsler) in der Calle Florida in Anspruch nimmt, die den Passanten „cambio, cambio, cambio" anbieten, ist auf sich alleine gestellt. Jedenfalls sollte man bedenken, dass ziemlich viel Falschgeld in Umlauf ist.

American Express (☎ 011-4310-3000; Arenales 707) in Retiro wechselt Reiseschecks, von Montag bis Freitag von 10 bis16 Uhr.

INFOS IM INTERNET

Argentina Independent (www.argentina independent.com) Aktuelle Nachrichten.
Bubble (www.bubblear.com) Witzige Nachrichten.
LandingPadBA (www.landingpadba.com) Kuriose Artikel.
Pick Up the Fork (www.pickupthefork.com) Unterhaltung rund ums Essen.

INTERNETZUGANG & TELEFON

Internetcafés und *locutorios* (Telefonläden) mit Internetzugang finden sich in der Innenstadt an jeder Ecke. Die Tarife sind billig und die Verbindungen schnell. In den meisten Cafés und Restaurants gibt es kostenloses WLAN.

Wer sich länger in BA aufhält, kann sich über **Areatres** (☎ 011-5353-0333; www.areatres workplace.com; Malabia 1720; ☺ Mo–Fr 8.30– 20 Uhr) einen Schreibtisch, einen Arbeitsplatz, ein Büro oder einen Konferenzraum mieten. Es stehen ein Fax- und Kopierservice, umfassende Internetverbindungen, ein Netzwerk mit gesellschaftlichen Events und sogar ein Patio im Zen-Stil zur Verfügung. Eine Filiale befindet sich in **Palermo** (☎ 011-5258-7600; Humboldt 2036).

MEDIEN

Die beliebtesten Zeitungen von BA sind das unterhaltsame Boulevardblatt *Clarín* sowie die moderatere und niveauvollere *La Nación*. *Página 12* vermittelt eine linke Perspektive, *Ámbito Financiero* ist das Organ der Geschäftswelt. Nachrichten in englischer Sprache stehen im *Buenos Aires Herald*.

MEDIZINISCHE VERSORGUNG

Dental Argentina (☎ 011-4828-0821; www. dental-argentina.com.ar; Laprida 1621, 2B) Zahnbehandlung durch Ärzte, die Englisch sprechen.
Hospital Británico (☎ 4309-6400; www. hospitalbritanico.org.ar; Perdriel 74)
Hospital Italiano (☎ 4959-0200; www. hospitalitaliano.org.ar; Juan D Perón 4190)

NOTFÄLLE

Krankenwagen (☎ 107)
Polizei (☎ 911, 101)

Touristenpolizei (Comisaría del Turista; ☎ 011-4346-5748, 0800-999-5000; Av Corrientes 436; ☺ 24 Std.) Stellt Übersetzer für Meldungen an die Reiseversicherung.

POST

Die Post verfügt über diverse Filialen in der ganzen Stadt.

Correo Internacional (Karte S. 76; ☎ 011-4891-9191; www.correoargentino.com.ar; Av Antártida Argentina; ☺ Mo–Fr 9–15.30 Uhr) Für Päckchen ins Ausland mit einem Gewicht von 2 kg bis 20 kg. Man sollte das Päckchen offen lassen, denn es wird der Inhalt überprüft; Schachteln werden hier auch verkauft. Nach dem Gebäude mit der gelben Fassade Ausschau halten.
DHL Internacional (Karte S. 62; ☎ 0810-122-3345; www.dhl.com.ar; Av Córdoba 783) Hat viele Zweigstellen in der ganzen Stadt.
Federal Express (Karte S. 62; ☎ 0810-333-3339; www.fedex.com; Maipú 753, Microcentro)
OCA (Karte S. 62; ☎ 4311-5305; www.oca.com. ar; Viamonte 526, Microcentro) Für Paketsendungen innerhalb Argentiniens.

REISEBÜROS

Anda Responsible Travel (☎ 011-3221-0833; www.andatravel.com.ar; Billinghurst 1193, 3B) Das Reisebüro ist vor allem für seine La-Boca-Tour bekannt; die Teilnehmer lernen lokale Organisationen kennen, die sich für die Verbesserung der Lebensbedingungen der Bürger einsetzen. Auch Rundreisen durch Argentinien, die der Bevölkerung – manchmal indigenen Gruppen – zugutekommen, werden veranstaltet.
Say Hueque (☎ 011-5258-8740; www.sayhue que.com; Thames 2062, Palermo) Dieses unabhängige Reisebüro hat sich auf Abenteuertouren in ganz Argentinien spezialisiert, die nach den Wünschen der Kunden konzipiert werden, nimmt aber auch Flug-, Bus- und Hotelreservierungen vor. Außerdem werden verschiedene Stadtführungen in BA angeboten. Eine Zweigstelle befindet sich in San Telmo (☎ 011-4307-2614; Chile 557).
Tangol (☎ 011-4363-6000; www.tangol.com; Florida 971, Suite 31) Es gibt nichts, was dieses Reisebüro nicht anbietet – Stadtführungen, Tangoshows, Führer, die einen zu *Fútbol*-Spielen begleiten, Hotelreservierungen, Spanischunterricht, Flugtickets sowie Pauschalreisen im ganzen Land. Auch ungewöhnlicher Freizeitspaß wie Hubschrauberexkursionen oder Bungee-Jumping stehen auf dem Programm. Eine Zweigstelle befindet sich in San Telmo (Defensa 831).

TOURISTENINFORMATIONEN

Es gibt in BA mehrere kleine staatliche Touristeninformationen sowie Info-Kioske; die

Öffnungszeiten definieren sich durch die Saison. Die offizielle Tourismus-Website der Stadt lautet www.bue.gob.ar, die vom Staat www.buenos aires.gob.ar.

Diagonal Roque Saénz Peña Touristenkiosk (Karte S. 62; Ecke Florida & Diagonal Roque Saénz Peña)

Plaza San Martín Touristenkiosk (Karte S. 76; Ecke Florida & Marcelo T de Alvear, Retiro)

Puerto Madero Touristeninformation (Karte S. 62; Dique 4)

Recoleta Touristenkiosk (Karte S. 76; Av Quintana 596)

Ministerio de Turismo (Karte S. 76; ☎ 011-4312-2232; www.turismo.gov.ar; Av Santa Fe 883, Retiro; ◷ Mo–Fr 9–19 Uhr) Bietet überwiegend Informationen zu Argentinien, hilft aber auch mit BA weiter.

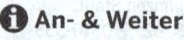 An- & Weiterreise

BUS

Der moderne **Busbahnhof Retiro** (Karte S. 76; www.tebasa.com.ar; Av Antártida Argentina) in BA ist 400 m lang, hat drei Etagen und Haltebuchten für 75 Busse. Das untere Stockwerk ist für den Frachtguttransport und die Gepäckaufbewahrung, das oberste für den Fahrkartenverkauf und das mittlere für alles andere konzipiert. Der **Infostand** (☎ 011-4310-0700; ◷ 24 Std.) ist gern behilflich, den richtigen Fernbus zu finden (oder auf der Website des Busbahnhofs nachschauen); er befindet sich in der Nähe der Aufzüge am Südende des Terminals. An weiteren Dienstleistungen gibt es eine **Touristeninformation** (Karte S. 76; ◷ Mo–Fr 7.30–14.39, Sa & So bis 16.30 Uhr) auf derselben Ebene wie die Busbucht 36, Geldautomaten, Telefonläden (einige mit Internet), Cafés und viele kleine Geschäfte.

Man kann hier eine Fahrkarte für praktisch jedes Ziel in Argentinien kaufen; die beliebtesten Destinationen werden recht häufig angefahren. Die Preise hängen vom jeweiligen Busunternehmen, der Klasse, der Jahreszeit und von der Inflation ab. Eine Reservierung ist nicht erforder-

lich, außer in der Hochsaison (Jan., Feb. & Juli). Wer den aktuellen Preis für ein Fahrtziel wissen möchte, informiert sich unter www.omnilineas. com. Bei manchen Zielen, die weiter entfernt sind, muss man umsteigen.

Der Busbahnhof Retiro ist an das Busnetz von Buenos Aires angeschlossen, das allerdings so ein Megachaos ist, dass kaum jemand durchblickt. In der Nähe liegen eine Subte-Haltestelle und der Bahnhof Retiro. Es kreuzen zahllose Taxis durch die Straßen, *remises* (Bestelltaxis) sind jedoch generell sicherer. Mehrere *Remise*-Stände finden sich in der Nähe der Busbuchten; der Stand bei der Busbucht 54 hat rund um die Uhr geöffnet.

FLUGZEUG

Buenos Aires ist Argentiniens internationals Drehkreuz und lässt sich von Europa, Nordamerika, Australien und Asien problemlos erreichen, aber natürlich auch von anderen Hauptstädten Lateinamerikas.

Fast alle internationalen Flüge nach BA kommen am Flughafen Ezeiza an, rund 35 km südlich vom Stadtzentrum. Dieser moderne Flughafen verfügt über eine gute Infrastruktur wie Geldautomaten, Restaurants und Duty-free-Läden, ein Internetcafé, eine Apotheke und eine Post, die rund um die Uhr geöffnet ist, sowie über kostenloses, aber langsames WLAN.

Die meisten Inlandsflüge nutzen den Flughafen Aeroparque Jorge Newbery, der ein kleines Stück nördlich des Stadtzentrums von BA liegt.

Fluginformationen zu beiden Flughäfen erhält man auf Spanisch und Englisch unter der Nummer 5480-6111 oder unter www.aa2000.com.ar.

SCHIFF

Von BA verkehren regelmäßig Fähren von/nach Colonia und Montevideo, die beide in Uruguay liegen. Die Fähren fahren am **Buquebus-Terminal** (Karte S. 76; ☎ 011-4316-6500; www.buquebus.com; Ecke Av Antártida Argentina & Córdoba) in Puerto Madero ab. In den wärmeren Monaten, genau gesagt von September bis April, verkehren erheblich mehr Schiffe.

ZÜGE AB BUENOS AIRES

REISEZIEL	BAHNHOF	KONTAKT
Tigre, Rosario, Córdoba & Tucumán	Retiro	Línea Mitre (☎ 0800-222-8736; www.sofse.gob.ar)
Südliche Vororte & La Plata	Constitución	Línea Roca (☎ 0800-222-8736; www.sofse.gob.ar)
Bahía Blanca, Tandil & Mar del Plata	Constitución	Ferrobaires (☎ 0810-666-8736; www.ferrobaires.gba. gov.ar)
Südwestliche Vororte & Luján	Once	Línea Sarmiento (☎ 0800-222-8736; www.sofse.gob.ar)

ZUG

Privatbahnen verbinden das Stadtzentrum von Buenos Aires mit den Vororten und nahen Provinzen. Die drei wichtigsten Bahnhöfe haben eine Subte-Station.

 Unterwegs vor Ort

AUTO

Die meisten einheimischen Autofahrer sind rücksichtslos, aggressiv und fahren sogar bewusst riskant. Sie setzen sich über Geschwindigkeitsbegrenzungen, Verkehrsschilder und Ampeln hinweg und fahren dicht auf. Busse geraten zum Alptraum, alles ist voller Schlaglöcher, und die Staus und das Parken sind ein Graus.

Die öffentlichen Verkehrsmittel dagegen sind prima, die Taxis billig und auch zahlreich. Wer unter diesen Umständen dennoch unbedingt ein Auto mieten möchte, muss mindestens 21 Jahre alt, in Besitz eines gültigen Führerscheins, einer Kreditkarte und eines Passes sein; ein internationaler Führerschein ist nicht erforderlich.

In Retiro sind **Avis** (☑ 011-4326-5542; www.avis.com.ar; Cerrito 1535), **Hertz** (☑ 011-4816-0899; www.hertz.com.ar; Paraguay 1138), in dessen Büro sich auch Thrifty Car Rental befindet, und auch das freundliche, preiswerte einheimische Unternehmen **New Way** (☑ 011-4515-0331; www.new-wayrentacar.com; Marcelo T de Alvear 773) empfehlenswert.

BUS

Wer das riesige, komplizierte Bussystem von Buenos Aires verstehen möchte, sollte sich einen *Guia T* (Busführer) kaufen; er ist an jedem Zeitungskiosk erhältlich, wobei die Taschenbuchausgabe praktischer ist. Oder man informiert sich unter www.omnilineas.com und klickt auf „Stadtbusse". Die meisten Routen werden 24 Stunden am Tag befahren.

Für colectivos (Stadtbusse) braucht man entweder Münzen oder eine sogenannte SUBE-Karte mit Magnetstreifen; Geldscheine werden nicht angenommen. Die Fahrkartenautomaten in den Bussen geben auf Münzen heraus. Es ist Usus, seinen Sitzplatz Senioren, Schwangeren und Frauen mit kleinen Kindern anzubieten.

FAHRRAD

Der Verkehr in Buenos Aires ist eine gefährliche Angelegenheit, und Radfahrer werden nicht gerade rücksichtsvoll behandelt. Es wird allerdings langsam besser, da immer mehr Fahrradwege entstehen und auch ein kostenloses Fahrrad-Sharing-Programm entwickelt wurde. Das Fahrrad-Sharing-Ptogramm von **Ecobici** (www.buenosaires.gob.ar/ecobici) ist überwiegend für die Anwohner gedacht, doch auch Touristen können ein Rad mieten – der Haupteintrag des Reisepasses und die Seite mit dem Einrei-sestempel sind dazu in Kopie vorzulegen. Die Räder kann man dann wochentags eine Stunde und am Wochenende zwei Stunden mieten; Verlängerungen sind möglich.

Manche Gegenden sind wunderbar geeignet, um mit dem Stahlross erkundet zu werden, beispielsweise die Parkanlagen von Palermo oder auch die Reserva Ecológica Costanera Sur. Am Wochenende und an einigen Wochentagen besteht zudem die Möglichkeit, an diesen Locations Fahrräder auszuleihen; als gute Alternative bieten sich mehrere private Tourenveranstalter an.

SUBTE (U-BAHN)

Die **Subte** (www.buenosaires.gob.ar/subte) ist in Buenos Aires das schnellste Verkehrsmittel, um sich in der Stadt fortzubewegen. Es kann allerdings in den Stoßzeiten sehr heiß und voll werden, außerdem ist die U-Bahn ein Eldorado für Taschendiebe. Die Subte besteht aus den Líneas (Linien) A, B, C, D, E und H. Vier Linien verkehren von der Innenstadt parallel in die westlichen und nördlichen Vororte, die Línea C verläuft in Nord-Süd-Richtung und verbindet die beiden wichtigsten Bahnhöfe Retiro und Constitución. Die Línea H verkehrt von Once gen Süden zur Avenida Caseros; ihr Ausbau ist in Planung.

Eine Fahrt mit der Subte kostet 4,50 Arg$. Wer sich Warteschlangen ersparen möchte, kauft gleich mehrere Fahrten auf einmal oder nimmt eine SUBE-Karte (S. UNTEN).

Die U-Bahn verkehrt montags bis samstags von 5 Uhr bis etwa 22.30 Uhr, an Sonn- und Feiertagen von 8 Uhr bis gegen 22 Uhr. An Wochentagen fahren zahlreiche Züge, am Wochenende fallen die Wartezeiten dafür oftmals länger aus. An einigen Haltestellen befinden sich die Bahnsteige auf der gegenüberliegenden Seite; man

---

SUBE-KARTE

Die **SUBE-Karte** (www.sube.gob.ar) ist eine preiswerte, wiederaufladbare Karte, die in der Subte (U-Bahn), in städtischen Bussen und Zügen gültig – und somit überaus praktisch ist. So spart man Geld und muss auch nicht ständig Münzen horten. Erhältlich ist die Karte in einigen Kiosken, Lotteriebüros, Postämtern und anderen Geschäften mit einem SUBE-Logo. Am Flughafen Ezeiza und am Busbahnhof Retiro gibt es SUBE-Kioske, in denen man die Karte kaufen kann. Das Aufladen der Karte ist unproblematisch und lässt sich an vielen Kiosken und Subte-Haltestellen erledigen.

sollte sich vor dem Passieren des Drehkreuzes also vergewissern, dass man auch in die richtige Richtung unterwegs ist.

TAXI & REMISE

Die zahlreichen und relativ preisgünstigen Taxis in Buenos Aires lassen sich an ihrer schwarz-gelben Farbe sofort erkennen. Der Gebührenzähler spingt alle 200 m (bzw. bei Wartezeit im Minutentakt) weiter; nach 22 Uhr wird ein Aufschlag von 20 % erhoben. Bei Fahrtantritt sollte man sich überzeugen, dass der Gebührenzähler auf den richtigen Preis eingestellt ist. Die Taxifahrer rechnen nicht mit einem tollen Trinkgeld, in der Regel lässt man sich einfach das Kleingeld nicht herausgeben. Freie Taxis auf der Suche nach Fahrgästen haben ein rotes Licht in der rechten oberen Ecke der Windschutzscheibe eingeschaltet.

Die meisten Taxifahrer sind ehrliche Menschen, die auf diese Weise ihren Lebensunterhalt verdienen, aber ein paar schwarze Schafe gibt es natürlich immer. Jedenfalls sollte man einen kleinen Betrag möglichst nicht mit einem 100-Peso-Schein bezahlen; manchmal haben die Taxifahrer nicht ausreichend Wechselgeld, doch es wurden auch schon Fälle bekannt, dass der Fahrer schnell und geschickt einen höheren Geldschein gegen einen niedigeren (oder falschen) ausgetauscht hat. Eine Lösung ist, dem Fahrer zu sagen, wie viel Geld man ihm gibt und zu fragen, ob er darauf herausgeben kann („¿Tiene usted cambio de un cien?" – „Können sie auf einen Hunderter herausgeben?").

Achtung auch vor Falschgeld! Wer sich wappnen möchte, sollte die letzten drei Zahlen bzw. Buchstaben auf dem Geldschein nennen, die er dem Fahrer gibt; auf diese Weise kann der Schein nicht gegen eine Blüte ausgetauscht werden.

Nachts schalten Taxifahrer in der Regel das Licht (luz) ein, damit die Fahrgäste das Wechselgeld sorgfältig überprüfen können (Geldscheine müssen ein Wasserzeichen haben); auch der Fahrer prüft die erhaltenen Geldscheine. Und dann sollte man sich noch überzeugen, dass das herausgegebene Wechselgeld auch wirklich stimmt.

Gut fährt man, wenn man eine gewisse Ortskenntnis vortäuschen kann. Einige Taxifahrer bieten sonst die „malerische" Strecke an. Aber Achtung: Es gibt unglaublich viele Einbahnstraßen in der Stadt. Eine gute Möglichkeit ist, dem Fahrer eine Kreuzung zu nennen und nicht die exakte Adresse. Wenn es ganz klar ist, dass man Tourist ist oder zu einem touristischen Ziel will (oder auch zurück), sollte man sich nicht vor Antritt der Fahrt nach dem Fahrpreis erkundigen – denn dann ist die Verlockung groß, den Preis höher anzusetzen und das Taxameter gar nicht erst einzuschalten.

Am besten, man nimmt ein „offizielles" Taxi: Sie sind in der Regel durch ein Licht auf dem Dach gekennzeichnet, und die Lizenz steht auf den Türen. Offizielle Taxifahrer müssen zudem ihre Genehmigung auf dem Rücksitz oder am Armaturenbrett gut sichtbar anbringen. So kann sich jeder während der Fahrt für den Fall eines Problems die entsprechenden Angaben zum Taxi aufschreiben (falls man etwas liegen lässt oder es sonstige Beanstandungen gibt).

Man kann aber auch ein remise (Ruftaxi) kommen lassen, statt ein Taxi am Straßenrand anzuhalten. Remises sehen wie ganz normale Autos aus und haben kein Taxameter. Sie kosten etwas mehr, sind dafür aber auch sicherer, denn sie werden von bekannten Firmen geschickt. Hotels und Restaurants bestellen den Gästen auf Wunsch gern ein remise.

VON & ZU DEN FLUGHÄFEN

Auto mit Chauffeur

Wer sich etwas ganz Besonderes leisten möchte, reserviert eine Luxuslimousine bei **Silver Star Transport** (☎ in Argentinien 15-6826-8876, in the USA 214-502-1605; www.silverstarcar. com). Dann kann man sich von einem Chauffeur, der Englisch als Muttersprache spricht, vom Flughafen Ezeiza zum Fahrtziel seiner Wahl bringen lassen (160 US$). Am Flughafen Ezeiza unterhalten Mietwagenfirmen einen Schalter; ein Leihwagen ist für den Aufenthalt in BA jedoch nicht empfehlenswert.

Bus

Reisende, die jeden Pfennig umdrehen müssen, nehmen den öffentlichen Bus 8 vom Flughafen Ezeiza; er kostet 8 Arg$, verkehrt im 20- bis 30-Minutentakt und braucht bis zu zwei Stunden zur Umgebung der Plaza de Mayo. Er fährt vor dem Terminal B oder dem Terminal A ab (rechts abbiegen und ein paar Minuten bis zur Bushaltestelle gegenüber der Tankstelle Petrobras gehen). Zum Bezahlen der Busfahrt benötigt man eine preisgünstige SUBE-Karte; man kann sie am kiosko gegenüber vom Check-in-Schalter 25 kaufen (auf dem Schild steht: 25 Stunden geöffnet!).

Ein neuer Service, der **Arbus** (www.arbus. com.ar), bietet einen preiswerten Bustransfer zwischen den beiden Flughäfen Aeroparque Jorge Newbery und Ezeiza (nur für Aerolineas Argentinas-Passagiere) und zwischen dem Aeroparque und sechs Haltepunkten in BA; man braucht eine SUBE-Karte. Details erfährt man auf der Website.

Shuttle

Wer alleine unterwegs ist, nutzt am besten ein Shuttle von/nach Ezeiza, beispielsweise von einer Transferfirma wie **Manuel Tienda León** (MTL; ☎ 011-4315-5115; www.tiendaleon. com; Av Eduardo Madero 1299, Ezeiza Airport).

Der Stand direkt hinter dem Zoll sticht in der Lobby für Transportmittel sofort ins Auge. Die meisten Shuttles kosten pro Person 145 Arg$ ins Stadtzentrum; sie verkehren Tag und Nacht und sind – je nach Verkehr – 40 bis 60 Minuten unterwegs. Die Fahrgäste werden am MTL-Büro abgesetzt; von dort kann man dann ein reguläres Taxi nehmen.

Ein weiterer Shuttledienst, der für Leute praktisch ist, die auf eigene Faust unterwegs sind, ist das **Hostel Shuttle** (☑ 011-4511-8723; www. hostelshuttle.com.ar). Auf der Website stehen die Preise, Fahrpläne und Haltestellen, an denen man aussteigen kann (nur bei bestimmten Hostels); man sollte versuchen, im Voraus zu buchen. Außerdem kann man noch www.mini busezeiza.com.ar ausprobieren.

Die Shuttles auf der Strecke Ezeiza–Aeroparque Jorge Newbery (Flughafen für Inlandsflüge) kostet 155 Arg$; vom Aeroparque ins Stadtzentrum sind 60 Arg$ zu bezahlen.

Taxi

Wer ein Taxi nimmt, sollte um die überteuerten Wägen von MTL einen Bogen machen und lieber durch die Lobby mit den Transportangeboten hinter dem Zoll und vorbei an den Taxifahrern gehen, die Schilder hochhalten. Dann sieht man auch schon einen frei stehenden City-Taxistand mit einem blauen Schild, auf dem **Taxi Ezeiza** (☑ 011-5480-0066; www.taxiezeiza.com.ar; ◷ 24 Std.) steht.

Während der Recherchen zu diesem Reiseführer kostete die Fahrt ins Stadtzentrum 450 Arg$ (ein Rabatt wird auf Reservierungen über die Website gegeben). Ein Tipp: Wer nach seinem Aufenthalt in BA sein Taxi nach Ezeiza vorbucht, kann rund 20 % sparen.

Ein Taxi vom Aeroparque zum Stadtzentrum kostet etwa 130 Arg$.

Tigre & das Delta

Die Stadt Tigre, etwa 35 km nördlich von Buenos Aires gelegen, und die umliegende Deltaregion sind ein beliebtes Wochenendausflugsziel für die gestressten *porteños*. Gewässer in der Farbe von Milchkaffee – sie sind reich an Eisen, das Dschungel-Bäche aus dem Binnenland Südamerikas herantransportieren – bergen in diesem Sumpfland verborgene Paradiese. Es macht Spaß zu beobachten, wie die Einheimischen an diesen beschaulichen Kanälen leben – mit Booten als einzigem Transportmittel. An den Ufern sind vielerlei Beschilderungen vorhanden, die auf Wassersportaktivitäten hinweisen – vom Kajak- und Kanufahren bis hin zum Rudern.

◉ Sehenswertes

Museo de Arte Tigre   MUSEUM
(☑ 4512-4528; www.mat.gov.ar; Paseo Victorica 972; Eintritt 30 Arg$; ◷ Mi–Fr 9–19, Sa & So 12–19 Uhr) Das spannendste Museum von Tigre befindet sich in einem ehemaligen Gesellschaftsclub aus dem Jahr 1912. Das wunderschöne Kunstmuseum präsentiert berühmte argentinische Künstler aus dem 19. und 20. Jh. Doch allein schon das Gebäude lohnt den Besuch.

Puerto de Frutos   MARKT
(Sarmiento 160; ◷ 10–18 Uhr) Auf diesem beliebten Markt verkaufen die Händler Haushaltsartikel, Möbel, Weidenkörbe, Andenken und allerlei Krimskrams. Einige Restaurants gibt es hier auch. Am Wochenende ist immer am meisten los.

Museo Naval   MUSEUM
(Naval Museum; ☑ 4749-0608; Paseo Victorica 602; Eintritt 20 Arg$; ◷ Mo–Fr 8.30–17.30, Sa & So 10.30–18.30 Uhr) Das Museum spürt der Geschichte der argentinischen Marine anhand einer erlesenen Mischung aus historischen Fotos, Modellen von Schiffen und Flugzeugen und Exponaten zur Artillerie nach und zeigt Meerestiere in Glasgefäßen.

Museo del Mate   MUSEUM
(☑ 4506-9594; www.elmuseodelmate.com; Lavalle 289; Eintritt 30 Arg$; ◷ Mi–So 11–18 Uhr) Wer etwas Besonderes kennenlernen möchte, besucht dieses Museum mit über 200 Objekten, die mit dem Nationalgetränk zu tun haben. Eine kleine „Mate-Bar" im Freien gehört mit dazu.

☞ Geführte Touren

Von der Estación Fluvial (hinter der Touristeninformation) fahren regelmäßig Schiffe zu den verschiedenen Siedlungen im Delta. Die Überfahrt ist nicht zu teuer. Ein beliebtes Ziel ist die Siedlung **Tres Bocas**. Von Tigre aus dauert die Fahrt nur 30 Minuten. Ein Spaziergang bietet einen kleinen Einblick in den Alltag der Einheimischen – Pfade und Brücken, die über die schmalen Kanäle führen, erschließen die Siedlung. Vor Ort gibt es mehrere Restaurants und die Möglichkeit, zu übernachten. Die Gegend um **Rama Negra** ist ruhiger, ursprünglicher und weniger deutlich erschlossen; die Fahrt dorthin dauert allerdings eine Stunde.

Mehrere Unternehmen bieten preiswerte Bootsausflüge an, die ein bis zwei Stunden dauern. Wer mit den öffentlichen Booten herumfährt, ist wesentlich flexibler und kann auch einmal einen Spaziergang unternehmen oder in einem der Restaurants im Delta zum Essen gehen.

Bonanza Deltaventura ABENTEUERTOUR
(☎4409-6967; www.deltaventura.com) An Abenteuern stehen Kanuausflüge, Fahrradtouren und Ausritte auf dem Programm.

El Dorado Kayak KAJAKFAHREN
(☎15-4039-5858; www.eldoradokayak.com) Geboten sind Kajaktouren, die weit ins Delta hineinführen; die gesamte Ausrüstung und das Mittagessen sind inbegriffen.

🛏 Schlafen & Essen

Die riesige Deltaregion von Tigre ist von Dutzenden Unterkünften gesprenkelt, darunter Campingplätze, B&Bs, *cabañas* (Hütten) und Strand-Resorts. Da sich viele nur mit dem Boot erreichen lassen, wird dort beinahe immer auch für das leibliche Wohl der Gäste gesorgt. Die Touristeninformation von Tigre hält Fotos und Informationen zu allen Unterkünften bereit; viele sind auf der Website verzeichnet. Am Wochenende und an Feiertagen sollte man frühzeitig reservieren; die Preise können dann aber auch kräftig anziehen.

Die Küche in Tigre ist nicht gerade erstklassig, dafür haben die Lokale aber oftmals viel Flair. Am besten erkundigt man sich in der Touristeninformation nach den verschiedenen Restaurants im Delta. Die aufgelisteten Unterkünfte befinden sich alle direkt im Ort Tigre.

Casona La Ruchi GÄSTEHAUS $
(☎4749-2499; www.casonalaruchi.com.ar; Lavalle 557; Zi. ohne Bad 60 US$; @🛜💻) Das Gästehaus – ein Familienbetrieb – ist in einen wunderschönen alten Herrenhaus aus dem Jahr 1893 untergebracht. Die meisten der vier romantischen Zimmer haben Balkon; alle nutzen ein Gemeinschaftsbad mit originalen Bodenfliesen. Hinter dem Haus verlocken ein großer Garten und ein Pool.

Hotel Villa Victoria GÄSTEHAUS $$
(☎4731-2281; www.hotelvillavictoria.com; Liniers 566; Zi. So–Fr ab 100 US$, Sa ab 140 US$; ❄@🛜💻) Das von einer argentinisch-schwedischen Familie geführte Boutiquehotel ist mehr als nur ein schickes Gästehaus. Es stehen bloß sechs schlichte, aber dennoch elegante Zimmer zur Verfügung, im großen Garten mit Grünflächen befindet sich ein Pool. Man spricht hier Spanisch, Englisch, Französisch und Schwedisch.

Maria Luján ARGENTINISCH $$
(☎4731-9613; Paseo Victorica 611; Hauptgerichte 110–220 Arg$; ☺8.30–24 Uhr) Für ein feudales Essen am Paseo Victorica, der hübschen Flusspromenade der Stadt, bietet sich das María Luján mit einem schönen Patio an.

Almacén de Flores CAFÉ $$
(☎011-5197-4009; Boulevard Saenz Peña 1336; Hauptgerichte 95–150 Arg$; ☺So–Mi 9.30–19, Sa bis 2 Uhr) Gut essen kann man im Almacén de Flores, einem Bohemiencafé, das gesunde Gourmetspeisen serviert.

ℹ Praktische Informationen

Touristeninformation (☎4512-4497; www.vivitigre.gov.ar; Mitre 305; ☺Mo–Fr 9–18 Uhr) Hinter McDonald's.

ℹ An- & Weiterreise

BUS
Man nimmt den Bus 60 (Fahrtziel: Panam) direkt nach Tigre (1½ Std.).

SCHIFF
Von **Sturla Viajes** (www.sturlaviajes.com.ar) verkehren ein paar Passagierschiffe nach Tigre, die vom Grierson 400 in Puerto Madero abfahren; außerdem bietet das Unternehmen noch Exkursionen an, bei denen die Bootsfahrt nach Tigre und eine Rundfahrt durchs Delta inbegriffen sind. Auf der Website stehen die genauen Fahrpläne.

ZUG
Vom Bahnhof Retiro verkehrt der „Tigre"-Zug direkt nach Tigre (1 Std.). Eine schönere Alternative, um nach Tigre zu gelangen, ist allerdings der **Tren de la Costa** (Fahrkarten 40 Arg$) – eine nette Straßenbahn mit hübschen Stationen und Ausblicken. Dieser Zug fährt in der Vorstadt Olivos ab. Und so kommt man hin: Vom Bahnhof Retiro mit dem Zug zum Bahnhof Mitre fahren und dort über die Brücke zum Tren de la Costa gehen. Die Busse 59, 60 und 152 fahren ebenfalls zum Tren de la Costa.

Die Pampas & die Atlantikküste

Gut essen

➡ Época de Quesos (S. 143)
➡ La Esquina de Merti
(S. 139)
➡ Sur (S. 160)
➡ Cervecería Modelo (S. 135)
➡ Tante (S. 152)

Schön übernachten

➡ Villa Nuccia (S. 159
➡ Benevento Hotel (S. 134
➡ Paradores Draghi (S. 129)
➡ Estancia Ave María (S. 143)
➡ Hotel Muñiz (S. 166)

Auf in die Pampas!

Buenos Aires gliedert sich in die Stadt und die gleichnamige Provinz. Über ein Drittel der argentinischen Bevölkerung lebt in der Region, die der politische und ökonomische Motor des Landes ist. Das fruchtbare Weideland finanzierte um die Jahrhundertwende die goldenen Jahre Argentiniens, ein Großteil der berühmten Steaks stammt von hier.

Obwohl die Region nicht gerade vor Sehenswürdigkeiten strotzt, bietet sie Reisenden Interessantes und einen Einblick in die traditionelle Gaucho-Kultur, aber auch in das Alltagsleben der Gauchos, etwa im charmanten San Antonio de Areco.

Die malerischen Hügel rund um Tandil eignen sich hervorragend für Wanderungen. Danach kann man sich mit lokalen Köstlichkeiten wie *picadas* stärken. Die Städte entlang der Atlantikküste sind eine gute Möglichkeit, der Sommerhitze zu fliehen. Und wer sich für ein paar Tage auf einer der historischen *estancias* einquartiert, hat die Gelegenheit, ein *Criollo*-Pferd unter der Weite des Himmels zu reiten.

Reisezeit
Mar del Plata

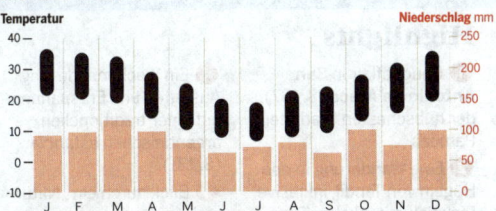

Jan.–Feb. Der Sommer mit viel Sonne lockt an den Strand, entsprechend steigen die Besucherzahlen.

Okt.–Nov. & März–April Frühjahr und Herbst sind die beste Zeit für Streifzüge durch Tandil.

Anfang Nov. beginnt in San Antonio de Areco das Gauchofest Día de la Tradición

NÖRDLICHE PAMPAS

Der Name „Pampas" ist sowohl die geografische Bezeichnung für die ausgedehnte Region mit den fruchtbaren Ebenen als auch der Name der Provinz westlich von Buenos Aires (La Pampa). Die *provincia* La Pampa mit der Hauptstadt Santa Rosa de Toay ist überwiegend eine dünn besiedelte, trockene Steppe. Die Pampas erstrecken sich über Mittelargentinien südlich des Río de la Plata bis zum Ufer des Río Negro, reichen in westlicher Richtung bis zu den Anden, nach Nor-

Highlights

❶ Gauchoflair in **San Antonio de Areco** (S. 137), der hübschesten Stadt der Pampas

❷ Eine Wanderung in den Hügeln von Tandil, inklusive Picknick mit lokalem Prosciutto und Käse (S. 140)

❸ Sonnenbaden und eine pulsierende Kulturlandschaft in **Mar del Plata** (S. 155), der Perle des Atlantiks

❹ Ein Wochenende lang Ausreiten und Entspannen auf einer traditionellen argentinischen *estancia* (S. 131)

❺ Blick durch ein „Natursteinfenster" nach einer Bergtour in der ruhigen **Sierra de la Ventana** (S. 146)

❻ Ein Streifzug durch die Straßen von **La Plata** (S. 131), Südamerikas erster bis ins Detail geplanter Stadt

❼ Windsurfen, Schwimmen oder Radfahren im eleganten Badeort **Pinamar** (S. 151)

❽ In den Fußstapfen katholischer Pilger– auf dem Weg zur Kathedrale in **Luján** (S. 136)

❾ Auf der malerischen hölzernen Strandpromenade entlang der Küste in **Villa Gesell** (S. 153)

ZU BESUCH AUF EINER RANCH

Wer nicht nur ein paar Tage in der Region verbringen, sondern auch in bequemer Reichweite von Buenos Aires ein bisschen traditionelle Gaucho-Kultur kennenlernen will, sollte auf einer *estancia* (Ranch) übernachten. Einst waren sie die Privathäuser wohlhabender Landbesitzer, heute sind viele der größten Landhäuser für die Öffentlichkeit zugänglich. Man kann entweder einen *día de campo* buchen (ein Tag auf dem Land; Besucherpass für die Ranch, normalerweise inkl. eines aufwendigen Mittagessens und Nachmittagstees sowie Ausritten und anderen Outdoor-Aktivitäten) oder man bleibt gleich für ein oder zwei Nächte auf der Ranch.

Die gehobene **Estancia El Ombú de Areco** (☏492080; www.estanciaelombu.com; RP31, Cuartel VI, Villa Lía; *día de campo* 100 US$, EZ/DZ inkl. Vollpension 325/410 US$; ❄☏✉) ist eine 300 ha große Ranch mit einer prachtvollen Kolonialvilla, die 1880 errichtet wurde. Benannt ist sie nach dem massiven *ombú* (Phytolacca dioica), einem Baum, der seinen Schatten über den Garten wirft. Auf der *estancia* El Ombú herrscht althergebrachte Gastfreundlichkeit. Neben Ausritten kann beim Viehtreiben zugesehen werden (Mitmachen ist ebenfalls erlaubt). Die *estancia* stellt auch kostenlos Fahrräder zur Verfügung, oder man entspannt einfach in den Gärten oder genießt ein Mittagessen oder den Tee im Freien. Die Ranch liegt etwa 20 km außerhalb von San Antonio de Areco.

Eine etwas preisgünstigere Variante, und außerdem eine, die bequemerweise näher an der Stadt liegt, ist die **Estancia La Cinacina** (☏452045; www.lacinacina.com.ar; Zerboni EZ/N; DZ ab 117 US$; ❄✉). Mit ihren Gaucho-Shows ist die *estancia* touristischer aufgezogen, aber Reisende kommen dennoch gerne dorthin. Eine Übernachtung ist ebenso möglich wie ein Wochenendbesuch im Rahmen eines *día de campo* (Formular auf der Website ausfüllen; dort finden sich auch aktuelle Informationen bzgl. Preis und Verfügbarkeit).

Eine Reihe weiterer *estancias* in der Region haben ähnliche Angebote. Auf www.sanantoniodeareco.com/donde-dormir/estancias nachsehen, dort findet sich eine komplette Liste. Vor dem Einchecken sollte man sich umfassend über die Bedingungen informieren: Reisende beschweren sich immer wieder über teure Preise und den hohen logistischen Aufwand auf manchen der *estancias*. Ein privater Transfer direkt von Buenos Aires zu den meisten der *estancias* ist gegen Aufpreis möglich – auf den Websites der Betreiber finden sich Details. Eine weitere Anreisemöglichkeit bietet der **Areco Bus** (S. 140), ein Shuttlebus ab Buenos Aires.

den etwa bis in die südlichen Teile der Provinzen Córdoba und Santa Fe und umfassen die Provinzen Buenos Aires und La Pampa.

Der fruchtbare Boden und die saftige Graslandschaft der nördlichen Pampas eignen sich hervorragend für die Rinderzucht. Durch den Export von Fellen, Rindfleisch, Wolle und Weizen ist Argentinien zu einem weltweit wichtigen Wirtschaftsfaktor geworden.

Seit Mitte des 19. Jhs. ist die Provinz Buenos Aires das unbestrittene politische und wirtschaftliche Zentrum des Landes. Als die Stadt Buenos Aires zur Hauptstadt Argentiniens avancierte, wurde die Provinz der Landesregierung untergeordnet, ist jedoch nach wie vor sehr einflussreich. Nach einem kurzen Bürgerkrieg ergriff die Provinz in den 1880er-Jahren die Eigeninitiative und errichtete mit der Modellstadt La Plata eine eigene Provinzhauptstadt.

La Plata

☏0221 / 654 000 EW.

Die lebhafte Universitätsstadt, die einige Besonderheiten zu bieten hat, liegt kaum eine Stunde von Buenos Aires entfernt und gilt als erste geplante Stadt Südamerikas überhaupt. Außerdem war sie die erste lateinamerikanische Stadt mit elektrischer Straßenbeleuchtung.

Als Buenos Aires 1880 zu Argentiniens neuer Hauptstadt ernannt wurde, gründete Gouverneur Dardo Rocha La Plata, um der Provinz Buenos Aires eine eigene Hauptstadt zu geben – und überließt bei der Planung nichts dem Zufall. Rocha entschied sich für den wohldurchdachten Stadtplan des Ingenieurs Pedro Benoit, der mit Ausgewogenheit und Logik überzeugte. Die besondere Anordnung der Diagonalachsen auf einem völlig regelmäßigen, 5 km² großen

La Plata

N 0 — 500 m

Straßengitter, die die großen Plazas untereinander verbinden, ergab ein markantes Sternenmuster. Was auf den Blaupausen so schön aussah, stiftet im Alltag bis heute an vielen Kreuzungen Verwirrung. Von einigen gehen bis zu acht Straßen in alle Richtungen ab. (Online gibt es faszinierende Luftaufnahmen der Stadt und sogar Bilder aus dem All sind zu sehen.)

Heute findet man in La Plata die gleiche Belle-Époque-Architektur, prachtvolle Gebäude und schattige Parks wie in Buenos Aires, aber alles in kleinerem Maßstab. Hauptanziehungspunkte sind die eindrucksvolle neogotische Kathedrale – die größte Argentiniens – und ein berühmtes, von Le Corbusier entworfenes Gebäude, sein einziges vollendetes Werk in Lateinamerika.

⊙ Sehenswertes

La Platas Hauptsehenswürdigkeiten sind alle bequem zu Fuß erreichbar.

★ Catedral de la Plata
KIRCHE
(☏423-3931; www.catedraldelaplata.com; Plaza Moreno, Calle 51 & 15; Museum Eintritt Wochentage/Wochenende 55/48 Arg$; ⊙10–19 Uhr, Museum Di–So ab 11 Uhr) Bereits 1885 wurde mit dem Bau von La Platas spektakulärer neogoti-

scher Kathedrale begonnen, geweiht wurde sie aber erst 1932, der Turm sogar erst 1999 vollendet. Die Kathedrale orientiert sich an den mittelalterlichen Vorläufern in Köln und Amiens und ist mit erlesenen Buntglasfenstern und polierten Granitböden geschmückt.

Bei den 90-minütigen Führungen (Mo–Fr 11, 14.30 und 16 Uhr, eine Vorabbuchung ist erforderlich) ist der Eintritt für das Museum und eine Fahrt mit dem Aufzug in die Turmspitze enthalten. Es gibt auch einen Souvenirladen und ein Café vor Ort.

★**Casa Curutchet** ARCHITEKTUR
(☏421-8032; www.capbacs.com; Av 53, Nr. 320; Eintritt 40 Arg$; ⊗Mo & Di 9–13, Mi–Fr 9–17, Sa 13–17 Uhr) Der berühmte Architekt Le Corbusier entwarf nur zwei Bauwerke in Nord- und Südamerika: das Carpenter Center für die Bildenden Künste in Harvard und die Casa Curutchet. Das eindrucksvoll moderne Gebäude wurde 1948 vom argentinischen Chirurgen Pedro Curutchet in Auftrag gegeben und ist ein Paradebeispiel für Le Corbusiers fünf Punkte zu einer neuen Architektur.

Im preisgekrönten Film *El hombre de al lado* (The Man Next Door; 2009) spielt das Gebäude eine tragende Rolle. Obwohl halbstündlich Führungen stattfinden sollten, ist es empfehlenswert, die Führung im Voraus per E-Mail zu buchen.

Paseo del Bosque PARK
Eukalyptus-, Gingko- und Palmenhaine sowie subtropische Harthölzer prägen den Paseo del Bosque, eine Parklandschaft, die durch die Enteignung einer *estancia* in der Zeit der Stadtgründung entstand. Der Park ist bei Familien ebenso beliebt wie bei schmachtenden Liebespärchen und schwitzenden Joggern. Verschiedene Attraktionen liegen hier versteckt: ein kleiner See mit ausleihbaren Tretbooten, ein Observatorium, der bescheidene **Jardín Zoológico** (☏427-3925; Eintritt 15 Arg$; ⊗Di–So 10–18 Uhr), die Open-Air-Bühne **Teatro Martín Fierro** mit ihren Musik- und Theaterveranstaltungen, und die Glanznummer, das Museo de La Plata (s. unten).

Museo de La Plata MUSEUM
(☏425-7744; www.museo.fcnym.unlp.edu.ar; Paseo del Bosque s/n; Eintritt 20 Arg$, Kinder unter 12 Jahren frei, Di frei; ⊗Di–So 10–18 Uhr; ♿) Das herausragende Museum zeigt paläontologische, zoologische, archäologische und anthropologische Sammlungen des berühmten Patagonien-Forschungsreisenden Francisco P. Moreno. Zur umfassenden Sammlung zählen ägyptische Grabrelikte, Jesuitenkunst, skurrile Tierpräparate, verblüffende Skelette, Mumien, Fossilien, Steine und Mineralien, gruslige Insekten und rekonstruierte Dinosaurier. Zum Haus gehört auch ein Café.

DIE PAMPAS & DIE ATLANTIKKÜSTE LA PLATA

ARCHITEKTUR IN LA PLATA

Viele Architekturbegeisterte fahren nur nach La Plata, um Le Corbusiers **Casa Curutchet** (s. oben) zu sehen. Doch die Skyline der Stadt bietet auch noch etliche weitere Sehenswürdigkeiten, wie sich schon bei einem kurzen Herumschlendern im Zentrum zeigt.

Gegenüber der Kathedrale liegt der **Palacio Municipal** (Ecke Av 51 & Calle 11), der vom Hannoveraner Architekten Hubert Stiers im Stil der deutschen Renaissance entworfen wurde. Auf der Westseite der Plaza befindet sich das **Museo y Archivo Dardo Rocha** (☏427-5591; www.amigosmuseorocha.com.ar; Calle 50, Nr. 935; ⊗Mo–Fr 9–17, Sa & So 15–18 Uhr) GRATIS, das dem Stadtarchitekten als Ferienhaus diente. Gezeigt werden Stilmöbel und diverser persönlicher Krimskrams.

Zwei Blocks nordöstlich ragt das **Teatro Argentino** (www.teatroargentino.gba.gov.ar; Av 51 zwischen Calles 9 & 10) auf, ein Beton-Monolith, der über eine großartige Akustik verfügt – er ist ideal für Ballett- und Opernaufführungen und Konzerte von Symphonieorchestern. Zwei Blocks weiter nordöstlich liegt an der Plaza San Martín der kunstvolle **Palacio de la Legislatura** (Plaza San Martín), der ebenfalls im deutschen Renaissancestil errichtet wurde. Ganz in der Nähe folgt der **Pasaje Dardo Rocha** (Ecke Av 6 & Calle 50) im Stil der französischen Klassik. Der einstige Hauptbahnhof von La Plata beherbergt heute das größte Kulturzentrum der Stadt mit zwei Museen. Ebenfalls in der Nähe liegt die im flämischen Renaissancestil erbaute **Casa de Gobierno** (Plaza San Martín), heute Sitz des Provinzgouverneurs und seiner Mitarbeiter.

RINDER AUS FREILANDHALTUNG?

Sie galten schon immer als eine der größten Touristenattraktionen Argentiniens – diese herrlich saftigen Steaks von Rindern, die sich ausschließlich von Gras ernährt haben. Heutzutage gibt es diese Art von Fleisch allerdings kaum noch. Denn die Rinder werden mittlerweile auch hier in Ställe gepfercht und mit Getreide gefüttert. Rund 80 % aller argentinischen Rinder, die jährlich geschlachtet werden, haben ihre letzten Lebensmonate in einem *feedlot,* einer Art Mastkoppel, gefristet.

Diese Form der eher industriellen Massenproduktion von Fleisch existiert in Argentinien noch nicht lange. Die landwirtschaftlich reichen und weiten Ebenen der Pampas bildeten eine ideale Landschaft für die Rinderzucht. Bis 2001 ernährten sich etwa 90 % des Viehs ausschließlich von natürlicher Nahrung: Gras. In den letzten zehn Jahren allerdings setzten Entwicklungen ein, die diese natürliche Lebensform grundlegend veränderten. Der Preis für Landwirtschaftsprodukte wie Sojabohnen – Argentinien gehört inzwischen zu den weltgrößten Produzenten von Soja – ist sprunghaft gestiegen. Inzwischen ist es lukrativer, Gemüse anzubauen, als den Platz für das Vieh bereitzustellen. Eine schwere Dürre in den letzten Jahren versetzte der Fleischindustrie einen weiteren Schlag: Es gab nicht mehr genug Gras, um die riesigen Herden zu füttern.

Der vermutlich schwerwiegendste Faktor war jedoch die Regierungsentscheidung, die Entwicklung der *feedlots* zu fördern, um die Fleischproduktion zu beschleunigen. Es ist weniger profitabel, ein Rind großzuziehen, das sich ausschließlich von Gras ernährt – die Aufzucht dauert viel zu lange. Außerdem hielt die Regierung die Rindfleischpreise innerhalb der Landesgrenzen absichtlich niedrig, während sie gleichzeitig Steuern erhöhte, um den Profit der Rinderzüchter beim Export zu reduzieren. So verwandelten immer mehr Bauern ihr Weideland in Soja- oder Maisfelder, um überleben zu können.

Wenn die Entwicklung in diesem Tempo weitergeht, wird schon bald praktisch der gesamte Viehbestand Argentiniens sich von Getreide ernähren und die letzten Lebensmonate in Pferchen mit festgestampfter Erde verbringen, die die Bewegungsfreiheit der Tiere einschränken. Die Rinder werden mit Antibiotika vollgepumpt, die notwendig sind, um all die Krankheiten zu behandeln, die als Folge dieser unnatürlichen Haltung ausbrechen. Das Fleisch wird ein bisschen weniger intensiv schmecken, aber zarter sein – wegen des geringeren Anteils an Muskelfleisch und dem erhöhten Fettgehalt. Und die moderne Welt der kommerziellen Rinderzucht wird auch Argentinien erreichen und einen Teil der Geschichte, des Ruhms … und des berühmten argentinischen Stolzes auslöschen.

Führungen in englischer Sprache arrangiert man am besten im Voraus.

🛏 Schlafen

Único Ecohostel
HOSTEL $

(☎ 423-2626; www.hosteleunico.com; Calle 4, Nr. 565; B/DZ/3BZ ab 19/66/91 US$; ❋☎) ⚲ Die Lieblingsabsteige vieler Rucksackreisender ist ein modernes Hostel, das praktischerweise nur einen Block vom Busbahnhof entfernt liegt. Es bietet Gemeinschaftsküchen, einen hübschen Patio im Freien und Garten sowie umweltfreundliche Annehmlichkeiten wie solargeheiztes Wasser. Achtung, die Gegend wirkt nach Einbruch der Dunkelheit ein bisschen rau.

Catedral Hotel
HOTEL $

(☎483-0091; www.hcatedral.com.ar; Calle 49, Nr. 965; EZ/DZ/3BZ 42/64/73 US$; ☎) Ein schlichtes, kleines, aber gut geführtes Hotel, das nur zwei Blocks westlich von der Plaza der Kathedrale liegt. Das Catedral Hotel ist eine gute Wahl für alle, die preisgünstig übernachten wollen.

★ Benevento Hotel
HOTEL $$

(☎ 423-7721; www.hotelbenevento.com.ar; Calle 2, Nr. 645; DZ 83 US$; ❋@☎) Das charmant renovierte Hotel ist in einem eleganten, französisch geprägten Gebäude von 1915 untergebracht. Es bietet hübsche Zimmer mit hohen Decken und Kabelfernsehen. Die meisten Räume sind mit Holzböden ausgestattet, außerdem mit Balkons, die auf die geschäftige Straße blicken. Die Zimmer im obersten Stock sind die modernsten und bieten einen großartigen Ausblick über die Stadt. Das Hotel liegt nur einige wenige Blocks vom Busbahnhof entfernt.

San Marco Hotel
HOTEL $$

(📞422-9322; www.sanmarcohotel.com.ar; Calle 54, Nr. 523; DZ ab 97 US$; ❄🕿) Ein komfortables 3-Sterne-Hotel in erstklassiger Lage im Herzen der Stadt, zwischen Plaza San Martín und Paseo del Bosque. Vor allem das Frühstücksbüfett begeistert viele Gäste.

🍴 Essen & Ausgehen

Zum Zeitpunkt der Recherchen zu diesem Buch war Mauro Colagreco – ein argentinischer Küchenchef, der gerade in aller Munde ist – im Begriff, das **Carne** zu eröffnen: eine Bio-Burger-Bar in der Calle 50, Nr. 452. Über Erfahrungsberichte und Rückmeldungen freut sich der Verlag.

Eine zehnminütige Taxifahrt vom Zentrum entfernt befinden sich im historischen Bohemeviertel Meridiano V etliche Bars und Lokale mit Livemusik, außerdem Theater, Kino und Kulturzentren, die vor allem von Studenten zwischen Donnerstag- und Sonntagabend besucht werden.

⭐Cervecería Modelo
PUB-GERICHTE$

(www.cerveceriamodelo.com.ar; Ecke Calle 5 & 54; Hauptgerichte 52–89 Arg$; ⊙So–Do 8–1, Fr & Sa bis 3 Uhr; 🕿) In dem Lokal aus dem Jahre 1894 hängen die Schinken von der Decke und der Boden ist übersät mit Erdnussschalen … Die Cervecería ist ein Klassiker, der Snacks, Mahlzeiten und eiskaltes Bier serviert. Die Tische draußen auf dem Gehsteig sind sehr zu empfehlen, und trotz seines stattlichen Alters gibt es im Modelo Breitbildfernsehen und WLAN.

Market Café
CAFÉ $

(📞483-5631; www.marketcafeargentina.com.ar; Calle 48, Nr. 640; Hauptgerichte 50–75 Arg$; ⊙Mo–Sa 8–21 Uhr; 🅿) Das schicke Café-Restaurant wirkt wie eine frische Brise in La Plata. Morgens gibt es hier einen kunstvoll zubereiteten Latte und frisches Gebäck, später am Tag frische Salate, Wraps, Smoothies, Burger und Cocktails.

Lo de Antonio Parrilla Fonda
PARRILLA $$

(📞482-6104; Calle 54, Nr. 654; Hauptgerichte 80–150 Arg$; ⊙ Mo–Sa 12–15 & 20–24 Uhr; 🅿) Eine Eck-*parrilla* mit elegantem Touch – geräumige, hölzerne Nischen, erlesenes Besteck – und einer reichhaltigen Speisekarte mit Steaks und Pasta. Für die Kinder gibt es eine etwas weniger umfangreiche Karte. Lo de Antonio ist ein praktischer Zwischenstopp für alle, die zwischen der Kathedrale und dem Park unterwegs sind.

ABSTECHER

L'EAU VIVE

Nicht jeden Tag hat man in einer Kleinstadt Argentiniens die Gelegenheit, französische Küche zu genießen – zubereitet von Karmeliternonnen aus aller Welt. **L'Eau Vive** (📞421774; www.leauvivedeargentina.com.ar; Constitución 2112; Hauptgerichte etwa 150 Arg$; ⊙Di–Sa 12–14.15 & 20.30–22 Uhr, So 12–14.15 Uhr) liegt zwar in den Außenbezirken von Luján, aber viele Feinschmecker sind der Meinung, dass das freundliche Restaurant den Abstecher auf jeden Fall lohnt. Auf der Speisekarte stehen meisterhaft zubereiteter Fisch, Käseplatten und eine ganze Reihe erlesener Desserts.

Eine Reservierung wird empfohlen. Bus 501 vom Zentrum oder ein Taxi nehmen.

Molly's Beer House
BIERGARTEN

(📞482-1648; Calle 53, Nr. 538; ⊙19–2 Uhr) Die elegante Bar ist in einem wunderbar renovierten alten Gebäude untergebracht und ein willkommener Zugang in La Plata. Es gibt einen zauberhaften Innenhof, der zur Biergartenatmosphäre beiträgt, und eine Karte mit 35 unterschiedlichen Sorten Bier.

ℹ Praktische Informationen

Städtische Touristeninformation (📞427-1535; www.laciudad.laplata.gov.ar/turismo; Ecke Calle 7 & 50, Pasaje Dardo Rocha; ⊙10–20 Uhr) Direkt neben der Plaza San Martín.

ℹ An- & Weiterreise

Von La Platas **Busbahnhof** (www.laplataterminal.com) aus gibt es zahlreiche Verbindungen in andere Teile des Landes, außerdem eine sehr hilfreiche Website mit Links und Informationen.

Grupo Plaza (www.grupoplaza.com.ar) verkehrt regelmäßig zwischen Buenos Aires und dem Busbahnhof in La Plata (21–26 Arg$, 1½–2 Std.). Obwohl die Busse an vielen Haltestellen in Buenos Aires stoppen, kann man am einfachsten in Retiro zu- oder aussteigen; es ist der Anfang/das Ende der Linie. Die Busse fahren von der Seitenstraße Martínez Zuvería ab, neben der Plaza Canadá vor Buenos Aires' Bahnhof Retiro. Danach halten sie des Öfteren auf der Avenida 9 Julio sowie beim Bahnhof Constitución. Auf www.laplataterminal.com ist eine Liste aller Haltestellen veröffentlicht. Die Busse fahren bis 22 Uhr alle 20–30 Minuten ab, am Wochenende verkehren sie weniger oft.

LA VIRGENCITA

Argentiniens Schutzpatronin ist allgegenwärtig – ihr Poster hängt an den Wänden der Metzgereien, und ihre Abbilder zieren die Armaturenbretter der Taxis. Sie trägt ein blaues Kleid, steht auf einem Halbmond, und ein strahlender Heiligenschein umgibt ihr gekröntes Haupt.

1630 bat ein portugiesischer Siedler in Tucumán einen Freund in Brasilien, ihm eine Figur der Heiligen Jungfrau für seine neue Kapelle zu schicken. Der Freund war sich nicht sicher, welchen Typ er nehmen sollte und schickte deshalb gleich zwei – darunter eine Statue der Unbefleckten Empfängnis. Nachdem die Statuen den Hafen von Buenos Aires verlassen hatten, blieb der Wagen mit ihnen in der Nähe des Flusses Luján stecken und ließ sich erst wieder bewegen, nachdem die Figur der Unbefleckten Empfängnis heruntergenommen worden war. Der Besitzer nahm es als Zeichen, und die Statue blieb in Luján, wo ein Heiligenschrein für sie gebaut wurde. Die andere Marienfigur setzte ihre Reise in den Nordwesten fort.

Seither wurden der Jungfrau von Luján eine Reihe von Wundern zugeschrieben – sie soll Tumore geheilt und einen Nebel geschickt haben, um frühe Siedler vor kriegerischen Indianern zu verbergen, außerdem bewahrte sie die Provinz vor einer Choleraepidemie. Für ihre Mühen wurde sie 1886 belohnt: Papst Leo XIII. krönte sie mit einer goldenen Krone, geschmückt mit fast 500 Perlen und Juwelen.

Jedes Jahr besuchen Millionen von Pilgern aus ganz Argentinien Lujáns Basilika, wo die Originalstatue aus dem 17. Jh. noch immer zu sehen ist. Sie ehren die Jungfrau für ihre Fürsprache in Angelegenheiten des Friedens, der Gesundheit, Vergebung und Trost. Wer während des großen Pilgerzugs am ersten Sonntag im Oktober hierher kommt, wird auf ganze Familien erschöpfter Pilger treffen, die auf dem Platz dösen, ein Barbecue am Flussufer genießen und das heilige Wasser aus der Quelle in Plastikflaschen abfüllen.

Costera Metropolitana, eine weitere Buslinie, fährt die gleiche Tour – die Gesellschaft hat keine Website, aber auf der Website von La Platas Busbahnhof sind Einzelheiten zu finden.

La Plata ist auch mit der **Línea Roca** (S. 124) aus Buenos Aires erreichbar, ein Vorortzug, der halbstündlich vom Bahnhof Constitución losfährt (5,75 Arg$, 1½ Std.). Zum Zeitpunkt der Recherchen war die Gesellschaft gerade im Begriff, neue Schienenfahrzeuge zu kaufen und einen „Express"-Service zu realisieren.

Busse von La Plata

REISEZIEL	FAHRPREIS (ARG$)	FAHRZEIT (STD.)
Bahía Blanca	658–868	8–11
Bariloche	1671–1905	24
Córdoba	655–770	10–13
Mar del Plata	375–428	5
Mendoza	900	17

Luján

02323 / 106 000 EW.

Luján ist ein Flussstädtchen, das einige Male im Jahr von Pilgern geradezu überrannt wird. Argentiniens bedeutendster Wallfahrtsort bietet eine riesige, im spanischen Stil erbaute Plaza und eine beeindruckende neogotische Kathedrale sowie einige interessante Museen. Die Uferpromenade säumen zahlreiche Restaurants und Grillstände, die *choripán* (pikante Wurst) in einem knusprigen Brötchen verkaufen. Außerdem gibt es einen Paddelbootverleih.

Eine weitere Attraktion ist der Sessellift, der die Besucher über den schmutzigen Fluss auf die andere Uferseite transportiert.

◉ Sehenswertes

★ Basílica Nuestra Señora de Luján
KIRCHE

(☏02323-42-0058; www.basilicadelujan.org.ar; San Martín 51; Krypta Eintritt 15 Arg$; ⊙Basilica 8–19 Uhr, Krypta Mo–Fr 10.15–17, Sa & So 10–18 Uhr) Lujáns unbestrittener Blickfang ist die imposante neogotische Basilika. Von 1887 bis 1935 wurde sie aus einem wunderschönen rosafarbenen Stein erbaut, der bei Sonnenuntergang leuchtet. Die Statue der Jungfrau befindet sich in einem erhöhten Raum hinter dem Hauptaltar.

Unter der Basilika liegt die Krypta, in der Muttergottesstatuen aus aller Welt zu sehen sind. Mehrmals am Tag finden in der Basilika Messen statt.

Complejo Museográfico Enrique Udaondo

MUSEUM

(☎ 02323-420245; Torrezuri 917; Eintritt 5 Arg$; ⊙ Mo–Fr 11.30–17 & Sa & So 10.30–18 Uhr) Auf der Westseite von Lujáns riesiger Plaza glänzt vor der Basilika dieser großartige kolonialzeitliche Museumskomplex mit zahlreichen Ausstellungsräumen, hübschen Patios und Gärten. Die Sala General José de San Martín widmet sich Argentiniens Kampf um die Unabhängigkeit, während die Sala de Gaucho einige wunderschöne *Mate*-Gefäße, Zaumzeug und andere Gaucho-Utensilien zeigt.

Auf dem Gelände befindet sich außerdem das faszinierende Museo del Transporte (s. unten).

Museo del Transporte

MUSEUM

(Torrezuri 917, Complejo Museográfico Enrique Udaondo; Eintritt 5 Arg$; ⊙ Mo–Fr 11.30–17 & Sa & So 10.30–18 Uhr) Lujáns Verkehrsmuseum besitzt eine bemerkenswerte Sammlung an Pferdekutschen aus dem ausgehenden 19. Jh., die erste Dampflokomotive, die von Buenos Aires hierher fuhr, und ein riesiges Wasserflugzeug, das 1926 den Atlantik überquerte. Die außergewöhnlichsten Ausstellungsstücke sind jedoch die ausgestopften, schmuddeligen Überreste von Gato und Mancha, den ausdauernden argentinischen Criollo-Pferden, mit denen der Abenteurer A. F. Tschiffely von Buenos Aires nach New York ritt. Zweieinhalb Jahre brauchte er für seine Reise – er war drei Jahre von 1925 bis 1928 unterwegs.

⚡ Feste & Events

Am ersten Samstag im Oktober, dem **Día de la Virgen de Luján**, begeben sich Tausende von Gläubigen auf die 65 km lange Pilgerreise. Gestartet wird im Viertel Liniers in Buenos Aires, Ziel ist Luján – die Wallfahrt dauert bis zu 18 Stunden. Weitere große Ereignisse mit vielen Pilgern sind der 8. Mai (Tag der Jungfrau), das erste Wochenende im August (dann findet die farbenprächtige **Peregrinación Boliviana** statt), das letzte Wochenende im September (Gaucho-Wallfahrt mit Pferden) und der 8. Dezember **(Tag der Unbefleckten Empfängnis)**.

🛏 Schlafen & Essen

Um Luján zu besichtigen, reicht ein Tagesausflug von Buenos Aires. Wer allerdings an einem Wochenende hier übernachten möchte, sollte im Voraus reservieren. Die zentralen Bereiche der Straße San Martín, die Straße 9 de Julio und das Flussufer werden von Restaurants gesäumt.

Hotel Hoxón

HOTEL $$

(☎ 0810-333-1070; www.hotelhoxon.com; 9 de Julio 760; EZ/DZ/3BZ ab 70/114/135 US$; ✳@🛜🏊) Das beste und größte Hotel der Stadt liegt zwei Blocks nördlich der Basilika und verfügt über moderne, saubere und bequeme Räume. Die besten Zimmer sind mit Teppich, Kühlschrank und Klimaanlage ausgestattet. Außerdem gibt es einen Swimmingpool mit erhöhter Sonnenterrasse.

ℹ Praktische Informationen

Touristeninformation (☎ 02323-427082; www.lujan.tur.ar; San Martin 550; ⊙ 9–18 Uhr)

ℹ An- & Weiterreise

Lujans **Busbahnhof** (Av de Nuestra Señora de Luján & Almirante Brown) liegt drei Blocks nördlich der Basilika. Von Buenos Aires aus Bus 57 nehmen (29 Arg$, 2 Std.); er wird von **Transportes Atlántida** (☎ 434957) betrieben. Der Bus fährt halbstündlich, ab der Plaza Italia (in Palermo) und ab der Plaza Miserere (außerhalb des Once-Bahnhofs; die Bushaltestelle liegt auf der Avenida Rivadavia).

San Antonio de Areco

☎ 02326 / 20 000 EW.

San Antonio de Areco ist eine der schönsten Städte der Pampas. Der 115 km nordwestlich von Buenos Aires gelegene Ort ist das Ziel vieler Tagesausflügler aus der Hauptstadt, die die beschauliche Atmosphäre und die malerischen Straßen der Altstadt zu schätzen wissen. Die Stadt wurde Anfang des 18. Jhs. gegründet und hat sich bis zum heutigen Tage viel von der alten spanischen Criollo-Kultur und der Gaucho-Tradition bewahrt. Dies gilt insbesondere für die Kunsthandwerker, die feine Silberarbeiten und Sattelzeug herstellen. Gauchos aus dem gesamten Gebiet der Pampas kommen im November zusammen, um den Día de la Tradición zu feiern. Dann zeigen sie sich in ihrer ganzen Pracht und stolzieren mit ihren Pferden die kopfsteingepflasterten Straßen hinunter.

San Antonio de Arecos kompakt wirkendes Zentrum und die ruhigen Straßen laden zum Bummeln ein. Um die Plaza Ruiz de Arellano, die nach dem *estanciero* (Besitzer eines Landguts), der die Stadt gründete, benannt wurde, liegen mehrere historische

DIE KUNSTHANDWERKER VON SAN ANTONIO DE ARECO

Schon bei einem kurzen Streifzug durch die Stadt fallen die Silberschmiede und Künstlerateliers ins Auge, die die Straßen von San Antonio de Areco säumen. Die Künstler vor Ort sind im ganzen Land bekannt – *Mate*-Zubehör, *rastras* (mit Silber beschlagene Gürtel), Messer und Lederwaren sind die wichtigsten Traditionsartikel, die hier verkauft werden.

Gebäude, darunter auch die **Iglesia parroquial** (Pfarrkirche).

Wie in vielen anderen kleinen Städten in diesem Teil Argentiniens bleibt in Areco während der Nachmittags-Siesta alles geschlossen.

⊙ Sehenswertes

★ Museo Gauchesco Ricardo Güiraldes   MUSEUM

(☑ 455839; Camino Ricardo Güiraldes s/n; ⊙ Mi-Mo 11–15 Uhr) GRATIS Das weitläufige Museum im Parque Criollo datiert von 1938 und wurde erst kürzlich wiedereröffnet, nachdem es 2009 Hochwasserschäden erlitten hatte. Es birgt eine alte Mühle, eine nachgebaute *pulpería* (Taverne) und eine Kapelle im Kolonialstil sowie die Rekonstruktion eines *casco* (Ranchhauses) aus dem 18. Jh. Zu sehen gibt es außerdem Zaumzeug, *Gauchesco*-Kunstwerke. Einige Räume sind Ricardo Güiraldes gewidmet, dem Autor des Romans *Don Segundo Sombra* (deutscher Titel: Das Buch vom Gaucho Sombra).

Puente Viejo   BRÜCKE

Die *puente viejo* (alte Brücke) überspannt den Río Areco, wurde 1857 gebaut und folgt der ursprünglichen Kutschenstraße ins nördliche Argentinien. Früher befand sich hier eine Mautstelle, heute führt die Fußgängerbrücke zur Hauptattraktion San Antonio de Arecos, dem Museo Gauchesco Ricardo Güiraldes.

Museo Las Lilas de Areco   MUSEUM

(☑ 456425; www.museolaslilas.org; Moreno 279; Erw./Stud. 100/50 Arg$; ⊙ Mitte Sept.–Mitte März Do–So 10–20 Uhr, den Rest des Jahres bis 18 Uhr) Florencio Molina Campos ist ein Künstler des Volkes, der durch seine humorvollen Karikaturen des Gaucholebens bekannt wurde. Das hübsche Museum mit Innenhof zeigt

seine berühmten Werke. Für den Eintritt zur Galerie und zur benachbarten Sala de Carruajes (Kutschensaal) gelten unterschiedliche Preise; die hier genannten Preise beinhalten den Eintritt in beide Bereiche.

Empfehlenswert ist auch eine Pause im Museumscafé mit *café con leche* und hausgemachtem Kuchen.

🎊 Feste & Events

Día de la Tradición   KULTUR

(⊙ Nov.) Areco ist das symbolische Zentrum der argentinischen Gaucho-Kultur; am Día de la Tradición findet das größte Gauchofest des Landes statt. Wer gerade in der Gegend ist, sollte sich das Spektakel nicht entgehen lassen. Es findet an einem Wochenende zwischen Anfang und Mitte November statt, mit Attraktionen wie Reitkunst, Volkstänzen und Kunsthandwerksausstellungen; unter www.sanantoniodeareco.com finden sich genauere Angaben.

🛏 Schlafen

Obwohl San Antonio ein beliebtes Ziel für einen Tagesausflug von Buenos Aires aus ist, lohnt es sich auch, etwas länger zu bleiben: Es gibt einige reizvolle Übernachtungsmöglichkeiten und herrliche Lokale – man braucht mehr als einen Tag, um sie alle kennenzulernen. Wer einen Wochenendbesuch plant, sollte im Voraus buchen und wissen, dass dann regelmäßig die Preise steigen.

Areco Hostel   HOSTEL $

(☑ 453120; www.arecohostel.com.ar; Arellano 121; B/EZ/DZ/3BZ ohne Bad ab 32/45/75/110 US$; ☎) In einem stimmungsvollen alten Gebäude, das auf den Hauptplatz blickt, ist San Antonios nettestes Hostel untergebracht. Es bietet eine Reihe von Unterkünften im Schlafsaal-Stil, außerdem einzelne Zimmer mit Gemeinschaftsbädern. Die saubere, geflieste Gästeküche, der schmale, grasbewachsene Hinterhof, das im Preis inbegriffene kleine Frühstück und die freundliche Leitung sind weitere Pluspunkte.

★ Paradores Draghi   GÄSTEHAUS $$

(☑ 455583; www.paradoresdraghi.com.ar; Matheu 380; EZ/DZ ab 105/120 US$; ❋@☎❊) Allein wegen dieses Hotels lohnt es sich schon, in Areco zu übernachten! Das Boutique-Gästehaus wird liebevoll von einem Mutter-Tochter-Gespann betrieben und liegt bequem in der Nähe des Hauptplatzes. Es verfügt über neun geräumige Zimmer, luftige Patios und einen grünen Garten mit schönem Pool.

San Antonio de Areco

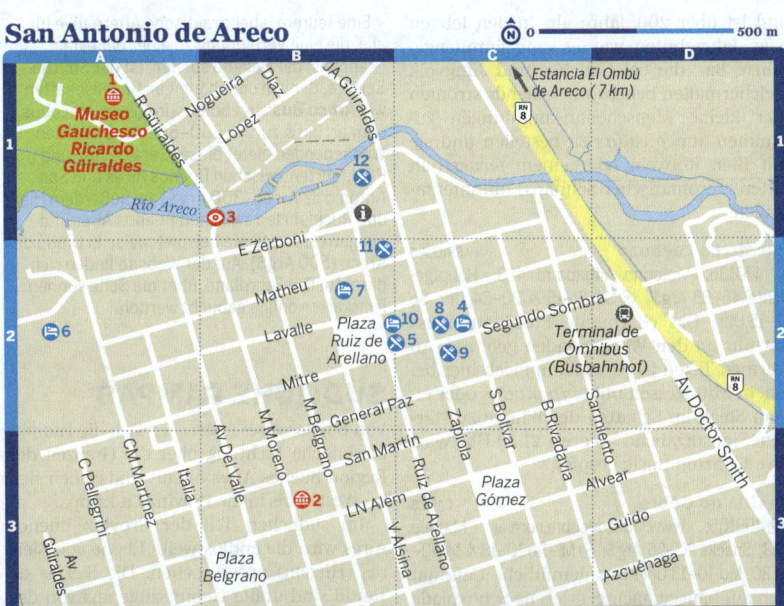

Morgens wird ein wunderbares Frühstück serviert. Interessant sind die private Silberwerkstatt und das Museum, das über die Kunst des Silberhandwerks informiert.

Antigua Casona GÄSTEHAUS $$
([phone] 456600; www.antiguacasona.com; Segundo Sombra 495; DZ ab 145 US$; ❄🛜❄) Das restaurierte traditionelle Haus bietet eine weitere wundervolle Übernachtungsmöglichkeit in Areco. Zur Auswahl stehen fünf Räume mit hohen Decken und Holzböden, die alle rund um überdachte und gefliese Gänge und grüne Patios liegen. Es gibt einen gemeinschaftlich genutzten *parrilla* (Grill) für alle, die sich ihr eigenes Steak braten wollen, und einen kleinen, aber malerischen Pool in einem Backsteinhof.

✗ Essen

★**La Esquina de Merti** ARGENTINISCH $
(www.esquinademerti.com.ar; Ecke Arellano & Segundo Sombra; Hauptgerichte 45–90 Arg$; ⊙9–24 Uhr) Das alte Eckcafé in einer alten *pulpería* direkt auf der Plaza ist eines der traditionellsten und stimmungsvollsten der Stadt. Hier können die Gäste Kaffee oder ein Glas Wein trinken und *empanadas*, Sandwiches oder ein Steak von der *parrilla* genießen. Bei schönem Wetter stehen die

Tische draußen strategisch günstig, um ein wenig „Gaucho-Watching" zu betreiben.

★**Boliche de Bessonart** ARGENTINISCH $
(Ecke Zapiola & Segundo Sombra; *picadas* 25–80 Arg$; ⊙Di–So 11–15 & 18 Uhr bis spätnachts) Das Boliche de Bessonart ist eine lokale Sehenswürdigkeit: Das verwitterte Eckhaus war ursprünglich ein Gemischtwarenladen

und ist über 200 Jahre alt. In den letzten paar Jahrzehnten war es eine familienge-führte Bar, die bei Gauchos und Jungvolk gleichermaßen beliebt war. Abends strömen hier kleine Menschenansammlungen zu-sammen, um *picadas* zu bestellen und sie mit Bier, Rotwein oder einem *fernet* (ein bitterer, aromatischer Schnaps) hinunterzu-spülen.

Puesto La Lechuza
PARRILLA $

(☑ 470136; Victorino Althaparro 423; Hauptge-richte 45–85 Arg$; ☺ Sa 12–15 & 20–24 Uhr, So 12–15 Uhr) Das charmante Lokal am Fluss hat nur an den Wochenenden geöffnet. An warmen Tagen ist es ideal, um sich hier bei einem Mittagessen mit *empanadas* oder ei-nem Steak im Schatten der Bäume zu stär-ken. Samstagabend ab etwa 21.30 Uhr wird Live-Gitarrenmusik gespielt.

La Olla de Cobre
CAFÉ $

(☑ 453105; www.laolladecobre.com.ar; Matheu 433; Snacks 20–55 Arg$; ☺ Mi–So 10–13 & 14.30–19.30, Mo 10–13 Uhr) Das gemütliche Café hat sich auf hausgemachte, erlesene Schokolade und *alfajores* (traditionelle, gefüllte und mit Schokolade überzogene argentinische Kekse) spezialisiert, die zum Kaffee, Tee und heißer Schokolade gereicht werden. Es ist auch eine gute Gelegenheit, sich mit essba-ren Mitbringseln einzudecken.

Almacén Ramos Generales
ARGENTINISCH $$

(www.ramosgeneralesareco.com.ar; Zapiola 143; Hauptgerichte 65–160 Arg$; ☺ 12–15 & 20–24 Uhr) Das elegant restaurierte Lokal – einst ein Gemischtwarenladen – ist ein weiteres von San Antonios historischen Speiselokalen. Heute bietet es ein malerisch-rustikales Ambiente und traditionelle argentinische Speisen, ist jedoch etwas gehobener als viele andere Lokale der Stadt.

❶ Praktische Informationen

Entlang der Alsina liegen einige Banken mit Geldautomaten.

Touristeninformation (☑ 453165; www.sanan toniodeareco.com.ar; Ecke Zerboni & Arellano; ☺ Mo–Fr 10–19, Sa & So 8–20 Uhr)

❶ An- & Weiterreise

Arecos **Busbahnhof** (Av Smith s/n) liegt fünf Blocks östlich vom Hauptplatz.

Chevallier (☑ 453904; www.nuevachevallier. com) bietet eine regelmäßige Busverbindung nach/von Buenos Aires (105 Arg$, 2 Std.).

Eine teurere, aber praktische Alternative für alle, die eine Verbindung zu einer der *estancias* (Ranches) der Gegend suchen, ist der Shuttle-Service, der von unabhängigen Gesellschaften wie **Areco Bus** angeboten wird (www.arecobus. com.ar; hin & zurück 300–500 Arg$). An den Wochenenden bietet dieser Service Hin- und Rückfahrten zwischen Buenos Aires und San Antonio de Areco (300 Arg$) an, außerdem Hin- und Rückfahrten zwischen Buenos Aires und einigen *estancias* wie beispielsweise El Ombú de Areco (500 Arg$). Auf der Website finden sich die aktuellen Fahrpläne, über die Seite können Fahrkarten online gebucht werden.

SÜDLICHE PAMPAS

Von Buenos Aires erstrecken sich die Pampas in südliche Richtung über die Grenzen der Region Buenos Aires hinaus und ziehen sich im Westen bis in die Provinz La Pampa.

Im südlichen Teil der Provinz Buenos Aires wird die endlos weite Ebene von Sier-ras (Hügeln) unterbrochen. Die Sierras de Tandil sind uralte Gebirgszüge aus von der Erosion abgerundeten Hügeln, deren Gipfel nicht höher als 500 m sind. Etwas weiter westlich erreichen die zackigen Gipfel der Sierra de la Ventana 1300 m und sind damit ein attraktives Ziel für Wanderer und Berg-steiger.

Noch weiter westlich in der Provinz La Pampa ragen die bescheidenen Granithügel des Parque Nacional Lihué Calel auf.

Die in den Hügeln gelegenen Städte Tan-dil und Sierra de la Ventana bieten zahlrei-che Möglichkeiten für Aktivitäten im Freien und eine entspannte Atmosphäre. Die Pro-vinzhauptstadt Santa Rosa empfiehlt sich zumindest für eine Verschnaufpause auf dem Weg zu bekannteren Reisezielen im Westen und Süden des Landes.

Tandil
☑ 0249 / 124 000 EW.

Die hübsche Stadt liegt am nördlichen Rand der Sierras de Tandil, einer 2,5 Mio. Jahre alten Bergkette. Durch Erosion entstanden sanfte, grasbewachsene Hügel und Felsvor-sprünge, die zum Klettern und Mountainbi-ken geradezu ideal sind. Zum Reiz der Stadt gehört die Mischung aus dörflichem Charme und der Energie einer Großstadt. Im grünen Stadtzentrum herrscht eine entspannte At-mosphäre, viele Geschäfte schließen über die mittägliche Siesta. Später am Abend allerdings bevölkern die Einheimischen die Plätze und Straßen, um einkaufen zu gehen oder die kulturellen Angebote zu nutzen. Ausgehen und *picadas* bestellen – Holzplatten, auf denen sich lokale Käsesorten und Schinken türmen – hat hier Tradition, denn Tandil ist in ganz Argentinien für seine exzellente Salami bekannt. Einen internationalen Bekanntheitsgrad verdankt es der unverhältnismäßig großen Zahl von Tennisstars, die es hervorgebracht hat, darunter als jüngsten Vertreter Juan Martín del Potro.

Die Stadt entwickelte sich aus dem Fuerte Independencia, einem militärischen Vorposten, der 1823 gegründet wurde. In den frühen 1870er-Jahren fand hier einer der berüchtigtsten Zwischenfälle in der Geschichte der Provinz statt: Eine Gruppe abtrünniger Gauchos hatte sich in den Hügeln verschanzt, um von hier aus einen mörderischen Rachezug gegen die Landbesitzer und Einwanderer zu starten. Die Einwanderer überlebten – und dank ihrer Kochkünste, die sie aus Europa mitbrachten, wurde die Region zu einem Zentrum kulinarischer Spezialitäten.

◉ Sehenswertes

Der Spaziergang zum **Parque Independencia** von der südwestlichen Ecke der Stadt aus bietet einen wunderschönen Blick über die Stadt, besonders bei Nacht. Die Einheimischen dagegen tummeln sich abends lieber auf der zentralen **Plaza de Independencia**, die von öffentlichen Gebäuden und einer Kirche gesäumt wird.

Cerro El Centinela   PARK
(www.cerrocentinela.com.ar) Wer einen großartigen Ausblick auf Tandil mit einer entspannten Nachmittagswanderung verbinden möchte, kann zu diesem Park auf einer Bergkuppe laufen, der 6 km westlich der Stadt liegt. Hier gibt es eine Bäckerei, ein Restaurant mit Tischen im Freien, und einen Sessellift, in dem die Besucher nach oben schweben (außerhalb der Sommermonate nur an den Wochenenden geöffnet). Mit dem Taxi erreichbar.

Cerro La Movediza   HÜGEL
(www.lapiedramovediza.com.ar; Av Campos s/n) Am Nordende der Stadt schwankte jahrelang auf dem Cerro La Movediza die Piedra Movediza, ein 300 t schwerer „Schaukelstein", bevor dieser 1912 schließlich tatsächlich in die Tiefe stürzte. 2007 wurde eine fest montierte Replik dort installiert, und

wie sein Vorgänger ist auch dieser Stein eine große Touristenattraktion (und einmalige Gelegenheit für ein originelles Foto). Erreichbar ist die Attraktion mit dem Taxi oder mit der Buslinie 503.

Museo Tradicionalista
Fuerte Independencia   MUSEUM
(☑ 443-5573; 4 de Abril 845; Eintritt 20 Arg$; ◷ März–Nov. Di–So 14.30–18.30 Uhr, Dez.–Feb. Di–So 16–20 Uhr) In dem historischen Museum, das eine große und abwechslungsreiche Ausstellung über Tandils Geschichte präsentiert, bekommen die Besucher lohnende Informationen über den geschichtlichen Kontext; Fotos erinnern an wichtige Ereignisse der Stadtgeschichte. Das Museum steckt voller Erinnerungsstücke, die von lokalen Familien gestiftet wurden: Die Bandbreite reicht von Wagen bis hin zu Damenhandschuhen.

🏃 Aktivitäten

Der Stausee **Lago del Fuerte** liegt nur zwölf Blocks südlich der Plaza de Independencia und lässt sich in wenigen Stunden leicht umwandern. Im Sommer können **Kanus** und **Kajaks** gemietet werden, oder man macht es sich zum Mittagessen oder zur *merienda* (einem Nachmittagssnack mit Tee, Kaffee oder *mate*) in einem der Restaurants entlang des Ufers gemütlich.

Genauere Informationen über die zahlreichen Outdoor-Aktivitäten rund um die Stadt wie Fahrradverleih, Wandern, Kanufahren, Abseilen, Mountainbiking und Klettern bietet die Touristeninformation mit einer umfassenden Liste an Reiseveranstaltern und Mietagenturen.

🛌 Schlafen

Während der Sommermonate, an Ostern und verlängerten Wochenenden mit Feiertag unbedingt reservieren. Viele Argentinier kommen eigens hierher, um in einer der vielen *Cabaña*-Anlagen (Blockhütten) in der Region zu übernachten. Diese sind oft mit Terrassen, Feuerstellen und/oder Swimmingpools ausgestattet, und es lässt sich dort wunderbar entspannen. Allerdings sind die Anlagen nur mit dem Auto bequem erreichbar. Nachfolgende Übernachtungsmöglichkeiten liegen in der Stadt.

Gran Hotel Roma   HOTEL $
(☑ 442-5217; www.hotelromatandil.com.ar; Alem 452; DZ ab 62 US$; ☎) Das Gran Hotel Roma ist die preisgünstigste Wahl in der Stadt. Al-

DER GLORREICHE GAUCHO

Wenn der melancholische *tanguero* (Tangotänzer) den *porteño* (Einwohner von Buenos Aires) verkörpert, so ist der Gaucho das Sinnbild der Pampa: eine einsame Gestalt mit dem Pferd als einzigem Freund im Kampf gegen die Elemente.

In den frühen Anfängen der Kolonie lebten die Gauchos jenseits der Gesetze und Bräuche von Buenos Aires. Sie fristeten ein unabhängiges und oftmals gewalttätiges Dasein auf dem Land, schlachteten Rinder, die unbeaufsichtigt in den fruchtbaren Pampas herumliefen, und tranken Mate, den stark koffeinhaltigen Tee.

Als die Kolonie wuchs, wurden die Rinder zu wertvoll, um sie frei herumlaufen zu lassen. Die ausländische Nachfrage nach Leder stieg, und die Investoren zogen in die Pampas, um die Kontrolle über den Markt zu übernehmen. Sie etablierten das *Estancia*-System: Große Landflächen wurden an einige wenige Privilegierte übergeben. Viele frei lebende Gauchos wurden damit zu ausgebeutetem Gesinde, während man all jenen, die sich gegen diese Bevormundung wehrten, mit Gefängnis drohte.

Im späten 19. Jh. waren die Verantwortlichen der Meinung, dass es für den Gaucho keinen Platz mehr im modernen Argentinien gäbe. Präsident Sarmiento (reg. 1868–1874) erklärte, dass „das Düngen des Bodens mit ihrem Blut das Einzige (sei), wofür die Gauchos taugen" – bereits damals war viel Gauchoblut vergossen worden. Ihre Reitkunst machte die Gauchos allerdings zu begehrten, ausgezeichneten Infanteristen in Argentiniens Bürgerkrieg und den brutalen Feldzügen gegen die Indios.

Wie so viele Helden errang auch der Gaucho die Zuneigung und Bewunderung der Menschen erst nach seinem Niedergang. Seine physische Standhaftigkeit, sein Ehrbegriff und die Sehnsucht nach Freiheit werden in José Hernández' 1872 entstandenem epischen Gedicht *Martin Fierro* und in Ricardo Güiraldes' Roman *Don Segundo Sombra* gewürdigt. Seine Traditionen gehören zur argentinischen Volkskunst: Viele Gauchos waren begabte Handwerker, die aufwendige, silberne Gaucho-Messer und gewebte Ponchos herstellten. Das Bild des Gauchos wurde in zahlreichen Varianten reproduziert – am amüsantesten in Florencio Molina Campos' Karikaturen.

Heute ist der Export-Gaucho viel leichter aufzustöbern als der echte; man trifft ihn vor allem in Shows auf den *estancias*. Dennoch leben die Nachfahren der Gauchos überall in den Pampas auf den Rinderfarmen. Sie reiten über die weite Ebene in ihren staubigen *bombachas* (Reiterhosen) und tragen auf dem Kopf die traditionellen *boinas* (eine Art Baskenmütze). Und zu besonderen Gelegenheiten wie dem Día de la Tradición kramen sie ihr bestes Zaumzeug heraus und glänzen mit ihren Reitkünsten.

les ist auf das absolute Minimum reduziert und man sieht ihm sein Alter an. Trotzdem hat es unüberbietbare Vorteile: Es liegt nur einen Block von Tandils Hauptplatz entfernt, bietet freies WLAN und hat unten eine Bar.

Casa Chango
HOSTEL **$**
(442-2260; www.casa-chango.com.ar; 25 de Mayo 451; B/DZ/3BZ ab 17/58/88 US$; @ 🛜) Das Beste an diesem Hostel sind die hellen und attraktiven Gemeinschaftsbereiche, wie das gemeinschaftliche Esszimmer und die Küche mit bunten Fliesen, hohen Decken und historischem Charme. Die Schlafräume sind so lala, einige Reisende haben sich schon über den schlechten Service und die mangelnde Sauberkeit beklagt. Wer also kein allzu knappes Budget hat, sollte sich eher nach Alternativen umschauen.

You & Me Apartment
BUNGALOW **$$**
(444-8669; www.tandiltravel.com/you-me-apartment.htm; Ecke Pinto y Buzón; DZ ab 80 US$; ❄🛜) Wer das Glück hat, sich diesen Zwei-Personen-Bungalow unter den Nagel reißen zu können, hat praktisch sein eigenes kleines Haus in Tandil, inklusive eines kleinen Gartens, in dem er im Schatten der Bäume ein ausgedehntes Frühstück genießen kann. Das Haus liegt ein paar Blocks vom Busbahnhof entfernt auf dem Weg in die Stadt und wird liebevoll betreut. Außerdem ist es gut ausgestattet und verfügt über eine kleine Küche und WLAN.

Plaza Hotel
HOTEL **$$**
(442-7160; www.plazahoteldetandil.com.ar; Pinto 438; EZ/DZ ab 84/103 US$; ❄🛜) Die Lage, die Lage, die Lage: Tandils Plaza Hotel mag

vielleicht keine Preise für innovatives Design gewinnen, aber es ist bequem und liegt direkt an der Hauptplaza.

Belgrano 39 B&B
B&B $$

(☎0249-15-460-7076, 0249-442-6989; hutton@speedy.com.ar; Belgrano 39; Zi 80 US$; ☎✿) Hier gibt es nur Raum für vier Personen, aber es lohnt sich, im friedlichen B & B, das von einem Unikum von Engländerin mit enzyklopädischem Wissen über Tandil betrieben wird, nach einem Zimmer zu fragen. Zwei Zimmer sind verfügbar, mit einem großen zauberhaften Garten und Pool und der Möglichkeit, abseits der Straße zu parken. Unbedingt im Voraus buchen.

🍴 Essen & Ausgehen

In Tandil besteht die netteste Art, satt zu werden, darin, sich *picadas* zu organisieren, einen Picknickkorb zu packen und wandern zu gehen ... oder sich in einem der zahlreichen Restaurants am Ufer des Lago del Fuerte zu entspannen.

Grill Argentino
ARGENTINISCH $

(Gral Rodríguez 552; Hauptgerichte 58–120 Arg$; ☺12–15 & 20.30–24 Uhr) Der zentral gelegene, höhlenartige Speisesaal liegt einen halben Block von der Plaza entfernt und ist wegen seines effizienten Service und der gemäßigten Preise beliebt. Außerdem werden großzügige Portionen argentinischer Klassiker wie *milanesas* mit Pommes, Pasta und Steaks serviert.

★Época de Quesos
ARGENTINISCH $$

(www.epocadequesos.com/tandil; Ecke San Martín & 14 de Julio; picadas für 1/2 Personen ab 160/370 Arg$, Hauptgerichte ab 59 Arg$; ☺9–24 Uhr) Dieses herrlich rustikale Wahrzeichen der Stadt ist ein Muss. Der Laden vorne bietet eine große Auswahl an lokalem Käse und Geräuchertem an, die perfekte Grundlage für jedes Picknick. Abends ist es wunderbar behaglich und stimmungsvoll, wenn das Kerzenlicht die hölzerne Einrichtung in einen warmen Schein taucht. Der ideale Fleck für *picadas* und ein Glas Wein für einen Freitag- oder Samstagabend.

Tierra de Azafranes
INTERNATIONAL $$

(☎443-6800; www.tierradeazafranes.com.ar; Ecke San Martín & Av Santamarina; Hauptgerichte 88–140 Arg$; ☺Mi–Mo 12–15 & 20.30–24 Uhr) Das beliebte und geschickt eingerichtete Restaurant ist für seinen Fisch, die Steaks, Pastas, Risottos und die Paella bekannt. Außerdem gibt es, sobald es kühler wird, spezi-

ESTANCIA AVE MARÍA

Nur wenige Kilometer außerhalb der Stadt und in unmittelbarer Nähe des Cerro El Centinela liegt die **Estancia Ave María** (☎0249-442-2843; www.avemariatandil.com.ar; Paraje La Poteña; DZ 270 US$; @☎✿), eine wunderbar traditionelle Rückzugsmöglichkeit, von der Reisende regelmäßig schwärmen. Die historische und wunderschöne 300 ha große *estancia* hat geräumige Zimmer mit Blick auf die Hügel sowie elegante Gemeinschaftsbereiche, in denen man Bücher lesen oder seinen Nachmittagstee genießen kann. Frühstück und Abendessen sind im Preis inbegriffen, ebenso Aktivitäten wie Ausritte. Unbedingt im Voraus buchen: Die *estancia* ist zu Recht sehr beliebt.

elle Meeresfrüchte-Eintöpfe sowie eine gute Weinkarte. Es liegt zwischen der Hauptplaza und dem Busbahnhof.

Parrilla El Trébol
PARRILLA $$

(☎444-2333; Ecke Mitre & 14 de Julio; Hauptgerichte 75–145 Arg$; ☺Di–Fr 20–24 Uhr, Sa 12–24, So 12–15 Uhr) Die schlichte *parrilla* hat sich auf perfekt gegrillte Steaks und erstklassige Salate spezialisiert und zählt zu den Lieblingslokalen der Einheimischen.

Antares
BAR

(www.cervezaantares.com; 9 de Julio 758; ☺19.30–2 Uhr) In der Tandiler Filiale der beliebten modernen Brauereikette kann man sich an der Bar ein Bier bestellen oder nach ein paar Kostproben vom Zapfhahn hinter dem Tresen fragen. Außerdem gibt es hier gutes Essen (Hauptgerichte 60–120 Arg$). Am Wochenende wird abends Livemusik gespielt.

Shoppen

Syquet
LEBENSMITTEL

(www.syquet.com.ar; Ecke Gral Rodríguez & Mitre; ☺Mo–Fr 9–13 & 17–21, Sa 9–21, So 10–21 Uhr) Der charmante Eckladen hat eine verlockende Auswahl an lokalem Käse, Salami und Schinken sowie viele andere regionale Feinkostprodukte. Es gibt noch zahlreiche andere Läden mit ähnlich verführerischem Angebot in der Stadt, die meisten bieten eine Gratiskostprobe an.

M G THERIN WEISE / GETTY IMAGES ©

1. Traditioneller Gauchoschmuck mit Dolch **2.** Reiten auf La
Candelaria **3.** La Candelaria **4.** Gaucho bei der Zubereitung von
Mate

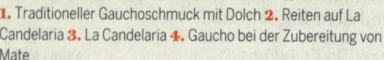

LA CANDELARIA / WOW FACTOR ©

Zu Besuch auf einer Estancia

Die Weiten der Pampa kann man am besten auf einer *estancia* erleben. In der glorreichen Zeit des späten 19. Jhs. bauten sich die reichen Familien noble Villen und üppige Gärten.

Die ruhmreichen Zeiten sind längst passé und viele dieser Häuser heute für das Publikum geöffnet. Zum *día de campo* („Tag auf dem Land") gehören normalerweise ein großes *asado*, eine Führung durch das historische Haus, die Möglichkeit zu Ausritten, Radtouren und ein Pool. In manchen Häusern wird eine Gaucho-Vorführung geboten, bei der es folkloristische Tanzdarbietungen und Vorführung der Reiter gibt; andere richten Polowettkämpfe aus. *Estancias* sind eine nachhaltige Touristenattraktion, die zur Bewahrung der alten Tradition beiträgt. Viele bieten auch Übernachtungsmöglichkeiten mit Mahlzeiten und Aktivitäten.

Auswahl an Estancias

Die folgenden *estancias* liegen nur wenige Stunden von Buenos Aires entfernt:

Los Dos Hermanos (☎011-4723-2880; www.estancialosdoshermanos.com; Día de campo 100 US$) Die Ranch eignet sich sehr gut für Tagesausflüge und Ausritte.

La Candelaria (☎02227-494132; www.estanciacandelaria.com; Día de campo ab 94 US$, DZ mit Vollpension ab 217 US$) Das recht extravagante Schloss in französischem Stil ist bei Sonnenuntergang ein schönes Fotomotiv.

Estancia Ave María (S. 143) Exklusive ländliche Unterkunft außerhalb von Tandil.

Candelaria del Monte (☎02271-442-431; www.candelariadelmonte.com.ar; Ruta 41, San Miguel del Monte; Zi. mit Vollpension pro Pers. 220 US$; ☀) Lässig und elegant zugleich, mit schönem Swimmingpool.

Puesto Viejo Estancia (☎11 5279-6893; www.puestoviejoestancia.com.ar; RP 6, Km 83, Cañuelas; Día de campo Erw./Kind 85/43 US$, Zi. mit Vollpension pro Pers. 225 US$; ☀) Auf der eleganten Ranch kann man das Polospiel erlernen.

ⓘ Touristeninformation

Es gibt zahlreiche Banken mit Geldautomat im Zentrum.

Touristeninformation (📱 444-8698; www.tandil.gov.ar; Rodríguez 445; ⊙ 9 Mo–Sa 9–20, So 9–13 Uhr) Gegenüber von Tandils zentraler Plaza. Eine Dependance befindet sich beim Busbahnhof.

ⓘ An- & Weiterreise

Tandils **Busbahnhof** (📱 432092; Av Buzón 400) liegt 12 Blocks östlich der Hauptplaza und ist entweder zu Fuß oder mit dem Taxi erreichbar (etwa 35 Arg$); Taxistand vor dem Busbahnhof.

Die Züge von Buenos Aires' Bahnhof Constitución (*Primera-*/*Pullman-Klasse* 120/145 Arg$, 7 Std.) kommen am Bahnhof in Tandil, der **Estación Tandil** (📱 423002; www.ferrobaires. gba.gov.ar), jeweils Dienstag- und Freitagnacht an und fahren Mittwoch- und Samstagnacht zurück. Unbedingt den Fahrplan online prüfen, da manchmal eine Verbindung ausfällt.

Busse von Tandil

REISEZIEL	FAHRPREIS (ARG$)	FAHRZEIT (STD.)
Buenos Aires	320–380	5½
Córdoba	930–1065	14–15
Mar del Plata	231	3
Mendoza	1050–1200	17
Necochea	146–160	3

ⓘ Unterwegs vor Ort

Tandils hervorragendes öffentliches Nahverkehrsnetz (Fahrt 7,20 Arg$) bringt die Reisenden zu jeder wichtigen Sehenswürdigkeit. Buslinie 500 (gelb) fährt zum Lago del Fuerte, die Buslinien 501 (rot) und 505 (braun) zum Busbahnhof und Linie 503 (blau) zum Cerro La Movediza, der Universität und dem Busbahnhof.

Sierra de la Ventana

📱 0291 / 5000 EW.

Sierra de la Ventana ist ruhig und sehr friedlich, ein Erholungsort für geschäftige *bahienses* (Einwohner von Bahía Blanca). Sie fallen an den Wochenenden mit Wagenladungen voll Kindern, Hunden und allen Zutaten für ein gigantisches *asado* (Grill) im Ort ein. Dessen Hauptattraktionen sind die malerischen Hügel und das vielfältige Angebot an Outdoor-Aktivitäten in der Region: Wanderungen in der umliegenden Bergwelt, Forellenfischen, Baden in den Flüssen und Pools, Reiten, Radfahren, Klettern oder Abseilen.

🏃 Aktivitäten
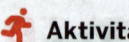

Die Region bietet viele Outdoor-Aktivitäten, von denen man die meisten auf eigene Faust unternehmen kann. Wer einen Wanderführer braucht, Klettern, Ausritte oder etwas anderes unternehmen will, sollte bei den Agenturen nachfragen, die hier aufgelistet werden. Sie sind alle auf der Avenida San Martín zu finden.

Etliche kleinere Ausrüster verleihen Räder. Einer davon ist **Rodados El Montañes** (📱 0291-648-0142; Ecke Fortín Mercedes & Iguazú ; ⊙ Mo–Sa 9–13 & 17–20.30 Uhr).

An heißen Tagen ist der Flussbereich hinter dem Alihuen Hotel ein beliebter Treffpunkt zum Baden. Etwas ruhiger geht es zu, wenn man zum Ufer des Arroyo San Bernardo läuft, der südlich der Avenida San Martín liegt – am Hotel Provincial vorbei zu einem Bereich, der als Barrio Parque Delfino bekannt ist.

👉 Geführte Touren

Tierra Ventana   ABENTEUERTOUR
(📱 509-4696; www.tierraventana.com; Av San Martín s/n; ⊙ Mo–Sa 10–18 Uhr) Angebote für geführte Touren umfassen eine Halbtages-Wanderung zum Cerro Ventana, eine Fotosafari zum Cerro Tigre, einen Besuch im Parque Provincial Tornquist und eine nächtliche Fahrt zum Bewundern des Sternenhimmels.

Silver Viajes y Turismo   REITEN
(Av San Martín 156; ⊙ Mo–Sa 9–18 Uhr) Die Anlage ist auf Reiten spezialisiert, bietet aber auch Wanderungen und Ausflüge im Geländewagen an.

🛏 Schlafen

Im Sommer und an verlängerten Wochenenden besser im Voraus buchen. Die Touristeninformation hat eine umfangreiche Liste mit *cabañas,* von denen einige nur geeignet sind, wenn man mit dem eigenen Leihwagen reist.

Alihuen Hotel   HOTEL $$
(📱 0291-491-5074; www.lasierradelaventana. ar/alihuen; Ecke Tornquist & Frontini; DZ/3BZ ab 81/108 US$; 🅿🐾) Etwa vier Blocks vom Hauptgeschehen entfernt und strategisch günstig am Flussufer liegt dieses charmante Hotel im alten Stil. Luxuriös kann man es mit seinen knarrenden Holzböden und dem schlichten Mobiliar nicht gerade nennen, aber es hat definitiv Atmosphäre – und jede

Menge Platz im Freien, um sich zu entspannen, inklusive Swimmingpool bei warmem Wetter.

Cabañas Bodensee CABAÑAS $$
(☎0291-491-5356; www.sierrasdelaventana.com.ar/bodensee; Rayces 455, Villa La Arcadia; *cabaña* für 2/4 Pers. ab 78/97 US$;) Der Komplex mit seinen Blockhütten liegt rund um einen hübschen Swimmingpool. Ein netter Ort zum Entspannen, der auch noch zu Fuß vom Stadtzentrum aus erreichbar ist. Jede Hütte ist mit einer kleinen Küche und einer Veranda mit großer *parrilla* ausgestattet. Er liegt im Viertel Villa La Arcadia, direkt über dem Fluss und in unmittelbarer Nähe der meisten Attraktionen in Sierra de la Ventana.

Hotel Provincial HOTEL $$
(☎0291-491-5024; www.hotelprovincialsierra.com; Drago 130; DZ/3BZ ab 139/157 US$;) Ein großartiges altes Hotel, das erst kürzlich renoviert wurde. Die Zimmer wirken neu und relativ luxuriös, aber der Hauptanziehungspunkt sind die Gemeinschaftsbereiche: zwei Swimmingpools, ein Salon mit offener Feuerstelle und Blick auf die umliegenden Berge, ein modernes Restaurant und ein Wellnessbereich. Familien und Pärchen steigen sehr gerne hier ab. In der Nähe liegt ein 18-Loch-Golfplatz. Zum Hotel gehört darüber hinaus ein Kasino.

Essen

Einige Restaurants sind außerhalb der Sommermonate Dezember bis März an einem oder mehreren Tagen die Woche geschlossen. Selbstversorger finden einige Supermärkte und traditionelle Lebensmittelläden auf der Hauptstraße.

Orientierung

Die Stadt ist durch den Río Sauce Grande in zwei Bereiche unterteilt. Die Hauptstraße Avenida San Martín liegt südlich des Flusses, ebenso wie Busbahnhof, Bahnhof und die meisten Geschäfte und Dienstleistungen.

Praktische Informationen

Eine gute Informationsquelle hinsichtlich Aktivitäten, Unterkünften und Transportmöglichkeiten in der Region ist die Website www.sierrasdelaventana.tur.ar (auf Spanisch).

Banco Provincia (San Martín 260) hat Geldautomaten.

Touristeninformation (☎0291-491-5303; www.sierradelaventana.org.ar; Av del Golf s/n; ⌚8–20 Uhr) Auf der anderen Seite der Gleise beim Bahnhof.

An- & Weiterreise

Condor Estrella (☎0291-491-5091; www.condorestrella.com.ar) bietet Busverbindungen nach Buenos Aires (550 Arg$, 9 Std., 6-mal

ABSTECHER

VILLA VENTANA

Nur 17 km nordwestlich von Sierra de la Ventana liegt das friedliche Dorf Villa Ventana. Viel gibt es hier nicht zu unternehmen, außer die staubigen Straßen mit ihren Pinien zu durchwandern, die sich durch die hübschen Wohnviertel schlängeln, und die Ruinen von Südamerikas erstem Kasino zu besichtigen (nur geführte Touren; siehe **Touristeninformation** (☎0291-491-0095; ⌚Mo–Do 8–18, Fr–So bis 19, Jan. & Feb. tgl. bis 20 Uhr, am Eingang der Stadt). Villa Ventana liegt näher am Parque Provincial Ernesto Tornquist als Sierra de la Ventana und ist daher für den Parkbesuch der bessere Standort.

Es gibt mehrere Übernachtungsmöglichkeiten, aber keine von ihnen ist sonderlich preiswert. Eine bequeme Wahl ist **Cabañas La Ponderosa** (☎0291-491-5491; www.villalaponderosa.com.ar; Ecke Cruz del Sur & Hornero; *cabañas* für 1/2/3/4/5 85/100/110/130/140 US$;), schräg gegenüber der Minibus-Haltestelle. Die Anlage bietet geräumige und heimelige Holzhütten, einige davon mit Loft und alle mit Einbauküche. Unter der Woche und von April bis Mitte Dezember sinken die Preise.

Condor Estrella bietet eine tägliche Busverbindung zwischen Sierra de la Ventana und Villa Ventana an (30 Arg$, 20 Min.); der gleiche Bus fährt auch nach Tornquist zum Parque Provincial Ernesto Tornquist (35 Arg$, 30 Min.). Passt der Fahrplan nicht zu den eigenen Reiseplänen, kann man auch ein Taxi zum Park nehmen und für die Rückfahrt ein *remise* (privates Taxi) nach Sierra de la Ventana organisieren. Letzteres kostet etwa 150–200 Arg$ für bis zu drei Fahrgäste.

wöchentl.) und Bahía Blanca an (110 Arg$, 2½ Std., 2-mal tgl.). Die Busse starten vor einem kleinen Büro in der Avenida San Martín, einen Block von der YPF-Tankstelle entfernt. Es gibt auch eine tägliche Busverbindung von Condor Estrella zwischen Sierra de la Ventana und Villa Ventana (30 Arg$, 20 Min.).

Zweimal die Woche bietet **Ferrobaires** (www. ferrobaires.gba.gov.ar) eine Zugverbindung nach Sierra de la Ventana; es ist die Zuglinie, die zwischen Bahía Blanca und Buenos Aires verkehrt (115–205 Arg$).

Wer nach Bahía Blanca möchte, reist schneller (und oft auch bequemer), indem er einen Platz im **Norte Bus** reserviert (☎ 0291-15-468-5101) (120 Arg$, 1 Std.). Die Langstreckenbusse bieten einen Tür-zu-Tür-Service an. Der Shuttle-Bus fährt zwei- bis dreimal täglich in Sierra de la Ventana ab; unbedingt telefonisch reservieren.

Parque Provincial Ernesto Tornquist

Der 67 km² große **Provinzpark** (☎ 491-0039; www.tornquist.gov.ar; Erw./Kind 10/4 Arg$; ☉ Dez.–März 8–17 Uhr, April–Nov. 9–17 Uhr) liegt 22 km von Sierra de la Ventana entfernt und lockt Besucher aus der ganzen Provinz an. Es gibt zwei Eingänge: Der erste mit dem **Centro de Visitantes** liegt 5 km westlich von Villa Ventana. Der Hauptwanderweg ist der zweistündige Rundweg **Cerro Bahía Blanca**, der großartige Ausblicke bietet. Hier finden sich auch die **Cuevas con Pinturas Repustres** – Höhlenmalereien, die nur im Rahmen einer geführten Tour besichtigt werden können. Solche Führungen bieten diverse Agenturen rund um Sierra de la Ventana an, z. B. Tierra Ventana (S. 146).

Das Highlight des Parks liegt allerdings beim zweiten Eingang, 3 km weiter westlich. Der fünfstündige Rundwanderweg zum 1150 m hohen **Cerro de la Ventana** führt zu einer Felsformation in Fensterform in der Nähe des Gipfels. Beim Aufstieg bieten sich dramatische Ausblicke auf die umliegenden Hügel und die fernen Pampas. Wanderer sollten sich bei den Rangern vor 11 Uhr am Ausgangspunkt anmelden und ausreichend Wasser und Sonnenschutz mitnehmen.

Weniger anspruchsvolle Ziele, die von Cerro de la Ventana aus erreichbar sind, sind z. B. **Piletones** (Rundweg, 2½ Std.) und **Garganta Olvidada** (Rundweg, 1 Std.). Um die Schlucht **Garganta del Diablo** und das Becken beim Wasserfall (Rundweg, 6 Std.) zu sehen, muss man sich allerdings an ein Tour-Unternehmen wenden.

Condor Estrella (S. 147) fährt Tornquist zweimal täglich von Sierra de la Ventana aus an (40 Arg$, 1 Std.). Wer am Eingang des Parks aussteigen will, sollte dem Fahrer Bescheid geben. Wem es wichtig ist, schon bei der Parköffnung vor Ort zu sein, der sollte ein *remise* (Taxi) zum Park nehmen, entweder von Sierra de la Ventana oder von Villa Ventana aus.

Santa Rosa
☎ 02954 / 103 000 EW.

Ungefähr 600 km von Buenos Aires und ziemlich weit von den anderen Ortschaften entfernt gelegen, ist Santa Rosa nur als Durchgangsort für Überlandbusse interessant. Die Stadt mit ihren freundlichen Bewohnern und einem recht geschäftigen Zentrum wirkt auch heute noch kleinstädtisch.

Sehenswertes & Aktivitäten

Die **Laguna Don Tomás** ist umgeben von einem Park gleichen Namens und liegt 1 km westlich des Stadtzentrums. Die Einheimischen fahren dorthin, um zu segeln, zu schwimmen, Rad zu fahren oder auf einem der vielen Waldpfaden umherzustreifen.

La Malvina   HISTORISCHES GEBÄUDE
(☎ 436-555; Parque Don Tomás; ☉ wechselnde Öffnungszeiten) GRATIS Am Rande der *laguna* liegt La Malvina – die elegante Original-*estancia* des Gründers von Santa Rosa. Sie wurde restauriert und der Öffentlichkeit zugänglich gemacht. Ein kleines Museum zeigt alte Fotos aus den frühen Tagen der Siedlung und lohnt einen kurzen Besuch. Interessant ist auch die Gegenüberstellung alter und neuer Fotos von Santa Rosas historischen Gebäuden.

Schlafen & Essen

Residencial Atuel   HOTEL $
(☎ 422597; www.atuel.aehglp.org.ar; Luro 356; EZ/DZ/3BZ 30/48/60 US$; ❉ 🛜) Unweit des Busbahnhofs liegt dieses freundliche Hotel mit verwohnten, aber sauberen Zimmern mit Kabelfernsehen. Es ist bequem und für eine Nacht völlig in Ordnung.

Hotel Calfucurá   HOTEL $$
(☎ 433303; www.hotelcalfucura.com; Av San Martín 695; EZ/DZ ab 85/97 Arg$; ❉ 🛜 ☎) Einst war das Hotel Calfucurá Santa Rosas bestes Hotel, inzwischen ist es in die Jahre gekommen. Obwohl das Hotel eine Grundsanierung gut

gebrauchen könnte, sind die Zimmer noch immer komfortabel (vor allem die Duschen sind exzellent) und der Pool ein netter Bonus bei heißem Wetter. Praktisch ist die Lage zwischen Busbahnhof und Hauptplaza.

La Capital CAFÉ $
(Ecke 9 de Julio & Avellaneda; Hauptgerichte 35–105 Arg$; ⊙ Mo–Sa 7.30–24 Uhr, So 17.30 Uhr bis spätnachts) Santa Rosas ältestes Café liegt in einem lässigen modernistischen Eckgebäude am Hauptplatz und ist einfach, aber klassisch. Es hat ganztags geöffnet, und während der Frühstückszeit herrscht reger Betrieb, ebenso mittags, wenn *empanadas*, Pizza, Salate und Sandwiches auf der Speisekarte stehen. Bei schönem Wetter ist es nett, sich mit einem kühlen Bier an einen der Tische auf dem Bürgersteig zu setzen.

🅘 Praktische Informationen

Im Stadtzentrum befinden sich mehrere Geldautomaten.
Touristeninformation der Provinz (☑ 424404; www.turismolapampa.gov.ar; Ecke Luro & San Martín; ⊙ Mo–Fr 7–21, Sa & So 9–13 & 16–21 Uhr) Gegenüber vom Busbahnhof; längere Öffnungszeiten im Januar und Februar.

🅘 An- & Weiterreise

Aerolíneas (☑ 427588; www.aerolineas.com.ar; Pico 267) fliegt nach Buenos Aires. Der Flughafen liegt 3 km von der Innenstadt entfernt. Ein Taxi zwischen Flughafen und Stadtzentrum kostet etwa 35 Arg$.

Der **Busbahnhof** (Luro 365) befindet sich sieben Blocks von der Plaza entfernt, Richtung Osten. Es gibt Busverbindungen nach Buenos Aires (565–656 Arg$, 8–11 Std.); zum Zeitpunkt der Recherchen konnte man Bahía Blanca allerdings nur mit dem eigenen Wagen oder dem täglichen Tür-zu-Tür Minibusservice (4 Std.) erreichen. Diesen bietet **Vivian Tours** (☑ 421200; Ecke Luro & Rosas; Shuttle-Service 330 Arg$ einfach) an. Telefonisch reservieren; der Shuttlebus fährt von Santa Rosa Richtung Bahía Blanca am Nachmittag oder frühen Abend ab.

Autos vermietet **Sixt** (☑ 414600; www.sixt.com.ar; Lisandro de la Torre 96). Es gibt Filialen in der Innenstadt und am Flughafen, online werden gute Preise geboten.

Reserva Provincial Parque Luro

☑ 02954
Hier lebt eine Mischung aus eingeführten und einheimischen Tierarten, außerdem über 150 Vogelarten. Im 76 km² großen **Schutzgebiet** (☑ 452600; www.parqueluro.tur.ar; Ruta Nacional 35, 292 km; Eintritt 4 Arg$, geführte Touren im Museo El Caserío & Museo El Castillo 8 Arg$; ⊙ 9–19 Uhr) in der Nähe von Santa Rosa können Besucher ein paar friedliche Stunden außerhalb der Stadt verbringen. Wochentags ist es ruhig, aber an den Wochenenden herrscht reger Betrieb, wenn die einheimischen Familien mit allen notwendigen Zutaten für ein *asado* (Grill) auftauchen. Wer keine Massen mag, sollte vor allem die Sonntage meiden. An heißen Sommertagen Trinkwasser und Sonnenschutz nicht vergessen.

Anfang des 20. Jhs. schuf Pedro Luro, ein französisch-baskischer Einwanderer, der schließlich zu Argentiniens wichtigsten Landbesitzern gehörte, das erste eingezäunte Jagdrevier des Landes. Er importierte exotische Wildarten wie den Rothirsch und das europäische Wildschwein. Er ließ ein großes Herrenhaus im französischen Stil errichten, in dem seine europäischen Gäste logierten. Als der Jagdsport aus der Mode gekommen war und der europäische Adel unter den Folgen des Ersten Weltkriegs und der Weltwirtschaftskrise litt, gab er den Besitz auf. Das Schutzgebiet wurde verkauft und blieb sich selbst überlassen, die Tiere entkamen durch den Zaun oder wurden Opfer von Wilderern.

Seit die Provinz 1965 den Parque Luro erwarb, dient er als Refugium für einheimische Arten wie den Puma und den wilden Fuchs, aber auch für exotische Zugvögel wie den Flamingo. Eine der Hauptattraktionen des Parks ist allerdings die Brunft des Rothirschs im Herbst. Im März und April röhren die Männchen laut („la Brama" genannt), um einen weiblichen Harem anzulocken, und tragen ihre eindrucksvollen Kämpfe aus.

Stündliche Führungen im **Museo El Castillo** (8 Arg$), Luros opulenter Villa, geben einen Einblick in die luxuriösen Überspanntheiten, die argentinische Landbesitzer entwickeln konnten. Man erzählt sich, dass Luro den prachtvollen Nussholz-Kamin nur ergattern konnte, indem er ein komplettes Pariser Restaurant erwarb. Neben dem Museum befindet sich das **Museo San Huberto** GRATIS mit einer interessanten Sammlung von Pferdewagen aus dem frühen 20. Jh. und das **Museo El Caserío** (8 Arg$), in dem der französische Maler Tristán Lacroix 1911 wohnte und arbeitete.

Die Sehenswürdigkeiten des Parks liegen alle entlang einer 6 km langen Ringstraße; Naturpfade zweigen von ihr ab, die man nach Herzenslust erkunden kann. Das Besucherzentrum liegt etwa 2 km vom Eingang entfernt am Hauptweg. Es gibt zwar einen kleinen Laden, empfehlenswerter ist es aber, eigenes Essen mitzubringen. Es gibt zwar ein einfaches Restaurant vor Ort (Letzteres war zum Zeitpunkt der Recherchen wegen Renovierungsarbeiten geschlossen), aber reizvoller ist es, die öffentlichen *parrillas* zu nutzen. Campingplätze und ein paar nett ausgestattete *cabañas* (Schlafplätze für bis zu 5 Pers.) gibt es ebenfalls vor Ort; am besten über die offizielle Website des Parks buchen.

Parque Luro liegt 35 km südlich von Santa Rosa. Am Busbahnhof den Bus der Gesellschaft **Dumascat** (☑ 437090; www.dumascat. com.ar) in Richtung General Acha nehmen und den Fahrer bitten, dass er einen am Parkeingang aussteigen lässt (12 Arg$, 30–40 Min., mehrmals tgl.); gleichzeitig sollte man sich nach den Rückfahrzeiten nach Santa Rosa erkundigen. Weitere Alternativen sind der Autoverleih in Santa Rosa oder ein Taxi; in diesem Fall unbedingt die Rückfahrt gleich mit arrangieren.

Parque Nacional Lihué Calel

☑ 02952

In der örtlichen indigenen Sprache Pehuenche bedeutet Lihué Calel übersetzt Sierra de la Vida – Gebirge des Lebens. Es bezeichnet eine Reihe kleiner, isolierter Berge und Täler, die für ein besonderes Mikroklima in der Einöde der Pampas sorgen.

Der wüstenähnliche **Park** (☑ 436595; www. parquesnacionales.gob.ar; Eintritt frei; ⊙ 8–19 Uhr) GRATIS ist ein Rückzugsgebiet einheimischer Wildkatzen wie Puma und Jaguarundi (Wieselkatze). Außerdem leben hier Armadillo (Gürteltier), Guanaco (Südamerikanisches Lama), Mara (Großer Pampashase) und Vizcacha (Chinchilla). Zu den hier vorkommenden Vogelarten zählen der Nandú und viele Raubvögel wie beispielsweise der Carancho (Schopfkarakara).

In Lihué Calel regnet es nur etwa 400 mm pro Jahr, aber plötzlich auftauchende Stürme können kurzfristig Wasserfälle über den Granitfelsen bei der Touristeninformation entstehen lassen. Selbst bei wolkenlosem Himmel speisen die unterirdischen Flüsse im Tal den *monte,* einen Buschwald mit

einer überraschenden Vielfalt an Pflanzenarten. Innerhalb der 10 km² des Parks existieren 345 Pflanzenarten, beinahe die Hälfte aller in der Provinz gezählten Arten.

Die lohnendste Wanderung in der Region ist der lange Aufstieg zum 589 m hohen **Cerro de la Sociedad Científica Argentina.** Hier blühen zwischen dem Gestein Kakteen wie *Trichocereus candicans.* Auf dem Gipfel warten überwältigende Ausblicke über die gesamte Sierra, das umgebende Marschland und die Salzseen.

Etwa 10 km mit dem Auto von der Touristeninformation entfernt liegt die **Casona** – Ruinen des alten Wohngebäudes der einstigen Estancia Santa María. 2 km weiter endet die Straße am Besucherparkplatz des **Valle de las Pinturas.** Von hier führt ein 600 m langer Pfad in ein mit Felsen übersätes Tal hinab zu einigen Felszeichnungen. Beide Attraktionen sind auch für Wanderer erreichbar: Es gibt einen 9 km langen Fußweg von der Touristeninformation dorthin.

Weitere Infos erhält man im Besucherzentrum (8–18 Uhr). Beste Zeit für einen Parkbesuch ist der Frühling, wenn die Blumen blühen und es noch nicht zu heiß ist.

🛏 Schlafen

In der Nähe des Besucherzentrums gibt es komfortable und kostenlose Campingmöglichkeiten, mit Schatten unter den Bäumen, Feuerstellen (Holz oder Holzkohle mitbringen), Picknicktischen, Toiletten mit Wasserspülung und Duschen. Die nächste ordentliche Einkaufsmöglichkeit findet sich in der Stadt Puelches, 32 km weiter südlich.

ℹ An- & Weiterreise

Der Parque Nacional Lihué Calel liegt 228 km südwestlich von Santa Rosa, es gibt keine direkte Busverbindung zum Park. Fernbusse, die von Santa Rosa Richtung Neuquén oder Bariloche kommen, fahren am Parkeingang vorbei; wer dem Fahrer rechtzeitig Bescheid gibt, kann in der Regel problemlos aussteigen (schwieriger ist es, danach wieder mitgenommen zu werden). Ganz allgemein ist es sicher am praktischsten, mit einem Leihauto zum Park zu fahren, Autos lassen sich in Santa Rosa mieten.

ATLANTIKKÜSTE

Argentinien kann mit Recht behaupten, den höchsten Berg (Cerro Aconcagua), die breiteste Straße (9 de Julio in Buenos Aires) und vielleicht auch die schickste Hauptstadt Lateinamerikas zu besitzen (neben vielen anderen Vorzügen) – für seine Strände wird es aber ganz sicher keine Preise gewinnen. Es gibt keine tropischen Paradiese mit Palmen und weißem Sand, wie an Brasiliens Atlantikküste, oft weht ein stürmischer Wind, und das Wasser ist eher trüb als türkisfarben. Dennoch lässt es sich im Sommer hier gut aushalten. Im Januar und Februar ziehen die Strände regelmäßig Zehntausende aus allen Teilen des Landes an. Da kann es schon mal schwierig werden, sein Handtuch auszubreiten.

Wer den sommerlichen Andrang meiden will, sollte seinen Besuch auf die Monate Dezember und März legen, wenn es trotzdem warm genug ist, um das Strandleben zu genießen. Im Winter allerdings wirken die Küstenstädte sehr verlassen, und das graue Wetter kann auf die Stimmung schlagen. Mar del Plata bildet da eine Ausnahme – die größte Stadt an der Küste ist eine Kulturhauptstadt und bietet Besuchern das ganze Jahr über Abwechslung und Unterhaltung.

Je nach Saison variieren die Unterkunftspreise entlang der Küste erheblich. Von Mitte Dezember bis Februar steigen die Preise drastisch an und Reservierungen sind ein Muss (einige der Hotels verlangen sogar eine Mindestaufenthaltsdauer). Im März fallen dann die Preise, steigen jedoch um Ostern nochmals an. Nach den Osterferien schließen die meisten Unterkünfte meist bis November. In den kühleren Monaten bieten die verbliebenen offenen Hotels viele Schnäppchenpreise. Von März bis Dezember ändern sich die Öffnungszeiten (vor allem die der Touristeninformation und der Restaurants), sie sind kürzer als hier angegeben.

San Clemente del Tuyú

📞 02252 / 12 000 EW.

Da es absolut nichts von dem Glamour der anderen Badeorte an der Küste hat, ist das familienfreundliche San Clemente einer der Favoriten für gemütliche Strandgänger.

Ganz in Strandnähe gibt es Unterkünfte zu vernünftigen Preisen, u. a. das **Hotel Brisas Marinas** (📞522219; www.brisas-marinas.com. ar; Calle 13, Nr. 50; DZ ab 63 US$; 📶), und viele Restaurants in der Hauptstraße Calle 1. Die **Touristeninformation** (📞423249; www.san clementedeltuyu.com.ar; Av Costanera zw. Calles 2 & 63; ⊙Jan. & Feb. 8 –24 Uhr, März-Dez. 9–20 Uhr) befindet sich gegenüber vom Strand.

Einige Kilometer nördlich von San Clemente del Tuyú liegen mehrere Schutzgebiete, darunter die **Reserva Natural Municipal Punta Rasa** (deren Strände unter Kiteboardern sehr beliebt sind) und der **Parque Nacional Campos del Tuyú** (hier lebt der seltene Pampashirsch).

Tiere sind auch in Südamerikas größtem Meerespark **Mundo Marino** (www.mundo-marino.com.ar; Av Décima 157; Erw./Kinder unter 11 Jahren 329/219 Arg$; ⊙Jan. & Feb. 10–20 Uhr, März-Dez. 10–18 Uhr, April–Nov. nur am Wochenende) zu sehen – eine gute Alternative, um Kinder an einem Regentag zu beschäftigen. Allerdings gibt es hier auch Robben- und Delfinshows, was nicht im Sinne aller Besucher ist – Tierschützer sind der Meinung, dass Meeressäuger nicht in geschlossenen Becken gehalten werden sollten, da die intelligenten Tiere dort leiden.

Viele Argentinier besuchen auch den wellnessartigen Erholungsbereich **Termas Marinas** (www.termasmarinas.com.ar; Faro San Antonio CC Nr. 9; Erw./Kinder unter 10 Jahren 235/160 Arg$; ⊙Jan. & Feb. 10–20 Uhr, März-Dez. 10–18 Uhr) mit seinen mineralreichen Thermalbädern.

Von San Clementes **Busbahnhof** (Ecke Avs Naval & Talas del Tuyú), der etwa 25 Blocks vom Stadtzentrum entfernt liegt, fahren regelmäßig Busse nach Buenos Aires (319–364 Arg$, 4½ Std.) und Pinamar (300 Arg$, 3 Std.).

Pinamar

📞 02254 / 25 000 EW.

Etwa 120 km von Mar del Plata entfernt liegt Pinamar, ein beliebtes Urlaubsziel unter stilbewussten *porteños*, die nicht an Uruguays Strände fahren wollen. Die Stadt wurde 1944 vom Architekten Jorge Bunge entworfen und gegründet. Dieser versuchte, die Wanderdünen zu stabilisieren, indem er Pinien, Akazien und Pampasgras pflanzen ließ. Einst trafen sich in Pinamar die Reichen des Landes, heute ist die Ortschaft etwas lockerer und weniger exklusiv.

🏃 Aktivitäten

Die Hauptaktivität in Pinamar besteht darin, sich zu entspannen und am Strand neue Kontakte zu knüpfen. Der Strand erstreckt sich vom Norden der Stadt bis hinunter nach Cariló. Die Gegend bietet viele Möglichkeiten zu sportlichen Betätigungen – die Bandbreite reicht von Windsurfen und Wasserski bis hin zu Reiten und Angeln. Radfahrer können entweder in der waldreichen Gegend unweit des Golfplatzes oder durch die grünen Straßen von Cariló fahren.

Fahrräder verleiht **Leo** (☑ 48-8855; Av Bunge 1111; Fahrrad Std. 50 Arg$; ⊙ 9–21 Uhr) auf der Hauptstraße in der Nähe der Touristeninformation. Wer Kiteboarden lernen möchte, geht am besten zum Sport Beach, dem letzten *balneario* (Badebereich) etwa 5 km nördlich der Avenida Bunge. Außerdem gibt es noch etliche weitere Freizeitangebote – die Touristeninformation gibt darüber gerne Auskunft.

Feste & Events

Pinamars Filmfestival, **Pantalla Pinamar** (www.pantallapinamar.gov.ar) findet im März statt, außerdem finden rund um Neujahr Konzerte und Strandpartys statt.

🛏 Schlafen

Im Januar sind Reservierungen unumgänglich, manche Häuser verlangen eine Woche Aufenthalt als Minimum. Die besten Alternativen für Reisende mit knapperem Budget liegen in der Nähe der südlichen Strände bei Ostende und Valeria, es gibt aber auch ein paar billigere Hotels und *hospedajes* (Familienunterkünfte) entlang der Calle del Cangrejo nördlich der Touristeninformation.

Cabañas Pinaforet CABAÑAS $$
(☑ 02254-409277; www.pinaforet.com.ar; Ecke Apolo & Jason; Jan. & Feb. Woche ab 1290 US$; ❄☎) Die fünf geräumigen Blockhütten stehen unter Pinien und liegen nur ein paar Schritte vom Busbahnhof entfernt, auch Stadtzentrum und Strand sind in wenigen Gehminuten erreichbar. In jeder Hütte findet sich Platz für bis zu vier Personen, daher sind sie in der Nebensaison eine preisgünstige Unterkunft (trotz der im Sommer geforderten hohen Wochenpreise). Die Preise der Nebensaison erhält man auf Anfrage.

Hotel Mojomar HOTEL $$
(☑ 02254-407300; www.hotelmojomar.com.ar; De las Burriquetas 247; DZ ab 107 US$; ❄☎) Das gehobene, wenn auch nicht luxuriöse Mojomar ist nett gelegen: drei Blocks von der Avenida Bunge und nur einen Block vom Strand entfernt. Es ist modern, aber gemütlich; die Gästezimmer sind klein, aber bequem, und manche bieten sogar Meeresblick.

La Vieja Hostería BOUTIQUE HOTEL $$$
(☑ 482804; www.laviejahosteria.com.ar; Del Tuyú 169; DZ ab 132 US$; ❄☎⊠) In einem wunderschön renovierten Haus aus den 1940er-Jahren liegt Pinamars nettestes Boutiquehotel. Es punktet mit elegant ausgestatteten Räumen und einladenden Gemeinschaftsbereichen (darunter einer Sonnenterrasse am Swimmingpool und einem Patio mit Massagezelten). Auch die Lage direkt südlich der Hauptstraße und nur zwei Blocks vom Strand entfernt ist perfekt.

Essen

Zahllose Restaurants und Imbissstände säumen den Strand und die Avenida Bunge; es lohnt sich, in die Seitenstraßen abzuwandern, in denen es auch nicht ganz so voll ist.

★ **Tante** INTERNATIONAL $$
(De las Artes 35; Hauptgerichte 55–175 Arg$; ⊙ 12–24 Uhr) Das elegante Restaurant mit Bar und Teezimmer liegt ein paar Blocks vom Strand entfernt, in der Nähe der Avenida Bunge. Heute werden hier deutsche, französische und alpine Spezialitäten wie Fondue, Crêpes, Gulasch, Würstchen und Sauerkraut serviert. Der Nachmittagstee ist köstlich; in Cariló gibt es eine Filiale.

Los Troncos ARGENTINISCH $$
(Ecke Eneas & Lenguado; Hauptgerichte 45–130 Arg$; ⊙ Do–Di 12–15 & 20–24 Uhr) Seit vier Jahrzehnten ist dieses beliebte Gassenlokal schon in Betrieb, und oft ist es sogar in der Nebensaison rappelvoll mit Einheimischen. Das Ambiente ist zwanglos, aber gesellig und ein wenig im Stil der alten Schule. Auf der Speisekarte findet sich alles von Grillfleisch über Meeresfrüchteeintopf bis hin zu hausgemachter Pasta, alles ist perfekt zubereitet.

Jalisco MEXICAN $$
(www.jalisco.com.ar; Bunge 456; Hauptgerichte 120–150 Arg$; ⊙ 13–15.30 & 19.30–1.30 Uhr) In diesem beliebten Tex-Mex-Lokal in Pinamars Hauptstraße beginnt der Spaß schon in dem mit Lampen in Kakteenform und *papel picado* (bunte Papierschnitte im mexikanischen Stil) geschmückten Eingangsbereich. Auf der Speisekarte findet sich alles von *fajitas* und *quesadillas* bis hin zu Pasta und Meeresfrüchten. Es gibt eine Filiale in Cariló.

Cantina Tulumei SEAFOOD $$
(Bunge 64; Hauptgerichte 60–160 Arg$; ⊙ 12–16 & 20–1 Uhr) Ein gutes Lokal mit verhältnismäßig günstigen, erstklassigen Meeresfrüchtegerichten. Der Fisch wird in mindestens einem Dutzend unterschiedlicher Saucen

ENTLANG DER KÜSTE

Die hier aufgelisteten Zielorte sind nur eine Auswahl dessen, was in diesem Bereich von Argentiniens Atlantikküste zu sehen ist. Für Reisende mit Leihauto sind die Ausflüge zu den nachfolgenden Strand-Enklaven – die vor allem bei wohlhabenderen argentinischen Familien beliebt sind – ein Kinderspiel.

Beginnend im Norden, unmittelbar südlich von Pinamar, liegen die ruhigen Dörfer **Ostende** und **Valeria**. Weiter die Küste hinunter befindet sich das waldige **Cariló**, ein Favorit unter betuchteren Argentiniern. Der Abstecher lohnt sich vor allem abends wegen seiner eleganten Restaurants oder einfach nur für einen Bummel unter den Bäumen, mit einer Eiswaffel in der Hand.

Auf der anderen Seite von Villa Gesell, weiter die Küste hinunter, liegen **Mar de las Pampas** und **Mar Azul,** exklusive Strandorte mit teuren Unterkünften (im Sommer nur wochenweise zu mieten) und gehobenem Service, alles inmitten eines Pinienwaldes. Hier ist der Strand auch weniger überfüllt, daher ist die Gegend ein gutes Ziel für einen Tagesausflug, auch wenn man im geschäftigeren Villa Gesell übernachtet.

---

zubereitet. Die hausgemachte Pasta ist ebenfalls zu empfehlen.

ℹ️ Praktische Informationen

Städtische Touristeninformation (☎491680; www.pinamar.tur.ar; Ecke Av Bunge & Shaw; ⊙Mo–Fr 8–20, Sa 10–20, So 10–17 Uhr)

ℹ️ An- & Weiterreise

Pinamars **Busbahnhof** (☎403500; Jason 2250) liegt etwa acht Blocks nördlich vom Stadtzentrum, in der Nähe der Avenida Bunge. Von hier aus fahren Busse nach Buenos Aires (350 Arg$, 5 Std.) und Mar del Plata (152 Arg$, 2½ Std.).

Es gibt eine regelmäßige Busverbindung ins nahe gelegene Villa Gesell (45 Arg$, 30 Min.). Wer die südlichen Strände Ostende, Valeria del Mar und Cariló besuchen will, kann einen lokalen Montemar-Bus nehmen, er fährt direkt außerhalb des Busbahnhofs für Fernbusse ab.

Villa Gesell

☎ 02255 / 30 000 EW.

Der etwas kleinere und im Vergleich zu den Nachbarorten Pinamar und Mar del Plata weniger protzige Küstenort Villa Gesell ist bei jungen Leuten nach wie vor sehr beliebt. Als einziger Küstenort bietet Villa Gesell eine Strandpromenade aus Holz, was das Gehen im Sand erheblich erleichtert.

Die Stadt ist bekannt für ihre Choraufführungen und Rock 'n' Roll- bzw. Folk-Konzerte, die alle im Sommer stattfinden. Außerdem bietet sie zahlreiche Freizeitaktivitäten. Die meisten Geschäfte liegen an der Hauptstraße, der Avenida 3 – drei Blocks vom Strand entfernt.

In den 1930er-Jahren entwarf der Kaufmann, Erfinder und Naturliebhaber Carlos Gesell diesen Ort mit seinen charakteristischen Zickzack-Straßen. Zur Befestigung der Wanderdünen ließ er Akazien, Pappeln, Eichen und Kiefern anpflanzen. Obwohl ihm eine Stadt vorschwebte, die mit dem ebenfalls von ihm angelegten Wald verschmelzen sollte, dauerte es nicht lange, bis die ersten Hochhausbauten entstanden und die Bäume verschwanden.

🅾️ Sehenswertes & Aktivitäten

Feria Artesanal   MARKT

(Kunsthandwerksmarkt; Av 3 zw. Paseos 112 & 113) Von Mitte Dezember bis Mitte März findet ein abendlicher Kunsthandwerksmarkt statt. Dort werden handgemachter Schmuck, Holzschnitzereien, Gemälde und die üblichen Souvenirs verkauft. Den Rest des Jahres wird der Markt lediglich am Wochenende veranstaltet.

Muelle de Pesca   FISCHEN

(Playa & Paseo 129) An der 15 m langen Mole kann man Makrelen, Rochen, Haie und andere Fischarten angeln. Sie liegt südlich vom Stadtzentrum.

Windy Playa Bar   SURFEN

(www.windyplayabar.com.ar; Ecke Paseo 104 & Strand; ⊙im Sommer 8 Uhr bis zur Dämmerung) Es ist gar nicht zu verfehlen: einfach Ausschau halten nach dem Piratenschiff-Imitat, das im Sand ruht. Im Windy kann man Surfausrüstung leihen oder Stunden nehmen; außerdem verleiht die Bar Strandausrüstung. Oder man genießt einfach ein eisge-kühltes Getränk und ein Sandwich mit Blick auf den Strand.

Casa Macca
FAHRRADVERLEIH
(Av Buenos Aires 449; Std. 50 Arg$) Fahrräder verleiht Casa Macca, man findet den Verleih zwischen der Paseo 101 und der Avenida 5.

🛏 Schlafen

La Deseada Hostel
HOSTEL $
(☎ 02255-473276; www.ladeseadahostel.com.ar; Ecke Av 6 & Paseo 119; B/DZ ab 35/75 US$; @ 🛜) Im Januar wimmelt es hier nur so vor jungen Argentiniern, in der Nebensaison ist es jedoch ruhig. Das ultra-gemütliche Hostel liegt auf einem abfallenden, mit immergrünen Sträuchern gesäumten Rasen in einer Wohngegend zwischen Busbahnhof und Zentrum, sechs Blocks vom Strand entfernt. Schlafräume mit acht Betten, außerdem einzelne Zimmer (nur außerhalb der Hochsaison verfügbar) werden durch geräumige Gemeinschaftsbereiche und eine nette Gästeküche vervollständigt. Das Frühstück wird bis 13 Uhr serviert.

Medamar Playa Hotel
HOTEL $$
(☎ 02255-463106; www.medamarplaya.com; Ecke Costanera & Paseo 111; EZ/DZ ab 79/92 US$; 🛜🏊) Das kastenförmige grünweiße Hotel am Strand ist etwas altmodisch, hat aber einen freundlichen Service und eine unschlagbare Lage. Außerhalb der geschäftigen Sommermonate lohnt es sich, nach einem der Zimmer mit Balkon zu fragen, die aufs Meer und einen kleinen Swimmingpool blicken.

Hotel de la Plaza
HOTEL $$
(☎ 02255-468793; www.delaplazahotel.com; Av 2, Nr. 375; DZ/3BZ ab 100/140 US$) Zentral gelegen, zwischen Strand und Villa Gesells Ladenzentrum. Das saubere Hotel wird professionell geführt und hat 365 Tage im Jahr geöffnet – wer außerhalb der Hauptsaison herkommt, ist hier gut untergebracht. Mehrere Restaurants liegen weniger als einen Block entfernt.

🍴 Essen & Ausgehen

Rancho Hambre
EMPANADAS $
(Av 3, Nr. 871; *empanadas* 15 Arg$, Pizza 90–180 Arg$; ⏰12–15 & 19.30 Uhr bis spätnachts, So mittags und Mi geschl.) Der Szenetreff in der Hauptstraße serviert 36 unterschiedliche *empanadas*, von klassischen (mit Rinderhackfleisch) bis hin zu aufwendigeren (mit Rucola, Parmesan und Walnüssen bzw. mit

Speck, Mozzarella und mit Muskat gewürzten Pflaumen). Am besten gleich ein Dutzend einpacken lassen oder vor Ort eine Pizza bestellen. Eine Zweigstelle liegt an der Ecke Avenida 3 und Paseo 125.

El Viejo Hobbit
PUB -GERICHTE $$
(Av 8 zwischen Paseos 11 & 12; Snacks 60–110 Arg$, Fondue 200–340 Arg$; ⏰April–Nov. Fr & Sa 18 Uhr bis spätnachts, Dez.–März tgl.) Ein obligatorischer Zwischenstopp für Bier- und Tolkienfans: Die skurrile Seitenstraßenbar befördert die Besucher direkt ins Land der Hobbits, und zwar gleich ab der Eingangstür. Etliche Biersorten, die vor Ort gebraut wurden, vervollständigen die Karte, die sich auf Fondues spezialisiert hat. Es gibt ein angenehmes Obergeschoss sowie einen Hinterhof mit einem Mini-Hobbithaus für Kinder.

La Delfina
PARRILLA $$
(Ecke Paseo 104 & Av 2; Hauptgerichte 80–125 Arg$; ⏰Mittag–15 & 20–24 Uhr) Mit der umfangreichen Speisekarte ist sichergestellt, dass in dieser beliebten *parrilla* für jeden Geschmack etwas geboten wird: von Steaks, Pasta und Salaten bis hin zu Desserts und einer umfassenden Weinkarte. La Delfina liegt direkt im Zentrum, es ist leicht zu finden.

Sutton 212
INTERNATIONAL $$
(☎ 460674; Ecke Paseo 105 & Av 2; Hauptgerichte 70–140 Arg$; ⏰17 Uhr bis zur Abenddämmerung) Das lebhafte Restaurant mit seiner weitläufigen Terrasse serviert Gerichte, die zwischen mediterraner und asiatischer Küche rangieren, außerdem Gourmetcrêpes, Sushi und Sandwiches. Später am Abend sorgen DJs und Livemusik für Stimmung, das Lokal mutiert dann zur angesagten Bar.

ℹ Praktische Informationen

Touristeninformation (☎ 478042; www. turismo.gesell.gob.ar; Paseo 107 zwischen Av 2 & 3; ⏰8 März–Dez. 8–20 Uhr, Jan. & Feb. bis 24 Uhr) Bequem im Zentrum gelegen, mit einer Zweigstelle beim Busbahnhof (Ecke Av 3 und Paseo 140; Mitte Dez. bis Ostern geöffnet ab 5 Uhr bis 24 Uhr, das restliche Jahr 8–20 Uhr).

ℹ An- & Weiterreise

Der **Busbahnhof** (Ecke Av 3 & Paseo 140) liegt 30 Blocks südlich vom Stadtzentrum. Die Busse fahren nach Buenos Aires (424 Arg$, 5½ Std.) und Mar del Plata (125 Arg$, 2 Std.). Die Busfahrkarten bekommt man auch im Stadtzentrum bei **Central de Pasajes** (☎ 472480; Ecke Av 3 & Paseo 107), was den Weg zum Busbahnhof erspart. Fahrkarten für nähere Fahrziele wie

Pinamar (45 Arg$, 30 Min.) müssen aber am Bahnhof gekauft werden.

Die Fluglinie **Sol** (S. 163) fliegt nach Buenos Aires, allerdings nur in den Sommermonaten.

Regionalbusse in die Stadt (6 Arg$, 15 Min.) fahren regelmäßig von einem Unterstand auf der Avenida 3 direkt gegenüber vom Busbahnhof ab, alternativ kann man auch ein Taxi nehmen.

Mar del Plata

0223 / 614 000 EW.

Wo auch immer man in Argentinien an einem Sommermorgen den Fernseher anschaltet, sind die sonnigen Strände von Mar del Plata zu sehen und die neuesten Meldungen der Nachrichtensprecher über die Luft- und Meerestemperaturen zu hören. „Mardel" ist das klassische argentinische Ziel für eine Fahrt zum Strand. Es liegt 400 km von der Hauptstadt entfernt und ist bei den Einheimischen aus allen Landesteilen beliebt – fast schon zu sehr. Wer hier an einem Sommerwochenende „strandet", wird überrascht sein, wie voll so ein Strand sein kann. So wird man nur wenige Fleckchen finden, wo man als Schwimmer ein paar Züge machen kann, ohne jemandem den Ellbogen ins Auge zu rammen. Und die Strandbesucher liegen wie Ölsardinen nebeneinander – nicht wirklich die Voraussetzungen für einen erholsamen Strandurlaub.

Hat man aber erst ein paar Tage an den vollgestopften Stränden zugebracht und den Straßenkünstlern an der Plaza Colón zugesehen oder die Wunder am Hafen bestaunt, beginnt man zu begreifen, warum die Argentinier diesen Ort so lieben. Mar del Plata verströmt einen historischen Charme: In den 1920er- und 30er-Jahren war die Stadt ein mondäner Badeort, davon zeugen heute noch die elegante Architektur und die alten Fotos, die überall in der Stadt ausgestellt sind – in den Hotellobbys ebenso wie in Cafés und auf Postkarten.

Wer unter der Woche da ist, vor allem außerhalb der Sommermonate, wird den wahren Reiz der Stadt spüren: Die Massen sind verschwunden, die Hotelpreise fallen, und alles wirkt entspannt. Man stellt fest, dass Mardel eine große und interessante Stadt mit zahlreichen kulturellen Angeboten ist, von denen viele in den Fußgängerbereichen der Innenstadt oder an der Strandpromenade liegen. Die schlängelt sich entlang der hohen Klippen der geschwungenen Küstenlinie.

Geschichte

Die Europäer besiedelten den Küstenabschnitt nur zögerlich, was auch für Mar del Plata gilt. Erst 1747 versuchten Jesuitenmissionare, die Ureinwohner der südlichen Pampas zu „bekehren". Die einzige Erinnerung an ihre Bemühungen ist der Nachbau einer Kapelle an der Laguna de los Padres.

Über ein Jahrhundert später gründeten portugiesische Landprospektoren El Puerto de Laguna de los Padres. Angesichts wirtschaftlicher Probleme in den 1860er-Jahren verkauften sie das Ganze an Patricio Peralta Ramos, der 1874 Mar del Plata gründete. Peralta Ramos bemühte sich zunächst um die wirtschaftliche und industrielle Entwicklung der Stadt – und später um ihre Etablierung als Seebad. Um 1900 besaßen viele wohlhabende Familien Sommerhäuser in Mar del Plata – einige stehen heute noch im Barrio Los Troncos.

Seit den 1960er-Jahren hat die „Perle des Atlantiks" etwas von ihrer Exklusivität verloren, da die argentinische Elite schließlich in Badeorte wie das nahe gelegene Pinamar oder Punta del Este (Uruguay) wechselte. Doch noch immer ist Mar del Plata eine blühende argentinische Küstenstadt. Wie erklärte es ein einheimischer Taxifahrer kürzlich kurz und bündig: „Es gibt genug Hotelzimmer für alle, und wenn's regnet, gibt es abgesehen vom Strand auch so eine Menge zu sehen und zu tun."

Sehenswertes

Wer einen Einblick ins Goldene Zeitalter von Mar del Plata bekommen möchte, sollte die Avenida Alvear entlangbummeln: Hier stehen einige der erlesensten alten Villen der Stadt, von denen manche heute Museen und kulturelle Räume beherbergen. Etwa zehn Blocks vom Strand entfernt liegt das **Barrio Los Troncos**, ein elegantes Viertel, in dem man einkaufen, zu Abend essen und durch die Bars ziehen kann.

Puerto Mar del Plata   HAFEN
(www.puertomardelplata.net) Mar del Plata zählt zu Argentiniens wichtigsten Fischereiorten. Der Hafenbereich liegt 8 km südlich vom Stadtzentrum und lohnt einen Besuch, auch wenn der öffentliche Zugang zum Steg – und seinem Schiffsfriedhof mit Wracks, die halb versunken in der Sonne rosten – mittlerweile beschränkt worden ist. Noch immer kann man aber die Fischerboote beobachten, wie sie von der maleri-

schen und leicht touristischen **Banquina de Pescadores** ein- und auslaufen. Für den kleinen Hunger bestellt man am besten wie alle anderen Kalamari und ein Bier.

Es gibt zwei Möglichkeiten, um von der Innenstadt zum Hafen zu kommen. Die Buslinie 511, die an zahlreichen Haltestellen in der Innenstadt und entlang der Küstenstraße hält, fährt bis zum Kai hinaus (6 Arg$); zum Einsteigen braucht man eine vorab gekaufte Magnetkarte.

Ein Taxi aus der Innenstadt kostet zwischen 80–120 Arg$. Wer mit dem Taxi fährt, sollte schon bei der Hinfahrt daran denken, auch die Rückfahrt zu organisieren, denn es ist nicht leicht, spontan ein Taxi für den Rückweg zu rufen. Achtung: Der hier erwähnte Kai sollte nicht mit dem **Centro Comercial de Mar del Plata** verwechselt werden, einer Ansammlung von Nobelrestaurants, die in der Nähe des Eingangs zum größeren Hafenkomplex liegen.

⭐ **Torreón del Monje**　HISTORISCHES GEBÄUDE
(☎ 0223-486-4000; www.torreondelmonje.com.ar; Ecke Viamonte & Paseo Jesús de Galindez) Der Torreón del Monje liegt groß und schlossartig aufragend auf einer Klippe über dem Ozean. Er ist kaum zu übersehen – einfach nach den roten Kuppeln und der steinernen Fußgängerbrücke Ausschau halten, die die Küstenstraße überspannt.

Das klassische Wahrzeichen ist eine Rückkehr zu Mar del Platas Blütezeit. Der argentinische Geschäftsmann Ernesto Tornquist wollte den Bereich um seinen eigenen sommerlichen Zufluchtsort verschönern und ließ deshalb 1904 diesen mittelalterlich wirkenden Turm errichten. Es lohnt sich, ein wenig zu bleiben, um den Ausblick und vielleicht eine Tasse Kaffee auf der Terrasse zu genießen.

Obwohl das Café und Restaurant vor Ort recht gemischte Bewertungen erhalten, ist es dennoch ein hübscher Ort für einen Zwischenstopp.

Museo Municipal de Arte Juan Carlos Castagnino　MUSEUM
(☎ 486-1636; www.mardelplata.gob.ar; Av Colón 1189; Eintritt 10 Arg$; ⊙ Mo & Mi–Fr 14–20, Sa & So 15–20 Uhr) Ursprünglich 1909 als Sommerresidenz einer bekannten argentinischen Familie errichtet, beherbergt die betürmte Villa Ortiz Basualdo heute dieses Museum der Bildenden Künste; in ihren Innenräumen sind Gemälde, Fotografien und Skulpturen von argentinischen Künstlern ausgestellt.

Centro Cultural Villa Victoria　KULTURZENTRUM
(☎ 492-0569; www.mardelplata.gob.ar; Matheu 1851; Eintritt 20 Arg$; ⊙ Mi–Mo 14–20 Uhr) Victoria Ocampo (S. 157), Gründerin der literarischen Zeitschrift *Sur*, hielt hier in ihrem Sommerchalet literarische Salons mit führenden Intellektuellen aus aller Welt ab – Borges, Le Corbusier und Rabindranath Tagore zählten zu ihren prominenten Gästen. Heute zeigt das Kulturzentrum wechselnde Kunst- und Kulturausstellungen, außerdem gibt es Livemusik, Dichterlesungen und Yogakurse.

Catedral de los Santos Pedro y Cecilia　KIRCHE
(www.catedralmardelplata.org.ar; Plaza San Martín; ⊙ 8–20 Uhr) Das neugotische Gebäude mit Blick auf die grüne Plaza San Martín ist mit großartigen Kirchenglasfenstern, einem eindrucksvollen Kronleuchter aus Frankreich und englischem Fliesenboden ausgestattet. Gelegentlich finden Chorkonzerte statt.

Torre Tanque　TURM
(☎ 451-4681; Faiucho 995; ⊙ Mo–Fr 8–17, an verlängerten Wochenenden 14–17 Uhr) GRATIS Der interessante Wasserturm im mittelalterlichen Stil oben auf dem Hügel Stella Maris wurde 1943 fertiggestellt und ist noch immer in Betrieb. Von oben eröffnen sich eindrucksvolle Ausblicke über Mar del Plata und aufs weite Meer. Kostenlose Führungen (auf Spanisch) finden um 14.30, 15.30 und 16.30 Uhr statt.

Aquarium Mar del Plata　AQUARIUM
(☎ 0223-467-0700; www.aquarium.com.ar; Av Martínez de Hoz 5600; Erw./3–10 Jahre 299/225 Arg$; ⊙ Jan. & Feb. tgl. 10–20.30 Uhr, Dez. & März tgl. bis 19 Uhr, nur April–Nov. Sa & So bis 18 Uhr) 14 km südlich vom Zentrum, in der Nähe des Leuchtturms, liegt das städtische Aquarium. Hier trifft man Pinguine, Flamingos, Krokodile und jede Menge Fische. Für Unterhaltung sorgen Seelöwen-, Delfin- und Wasserski-Shows und ein Kino.

Wem das Wohlergehen der Meeressäuger am Herzen liegt, der sollte sich den Besuch gut überlegen: Die Haltung in geschlossenen Becken ist für die Tiere nicht die beste Lebensweise. Wer möchte, kann auch mit Haien und anderen Wasserwesen schwimmen, oder einfach nur am Strand entspannen.

 Strände

Die Strände in Mar del Plata sind größtenteils sicher und bieten gute Möglichkeiten

DIE GRANDE DAME DER LITERATUR

Sie war „die schönste Kuh in den Pampas", wenn man nach dem französischen Schriftsteller Pierre Drieu gehen will, Jorge Luis Borges nannte sie „die argentinischste aller Frauen". Gemeint ist Victoria Ocampo, die in den 1920er- und 1930er-Jahren in ihrer Villa Victoria (S. 156) Schriftsteller und Intellektuelle aus aller Welt um sich scharte und so einen großartigen Literarischen und Künstlerischen Salon schuf.

Ocampo hat nie eine Universität besucht, doch ihr unstillbarer Hunger nach Wissen und ihre Liebe zur Literatur machte sie zu Argentiniens führender Frau in der Literaturszene. Sie gründete die literarische Zeitschrift *Sur*, in der Schriftsteller wie Virginia Woolf und T. S. Eliot einer argentinischen Leserschaft nähergebracht wurden. Außerdem war sie eine unermüdliche Reisende und eine Vorreiterin des Feminismus. Sie war eine heftige Gegnerin des Peronismus, hauptsächlich wegen Peróns Einfluss auf die intellektuelle Freiheit. Und so wurde Ocampo im Alter von 63 Jahren in ihrer Villa Victoria verhaftet. Im Gefängnis unterhielt sie ihre Mithäftlinge, indem sie laut vorlas oder Szenen aus Romanen und Filmen nachspielte.

Wenn Victoria vor allem als lebhafte Essayistin und Schirmherrin der Schriftsteller in Erinnerung bleibt, so ist ihre jüngere Schwester Silvina aufgrund ihres literarischen Talents unvergessen. Sie schrieb sowohl Kurzgeschichten als auch Gedichte. Silvina gewann zahlreiche Literaturpreise und heiratete 1940 Adolfo Bioy Casares, einen weiteren berühmten argentinischen Autor und Freund von Jorge Luis Borges.

zum Schwimmen. In der Innenstadt liegt der zentralste Strand, die **Playa Bristol** mit Kai und Restaurant; die Promenade beim Kasinobereich ist immer voller Leben. Der nächste Strand in Richtung Norden ist die **Playa La Perla**. Er ist vor allem bei der jüngeren Generation beliebt und voller *balnearios* (Badebereiche bzw. Strandabschnitte mit Liegestuhl- und Sonnenschirmvermietung). Im Süden von Punta Piedras liegen die zwei kleinen Strände **Playa Varese** und **Cabo Corrientes**, die durch felsige Landzungen geschützt sind.

Südlich dieser Strände, am eleganteren Ende der Stadt, bietet die **Playa Grande** ebenfalls *balnearios*. Etwa 11 km südlich vom Zentrum, direkt hinter dem Hafen, befindet sich der riesige Komplex **Punta Mogotes** – hier geht es etwas entspannter zu. Er wird von Familien bevorzugt, die die *balnearios* im Januar zum Überquellen bringen. Die **Playa Waikiki** ist ein beliebter Spot zum Surfen.

Hinter dem Leuchtturm geht es weniger urban zu. Die Strände sind zwar immer noch mit *balnearios* übersät, aber es ist insgesamt etwas ruhiger.

Und für die Abenteuerlustigen gibt es die **Playa Escondida** etwa 25 km südlich von Mardel, nach eigener Auskunft Argentiniens einziger legaler FKK. Die Buslinie 221 fährt dorthin.

 Aktivitäten

Mar del Plata und Umgebung bieten eine große Auswahl an Outdoor-Aktivitäten und Trendsportarten.

Radfahren ist eine gute Art und Weise, um die Stadt kennenzulernen – allerdings ist die Stadt sehr hügelig! Die Straßen von Los Troncos sind relativ ruhig und angenehm zum Radeln. Fahrräder können bei **Bicicletería Madrid** (☎ 0223-494-1932; Yrigoyen 2249; Std. ab 45 Arg$; ⊙ Mo–Fr 9–19, Sa & So 10–19 Uhr) geliehen werden; der Fahrradverleih auf der Plaza Mitre ist seit mehr als sechs Jahrzehnten aktiv.

Beste Surfzeit sind die Monate März und April. **Kikiwai Surf School** (☎ 0223-485-0669; www.clubdesurfkikiwai.wix.com/kikiwai surfclub; Av Martínez de Hoz 4100, Playa Kikiwai; eintägiger Kurs pro Pers. 450 Arg$), die von Surfpionier Daniel Gil betrieben wird, erteilt Unterricht und verleiht Surfboards; sie liegt am Waikiki-Strand (etwa 11 km südlich vom Stadtzentrum).

Surfboards und Ausrüstung (Tag 100/260 Arg$) können auch bei anderen Ausstattern in der Stadt geliehen werden, diese bieten ebenfalls Unterricht an. Detailliertere Informationen auf Englisch finden sich auf www.mardelplata.com/tour/surf.html.

Wie die Seelöwen bestätigen könnten, ist Mar del Plata eine der besten Fischgründe Argentiniens. Gute Angelplätze sind die

Mar del Plata

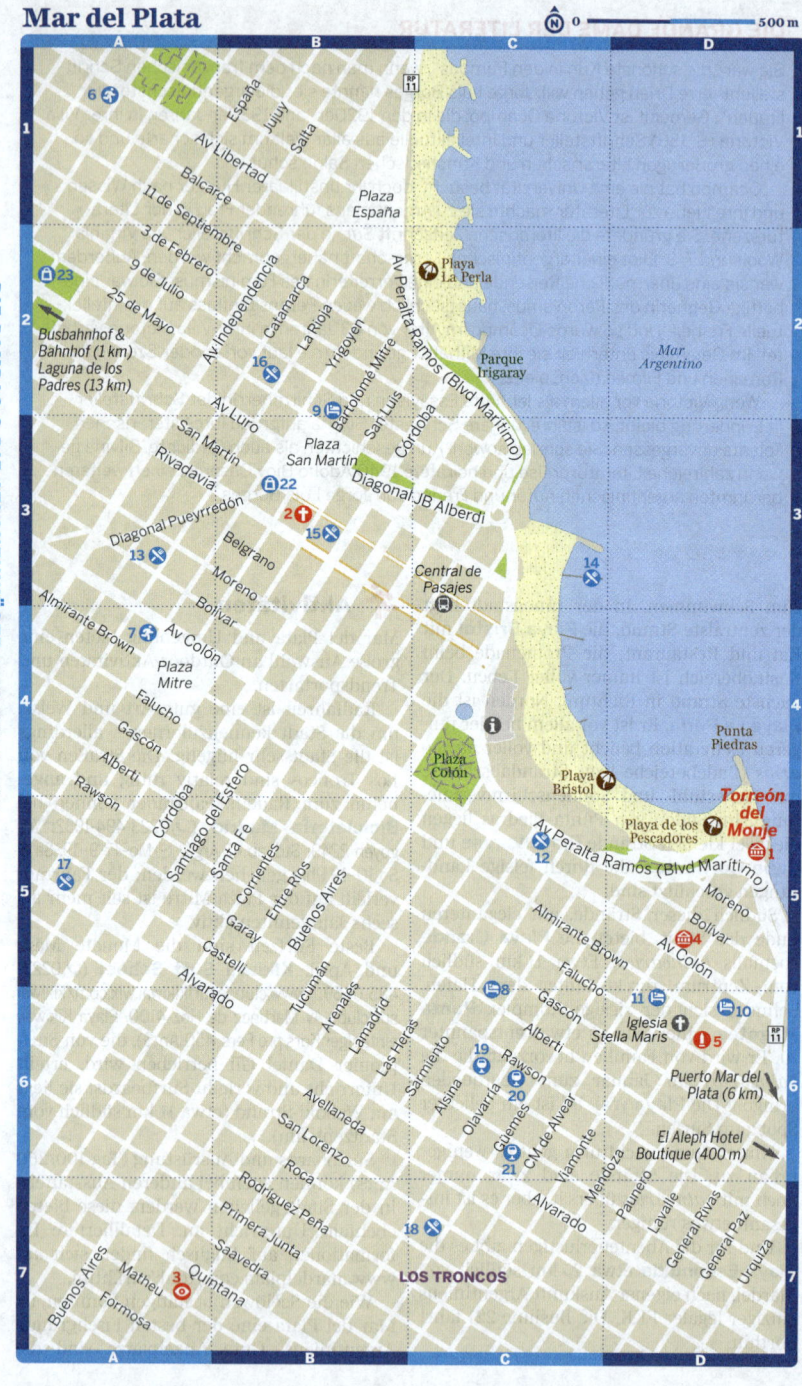

N 0 500 m

A **B** **C** **D**

España
Jujuy
Salta
Av Libertad
Balcarce
11 de Septiembre
3 de Febrero
9 de Julio
25 de Mayo
6

Plaza España

Busbahnhof &
Bahnhof (1 km)
Laguna de los
Padres (13 km)
23

Av Independencia
Catamarca
La Rioja
Yrigoyen
Bartolomé Mitre
Av Peralta Ramos (Blvd Marítimo)
Playa
La Perla
Parque
Irigaray

Mar
Argentino

Av Luro
San Martín
Rivadavia
16
9
San Luis
Córdoba

Plaza
San Martín
22
Diagonal JB Alberdi

Diagonal Pueyrredón
2
15
Belgrano
Moreno
13
Bolívar

Almirante Brown
Av Colón
7
Plaza
Mitre
Falucho
Gascón
Alberti
Rawson

Central de
Pasajes

14

Plaza
Colón

Playa
Bristol

Punta
Piedras

**Torreón
del
Monje**
7
1

Córdoba
Santiago del Estero
Santa Fe
Corrientes
Entre Ríos
Buenos Aires
17
Garay
Castelli
Alvarado

Av Peralta Ramos (Blvd Marítimo)
12

Playa de los
Pescadores

Moreno
Bolívar
Av Colón
4

Almirante Brown
Falucho
Gascón
8
Alberti

11
10
Iglesia
Stella Maris
5

Puerto Mar del
Plata (6 km)

El Aleph Hotel
Boutique (400 m)

Tucumán
Lamadrid
Arenales
Las Heras
Sarmiento
19
Alsina
Rawson
Olavarría
20
Guemes
CM de Alvear
21
Viamonte
Alvarado
Mendoza
Paunero
Lavalle
General Rivas
General Paz
Urquiza

Avellaneda
San Lorenzo
Roca
Rodríguez Peña
Primera Junta
18
Saavedra
Matheu
3
Quintana
Buenos Aires
Formosa

LOS TRONCOS

Mar del Plata

Felsspitze bei **Cabo Corrientes** nördlich von Playa Grande sowie die beiden Hafendämme **Escollera Norte** und **Escollera Sur**. Auch die Laguna de los Padres ist bei Anglern beliebt. **Mako Team** (☎493-5338; www.makoteam.com.ar) organisiert Angelausflüge hinaus aufs Meer.

Die Felsen an der Küste und die Berge der Sierra de los Padres eignen sich hervorragend zum Klettern und Abseilen. **Acción Directa** (☎0223-474-4520; www.acciondirecta.com.ar; Av Libertad 3902; ◷Mo–Fr 10–13 & 17–21, Sa 10–13 Uhr) betreibt eine Schule und organisiert Mountainbiketouren sowie Kanufahrten und Campingausflüge mit Übernachtung.

☞ Geführte Touren

Crucero Anamora   BOOTSTOUR
(☎489-0310; www.cruceroanamora.com.ar; Erw./Kind unter 10 Jahre 220/150 Arg$) Das 30 m lange Schiff bietet im Sommer vier Mal täglich und im Winter an den Wochenenden zwei Mal täglich Ausfahrten an, von Dársena B am Hafen aus – direkt hinter Banquina Pescadores beim Puerto Mar del Plata (S. 155).

✷ Feste & Events

Das **Internationale Filmfestival** (www.mardelplatafilmfest.com) findet im November statt. Das 1950 erstmals durchgeführte Festival gilt als das wichtigste seiner Art in Südamerika.

Im Januar feiert Mar del Plata die **Fiesta Nacional de los Pescadores** (Fischerfest; www.patronespescadores.com.ar), bei der die Einheimischen Festessen aus Fisch und Meeresfrüchten zubereiten und eine traditionelle Prozession stattfindet.

Ein weiteres großes Fest ist die **Fiesta Nacional del Mar** (Nationales Meeresfestival; www.mardelplata.com/fiesta-nacional-del-mar.html) im Februar, einschließlich der Wahl und Krönung einer „Meereskönigin".

⌸ Schlafen

Die Preise beginnen im November und Dezember zu steigen, im Januar und Februar haben sie ihren Höchststand, im März fallen sie wieder. Im Sommer unbedingt im Voraus reservieren. In der Nachsaison haben manche Unterkünfte geschlossen.

Mar del Platas überfüllte Campingplätze liegen fast alle südlich der Stadt; die Touristeninformation hält Informationen über deren Ausstattung bereit.

Che Lagarto Hostel   HOSTEL $
(☎0223-451-3704; www.chelagarto.com; Alberti 1565; B/DZ ab 19/65 US$; @☎) Diese beliebte Zweigstelle der Che-Lagarto-Kette hat so ziemlich alles: freundliche Mitarbeiter, eine zentrale Lage in unmittelbarer Nähe von Mardels bestem Nachtleben und Einkaufsmöglichkeiten, außerdem saubere Einzelzimmer (mit Ventilator) und Schlafsäle. Weitere Pluspunkte sind die Gästeküche, der hübsche Aufenthaltsbereich sowie die Cocktailbar. In den Gemeinschaftsbereichen gibt es freies WLAN.

★**Villa Nuccia**   GÄSTEHAUS $$
(☎0223-451-6593; www.villanuccia.com.ar; Almirante Brown 1134; DZ ab 134 US$; ❊@☎❄) Das wunderschöne Gästehaus bietet eine kleine Auswahl an eleganten und geräumigen Zimmern. Einige liegen in einem renovierten Gebäude, andere sind in einem modernen Anbau untergebracht; allen ge-

meinsam ist die individuelle Einrichtung. Hinter dem Haus befindet sich ein Garten mit Pool und Jacuzzi. Die Gäste schwärmen vom Frühstück und dem Nachmittagstee: zu beiden Gelegenheiten wird hausgemachter Kuchen serviert.

Hotel 15 de Mayo
HOTEL $$

(☎ 0223-495-1388; www.hotel15demayo.com; Mitre 1457; EZ/DZ ab 68/98 US$; ❋🖵) Das moderne Hotel liegt bequem zwischen Plaza San Martín und dem La-Perla-Strand – und ist sehr empfehlenswert wegen seiner Zimmer (nicht sehr groß, aber makellos und mit Flachbildfernsehern), dem professionellen Service, dem Frühstücksbüfett und dem schnellen WLAN.

Hotel Sirenuse
HOTEL $$

(☎ 0223-451-9580; www.hotelsirenuse.com.ar; Mendoza 2240; DZ ab 82 US$; ❋@🖵) Ein freundlicher, wunderbar gemütlicher Familienbetrieb: Das kleine Hotel auf dem Hügel Stella Maris liegt nur wenige Blocks von der Playa Varese entfernt und bietet eine der besten Unterkünfte in Mardel. Mit seinem Mobiliar aus dunklem Holz und dem herzhaften Frühstück erinnert es in vielem an eine Berghütte. Reisende schwärmen von den netten Eigentümern; also rechtzeitig im Voraus buchen.

El Aleph Hotel Boutique
GÄSTEHAUS $$$

(☎ 451-4380; www.elalephmdq.com.ar; LN Alem 2542; DZ ab 155 US$; ❋@🖵🏊) Das gehobene Gästehaus liegt in einer Wohnstraße einige Blocks südlich von Playa Varese und nennt sich selbst Mar del Platas führendes Boutiquehotel. El Aleph bietet hübsche Zimmer, die rund um einen grünen Garten mit kleinem Pool liegen. Zur Ausstattung gehören geräumige Bäder, Plasmafernseher, Nachmittagstee und ein großartiges Frühstücksbüfett. Die Atmosphäre ist exklusiv, aber entspannt.

 Essen

Mar del Platas zahlreiche Restaurants, Pizzerias und Snackbars haben oft zwischen Dezember und März mit den ungeduldigen Massen zu kämpfen; häufig bilden sich lange Schlangen.

Am Hafen südlich der Stadt gibt es täglich frische Fischgerichte: Direkt am Eingang, abseits der betriebsamen Küstenstraße, liegt eine ganze Ansammlung von Fisch- und Meeresfrüchterestaurants rund um einen Parkbereich. Der Bereich nennt sich **Centro Comercial del Puerto**.

Wer einen Eindruck von den eleganteren Vierteln der Stadt bekommen will, sollte die Avenida Alvear landeinwärts zum **Barrio Los Troncos** gehen. In dem gehobenen *barrio* gibt es jede Menge bezaubernder Cafés, Bars und Restaurants.

La Fonte D'Oro
CAFÉ $

(Ecke Córdoba & San Martín; Snacks 15–45 Arg$; ⏲ 8 Uhr bis spätnachts) Das elegante Café unterhält mehrere Filialen in der Stadt; eine der nettesten liegt an der Fußgängerpromenade San Martín, in Nähe der Kathedrale. Hier kann man einen schnellen *cortado* an der Theke trinken oder einen Tisch im Freien ergattern, ein frisches Gebäck oder ein Stück Schokoladenkuchen bestellen und die vorüberziehenden Menschen beobachten.

Montecatini
ARGENTINISCH $

(Ecke La Rioja & 25 de Mayo; Hauptgerichte 52–120 Arg$; ⏲ 12–15 & 20–24 Uhr; 🪑) Wer solides, preiswertes Essen will, sollte es wie die Einheimischen machen und in dieses große, moderne und beliebte Restaurant kommen; es ist eine von vier Filialen in der Stadt. Hier gibt es etwas für jeden Geschmack (Fleisch, Fisch, Pasta, *milanesas,* Sandwiches) und das in großen Portionen. Das Mittagsmenü unter der Woche (110 Arg$, Dessert und ein Getränk eingeschlossen) ist ein Schnäppchen. Für Familien und größere Gruppen geeignet.

El Bodegón
ARGENTINISCH $

(La Rioja 2068; Hauptgerichte 75–150 Arg$) Nach einem kürzlich erfolgten Eigentümerwechsels strömen nun vor allem junge Gäste in dieses modische Pub mit *parrilla,* das Bier strömt in rauen Mengen. Unter der Woche werden Menüs zu einem sehr guten Preis-Leistungs-Verhältnis angeboten, sowohl mittags als auch abends (120-150 Arg$). Das Pub liegt im Zentrum, einen kurzen Weg zu Fuß von der Plaza Mitre oder der Plaza San Martin entfernt.

⭐ Sur
MEERESFRÜCHTE $$

(☎ 0223-493-6260; Alvarado 2763; Hauptgerichte 95–250 Arg$; ⏲ 20–24 Uhr) Der Hype um das Sur weckt hohe Erwartungen: Viele Einheimische halten es für das beste Meeresfrüchterestaurant der Stadt. Die Ziegelwände sind mit Drucken mit Seemannsmotiven geschmückt und bilden eine behagliche Hintergrundkulisse. Die Tagesgerichte bestehen immer aus frischem Fisch und Krustentieren. Außerdem gibt es eine umfassende Weinkarte und köstliche Desserts.

MAR CHIQUITA

Das Dorf am Strand ist ein bescheidenes und windiges kleines Juwel: In Mar Chiquita liegt die **Albúfera Mar Chiquita** (www.reservamarchiquita.com.ar), eine 35 km lange Lagune mit einer reichen Flora und Fauna. Das Wort *albúfera* stammt vom arabischen Ausdruck „al-buhayra" oder „das kleine Meer" – was natürlich auch die Bedeutung des Namens „Mar Chiquita" ist.

Die Lagune ist ein ganz besonderes Gewässer. Es wird von Flüsschen aus den Sierras de Tandil gespeist und liegt im Schutz einer Reihe Sanddünen. Wechselweise, abhängig von den Gezeiten, strömt die Lagune in den Ozean, oder sie nimmt Meerwasser auf. Dadurch entsteht ein einzigartiges Ökosystem, in dem eine unglaubliche Artenvielfalt beheimatet ist; sie ist in dieser Form einzigartig in Argentinien.

Mit über 220 Vogelarten, von denen 86 Zugvögel sind (Flamingos sind auch darunter) ist das Gebiet ein Paradies für Vogelbeobachter. Außerdem leben 55 Fischarten in der Lagune, was sie zu einem beliebten Ziel für Angler macht. Der Strand ist unter Windsurfern und Kiteboardern beliebt – aber auch ein schöner Ort zum Entspannen.

Das **Besucherzentrum** (0223-469-1288; saladeinterpretacion@hotmail.com; Ecke Belgrano & Rivera del Sol; Dez. bis Ostern 9–20 Uhr, das restliche Jahr Mo–Fr 9–16 & Sa & So 10–18 Uhr) befindet sich neben der Lagune, ein paar Blocks Richtung Inland. Zwischen Dezember und März informiert es über Touren in der Lagune und hilft bei der Suche nach Unterkünften – es gibt eine Reihe von einfachen *hosterías* in der Stadt. Unbedingt ausreichend Geld mitnehmen: Der nächste Geldautomat liegt 4 km entfernt in Mar de Cabo.

Mar Chiquita liegt 34 km nördlich von Mar del Plata. Am einfachsten erreicht man die Lagune mit dem Auto. **Rápido del Sud** (0223-494-2507; www.el-rapido.com.ar) bietet eine regelmäßige Busverbindung, der Fahrer lässt die Fahrgäste auf dem Highway beim Kreisverkehr (2,5 km außerhalb von Mar Chiquita) aussteigen (30 Arg$, 45 Min.).

Am besten kommt man von Mar del Plata aus in die Stadt mit einem Taxi oder der lokalen Buslinie 221 (8–12 Arg$, 1½ Std., im Sommer alle 2 Std., das restliche Jahr alle 4 Std.). Die Linie fährt bis zum Strand und zum Ende der Lagune.

Tisiano   ITALIENISCH $$
(486-3473; San Lorenzo 1332; Hauptgerichte 90–160 Arg$; Mo–Fr 20 Uhr bis spätnachts, Sa & So Mittag–15 & 20 Uhr bis spätnachts) Versteckt in einem Hinterhof-Patio und abseits einer geschäftigen Straße liegt das Tisiano im trendigen Barrio Los Troncos.

Es ist ohne Zweifel eines der Lieblingslokale der Einheimischen, wenn es um frische Pasta geht. Die Gerichte mit Meeresfrüchten, beispielsweise die Linguine mit Garnelen, sind ganz besonders lecker zubereitet, ebenso wie die reiche Auswahl an Gourmetsalaten. Nach dem Abendessen lohnt sich ein Bummel durchs Viertel mit seinen vielen Bars und Pubs.

Taberna Baska   SPANISCH $$
(480-0209; www.tabernabaska.wix.com/mardel plata; 12 de Octubre 3301; Hauptgerichte 85–210 Arg$; Di–So 12–15, Di–Sa 20.30–24 Uhr) Einige Blocks vom Hafen entfernt liegt dieses renommierte baskische Restaurant, das längst ein lokaler Klassiker geworden ist.

Karierte Tischtücher und würdevolle Kellner verleihen dem Lokal das Flair der alten Schule, vervollständigt durch traditionelle Gerichte wie Knoblauchgarnelen, gemischte Meeresfrüchteeintöpfe, Paella, *pulpo* (Oktopus), *bacalao* (Kabeljau) und Fisch in sieben unterschiedlichen Soßen.

La Marina   FISCH & MEERESFRÜCHTE $$
(489-9216; 12 de Octubre 3147; Hauptgerichte 75–180 Arg$; Do–Mo 12–16 & 20–24 Uhr, Di 12–16 Uhr) Frischere oder preiswertere Meeresfrüchte als in diesem bodenständigen Lokal sind schwerlich zu finden. Es liegt einige Blocks Richtung Inland vom Hafeneingang entfernt und ist seit 1957 in Betrieb.

Die Bandbreite der beliebten Spezialitäten reicht von knusprigen *rabas* (gebratenen Tintenfischringen) bis hin zu einem köstlichen *cazuela especial La Marina*, einem Meeresfrüchteeintopf mit Fisch, Garnelen, Tintenfisch und Muscheln, die langsam in Weißwein, Sahne und Safran geköchelt werden.

Alito
ARGENTINISCH $$

(📱492-1741; www.alitomdp.com.ar; Blvd. Marítimo, Ecke Las Heras & La Costa; Hauptgerichte 83–199 Arg$; ⏰12–15.30 & 19.30–24 Uhr; 🖋) Das Alito mit seinen Sitzgelegenheiten drinnen und draußen liegt gegenüber vom Hafen, in der Nähe der Plaza Colón. Es ist wegen seiner zentralen Lage, der vielfältigen Speisekarte und den günstigen Tagesgerichten sehr populär. Salate, gegrillter Fisch, Pasta mit Meeresfrüchten, Kurzgebratenes im Wok und Steaks sind alles beliebte Gerichte; außerdem gibt es eine umfassende Weinkarte und eine eigene Karte für die *postres helados* (Desserts mit Eiscreme). Online reservieren.

Espigón de Pescadores
MEERESFRÜCHTE $$

(📱493-1713; www.espigondepescadores.com.ar; Blvd Marítimo & Av Luro; Hauptgerichte 55–168 Arg$; ⏰12–15 & 20–24 Uhr) Da das Lokal draußen am Pier liegt, bietet es einen großartigen Ausblick aufs Wasser – vor allem vom oberen Stockwerk aus (nur im Sommer geöffnet). Die Speisekarte bietet die typisch Mardel'sche Auswahl: Fleisch, Pasta und Meeresfrüchte. Das Essen ist nichts Besonderes, die Gäste kommen in erster Linie wegen der Aussicht.

Ausgehen & Nachtleben

Die folgenden Treffpunkte befinden sich alle im schicken Barrio Los Troncos und in den Bereichen entlang der Irigoyen und LN Alem, zwischen Almafuerte und Rodríguez Peña. In diesem Teil der Stadt liegen jede Menge Cocktailbars, hier konzentriert sich das Nachtleben.

Allerdings sollten diese Empfehlungen nur als Ausgangspunkt genommen werden: Am besten streift man auf eigene Faust durch das Viertel und entscheidet spontan, wo man einkehrt.

★ Almacén Estación Central
BAR

(Ecke Alsina & Garay; ⏰19 Uhr bis spätnachts) Die angesagte Bar liegt in einem malerischen und umsichtig restaurierten Gebäude – einem alten Eckladen, in dem angeblich der ehemalige Präsident Argentiniens, Marcelo Torcuato de Alvear, eingekauft haben soll.

Hier tummeln sich abends die Einheimischen, die Gourmetspeisen und regelmäßige Happy-hour-Angebote selbst an den Wochenenden steigern die Attraktivität des Lokals (und der Besucherzahlen) zusätzlich.

Antares
BAR

(Olavarría 2724; ⏰19–4 Uhr) Die coole kleine Brauereikette hat mehrere Zweigstellen in Mar del Plata; diese hier liegt im Barrio Los Troncos und ist wohl die beliebteste. Es gibt eine gute Auswahl an selbst gebrauten Bieren, außerdem exzellentes Pubessen und jede Menge lebhafter einheimischer Gäste.

Wer sich wirklich unterhalten möchte, sollte früh kommen – mit fortgeschrittener Nacht wird es im Antares immer lauter.

Es gibt auch eine Probierstube bei der Brauerei selbst, die **Bar de la Fábrica** (12 de Octubre 7749).

La Bodeguita del Medio
BAR

(Castelli 1252; ⏰18–4 Uhr) In dieser stimmungsvollen Cocktailbar kann man erstklassige, köstliche Mojitos und kubanisches Essen bestellen und dazu Livemusik hören. Die Bar wurde nach einem von Hemingways Lieblingslokalen in Havanna benannt.

Shoppen

Badeanzug vergessen? Die Calle Güemes im Barrio Los Troncos ist gesäumt von gehobenen Läden und Boutiquen, während sich in der Innenstadt mehr Mainstream-Ladenketten und Kaufhäuser finden.

Diagonal de los Artesanos
KUNSTHANDWERK, MARKT

(Plaza San Martín; ⏰Mitte Dez.–Ende Feb. 18–1 Uhr, März–Nov. Sa & So 15–20 Uhr) Auf diesem Kunsthandwerksmarkt stellen beinahe 200 Verkäufer aus: Sie bauen ihre Stände auf der Plaza San Martín und entlang der Diagonal Pueyrredon auf und verkaufen alles von *Mate*-Trinkgefäßen und Messern bis hin zu Pullovern und Silberarbeiten. Der Markt findet im Sommer täglich statt (und beginnt abends); außerhalb der Hochsaison wird er nur am Samstag und Sonntag abgehalten.

Mercado de Pulgas
MARKT

(Plaza Rocha; ⏰Mitte Dez.–Ende Feb. Do–So 11–19 Uhr, März–Nov. Sa & So 11–18 Uhr) Ein gemütlicher Flohmarkt, auf dem alles bis hin zu Küchenspülen verkauft wird. Er liegt auf der 20 de Septiembre zwischen San Martín und Avenida Luro, sieben Blocks nordwestlich der Plaza San Martín.

ℹ Praktische Informationen

Entlang der San Martín und der Rivadavia gibt es mehrere Wechselstuben und *locutorios* (Internetcafés). Außerdem befinden sich einige

Zweigstellen der städtischen Touristeninformation in der Stadt.

Touristeninformation (☎ 495-1777; www.turismomardelplata.gov.ar; Blvd. Marítimo 2270; ⊙ März–Dez. 10–20, Jan. & Feb. 10–22 Uhr) Zentral gelegen und außerordentlich hilfsbereit.

ⓘ An- & Weiterreise

FLUGZEUG

Von Mardels Ástor Piazzolla Internationalem Flughafen (10 km nördlich der Stadt gelegen) fliegen **Aerolíneas Argentinas** (☎ 496-0101; www.aerolineas.com.ar; Moreno 2442; ⊙ Mo–Fr 10–18 Uhr) und **Sol** (www.sol.com.ar) mehrmals täglich nach Buenos Aires.

BUS

Mar del Platas funkelnder Busbahnhof liegt neben dem Bahnhof, etwa 2 km nordwestlich vom Strand. Der Weg ins Zentrum: die Avenida Luro vor dem Bahnhof überqueren und Buslinie 511, 512 oder 513 Richtung Südosten nehmen; ein Taxi in die Innenstadt kostet etwa 35 Arg$.

Im Stadtzentrum verkauft die Vorverkaufsstelle **Central de Pasajes** (☎ 493-7843; Ecke San Martín & Corrientes; ⊙ 10–20 Uhr) Busfahrkarten für die Fahrten mit Überlandbussen der meisten Busgesellschaften; auf diese Weise kann man sich den Weg zum Busbahnhof sparen.

Busse ab Mar del Plata

REISEZIEL	FAHRPREIS (ARG$)	FAHRZEIT (STD.)
Bahía Blanca	505	8
Bariloche	1504	19
Buenos Aires	394–520	5½
Córdoba	1096–1248	16–18
Mendoza	1215–1550	18–21
Necochea	139	2¼
Pinamar	152	2½
Puerto Madryn	1035	16
Tandil	201	4
Villa Gesell	138	1½

ZUG

Der **Bahnhof** (☎ 475-6076; www.sofse.gob.ar; Av Luro 4700, bei Italia; ⊙ 6–24 Uhr) liegt neben dem Busbahnhof, 2 km vom Strand entfernt. Züge mit *Primera*- (200 Arg$) und Pullman-Klasse (240 Arg$) verkehren dreimal die Woche (Montag, Mittwoch und Freitag) in beide Richtungen zwischen Mar del Plata und dem Bahnhof Constitución in Buenos Aires (6 Std.). Der schickere *Marplatense*-Zug (250 Arg$, 5¾ Std.) fährt nur einmal die Woche, und zwar donnerstags ab Buenos Aires und am Samstag von Mar del Plata zurück in die Hauptstadt. Weitere Informationen

finden sich unter www.ferrobaires.gba.gov.ar. Im Sommer sollte man die Fahrkarten unbedingt rechtzeitig reservieren.

ⓘ Unterwegs vor Ort

Der **Flughafen** (☎ 478-0744) liegt 10 km nördlich der Stadt und ist mit der Buslinie 542 (auf das Schild „aeropuerto" achten) erreichbar (4,80 Arg$, 30 Min.). Er fährt an der Ecke Boulevard Marítimo und Belgrano ab. Taxifahrten kosten etwa 100 Arg$, je nachdem, wohin genau man will.

Trotz der Weitläufigkeit von Mar del Plata fahren Busse regelmäßig in so ziemlich jeden Winkel der Stadt. Allerdings verlangen die meisten Busse (inkl. Flughafenbus) *tarjetas de aproximación* (Magnetkarten), die rechtzeitig an einem *kiosco* (Zeitungskiosk) gekauft oder aufgeladen werden müssen.

Auf der Website www.cualbondi.com.ar/mar-del-plata sind praktische Übersichtskarten aller lokalen Busrouten veröffentlicht. Die Touristeninformation hilft auch mit Einzelheiten zum Thema Beförderung weiter.

Autos können in der Innenstadt bei **Alamo** (☎ 495-2935; Córdoba 2270) gemietet werden.

Necochea

☎ 02262 / 85 000 EW.

Im Sommer tobt hier das Leben, während die Stadt im Winter gleichsam in einen Dornröschenschlaf verfällt. Necocheas Strandort-Flair wird bisher noch nicht durch die aus dem Boden schießenden Hochhäuser beeinträchtigt. Es ist nicht gerade die hübscheste Stadt an Argentiniens Atlantikküste, hat aber den Vorteil, dass an ihrem langen und weitläufigen Strand jeder ein ungestörtes Plätzchen findet. Dazu bietet Necochea einige der besten und preiswertesten Unterkünfte entlang der Küste.

◉ Sehenswertes & Aktivitäten

Die dichten Kiefernwälder im **Parque Miguel Lillo**, einem weitläufigen Grüngürtel direkt am Strand, laden zum Radfahren, Reiten, Wandern und Picknicken ein. Fahrräder und Pferde können im Park selbst gemietet werden.

Der Río Quequén Grande ist reich an Regenbogenforellen und Makrelen, und vor allem der Bereich um die Wasserfälle **Saltos del Quequén** eignet sich hervorragend zum Raften und Kajakfahren. Agenturen vor Ort organisieren im Sommer Kajakausflüge sowohl auf dem Fluss als auch auf dem Meer.

Am besten informiert man sich in der Innenstadt über die Angebote.

Im Dorf **Quequén** an der Flussmündung steht ein Leuchtturm, und einige Schiffswracks unter den zerklüfteten Felsen bieten eine gute Gelegenheit, um hier mit der Kamera auf Entdeckungsreise zu gehen.

Necochea bietet einige der besten Wellen entlang der Atlantikküste und ist daher bei Surfern sehr beliebt; auch Windsurfer sind das ganze Jahr über zu sehen.

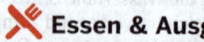 Schlafen

Einige der Unterkünfte in der Stadt haben nur von Dezember bis März geöffnet.

Dyd Hotel
HOTEL $

(☎ 425-560; www.dydnecochea.com.ar; Calle 77, Nr. 314; EZ/DZ ab 54/63 US$; 🛜) Das schlichte, aber bunt dekorierte und freundliche Hotel hat kleine und gut ausgestattete Zimmer. Das Beste daran ist jedoch die Lage: Es liegt zwei lange Blocks vom Strand und ein paar Blocks nördlich des Hauptplatzes – selbst in der Hauptsaison geht es hier noch relativ ruhig zu. Die Zimmer sind mit Ventilatoren ausgestattet, aber nicht mit Klimaanlage.

Hostería del Bosque
HOTEL $$

(☎ 420002; www.hosteria-delbosque.com.ar; Calle 89, Nr. 350; DZ/3BZ ab 120/187 US$; ✴ @ 🛜) Vier Blocks vom Strand entfernt liegt dieser gemütliche, aber elegante Familienbetrieb. Das Hotel ist die bei Weitem stimmungsvollste Unterkunft in der Stadt. Die Zimmer sind groß und behaglich eingerichtet, einige bieten Blick auf den Parque Miguel Lillo auf der gegenüberliegenden Straßenseite. Dazu kommen ein zauberhafter Garten und ein gutes Frühstücksbüfett. Wegen seiner Beliebtheit empfiehlt es sich, im Voraus zu reservieren.

Hotel Mirasol
HOTEL $$

(☎ 525158; www.mirasolhotel.com.ar; Calle 4bis, Nr. 4133; EZ/DZ ab 66/78 US$; ✴ 🛜) Das freundliche Hotel in bester Lage auf der Plaza San Martín, einen halben Block von der Fußgängerzone und zwei Blocks vom Strand entfernt, vermietet das ganze Jahr über bequeme und preisgünstige Zimmer. Das beste Preis-Leistungs-Verhältnis bieten die drei Bereiche im Obergeschoss mit Klimaanlage und Blick auf den Platz.

Essen & Ausgehen

Rund um die Plaza San Martín liegen zahlreiche zwanglose Lokale. Viele der *balnea*-rios haben Lokale, in denen man in Strandnähe einen Happen essen kann. Achtung: In der Nebensaison öffnen viele Restaurants nur an den Wochenenden.

Ernnan's
CAFÉ $

(☎ 521427; Calle 83, Nr. 284; Hauptgerichte 45–90 Arg$; ⊙ 8 Uhr bis spätnachts; 🛜) Am Rande von Necocheas Hauptplatz liegt dieses Café mit hohen Räumen, Tischen im Freien und kostenlosem WLAN – eine großartige Adresse für einen Imbiss zu jeder Tageszeit, an dem alles von *medialunas* (Croissants) und Gourmetsandwiches bis hin zu Pizza und Paella serviert wird.

Taberna Española
SPANISCH $$

(☎ 520-539; Ecke Calles 83 & 8; Hauptgerichte 85–200 Arg$; ⊙ 12–15 & 20–24 Uhr) Wer auf der Suche nach frischem Fisch und Meeresfrüchten im spanischen Stil ist, sollte sich zu diesem Eckrestaurant aufmachen. Zu den Angeboten gehört der *plato del día* (Tagesmenü) für 69 Arg$, der mit Kaffee oder einem Dessert serviert wird.

Antares
BAR

(☎ 421976; www.cervezaantares.com; Calle 4, Nr. 4266; ⊙ April–Nov. Mi–So 19 Uhr bis spätnachts, Dez.–März tgl.) Einen Block vom Strand entfernt liegt Necocheas Filiale der beliebten Bar-Restaurant-Kette. Neben etlichen selbst gebrauten Biersorten gibt es eine ordentliche Auswahl an Pubgerichten (Hauptgerichte 80–125 Arg$). Zahlreiche weitere Bars liegen ganz in der Nähe, auf der Calle 87 zwischen den Calles 4 und 6.

ⓘ Praktische Informationen

Touristeninformation (☎ 438333; www.necochea.tur.ar; Ecke Av 2 & 79; ⊙ Dez.–März 8–21 Uhr, April–Nov. 10–16 Uhr) Am Strand.

ⓘ An- & Weiterreise

Der **Busbahnhof** (Av 58, zwischen Calle 47 & Av 45) liegt 3,5 km vom Strand entfernt. Für Taxifahrten ins Zentrum werden 30–35 Arg$ verlangt; ansonsten fahren auch Busse mit dem Schild „playa" (Strand).

Die Busse fahren unter anderem nach Buenos Aires (557 Arg$, 7½ Std.), Mar del Plata (139 Arg$, 2 Std.) und Tandil (146 Arg$, 3 Std.).

Bahía Blanca

☎ 0291 / EW 291 000

Eindrucksvolle Gebäude, eine attraktive Plaza und schattige, von Bäumen gesäum-

MIRAMAR

Wer *Die Reise des jungen Che* gelesen oder den Film gesehen hat, der auf Ernesto „Che" Guevaras Memoiren basiert, erinnert sich vielleicht an Miramar: Der Badeort war der erste Stopp des zukünftigen Revolutionärs und seines Weggefährten Alberto Granado auf ihrer epischen Reise durch Südamerika – Guevaras Freundin Chichina machte zu der Zeit hier mit ihrer Familie Urlaub.

Heute ist es noch immer ein familienfreundlicher Ort mit langem, weitem Strand und sanften Wellen. Verglichen mit Mar del Plata 45 km weiter nördlich geht es in Miramar ziemlich ruhig zu – aber wie in allen argentinischen Badeorte wird es auch hier im Sommer rappelvoll.

Weitere Auskünfte erteilt die **Touristeninformation** (☎02291-420190; www.miramar. tur.ar; Ecke Calle 21 & Costanera; ⏰8–21 Uhr) am Strand zu den unterschiedlichen Aktivitäten in Stadt und Umgebung, etwa Reiten, Golfen und Angeln. Miramar ist bekannt für seine guten Surfmöglichkeiten; vom Nordende der Stadt sind die Spots leichter zugänglich. Dort befinden sich auch ein paar Surfschulen.

Übernachtungsmöglichkeiten gibt es im **Hotel Danieli** (☎02291-432366; www.hoteldanielimiramar.com.ar; Calle 24, Nr. 1114; DZ ab 120 US$; ☎) oder in einem der anderen der einfachen, aber bequemen Hotels in Strandnähe und in der Fußgängerzone.

Von Mar del Plata aus fahren Busse (22 Arg$, 1 Std.) regelmäßig zu Miramars Busbahnhof an der Avenida 40 und Calle 15, etwa sechs Blocks vom Zentrum entfernt.

Wer es richtig einsam mag, kann weiterfahren Richtung **Mar del Sud**, einer kleinen Stadt 16 km südlich von Miramar. Sie ist bekannt für ihre rustikale Atmosphäre, den Strand mit schwarzen Steinen und die fischreichen Gewässer – die Hauptattraktion sind hier ein paar Hotelruinen. Es gibt keine größeren Gebäude und deutlich weniger Freizeitangebote als in der Nachbarstadt. Wer also den Massen entfliehen möchte, ist hier gut aufgehoben.

te Boulevards verleihen Bahía Blanca (das von Reisenden oft links liegengelassen wird) das Flair einer Mini-Metropole. Die Stadt dient hauptsächlich als Zwischenstopp auf dem Weg von Buenos Aires nach Patagonien, lohnt aber zumindest einen kurzen Bummel.

Die vielen Matrosen, die hier auf Südamerikas größter Marinebasis stationiert sind, zeugen von Bahía Blancas Ursprüngen als Militärstützpunkt. Um auch die Randzonen der Pampas militärisch zu kontrollieren, errichtete Oberst Ramón Estomba 1828 am Naturhafen von Bahía Blanca die etwas großspurig betitelte Fortaleza Protectora Argentina, die trutzige Festung und Beschützerin des Landes.

⦿ Sehenswertes

Entgegen gängiger Erwartungen liegt das Stadtzentrum nicht in der Nähe des Hafens – wer ins Hafenviertel will, das unter dem Namen Ingeniero White bekannt ist, muss sich ein Taxi rufen oder einen Bus von der Plaza Rivadavia nehmen. Um einen umfassenden Eindruck von Bahía Blanca zu bekommen, sollte man beide Bereiche besuchen.

Die Attraktivität der Innenstadt besteht vor allem in ihrer architektonischen Vielfalt, die im frühen 20. Jh. aufgrund einer Neubauwelle entstand, damals ausgelöst durch europäische Immigranten.

Zwischen dem neoklassischen Zentrum der darstellenden Künste, dem **Teatro Municipal** (Alsina 425) und dem **Museo de Arte Contemporáneo** (☎459-4006; Sarmiento 450; ⏰Di–Fr 9–20, Sa & So 16–20 Uhr) `GRATIS` mit seinen Ausstellungen lokaler und nationaler Künstler, kann man nett bummeln.

Rund um den Hafen ist es nicht möglich, bis ans Wasser zu kommen – er wird noch immer stark gewerblich genutzt. Dafür bieten die Museen einen Eindruck von der bunten Geschichte des Hafens. Und immer die Kamera griffbereit halten: Ingeniero White ist mit seinen rustikalen Metallbauten, den verlassenen Zügen und rostenden alten Schiffswracks ein Paradies für Fotografen auf der Suche nach ungewöhnlichen Fotomotiven.

⭐**Museo Taller Ferrowhite** HISTORISCHES GEBÄUDE
(☎457-0335; www.ferrowhite.bahiablanca.gov.ar; Juan B Justo 3883; Eintritt: Spende; ⏰Juni–Aug.

ℹ️ DER WEG ZUM HAFEN

Ohne Mietwagen hat man zwei Möglichkeiten, von der Innenstadt Bahía Blancas nach Ingeniero White (Hafenviertel) zu gelangen. Entweder nimmt man Buslinie 500 (30–40 Min.) an der Südseite der Plaza Rivadavia (Achtung: keine Barzahlung möglich). Vor dem Einsteigen muss man ein Ticket am nahe gelegenen Kiosk kaufen, was möglicherweise schwierig wird, weil nachmittags der Laden schließt. Oder man nimmt ein Taxi (150 Arg$ einfach, 20 Min.). Auch für den Rückweg warten Taxis, am Taxistand in der Nähe des Museo del Puerto.

& Dez.–Feb. Mo–Fr 9–12 Uhr, Sa & So 16–20 Uhr, Sept.–Nov. & März–Mai 15–19 Uhr) Pompös und geisterhaft ragt das Ferrowhite auf. Es gehört zu der Sorte Wahrzeichen, die man bereits aus der Ferne sieht, während man sich fragt: Was, um alles in der Welt, soll das sein? Das festungsähnliche Kraftwerk wurde in den 1930er-Jahren von Italienern errichtet und liegt neben massiven Getreidespeichern am Rande der Bucht. Heute beherbergt es ein kleines Museum und ein Café. Mindestens genauso viel Spaß macht es aber, einfach außerhalb des verlassenen Bauwerks mit seiner eleganten Architektur und den zerbrochenen Fenstern umherzustreifen: Wieder und wieder wurde von paranormalen Aktivitäten auf dem Gelände berichtet.

Museo del Puerto   MUSEUM
(📞0291-457-3006; www.museodelpuerto.blog spot.com; Ecke Guillermo Torres & Cárrega; Spende; ⏲Mo–Fr 9–12 Uhr, Sa & So 16–20 Uhr) In einem leuchtend bunt gestrichenen, ehemaligen Zollgebäude ist dieses kleine, aber einnehmende Museum untergebracht, ein Tribut an die Immigranten der Region. Es beinhaltet Archive und Fotos und Nachbauten einer alten *peluquería* (Friseurladen) und einer Bar. Die historische Sammlung beginnt draußen im Hof, wo ein Fischerboot aus Holz und andere alte Artefakte an die fesselnde Vergangenheit des Hafens erinnern.

🛏️ Schlafen

Am nettesten kann man rund um die zentrale Plaza Rivadavia übernachten, wo es auch eine Reihe von Restaurants und Cafés gibt.

⭐ Hotel Muñiz   HOTEL $$
(📞0291-456-0060;   www.hotelmuniz.com.ar; O'Higgins 23; EZ/DZ ab 48/73 US$; ✳️@🛜) Das Muñiz ist in einem wunderschönen alten Gebäude untergebracht und ein Wahrzeichen der Innenstadt. Die Lobby mit seinen schwarz-weiß gekachelten Böden, den Holzarbeiten und einer alten Telefonzelle verströmt das Flair längst vergangener Tage. Im Obergeschoss sind vier Ebenen mit Gästezimmern durch lange Flure verbunden.

Das Muñiz ist eine großartige (und bezahlbare) Unterkunft, nur wenige Schritte von der zentralen Plaza entfernt.

Apart Hotel Patagonia Sur   HOTEL $$
(📞0291-455-2110; www.apartpatagoniasur.com. ar; Italia 64; EZ/DZ ab 72/85 US$; 🛜🛏️) Hier steigen gern Familien und Reisende mit knapperem Budget ab. Das freundliche Aparthotel hat altmodische, aber funktionelle Zimmer mit kleinen Küchen im Apartmentstil. Ein weiterer Bonus ist das im Preis inbegriffene Frühstück, zu dem frisches Obst und eine überraschende Vielfalt aus hausgemachten Kuchen und Gebäck angeboten wird. Das Gebäude liegt ein kurzes Stück südlich der Plaza, in der Nähe der Kreuzung O'Higgins und Italia.

🍴 Essen

Wer sich abends in Ingeniero White aufhält, sollte nach dem Trio aus Wellblechgebäuden auf der Plaza in der Nähe des Museo del Puerto Ausschau halten. Nach Einbruch der Dunkelheit öffnen dort Imbissstände, die Sandwiches und Bier verkaufen.

⭐ El Mundo de la Parrilla   PARRILLA $$
(Av Colón 379; Hauptgerichte 60–150 Arg$; ⏲ 20 Uhr bis spätnachts, Di–So 12–15 & 20 Uhr bis spätnachts) Die Einheimischen sind der einhelligen Meinung, dass diese geschäftige und locker-elegante *parrilla* eines der besten Lokale der Stadt ist. Neben erlesenen *empanadas*, saftigem *lechón* (Spanferkel) und Steaks in allen nur erdenklichen Variationen serviert das Restaurant 20 unterschiedliche Salate und eine Reihe exzellenter und traditionell argentinischer Desserts.

Gambrinus   ARGENTINISCH $$
(www.gambrinus1890.com; Arribeños 174; Hauptgerichte 55–130 Arg$; ⏲12–15 & 20–1 Uhr) Das traditionelle Restaurant aus dem 19. Jh. liegt in einem zauberhaften Eckgebäude in einer Seitenstraße, einige Blocks südlich des Hauptplatzes. Auf der Speisekarte stehen

spanisch und italienisch inspirierte, argentinische Klassiker. Es gibt eine gute Weinkarte und eine Reihe von gezapften Bieren; die lebhaften Einheimischen, die sich hier drängen, und die mit alter Reklame gepflasterten Wände schaffen eine einladende Atmosphäre.

Bamboo BÜFETT **$$**
(Chiclana 298; Büfett Mittag-/Abendessen 150/165 Arg$, Kinder halber Preis; ☉12–15 & 20.30–24 Uhr) Das *tenedor libre* (All-you-can-eat Restaurant) wird von einer chinesischen Familie betrieben und ist wie geschaffen für alle, die nach einem Bus-Marathon ausgehungert hier ankommen. Es gibt eine große Auswahl asiatisch inspirierter Gerichte und argentinische Klassiker, inklusive verschiedenster Grillgerichte.

❶ Praktische Informationen

Touristeninformation (☎0291-459-4000; www.turismo.bahiablanca.gov.ar; Alsina 65, Municipalidad de Bahía Blanca; ☉Mo–Fr 9–18, Sa 9.30–13 & 14.30–18 Uhr) Im Busbahnhof befindet sich auch eine Touristeninformation.

❶ An- & Weiterreise

FLUGZEUG

Aerolíneas Argentinas (☎0291-456-0561; www.aerolineas.com.ar; San Martín 298; ☉Mo–Fr 10–18 Uhr) und **LAN** (☎0810-999-9526; www.lan.com; Chiclana 344; ☉Mo–Fr 9–18 Uhr) bieten Flüge von Bahía Blancas Flughafen aus an, der 15 km östlich der Stadt liegt (Taxis dorthin kosten 180 Arg$; es fahren keine Busse).

BUS

Bahía Blancas **Busbahnhof** (Brown 1700) liegt 2 km südöstlich der Plaza Rivadavia. Taxis ins Stadtzentrum kosten etwa 50 Arg$; die lokalen Buslinien 514 und 517 fahren von der Plaza Rivadavia aus zum Busbahnhof.

Vor Fahrtantritt muss man eine Magnetkarte an einem Zeitungskiosk kaufen (Achtung, am Bahnhof gibt es keinen *kiosco*, der Fahrkarten verkauft).

Mehrere Läden, u. a. *kioscos* und *locutorios* (private Telefonläden) rund um das südliche Ende der Plaza Rivadavia, verkaufen Busfahrkarten und ersparen einem so den Weg zum Busbahnhof. Die Läden verkaufen allerdings jeweils Karten unterschiedlicher Busgesellschaften. Wer also mit einer bestimmten Gesellschaft, zu einer bestimmten Uhrzeit oder einem bestimmten Preis reisen will, muss herumfragen.

Reisende mit Fahrziel Sierra de la Ventana haben zwei Möglichkeiten: Busse von **Condor Estrella** (S. 147) fahren zweimal täglich (110 Arg$, 2½ Std.). **Norte Bus** (S. 148) betreibt einen Tür-zu-Tür Shuttle (120 Arg$, 1 Std.) mit zwei oder drei Fahrten pro Tag. Unbedingt vorher anrufen, um sich einen Platz zu sichern.

Busse ab Bahía Blanca

REISEZIEL	FAHRPREIS (ARG$)	FAHRZEIT (STD.)
Bariloche	1031–1175	12–14
Buenos Aires	658–750	9
Córdoba	915–1075	13–15
Mar del Plata	505	7
Mendoza	863–1166	15–17
Neuquén	551–629	7½
Sierra de la Ventana	110–120	2½
Trelew	750–868	10–12

ZUG

Ferrobaires (www.ferrobaires.gba.gov.ar) bietet an mehreren Tagen der Woche Zugverbindungen von der **Estación Ferrocarril Roca** (☎0291-452-9196; Cerri 750) zum Bahnhof Constitución in Buenos Aires an (115–205 Arg$, 14 Std.). Auf der Website finden sich detaillierte Strecken- und Fahrpreisinformationen, und man kann auch gleich reservieren.

Die Iguazú-Fälle & der Nordosten

Die schönsten Parks & Schutzgebiete

➡ P. N. Iguazú (S. 229)

➡ Reserva Provincial Esteros del Iberá (S. 199)

➡ Parque Nacional El Palmar (S. 209)

➡ Bañado la Estrella (S. 240)

Schön übernachten

➡ La Alondra (S. 194)

➡ Rancho de l. Esteros (S. 201)

➡ Boutique Hotel de la Fonte (S. 226)

➡ Casa de China (S. 197)

Auf in den Nordosten!

Das Hauptmerkmal des argentinischen Nordostens ist das Wasser. Mächtige Ströme wälzen sich durch die Ebenen und können es bei starken Niederschlägen in kürzester Zeit überfluten. Feuchtgebiete bieten zahlreichen Tierarten einen Lebensraum. Der friedliche Río Iguazú, der sich durch den Urwald zwischen Brasilien und Argentinien windet, stürzt sich mit eindrucksvollen Wasserfällen in die Tiefe.

Dann mündet der Fluss in den Río Paraná, der südwärts strömt und schließlich bei Buenos Aires zusammen mit dem Río Uruguay den Río de la Plata bildet. An den Ufern des Paraná liegen einige der interessantesten Städte des Landes: Corrientes, Santa Fe, Rosario und Posadas, das Tor zur verfallenen Pracht der ehemaligen Jesuitenmissionen.

In dieser Region gibt es mehrere großartige Nationalparks, die die große Biodiversität der Region widerspiegeln. Besonders die Esteros del Iberá weisen eine überwältigende Vielfalt an Wildtieren auf.

Reisezeit
Puerto Iguazú

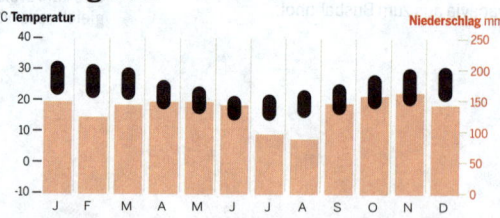

Feb. Große Hitze und schrille Karnevalsfeiern in Gualeguaychú, Corrientes und Posadas.

Aug. Kühl und trocken; eine gute Zeit zur Tierbeobachtung, weil die Wasserstellen knapp werden.

Sept. & Okt. Gemäßigte Temperaturen. Der Iguazú führt genügend Wasser, es regnet selten.

AM RÍO PARANÁ

Der mächtige Río Paraná, mit 3998 km der zweitlängste Fluss des südamerikanischen Kontinents, beherrscht die Topografie im Nordosten. Die Städte an seinen Ufern haben aus gutem Grund ihre Zentren mit deutlichem Abstand oberhalb des Flusses erbaut, da dieser häufig über seine Ufer tritt. Doch das soziale Leben spielt sich weitgehend an der *costanera* (Flussufer) ab. Noch immer ist der Fluss für den Handel von großer Bedeutung. Große Hochseeschiffe befahren ihn bis Rosario und darüber hinaus. Überhaupt ist diese Metropole das Top-Ziel der Region für Städtereisen.

Der Paraná versorgt die Einwohner mit riesigen Flussfischen wie Surubí, Dorado und Pacú, die Angler aus der ganzen Welt begeistern – ihr unverwechselbarer Geschmack bereichert die Speisekarten in den Restaurants der Region.

Rosario

📞 0341 / 1,19 MIO. EW.

Rosario ist ein bedeutender Flusshafen und der Geburtsort von Che Guevara; hier wurde die argentinische Flagge zum ersten Mal gehisst. Die Stadt hat ihrem alten Zentrum einen neuen Anstrich verpasst. Die verfallenen Gebäude entlang der *costanera* (Uferpromenade) wurden zu Galerien, Restaurants und Skateparks umgestaltet, an den Stränden und auf den Flussinseln pulsiert im Sommer das Leben. Das Zentrum – eine seltsame Mischung aus faszinierenden Bauten vom Beginn des 20. Jhs. und hässlichen Apartmenthäusern – verströmt eine behagliche Atmosphäre voller Leben, und die bodenständigen *rosarinos* sind äußerst sympathisch. Alle sind sehr stolz auf den in Rosario geborenen und aufgewachsenen Top-Fußballer Lionel Messi.

Geschiche

Die ersten Europäer ließen sich um 1720 hier nieder. Nach der Unabhängigkeit löste Rosario rasch Santa Fe als führendes Wirtschaftszentrum der Provinz ab. Zum Ärger der *rosarinos* behielt die Provinzhauptstadt jedoch ihre politische Vorrangstellung bei.

Rosario war ein Einfallstor für landwirtschaftlich orientierte Siedler aus Europa. Von 1869 bis 1914 wuchs die Einwohnerzahl fast ums Zehnfache. Der Niedergang der Wirtschaft und der Schifffahrt in den 1960er-Jahren traf die Stadt hart.

Nationalistische Argentinier verehren Rosario als Standort der Cuna de la Bandera (Wiege der Flagge) – hier steht auch das Denkmal für die Nationalfahne.

🔴 Sehenswertes

Betreten kann man es zwar nicht, aber zumindest einen Blick drauf werfen – auf das Wohngebäude **Entre Ríos 480** (Entre Ríos 480), in dem Ernesto „Che" Guevara seine erste Lebensjahre verbrachte.

⭐ Costanera   UFERPROMENADE

Zu den attraktivsten Orten Rosarios zählt das Flussufer. Einst beherrschten heruntergekommene Lagerhäuser und Eisenbahnschienen das Bild, heute befindet sich hier ein Erholungsareal, das sich über 15 km vom südlichen Ende der Stadt (beim Parque Urquiza) bis zum nördlichen Stadtrand erstreckt. Ganz in der Nähe überspannt eine Hängebrücke das Wasser, die in die Provinz Entre Ríos führt. Hier kann man herrlich spazieren gehen und die Umwelt beobachten – angefangen bei der Vogelwelt bis hin zu den Hobby-Kickern und mächtigen Frachtern, die gemächlich auf dem breiten Fluss vorüberziehen.

➡ **Costanera Sur**

Das grasbewachsene Gebiet unterhalb der Innenstadt bietet reichlich Platz zum Joggen und Flanieren. Hier steht auch der Gebäudekomplex **Estación Fluvial** (La Fluvial; 📞 0341-447-3838; www.estacionfluvial.com; ⏰ März–Okt. 12–17, Nov.–Feb. 10–18 Uhr) mit diversen Möglichkeiten zum Essen und Ausgehen. Außerdem werden hier Bootsausflüge angeboten. Richtung Norden geht es vorbei an verschiedenen Veranstaltungsorten für Kulturevents zum **Parque de España** (Paraná Flussufer) mit einem Bau, der an ein Mausoleum erinnert. Dahinter liegt ein Viertel voller Bars und Restaurants, in dem es am Wochenende lebhaft zugeht. Noch etwas weiter befindet sich das Museum für zeitgenössische Kunst.

➡ **Costanera Norte**

Im Sommer lockt dieser Abschnitt, der 5 km nördlich der Innenstadt beginnt, die Massen an seine Strände. Hinter dem öffentlichen Strand **Rambla Catalunya** liegen eine Promenade und Bar-Restaurants; dahinter befindet sich das **Balneario La Florida** (Eintritt 25 Arg$; ⏰ Okt.–April 9–20 Uhr), ein schönes Strandbad mit guter Ausstattung und einem gesicherten Badebereich. An malerischen Ständen wird Fisch aus dem Fluss verkauft. Busse der „Linea de la Costa", die allerdings

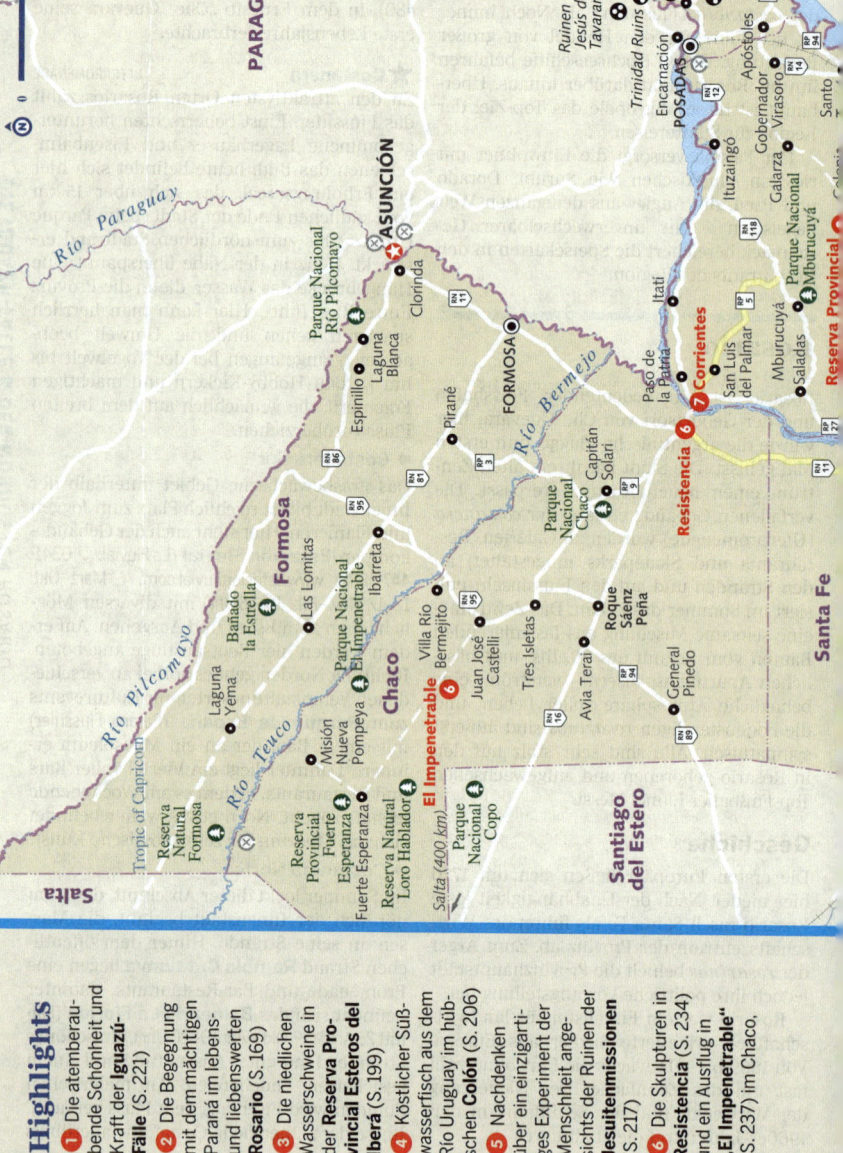

Highlights

1 Die atemberaubende Schönheit und Kraft der **Iguazú-Fälle** (S. 221)

2 Die Begegnung mit dem mächtigen Paraná im lebens- und liebenswerten **Rosario** (S. 169)

3 Die niedlichen Wasserschweine in der **Reserva Provincial Esteros del Iberá** (S. 199)

4 Köstlicher Süßwasserfisch aus dem Río Uruguay im hübschen **Colón** (S. 206)

5 Nachdenken über ein einzigartiges Experiment angesichts der Ruinen der **Jesuitenmissionen** (S. 217)

6 Die Skulpturen in **Resistencia** (S. 234) und ein Ausflug in „**El Impenetrable**" (S. 237) im Chaco,

200 km

PARAGUAY

ASUNCIÓN

Rio Paraná

Rio Iguatemí

Rio Paraná

Parque Nacional do Iguaçu-Fälle

1 Iguazú-Fälle

Parque Nacional Iguazú

Foz do Iguaçu

Ciudad del Este

Represa de Itaipú

Puerto Iguazú

San Pedro

Saltos del Moconá

El Soberbio

Eldorado

Misiones

Jesuitenmissionen

5 San Ignacio Miní

San Ignacio

Santa Ana & Loreto

Santa María la Mayor

Ruinen von Jesús de Tavarangüé

Trinidad Ruins

Encarnación

POSADAS

Apóstoles

Santa

Oberá

Gobernador Virasoro

Galarza

Santo

Ituzaingó

Reserva Provincial

Itatí

Paso de la Patria

San Luis del Palmar

7 Corrientes

Mburucuyá

Parque Nacional Mburucuyá

Saladas

Colonia

Corrientes

6 Resistencia

Rio Paraná

Rio Bermejo

Capitán Solari

Parque Nacional Chaco

Roque Sáenz Peña

General Pinedo

Santa Fe

Chaco

6 El Impenetrable

Parque Nacional El Impenetrable

Villa Río Bermejito

Juan José Castelli

Tres Isletas

Avia Terai

Salta (400 km)

Parque Nacional Copo

Reserva Natural Loro Hablador

Santiago del Estero

FORMOSA

Clorinda

Parque Nacional Río Pilcomayo

Laguna Blanca

Pirané

Espinillo

Formosa

Ibarreta

Las Lomitas

Bañado la Estrella

Laguna Yema

Misión Nueva Pompeya

Reserva Provincial Fuerte Esperanza

Fuerte Esperanza

Reserva Natural Formosa

Rio Teuco

Rio Pilcomayo

Tropic of Capricorn

Salta

BRASILIEN

URUGUAY

Corrientes

Entre Rios

Buenos Aires

Córdoba

ATLANTISCHER OZEAN

Río Uruguay
Río Paraná
Río Ibicuí
Río Negro
Río Salado
Río de la Plata

Lagoa Mirim
Lago Artificial de Rincón del Bonete
Laguna Mar Chiquita

MONTEVIDEO
BUENOS AIRES
PARANÁ
SANTA FE

Santa María
Melo
Rivera
Tacuarembó
Yapeyú
Uruguaiana
Paso de los Libres
Bella Unión
Salto
San José
Paysandú
Concepción del Uruguay
Mercedes
Fray Bentos
Trinidad
Colonia del Sacramento
Mercedes
Curuzú Cuatiá
Federal
Concordia
Ubajay
Parque Nacional El Palmar
Palacio San José
Goya
Esquina
La Paz
Victoria
Gualeguay
Pergamino
Reconquista
Vera
San Justo
Cayastá
Puerto Gaboto
Maciel
Coronda
Esperanza
Humberto Primero
Rafaela
Moisés Ville
San Carlos Centro
Tostado
Rufino

Colón 4
Gualeguaychú 7
Rosario 2

eine Bastion traditioneller Kultur neller indigener Kultur
7 Es krachen lassen bei einer der klassischen Karnevalsfeiern der Region in **Gualeguaychú** (S. 205) oder **Corrientes** (S. 194)

nur in den Sommermonaten verkehrt, fahren von Rioja/Roca hierher. Ansonsten kann man die Busse 102N/103N/143N nehmen und vom Boulevard Rondeau ein paar Querstraßen Richtung Osten laufen.

★ Monumento Nacional a La Bandera
MONUMENT

(www.monumentoalabandera.gob.ar; Santa Fe 581; Aufzug 10 Arg$; ⊙ Di–So 9–18, So 14–18 Uhr) Manuel Belgrano, der Schöpfer der argentinischen Nationalfahne, ruht in einer Krypta unter diesem wuchtigen steinernen Obelisken. Der steht wiederum dort, wo die blauen und weißen Streifen zum ersten Mal gehisst wurden. Auch Besucher, die nicht allzu sehr patriotisch sind, fahren mit dem Aufzug bis ganz nach oben, denn von dort eröffnet sich ein fantastischer Blick über das Ufer, den Río Paraná und seine Inseln. Die schön gestaltet Kolonnade birgt eine ewige Flamme zur Erinnerung an diejenigen, die für das Vaterland gestorben sind.

★ Paraná Delta
INSEL

Rosario liegt am oberen Delta des Río Paraná, einem etwa 60 km breiten Gebiet mit überwiegend unbewohnten subtropischen Inseln und mäandrierenden *riachos* (Wasserläufen). Zahlreiche Vogelarten und andere Tiere leben hier. Selbst auf den nächstgelegenen Inseln hat man das Gefühl, sehr weit weg zu sein, obwohl die Gebäude der Stadt in nächster Nähe aufragen. Mit verschiedenen Fährdiensten und Bootstouren kann man die Inseln erreichen und/oder das Delta erkunden.

Von der Estación Fluvial (S. 169) fahren von Mitte September bis Mai an Wochenenden und von Dezember bis Februar täglich Boote zu den Inselstränden am Banquito de San Andrés (hin & zurück 85 Arg$).

Museo de Arte Contemporáneo de Rosario
GALERIE

(MACRO; www.macromuseo.org.ar; Av de la Costa am Blvd Oroño; Eintritt 10 Arg$; ⊙ Do–Di 14–20 Uhr) Dieses Museum befindet sich in einem leuchtend bunt gestrichenen Getreidesilo und ist Teil der eindrucksvollen Neugestaltung des Flussufers in Rosario. In kleinen Galerien, die sich über acht Stockwerke verteilen, präsentiert es wechselnde Ausstellungen meist junger einheimischer Künstler, mit Werken von unterschiedlicher Qualität. Vom *mirador* (Aussichtspunkt) ganz oben hat man einen schönen Blick auf die Flussinseln; unten am Ufer gibt es eine attraktive Café-Bar.

Museo de la Memoria
MUSEUM

(www.museodelamemoria.gob.ar; Córdoba 2019; Eintritt 10 Arg$; ⊙ Di–Fr 10–18, Sa & So 16–19 Uhr) In einem ehemaligen Hauptquartier der Armee, nicht weit von dem Ort entfernt, an dem die Polizei während des Schmutzigen Kriegs Menschen festhielt, folterte und tötete, hält dieses Museum die Erinnerung an die damalige Gewalt und ihre Opfer wach. Wer Spanisch lesen kann, auf den wartet eine kleine, aber sehr bewegende Ausstellung mit Augenzeugenberichten, Fotos der „Verschwundenen" und einem Versuch, die Geschichte der Unmenschlichkeit des Menschen gegenüber seinen Artgenossen aus einem breiteren Blickwinkel zu beleuchten. Im oberen Stockwerk werden wechselnde Ausstellungen gezeigt.

★ Museo Municipal de Bellas Artes
GALERIE

(www.museocastagnino.org.ar; Ecke Av Carlos Pellegrini & Blvd Oroño; Eintritt 10 Arg$; ⊙ Mi–Mo 14–20 Uhr) Das Museum lohnt den Besuch wegen der originellen Präsentation von Kunstwerken des 20. und 21. Jhs., die aus dem MACRO (s. links) stammen. Zu besichtigen ist außerdem eine kleine Sammlung europäischer Arbeiten mit einigen sehr schönen Stücken.

Museo Histórico Provincial
MUSEUM

(www. museomarc.gob.ar; Av del Museo, Parque Independencia; Eintritt 10 Arg$; ⊙ Di–Fr 9–18, Sa & So 14–19, Dez.–März Sa & So 15–20 Uhr) Die gut präsentierte Sammlung zeigt vielfältige Ausstellungsstücke aus der Zeit nach der Unabhängigkeit und ausgezeichnete Schaubilder zu indigenen Kulturen aus ganz Lateinamerika. Besonders interessant ist eine Sammlung barocker religiöser Kunstwerke, die aus den südlichen Anden stammen. Die Erläuterungen sind nur auf Spanisch. Wenn im angrenzenden Stadion ein Heimspiel ausgetragen wird, bleibt das Museum geschlossen.

Museo de la Ciudad
MUSEUM

(www.museodelaciudad.gob.ar; Blvd Oroño 2300; Eintritt 10 Arg$; ⊙ Di–Fr 9–15, Sa 14–19, So 9–13 Uhr) In einem Bungalow mit Wellblechdach, einem der hübschesten Gebäude in Rosario, gegenüber der Rennstrecke ist dieses engagierte Museum der richtige Startpunkt für eine Erkundung des Parque Independencia. Eine ausgezeichnete zweisprachige Broschüre weist den Besuchern den Weg durch den großen 100-jährigen Park; das Stadtmuseum selbst präsentiert qualitätvolle wechselnde Ausstellungen, den Nachbau einer Apotheke aus dem 19. Jh., einen zauberhaften Ausstellungsraum in einem ehemaligen Gewächshaus und überzeugt mit seinem großen Engagement.

 Aktivitäten

Jardín de los Niños
VERGNÜGUNGSPARK

(Parque de la Independencia; Eintritt 10 Arg$; ☺ Fr–So 14–19 Uhr) Der frühere Zoo ist in einen wunderbaren Aktivitätspark für Kinder umgestaltet worden. Eine große Bandbreite an innovativen Denkspielen, Klettergerüsten, spielerischen Aktivitäten und eine Flugmaschine stehen bereit. Hilfsbereite Mitarbeiter erklären, wie es geht; auch Eltern haben hier ihren Spaß. Dieser Vergnügungspark und zwei weitere (ebenfalls ausgezeichnete) kindgerechte Plätze in der Stadt bilden das „Tríptico de la Infancia".

 Kurse

Spanish in Rosario
SPRACHKURS

(☎ 0341-15-560-3789; www.spanishinrosario.com; Catamarca 3095) Rosario ist eine ausgezeichnete Stadt, um Spanisch zu lernen; die hier genannte Einrichtung bietet kurzweilige Sprachprogramme und vermittelt außerdem Unterkünfte bei Familien sowie Plätze in der Freiwilligenarbeit.

Geführte Touren

★ Rosario Kayak & Motor Boat Tours
GEFÜHRTE TOUREN

(Paseos en Lancha y Kayak; ☎ 0341-15-571-3812; www.boattours.com.ar; Estación Fluvial) Der freundliche, professionelle und mehrsprachige Veranstalter organisiert tolle Bootsausflüge durch das Paraná-Delta (180–250 Arg$, 1–1½ Std.) mit der Option auf ein Picknick auf einer Insel im Programm. Wer mag, kann die Inseln auch per Kajak erkunden (350 Arg$, 3 Std.). Angeboten werden auch ein Wassertaxiservice zu den Inseln im Delta (hin & zurück ab 70 Arg$) und ein Fahrradverleih für 150 Arg$ pro Tag. Gebucht wird telefonisch, per E-Mail oder an der Estación Fluvial.

Rosario Free Tour
STADTSPAZIERGANG

(☎ 0341-560-3789; www.rosariofreetour.com; Maipú & Urquiza; ☺ Touren Sa 11.30 Uhr) Treffpunkt für die zweistündigen Stadtführungen auf Spanisch und Englisch ist die Treppe des alten Zollgebäudes am Ende der Maipú. Offiziell sind die Touren kostenlos, aber eine Spende ist angebracht.

🎊 Feste & Events

An dem langen Wochenende rund um den 12. Oktober wird es in Rosario immer brechend voll. Zahlreiche Hotels und Hostels verdoppeln dann ihre Preise; die Unterkunftsmöglichkeiten sind schon lange im Voraus ausgebucht.

Semana de la Bandera
FIESTA

Das wichtigste Fest in Rosaria ist die „Woche der Flagge". Höhepunkt sind die Feiern am 20. Juni, dem Todestag von Belgrano.

🛏 Schlafen

Es gibt Dutzende Hostels, die allerdings oft kontingentweise von Gruppen der Polizei oder anderer Regierungsangestellter gebucht werden. Außerdem findet sich eine große Zahl von durchschnittlichen Mittelklassehotels. Die Preise sinken im Allgemeinen zur Wochenmitte.

Residence Boutique Hostel
HOTEL, HOSTEL $

(☎ 0341-421-8148; www.residenceboutique.com.ar; Buenos Aires 1145; B/DZ/3BZ 23/60/80 US$; ❄@🖥) Der hübsche Bau vom Anfang des 20. Jhs. ist wirklich etwas Besonderes; er beherbergt ein ruhiges, wunderschönes Hotel und Hostel. Die Gemeinschaftsräume sind voller Jugendstilschnörkel, und die kompakten, stilvollen Zimmer bieten für dieses Komfortniveau ein tolles Preis-Leistungs-Verhältnis. Die Schlafsäle sind ebenfalls hochklassig, und der kleine Gartenpatio und der Frühstücksbereich sind tolle Orte zum Entspannen. Originell und faszinierend.

La Casa de Arriba
HOSTEL $

(☎ 0341-430-0012; www.lacasadearriba.com.ar; Córdoba 2889; B Wochenende/Wochentag 19/15 US$; @🖥) Das Gespür eines Designers hat aus diesem alten Haus ein fabelhaftes Hostel gemacht. Freiliegendes Mauerwerk, kreative Raumnutzung, moderne Schlafkojen im Stil von Regalfächern und eine gastfreundliche Attitüde machen das Haus zu einer komfortablen, stilvollen Basis in Rosario. Die größere Entfernung zum Zentrum wird durch die relativ gute Lage zu den Bars und zum Nachtleben wettgemacht.

Hotel La Paz
HOTEL $

(☎ 0341-421-0905; www.hotellapazrosario.com.ar; Barón de Maua 36; EZ/DZ 35/42 US$; ❄@🖥) Das einladende Budget-Hotel, günstig an der Plaza Montenegro gelegen, sieht 70 Jahre nach der Eröffnung immer noch gut aus und bietet ein tolles Preis-Leistungs-Verhältnis.

Rosario

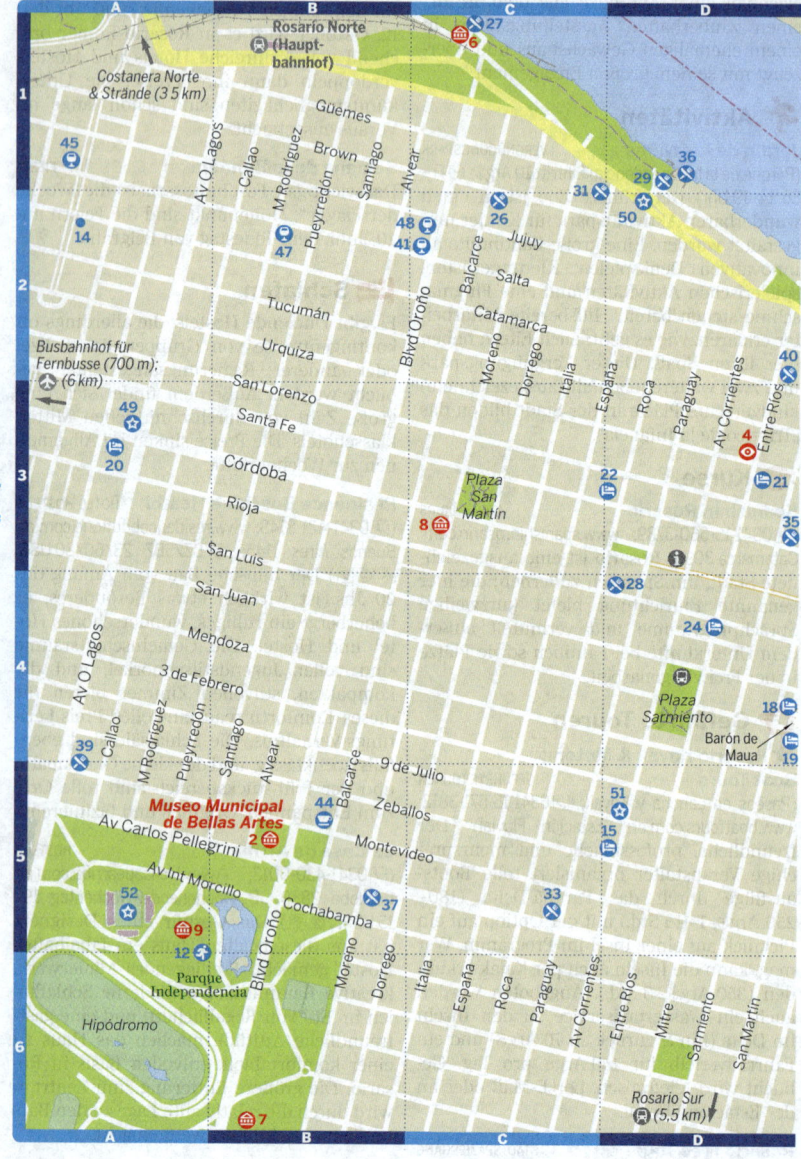

Die Familienzimmer vorne haben Balkons mit Blick auf die Plaza Montenegro.

La Casa de Pandora
HOSTEL **$**

(☎ 0341-679-9314; www.lacasadepandora.com.ar; Entre Ríos 583; B 14–15 US$; @ ☎) Klein, künst-

lerisch aufgemacht und sehr einladend – die Casa de Pandora ist eines von zahlreichen Hostels in Rosario, erledigt aber Wesentliches – beispielsweise das Saubermachen – sehr viel besser als so manche Mitbewerber in dieser Branche. Dieses Hostel ist eine sehr

Esplendor Savoy Rosario

HOTEL **$$**

(☎0341-429-6000; www.esplendorsavoyrosario.
com; San Lorenzo 1022; Zi. Standard/gehobene
Ausstattung 110/120, Suite 180 US$; ❄ @ 📶 🛗)
Unter den zahlreichen stilvollen Gebäu-
den vom Beginn des 20. Jhs. sticht dieses
Jugendstiljuwel ganz besonders hervor.
Zugleich ist der Sprung in die Gegenwart
geglückt; die Zimmer verfügen über moder-
nen Komfort, der sich gut in die 100-jährige
Umgebung einfügt. Zu den weiteren Attrak-
tionen zählen ein überdachter Pool, eine
elegante Café-Bar und der Dachgarten. Das
Haus wird gern für Feiern gebucht; mit ei-
nem ruhigen Aufenthalt ist hier also nicht
unbedingt zu rechnen.

1412

HOTEL **$$**

(☎0341-448-7755; www.1412.com.ar; Zeballos 1412;
Zi. 84 US$; ❄ 📶) Das schick, aber bequem
eingerichtete neue Hotel hat ein ordentliches Preis-Leistungs-Verhältnis und eine
perfekte Lage als Ausgangspunkt für Streifzüge zur Restaurantmeile an der Avenida
Carlos Pellegrini. In der attraktiven Lobby
stehen den ganzen Tag kostenlos Tee, Kaffee
und Gebäck bereit; die Zimmer sind angenehm und makellos modern.

Plaza Real

HOTEL **$$**

(☎0341-440-8800; www.plazarealhotel.com; Santa
Fe 1632; Zi. Standard/gehobene Ausstattung 118/
140 US$; ❄ @ 📶 🛗) Luxuriöse Zimmer,
Apartments und Suiten stehen in dem Bu-
siness-Hotel mit Swimmingpool auf der
Dachterrasse zur Verfügung. Die gute Aus-
stattung – Fitnessraum, Sauna, Pool, Jacuzzi
im Freien –, das hervorragende Frühstück
und der zuvorkommende Service machen
das Haus zu einer verlässlichen Wahl.

Roberta Rosa de Fontana Suites

APARTMENT **$$**

(☎0341-449-6767; www.rrdfsuites.com.ar; Entre
Ríos 914; EZ/DZ 79/88 US$; ❄ 📶 👪) Die Un-
terkunft liegt sehr zentral über einem farbenfrohen Café. Die modernen, geräumigen
Zimmer sind mit gebürsteten Betondecken,
schwarzen Fußböden und einer kleinen Kit-
chenette ausgestattet. Verschiedene Größen
stehen zur Wahl; für Familien ist das Haus
eine gute Option.

Catamarca Suites Land

HOTEL **$$**

(☎0341-440-0020; www.catamarcasuitesland.
com.ar; Catamarca 1219; Zi. 75 US$; ❄ 📶) Die ge-
räumigen Doppelzimmer im Apartment-Stil
mit Frühstücksbar, Mikrowelle und Minibar
sind stilvoll eingerichtet, die großen, beque-

nette Unterkunft mit angenehmen Schlaf-
sälen, gut eingerichteter Küche und einem
kleinen Innenhof. Hier werden zudem ver-
schiedene Workshops – u.a. Yoga, Tanz,
Volksmusik – angeboten. Außerdem ist ein
Fahrradverleih vorhanden.

Rosario

men Betten und die kräftigen Duschen sind weitere Pluspunkte. Die Zimmer verfügen über Balkons mit Blick auf die Straße zum Río Paraná. Außerdem gibt es eine kleine Dachterrasse mit einem Jacuzzi. Frühstück wird auf dem Zimmer serviert. Nur Barzahlung möglich.

Hotel Plaza del Sol
HOTEL $$
(📞0341-426-4448; www.hotelesplaza.com; San Juan 1055; EZ/DZ 111/122 US$; ✳@🛜🛁) Auch wenn die Fassade ein wenig angekratzt erscheint: Die renovierten Zimmer sehen dafür gut aus; die meisten sind ziemlich geräumig, alle haben einen Balkon und Badewannen mit Hydromassage. Und was nicht ganz unwichtig ist, die Betten sind bequem. Das Haus gilt als das beste unter den Hotels an der Plaza Montenegro; es gibt einen Fitnessraum, eine Sauna, eine Sonnenterrasse und einen beheizten, überdachten Pool im elften Stock. Die Mitarbeiter sind aufmerksam und hilfsbereit. Das Preis-Leistungs-Verhältnis

ist sehr ordentlich, besonders, wenn man dank Online-Buchung oder Barzahlung einen Preisnachlass ergattern kann.

Ros Tower
HOTEL $$$
(📞0341-529-9000; www.rostower.com.ar; Mitre 295; Zi. DeLuxe/DeLuxe plus 176/200 US$, Junior/Executive Suite 230/272 US$; ✳@🛜🛁) Toller Service und eine ebensolche Ausstattung prägen das schicke Business-Spa-Hotel. Viele Zimmer bieten einen fantastischen Blick auf den Fluss. Die DeLuxe-plus-Zimmer sind etwas größer als die DeLuxe-Zimmer und besitzen eine Badewanne. Die Executive-Suiten haben einen Jacuzzi.

Puerto Norte Hotel
HOTEL $$$
(📞0341-436-2700; www.puertonortehotel.com; Carballo 148; Zi. City/Executive/Premium 176/200/236 US$; ✳@🛜🛁) Das ungewöhnliche Hotel in einem Neubauviertel am Flussufer nördlich des Zentrums steht auf 14 ehemaligen Getreidesilos, deren runde Räume die

Rezeption und die Bar beherbergen. Die angenehmen Zimmer sind gut ausgestattet mit Kaffeekapselmaschinen und Betten, hinter denen Fotos vom alten Rosario die ganze Wand einnehmen. Das Restaurant und der Spa-Komplex auf dem Dach mit Swimmingpools in der Halle und im Freien bieten einen spektakulären Panoramablick.

Die Aussicht auf die Stadt von den Zimmern der billigsten Kategorie ist interessanter als die von den Executive Rooms. Wer eine fantastische Aussicht auf den Fluss sucht, muss einen Premium Room oder gar eine Suite buchen.

 Essen

Zur abendlichen Essenszeit wirkt das Zentrum von Rosario wie leergefegt. Das liegt daran, weil sich die halbe Stadt auf der Avenida Carlos Pellegrini drängelt. Zwischen der Buenos Aires und der Moreno gibt es eine ungeheure Zahl familienfreundlicher Lokale, darunter scheunenartige *parrillas* (Steakrestaurants), Dutzende Pizzerien, Lokale mit All-you-can-eat-Büfett, Bars und ausgezeichnete Eisdielen. Am besten schlendert man einmal die Straße entlang und sucht sich das Passende aus. Die meisten Lokale haben eine Straßenterrasse.

★ La Marina — SPANISCH, FISCH $
(1 de Mayo 890; Hauptgerichte 40–95 Arg$; ⊙ Mo-Sa 12–16 & 20–24 Uhr) Das mit verblichenen spanischen Tourismusplakaten dekorierte Kellerlokal gleich oberhalb des Flaggenmonuments ist eine Top-Adresse für preiswerten und wirklich köstlichen Fisch und Meeresfrüchte wie *rabas* (Calamari) oder saftigen Flussfisch vom Grill. Man kann nicht reservieren und muss deshalb oft auf einen Tisch warten, weil der Laden zurecht sehr gut besucht ist. Bitte nicht mit dem Restaurant darüber verwechseln!

Lo Mejor del Centro — PARRILLA $
(Santa Fe 1166; Hauptgerichte 65–160 Arg$; ⊙ 12-15 & 20–24 Uhr; ☎) Als diese *parrilla* pleite ging, schafften es die Angestellten, den Laden als Kooperative wiederzueröffen. Dabei haben sie Großartiges geleistet. Schmackhaftere Fleischgerichte sind in ganz Rosario nicht zu finden; außerdem können die Gäste hausgemachte Pasta, Paella und kreative Salate genießen. An den dicht besetzten, in die Jahre gekommenen Tischen herrscht eine warme, gesellige Atmosphäre. Unter der Woche gibt es diverse feste Menüs mit einem tollen Preis-Leistungs-Verhältnis.

El Ancla — ARGENTINISCH $
(Maipú 1101; Hauptgerichte 50–100 Arg$; ⊙ Mo-Fr 7–1, Sa 8–16 & 19–1, So 10–16 & 19–1 Uhr) Das gut besuchte Lokal zählt zu den beliebtesten Eckrestaurants in Rosario, nicht zuletzt wegen der altehrwürdigen Einrichtung und der authentischen Atmosphäre. Das Essen – mit vielen preiswerten Tellergerichten – ist gleichbleibend gut, und der Empfang ist immer freundlich. Eine gute Wahl für den kleineren Geldbeutel.

De Buen Humor — EIS $
(www.debuenhumorhelados.com.ar; Rioja 1560; Eiswaffel 24–42 Arg$; ⊙ 10–23 Uhr; ☎ ✎ ♨) Das Eis in diesem Laden wird aus der Milch glücklicher Kühe hergestellt– so heißt es zumindest. Dafür können wir uns nicht verbürgen, aber wer Süßes mag, wird das optimistische Dekor, die Sitzgelegenheiten im Innenhof und die leckeren Eiswaffeln, Mixturen und Obstsalate zu schätzen wissen. *Rosarinos* verzehren pro Kopf und Jahr 7 kg Eis. Wer da mithalten will, muss sich schon stark ins Zeug legen.

Comedor Balcarce — ARGENTINISCH $
(Ecke Balcarce & Brown; Hauptgerichte 50–120 Arg$; ⊙ Mo-Sa 12–15 & 20.15–24 Uhr) Die typische Eck-*bodegón* (traditioneller Imbiss) ist bereits seit Jahrzehnten im Geschäft, gehört aber (leider) zu einer rasch aussterbenden Branche. Argentinische Hausmannskost kommt in großen Portionen auf den Tisch. Die Qualität ist durchschnittlich bis gut, die Preise sind toll, ein Besuch des Lokals ist ein authentisches, freundliches Erlebnis. Von dem liebevoll gemeinten Spitznamen *El Vómito* (das Erbrochene) sollte man sich allerdings nicht abschrecken lassen.

Nuria — BÄCKEREI $
(www.nuria.com.ar; Santa Fe 1026; Gebäck ab 15 Arg$; ⊙ Mo-Sa 7–21, So 7–19 Uhr) Die beliebte Rosario-Institution – inzwischen mit mehreren modernen Filialen in der ganzen Stadt – ist immer noch ein verführerisch altmodischer Ort, um köstliches Gebäck und leckeren Kuchen zu kaufen.

★ Zazpirak Bat — BASKISCH $$
(www.zazpirakbat.com; Entre Ríos 261; Hauptgerichte 80–150 Arg$; ⊙ Di–Sa 20–0.30, So 12.30–16 Uhr) Von außen gibt das baskische Kulturzentrum kaum einen Hinweis darauf, dass drinnen ein Restaurant zu finden ist, und die Karte erscheint auf den ersten Blick etwas eintönig. Dabei ist es ein ganz wunderbares Lokal. Fisch und Meeresfrüchte

werden so zubereitet, dass die natürlichen Aromen maximal zur Geltung kommen; alles schmeckt köstlich, die Portionen sind enorm, und ganz besonders hervorzuheben sind die frischen Salate.

Escauriza
FISCH $$

(☎ 0341-454-1777; Ecke Bajada Escauriza & Paseo Ribereño; Hauptgerichte 110–195 Arg$; ⏲ 12–15.30 & 20–24 Uhr) Das legendäre Lokal direkt hinter dem Florida-Strand zählt zu den besten Fischrestaurants in Rosario. Der riesige offene Speiseraum ist erfüllt vom Duft nach Flussfisch wie Surubi, der über Holzkohle gegrillt wird. Vorab sind die köstlichen Empanadas mit Meeresfrüchten zu empfehlen. Service, Qualität und Portionen sind höchst eindrucksvoll. Am besten reservieren, mittags kommen oder geduldig warten, besonders, wenn man hier an einem Sommerwochenende zu Mittag essen möchte. Keine Kreditkarten. Beim Kaffee allerdings scheiden sich die Geister.

Don Ferro
PARRILLA $$

(www.puertoespana.com.ar; Flussufer nahe España; Hauptgerichte 100–220 Arg$; ⏲ 7.30–1 Uhr; ☎) Das attraktivste Restaurant der Stadt ist in einer alten Eisenbahnbaracke untergebracht und punktet mit einer hübschen Terrasse auf dem Bahnsteig, ausgezeichnetem Service und wirklich köstlichen Fleischgerichten. Die umfangreiche Karte weist auch Grillgemüse auf und umfasst viel mehr Fleischspeisen als die meisten Lokale. Die Weine sind stark überteuert. Das Don Ferro liegt am Flussufer nahe der España.

El Viejo Balcón
PARRILLA $$

(Ecke Italia & Wheelwright; Hauptgerichte 90–190 Arg$; ⏲ 12–15 & 20–24 Uhr) Obwohl das alteingesessene Lokal am Fluss in einer Gegend voller parrillas liegt, sollten Gäste sich darauf einstellen, dass sie auf einen Tisch warten müssen. Die Fleischgerichte kommen in großzügigen Portionen und sind von ausgezeichneter Qualität: Das Personal erkundigt sich sogar, welche Zubereitung die Gäste wünschen. Auf der Speisekarte stehen genügend Gerichte, beispielsweise Crêpes, Pasta usw., für jeden Geschmack.

La Estancia
PARRILLA $$

(www.parrillalaestancia.com.ar; Av Carlos Pellegrini 1501; Hauptgerichte 100–220 Arg$; ⏲ 12–15.30 & 20–1, Fr & Sa bis 2 Uhr; ☎) Das typische Grillrestaurant gehobener Qualität ist eine verlässliche Wahl an der Pellegrini-Meile. Serviert werden wirklich ausgezeichnete

Fleischgerichte – das vacío (Flanksteak) ist etwas ganz Besonderes –, und dazu sind so viele Kellner unterwegs, dass die Gäste nie allzu lange warten müssen. Nur die sehr eng stehenden Tische und die langweilige Weinkarte fallen negativ auf.

Restaurant Bruno
ITALIENISCH $$

(Montevideo 2798; Pasta 125–185 Arg$; ⏲ Di–Sa 20–24, So 12–15.30 & 20–23 Uhr) Die elegante Villa einen Block von der Pellegrini entfernt ist mit dunklem Holz und geschmackvollen Drucken von Gondolieri dekoriert. Wohlhabende Einheimische kommen wegen der hausgemachten Pasta hierher, die einen ausgezeichneten Ruf hat. Egal, ob man Gnocchi, Lasagne, Cannelloni oder Fettuccine bestellt: die Kombination aus stilvoller Inneneinrichtung und gemütlicher Trattoria-Atmosphäre funktioniert bestens. Die Portionen sind üppig.

Los Potrillos
PARRILLA $$

(☎ 0341-482-4027; www.lospotrillos.com.ar; Ecke Av. Carlos Pellegrini & Moreno; Hauptgerichte 140–210 Arg$; ⏲ 12–15.30 & 20–1 Uhr; ☎) Die parrilla, die in warmen Farben und mit einem mitreißenden Pferdewandbild dekoriert ist, bietet weit mehr als gegrilltes Fleisch. Es gibt eine schöne Auswahl an Flussfisch und anderen Fischgerichten, leckere hausgemachte Pasta und eine solide Weinkarte. Die Qualität ist hoch, die Portionen sind groß, und die Speisekarte ist ausnahmsweise vernünftig übersetzt.

Los Jardines
ARGENTINISCH $$

(www.losjardinesenrosario.com; Paraná Flussufer nahe España; Hauptgerichte 80–190 Arg$; ⏲ 8–24 Uhr) Mit seiner abgestuften Terrasse am Fluss (Zugang mit dem Aufzug oder über eine Treppe hinter dem Restaurant Don Ferro) liegt das Lokal sehr hübsch, auch wenn rostige Rohre und ein Angelpier die Aussicht etwas beeinträchtigen. Die umfangreiche Karte enthält u. a. an den Wochentagen einen ordentlichen Mittagstisch, große Salate, Cocktails, gegrillten Flussfisch. Die Qualität schwankt manchmal, dafür ist der Laden einfach ein nettes Plätzchen.

La Chernia, El Chucho y La Cholga
FISCH $$

(www.rubenmolinengo.com; Ecke JM de Rosas & Mendoza; Hauptgerichte 100–205 Arg$; ⏲ 11.30–15 & 20.30–24 Uhr) Wer dieses wunderschön dekorierte romantische Eck-Restaurant betritt, macht eine Zeitreise ein Jahrhundert zurück. Auf der langen Speisekarte stehen nur Fischgerichte – von lokalen Arten aus dem Fluss bis hin zu Eintöpfen und Suppen, die vor leckeren Meeresfrüchten überquellen. Gemischte Platten für zwei Personen sind hier eine preiswerte Option.

Davis ARGENTINISCH $$$

(📞 0341-435-7142; www.complejodavis.com; Av de la Costa 2550; Hauptgerichte 155–235 Arg$, Barsnacks 65–150 Arg$; ⏰ Di–Do & So 9–1, Fr & Sa 9–2 Uhr, Mo 12.30–1 Uhr; 📶) Das schicke Restaurant ist in einem Glaswürfel untergebracht, der den zauberhaftesten Standort in ganz Rosario besetzt: direkt am Fluss unterhalb des Museums für zeitgenössische Kunst mit 180-Grad-Panorama. Auch draußen am Flussufer stehen Tische; hier gilt eine überteuerte Barkarte mit Sandwiches und Ähnlichem. Drinnen ist das Essen wesentlich besser – empfehlenswert ist die Flussfischplatte für zwei Personen –, aber wer die Lage voll auskosten will, sollte zuerst auf der Terrasse ein kühles Bier trinken.

Ausgehen & Nachtleben

In Rosario bieten die *restobares* eine Mischung aus Café und Bar, in denen im Allgemeinen die Standardauswahl an Snacks und kleinen Gerichten serviert wird. Viele eignen sich ebenso gut für den Morgenkaffee wie für ein Glas Wein am Abend – und auch für die sonstigen Tages- und Nachtzeiten.

Espiria CAFÉ

(www.facebook.com/culturaespiria; Montevideo 2124; ⏰ Mo–Do 8–1, Fr & Sa 9–2, So 10–1 Uhr; 📶) Eine Pause in dem zauberhaften Café nebst Buchhandlung und Galerie lässt sich perfekt mit einem Besuch des nahe gelegenen Kunstmuseums kombinieren. Das Lokal befindet sich in einem schönen Haus mit Buntglasfenstern und einem verlockenden Patio. Leckere Sandwiches, Snacks und Frühstücksvarianten (kleine Mahlzeiten 70–140 Arg$), Kaffee und köstliche Säfte machen das Espiria zu einem der entspanntesten Orte in Rosario; später am Abend trifft man sich hier zu einem Cocktail.

El Diablito PUB

(Maipú 622; ⏰ Di–Sa 21–3.30 Uhr) Die rote Beleuchtung erinnert an die Vergangenheit des Hauses als Bordell und verhilft der Kneipe zu einer ganz eigenen Atmosphäre. Als Soundtrack läuft Rock der 1970er und 80er-Jahre, Buntglas-Paneele und altersfleckige Spiegel dominieren das opulente Dekor. Ein klassisches Ausgehlokal.

PICHINCHA

Zwischen Oroño und Francia und nördlich der Urquiza liegt der *barrio* Pichincha, das interessanteste Viertel der Stadt in Sachen Nachtleben. Die baumbestandenen Straßen und breiten Bürgersteige lassen es tagsüber wie eine verschlafene Vorstadt wirken, doch abends scheint es an jeder Ecke eine schrullige Bar oder ein angesagtes Restaurant zu geben. Auch die besten *boliches* (Nachtclubs) der Stadt sind hier zu finden.

Pichangú BAR

(Ecke Salta & Rodríguez; ⏰ Mo–Mi 18–1, Do 18–2, Fr & Sa 19–3 Uhr) Die einladende Eckkneipe präsentiert sich hell und lebensfroh. Betreiber ist eine Kooperative, die regelmäßig Musikveranstaltungen und andere Kulturevents ansetzt. Es ist eine soziale, leicht chaotische Szene und ein guter Ort, um Einheimische kennenzulernen. Zu essen gibt es eine vernünftige Auswahl an Pizza und Ähnlichem mit mehreren veganen Optionen.

El Cairo BAR

(www.barelcairo.com; Ecke Sarmiento & Santa Fe; ⏰ Mo–Do 8–13, Fr & Sa 8–14, So 10–1 Uhr; 📶) Das klassische Rosario-Café ist elegant, hat hohe Decken und riesige Glasfenster, durch die sich wunderbar die Passanten beobachten lassen (die natürlich auch umgekehrt gern einen Blick hineinwerfen). Es hat zu jeder Tageszeit seinen Reiz, besonders aber am Abend, denn dann werden Cocktails gemixt und gutes argentinisches Kneipenessen aufgetischt. Das Café ist übrigens eines der wenigen Lokale, in denen Mate serviert wird.

Pasaporte BAR

(Ecke Maipú & Urquiza; ⏰ Mo–Fr ab 7, Sa & So ab 8 Uhr; 📶) Die Angestellten der Behörde gleich gegenüber gehen in dem wunderbar gemütlichen Café mit der hübschen Terrasse und dem abgenutzten Holzmobiliar gern morgens einen Kaffee trinken. Aber auch abends herrscht hier eine zurückhaltende, aber angenehme Atmosphäre, besonders wenn es draußen regnet.

Fenicia BRAUEREI

(www.feniciabrewing.com.ar; Francia 168; ⏰ Di–Fr 12 bis spätabends, Sa & So 18 Uhr bis spätabends; 📶) In dieser Braustube riecht es nach Malz,

1

2

4

AWAKENING/GETTY IMAGES ©

LEANDRO HERRANZ/GETTY IMAGES ©

3

**Monumento Nacional a
a Bandera (S. 172)**
er Obelisk steht dort, wo die blau-weiße
andesflagge zum ersten Mal gehisst wurde.
er befindet sich auch das Grab von Manu-
Belgrano, der die Flagge entworfen hat.

**Carnaval in
ualeguaychú (S. 205)**
ie längsten und buntesten Karnevals-
eierlichkeiten des Landes finden im
ommer statt.

**Reserva Provincial
steros del Iberá (S. 199)**
den Feuchtgebieten leben zahlreiche
erarten, darunter der schöne orange-
rbene Sumpfhirsch.

San Ignacio Miní (S. 218)
ie besterhaltenen Ruinen einer Missions-
tation in ganz Argentinien.

und die köstlichen Biere werden direkt unter den Füßen der Gäste gebraut. Sie ist ein guter Ausgangspunkt für eine Tour durch diese Gegend, die für ihre zahlreichen Bars und ihr intensives Nachtleben bekannt ist; außerdem bekommt man hier schmackhafte Quesadillas, Burger und Salate. Auf der Dachterrasse lässt es sich vor allem an warmen Abenden gut aushalten. Das Lokal liegt nordwestlich des Stadtzentrums in der Nähe des Bahnhofs.

Rock & Feller's   BAR
(www.rockandfellers.com.ar; Ecke Blvd Oroño & Jujuy; ⊙10–3 Uhr; ☏) Die riesige Bar bietet mit ihrer großflächigen Gitarrenheld-Deko, dem attraktiven Bar- und Terrassenbereich und den gut gepolsterten Barhockern, die mit Rock-Ikonen geschmückt sind, einen erstaunlichen Anblick. Die Imitation eines Hard Rock Cafés ist bei den Einheimischen wegen der Karte, auf der Pizzas, Sandwiches und ähnliche Snacks stehen, sehr beliebt. Aber am Abend gilt ein ziemlich schicker Dresscode; das ist paradox, denn die meisten Musiker, der hier auftretenden Bands, kämen nicht durch die Tür.

Bound   CLUB
(Blvd. Oroño 198; ⊙ Fr & Sa ab 21 Uhr) Die stylishe Location im Herzen der belebtesten Nightlife-Zone war zur Zeit der Recherche Rosarios beste *boliche*. Sie betreibt eine ziemlich rabiate Einlasskontrolle; wenn die Schlange lang ist, sollte man es sich also besser zweimal überlegen, ob man herein möchte.

☆ Unterhaltung

Es gibt eine Menge Tangolokale in Rosario; am besten holt man sich in der Touristeninformation die Monatsbroschüre, in der alle aufgelistet sind, und informiert sich unter www.rosarioturismo.com.

Rosario besitzt zwei rivalisierende *Fútbol*-Clubs, die beide schon etliche Meistertitel geholt haben. **Newell's Old Boys** (☏0341-425-4422; www.newellsoldboys.com.ar; Parque Independencia) spielen in rot-schwarzen Farben im Estadio Marcelo Bielsa und blicken stolz auf eine lange Reihe toller argentinischer Fußballer zurück, die das Team hervorgebracht hat. **Rosario Central** (☏0341-421-0000; www.rosariocentral.com; Ecke Blvd Avellaneda & Génova) spielt in blau-gelb gestreiften Trikots im Estadio „El Gigante de Arroyito". Eintrittskarten sind etwa zwei Stunden vor Spielbeginn am jeweiligen Stadion erhältlich.

La Casa del Tango   TANGO
(www.facebook.com/casadeltangorosario; Av Illia 1750; ⊙Mo–Fr 9–12 Uhr) Das Tango-Zentrum informiert über Vorführungen und Unterricht in der ganzen Stadt, bietet oft günstigen und unterhaltsamen Abendunterricht an und veranstaltet diverse Events. Die regelmäßigen Konzerte samstags um 21 Uhr sind mit 50 Arg$ wirklich günstig. Außerdem gibt es ein gutes Café und Restaurant. Das Zentrum liegt an der Uferstraße unweit der Kreuzung mit der España.

Distrito Siete   LIVE MUSIK
(www.facebook.com/distritosie7e; Av Lagos 790; ⊙Mo–Do 9–1, Fr & Sa 9–4.30, So 18–1 Uhr; ☏) Der lagerähnliche Industrieanlage wird von der örtlichen Sozialbewegung Giros betrieben und präsentiert viele Live-Acts sowie Unterricht, Aktivitäten, eine günstige tägliche Mahlzeit und eine Bar. Dort kann man auf einen Kaffee oder ein Bier einkehren und sehen, was so los ist.

La Chamuyera   TANGO
(Av Corrientes 1380; ⊙Mo–So) Mit einem untergrundflair, das an die halblegale Vergangenheit erinnert, ist diese atmosphärische Location eines der besten Tangolokale in Rosario. Die *milonga* am Donnerstag startet um 22.30 Uhr, am Montagabend gibt es ein Training. Zu den weiteren Events zählen Sprachabende, Lyriklesungen und verschiedenartige Konzerte: Es lohnt sich immer, auf ein Bier vorbeizuschauen und einen Blick auf das aktuelle geschehen zu werfen.

🛍 Shoppen

Mercado de Pulgas del Bajo   MARKT
(Av Belgrano; ⊙ Sa 14–20, So 12–20 Uhr) Auf dem kleinen Handwerkermarkt bei der Touristeninformation verkaufen Händler alles von Silberzeug bis Lederwaren. Am Flussufer gibt es weitere Wochenendmärkte, darunter ein ausgezeichneter Retromarkt am Sonntag nicht weit von der Stelle, an der die Oroño auf die „Küste" trifft.

ℹ Praktische Informationen

Eine Apotheke, die die ganze Nacht über geöffnet hat, gibt es u. a. an der Ecke von San Lorenzo und Entre Ríos.

Busbahnhof Touristeninformation (www.rosarioturismo.com; Terminal de Ómnibus; ⊙9–19 Uhr) Gegenüber Bahnsteig 32.

Hospital Clemente Álvarez (☏0341-480-8111; Av Carlos Pellegrini 3205) Südwestlich des Stadtzentrums.

Touristeninformation (☏ 0341-480-2230; www.rosarioturismo.com; Av del Huerto; ⊙ Mo–Fr 8–19, Sa 9–19, So 9–18 Uhr) Am Flussufer im Stadtzentrum. Sehr hilfreich, die Website ist ausgezeichnet.

Touristenkiosk (Córdoba, Ecke Av Corrientes; ⊙ Mo–Fr 8–19, Sa 9–19, So 10–18 Uhr) An der Hauptfußgängerzone.

ℹ An- & Weiterreise

BUS

Das modernisierte **Fernbus-Terminal** (☏ 0341-437-3030; www.terminalrosario.gob.ar; Cafferata & Santa Fe) liegt 25 Blocks westlich der Innenstadt. Zu erreichen ist es mit jedem Bus, der die Santa Fe entlangfährt. Von dort in die Stadt geht es mit Bussen mit dem Ziel „Centro" oder „Plaza Sarmiento". Die Fahrt mit dem Taxi kostet ungefähr 40 bis 70 Arg\$.

Zu den meisten Großstädten bestehen täglich Direktverbindungen, auch in die Nachbarländer.

Busse ab Rosario

REISEZIEL	FAHRPREIS (ARG\$)	FAHRZEIT (STD.)
Buenos Aires	250–285	4
Córdoba	360	5½–7
Corrientes	641	9–11
Mendoza	750–820	12–15
Paraná	150–170	3–3½
Posadas	879	14–15
Salta	1220	14–17
Santa Fe	117–128	2½–3½
Tucumán	812	11–13

FLUGZEUG

Aerolíneas Argentinas (☏ 0810-222-86527; www.aerolineas.com.ar; España 840; ⊙ Mo–Fr 10–18, Sa 9–12 Uhr) fliegt täglich nach Buenos Aires. Bedient auch Mendoza, Córdoba, El Calafate und Puerto Iguazú.

Gol (www.voegol.com.br) fliegt São Paulo und Rio de Janeiro in Brasilien an.

Sol (☏ 0810-444-4765; www.sol.com.ar) hat tägliche Verbindungen nach Buenos Aires, fliegt auch nach Córdoba und, saisonal, nach Punta del Este.

TAM (www.tam.com.br) fliegt nach São Paulo in Brasilien.

ZUG

Vom **Bahnhof Rosario Sur** (www.trenesargentinos.gob.ar; Ecke San Martín & Battle y Ordóñez; ⊙ Kartenschalter 18–1 Uhr), 7,5 km südlich des Stadtzentrums am Ende der Avenida San Martín, werden seit Kurzem neue Züge einge-

setzt, die täglich nach Buenos Aires (2./1. Kl. 175/225 Arg\$, 6½ Std.) fahren (um 1.26 Uhr in Rosario und um 16.07 Uhr von Retiro).

Andere Züge auf dem Weg von Buenos Aires nach Córdoba und von Buenos Aires nach Tucumán halten am **Bahnhof Rosario Norte** (www.trenesargentinos.gob.ar; Av. del Valle 2750). Sie sind langsam, weniger schick und billig. Außerdem sind sie weit im Voraus ausgebucht.

Die Buslinie 140 fährt die Sarmiento hinunter Richtung Süden zum Bahnhof Rosario Sur. Der Bus 134 nach Norden die Mitre hinauf hält nur einen Block von Rosario Norte entfernt.

ℹ Unterwegs vor Ort

BUS

Innerstädische Busse fahren am Terminal an der Plaza Sarmiento (siehe www.rosario.gov.ar) ab. Man kann den Fahrpreis von 6,50 Arg\$ in Münzen bezahlen. Wer aber nicht gerade ein Sparschwein geschlachtet hat, kommt sehr viel besser mit einer wiederaufladbaren Karte für 25 Arg\$ zurecht, die es an kleinen Schaltern an vielen größeren Bushaltestellen im Zentrum zu kaufen gibt. Der Preis pro Fahrt sinkt damit auf 5,75 Arg\$.

FAHRRAD

Wer ein Fahrrad mieten möchte, wird bei **Rosario Kayak & Motor Boat Tours** (S. 173) an der Estación Fluvial fündig. Dort gibt es gut ausgestattete Stadträder für 150 Arg\$ pro Tag. Erforderlich dafür sind der Reisepass und eine Kaution von 300 Arg\$.

ZUM/VOM FLUGHAFEN

Zum **Flughafen** (Fisherton; ☏ 0341-451-3220; www.aeropuertorosario.com; Av Jorge Newbery s/n), der 8 km westlich liegt, verkehrt die Buslinie 115 Richtung Westen auf der Santa Fe. Die Fahrt mit dem Taxi kostet ungefähr 130 Arg\$.

Santa Fe

☏ 0342 / 526 100 EW.

Es gibt einen meilenweiten Unterschied zwischen Santa Fes entspannter Innenstadt, in der die Kolonialbauten in feuchter Hitze anmutig verwittern, und einer Freitagnacht in Santa Fes Stadtteil Recoleta, in der die Studenten in Dutzenden von Bars die Nacht zum Tag machen. Für Santa Fe, die Provinzhauptstadt mit ihrer kleinstädtischen Atmosphäre, sollte man am besten ein oder zwei Tage einplanen.

Santa Fe de la Veracruz wurde im Jahr 1651 von Cayastá aus 76 km weiter nach Norden verlegt. Im Jahr 1853 wurde Argentiniens erste Verfassung von einer Versammlung ratifiziert, die hier in Santa Fé zusammengetreten war. Die aktuelle Sanierung des Uferbereichs hat der historischen Stadt zusätzliche Attraktivität verliehen.

Die noch erhaltenen Kolonialgebäude in Santa Fe liegen alle in fußläufiger Entfernung von der Plaza 25 de Mayo. Die Avenida San Martín, nördlich des Platzes, ist die Haupteinkaufsstraße; ein Teil bildet ein attraktives *peatonal* (Fußgängerzone) mit Palmen und Terrassen.

Richtung Osten überquert eine Brücke den Fluss, im weiteren Verlauf verbindet ein Tunnel unter dem Río Paraná Santa Fe mit seiner Zwillingsstadt Paraná, die in der Provinz Entre Ríos liegt.

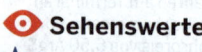 Sehenswertes

★ Convento y Museo de San Francisco
KLOSTER

(Amenábar 2257; Eintritt 15 Arg$; ☉ Di–Fr 8–12.30 & 15.30–19, Sa 8–12 & 16–19 Uhr) Die bedeutendste historische Sehenswürdigkeit der Stadt ist das 1680 erbaute Franziskanerkloster. Das zugehörige Museum ist eher mittelmäßig, die Kirche mit ihrer exquisiten Holzdecke dagegen wunderschön. Der hübsche Kreuzgang voller Vogelgezwitscher und Blumenduft verströmt eine wahrhaft koloniale Atmosphäre. Eine Handvoll Mönche lebt noch in dem Kloster.

Auf der linken Seite beim Betreten der Kirche steht ein schöner polychromer Christus des kauzigen spanischen Meisters Alonso Cano. Die spanische Königin sandte die Holzskulptur aus Mitgefühl, als die Siedlung 1649 verlegt werden musste. Am Altar markiert ein Stein das Grab eines Priesters, der von einem Jaguar getötet wurde, als dieser während der Überschwemmung 1825 Zuflucht in der Kirche suchte.

★ Museo Histórico Provincial
MUSEUM

(www.museobrigadierlopez.gob.ar; Av San Martín 1490; Eintritt 10 Arg$; ☉ Di–Fr 8.30–12.30 & 14.30–20.30, Sa & So 17.30–20.30 Uhr) Das Museum in einem entzückenden Gebäude aus dem 17. Jh. präsentiert die verschiedenartigen Besitztümer und Erinnerungsstücke von diversen Provinzgouverneuren und *caudillos* (regionale Anführer), außerdem sakrale Kunst und schöne antike Möbel, darunter eine Sänfte, in der sich der Vizekönig von Río de la Plata umhertragen ließ. Die oben genannten Öffnungszeiten gelten übrigens für den Sommer; im übrigen Jahr ist das Museum über Mittag nicht geschlossen.

Museo Etnográfico y Colonial Provincial
MUSEUM

(www.museojuandegaray.gob.ar; 25 de Mayo 1470; Spende 4 Arg$; ☉ Di–Fr 8.30–12.30 & 15–19, Sa & So 8.30–12.30 & 16–19 Uhr) Das Museum, das mit herzerwärmender Begeisterung von einem ortsansässigen Lehrer geleitet wird, präsentiert chronologisch geordnet Steinwerkzeuge, Guaraní-Keramik, Schmuckstücke, verzierte Ziegel und Gegenstände aus der Kolonialzeit. Zu den Highlights zählen ein koloniales *Tablas*-Spiel (es entspricht Backgammon) und ein maßstabsgetreues Modell der ursprünglichen Siedlung Santa Fe. An den Nachmittagen variieren die Öffnungszeiten.

Plaza 25 de Mayo
PLATZ

Das Zentrum des kolonialzeitlichen Santa Fe ist ein friedlicher Platz, der von schönen Gebäuden umrahmt wird. Die riesige **Casa de Gobierno** (Regierungssitz; Plaza 25 de Mayo) wurde im Jahr 1909 als Ersatz für den abgerissenen *cabildo* (Stadtratsgebäude), 1852 Sitz der verfassunggebenden Versammlung, erbaut. An der Ostseite des Platzes steht die Jesuitenkirche **Iglesia de la Compañía** (Plaza 25 de Mayo). Hinter der merklich schlichten Fassade verbirgt sich ein reich geschmückter Innenraum. Die **Kathedrale** (Plaza 25 de Mayo), die in der Mitte des 18. Jhs. errichtet wurde, ist vergleichsweise weit weniger eindrucksvoll.

Cervecería Santa Fe
BRAUEREI

(☎ 0342-450-2237; www.cervezasantafe.com.ar; Calchines 1401) Die Brauerei produziert sowohl das Santa Fe Lager als auch – in Lizenz – Budweiser und Heineken. Kostenlose Führungen starten dienstags bis samstags um 17 Uhr; Teilnehmer müssen aus Sicherheitsgründen feste Schuhe und lange Hosen tragen. Die Teilnehmerzahl ist begrenzt: Man kann sich online anmelden.

Geführte Touren

Costa Litoral
BOOTSTOUREN

(☎ 0342-456-4381; www.costalitoral.info; Dique 1) Vom neu gestalteten Hafenareal läuft ein großer Katamaran am Wochenende zu Ausflügen rund um die Flussinseln aus (Erw./Kind 160/100 Arg$, 2 Std., Sa & So 11 Uhr). Alternativ fahren die Boote nach Paraná (Erw./Kind 260/160 Arg$, 5½ Std., Sa & So 14 Uhr), mit ein paar Stunden Aufenthalt, um die Stadt zu besichtigen. Die Fahrkarten werden in einem Café gegenüber vom Anleger verkauft.

🛏 Schlafen

In der Gegend rund um den Busbahnhof gibt es zahlreiche Budgetunterkünfte. Sehr viele Hotels gewähren bei Barzahlung einen Preisnachlass.

Hotel Constituyentes
HOTEL $

(📱 0342-452-1586; www.hotelconstituyentes.com. ar; San Luis 2862; EZ/DZ 35/45 US$, ohne Bad 25/ 35 US$; ✳@🅿) Geräumige Zimmer, niedrige Preise und die Nähe zum Busbahnhof sind die wichtigsten Pluspunkte dieser entspannten Unterkunft. Luxuriös ist sie nicht, aber die Besitzer bemühen sich ständig um Verbesserungen. So gibt das Hotel eine angenehme Budgetunterkunft ab. Die vorderen Räume leiden unter Straßenlärm. Das Frühstück kostet extra.

Hotel Galeón
HOTEL $

(📱 0342-454-1788; www.hotelgaleon.com.ar; Belgrano 2759; EZ/DZ 52/64 US$; ✳@🅿) Das ungewöhnliche Hotel besteht vor allem aus geschwungenen Oberflächen und seltsamen Winkeln – und liegt besonders für Busreisende sehr günstig. Es gibt verschiedenartige Zimmer, von denen keines eine konventionelle Form besitzt; das Haus ist ziemlich renovierungsbedürftig, aber dafür sind die Betten komfortabel, und das WLAN funktioniert gut. Wer bar bezahlt erhält einen deutlichen Preisnachlass.

Hostal Santa Fe de la Veracruz
HOTEL $

(📱 0342-455-1740; www.hostalsf.com; Av. an Martín 2954; EZ/DZ Standard 46/63, gehobene Ausstattung 66/80 US$; ✳@🅿) Das mit indigenen Motiven dekorierte Retro-Hotel liegt in einer Fußgängerzone und bietet freundlichen Service, geräumige Zimmer mit gehobener Ausstattung und solide, aber etwas abgewohnte Standardzimmer. Allerdings wird es Zeit für einen neuen Anstrich – die Beigetöne in einem Dutzend Schattierungen wirken nicht mehr zeitgemäß. Wer gerne Siesta hält, wird sich über den späten Checkout bis 18 Uhr freuen.

⭐ Ámbit Boulevard
BOUTIQUEHOTEL $$

(📱 0342-455-7179; www.ambithotel.com.ar; Blvd Gálvez 1408; Zi. gehobene Ausstattung/Premium 100/112 US$; ✳🅿) Das Herrenhaus eines Mehlmagnaten aus dem frühen 20. Jh. ist zu diesem kompakten, wirklich hübschen Hotel umgestaltet worden. Die außergewöhnlich dekorierten Zimmer wurden im Rahmen eines Wohltätigkeitsprojekts von verschiedenen Architekten unterschiedlich gestaltet; alle sind zauberhaft. Die Zimmer der Premiumkategorie verfügen über hohe Decken, altehrwürdige Dielen, die Zimmer mit „gehobener Ausstattung" liegen in einem modernen Anbau im Obergeschoss; auch sie besitzen Charme. Ein kleines Tauchbecken im Spa-Stil befindet sich zwischen den Stockwerken.

Los Silos
HOTEL $$

(📱 0342-450-2800; www.hotellossilos.com. ar; Dique 1; EZ/DZ 120/134 US$; ✳@🅿) Santa Fes marode Uferbebauung ist mittlerweile saniert worden, und dieses kreativ gestaltete Hotel ist nun eines der Prunkstücke, das aus dem Umbau ehemaliger Getreidesilos entstanden ist. Das Haus präsentiert sich mit originellen, gerundeten Zimmern mit fantastischer Aussicht und viel moderner Ausstattung; einige Räume könnten allerdings eine Auffrischung vertragen. Der Blick von der Dachterrasse mit Swimmingpool, Spa und Sonnendeck ist toll und der Service durchweg ausgezeichnet.

Ein nettes Café und ein Spielplatz für Kinder sind weitere Pluspunkte; zum Haus gehört auch ein Kasino.

🍴 Essen

Die besten Gegenden für günstige Restaurants liegen gegenüber dem Busbahnhof und im Viertel La Recoleta, das für sein lebhaftes Nachtleben bekannt ist.

El Quincho de Chiquito
ARGENTINISCH $

(Ecke Brown & Obispo Vieytes; Festpreismenü 150 Arg$; ⏱11.30–15 & 20–24 Uhr) Die legendäre Institution an der *costanera* etwa 6 km nördlich der Innenstadt ist *der* Ort, um Flussfisch zu essen. Die Einrichtung ist schlicht und die Auswahl klein: Die vier oder fünf Gänge mit köstlichem Surubí, Sábalo oder Pacú werden direkt an den Tisch gebracht; man kann nachordern, so oft man möchte. Getränke kosten extra, sind aber sehr preiswert.

Die Fahrt mit dem Taxi hierher kostet etwa 50 Arg$ pro Strecke (die Angestellten rufen eins für die Rückfahrt), oder man nimmt die Buslinie 16 ab jedem beliebigen Punkt an der Uferstraße.

Club Social Sirio Libanés
ORIENTALISCH $

(25 de Mayo 2740; Hauptgerichte 50–130 Arg$; ⏱Di–So 11.30–14.30 & 19–23.30 Uhr; 🅿) Das Lokal – es liegt versteckt an einem Durchgang, der zu einem Fitnessstudio führt – bietet leckere, gekonnt zubereitete orientalische

Santa Fe

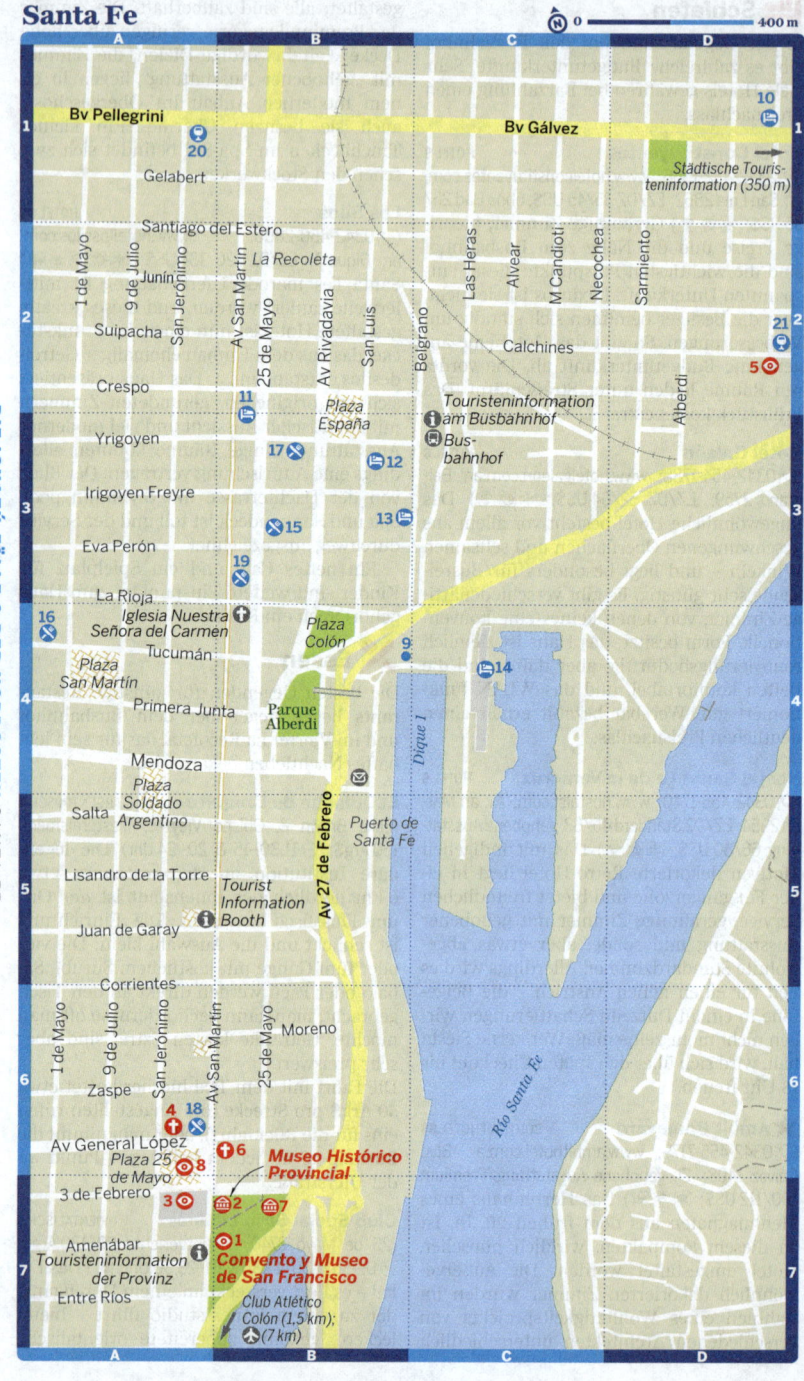

Santa Fe

Speisen sowie Flussfisch, Pasta und *Parrilla*-Gerichte; ein angenehmer, aber ungewöhnlicher Ort zum Essen. Im Patio stehen auch Tische im Freien. Die Küche macht am nachmittags um 14.30 Uhr eine Pause.

Merengo BÄCKEREI **$**
(Av General López 2632; Alfajores ab 5 Arg$; ⊙9–12.30 & 15–20 Uhr) Im Jahr 1851 klebte Merengo zwei Kekse mit *dulce de leche* (Milchkaramell) zusammen und erfand so den *alfajor*, heute der Lieblingssnack der Argentinier. Das Geschäft läuft immer noch gut: Der schnuckelige Laden an der Plaza ist eine von mehreren Filialen.

★ La Boutique del
Cocinero INTERNATIONAL **$$**
(☎0342-456-3864; www.laboutiquedelcocinero. com; Yrigoyen 2443; Hauptgerichte 130–170 Arg$, Workshops 325 Arg$; ⊙Abendessen Sa 20.30–1, Laden Mo–Fr 17–20.30 Uhr) Der innovative Laden hat hinten eine offene Küche. Hier werden wöchentlich Kochkurse veranstal-

tet (normalerweise am Donnerstag oder Freitag; Genaueres steht auf der Website). Die Teilnehmer bereiten eine Mahlzeit zu – gekocht wird beispielsweise französisch, japanisch oder libanesisch – und essen anschließend gemeinsam.

Am Samstagabend wird der Laden in ein Restaurant verwandelt, mit einer kleinen Karte kreativer Gerichte aus verschiedenen internationalen Küchen. Angenehme Atmosphäre, tolles Lokal.

Restaurante España ARGENTINISCH **$$**
(www.lineaverdehoteles.com; Av San Martín 2644; Hauptgerichte 120–210 Arg$; ⊙11.30–15 & 20–24 Uhr; 🐾) Das Hotelrestaurant in der Fußgängerzone ist ein nettes Plätzchen mit hohen Decken, aufmerksamem und korrekt gekleidetem Personal sowie einer etwas altmodischen, aber angenehmen Atmosphäre. Auf der riesigen Speisekarte finden sich Fisch (sowohl Fluss- als auch Meeresfische), Steaks, Pasta, Huhn und Crêpes. Um den Namen zu rechtfertigen, sind ein paar spanische Gerichte eingestreut. Auch die Weinkarte ist sehr ansprechend.

El Aljibe ITALIENISCH **$$**
(☎0342-456-2162; Tucumán 2950; Hauptgerichte 80–160 Arg$; ⊙Di–Sa 12–14.30 & 21–0.30, So & Mo 12–14.30 Uhr; 🐾) Dieser ansprechende Nachbarschaftsitaliener, dessen Name übersetzt Zisterne bedeutet, punktet nicht nur mit anheimelnder Beleuchtung und Herzlichkeit, sondern verwendet auch tolle Zutaten für knackige Salate, schmackhafte Pasta und saftige Fleischgerichte.

🍷 Ausgehen & Nachtleben

Santa Fes Nachtleben konzentriert sich an der Ecke 25 de Mayo und Santiago del Estero, das Areal wird auch „La Recoleta" genannt. An den Wochenenden wird hier nachts ausgelassen gefeiert – ein verrückter Kontrast zu dem eher behäbigen Tempo in der Innenstadt. Beliebtheit und Namen der Lokale wechseln hier häufig, also sollte man sich am besten selbst in den Dutzenden von Bars umsehen.

Chopería Santa Fe BAR
(San Jerónimo 3498; ⊙8–2 Uhr; 🐾) Die historische Eckkneipe ist ein wirklich toller Platz, um das lokale Lagerbier zu probieren. Der Laden ist riesig groß: Vor der Tür stehen einige Tische, es gibt eine von Zypressen beschattete Terrasse und einen weitläufigen Innenraum. Als Essensgrundlage gibt

es eine breite Auswahl an argentinischen Barsnacks – *picadas* (gemischte Vorspeisenteller), Sandwiches, Pizza und ähnliche kleine Speisen.

Patio de la Cerveza BRAUEREI
(Ecke Calchines & Lavalle; ⊙14–1 Uhr) Dieser malerische Biergarten gehört zur Brauerei Santa Fe gegenüber: Das Lagerbier wird durch eine „Bier-Pipeline" über die Straße gepumpt. Es ist auch ein wunderbarer Platz im Freien für ein frisches *liso*, wie die Fassbiere hier genannt werden, die traditionell in zylindrischen, nach oben breiter werdenden 0,25-l-Gläsern serviert werden. Auf der Speisekarte stehen eher deftige Gerichte, darunter Brotzeitteller und Sandwiches, es gibt aber auch Salate.

Unterhaltung

Die beste Fußballmannschaft der Stadt, **Club Atlético Colón** (www.clubcolon.com.ar), kickt normalerweise in der ersten argentinischen Liga. Gespielt wird im Stadion Brigadier Estanislao López; dort kann man sich auch die Eintrittskarten kaufen.

❶ Praktische Informationen

Hospital Provincial José María Cullen (☑0342-457-3340; Av Freyre 2150)
Städtische Touristeninformation (☑0342-457-4123; www.santafeturismo.gov.ar; Ecke Blvd Gálvez & Avellaneda; ⊙Mo–Fr 7–20, Sa & So 10–16 Uhr) Im monumentalen Bahnhofsgebäude an der Belgrano (nach dem Betreten geht es nach rechts). Hier werden kostenlos Fahrräder verliehen, theoretisch braucht man dafür einen Ausweis mit Foto und eine Visitenkarte oder eine Quittung von dem Hotel, in dem man wohnt.
Touristeninformation am Busbahnhof (☑0342-457-4124; www.santafeturismo.gov. ar; Belgrano 2910; ⊙8–20 Uhr)

❶ An- & Weiterreise

Aerolíneas Argentinas (www.aerolineas.com. ar; 25 de Mayo 2287; ⊙Mo–Fr 9.30–17.30, Sa 9–12 Uhr) und **Sol** (☑0810-444-4765; www. sol.com.ar) fliegen nach Buenos Aires. Der Flughafen liegt etwa 7 km südlich der Stadt an der RN 11. Eine Fahrt mit dem *remise* dorthin kostet etwa 80 Arg$.

Vom **Busbahnhof** (☑0342-457-4124; www. terminalsantafe.com; Belgrano 2910) bestehen Verbindungen in alle Landesteile. Busse ins benachbarte Paraná fahren regelmäßig, sind aber oftmals überfüllt. Reisende müssen sich auf lange Schlangen einstellen. Mit einer *remise* kostet die Fahrt 350 Arg$.

Busse ab Santa Fe

REISEZIEL	FAHRPREIS (ARG$)	FAHRZEIT
Buenos Aires	410–440	6–7½ Std.
Córdoba	270–370	5 Std.
Corrientes	507	6½–8 Std.
Paraná	16,25	40 Min.
Posadas	750	12 Std.
Resistencia	539	6½–8 Std.
Rosario	128	2 Std.
Tucumán	774	11½ Std.

Cayastá

Ein interessanter Tagesausflug führt an den ursprünglichen Standort der Siedlung Santa Fe. Die **Ruinen von Cayastá** (Santa Fe la Vieja; ☑03405-493056; www.santafe-conicet.gov.ar/san tafelavieja; RP1, Km 78, Cayastá; Eintritt 9 Arg$; ⊙Okt.–März Di–Fr 9–13 & 15–19, Sa & So 10–13 & 16–19 Uhr, April–Sept. Di–Fr 9–13 & 14–18, Sa & So 10–13 & 15–18 Uhr) liegen malerisch am Ufer des Río San Javier, der ihnen inzwischen ziemlich zugesetzt hat.

Die archäologischen Arbeiten sind noch nicht abgeschlossen. Die faszinierendste Entdeckung an diesem Ort war mit Sicherheit die **Iglesia de San Francisco**: Innerhalb der Kirche waren die spanischen Einwohner sowie die Mestizen des alten Santa Fe beerdigt worden – inzwischen hat man im Boden der Kirche beinahe 100 Gräber freigelegt, darunter auch das Grab von Hernando Arias de Saavedra („Hernandarias"). Er war der erste vor Ort geborene Gouverneur der Provinz Río de la Plata und liegt hier zusammen mit seiner Frau Jerónima begraben. Sie war die Tochter von Juan de Garay, dem Gründer von Santa Fe und Buenos Aires. Die Skelette wurden mittlerweile durch Nachbildungen ersetzt, doch der Ort wirkt immer noch ein wenig gespenstisch.

Auch die Überreste von zwei weiteren Kirchen und dem *cabildo* (Stadtrat) sind zu sehen, außerdem ein ansprechender Nachbau eines Hauses aus der damaligen Zeit. Nahe am Eingang steht ein attraktives **Museum,** in dem Fundstücke ausgestellt sind, darunter hochwertige Keramik der indigenen Bevölkerung mit Darstellungen von Papageien und Menschen.

Letzter Einlass ist unweigerlich eine Stunde vor der Schließung. Wer vormittags einen Besuch plant, sollte den 9-Uhr-Bus von Santa Fe hierher nehmen.

Auf dem Gelände gibt es ein mittelmäßiges Restaurant, im Ort ein paar ordentliche *parrillas*. Mehrere Häuser sowohl in Cayastá wie an der RP1 bieten einfache Unterkünfte und Bootsausflüge auf dem Fluss an.

Cayastá liegt 76 km nordöstlich von Santa Fe an der RP1; vom Busbahnhof in Santa Fe unterhält Paraná Medio regelmäßige Verbindungen hierher (58 Arg$, 1½ Std.). Am besten bittet man den Fahrer bei *las ruinas*, 1 km vor Cayastá zu halten.

Paraná

☎ 0343 / 247 700 EW.

Das unprätenziöse Paraná, Hauptstadt der Provinz Entre Ríos, ist ein beschauliches Städtchen am hügeligen Ufer des gleichnamigen Flusses. Es hat eine hübsche Uferpromenade für Spaziergänge und einige kleinere Attraktionen. Paraná war von 1853 bis 1861 Hauptstadt der Argentinischen Konföderation (ohne Buenos Aires).

Ein Tunnel unter dem Hauptarm des Paraná verbindet die Stadt mit Santa Fe.

◎ Sehenswertes

★ **Museo Histórico de Entre Ríos** MUSEUM
(Ecke Buenos Aires & Laprida; Spende 5 Arg$; ☉ Di–Fr 8–12.30 & 15–20, Sa 9–12 & 16–19, So 9–12 Uhr) Das moderne Museum an der Plaza Alvear strotzt nur so vor Lokalstolz. Zu finden sind hier Informationen über die kurzlebige Republik von Entre Ríos und die Schlacht am Monte Camperos, außerdem *Mate*-Utensilien und Porträts von Urquiza. Ein Großteil der Sammlung stammt von einem hiesigen Dichter.

★ **Museo y Mercado Provincial de Artesanías** KUNSTHANDWERK
(Av Urquiza 1239; ☉ Mo–Fr 7–13 & 16–20, So 9–12 Uhr) 🎫 GRATIS Das sympathische kleine Museum fördert das Kunsthandwerk in der ganzen Provinz. Der Kurator steht gern für Erläuterungen zur Verfügung; die Komplexität einiger Arbeiten, beispielsweise der Hüte aus dicht verwobenen Palmfasern, ist wirklich erstaunlich.

Costanera UFERPROMENADE
Vom nördlichen Rand der Innenstadt fallen die Hänge des Parque Urquiza steil zum Ufer des Río Paraná ab. Während der Sommermonate kommen viele Leute zum Spazierengehen, Angeln und Baden hierher. Es gibt einen öffentlichen Strand, **Playa El Parque**, westlich vom Privatstrand des Paraná

Rowing Club. Schöner sind aber die **Playas de Thompson**, die etwa 1 km weiter östlich jenseits des Hafens liegen.

👉 Geführte Touren

Regelmäßige Ausflüge mit kleinen Booten starten am Wochenende (im Sommer täglich) hinter der Touristeninformation an der *costanera*. Sicherheit scheint dabei keinen hohen Stellenwert zu besitzen.

Costa Litoral BOOTSTOUR
(☎ 0343-423-4385; www.costalitoral.info; Buenos Aires 212) An Wochenenden veranstaltet der Anbieter nachmittags Fahrten nach Santa Fe (Erw./Kind 160/100 Arg$) und einstündige Flussrundfahrten (Erw./Kind 100/60 Arg$) mit einem großen Katamaran. Die Touren starten in der Nähe der Touristeninformation an der *costanera*.

Paraná en Kayak KANUFAHREN
(☎ 0343-422-7143; www.paranaenkayak.com.ar) Auf dem Programm stehen leichte Kanuausflüge auf dem Fluss und längere Touren.

🛏 Schlafen

★ **Las Mañanitas** HOTEL $
(☎ 0343-407-4753; www.lasmananitas.com.ar; Carbó 62; EZ/DZ 40/65 US$; ❄ @ 🖥 🌊) In dieser angenehm entspannten, kleinen Budgetunterkunft stellt sich gleich ein Sommerhaus-Feeling ein. Es gibt neun Zimmer an einem Innenhof und Garten mit Pool. Die Zimmer sind farbenfroh und komfortabel; die Bandbreite reicht von recht dunklen Duplex-Zimmern bis zu schlichteren, helleren Kammern – letztlich machen aber die Harmonie und Freundlichkeit der ganzen Anlage den Charme dieser Unterkunft aus.

Paraná Hostel HOSTEL $
(☎ 0343-422-8233; www.paranahostel.com.ar; Pazos 159; B/DZ 14/32 US$; ❄ 🖥) Mitten im Zentrum von Paraná hat dieses Hostel eher die ruhigen Traveller im Blick. Geboten werden viel Sicherheit, ein von Bäumen beschatteter Hinterhof und ein Garten, außerdem hübsche Möbel, gute Gemeinschaftseinrichtungen und gemütliche, nach Geschlechtern getrennte Schlafsäle. Oben liegen attraktive, luftige Doppelzimmer, für die man sich ein Badezimmer teilt. Zimmer mit Klimaanlage kosten 2 US$ mehr.

Entre Ríos Apart Hotel APARTMENT $
(☎ 0343-484-0906; www.aparthotel-entrerios.com; Montevideo 55; EZ/DZ 44/68 US$; ❄ 🖥 ♿) Die

Paraná

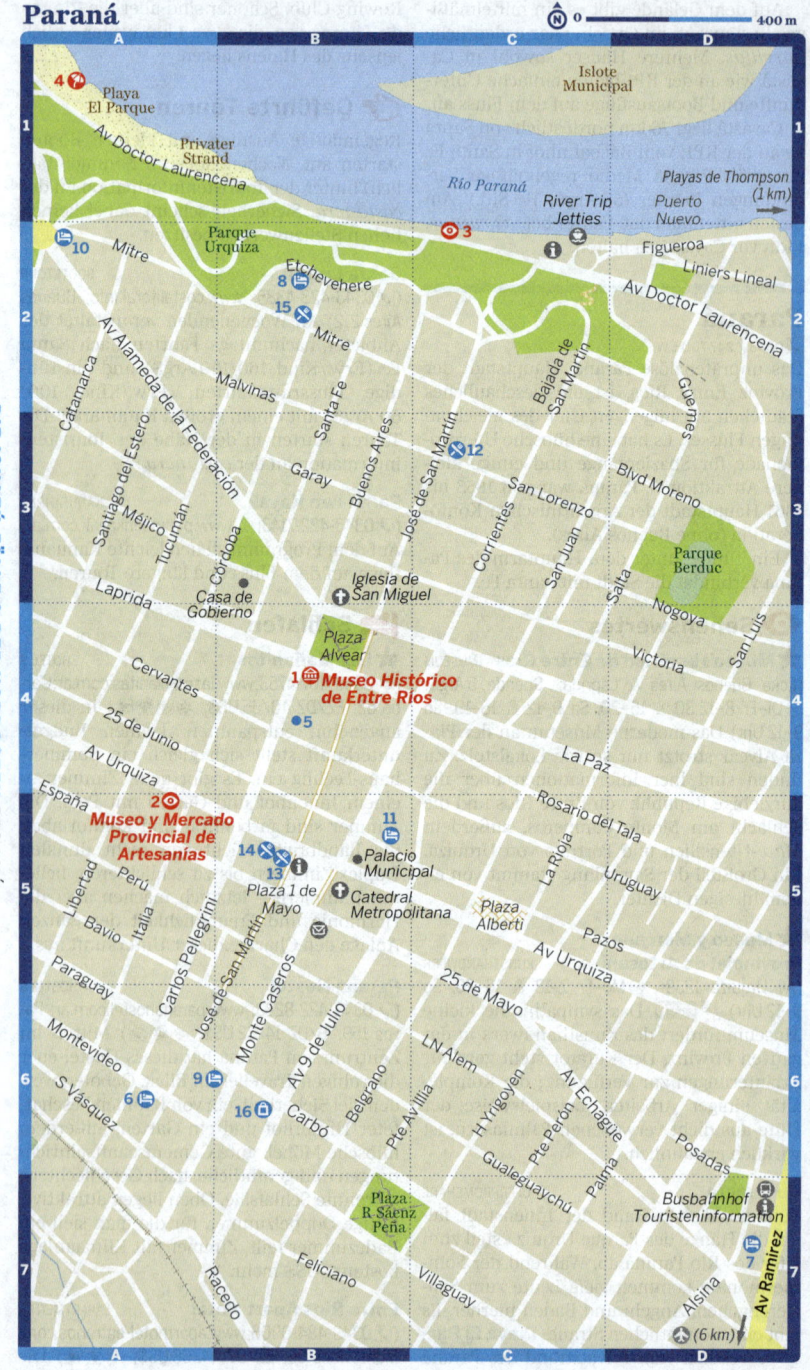

N   0 ———————————— 400 m

DIE IGUAZÚ-FÄLLE & DER NORDOSTEN PARANÁ

Paraná

makellos sauberen, geräumigen Apartments in einem schnörkellos modernisierten Gebäude sind mit Herd, Mikrowelle und Kühlschrank ausgestattet. Außerdem gibt es ein Ausziehsofa, ein ordentliches Bad und ein angenehmes Schlafzimmer. Im Preis sind Frühstück und Parkplatz inbegriffen.

Hotel Bristol　　　　　　　　HOTEL $
(☎0343-431-3961;　hotelbristolparana@hotmail.com; Alsina 221; EZ/DZ 33/49 US$, ohne Bad 21/35 US$; ✳🛜) Das ruhige, gepflegte Budgethotel liegt direkt am Busbahnhof. Alles ist sehr sauber, korrekt und gastfreundlich. Die einfachen Zimmer mit kleinem Bad bieten ein tolles Preis-Leistungs-Verhältnis.

Maran Suites　　　　　　　HOTEL $$
(☎0343-423-5444; www.maran.com.ar; Ecke Alameda de la Federación & Mitre; EZ 110–120, DZ 135–145 US$; ✳@🛜🏊) Dieses schicke moderne Hotel an der Westseite des Parque Urquiza bietet eine seltene Kombination aus Stil und persönlichem Service. Wegen dem wunderbaren Ausblick auf die Stadt oder den Fluss sollte man möglichst ein Zimmer in den oberen Etagen buchen; alle sind sehr geräumig und geschmackvoll eingerichtet. Die Präsidenten-Suite (280 US$) ist groß genug,

um sich darin zu verlaufen; sie verfügt über ein Bad mit Jacuzzi und herrlichem Blick auf dem Fluss.

Howard Johnson Mayorazgo　HOTEL $$$
(☎0343-420-6800;　www.hjmayorazgo.com.ar; Etchevehere; Zi. ab 177 US$; ✳🛜🏊) Die lange, geschwungene Fassade des neu gestalteten 5-Sterne-Hotels dominiert von oben das Flussufer. Alle Zimmer schauen auf den Fluss, sind sehr geräumig und bieten einen tollen Blick aus Panoramafenstern. Gegen einen kleinen Aufpreis gibt es ein Zimmer mit Balkon, allerdings weiter unten. Außerdem bietet das Hotel einen überdachten Pool und ein Schwimmbecken im Freien, Wellnessbereich, Fitnessraum und ein großes Kasino. Bei Online-Buchung sind die Preise günstiger. Parken ist inbegriffen.

✴ Essen

Giovani　　　　　　　　ARGENTINISCH $
(Av Urquiza 1045; Hauptgerichte 60–110 Arg$; ⊙Mo–Fr 12–15 & 20–24, Sa bis 1, So bis 23 Uhr; ☎) Der Service ist so wie er sein sollte, dazu kommen Extras wie kostenloser Kaffee. Das schicke Restaurant im Stadtzentrum serviert ausgezeichnete Fleischgerichte und leckere Pasta. Außerdem gibt es eine gute Auswahl an Flussfischen und eine kultivierte, romantische Atmosphäre.

Flamingo Grand Bar　　　　CAFÉ $
(Ecke Av Urquiza & José de San Martín; kleine Mahlzeiten 55–80 Arg$, Hauptgerichte 70–155 Arg$; ⊙8–24 Uhr; ☎) Schicke Sitzgelegenheiten und die Lage an der Plaza machen das Lokal den ganzen Tag über zu einem attraktiven Ziel, angefangen bei Croissants und Säften am Morgen über *lomitos* (Steak-Sandwiches) und Mittagstisch bis zu gediegenen A-la-carte-Gerichten und *picadas*.

Don Charras　　　　　　PARRILLA $$
(☎0343-422-5972; Ecke José de San Martín & San Lorenzo; Hauptgerichte 80–130 Arg$; ⊙Di–Do 11.30–15 & 20.30–24, Fr–So 11.30–15 & 20.30–1 Uhr; ☎) Die strohgedeckte *parrilla* mit viel Atmosphäre ist in Paraná sehr beliebt. Freitags und samstags gibt es über dem offenen Feuer gebratene Spezialitäten, ansonsten können die Gäste die übliche Auswahl an Fleischgerichten vom Holzkohlengrill und den eifrigen Service genießen. Die Schmorgerichte aus der Pfanne sind für drei oder mehr Leute gedacht. Vorspeisen, Getränke und die Salatbar sind unverschämt teuer, dafür gibt es großzügige Fleischportionen.

Lola Valentina
ARGENTINISCH $$

(☎ 0343-423-5234; Mitre 310; Hauptgerichte 80–150 Arg$; ⏰ 12–16 & 20–24 Uhr; 🕾) Dieses Eckrestaurant mit seiner freundlichen Atmosphäre und dem höflich korrekten Service bietet ein tolles Preis-Leistungs-Verhältnis. Auf der langen Speisekarte stehen argentinische Klassiker, köstliche hausgemachte Pasta, *Parrilla*-Optionen und eine breite Auswahl an Flussfischen. Hier wird es schnell voll, deshalb sollte man frühzeitig kommen oder vorher reservieren.

Ausgehen & Nachtleben

Unter der Woche geht es in Paraná eher ruhig zu, aber am Wochenende wird es schlagartig lebhafter. Am meisten ist am östlichen Ende der Uferpromenade rund um Liniers Lineal los.

Shoppen

Hochwertiges Kunsthandwerk findet man im Museo y Mercado Provincial de Artesanías (S. 189).

Centro de Artesanos
KUNSTHANDWERK

(☎ 0343-422-4493; www.facebook.com/centrode artesanosparana; Ecke Av 9 de Julio & Carbó; ⏰ April–Okt. Mo–Sa 9–13 & 16–20, Nov.–März Mo–Sa 9–13 & 17–21 Uhr) 🖉 Hier werden traditionelle *artesanías* (Kunsthandwerk) ausgestellt und verkauft. Einige Stücke sind von wirklich hoher Qualität, und die Preise sind durchaus angemessen.

❶ Praktische Informationen

Hospital San Martín (☎ 0343-423-4545; www.hospitalsanmartin.org.ar; Presidente Perón 450)

Touristeninformation (☎ 0343-423-0183; www.turismoparana.gov.ar; Plaza 1 de Mayo s/n; ⏰ 8–20 Uhr) Hilfreich mit guten Broschüren. Zweigstellen befinden sich am Río Paraná (☎ 0343-420-1837; Laurencena & San Martín; ⏰ 8–20 Uhr) und im Busbahnhof (☎ 0343-420-1862; ⏰ 8–20 Uhr).

❶ Anreise & unterwegs vor Ort

Der Flughafen liegt 6 km südlich der Stadt und ist nur per *remise* (60 Arg$) zu erreichen. Aerolineas Argentinas fliegt nach Buenos Aires.

Der **Busbahnhof** (☎ 0343-422-1282) liegt acht Blocks südöstlich des zentralen Platzes. Die Buslinien 1, 4, 5 und 9 fahren ins Stadtzentrum. Alle 30 Minuten starten Busse nach Santa Fe (16,25 Arg$, 40 Min.); mitunter muss man anstehen, weil Passagiere mit Pendlerkarte Vorrang haben.

Busse ab Paraná

REISEZIEL	FAHRPREIS (ARG$)	FAHRZEIT (STD.)
Buenos Aires	425	7–8
Colón	132	4–5
Concordia	144	4–5
Córdoba	320–360	6
Paso de los Libres	426–474	6–7
Rosario	150–170	3–3½

Corrientes

☎ 0379 / 356 300 EW.

Das stattliche Corrientes liegt unterhalb des Zusammenflusses des Río Paraná und des Río Paraguay, am gegenüberliegenden Ufer befindet sich die Zwillingsstadt Resistencia. Corrientes ist eine der ehrwürdigsten Städte des Landes – mit eleganten Gebäuden aus der Zeit der Jahrhundertwende vom 19. zum 20. Jh., die den bunten Straßen einen verwitterten Anstrich verleihen. Die Einwohner zieht es an die Costanera, wo sie bummeln, Eis essen oder mit Freunden Mate schlürfen.

Corrientes ist ein Zentrum für indigenes Kunsthandwerk aus der Region; vor allem die Guaraní-Kultur ist sehr präsent. Die Stadt ist berühmt für ihren Karneval und als Schauplatz von Graham Greenes Roman *Der Honorarkonsul.*

◉ Sehenswertes & Aktivitäten

Verschiedene Veranstalter bieten Bootsausflüge auf dem Paraná an; die Touristeninformation hält eine Liste bereit.

★ Museo de Artesanías Tradicionales Folclóricas
MUSEUM

(Quintana 905; ⏰ Mo–Fr 8–12 & 15–19, Sa 9–12 & 16–19 Uhr) GRATIS Dieses faszinierende Museum ist in einem umgestalteten Kolonialgebäude untergebracht. Es gibt zwei kleine Ausstellungen mit erlesener traditioneller *artesanía* (Kunsthandwerk) sowie einen guten Laden. Doch das wirklich Spannende hier ist etwas ganz anderes: Das Beobachten der Schüler, die von den Meistern ihres Faches lernen, mit Leder, Silber und Holz umzugehen. In anderen Räumen rund um den Innenhof verkaufen Kunsthandwerker ihre Stücke persönlich. Die kenntnisreichen und freundlichen Museumsführer sind begeistert bei der Sache.

Corrientes

0 ——————— 400 m

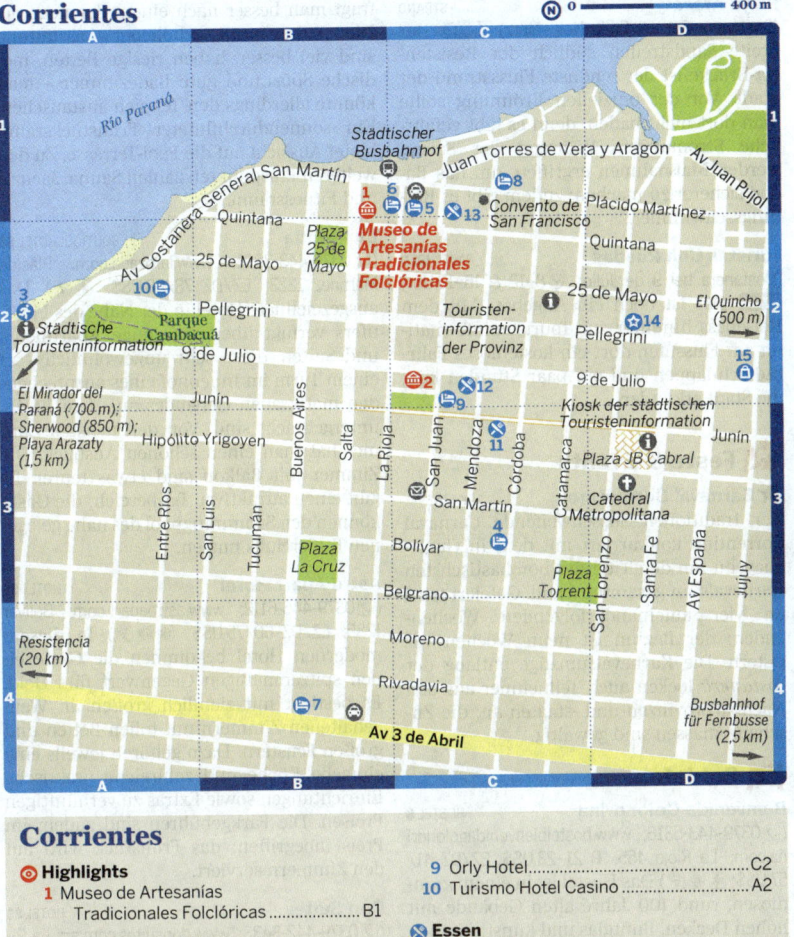

Corrientes

Museo Histórico de Corrientes MUSEUM
(9 de Julio 1044; ☺ Di–Fr 8–12 & 16–20 Uhr) GRATIS
Das Museum rund um einen attraktiven Patio zeigt Waffen, antike Möbel, Münzen und Exponate zur Religions- und Stadtgeschichte. Die Zusammenstellung ist ein bisschen zusammengewürfelt, aber die Mitarbeiter sind stolz auf die Ausstellung und sprechen gern darüber. Der Raum zum Krieg der Tripel-Allianz ist am interessantesten.

Playa Arazaty
STRAND

(Costanera Sur; ☉ Ende Nov.–März) GRATIS Der breite Sandstreifen südlich der Resistencia-Brücke ist der schönste Flussstrand der Stadt. Vor der offiziellen Eröffnung sollte man dort nicht baden, denn es gibt gefährliche Strömungen. Während der Saison werden Maßnahmen ergriffen, um das Baden sicherer zu machen; zudem gibt es Rettungsschwimmer.

Turistas Con Ruedas
RADFAHREN

(Costanera bei 9 de Julio; ☉ 8–12 & 15–19 Uhr) GRATIS Das ist doch ein Angebot: Mit dem Reisepass hinunter zur Touristeninformation am Flussufer, dort ein kostenloses Fahrrad schnappen und ein paar Stunden lang die Stadt erkunden.

🎇 Feste & Events

★ Carnaval Correntino
KARNEVAL

Der traditionell ausschweifende Carnaval Correntino konkurriert mit dem in Gualeguaychú um den Titel des bombastischsten Karnevals im gesamten Land. Gefeiert wird an vier aufeinanderfolgenden Wochenenden; der Beginn ist neun Wochen vor Ostern. Die Karnevalsumzüge entlang der *costanera* locken auch Teilnehmer aus den Nachbarprovinzen und -staaten an; die Zuschauermassen sind gewaltig.

🛏 Schlafen

Bienvenida Golondrina
HOSTEL $

(☎ 0379-443-5316; www.hostelbienvenidagolondrina.com; La Rioja 455; B 21–23 US$, EZ/DZ 41/57 US$; ❄@🛜) Das Hostel ist in einem grandiosen, rund 100 Jahre alten Gebäude mit hohen Decken, Buntglas und künstlerischen Schnörkeln untergebracht. Ein Pluspunkt ist seine Lage nur wenige Schritte von der *costanera* entfernt. Die bequemen breiten Kojen im Schlafraum bieten Kopffreiheit, die Einrichtungen sind großartig, und das warmherzige Management könnte gar nicht hilfsbereiter sein. Fahrräder stehen kostenlos zur Verfügung. An den Wochentagen fallen die Preise.

Orly Hotel
HOTEL $

(☎ 0379-442-0280; www.hotelorlycorrientes.com.ar; San Juan 867; EZ/DZ 50/60 US$, Zi. gehobene Ausstattung 130 US$; ❄@🛜) Das professionell geführte, zentral gelegene 3-Sterne-Haus hat zwei Bereiche; die älteren Standardzimmer sind ordentlich, aber eher klein. Sie werden nach und nach renoviert; daher fragt man besser nach einem der neueren. Die „Suiten" mit gehobener Ausstattung sind viel besser, haben riesige Betten, modische Sofas und gute Badezimmer – man könnte allerdings den Teppich austauschen. Ein sonnendurchfluteter Frühstücksraum bietet Aussicht auf die Pool-Terrasse. Zu den weiteren Pluspunkten zählen Sauna, Jacuzzi und Fitnessraum.

La Rozada
BOUTIQUEHOTEL $$

(☎ 0379-443-3001; www.larozada.com; Plácido Martínez 1223; EZ/DZ 78/88 US$; ❄🛜) Das ausgezeichnete Hotel in der Nähe des Flussufers verfügt über geräumige Apartments und Suiten, die – sehr ungewöhnlich – in einem Turm im Innenhof eines ansprechenden mattgrauen Gebäudes aus dem 19. Jh. untergebracht sind. Von den meisten Zimmer hat man einen schönen Ausblick. Die Zimmer mit Balkon sind etwas teurer. Es gibt einen attraktiven Barbereich; die Gäste können den Swimmingpool des nahe gelegenen Ruderclubs nutzen.

Astro Apart Hotel
HOTEL $$

(☎ 0379-446-6112; www.astroapart.com; Bolívar 1285; EZ/DZ 60/75 US$; ❄@🛜) In diesem modernen Hotel bekommen die Gäste einen spitzenmäßigen Gegenwert fürs Geld. Es besticht mit ziemlich großen, in Weiß gehaltenen Zimmern mit tollen Betten und großen Fenstern. Dazu gehören jeweils eine einfache Küche und zahlreiche praktische Einrichtungen sowie Extras zu vernünftigen Preisen. Die Parkgebühren sind zudem im Preis inbegriffen; das Frühstück wird auf den Zimmern serviert.

Don Suites
HOTEL $$

(☎ 0379-442-3433; www.donsuites.com.ar; La Rioja 442; EZ/DZ 77/83 US$, gehobene Ausstattung EZ/DZ 89/99 US$; ❄@🛜) Nur wenige Schritte von der *costanera* entfernt bietet das Don erfreulich moderne Zimmer mit Kühlschrank und Mikrowelle. Die weiter oben gelegenen Zimmer haben Aussicht auf den Fluss, mehr natürliches Licht und wirken frischer – die im Erdgeschoss können etwas muffig sein. Ein angenehmer Poolbereich und hilfsbereite Mitarbeiter runden das gute Angebot ab.

★ La Alondra
BOUTIQUEHOTEL $$$

(☎ 0379-443-5537; www.laalondra.com.ar; Av 3 de Abril 827; Zi./Apartment/Suite 199/232/315 US$; ❄@🛜) Das wunderbar renovierte, mit Antiquitäten aus dunklem Holz üppig ausgestattete Haus ist eine Oase der Entspannung, besonders gegenüber der unangenehmen Hauptstraße. Die meisten Zimmer rund um einen kleinen, schmalen Pool sind Suiten mit plüschigen Kingsize-Betten und geschmackvoll eingerichteten Bädern, in denen Wannen mit Klauenfüßen stehen. Der zweite Bereich war früher ein gewerblicher Schlachthof, der mit viel Geschmack umgebaut wurde. Äußerst angenehme Gemeinschaftsbereiche und der erstklassige Service vervollständigen das eindrucksvolle Paket.

Turismo Hotel Casino   HOTEL $$$
(☎ 0379-446-2244; www.turismohotelcasino.com. ar; Entre Ríos 650; Zi. 190–210 US$, Suite ab 231 US$; ❈ @ 🛜 🏊 🚗) Das stattliche alte Hotel neben dem Kasino am Flussufer wird heute von einem schicken modernen Turm dominiert. Die Zimmer sind riesig, elegant und mit künstlerischer Note eingerichtet, aber trotzdem gemütlich und ruhig. Zimmer mit Blick auf den Fluss sind etwas teurer; weitere Pluspunkte sind beispielsweise der abgeschlossene Kinderspielplatz, der große Swimmingpool mit zahlreichen Liegen und die Wellness-Einrichtungen.

Die genannten Preise sind Standardtarife: Traveller können normalerweise mit 30 % Nachlass rechnen.

 Essen

El Quincho   PARRILLA $
(Ecke Av Juan Pujol & Calle Roca; Parrillada für 2 Pers. 200–260 Arg$; ⊙ Mo–Sa 11.30–15 & 21–2, So 11.30–15 Uhr) Der rustikale, einladende Corrientes-Klassiker liegt an einem Kreisverkehr und ist vom Stadtzentrum mit einem kurzen Spaziergang Richtung Osten zu erreichen. Im El Quincho sind eher argentinische Grillklassiker wie Chorizo und *morcilla* (Blutwurst) als extravagante Steaks zu haben; es gibt immer ein Angebot für *parrilla* mit tollem Preis-Leistungs-Verhältnis, außerdem regelmäßig regionale Spezialitäten und am Wochenende *Chamamé*-Livemusik. Die Qualität ist gut, die Portionen sind enorm.

Martha de Bianchetti   CAFÉ, BÄCKEREI $
(Ecke 9 de Julio & Mendoza; Gebäck ab 15 Arg$; ⊙ Mo–Sa 7–13 & 16–22 Uhr; 🛜) Die altmodische Bäckerei mit Café im italienischen Stil serviert unglaublich leckeres Gebäck und ausgezeichneten Kaffee; zu jeder Tasse werden *chipacitos* (Käsegebäck) gereicht. Wenn der Laden öffnet und der verführerische Duft den halben Block umwabert, sind alle Köstlichkeiten noch ofenwarm. Auch leckeres Eis ist hier zu haben.

★ El Mirador del Paraná   ARGENTINISCH $$
(☎ 0379-442-9953; www.facebook.com/elmirador delparana; Costanera bei Edison; Hauptgerichte 80–160 Arg$; ⊙ Mi–Mo 12–15 & 20.30–1 Uhr; 🛜) Die hübsche bogenförmige Terrasse direkt oberhalb des Flusses ist ein tolles Ziel fürs Mittagessen. Es gibt eine recht biedere Speisekarte mit *parrilla* und argentinischen Standards, aber dafür ist die Qualität gut. Die Spezialität, Surubí-Gerichte, gehen einen Schritt darüber hinaus: *„Al paquete"* ist sehr saftig, in Folie mit Walnüssen gegart. Der Service ist aufmerksam, die Lage unvergesslich. Die Edison ist eine Verlängerung der Bolívar.

Enófilos   ARGENTINISCH $$
(Junín 1260; Hauptgerichte 110–205 Arg$; ⊙ Mo–Sa 11.30–15.30 & 20–0.30 Uhr; 🛜) *Enófilo* bedeutet Weinfreund; deshalb wird der Keller dieses freundlichen Restaurants im Obergeschoss an der *peatonal* mit besonders viel Aufmerksamkeit bedacht. Die „Weinkarte" ist in einem kleinen Tempel in der Raummitte ausgestellt; traditionelle *Correntino*-Zutaten wie der saftige Flussfisch Surubí erhalten bei der Zubereitung einen kreativen Touch; in einer Vitrine werden schöne Fleischstücke präsentiert und dann mit Soßen und frischem Gemüse zubereitet. Die internationale Speisekarte hat dagegen eher etwas Zufälliges.

Típico   ARGENTINISCH $$
(☎ 0379-454-8666; San Juan 455; Hauptgerichte 100–180 Arg$; ⊙ 11.45–15.30 & 19.45–1.45 Uhr) Diesen angenehmen Innenhof, der einst zum Franziskanerkloster gehörte, hinter einer Café-Kette zu entdecken, ist wirklich eine Überraschung. Der gesprächige Koch-Inhaber führt den Laden mit großer Leidenschaft und hat sich auf typische *Correntino*-Gerichte von im Tonmantel gegarten Fleisch bis zu leckeren Flussfischkreationen spezialisiert. Es ist ein liebenswertes Lokal, die Aromen sind faszinierend. Bei den angebotenen Vorspeisenportionen sollte man auf den Preis achten.

🍷 Ausgehen & Nachtleben

An der *costanera* ist viel los, es gibt etliche Bars und *boliches* (Nachtclubs) im Bereich Costanera Sur südlich der Brücke, die nach Resistencia führt, und auch nördlich davon reiht sich Bar an Bar. Unweit der Kreuzung von Junín und Buenos Aires geht in mehreren Bars und Clubs das ganze Wochenende hindurch die Post ab.

CHAMAMÉ

Tango? Was ist das denn? Hier oben dreht sich alles um *chamamé*, eine der mitreißendsten Musikrichtungen des Landes. Ihre Wurzeln stammen aus der Polka, die europäische Einwanderer mitgebracht haben, aber sie enthält auch starke Einflüsse der Guaraní-Kultur. Bestimmendes Instrument ist das Akkordeon, das traditionell von der Gitarre, dem *guitarrón* (einer überdimensionierten Gitarre, auf der die Basslinien gespielt werden), dem größeren *bandoneón* (einer Art Konzertina) und dem *contrabajo* (Kontrabass) begleitet wird. Natürlich ist eine *conjunto* (Band) ohne einen oder zwei Sänger nicht komplett.

Chamamé ist ein lebhafter Paartanz, es sei denn der Mann absolviert seinen Solo-*zapateo* (Stepptanz). Die Provinz Corrientes ist das Kernland des *chamamé*, deshalb sind Live-Aufführungen hier leicht zu finden. Auf der Website www.corrienteschamame.com.ar (auf Spanisch) sind Veranstaltungstermine genannt; man kann sich online die Melodien anhören, die einen Eindruck vom Genre vermitteln. Anfang Januar veranstaltet Corrientes ein zweiwöchiges *Chamamé*-Festival.

Sherwood
BAR

(www.sherwoodrestobar.com; Quevedo 11; 19–2 Uhr; ☎) Dieser wuchtige Komplex an der *costanera* hat ein bisschen von allem – Essen, DJs usw. –, am besten eignet er sich aber für einen Mojito oder Negroni auf der weitläufigen Vorderterrasse oder im Obergeschoss mit dem schöneren Blick auf den Fluss. Der Laden pflegt ein gehobenes Image mit Türstehern in Anzügen. Wenn man einmal drinnen ist, geht es aber sehr relaxed zu. Die Quevedo ist eine Verlängerung der Belgrano.

☆ Unterhaltung

El Calderón
TRADITIONELLE MUSIK

(☏0379-440-0755; Pellegrini 1509) Mit Konzerten an den meisten Abenden des Wochenendes ist die zentral gelegene Location ein ausgezeichneter Ort, um *chamamé*, die ursprüngliche Musik der Provinz Corrientes, kennenzulernen. Auf der Facebook-Seite finden sich Informationen zu den nächsten Veranstaltungen.

Parrilla Puente Pexoa
TRADITIONELLE MUSIK

(☏0379-445-1687; RN 12 beim Kreisverkehr Virgen de Itatí; ⏰Fr & Sa ab 20.30 Uhr) Das entspannte Restaurant präsentiert an jedem Wochenende *Chamamé*-Tänze; es ist unheimlich lustig, wenn das Tanzen beginnt. Männer und Frauen treten in vollem Gaucho-Ornat auf, bis zu vier *conjuntos* (Bands) spielen jeden Abend, Beginn ist gegen 23 Uhr.

Eine Fahrt mit dem Taxi hierher kostet etwa 60 Arg$; man sollte deutlich machen, dass die *parrilla* das Ziel ist, denn das eigentliche Puente Pexoa ist ein weiter entfernt gelegener Ort.

Shoppen

Museo de Artesanías Tradicionales Folclóricas
KUNSTHANDWERK

(Quintana 905; ⏰Mo–Fr 8–12 & 15–19, Sa 9–12 & 16–19 Uhr) ✒ Der Museumsshop verkauft eine breite Vielfalt an traditionellem Kunsthandwerk zu fairen Preisen. Wer hier etwas kauft, trägt dazu bei, die weitere Vermittlung traditioneller Handwerkskunst zu finanzieren.

Super Disco
MUSIK

(9 de Julio 1781; ⏰Mo–Sa 8.30–12.30 & 17–21 Uhr) Der CD-Laden ist auf *chamamé* aus Corrientes spezialisiert. Vor dem Kauf kann man sich die Scheiben anhören.

ℹ Praktische Informationen

In der Stadt gibt es mehrere Informationsbüros mit unregelmäßigen Öffnungszeiten, u. a. am Flughafen und am Busbahnhof.

Informationsstand (Plaza JB Cabral; ⏰7–20 Uhr) Dieser hilfreiche kleine Kiosk an der Plaza hat theoretisch täglich geöffnet.

Städtische Touristeninformation (☏0379-447-4733; www.ciudaddecorrientes.gov.ar; Ecke Av. Costanera & 9 de Julio; ⏰7–20 Uhr) Hauptsitz der städtischen Touristeninformation, die Öffnungszeiten können manchmal leider etwas variieren.

Touristeninformation der Provinz (☏0379-442-7200; http://turismo.corrientes.gob.ar; 25 de Mayo 1330; ⏰Mo–Fr 7.30–14 & 15.30–20.30 Uhr) Hilfreich für detaillierte Informationen über die Provinz.

ℹ An- & Weiterreise

Aerolíneas Argentinas (☏0379-442-3918; www.aerolineas.com.ar; Junín 1301; ⏰Mo–Fr 8–12.30 & 16.30–20, Sa 9–12 Uhr) fliegt jeden

Tag nach Buenos Aires. Auch vom nahe gelegenen Resistencia besteht eine Flugverbindung in die Hauptstadt.

Das **Fernbus-Terminal** (✆ 0379-447-7600; Av Maipú 2400) liegt etwa 3 km südöstlich des Stadtzentrums. In Richtung Westen und Nordwesten sind die Fernbusverbindungen ab Resistencia besser. Busse nach Resistencia (7 Arg$, 40 Min.) fahren regelmäßig vom **städtischen Busbahnhof** (Ecke Av Costanera General San Martín & La Rioja) ab. Schneller geht es mit Sammeltaxis, die ihre Passagiere für 25 Arg$ nach Resistencia befördern. Sie fahren an zwei Stellen ab: **Martínez 1016** am Fluss und **Avenida 3 de Abril 953** (Av 3 de Abril 953).

Busse ab Corrientes

REISEZIEL	FAHRPREIS (ARG$)	FAHRZEIT (STD.)
Buenos Aires	864	12–14
Córdoba	833	11–14
Mercedes	146	3–4
Paso de los Libres	220	5
Posadas	270	4–4½
Puerto Iguazú	527	9–10
Rosario	641	9–11
Salta	827	13
Santa Fe	507	6½–8

ℹ Unterwegs vor Ort

Die innerstädtische Buslinie 109 fährt zum **Flughafen** (RN 12), Etwa 12 km östlich des Stadtzentrums an der Straße nach Posadas. Die Buslinie 103 verbindet den städtischen Busbahnhof mit dem Fernbus-Terminal und fährt dabei durch die Innenstadt. Eine Busfahrt kostet 5,25 Arg$; gezahlt werden kann nur mit Münzen oder einer Wertkarte, die an einigen Kiosks erhältlich ist.

Eine Taxifahrt zum/vom Fernbus-Terminal kostet 50 bis 70 Arg$.

Mercedes

✆ 03773 / 40 700 EW.

Mercedes ist nicht nur das Haupteinfallstor zum spektakulären Feuchtbiotop Esteros del Iberá, sondern auch eine sympathische Gaucho-Stadt mit einem leichten, unbeschwerten Lebensgefühl. Ihre Bekanntheit verdankt die Ortschaft dem nahe gelegenen – und vollkommen surrealen – Schrein für den Gaucho Antonio Gil, ein ungeheuer populäres religiöses Phänomen. Die Preise in der Stadt sind relativ niedrig; es gibt einige attraktive Unterkünfte.

 Schlafen

★ Casa de China   B&B $

(✆ 03773-15-627269; lacasadechina@hotmail.com; Beltrán 599; Zi. pro Pers. 30 US$; ☎) Das Herrenhaus aus dem 19. Jh. bietet großartig charaktervolle Zimmer mit meterhohen Decken, großen Betten und antiken Möbeln. Gärten, Originalkunstwerke, grandiose Verandaplätze und ein großzügiges Frühstück sorgen ebenfalls für Entzücken. Das Beste ist jedoch China selbst, eine warmherzige, gebildete und interessante Gastgeberin mit einem Fundus an Geschichten und einer liebenswerten und freundlichen Art. Wer nicht unbedingt Annehmlichkeiten im Stile eines großen Hotels sucht, wird hier nie wieder abreisen wollen.

Hostel Gitanes   HOSTEL $

(✆ 03773-421558; hostelgitanes@gmail.com; Av.San Martín 224; Zi. pro Pers. mit/ohne Bad 17/13 US$; ❄☎) Das eigenständige Hostel hinter einem Einfamilienhaus bietet ordentliche, einfache Zimmer mit Klimaanlage, eine kleine Küche und einen Hof. Es gibt nur Einzelzimmer – ein tolles Angebot für Alleinreisende. Die Besitzer könnten nicht hilfsbereiter und herzlicher sein.

El Viejo Hostel   HOSTEL $

(✆ 03773-15-405206; www.corrientes.com.ar/el viejohostel; Rivas 688; B 15 US$; ☎) Das altehrwürdige Gebäude, das an einem Innenhof mit einem grasbewachsenen Garten dahinter steht, bietet einfache Schlafsäle mit hohen Decken, eine ordentliche Küche und ein angenehmes Wohnzimmer. Das Beste an diesem Hostel sind die ruhige Atmosphäre und die herzliche Gastfreundschaft. Man kann hier auch zelten. Es wird kein Frühstück serviert, dafür aber gibt es kostenlosen Tee und Kaffee.

Hotel Horizontes   HOTEL $

(✆ 03773-420489; Gómez 734; EZ/DZ 20/40 US$; ❄☎) Einen Block vom Busbahnhof entfernt bietet das einfache, sehr saubere Hotel ein gutes Preis-Leistungs-Verhältnis für fleckenlose Zimmer mit kompakten Bädern. Die Räume zur Straße leiden etwas unter dem Verkehrslärm.

Hotel Manantiales Mercedes   HOTEL $$

(✆ 03773-421700; www.manantialeshoteles.com; Ecke Pujol & Sarmiento; EZ/DZ/3BZ 55/97/143 US$; ❄☎◫) Dieses moderne Hotel liegt direkt an der Plaza und ist die Top-Adresse in Mercedes. Die gut ausgestatteten Zimmer

GAUCHITO GIL

Wer eine Zeit lang irgendwo in Argentinien auf der Straße unterwegs ist, kommt unweigerlich an Schreinen am Wegesrand vorbei, die von roten Fahnen und Opfergaben umrahmt sind. Diese Schreine huldigen Antonio Gil, einer Art Robin Hood, dessen Grabstätte 9 km westlich von Mercedes jedes Jahr Hunderttausende Pilger anzieht.

Über „El Gauchito", wie er liebevoll genannt wird, sind nur wenige gesicherte Tatsachen bekannt. Aber es sind viele romantische Legenden entstanden, die die Lücken füllen. Man weiß, dass er 1847 geboren wurde und später zur Armee ging, um im Krieg der Tripel-Allianz zu kämpfen. Einige Versionen besagen, er habe sich damit dem Zorn eines lokalen Polizisten entzogen, dessen Verlobte sich in ihn verliebt hatte.

Nach Kriegsende wurde Gil zur Bundesarmee einberufen, machte sich aber mit zwei weiteren Deserteuren aus dem Staub. Das Trio strich durch die Lande, stahl Vieh von reichen Landbesitzern und teilte es mit armen Dorfbewohnern, die den Männern dafür Unterkunft und Schutz gewährten. Schließlich wurde das Gesetz ihrer habhaft: Antonio Gil wurde kopfüber an dem Mesquitebaum, der in der Nähe seines Grabes steht, aufgehängt und dann geköpft.

Wie ist es nun diesem Schnorrer, Viehdieb und Deserteur gelungen, den Status fast eines Heiligen zu erlangen? Nur wenige Augenblicke vor seinem Tod informierte Gil seinen Henker, dass dessen Sohn schwer krank sei. Es sagte dem Soldaten, sein Sohn werde bestimmt wieder gesund, wenn er selbst ein Grab erhielte – was bei Deserteuren damals eher unüblich war.

Nachdem er Gil den Kopf abgeschlagen hatte, trug der Henker diesen zurück in die Stadt Goya, wo – wie sollte es anders sein – eine richterliche Begnadigung auf Gil wartete. Als er feststellen musste, dass sein Sohn tatsächlich schwer erkrankt war, kehrte der Soldat an die Hinrichtungsstätte zurück und begrub die Leiche. Sein Sohn erholte sich rasch, die Geschichte wurde herumerzählt, und eine Legende war geboren.

„Gauchito" Gils letzte Ruhestätte ist heute ein Ort mit zahlreichen Kapellen und Lagerhäusern, die Tausende Opfergaben enthalten – darunter T-Shirts, Fahrräder, Pistolen, Messer, Nummernschilder, Fotos, Zigaretten, Haarsträhnen und ganze Ständer voller Hochzeitskleider – dargebracht von Menschen, die an das Wunder des Gauchos glauben. Der 8. Januar, Gils Todestag, zieht die meisten Pilger an.

sind in modernen Farbtönen gehalten. Zum Haus gehören ein Restaurant, ein Kasino, ein Wellnessbereich und ein Fitnessraum. Der Service ist höflich und hilfsbereit. Die Zimmerpreise – die Parkgebühren sind übrigens inklusive – bewegen sich in einem vernünftigen Rahmen.

Ivyra Pyta
HOTEL $$

(☎ 03773-422105; www.ivyrapyta.com.ar; España 440; EZ/DZ 44/77 US$; ✳ ☎) Großzügige Gemeinschaftsbereiche und lange Flure führen zu den etwas kompakteren Zimmern in einem modernen Gebäude. Schicke Betten und modische Farben geben dem Ganzen einen hochklassigen Touch, und die Badezimmer sind weit über dem Durchschnitt. Das Preis-Leistungs-Verhältnis ist in Ordnung, die Freundlichkeit der Hotelangestellten sollte nicht unerwähnt bleiben. Übrigens: Bei Barzahlung bekommt man einen Preisnachlass.

 **Essen**

Che Rhoga
ARGENTINISCH $

(Av San Martín 2296; Hauptgerichte 50–120 Arg$; ☺ Di 20.30–24, Mi–So 11.30–14.30 & 20.30–24 Uhr; ☎) Es ist ein Stück zu gehen bis zu diesem behaglichen Restaurant an einem Kreisverkehr am Ortseingang, aber das ist es wert – wegen der schmackhaften hausgemachten Pasta, den Steaks in leckeren Soßen und den günstigen Preisen. Der Service gibt sich alle Mühe, förmlich zu sein. Ein tolles Lokal!

Sal y Pimienta
ARGENTINISCH $

(Gómez 665; Hauptgerichte 45–98 Arg$; ☺ 11.30–15 & 19.30–23.30 Uhr; ☎) Der unkomplizierte Laden in der Nähe des Busbahnhofs ist bei den Einheimischen sehr beliebt. Er besitzt eine umfangreiche Karte und unschlagbare Preise für leckere Fleisch-, Flussfisch- und Pastagerichte und die Pizzas. *Lengua* (Zunge) ist eine tolle Vorspeise; der aufmerksame Service rundet das Angebot ab.

 Shoppen

Manos Correntinas KUNSTHANDWERK
(San Martín 499; ⊙Mo–Fr 9–12 & 17–20, Sa
9–12 Uhr) 🌿 Manos Correntinas ist eine
freundliche Galerie für Kunsthandwerk mit
einem dazugehörigen Laden. Ausgestellt
sind die Arbeiten einer Kooperative lokaler
Kunsthandwerker. Zu finden sind ausgezeichnete Korb- und Lederwaren. Die Mitarbeiter sprechen auch Englisch.

❶ Praktische Informationen

Die meisten Dienstleister befinden sich an der
San Martín, die den Busbahnhof mit der Plaza
verbindet.
Touristeninformation (☏ 03733-15-438769;
www.guiadigitalmercedes.com.ar; Estación de
Ómnibus; ⊙Mo–Fr 6–24, Sa & So 7–12 und
15–19 oder 16–20 Uhr) Die Touristeninformation am Busbahnhof liegt am günstigsten. Sie
informiert auch am besten über den Transport
zur Colonia Pellegrini.

❶ An- & Weiterreise

Der **Busbahnhof** (☏ 03773-420165; Ecke San
Martín & Perreyra) liegt sechs Querstraßen
westlich der Plaza. Verbindungen bestehen u. a.
nach Buenos Aires (610–650 Arg$, 8–10 Std.),
Paso de los Libres (71 Arg$, 2 Std.) und Corrien-
tes (146 Arg$, 3–4 Std.).

Reserva Provincial Esteros del Iberá

Das beeindruckende Feuchtgebiet ist Heimat einer Vielzahl von Vögeln und anderen
Tieren und einer der besten Plätze in ganz
Südamerika, um Tiere in freier Wildbahn
zu beobachten. Obwohl der Tourismus in
den letzten Jahren deutlich zugenommen
hat, blieb Esteros del Iberá verhältnismäßig unberührt. Ausgangspunkt für Besuche
der Sümpfe ist das verschlafene Dorf Colonia Pellegrini, etwa 120 km nordöstlich
von Mercedes: Es bietet eine Vielzahl ausgezeichneter Unterkünfte. Auch *estancias*,
also Landgüter in der Region, bieten manchmal gute Übernachtungsmöglichkeiten und
eignen sich vorzüglich als Quartier.

Die Seen und *esteros* (Lagunen) sind
seicht – sie werden nur vom Regenwasser
gespeist – und völlig überwuchert. Vegetation sammelt sich hier zu sogenannten
embalsados: schwimmenden Inseln. Diesen fruchtbaren Lebensraum teilt sich eine
verblüffende Reihe von Lebewesen: Kaimane, finster wie die Nacht, aalen sich in der

Sonne, und Wasserschweine (Capybaras)
fressen ungestört in deren Nähe. Andere
hier lebende Säugetiere sind der orangefar-
bene Sumpfhirsch, der Brüllaffe (offiziell das
lauteste Tier der Welt), der seltene Mähnen-
wolf, Nutria, Langschwanzotter und zahlreiche Fledermausarten.

Die Vogelwelt ist außerordentlich reich;
rund 350 Arten sind im Schutzgebiet ge-
zählt worden, darunter farbenprächtige Eis-
vögel, zarte Kolibris, Papageien, Rosalöffler,
verschiedene Greifvögel und Neuweltgei-
er, etliche Reiherarten sowie Kormorane,
Enten, Kardinale und der behäbige Hals-
band-Wehrvogel, auch Tschaja genannt.

Das Buch *Ibera: Vida y Color*, das es an
verschiedenen Stellen rund um die Colonia
Pellegrini zu kaufen gibt, ist ein nützlicher
Führer mit schönen Fotos der meisten Vögel
und anderen Tierarten sowie Pflanzen, die
es hier zu sehen gibt.

Das Gebiet rund um Pellegrini ist nur ein
kleiner Teil der 13 000 km^2 großen Esteros.
Sie sind auch von anderen Stellen zugänglich, z. B. 80 km nördlich in Galarza.

☞ Geführte Touren

Lodges können solche Aktivitäten veranstalten; für deren Gäste sind sie normalerweise
kostenlos. Andernfalls lassen sich Bootsausflüge und andere Exkursionen am besten am
Campingplatz organisieren (wo die meisten
Touren starten). Viele Führer sprechen nur
Spanisch; wer einen Führer mit Fremdspra-
chenkenntnissen haben möchte, sollte am
besten über eine der Lodges buchen.

⭐**Bootsausflüge** BOOTSTOUR
(pro Pers. 150–180 Arg$) Vom Boot aus lässt
sich das Gebiet am besten würdigen. Der
Klassiker ist eine zwei- bis dreistündige Exkursion in einem *lancha* (Boot) rund um die
Laguna Iberá und ihre *embalsados*. Zu sehen gibt es unzählige Vögel und andere Tiere, elegante Lilien, Wasserhyazinthen und
andere Wasserpflanzen. Der Führer steuert
das Boot bemerkenswert nah an die Tiere
heran. Auch Abendfahrten sind möglich;
auf jeden Fall sollte man reichlich Insektenschutzmittel auftragen.

Wanderungen & Ausritte WANDERTOUR
Die Tageswanderungen (60 Arg$) sind nicht
besonders aufregend. Wer kein Spanisch
versteht, kann ebenso gut auf eigene Faust
losziehen. Sehr viel interessanter sind die
Abendwanderungen (120 Arg$ für 2 Std.),
für die man sich gut mit Insektenschutzmit-

ÖKOLOGISCHE PROBLEME IN DER IBERÁ

Das Ökosystem der Iberá ist empfindlich. Die Ökostiftung der zu Umweltschützern gewandelten US-Unternehmer Douglas und Kristine Tompkins hat große Parzellen Privatland aufgekauft und versprochen, sie der Regierung von Corrientes zu vermachen. Bedingung ist, dass dieses Land zusammen mit dem bestehenden Iberá-Schutzgebiet als Nationalpark der Kontrolle der argentinischen Regierung unterstellt wird. Was als Akt ökologischer Philantropie erschien, wurde zum Konfliktschauplatz, auf dem Landbesitzer, Agrarindustrie und Politiker gegeneinander antreten. Doch die Einheimischen scheinen sich allmählich mit der Idee anzufreunden. Tomkins' Position ist unter www. theconservationlandtrust.org und www.proyectoibera.org nachzulesen. Der inzwischen verstorbene Douglas Tompkins hatte Folgendes zu sagen:

Warum gab es zuerst so viel Widerstand?

Umweltschutz trifft überall auf Widerstand. In den USA wurde kein einziger Nationalpark ohne langwierige Kämpfe mit den Anwohnern eingerichtet. Umweltschutz ist ein politischer Akt, und wenn es darum geht, was mit Land geschehen soll, betritt man ein hochpolitisches Terrain.

Und jetzt?

Heute gibt es praktisch keinerlei Widerstand mehr. Vielmehr hat von der politischen Führung durch sämtliche Gesellschaftsschichten ein Umweltschutz-/Tourismusfieber die Provinz ergriffen. Es ist, als seien alle plötzlich aufgewacht.

Was ist jetzt eigentlich mit dem Guaraní-Aquifer?

Der Guaraní-Aquifer ist kein Thema. Er ist riesig groß, um die 1,2 Mio. km². Die Iberá nimmt dagegen bloße 1,3 Mio. ha ein. Ein seichtes Feuchtgebiet an der Oberfläche, das mit dem tiefen Wasserspeicher wenig zu tun hat. Die Bedeutung der Iberá als Wasserreservoir wird von Leuten, die ein politisches oder soziales Tamtam machen, ebenfalls überschätzt. Mit dem Paraná fließt in 18 Stunden mehr Wasser unter der Brücke Corrientes–Resistencia hindurch als die ganze Iberá enthält.

Gefahren für das Ökosystem

Die Reisplantagen und die Baumplantagen mit Monokulturen. Hinzu kommen Dummköpfe, die das Gesetz missachten und Straßendämme bauen, die sich über Dutzende Kilometer hinziehen und den Wasseraustausch stören.

Welche Botschaft möchten Sie der Bevölkerung der Iberá übermitteln?

Von der Einrichtung eines Nationalparks könnten das gesamte Gebiet und die Provinz profitieren. Er würde dazu beitragen, die biologische Vielfalt zu bewahren, und die Einheimischen bekämen ein Projekt, auf das sie stolz sein können. Und es gibt natürlich eine wichtige ökonomische Komponente, weil der Park Touristen anlocken würde. Er wäre der größte Nationalpark in Argentinien, die Provinz würde vom Tourismus profitieren und die Nation übernähme die Kosten für den Betrieb des Parks. Für alle geht das Leben wie gewohnt weiter, es sind nur 560 000 ha Land der Provinz, verbunden mit 175 000 ha Land der Stiftung, die einen Nationalpark bilden würden. Darüber hinaus machen alle Grundbesitzer einfach so weiter. Für sie ändert sich nichts. Einzig der Wert ihres Landes wird steigen, so wie das überall geschieht, wenn ein Nationalpark eingerichtet wird.

Und die Wiederansiedlung des Großen Ameisenbären?

Dieses Projekt ist bereits ein uneingeschränkter Erfolg. Wir haben zwei gesicherte Populationen in der Wildnis; sie vermehren sich gut und gesund. Eins der erfolgreichsten Vorhaben, die wir je im Umweltschutz umgesetzt haben. Auch die Wiederansiedlung des Pampashirschs hat geklappt, die Population wächst jedes Jahr um 25 %. Wir haben außerdem begonnen, Nabelschweine und Aras wieder hier anzusiedeln; Letztere waren hier länger als ein Jahrhundert verschwunden. Unsere größte und aufregendste Herausforderung sind Jaguare: auch da haben wir mit der Zucht begonnen.

Dank auch an Carolina Morgado und Ignacio Jiménez Pérez.

tel einreiben sollte. Auch längere geführte Wanderungen werden angeboten ebenso wie Ausritte (200 Arg$). Diese machen allerdings vor allem um den Reitens willen Spaß und eignen sich eher weniger für die Tierbeobachtung.

 Schlafen

Colonia Pellegrini

Die zahlreichen Unterkünfte in Colonia Pellegrini lassen sich in verschiedene Kategorien unterteilen: *hospedajes* sind normalerweise einfache Zimmer in einem Einfamilienhaus, *posadas* oder *hosterías* sind komfortable Lodges mit Vollpension und Ausflügen. Die meisten Lodges bieten Mehrtagespakete an; außerdem können sie den Transfer von Mercedes oder Posadas arrangieren.

Posada Rancho Jabirú   PENSION $
(☎03773-15-443569;   www.posadaranchojabiru. com.ar; Yaguareté s/n; EZ/DZ/3BZ 30/44/66 US$; ❄🛜) Die beste Option in der Budgetkategorie liegt in einem gepflegten Blumengarten und hat makellos saubere Zimmer mit bis zu fünf Betten in einem hübschen Bungalow. Betreiber sind die freundlichen Leute vom Restaurant Yacarú Porá nebenan.

Hospedaje Los Amigos   PENSION $
(☎03773-15-493753; hospedajelosamigos@gmail. com; Ecke Guazú Virá & Aguapé; Zi. pro Pers. 15 US$; ❄) Unter den Budgetoptionen ist dies eine ausgezeichnete Wahl. Der Wirt ist freundlich, geboten werden blitzsaubere Zimmer mit großen Betten und ordentlichen Bädern, und das für ein Taschengeld. Außerdem können die Gäste hier einfach, aber gut essen: Für Vollpension gelten angenehm günstige Preise (plus 8 US$).

Hospedaje San Cayetano   PENSION $
(☎03773-15-400929;   www.argentinaparamirar. com.ar; Ecke Guazú Virá & Aguapé; EZ/DZ 30/ 60 US$; ❄🛜🍽) Diese freundliche Unterkunft mit Tauchbecken, Küche und *parrilla* verbessert sich laufend und bietet ausgezeichnete Zweibett-, Doppel- und Familienzimmer mit guten Betten und Dusche. Auf Wunsch kann man sich ein Zimmer mit anderen Gästen teilen, und die Preise sind in einem gewissen Rahmen verhandelbar. Das Haus veranstaltet schöne Bootsausflüge. Die etwas außergewöhnliche Begrüßung übernimmt der Papagei namens Beethoven.

El Paso Cabañas   CABAÑAS $
(☎03773-15-400274;   www.elpasoibera.com.ar; Ecke Timbó & Yaguareté; DZ 60 US$, 4-Pers.-Hütte 100 US$; ❄🛜🍽) Die Häuschen, die verstreut in einem weitläufigen, grasbewachsenen Garten stehen, eignen sich besonders für Familien. Die komfortablen Hütten bieten bis zu sechs Schlafplätze, die einfacheren Zimmer teilen sich einen Herd und einen Kühlschrank. Die hilfsbereiten Inhaber veranstalten Ausflüge, und auf dem Gelände gibt es auch ein Restaurant. Die Leute sprechen Deutsch und Englisch.

Hospedaje Iberá   PENSION $
(☎03773-15-627261;   www.hospedajeibera.com. ar; Ecke Guazú Virá & Ysypó; Zi. pro Pers. 15 US$) Die Unterkunft, die hinter einem Laden liegt, bietet eine gute Auswahl an sauberen, geräumigen Zimmern mit Ventilator und Warmwasser im Bad.

Camping Iberá   CAMPINGPLATZ $
(☎03773-15-629656; www.ibera.gov.ar; Mbiguás/n; pro Pers. 1./folgende Tage 70/50 Arg$, pro Fahrzeug nur 1. Tag 40 Arg$) Der städische Campingplatz am See überzeugt mit grasbewachsenen Standplätzen, die fast alle einen eigenen überdachten Grill-/Essbereich haben. Von hier starten die Bootsausflüge, und es lohnt sich, bei Sonnenuntergang die Aussicht zu genießen. Man sollte im Voraus buchen, denn das Platzangebot ist knapp. Außerdem gibt es einen Kanuverleih.

Rancho Inambú   PENSION $$
(☎03773-15-401362; www.ranchoinambu.com.ar; Yerutí s/n; Zi. pro Pers. 45 US$; 🍽) Auf der Nordseite der Stadt in der Nähe des Fußballplatzes befindet sich diese Unterkunft, eins der wenigen Angebote im Mittelklassebereich. Die Zimmer sind einfach, rustikal und bequem und befinden sich in einem hübschen dschungelartigen Garten. Der freundliche Besitzer ist ein eifriger Vogelbeobachter, entsprechend ist der Schwerpunkt seiner Exkursionen gesetzt.

⭐ Rancho de los Esteros   LODGE $$$
(☎03773-15-493041;   www.ranchodelosesteros. com.ar; Ecke Ñangapiry & Capivára; EZ 318 US$, DZ Standard/gehobene Ausstattung 407/424 US$, inkl. Vollpension & Aktivitäten; ❄🛜🍽🛎) Das überaus friedliche Anwesen am See wird von seinen Besitzern mit der traditionellen Gastfreundschaft des ländlichen Argentiniens geführt. Vier hinreißende, super-geräumige Zimmer – darin findet sogar eine ganze Familie Platz – liegen rund um einen

wunderbar gepflegten Garten voller Vogelgezwitscher und mit angrenzenden Wasser- und Sumpfgebieten. Die traditionelle Architektur, aufmerksame und freundliche Gastgeber, schmackhafte Mahlzeiten und eine Hütte direkt am Ufer, von der aus man die spektakulären Sonnenuntergänge betrachten kann, machen die Lodge zu einem sehr speziellen Ort. Der Mindestaufenthalt beträgt zwei Nächte.

Ecoposada del Estero — LODGE $$$
(☎ 03773-15-443602; www.ecoposadadelestero.com.ar; Yaguareté s/n; EZ/DZ inkl. Vollpension & Aktivitäten 210/350 US$; 🖼🖵) 🖉 Für alle, die Vögel beobachten wollen, ist dies die beste Unterkunft im Ort. Geleitet wird sie von einem warmherzigen Paar, das die Gegend ganz genau kennt. Die Anlage wurde nach ökologischen Gesichtspunkten erbaut: So entstanden komfortable Gebäude aus Lehmziegeln mit breiten Veranden, Hängematten und attraktiven, selbst gebauten Holzmöbeln aus recyceltem Material. Die angebotenen Ausflüge sind wunderbar, aber auch an Ort und Stelle gibt es viel zu sehen – die Lodge steht direkt am Rand eines *estero*, besitzt eine reiche Vogelwelt und eine hohe Beobachtungsplattform.

Ñandé Retá — LODGE $$$
(☎ 03773-499411; www.nandereta.com; Guazú Virá s/n; s/DZ für 2 Nächte inkl. Vollpension & Aktivitäten 520/803 US$; 🖼🖵) Diese Unterkunft existiert schon länger als die meisten anderen am Ort und ist immer noch eine der angenehmsten. Inmitten von Pinien und Eukalyptus stellt sich eine Atmosphäre friedlicher Abgeschiedenheit ein, die geradezu süchtig macht. Das Haus ist sehr familienfreundlich, die Zimmer sind farbenfroh mit einem rustikalen Flair, der Service ist ausgezeichnet, und der Swimmingpool hat eine vernünftige Größe. Normalerweise gibt es auch günstige Angebote für Übernachtung mit Frühstück.

Aguapé Lodge — LODGE $$$
(☎ 03773-499412, Reservierung 011-4742-3015; www.iberaesteros.com.ar; Yacaré s/n; EZ/DZ inkl. Vollpension & Aktivitäten 340/540 US$, inkl. Vollpension 160/230 US$; 🖵🖼) Die luxuriöse alteingesessene Posada im Kolonialstil liegt wunderschön oberhalb des Sees. Sie besitzt attraktive Zimmer mit hohen Decken, weißen Wänden und dunklem Holz entlang einer Veranda mit Blick über den Rasen aufs Wasser. Außerdem bietet sie eine große Vielfalt an Ausflügen an. Die billigeren „rus-

tikalen" Zimmer in einem anderen Gebäude sind kleiner, haben aber ebenfalls viel Atmosphäre. Der Service ist ausgezeichnet.

Posada de La Laguna — LODGE $$$
(☎ 03773-499413; www.posadadelalaguna.com; Guazú Virá s/n; DZ inkl. Vollpension & Aktivitäten 400 US$; 🖼🖵🖵) Schlicht, aber elegant präsentiert sich die Lodge auf einem weitläufigen Seegrundstück. In den hellen, weißen Zimmern mit tollen Betten hängen Bilder, die der Besitzer gemalt hat. Die Betonung liegt auf Entspannung (kein TV-Gerät). Die Mitarbeiter runden das Ganze mit freundlichem Service, geführten Ausflügen und gutem Essen ab. Die Zimmer in dem Gebäude, das näher am See steht, besitzen etwas mehr Charme, die in dem anderen Haus bieten dafür mehr Privatsphäre.

Irupé Lodge — LODGE $$$
(☎ 0376-443-8312; www.ibera-argentina.com; Yacaré s/n; EZ/DZ Standard 165/220, gehobene Ausstattung 220/275 US$; 🖼🖵🖵) Die rustikale Lodge am See in der Nähe des Damms wirkt sehr einladend. Die Standardzimmer sind in Ordnung, kunstvolle Holzmöbel, ein Swimmingpool und der Blick auf das Wasser sind die Highlights. Die Zimmer mit gehobener Ausstattung sind sehr viel besser, hübscher und geräumiger; diese bieten mehr Privatsphäre und besitzen auch eine Veranda. Ausflüge kosten extra. Argentinier zahlen 25 % weniger.

Rancho Ibera — LODGE $$$
(☎ 03773-15-412661; www.posadaranchoibera.com.ar; Ecke Caraguatá & Aguará; DZ für 2 Nächte inkl. Vollpension & Aktivitäten 537 US$; 🖼🖵) Geschmackvoll eingerichtete Zimmer mit schmalen Betten sind in diesem freundlichen, zentral gelegenen Haus rund um eine ruhige Veranda und den Garten angeordnet. Die Gäste können Kanus und eine abgeschlossene *cabaña* nutzen.

🏳 In der Umgebung

★ Estancia Rincón del Socorro — LODGE $$$
(☎ 03782-15-475114; www.rincondelsocorro.com; RP40, 83 Km; EZ/DZ inkl. Vollpension & Aktivitäten 480/640 US$; 🖵🖼🖵) Die Ranch, 31 km südlich von Pellegrini, ist ein Ort, an dem man den weiten Himmel und die vielfältige Tierwelt richtig kennenlernt. Hier legt man viel Wert auf ländlichen Komfort als auf Luxus; die hübschen Zimmer sind miteinander verbunden und eignen sich daher gut für Familien. In den freistehenden Hütten gibt es

jeweils zwei Schlafplätze. Rund um die Anlage verschmelzen die riesigen Rasenflächen mit Weideland.

Es gibt ein günstigeres Zimmer (EZ/DZ 390/520 US$). Die Ausflüge sind toll und bieten die Chance, den wieder angesiedelten Großen Ameisenbären zu sehen. Wem Socorro nicht abgelegen genug ist, dem behagt möglicherweise die Schwester-Estancia San Alonso, die allerdings nur mit dem Flugzeug zu erreichen ist.

Hotel Puerto Valle
LODGE $$$

(☎ 03786-425700; www.puertovalle.com.ar; RN12, Km 1282; EZ/DZ inkl. Vollpension, Transfers & Aktivitäten ab 590/850 US$; ✱@🛜❄) Die luxuriöse Unterkunft steht einsam am Ufer des Paraná unweit der Nordostspitze der Esteros. Der Fluss ist hier, oberhalb des Yacyreta-Damms, sehr breit. Die Zimmer, von denen einige im historischen Originalgebäude, andere in Anbauten liegen, sind tadellos und bieten einen tollen Blick auf den Fluss. Mahlzeiten und Service sind ausgezeichnet. Ausflüge in die Iberá, zur hauseigenen Kaimanfarm, dem Affenpfad und am Flussufer entlang sind für die Hausgäste im Preis enthalten. Es besteht auch ein Angebot für eine Übernachtung mit Frühstück.

Iberá Lodge
LODGE $$$

(☎ 0379-423-0228; www.iberalodge.com; RP29; EZ/DZ inkl. Vollpension, Transfers & Aktivitäten 450/620 US$; 🛜❄🐾) Die hübsche Anlage liegt total ländlich am Seeufer 55 km nördlich von Mercedes und ist über die RP29 zu erreichen. Die Zimmer sind im eleganten Landhausstil eingerichtet; Ausritte und Bootsausflüge sind im Preis enthalten. Das grasbewachsene Gelände und eine Vielzahl von Extras, darunter ein Spielezimmer, ein Spa und ausgezeichnetes Essen, machen die Lodge zu einem angenehmen Refugium. Für Argentinier gelten günstigere Preise.

Essen

Die Lodges bieten ihren Hausgästen Mahlzeiten an; viele verköstigen auch Gäste, die nicht dort wohnen. Im Ort gibt es weitere einfache Lokale. Die Essenszeiten sind für argentinische Verhältnisse recht früh.

Yacarú Porá
ARGENTINISCH $

(Ecke Caraguatá & Yaguareté; Hauptgerichte 55–100 Arg$; ⏱12–14.30 & 19.30–22.30 Uhr; ☎) Der mit Charme und Leidenschaft geführte Bungalow garantiert einen herzlichen Empfang. Essen wird auf Bestellung gekocht. Auf den Tisch kommen großzügige Fleischportionen, Huhn, Pasta, Salate, Omeletts und *milanesas* (panierte Schnitzel).

Los Carros
ARGENTINISCH $

(Ecke Mburucuyá & Yaguareté; Hauptgerichte 40–70 Arg$; ⏱11.30–14 & 19–21 Uhr) Das sympathische, familiengeführte Lokal ist nach den malerischen Pferdekutschen benannt, die im Hof stehen. Zu essen gibt es schmackhafte, hausgemachte Gerichte mit frischem Gemüse und Kräutern aus dem Garten. Eine Speisekarte existiert nicht, und die Auswahl ist begrenzt: Wer lokale Spezialitäten probieren möchte, muss sie im Voraus bestellen.

Restaurante El Paso
ARGENTINISCH $$

(www.elpasoibera.com.ar; Ecke Timbó & Yaguareté; Hauptgerichte 80–200 AR$; ⏱11–15 & 19–22 Uhr) Mit einer Auswahl an Fisch-, Rind- und Huhngerichten sowie einigen regionalen Spezialitäten gibt dieses Lokal einen ordentlichen Essensstopp ab. Seine Spezialität ist Zuchtkaiman, der zu einem Pfannengericht, als *milanesa* (paniertes Schnitzel) oder in Empanadas verarbeitet wird.

❶ Praktische Informationen

Es gibt hier weder eine Bank noch einen Geldautomaten, Besucher sollten sich also mit genügend Bargeld eindecken. WLAN ist weit verbreitet, aber unzuverlässig.

Besucherzentrum (RP40; ⏱8–18 Uhr) Das Besucherzentrum des Schutzgebiets, auf der Mercedes zugewandten Seite des Straßendamms, besitzt eine schöne Ausstellung über lokale Wildtiere (auf Spanisch) und zeigt eine audiovisuelle Schau. Ein kurzer Pfad gegenüber dem Zentrum eröffnet mit etwas Glück die Gelegenheit, Brüllaffen zu sehen. Weitere Pfade und Laufstege geben Besuchern einen Eindruck von den verschiedenen Pflanzenarten und Lebensräumen des Gebiets.

Kiosco El Paso (Ecke Ruta 40 & Yacaré; ⏱8–20 Uhr; ☎) an der Hauptstraße am Ortseingang erlaubt die WLAN-Nutzung, wenn man dort auch etwas kauft.

Städtische Touristeninformation (www.ibera.gov.ar; RP40; ⏱8–12 & 14–19 Uhr) liegt aus der Richtung Mercedes kommend am Ortseingang gleich hinter dem Straßendamm.

❶ An- & Weiterreise

Die Transportmöglichkeiten ändern sich regelmäßig: Auskünfte gibt die Touristeninformation am Busbahnhof in Mercedes.

Die Straße von Mercedes nach Colonia Pellegrini (120 km) ist mit einem normalen Pkw befahrbar, wenn es nicht gerade geregnet hat.

Zum Zeitpunkt der Recherche gab es keinerlei Busverbindungen. Die günstigste Anreisemöglichkeit bestand in zwei fahrplanmäßigen Diensten mit einem Minibus-/Allradfahrzeug. Der Transfer von Mercedes (durch diese oder andere Anbieter) kostet für bis zu vier Personen etwa 1400 Arg$. Wenn es nicht gerade heftig geregnet hat, ist auch die Anfahrt mit einer *remise* möglich.

Die Straße von Posadas ist schlechter (mit einem normalen Pkw sollte man die Abzweigung zwischen Gobernador Virasoro und Santo Tomé benutzen). Die meisten Fahrer berechnen 3000 Arg$ für eine Fahrt nach Posadas oder 2500 Arg$ nach Gobernador Virasoro, von wo aus regelmäßig Busse ins etwa 80 km entfernte Posadas starten.

In Pellegrini gibt es keine Tankstelle; die nächsten Tankmöglichkeiten befinden sich in Mercedes und an der Hauptstraßenkreuzung unweit von Santo Tomé. Man sollte also unbedingt rechtzeitig volltanken! Notfalls kann man auch bei einigen Unterkünften in Pellegrini Benzin und Diesel kaufen.

Achtung! Manche Autovermietungen weisen Kunden ab, wenn diese erwähnen, dass die Iberá eines ihrer Reiseziele ist.

Daniel Ortiz (☎ 03773-15-431469; 250–300 Arg$) fährt täglich zwischen 7.30 und 8.30 Uhr von Mercedes ab; der Wagen hält vor dem Busbahnhof, holt Passagiere aber auch an ihren Hotels ab (nach Vereinbarung). Die Rückfahrt von Pellegrini findet im Allgemeinen zwischen 16 und 17 Uhr statt. Der Preis variiert ein bisschen.

Iberá Bus (Mario Azcona; ☎ 03773-15-462836; 200 Arg$) fährt montags bis freitags zwischen 12 und 12.30 Uhr und samstags um 9.30 Uhr vom Markt an der Pujol zwischen Gómez und Alvear in Mercedes ab. Die Rückfahrt von Pellegrini ist um 4 Uhr morgens (von Montag bis Samstag).

Martín Sandoval (☎ 03773-15-466072) Zuverlässig für private Transfers nach Posadas und Mercedes.

Maxi Ojeda (☎ 03773-15-450486), mit Sitz in Pellegrini, übernimmt Transporte nach Mercedes und Posadas.

---

❶ EINREISE NACH URUGUAY

Es gibt drei große Grenzübergänge von Argentinien zum östlichen Nachbarn Uruguay. Von Süden nach Norden sind dies Gualeguaychú–Fray Bentos, Colón–Paysandú (fürs Auto muss an beiden Brücken 100 Arg$ Mautgebühr gezahlt werden) und Concordia–Salto. Alle drei sind rund um die Uhr geöffnet.

AM RÍO URUGUAY

Der kleinere der beiden großen Flüsse, die sich zum Río de la Plata vereinen, ist der Río Uruguay. Er bildet die Grenze zwischen dem Land gleichen Namens und Argentinien und auch einen Teil der Grenze zu Brasilien. Brücken stellen die Verbindung zu den Nachbarn her, deren Einflüsse sich mit denen der indigenen Gruppen und der Einwanderer in der Gegend vermischen. Die argentinischen Städte am Flussufer haben viel zu bieten. Sie sind beliebte Ziele für den Sommerurlaub und das Wochenende.

Concepción del Uruguay

☎ 03442 / 89 300 EW.

Concepción mit seiner stattlichen Plaza als Mittelpunkt ist das typische Beispiel einer Stadt am Fluss, die etwas verloren wirkt, nachdem der Handel auf dem Río Uruguay zum Erliegen gekommen ist. Sie eignet sich aber gut als Zwischenstopp ab, bietet schöne Möglichkeiten zum Übernachten und Essengehen und verweist stolz auf den Palacio San José, auch wenn sich dieser außerhalb der Stadt befindet.

⊙ Sehenswertes

Die Hauptsehenswürdigkeiten der Stadt befinden sich im Umkreis des noblen Hauptplatzes. Die Basilika in erdigem Rosa beherbergt die sterblichen Überreste von Justo José de Urquiza.

Palacio San José   PALAST
(www.palaciosanjose.com; RP 39, Km 30; Erw./Kind 25/5 Arg$; ⊙ Mo–Fr 8–19, Sa & So 9–18 Uhr) Justo José de Urquizas prunkvoller rosafarbener und von zwei Zwillingstürmen gekrönter Palast liegt inmitten prächtiger Gärten etwa 33 km westlich von Concepción. Er besitzt einen Patio mit Säulengängen und einen dahinter gelegenen, ummauerten Garten. Der Palast wurde teils gebaut, um Urquizas Erzrivalen in Buenos Aires, Juan Manuel de Rosas, zu demütigen, teils, um die Macht und den Wohlstand der Provinz Entre Ríos unter Beweis zu stellen.

Der lokale *caudillo* Urquiza war ganz wesentlich für Rosas' Sturz 1852 und die schlussendliche Annahme der modernen argentinischen Verfassung verantwortlich. Gelegentliche Verbündete wie Domingo Sarmiento und Bartolomé Mitre speisten an Urquizas 8,5 m langer Tafel und schliefen in den palastartigen Schlafzimmern. Das

CARNAVAL IN GUALEGUAYCHÚ

In Gualeguaychú geht es außerhalb der Saison ruhig zu. Doch im Sommer läuft die freundliche Stadt am Flussufer mit der längsten und schrillsten Karnevalsfeier (www.carnavaldelpais.com.ar) des Landes zu Hochform auf. Wer hier an irgendeinem Wochenende zwischen Mitte Januar und Ende Februar eintrifft, gerät mitten in den Schwung der Ereignisse. Wichtigster Schauplatz ist das Corsódromo, der Eintritt kostet an den meisten Abenden zwischen 150 und 220 Arg$.

Entlang der Bolívar zwischen Bartolomé Mitre und Monseñor Chalup ist eine ganze Reihe ordentlicher Budgethotels zu finden; außerdem sind noch mehrere Hostels in der Stadt vorhanden.

Gualeguaychú ist mit dem Bus von Buenos Aires (3½ Std.), Paraná und anderen Städten am Río Uruguay leicht zu erreichen. Der Ort ist außerdem ein Grenzübergang nach Uruguay: Die Stadt Fray Bentos liegt gleich auf der anderen Seite der Brücke.

Schlafgemach, in dem Urquiza von einem Mob, den Ricardo López Jordán aufgehetzt hatte, ermordet wurde, ist heute eine Gedenkstätte, die einst von Urquizas Witwe eingerichtet wurde.

Von Concepción transportieren **Sarbimas** (☎ 03442-427777) oder andere *Remise*-Firmen bis zu vier Personen hin und zurück für 320 Arg$ inklusive einer zweistündigen Wartezeit. Eine weitere Option ist eine geführte Tour – **Turismo Pioneros** (☎ 03442-433914; www.facebook.com/pionerosturismo; Mitre 908) befördert zwei Personen für 180 Arg$ einschließlich Führung. Besucher können auch einen Bus Richtung Caseros nehmen und die 3 km von der Haltestelle zum Palast zu Fuß gehen. Dort befindet sich ein mittelmäßiges Restaurant und ein malerisches Gelände für ein Picknick.

 Schlafen

⭐ Antigua Fonda
HOTEL **$**

(☎ 03442-433734; www.antiguafonda.com.ar; España 172; EZ/DZ 39/49 US$; ✳🛜) Es ist zwar nicht mehr zu erkennen, aber diese Unterkunft ist aus einem Teil eines historischen Hotelgebäudes entstanden. Die ansprechenden, geräumigen Zimmer in Cremeschattierungen umgeben einen kleinen grasbewachsenen Garten mit künstlerischen Details und entspannter Atmosphäre. Das Haus befindet sich lediglich einen Block westlich und drei Blocks südlich der Plaza. Tolles Preis-Leistungs-Verhältnis!

Residencial Centro
GÄSTEHAUS **$**

(☎ 03442-427429; www.nuevorescentro.com.ar; Moreno 130; Zi. 32 US$; ✳🛜) Die beste Budgetunterkunft der Stadt liegt nahe der Plaza und verfügt über verschiedene Zimmer rund

um einen Innenhof. Die Preise variieren ein bisschen je nach Größe und Vorhandensein einer Klimaanlage; die Zimmer im oberen Stockwerk sind heller.

Antigua Posta del Torreón
BOUTIQUEHOTEL **$$**

(☎ 03442-432618; www.postadeltorreon.com.ar; Almafuerte 799; EZ/DZ/DZ gehobene Ausstattung 59/76/89 US$; ✳🛜🏊) Dieses beschauliche Hotel liegt nur einen Block westlich und vier Blocks südlich der Plaza und bietet alle Voraussetzungen für einen paradiesisch entspannten Aufenthalt. Das geschmackvoll renovierte Herrenhaus stammt aus dem 19. Jh. und weist noch viele Originalmerkmale auf. Die Zimmer sind um einen bildhübschen Innenhof mit Springbrunnen und kleinem Schwimmbecken angeordnet. Es lohnt sich, Zimmer mit gehobener Ausstattung zu buchen: Sie sind sehr viel größer und wunderschön möbliert.

🍴 Essen

Sumeria
MIKROBRAUEREI **$$**

(www.sumeriabar.com.ar; Eva Perón 207; Hauptgerichte 100–210 Arg$; ⏱ Do–So 19–2 Uhr, öffnet im Sommer an weiteren Tagen; 🛜) Das Lokal in einem historischen Eckhaus stellt in Concepción ein neues Konzept dar. Leckere Biere kleiner Brauereien (darunter ein Honigbier) begleiten eine abwechslungsreiche Speisekarte. Darauf stehen beispielsweise Lachs-*chivitos* (uruguayisches Steaksandwich), innovative Salate und kalte Platten, darunter auch eine vegetarische. An Donnerstagen wird hier auch Sushi zubereitet. Es gibt einen netten Patio, kurz gesagt: ein toller Platz, um seine Zeit zu verbringen.

Von der Nordostecke der Plaza geht man drei Blocks nach Norden.

El Conventillo de Baco
ARGENTINISCH $$

(☎ 03442-433809; http://erbiodiaz.wix.com/
el-nuevo-conventillo; España 193; Hauptgerich-
te 105–150 Arg$; ☻Mi–Mo 11–15 & 20–24, Di
11–15 Uhr) Dieses sympathische und absolut
empfehlenswerte Restaurant hat Tische im
Innenraum und unter freiem Himmel in
einem attraktiven Patio. Den kulinarischen
Schwerpunkt bilden sorgfältig zubereite-
te Flussfische und Meeresfrüchte. Gutes
Preis-Leistungs-Verhältnis.

❶ Praktische Informationen

Touristeninformation (☎ 03442-425820;
www.concepcionentrerios.tur.ar; Ecke Galarza
& Supremo Entrerriano; ☻7–13 & 14–20 Uhr)
Die günstigste Touristeninformation befindet
sich eine Querstraße östlich der Plaza.

❶ Anreise & Unterwegs vor Ort

Der **Busbahnhof** (☎ 03442-422352; Ecke Ga-
larza & Chiloteguy) liegt zehn Blocks westlich
der Plaza. Zu erreichen ist er von dort mit der
Buslinie 1; eine Fahrt mit der *remise* kostet etwa
20 Arg$.

Der Zug aus Paraná trifft am Freitag in Con-
cepción ein und fährt am Sonntag zurück
(24 Arg$, 7 Std.).

Busse ab Concepción

REISEZIEL	FAHRPREIS (ARG$)	FAHRZEIT (STD.)
Buenos Aires	260	4
Colón	24	¾
Concordia	73	2¾
Gualeguaychú	40	1
Paraná	133	5

Colón

☎ 03447 / 24 800 EW.

Das attraktivste Ziel für eine entspannte
Zeit am Fluss in Entre Ríos ist Colón. Im
Januar verdoppelt sich die Einwohnerzahl
nahezu, weil in dieser Zeit so viele Argenti-
nier hier Urlaub machen. Aber die hübsche
Stadt geht damit problemlos um. Mit ihren
zahlreichen Unterkünften, einer blühenden
Kunsthandwerkszene und einigen unge-
wöhnlichen Restaurants ist sie wirklich ein
tolles Reiseziel. Außerdem ist sie ein guter
Ausgangspunkt für einen Besuch im Parque
Nacional El Palmar.

Colón ist über eine Brücke mit Paysandú
verbunden, der Hauptstadt des gleichnami-
gen Departamentos in Uruguay. Besonders

viel los ist an der Plaza San Martín, einen
Häuserblock vom Fluss entfernt, und der
Straße 12 de Abril, die dorthin führt.

◉ Sehenswertes & Aktivitäten

Ein Spaziergang auf der Uferpromenade, am
Strand und durch die ruhigen, baumbestan-
denen Straßen ist ein Highlight in dieser
Stadt. Es gibt zahlreiche *Artesanía*-Läden,
die alles Mögliche von *Mate*-Kalebassen bis
zu eingelegtem Nutriafleisch verkaufen.

☞ Geführte Touren

Ita i Cora Aventura
BOOTSTOUR

(☎ 03447-423360; itaicora@gmail.com; San Martín
97; 2-Std.-Tour 280 Arg$) Dies ist die beste Op-
tion für einen Ausflug auf dem Fluss. Die
zweistündige Standardtour ist wirklich fan-
tastisch. Sie führt u. a. zu einem Sandwatt
und zu einem Waldpfad in der Mitte des Río
Uruguay. Die Leute sprechen ausgezeichnet
Englisch.

Naturaleza Yatay
BUSTOUR

(☎ 03447-15-465528; www.naturalezayatay.com.ar;
El Palmar-Tour 280 Arg$) Der Veranstalter bie-
tet schöne Ausflüge zum Nationalpark El
Palmar an und organisiert maßgeschneider-
te Exkursionen zur Vogelbeobachtung. Die
Mitarbeiter sprechen Englisch.

Feste & Events

Fiesta Nacional de la Artesanía
KUNSTHANDWERK

(www.fiestadelaartesania.com.ar) Diese Hand-
werksmesse präsentiert im Februar im
Parque Quirós folkloristische Live-Unterhal-
tung von hoher Qualität.

⨡ Schlafen

Gäste können sich auf zahlreichen Sommer-
zeltplätzen, in Hütten, Bungalows und Woh-
nungen einmieten. Gekennzeichnet sind sie
als „*Alquilo a turistas*". Die Touristen-
information hält eine umfangreiche Liste der
offiziellen Unterkünfte bereit: Davon gibt es
mehrere Hundert.

Hostería El Viejo Almacén
GÄSTEHAUS $

(☎ 03447-422216; Av Urquiza 108; EZ/DZ 30/
58 US$; ❉✿☎) Die superfreundliche Unter-
kunft im gleichnamigen Restaurant hat ein-
fache, aber gepflegte gelb gestrichene Zim-
mer mit Ventilator, Klimaanlage und viel
Platz. Wer Wert auf WLAN im Zimmer legt,
sollte ein Zimmer im vorderen Bereich bu-

YAPEYÚ

Es wäre falsch, diese angenehm friedliche Stadt als Kuhdorf zu bezeichnen: Statt Kühen gibt es hier viele Pferde, und der Klang ihrer Hufe, die am Abend über die rötliche Erde stampfen, ist eines ihrer schönsten Attribute. Yapeyú ist ein toller Platz zum Entspannen; und ein Ort, in dem Fremde von den Einheimischen auf der Straße begrüßt werden.

Die Stadt liegt nur eine Busstunde nördlich von Paso de los Libres und wurde 1626 als südlichste der Jesuitenmissionen gegründet. Sie ist außerdem berühmt als Geburtsort des großen argentinischen „Liberator", José de San Martín.

Besucher können die Jesuitenruinen erkunden – das hiesige **Museum** (Sargento Cabral s/n; Di–So 8–12 & 15–18 Uhr) GRATIS) gibt einen umfassenden Überblick über alle Missionen – und die schmucke **Casa de San Martín** (8–12 & 14–18 Uhr) GRATIS bewundern, die heute die Ruinen des Hauses schützt, in dem San Martín 1778 geboren wurde.

Direkt an der Plaza zwischen diesen beiden bedeutenden Sehenswürdigkeiten steht das **Hotel San Martín** (03772-493120; Sargento Cabral 712; EZ/DZ 25/40 US$;), ein schlichtes, aber einladendes Haus rund um einen Innenhof. Eine Klasse höher rangiert das **El Paraíso Yapeyú** (03772-493056; www.paraisoyapeyu.com.ar; Ecke Paso de los Patos & San Martín; Bungalows für 2/4 Pers. 60/95 US$;), eine etwas verblichene Bungalow-Anlage an einem hübschen Standort am Fluss. Weitere Unterkünfte der gehobenen Preisklasse stehen an der Fernstraße im Westen der Stadt. **Comedor del Paraíso** (Matorras s/n; Hauptgerichte 40–60 Arg$; 7–15 & 8–22.30 Uhr) ist ein einfaches, aber liebenswertes und zentral gelegenes Lokal. Eine Speisekarte gibt es nicht, sondern nur eine begrenzte Auswahl an Tagesgerichten.

Viermal täglich fahren Busse (36 Arg$, 1 Std.) nach/ab Paso de los Libres und in die andere Richtung nach Posadas (181 Arg$, 4½ Std.). Weitere Busse halten an der Fernstraße am Stadtrand.

chen. Das Haus bietet ein ausgezeichnetes Preis-Leistungs-Verhältnis: Das einzig Störende ist ein knurrender Magen als normale Reaktion auf den verführerischen Duft von gegrilltem Fleisch. Gäste können natürlich auch online buchen.

La Casona de Susana HOSTEL, GÄSTEHAUS $ (03447-425349; www.lacasonadesusana.com.ar; Ecke 3 de Febrero & Paysandú; B 20 US$, DZ 40–70 US$;) Das ungewöhnliche, sehr einladende Hostel zwischen Busbahnhof und Fluss bietet Unterkünfte in drei Kategorien – von einfachen, aber zweckdienlichen Schlafsälen mit Gemeinschaftsbad bis hin zu schicken, farbenfrohen modernen Zimmern. Alle haben Kühlschränke, hinterm Haus gibt es einen hübschen Swimmingpool; die Gäste können auch die Küche benutzen. Im Sommer gilt ein Aufschlag für die Klimaanlage.

★ **Hostería 'Restaurant del Puerto'** HOTEL $$ (03447-422698; www.hosteriadecolon.com.ar; Alejo Peyret 158; Zi. 85–90 US$;) Gut möglich, dass dies das schönste Haus in Colón ist. Die Einrichtung ist getreulich auf den Stil des Gebäudes von 1880 abgestimmt; die Zimmer besitzen nicht nur viel Charakter, sie haben auch riesige Fenster und sind mit sehr viel Holz und edlen Rustikalmöbeln ausgestattet. Die Familienzimmer (110 US$) sind ein tolles Angebot, ebenso die Preisnachlässe unter der Woche. Es gibt ein Restaurant, das gutes Abendessen serviert, sowie einen beheizten Pool und einen Jacuzzi. Kartenzahlung ist nicht möglich.

Hotel Plaza HOTEL $$ (03447-421043; www.hotel-plaza.com.ar; Ecke 12 de Abril & Belgrano; DZ Standard/gehobene Ausstattung 118/148 US$;) Das Haus ist in Colón geradezu eine Institution. Es hat schon mehr als ein Jahrhundert überdauert, präsentiert sich aber aktuell in einem modernen, glamourösen Look. Die Zimmer, die alle außen liegen, sind nicht ganz so schick; diejenigen mit gehobener Ausstattung (Neo) bieten mehr Platz und hochwertige Bäder. Bestechend ist vor allem die Kombination aus Standort an der Plaza (einige Zimmer haben Balkons) und dem vernünftig dimensionierten und beheizten Swimmingpool. Im Hochsommer beträgt der Mindestaufenthalt vier Nächte.

Hotel Costarenas
HOTEL $$$

(☎ 03447-425050; www.hotelcostarenas.com.ar; Ecke Av Quirós & 12 de Abril; EZ/DZ 103/150 US$, mit Aussicht 124/177 US$, DZ gehobene Ausstattung 187–229 US$; ❉@🌐🍽️) In dieser schicken, sehr gepflegten Unterkunft an der Uferpromenade steigen besonders gern *porteños* (Einwohner von Buenos Aires) ab, die hier ein Wochenende verbringen. Die Nutzung des attraktiven Spa-/Pool-Bereichs im Untergeschoss ist im Preis inbegriffen; außerdem gibt es einen Swimmingpool im Freien und ein gutes Restaurant. Die Zimmer sind eher langweilig in Cremefarben gehalten, aber gut ausgestattet; diejenigen mit Aussicht sind heller und größer, die Zimmer mit gehobener Ausstattung setzen noch ein paar Quadratmeter drauf. Zu den Familienzimmern gehört eine Küchenecke. Der Service ist sympathisch.

🍴 Essen & Ausgehen

El Sótano de los Quesos
FEINKOST $

(www.elsotanodelosquesos.com.ar; Ecke Chacabuco & Av Costanera; gemischte Platte für 1/2 Pers. 90/150 AR$; ⏲Mi–Mo 17–23.30 Uhr; 🗐) An hübschen Tischen unter Strohdächern auf einer Rasenfläche mit Blick auf den Hafen serviert dieses erstaunliche Lokal handgemachte Käsesorten und andere Köstlichkeiten. Dazu werden einheimische Weine und Biere ausgeschenkt. Im Keller verlockt ein Laden mit verführerischen Aromen zum Kauf. In den Sommermonaten gelten längere Öffnungszeiten. Mitunter zieht das Lokal wegen Überflutung auf die gegenüberliegende Straßenseite um.

El Viejo Almacén
ARGENTINISCH $

(☎ 03447-422216; Ecke Urquiza & Paso; Hauptgerichte 55–140 Arg$; ⏲11.30–15 & 20–24 Uhr; 🗐) 🚲 Das Lokal liegt einen Block von der Plaza entfernt und verfügt über einen ruhigen Innenraum mit Ziegelwänden, die mit alten Fotos dekoriert sind. Auf der umfassenden Karte stehen u. a. tolle hausgemachte Pasta, köstliche Empanadas, Flussfische und *Parrilla*-Gerichte. Die Portionen sind nicht so groß wie in manchen anderen Restaurants – eigentlich eine gute Sache –, aber die Preise sind niedrig und das Gemüse stammt aus eigenem Bio-Anbau.

La Cantina
ARGENTINISCH $

(Peyret 79; Hauptgerichte 50–110 Arg$; ⏲Di–So 11–14.30 & 20.30–24 Uhr) Das sympathische, familiengeführte Restaurant unweit der Plaza serviert unkompliziertes, sättigen-

des Essen. Neben ansehnlichen Huhn- und Rindfleischgerichten gibt es schmackhafte hausgemachte Pasta und Flussfisch, z. B. Surubí-Empanadas.

⭐ La Cosquilla del Ángel
ARGENTINISCH $$

(☎ 03447-423711; Ecke San Martín & Balcarce; Hauptgerichte 110–160 Arg$; ⏲Mo 12–16, Mi–So 12–16 & 20–24 Uhr; 🗐) Das wohl beste Restaurant von Colón kombiniert schickes, romantisches Dekor und tollen Service mit einer verschmitzten, unprätenziösen Note. Nicht von ungefähr tragen die Gerichte seltsame Bezeichnungen – ganz abgesehen von dem merkwürdigen Namen des Restaurants – der heißt übersetzt „Das Kitzeln des Engels". Viele Gerichte vereinen süße und herzhafte Geschmacksrichtungen; wer so etwas mag, der sollte *mollejitas* (Kalbsbries) probieren. Die Pastagerichte sind ebenfalls sehr zu empfehlen; auch die Weinkarte liegt über dem Durchschnitt.

Restaurant del Puerto
ARGENTINISCH $$

(www.hosteriadecolon.com.ar; Peyret 158; Hauptgerichte 100–170 Arg$; ⏲Do–Di 20–24 Uhr; 🗐) In einem hübschen alten Gebäude nahe dem Fluss überzeugt das Restaurant mit schmackhaften Abendmahlzeiten, gutem Service und vielen fantasievollen Flussfischgerichten. Hier bekommt man ein leichtes Abendessen mit reichlich Salat, Gemüse und Früchten. Kartenzahlung ist nicht möglich.

🛍️ Shoppen

La Casona
KUNSTHANDWERK

(12 de Abril 106; ⏲9.30–12.30 & 18–21 Uhr) 🚲 An der Ecke der Plaza verkauft diese Kooperative eine vielfältige Auswahl an handgemachten Waren.

ℹ️ Praktische Informationen

Touristeninformation (☎ 03447-423000; www.colonturismo.tur.ar; Ecke Gouchón & Av Costanera; ⏲8–21 Uhr) Im ehemaligen Zollhaus, das Urquiza gebaut hat. Eine Zweigstelle befindet sich im Busbahnhof (8–19 Uhr).

ℹ️ Anreise & Unterwegs vor Ort

Colón's **Busbahnhof** (☎ 03447-421716; Ecke Rocamora & 9 de Julio) liegt acht Häuserblocks nördlich der Haupteinkaufsstraße und Ausgehmeile, der 12 de Abril. Eine *remise* in die Innenstadt kostet man 35 Arg$.

Busverbindungen bestehen u. a. nach Buenos Aires (305 Arg$, 4½–6 Std.), Gualeguaychú (53 Arg$, 2 Std.) über Concepción (24 Arg$, 40 Min.), nach Concordia (61 Arg$, 2 Std.) über

Ubajay (32 Arg$, 1 Std.) und nach Paysandú/
Uruguay (61–75 Arg$, 45 Min., Mo–Sa 3–5-mal
tgl., So 1-mal tgl.).

Parque Nacional El Palmar

Am Ufer des Uruguay, auf halbem Weg zwischen Colón und Concordia, schützt der 8500 km² große **Parque Nacional El Palmar** (☎ 03447-493049; www.parquesnacionales.gob.ar; RN 14, 199 km; Argentinier/Mercosur-Bürger/Ausländer 70/100/120 Arg$) die letzten großflächigen Bestände der Yatay-Palme in der argentinischen Uferzone. Im 19. Jh. bedeckte die einheimische Yatay große Teile von Entre Ríos, Uruguay und Südbrasilien, aber intensive Land-, Weide- und Forstwirtschaft haben einen Großteil dieser Palmensavanne zerstört.

Die größeren Bäume, die bis zu 18 m hoch werden können, stehen überall im Park in Gruppen zusammen und bilden eine faszinierende und beruhigende subtropische Landschaft – ein wunderbares Fotomotiv. Grasflächen und Galeriewälder entlang der Wasserläufe bieten vielen Tieren einen sicheren Lebensraum.

Die Eintrittsgebühr (48 Std. gültig) wird von 7 bis 19 Uhr am Eingang erhoben; die Parktore sind aber 24 Stunden lang geöffnet.

◉ Sehenswertes & Aktivitäten

Die wichtigsten Einrichtungen des Parks liegen 12 km vom Eingang an der Hauptstraße entfernt und sind über eine gute Schotterstraße zu erreichen. Das **Besucherzentrum** (⊙8–18 Uhr) zeigt Schautafeln zur Naturgeschichte; Kanufahrten, Radtouren und Ausritte lassen sich hier arrangieren. Von der Hauptzufahrtsstraße führen Straßen zu drei Aussichtspunkten. **Arroyo Los Loros**, ein kurzes Stück nördlich des Zeltplatzes, ist eine gute Stelle, um Tiere zu beobachten. Südlich des Besucherzentrums liegt Arroyo El Palmar, ein hübscher Wasserlauf, der an zwei Aussichtspunkten, **La Glorieta** und **El Palmar**, zugänglich ist. Dort beginnen kurze markierte Pfade; El Palmar verfügt über einen Unterstand zur Vogelbeobachtung. Unweit des Besucherzentrums gibt es drei weitere kurze Pfade und am Fluss noch einen Unterstand. Geführte Wanderungen sind nach Absprache möglich.

Vom Campingplatz ist der Fluss zum Baden oder Bootfahren zugänglich.

🛌 Schlafen & Essen

In Ubajay sind einfache Zimmer am Busbahnhof vorhanden sowie weitere preisgünstige Unterkünfte.

Camping El Palmar   CAMPINGPLATZ **$**
(☎ 03447-423378; Zeltplatz pro Erw./Kind/Zelt 8/4/5 US$) Der Campingplatz am Besucherzentrum mit seiner geselligen Atmosphäre ist die einzige Übernachtungsmöglichkeit innerhalb des Parks. Er verfügt über schattige, ebene Stellplätze, warme Duschen und Strom. Der zugehörige Laden verkauft Snacks und Lebensmittel, z. B. gewaltige Rindfleischportionen zum Grillen; gegenüber befindet sich ein Restaurant.

La Aurora del Palmar   LODGE, CAMPINGPLATZ **$$**
(☎ 03447-15-431689; www.auroradelpalmar.com.ar; RN14, 202 km; Zeltplatz pro Erw./Kind/Zelt 11/5/11 US$, DZ/4BZ ab 120/180 US$; ❋ 🛜 ♒ 🐾) Die Rinderfarm und Plantage für Zitrusfrüchte in der Nähe des Parkeingangs umfasst einen geschützten Palmenwald, der mindestens so sehenswert ist wie die Wälder im Nationalpark. Die gepflegte Anlage bietet schattige Zeltplätze, Familienzimmer in einem hübschen Bungalow und ansehnliche Zimmer in umgebauten Eisenbahnwaggons. Hinzu kommen ein schönes Schwimmbecken und ein Restaurant. Angeboten werden Kanufahrten, Ausritte und Palmensafaris.

❶ An- & Weiterreise

El Palmar liegt an der wichtigen Nationalstraße RN 14; in Nord-Süd-Richtung bestehen regelmäßige Busverbindungen. Alle Busse lassen Passagiere am Parkeingang, 12 km vom Besucherzentrum entfernt, aussteigen. Weiter geht es zu Fuß oder per Autostopp; oder man fährt mit dem Bus 6 km weiter Richtung Norden nach Ubajay (nicht vergessen, im Busbahnhof einen Blick auf den Ford Model T zu werfen, der dort steht) und nimmt von dort eine *remise* zum Besucherzentrum; die Fahrt kostet etwa 180 Arg$ – einfach ☎ 03447-15-520-1941 anrufen.

Am einfachsten ist der Park im Rahmen einer geführten Tour von Colón aus zu erreichen. Von Hin- und Rückfahrt mit zweistündigem Aufenthalt im Park einschließlich aller Pfade kosten 540 Arg$ (bis zu 4 Pers.). Empfehlenswert ist **Remis Colón** (☎ 03447-422221; Alem 13).

Concordia

☎ 0345 / 149 500 EW.
Die hübsche Stadt am Río Uruguay, ein landwirtschaftliches Zentrum, lohnt zwar

DER GAUCHO JUDÍO

Der Gaucho ist eine der archetypischen Figuren Argentiniens; wenig bekannt ist jedoch die Tatsache, dass viele Gauchos jüdischer Herkunft waren. Die erste Masseneinwanderung von Juden nach Argentinien ist für das ausgehende 19. Jh. dokumentiert. Damals trafen 800 russische Juden auf der Flucht vor der Verfolgung durch Zar Alexander III. in Buenos Aires ein.

Die Jewish Colonization Association, gegründet von einem deutschen Philantropen, vergab jeweils 100 ha große Parzellen Land an Immigrantenfamilien; die erste größere Kolonie war **Moisés Ville** in der Provinz Santa Fe, die zu dieser Zeit das Jerusalem Argentiniens genannt wurde. Heute leben nur noch etwa 300 Juden in der Stadt (15 % der Bevölkerung), aber viele jüdische Traditionen sind erhalten: der kleine Ort verfügt über vier Synagogen, die Bäckerei verkauft Sabbatbrot, und die Kinder auf der Straße benutzen jiddische Wörter wie „schlep" und „schlock".

Die Juden vom Land integrierten sich bereitwillig in die argentinische Gesellschaft und vermischten ihre Traditionen mit denen ihres neuen Heimatlandes. Es war also nichts Ungewöhnliches, einen Menschen zu Pferde mit weiten Hosen, Leinenschuhen und Jarmulke zu sehen, der unterwegs war, um ein Stück Kuh auf den *asado* (Grill) zu werfen. Viele ihrer Nachfahren sind auf der Suche nach einer besseren Ausbildung und größeren Chancen in die Städte gezogen. Die Zahl der argentinischen Juden liegt heute bei etwa 200 000, sie sind damit die größte jüdische Gemeinde Lateinamerikas.

Viel Wissenswertes über die *gauchos judíos* erfährt man bei einem Besuch im Museo Judío de Entre Ríos in Concordia.

keinen wochenlangen Besuch, eignet sich aber gut für einen Zwischenstopp für eine Nacht. Concordia ist die Stadt der Zitrusfrüchte – deren charakteristischer Duft bisweilen die Luft erfüllt – und besitzt eine schöne zentrale Plaza, Strände am Fluss und Angelplätze. Außerdem befindet sich hier ein Grenzübergang: Über den Staudamm eines Wasserkraftwerks geht es in die uruguayische Stadt Salto.

⊙ Sehenswertes & Aktivitäten

Museo Judío de Entre Ríos   MUSEUM
(☎ 0345-421-4088; www.museojudioer.org.ar; Entre Ríos 476; Spende 30 Arg$; ⊙ So–Di, Do & Fr 8.30–12.30 Uhr) Drei Räume geben detailliert Auskunft über die Ankunft und die Mühen der jüdischen Gauchos, ihren Lebensstil und den Holocaust aus Sicht der Betroffenen. Daneben finden regelmäßig wechselnde Ausstellungen statt. Das Museum liegt einen Häuserblock westlich und 2½ Blocks südlich der Plaza.

Castillo San Carlos   RUINE
(Eintritt 25 Arg$; ⊙ 9–12 & 14–17, von Nov.–Feb. 15–18 Uhr) Im Parque Rivadavia am Fluss nordöstlich der Stadt liegen die Ruinen eines Herrenhauses, das im Jahr 1888 von einem französischen Industriellen erbaut wurde. Jahre später gab er den Besitz unter

mysteriösen Umständen auf. Der französische Schriftsteller Antoine de Saint-Exupéry lebte kurze Zeit hier; in der Nähe steht ein Denkmal für seine berühmte Erzählung *Der kleine Prinz*.

🛌 Schlafen

Hotel Pellegrini   HOTEL $
(☎ 0345-422-7137; www.turismoentrerios.com/hotelpellegrini; Pellegrini 443; EZ/DZ 30/42 US$; ❄ 🛜) Der freundliche Familienbetrieb drei Querstraßen südlich der Plaza ist mit Abstand die beste Wahl im Budgetbereich. Geboten werden einfache, saubere Zimmer mit TV und Bad. Gäste sollten unbedingt im Voraus buchen, denn das Hotel ist berechtigterweise sehr beliebt.

Hotel Salto Grande   HOTEL $$
(☎ 0345-421-0034; www.hotelsaltogrande.net; Urquiza 581; EZ/DZ Tourist 66/83 US$, Standard 88/110 US$, Spezial 110/138 US$; ❄ @ 🛜 🖥) Das Hotel gleich südlich des Hauptplatzes bietet einen ausgezeichneten Service und faire Preise. Sein Alter ist ihm anzumerken, es wird aber nach und nach renoviert. Es gibt verschiedene Zimmerkategorien; die „Especial"-Zimmer sind modernisiert, die „standards" aber nicht viel besser als die normalen „turista". Das überdurchschnittlich gute Frühstück und die Parkgebühren sind im Preis enthalten.

 Essen

El Reloj   PIZZA $

(Pellegrini 580; Pizza 70–100 Arg$; ⊙ Mo-Sa 11–15.30 & 19–1 Uhr; 🛜) Die weitläufige Pizzeria mit Ziegelwänden hat neben einem schönen Ambiente eine umwerfende Auswahl an Pizzas zu bieten. Halb und halb? Kein Problem! Außerdem gibt es *Parrilla*-Gerichte. An den allermeisten Abenden stehen Spezialangebote auf der Karte.

Malaika   ARGENTINISCH $$

(📞 0345-422-4867; www.facebook.com/malaika concordia; 1 de Mayo 59; Hauptgerichte 100–160 Arg$; ⊙ Di-So 11–16 & 18–2 Uhr; 🛜🍴) Diese nette, entspannte Café-Bar liegt gleich an der Plaza; hier werden verschiedene leckere Speisen wie Salate, Pizza, Pasta, Snacks und raffiniertere Gerichte serviert, darunter Vegetarisches und Tagesgerichte. Die ordentliche Weinkarte, erschwingliche Preise, hausgemachtes Brot, der aufmerksame Service und ein romantisches Flair machen die ganze Sache perfekt.

ℹ Praktische Informationen

Touristeninformation (📞 0345-421-3905; www.concordia.tur.ar; Ecke Pellegrini & Mitre; ⊙ 8–21 Uhr) An der Plaza. Auch der Infoschalter am Busbahnhof kann weiterhelfen.

ℹ An- & Weiterreise

Der **Busbahnhof** (📞 0345-421-7235; Ecke Justo & Hipólito Yrigoyen) liegt 13 Blocks nördlich der Plaza 25 de Mayo. Täglich viermal (außer am Sonntag) fahren Busse nach Salto in Uruguay (80–88 Arg$, 1¼ Std.).

Vom Hafen, der hinter dem östlichen Ende des Carriego liegt, überqueren Barkassen den Fluss nach Salto (70 Arg$, 15 Min., Mo-Sa 4-mal tgl.).

Busse ab Concordia

REISEZIEL	FAHRPREIS (ARG$)	FAHRZEIT (STD.)
Buenos Aires	400	5½–6
Colón	61	2
Concepción	73	2¾
Corrientes	335	7–8
Paraná	128	4½
Paso de los Libres	160	4
Posadas	460–560	8½

ℹ Unterwegs vor Ort

Die Buslinie 2 verkehrt vom Busbahnhof auf der Yrigoyen in Richtung Süden bis in die Innenstadt von Concordia. Die Busse in der Gegenrichtung

NICHT VERSÄUMEN

THERMALBÄDER

Viele Städte am Río Uruguay – für den Anfang Gualeguaychú, Colón und Concordia – haben die im Überfluss vorhandenen geothermischen Wasserspeicher der Region angezapft, um ansprechende Thermalanlagen einzurichten – wichtige Bestandteile des Inlandstourismus in dieser Gegend. Die gut ausgestatteten Bäder verfügen über unterschiedlich temperierte Becken – überdacht und im Freien. Der Eintritt liegt meist bei 70 bis 150 Arg$. Eine vollständige Liste ist unter www.termasdeentrerios.com zu finden.

machen an der Pellegrini vor der Banco de la Nación Halt. Ein Taxi kostet für diese Strecke etwa 35 Arg$.

Paso de los Libres

📞 03772 / 40 500 EW.

Der Ortsname („Übergang der Freien") ist das Romantischste an dieser Grenzstadt am Río Uruguay. Am anderen Flussufer liegt die größere brasilianische Stadt Uruguaiana, beide Orte sind durch eine viel befahrene Brücke miteinander verbunden. Die Stadt bietet nur wenig, was Reisende zum Verweilen einlädt, außer einer malerischen zentralen Plaza sowie einigen Übernachtungsmöglichkeiten und Restaurants.

🛏 Schlafen & Essen

Hotel Alejandro Primero   HOTEL $

(📞 03772-424100; www.alejandroprimero.com.ar; Coronel López 502; EZ/DZ 50/70 US$; ✳@🛜🏊) Gealtert, aber verlässlich präsentiert sich das Hotel mit einer eleganten, altmodischen Lobby und einem ebensolchen Restaurantbereich sowie etwas weniger eindrucksvollen, aber sehr geräumigen Zimmern. Am schönsten sind die mit Blick auf den Fluss und Uruguaiana. Außerdem gibt es einen netten Pool im Freien und einen Gartenbereich. Kartenzahlung kostet extra.

Hotel Las Vegas   HOTEL $

(📞 03772-423490; hotellasvegas2000@hotmail.com; Sarmiento 554; EZ/DZ 30/50 US$; ✳🛜) Die dunkelroten Teppiche und das 1970er-Jahre-Flair trügen. In Wirklichkeit ist die gepflegte Budgetunterkunft im Stadtzentrum ziemlich neu. Die Zimmer sind dunkel, aber komfortabel und mit adäquaten Bädern ausgestattet. Die hinteren Zimmer im Obergeschoss bieten mehr Licht und Platz. Wer mag, kann nach einer Klimaanlage fragen – aber eigentlich möchte das jeder.

El Nuevo Mesón ARGENTINISCH $
(Colón 587; Hauptgerichte 65–110 Arg$; ⏱ 11.30–15 & 20–24 Uhr; ☎) Immer noch das beste Restaurant in Libres mit Kellnern in schickem Schwarz-Weiß und einer breiten Auswahl vernünftiger Gerichte. Es gibt Pizza, *parrilla*, den Flussfisch *pacú* und aufwendigere Kreationen, aber alles zu wirklich angemessenen Preisen – im Gegensatz zu einigen Touristenfallen in der Stadt – und vor allem sehr lecker. Bei schönem Wetter empfiehlt sich ein Tisch im Freien.

❶ Praktische Informationen

Es gibt keine Touristeninformation, aber überall im Zentrum hängen Stadtpläne. Auf der internationalen Brücke kann man Geld wechseln.

❶ An- & Weiterreise

Der **Busbahnhof** (☎ 425600) liegt etwa 1 km vom Stadtzentrum entfernt. Es bestehen Busverbindungen nach Buenos Aires (570 Arg$, 8–9 Std.), Posadas (219–275 Arg$, 5–6 Std.) und Corrientes (220 Arg$, 5 Std.) über Mercedes (71 Arg$, 3 Std.).

Busse nach Uruguaiana in Brasilien (15 Arg$) fahren regelmäßig; sie halten an der Avenida San Martín/Ecke Colón und gegenüber dem Busbahnhof (an dem schlossartigen Gebäude).

Die Grenze ist rund um die Uhr geöffnet. Traveller berichten, dass man hier nach Uruguay hinüberfahren kann, ohne dass dafür ein brasilianisches Visum erforderlich ist. Darauf sollte man sich aber keinesfalls verlassen.

❶ Unterwegs vor Ort

Busse und Minibusse (5 Arg$) fahren von der Ecke unterhalb des Busbahnhofs in die Innenstadt. Ein Taxi zum Stadtzentrum kostet 30 Arg$.

MISIONES

Die schmale nordöstliche Provinz Misiones schiebt sich wie ein argentinischer Finger zwischen brasilianisches und paraguayisches Gebiet. Benannt ist sie nach den Jesuitenmissionen, deren Ruinen heute eine bedeutende Touristenattraktion darstellen. Busse sausen geradewegs durch Misiones zu den Iguazú-Wasserfällen im Norden der

Provinz; ein Umweg führt zu einer anderen fantastischen Kaskade – den Saltos del Moconá am Río Uruguay.

Die Landschaft ist faszinierend und vielfältig – sanfte Hügel, Bambuswäldchen sowie weite Felder und Plantagen, auf denen Papaya und Maniok angebaut werden. Sie gedeihen in der für die Region charakteristischen rotbraunen Erde – die Provinz ist auch der Haupterzeuger von *mate*, Argentiniens Nationalgetränk.

Posadas
☑ 0376 / 324 800 EW.

Die Hauptstadt von Misiones ist eine gute Ausgangsbasis für einen Besuch der Jesuitenmissionen, nach denen die Provinz benannt ist. Posadas ist eine moderne Stadt, die über den breiten Río Paraná auf Encarnación am anderen Ufer in Paraguay blickt. Die Ortschaft ist eine Zwischenstation auf dem Weg nach Norden und besitzt zwar wenig Sehenswertes, dafür aber eine hübsche Uferpromenade und eine nette, freundliche Atmosphäre.

◉ Sehenswertes

Die größte Attraktion in dieser Gegend sind die Jesuitenmissionen.

⭐ **Costanera** UFERPROMENADE
Nachmittags erwacht die *costanera* zum Leben – mit Joggern, Radfahrern, Leuten, die ihre Hunde ausführen, *Mate*-Schlürfern, Hot-Dog-Verkäufern und jungen Paaren, die über das Wasser hinüber nach Paraguay schauen. Den Ehrenplatz nimmt „Andresito" ein, eine riesenhafte **Edelstahlstatue**, die Andrés Guacurarí (Guazurary), einen politischen Führer der Provinz mit Guaraní-Wurzeln darstellt. Er sieht ein bisschen aus wie der Blechmann aus dem *Zauberer von Oz* auf der Suche nach seinem Herzen.

Fundación Artesanías Misioneras GALERIE
(www.famercosur.com.ar; Ecke Alvarez & Arrechea; ⏱ Mo–Fr 8.30–12.30 & 17–20.30, Sa 9.30–12.30 & 17–20 Uhr; 🅿 GRATIS) Die Kultur der Guaraní ist in diesem Teil Argentiniens stark vertreten; hier werden besonders schöne Stücke ausgestellt und verkauft. Eine weitere Niederlassung befindet sich an der *costanera*.

☞ Geführte Touren

Viele Veranstalter bieten Touren zu den Iguazúfällen, den Jesuitenmissionen und den Esteros del Iberá an.

Posadas

Posadas

Guayrá
GEFÜHRTE TOUR

(☎ 0376-443-3415; www.guayra.com.ar; La Rioja 1481) Die ausgesprochen hilfreiche Agentur (im dritten Stockwerk) bietet Halbtagestouren zu den Jesuitenmissionen, den paraguayischen Missionen, den Saltos del Moconá und weiteren Zielen an.

Yacaré Tours
GEFÜHRTE TOUR

(☎ 0376-442-1829; www.yacaretours.com.ar; Bolívar 1419) Auf dem Programm stehen Halbtagestouren zu den argentinischen (2 Pers. 1650 Arg$) und paraguayischen (2 Pers. 1250 Arg$) Missionen. Außerdem gibt es Ausflüge zu *Mate*-Plantagen, zu den Saltos del Moconá, den Esteros del Iberá und anderen Zielen.

Feste & Events

Posadas feiert Karneval (im Februar oder März) mit großem Enthusiasmus.

Schlafen

Posadeña Linda
HOSTEL $

(☎ 0376-443-9238; www.hostelposadasmisiones.com; Bolívar 1439; B 13–15 US$, DZ 32 US$; ❄ @ 🞔 🐾) Das Hostel in einem schmalen Gebäude wenige Schritte von der Plaza entfernt kümmert sich fürsorglich um seine Gäste. Neben dem herzlichen Empfang bietet es komfortable Schlafsäle mit Bad und einen Patio mit kleinem Tauchbecken. Die Doppelzimmer mit Bad sind ein bisschen muffig, aber annehmbar. Das bunte, entspannte Haus verfügt über eine kompakte Küche, die ganz in Ordnung ist. Der Hausnummer zum Trotz ist das Hostel zwischen den Nummern 1411 und 1419 zu finden.

Le Petit Hotel
HOTEL $

(☎ 0376-443-6031; www.hotellepetit.com.ar; Santiago del Estero 1630; EZ/DZ 50/60 US$; ❄ @ 🞔) Nicht mehr besonders *petit* nach der jüngsten Erweiterung, aber schlicht und ruhig präsentiert sich das Hotel, das von freundlichen Leuten geleitet wird. Die dunklen, aber angemessenen Zimmer sind makellos sauber und liegen rund um einen begrünten Patio oder das zentrale Atrium. Die Preise erscheinen etwas hoch, aber das Haus liegt sehr schön in einem ruhigen, sicheren Wohnviertel nur sieben Blocks von der Action entfernt. Bei Kartenzahlung gilt ein Aufschlag von 20 %.

★ Hotel Posadas Urbano
HOTEL $$

(☎ 0376-444-3800; www.hahoteles.com; Bolívar 2176; EZ/DZ/Suite 96/111/157 US$; ❄ @ 🞔 🐾) Das pfiffig renovierte Hotel mit seinem umfangreichen Angebot und der tollen zentralen Lage ist schnell zum Platzhirsch aufgestiegen. Die hellen, sehr großen, mit Teppich ausgelegten Zimmer verfügen sämtlich über glänzende Badezimmer, Balkons und Panoramafenster mit Blick auf die Stadt. Die Suiten bieten noch mehr Platz, aber wenig darüber hinaus. Der Poolbereich im Atrium, Kunstausstellungen, Fitness- und Spa-Einrichtungen sowie eine einladende Lounge sind weitere Pluspunkte.

Grand Crucero Posadas Express
HOTEL $$

(☎ 0376-443-6901; www.grandcrucero.com; San Lorenzo 2208; EZ/DZ/Suite 100/114/193 US$; ❄ @ 🞔) Dank des geschickten Umbaus eines älteren Hotels bietet die Unterkunft im Besitz einer Busgesellschaft heute knackig moderne Zimmer mit frischem Flair. Die Wände sind mit Werken lokaler Künstler dekoriert. Alle Zimmer verfügen über Safe, Minikühlschrank und schicke Bäder. Die Suiten sind groß und mit zwei Flachbildschirmen, Laptop und Kaffeemaschine ausgestattet. Die Mitarbeiter sind professionell und freundlich; zum Haus gehört auch ein Bar-Restaurant.

Essen

Eine köstliche Spezialität ist *galeto* (über Holzkohle gegrillte Hähnchenteile gefüllt mit Speck, roter Paprika und Butter). In den gut besuchten Lokalen entlang der Bolívar westlich der Plaza stehen *lomitos*, Sandwiches und andere günstige Snacks und Speisen auf der Karte.

★ La Tradicional Rueda
PARRILLA $$

(La Ruedita; Arrechea & Av Costanera; Hauptgerichte 85–150 Arg$; ◷ 11–15.30 & 19.30–24 Uhr oder später; 🞔) Stil und Tradition bestimmen die Atmosphäre in dem zweigeschossigen Grillrestaurant mit livrierten Kellnern und robusten Holzsitzen. Die Lage am Fluss ist erstklassig: Zu erkennen ist das Lokal an dem großen hölzernen Rad am Eingang. Der Service ist ausgezeichnet; hochwertige Fleischgerichte und eine ansehnliche Auswahl an Salaten und Flussfisch heben das Restaurant unter den meisten anderen *Parrilla*-Lokalen hervor.

La Querencia
PARRILLA $$

(Bolívar 1867; Hauptgerichte 90–130 Arg$; ◷ Mo-Sa 12–14.30 & 20–0.30, So 12–14.30 Uhr; 🞔) Die vornehme *parrilla* an der Plaza hat sich auf köstlichen *galeto* spezialisiert. Eben-

DIE ANDEREN WASSERFÄLLE

Neben den Iguazú-Fällen hinterlassen auch die ebenso abgelegenen wie ungewöhnlichen Saltos del Moconá einen nachhaltigen Eindruck. Eine geologische Verwerfung im Bett des Río Uruguay teilt den Fluss der Länge nach. Das Wasser ergießt sich über die Schwelle zwischen beiden Teilen und erzeugt dabei, je nach Wasserstand, einen Wasserfall von bis etwa 3 km Länge und bis zu 15 m Höhe.

Die Wasserfälle sind nicht immer zu sehen. Wenn der Flusspegel hoch ist, haben die Besucher Pech gehabt. Die beste Zeit für einen Besuch ist von Januar bis März.

Die Wasserfälle liegen am Ostrand der Provinz Misiones, ungefähr auf halbem Weg zwischen Posadas und Puerto Iguazú. Von Posadas fahren mehrmals täglich Busse nach El Soberbio (123 Arg$, 4 Std.); von hier sind es noch 63 km bis zu den Wasserfällen: Täglich gibt es drei Busverbindungen dorthin.

Am Ende der Straße überquert man den Río Yabotí (bei Hochwasser kommt man nicht weiter) und gelangt in den **Parque Provincial Moconá** (http://saltosdelmocona.tur. ar; RP 2; Ausländer 30 Arg$; ☺9–17 Uhr). Hier gibt es ein Besucherzentrum, Wanderpfade mit Blick auf die Wasserfälle, Bootsausflüge bis nahe an die Fälle (250 Arg$) und ein Restaurant. Die Website des Parks informiert über die sichtbare Höhe der Wasserfälle; Reisende sollten hier unbedingt nachsehen, bevor sie sich auf den Weg machen.

Verschiedene Anbieter, darunter die meisten Unterkünfte im Gebiet, veranstalten Bootstouren zu den Wasserfällen von weiter entfernten Punkten aus: Das lohnt sich, denn die Passagiere bekommen so auch das brasilianische und das argentinische Regenwaldschutzgebiet auf beiden Seiten zu sehen. Schon das ist eine Attraktion.

El Soberbio ist ein interessanter Ort und Dienstleistungszentrum für ein fruchtbares landwirtschaftliches Gebiet, in dem Tabak, Zitronengras und Maniok angebaut werden. Es gibt eine Fähre nach Brasilien, und überall tauchen blonde Köpfe auf – ein Erbe der deutschen und osteuropäischen Einwanderer, die sich hier mit der einheimischen Guaraní-Bevölkerung vermischt haben. Als altes Transportmittel dienen immer noch die bewährten Ochsenkarren.

Es gibt mehrere Übernachtungsmöglichkeiten, darunter das blitzsaubere **Hostal Del Centro** (☎03755-495133; Ecke Rivadavia & San Martín; EZ/DZ 17,50/35 US$; ✳🕾) im Motelstil. Es steht direkt im Stadtzentrum, ist aber rund um einen grasbewachsenen Innenhof gebaut; die Zimmer sind ihren Preis wert, und die Gäste können die Küche nutzen.

Mehrere Dschungel-Lodges mit gehobener Ausstattung, einfache Hütten und Campingplätze liegen näher an den Wasserfällen. Dazu gehören die Folgenden:

Posada Guatambú (☎011-4729-6820; www.posadaguatambu.com; RP2, Km 35; Hütten 71 US$) Zwei gute, geräumige Hütten geben an diesem Fleckchen Erde 3 km von der Straße entfernt auf halbem Weg zwischen El Soberbio und den Wasserfällen ein romantisches Refugium ab. Der Besitz ist spektakulär: ein üppig bewaldetes Gelände und ein Fluss zum Baden. Die Gastgeber sind engagiert und gastfreundlich und versorgen die Gäste mit schmackhaften Hausmachergerichten.

Posada La Misión (☎011-15-3415-0500; www.lodgelamision.com.ar; RP2, Km 36; EZ/DZ inkl. Abendessen 107/130 US$, Mastersuite 191/227 US$; ✳🕾🛏) Die herrlich gelegene Lodge steht 35 km von El Soberbio entfernt am Flussufer. Es gibt zwei Typen von Zimmern: rustikale mit Ventilator und wunderschöne „Mastersuiten" mit Klimaanlage, Veranda mit Aussicht und modernen Bädern mit Jacuzzi. Die Preise gelten für Halbpension und schließen für Gäste, die mindestens zwei Nächte bleiben, auch Exkursionen ein.

Don Enrique Lodge (☎011-15-5932-6262; www.donenriquelodge.com.ar; Colonia La Flor; EZ/DZ inkl. Vollpension & Aktivitäten 150/260 US$; 🕾) Schöne Holzbungalows an einem sehr abgelegenen Standort oberhalb des Flusses bilden diesen romantischen Rückzugsort. Köstliches Essen und gastfreundliche Betreiber sind das Sahnehäubchen auf dem Angebot. Der Preis gilt für Vollpension, geführte Wanderungen und weitere Aktivitäten sind inklusive. Der Abzweig zur Lodge liegt etwa 16 km von El Soberbio entfernt, dann geht es weitere 16 km über eine unbefestigte Straße. Für das letzte Stück werden die Gäste in einem Pickup abgeholt.

falls in Erinnerung bleiben die Brochettes (riesige Spieße mit verschiedenen leckeren Fleischsorten). Auch die frischen Salate sind ungewöhnlich gut zubereitet. Der Service ist einfach Klasse und die Atmosphäre ein echtes Highlight.

Astillero ARGENTINISCH **$$**
(Av. Costanera s/n; Hauptgerichte 110–170 Arg$; ⏱12–15 & 20–24 Uhr; 🛜) Versteckt hinter Blattwerk am Uferstreifen vermittelt das Lokal mit drei Ebenen und einem Balkon mit begrenztem Blick auf den Paraná ein Baumhaus-Feeling. Das Essen war bei unserem Besuch zwar etwas wechselhaft, aber das Drumherum ist romantisch, und die Speisekarte hat Potenzial. Die Weinkarte steckt voller guter Angebote, leider fehlen aber preisgünstigere Optionen.

Ausgehen & Nachtleben

Am Wochenende ist vor allem an der *costanera* einiges los; dort konzentrieren sich Speiselokale, Bars und Nachtclubs. Dort wird es häufig laut und spät.

La Nouvelle Vitrage CAFÉ
(Bolívar 1899; ⏱6–1 Uhr; 🛜) Dieses liebenswerte traditionelle Café an der Plaza ist gemütlich eingerichtet und besitzt eine hübsche Terrasse – der perfekte Ort, um das Alltagsleben von Posadas an sich vorüberziehen zu lassen. Hier wird ein ausgezeichneter Fernet con Coca serviert: Diesen Drink sollte man unbedingt probieren!

ℹ Praktische Informationen

Misiones Touristeninformation (📞0376-444-7539; www.misiones.tur.ar; Colón 1985; ⏱7–20 Uhr) In der Stadt gibt es weitere Infostände für Touristen, dieser hier ist der mit der verlässlichsten Öffnungszeit.

ℹ An- & Weiterreise

BUS
Busse nach Encarnación (18 Arg$) in Paraguay fahren alle 20 Minuten ab. Sie halten an der Ecke San Lorenzo und Entre Ríos. Mit Anstehen und Grenzformalitäten kann die Fahrt länger als eine Stunde dauern.

Zur Ausreise aus Argentinien müssen alle Passagiere aussteigen. Der Bus fährt manchmal weiter, ohne alle Fahrgäste aufgesammelt zu haben. Dann sollte man die Fahrkarte behalten und den nächsten nehmen. Auf paraguayischer Seite wiederholt sich die Prozedur. An der paraguayischen Einreisestelle gibt es eine Touristeninformation, dort warten auch offizielle Geldwechsler.

Als Reisender sollte man auf kleine Scheine bestehen. Eine 100 000-Guaraní-Banknote zu wechseln ist fast nicht möglich.

Busse ab Posadas

REISEZIEL	FAHRPREIS (ARG$)	FAHRZEIT (STD.)
Buenos Aires	957	12–14
Corrientes	270	4–4½
Paso de los Libres	219–275	5–6
Puerto Iguazú	258	4½–5½
Resistencia	287	4½–5
Rosario	879	14–15
San Ignacio	46	1
Tucumán	980	15

FLUGZEUG
Aerolíneas Argentinas (📞0810-222-86527; Sarmiento 2280; ⏱Mo–Fr 8–12 & 16–20, Sa 8–12 Uhr) fliegt täglich nach Buenos Aires.

ZUG
Eine glänzende neue Eisenbahn verbindet Posadas mit Encarnación in Paraguay, Abfahrt von Posadas ist von 7.15 bis 18.15 Uhr alle 30 Minuten (18 Arg$, 6 Min.). Die Aus- und Einreiseformalitäten der argentinischen und paraguayischen Behörden werden auf dem **Bahnhof Apeadero Posadas** (www.sofse.gob.ar) erledigt.

ℹ Unterwegs vor Ort

Der Busbahnhof in Posadas ist von der Innenstadt mit den Buslinien 8, 15 (von Junín), 21 oder 24 (8 Arg$) zu erreichen. Die Fahrt mit dem Taxi dorthin kostet etwa 90 Arg$. Vom Busbahnhof nimmt man einen Bus vom angrenzenden städtischen Terminal.

Die Buslinie 28 (8 Arg$) verkehrt von der San Lorenzo (zwischen La Rioja und Entre Ríos) zum Flughafen. Eine *remise* dorthin kostet ungefähr 100 Arg$.

Die Busse 7 und 12 (8 Arg$) fahren zum Bahnhof Apeadero Posadas.

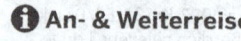

San Ignacio
📞0376 / 6800 EW.

Hauptattraktion dieser kleinen Stadt nördlich von Posadas ist die besterhaltene der argentinischen Missionen, San Ignacio Miní. Natürlich kann man sie auch von Posadas aus oder auf dem Weg nach Iguazú besuchen, aber es gibt gute Argumente für einen richtigen Zwischenstopp: San Ignacio bietet schöne Unterkünfte, und wer über Nacht bleibt, hat Gelegenheit, die ausgezeichnete

EIN TRIUMPH DER MENSCHLICHKEIT

Ein großes soziales Experiment wurde ab 1609 anderthalb Jahrhunderte lang von der Societas Jesu (Jesuiten) in den Regenwäldern Südamerikas durchgeführt. In extrem abgeschiedenen Gebieten errichteten die Priester *reducciones* (Missionen) und etablierten dort Gemeinden für die Guaraní, die sie missionierten und ausbildeten. Dadurch bewahrten sie diese vor der Sklaverei und den üblen Einflüssen der kolonialen Gesellschaft. Es war ein utopisches Ideal, das sich gut entwickelte und Voltaire zu der Beschreibung veranlasste, es handle sich um „einen Triumph der Menschlichkeit, der die Grausamkeiten der ersten Eroberer zu sühnen scheint".

Die Guaraní, die aufgefordert wurden, in den Missionen ein neues Leben zu beginnen, konnten in mehrfacher Hinsicht unmittelbaren Nutzen daraus ziehen, z. B. in Bezug auf Sicherheit und Nahrung. Die Sterblichkeit ging zurück und die Bevölkerung der Missionen wuchs rasch. Auf ihrem Gipfelpunkt lebten in den 30 *reducciones* der Jesuiten auf dem Gebiet des heutigen Argentinien, Brasilien und Paraguay mehr als 100 000 Guaraní. In jeder Mission gab es zwei Priester, ansonsten verwalteten sich die Guaraní unter der Führung der Jesuiten selbst. Diese unternahmen keinen Versuch, den Guaraní die spanische Sprache aufzuzwingen, und suchten nur jene Aspekte der Guaraní-Kultur – Polygamie und Kannibalismus – zu verändern, die der katholischen Lehre widersprachen. Jede Guaraní-Familie erhielt ein Haus, die Kinder gingen zur Schule.

Eine typische *reducción* bestand aus einer zentralen Plaza, die von der Kirche und dem *colegio* beherrscht wurde. Im Kolleg wohnten die Priester, aber es beherbergte auch Kunstwerkstätten und Lagerräume. In der übrigen Siedlung standen die Häuser der Guaraní in ordentlichen Reihen; weitere Gebäude waren z. B. ein Krankenhaus, ein *cotiguazú*, in dem Witwen und verlassene Ehefrauen lebten, und ein *cabildo*, in dem der gewählte Führer der Guaraní wohnte.

Die Siedlungen waren autark; die Guaraní erlernten die Landwirtschaft, die Nahrung wurde gerecht unter allen verteilt. Über die Jahre wurden mit dem Anwachsen der Missionen die Holzhäuser durch Steinbauten ersetzt. Die Kirchen entwickelten sich zu faszinierenden Gebäuden mit kunstvollen barocken Steinmetzarbeiten und Skulpturen.

Tatsächlich war die Kunst vielleicht die dauerhafteste Errungenschaft der Missionen. Die Guaraní machten sich die Kunst und Musik zu Eigen, die aus der Fremde zu ihnen gelangte, und verwoben die europäischen Stilrichtungen mit ihren eigenen. So entstanden wunderbare Musik, Bildhauerei, Tanz und Malerei im Guaraní-Barockstil. Die geistliche Musik der Jesuiten nahm die Guaraní am stärksten für den Katholizismus ein.

Zwangsläufig hatte das Leben in den Missionen auch eine martialische Seite. Plündernde Gruppen von *bandeirantes* (bewaffnete Banden) aus Brasilien hoben regelmäßig Sklaven für die Zuckerrohrplantagen aus, auch die spanischen und portugiesischen Kolonialbehörden waren den Jesuiten nicht gerade wohlgesonnen. Es gab regelmäßig Kämpfe, bis ein bemerkenswerter Sieg über eine Armee von 3000 Sklavenhändlern in Mbororó 1641 eine Ära relativer Sicherheit einläutete.

Die Epoche der Missionen endete schließlich abrupt. Mehrere Faktoren – nicht zuletzt der Neid der Kolonialbehörden und der Siedler und das Empfinden, dass den Jesuiten ihre eigenen Ideen wichtiger waren als die Krone – veranlassten Karl III. von Spanien, sie 1767 aus seinen Besitzungen zu verbannen. Er folgte damit dem Beispiel Portugals und Frankreichs. Ohne die Priester waren die Gemeinden jedoch verwundbar, die Guaraní verstreuten sich nach und nach in alle Winde. Die dem Verfall preisgegebenen Missionen wurden in den Kriegen des frühen 19. Jhs. endgültig zerstört.

Der Film *The Mission* (1986) handelt von den letzten Tagen der Jesuitenmissionen. Faszinierend ist die Verpflichtung eines kolumbianischen Volkes, der Waunana, als Darsteller der Guaraní. Bis dahin hatten sie fast keinen Kontakt mit Weißen gehabt.

Von mehreren der 15 argentinischen Missionen ist so gut wie nichts geblieben. Einen Besuch wert sind aber beispielsweise San Ignacio Miní in San Ignacio, Loreto und Santa Ana, Yapeyú und Santa María la Mayor. Auch die berühmten paraguayischen Missionen in Jesús de Tavarangüe und Trinidad können problemlos im Rahmen eines Tagesausflugs besichtigt werden. Die brasilianischen Missionen sind dagegen zu weit entfernt.

Ton-Licht-Schau in den Ruinen anzusehen. Der Ort ist eine gute Ausgangsbasis für den Besuch weiterer Missionsruinen in Argentinien und Paraguay.

San Ignacio liegt 56 km nordöstlich von Posadas an der RN12. Von der Abzweigung an der Schnellstraße führt die Avenida Sarmiento ins 1 km entfernte Ortszentrum. Von dort geht es auf der Rivadavia sechs Häuserblocks nach Norden zu den Ruinen.

Sehenswertes

★ San Ignacio Miní   RUINE

(www.misiones.tur.ar; Eingang Calle Alberdi s/n; Kombiticket Ausländer/Mercosur-Bürger/Argentinier 150/130/100 Arg$; ⊘April–Okt. 7–17.30, Nov.–März 7–19 Uhr) Diese Missionsruinen sind die am besten erhaltenen in Argentinien: Sie beeindrucken durch die vielen noch erkennbaren gemeißelten Ornamente und wegen des Aufwands, mit dem hier die Restaurierungsarbeiten betrieben werden. Das Besucherzentrum liefert sehr gute Hintergrundinformationen, an den Ruinen sind interaktive Tafeln mit mehrsprachigen Audios angebracht.

Der Eintrittspreis umfasst auch den Zutritt zu den Ruinen in Santa Ana und Loreto in der Nähe und zu den etwas weiter entfernten in Santa María la Mayor.

Allabendlich (wenn es nicht gerade regnet) findet eine sehenswerte Ton-Licht-Schau (Ausländer 70 Arg$) innerhalb der Ruinen statt.

Zunächst 1610 in Brasilien gegründet, aber nach wiederholten Angriffen durch Sklavenhändler wieder aufgegeben, wurde die Siedlung San Ignacio im Jahr 1696 an diesem Standort errichtet und blieb bis zur Ausweisung der Jesuiten in Funktion. Die Ruinen wurden 1897 wiederentdeckt und zwischen 1940 und 1948 restauriert. Sie sind ein großartiges Beispiel für das „Guaraní-Barock". In ihrer Blütezeit lebten annähernd 4000 Guaraní in der Siedlung.

Das Besucherzentrum präsentiert viel Wissenswertes (auf Spanisch und Englisch) über die Missionen aus Sicht der Jesuiten und der Guaraní. Besucher können Musik der Guaraní hören, darunter einige religiöse Kompositionen, die in den Missionen entstanden sind, und ein virtuelles Modell des einstigen San Ignacio ansehen.

Es gibt kostenlose Führungen (mehrsprachig) durch die Ruinen. Dabei geht es zwischen Häuserreihen der Guaraní hindurch auf die Plaza, an einer Seite des Platzes steht eine gewaltige Kirche aus rotem Sandstein. Sie beeindruckt allein durch ihre Ausmaße und bildet den Mittelpunkt der Siedlung. Der rot-braune Stein kontrastiert malerisch mit dem grünen Gras, ursprünglich waren die Gebäude jedoch weiß getüncht. Bevor Kalk problemlos zu beschaffen war, wurde die Farbe durch das Verbrennen von Schneckenhäusern gewonnen.

Die Anfangszeiten für die abendliche Schau variieren je nach Anzahl der Gruppen. Die Vorführung ist ein berührendes, manchmal gruseliges Erlebnis. An verschiedenen Standorten werden Projektionen auf einen Wassernebel geworfen – ein gespenstischer Effekt! Audiosets in verschiedenen Sprachen stehen zur Verfügung.

Casa de Horacio Quiroga   MUSEUM

(Av Quiroga s/n; Eintritt 50 Arg$; ⊘7–17.30 Uhr) Der sehr naturverbundene uruguayische Schriftsteller Horacio Quiroga fand seine Muse im raubeinigen Lebensstil des hinterwäldlerischen Misiones. Sein einfaches Steinhaus am südlichen Stadtrand (zu Fuß sind es 30 Minuten bis dorthin) hat er selbst erbaut. Das angrenzende Holzhaus ist eine Rekonstruktion, die für eine Filmbiografie errichtet wurde.

Der Weg dorthin führt über einen Pfad durch Zuckerrohrfelder; unterwegs erfährt man auf Tafeln und durch einen Audioguide vieles über Quirogas tieftragisches Leben. Unfälle mit Schusswaffen und Zyaniddosen spielten darin eine so große Rolle, dass es schon fast komisch erscheint.

Aktivitäten

Parque Provincial Teyú Cuaré   OUTDOORS

Die geschützte Halbinsel im Río Paraná lädt zu Waldspaziergängen – es gibt vier markierte Lehrpfade – und Radtouren ein und bietet Panoramablicke von Felsklippen am Fluss und Strände. Es gibt hier mehrere kleine Guaraní-Siedlungen, in denen Besucher willkommen sind und die Kunsthandwerk verkaufen. Die Einheimischen führen Gäste gerne gegen eine Gebühr oder für ein Trinkgeld herum.

Geführte Touren

★ Tierra Colorada   GEFÜHRTE TOUR

(☑0376-437-3448; tierracoloradaturismo@gmail. com; RN12) Der rundum hilfreiche Veranstalter gleich unterhalb des Busbahnhofs organisiert Touren zu den paraguayischen Missionen (40 US$ pro Per.) und den Moconá-Wasserfällen (ca. 2500 Arg$ für bis zu 4 Pers.) sowie günstige Transfers und Ausflugspakete zu den Los Esteros del Iberá. Er vermietet außerdem Fahrräder (120 Arg$ pro Tag), organisiert Kanuausflüge auf dem Fluss und den Besuch von Guaraní-Siedlungen, bewahrt Gepäck sicher auf, bucht Plätze im Bus und erteilt unabhängige touristische Informationen.

🛏 Schlafen & Essen

Verschiedene nur tagsüber geöffnete Verpflegungsangebote – die Burger, Pizzas und *milanesas* servieren – nehmen die Straßen rund um die Ruinen ein.

★ Adventure Hostel HOSTEL $

(📞 0376-447-0955; www.sihostel.com.ar; Independencia 469; B 12–16 US$, DZ 50 US$, Zeltplätze pro Pers. 10 US$; 🌐 @ 🛜 🅿 🐾) Das gepflegte, gut durchdachte Hostel bietet komfortable Schlafsäle entweder mit drei Betten oder vier Kojen, vernünftige Zimmer mit renovierten Bädern und ausgezeichnete Gemeinschaftseinrichtungen. Von der Kletterwand bis zum Swimmingpool (beide Arten), vom Tischtennis bis zu Schaukeln auf dem weitläufigen, grasbewachsenen Gelände ist alles vorhanden. Leckeres hausgemachtes Frühstück ist im Preis enthalten. Im Restaurant werden ordentliche Mahlzeiten vom Pizza-Pasta-Typ serviert; außerdem gibt es einen Fahrradverleih (120 Arg$ pro Tag) und Stellplätze mit Stromanschluss. HI-Mitglieder erhalten Rabatt. Das Hostel befindet sich in der Nähe der Plaza, zwei Querstraßen südlich der Kirche.

Hotel La Toscana HOTEL $

(📞 0376-447-0777; www.hotellatoscana.com.ar; Ecke H Irigoyen & Uruguay; EZ/DZ/3BZ/4BZ 30/40/45/50 US$; 🌐 🛜 🅿) In einem ruhigen Viertel der Stadt, nur einen halben Block von der Schnellstraße entfernt, steht dieses einfache, aber einladende Haus, das von Italienern geführt wird – ein wirklich entspanntes Refugium. Kühle, großzügige Zimmer liegen rund um einen Bereich mit tollem Swimmingpool, Terrasse und Garten. La Toscana ist der richtige Ort, um schön auszuspannen, und bietet ein tolles Preis-Leistungs-Verhältnis.

Hotel San Ignacio HOTEL $

(📞 0376-447-0047; www.hotelsanignacio.com.ar; Ecke Sarmiento & San Martín; EZ/DZ 25/44 US$, 4-Pers.-Cabañas 62 US$; 🌐 @ 🛜) Mitten im Stadtzentrum präsentiert sich die ausgezeichnete Budgetunterkunft mit sauberen, ruhigen, bequemen Zimmern, tollen Badezimmern, wohlwollenden Besitzern sowie angeschlossener Bar und Internetcafé. Die zeltartigen Hütten hinter dem Haus bieten Gruppen einen guten Gegenwert fürs Geld. Die Bar serviert einfache Gerichte. Nirgendwo ist es leichter, der beste Billardspieler der Stadt zu sein, beim Fußball sieht das schon anders aus. Kein Frühstück.

La Misionerita ARGENTINISCH $

(RN12; Hauptgerichte 65–110 Arg$; 🕐 4–24 Uhr; 🛜) Dieses Lokal an der Schnellstraße gegenüber dem Ortseingang hat eindrucksvolle Öffnungszeiten, einen freundlichen Service und eine vernünftige Auswahl an Burgern, *milanesas* und Ähnlichem, außerdem Grillgerichte und frische Flussfische. Es ist hier eine der wenigen Möglichkeiten, am Abend Essen zu gehen.

ℹ Praktische Informationen

Touristeninformation (🕐 7–21 Uhr) An der Abzweigung von der Schnellstraße. Nicht besonders hilfreich.

ℹ An- & Weiterreise

Der Busbahnhof liegt an der Hauptstraße unweit des Ortseingangs. Regelmäßige Busverbindungen bestehen nach Posadas (45 Arg$, 1 Std.) und Puerto Iguazú (140–180 Arg$, 4–5 Std.).

Santa Ana & Loreto

Diese beiden Jesuitenmissionen, die im feuchten Regenwald einem steten, aber stimmungsvollen Verfall preisgegeben sind, liegen unweit der RN12 zwischen Posadas und San Ignacio.

Für den Eintritt zu beiden gilt ein Kombiticket, das auch San Ignacio Miní und Santa María la Mayor umfasst. Führungen sind im Eintrittspreis enthalten.

◎ Sehenswertes

Santa Ana RUINE

(www.misiones.tur.ar; Kombiticket Ausländer/Mercosur-Bürger/Argentinier 150/130/100 Arg$; 🕐 April–Okt. 7–17.30, Nov.–März 7–19 Uhr) In Santa Ana, das 1633 gegründet und bereits im Jahr 1660 hierher verlegt wurde, ist der dichte Wald stellenweise gerodet worden, um eine Siedlung freizulegen, in der zu ihrer Blütezeit mehr als 7000 Guaraní wohnten. Die riesige, etwa 140 m^2 große Plaza zeugt von der großen Bedeutung der Siedlung. Die

DIE PARAGUAYISCHEN MISSIONEN BESUCHEN

Von Posadas (oder San Ignacio) besteht die Möglichkeit zu einem interessanten Tagesausflug zu zwei Jesuitenmissionen in Paraguay. Die verfallenen, aber majestätischen Kirchen in Trinidad und Jesús de Tavarangüe wurden sorgfältig restauriert, sodass ein Teil des fantastisch gearbeiteten Mauerwerks erhalten ist.

Von Posadas geht es per Bus oder Zug nach Encarnación. Vom Busbahnhof (Busse halten hier, vom Bahnhof Encarnación fährt ein Bus hierher; 2500 PYG) fahren Busse (meist mit der Zielangabe „Ciudad del Este") etwa alle halbe Stunde nach Trinidad (7000 PYG, 50–60 Min.). Man kann den Fahrer bitten, an der Abzweigung zu den Ruinen zu halten; von dort sind es 700 m zu gehen.

Die **Ruinen von Trinidad** (Trinidad, Paraguay; Kombiticket 35 000 PYG; ☺ April–Sept. 7–19, Okt.–März 7–17.30 Uhr) sind spektakulär. Die rot-braunen Steine der Kirche bilden einen starken Kontrast zum blumenübersäten grünen Gras und der umliegenden Hügellandschaft. Viele Verzierungen sind erhalten: In den muschelförmigen Nischen stehen verwitterte Skulpturen, eindrucksvoll sind auch der Taufstein und die kunstvoll gearbeitete barocke Kanzel. Die Türstöcke sind mit schönen, in den Stein gemeißelten Dekorationen versehen. Auf eine der Mauern kann man hinaufklettern; eine frühere Kirche und ein Glockenturm sind ebenfalls restauriert worden. In der Nähe der Ruinen gibt es ein Hotel und Restaurant.

Zu Fuß geht es zurück zur Hauptstraße und dann nach rechts. An der Tankstelle 200 m weiter befindet sich die Abzweigung zum 12 km entfernten **Jesús de Tavarangüe**. Sammeltaxis (7500 PYG) warten hier auf Passagiere, alle zwei Stunden kommt ein Bus vorbei. Für etwa 30 000 PYG bringt ein Taxi seine Fahrgäste nach Jesús, wartet dort und fährt sie dann zurück zur Abzweigung.

Die restaurierte Kirche in **Jesús** (Jesús de Tavarangüe, Paraguay; Kombiticket 35 000 PYG; ☺ April–Sept. 7–19, Okt.–März 7–17.30 Uhr) ist nie vollendet worden. Die spektakulären Kleeblattbögen (eine Reminiszenz an Spaniens maurische Vergangenheit) und gemeißelten Darstellungen von gekreuzten Schwertern und Schlüsseln machen sie zu einer der malerischsten Jesuitenruinen. Die dreischiffige Kirche, auf deren Boden das Gras wächst, hat einen ebenso monumentalen Grundriss wie die in Trinidad. Vom Turm hat man einen schönen Blick auf die Landschaft rundum.

Zurück an der Hauptstraße halten Busse nach Encarnación an der Tankstelle. Von Encarnación fahren Busse nach Posadas von der Haltestelle vor dem Busbahnhof gegenüber der Schule ab.

Ein Kombiticket für die Ruinen in Trinidad, Jesús und San Cosme (südwestlich von Encarnación) kostet 35 000 PYG und ist drei Tage gültig.

Bürger der Europäischen Union benötigen für die Einreise nach Paraguay kein Visum, ein gültiger Reisepass reicht.

Man kann die Missionsruinen auch von San Ignacio aus gut besuchen: Mit dem Bus geht es bis Corpus und im Anschluss setzt man mit der Fähre (Mo–Fr 8–17 Uhr) hinüber nach Paraguay.

Verschiedene Tourveranstalter in Posadas und San Ignacio bieten Tagesausflüge zu den paraguayischen Missionsruinen an.

dicken Mauern der mächtigen Kirche und die fotogenen Würgefeigen verleihen dem einst wohl prächtigen Gebäude eine dramatische Note, auch wenn keine Verzierungen erhalten sind. Der Friedhof, der bis in die zweite Hälfte des 20. Jhs. genutzt wurde, ist mittlerweile verwahrlost.

Hinter der Kirche sind noch ein Kanal und ein Wasserreservoir des früheren ausgeklügelten Bewässerungssystems zu sehen.

Nuestra Señora de Loreto RUINE
(www.misiones.tur.ar; Kombiticket Ausländer/Mercosur-Bürger/Argentinier 150/130/100 Arg$; ☺ April–Okt. 7–17.30, Nov.–März 7–19 Uhr) Loreto, im Jahr 1632 gegründet, besitzt nur wenige sichtbare Überreste, ist aber sehr stimmungsvoll. Zwar gibt es fortlaufende Restaurierungsarbeiten, aber der dichte Regenwald hat hier wieder die Herrschaft übernommen, und es ist schwer, die Funk-

tion der durcheinander liegenden, moosbewachsenen Steine zwischen den Bäumen zu enträtseln. Deshalb lohnt die Teilnahme an der kostenlosen Führung. Loreto war eine der bedeutenderen Missionen; hier wurde eine Druckerpresse gebaut – die erste im Südteil des Kontinents.

ℹ An- & Weiterreise

Busse, die von Posadas Richtung Norden fahren, halten für beide Stätten an den Abzweigungen von der RN12. Die nach Santa Ana liegt bei Km 1382,5; von dort sind es bis zu den Ruinen 700 m zu gehen. Loreto ist von Km 1389 aus zu erreichen mit einem Fußweg von 2,5 km. Es kann hier sehr heiß werden, deshalb sollte man unbedingt genügend Wasser mitnehmen.

Von San Ignacio fährt stündlich ein Bus (13 Arg$ bis Loreto, 18 Arg$ bis Santa Ana) vom Zentrum zu den Abzweigungen zu beiden Missionen – einige Fahrer lassen die Passagiere sogar direkt an den Ruinen von Loreto aussteigen. Auf diese Weise sind beide leicht in einem Tagesausflug von San Ignacio unterzubringen. Man kann auch von San Ignacio eine *remise* zu beiden Missionen benutzen. Das kostet inklusive Wartezeit etwa 500 Arg$.

Santa María la Mayor

Etwas weiter entfernt liegt Santa María la Mayor (RP2, Km 43; Kombiticket Ausländer/Mercosur-Bürger/Argentinier 150/130/100 Arg$; ☉ April–Okt. 7–17.30, Nov.–März 7–19 Uhr), die vierte Mission, für die das Kombiticket gültig ist. Hauptmerkmal ist eine Plaza von ansehnlichen Ausmaßen, die Kirche ist allerdings stark verfallen. Die Siedlung war verhältnismäßig groß, sie besaß eine Druckerpresse und ein Gefängnis; die Kapelle wurde erst im 20. Jh. erbaut. Santa María la Mayor ist ein angenehmer Ort im Regenwald und eignet sich hervorragend zur Vogelbeobachtung, u. a. Tukane und Trogone sind hier leicht zu erspähen.

Die Ruinen liegen an der RP2 zwischen Concepción de la Sierra und San Javier, etwa 110 km südöstlich von Posadas.

Um dorthin zu kommen, nimmt man einen Bus von Posadas nach Concepción, steigt dort in einen Bus Richtung San Javier um und bittet den Fahrer, an den Ruinen zu halten. Bis dorthin sind es etwa 25 km. Man kann auch schon in Posadas einen Bus mit Ziel San Javier besteigen, muss dann aber darauf achten, dass er auch wirklich an den Ruinen vorbeifährt, da einige Busse eine andere Route nehmen.

DIE WASSERFÄLLE VON IGUAZÚ

Die Iguazú-Fälle gehören zu den überwältigendsten Naturschauspielen unserer Erde – eine Kette aus Hunderten von Wasserfällen, die sich über fast 3 km erstreckt. Ein Besuch der Wasserfälle ist eine Urerfahrung – die unglaubliche Kraft und die Lautstärke des tosenden Wassers bleiben dem Betrachter für immer in Erinnerung. Auch die Landschaft an sich ist spektakulär: Die Fälle liegen zwischen Brasilien und Argentinien in einem Nationalpark, der zu großen Teilen aus Regenwald besteht. Flora und Fauna sind hier einzigartig.

Die Wasserfälle sind von Argentinien, Brasilien und Paraguay aus leicht zu erreichen. Argentiniens Puerto Iguazú und das brasilianische Foz do Iguaçu bieten diverse Übernachtungsmöglichkeiten.

Geschichte & Natur

Nach einer Legende der Guaraní entstanden die Wasserfälle, als ein Krieger namens Caroba den Zorn eines Waldgottes auf sich zog, weil er mit der jungen Naipur (in die der Waldgott verliebt war) flussabwärts in einem Kanu fliehen wollte. Voller Wut ließ der Gott das Flussbett vor den Augen der Liebenden zusammenbrechen: Eine Reihe von Wasserfällen entstand, die über Naipur zusammenstürzten, um sie dann am Fuß der Wasserfälle in einen Felsen zu verwandeln. Caroba überlebte als Baum, der fortan auf seine herabgestürzte, steinerne Geliebte blicken musste.

Geologen sind da etwas nüchterner, was den Ursprung der Wasserfälle angeht: Der Río Iguazú fließt über ein Basaltplateau, das abrupt etwas östlich vom Zusammenfluss des Río Iguaçu mit dem Río Paraná abbricht. Dort, wo der einstige Lavafluss endet, stürzen nun Tausende Kubikmeter Wasser in der Sekunde bis zu 80 m tief in ein Sedimentbecken. Bevor der Iguaçu die Wasserfälle erreicht, teilt er sich in zahlreiche Arme mit Felsen und kleinen Inseln. Sie sind für die vielen, ganz unterschiedlichen Kaskaden verantwortlich und bilden gemeinsam die berühmten, 2,7 km langen *cataratas* (Wasserfälle).

Besichtigung der Wasserfälle

Die brasilianische und die argentinische Seite bieten einen jeweils völlig unterschiedlichen Blick auf die Fälle. Am besten besucht

Die Wasserfälle von Iguazú

N   0 ━━━━━━ 5 km

Ciudad del Este
7
↑ Itaipú-Damm (9 km)
BR 277
● Foz do Iguaçu
Ponte da Amizade
BRASILIEN
Paraná
Ponto Meira
Fähre
Bocamora
Ponte Presidente Tancredo Neves
Iguazú Grand
Aeroporto Foz do Iguaçu
Parque Nacional do Iguaçu
Hito Argentino
Puerto Iguazú
Loi Suites
La Cantera Iguazú
Helisul
Brasilianisches Besucherzentrum
PARAGUAY
Casa Ecológica de Botellas
Hostel Inn
Güirá Oga
Rio Iguazú
Parque das Aves
Reserva Nacional
Parque Nacional Iguazú
ARGENTINIEN
Sheraton Iguazú
Paseo Inferior/ Superior
Hotel das Cataratas
Porto Canoas
Garganta del Diablo
Cataratas Bahnhof
Iguassú-Fälle
Gargante del Diablo Bahnhof
RN 12
RN 101
Rio Paraná
RN 12
Posadas (257 km)↙
Aeropuerto Internacional de Iguazú

man die Fälle in beiden Ländern – möglichst – falls das machbar ist – an einem klaren, sonnigen Tag und zunächst in Brasilien. Es macht schon einen gewaltigen Unterschied, ob die Sonne scheint oder der Himmel bewölkt ist. Wer das einrichten kann, sollte mehrere Tage bleiben, dann gelingt sicher auch ein Bilderbuchfoto.

Auf der argentinischen Seite mit ihren zahlreichen Wanderpfaden und Bootsfahrten ist es leichter, den einzelnen Wasserfällen sehr nahe zu kommen. Die brasilianische Seite punktet dafür mit einem Panoramablick, der einen besseren Eindruck von der unglaublichen Dimension der Wasserfälle bietet. Beide Seiten lassen sich bequem im Rahmen von Tagesausflügen besichtigen, egal, wo man sein Quartier bezogen hat. Manche Besucher schauen sich gleich beide Seiten an einem einzigen Tag an, aber dann wird der kurze Aufenthalt eine viel zu hektische Angelegenheit.

Nationalparks

Die argentinische wie die brasilianische Seite der Wasserfälle sind Nationalparks: Parque Nacional Iguazú bzw. Parque Nacional do Iguaçu. Hohe Temperaturen, hohe Luftfeuchtigkeit und große Niederschlagsmengen erzeugen einen mannigfaltigen Lebensraum: Im Regenwald der Nationalparks wachsen rund 2000 Pflanzenarten, hier leben unzählige Insekten, etwa 400 Vogelarten sowie viele Säugetiere und Reptilien.

Die Iguazú-Regenwälder bestehen aus verschiedenen Stockwerken, am höchsten liegen die 30 m hohen Baumwipfel. Darunter befinden sich mehrere weitere Baumetagen. Am Boden erstreckt sich ein dichter Unterwuchs aus Sträuchern, Büschen und krautartigen Pflanzen.

Pumas, Jaguare und Tapire leben in den Parks, doch Besucher werden sie kaum zu Gesicht bekommen. Sehr verbreitet sind Nasenbären (eine Kleinbärenart) und Kapuzineraffen. Auch Leguane sind oft zu erblicken, außerdem kann man nach Schlangen Ausschau halten.

Tropische Vogelarten sorgen für Farbkleckse, Tukane und verschiedene Papageienarten sind leicht zu erkennen. Die beste Zeit, um entlang der Waldpfade Vögel zu sehen, ist der frühe Morgen.

Obwohl das von offizieller Seite bestritten wird, hat der massive Besucherstrom viele Tiere tiefer in den Wald hineingetrieben; wer sie dennoch sehen will, muss sich deshalb allerdings auch selbst weiter in den Park hineinbegeben.

ⓘ Gefahren & Ärgernisse

Die Strömung des Flusses ist stark und schnell; es sind bereits Touristen vom Wasser mitgerissen worden und ertrunken. Reisende sollten unbedingt einen angemessenen Abstand von den Wasserfällen einhalten.

Die Hitze und die Luftfeuchtigkeit sind hier oft sehr intensiv, und es wimmelt nur so von hungrigen Insekten. Also Sonnenschutz und Insektenschutzmittel nicht vergessen und Trinkwasser mitnehmen!

Auf beiden Seiten treffen Besucher auf Nasenbären. Lebensmittel sollte man sicher vor ihnen verwahren; obwohl diese putzigen Allesfresser recht zahm wirken, werden sie aggressiv, wenn es um Futter geht, und beißen und kratzen, um etwas zu ergattern. In beiden Parks gibt es Sanitätsstationen zur medizinischen Versorgung im Fall eines Nasenbär-Angriffs.

Von der Gischt an den Wasserfällen wird man wahrscheinlich durchnässt oder zumindest sehr feucht; Papiere und Kameras sollten deshalb in Plastikbeuteln geschützt werden. Auf beiden Seiten gibt es Plastikponchos zu kaufen.

Die Briefmarken, die auf der argentinischen Seite des Parks verkauft werden, gelten nur für Post, die im Park selbst oder in großen Städten aufgegeben wird.

Puerto Iguazú

☏ 03757 / 42 000 EW.

Das boomende Puerto Iguazú liegt am Zusammenfluss von Río Paraná und Río Iguazú; von hier kann man nach Brasilien und nach Paraguay blicken. In der Stadt herrscht allerdings nur wenig Gemeinschaftsgefühl: Alle sind nur hier, um entweder die Wasserfälle anzusehen oder an dieser Natursehenswürdigkeit zu verdienen. Ein Planungsamt scheint es ebenfalls nicht zu geben, an sämtlichen Straßen tauchen Hotels auf. Immerhin ist Puerto Iguazú aber ruhig, sicher und besitzt gute Verkehrsverbindungen; außerdem gibt es viele ausgezeichnete Unterkünfte und Restaurants.

◉ Sehenswertes & Aktivitäten

In der Stadt selbst gibt es wenig zu sehen.

Hito Argentino   AUSSICHTSPUNKT

(Av Tres Fronteras) Einen Kilometer westlich des Stadtzentrums liegt dieser Aussichtspunkt mit einem kleinen, in den argentinischen Farben gestrichenen Obelisken am Zusammenfluss von Río Paraná und Río Iguazú. Von hier aus kann man nach Brasilien und nach Paraguay gucken, die auf ihren Seiten ebenfalls solche Markierungen aufgestellt haben. Auch ein unzusammenhängender *Artesanía*-Markt befindet sich hier.

Güirá Oga   ZOO

(www.guiraoga.com.ar; RN12, Km 5; Eintritt 100 Arg$; ◷9–18, letzter Einlass 17 Uhr) ✿ Auf dem Weg zu den Wasserfällen liegt diese Tierklinik mit Rehabilitationszentrum für verletzte Wildtiere. Das Haus leistet auch wertvolle Forschungsarbeiten in der Lebenswelt des Regenwalds von Iguazú und unterhält ein Aufzuchtprogramm für gefährdete Arten. Durch den Regenwaldpark werden Besucher von einem Mitarbeiter geführt, der unendlich viel über jene Tiere zu erzählen weiß und die traurigen Geschichten kennt, wie diese dorthin gekommen sind. Der Besuch dauert ungefähr 80 Minuten.

Die Führungen starten etwa alle halbe Stunde; um 10 und 14 Uhr gibt es auch ausgewiesene Führungen auf Englisch.

Casa Ecológica de Botellas   ARCHITEKTUR

(http://lacasadebotellas.googlepages.com; RN12, Km 5; Erw./Kind 70/40 Arg$; ◷9–18.30 Uhr) ✿ Dieser faszinierende Bau liegt etwa 300 m von der Straße zu den Wasserfällen entfernt und ist wirklich einen Besuch wert. Die Besitzer haben aus gebrauchtem Verpackungsmaterial – Plastikflaschen, Saftkartons und Ähnlichem – ein eindrucksvolles Gebäude errichtet. Aus den gleichen Materialien entstanden Möbel und originelles Kunsthandwerk, das sich auch als ungewöhnliches Mitbringsel eignet. Bei der Führung erfahren die Besucher alles über die unterschiedlichen Herstellungstechniken.

☞ Geführte Touren

Zahlreiche einheimische Veranstalter bieten erlebnisreiche Tagestouren auf der brasili-

Puerto Iguazú

Puerto Iguazú

anischen Seite der Iguazú-Fälle an, einige schließen den Itaipú-Damm und auch Shopping in Paraguay ein. Viele verfügen über ein Büro am Busbahnhof. Am Hafen existieren unterschiedliche Optionen für Boots-

ausflüge rund um den Zusammenfluss von Paraná und Iguazú.

Cruceros Iguazú
BOOTSTOUR
(☎03757-421111; www.crucerosiguazu.com; Zona Puerto; 2-stündige Fahrt 290 Arg$) Dieser Veran-

stalter bietet täglich am späten Nachmittag zweistündige Ausflüge auf den Flüssen Paraná und Iguazú mit einem Katamaran an.

Iguazú Bike Tours   FAHRRADTOUR
(☑ 03757-15-678220; www.iguazubiketours.com.ar) Dieser Veranstalter organisiert alles von leichten Spritztouren durch den nahe gelegenen Wald bis zu langen, von Motorfahrzeugen begleiteten Touren durch weniger besuchte Ecken des Parque Nacional Iguazú.

🛌 Schlafen

Es gibt zahlreiche Übernachtungsmöglichkeiten für jeden Geldbeutel, darunter eine Reihe resortartiger Hotels zwischen Stadt und Parque Nacional Iguazú und viele Unterkünfte in Hütten südlich dieser Straße. In den Straßen um den Busbahnhof finden sich viele Hostels. Viele Unterkünfte akzeptieren keine Kreditkarten oder schlagen dafür satte Gebühren auf.

Garden Stone   HOSTEL $
(☑ 03757-420425; www.gardenstonehostel.com; Av Córdoba 441; B 14 US$, DZ mit/ohne Bad 55/45 US$; ✱ 🛜 🛏) Das herausragende Merkmal des liebevoll geführten Hostels ist die entspannte Gartenanlage, in der es einen Pool, einen Gemeinschaftsbereich und eine einfache Küche gibt. Weitere Pluspunkte sind u. a. die Nähe zum Busbahnhof, das leckere Frühstück (im Preis inbegriffen), eher dunkle, aber dafür ordentliche Schlafsäle und die generell friedliche Atmosphäre. Die Zimmer mit Bad sind attraktiv und bieten ein gutes Preis-Leistungs-Verhältnis.

Porámbá Hostel   HOSTEL $
(☑ 03757-423041; www.porambahostel.com; El Urú 120; B 13–14 US$, Zi. 38–68 US$; ✱ @ 🛜 🛏) Das einladende, familiengeführte Hostel hat einen sehr friedlichen Standort und ist vom Busbahnhof leicht zu Fuß zu erreichen. Es existieren verschiedene, nicht überfüllte Schlafsäle, Zimmer mit und ohne Bad und ein kleiner Swimmingpool. Das unbeschwerte Haus mit Küche verströmt eine beruhigende Atmosphäre.

Hospedaje Lola   GÄSTEHAUS $
(☑ 03757-423954; residenciallola@hotmail.com; Av Córdoba 255; Zi. 25–30 US$; ✱ @ 🛜) In Puerto Iguazú werden Touristen gerne mal abgezockt, nicht so im Lola. Das billige, mit Freude geführte Haus liegt sehr nah am Busbahnhof und hält kompakte, saubere Zimmer mit Bad für einen tollen Preis bereit. Das WLAN funktioniert solide, wenn man sich nicht zu dicht am Familienteil des Hauses aufhält.

Hotel Lilian   HOTEL $
(☑ 03757-420968; hotellilian@yahoo.com.ar; Beltrán 183; EZ 42 US$, DZ Standard/gehobene Ausstattung 55/65 US$, 4BZ 79 US$; ✱ @ 🛜) Die nette Unterkunft wird von einer gastfreundlichen Familie geleitet, die nicht darauf aus ist, Touristen auszunehmen. Die hellen, einladenden Zimmern rund um einen Patio voller Pflanzen bieten ein sehr gutes Preis-Leistungs-Verhältnis. Die meisten Zimmer mit gehobener Ausstattung – sie sind den kleinen Aufschlag wert – verfügen über einen Balkon und viel Tageslicht. Alle Badezimmer sind geräumig und pieksauber. Hier ist alles so, wie man es sich wünscht.

Irupé Mini   PENSION $
(Hostel Irupe; ☑ 03757-423618; Av Misiones 82; EZ 10 US$, DZ mit/ohne Klimaanlage 25/20 US$; ✱ 🛜) Die Pension ist sehr einfach, bietet aber neben der freundlichen Atmosphäre eine gute Lage und ein ordentliches Preis-Leistungs-Verhältnis. Die günstigen Zimmer sind klein und haben Minibäder. Die hinteren Räume sind heller. Manchmal kann man auch ein Einzelbett buchen.

Hospedaje Familiar   PENSION $
(☑ 03757-420810; Beltrán 137; EZ/2BZ/DZ 20/25/30 US$) Dieses ruhige Haus mit einem durch und durch warmherzigen Empfang bietet einfache, ein klein wenig muffige Zimmer mit sauberen Bädern zu einem tollen Preis. Es gibt eine einfache Gästeküche und eine friedvolle Atmosphäre.

Hostel Inn   HOSTEL $
(☑ 03757-421823; www.hostel-inn.com; RN12, Km 5; B/DZ 19/57 US$; ✱ @ 🛜 🛏) Das hier ist eher ein Resort für Backpacker als ein Hostel. Die Unterkunft steht auf einem weitläufigen Gelände zwischen der Stadt und den Wasserfällen und bietet Partystimmung. Bar und einen riesigen Pool (mit stampfender Musik ist zu rechnen). Die Schlafsäle sind in separaten Gebäuden untergebracht und relativ ruhig; allerdings wird es Zeit für ein paar Instandhaltungsmaßnahmen. Die Zimmer sind in deutlich besserem Zustand. Busse halten gleich vor der Tür. HI-Mitglieder bekommen Rabatt.

★ Jasy Hotel   HOTEL $$
(☑ 03757-424337; www.jasyhotel.com; San Lorenzo 154; DZ/4BZ 110/136 US$; ✱ 🛜 🛏 ♿) Die zehn

ruhigen, zweigeschossigen Apartments klettern wie eine Treppe einen Hang im Wald hinauf. Ihr Grundriss macht sie zu einer perfekten Familienunterkunft, und sie verfügen alle über einen Balkon mit Blick auf üppiges Grün. Der geschickte Einsatz von Holz zieht sich durch alle Räume; Bar und Terrassenbereich sind einfach zum Verlieben. Schon mancher ist länger geblieben als geplant! Es gibt außerdem ein vernünftiges Restaurant, das abends geöffnet hat.

Secret Garden Iguazú
B&B $$

(☎ 03757-423099; www.secretgardeniguazu.com; Los Lapachos 623; EZ/DZ 90/125 US$; ❄🔊) In einem Garten voller Vögel und Grün steht ein Bungalow mit drei großzügigen, bezaubernden Zimmern, die das einladende B&B abseits der normalen Bahnen bilden. Möbel aus grob gesägtem Holz und ausgesuchte Naturdrucke sorgen für eine entspannte Umgebung. Das Frühstück und der Nachmittagstee sind herausragende Momente, auf den Tisch kommen hausgemachte Marmeladen, Chutneys und Bananenbrot. Inhaber und Mitarbeiter helfen gern und bereiten ihren Gästen einen fabelhaft individuellen Aufenthalt.

Posada del Jacarandá
HOTEL $$

(☎ 03757-423737; www.posadadeljacaranda.com; Ecke Andresito & Caraguatá; Zi. 105 US$; ❄@🔊 ❄🎒) Das Mittelklassehotel in einem ruhigen Viertel im Südosten der Stadt überzeugt durch harmonische Zimmer, eine fantastische Einstellung gegenüber den Gästen, glänzende, polierte Böden und ein friedliches Ambiente. Es gibt einen hübschen Swimmingpoolbereich, überdurchschnittlich gutes Frühstück und viel attraktiv eingesetztes Holz. Die Unterkunft ist mehr als die Summe ihrer Teile.

Jardín de Iguazú
HOTEL $$

(☎ 03757-424171; www.jardindeiguazu.com.ar; Bompland 274; EZ/DZ 120/133 US$; ❄🔊🎒) Die günstige zentrale Lage, die kompetenten Mitarbeiter, der hübsche Pool und Jacuzzi und die angenehm neutralen modernen Zimmer machen diese Unterkunft so attraktiv. Die Standardzimmer sind nicht sonderlich groß. Wer mehr Platz braucht, bekommt gegen einen geringen Aufpreis ein Zimmer mit gehobener Ausstattung. Das Haus ist verlässlich und gut geführt.

Guest House Puerto Iguazú
PENSION $$

(☎ 03757-423346; www.guesthousepuertoiguazu. com; Lindstron 14; Zi. mit/ohne Bad 92/72 US$,

Suite 133 US$; ❄🔊🎒) Die Unterkunft an einem versteckten Ort mit Blick auf den Río Iguazú ist ein wahres Paradies. Die Leitung führt auch ein weiteres Hotel, welches ganz in der Nähe gelegen ist. Es gibt nur eine Handvoll schicke, komfortable Zimmer, von denen sich jeweils zwei ein gutes Bad teilen. Die Gäste können die geräumige Küche benutzen, die Vögel im Garten beobachten oder auf der Terrasse neben dem Swimmingpool entspannen und dabei auf den Fluss schauen.

Hotel La Sorgente
HOTEL $$

(☎ 03757-424252; www.lasorgentehotel.com; Av. Córdoba 454; EZ/DZ 97/133 US$; ❄@🔊🎒) Unbeschwerter als in diesem Hotel inmitten eines üppigen Gartens kann das Leben nicht sein – und wem der Weg rund um den Swimmingpool zu lang erscheint, der benutzt ganz einfach die Brücke, die sich darüber spannt. Drum herum liegen die ansprechend renovierten, wenn auch etwas finsteren Zimmer. Auch das Frühstück, das im authentisch italienischen Restaurant serviert wird, bekommt ein Gütesiegel. Bei Barzahlung wird übrigens ein Nachlass gewährt. Die Mitarbeiter sind etwas distanziert, aber so ist das manchmal.

★ Boutique Hotel de la Fonte
HOTEL $$$

(☎ 03757-420625; www.bhfboutiquehotel.com; Ecke Corrientes & 1 de Mayo; Zi. 190–260 US$; ❄@🔊🎒) Ständige Verbesserungen kennzeichnen ein gutes Hotel. Dieses Haus legt dabei ein solches Tempo vor, dass wir kaum hinterherkommen. Der abgeschiedene, zauberhafte Ort präsentiert sich mit individuell gestalteten Zimmern und Suiten rund um einen baumbestandenen Garten, der abends romantisch beleuchtet wird. Dass einer der warmherzigen Besitzer Architekt ist, zeigt sich in den zahlreichen dekorativen Details ebenso wie im künstlerischen Design.

Die Whirlpools und das Salzwasserbecken sowie die stilvolle Eleganz der ganzen Anlage sind weitere tolle Merkmale. Der zweite Besitzer ist ein Koch, der das zugehörige Restaurant betreibt – es zählt zu den besten der Stadt, doppeltes Glück also. Einfach herausragend!

La Cantera Iguazú
LODGE $$$

(☎ 03757-493016; www.hotellacanteraiguazu.com; Selva Iryapú s/n; Zi. 164–272 US$; ❄@🔊🎒🎒) Die bezaubernde, heimelige Lodge schmiegt sich 1,5 km von der Straße zu den Wasserfällen entfernt in den tiefen Wald. Die ansprechenden „Tierra"-Zimmer mit mückensicherem Balkon liegen in Holzhäusern; durch einige wachsen sogar Bäume. Die „Dschungel"-Zimmer auf der oberen Ebene bieten einen schöneren Blick und verfügen über eine Hängematte. Die günstigeren „Wald"-Zimmer sind weniger rustikal. In den harmonischen, holzverkleideten „Villa"-Zimmern kommen vier Leute unter; sie haben einen Jacuzzi auf dem Balkon. Abgerundet wird das Ganze durch einen guten Poolbereich und den ausgezeichneten Service.

Ein Waldspaziergang mit einem Guaraní-Führer ist im Preis enthalten; das Haus hat einen eigenen Transportdienst, der beide Seiten der Wasserfälle ansteuert.

Loi Suites RESORT $$$

(☑ 03757-498300; www.loisuites.com.ar; Selva Iryapú s/n; Zi. 384–769 US$; ✳@🎧🏊🚐) Der riesige Komplex liegt spektakulär im Regenwald, aber nur ein paar Kilometer außerhalb der Stadt. Er besteht aus mehreren Gebäuden, die durch Stege miteinander verbunden sind. Eingerichtet ist die Anlage im lässigen Landhausstil mit einem riesigen, baumumstandenen Poolbereich mit insgesamt drei Becken als Highlight. Die Zimmer sind geräumig und komfortabel; die teureren verfügen über einen Balkon mit der Möglichkeit, Vögel zu beobachten. Außerdem gibt es einen hübschen Wellness-Bereich. Bei Online-Buchung sind die Preise normalerweise niedriger.

Iguazú Jungle Lodge HOTEL $$$

(☑ 03757-420600; www.iguazujunglelodge.com; Ecke Yrigoyen & San Lorenzo; Zi./FZ 270/355 US$; ✳🎧🏊🚐) Die Lodge verströmt Gemeinschaftsgeist, wirkt aber trotz der relativ zentralen Lage sehr abgeschieden. Geräumige, gut ausgestattete Unterkünfte mit hochwertigen Betten und Dschungelbalkon in einer Anlage im Resortstil umgeben einen großen Swimmingpool. Einige Zimmer haben eine Lounge und eine Küche. Die Mitarbeiter sprechen mehrere Sprachen und sind sehr hilfsbereit. Das Spielzimmer und die Suiten machen die Lodge zu einer tollen Familienunterkunft. Außerdem gibt es auf dem Gelände ein gutes Restaurant.

 Essen

Die Restaurants in Puerto Iguazú sind recht teuer, aber allgemein von guter Qualität. Abends öffnen sie früh, um die Touristen zu versorgen. Viele Lokale akzeptieren keine Kreditkarten, man sollte vorher fragen.

★ Feria MARKT $

(Feirinha; Ecke Av Brasil & Félix de Azara; Picadas für 2 Pers. 100–150 Arg$; ⊘ 8–24 Uhr) Der Markt im Norden der Stadt ist ein netter Ort, um zu essen oder ein Bier zu trinken. An den zahlreichen Ständen werden argentinische Weine, Würste, Oliven und Käse an die Besucher aus Brasilien verkauft, etliche geben *picadas*, gegrilltes Fleisch, weitere einfache regionale Gerichte und kaltes Bier aus. An manchen Abenden wird Folkmusik gespielt, und auch sonst herrscht abends eine angenehme Atmosphäre.

La Misionera EMPANADAS $

(P Moreno 210; Empanadas 12 Arg$; ⊘ Mo–Sa 11–24 Uhr) Hier gibt es ausgezeichnete Empanadas mit einer Vielzahl von Füllungen und einen Lieferservice.

Lemongrass CAFÉ $

(Bompland 231; Snacks 30–75 Arg$; ⊘ Mo–Sa 8.30–14.30 & 17–21.30 Uhr; 🎧) Das Lemongrass zählt zu den wenigen richtigen Cafés in Puerto Iguazú. Gute frische Säfte, ordentlicher Kaffee, köstliche süße Versuchungen, Sandwiches, Burger und leckere herzhafte Pasteten erwarten die Gäste. Außerdem gibt es kühles Bier, minzebetonte Mojitos und leckere Caipirinhas.

★ María Preta ARGENTINISCH $$

(Av Brasil 39; Hauptgerichte 85–165 Arg$; ⊘ 7–0.30 Uhr; ☎🍴) Die Tische drinnen und im Freien und die Livemusik machen den Laden zu einem beliebten Lokal fürs Abendessen. Steaks werden hier genau nach Wunsch zubereitet. Dazu kommt eine breite Auswahl an charakteristischen argentinisch-spanischen Gerichten, aber auch Ausgefalleneres wie Kaimanfilet. Als Bar und Treffpunkt bleibt das María Preta bis 2 Uhr morgens oder länger geöffnet.

Bocamora ARGENTINISCH $$

(☑ 03757-420550; www.bocamora.com; Av Costanera s/n; Hauptgerichte 110–160 Arg$; ⊘ Küche Mi–Mo 12–15.30 & 19–23.30 Uhr; 🎧) Die romantische Lage mit Blick auf zwei Flüsse und drei Staaten ist Grund genug für einen Besuch. Von der argentinischen Grenzmarkierung geht es einfach den Hügel hinunter. Spezialitäten sind gegrilltes Fleisch und leckere Flussfische; das Essen ist sorgfältig zubereitet und schmackhaft, der Service ist sehr gastfreundlich und der Blick einfach atemberaubend.

Die Küche hat nachmittags geschlossen, das Lokal bleibt aber geöffnet.

DIE IGUAZÚ-FÄLLE & DER NORDOSTEN PUERTO IGUAZÚ

Color
PARRILLA, PIZZA $$

(☎ 03757-420206; www.parrillapizzacolor.com; Av Córdoba 135; Hauptgerichte 120–205 Arg$; ⏱11.30–24 Uhr; 🛜) In der beliebten Pizzeria plus *parrilla* mit einem Innen- und einem Außenbereich sitzen die Gäste dicht an dicht an den eng stehenden Tischen – kein Ort, um Staatsgeheimnisse zu besprechen. Dafür sind die Preise für diese Gegend fair, und das Fleisch duftet stark nach dem Rauch von Holzfeuer; auch die Pizza aus dem Holzofen und die Empanadas sind sehr lecker.

La Dama Juana
ARGENTINISCH $$

(☎ 03757-424051; www.facebook.com/ladamajuanaiguazu; Av. Córdoba 42; Hauptgerichte 110–170 Arg$; ⏱11.30–24 Uhr; 🛜) Das Lokal mit dem kompakten Innenraum und der netten Balkonterrasse ist zwangloser als die meisten anderen an dieser Straße und bietet eine Menge fürs Geld. Die Bedienung kommt mit einem Lächeln; überbordende Fleisch- oder Fischteller mit innovativen Soßen und farbenfrohe Salate geben ein angenehmes Abendessen ab. Angesichts der Tatsache, dass der Laden nach einer Weinflasche benannt ist (Korbflasche), fällt die Weinkarte eher enttäuschend aus.

Terra
ASIATISCH $$

(☎ 03757-421931; Av Misiones 125; Hauptgerichte 85–160 Arg$; ⏱16–24 Uhr; 🛜🍴) Unzählige zufriedene Gäste haben sich bereits mit Kreide an den Wänden des coolen Restaurants mit Bar verewigt. Spezialisiert ist das Lokal auf schmackhafte, preisgünstige Wokgerichte; weitere Optionen sind Teriyaki-Lachs, Pastagerichte und Salate.

La Vitrina
PARRILLA $$

(http://lavitrina-puertoiguazu.com; Av. Victoria Aguirre 773; Hauptgerichte 90–160 Arg$; ⏱12–24 Uhr; 🛜) Das gemütliche scheunenartige Restaurant ist der richtige Ort, um fantastische *asado de tira* (flache Rippe) und andere *Parrilla*-Gerichte (auch gegrilltes Gemüse) zu verputzen. Es geht hier weniger touristisch zu als in manch anderen Läden – eventuell bekommt man sogar Einheimische zu sehen –, und es gibt wunderbare Sitzgelegenheiten im Freien. Am Wochenende wird Livemusik gespielt.

★ De La Fonte
GASTRONOMIE, ITALIENISCH $$$

(www.bhfboutiquehotel.com; Ecke Corrientes & 1 de Mayo; Hauptgerichte 170–330 Arg$; ⏱Mo–Sa 19–24 Uhr; 🛜) Das exquisite Hotelrestaurant ist der Arbeitsbereich eines ebenso begabten wie eigenwilligen Küchenchefs. Die Präsentationen sind super, egal ob es um hausgemachte Pasta oder fantasievolle Kreationen mit einem Hauch Molekularküche geht. Die zur Schau gestellte Fantasie vereint lokale tropische Aromen mühelos mit erstklassigen Scheiben von sorgfältig ausgewähltem Fisch oder Fleisch. Das hausgemachte Brot ist ein echter Genuss. Die Degustationsmenüs (680–900 Arg$) verdeutlichen tolle kulinarische Fähigkeiten: Nicht vergessen, Platz für das Dessert zu lassen!

La Rueda
ARGENTINISCH $$$

(☎ 03757-422531; www.larueda1975.com; Av Córdoba 28; Hauptgerichte 135–205 Arg$; ⏱Mo–Di 17.30–24, Mi–So 12–24 Uhr; 🛜) Als eine Hauptstütze der gehobenen Esskultur in Puerto Iguazú kann dieses kulinarische Schwergewicht immer noch punkten. Die köstlichen Salate sind einfallsreich zusammengestellt ebenso wie die Flussfischkreationen (vorwiegend Pacú und Surubí). Fleischgerichte mit verschiedenartigen Soßen sind zuverlässig gut; die hausgemachte Pasta ist günstiger, ohne zu enttäuschen. Der Service ist gut, aber langsam. Die Weinkarte bewegt sich preislich auf hohem Niveau.

Aqva
ARGENTINISCH $$$

(☎ 03757-422064; www.aqvarestaurant.com; Ecke Av Córdoba & Thays; Hauptgerichte 165–230 Arg$; ⏱12–23.30 Uhr; 🛜) Der beflissene Service und eine Vielfalt an Aromen sorgen dafür, dass dieses Ecklokal mit geteilten Ebenen vom Stimmengewirr zufriedener Esser erfüllt ist. Die Fleischqualität ist ausgezeichnet, und es gibt eine reiche Auswahl an Flussfischen, wenngleich der Lachs besser ist. Bei den Vorspeisen herrscht große Vielfalt vom Lammcarpaccio bis zur gemischten Platte mit leckeren lokalen Spezialitäten.

Ausgehen & Nachtleben

Der Tourismus und Brasilianer aus Foz bringen das Nachtleben von Puerto Iguazú auf Touren. Das Zentrum des Geschehens bildet die Avenida Brasil, wo zahlreiche Bars abends die Gäste anlocken.

★ Vinosophie
WEINBAR

(Av Brasil 136; ⏱17–1 Uhr; 🛜) Der aufmerksame Service und der erstklassige Standort direkt in der Mitte der kurzen Iguazú „Meile" machen das Lokal zu einem tollen Startpunkt in den Abend. Der glasweise ausgeschenkte Wein ist nicht billig, wird aber im schicken Innenraum oder an den großzügigen Tischen im Freien formvollendet serviert. Eine durchdachte Speisekarte mit Snacks und innovativen größeren Mahlzeiten (120–170 Arg$) sorgen für ein solides Rundumangebot.

Cuba Libre CLUB
(www.facebook.com/cuba.megadisco; Ecke Av Brasil & Paraguay; ⊙Mi–So ab 23 Uhr) Der derbe, aber lustige Nachtclub unweit der Avenida-Brasil-Meile wird besonders gern von Brasilianern besucht, die mit Blick auf den schwachen Peso hier einen tollen Abend verleben wollen. Die Tanzfläche füllt sich erst spät, dann aber umso schneller.

❶ Praktische Informationen

An der Avenida Victoria Aguirre in der Innenstadt befinden sich mehrere Wechselstuben. Wer brasilianische Reals hat, kommt schlecht weg, wenn er sie nicht zu den offiziellen Wechselkursen eintauscht. Besser ist es, sie in Brasilien zu tauschen oder hier Dienstleistungen damit zu bezahlen. In der Stadt gibt es diverse Zonen mit kostenlosem WLAN.
Hospital (☎03757-420288; Ecke Av Victoria Aguirre & Ushuaia)
Paraguayisches Konsulat (☎03757-424-230; http://paraguay.int.ar; P Moreno 236; ⊙7–15 Uhr) Visa für Paraguay kosten für die meisten Ausländer 65 US$. Ein Visum ausstellen zu lassen dauert drei Stunden; man braucht dafür den Pass, zwei Fotos und eine Kopie der Kreditkarte. Für EU-Bürger bestand bei Redaktionsschluss allerdings keine Visumspflicht.
Städtische Touristeninformation (☎03757-423951; www.iguazuturismo.gob.ar; Av Victoria Aguirre 337; ⊙8–14 & 16–21 Uhr)
Touristeninformation für die Provinz (☎03757-420800; www.turismo.misiones.gov.ar; Av Victoria Aguirre 311; ⊙8–21 Uhr) Eine besonders hilfreiche Infostelle.

❶ An- & Weiterreise

Aerolíneas Argentinas (☎03757-420168; www.aerolineas.com.ar; Av Victoria Aguirre 295; ⊙Mo–Fr 8–12 & 15–19, Sa 8–13 Uhr) fliegt von Iguazú beide Flughäfen von Buenos Aires an. Verbindungen bestehen auch nach Mendoza über Córdoba oder Rosario, Salta und El Calafate (über Buenos Aires). LAN (www.lan.com) bedient ebenfalls die Route nach Buenos Aires.

Vom **Busbahnhof** (Ecke Av Córdoba & Misiones) bestehen Verbindungen in alle Landesteile.

Auf der anderen Seite der Grenze in Foz do Iguaçu starten innerbrasilianische Busverbindungen. Einige dieser Busse fahren in Puerto Iguazú ab oder bieten eine kostenlose Anbindung per Taxi.

Busse ab Puerto Iguazú

REISEZIEL	FAHRPREIS (ARG$)	FAHRZEIT (STD.)
Buenos Aires	1212	17–19
Córdoba	1306	22
Corrientes	527	9–10
Posadas	258	4½-6
Resistencia	542	10–11
San Ignacio	140–180	4–5

❶ Unterwegs vor Ort

Four Tourist Travel (☎03757-420681, 03757-422962) unterhält einen Shuttle-Dienst vom Flughafen für 90 Arg$ pro Pers., der bei Ankunft der meisten Flüge bereitsteht; von der Stadt aus muss man die Fahrt im Voraus buchen. Eine *remise* kostet 250 Arg$ vom und 200 Arg$ zum Flughafen, der 25 km außerhalb der Stadt liegt.

Vom innerstädtischen Teil des Busbahnhofs fahren regelmäßig Busse nach Foz do Iguaçu/Brasilien (20 Arg$ oder 4 R$, 35 Min., 6.30–18.30 Uhr stündl.) und Ciudad del Este/Paraguay (30 Arg$, 1 Std., 6.50–17.45 Uhr 7-mal tgl.). Außerdem fahren Busse direkt zur brasilianischen Seite der Iguazú-Fälle (hin & zurück 80 Arg$, 8.30–14.30 Uhr stündl., letzte Rückfahrt 17 Uhr).

Ein Taxi nach Foz kostet etwa 200 Arg$, zur brasilianischen Seite der Iguazú-Wasserfälle sind es hin und zurück 450 Arg$. Das *Remise*-Büro im Busbahnhof sollte man meiden: Es ist teurer als andere. Handeln lohnt sich immer. Besonders empfehlenswert ist der Taxi-Stopp an der Córdoba gegenüber El Mensú, dort findet man immer wieder gut informierte, mehrsprachige Fahrer und Wagen mit Taxameter.

Mit den lokalen Bussen sind Hotels an der Straße zu den Wasserfällen oder auch die Markierung am Grenzdreieck gut zu erreichen. Eine Fahrt kostet 7 Arg$.

Jungle Bike (☎03757-423720; www.jungle bike.com.ar; Av Misiones 44; Fahrradverleih pro Std./Tag 40/150 Arg$; ⊙8–20.30 Uhr) Dieser Fahrradverleih in der Nähe des Busbahnhofs bietet auch geführte Exkursionen an. Mountainbikes sind für ungefähr 250 Arg$ pro Tag zu haben.

Parque Nacional Iguazú
☎03757

Auf der argentinischen Seite der grandiosen Iguazú-Wasserfälle hat dieser **Park** (☎03757-491469; www.iguazuargentina.com; Erw. Ausländer/Mercosur-Bürger/Argentinier 260/200/160 Arg$, Kind 65/50/40 Arg$, Parken 70 Arg$;

Die Iguazú-Fälle

Es gibt weltweit nur wenige so spektakuläre Orte wie diese majestätischen Was-
serkaskaden an der Grenze zu Brasilien.
Die Fälle sind zugänglich, liegen in einem
üppigen Tropendschungel und vermitteln
einen unvergesslichen Nervenkitzel.

Die brasilianische Seite

Man sollte sich zunächst von der brasilianischen Seite (S. 242) aus nähern, um
das Panorama zu genießen, das sich
von einem kurzen Aussichtspfad inmitten eines Nationalparks vor den Augen
des Betrachters entfaltet. Eine Kaskade
nach der anderen kommt in den Blick,
bevor der Pfad dann unterhalb des Salto
Floriano endet (S. 242).

Garganta del Diablo

Das Highlight der Wasserfälle ist die
„Teufelskehle". Man überquert den sanft
dahingleitenden Fluss Iguazú und blickt
dann zum hinabstürzenden Wasser hinunter, das dem Besucher die Urgewalten
der Natur vor Augen und Ohren führt
und ihm fast den Atem raubt (S. 229).

Die argentinische Seite

Zwei Laufwege, einer oben, einer unten
gelegen, bringen den Betrachter nah an
das tosende Wasser. Hier kann man fantastische Fotos machen, wird allerdings
auch nass dabei (S. 229).

Bootsausflüge

Flotte Motorboote fahren die Touristen,
die auf Nervenkitzel aus sind, direkt
unter den größten Wasserfall auf der
argentinischen Seite (S. 233). Auf der brasilianischen Seite werden auch ruhigere
Kajak- und Floßexkursionen angeboten
(S. 243).

Dschungelpfade

In den Nationalparks auf beiden Seiten
des Flusses gibt es Dschungelpfade, auf
denen es tolle Tiere und Pflanzen zu
sehen gibt (S. 232 & S. 242).

1. Der Foz do Iguaçu (S. 243) auf brasilianischer Seite
2. Befestigter Weg im Regenwald bei den Iguazú-Fällen
3. Nasenbären

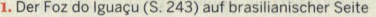

R.M. NUNES/SHUTTERSTOCK ©

ALEKSANDRA H. KOSSOWSKA/SHUTTERSTOCK ©

DER MISIONES-REGENWALD OHNE DIE MASSEN

Der Iguazú-Regenwald ist ein fantastischer Lebensraum für Vögel, Pflanzen, Insekten und Säugetiere, aber der Massentourismus an den Wasserfällen bringt es mit sich, dass Besucher wahrscheinlich nicht so viele Tiere sichten, wie sie sich gewünscht hätten. Wer mehr sehen möchte, kann die Ostseite des Parks ansteuern. Rund um den Ort Andresito, der vom *Mate*-Anbau lebt, stehen mehrere Lodges, darunter die ausgezeichnete **Surucuá** (☎ 0376-15-437-1046; www.surucua.com; Andresito; EZ/DZ inkl. Transfers & Vollpension 172/276 US$, 2 Tage 310/496 US$; ☎ ☒) ✍ mitten im Regenwald. Sie wird von einem sympathischen jungen Paar aus Misiones geleitet. Rustikale, aber komfortable Unterkünfte und köstliche Hausmacherkost aus lokalen Zutaten werden durch Aktivitäten wie Regenwaldwanderungen und denkwürdige Kanufahrten zwischen den Flussinseln ergänzt. Es ist ein Paradies für Vogelbeobachter, mehr als 200 Arten wurden hier gesichtet, darunter Trogone, Tukane, Kolibris und Schnurrvögel. Entspannung ist garantiert, denn es gibt einen Swimmingpool, aber keinen Handyempfang – dafür allerdings WLAN. Mehrtägige Aufenthalte sind billiger, und die Gäste werden von Andresito abgeholt. In diesen Ort fahren täglich vier Busse von Puerto Iguazú (100 Arg$, 2½ Std.).

⊙ 8–18 Uhr) viel zu bieten, nicht zuletzt eine Menge guter Wanderwege. Der weitläufige Gebäudekomplex am Eingang verfügt über verschiedene Annehmlichkeiten wie Schließfächer (50 Arg$), einen Geldautomaten – alles muss bar in Peso bezahlt werden – und ein Restaurant. Die Ausstellung Yvyráretá beschäftigt sich mit dem Park und dem Leben der Guaraní und richtet sich vorrangig an Schülergruppen. Am Ende des Komplexes liegt der Bahnhof. Von dort fährt alle halbe Stunde ein Zug zum Bahnhof Cataratas, wo der Weg zum Wasserfall beginnt, und zur Garganta del Diablo. Wer lieber zu Fuß geht: Es sind nur 650 m auf dem Sendero Verde bis zum Bahnhof Cataratas und noch einmal 2,3 km bis zur Garganta. Unterwegs bekommt man oftmals Kapuzineraffen zu sehen.

Die Attraktionen des Parks reichen für einen mehrtägigen Besuch; der Eintrittspreis reduziert sich um die Hälfte, wenn man am nächsten Tag wiederkommt. Um den Rabatt zu erhalten, muss man allerdings die Eintrittskarte am ersten Tag beim Hinausgehen abstempeln lassen.

⦿ Sehenswertes

Es lohnt sich wirklich, um 9 Uhr morgens hier zu sein: Die Plankenwege sind schmal, und es beeinträchtigt das Erlebnis ziemlich, wenn man bei brütender Hitze und hoher Luftfeuchtigkeit in einer Polonaise von Reisegruppen feststeckt. Drei Rundwege über eine Reihe von Pfaden, Brücken und *pasarelas* (Plankenwege) ermöglichen die Besichtigung.

★ Paseo Inferior   WASSERFALL

Dieser Rundweg (1400 m) führt hinunter zum Fluss (er ist großenteils barrierefrei) und kommt den Wasserfällen unterwegs erfreulich nahe. Am Ende des Weges wartet eine ordentliche Dusche am Rand des Salto Bossetti auf diejenigen, die sich weit vorwagen. Ein kleines Stück weiter können Besucher eine kostenlose Fähre für die kurze Überfahrt zur Isla San Martín nutzen. An derselben Weggabelung gibt es Karten für die beliebten Bootsfahrten unter die Wasserfälle zu kaufen.

Isla San Martín   INSEL

Am Ende des Paseo Inferior befördert eine Fähre Besucher kostenlos zu dieser Insel. Dort gibt es einen weiteren Pfad, der einen besonders nahen Blick auf mehrere Wasserfälle ermöglicht, z. B. auf den Salto San Martín, einen riesigen, wilden Wasserkessel. Die Leeseite der Insel eignet sich gut für ein Picknick und zum Baden. Dabei darf man sich nicht zu weit vom Strand entfernen. Bei hohem Wasserstand – und der kommt weit häufiger vor als ein niedriger – ist ein Zugang zur Insel nicht möglich.

★ Paseo Superior   WASSERFALL

Der Paseo Superior liegt auf 1750 m Höhe und verläuft durchgehend flach (und barrierefrei). Er führt vorbei an mehreren Aussichtspunkten am oberen Teil der Kaskaden und gewährt tolle Ausblicke auf weitere Wasserfälle auf der anderen Seite. Ein erst kürzlich erbauter Schlussabschnitt überquert eine breite Stelle des Rio Iguazú und endet oberhalb des mächtigen Salto San Martín; auf dem Rückweg geht es über die diversen Flussinseln.

⭐ Garganta del Diablo WASSERFALL

Ein 1,1 km langer Laufsteg über den trägen Río Iguazú führt zu einem der spektakulärsten Naturschauspiele unseres Planeten, dem „Teufelsschlund". Die Aussichtsplattform liegt direkt über der tosenden Sturzflut, einer ohrenbetäubenden Kaskade, die sich ins Bodenlose zu ergießen scheint; die Gischt, die die Zuschauer völlig durchnässt, verbirgt den unteren Teil der Wasserfälle und steigt in einer Wolke auf, die noch viele Kilometer weit zu sehen ist. Es ist ein majestätischer und ehrfurchtgebietender Ort; man sollte ihn sich als krönenden Abschluss des Besuchs aufheben.

Vom Bahnhof Cataratas geht es per Zug oder zu Fuß zur 2,3 km entfernten Station Garganta del Diablo. Der letzte Zug zur Garganta fährt um 16 Uhr ab, und es ist sehr zu empfehlen ihn zu nehmen, weil es dann dort nicht mehr gar so voll ist. Wer zu Fuß geht, wird um diese Tageszeit eine ganze Menge Tiere zu Gesicht bekommen. Eine andere gute Option ist ein Besuch um die Mittagszeit; die meisten organisierten Touren legen gegen 13.30 Uhr eine einstündige Essenspause ein.

🏃 Aktivitäten

Relativ wenige Besucher wagen sich aus der unmittelbaren Umgebung der Wasserfälle hinaus, um die Waldlandschaft und die Tierwelt des Parks zu erleben; dabei ist ein solcher Vorstoß wirklich lohnend. Auf den Pfaden rund um die Wasserfälle gibt es große Eidechsen, Nasenbären, Affen und Vögel zu entdecken; viel mehr bekommt man aber auf einem der wenigen Pfade durch den dichten Wald zu sehen.

Sendero Macuco ANGELN

Der Dschungelpfad führt durch dichten Regenwald zu einem beinahe verborgenen Wasserfall, dem Salto Arrechea. Die ersten 3 km des Weges zum oberen Teil des Wasserfalls sind weitestgehend eben; um zum Fuß des Wasserfalls und weiter zum Río Iguaçu zu gelangen, muss man aber einen insgesamt etwa 650 m langen, steilen und schlammigen Pfad hinunter. Vom Ausgangspunkt ist für eine Strecke mit etwa 1¼ Stunden zu rechnen.

Am Wasserfall kann man baden. Der frühe Morgen ist die beste Zeit mit guten Chancen, Wildtiere zu entdecken. Der letzte Einlass ist um 15 Uhr. Am Informationsschalter ist ein Führer mit Karte erhältlich

👉 Geführte Touren

Safaris Rainforest REGENWALDTOUR

(☎ 03757-491074; www.rainforest.iguazuargentina. com) Einen kenntnisreichen Führer zu engagieren, ist die beste Methode, um Flora und Fauna des Parque Nacional Iguazú wirklich zu würdigen. Der Veranstalter bietet kombinierte Ausflüge zu Fuß und per Fahrzeug: Die Safari a la Cascada führt zum Arrechea-Wasserfall (380 Arg$, 90 Min.); noch interessanter ist die Safari en la Selva (450 Arg$, 2 Std.), eine Tour in einen kaum vom Tourismus berührten Teil des Parks mit Erläuterungen zur Kultur der Guaraní.

Die Gruppen sind klein, und man muss dafür eine Eintrittskarte zu den Wasserfällen kaufen. Für die Starts am Vormittag kann man sich vom Hotel abholen lassen, nachmittags ist der Transfer zurück nach Puerto Iguazú im Preis enthalten. Am besten bucht man im Voraus telefonisch, online oder an einem der Informationsstände an den Wasserfällen.

Iguazú Jungle Explorer BOOTSTOUR

(☎ 03757-421696; www.iguazujungle.com) Der Veranstalter bietet drei miteinander kombinierbare Touren: Besonders beliebt ist die kurze Bootsfahrt vom Paseo Inferior, die direkt unter dem Wasserfälle führt (350 Arg$). – Adrenalin pur! Gran Aventura verbindet die Tour mit einer Fahrt durch den Dschungel (650 Arg$). Beim Paseo Ecológico (200 Arg$) geht es um die Tierwelt. Im Schlauchboot fahren die Teilnehmer von den Wasserfällen stromaufwärts.

Vollmondwanderung WANDERUNG

(☎ 03757-491469; www.iguazuargentina.com/en/luna-llena) An fünf aufeinanderfolgenden Abenden im Monat stehen geführte Wanderungen zur Garganta del Diablo auf dem Programm. Die Touren starten dreimal pro Abend. Die erste, um 20 Uhr, bietet das Schauspiel des aufgehenden Vollmonds, bei der letzten, um 21.30 Uhr, sind die Wasserfälle hell erleuchtet. Tiere bekommt man eher nicht zu sehen. Im Preis (500 Arg$) sind Eintritt und ein Getränk enthalten; Abendessen kostet extra (200 Arg$). Es empfiehlt sich, im Voraus zu buchen, denn die Plätze sind begrenzt. Für die Vollmondwanderer werden zusätzliche Busse ab Puerto Iguazú eingesetzt.

DIE IGUAZÚ-FÄLLE & DER NORDOSTEN PARQUE NACIONAL IGUAZÚ

🛏 Schlafen & Essen

Innerhalb des Parque Nacional Iguazú gibt es lediglich ein Hotel. Die zahlreich vertretenen Snackbars offerieren erwartungsgemäß überteuerte Erfrischungen. Das Essen ist schrecklich; viel besser ist es, ein vor Nasenbären sicheres Picknick mitzubringen, in einem der beiden Büfett-Restaurants zu essen oder zum Mittagessen ins Sheraton Iguazú zu gehen.

Sheraton Iguazú   HOTEL **$$$**
(☎ 03757-491800; www.sheraton.com/iguazu; Zi. Standard mit Blick auf den Wald/Wasserfall ab 330/390 US$; ✳@🛜🏊) Seine Alleinstellung im Parque Nacional Iguazú und der Blick flussaufwärts auf die Garganta del Diablo sind Privilegien, die das Sheraton mit – kürzlich renovierten – geräumigen Zimmern mit Balkon festigt. Auch der Blick zur Regenwaldseite ist hübsch. Es gibt einen schönen Outdoor-Bereich mit Swimmingpool, außerdem drinnen einen beheizten Pool und eine Wellness-Anlage. Die genannten Preise gelten bei Online-Buchung: Vor Ort sind sie jedoch doppelt so hoch.

Das Restaurant bietet nur eine begrenzte Auswahl (Hauptgerichte 320–390 Arg$). WLAN auf dem Zimmer kostet extra. Außerhalb der Öffnungszeiten ist der Zugang zum Park untersagt. Pro Aufenthalt ist einmal die Eintrittsgebühr für den Park zu zahlen.

La Selva   BÜFETT **$$**
(www.iguazuargentina.com; Büfett 260 Arg$; ⏲11–15.30 Uhr) Während unseres Besuchs haben wir so viel Gutes über das Restaurant in der Nähe des Haupteingangs zum Parque Nacional Iguazú gehört, dass wir schon das Schlimmste befürchteten. Tatsächlich ist es ganz in Ordnung. Es gibt ein Büfett mit warmen und kalten Gerichten und – gegen Aufpreis – *parrillada*. Die Preise sind deutlich überhöht, aber die Infostände geben Voucher aus, die einen erheblichen Rabatt (um 40 %) anbieten. Dort sollte man also zuerst vorbeischauen.

Fortín   BÜFETT **$$**
(www.fortincataratas.com; All-you-can-eat-Mahlzeiten 250 Arg$; ⏲10–16 Uhr) Das Lokal liegt günstig in der Nähe der Stege zu den Wasserfällen, Paseo Inferior und Superior. Das überteuerte Büfett ist mit eher mittelmäßigen *Parrilla*-Gerichten bestückt. Man sollte unbedingt versuchen, einen günstigeren Preis auszuhandeln. Ein Bier auf der Terrasse ist eine vernünftige Alternative.

ℹ An- & Weiterreise

Der Parque Nacional Iguazú liegt 20 km südöstlich von Puerto Iguazú. Vom Busbahnhof in Puerto Iguazú fährt zwischen 7.20 und 19.20 Uhr alle 20 Minuten ein Bus zum Park (50 Arg$, 40 Min.), die Rückfahrten starten zwischen 7.50 und 19.50 Uhr. Die Busse halten auf Wunsch an mehreren Stellen entlang der Schnellstraße. Ein Taxi von der Stadt zum Parkeingang kostet 250 Arg$ (hin & zurück 400 Arg$).

Gran Chaco

Der Gran Chaco ist eine riesige Schwemmlandebene, die sich vom nördlichen Teil der Provinzen Santa Fe und Córdoba über das ganze Gebiet von Chaco und Formosa bis nach Paraguay, Bolivien und Brasilien hinein erstreckt. Die Westseite, der Chaco Seco (trockener Chaco), wird auch „der Undurchdringliche" genannt, weil es auf der endlosen, mit Dornengebüsch bewachsenen Ebene kaum Wasser gibt. Die Ostseite ist dagegen äußerst fruchtbar und ein wichtiger Lebensraum für Tiere.

Die Abholzung der Wälder schreitet hier rasch voran; große Flächen werden gerodet, um Soja anzubauen. Argentinien zählt inzwischen zu den wichtigsten Erzeugerländern des Produkts. Leidtragende sind die Toba, deren traditioneller Lebensraum zerstört wird.

Eine Fahrt durch den Gran Chaco auf der nördlichen RN81 von Formosa nach Salta ist eine interessante Option auf einer überwiegend ordentlich gepflasterten Straße.

Proteste von indigenen Gemeinschaften und anderen Gruppen blockieren häufig vorübergehend Straßen im Chaco – dann heißt es, geduldig sein und die Wartezeit mit einem Gespräch mit den Demonstranten überbrücken.

Resistencia

☎ 0362 / 385 700 EW.
Die glühend heiße Provinzhauptstadt liegt am Rand des kaum bevölkerten Chaco, dem „Outback" im Norden von Argentinien. Man sollte nicht glauben, dass Resistencia ein heißer Kandidat auf den Titel des künstlerischen Zentrums von Nordargentinien ist. Doch die Straßen der Stadt sind mit mehreren Hundert Skulpturen gespickt, und es besteht ein starker Hang zur Bohemekultur. Sie bildet einen krassen Gegensatz zum rauen und einsamen Leben zwischen Vieh und Gestrüpp, das die Provinz kennzeichnet.

Resistencia

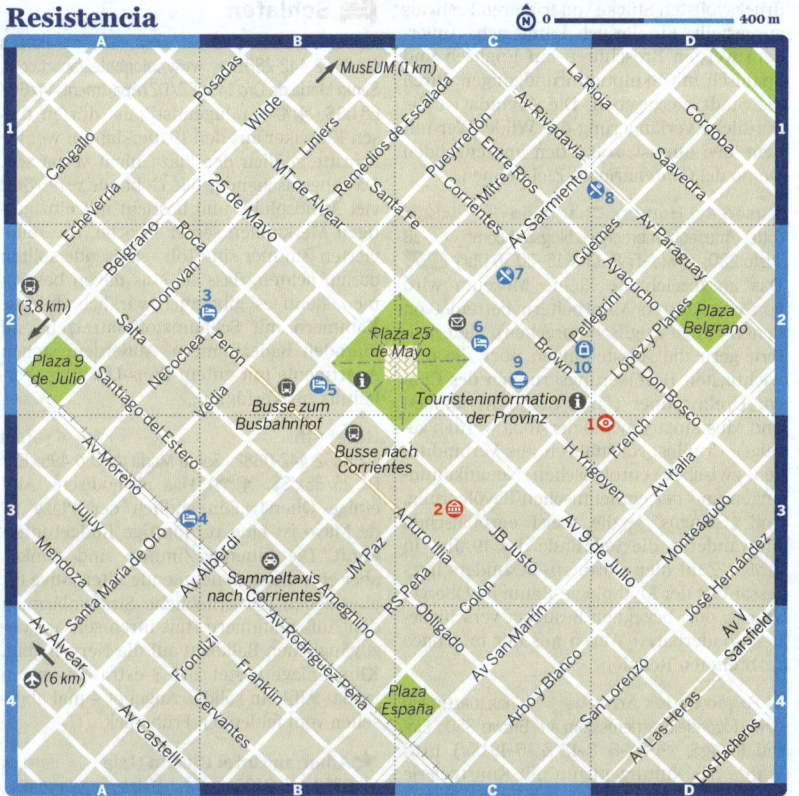

Resistencia

◎ Sehenswertes
1 El Fogón de los Arrieros D3
2 Museo del Hombre Chaqueño C3

🛏 Schlafen
3 Amerian Hotel Casino Gala B2
4 Hotel Alfil...A3
5 Hotel Colón B2
6 Niyat Urban Hotel C2

✕ Essen
7 Coco's Resto C2
8 Juan Segundo D1

🍷 Ausgehen & Nachtleben
9 El Viejo Café C2

🛍 Shoppen
10 Fundación Chaco Artesanal C2

◉ Sehenswertes

Bei der letzten Zählung waren es ungefähr 600 **Skulpturen**, die die Stadt schmücken, und ihre Zahl steigt mit jeder Biennale. Die Straßen sind voll davon; besonders rund um die Plaza und an der Avenida Sarmiento Richtung Norden stehen zahlreiche dieser Kunstwerke. Zu jeder Biennale erscheint eine Broschüre mit einem Skulpturenrundgang durch die Stadt. Einheimische können

einzelne Stücke zu einem symbolischen Preis erwerben, müssen sie aber am Straßenrand ausstellen.

★ MusEUM
GALERIE

(www.bienaldelchaco.com; Av de los Inmigrantes 1001; ⊙ Mo-Sa 9.30–13.30 & 16–20 Uhr) GRATIS
Der Ausstellungsraum und das Gelände bilden das Zentrum und den Treffpunkt der Skulpturenbiennale. Hier sind viele der ein-

druckvollsten Stücke von früheren Festivals ausgestellt. Ein Besuch lohnt sich. Außerdem werden Broschüren auf Englisch und Spanisch mit Skulpturenrundgängen durch die Stadt ausgegeben. Die Avenida ist die nördliche Verlängerung der Wilde. Wer mit dem Taxi anreist, sollte den angrenzenden Domo del Centenario als Ziel nennen.

Museo del Hombre Chaqueño   MUSEUM
(http://museohombrechaco.blogspot.com; JB Justo 280; ⏰ Mo–Fr 8–13 & 15–20.30 Uhr) GRATIS Das ausgezeichnete kleine Museum wird von engagierten Mitarbeitern betreut (von denen einige Englisch sprechen). Sie erläutern gern die Ausstellungen über die drei wichtigsten Bevölkerungsgruppen des Chaco: Ureinwohner (fantastische Keramiken und Musikinstrumente der Toba werden gezeigt), Criollos, Nachfahren aus Verbindungen zwischen europäischen Neuankömmlingen und der einheimischen Bevölkerung, und „Gringos" – die meist europäischen Einwanderer, die seit Ende des 19. Jhs. in großer Zahl hier eintrafen. Besonders interessant ist der Mythologie-Raum im Obergeschoss; dort begegnen Besucher verschiedenen sonderbaren Wesen aus der im Chaco verbreiteten Religion.

El Fogón de los Arrieros   KULTURZENTRUM
(www.fogondelosarrieros.com.ar; Brown 350; Eintritt 10 Arg$; ⏰ Mo–Fr 8–12 & 16–19 Uhr) 1943 wurde das Kulturzentrum mit Kunstgalerie gegründet, das jahrzehntelang treibende Kraft hinter dem künstlerischen Engagement der Stadt war. Es ist berühmt für seine erlesene Sammlung von Kunstobjekten aus dem Chaco und dem übrigen Argentinien. Das Museum präsentiert außerdem Holzschnitzarbeiten des lokalen Künstlers und Kulturaktivisten Juan de Dios Mena. Bemerkenswert sind die respektlosen Epitaphe auf verstorbene Gönner im Erinnerungsgarten; er wird „Colonia Sálsipuedes" (geh, wenn du kannst) genannt.

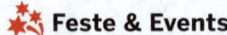 Feste & Events

Bienal de Escultura   SKULPTUREN
(www.bienaldelchaco.com) In geraden Jahren lädt die Stadt in der dritten Juliwoche zehn renommierte argentinische und internationale Bildhauer ein. Diese richten sich rund um den Brunnen im MusEUM ein und haben dann sieben Tage Zeit, um unter den Augen der Öffentlichkeit eine Skulptur zu erschaffen. Jedes Mal steht ein anderes Material zur Verfügung.

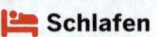 Schlafen

Hotel Colón   HOTEL $
(☎ 0362-442-2861; www.colonhotelyapart.com; Santa María de Oro 143; EZ/DZ/Apartment 44/60/68 US$; ❄@🖥) Jugendstilfans dürfen diesen Klassiker aus den 1920er-Jahren wenige Schritte südlich der Plaza nicht verpassen. Das überraschend große Gebäude verströmt viel Atmosphäre und besticht mit einzigartigen Merkmalen seiner Epoche. Die renovierten Zimmer sind toll – Reisende sollten darauf achten, dass sie eins davon bekommen, denn es gibt auch wirklich dubiose Kammern mit Schaumstoffmatratzen und maroden Badezimmern. Außerdem stehen Apartments mit gutem Preis-Leistungs-Verhältnis zur Verfügung.

Hotel Alfil   HOTEL $
(☎ 0362-442-0882; Santa María de Oro 495; EZ/DZ 25/35 US$; ❄🖥) Das altmodische Alfil einige Querstraßen südlich der Plaza 25 de Mayo ist eine vernünftige Budgetunterkunft. Die inneren Zimmer sind dunkel, aber eine ernst zu nehmende Alternative für alle, denen der erhebliche Straßenlärm in den Außenzimmern (mit ihren seltsam unzugänglichen Balkons) auf die Nerven geht. Klimaanlage kostet 2 US$ extra, ansonsten ist das Alfil ein solides Angebot – mal abgesehen vom fehlenden Frühstück.

★ Amerian Hotel Casino Gala   HOTEL $$
(☎ 0362-445-2400; www.hotelcasinogala.com.ar; Perón 330; EZ/DZ 113/125 US$; ❄@🖥) Das Hotel ist die nobelste Unterkunft in der Stadt. Es verfügt über Zimmer verschiedener Kategorien und einen reibungslosen Service. Die Zimmer sind für diesen Preis ausgezeichnet: sehr geräumig, mit attraktiven Podesten versehen, etwas finster, dafür aber elegant und mit beinahe asiatischem Flair eingerichtet. Außer den Spielautomaten existieren eine Sauna, ein Fitnessraum und ein separater Wellnessbereich. Der riesige Swimmingpool im Freien mit Bar ist eines der Highlights.

Niyat Urban Hotel   HOTEL $$
(☎ 0362-444-8451; www.niyaturban.com.ar; Yrigoyen 83; EZ/DZ 73/82 US$; ❄@🖥) Glänzend und ziemlich selbstbewusst präsentiert sich das Hotel an der Plaza. Es bietet ausgezeichneten Service und viel Gegenwert fürs Geld mit seinen blitzenden, aber sehr kleinen modernen Zimmern mit tollen Bädern, bequemen Betten und großen Flachbildfernsehern. Einige Zimmer schauen hinaus auf

INS UNDURCHDRINGLICHE VORDRINGEN

Wer gern mal die ausgetretenen Touristenpfade verlässt, für den sind die abgelegenen Bereiche des Chaco genau das Richtige. Von Castelli geht es auf *ripio* (Schotterstraße) nach Westen zum abgelegenen Fuerte Esperanza (auf dieser Route fahren Busse und Sammel-*remises*). Ganz in der Nähe befinden sich zwei Naturschutzgebiete – **Reserva Provincial Fuerte Esperanza** und **Reserva Natural Loro Hablador**. Beide sind für den Chaco typische Trockengebiete mit Mesquite- und Quebrachobäumen, Gürteltieren, Nabelschweinen und vielen Vogelarten. **Loro Hablador**, 40 km von Fuerte Esperanza entfernt, besitzt eine üppigere Vegetation, einen guten Campingplatz und kurze Wanderwege. Es grenzt an den ähnlichen **Parque Nacional Copo** in der Provinz Santiago del Estero. In Fuerte Esperanza gibt es einfache *hospedajes* (Gästehäuser). Die **Misión Nueva Pompeya** weiter nördlich wurde 1899 von Franziskanermönchen gegründet. Sie richteten hier unter harten Bedingungen eine Missionsstation für Matacos ein. Das Hauptgebäude mit seiner Kirche mit dem quadratischen Turm ist ein überraschender Anblick an einem so abgelegenen Ort. In der Stadt findet man preiswerte Unterkünfte.

Mit die beste Möglichkeit für einen Besuch in diesem Gebiet besteht im Rahmen einer geführten Tour von Castelli aus. Aber Vorsicht: In den Sommermonaten kann es hier draußen unangenehm heiß werden.

den Platz. Außerdem gibt es einen Fitnessraum mit Aussicht und eine kleine Wellnessanlage mit Sauna und Jacuzzi im Freien.

 Essen

Juan Segundo ARGENTINISCH $$
(Av Paraguay 24; Hauptgerichte 105–180 Arg$; ⏱ tgl. 12–14, Di–Sa auch 21–0.30 Uhr; ☎) Die lässig elegante Innenausstattung mit Kacheln im Schachbrettmuster und einladenden Tischen im Freien sind deutliche Pluspunkte für dieses Restaurant in einem hochpreisigen Viertel. Zur Auswahl stehen vernünftige *Parrilla*-Speisen und Salate sowie sehr schmackhafte Fisch- und Fleischgerichte mit raffinierten Soßen. Die Weinkarte ist klein und enthält nur wenige günstige Optionen. Für Kinder gibt es einen Spielplatz.

No Me Olvides ARGENTINISCH, BAR $$
(Laprida 198; Hauptgerichte 90–175 Arg$; ⏱ 6–3 Uhr; ☎) Riesige Fenster und Räume mit hohen Decken lassen das beliebte Lokal viel größer erscheinen, als es ist. Dynamische Bilder, Papierlampenschirme und künstlerische Details sorgen für Schwung und Farbe. Wie die heroischen Öffnungszeiten nahelegen, gibt es hier alles vom Frühstück bis zum spätabendlichen Cocktail. Die Speisekarte ist etwas überteuert, aber die Pasta, Ciabattas und *lomitos* sind wirklich ausgezeichnet.

Coco's Resto ARGENTINISCH $$
(Av Sarmiento 266; Hauptgerichte 110–160 Arg$; ⏱ Mo–Sa 12–14.30 & 20.30–24, So 12–14.30 Uhr; ☎) Das intime, geschmackvoll eingerichtete Restaurant in den beiden vorderen Zimmern eines Hauses ist besonders bei Anzugträgern aus dem nahe gelegenen Provinzparlament beliebt. Eine umfassende Karte mit Pasta, Fleisch in verschiedenen Soßen und Flussfisch sowie eine umfangreiche Weinkarte machen das Lokal zu einer angenehmen Chaco-Wahl.

Ausgehen & Nachtleben

El Viejo Café CAFÉ
(Pellegrini 109; ⏱ 6–3 Uhr; ☎) Das Café in einem eleganten alten Gebäude mit sorgfältig dekorierten Räumlichkeiten ist zu jeder Tageszeit eine gute Wahl. Für einen Drink zum Sonnenuntergang empfiehlt sich die Terrasse. Am Wochenende geht es später am Abend lebhaft zu, denn dann wird normalerweise Livemusik gespielt. Außerdem gibt es ordentliches, wenn auch unspektakuläres Essen (Hauptgerichte 65–110 Arg$).

Shoppen

An der Südseite der Plaza 25 de Mayo stehen mehrere *Artesanía*-Verkaufsstände.

Fundación Chaco Artesanal KUNSTHANDWERK
(fundacionchacoartesanal@gmail.com; Pellegrini 272; ⏱ Mo–Fr 9–12.30 & 16.30–19.30 Uhr) 🖊 Hier finden Besucher eine Auswahl an indigenem Kunsthandwerk sowie CDs vom Toba-Chor. Der Laden liegt im Obergeschoss des Centro Cultural Leopoldo Marechal.

ℹ Praktische Informationen

Hospital Perrando (☎ 0362-444-2399; Av 9 de Julio 1100)

Touristeninformation (☎ 0362-445-8289; Roca 20; ⊙ 7–12 & 14.30–20 Uhr) Auf der Südseite der Plaza 25 de Mayo.

Touristeninformation am Busbahnhof (www. chaco.travel; ⊙ Mo–Fr 7–20, Sa & So 7–9.30 & 18–20.30 Uhr) Im Busbahnhof. Gegenüber gibt es ein städtisches Büro.

Touristeninformation der Provinz (☎ 0362-445-3098; www.chaco.travel; López y Planes 185; ⊙ 7.30–20 Uhr) Die regionale Touristeninformation hat vernünftige und aktuelle Informationen zu den weiter entfernten Gebieten des Chaco.

ℹ An- & Weiterreise

Aerolíneas Argentinas (☎ 0362-444-5551; www.aerolineas.com.ar; Justo 184; ⊙ Mo–Fr 8–12.30 & 16.30–20, Sa 8–12 Uhr) fliegt täglich nach Buenos Aires.

Am **Busbahnhof** (☎ 0362-446-1098; Ecke MacLean & Islas Malvinas), 4 km südwestlich des Stadtzentrums, fahren Busse in alle Himmelsrichtungen. Regelmäßig drehen sie die Runde zwischen Corrientes und Resistencia (ab 25 Arg$, 40 Min.). Auch an der Avenida Alberdi

INDIGENE BEVÖLKERUNGSGRUPPEN IM GRAN CHACO

Mit etwa 50 000 Mitgliedern sind die Toba des Gran Chaco eine der größten indigenen Ethnien Argentiniens. Proteste werfen ein Licht auf die nackte Tatsache, dass viele Gemeinschaften unter dem Wegfall von Regierungseinrichtungen leiden und in verzweifelter Armut leben. Nur wenige Argentinier haben eine genauere Vorstellung von der Not dieses *pueblo olvidado* (vergessenes Volk).

In Resistencia leben die Toba in *barrios* (Vierteln), die vom Rest der Stadt getrennt sind. Doch wer sich weiter in den Chaco vorwagt, findet ohne Weiteres *asentamientos* (Siedlungen) der Toba. Außer einem gelegentlichen, von der Regierung errichteten Gesundheitszentrum bestehen alle Gebäude aus Lehm mit Stampfböden und Stroh- oder Wellblechdächern.

Die Toba nennen sich selbst Komlek (Qom-lik) und sprechen einen Dialekt der Guaycurú-Sprachfamilie, der vor Ort als Qom bekannt ist. Sie besitzen eine reiche Musiktradition (der Toba-Chor Coro Toba Chelaalapi ist als Unesco-Welterbe benannt). Bekannt sind die Toba für ihre Flechtkörbe und Keramik, aber auch für die *n'viké*, ihre Version der Fiedel, die sie aus Benzinkanistern bauen. Obwohl der Name sich auf das Geräusch bezieht, das ein Jaguar macht, wenn er seine Krallen an Baumrinde schärft, klingt das Instrument sehr melodisch.

Die zahlenmäßig stärkste indigene Gruppe der Region sind die Wichí, die mehr als 60 000 Menschen zählen. Weil sie extrem isoliert leben (fast 700 km von Resistencia entfernt im äußersten Nordwesten der Provinz Chaco und in den Provinzen Formosa und Salta), sind sie am stärksten von allen Gruppen ihrer Tradition verbunden. Sie bestreiten ihren Lebensunterhalt noch immer großenteils durch Jagen, Sammeln und Fischen. Die Wichí sind berühmt für ihren wilden Honig und ihre wunderschönen *Yica*-Taschen, die sie aus Fasern der Chaguar-Pflanze flechten. Diese Bromelienart ist in den Trockenregionen des Chaco heimisch.

Die Mocoví sind die drittgrößte indigene Bevölkerungsgruppe des Gran Chaco mit etwa 17 000 Menschen. Sie leben vorwiegend im Süden der Provinz Chaco und im nördlichen Santa Fe. Bis zur Ankunft der Europäer lebten die Mocoví vorwiegend als Jäger und Sammler, heute stützen sie sich vor allem auf Landwirtschaft und Saisonarbeit. Sie sind berühmt für ihre polierten Töpferwaren – ihre Erzeugnisse sind die am höchsten entwickelten unter den indigenen Keramikarbeiten des Chaco.

Weitere Informationen gibt es im Centro Cultural Leopoldo Marechal (☎ 0362-445-2738; Pellegrini 272; ⊙ Mo–Fr 9–14 & 16.30–19.30 Uhr) in Resistencia. Es stellt Kunsthandwerk aus und unterhält einen Laden, der von der Fundación Chaco Artesanal unterstützt wird. Auch ein Besuch im Museo del Hombre Chaqueño in Resistencia hilft weiter. Außerdem können Reisende ins Impenetrable reisen, um Toba oder Wichí zu besuchen. Ihre Gemeinschaften heißen Fremde willkommen; ein Besuch am Nachmittag, wenn oft das ganze Dorf gemeinsam Volleyball oder Fußball spielt, ist eine sehr gute Zeit, um die Leute kennenzulernen.

südlich der Plaza 25 de Mayo kann man einen Bus (7 Arg$) vom Stadtzentrum nach Corrientes besteigen. Schneller geht es per **Sammeltaxi** (Frondizi 416; ⊘ 24 Std.) (25 Arg$, 30 Min.).

Busse ab Resistencia

REISEZIEL	FAHRPREIS (ARGS$)	FAHRZEIT (STD.)
Asunción (Paraguay)	203	6
Buenos Aires	864	13–14
Córdoba	833	10–14
Posadas	287	4½–5
Puerto Iguazú	542	10–11
Salta	719	12–13
Santiago del Estero	586	8½–9½
Tucumán	675–735	11–12

❶ Unterwegs vor Ort

Der Aeropuerto San Martín liegt 6 km südlich der Stadt an der RN11; eine Fahrt mit der *remise* dorthin kostet etwa 80 Arg$.

Mit dem Taxi vom Stadtzentrum zum Busbahnhof zu fahren, kostet 80 Arg$, es geht aber auch mit den Buslinien 3, 9 oder 110 von Santa María de Oro nahe Perón. Zu Fuß sollte man die Strecke nicht zurücklegen: Reisende haben von Überfällen berichtet.

Eine Busfahrkarte für zwei Fahrten kostet 15 Arg$, erhältlich ist sie am Hauptladen im Busbahnhof oder in der Roca 35 an der Plaza.

Parque Nacional Chaco

Der sehr gut zugängliche **Park** (☎ 03725-499161; www.parquesnacionales.gob.ar) GRATIS umfasst verschiedene Ökosysteme, die feine Unterschiede im Geländerelief, Bodenbeschaffenheit und Niederschlagsmenge widerspiegeln. Unter Schutz stehen etwa 150 km² des feuchten Ostens des Chaco. Der Park liegt 115 km nordwestlich von Resistencia und ist über die RN16 und RP9 zu erreichen. Zugangsort ist Capitán Solari.

🏃 Aktivitäten

Besucher des Parks können in erster Linie Wandern und Vögel beobachten. Am Haupt-Campingplatz, wo es eine kleine Ausstellung gibt, beginnt ein leichter 2 km langer Rundweg, der über eine wackelige Brücke und durch den Wald führt und sich gut zur Vogelbeobachtung eignet. Nach einer 5 km langer Strecke, die man zu Fuß, mit dem Fahrrad oder Auto zurücklegen kann, stößt man auf einen kurzen Pfad, der zu Aussichtspunkten auf mehrere Seen

führt. Eine 12 km lange Straße, die für Autos, Fahrräder und Pferde geeignet ist, führt nach Süden zum See Panza de Cabra.

Es ist unerlässlich, sich mit genügend Insektenschutzmittel gegen die gierigen Mücken einzudecken.

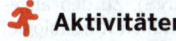 Schlafen & Essen

Der Campingplatz verfügt über Strom, Toiletten, Trinkwasser und Leihfahrräder. Zwar tauchen hier am Wochenende manchmal fliegende Händler auf, aber es ist besser, selbst Essen mitzubringen.

Hospedaje Los Quebrachos GÄSTEHAUS $ (José Luis Ávalos; ☎ 03725-15-454532; EZ/DZ 15/23 US$; ❊❊) Auf dem Weg zum Park und weniger als einen Kilometer vom Eingang entfernt steht diese typische kleine Chaco-Ranch, die ein Doppel- und ein Vierbettzimmer mit einer Küche vermietet. Es gibt auch einen kleinen Swimmingpool.

❶ An- & Weiterreise

La Estrella bietet täglich fünf Busverbindungen von Resistencia (57 Arg$, 2½ Std.) nach Capitán Solari; von dort sind es noch 5,5 km bis zum Park. Es ist ein angenehmer Spaziergang, aber das **Parkbüro** (www.parquesnacionales.gob. ar; Ecke Fernández & Galarza; ⊘ 9–15 Uhr) kann eventuell helfen. Andernfalls kommt man mit einer *remise* (100 Arg$) zum Park: Eine Liste mit Telefonnummern hängt an der Tür der **Touristeninformation** (Fernández & Plaza; ⊘ Mo–Fr 8.30–12 & 14.30–18, Sa & So 9–12 & 15–18 Uhr) am Platz.

Nach starken Regenfällen kann die Straße unpassierbar sein.

Roque Sáenz Peña

☎ 0364 / 96 900 EW.

Das prosperierende Presidencia Roque Sáenz Peña hat etwas von einer Grenzstadt. Es liegt weit draußen im Chaco und ist das Tor zum dahinter liegenden „Impenetrable". Der Ort ist für seine Thermalbäder bekannt; die Quellen wurden 1937 zufällig bei Trinkwasserbohrungen entdeckt. Roque eignet sich gut als reizvoller Zwischenstopp mit unverfälschter, freundlicher Atmosphäre.

🔴 Sehenswertes & Aktivitäten

Complejo Ecológico Municipal ZOO (Erw./Kind 20/8 Arg$, Fahrzeuge 20 Arg$; ⊘ 7.30–18 Uhr) An der Kreuzung von der RN16 und der RN95, ungefähr 4 km östlich der Innen-

RICHTUNG NORDEN NACH FORMOSA UND PARAGUAY

Busse fahren von Resistencia in die paraguayische Hauptstadt Asunción. Sie überqueren die Grenze im Norden Argentiniens in **Clorinda**, einer chaotischen Grenzstadt, die abgesehen von ihren geschäftigen Märkten wenig Interessantes zu bieten hat.

Ein schönerer Ort für einen Zwischenstopp ist das brütend heiße **Formosa**, eine mittelgroße Provinzhauptstadt zwei Busstunden nördlich von Resistencia. Hotels, Restaurants und andere Dienstleister sind an der Avenida 25 de Mayo zu finden. Sie verbindet die verschlafene Plaza mit der Uferpromenade am Río Paraguay – der beste Platz für einen Bummel, wenn die Hitze etwas nachgelassen hat.

Etwa 6 km außerhalb der Stadt bietet die **Laguna Oca** gute Möglichkeiten zur Vogelbeobachtung. Das gilt in noch höherem Maß für die übrige Provinz.

Weitere Gelegenheiten ergeben sich im **Parque Nacional Río Pilcomayo** (☎ 03718-470-045; www.parquesnacionales.gob.ar; RN86; ☺ 8–18 Uhr) 126 km nordwestlich von Formosa und 55 km westlich von Clorinda. Täglich verkehrende Busse verbinden diese Orte mit **Laguna Blanca**, einer gemächlichen Stadt, die vom Anbau von Zitrusfrüchten lebt. Hier eine preiswerte Unterkünfte – herausragend **Residencial Guaraní** (☎ 03718-470024; Ecke San Martín & Sargento Cabral; Zi. pro Pers. 18 US$; ☀) – und *remises* zu finden, die ihre Fahrgäste zum Nationalpark befördern. Die Hauptattraktion im Park heißt ebenfalls **Laguna Blanca**. Dort fahren Ranger mit den Besuchern in ihren Booten hinaus, um Tiere wie Kaimane zu beobachten.

Die herausragende Attraktion der Provinz Formosa ist der **Bañado la Estrella** (www.banadolaestrella.org.ar). Dieses faszinierende Feuchtbiotop, ein Überschwemmungsgebiet des Río Pilcomayo, birgt eine überraschende Vielfalt an Vogelarten; auch Alligatoren, Wasserschweine, ziemlich große Schlangen und wunderschöne Wasserpflanzen sind hier zu Hause. An den Straßen, die das etwa 200 km lange, wie ein Finger geformte Gebiet durchqueren, bekommt man eine Vielzahl verschiedener Tierarten zu sehen – man sollte das Fernglas nicht vergessen!

Besonders günstig liegt der Ort Las Lomitas 300 km westlich von Formosa; zu erreichen ist er mit Linienbussen auf der RN81 (197 Arg$, 5½–6 Std.). Von hier aus führt die gepflasterte RP28 Richtung Norden. Sie durchschneidet das Feuchtbiotop auf einem Damm, der 37 km nördlich von Las Lomitas beginnt und sich etwa 15 km weit erstreckt. In Las Lomitas gibt es verschiedene Unterkünfte, darunter das **Hotel Eva** (☎ 03715-432092; hotel_eva@hotmail.com; Av San Martín 250; Zi. 28–43 US$; ☀@☎), ein freundliches Haus, dessen dunkle Zimmer nicht so ganz der schicken, mit Steinen verkleideten Fassade entsprechen. Es lohnt sich allemal, den Aufschlag für ein mittelpreisiges Zimmer mit einem besseren Bett zu zahlen.

---

stadt, liegt dieser weitläufige Zoo und botanische Garten der Stadt. Der Schwerpunkt dieses Tiergartens liegt bei diversen Vogelarten und Säugetieren, die in der Chaco-Region zu finden sind, außerdem leben hier einige Löwen, Tiger und Bären – darüber hinaus gibt es einen verblüffend großen Hühnerhof.

Complejo Termal Municipal THERMALBAD
(☎ 0364-443-3177; www.facebook.com/complejo termalsp; Brown 545; ☺ 7.30–22 Uhr) Die berühmten Thermalbäder von Roque ziehen ihr Salinenwasser aus rund 150 m Tiefe. Die Anlage, die in den 1930er-Jahren entstand, befindet sich in einem ausgezeichneten Zustand. Zur Wahl stehen Thermalbäder

(81 Arg$) in individuellen Räumen, Sauna und türkisches Bad (54 Arg$) sowie ein großes Becken mit Wasserstrahlen und aufklappbarem Dach (81 Arg$). Zu den angebotenen Behandlungen zählen Kinesiologie, Massage und Aromatherapie.

🛏 Schlafen

Hotel Presidente HOTEL $
(☎ 0364-442-4498; San Martín 771; EZ/DZ 27/ 40 US$; ☀@☎) Die nette Budgetunterkunft liegt im Herzen der Stadt. Sie ist gut geführt und preiswert, die Mitarbeiter sind freundlich und die behaglichen Zimmer mit komfortablen Betten, Kühlschrank und Fön ausgestattet.

★ Atrium Gualok HOTEL $$

(☎ 0364-442-0500; www.atriumgualok.com.ar;
San Martín 1198; EZ/DZ 72/86 US$; ❄ @ 🛜 ≋)
Dieses schöne und moderne Hotel liegt
direkt neben der Wellness-Anlage und verströmt eine großzügige Atmosphäre. Die
Zimmer sind um ein zentrales Atrium grup-
piert, sind schick und minimalistisch eingerichtet und bieten ein tolles Preis-Leistungs-
Verhältnis. Es gibt einen attraktiven Bereich
rund um den Swimmingpool, einen eigenen
Wellness-Komplex und auch ein Kasino. Bei
Barzahlung wird ein deutlicher Preisnachlass gewährt.

 Essen

★ Raices PARRILLA $

(Parera 560; Hauptgerichte 60–105 Arg$; ⊙ Mo–
Sa 10.30–15 & 19.30–1, So 10.30–15 Uhr) Das
recht gesellige und einladende Nachbar-
schafts-Restaurant befindet sich lediglich
ein paar Häuserblocks nördlich den Zentrums und ist den kleinen Bummel wert.
Gäste sollten zunächst den riesigen Grill in
Augenschein nehmen, bevor sie das Lokal
betreten, um danach ein wirklich leckeres
vacío (Flanksteak), köstliches Hähnchen
und andere Grillklassiker zu genießen.

Ama'nalec EIS $

(Moreno 601; Eis 20–60 Arg$; ⊙ 8–23.45 Uhr; 🛜)
Der gut besuchte Eckladen stellt verführeri-
sche kleine Gebäckstücke und sehr leckeres
Eis her – ein Segen angesichts der lähmen-
den Hitze. Es gibt einige spezielle Kreationen mit ungewöhnlichen Geschmacksrich-
tungen: Feigen in Cognac ist schon einen
Versuch wert.

ℹ An- & Weiterreise

Der **Busbahnhof** (☎ 0364-420280; Petris,
zwischen Avellaneda & López) liegt sieben
Querstraßen östlich der Innenstadt. Regelmäßig fahren Busse nach Resistencia (102 Arg$,
2 Std.), und es gibt Verbindungen Richtung
Westen nach Salta, Tucumán, Santiago del Estero und Mendoza.

Juan José Castelli

☎ 0364 / 27 200 EW.
Castelli, ein recht wohlhabendes Dienstleistungszentrum für die Landwirtschaft, wirkt
grün und fruchtbar, ist aber zugleich das
Tor zu der trockeneren Wildnis des Impenetrable im Westen. Mit mehreren ausgezeichneten Unterkünften ist die Stadt eine tolle
Basis für die Erkundung des Chaco.

☞ Geführte Touren

★ EcoTur Chaco AUTOFAHRT

(Carlos Aníbal Schumann; ☎ 0364-447-1073; www.
ecoturchaco.com.ar; Av San Martín 500) Der sympathische Carlos ist ein leidenschaftlicher
Chaco-Experte und bietet denkwürdige
Ausflüge mit dem Allradfahrzeug an, die
direkt ins Herz der Region Impenetrable
führen – geografisch wie kulturell. Herausragend ist eine zweitägige Tour, die Straßen
zugunsten von Feldwegen meidet und indigene Gemeinschaften, einsame Siedlungen,
Schutzgebiete und Nationalparks berührt.
Tagestrips und Exkursionen mit Unterkunft
auf einer Ranch sind ebenfalls möglich.

🛏 Schlafen & Essen

In der Stadt und ihrer näheren Umgebung
existieren vier relativ gute Hotels, zwei davon liegen an der Fernstraße oder ganz in
deren Nähe.

Portal del Impenetrable HOTEL $

(☎ 0364-15-470-8848; www.hotelportaldelimpene
trable.com; Ruta 9; EZ/DZ 30/41 US$; ❄ @ 🛜)
Das weitläufige – beinahe schon zu weitläufige –, moderne Hotel am Ortseingang bietet
interessante Kunstwerke, einen effizienten
Service und große Zimmer. Es ist eine geräumige Chaco-Basis für die Hälfte des Preises,
die viele argentinische Hotels dieses Standards verlangen. Für ein paar Pesos extra
gibt es ein Zimmer mit gehobener Ausstattung einschließlich Plasma-Fernseher und
Minibar.

Nuevo Hotel Florencia HOTEL $

(☎ 0364-447-1426; http://hotelflorencia.com.ar;
Av San Martín 870; EZ/DZ 25/38 US$; ❄ @ 🛜)
Das saubere, einladende Budgethotel an der
Hauptstraße im Stadtkern hat einiges fürs
Geld zu bieten. Die Zimmer sind einfach,
aber gut ausgestattet und haben nützliche
Extras, beispielsweise genügend Steckdosen,
die in vielen besseren Häusern fehlen. Die
Räume sind etwas hellhörig.

Diony's ARGENTINISCH $

(Vázquez 543; Hauptgerichte 50–90 Arg$; ⊙ 8–15
& 20.30–1 Uhr; 🛜) Das großzügige Restau-
rant neben dem Platz ist im Club del Pro-
greso untergebracht und die verlässlichste
Option in der Stadt für gute argentinische
Standardküche. Die Preise sind niedrig, der
Gegenwert hoch. Als Vorspeise gibt es eine
schöne Auswahl an Omeletts, gefolgt von
Huhn, Rind, Schwein oder Fisch mit einer
Vielzahl von Soßen.

❶ An- & Weiterreise

Castelli wird täglich von vier Bussen aus Resistencia (171 Arg$, 5 Std.) angefahren, noch häufiger bestehen Verbindungen von Roque Sáenz Peña (68 Arg$, 2 Std.).

Parque Nacional do Iguaçu (Brasilien)

Den brasilianischen **Nationalpark** (☎ 3521-4400; www.cataratasdoiguacu.com.br; Erw. Ausländer/Mercosul-Bürger/Brasilianer 52,30/41,30/31,30 R$, Kind 8 R$; ☺ 9–17 Uhr) betritt man durch ein riesiges Besucherzentrum. Hier gibt es eine Snackbar, Geldautomaten, Schließfächer (30 R$) und weitere hilfreiche Serviceeinrichtungen. Das Parken kostet hier 19 R$.

Eintrittskarten können sowohl mit einer Kreditkarte als auch in bar in verschiedenen Währungen bezahlt werden. Alle gastronomischen Betriebe akzeptieren auch Kreditkartenzahlung, sodass Tagesausflügler kein brasilianisches Geld eintauschen müssen. Im Besucherzentrum gibt es Geldautomaten. Doppeldeckerbusse warten darauf, die Besucher in den eigentlichen Park hineinzubringen.

Dann heißt es, Ausschau nach Wildtieren zu halten. Der letzte Bus fährt um 18.30 Uhr von den Wasserfällen zurück.

❂ Sehenswertes & Aktivitäten

Der Doppeldecker, der in den Parque Nacional do Iguaçu hineinfährt, hält zweimal vor dem Hauptstopp an den Wasserfällen. An diesen Stationen liegen die Ausgangspunkte für Ausflüge, für die eine Extragebühr anfällt.

Wer an einer dieser Touren teilnehmen möchte, sollte die Leute im Besucherzentrum ansprechen, die dafür werben; sie können für Rabatt sorgen. Mehrere andere Kombinationen und Bootsfahrten sind möglich. Einige der Ausflüge müssen am Vortag gebucht werden.

★ Cataratas do Iguaçu   WASSERFALL

Der Hauptweg zu den Iguazú-Fällen verschafft den Besuchern unvergessliche Ausblicke. Startpunkt ist die dritte und Haupthaltestelle der Busse, die in den Parque Nacional do Iguaçu hineinfahren. Von hier aus geht es zu Fuß rund 1,5 km einen gepflasterten Weg hinunter mit einer spektakulären Aussicht auf die Wasserfälle auf der argentinischen Seite, den Regenwald und den Fluss. Jede Biegung eröffnet einen noch schöneren Blick, bis der Pfad dann direkt unter dem majestätischen Salto Floriano endet. Der verpasst den Besuchern gleich eine gesunde Abkühlung durch die Gischt, die er erzeugt.

Ein Plankenweg führt hinaus zu einer Plattform mit atemberaubendem Blick auf die nahe gelegene Garganta del Diablo und in die andere Richtung den Fluss hinunter. Bei hohem Wasserstand ist das Panorama einfach unvergesslich.

Von hier bringt ein Aufzug Besucher hinauf zur Aussichtsplattform über den Wasserfällen in Porto Canoas, dem letzten Halt der Doppeldeckerbusse. Dort werden Bootsausflüge angeboten, und es gibt einen Souvenirladen, mehrere Snackbars und ein Büfett-Restaurant.

Trilha do Poço Preto   WANDERN, BOOTSTOUR

(☎ 045-3529-9665; www.macucosafari.com; Erw./Kind 278/139 R$) Der leicht zu bewältigende etwa 9 km lange Pfad lässt sich bei einer geführten Tour durch den Regenwald zu Fuß, per Fahrrad oder mit einem Fahrzeug erkunden. Er endet oberhalb der Wasserfälle. Dort können Besucher Kanu fahren und

---

EINREISE NACH BRASILIEN

EU-Bürger und Schweizer benötigen für die Einreise nach Brasilien kein Visum, aber einen Reisepass, der noch mindestens sechs Monate gültig ist. Mitreisende Kinder brauchen ein eigenes Ausweisdokument, ein Eintrag in den Pass eines Elternteils reicht nicht aus. Alle Reisenden müssen eine Ein- und Ausreisekarte ausfüllen. Üblicherweise wird sie im Bus (oder dem jeweiligen Verkehrsmittel) kurz vor Ankunft in Brasilien ausgegeben. Man kann sie aber auch vorab von der Website der brasilianischen Bundespolizei (http://www.dpf.gov.br/servicos/estrangeiro/cartao-de-entrada-e-saida/cartao-de-entrada-e-saida) downloaden. Bei der Ausreise muss die ausgefüllte und abgestempelte Einreisekarte wieder vorgelegt werden.

dann mit einer gemütlichen Bootstour um die Flussinseln nach Porto Canoas zurückkehren.

Alternativ geht es über den Bananeiras Trail zum Ausgangspunkt zurück. Startpunkt für den Pfad ist der erste Halt auf der Busroute in den Nationalpark.

Bananeiras Trail WANDERTOUR

(☎ 045-3529-9665; www.macucosafari.com.br; Erw./Kind inkl. Bootsfahrt 216/108 R$) Der 1,6 km lange Weg führt an Lagunen vorbei, in denen sich Wassertiere tummeln. Er endet an einem Anleger, von dem Bootstouren oder stille, „gleitende" Ausflüge in Kanus flussabwärts nach Porto Canoas starten. Der Pfad beginnt am der zweiten Haltestelle auf der Busroute in den Park.

Macuco Safari BOOTSTOUR

(☎ 045-3574-4244; www.macucosafari.com.br; Erw./Kind 179/89,50 R$) Die zweistündige Safari umfasst eine 3 km lange Fahrt im Pritschenwagen durch den Regenwald, einen 600 m langen Spaziergang zu einem kleinen Wasserfall und eine Bootsfahrt (ohne diese halbiert sich der Preis) zu den Wasserfällen inklusive einer kräftigen Dusche. Die Safari ist nicht mit dem Macuco-Pfad auf der argentischen Seite zu verwechseln. Der zweite Stopp auf der Busroute in den Park ist der Ausgangspunkt zur Safari.

Helisul RUNDFLÜGE

(☎ 045-3529-7474; www.helisul.com; Rodovia das Cataratas, Km 16,5; Flüge 308 R$; ⊙ 9–17.30 Uhr) Am Besucherzentrum des Parks bietet dieser Veranstalter zehnminütige Helikopterflüge über dem brasilianischen Teil der Wasserfälle. Wegen der Auswirkungen auf die Umwelt ist ein solcher Flug fragwürdig, aber zweifellos ein berauschendes Erlebnis. Die Hubschrauber haben Öffnungen in den Fenstern, durch die man ungehindert fotografieren kann.

🛏 Schlafen & Essen

⭐ Hotel das Cataratas HOTEL $$$

(☎ 045-2102-7000; www.belmond.com; BR469, Km 32; Zi. ohne/mit Aussicht ab 1966/2317 R$, Suite ab 2136 R$; ❄@🛜🐾🏊) Die Lage des ausgezeichneten Hotels im Parque Nacional do Iguaçu unweit der Wasserfälle ist ungemein attraktiv, obwohl nur wenige Zimmer Blick auf die Kaskaden bieten und das auch nur auf gewisse Bereiche davon. Das Haus ist durchweg im zurückhaltend eleganten portugiesischen Kolonialstil eingerichtet

mit attraktiven Kacheln in den Bädern und dunklen Holzmöbeln in den Schlafzimmern. Die Gemeinschaftsbereiche verbreiten eine gemütliche Atmosphäre, und es gibt einen schönen Poolbereich, umgeben von reichlich Vogelgezwitscher. Der Service des Hauses ist exzellent.

Dass die Gäste auch außerhalb der Öffnungszeiten Zugang zu den Wasserfällen haben, ist eine tolle Vergünstigung. Wegen des Blicks sollte man unbedingt den Aussichtsturm erklimmen. Bei Online-Buchung sind die Preise viel günstiger.

Restaurante Porto Canoas BÜFETT $$

(www.cataratasdoiguacu.com.br; Büfett 58 R$; ⊙ 12–16 Uhr) Dieses Restaurant liegt am Ende des Hauptwegs im Parque Nacional do Iguaçu und besitzt eine lang gestreckte, angenehme Terrasse mit Blick auf den Fluss, kurz bevor der zum Strudel wird – ein toller Ort für ein Bier oder eine Caipirinha. Das Büfett mit vielen Salaten und warmen Gerichten ist in Ordnung.

❶ Anreise & Unterwegs vor Ort

Von Foz aus fährt die Buslinie 120, die am städtischen Busbahnhof und an mehreren Stellen an der Avenida Juscelino Kubitschek hält, zum Park; die Fahrt dauert 30 bis 40 Minuten und kostet 3 R$. Der Bus hält auch am Flughafen. Das Fahrgeld wird beim Betreten des Terminals bezahlt.

Taxis von Foz zum Parkeingang kosten 40 bis 50 R$. Feilschen nicht vergessen!

Von Puerto Iguazú gibt es stündlich eine direkte Busverbindung zu den brasilianischen Wasserfällen (hin & zurück 80 Arg$, 40 Min.). Die Busse fahren zwischen 8.30 und 14.30 Uhr ab, zurück zwischen 10 und 17 Uhr (brasilianische Zeit). Die Fahrer halten an der brasilianischen **Grenze** (S. 242) und sammeln die Pässe ein. Man kann auch mit dem Linienbus nach Foz do Iguaçu (20 Arg$, stündl. 6.30–18.30 Uhr) fahren und ein paar Haltestellen hinter der internationalen Brücke aussteigen. Dann geht man über die Straße und wartet auf den Parque Nacional-Bus. Auf dem Rückweg geht es an der selben Haltestelle genau umgekehrt.

---

❶ DIE UHR UMSTELLEN

Von Mitte Oktober bis Mitte Februar gilt im Süden Brasiliens die Sommerzeit. Dann ist es dort eine Stunde später als in Argentinien, das auf eine Zeitumstellung verzichtet.

Foz do Iguaçu (Brasilien)

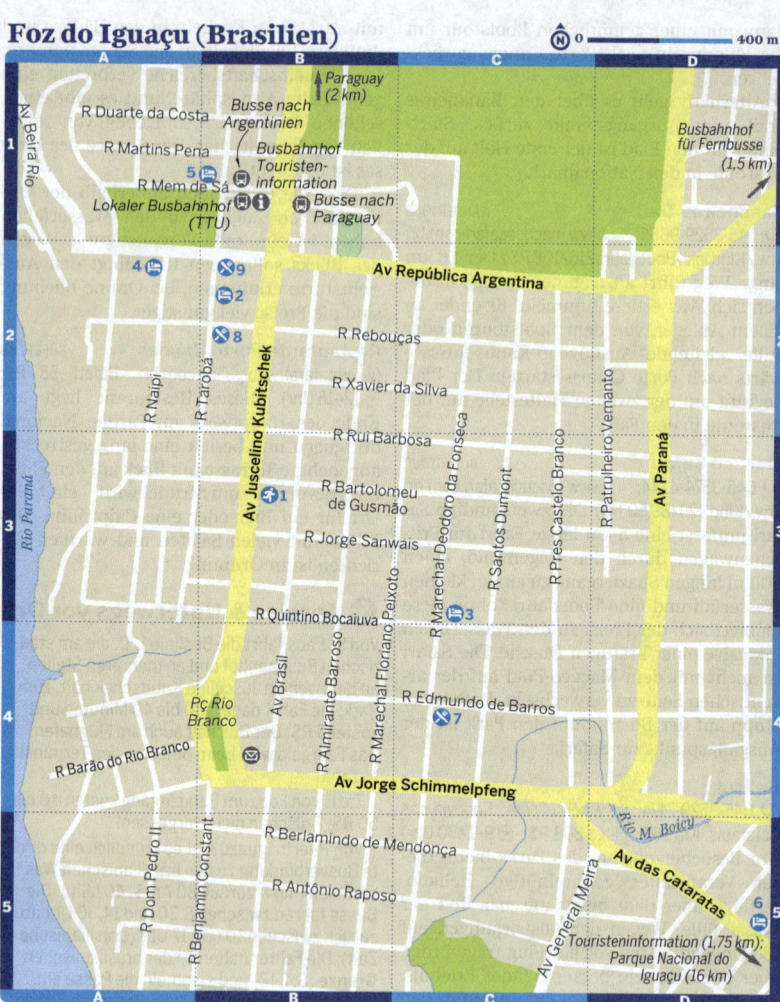

N 0 ———————— 400 m

Paraguay (2 km)

Busse nach Argentinien

R Duarte da Costa

Busbahnhof Touristeninformation

R Martins Pena

5 R Mem de Sá

Busbahnhof für Fernbusse (1,5 km)

Lokaler Busbahnhof (TTU)

Busse nach Paraguay

4

9

2

Av República Argentina

8

R Rebouças

R Xavier da Silva

R Naipi

R Tarobá

R Rui Barbosa

Av Juscelino Kubitschek

1

R Bartolomeu de Gusmão

R Santos Dumont

R Pres Castelo Branco

R Patrulheiro Vemanto

Av Paraná

R Jorge Sanwais

R Quintino Bocaiuva

R Marechal Deodoro da Fonseca

3

Pç Rio Branco

Av Brasil

R Almirante Barroso

R Marechal Floriano Peixoto

R Edmundo de Barros

7

R Barão do Rio Branco

Av Jorge Schimmelpfeng

Rio M. Boicy

R Berlamindo de Mendonça

R Dom Pedro II

R Benjamin Constant

R Antônio Raposo

Av das Cataratas

Av General Meira

6

Touristeninformation (1,75 km); Parque Nacional do Iguaçu (16 km)

Foz do Iguaçu (Brasilien)

Aktivitäten, Kurse & Touren
1 Central de Passagens B3

Schlafen
2 Hotel Del Rey B2
3 Hotel Rafain Centro C3
4 Iguassu Guest House A2
5 Pousada Sonho Meu B1
6 Tetris Container Hostel......................D5

Essen
7 Armazém C4
8 Búfalo Branco.....................................B2
9 Churrascaria do Gaúcho B2

Foz do Iguaçu (Brasilien)

045 / 263 500 EW.

Das recht hügelige Foz do Iguaçu ist die Ausgangsbasis auf der brasilianischen Seite der Iguazú-Fälle. Zudem bietet Foz do Iguaçu die gute Gelegenheit, einen ersten Eindruck von einer brasilianischen Stadt zu gewinnen. Die Stadt ist sehr viel größer und kosmopolitischer als Puerto Iguazú und besitzt das gewisse Maß an Bodenständigkeit, die seinem argentinischen Gegenstück leider fehlt.

ℹ️ Orientierung

Foz do Iguaçu liegt am Zusammenfluss von Río Iguaçu (Iguazú) und Río Paraná; internationale Brücken verbinden die Stadt mit Puerto Iguazú in Argentinien und Ciudad del Este auf paraguayanischer Seite.

Die Avenida das Cataratas führt etwa 20 km weiter zum brasilianischen Abschnitt der Iguazú-Fälle und passiert dabei die Argentina-Brücke.

⊙ Sehenswertes

Itaipu STAUDAMM

(☎0800-645-4645; www.turismoitaipu.com.br; Tancredo Neves 6702; Panorama-/Spezialtour 27/68 R$; ⊙ reguläre Tour stündl. 8–16 Uhr) Der binationale Staudamm ist das zweitgrößte Wasserkraftwerk der Welt und mit etwa 8 km Länge und 200 m Höhe ein imposanter Anblick, besonders wenn der Fluss viel Wasser führt und sich ein gewaltiger Sturzbach über das Entlastungswehr ergießt.

Das Besucherzentrum, etwa 12 km nördlich von Foz, bietet neben regulären Führungen auch einen ausführlicheren *circuito especial* (Mindestalter 14 Jahre) an, der in das eigentliche Kraftwerk hineinführt.

Mehrere Busse (3 R$, 30 Min.) verkehren jede Viertelstunde vom städtischen Busbahnhof hierher.

Das Projekt war lange Zeit umstritten: Es hat Brasilien in die Verschuldung getrieben und erforderte großflächige Zerstörungen des Regenwaldes und die Umsiedlung von etwa 10 000 Menschen. Andererseits deckt es auf saubere Weise beinahe den gesamten paraguayischen und ungefähr 20 % des brasilianischen Energiebedarfs.

Zu den diversen weiteren Attraktionen innerhalb der Anlage zählen ein Museum, ein Wildtierpark und Strände am Fluss.

Parque das Aves ZOO

(www.parquedasaves.com.br; Av das Cataratas, Km 17,1; Eintritt 34 R$; ⊙ 8.30–17 Uhr) Nahe dem Eingang zum Parque Nacional do Iguaçu liegt dieser große Vogelpark. Hier lebt eine riesige Auswahl unserer gefiederten Freunde, vor allem brasilianische Spezies. Dazu gibt es gute Informationen, u. a. auch in englischer Sprache. Begehbare Volieren bringen die Besucher in Kontakt mit Tukanen, Aras und Kolibris.

🛏️ Schlafen

Normalerweise bekommt man Hotelzimmer um bis zu 50 % unter dem Standardpreis.

Reisende sollten sich nicht scheuen, nach einem Preisnachlass zu fragen: Das wird hier sozusagen erwartet.

Pousada Sonho Meu GÄSTEHAUS $

(☎045-3573-5764; www.pousadasonhomeufoz.com.br; Mem de Sá 267; EZ/DZ 160/210 R$; ❄️@🛜🏊) Die freundliche kleine Oase liegt nur 50 m vom städtischen Busbahnhof entfernt. Die Zimmer sind schlicht mit Bambus dekoriert; es gibt einen hervorragenden Pool (sogar mit einer Mini-Catarata!), einen Frühstücksbereich und eine Gästeküche unter freiem Himmel. Der Empfang ist rundum herzlich. Die Preise können bis auf die Hälfte der hier angegebenen schrumpfen. Nur Barzahlung.

★ Tetris Container Hostel HOSTEL $

(☎045-3132-0019; www.tetrishostel.com.br; Av. das Cataratas 639; B 35–40 R$, DZ ab 160 R$; ❄️@🛜🏊) 🅿 Brasiliens coolstes Hostel ist aus sage und schreibe 15 Schiffscontainern gebaut – sogar der Swimmingpool ist ein mit Wasser gefüllter Schiffscontainer! Auch andere industrielle Abfallprodukte werden in diesem beeindruckenden Hostel weiterhin genutzt, z. B. Ölfässer als Waschbecken. Farbenfrohe Badezimmer lockern die Schlafsäle (ein Vierbettzimmer für Frauen und zwei gemischte Schlafsäle mit 10 bzw. 12 Schlafplätzen) auf, und der Patio-/Barbereich ist einfach super. Von 19 bis 22 Uhr gibt es Musik und die Gäste mischen sich unter die tolle einheimische Szene.

Iguassu Guest House HOSTEL $

(☎045-3029-0242; www.iguassuguesthouse.com.br; R Naipi 1019; B/DZ 40/130 R$; ❄️@🛜🏊) Tolle Ausstattung und ein gastfreundliches Management heben dieses Hostel unter den vielen anderen in Foz hervor. Im rückwärtigen Bereich befindet sich ein kleiner Swimmingpool, das Haus ist blitzsauber, und es gibt eine wirklich gute offene Küche und einen Loungebereich. Die Schlafsäle sind unterschiedlich groß, die Zimmer sehr kompakt. Der städtische Busbahnhof liegt gleich um die Ecke.

Hotel Rafain Centro HOTEL $$

(☎045-3521-3500; www.rafaincentro.com.br; Marechal Deodoro da Fonseca 984; EZ/DZ Standardpreis 347/435 R$, mit Rabatt 170/215 R$; ❄️@🛜🏊) Das Rafain ist viel ansprechender als einige der klotzigen Megahotels in der Stadt. Das 4-Sterne-Haus besitzt einige sinnvolle Einrichtungen, dazu Stil, künstlerische Details und freundliche Mitarbeiter. Die einfachen

Zimmer verfügen über große Balkons, und es gibt einen großartigen Pool und eine Terrasse. Dank regelmäßiger Rabatte ist das Preis-Leistungs-Verhältnis hier wirklich ausgezeichnet.

Hotel Del Rey
HOTEL $$
(☎ 045-2105-7500; www.hoteldelreyfoz.com. br; Tarobá 1020; EZ/DZ 255/270 R$; ❈◎🛜🏊) Das Hotel ist freundlich, blitzsauber und zweckmäßig. Die Zimmer sind geräumig und komfortabel, die Ausstattung ist ausgezeichnet und das Frühstücksbüfett ist wirklich gigantisch. Hier sollte man im Voraus buchen, denn diese Qualitäten haben sich herumgesprochen.

 Essen

Preiswert zu essen, ist in Foz kein Problem. Viele Lokale servieren einen Softdrink und *salgado* (gebackener oder gebratener Snack) schon für 4 R$; in günstigen Lokalen kostet ein Mittagessen vom Büfett 10 bis 20 R$. Dank der libanesischen Gemeinde gibt es hier sogar Dutzende Shawarma- (Kebab-)Läden.

Churrascaria do Gaúcho
STEAK $
(www.facebook.com/churrasdogaucho; Av República Argentina 632; All-you-can-eat Büfett 28,50 R$; ⏱11–23 Uhr; 📶) Das Lokal unweit des Busbahnhofs ist nicht gerade kultiviert, bietet aber für die schmackhaften Fleischgerichte und die vernünftigen Salatoptionen ein ausgezeichnetes Preis-Leistungs-Verhältnis.

Armazém
BRASILIANISCH $$
(☎ 045-3572-0007; www.armazemrestaurante. com.br; Edmundo de Barros 446; Hauptgerichte 30–75 R$; ⏱tgl. 19–24, Sa & So auch 11.30–15.30 Uhr; 📶) Das gut besuchte Restaurant mit der hohen Decke serviert brasilianisches Essen vom Feinsten. Angefangen bei den Vorspeisen, z. B. Carpaccio mit viel Käse, bis zu köstlichen Hauptgerichten mit Huhn, Dorsch und Rind wird jeder Geschmack bedient. Die Portionen reichen meist auch für zwei. Es gibt verschiedene Spezialabende und sogar einen Anbau mit Sushi-Bar. Die Weinkarte deckt die gesamte Südhalbkugel ab. Gäste werden auf Wunsch vom Hotel abgeholt und zurückgebracht.

Búfalo Branco
CHURRASCARIA $$
(☎ 045-3523-9744; www.bufalobranco.com.br; Rebouças 530; All-you-can-eat-Grill 80 R$; ⏱12–23 Uhr; 📶🅿) Der geräumige Foz-Klassiker lockt Einheimische und Touristen gleichermaßen mit erstklassigem, aber überteuer-

tem *rodízio* (All-you-can-eat Mixed Grill). Dazu gehören köstliches Rindfleisch ebenso wie ungewöhnlichere Speisen, z. B. Hühnerherzen und Putenklöße. Die Salatbar ist toll und umfasst auch schmackhafte libanesische Häppchen und Sushi-Rolls. Wer sich an der Tür zögerlich gibt, kann möglicherweise ein günstigeres Angebot aushandeln.

🍷 Ausgehen & Nachtleben

Das klassische brasilianische Erlebnis darf nicht fehlen: Eine eiskalte Flasche Bier in einer Isolierhülle aus Plastik, serviert in einer schmucklosen lokalen Bar mit roten Plastiksitzen. Unschlagbar. Wer es gesünder mag, hat in einer Saftbar Gelegenheit, exotische Früchte wie *acerola, açaí* oder *cupuaçu* zu probieren.

Das Nachtleben spielt sich an der Avenida Jorge Schimmelpfeng ab. Eine ganze Reihe großer Bars mit Innen- und Außenbereichen schenkt *chopp* (Fassbier) aus und serviert ordentliches Essen, das für mehr als eine Person reicht.

ℹ Praktische Informationen

Ausländische Währungen werden in breitem Umfang akzeptiert, doch ist es wesentlich billiger mit brasilianischen Reais zu zahlen. Vom innerstädtischen Busbahnhof aus befindet sich der nächste Geldautomat lediglich einen Häuserblock weiter unterhalb des Muffato-Supermarkts.

Touristeninformation P.I.T (☎ 0800-45-1516; www.pmfi.pr.gov.br/turismo; Av das Cataratas 2330, Vila Yolanda; ⏱7–23 Uhr) Befindet sich zwischen der Stadt und den Wasserfällen. Etwas günstiger gelegen ist das Büro im innerstädtischen Busbahnhof (☎ 0800-45-1516; www.pmfi.pr.gov.br/turismo; Kubitschek 1310; ⏱7.30–18 Uhr).

ℹ An- & Weiterreise

Täglich starten Flüge nach Rio de Janeiro, Porto Alegre, Curitiba und São Paulo sowie in andere brasilianische Städte.

Verschiedene Fernbusverbindungen bestehen u. a. nach Curitiba (10 Std.), São Paulo (16 Std.) und Rio de Janeiro (22 Std.). Fahrkarten gibt es im **Central de Passagens** (☎ 045-3528-8284; www.central depassagens.com; Av Juscelino Kubitschek 526) in der Innenstadt zu kaufen.

ℹ Unterwegs vor Ort

Das **Fernbusterminal** (☎ 045-3522-3336; Av Costa e Silva 1601) liegt 5 km nordöstlich des

Stadtzentrums. Für den Weg in die Innenstadt kann man für 25 R$ ein Taxi nehmen oder mit den Buslinien 105 oder 115 (3 R$) fahren.

Zum Flughafen kommt man mit den **Bussen zu den Wasserfällen** (S. 229).

Busse nach Puerto Iguazú (4 R$/20 Arg$) fahren zwischen 8 und 20 Uhr alle halbe Stunde an der Rua Mem de Sá neben dem städtischen Busbahnhof ab; sie halten entlang der Avenida Juscelino Kubitschek. Busse nach Ciudad del Este/Paraguay (5 R$) verkehren alle 15 Minuten (sonntags halbstündlich); einsteigen kann man an der Avenida Juscelino Kubitschek gegenüber dem städtischen Busbahnhof.

Salta & der andine Nordwesten

Die schönsten Nationalparks

➔ Calilegua (S. 284)
➔ Talampaya (S. 323)
➔ El Rey (S. 263)
➔ Los Cardones (S. 265)

Schön übernachten

➔ Estancia las Carreras (S. 305)
➔ Killa (S. 277)
➔ Kkala (S. 260)
➔ Posada El Arribo (S. 282)
➔ Miraluna (S. 267)

Auf nach Salta und in den andinen Nordwesten!

Trocken und rau liegt Argentiniens Nordwesten am Rand der Anden. Die Natur hat hier Wunderwerke aus Stein geschaffen: bizarre, herrlich zerklüftete Felsformationen.

Hier in den Dörfern der Ureinwohner herrscht typisches Anden-Flair mit Handwerk, Lamas, Inkaruinen und der hoch gelegenen, trockenen Puna, die sich bis Chile und Bolivien erstreckt. Die Städte der Region sind die ältesten kolonialen Orte Argentiniens und haben einen besonderen Reiz.

Mehrere beliebte Routen bieten sich für die Erkundung der Region an. Von Salta aus führt eine Tour durch einen Nationalpark, ins wunderschöne Cachi und weiter durch Weberdörfer der Calchaquíes nach Cafayate, wo einige der besten argentinischen Weine gekeltert werden. Eine andere Route verläuft von Salta hoch nach San Antonio de los Cobres, dann gen Norden zu den Salinas Grandes und schließlich hinunter in die Quebrada de Humahuaca.

Reisezeit
Salta

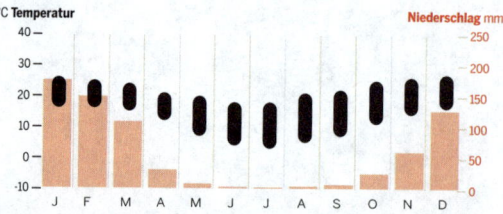

Feb. Die Temperaturen sind ziemlich hoch, die Karnevalsfeiern sind dennoch sehenswert.

Juli & Aug. In kühler Höhe auf der Puna-Hochwüste, aber auch gemäßigt rund um die Region Salta.

Sept. & Okt. Der beste Kompromiss: weniger Touristen in Salta und frühlingshafte Temperaturen.

DIE PROVINZEN
SALTA & JUJUY

Wie Yin und Yang greifen die nordwestlichen Provinzen Argentiniens ineinander. Hier treffen Besucher auf eine Fülle landschaftlicher Schönheit und traditioneller Kultur. Im Norden von Bolivien und im Westen von Chile begrenzt, steigt das Terrain von schwülen Nebelwäldern gen Westen bis zur Puna (dem Hochland) und zu einigen der majestätischsten Gipfel der Anden an.

Die beiden Hauptstädte, vor allem das kolonialzeitliche Salta, das bei Reisenden sehr beliebt ist, sind wie Startrampen zur Erkundung der zerklüfteten, vielfarbigen Schluchten der Quebrada de Cafayate und Quebrada de Humahuaca, der Dörfer der Valles Calchaquíes – reich an hoch entwickelten Handwerkskünsten –, der kargen Landschaft der Puna, der Nationalparks von Calilegua und El Rey und zur Verkostung des aromatischen Torrontés (eines trockenen Weißweins) von Cafayate.

Salta

🎧 0387 / 655 600 EW. / HÖHE 1187 M

Das kulturbeflissen Salta ist ein beliebtes Ziel, es fesselt aufmerksame Betrachter durch hervorragende Museen und verzückt romantische Gemüter durch Cafés an der Plaza und die live gespielte *música folklórica* in seinen lebendigen *peñas* (Volksmusikclubs). Es wirkt teilweise wie eine Großstadt – was den Straßenverkehr und Lärm betrifft –, hat aber die beschauliche Gangart einer kleinen Ortschaft bewahrt und besitzt mehr kolonialzeitliche Architektur als die meisten anderen argentinischen Städten.

Salta, im Jahr 1582 gegründet, ist heute die wohl touristischste Stadt in nordwestlichen Argentinien und bietet zahlreiche Unterkunftsmöglichkeiten. In der Stadtmitte drängen sich Tourenveranstalter: Hier ist man zur Planung der Weiterreise am richtigen Ort. Eine beliebte Alternative ist es, in der Stadt ein Auto zu mieten und das umgebende Gebiet zu erkunden.

⊙ Sehenswertes

⭐ Museo de Arqueología de Alta Montaña   MUSEUM

(MAAM; www.maam.gob.ar; Mitre 77; Ausländer/Argentinier 70/50 Arg$; ⊙ Di–So 11–19.30 Uhr) Das MAAM, eines der besten Museen Nordargentiniens, präsentiert eine seriöse, informative Ausstellung über die Inkakultur und insbesondere über die rituellen Kinderopfer, die die Inka auf einigen der imposantesten Gipfel der Anden hinterlassen haben.

Den Mittelpunkt bildet der mumifizierte Körper eines der drei Kinder (alle sechs Monate wird ein anderer gezeigt), die 1999 am Gipfel des Llullaillaco (S. 252) gefunden wurden. Die Frage, ob die Körper zur Schau gestellt werden sollten, war umstritten, doch es ist ein beeindruckendes Erlebnis, ihnen so nahe zu kommen.

Das raffiniert geflochtene Haar und die Kleidung sind perfekt erhalten. Wer weiß, was ihre Gesichter widerspiegeln? Eine weit entfernte Vergangenheit oder ein für Salta typisches Gesicht aus dem 21. Jh., einen friedlichen oder einen qualvollen Tod?

Die Grabbeigaben beeindrucken durch ihre Unmittelbarkeit und die Farben, die nichts von ihrer Frische verloren haben. Die *illas,* kleine Votivfiguren, die Tiere oder Menschen darstellen, bestehen aus Silber, Gold, Muscheln und Onyx, viele tragen Kleider aus Stoff. Ein besserer Einblick in die Kultur des präkolumbischen Südamerikas wird sich schwerlich finden lassen. Ein weiteres interessantes Exponat ist die „Reina del Cerro", eine Mumie aus einem Inkagrab, die nach einer turbulenten Reise hier landete. Gute Videos liefern Hintergrundinformationen über Opferungen und über das Qhapaq Ñan, das Straßensystem der Inka, das seit dem Jahr 2014 zum Unesco-Welterbe zählt. Neben einer Bibliothek gibt es noch eine Café-Bar mit Terrasse.

Museo Histórico del Norte   MUSEUM

(Caseros 549; Eintritt 20 Arg$; ⊙ Di–Fr 9–18, Sa 9–13.30 & 14.30–19, So 9–13.30 Uhr) Das Museum befindet sich im zauberhaften *cabildo* (Rathaus). Es präsentiert eine Sammlung, die von präkolumbischen Keramiken über religiöse Kunst aus der Kolonialzeit (nicht versäumen darf man die schöne Kanzel aus Saltas Jesuitenkirche) bis zu Exponaten über Salta (19. und 20. Jh.) reicht. Die schier endlose Porträtreihe von Saltas Gouverneuren wäre auch in einem Bart-Museum gut aufgehoben. In der Abteilung über Verkehrsmittel ist ein prächtiger Renault von 1911 zu bestaunen, der jeden Hummerfahrer vor Neid erblassen lässt.

Iglesia San Francisco   KIRCHE

(www.conventosanfranciscosalta.com; Ecke Caseros & Córdoba; ⊙ Mo–Sa 8–13 & 14–21, So 8–13 & 17–21 Uhr) Die rot-goldene Kirche ist der ein-

Highlights

1 In der **Quebrada de Humahuaca** (S. 285) über die Farbpalette der Natur staunen

2 Webern bei der Arbeit zusehen: in den eindrucksvollen **Valles Calchaquíes** (S. 265).

3 Die klare Bergluft im Hochtal von **Tafí del Valle** (S. 304)

4 „Chilecito (S. 321) im „wilden Westen" ist ein Ausgangsort für erhebende Bergtouren

5 Die Atmosphäre der Kolonialzeit und einladende Boutique-hotels im noblen **Salta** (S. 249).

6 Torrontés in **Cafayate** (S. 271), der Hauptstadt des Weinbaus im nördlichen Argentinien, probieren

7 Die Regionalkü-che des Nordwestens entdecken, wo Lama

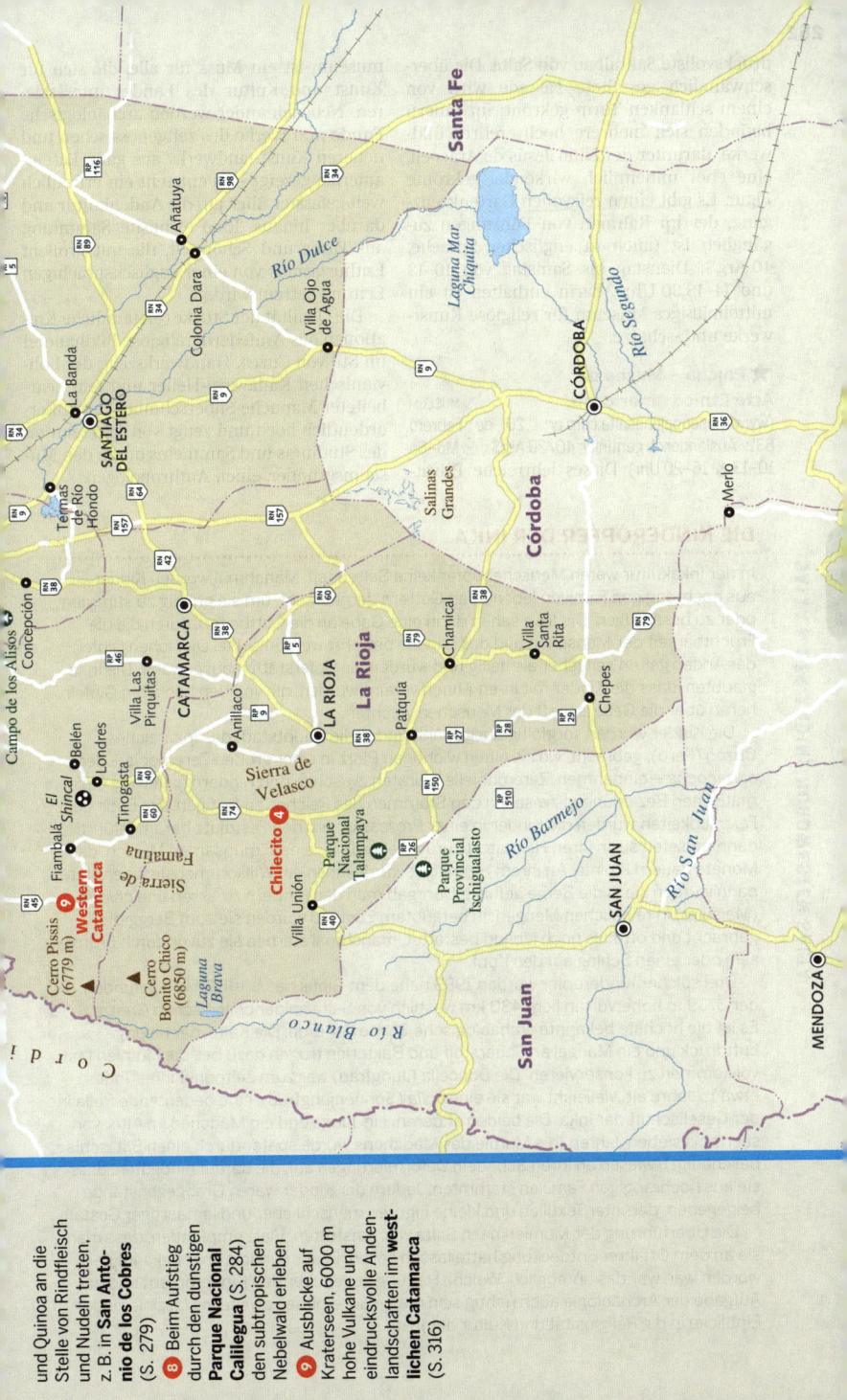

und Quinoa an die Stelle von Rindfleisch und Nudeln treten, z. B. in **San Antonio de los Cobres** (S. 279)

8 Beim Aufstieg durch den dunstigen **Parque Nacional Calilegua** (S. 284) den subtropischen Nebelwald erleben

9 Ausblicke auf Kraterseen, 6000 m hohe Vulkane und eindrucksvolle Andenlandschaften im **westlichen Catamarca** (S. 316)

drucksvollste Sakralbau von Salta. Die überschwänglich gestaltete Fassade wird von einem schlanken Turm gekrönt; im Innern befinden sich mehrere hochverehrte Bildwerke, darunter der Niño Jesús de Aracoeli, eine eher unheimlich wirkende, gekrönte Figur. Es gibt einen reizvollen Gartenkreuzgang, der im Rahmen von Führungen zugänglich ist (auch in englischer Sprache, 40 Arg$; Dienstag bis Samstag von 10–13 und 14–18.30 Uhr), darin enthalten ist ein mittelmäßiges Museum für religiöse Kunstwerke und -schätze.

★ Pajcha – Museo de Arte Étnico Americano   MUSEUM

(www.museopajchasalta.com.ar; 20 de Febrero 831; Ausländer/Argentinier 40/20 Arg$; ⊘ Mo–Sa 10–13 & 16–20 Uhr) Dieses lehrreiche Privatmuseum ist ein Muss für alle, die sich für Kunst und Kultur des Landes interessieren. Nebeneinander werden archäologische Funde und Werke des zeitgenössischen und neueren Kunsthandwerks aus ganz Lateinamerika gezeigt – es entsteht ein erfreulich weit gefasster Blick auf die Andenkultur und darüber hinaus. Eine exquisite Sammlung aus Farbe und Schönheit, die mit großem Enthusiasmus von einer englischsprachigen Leitung betreut wird.

Die Qualität der Stücke (erstaunliche Kreationen aus Arafedern, religiöse Bildhauerei im Stil von Cuzco, Handwerkszeug der bolivianischen Kallawaya-Heiler und fein gearbeiteter Mapuche-Silberschmuck) ist außerordentlich hoch und zeugt von Jahrzehnten des Studiums und Sammelns durch den Museumsgründer, einen Anthropologen.

DIE KINDEROPFER DER INKA

In der Inkakultur waren Menschenopfer keine Seltenheit. Manchmal wurden Kinder aus hochrangigen Familien lebend den Göttern dargebracht, um sie gnädig zu stimmen oder zu besänftigen. Die Inka sahen darin eine Gabe an die Gottheiten, durch die die Fruchtbarkeit der Menschen und des Landes bewahrt werden sollte. Die hohen Gipfel der Anden galten seit jeher als heilig und wurden als Opferstätten ausgewählt. Die Inka glaubten, dass die Kinder mit ihren Ahnen vereint würden, die von den höchsten Gipfeln herab über die Gesellschaft der Menschen wachten.

Die Kinder wurden sorgfältig ausgewählt und in die Hauptstadt des Inkareiches, Cuzco (Peru), gebracht, wo sie einen wichtigen Platz in einer großen Zeremonie – der *capacocha* – einnahmen. Zeremonielle Heiraten zwischen den Kindern halfen die diplomatischen Beziehungen zwischen den Stämmen des Reiches zu festigen. Am Ende der Feierlichkeiten wurden die Kinder in einer Prozession um den Festplatz herumgeführt, dann mussten sie in ihren Heimatort zurückkehren – in einem mühsamen Marsch, der Monate dauern konnte. An ihrem Heimatort wurde ihnen ein Willkommensfest bereitet, dann wurden sie in die Berge geführt. Dort gab man den Kindern zu essen und *chicha* (Maisbier) in reichlichen Mengen. In betäubtem Zustand wurden sie zum Berggipfel gebracht und oftmals noch lebend bestattet, manchmal starben sie zuvor durch Erdrosseln oder einen Schlag auf den Kopf.

Drei solcher Kinderopfer wurden 1999 nahe dem Gipfel des **Llullaillaco** gefunden, der 6739 m hohe Vulkan liegt 480 km westlich von Salta an der chilenischen Grenze. Es ist die höchste bekannte archäologische Stätte der Erde. Die Kälte, der niedrige Luftdruck und ein Mangel an Sauerstoff und Bakterien trugen dazu bei, die Mumien fast vollkommen zu konservieren. Die Doncella (Jungfrau) war zum Zeitpunkt ihres Todes etwa 15 Jahre alt, vielleicht war sie eine *aclla* (Sonnenjungfrau), eine bedeutende Rolle in der Gesellschaft der Inka. Die beiden anderen, ein Junge und ein Mädchen im Alter von sechs bis sieben Jahren (die Mumie des Mädchens wurde später durch einen Blitzschlag beschädigt), wiesen an ihren Schädeln Deformierungen auf, die darauf hindeuten, dass sie aus hochrangigen Familien stammten. Jedem der Kinder waren Grabgegenstände beigegeben, darunter Textilien und kleine Figuren menschlicher und lamaartiger Gestalt.

Die Überführung der Mumien nach Salta war umstritten. Viele empfanden, dass man sie an dem Ort ihrer Entdeckung hätte lassen sollen. Da ihr Fundort aber bekannt geworden war, war das unmöglich. Welche Haltung gegenüber den Kinderopfern und der Aufgabe der Archäologie auch richtig sein mag – sie eröffnen zweifellos faszinierende Einblicke in die Religiosität und Kultur der Inka.

TREN A LAS NUBES

Der berühmteste Eisenbahnzug Argentiniens ist der **Tren a las Nubes** (Zug in die Wolken; www.trenalasnubes.com.ar; Ecke Ameghino & Balcarce; Rundfahrt 182 US$; ☉ Sa April–Mitte Dez.). Die Strecke führt von Salta ins Lerma-Tal hinunter, steigt dann in die vielfarbige Quebrada del Toro an, führt an den Ruinen von Tastil und San Antonio de los Cobres vorüber und erreicht einen beeindruckenden Viadukt, der einen Wüstencañon bei La Polvorilla (in einer Höhe von 4220 m) überspannt.

Es ist ein eindrucksvolles Meisterwerk des Ingenieurswesens. Die Zugreise selbst (die überdies viel zu teuer ist) ist eine reine Touristenattraktion (wenn nicht eine Touristenfalle) mit Flötenmusik und Erläuterungen auf Spanisch und Englisch. Es ist ein langer Tag – er beginnt in Salta um 7 Uhr und ist mit der Rückkehr in die Stadt (im Bus) um 21 Uhr beendet. Der Zug hält zweimal – beim Viadukt und bei San Antonio. Die Rückfahrt im Bus endet beim Museum von Tastil (ohne Besichtigung der Ruinen).

Im Preis sind mittelmäßige kleine Speisen enthalten; für vollständige Mahlzeiten stehen ein Büfett- und ein Speisewagen zur Verfügung. Fahrgäste dürfen keinen Proviant mitnehmen. Medizinisches Personal steht bei Höhenkrankheit bereit.

Der Zug fährt von April bis Mitte Dezember an Samstagen. Fahrkarten können im Internet, im Büro (☏ 0387-422-8021; www.trenalasnubes.com.ar; Alberdi 53, Shop 33; ☉ Mo–Fr 8–20, Sa 9–15 Uhr) oder in Reisebüros gebucht werden. Es lohnt sich, nach Ermäßigungen Ausschau zu halten.

Tourenveranstalter in Salta bieten Ausflüge entlang der Straße an, die parallel zu den Gleisen verläuft: ebenfalls ein spektakulärer Aufstieg. Nur wenige Touren halten am Viadukt. Es ist auch möglich, mit dem Bus nach San Antonio de los Cobres zu fahren, die Stadt zu erkunden und von dort im Taxi nach La Polvorilla weiterzufahren.

Convento de San Bernardo · KONVENT

(Caseros s/n; ☉ Gebäckverkauf Mo–Sa 9–12 & 16–18 Uhr) Nur Karmeliterinnen dürfen das Frauenkloster aus dem 16. Jh. betreten, Besucher können sich aber dem schönen Adobe-Gebäude nähern, sein geschnitztes Portal aus Algarrobo-Holz aus dem 18. Jh. bewundern und das von den Nonnen hergestellte Gebäck kaufen. Die Kirche kann vor der Messe (an Werktagen und Sonntagmorgen von 7–8.30 Uhr, Samstagabend von 19–20 Uhr) besichtigt werden.

Cerro San Bernardo · BERG

Einen herausragenden Blick auf Salta ermöglicht eine Fahrt im **Teleférico** (☏ 0387-431-0641; Hinfahrt/Rundfahrt 55/110 Arg$; ☉ 10–19 Uhr) vom Parque San Martín zur Spitze des Berges, die 1 km lange Fahrt dauert acht Minuten. Eine Alternative ist ein Wanderweg, der beim **Güemes-Denkmal** beginnt. Oben befinden sich ein Café (dessen Terrasse den besten Ausblick bietet), ein Wasserlauf und Geschäfte für *artesanía* (Kunsthandwerk).

 Kurse

Salta bietet sich als idealer Ort für einen Spanischkurs an, es gibt mehrere Kursanbieter. Im Internet sind aktuelle Empfehlungen zu finden.

Geführte Touren

Salta ist ein Ausgangspunkt für eine Reihe von Touren, die von zahlreichen Veranstaltern (mit dem Schwerpunkt auf Buenos Aires und Caseros) nahe der Plaza angeboten werden. Beliebte Ausflüge führen nach Cafayate (530 Arg$), Cachi (600 Arg$), San Antonio de los Cobres (die Route des Tren a las Nubes; 700 Arg$), zu den Salinas Grandes und Purmamarca (1050 Arg$) und weiteren Ortschaften.

Veranstalter wie **Altro Turismo** (Marina Turismo; ☏ 0387-431-9769; www.altroturismo.com.ar; Caseros 489) und **Tastil** (☏ 0387-431-1223; www.turismotastil.com.ar; Caseros 468) sind zuverlässig. Im Folgenden werden Anbieter von interessanten Ausflügen außerhalb der üblichen Routen empfohlen.

Alternativa Salta · RUNDFAHRT

(☏ 0387-15-502-5588; www.alternativasalta.com) Der Anbieter betreibt großartige mehrtägige Geländewagenfahrten in das spektakuläre, abgelegene Andenhochland im Nordwesten Argentiniens.

Clark Expediciones · VOGELBEOBACHTUNG

(☏ 0387-492-7280; www.clarkexpediciones.com) Diese professionelle Agentur bietet Touren mit Englisch sprechenden Guides durch

Die Provinzen Jujuy & Salta

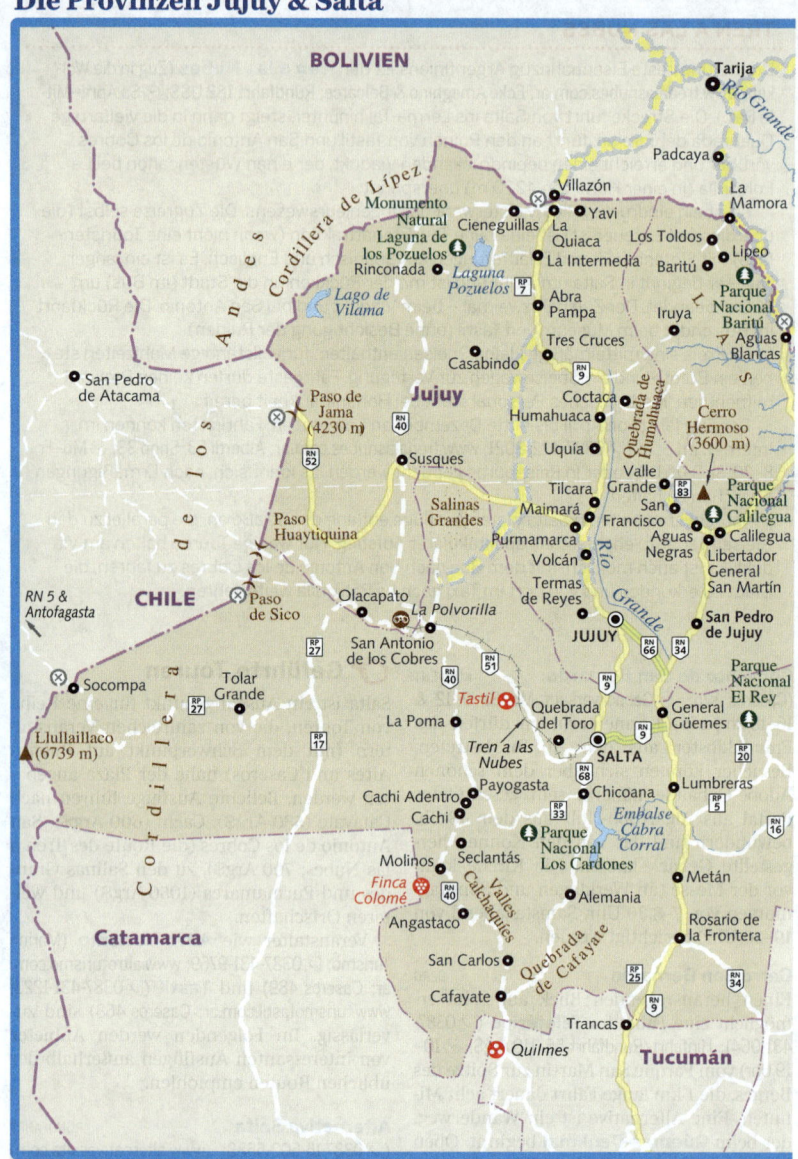

die Nationalparks und durch das entlegene Hochland. Die Mitarbeiter sind vor allem in Sachen Vogelbeobachtung wirklich kompetent. Zum Tourenangebot gehören u.a. eine halb- oder ganztägige Tour durch die Reserva del Huaico, ein rund 60 ha großes Nebelwaldreservat etwa 8 km westlich von Salta, zwei Tage im Parque Nacional El Rey sowie mehrtägige individuell zugeschnittene Ausflüge.

MTB Salta
MOUNTAINBIKING

(☎ 0387-15-527-1499; www.mtbsalta.com; Güemes 569) Der Veranstalter MTB Salta arran-

N
0 ————————— 100 km

Río Pilcomayo
de Tarija
Yacuiba
Salvador Mazza (Pocitos)
RN 34
Tartagal
Bermejo
Embarcación
Orán
RN 81
Südlicher Wendekreis
Río Bermejo
YUNGAS
RP 5
Salta
RP 30
JV González
Chaco
Río Juramento
Santiago del Estero

Norte Trekking

WANDERN

(☎ 0387-431-6616; www.nortetrekking.com; Güemes 265) Ausflüge zum Parque Nacional El Rey, mehrtägige Wanderungen und Klettertouren; mehrere garantierte Starttermine sind auf der Website des Veranstalters aufgeführt. Dieser betreibt auch hervorragende Geländewagenfahrten in den gebirgigen Westen der Provinz.

Salta Rafting

RAFTING

(☎ 0387-421-3216; www.saltarafting.com; Caseros 177) Das gut geführte Unternehmen betreibt zweistündige Rafting-Ausflüge auf dem Río Juramento (Schwierigkeitsgrad III), rund 100 km von Salta entfernt (59 US$ inkl. Barbecue-Lunch; hin & zurück 30 US$ extra). An einer spektakulären Zipline-Anlage können Wagemutige etwa 400 m weit durch einen Cañon fliegen (Flug mit vier Seilen 40 US$). Einschließlich Mittagessen liegt der Preis bei 94 US$.

Sayta

REITEN

(☎ 0387-15-683-6565; www.saltacabalgatas.com.ar; Chicoana) Die *estancia* (Viehfarm) nahe Chicoana, 41 km südlich von Salta gelegen, veranstaltet schöne Reitausflüge mit Gaucho-Folklore und optionalem *asado* (Barbecue). Eine Halbtagestour mit/ohne Mittagessen kostet 85/60 US$, eine Ganztagestour zwischen 120 und 140 US$ (mit Übernachtung 150 US$). Eine Pauschaltour (zwei Tage/eine Übernachtung) kostet etwa 250 US$. In den Preisen sind die Fahrten von Salta inbegriffen.

★ Socompa

TOUR

(☎ 0387-431-5974; www.socompa.com; Balcarce 998) Dieses professionelle Unternehmen betreibt äußerst empfehlenswerte Touren in das Andenhochland. Herausragend ist die fünftägige Tour „Puna Experience", die die größten Anziehungspunkte der Vorandenlandschaft der Provinzen Catamarca und Salta umfasst; behagliche Unterkünfte und mehrsprachige Führer sind inbegriffen. Eine weitere Tour umfasst Highlights des Nordwestens, darunter einen Abstecher nach Chile. Frühzeitige Buchungen sind ratsam. Die Touren sind individuell zugeschnitten: Es ist allerdings nicht möglich, sich einer Gruppe anzuschließen.

🛏 Schlafen

In Salta ist eine Vielzahl an Hostels zu finden – manch eines gepflegter als das andere –, die große Konkurrenz hilft dabei, die

giert unterschiedlichste, ausgezeichnete Mountainbike- und Wandertouren durch die Provinz: darunter sind kurze, d.h. halbtägige Ausflüge in die Wälder der näheren Umgebung bis hin zu anspruchsvollen, mehrtägigen Exkursionen durch die Valles Calchaquíes.

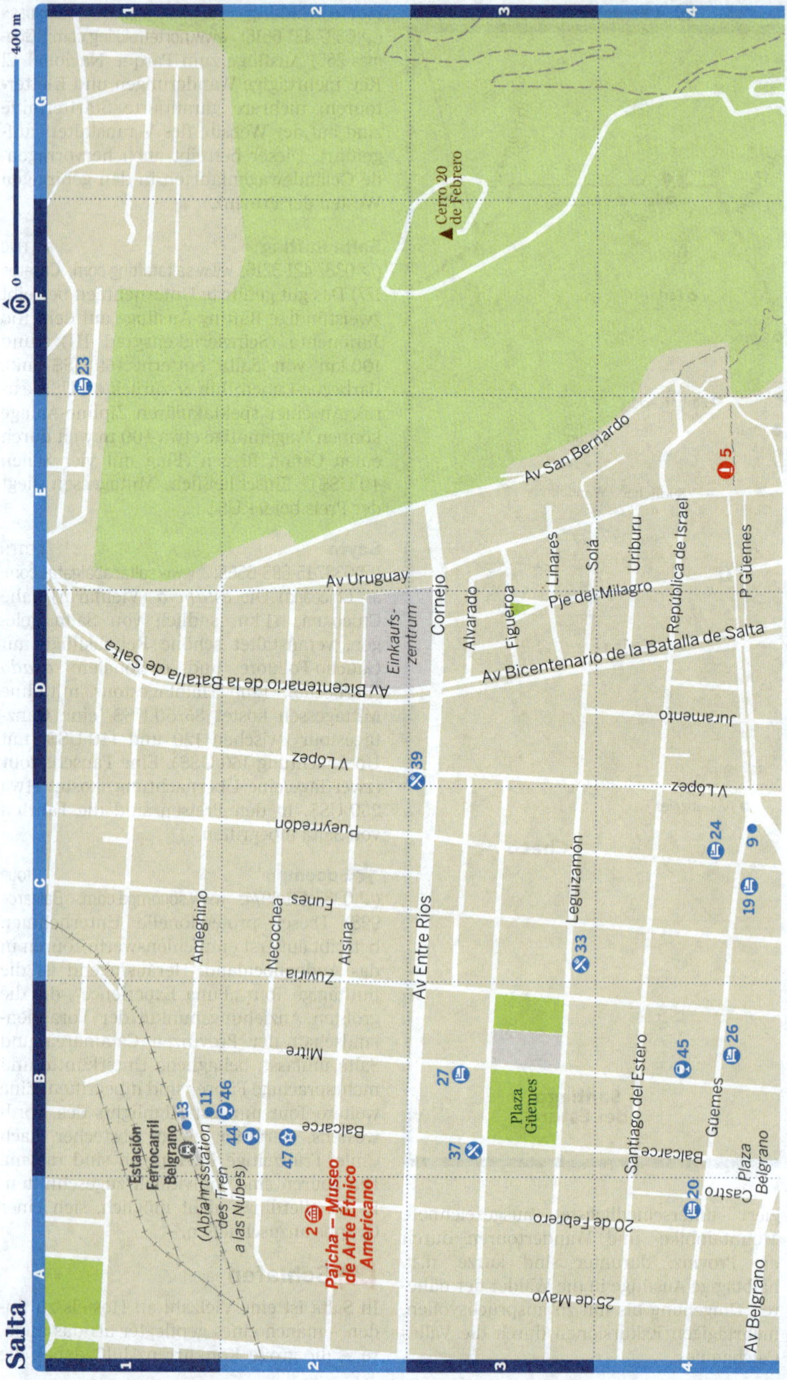

Salta

400 m

N 0

G 1 2 3 4

Cerro 20 de Febrero

Av San Bernardo

5

E

Av Uruguay

Cornejo

Alvarado

Figueroa

Linares

Pje del Milagro

Solá

Uriburu

República de Israel

P Güemes

Einkaufs-zentrum

Av Bicentenario de la Batalla de Salta

Av Bicentenario de la Batalla de Salta

D

Juramento

V López

39

V López

Pueyrredón

24

9

C

Ameghino

Funes

Alsina

Av Entre Ríos

Leguizamón

33

19

B

Necochea

Zuviría

Mitre

Balcarce

27

Plaza Güemes

Santiago del Estero

45

26

Güemes

Estación Ferrocarril Belgrano

(Abfahrtsstation des Tren a las Nubes)

13

11

46

44

47

Pajcha – Museo de Arte Étnico Americano

2

37

20 de Febrero

25 de Mayo

Castro

Plaza Belgrano

20

Av Belgrano

A 1 2 3 4

23

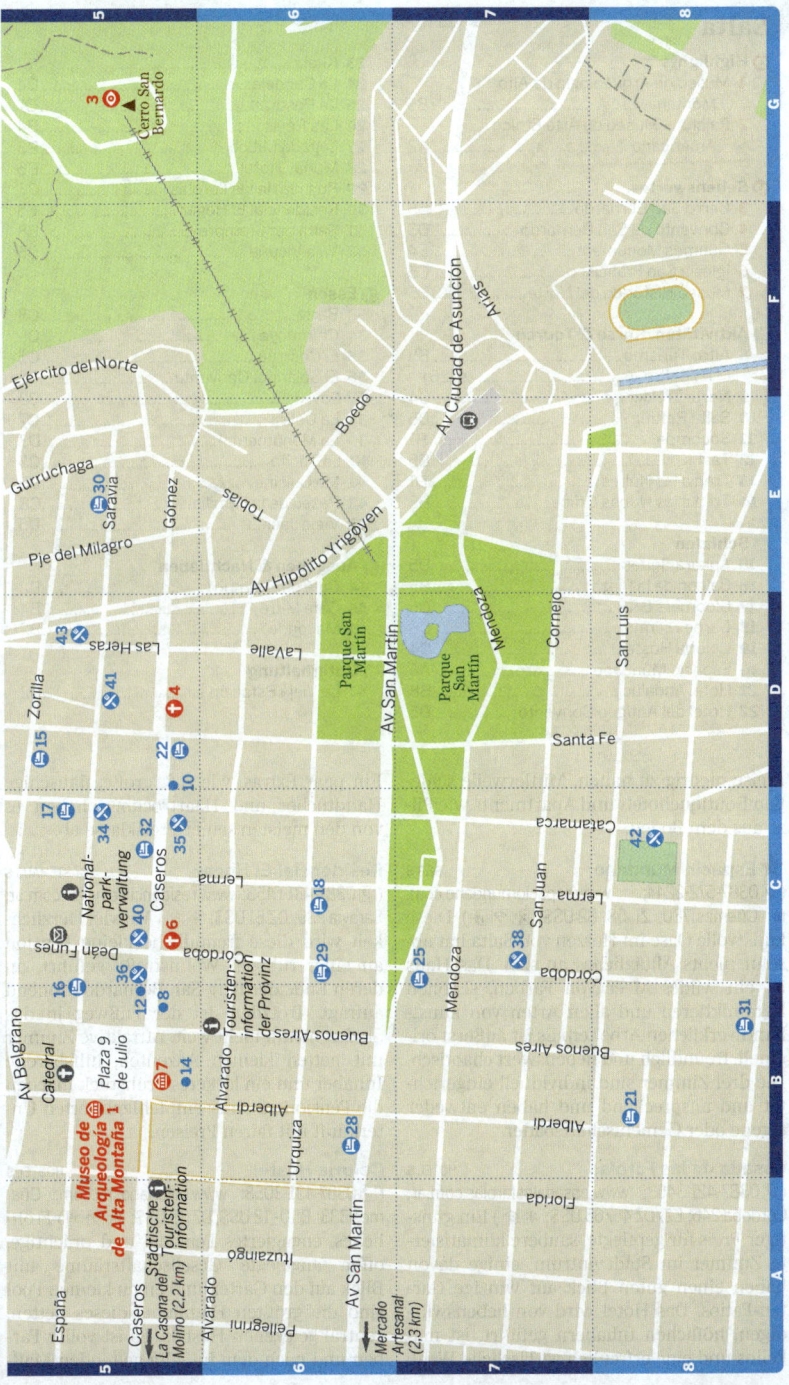

Cerro San Bernardo

3

Ejército del Norte

Boedo

Av Ciudad de Asunción

Aljas

Gurruchaga

Saravia

30

Gómez

Tobías

Pje del Milagro

Av Hipólito Yrigoyen

Mendoza

Cornejo

San Luis

Parque San Martín

Las Heras

43

Lavalle

Av San Martín

Parque San Martín

Santa Fe

Zorrilla

41

4

Catamarca

15

22

10

Lerma

42

San Juan

Lerma

17

34

32

Caseros

35

18

29

25

38

Córdoba

National-park-verwaltung

Córdoba

Dean Funes

6

Mendoza

San Juan

Buenos Aires

Buenos Aires

16

36

12

8

Touristen-information der Provinz

Alberdi

Alberdi

Av Belgrano

31

Plaza 9 de Julio

Catedral

Alvarado

7

14

Urquiza

21

Museo de Arqueología de Alta Montaña 1

28

Stadtische Touristen-information

Florida

España

Caseros

Alvarado

Itzaingó

Av San Martín

La Casona del Molino (2,2 km)

Pellegrini

Mercado Artesanal (2,3 km)

Salta

Preise niedrig zu halten. Mittlerweile schießen Boutiquehotels und Apartments wie Pilze aus dem Boden.

★ Espacio Mundano
B&B $

(☎ 0387-572-2244; www.espaciomundano.com.ar; Güemes 780; Zi. 58–82 US$; ❄ 🛜 🐾) Diese kunstvolle Oase im Herzen von Salta hat absolut nichts Alltägliches an sich. Das Haus ist ein wildes Meer von Farben, schönen Keramiktieren und allen Arten von kunsthandwerklichen Arbeiten. Es ist äußerst originell, freundlich und liebenswert chaotisch. Die drei Zimmer sind individuell eingerichtet und ansprechend und haben entweder eigene oder Gemeinschaftsbäder.

Posada de las Farolas
HOTEL $

(☎ 0387-421-3463; www.posadadelasfarolas.com.ar; Córdoba 246; EZ/DZ 45/65 US$; ❄ 🛜 🐾) Ein günstiger Preis für gepflegte, saubere klimatisierte Zimmer im Stadtzentrum, einige davon haben einen guten Blick auf winzige Garten-Patios. Das Hotel wird von liebenswürdigen, höflichen Inhabern geführt, ist makellos und eine erfreulich verlässliche Wahl.

Ein paar Extras, wie z. B. große, flauschige Handtücher und Haartrockner, heben es von den meisten seiner Preisklasse ab.

Residencial El Hogar
GÄSTEHAUS $

(☎ 0387-431-6158; www.residencialelhogar.com.ar; Saravia 239; DZ 51 US$; ❄ 🛜) Mit viel Herzlichkeit wird diese freundliche kleine Pension an einer ruhigen Wohnstraße geführt, an deren Ende der Berg San Bernardo drohend aufragt. Trotzdem ist der Fußweg in das Stadtzentrum nicht weit. Attraktive Zimmer mit netten kleinen Akzenten, hilfsbereite Inhaber und ein leckeres Frühstück machen die Pension zu einer empfehlenswerten Unterkunft mit fairen Preisen.

Coloria Hostel
HOSTEL $

(☎ 0387-431-3058; www.coloriahostel.com; Güemes 333; B 10–12 US$, DZ 35 US$; ❄ 🛜 🏊) Fröhliches, engagiertes Personal und prächtige, offen angelegte Gesellschaftsräume mit Blick auf den Garten und einen kleinen Pool sind die größten Highlights dieses netten, zentral gelegenen Hostels. Es ist voller Farben und nach dem in Salta geltenden Maßstab ziemlich anspruchsvoll, die Sauberkeit ist untadelig; die Schlafsäle sind – obwohl nicht übermäßig geräumig – komfortabel. Die Einzelzimmer sind ziemlich klein.

La Posta
GÄSTEHAUS, HOSTEL **$**

(☎ 0387-422-1985; www.laposta.todowebsalta.com. ar; Córdoba 368; B/EZ/DZ 15/28/45 US$; 🛜) Die einfache, aber bezaubernde Pension ist eine super Wahl für alle, die günstig, zentral und gleichzeitig ruhig nächtigen wollen. Die fürsorglichen Besitzer halten alles makellos sauber, und die Zimmer mit Bad sind erstklassig. Die Schlafsäle lassen Platz zum Atmen und haben Spinde; zum leckeren Frühstück gibt es guten Kaffee. Eine ansprechende, entspannte Unterkunft.

Munay Hotel
HOTEL **$**

(☎ 0387-422-4936; www.munayhotel.com.ar; Av San Martín 656; EZ/DZ 44/68 US$; ❄🛜) Obwohl an einer viel befahrenen, chaotischen Straße (mit viel Lokalkolorit zum Ausgleich) gelegen, ist das Hotel eine lohnenswerte Option in der unteren Preisklasse. Eine günstige Lage, gastfreundliches Personal, gut möblierte und saubere Zimmer, Duschvorhänge und ein Frühstück – eine gute Wahl. Manche Zimmer sind ziemlich klein, die Hotelleitung sorgt aber nach Möglichkeit für ein größeres.

Las Rejas
HOSTEL **$**

(☎ 0387-422-7959; www.lasrejashostel.com; Güemes 569; B 10–12 US$; DZ mit/ohne Bad 40/30 US$; 🛜) In einem ziemlich charaktervollen Gebäude ist dieses Hostel untergebracht, das seine auf moderne Art freiliegenden Ziegelsteine in den Gemeinschaftsräumen einer stilvollen Renovierung verdankt. Auf zwei Ebenen liegende Zimmer und Schlafsäle im Hinterhaus bieten viel Platz und sind gut gepflegt. Die zentrale Lage verbindet sich wunderbar mit einer entspannten Atmosphäre. Auf dem Gelände gibt es einen guten Fahrradverleih.

Salta por Siempre
HOSTEL **$**

(☎ 0387-423-3230; www.saltaporsiempre.com.ar; Tucumán 464; B/EZ/DZ 18/30/42 US$; DZ mit Bad 50 US$; @🛜) Dieses überaus freundliche Hostel liegt acht Häuserblocks südlich von der Plaza entfernt, doch der mühselige Weg lohnt sich. Das ruhige, schöne Gebäude besitzt saubere, farbenfrohe Zimmer mit Bädern – in einigen Schlafsälen gibt es Betten, in anderen Etagenbetten – eine vollständige Küche und attraktive Gemeinschaftsräume. Obwohl in der Nähe noch preiswertere Her-

bergen zu finden sind, sprechen die Sicherheit und der zuverlässige Betrieb für dieses Hostel. Im Internet lassen sich die günstigsten Preise ermitteln.

Hotel Andalucía
HOTEL **$**

(☎ 0387-431-3259; www.hotelandaluciasalta.com. ar; Alberdi 651; EZ/DZ 30/42 US$; ❄🛜) Das preiswerte Hotel besitzt einen eher trostlosen Eingangsbereich, dafür aber besonders adrette Zimmer. Es ist ein Familienunternehmen, das makellose, komfortable und klimatisierte Räume bietet, die trotz einiger altertümlicher Dekorationen mit akzeptablen Bädern modern ausgestattet sind. Viel Komfort zu einem guten Preis.

★Carpe Diem
B&B **$$**

(☎ 0387-421-3969; www.carpediemsalta.com; Urquiza 329; EZ/DZ 100/110 US$; @🛜) In diesem Bed & Breakfast fühlt man sich beinahe wie zu Hause! Zu den vielen Aufmerksamkeiten gehören das selbst gebackene Brot zum Frühstück, gemütliche Sitzecken und Computer mit Internetanschluss in den schönen, mit feinen Antiquitäten ausgestatteten Gästezimmern. Die Einzelzimmer mit Gemeinschaftsbad im reizenden Garten sind zwar klein, aber für 56 US$ wirklich sehr preisgünstig.

★La Candela
HOTEL **$$**

(☎ 0387-422-4473; www.hotellacandela.com.ar; Pueyrredón 346; DZ 130–192 US$; ❄@🛜🏊) Das La Candela ist wie eine Landvilla mit L-förmigem Pool und grünem Garten angelegt. Das zentral gelegene Hotel hat erstklassiges Personal, gute Ausstattung und behagliche Zimmer, darunter ein Maisonnette-Apartment nach hinten raus. Die unterschiedlichen Zimmerklassen variieren enorm im Preis. Das Dekor ist beschwingt-elegant, an den Wänden hängt erlesene Kunst.

Es gibt auch ein paar schlichtere, preisgünstigere Zimmer (109 US$).

★Ankara Suites
APARTMENT **$$**

(☎ 0387-423-3969; www.ankarasuites.com; Zorrilla 145; Apt. 125–146 US$; ❄@🛜) Das sehr einladende Apartmenthaus bietet viel Flexibilität und liegt im Zentrum von Salta. Die Apartments haben glänzende Böden, vollständig ausgestattete Küchen und sehr komfortable Schlafzimmer mit Doppelbetten. Es gibt eine Frühstücksauswahl (die den Gästen aufs Zimmer gebracht wird). Die Bäder sind auf attraktive Art modern und haben geräumige Duschen. Der Service ist ausgezeichnet, das ganze Haus ist ungewöhnlich gut geführt. Es gibt einen Whirlpool in der oberen Etage, eine Sauna sowie einen kostenlosen Waschsalon.

Bloomers B&B
B&B $$

(☎ 0387-422-7449; www.bloomers-salta.com.ar; Vicente López 129; DZ 110–140 US$; ✸ @ ☎) Um eines der fünf Zimmer in diesem durch und durch stilvollen und komfortablen Gästehaus zu ergattern, muss man frühzeitig buchen. Hier steht das zweite B im Namen für den Brunch, der zur Mittagszeit aufgetischt wird. Die farblich abgestimmten Gästezimmer sind alle unterschiedlich gestaltet und wunderschön. Man fühlt sich wie bei Freunden – deren Küche man benutzen darf –, aber wer hat schon Freunde mit solch einem schönen Haus?

Hotel del Antiguo Convento
HOTEL $$

(☎ 0387-422-7267; www.hoteldelconvento.com.ar; Caseros 113; EZ/DZ 70/88 US$, Superior-DZ 105–120 US$; ✸ @ ☎ ✉) Die Zimmer in diesem zentral gelegenen Hotel sind modern und lichtdurchflutet. Hinter dem Haus gibt es einen kleinen attraktiven Poolbereich. Nebenan steht ein zweistöckiges Apartment, das für vier Personen vorgesehen ist. Die Superior-Zimmer im oberen Stockwerk sind hervorragend und bieten diverse Annehmlichkeiten.

★ Kkala
BOUTIQUEHOTEL $$$

(☎ 0387-439-6590; www.hotelkkala.com.ar; Ecke Las Higueras & Las Papayas; Zi. 260–390 US$; ✸ @ ☎ ✉) Im noblen Wohnviertel Tres Cerritos liegt dieses ruhige Hotel, in dem es sich wunderbar relaxen lässt. Exquisite Zimmer, Suiten und Gemeinschaftsbereiche umgeben einen kleinen Garten mit beheiztem Pool; die teureren Zimmer haben eine schöne Aussicht und eigenen Whirlpool. Die Terrassen mit Blick über die Stadt sind perfekt für den Sundowner aus der Selbstbedienungsbar. Der Service ist erstklassig.

★ Legado Mítico
BOUTIQUEHOTEL $$$

(☎ 0387-422-8786; www.legadomitico.com; Mitre 647; Zi. Standard/Superior/Deluxe 255/275/295 US$; ✸ @ ☎) Die eleganten Gästezimmer – einige stilecht zu diesem noblen alten Salta-Haus passend, andere mit indigenen Themen – sind Grund genug, sich in diesem ruhigen, zentralen Hotel einzumieten. Besonders anheimelnd sind die Zimmer ganz unten mit eigenem Patio voller Bambus. Weitere Pluspunkte sind der zuvorkommende Service und die kultiviert-entspannte Atmosphäre. Keine Kinder unter zwölf Jahren.

★ Villa Vicuña
BOUTIQUEHOTEL $$$

(☎ 0387-432-1579; www.villavicuna.com.ar; Caseros 266; Zi. 154–174 US$; ✸ ☎ ✉) Schön gestaltet in modern antikisierendem Stil und in zentraler Lage, besitzt das Hotel lichtdurchflutete, schöne Zimmer mit Bodenfliesen in altem Stil, die an einem lang gestreckten Patio in einem Haus von typischer Salta-Eleganz liegen. Eine Atmosphäre von Helligkeit und Weite ist überall zu spüren; der rückwärtige Garten mit Swimmingpool ist ein Highlight, wie auch die vielen dekorativen Details und der freundliche Service.

Finca Valentina
ESTANCIA $$$

(☎ 0387-15-415-3490; www.finca-valentina.com.ar; RN 51, Km6; EZ/DZ Standard 125/155 US$, Superior 150/185 US$; ☎ ✉) Nur das Zwitschern der Vögel und das Zirpen der Zikaden unterbrechen die Stille dieser fantastisch friedlichen Viehranch, sie liegt etwa 6 km vom Flughafen und eine 20-minütige Fahrt vom Stadtzentrum entfernt. Eine komfortable, anheimelnde Eleganz geht von den kühlen weißen Räumen und einer Vielzahl an ruhigen Sitzgelegenheiten auf der Veranda aus. Ein exzellentes Frühstück ist im Preis inbegriffen; es werden aber auch andere Mahlzeiten angeboten.

Balcón de la Plaza
BOUTIQUEHOTEL $$$

(☎ 0387-421-4792; www.balcondelaplaza.com.ar; España 444; Zi. 180–204 US$; ✸ @ ☎) Ein höflicher und einmalig hilfsbereiter Service, eine ansprechend vornehme Atmosphäre und zehn unaufdringlich elegante Zimmer mit attraktiven Bädern und breiten Doppelbetten sprechen für dieses kürzlich eröffnete Boutiquehotel. Ein weiterer Pluspunkt ist seine gute Lage, einen halben Häuserblock von der Plaza entfernt. Es ist in einem wunderschönen Gebäude eingerichtet, das auf beiden Seiten von hässlichen Nebengebäuden bedrängt wird. Die Zimmerpreise sind allgemein niedriger als die üblichen Preise.

✖ Essen

Ob es Argentiniens beste Empanadas in Salta oder in Tucumán gibt, ist Ansichtssache, aber in beiden Orten schmecken sie einfach unglaublich gut. Uneins ist man sich auch, ob sie gebraten (aus der Pfanne – saftiger) oder gebacken (aus dem Lehmofen – knuspriger) besser sind.

★ Chirimoya
VEGETARISCH $

(España 211; Hauptgerichte 50–90 Arg$; ⊙ Mo–Sa 9–16 & 20.30–00:30 Uhr; ☎ ✐) Bunt und fröhlich verlockt das vegane – allerdings kommt manchmal schon ein wenig Honig in die Speisen hinein – Café-Restaurant zu einer Pause. Köstliche gemischte Säfte und Weine aus biologischem Anbau begleiten täglich wechselnde Gerichte, die in großzügigen Portionen serviert werden. Beinahe alles schmeckt köstlich. Außerdem gehört zum Laden ein Lieferservice.

Jovi II
ARGENTINISCH **$**

(Balcarce 601; Hauptgerichte 70–110 Arg$; ⊘ 12–16 & 20–1 Uhr) Eine lange Terrasse mit Blick auf die Palmen der Plaza Güemes ist nur einer von mehreren Gründen, um dieses beliebte einheimische Restaurant zu besuchen. Eine umfangreiche Palette von Gerichten wird gut, ohne unnötigen Aufwand und in großzügigen Portionen zubereitet. Mehrere Gerichte, beispielsweise mit Kaninchen, leckerem Fisch und gehaltvolle Tagesgerichte werden von einem ausgezeichneten Service passend begleitet.

La Tacita
EMPANADAS **$**

(Caseros 396; Empanadas 8 Arg$; ⊘ Mo–Sa 8–23, So 10–23 Uhr) Das sehr schlichte kleine Restaurant bietet in einladender, angenehm nüchterner Atmosphäre Empanadas, die zu den besten der Stadt gehören. Großartig für eine Pause von der Stadtbesichtigung.

La Monumental
PARRILLA **$**

(Entre Ríos 202; Hauptgerichte 105–155 Arg$; ⊘ 12–15 & 20–1 Uhr) Fluoreszierendes Licht und eine Schar von Fans weisen den Weg zu diesem klassischen Grillrestaurant. Auf dem Programm stehen üppige Portionen, eine beeindruckende Liste kostenloser Häppchen, preiswerter Hauswein und ordentliche Fleischgerichte. Eine halbe Portion reicht völlig (und kostet 70 % vom regulären Preis). Das Lokal sollte man nicht mit dem noblen Restaurant gleichen Namens, das schräg gegenüber liegt, verwechseln.

Viejo Jack
PARRILLA **$**

(Av Bicentenario de la Batalla de Salta 145; Hauptgerichte 70–130 Arg$; ⊘ 12.30–15.30 & 20–1 Uhr oder später) Dieses bodenständige Lokal ist weit genug vom Touristentrubel entfernt, um authentisch zu sein, aber immer noch gut zu erreichen und bei Einheimischen wegen seiner *parrillada* (Grillplatte) und Pasta beliebt. Die Portionen sind geradezu riesig und eigentlich für zwei bis vier Personen gedacht – für 70 % des Preises bekommt man aber auch eine Einzelportion (von der immer noch zwei Personen satt werden).

INSIDERWISSEN

PASEO DE LA FAMILIA

Eine einfache und anregende heimische Straßenrestaurantszene ist auf dem **Paseo de la Familia** (Catamarca zwischen San Luis & La Rioja; Gerichte 30–100 Arg$; ⊘ in der Regel 8–15 Uhr) zu entdecken. Sie erstreckt sich einen Häuserblock von Catamarca im Süden der San Luis entlang. An Ständen werden Grillhähnchen, Pizzas, Tamales und *lomitos* (Steaksandwiches) zubereitet, die auf Plastiktischen unter einem großen Zeltdach serviert werden. Die meisten sind zwischen der Frühstückszeit und dem frühen Nachmittag (etwa 15 Uhr) geöffnet. Manche sollen zukünftig auch abends geöffnet sein.

Ma Cuisine
FUSION **$$**

(España 83; Hauptgerichte 90–150 Arg$; ⊘ Di–Sa 20–24 Uhr; 🛜) Im erfreulich adretten Innern dieses sympathischen kleinen Restaurants entsteht eine Vielfalt von wechselnden Gerichten - Pasta, Fisch und Fleisch, alles wird gut zubereitet und mit exotischen Zutaten wie asiatischen Nudeln oder pfannengerührtem Gemüse serviert – diese werden mit Kreide auf eine Tafel geschrieben. Die freundlichen, jungen Wirtsleute haben in Frankreich gelebt – ein gewisser gallischer Einfluss ist deutlich zu erkennen.

La Céfira
ARGENTINISCH **$$**

(📞 0387-421-4922; www.lacefira.com; Córdoba 481; Hauptgerichte 65–150 Arg$; ⊘ Mo–Sa 19–24, So 12–15 Uhr; 🛜🅿) Das attraktive Restaurant mit Pastaspezialitäten, ein paar Häuserblocks südlich vom Stadtzentrum gelegen, hebt sich vom Einerlei der Käsegnocchi in anderen Restaurants deutlich ab. Zu den einfallsreichen, geschmackvollen Versuchungen (typische Zutaten sind z. B. Tintenfischtinte, farcierte Krebse, Kürbis mit Curry und Mohn), die zu exzellenten, hausgemachten Pastasorten gereicht werden, gehören viele vegetarische Optionen. Außerdem gibt es Gerichte mit Fleisch und Fisch.

El Charrúa
ARGENTINISCH, PARRILLA **$$**

(www.parrillaelcharrua.com.ar; Caseros 221; Hauptgerichte 120–200 Arg$; ⊘ Mo–Fr 12–15.30 & 19–00.30 Uhr, Sa & So open end; 🛜) Hell und anheimelnd ist das beliebte Restaurant, in dem die Grenzen einer üblichen *parrilla* (Grill-

PEÑAS

Salta ist in ganz Argentinien für seine *folklórica* (Volksmusik) berühmt, die weit umfassender in der Entfaltung des Nationalen ist als der Tango. Eine *peña* ist eine Bar oder ein Club, wo Gäste essen, trinken und zum Spielen und Zuhören zusammenkommen, traditionell in der Form eines improvisierten Zusammenspiels.

Heute ist eine *peña* in Salta ein eher touristisch orientiertes Ereignis, zu dem eine Show mit Abendessen, CD-Verkauf und Tourengruppen gehören; bei alledem kann es ein unterhaltsames Erlebnis sein. Traditionelle Gerichte wie Empanadas werden zu Rotwein serviert, meistens umfassen die Speisekarten aber eine größere Auswahl an Fleisch- und regionalen Gerichten.

Besonders zahlreich sind *peñas* an der Calle Balcarce zwischen Alsina und dem Bahnhof zu finden. Außerdem gibt es dort Restaurants, Bars und *boliches* (Nachtclubs) – es ist das Kerngebiet des Nachtlebens von Salta.

Manche Restaurants sind erheblich besser und traditionsverbundener als andere.

La Casona del Molino (☎ 0387-434-2835; www.facebook.com/lacasonadelmolino; Burela 1; ⏱ Di–So 21–4 Uhr) Das einstige Herrenhaus, etwa 20 Häuserblocks westlich von der Plaza 9 de Julio gelegen, ist eine berühmte Institution von Salta. In mehreren weitläufigen Sälen treten Musiker auf, die sich nicht auf einer Bühne präsentieren, sondern sich zwischen den Tischen bewegen und spontane Improvisationen und Tänze aufführen. Das Essen ist von sehr hoher Qualität (Hauptgerichte 40–70 Arg$). Wer einen Tisch bekommen will, sollte unbedingt frühzeitig herkommen. An den Abenden am Wochenende wird ein Gedeckpreis verlangt.

La Vieja Estación (☎ 0387-421-7727; www.laviejaestacion.com.ar; Balcarce 885; Gedeckpreis 20 Arg$; ⏱ 19–3 Uhr) Dieses Lokal ist am besten etabliert unter den *peñas* von Balcarce; hier gibt es eine Bühne, Holztische und eine gute Atmosphäre. Die Musik beginnt um 22 Uhr. Empanadas von Spitzenqualität und andere regionale Spezialitäten kommen hier auf den Tisch, darunter Gerichte der Andenküche mit interessanten Fusion-Elementen (Hauptgerichte 100–190 Arg$).

platte) überschritten und auch regionale Speisen, Spezialitäten und recht gute Pastagerichte zubereitet werden. Service und Qualität sind im Allgemeinen verlässlich, die Preise sind dem Niveau angemessen.

Bartz TAPAS $$
(☎ 0387-461-0160; www.bartzsalta.com; Leguizamón 465; Tapas 40–95 Arg$; ⏱ Mo–Sa 11.30–1 Uhr; 🍸) Einige extrem köstliche Geschmackskombinationen sind auf der vielfältigen Tapas-Karte des freundlichen Café-Restaurants im Norden des Stadtzentrums verzeichnet. Die Gerichte zeigen u. a. spanische, griechische und japanische Einflüsse. Der talentierte Chefkoch fügt ansprechende und doch unaufwendige Zutaten zusammen, zu denen auch köstlicher Lachs und Thunfisch gehören. Die Gerichte werden in großzügigen Portionen angerichtet – bei einigen der Speisen werden zwei Personen spielend satt.

El Solar del Convento ARGENTINISCH $$
(☎ 0387-421-5124; Caseros 444; Hauptgerichte 110–165 Arg$; ⏱ 8–24 Uhr; 🍸) Behaglich und beliebt, diese touristische, aber zuverlässige Adresse bietet einen fürsorglichen Service – lobenswert ist beispielsweise der kostenlose Aperitif – und eine vielfältige Speisekarte. Spezialität des Hauses ist *bife de lomo* (Rinderfilet) mit leckeren Soßen, außerdem gibt es Fischgerichte und eine Auswahl an *parrilladas*. Besonders gut ist zarte *bondiola* (Schweineschulter) als Abwechslung zum Steak. Die Fleischgerichte sind angesichts der Lage in der Stadtmitte von Salta verhältnismäßig preisgünstig; die Weinkarte ist eher mittelmäßig.

🍷 Ausgehen & Nachtleben

Das klassische Nachtleben von Salta spielt sich in den charakteristischen *peñas* ab. Die beiden Straßenzüge von Balcarce im Norden von Alsina und die umliegenden Straßen sind der Hauptbezirk zum Ausgehen. Bars und Clubs dieser Gegend folgen den typischen Zyklen von Eröffnung, Schließung und Neueröffnung unter anderem Namen, sodass nichts anderes bleibt, als dem ersten Eindruck zu folgen.

PARQUE NACIONAL EL REY

Im Osten von Salta erstreckt sich der **Nationalpark** (elrey@apn.gov.ar) GRATIS am südlichen Ende des subtropischen Biosphärenreservats der Yungas und schützt ein Habitat von wunderbar reicher biologischer Diversität.

Es ist eine wunderschöne, vielfältige Landschaft aus Weide- und Buschland bis hin zu subtropischem Nebelwald. Es gibt verschiedene, gut markierte Wanderwege, die teilweise mit dem Auto erreichbar sind. Eine Fülle von Vogelarten und Säugetieren, z. B. Nabelschweine und Spießhirsche, ist häufig zu sehen. In der **Laguna Los Patitos**, 2 km vom Hauptquartier des Parks entfernt, können Wasservögel beobachtet werden. Längere Wanderwege führen zum moosbedeckten **Pozo Verde**, ein Aufstieg von drei bis vier Stunden bringt Wanderer zu einem Gebiet mit einer Fülle von Vogelarten. Weitere Wege für ähnliche Tageswanderungen sind mit dem Durchqueren zahlreicher Flussläufe verbunden. Der kürzere, 2 km lange **Sendero La Chuña** beginnt beim Campingplatz und stellt eine gute Einführung in dieses Ökosystem dar.

Es gibt einen kostenlosen Campingplatz mit einer weiten Rasenfläche zum Zelten; zur Ausstattung gehören Toiletten, Trinkwasser, Duschen mit kaltem Wasser und elektrischer Strom am Abend, jedoch kein Laden. Bei **APN in Salta** (APN; ☎ 0387-431-2683; www.parquesnacionales.gov.ar; España 366; ☺ Mo–Fr 8–14 Uhr) sind aktuelle und detaillierte Informationen zu bekommen. In der Nähe findet man Übernachtungsmöglichkeiten in einer eigenartigen ökologischen Dorfgemeinschaft, von der Abzweigung sind es etwa noch 4 km auf der Parkstraße.

Von der Zugangsstraße an der RP 5 sind es 37 km auf einem Kiesweg zum Parkeingang und weitere 10 km zum Startpunkt der Wanderwege/Campingplatz. Mehrere Wasserläufe sind nach Regenfällen (die zwischen Dezember und März wahrscheinlich sind) mit einem Auto ohne Allradantrieb nicht passierbar. Touren von Salta führen ebenfalls hierher. Die letzte Tankstelle befindet sich an der Kreuzung General Güemes–Salta, etwa 160 km vom Nationalpark entfernt.

Café Mitre BAR

(Mitre 368; ☺ Mo–Fr 8.30–1, Sa 18–3 Uhr; ☎) Klobige, aber farbenfrohe Stühle und Tische, ein stilvoller Innenraum und eine nette kleine Terrasse zum Leuteobachten vor dem Laden fallen angenehm ins Auge. Das Café Mitre ist vor allem für seinen freundlichen Service, den anständigen Kaffee und die wohlschmeckenden Cocktails bekannt. Alles in allem, diese Bar ist ein schöner Ort zum Verweilen und Entspannen.

Café del Tiempo BAR

(www.cafedeltiempo.com.ar; Balcarce 901; ☺ Mo–Sa 18–3, So 8–2 Uhr; ☎) Das Lokal ist herausgeputzt wie ein Café in Buenos Aires und glaubt dafür dementsprechende Preise zu verlangen. Allerdings ist die elegante Terrasse im Herzen des Balcarce-Viertels ein wirklich toller Platz für einen Drink. Jeden Abend gibt es irgendeine Show oder Livemusik. Auf der Speisekarte stehen beispielsweise Lamagerichte und internationale Spezialitäten wie Chop Suey. Die *picadas* (Vorspeisenplatten für mehrere Personen) sind ideal für Gruppen.

Macondo BAR

(www.facebook.com/macondo.barensalta; Balcarce 980; ☺ Mi–So 20 Uhr – open end; ☎) Bei dem Übermaß an *Folklórica*-Musik auf den Straßen kann der vorherrschende Indie-Mix dieser angesagten Bar eine Erleichterung bedeuten. Populär bei Einheimischen wie auch bei Touristen, ist das Lokal bis spät in die Nacht von Gästen belebt und besitzt eine nette Straßenterrasse. An den meisten Abenden wird Livemusik gespielt.

🛍 Shoppen

Jeden Sonntag erstreckt sich ein Kunstgewerbemarkt vom Busbahnhof ein paar Blocks gen Süden die Balcarce entlang.

Mercado Artesanal KUNSTHANDWERK

(Av San Martín 2555; ☺ 9–21 Uhr) 🖉 Souvenirs findet man am besten auf diesem von der Provinz geförderten Markt. Unter den Produkten der Ureinwohner sind Hängematten, Einkaufsnetze, Keramik, Korb- und Lederwaren und die regionaltypischen Ponchos. Vom Zentrum fährt Bus 5A dorthin.

ⓘ Praktische Informationen

Calle España, direkt westlich von der Plaza, ist nach bisherigen Recherchen noch immer der Bezirk der Geldwechsler.

Hospital San Bernardo (☎ 0387-431-7472; www.hospitalsanbernardo.gob.ar; Tobías 69)
Örtliche Touristeninformation (☎ 0387-437-3340; www.saltalalinda.gov.ar; Caseros 711; ⊙ Mo–Fr 8–21, Sa & So 9–21 Uhr) Hält Kartenmaterial bereit. Betreibt Informationsstände am Busbahnhof und Flughafen, die je nach Personalbesetzung von 9–21 Uhr geöffnet sind.
Touristeninformation der Provinz(☎ 0387-431-0950; www.turismosalta.gov.ar; Buenos Aires 93; ⊙ Mo–Fr 8–21, Sa & So 9–20 Uhr) Die Touristeninformation verdient die Bestnote – freundlich, effizient und mehrsprachig. Informiert über den Straßenzustand in der Provinz.

ⓘ An- & Weiterreise

AUTO

Es gibt zahlreiche Autovermietungen: am besten mehrere Angebote vergleichen. Die üblichen Preise liegen zwischen 800 und 1000 Arg$ pro Tag, der Preis verdreifacht sich bei einem Geländewagen.

Sonderangebote gibt es häufig bei frühzeitiger Buchung im Internet. Die meisten Firmen bieten Ermäßigungen bei Barzahlung an.

Die Autovermietungen, darunter auch internationale Namen, werden meist nachlässig betrieben. Mechanische Probleme sind üblich, Kunden sollten kein professionelle Pannenhilfe erwarten: Oft ist es besser, kleinere Probleme selbst zu beheben. Beschwerden kommen häufig vor.

Eine Liste von Anbietern ist unter der Adresse http://turismo.salta.gov.ar aufgeführt. Empfehlenswert ist **Alto Valle** (☎ 0387-15-683-6231; www.altovallerentacar.com.ar; Zuviría 524): erfreulich preisgünstig und professionell.

Die **Touristeninformation der Provinz** (s. oben) gibt Auskunft über den aktuellen Straßenzustand. Reifenpannen sind häufig – vor der Abfahrt von Salta besser nochmals den Werkzeugkasten kontrollieren.

Leihwagen dürfen nicht nach Bolivien eingeführt werden, es ist aber möglich, nach Chile zu fahren; dazu ist eine geringe Extragebühr zu entrichten und die Fahrt einige Tage im Voraus anzumelden.

BUS

Am **Busbahnhof** von Salta (☎ 0387-431-5022; Av Hipólito Yrigoyen; ⊙ Information 6–22 Uhr) gibt es Geldautomaten, eine Touristeninformation und Gepäckaufbewahrung.

Drei Unternehmen betreiben Busse nach San Pedro de Atacama, Chile (810 Arg$, 9–10 Std.)

mit tgl. Abfahrt um 7 Uhr über Jujuy und Purmamarca. Die Busse fahren weiter nach Calama, Antofagasta, Iquique und Arica (1283 Arg$).

Ale Hermanos betreibt 2- bis 3-mal tgl. Busverbindungen nach San Antonio de los Cobres (115 Arg$, 5½ Std.) und Cachi (120 Arg$, 4½ Std.).

Fahrgäste mit dem Ziel Puerto Iguazú müssen in Resistencia und mit dem Ziel Bariloche in Mendoza umsteigen. Die Betriebe verkaufen durchgehende Fahrkarten.

Busse ab Salta

REISEZIEL	FAHRPREIS (ARG$)	FAHRZEIT (STD.)
Buenos Aires	1300–1500	18–22
Cafayate	159	4
Córdoba	918	11–14
Jujuy	75	2
La Quiaca	240	7½
La Rioja	616	10
Mendoza	1275–1350	18–20
Resistencia	719	10–12
Salvador Mazza	411	6½
Santiago del Estero	445	7
Tucumán	290	4¼

FLUGZEUG

Der **Flughafen** von Salta (SLA; ☎ 0387-424-3115) liegt knapp 10 km südwestlich der Stadt an der RP 51.

Aerolíneas Argentinas (☎ 0810-222-86527; www.aerolineas.com; Caseros 475; ⊙ Mo–Fr 8–12.45 & 16–18.45, Sa 9–12.45 Uhr) Mehrmals tgl. Flüge nach Buenos Aires; fliegt auch Córdoba, Mendoza und Puerto Iguazú an.

Andes (☎ 0810-777-26337; www.andesonline.com; Caseros 459; ⊙ Mo–Fr 8–13 & 16.30–19, Sa 9.30–13 Uhr) Drei Flüge pro Woche nach Buenos Aires mit Flugverbindung nach Puerto Madryn.

BoA (☎ 0387-471-1558; www.boa.bo; Mitre 37, Shop 24) In einer Einkaufspassage abseits der Plaza. Flüge nach Santa Cruz (Bolivien).

LAN (☎ 0810-999-9526; www.lan.com; Caseros 476; ⊙ Mo–Fr 9–13 & 17–20 Uhr) Flüge nach Buenos Aires; fliegt auch nach Santiago über Iquique (Chile).

ⓘ Unterwegs vor Ort

Eine wieder aufladbare Buskarte (tarjeta magnética, 3 Arg$) ist bei einigen Kiosken erhältlich. Der Fahrpreis beträgt 3,75 Arg$.

Die Buslinie 8A von San Martín über Córdoba führt zum Flughafen, eine Taxifahrt aus der Innenstadt zum Flughafen kostet 100 Arg$.

Mehrere städtische Busse verbinden die Innenstadt mit dem Busbahnhof; auch zu Fuß ist der Weg nicht weit.

Valles Calchaquíes

Die Valles Calchaquíes gehören mit ihren imposanten, zerklüfteten Landschaften, dem traditionellen Kunsthandwerk, den pittoresken Lehmdörfern und einigen der besten Weine des Landes zu Argentiniens verführerischsten ländlichen Gegenden. Das kleine, aber mondäne Cafayate mit seinen Weinkellereien und der asphaltierten Straße bildet einen reizvollen Kontrast zu den etwas entlegeneren Ortschaften wie Angastaco oder Molinos. Das beschauliche und beliebte Cachi ist von Salta aus über eine spektakuläre Straße zu erreichen, die den Parque Nacional Los Cardones durchquert. Die in diesen Orten übliche Bauweise verdient besondere Aufmerksamkeit: Selbst die bescheidensten Lehmhäuser schmücken sich mit neoklassischen Säulen oder neo-maurischen Bögen.

Die in der Region lebenden Diaguita (Calchaquí) gehörten zu denjenigen Stämmen, die sich am stärksten gegen die spanische Herrschaft auflehnten.

Chicoana

📞 0387 / 5800 EW.

Nahe der Kreuzung der Straßen nach Cafayate und Cachi, 41 km südlich von Salta, verbirgt sich der sympathische Ort Chicoana, von üppiger Vegetation umgeben, und bietet sich als schöne Zwischenstation an – für ein Mittagessen, eine Übernachtung (es ist ein verlockender Schlusspunkt einer Reise, wenn am nächsten Morgen die Abreise von Salta bevorsteht) oder als Ausgangsort für einen Reitausflug.

Sehenswertes & Aktivitäten

Mehrere Veranstalter bieten Reitausflüge an. Die Touristeninformation hält eine Liste bereit. Westlich des Ortes führt eine Straße (Adolfo) auf die Finca Los Los zu – hier eröffnen sich herrvorragende Ausblicke über die subtropische Vegetation dieser Zone.

Schlafen & Essen

Es gibt mehrere Übernachtungsmöglichkeiten, darunter am Marktplatz das Hostel hinter dem *Parrilla*-Restaurant, von dessem Inhaber es auch betrieben wird, und direkt dahinter ein von Eukalyptusbäumen beschatteter Campingplatz.

Bo Hotel BOUTIQUEHOTEL $$
(📞 0387-490-7068; www.bo-chicoana.com.ar; 25 de Mayo 25; EZ/DZ 103/127 US$; ✳@🛜🏊) Auf der linken Seite vom Ortseingang bietet das gepflegte Hotel auf einem begrünten Grundstück acht geräumige Zimmer, die in einem fröhlichen Stil mit modernen Stoffen und Farben eingerichtet sind. Gäste können sich über kostenlose Fahrräder, ein Spa, einen hilfsbereiten Service und andere Annehmlichkeiten freuen.

Finca Las Margaritas ESTANCIA $$$
(📞 0387-15-592-9194;www.fincalasmargaritas.com.ar; RP 49, Paraje Bella Vista; DZ/FZ 161/181 US$; 🛜🏊) Die *estancia* liegt etwa 8 km von Chicoana entfernt (Hinweisschilder an der RN 33) und ist perfekt: elegante Zimmer, deren Gestaltung auf verschiedene landwirtschaftliche Erzeugnisse des Hofes hindeutet, weite Veranden, eine klassisch ländliche, argentinische Atmosphäre und gutes Essen. Ausflüge in die nähere Umgebung können arrangiert werden.

Bocha ARGENTINISCH $
(Güemes s/n; Hauptgerichte 50 Arg$; ⏱10.30–15 Uhr) Dieser sehr schlichte Familienbetrieb, ein *comedor* (einfache Cafeteria), ist das Lieblingsrestaurant des Ortes. Große runde Tische ruhen schwer auf einem Betonfußboden. Es gibt eine Auswahl von drei oder vier Tagesgerichten, die allesamt köstlich schmecken. Nach den Hauptgerichten wird eine Suppe angeboten.

ℹ Praktische Informationen

Touristeninformation (www.chicoanasalta.org; Ecke Córdoba & El Carmen; ⏱8–20 Uhr) An einer Ecke des Platzes; sehr hilfreich.

ℹ An- & Weiterreise

Chicoana ist durch örtliche Busse mit Salta verbunden (städteverbindende Route 5, 9 Arg$, 60 Min.), die in östlicher Richtung Belgrano und in westlicher Richtung San Martín passieren. Fahrgäste benötigen eine Salta-Buskarte.

Parque Nacional Los Cardones

Am Rand der kurvenreichen RP 33 von Salta nach Cachi, die durch die Cuesta del Obispo verläuft, liegt der **Parque Nacional Los Cardones** (www.parquesnacionales.gob.ar; RP 33), dessen Name sich vom Cardón (einem Kandelaberkaktus) ableitet; es ist die auffallendste Pflanzenart des Nationalparks. Von bildhafter Schönheit ist das Valle Encantado, das über einen etwa 4 km langen, befahrbaren Weg (bei Km 61) zugänglich ist. Einige weitere *miradores* (Aussichtspunkte) sind entlang der Fahrbahn durch Schilder ausgewiesen, ein paar kurze Wanderwege führen an der Recta de Tin-Tin entlang, die den Nationalpark durchquert. Es gibt ein modernes **Nationalparkbüro** (☑ 03868-15-452879; loscardones@apn.gov.ar; Payogasta; ⊙ Mo–Fr 8–15 Uhr) in Payogasta, etwa 11 km nördlich von Cachi.

Besucher sollten an ausreichend Wasser und Sonnenschutz denken. Busse, die zwischen Salta und Cachi unterwegs sind, halten am Nationalpark (über Abfahrtszeiten sollte man sich vorab informieren).

In den baumlosen Ausläufern der Anden und der Puna war das Holz des Cardón lange Zeit ein wichtiges Baumaterial für Dachsparren, Türen, Fenster und anderes. Es ist häufig an den traditionellen Gebäuden in der Region zu sehen.

Cachi

☑ 03868 / 2600 EW. / HÖHE 2280 M

Das zauberhafte Cachi ist die größte Ortschaft weit und breit – die Einheimischen nennen es gar „die Stadt" – und doch wenig mehr als ein Dorf, allerdings in fantastischer Landschaft. Umgeben von erhabenen Bergen genießt man in Cachi frische Hochlandluft, sonnige Tage und klirrend kalte Nächte. Die gepflasterten Straßen, die Lehmhäuser, die beschauliche Plaza sowie lockende Ausflüge in die Umgebung verleiten einen dazu, ein paar Tage länger zu bleiben, als im ursprünglichen Reiseplan vorgesehen war.

⦿ Sehenswertes

Museo Arqueológico   MUSEUM
(Spenden erbeten; ⊙ Di–So 9–18 Uhr) Das gut präsentierte und professionell angeordnete Museum an der Plaza bewahrt Zeugnisse der kulturellen Entwicklung der Gegend. Die vertiefenden Informationen (auf Spanisch) beruhen auf der Grundlage archäologischer Methoden. Unbedingt sehenswert ist die Mauer am zweiten Patio, die aus Steinen mit Felsbildern zusammengesetzt ist.

Iglesia San José   KIRCHE
(Plaza 9 de Julio s/n; ⊙ 9–21 Uhr) Die Kirche (1796) besitzt graziöse Bögen und ein Tonnengewölbe aus Cardón-Holz. Der Beicht-

stuhl und andere Elemente entstanden ebenfalls aus dem Holz des Cardón, das Weihwasser wird in einer großen *tinaja* (Tonkrug) aufbewahrt.

Aktivitäten

Nur einen kurzen Fußweg von Cachis Plaza entfernt liegt auf einem Hügel ein **Aussichtspunkt** und auf dem Gipfel der malerische **Friedhof**, überraschenderweise ganz in der Nähe einer Landepiste.

Eine Handvoll eher unbedeutender **archäologischer Stätten** verteilen sich über das ganze Tal. Sie eignen sich als pittoreske Wander- oder Ausflugsziele. In Cachi gibt es eine Weinkellerei, weitere sind mit dem Auto leicht zu erreichen.

Viele Anwohner verleihen **Pferde** – Schilder weisen darauf hin, oder man fragt in der Touristeninformation nach.

Talwanderung   WANDERN
Etwa 6 km von Cachi entfernt liegt Cachi Adentro, ein winziges Dorf, wo sprichwörtlich „der Hund begraben ist". Besucher können auf dem Dorfplatz auf einer Wippe schaukeln oder sich eine Soda aus dem Lebensmittelladen mitnehmen. Im Sommer, wenn Bäche und Wasserfälle viel Wasser führen, bietet es sich als Ziel eines reizvollen Spaziergangs von Cachi an.

Zurück geht es auf einem längern Weg (hin & zurück 20 km): nach der Kirche rechts halten und dann links in die ausgeschilderte Straße nach Las Trancas abbiegen. Die Straße schlängelt sich durchs Tal und überquert schließlich den Fluss. Nach 400 m biegt man links ab (rechts geht es zum rund 2 km entfernten hübschen Algarrobal-Campingplatz). Über das Dörfchen La Aguada gelangt man zurück nach Cachi. Diese Route ist vor allem am späten Nachmittag besonders reizvoll.

☞ Geführte Touren

★ Urkupiña   OUTDOOR
(☑ 03868-491317; www.urkupinatur.wix.com/cachi; Zorrilla s/n) Ein hervorragender Veranstalter, der ein weites Spektrum von Aktivitäten anbietet. Ausflüge zu den nahe gelegenen archäologischen Stätten kosten zwischen 25 und 35 US$; längere Fahrten in beide Richtungen der RN 40 sind anregende Möglichkeiten, nach Cafayate (60 US$) oder San Antonio (76 US$) zu gelangen. Wandertouren beinhalten z. B. einen Abstieg in das Valle Encantado und durch Cuesta del Obispo

(89 US$) oder die roten Sandsteinhöhlenformationen von Acsibi (85 US$).

Radtouren, Höhlenwanderungen und Quadbike-Touren gehören wie auch Klettertouren zum Programm.

Chiwanku
OUTDOOR

(📞 0387-15-561-6854; www.chiwanku.com.ar; Suárez s/n) Chiwanku bietet eine Vielfalt von Aktivitäten an, u. a. Downhill-Radtouren durch den Parque Nacional Los Cardones (40 US$), Wanderungen um die roten Sandsteinhöhlen von Acsibi (88 US$) und archäologische Stätten der Inka (43 US$), Weinproben und Ausflüge in den abgelegenen Westen der Provinz.

🛏 Schlafen

Nevado de Cachi
GÄSTEHAUS $

(📞 03868-491912; Ruiz de los Llanos s/n; EZ/DZ 20/35 US$; 🐾) Abseits der Plaza findet man diese ziemlich gute Pension der preiswerten Kategorie mit Zimmern, die um einen von Weinlaub bewachsenen Patio angeordnet sind. Die Betten sind bequem, die Bäder – es gibt ein billigeres Zimmer mit außerhalb liegendem Bad – erfüllen ihren Zweck. Bei den Preisen sind je nach gewünschtem Zimmer kleine Ermäßigungen möglich; in den oberen Räumen wird es heiß, sie sind dafür aber auch ruhiger. Ein preiswerter Glücksfall. Das Frühstück ist leider nicht im Preis mit inbegriffen.

Viracocha
HOSTEL $

(📞 03868-15-491713; www.hostelcachi.com.ar; Ruiz de los Llanos s/n; B 19 US$; DZ mit/ohne Bad 60/ 40 US$; 🐾) Zentral gelegen und entspannt, besitzt das sympathische Hostel gute Schlafsäle mit stämmigen Etagenbetten, die viel Raum über dem Kopf gewähren. Einzelzimmer sind farbenprächtig und komfortabel, alle Betten sind mit anständigen Matratzen ausgestattet. Eine Küche ist jedoch nicht vorhanden, dafür aber ein Innenhof und Gelegenheiten zum Tee- und Kaffeekochen. In einem romantisch beleuchteten Restaurant, das zum Hostel gehört, werden schmackhafte regionale Spezialitäten und Gerichte der Andenküche serviert.

Hospedaje Don Arturo
GÄSTEHAUS $

(📞 03868-491087; www.hospedajedonarturo.blog spot.com; Bustamante s/n; EZ/DZ 20/30 US$, ohne Bad 25/40 US$; 🐾) Ein sehr solides Haus der preiswerten Kategorie: Die Zimmer sind zwar etwas beengt, aber sauber. Sehr beliebt bei den Gästen des Hauses sind die Lounge und die Veranda hinter dem Haus, wo man angenehm sitzen und den Blick auf den Fluss genießen kann.

La Mamama
HOSTEL $

(📞 03868-491305; Suárez 590; B/Zi. ohne Bad 9/ 18 US$) Ein einladendes Haus am ruhigen Ende einer Hauptstraße. Gegen eine kleine einmalige Gebühr kann die Küche genutzt werden; die einfachen Zimmer sind mit durchgelegenen Matratzen ausgestattet und strahlen eine lässige Atmosphäre aus, wie sie überall in Cachi zu spüren ist.

Camping Municipal
CAMPINGPLATZ, HOSTEL $

(📞 03868-491902; oficinadeturismo.cachi@gmail. com; Standplätze für 2 Pers. plus Zelt 5 US$, mit Strom 8 US$, Hütten 32 US$; 🖥) Auf einer Höhe südwestlich der Plaza liegt der Campingplatz mit grasbewachsenen, von Bäumen beschatteten Plätzen sowie von Hecken umrandeten Standflächen mit Grillplätzen. Hier befinden sich auch das örtliche Schwimmbad und ein Hostel – normalerweise für Reisegruppen, aber auch Alleinreisende - mit Schlafsälen (2,50 US$, inkl. Bettwäsche 4 US$) und ein paar Hütten.

★ Miraluna
CABAÑAS $$

(📞 0387-432-0888; www.miraluna.com.ar; La Aguada; Apt. für 2 Pers. 135 US$, 4 Pers. 185–195 US$; 🖥🖥🏠) 🌿 Etwa 7 km vom Ort entfernt im Dörfchen La Aguada befinden sich die wunderschön romantischen, ländlichen Hütten, die es in drei Größen gibt; sie liegen in der spektakulären, fantastisch friedlichen Landschaft eines bewirtschafteten Weinberges, der von einer atemberaubenden Kulisse aus Bergen und Tälern umgeben ist. Zum Frühstück gibt es köstliches hausgemachtes Brot, weitere leichte Mahlzeiten sind zu bekommen. Gäste können sich im Biogarten selbst mit Gemüse versorgen. Ein Besuch des Weingutes ist inbegriffen.

★ El Cortijo
BOUTIQUEHOTEL $$

(📞 03868-491034; www.elcortijohotel.com; Av. ACA s/n; EZ 100 US$, DZ Standard/Superior 125/ 145 US$; 🖥🖥🖥) Das stilvolle kleine Hotel – ein Boutiquehotel, das den Namen wirklich auch verdient – bietet kürzlich renovierte Zimmer, u. a. geräumige Superior-Zimmer, die geschmackvoll eingerichtet sind, und schöne Master-Suiten, darunter eine mit eigener Terrasse und Ruhesesseln. Einige Zimmer haben einen fantastischen Blick auf die Sierra. Es gibt ein gutes Hotelrestaurant und hilfsbereites Personal. Ein Pool ist in Planung. Gutes Preis-Leistungs-Verhältnis.

Hostería Villa Cardón
GÄSTEHAUS $$

(03868-491701; www.facebook.com/hosteriavilla
cardon; Aranda s/n; DZ Standard/Superior 87/
98 US$; 🛜) Die freundlichen jungen Inha-
ber scheuen keine Mühe, um ihren Gästen
einen angenehmen Aufenthalt zu bereiten,
die vier weißen, minimalistischen, komfor-
tablen Zimmer, die sich auf einen Innenhof
an einer ruhigen Nebenstraße öffnen, sind
zum Entspannen perfekt geeignet. Das
Frühstück ist erfreulich und so tadellos wie
alles im Haus. Ebenso großartig ist das Tee-
haus im Freien. Einzelzimmerpreise gelten
außerhalb der Saison.

Sala de Payogasta
BOUTIQUEHOTEL $$

(03868-496754; www.saladepayogasta.com; RN
40, Km4509, Payogasta; EZ/DZ/Suite 59/79/
109 US$, Suite mit Ausblicken 129 US$; 🛜) Die
historische Ranch besitzt Zimmer, die auf
einen traumhaft schönen Innenhof blicken.
Sie sind ländlich und fügen sich harmonisch
in die Umgebung ein, ohne luxuriös zu sein.
Die Suiten sind mit Hydromassagebädern
und hübschen Kaminen ausgestattet; die
beste hat einen schönen Blick auf Felder
und Berge. Frühstücks- und Speisezimmer
haben denselben Ausblick. Es existiert ein
kleines Spa; im gegenüberliegenden Weingut, das noch bewirtschaftet wird, wird das
Mittagessen serviert.

Dieses Anwesen liegt etwa 10 km von
Cachi an der Straße nach Salta, außerhalb
von Payogasta.

La Merced del Alto
HOTEL $$$

(0387-490020; www.lamerceddelalto.com;
EZ/DZ 190/220 US$; @🛜) Das Hotel, ein
in traditioneller Bauart weiß gekalkter
Adobe-Bau mit Keramikfliesenböden und
Zimmerdecken aus Zuckerrohr (2,5 km
vom Fluss) ist in seinem Stil an historische
Klöster angelehnt. Es bietet eine hervorra-
gende Ausstattung und eine friedliche Ruhe;
kühle, zurückhaltend eingerichtete Zimmer
haben entweder einen schönen Blick auf die
Berge oder auf den innenliegenden Patio.
Gäste haben Zugang zu einer einladenden
Lounge, einem guten Restaurant und einem
rustikalen Spa (gegen Extragebühren).

Der Service ist ausgezeichnet. Für die
argentinischen Hausgäste liegen die Preise
deutlich niedriger.

Essen

Die Restaurants in den Straßen nahe der
Plaza bieten unaufwendig und traditionell
gemachte Gerichte an.

Ashpamanta
VEGETARISCH $

(Bustamante s/n; Gerichte 60–105 Arg$; ⊙12–15
& 19–22 Uhr; 🖉) Das Restaurant mit einer
gleichbleibend guten vegetarischen Kü-
che besitzt einen behaglichen, von Kerzen
beleuchteten Innenraum und einfache
Sitzplätze auf einem hübschen Patio. Die
Speisekarte umfasst Pastagerichte, Salate
und auch aufwendigere Hauptgerichte –
beispielsweise Quinoa-Risotto, vegetarische
Lasagne –, die in einer offenen Küche hinter
der Bar zubereitet werden.

Oliver
PIZZA $

(Ruíz de los Llanos 160; Hauptgerichte 50–105 Arg$;
⊙7–24 Uhr; 🛜🖉) Das heimelige Restaurant
mit Holztischen auf mehreren Ebenen liegt
an der Plaza und bietet gleichbleibend gute
Pizza, Bruschette und kreative Hauptge-
richte mit viel Fleisch. In stimmungsvoller
Umgebung ist es ein schöner Ort für einen
Dämmerschoppen.

El Molle de Maíz
Pérez
NORDWESTARGENTINISCH $

(Suárez s/n; Hauptgerichte 50–85 US$; ⊙12–15
& 19–23 Uhr; 🖉) Das kleine Ein-Mann-Un-
ternehmen besitzt einen attraktiven In-
nenraum mit Tischen aus Cardón-Holz auf
umgedrehten Baumstämmen, einige stehen
draußen an der ruhigen Straße. Kleine Män-
gel sind unvermeidlich, doch das Essen –
Brathähnchen, *locro* (würziger Eintopf mit
Mais, Bohnen, Rind- und Schweinefleisch
sowie Würstchen), Pizzas und großartige
milanesas (panierte Kalbskoteletts nach
Mailänder Art) – schmeckt köstlich. Der In-
haber und Koch Carlos ist herzlich und sehr
mitteilsam. Die abendlichen Öffnungszeiten
variieren etwas.

ⓘ Praktische Informationen

Touristeninformation (03868-491902;
oficinadeturismo.cachi@gmail.com; Güemes
s/n; ⊙9–21 Uhr) An der Plaza.

ⓘ An- & Weiterreise

2- bis 3-mal tgl. verkehren Busse zwischen Salta
(120 Arg$, 4 Std.) und Cachi: Es sind spektaku-
läre Fahrten.

Von Cachi bestehen täglich Busverbindungen
nach Seclantás (7 Uhr, 28 Arg$), die 4-mal pro
Woche nach Molinos (40 Arg$) und Angastaco
(95 Arg$) weiterführen.

Busse fahren in nördlicher Richtung bis La
Poma, der Endhaltestelle der Linie. Außerhalb
davon ist die Straße nach San Antonio de los
Cobres mit einem beschwerlichen und doch

BODEGA COLOMÉ

Feine Weine werden in dieser ökologisch ausgerichteten **Bodega** (03868-494200; www.bodegacolome.com; Verkostung Standard/alte Weine 50/300 Arg$; 10–18 Uhr) erzeugt. Sie liegt – wie die Leute hier sagen würden, „wo der Teufel seinen Poncho verloren hat" – etwa 18 km westlich von Molinos am Ende eines spektakulären Kieswegs. Die Weinberge sind von einer hinreißenden Naturlandschaft aus Hügeln und Bergen umgeben, deren Farben sich stündlich zu verändern scheinen. Hier scheint alles gut durchdacht und geplant zu sein: Das Anwesen ist von einer öffentlichen Stromversorgung unabhängig, hat grundlegende Verbesserungen der Infrastruktur in der Gemeinde bewirkt und besitzt ein beeindruckendes **Museum** (museo@colomeargentina.com; Colomé; Besuche Di–So 15 & 17 Uhr) GRATIS, das nach einem Entwurf des Künstlers James Turrell entstand und in dem neun seiner Werke in einer Dauerausstellung zu sehen sind. Es sind ausgesprochen eindrucksstarke Installationen, bei denen es um Licht und die seltsamen Grenzen unserer Wahrnehmung geht – ein erstaunlicher Ort.

Ein Besuch der Bodega und des Museums sollte am besten per Telefon oder E-Mail vereinbart werden, es kann aber auch in Ordnung sein, einfach vorbeizukommen. Von Weinproben abgesehen, werden köstliche Salate und Sandwiches (90–100 Arg$) und eine gute Fleischauswahl angeboten.

Etwa 9 km hinter Colomé liegt die Bodega El Humanao, die ebenfalls einen Besuch wert ist: Dort wird neben anderen Weinen ein wundervoll ausgewogener Verschnitt aus den Sorten Cabernet und Malbec erzeugt.

spektakulären Aufstieg verbunden und führt kreuz und quer über einen Fluss und abgelegene Ziegenfarmen zu einem 4895 m hohen Pass. Dieser ist nur zu bestimmten Jahreszeiten (normalerweise September bis Dezember) mit dem Auto passierbar; Empfehlungen gibt die **Polizei** (0387-490-9051). San Antonio ist sonst nur auf einem langen Umweg zu erreichen.

Um nach Cafayate zu fahren, nimmt man den Bus nach Angastaco und steigt dort um. Zum Zeitpunkt der Recherchen bestanden diese Verbindungen am Montag, Freitag und Samstag. Eine Fahrt von Cachi ist eine weitere Möglichkeit.

Seclantás
 03868 / 300 EW./ HÖHE 2100 M

Der bezaubernd friedliche Ort Seclantás ist die spirituelle Heimat des Salta-Ponchos. Es gibt zahlreiche Weberwerkstätten im Ort und entlang der östlichen Abzweigung der Straße nach Cachi (die auch „Ruta de los Artesanos" genannt wird). Wer hier haltmacht, kann sich die Arbeiten näher ansehen.

Unterkünfte gibt es gehäuft rund um die schöne, von Bäumen beschattete Plaza. **El Capricho** (03868-498064; www.elcaprichosalta.com.ar; Cornejo s/n; DZ 42 US$, 2BZ ohne Bad 26 US$) bietet rustikal eingerichtete Zimmer an einem hübschen Innenhofgarten.

Auf dem nahe gelegenen Campingplatz sind Hütten und auch ein öffentliches Schwimmbad vorhanden.

Ein Bus fährt täglich um 7 Uhr von Cachi nach Seclantás; an vier Tagen pro Woche verkehrt der Bus weiter nach Molinos und nach Angastaco.

Molinos
 03868 / 900 EW./ HÖHE 2020 M

Wer schon Cachi für ziemlich entspannt gehalten hat, sollte warten, bis er Molinos gesehen hat. Beim Bummel durch das reizende kleine Nest mit beachtlichen Kolonialbauten und Adobehäusern sind echte Juwelen zu entdecken. Seinen Namen vedankt Molinos der noch immer betriebenen Getreidemühle am Río Calchaquí. Zum malerischen Flair tragen die schattigen Straßen und gute Unterkünfte bei. An der Plaza befindet sich ein Geldautomat.

Sehenswertes

Centro de Interpretación Molinos
MUSEUM, WERKSTATT

(0387-15-459-2666; casaindaleciogomez@yahoo.com.ar; Cornejo s/n; Spende 15 Arg$; 8–13.30 & 14–19.30 Uhr) Das restaurierte historische Haus besitzt eine gute Ausstellung (mit Erläuterungen in englischer und spanischer Sprache) zur Kultur und Geschichte der Region und eine Touristeninformation. Es ist auch ein Arbeitsraum für Kunsthandwerker – insbesondere Weber –, die hier tätig sind und ihre Stücke verkaufen; eines von mehreren vorbildhaften, nachhaltigen Projekten der Gegend.

Iglesia San Pedro Nolasco KIRCHE
(☉ 8–20 Uhr) Die wunderschöne Kirche des Ortes im Stil von Cuzco stammt aus dem 17. und 18. Jh. und besitzt Zwillingsglockentürme und eine Decke aus Kaktusholz. Bildteppiche stellen den Kreuzweg dar und sind Werke von heimischen Künstlern.

Criadero Coquera & Casa Entre Ríos FARM
(☉ Mo–Sa 8–12.30 & 15.30–19 Uhr) GRATIS Etwa 1 km westlich von Molinos werden im Auftrag der landwirtschaftlichen Forschung Vicuñas aufgezogen. Besucher können an einer Führung teilnehmen und die schönen lamaartigen Tiere – sie gehören zur Familie der Kamele – füttern; falls niemand anwesend ist, sollten Besucher sich nicht scheuen, das Gelände zu betreten und die Tiere anzusehen. Hier befindet sich auch das Casa de Entre Ríos mit einem anspruchsvollen Kunsthandwerkermarkt; verkauft werden spektakuläre Ponchos und Wandbehänge, in denen Wolle von Schafen, Lamas und Vicuñas verarbeitet wurde.

🛏 Schlafen & Essen

In mehreren bodenständigen Restaurants werden anständige und preiswerte Mahlzeiten zubereitet.

Los Cardones de Molinos PENSION $
(☎ 0387-15-408-1724; cardonesmolinos@hotmail.com; Ecke Sarmiento & San Martín; EZ/DZ 30/60 US$, ohne Bad 20/40 US$; 🖥) Eine exzellente Unterkunft mit komfortablen Zimmern, die mit Kakteenholzmöbeln eingerichtet sind. Gäste werden in die Familie des Hauses aufgenommen und dürfen die Küche nutzen; das Frühstück ist inbegriffen, eine Waschmaschine ist vorhanden, und der ungewöhnlich gastfreundliche Inhaber ist eine reiche Quelle an Tipps und Empfehlungen.

★ Hacienda de Molinos HOTEL $$
(☎ 03868-494094; www.haciendademolinos.com.ar; Cornejo s/n; Zi. Standard/Superior 125/151 US$; @🖥🌊) Das prachtvolle koloniale Lehmhaus gegenüber der Kirche ist auch als Casa de Isasmendi bekannt, nach Saltas letztem Kolonialgouverneur, der hier lebte und starb. Die Hacienda wurde schön restauriert und bietet heute an malerischen Innenhöfen schlichte, hübsche Gästezimmer mit einladenden Betten, antiken Möbeln, Bambus-

decken und tollen Bädern. In dem Hotel am Ortsrand genießt man absolute Ruhe.

Das hauseigene Restaurant (12–15, 19.30–22.30 Uhr) ist zwar überteuert, aber gut.

ℹ An- & Weiterreise

Nach Molinos fährt ein Bus von Salta (145 Arg$, 6 Std.) über Cachi (40 Arg$, 2 Std.) – Montag, Mittwoch, Freitag und Sonntag – mit Weiterfahrt nach Angastaco (40 Arg$, 2 Std.) und Rückfahrten am Montag, Dienstag, Donnerstag und Samstag. Fahrten mit einer *remise* (Sammeltaxi) führen 3-mal tgl. über Cachi nach Salta (200 Arg$).

Örtliche Chauffeurdienste (*remise*), z. B. die empfehlenswerte **Sergio Rueda** (☎ 0387-15-447-8446), fahren auf Abruf nach Angastaco (500 Arg$) und bieten auch Fahrten nach Colomé (300 Arg$ inkl. Wartezeit) und anderen Weingütern an.

Angastaco
☎ 03868 / 900 EW. / HÖHE 1955 M

Das winzige Angastaco schmiegt sich entlang der Talroute dramatisch zwischen steil aufragende Felswände. Der Ort 40 km südlich von Molinos und 54 km nördlich von San Carlos ist eine Oase mit Weinhängen, Anis- und Kreuzkümmelfeldern und den Ruinen einer alten *pucará* (Festung).

In Angastaco gibt es einen Geldautomaten und eine Tankstelle (mit Internetzugang).

◎ Sehenswertes

Museo Arqueológico MUSEUM
(☉ Okt.–April Mo–Fr 7–13 Uhr, Mai–Sept. 7.30–13.30 Uhr) GRATIS Dieses kleine archäologische Museum ist im eleganten Gemeindehaus hinter der Kirche untergebracht. Sollte es gerade geschlossen sein, sollte man als Besucher in den Büros jemanden fragen, ob es geöffnet werden kann.

🛏 Schlafen & Essen

Hospedaje El Cardón GÄSTEHAUS $
(☎ 03868-15-459-0021; Martínez s/n; Zi. pro Pers. mit/ohne Bad 12/10 US$) Eine gute Wahl in der preiswerten Kategorie. Die Pension wird von einer würdigen alten Dame geführt. Die Zimmer sind schlicht, aber ein preiswerter Glücksfall. Das Haus liegt in 50 m Entfernung rechts von der Dorfkirche.

★ Finca El Carmen ESTANCIA $$
(☎ 0387-15-412-5900; www.vallesdelcarmen.com.ar; RN 40, Km4420; EZ/DZ 66/104 US$; 🌊) Etwa 7 km nördlich der Abzweigung nach An-

gastaco ist diese faszinierende Unterkunft zu finden. Auf dem Gelände einer stimmungsvollen historischen Ranch stehen Adobe-Bauten, zu denen eine Jesuitenkirche aus dem 18. Jh. gehört. Die Unterkünfte werden von einer sympathischen Familie angeboten, die außerordentlich gastfreundlich ist. Alle sechs Zimmer sind unterschiedlich, außerdem gibt es *cabañas* (Hütten) für bis zu fünf Gäste. Wer zufällig vorbeikommt, sollte unbedingt hineingehen – die Kirche besichtigen, zum Essen bleiben oder sich die kunsthandwerklichen Stücke ansehen.

Rincón Florido NORDWESTARGENTINISCH $
(Gerichte 35–45 Arg$; ⏱11.30–15 Uhr) Ein eigenartiger und herzerwärmender Ort für ein Mittagessen, direkt hinter dem Gemeindehaus. Drei Tische stehen im schattigen von Weinreben umrankten Innenhof eines Wohnhauses; hier wacht auch ein sprechender Papagei, unzählige seltsame Gegenstände, von landwirtschaftlichen Geräten bis hin zu Gürteltierpanzern, liegen verstreut herum. Eine Speisekarte gibt es nicht. Das Essen ist einfach und gut: köstliche Empanadas, Gemüse aus dem eigenen Garten und dazu der hauseigene, liebliche Rotwein.

❶ An- & Weiterreise

Busse fahren in südlicher Richtung nach San Carlos und Cafayate (Montag bis Samstag um 5.35 Uhr und Montag, Freitag und Sonntag um 17 Uhr, 60 Arg$, 2 Std.).

Busse treffen aus Salta in Angastaco ein (187 Arg$, 8 Std.), sie fahren an vier Tagen pro Woche über Cachi, Seclantás und Molinos (Montag, Mittwoch, Freitag und Sonntag; Rückfahrten am folgenden Morgen). Montag, Freitag und Samstag besteht eine Anschlussverbindung nach Cafayate.

Fahrten in das 40 km nördlich gelegene Molinos werden zu Preisen von 450 bis 500 Arg$ angeboten; die Ankunft wird oft mit der Busabfahrt nach Cafayate abgestimmt, wo Fahrgäste sich den Preis mit anderen Mitfahrenden teilen können. Es ist auch möglich, per Anhalter weiterzukommen, am besten an der Hauptstraße (dort findet man Schatten und ein Café).

San Carlos
📞 03868 / 1900 EW. / HÖHE 1624 M

Das große Dorf San Carlos liegt 22 km nördlich von Cafayate und ist durch eine befestigte Straße mit der Stadt verbunden – eine angenehme Überraschung für Ankömmlinge aus dem Norden. Ein besonderer Unterkunftsort ist **La Casa de los Vientos**

(📞03868-495075; www.casadelosvientos.com.ar; Barrio Los Vientos; DZ/4BZ 50/70 US$; @🛜🏊🐾) 🍴, Schilder weisen an der Hauptstraße am Ortsausgang in Richtung Cachi darauf hin. In traditioneller Adobe-Bauweise mit Terrakottafliesen und Zimmerdecken aus Zuckerrohr errichtet, birgt sie erfindungsreiche ökologische Innovationen. Der weit gereiste Inhaber ist ein Keramiker, die Zimmer (alle sind unterschiedlich) sind mit ländlicher Eleganz und Schönheit eingerichtet. Gäste finden ein beheiztes Schwimmbad und eine herzliche Gastlichkeit vor.

Bis zu vier Busse treffen täglich von Cafayate (17 Arg$, 45 Min.) ein.

Cafayate
📞 03868 / 13 300 EW. / HÖHE 1683 M

Cafayate, Argentiniens zweitwichtigstes Zentrum für die Produktion hochwertiger Weine, ist ein beliebtes Touristenziel, hat sich aber dennoch sein beschauliches Kleinstadtflair bewahrt. Die Stadt liegt atemberaubend schön – umgeben von grünen Weingärten und vor der Kulisse hoher Gipfel – in einer der grandiosesten Gegenden im Nordwesten Argentiniens. Von Salta aus ist Cafayate leicht über die zerklüfteten Felsen der Quebrada de Cafayate erreichbar. Es bildet auch eine wichtige Station an der RN 40 und an der Route durch die Valles Calchaquíes. Mit seinen vielen hervorragenden Unterkünften für jeden Geldbeutel sowie mehreren Weingütern in der Stadt und im Umland lädt Cafayate für einen längeren Aufenthalt ein. Lohnenswert ist auch ein Blick auf die exzellenten *artesanías* (Kunsthandwerksläden).

Cafayate ist für seinen Torrontés berühmt, eine Rebsorte, aus der aromatische trockene und süße Weißweine gekeltert werden. Die hiesigen Bodegas produzieren aber auch einige gute Rotweine wie Cabernet Sauvignon, Malbec und Tannat.

◉ Sehenswertes & Aktivitäten

Museo de la Vid y El Vino MUSEUM
(www.museodelavidyelvino.gov.ar; Av General Güemes; Ausländer/Argentinier 30/10 Arg$; ⏱Di–So 9–19 Uhr) Das eindrucksvolle Museum gibt einen guten Überblick über die Weinindustrie in der Region. Besonders ansprechend ist der stimmungsvolle erste Abschnitt, der in Form von Gedichten und Bildern vom Weinbau und vom Leben der Reben erzählt.

1

4

3

KRZYSZTOF DYDYNSKI/GETTY IMAGES ©

MATTHEW WILLIAMS-ELLIS/GETTY IMAGES ©

Bodega El Esteco (S. 274)
…ige der besten Weine von Cafa-
…te werden in dieser idyllischen
…ge gekeltert.

**Museo de Arqueología de
…ta Montaña (S. 249)**
…ese Objekte fand man neben
…umifizierten Inka-Kindern auf dem
…pfel des Llullaillaco.

Tren a las Nubes (S. 253)
…r „Zug in den Wolken" auf der
…rühmtesten Bahnstrecke des
…ndes überquert den schwindel-
…regenden Viadukt von La Pol-
…rilla.

**Parque Nacional
…alampaya (S. 323)**
…ächtige Felsformationen prägen
…esen Wüstennationalpark.

JUAN MABROMATA/AFP/GETTY IMAGES ©

Der zweite Abschnitt widmet sich der Weinherstellung. In einem Café kann man Wein probieren und kaufen. Alle Beschriftungen sind auch in Englisch verfasst.

Museo Arqueológico
MUSEUM

(Ecke Colón & Calchaquí; Spende erwünscht; ☺Mo–Fr 10.30–21, Sa bis 18 Uhr) Die Sammlung des privaten Museums ist das Vermächtnis eines enthusiastischen Archäologen, Rodolfo Bravo, und lohnt einen Besuch. Die Stücke stammen zum größten Teil aus Grabstätten in einem Umkreis von 30 km um Cafayate. Die exquisite Sammlung von Keramiken – von den schwarz-grauen Tonwaren der Candelaria- und Aguada-Kultur bis hin zur späten Diaguita- und Inka-Töpferei, wird in zwei Räumen gut präsentiert. Erläuterungen sind kaum vorhanden, die Stücke sprechen jedoch für sich selbst. Im Sommer ist das Museum mittags für eine Stunde zu.

Bodega Nanni
WEINGUT

(☎03868-421527; www.bodegananni.com; Chavarría 151; Führungen frei, Weinproben 30 Arg$; ☺Mo–Sa 10.30–13 & 14.30–18.30, So 11–13 & 14.30–18 Uhr) Eine halbstündige Tour mit Verkostung von vier jungen Weinen verläuft kurz und bündig in diesem kleinen, zentral gelegenen Weingut mit schönem grasbewachsenen Patio. Die Weine werden ökologisch erzeugt, sind unkompliziert und gut zu genießen. Auf dem Gut befindet sich auch ein Restaurant.

El Porvenir
WEINGUT

(☎03868-422007; www.elporvenirdecafayate.com; Córdoba 32; Führungen frei, Weinproben ab 60 Arg$; ☺Mi–Sa 9–12.30 & 15–18 Uhr) Die gut geführte Bodega ist auf die Erzeugung von Qualitätsweinen spezialisiert. Führungen sind kostenlos, ausgiebige Weinproben dagegen kosten mindestens 60 Arg$, je nachdem, welche Weine angeboten werden. Reservierung per Telefon.

Bodega El Esteco
WEINGUT

(☎03868-421283; www.elesteco.com.ar; Führung 70 Arg$; ☺Führungen Mo–Fr 10, 11, 12, 15.30, 16.30 & 17.30, Sa & So 10, 11 & 12 Uhr) Das elegante Unternehmen am nördlichen Stadtrand produziert einige der besten Weine der Region.

Piattelli
WEINGUT

(☎03868-15-418214; www.piattelli.com.ar; RP 2; Standardführungen 80 Arg$, mit Spitzenweinen 150 Arg$; ☺9.30–18 Uhr, Führungen 10, 11, 12, 13, 15 & 16 Uhr) Als ob Geld und Platz keine Rolle gespielt hätten, ist dieses elegante, etwas

überdimensionierte Weingut unter US-amerikanischer Leitung 3 km außerhalb der Stadt entstanden. Auf Führungen werden technische Anlagen zur Weinproduktion gezeigt, die verhältnismäßig klein, doch auf dem neuesten technologischen Stand sind. Die Führungen enden mit einer ausgiebigen Verkostung von sieben Weinen. Im Restaurant des Gutes werden köstliche Mittagsgerichte serviert. Obwohl Führungen auf Englisch vorgesehen sind, werden die meisten auf Wunsch zweisprachig durchgeführt.

Bodega de las Nubes
WEINGUT

(☎03868-422129; www.bodegamounier.ar; Fahrten inkl. Verkostung 15 Arg$; ☺Mo–Fr 9.30–17, Sa 9.30–13.30 Uhr) 🅿️ⓘ🅰️ ❄️ 5 km westlich von Cafayate, an der Straße zum Río Colorado (auf dem Schild steht „Mounier"), liegt in traumhafter Lage am Fuß der zerklüfteten Hügel das kleine, freundliche, nach biologischen Richtlinien arbeitende Weingut. Hier gibt es auch leckere Feinkostplatten – wenn man etwas essen möchte, sollte man aber vorher anrufen. Die Weinlese im März ist eine fröhliche Angelegenheit, und freiwillige Mitarbeiter sind willkommen.

Río Colorado
WANDERN, SCHWIMMEN

Eine malerische Wanderung führt 6 km südwestlich vom Stadtzentrum auf den Río Colorado zu. Dort folgt man dem Fluss stromaufwärts – die Diaguita-Indianer empfehlen, einen Führer zu engagieren (etwa 200 Arg$ pro Gruppe) – nach einer Stunde ist ein 10 m hoher **Wasserfall** erreicht, wo Schwimmen möglich ist. Ein zweiter Wasserfall und weitere Kaskaden liegen in größerer Höhe. Auf dem Weg sind Felsmalereien zu entdecken! Am Anfang des Wanderweges liegen ein Parkplatz sowie ein Campingplatz und ein Imbissstand. Die Wanderung hierher kann mit dem Besuch der Bodega de las Nubes (s. oben) verbunden werden.

Eine Warnung: Wenn der Fluss nach Regenfällen im Januar und Februar viel Wasser führt, ist eine Wanderung zum Wasserfall anstrengend und gefährlich. Plötzliche Sturzbäche können zu jeder Zeit des Jahres schnell von den Bergen herabstürzen, also beim Baden besser aufmerksam bleiben.

👉 Geführte Touren

Das Programm einer Minibustour durch die Quebrada de Cafayate beginnt am Nachmittag, wenn die Farben besonders schön leuchten, und kostet 20 US$. Trekkingtouren von drei bis vier Stunden in die Quebrada und

Cafayate

N 0 ————————— 200 m

Bodega El Esteco (800 m);
Patios de Cafayate (800 m);
Quebrada de Cafayate (12 km);
San Carlos (22 km)

Parrilla
Restaurants
(200 m)

Iglesia Catedral
Nuestra Señora
del Rosario

Plaza
San Martín

Camping Sindicato
Luz y Fuerza (300 m)

Cafayate

zum Río Colorado sind ebenfalls beliebt. Tagesausflüge nach Cachi (90 US$) sind ermüdend, Quilmes (25 US$) ist dagegen für zwei oder mehr Personen preisgünstiger im Taxi zu erreichen. Reitausflüge dauern mindestens zwei Stunden (70 US$). Rund um die Plaza werden Fahrräder verliehen (20 US$ für einen vollen Tag), wegen zahlreicher

Dornen sind jedoch Reifenpannen praktisch unvermeidlich, Radtouren sind aus diesem Grund keine verlockende Option.

Tourenveranstalter sind an der Plaza vertreten. Die meisten sind mittelmäßig, doch die Landschaft der Quebrada entfaltet ihre Wirkung von selbst. **Majo Viajes** (☎03868-422038; majoviajes@gmail.com; Nuestra Señora del Rosario 77) ist solide und zuverlässig.

Feste & Events

Die **Serenata a Cafayate** (www.serenata.todowebsalta.com.ar; Eintritt Do/Wochenende 150/300 Arg$; ⊘Feb.) dauert drei Tage an und ist ein wunderbares, absolut sehenswertes Fest des *folklórico*. Die **Fiesta de la Virgen del Rosario** (4. Oktober) ist die Stadtfiesta – sie wird sehr lebhaft gefeiert.

Schlafen

In Cafayate gibt es zahlreiche Unterkünfte; Boutiquehotels und einfache *hospedajes* (Privatunterkünfte bei Familien) finden sich in fast jeder Straße.

★ Rusty-K Hostal — HOSTEL $

(☎03868-422031; rustykhostal@hotmail.com; Rivadavia 281; B US$18, DZ mit/ohne Bad 50/45 US$; @☎) Der ruhige und beschauliche Garten im von Weinreben bewachsenen Innenhof ist ein Pluspunkt, ebenso wie die sauberen Zimmer und Schlafsäle sowie die gastfreundliche und gute Atmosphäre. Dieses Hostel ist ein wahres Schmuckstück in der unteren Preisklasse in Cafayate. Die angegebenen Preise gelten im Hochsommer und sinken deutlich außerhalb der Saison. Rechtzeitig buchen.

Casa Árbol — PENSION, HOSTEL $

(☎03868-422238; www.facebook.com/casaarbol cafayate; Calchaquí 84; B/DZ 12/35 US$; ☎) Die liebenswerte Pension, mit luftigen, schön gestalteten Räumen, verspricht einen unbeschwerten Aufenthalt. Hübsche, makellose Zimmer und ein 4-Bett-Schlafsaal teilen sich zwei Bäder. Verschwenderisch viel Platz zum Entspannen bietet sich im Patio, Frühstücksbereich und Garten. Herzliche und gastliche Atmosphäre.

El Hospedaje — PENSION $

(☎03868-421680; elhospedaje@gmail.com; Salta 13; DZ 70 US$; ✳☎✳) An einer Ecke, einen Häuserblock von der Plaza entfernt, liegt die lässige Pension, in der überall antiquierte Registrierkassen herumstehen und trotzdem eine friedliche Stille herrscht. Die Zimmer sind unterschiedlich geschnitten, aber meist eher klein und blicken auf einen hübschen Patio, der von Lavendelduft erfüllt ist.

Lo de Peñalba — HOSTEL, PENSION $

(☎03868-422213; www.lodepenalba.com.ar; Nuestra Señora del Rosario 79; B/EZ/DZ/3BZ 18/45/60/75 US$; ☎) Direkt an der Plaza liegt diese einladende Unterkunft hinter einem Tourenveranstalter. Sie bietet einfache, aber komfortable Zimmer mit Bädern an einem hübschen Patio sowie Schlafsaalbetten mit Schließfächern und viel Bewegungsfreiheit. Zu alledem gibt es eine Küche und eine gute Stimmung.

Hostal del Valle — PENSION $

(☎03868-421039; www.welcomeargentina.com/hostaldelvalle; San Martín 243; EZ/DZ 54/60 US$; ✳☎) Das Haus wirkt mit unzähligen Topfpflanzen und hübschen Zimmern mit großen, einladenden Betten und schönen Bädern einladend. Unten befinden sich kleinere, dunklere Zimmer, die etwas preiswerter und trotzdem sehr annehmbar sind. Das Personal ist freundlich; das einfache Frühstück wird in einem Wintergarten auf dem Dach mit exklusivem Ausblick serviert.

Camping Sindicato Luz y Fuerza — CAMPINGPLATZ $

(☎03868-421568; www.facebook.com/campinglyfcafayate; Av General Güemes S s/n; Standplatz pro Pers./Zelt/Auto 2/2,50/1,50 US$; ☎✳) In günstiger Nähe zur Stadt gelegen, wird es auf dem Campingplatz schnell voll, die sandigen Standplätze bieten wenig Schatten. Die Ausstattung ist trotz allem gut, und eine lebhafte, gesellige Atmosphäre ist garantiert. Im Februar ist der Platz gedrängt voll, und die Preise sind doppelt so hoch.

★ Portal del Santo — HOTEL $$

(☎03868-422400; www.portaldelsanto.com.ar; Chavarría 250; DZ Erdgeschoss/Obergeschoss 135/154 US$; ✳@☎✳) Kühle weiße Eleganz ist das Kapital dieses gastlichen Hotels in Familienhand, es ähnelt einem kolonialzeitlichen Herrenhaus mit Bogengängen. Die unteren Räume öffnen sich auf eine Veranda und den einladenden Garten mit Swimming- und Whirlpool; die oberen Zimmer haben einen Blick auf die Berge und bieten noch mehr Platz. Alle Zimmer sind mit Kühlschränken und Mikrowellengeräten ausgestattet, in den Suiten können bis zu vier Gäste übernachten. Die Gastgeber sind sehr hilfsbereit und servieren ein wunderbares hausgemachtes Frühstück.

Vieja Posada
HOTEL **$$**

(☎ 03868-422251; www.viejaposada.com.ar; Mamaní 87; EZ/DZ 50/75 US$; ❋ ❄ ❄) Der besondere Charakter dieses Hotels kommt in seinem Patio und Garten zum Ausdruck. Das umgebaute, historische Gebäude verfügt über kleine Zimmer. Neben der Adobe-Architektur beeindrucken zahllose Antiquitäten und massive Holzbänke – ein perfekter Ort zum Ausruhen und Entspannen. Es gibt gesicherte Parkplätze und ein winziges Tauchbecken. Zum Frühstück kommt u.a. eine hausgemachte Marmelade aus Chayote (Gemüsebirne) auf den Tisch.

Hotel Munay
HOTEL **$$**

(☎ 03868-421189; www.munayhotel.com.ar; Chavarría 64; EZ/DZ 55/85 US$; ❋ ❄ ❄) In der eleganten Einfachheit und den klaren, eindeutigen Konturen dieses Hotels scheint sich die umgebende Sierra widerzuspiegeln. Die Zimmer sind angenehm schmucklos, attraktiv und makellos sowie mit guten Bädern ausgestattet. Hilfsbereiter Service und gastfreundliche Atmosphäre – eine gute Adresse zu einem angemessenen Preis.

★ Killa
BOUTIQUEHOTEL **$$$**

(☎ 0387-422254; www.killacafayate.com.ar; Colón 47; DZ/Juniorsuite/Suite 150/190/240 US$; ❋ ❄ ❄) Stilvoll, komfortabel und gut geführt: Diesem schönen, empfehlenswerten Hotel im Kolonialstil verleiht die kreative Verwendung von natürlichem Holz, Stein und regionaler *artesanía* ein einladendes Flair. Die herrlich farbigen Zimmer – alle ohne Fernseher – haben tolle Bäder. Die Suiten oben mit atemberaubender Aussicht und eigenem Balkon lohnen den Aufpreis. Ein kleiner Poolbereich und ein tadelloser Service runden das Angebot ab.

★ Villa Vicuña
BOUTIQUEHOTEL **$$$**

(☎ 03868-422145; www.villavicuna.com.ar; Belgrano 76; DZ Standard/Superior 154/174 US$; ❋ ❄ ❄) Ein friedliches Anwesen mit zwei Patios. Die Villa Vicuña bietet einen intimen Rückzugsort mit wunderschönen, makellosen Zimmern, die mit Verandatüren, großen Betten und Stilmöbeln ausgestattet sind. Die Zimmer zeigen verschiedene Stile, manche haben ein kolonialzeitliches Ambiente mit dunklem Holz und religiösen Bildwerken. Es gibt zahllose nützliche kleine Details, Service und Frühstück sind gut, im Innenhof können sich die Gäste entspannen und die nachdenklich stimmende, fröhliche Wandskulptur betrachten.

Patios de Cafayate
ESTANCIA **$$$**

(☎ 03868-422229; www.patiosdecafayate.com; RN 40; Zi. 273–371 US$, Suite 418–484 US$; ❋ @ ❄ ❄) Nur einen kurzen Fußmarsch ist es bis zu dieser abgeschiedenen, reizenden Zuflucht. Das Hotel in einer schönen hundertjährigen *estancia* ist klassisch-elegant und bietet aufmerksamen, professionellen Service. Die Zimmer im klassischen Kolonialstil sind mit noblem dunklem Holzmobiliar und heimischem Kunsthandwerk ausgestattet und blicken entweder in die umliegenden Weingärten oder in den Hotelgarten mit herrlichem Pool und Jacuzzi. Zugang über das Weingut El Esteco.

Grace Cafayate
RESORT **$$$**

(La Estancia de Cafayate; ☎ 03868-427000; www.gracehotels.com; RN 40, Km4340; DZ/Villa 280/500 US$; ❋ @ ❄ ❄ ❄) Das riesige Gelände mit Eingangstor umfasst auf einer Fläche von 5500 ha (55 km^2) einen Golfplatz, Weinreben, Buschland und Wohnanlagen. Die Zimmer sind geräumig und gut ausgestattet, die umliegenden Villen sind mit Küchen, Grillplätzen und eigenen Patios hervorragend für Familien geeignet. Besonders imposant sind die Badezimmer mit viel Raum in den Duschen und doppelten Badewannen. Bei allem Glanz strahlen Golfcarts und penibel gepflegte Rasenflächen die Atmosphäre einer sterilen Wohlstandswelt aus: eintönig und austauschbar wie ein Vorort vor der Kulisse einer wunderschönen Landschaft.

Die Abzweigung liegt 1,5 km südlich des Stadtzentrums von Cafayate, von dort sind es noch 3,5 km zur Rezeption.

Essen

Es gibt eine gute Auswahl von Restaurants rund um die Plaza, die meisten bieten einheimische Gerichte an, die an Wochenenden von Folkloremusikern und -bands stimmungsvoll begleitet werden.

★ Casa de las Empanadas
EMPANADAS **$**

(Mitre 24; Zwölf Empanadas 90 Arg$; ☉ Di–So 11–15 & 20–24 Uhr) Das schlichte Restaurant, dekoriert mit den Kritzeleien zufriedener Gäste, bietet eine große Vielfalt an Empanadas, die alle köstlich sind. Heimischer Wein in Tonkrügen und *humitas* (Maisbrei in Maisblättern) – sie ähneln den mexikanischen Tamales – und Tamales können eine Mahlzeit abrunden. Sollte es geschlossen sein, gibt es eine **zweite Adresse** (Nuestra Señora del Rosario 156; ☉ 11–15 & 19–23 Uhr).

SALTA & DER ANDINE NORDWESTEN CAFAYATE

Parrilla-Restaurants
PARRILLA $

(Rivadavia, zwischen San Lorenzo & 12 de Octubre; Steaks 60–110 Arg$; ⊙ Mo–Sa 19–24, So 11–15 Uhr) Weit entfernt von der etwas affektierten touristischen Szene rund um die Plaza bieten einige anspruchslose Grillrestaurants eine gute Alternative für ein Abendessen an. Das Gallito genießt einen guten Ruf im Ort, in der benachbarten Parrilla Santos – die nur aus Betonfußboden, einem Grill und einem Wellblechdach besteht – kommen ebenso gute Fleischgerichte auf den Tisch. Unkompliziert und sehr preiswert.

Heladería Miranda
EISCREME $

(Av General Güemes N s/n; Eis in der Waffel 25–40 Arg$; ⊙ 13.30–24 Uhr) Ein typisch argentinisches Dilemma, nämlich die Frage, ob man schweren roten Cabernet oder trockenen weißen Torrontés wählen soll, hat man in Eisdielen normalerweise nicht. Hier schon: Mirandas Weinsorbets sind Cafayates ganzer Stolz. Andere fruchtige Eissorten, beispielsweise *tuna* (Kaktusfrucht), sind aber ebenfalls lecker.

★ Piattelli
ARGENTINISCH $$

(☏ 03868-15-405491; RP 2; Hauptgerichte 110–190 Arg$; ⊙ 12.30–16 Uhr; 🔊) Ein zauberhaft halboffener Raum mit Ausblicken auf bildschöne Weinhänge – das vornehme Weingut, 5 km von Cafayate entfernt, ist ein schöner Ort für eine mittägliche Pause. Die niveauvolle Küche bereitet keine Enttäuschung. Eine Vielfalt von Einflüssen aus aller Welt bereichert die Speisekarte, an Wochenenden (dann sind Reservierungen ratsam) wird draußen ein Grillfeuer angefacht und eine Auswahl von *parrilla* serviert, die zu den besten in diesem Teil des Landes gehört.

El Terruño
ARGENTINISCH $$

(☏ 03868-422460; www.teruno.todowebsalta.com.ar; Av General Güemes N 30; Hauptgerichte 110–200 Arg$; ⊙ 12–15.30 & 19.30–24 Uhr; 🔊) Sitzplätze an der Plaza, eine höfliche, wenn auch etwas zerstreute Bedienung und zu alledem zwei Speisekarten: Eine davon ist weniger traditionell – z. B. einfallsreiche Salate mit Meerestieren und gut zubereitete Hauptgerichte, darunter eine Vielfalt von Fischgerichten. Überteuert, aber freundlich und gleichbleibend gut.

El Rancho
NORDWESTARGENTINISCH $$

(Toscano 4; Hauptgerichte 70–160 Arg$; ⊙ 12–15 & 19.30–24 oder 1 Uhr; 🔊) Das Restaurant hebt sich deutlich von der beliebigen Masse der Restaurants rund um die Plaza ab; es hat

eine kleine, einfache Speisekarte heimischer Gerichte, darunter *locro*, dazu recht gute Fleisch- und Hähnchenteller. Die Spezialität des Hauses ist Kaninchen. Besonders einladend ist es an Winterabenden bei knisterndem Kaminfeuer.

Ausgehen

★ Chato's Wine Bar
WEINBAR

(Nuestra Señora del Rosario 132; ⊙ 19–23 Uhr) Die einzige echte Weinbar von Cafayate hat einen freundlichen englischsprachigen Inhaber; eine lange Liste von Weinen wird offen ausgeschenkt und eignet sich gut zu einer ausführlichen Weinprobe (mit fünf Weinen ab 100 Arg$) oder einem Schoppen und Gespräch in freundlicher Atmosphäre. Wird dazu von einer *picada* (Vorspeisenplatte für mehrere Gäste) gekostet, steigen die Getränke nicht zu Kopf. Ein Umzug an eine neue Adresse, San Martín 223, war zum Zeitpunkt der Recherchen geplant.

Shoppen

Zahlreiche Geschäfte mit *artesanía* und Marktstände häufen sich rund um die zentral gelegene Plaza.

Mercado Artesanal
KUNSTHANDWERK

(Av General Güemes; ⊙ 9–22.30 Uhr) 🖉 Die Kooperative Mercado Artesanal zeichnet sich durch einheimische Arbeiten von hoher Qualität zu mehr als fairen Preisen aus.

Jorge Barraco
GESCHENKE

(Colón 157; ⊙ 8–22 Uhr) Feine Silberarbeiten sind im Atelier von Jorge Barraco zu sehen.

ⓘ Praktische Informationen

Touristeninformation (☏ 03868-422442; Av General Güemes s/n; ⊙ Di–So 9–19 Uhr) Im Weinmuseum. Bietet ein wertvolles Verzeichnis von Öffnungszeiten der Weingüter an.

ⓘ An- & Weiterreise

Der neue **Busbahnhof** (RN40) befindet sich am nördlichen Ortseingang.

Flechabus (www.flechabus.com.ar) betreibt tgl. 5 bis 6 Busverbindungen nach Salta (159 Arg$, 4 Std.) sowie 1 oder 2 Verbindungen nach Angastaco (60 Arg$, 2 Std.) über San Carlos (17 Arg$, 1- bis 4-mal tgl., 30 Min.).

Busse von **El Aconquija** (☏ 03868-421052; http://transportesaconquija.com.ar) fahren 2- bis 4-mal tgl. nach Tucumán (240–270 Arg$, 5–6½ Std.) über Amaicha und Tafí del Valle (140–170 Arg$, 2½–4 Std.); einige Strecken führen über Santa María (75 Arg$, 2 Std.).

Entgegen der Erwartung sind schnellere Busverbindungen preisgünstiger.

El Indio (📞 0387-431439) betreibt tgl. eine Busverbindung nach Salta (160 Arg$) und Santa María (80 Arg$).

🛈 Unterwegs vor Ort

Taxis (📞 03868-422128) sammeln sich gegenüber der Kathedrale – sie können auch telefonisch gerufen werden – und sind für Fahrten zu Bodegas und anderen abgelegenen Zielen gut geeignet. Eine Fahrt nach Quilmes inkl. Wartezeit kostet etwa 450 Arg$, eine Hinfahrt nach San Carlos kostet 120 Arg$.

Quebrada de Cafayate

Nördlich von Cafayate verläuft die Straße nach Salta durch die karge, spektakuläre Quebrada de Cafayate, eine wilde Landschaft aus Sandstein, die in kräftigen Farben leuchtet und zu unwirklichen Felsformationen verwittert ist. Der Río de las Conchas hat diese Schlucht in die Landschaft geschnitten und legte dabei Sedimentschichten frei, die nun eine Vielfalt an Farbtönen von tiefem Rot über Ocker bis hin zu Grün zeigen. Obwohl auch die Fahrt schon sehr spektakulär ist – die Straße gehört zu den bemerkenswertesten Strecken des Landes –, lohnt es sich doch, Teile der Schlucht aus der Nähe zu betrachten. Die beste Zeit zur Erkundung der Quebrada ist der späte Nachmittag, wenn die tief stehende Sonne die Farben noch intensiver leuchten lässt.

Nur eine kurze Strecke nördlich von Cafayate liegt das ausgedehnte Dünenfeld Los Médanos, hinter dem sich die eigentliche Schlucht erstreckt. Auf einige der bemerkenswertesten Felsformationen weisen Schilder an der Straße hin. Sehr markant sind etwa El Sapo („die Kröte") oder die nebeneinander liegenden Garganta del Diablo („Teufelsschlund") und Anfiteatro („Amphitheater") um den Kilometer 46 bis 47 herum. Spalten im Fels bieten eine Zugangsmöglichkeit, um die bizarr geformten Steine aus der Nähe zu bewundern. Die erstaunlichen Muster der verschiedenen Schichten sind durch tektonische Verschiebungen entstanden.

Diese Wahrzeichen sind viel besucht, Touristen werden manchmal von Einheimischen bedrängt, die sich ein paar Pesos für eine „Führung" erhoffen, Gleiches gilt für Verkäufer von *artesanía* und für Musikanten. Gelegentlich gibt es Getränke zu kaufen, darauf ist aber eher kein Verlass.

🛈 An- & Weiterreise

Es gibt mehrere Möglichkeiten, den Cañyon zu entdecken. Touren von Salta erlauben nur einen kurzen Aufenthalt; am besten ist es, eine Tour oder eine Taxifahrt vom näher gelegenen Cafayate zu unternehmen. Fahrten im Minibus halten an wichtigen Anziehungspunkten, in längeren Touren sind Wanderungen abseits der Straße inbegriffen. Fahrradtouren sind von Cafayate aus ebenfalls möglich, aber wegen regelmäßig drohender Reifenpannen keine angenehme Option.

Busfahrten können mit kurzen Wanderungen bzw. Fahrten per Anhalter kombiniert werden. Unbedingt Proviant und viel Wasser in diese heiße, trockene Umgebung mitnehmen! Ein guter Ausgangspunkt für eine Tour ist die Garganta del Diablo; mehrere andere lohnende Ziele sind leicht zu Fuß von dort zu erreichen.

San Antonio de los Cobres

📞 0387 / 4300 EW. / HÖHE 3775 M

Diese staubige kleine Bergarbeiterstadt befindet sich etwa 168 km westlich von Salta in der Puna – und liegt mehr als 2600 m höher. Sie hat arg unter der Stilllegung der Bergwerke und damit auch der Eisenbahn gelitten. San Antonio de los Cobres ist eine typische Stadt des Hochlands mit Adobehäusern, nahezu leeren Straßen und einem merklichen Temperaturabfall, sobald die Sonne untergegangen ist. Ein Besuch lohnt sich dennoch, um auch diese Facette des Lebens in den Anden kennenzulernen. Von hier aus kann man gen Norden über die Salinas Grandes und Purmamarca in die Quebrada de Humahuaca und zu bestimmten Zeiten im Jahr auch in Richtung Süden nach Cachi fahren.

🎯 Sehenswertes

In der Stadt selbst gibt es nur wenig zu sehen (Ausnahme: spektakuläre Sonnenuntergänge). Allerdings befindet sich nur 16 km in westlicher Richtung entfernt das imposante Viadukt von **La Polvorilla**, die letzte Haltestelle auf der Eisenbahnfahrt im Tren a las Nubes (S. 253). Wanderer können auf einem Serpentinenweg hinaufsteigen und den Viadukt überqueren. In San Antonio kostet eine *remise* etwa 200 Arg$ (hin & zurück).

🛏 Schlafen & Essen

Einfache Restaurants sind überall am Belgrano zu finden und sind gute Adressen für Empanadas, *milanesas* und andere heimische Klassiker.

Hostería El Palenque
GÄSTEHAUS $

(📞 0387-490-9019; hostalelpalenque@hotmail.com; Belgrano s/n; Zi. pro Pers. 17 US$) Einladend und gepflegt ist diese hübsche Adresse, die lediglich ein paar Häuserblocks von der Ortsmitte entfernt hinter der Kirche liegt. Von außen wirkt das Gästehaus – allerdings nur scheinbar – verlassen. Die ausgesprochen sauberen Zimmer sind gedämmt und (vergleichsweise) warm; es gibt heißes Wasser, die Leitung des Hauses liegt in solider Familienhand. Zwei Zimmer teilen sich ein Bad, zwei weitere haben eigene Bäder. Das Frühstück ist nicht im Zimmerpreis inbegriffen. Ein WLAN-Zugang ist geplant.

El Portal de los Andes
GÄSTEHAUS $

(📞 0387-490-9282; Las Vicuñitas s/n; EZ/DZ 27/40 US$; 📞) Das sympathische kleine Gästehaus ist in einem hübschen Gebäude auf der Salta zugewandten Seite des Flusses untergebracht. Die Zimmer sind makellos und mit komfortablen Betten ausgestattet; das Haus wird von einem freundlichen Gastgeber geführt; im Restaurant werden einheimische Gerichte zubereitet.

Hotel de las Nubes
HOTEL $$

(📞 0387-490-9059; www.hoteldelasnubes.com; RN 51; EZ/DZ 69/86 US$; 📞) Das beste Hotel der Stadt verfügt über komfortable Zimmer mit einfacher Einrichtung; diese sind sparsam möbliert, aber mit Doppelverglasung und einer Heizung ausgestattet. Unbedingt rechtzeitig buchen.

Das Restaurant (geöffnet 12–14 und 19–21.30 Uhr) bietet auf einer kleinen Speisekarte heimische Gerichte an; diese sind zwar überteuert (Hauptgerichte ab 125 bis 200 Arg$), aber auch lecker. Der altgediente Barkeeper ist für Plaudereien stets zu haben.

★ Quinoa Real
NORDWESTARGENTINISCH $$

(📞 0387-490-9270; Belgrano s/n; Hauptgerichte 60–130 Arg$; ⊙ 9–15.30 & 19.30–23.30 Uhr) Das am neu gestalteten mittleren Straßenzug gelegene Restaurant soll vor allem Touristen ansprechen. Traditionelle Stoffe bedecken die Tische, auf der Speisekarte stehen einheimische Gerichte. Lamafleisch ist stark vertreten, z.B. in leckeren Empanadas, als Carpaccio und Filet. Besonders gut ist auch Lammbraten mit einer Chili- und Knoblauchnote. Vegetarier können sich auf eine Auswahl von aromatisch gefüllten Tartes und Quinoa-Gerichten freuen. Sogar ein Bier mit Quinoa-Aroma aus einer Brauerei wird hier ausgeschenkt.

ℹ Praktische Informationen

Touristeninformation (📞 0387-15-578-7877; culturayturismoandino@gmail.com; RN 51; ⊙ Mo–Sa 9–21, So bis 15 Uhr) Direkt bei der Brücke im Stadtzentrum; zum Komplex gehören ein guter Kunsthandwerksmarkt und auch ein Café.

ℹ An- & Weiterreise

Tgl. fahren 2 bis 3 Busse von Salta (115 Arg$, 5½ Std.) ab, der **Tren a las Nubes** (S. 253) hält im Ort. Lastwagen überqueren den Paso de Sico nach Chile; im Ort kann man sich danach erkundigen. Von San Antonio führt eine gute Schotterstraße (*ripio*) 97 km weit nordwärts, passiert die Salinas Grandes und mündet in die befestigte Straße RP 52 ein.

Salinas Grandes

Die spektakulären **Salzwüste** liegt in einer entlegenen Gegend der Puna, etwa 3450 m über dem Meeresspiegel. Hier herrscht gleißendes Sonnenlicht (eine Sonnenbrille ist unbedingt notwendig). Ein See, der im Holozän austrocknete, hinterließ eine 820 km² große Salzfläche, die bis zu einem halbem Meter dick ist. An klaren Tagen ist der blendende Kontrast zwischen dem leuchtend blauen Himmel und der rissigen und verkrusteten weißen Weite des Salzsees faszinierend. Im Jahreslauf wird die Salzschicht vom Wind stark verweht; am spektakulärsten ist sie, wenn die Oberfläche nach einem Sommerregen wiederaufgefrischt ist.

Die Salinas liegen in den Provinz Salta, am leichtesten sind sie auf einer Fahrt in westlicher Richtung auf der spektakulären, befestigten Straße RP 52 von Purmamarca aus zu erreichen. Rund 5 km westlich der Kreuzung zwischen der RP 52 und der gut befahrbaren *ripio* (Schotterstraße), die 97 km weit nach San Antonio de los Cobres führt, liegt das Gebäude eines Salzwerkes; gegenüber können Besucher die „Großen Salzpfannen" mit ihren rechteckigen Wasserbecken ansehen, aus denen das Salz in regelmäßigen Abständen herausgeschöpft wird. Kunsthandwerker verkaufen Schnitzereien und Figuren aus Salzblöcken. Getränke und kleine Speisen sind in begrenzter Auswahl zu bekommen.

Die einzigen öffentlichen Verkehrsmittel zu den Salinen sind die Busse von Jujuy oder Purmamarca ins chilenische Susques. Unbedingt vor Fahrtantritt genau die Fahrpläne studieren: An manchen Tagen fährt ein paar

Stunden später ein Bus zurück nach Purma-marca, an anderen aber nicht. Es verkehren aber genug Autos und Lkws auf der Straße, um notfalls zu trampen.

Die Alternative sind Mietwagen oder *remise* ab Purmamarca oder die Teilnahme an einer Ausflugsfahrt ab Purmamarca, Tilcara, Jujuy oder Salta. Von Salta aus ist das aller-dings eine sehr zeitaufwendige Angelegen-heit, vor allem dann, wenn man nicht in Purmamarca übernachten will.

Die Salinas sind zwar eindrucksvoll, aber die unwirklichen *salares* in Bolivien noch um einiges spektakulärer. Wer also dorthin unterwegs ist oder schon dort war, sollte sich in der Region vielleicht lieber andere Sehenswürdigkeiten anschauen.

Jujuy

📞 0388 / 265 300 EW. / HÖHE 1201 M

San Salvador de Jujuy, eine der drei größten Städte im Nordwesten, hat weder die koloni-ale Mondänität Saltas noch das Großstadt-flair Tucumáns und wird von Reisenden oft übergangen. Doch es besitzt eine vitale Atmosphäre und einladende Restaurants. Zudem ist Jujuy unter allen argentinischen Städten die ursprünglichste.

Die Stadt wurde 1593 im dritten Versuch gegründet – zwei frühere Siedlungen hatten die erzürnten Indios zerstört, weil sie ihre Erlaubnis zur Ansiedlung zuvor verweigert hatten. Während der Unabhängigkeitskriege bekam die Provinz Jujuy die volle Macht der Konflikte zu spüren: Wiederholt kamen die spanischen Truppen aus Bolivien über die Quebrada de Humahuaca herunter. Schließ-lich musste Jujuy in einem Akt, der als *éxodo jujeño* (Flucht aus Jujuy) in die Geschich-te einging, evakuiert werden.

Der Name der Stadt wird *Chu-chui* aus-gesprochen. Klingt es wie ein Ausruf des Er-staunens, ist die Aussprache richtig.

🔴 Sehenswertes

⭐ Culturarte — KUNSTGALERIE
(www.facebook.com/culturarte.cultural; Ecke San Martín & Sarmiento; ⏲ Mo–Sa 8–23 Uhr) GRATIS Ein attraktiver moderner Raum für Kunstausstellungen und ein Podium für etablierte zeitgenössische Künstler Argenti-niens. Werke von exzellenter Qualität sind häufig zu sehen, es ist amüsant, die Szene von Jujuy hier vertreten zu finden. Das zuge-hörige Café hat eine nette kleine Balkonter-rasse mit Blick auf das Stadtzentrum.

COCA UND BICA

Im Nordwesten sind Schilder vor Läden zu sehen, auf denen für *coca* und *bica* geworben wird. Ersteres bezieht sich auf die Laubblätter des Koka-Strauches, der überwiegend in Peru und Bolivien angebaut wird. Die Blätter werden der Tradition gemäß von den Angehörigen der Andenvölker gekaut. Sie haben eine mild anregende Wirkung und be-kämpfen Erschöpfung, Höhenkrankheit und Hunger (und werden verwendet, um Kokain herzustellen). Mit *bica* ist Speisesoda oder Natron (Natriumhy-drogencarbonat) gemeint. Es erhöht die Wirkung, wenn es zusammen mit den Blättern gekaut wird. Das Kauen von Kokablättern und der Besitz klei-ner Mengen davon zum persönlichen Gebrauch sind legal – jedoch nur im Nordwesten Argentiniens. Die Drogen in den Süden des Landes oder nach Chile einzuführen ist verboten (regelmäßig finden Kontrollen statt).

Museo Temático de Maquetas Tupac Amaru — MUSEUM
(Alvear 1152; ⏲ 8–23 Uhr) 🎫 GRATIS Das über-raschenderweise ganz entzückende Muse-um wurde von einer indigenen, politischen Organisation gegründet und ist in deren Zentrale untergebracht. Anhand von unter-haltsamen Dioramen werden die Geschich-te, die Traditionen und die Mythologie des ursprünglichen Argentinien vorgestellt. Wer des Spanischen mächtig ist, findet hier un-zählige Informationen zu diesen Themen.

👉 Geführte Touren

Zahlreiche Unternehmen in Jujuy haben Ausflüge in die Quebrada de Humahuaca, die Salinas Grandes, den Parque Nacional Calilegua und andere Ziele in der Provinz im Programm. Die Touristeninformation der Provinz (S. 283) verfügt über Material zu al-len Touren.

🎆 Feste & Events

Semana de Jujuy — FIESTA
(⏲ Aug.) Das größte Fest von Jujuy ist die Se-mana de Jujuy, sie wird zum Gedenken an die Vertreibung der Bewohner Jujuys wäh-rend der Unabhängigkeitskriege begangen und dauert sieben Tage.

Jujuy

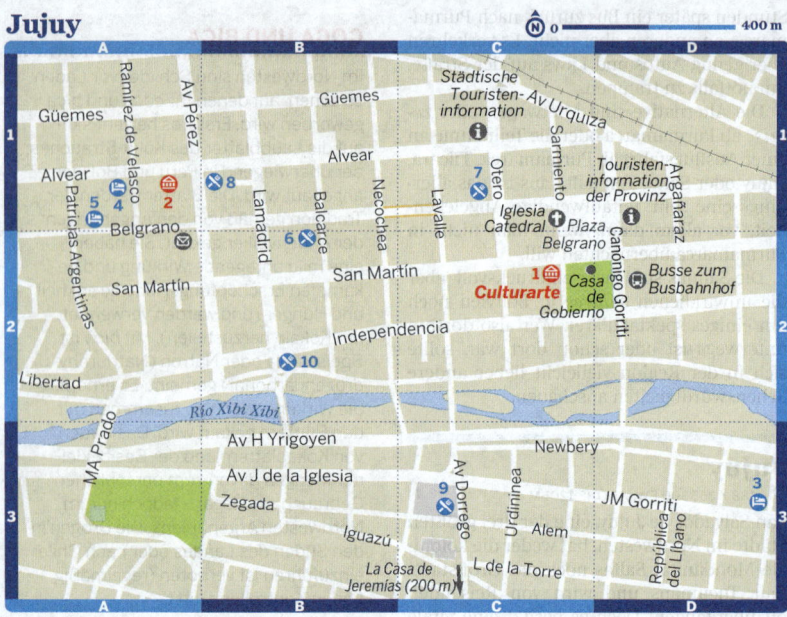

Jujuy

🛏 Schlafen

Es gibt mehrere zentral gelegene Hostels, die meisten dieser Unterkünfte sind mittelmäßig, aber akzeptabel.

Munay Hotel   HOTEL $

(☎ 0388-422-8435; www.munayhotel.com.ar; Alvear 1230; EZ/DZ 44/68 US$; 📶) Dieses gute Hotel der preiswerten Kategorie bietet kleine, aber komfortable und makellose Zimmer in einem hübschen kleinen Haus nur ein paar

Häuserblocks vom Stadtzentrum entfernt. Der Service ist freundlich, in begrenzter Zahl stehen Parkplätze gegen eine Gebühr zur Verfügung. Innenliegende Räume werden von Lärm beeinträchtigt.

D-Gira Hostel   HOSTEL $

(☎ 0388-15-408-0386; www.facebook.com/dgira. hosteljujuy; JM Gorriti 427; B 10–11 US$; DZ 33 US$; 📶) Das Hostel liegt in einem altertümlich wirkenden, aber verhältnismäßig zentralen Stadtteil und ist den Hostels in der Innenstadt in mehreren Punkten überlegen. Ein Punkt ist die einladende Gastlichkeit, zu der purpurrote Wände und äußerst komfortable Etagenbetten aus hellem Holz mit prallen Matratzen und anständigem Bettzeug beitragen. Alle Schlafsäle verfügen über eigene Bäder und bieten viel Platz. Regelmäßig durchgeführte Verbesserungen und eine optimistische Stimmung versprechen einen lohnenden Aufenthalt.

★ Posada El Arribo   BOUTIQUEHOTEL $$

(☎ 0388-422-2539; www.elarribo.com; Belgrano 1263; EZ/DZ 70/109 US$; 📶) Dieses eindrucksvolle, von einer Familie geführte Hotel ist eine Oase; es befindet sich inmitten von Jujuy und ist ein wahrer Augenschmaus. Das renovierte Herrenhaus aus dem 19. Jh. ist einfach wunderbar: mit Original-Steinfliesen, hohen Decken und Holzböden, großem Innenhof und einem riesigen Garten. Der moderne Anbau dahinter ist auch nicht zu verachten, dennoch, schöner sind die Zimmer im alten Haus.

Essen

Jujuys turbulenter **Mercado del Sur** ist ein authentischer Markt, auf dem die Einheimischen *mazamorra* (eine kalte Maissuppe) verspeisen und Kokablätter zum Kauf feilbieten. Einfache Lokale in der Gegend servieren herzhafte Regionalkost wie *chicharrón con mote* (gebratenes Schweinefleisch mit gekochtem Mais) und scharfe *sopa de maní* (Erdnusssuppe).

Manos Jujeñas   NORDWESTARGENTINISCH $
(Av Pérez 381; Hauptgerichte 60–110 Arg$; ⊙ Di–So 11–15 & 19–23 Uhr) 🌿 Eine der besten Restaurantadressen in Jujuy. Das Manos Jujeñas ist für seine schnörkellose traditionelle Slowfood-Küche bekannt. Am Wochenende ist das Lokal abends sehr gut besucht, dann ist es erfüllt vom vergnügtem Stimmengewirr der Gäste. Auf der Karte stehen mehrere klassische Gerichte des Nordwestens, die Spezialität des Hauses ist jedoch *picante* – mariniertes Hühnchen oder Zunge oder beides mit Zwiebeln, Tomaten, Reis und Anden-Kartoffeln. Man kann die Speisen natürlich auch mitnehmen.

Madre Tierra   BÄCKEREI, CAFÉ $
(Belgrano 619; Hauptgerichte 50 Arg$; ⊙ Mo–Sa 6.30–15 & 16–22.30 Uhr; 🕾🌿) Dieses Café ist ganz einfach einzigartig. Das vegetarische Essen (es wird täglich ein festes Menü angeboten) ist exzellent, zu den Sandwiches und Pizzas passen frische Säfte oder ökologisch gebrautes Bier. Sitzplätze gibt es in einem wunderschönen Garten im Innenhof: Aus der Bäckerei vor dem Haus wird vollwertiges Brot geliefert.

Viracocha   NORDWESTARGENTINISCH $
(Ecke Independencia & Lamadrid; Hauptgerichte 70–110 Arg$; ⊙ 11.30–15 & 20.15–00.30 Uhr, Okt.–März So geschl., April–Sept. Di geschl.; 🕾) 🌿 In einem stimmungsvollen Restaurant mit Deckengewölbe werden ausgezeichnete traditionelle Gerichte serviert, beispielsweise *picantes* mit allen möglichen Fleischsorten, eingelegtes Lamafleisch oder eine schön heiße Erdnusssuppe.

⭐ **Krysys**   ARGENTINISCH $$
(Balcarce 272; Hauptgerichte 80–140 Arg$; ⊙ Mo–Sa 12.30–15 & 20.30–00.30, So 12.30–15.30 Uhr;

🕾) In diesem zentral gelegenen und gehobenen Lokal bekommt man in wunderbar entspannter Atmosphäre gegrillte Köstlichkeiten. Immerhin gilt das Krysys als die beste *parrilla* (Grillrestaurant) der Stadt. Aber es gibt hier auch noch ganz andere Gerichte, z. B. Hühnchen, Schwein oder Rind mit leckeren Soßen sowie appetitliche Vorspeisen. Die Preise sind vernünftig, das Fleisch kann man nach persönlichen Vorlieben zubereitet bekommen.

🍷 Ausgehen & Nachtleben

Die großen *boliches* (Nachtclubs) befinden sich an der RN 9 im Süden der Stadt.

☆ Unterhaltung

Jujuy besitzt mehrere *peñas*, in denen an Wochenenden Volksmusik live gespielt wird.

La Casa de Jeremías   TRADITIONELLE MUSIK
(www.facebook.com/lacasa.dejeremias; Guzmán 306) Freitag- und Samstagabend sind die besten Zeiten, um in diese populäre Musikkneipe zu gehen; an Wochenenden spielen hier die Volksmusiker von Jujuy auf. Dazu gibt es gutes traditionelles Essen. Auf der Facebook-Seite sind bevorstehende Veranstaltungen nachzulesen.

❶ Praktische Informationen

Örtliche Touristeninformation (📞 0388-402-0246; www.sansalvadordejujuy.gob.ar; Ecke Alvear & Otero; ⊙ 7–22 Uhr) Freundlich und zentral gelegen. Die Öffnungszeiten wechseln je nach Personalbesetzung.

Touristeninformation der Provinz (📞 0388-422-1343; www.turismo.jujuy.gov.ar; Canónigo Gorriti 295; ⊙ Mo–Fr 7–22, Sa & So 8–21 Uhr) Eine hervorragende Einrichtung an der Plaza mit gutem Infomaterial und guter Beratung.

❶ An- & Weiterreise

FLUGZEUG

Von **Aerolíneas** (📞 0388-422-2575; www.aerolineas.com.ar; San Martín 96; ⊙ Mo–Fr 8.30–12.30 & 16.30–20.30, Sa 8.30–12.30 Uhr) gehen Flüge nach Buenos Aires und über Córdoba nach Mendoza aus.

BUS

Der neue **Busbahnhof** liegt 6 km südöstlich vom Stadtzentrum entfernt. Er ist großartig ausgestattet, u. a. mit Duschen und einer **Touristeninformation** (Bus Terminal; ⊙ Mo–Fr 7.30–21.30, Sa & So 8–13 & 15.30–21.30 Uhr).

Tägliche Busverbindungen, die von Salta nach Chile führen, haben hier ihre Haltestellen.

Busse aus Jujuy

REISEZIEL	FAHRPREIS (ARG$)	FAHRZEIT (STD.)
Buenos Aires	1400	20–23
Córdoba	835	12–16
Humahuaca	66	2
La Quiaca	115	4–5
Mendoza	1207	21
Purmamarca	42	1¼
Salta	75	2
Salvador Mazza	322	7
Tilcara	45	1¾
Tucumán	325	5

ⓘ Unterwegs vor Ort

Der Flughafen El Cadillal liegt 33 km östlich. Ein **Shuttle-Busservice** (☎15-432-2482; 100 Arg$) startet 3-mal tgl. an der Straßenecke zwischen Canónigo Gorriti und Belgrano in Übereinstimmung mit den Abflugzeiten; als Alternative kostet eine Fahrt in einer *remise* 340 Arg$.

Mehrere städtische Busse fahren zum Busbahnhof (5,50 Arg$), u. a. die Linien 8A und 9A ab Canónigo Gorriti zwischen San Martín und Independencia. Vom Busbahnhof führen mehrere Buslinien regelmäßig ins Stadtzentrum.

Hertz (☎0388-422-9582; www.hertz.com; Balcarce 578; ⏱Mo–Sa 9–12 & 17–21 Uhr) ist eine zentral gelegene Autovermietung; außerdem gibt es flughafeneigene Anbieter.

Las Yungas

Die östliche Provinz Jujuy erstreckt sich in einer feuchtwarmen, fruchtbaren subtropischen Zone, wo der trockene, baumlose Altiplano in einen Bergwald und stellenweise in dichten Nebelwald übergeht. Es ist ein spektakuläres Gebiet mit leuchtend üppig-grüner Vegetation.

Parque Nacional Calilegua

Dieser leicht zugängliche schöne und artenreiche Park erstreckt sich über die Bergkette Serranía de Calilegua mit Gipfeln, von denen man schier endlose Sicht auf Wald und Chaco im Osten hat.

Die spektakuläre, 22 km lange Straße durch den Park steigt von 550 auf 1700 Höhenmeter an und führt durch die drei Waldarten, die die verschiedenen Höhenlagen des Parks kennzeichnen. Auf der Fahrt öffnen sich immer wieder fabelhafte Ausblicke.

An dieser Straße beginnen zehn markierte Wanderwege, von zehnminütigen Spaziergängen bis zu abschüssige Abstiegen zum Tal hinunter. Vögel und Säugetiere sind am besten frühmorgens oder am späten Nachmittag in der Nähe der Flussläufe zu beobachten. Die meisten Wege sind vom Parkeingang zu Fuß zu erreichen. Für die längeren Wanderungen bieten sich Parkranger als kundige Guides an.

Vom Valle Grande soll eine Straße, an der zurzeit gearbeitet wird, bald eine Verbindung zur Quebrada de Humahuaca herstellen. Von dort sind Wanderungen nach Humahuaca oder Tilcara möglich.

Über die Wege und Wetterbedingungen informiert man sich am besten in der Rangerstation in Aguas Negras, dem **Parkeingang** (calilegua@apn.gov.ar; ⏱9–13 & 14–18 Uhr) GRATIS. Eine weitere Station befindet sich in Mesada de las Colmenas auf halbem Weg durch den Nationalpark.

Der kostenlose **Campingplatz** befindet sich beim Eingang. Er verfügt über Toiletten und Duschen, aber es gibt hier weder Strom noch Trinkwasser oder einen Laden.

Libertador General San Martín ist eine ziemlich große Zuckerrohrstadt mit wenig Charme, aber diversen Übernachtungsmöglichkeiten. Das ansprechendere kleine Calilegua präsentiert sich mit etwas heruntergekommenem Tropen-Feeling und ohrenbetäubendem Grillenzirpen rund um das historische Landgut Sala de Calilegua.

Jardín Colonial (☎03886-430334; eljardincolonial@hotmail.com; San Lorenzo s/n, Calilegua; EZ/DZ/3BZ 20/27/38 US$; ✻🛜🛝) ist ein etwas planlos geführter rund 100 Jahre alter Bungalow mit Charakter, schönen Gästezimmern und einem grünen Garten voller Skulpturen. Ein günstiger und sehr legerer Ort: An den Türen gibt es keine Schlösser, und die Gäste sind sich selbst überlassen. In den Bäumen gegenüber schlafen Tukane. Ein Frühstück kostet 3 US$ extra. An der parkähnlichen Plaza im Herzen der Stadt befindet sich die **Hostería Benítez** (☎03886-433119; benitezhosteria@gmail.com; 19 de Abril s/n, Calilegua; EZ/DZ 45/60 US$; ✻🛜), ein freundliches Familienunternehmen mit sauberen, komfortablen gut gepflegten Zimmern mit Hotelstandard. Ein gutes Frühstück und Abendessen wird in einem ansprechenden Speiseraum serviert.

Haltestellen für die regelmäßig verkehrenden Busse zwischen Jujuy oder Salta und Salvador Mazza befinden sich in Libertador

General San Martín und Calilegua; Busse halten auf Wunsch eventuell. auch an der Nationalparkkreuzung, etwa 3 km nördlich von der Ortsmitte Libertadors und rund 2 km südlich von Calilegua. Von dort sind es nur noch 8 km zur Rangerstation Aguas Negras; das Verkehrsaufkommen ist relativ hoch, sodass Fahrten per Anhalter gut möglich sind. Die Station ist von beiden Orten aus auch leicht mit dem Taxi zu erreichen.

Quebrada de Humahuaca

Im Norden von Jujuy erstreckt sich die bemerkenswerte Quebrada de Humahuaca in nördlicher Richtung bis nach Bolivien. Es ist eine abweisende und doch lebendige Landschaft, ein trockener und dabei von Wasserläufen durchzogener Cañyon vor einer Kulisse aus Berghängen, deren Sedimentschichten zu spektakulären Formationen mit bogenförmigen Konturen gefaltet wurden und ein Spektrum von Farben in sanften Wellenlinien enthüllen. Die Farbpalette des Tales – einer Welterbestätte der Unesco – befindet sich in ständigem Wechsel zwischen cremefarbenen Weißtönen und leuchtenden, tiefen Rottönen; die Felsformationen rufen an manchen Stellen Vorstellungen von einer Kette aus Haifischszenen oder von einem knorrigen Rückgrat eines urweltlichen Ungeheuers hervor.

Im Tal verstreut liegen stille, malerische indigene Dörfer, in denen sich eine vielfältige Auswahl von Unterkünften bietet – neben historischen Adobe-Kirchen, Kunsthandwerk und anheimelnden Restaurants, wo deftiges *locro* und Lama-Filets auf den Tisch kommen. Die Region erlebt seit einigen Jahren einen Tourismusboom und ist im Sommer sehr überlaufen (und die Unterkunftspreise schießen in die Höhe).

Busse befahren die alte kolonialzeitliche Poststrecke regelmäßig; Fahrgäste können nach Belieben eine gewünschte Strecke mitfahren. Die nächstgelegene Autovermietung befindet sich in Jujuy. Die Quebrada zeigt sich am frühen Morgen von ihrer schönsten Seite, wenn die Farben besonders leuchtend sind und noch kein Wind aufkommt.

Purmamarca
☎ 0388 / 500 EW. / HÖHE 2192 M

Das kleine Purmamarca, etwa 3 km westlich der Landstraße, liegt am Fuß des berühmten Cerro de los Siete Colores (Hügel der sieben Farben), dessen spektakuläre gezackte Form der Marzipankreation eines größenwahnsinnigen Konditors gleicht. Das Dorf ist eine Postkartenschönheit mit Adobehäusern und alten Algarobo-Bäumen bei der schmucken Kirche aus dem 17. Jh. Deshalb und wegen der Nähe zu Jujuy ist Purmacara sehr touristisch. Wer ein authentisches Andendorf sucht, fährt am besten gleich weiter. Trotzdem ist Purmacara wirklich schön und eine gute Adresse, um Webwaren zu kaufen. Auf der Plaza wird jeden Tag ein gut besuchter Markt abgehalten.

Auf jeden Fall sollte man auf dem leichten, aber atemberaubenden 3 km langen Weg rund um den Cerro de los Siete Colores wandern. Das intensive Farbenspiel lässt sich am besten in der Morgen- oder Abendsonne bewundern.

❶ NACH BOLIVIEN ÜBER SALVADOR MAZZA ODER AGUAS BLANCAS

Die RN 34 verläuft über Calilegua bis zum nördlichsten besiedelten Ort Argentiniens, Salvador Mazza (auch: Pocitos) an der Grenze zu Bolivien. Nach dem Überqueren der **Grenze** (⏱ 24 Std.) können Reisende ein Sammeltaxi zum 5 km entfernten Yacuiba in Bolivien nehmen, dort fahren Busse nach Tarija und Santa Cruz. Es gibt kein bolivianisches Konsulat, ein Touristenvisum ist in Jujuy oder Salta zu bekommen. Nach Salvador Mazza fahren zahlreiche Busse aus Jujuy, Salta und anderen Orten.

In diesem Gebiet gibt es einen weiteren Grenzübergang, die internationale Brücke zwischen Aguas Blancas und Bermejo; von dort führen gute Busverbindungen weiter nach Tarija. Nach Aguas Blancas verkehrt ein Bus aus Salta, regelmäßigere Busverbindungen führen jedoch nach Orán, von dort fahren Sammeltaxis nach Aguas Blancas (sie starten gegenüber vom Busbahnhof). Direkte Busverbindungen nach Juarez bestehen zwischen Salta und Tarija (700 Arg$, 8 Std., 2-mal wöchentlich).

Sammeltaxis vor dem Busbahnhof von Salta fahren direkt an die bolivianische Grenze und kosten nur wenig mehr als eine Busfahrt.

Die Quebrada de Humahuaca

Die Wind und Wetter ausgesetzten Felsen und die Vielfalt der Farben, die sich im Lauf des Tages ändern, machen dieses Tal zu einem Highlight im Nordwesten. Außerdem lohnt es sich, die Dörfer der Ureinwohner in diesem Tal zu entdecken.

Iruya

Das abgelegene Dorf erreicht man nach einer langen Fahrt über einen Gebirgspass. Hier bekommt man einen Eindruck vom traditionellen indianischen Leben. Das beschauliche Dorf wird umgeben von eindrucksvollen Felswänden. Das Leben ist ruhig und gemächlich (S. 295).

Purmamarca

Die kleine Stadt liegt inmitten von Bergen, die in den strahlendsten Farben schimmern. Besonders empfehlenswert ist der großartige Künstlermarkt auf dem Dorfplatz (S. 285).

Tilcara

Wegen der vielen guten kleinen Hotels, der atemberaubenden Landschaft und der mit Kakteen bestandenen Ruinen einer Befestigungsanlage der Ureinwohner ist Tilcara für viele das Lieblingsziel in der Quebrada (S. 289).

Humahuaca

In dem größten Ort des Tales herrscht eine ursprüngliche Atmosphäre; der Ort ist ein guter Ausgangspunkt für die Erkundung der Region. Malerische Gassen, Kunsthandwerk und typische Gerichte des Nordwestens, z. B. *locro* und Lama-Eintopf, sind die Highlights (S. 293).

Uquía

In diesem Dorf steht die auffälligste Kirche der Gegend, ein wunderschönes Gebäude aus dem 17. Jh., in dessen Innerem man Gemälde mit Engeln findet, die Schusswaffen tragen (S. 293).

1. Iruya 2. Markt in Purmamarca 3. Pucará (S. 290), Tilcara 4. Textilien aus einheimischer Herstellung

YADID LEVY/ROBERTHARDING/GETTY IMAGES ©

DANITA DELIMONT/GETTY IMAGES ©

KARNEVAL IN DER QUEBRADA

Die faszinierendsten Karnevalsfeiern Argentiniens finden in der Quebrada de Humahuaca im Februar/März statt. Indigene Traditionen wurden mit Bräuchen der spanischen Eroberer verschmolzen und brachten eine lebendige Mischung hervor. Die Feiern beginnen am Samstag, der 50 Tage vor Ostersonntag liegt. In jedem Ort wird eine Teufelsfigur an jener Stelle ausgegraben, an der sie im Jahr zuvor vergraben worden war; unter großem Lärm wird sie in einer Prozession in den Ort getragen und zur Schau gestellt. Darauf erhebt sich ein acht Tage dauerndes, ausgelassenes Tanz- und Trinkfest. Der Teufel wird anschließend erneut bestattet und die Sünde somit ein weiteres Jahr lang unter Verschluss gehalten.

🛏 Schlafen

El Pequeño Inti   PENSION $
(☎ 0388-490-8089; Florida s/n; EZ/DZ 40/45 US$) Bescheiden und sehr verlockend liegt diese kleine, feine Adresse abseits der Plaza. Besonders preisgünstig ist die Pension für Paare, sie hat schmucklose Zimmer mit komfortablen Betten und maritim gestaltete Bäder. Ein nettes Extra wäre ein WLAN-Zugang.

Mama Coca   HOSTEL $
(☎ 0388-490-8434; mamacocapurma@hotmail.com; Rivadavia s/n; B/DZ 10/25 US$; 🖅) In der Nähe des Busbahnhofs und hinter einem Restaurant liegt das lässige Hostel, wo Gäste eine – äußerst! – einfache Unterkunft finden. Es ist ein freundlicher Familienbetrieb mit einem kleinen, von Weinreben beschatteten Patio. Die Schlafsäle bieten ausreichend viel Platz. Ohne Frühstück ist die Unterkunft billiger. Keine Küche.

⭐ Huaira Huasi   HOTEL $$
(☎ 0388-423-7134; www.huairahuasi.com.ar; RN 52, Km5; DZ 134–155 US$; 4BZ 225 US$; ❄@🖅) Eines aus einer Handvoll von charaktervollen Hotels an der Hauptstraße oberhalb der Stadt. Dieses hebt sich durch seine majestätischen Ausblicke über das Tal und schöne terrakottafarbene Adobe-Gebäude besonders hervor. Es gibt zwei Apartments für bis zu fünf Gäste, die mit heimischen Stoffen

und Cardón-Holz ebenso schön eingerichtet sind; die Zimmer sind deutlich kleiner, aber dennoch schön. Gute Qualität zu angemessenen Preisen – und bezaubernde Gastgeber.

⭐ Los Colorados   APARTMENTS $$$
(☎ 0388-490-8182; www.loscoloradosjujuy.com.ar; Chapacal s/n; EZ/DZ/4BZ 120/160/250 US$; ❄🖅🅿) Das Apartmenthaus könnte als Schauplatz in einem Science-Fiction-Film dienen; die seltsame, dennoch einladende Unterkunft wurde in den *cerro* hineingebaut und verschmilzt mit ihm. Die Apartments sind stilvoll, geräumig und behaglich; schöne Räume zum längeren Verweilen und eine hervorragende Option für Familien.

La Comarca   BOUTIQUEHOTEL $$$
(☎ 0388-490-8001; www.lacomarcahotel.com.ar; RN 52, Km3.8; EZ/DZ 142/180 US$; ❄@🖅🅿) An der Hauptstraße, dabei in fußläufiger Nähe zur Innenstadt gelegen, bietet das gut geführte Hotel eine Vielfalt von entzückenden malvenfarbenen Räumen, die an einem sorgfältig gepflegten Rasen und Garten liegen. Die Zimmer öffnen sich entweder zur Gartenseite oder zum Hauptgebäude, das eine großartige Lounge, eine Sauna, einen hübschen kleinen Swimmingpool und weitere Annehmlichkeiten birgt. In den Häusern und Hütten können bis zu sechs Gäste übernachten. Das Personal ist höflich, freundlich und hilfsbereit. Der Ausblick ist schlicht fantastisch.

Terrazas de la Posta   HOTEL $$$
(☎ 0388-490-8053; www.terrazasdelaposta.com.ar; EZ 145 US$, DZ Standard/Superior 157/182 US$; ❄🖅) Am Rand der Innenstadt gelegen, haben diese attraktiven Zimmer mit geräumigen Badezimmern eine gemeinsame Veranda mit schönen Ausblicken auf die Sierra. Der Service ist gut, das Haus ist ein friedlicher Aufenthaltsort. Die Superior-Zimmer sind größer, mit Klimaanlage und Minibar ausgestattet und in bemerkenswert modernem Stil eingerichtet. Zuverlässig, entspannend und komfortabel. Beim Besuch des Restaurants an der Plaza bekommen Gäste des Hauses eine Ermäßigung.

🍴 Essen

Das beste Essen in Purmamarca wird von einem charismatischen Koch namens Gabriel zubereitet, der inzwischen ein neues Restaurant einen halben Häuserblock bergauf von der Plaza (Lavalle), eröffnet haben soll: Es lohnt sich, danach zu fragen.

Bramasole

NORDWESTARGENTINISCH $

(Libertad s/n; Hauptgerichte 80–120 Arg$; ⊙12–16
& 19–23 Uhr; ☎) Einen angenehm modernen
Stil hat das Innere des Restaurants, das von
einem freundlichen einheimischen Paar geführt wird, eine wirklich lohnenenswerte
Adresse. Köstliche von Hand geschnittene
Empanadas, *locro*, das durch Zugabe von
Frühlingszwiebeln an Schärfe gewinnt, und
verschiedene andere Gerichte, beispielsweise welche mit Lamafleisch, sind ausnahms-
los wohlschmeckend.

Tierra de Colores

NORDWESTARGENTINISCH $

(Libertad s/n; Hauptgerichte 60–110 Arg$;
⊙12–16.30 & 19–23.30 Uhr) Ein sympathisch
ländlicher Speiseraum unter einer Zucker-
rohrdecke gibt den Rahmen für köstliche,
traditionelle Gerichte ab, die in großzügigen
Portionen serviert werden. Besonders gut:
saftige Tamales, leckeres *locro* und ziemlich
große Lamafleischspieße. Der Service ist angenehm, ebenso die etwas touristisch aufge-
machte Livemusik.

El Churqui de Altura

NORDWESTARGENTINISCH $$

(Salta s/n; Hauptgerichte 100–160 Arg$; ⊙12–
15.30 & 19.30–22.30 Uhr; ☎) Am höchsten
Punkt des Ortes werden Eintöpfe mit dem
Fleisch von heimischen Forellen, Ziegen
oder Lamas sowie Empanadas aus dem
Ofen serviert; alles schmeckt köstlich, nur
die Weine sind etwas überteuert. Ein beson-
ders beliebtes Gericht ist Lama-Filet in einer
Malbec-Rotweinsauce.

ⓘ Praktische Informationen

An der Plaza findet man Geldautomaten.
Touristeninformation (☎0388-490-8443;
Florida s/n; ⊙7–12 & 14–19 Uhr, erweiterte Öff-
nungszeiten im Jan. & Feb.) Direkt gegenüber
der Plaza. Unregelmäßige Öffnungszeiten.

ⓘ An- & Weiterreise

Busse fahren nach Jujuy (45 Arg$, 1¼ Std.) oder
Tilcara (ab 10,50 Arg$, 30 Min.) und Humahua-
ca (ab 33 Arg$, 1¼ Std.). Zu Fuß oder per Taxi
(20 Arg$) kommt man zur Hauptstraßenkreu-
zung, dort führen weitere Buslinien entlang.

In Purmamarca gibt es keine **Tankstelle**; die
nächste liegt 25 km nördlich in Tilcara. In westli-
cher Richtung ist die nächste Tankstelle in Sus-
ques zu finden, eine 130 km lange, ansteigende
Fahrt entfernt. Südlich war die nächstliegende
Tankstelle zum Zeitpunkt der Recherchen in
Jujuy (62 km) zu erreichen.

Tilcara

☎ 0388 / 4400 EW. / HÖHE 2461 M

Viele Besucher wählen das malerische Tilca-
ra als Basis für die Erkundung der Quebra-
da de Humahuaca. Das Nebeneinander von
einheimischen Bauern, die noch so leben
wie vor Jahrhunderten, und Künstlern, die
aus der Großstadt in die ländliche Ruhe ge-
flohen sind, prägt das Bild in den staubigen
Straßen der kleinen Stadt. Da es hier zahl-
reiche Boutiquehotels und etliche Hostels
gibt, sollte eine spontane Übernachtung
kein Problem sein.

SALTA & DER ANDINE NORDWESTEN QUEBRADA DE HUMAHUACA

NACH CHILE ÜBER SUSQUES

Eine befestigte Straße führt beharrlich ansteigend von Purmamarca durch ein karges
Hochland auf einen 4150 m hohen Pass und durchquert dann eine Hochebene, die zum
Teil von den Salinas Grandes bedeckt ist. In die zivilisierte Welt kehrt man in **Susques**,
130 km von Purmamarca, zurück, dort gibt es eine Tankstelle und ein Geldautomaten.

Susques besitzt mit seiner märchenhaften **Dorfkirche** (Spende erbeten; ⊙8–18 Uhr)
einen triftigen Grund, um hier anzuhalten. Sie stammt aus dem Jahr 1598, besitzt ein
Strohdach, eine Decke aus Kakteenholz und einen Fußboden aus festgetretenem Lehm
sowie charismatische, naive Malereien von Heiligen an den weiß getünchten Adobe-Wän-
den. Eine Touristeninformation an der Hauptstraße ist gelegentlich geöffnet. Im Ort gibt
es schlichte Übernachtungsmöglichkeiten.

Hinter Susques führt die Straße weiter zum 154 km entfernten Paso de Jama
(4230 m), es ist eine spektakuläre Fahrt. Hier verläuft die chilenische Grenze, davor
befindet sich der argentinische Grenzübergang (8–24 Uhr). Bei der Einreise wird eine
Touristenkarte ausgestellt. Hier gibt es Benzin. Früchte, Gemüse oder Coca-Blätter dür-
fen keinesfalls nach Chile eingeführt werden – es finden Kontrollen statt. Die befestigte
Straße führt weiter nach San Pedro de Atacama.

Busse fahren täglich von Jujuy nach Susques (115 Arg$, 4–5 Std.) über Purmamarca
(90 Arg$). Busverbindungen aus Salta und Jujuy nach Chile haben hier Haltestellen.

◉ Sehenswertes

Pucará
RUINE

(Eintritt inkl. Museo Arqueológico Ausländer/ Argentinier 50/25 Arg$, Mo frei; ⊙ 9–18 Uhr) Die rekonstruierte präkolumbische Festung, die *pucará*, befindet sich etwa 1 km südlich des Zentrums jenseits einer Eisenbrücke. Das Fort liegt strategisch günstig und bewacht das Flusstal in beide Richtungen. Die Ruinen stammen aus dem 11. bis 15. Jh., der Ort war jedoch schon vorher besiedelt. Die Aussicht ist schön; in der Nähe des Eingangs liegt ein Botanischer Garten.

Die Rekonstruktion aus den 1950er-Jahren hat sich einige Freiheiten herausgenommen, die jedoch umstritten sind. Schlimmer ist jedoch das lächerliche Denkmal genau dort, wo eigentlich die Plaza hingehört, das die Pionierarbeit der Archäologen ehren soll. Nichtsdestotrotz gewährt die Stätte einen guten Eindruck davon, wie eine befestigte Stadt ausgesehen haben mag. Am interessantesten ist die „Kirche", ein Gebäude mit einem kurzen gepflasterten Weg, der zu einem Altar führte. Bemerkenswert ist die Nische an der längsseitigen Mauer.

Museo Arqueológico
MUSEUM

(Belgrano 445; Eintritt inkl. Pucará Ausländer/ Argentinier 50/25 Arg$, Mo frei; ⊙ 9–18 Uhr) Die gut präsentierte Sammlung von Kunstgegenständen aus der Region ist in einem hinreißenden kolonialzeitlichen Haus untergebracht; sie umfasst Stücke aus der *pucará* (Bezeichnung für eine frühe südamerikanische Festungsart) direkt im Süden des Stadtzentrums. Die Ausstellung gewährt Einblicke in das damalige Leben (ab dem 11. bis ins 15. Jh.). Ein Saal ist zeremoniellen Masken gewidmet und besonders eindrucksvoll.

🏃 Aktivitäten

Überall wird mit Telefonnummern für *cabalgatas* (Reitausflüge) geworben; in den meisten Unterkünften können solche Ausflüge arrangiert werden. Führer, die Wanderungen in die Umgebung begleiten, versammeln sich bei der Touristeninformation.

Garganta del Diablo
WANDERN

(Eintritt 15 Arg$) Von mehreren interessanten Wanderungen rund um Tilcara ist die etwa 4 km lange Wanderung zur Garganta del Diablo am beliebtesten – ein schöner Cañyon, der zu einem Wasserfall führt. Wanderer gehen auf die *pucará* zu, die etwa 1 km südlich der Ortsmitte auf der anderen Seite einer Eisenbrücke liegt, biegen aber links ab,

ohne die Brücke zu überqueren, und wandern am Fluss entlang. Am schönsten ist das Schwimmen am Morgen, wenn das Sonnenlicht auf das Becken fällt. Der Cañyon ist auch über eine Straße zu erreichen.

Bicicletería Carlitos
FAHRRADVERLEIH

(Tilcara Mountain Bike; ☎ 0388-15-500-8570; tilcarabikes@hotmail.com; Belgrano s/n; pro Std./ Tag 3,50/15 US$; ⊙ 9–19 Uhr) Ein freundlicher Betrieb, 100 m hinter dem Busbahnhof gelegen, der gut gepflegte Mountainbikes verleiht und nützliche Karten für Ausflüge in die Umgebung bereithält.

☞ Geführte Touren

Überall in der Stadt bieten Veranstalter Ausflüge in die Quebrada und die Salinas Grandes an. Eine spektakuläre mehrtägige Trekkingtour in den Parque Nacional Calilegua wird unter der empfehlenswerten Führung von **Juan Pablo Maldonado** (☎ 0388-15-504-5322) veranstaltet.

★ Caravana de Llamas
TREKKING

(☎ 0388-15-408-8000; www.caravanadellamas. com; Belgrano s/n) Ein äußerst empfehlenswerter Veranstalter von Lama-Trekkingtouren verschiedener Dauer: 90-minütig (25 US$), halbtägig (50–70 US$) und ganzoder mehrtägig (100 US$ pro Tag). Die Ausflüge mit unterschiedlichen Schwierigkeitsgraden führen rund um Tilcara, Purmamarca und die Salinas Grandes. Der Guide ist von angenehmer Erscheinung und kennt sich gut in der Gegend aus. Lamas sind Lasttiere – die Tourenteilnehmer gehen zu Fuß, die Tiere tragen das Gepäck. Gegenüber der Touristeninformation ist es möglich, den Lamas näherzukommen (8 US$).

Runa Tour
KULTURELL

(☎ 0388-495-5388; www.runatour.tur.ar; Belgrano 481; 1-/2-/3-tägige Ausflüge 200/350/400 US$) Unter einheimischer Leitung, bietet dieser Veranstalter interessante Ausflüge zu indianischen Siedlungen an, bei denen die Teilnehmer die Kultivierung von Mais und Quinoa kennenlernen und archäologische Stätten besichtigen können. Diese Tour kann mit Ausritten oder Fahrten zur spektakulären Serranía de Hornocal (S. 294), einer gezackten Reihe von „Felszähnen", verbunden werden. Eine weitere Alternative führt über die Berge und hinunter zu den Yungas, wobei Reiten und Fahren abwechseln bzw. die ganze Tour auf dem Pferderücken zurückgelegt wird.

Feste & Events

In Tilcara werden im Jahreslauf mehrere Feste begangen, das – neben dem ausgelassenen Karneval – bedeutendste ist **Enero Tilcareño** im Januar, zu dem sportliche, musikalische und kulturelle Veranstaltungen gehören. Im August ist das indigene Fest zu Ehren der **Pachamama** (Erdmutter) ebenfalls sehenswert.

Schlafen

Eine große Vielfalt von Unterkünften steht zur Auswahl – zahlreiche gehobene Boutiquehotels ebenso wie Dutzende von einfachen Hostels, Pensionen und preiswerte Zimmer in Privathäusern (die Touristeninformation hält ein Verzeichnis dieser Unterkünfte bereit).

★ La Casa del Indio   PENSION **$**
(☑ 0388-15-862526; www.argentinaturismo.com.ar/casadelindio; Ambrosetti s/n; DZ/3BZ 50/65 US$; ☎) Es wäre schwierig, liebenswürdigere Gastgeber zu finden als das junge Paar, das diese hübsche Pension führt. Zwei Zimmer liegen an einem hübschen kleinen Innenhof neben dem Wohnhaus der Familie. Im Stil einfach und traditionell, mit attraktivem Mauerwerk, strahlt das Gebäude Frieden, Ungestörtheit und Bequemlichkeit aus – und dazu gibt es noch einen entspannend wilden Garten.

Das Haus ist nicht ganz einfach zu finden: vom Busbahnhof direkt bergauf, dann die dritte Seitenstraße auf der rechten Seite.

Albahaca Hostel   HOSTEL **$**
(☑ 0388-15-585-5994; www.albahacahostel.com.ar; Padilla s/n; B/DZ 9/25 US$; ☎) Einfach, aber preisgünstig und sehr freundlich mit anständigen Schlafsälen, komfortablen Einzelzimmern und einer Dachterrasse, die zu einem geselligen Zusammensein einlädt – ein Ort für Begegnungen.

La Calabaza   CABAÑAS **$**
(☑ 0388-495-5169; www.calabazatilcara.com.ar; Sarahuaico s/n; DZ/4BZ 65/135 US$; ☎ ⊞) Oberhalb einer Obstplantage und vom Stadtzentrum aus auf der gegenüberliegenden Seite der Hauptstraße gelegen, strahlt das entzückende Anwesen eine lässige Hippieatmosphäre und eine sehr freundliche Gastlichkeit aus. Der Ausblick: spektakulär. Es gibt eine Hütte mit Küche für bis zu vier Gäste, perfekt für Familien, und ein bezauberndes kleines Doppelzimmer – vom Bett bietet sich ein schöner Ausblick – mit Gelegenheit

zum Tee- und Kaffeekochen. Im Sommer gilt ein Mindestaufenthalt von drei Übernachtungen. Ein Frühstück ist extra zu zahlen.

Malka   PENSION, HOSTEL **$**
(☑ 0388-495-5197; www.malkahostel.com.ar; San Martín 129; B/EZ/DZ 25/45/80 US$, Hütte für 4 Pers. 190 US$; @ ☎) 🍃 Das ländliche Anwesen verbindet eine Pension mit einem Hostel. Die abgelegene, schattige Lage, durchdacht gestaltete Schlafsäle in verschiedenartigem Stil und elegante steinverkleidete Zimmer mit Hängematten und Liegestühlen verführen dazu, länger als geplant in diesem Refugium zu bleiben. Weitere Verlockungen sind Yoga- und Meditationsräume sowie -kurse. Ein gutes Frühstück ist inbegriffen, HI-Ermäßigungen werden gewährt.

In den Schlafsälen gibt es Schließfächer und eine geräumige Küche. Vor der Kirche biegt man nach links ab, danach geht es nur eine Nebenstraße weiter nach rechts, dann bleibt man auf dieser Straße.

★ Posada de Luz   LODGE **$$**
(☑ 0388-495-5017; www.posadadeluz.com.ar; Ambrosetti 661; Zi. 105–143 US$; @ ☎ ⊞ ♿) Mit seinem modern-ländlichen Charme ist die kleine Lodge ein fantastischer Ort für einen ruhigen Aufenthalt. Die teureren Zimmer verfügen über Sitzgelegenheiten, alle Räume haben Adobe-Wände, Decken aus Zuckerrohr, dickbäuchige Öfen und eigene Terrassen mit Liegestühlen und schönem Blicken auf das Tal. Auf dem hübschen Gelände gibt es einen Grillbereich und einen Spielplatz für Kinder; der aufmerksame und persönliche Service ist sehr angenehm.

★ Cerro Chico   CABAÑAS **$$**
(☑ 0388-495-5744; www.cerrochico.com; DZ/4BZ 100/120 US$; ☎ ⊞) Etwa 2 km von der Stadt entfernt führt eine unbefestigte Straße zu dem attraktiven ländlichen Anwesen zu, das an einem Berghang liegt, hinreißende Ausblicke über die Quebrada bietet und eine etwas entrückte, entspannende Atmosphäre besitzt. Die Standardhütten sind zwar eng, aber wunderschön und von einem reizvollen Garten am Hang umgeben; der Poolbereich ist ganz einfach großartig. Hinter der Brücke, die nach Tilcara führt, links abbiegen und den Hinweisschildern folgen. Üblicherweise gilt ein Mindestaufenthalt von drei Übernachtungen.

★ Patio Alto   HOTEL, HOSTEL **$$**
(☑ 0388-495-5792; www.patioalto.com.ar; Torrico 675; B/EZ/DZ 34/124/143 US$; @ ☎ ♿) Ein

Pluspunkt dieses Spitzenhotels sind die schönen, modernen Zimmer, die über behagliche, große Betten verfügen. Der Ausblick aus den Fenstern ist einfach wundervoll. Der Gast kann sich auf ein gutes Frühstück, Nachmittagstee und weitere Annehmlichkeiten freuen. Außerdem gibt es einen wunderbaren Schlafsaal, der in jeder Hinsicht so ansprechend wie die Hotelzimmer ist – mit vier Einzelbetten, Schließfächern und Küchennutzung –, lediglich die schöne Aussicht fehlt hier völlig.

Antigua Tilcara
PENSION, HOSTEL **$$**

(☎0388-527-3805; www.antiguatilcara.com.ar; Sorpresa 484; B 25 US$, DZ Standard 81 US$, DZ Superior 88–92 US$; @🖥) 🍴 Mit echtem Enthusiasmus und großer Gastfreundlichkeit wird diese hervorragende, ökologisch nachhaltig ausgerichtete Pension geführt. Es gibt einen geräumigen Schlafsaal mit Einzelbetten und zwei Kategorien von Zimmern, die jedoch beide schön sind. Bei den Superior-Zimmern lohnt sich der kleine Aufpreis für etwas mehr Platz und einen schönen Ausblick. Es gibt eine Café-Bar mit netter Aussicht, ein sehr gutes Frühstücksbüfett und eine kleine Küche.

Con los Ángeles
LODGE **$$**

(☎0388-495-5153; www.posadaconlosangeles.com.ar; Gorriti 156; DZ Standard/Superior 98/118 US$; @🖥🚗) Der wunderschöne, weitläufige Garten mit großen Rasenflächen und Sonnenliegen ist nach einer langen Autofahrt ein überraschender Anblick. Die Lodge – sie wird von einer freundlichen jungen Familie mit großem Engagement geführt – besitzt stilvolle Gemeinschaftsräume und geschickt eingerichtete Zimmer mit breiten Doppelbetten und einem netten Blick auf den Garten. Für die Gäste gibt es auf Wunsch auch ein Abendessen.

Gaia Habitaciones Boutique
BOUTIQUEHOTEL **$$**

(☎0388-15-414-0833; www.gaiatilcara.com.ar; Belgrano 472; EZ/DZ/4BZ 60/83/140 US$; 🖥) Obwohl das Hotel direkt in der Stadtmitte liegt, ist es in den oberen Zimmern, aus denen man auf einen Innenhof mit einem wunderschönen Peruanischen Pfefferbaum blickt, dennoch ziemlich ruhig. Das Haus ist in Familienhand und wird von freundlichen jungen Leuten geführt. Die hübschen Zimmer mit geräumigen Duschen sind stilvoll-ländlich im Adobe-Stil eingerichtet; für die Gäste stehen Tee und Kaffee kostenlos zur Verfügung. Keine TV-Geräte.

Aguacanto
LODGE **$$**

(☎0388-495-5817; www.aguacanto.com.ar; Corte 333; DZ/Apt. für 4 Pers. 88/170 US$; 🖥) Weitläufige Zimmer und Apartments gruppieren sich auf einem Rasengrundstück mit Hängematten und einem Ausblick, der zu den schönsten von ganz Tilcara gehört. Der Service ist sehr freundlich. Außerhalb der Saison gelten niedrigere Preise.

 ## Essen

⭐Ma'koka
CAFÉ **$**

(Belgrano s/n; Sandwiches 45–65 Arg$; ⏱8.30–21 Uhr; 🖥) 🍴 Neben einem herrlich bunten Musikmix und interessanten Texten über die Region und die Anden ist in diesem ausgezeichneten Buchladen mit Café der wohl beste Kaffee der ganzen Stadt zu bekommen. Dazu gibt es köstliche Kuchen und Sandwiches mit Brot, das mit Kokablättern oder heimischen Getreidesorten hergestellt wird. Auch bei Glutenunverträglichkeit findet man eine gute Auswahl, z. B. Maniokbrot und andere genussvolle Sorten. Der Inhaber besitzt ein reiches Wissen über die indigenen Völker Argentiniens.

Peña de Carlitos
NORDWESTARGENTINISCH **$**

(Lavalle 397; Gerichte 55–80 Arg$; ⏱10–24 Uhr; 🖥) Das fröhliche, alteingesessene heimische Restaurant, dessen Wände mit gekritzelten Widmungen zufriedener Gäste bedeckt sind, bietet allabendlich live gespielte Volksmusik (kein Gedeckpreis ab 21.30 Uhr). Hier durchmischen sich einheimische und fremde Gästescharen stärker als in den meisten anderen Restaurants; die preiswerten regionalen Gerichte sind von ziemlich guter Qualität. Unbedingt probieren: Empanadas mit Lamafleisch.

⭐El Nuevo Progreso
ARGENTINISCH **$$**

(☎0388-495-5237; Lavalle 351; Hauptgerichte 105–160 Arg$; ⏱Mo–Sa 18–23.30 Uhr; 🖥) Eine angenehme Atmosphäre und eine köstliche, etwas touristisch ausgerichtete Küche, die fantasievoll kreierte Lama-Gerichte, hervorragende Fleischplatten, interessante vegetarische Optionen und großartige Salate zubereitet. Der Service ist manchmal etwas distanziert, aber tadellos. An Wochenenden sollte man unbedingt reservieren.

El Patio
ARGENTINISCH **$$**

(☎0388-495-5044; Lavalle 352; Hauptgerichte 100–170 Arg$; ⏱Mi–Mo 11.30–15.30 & 19–23.30 Uhr; 🖥) Verborgen zwischen Plaza und Kirche liegt das Restaurant mit einem wunderschönen, schattigen Patio, Sitzplätzen im Garten und einem behaglichen Innenraum. Hier bekommt man eine vielfältige Auswahl an leckeren Salaten und einfallsreichen Gerichten aus Lamafleisch, vor allem die Lama-Fleischspieße sind hervorragend. Die Portionen sind zwar eher klein, dafür aber sehr schmackhaft. Die Atmosphäre ist speziell, etwas entrückt, aber sympathisch.

Arumi NORDWESTARGENTINISCH **$$**
(Lavalle 660; Hauptgerichte 85–170 Arg$; ⊙ Di–So 19–24 Uhr; ☎) Kunst an den Wänden, regelmäßige Live-Events und ein komfortables Dinner-Ambiente bilden den Rahmen für Gerichte aus hochwertigen Hochlandprodukten. Neben köstlichen *tamales* und erfreulich bodenständigen Eintöpfen gibt es schmackhaftes Lama- und Rindfleisch mit Soße und selbst gemachter Pasta und Pizza. Zuvorkommender Service.

ⓘ Praktische Informationen

Touristeninformation (Belgrano 366; ⊙ Mo–Fr 8–21, Sa 9–13 & 14–21, So 9–13 Uhr) Hält Informationen zu Wanderungen bereit. Ist häufig – entgegen der offiziellen Öffnungszeiten – am Sonntagnachmittag geöffnet, dafür aber zu offiziellen Öffnungszeiten manchmal geschlossen.

ⓘ An- & Weiterreise

Der Busbahnhof liegt an der Hauptverkehrsstraße, Belgrano; weitere Busverbindungen haben Haltestellen an der nahe gelegenen Hauptstraße. Etwa alle 45 Min. fahren Busse nach Jujuy (45 Arg$, 1½ Std.) und in nördlicher Richtung nach Humahuaca (20 Arg$, 45 Min.) und La Quiaca (90 Arg$, 3 Std.). Mehrere Busse passieren tgl. Purmamarca (10,50 Arg$, 30 Min.) und Salta (122 Arg$, 3½ Std.).

Rund um Tilcara

Maimará, etwa 8 km südlich von Tilcara, ist eine typische Adobe-Siedlung. Der Ort liegt zu Füßen des spektakulären Hügels mit dem passenden Namen Paleta del Pintor (Palette des Malers). Der Friedhof am Hang ist ein verwunderlicher Anblick mit malerischer Kulisse, aber das nette Dorf hat mehr zu bieten, so etwa ordentliche Unterkünfte und eine Weinkellerei.

Etwa 11 km südlich von Tilcara steht die schön restaurierte **Posta de Hornillos** (Eintritt 10 Arg$; ⊙ 9–18 Uhr), eine von vielen Poststationen, die zur Zeit des Vizekönigtums die Straße zwischen Lima und Buenos Aires säumten. Zu den interessanten Exponaten

gehören Lederkoffer, einige schön gefertigte, scharfe Schwerter und eine schöne Kutsche aus dem 19. Jh.

Uquía
📞 03887 / 500 EW. / HÖHE 2818 M
Es kommt nicht allzu oft vor, dass die himmlischen Heerscharen mit Vorderladern bewaffnet dargestellt werden, aber dieses Straßendorf hat eine besonders fantasievoll ausgestaltete **Kirche** (Eintritt: Spende; ⊙ 10–12 & 14–16 Uhr) aus dem 17. Jh., in der genau dies der Fall ist. Eine Sammlung restaurierter Gemälde der Cuzco-Schule zeigen die *ángeles arcabuceros* (Engel mit Hakenbüchsen) – Gabriel, Uriel und andere Himmelswesen, die zwar auf Gott vertrauen, aber trotzdem auf der Hut sind. Daneben ist auch ein vergoldeter Altaraufsatz mit schönen Tafelbildern zu sehen. Wer von der Kirche aus die Straße den Hügel hoch nimmt, am Friedhof vorbei, gelangt zur Quebrada de las Señoritas mit wunderbaren orangeroten Felsformationen.

Zu einem guten Essen führt der Weg drei Häuserblocks bergauf, dann nach links. **Cerro La Señorita** (Viltipoco s/n; Hauptgerichte 85–140 Arg$; ⊙ 8–21 Uhr) 🥘 ist eine Bastion der guten häuslichen Koch- und Backkunst; in allen Gerichten werden frische Erzeugnisse aus dem Garten verarbeitet, auf den der Blick aus dem kleinen Speiseraum fällt.

Humahuaca
📞 03887 / 8000 EW. / HÖHE 2989 M
Die größte Siedlung der Quebrada de Humahuaca ist zugleich ihre schönste – mit stimmungsvollen Steingassen, Adobe-Häusern und malerischen Plätzen. Die Atmosphäre der nahen Puna ist hier bereits zu spüren – in den kühlen Nächten, der dünnen Luft und einer stillen indianischen Bevölkerung. Humahuaca hat weniger Veränderungen durch den Tourismus erfahren als die weiter südlich liegenden Orte, jedoch haben sich gute Kunsthandwerksläden angesiedelt; Volksmusiker spielen und singen in den Restaurants.

⊙ Sehenswertes & Aktivitäten

Die im Jahr 1641 errichtete **Iglesia de la Candelaria** dominiert die Plaza Gómez. Der liebenswert knorrige **Cabildo** (Plaza Gómez) in der Nähe ist für seinen Uhrenturm berühmt, aus dem um zwölf Uhr mittags eine lebensgroße Figur des San Francisco Solano heraustritt, um den Menschen Segen zu spenden. Von der Plaza führt eine Treppe zum eher unansehnlichen **Monumento a la Independencia** hinauf.

⭐ Serranía de Hornocal GEBIRGE

Etwa 25 km östlich von Humahuaca präsentiert sich diese gezackte Reihe von „Felszähnen" in überwältigenden Farben. Touren führen hierher, aber der Weg ist auch bei vorsichtiger Fahrweise mit einem Mietwagen zu bewältigen. Am schönsten ist es nach 16 Uhr, wenn die im Westen stehende Sonne strahlende Farbtöne hervorbringt. Nach dem Überqueren der Brücke gleich links abbiegen und der spektakulären Straße folgen (nach 3 km links in eine – über einen kurzen Abschnitt – bessere Straße einbiegen), die bis zu einem 4000 m hohen Pass ansteigt. Dort hält man sich rechts und gelangt nach 1,7 km zum Aussichtspunkt, der sich in der Nähe eines Telefonmastes befindet.

Feste & Events

Humahuaca begeht den 2. Februar als den Tag der Schutzheiligen der Stadt, der **Virgen de Candelaria**.

🛏 Schlafen

Der Boutiquehotelboom hat Humahuaca bisher nicht erreicht, es ist mit preiswerten Familienbetrieben und Budgetunterkünften bodenständig geblieben. Die Preise steigen in der Karnevalszeit und fallen naturgemäß außerhalb der Sommersaison.

⭐ La Humahuacasa HOSTEL $

(☎ 0388-15-412-0868; www.humahuacasa.com.ar; Buenos Aires 740; B/DZ 15/50 US$; 🛜) Kunstsinnig, äußerst gastfreundlich und ansprechend ist das zentral gelegene Hostel und bietet einladend behagliche Schlafsäle, die einen kleinen Patio umgeben. Es ist ein verbindlicher, geselliger Ort mit einer anständigen Küche und einer guten Atmosphäre. Das Ganze ist sehr sauber und gut geführt. Es gibt ein einziges abgeschlossenes Zimmer (ein Doppelzimmer mit eigenem Bad).

⭐ Hostal La Soñada PENSION $

(☎ 03887-421228; www.hostallasoniada.com; San Martín s/n; DZ/4BZ 50/70 US$; @🛜) Von der Stadtmitte führt der Weg über die Bahngleise zu dieser Pension, die von einem herzlichen einheimischen Paar geführt wird; sie bietet acht makellose Zimmer mit farbenprächtigen Bettüberwürfen und guten

Bädern. Die Zimmer liegen an einem hübschen Innenhof. Das Frühstück wird in einem schönen Gesellschaftsraum serviert. Die Gäste des Hauses dürfen sich auf eine sehr einladende Atmosphäre freuen.

Hostal El Coquena HOTEL $

(☎ 0388-15-480-0384; hostalelcoquena@hotmail.com; Tres Sargentos s/n; Zi. 60 US$; 🛜) Von der Stadtmitte führt der Weg über die Brücke zu diesem ruhigen Hotel, das von einem gastfreundlichen, höflichen Paar geführt wird. Das Haus ist wunderbar weitläufig, vor allem die Gemeinschaftsräume, die weite überdachte Galerie, die großen Zimmer und die geräumigen Bäder. Das Frühstück schmeckt köstlich, außerdem steht den Gästen eine Küche zur Verfügung. Eine gute Adresse und – ohne luxuriös zu sein – das beste Hotel in Humahuaca.

El Sol HOSTEL $

(☎ 03887-421466; www.elsolhosteldehumahuaca.com; Barrio Milagrosa s/n; B 15 US$, DZ mit/ohne Bad 65/40 US$; @🛜) Friedlich gelegen – über die Brücke, nach 800 m dem Wegweiser folgen –, besitzt das ansprechende Hostel im Adobe-Stil eine Vielfalt von angenehmen Schlafsälen mit Schließfächern und hübsche Doppelzimmer (in deutlich unterschiedlicher Größe) unter traditionellen Zimmerdecken aus Zuckerrohrstangen. Einige Schlafsäle sind etwas vollgestellt, ein Makel, der durch viel Ruhe ausgeglichen wird. Küchennutzung und Frühstück sind inbegriffen, HI-Ermäßigungen werden gewährt.

Posada La Churita PENSION $

(☎ 03887-421055; Buenos Aires 456; Zi. pro Pers. 15 US$) Die warmherzige, mütterliche Olga führt dieses Haus, eine von ein paar unbeheizten Billigunterkünften in dieser Straße. Theoretisch sind die – tipptopp gepflegten, mit Einzelbetten ausgestatteten – Zimmer für mehrere Personen gedacht, aber es ist gut möglich, dass man eines für sich allein bekommt. Die Gemeinschaftsbäder sind sauber, warmes Wasser ist immer vorhanden. Die Gäste können die Küche und einen öffentlichen Bereich nutzen.

Zu dieser Pension gehört ein weiteres Haus mit akzeptablen Zimmern (mit Bad) und Parkplätzen.

Hostería Naty PENSION $

(☎ 03887-421022; www.hosterianaty.com.ar; Buenos Aires 488; EZ/DZ 33/39 US$; 🛜) Im Herzen der Stadt liegt diese von freundlichen Leuten geführte Pension. Die Zimmer von unterschiedlicher Größe sind zwar dunkel und einfach, aber dafür komfortabel und zu vernünftigen Preisen zu haben. Die dem äußeren Patio zugewandten Räume sind ruhiger. Im Preis inbegriffen ist das Frühstück, hinter dem Haus befinden sich einige Parkplätze. Die Gastgeber sind sehr hilfsbereit und gut über die Stadt informiert.

Essen & Ausgehen

Die meisten Restaurants und Cafés bieten preisgünstige Mittagsmenüs zum Preis von 60 bis 90 Arg$ an.

Aisito
NORDWESTARGENTINISCH $
(Buenos Aires 435; Hauptgerichte 50–90 Arg$; 11–15 & 19–23 Uhr) Mit gemütlicher Einrichtung und fürsorglichem Service ist dies eine erfreuliche Adresse mit einer heimischen Küche zu guten Preisen. Leckere gebackene Empanadas stehen gleichrangig neben guten Pfannengerichten und saftigem Lamafleisch. Fröhliche und schwungvolle Livemusik ist hier an Wochenenden – im Sommer allabendlich – zu hören.

Mikunayoc
NORDWESTARGENTINISCH $
(Ecke Corrientes & Tucumán; Hauptgerichte 50–110 Arg$; 11–15.30 Uhr) Die umfangreiche Speisekarte verzeichnet interessante Gerichte aus Lamafleisch und eine gute Auswahl an Empanadas mit faszinierenden Füllungen. Die Salate sind ebenfalls eine gute Option. Es ist ein sehr angenehmes und buntes Restaurant mit höflichem Service – bei gelegentlichen Patzern kann man dann schon einmal ein Auge zudrücken.

Pacha Manka
NORDWESTARGENTINISCH $$
(Buenos Aires 457; Hauptgerichte 80–160 Arg$; 11.30–15 & 19–24 Uhr;) Eines der besseren Restaurants der Stadt. Es strahlt eine gemütliche Atmosphäre aus, die Auswahl aus der traditionellen Küche wird durch Neukreationen bereichert. Köstliche Aromen sind hier zu entdecken – in Wein und Zwiebeln eingelegtes Lamafleisch ist exzellent, mehrere Hauptgerichte werden mit schmackhaftem gebratenem Gemüse angerichtet.

Shoppen

Dieser Kunsthandwerksmarkt in der Nähe des stillgelegten Bahnhofs bietet Waren aus Wolle, Souvenirs und viel Atmosphäre. Unweit der Plaza befindet sich **Manos Andinas** (Buenos Aires 401; 8–12 & 15.30–20 Uhr) , dort werden *artesanía* aus fairem Handel zum Kauf feilgeboten.

Praktische Informationen

Die **Touristeninformation** (Plaza Gómez s/n; Mo–Fr 7–21, Sa & So 9–21 Uhr) befindet sich im *cabildo* (Gemeindehaus); es gibt auch einen Geldautomaten an der Plaza Gómez. Die Touristeninformation an der Hauptstraße ist geschlossen, vor der Tür stehen junge Burschen und bieten Informationsmaterial – das in der anderen Touristeninformation kostenlos erhältlich ist – zum Kauf an.

An- & Weiterreise

Der **Busbahnhof** (Ecke Belgrano & Entre Ríos) liegt drei Häuserblocks südlich von der Plaza entfernt. Regelmäßig fahren Busse nach Salta (148 Arg$, 4½ Std.), Jujuy (66 Arg$, 2¼ Std.) und La Quiaca (60 Arg$, 2–3 Std.). 3- bis 4-mal tgl. bestehen Busverbindungen nach Iruya (60 Arg$, 3 Std.).

Iruya
03887 / 1100 EW. / HÖHE 2780 M

Das abgelegene Dorf Iruya hat etwas Märchenhaftes an sich: Nur knapp 50 km von der RN 9 entfernt glaubt man sich hier beinahe in einer anderen Welt. Genau das Richtige, um für ein paar Tage die Region Quebrada de Humahuaca abseits der Fernstraße gut erkunden zu können.

Die Fahrt an sich ist schon lohnend! Etwa 26 km nördlich von Humahuaca zweigt von der RN 9 eine *Ripio*-(Schotter-)Straße ab, die auf den spektakulären, rund 4000 m hohen Pass hochführt, der die Grenze zwischen den Provinzen Jujuy und Salta markiert. Hier haben Reisende einen hohen *apacheta* (Steinhaufen) aufgetürmt. Die herumliegenden Plastikflaschen enthielten Opfergaben für die Pachamama.

In vielen Windungen führt der Weg dann in ein spektakuläres Tal hinab und schließlich nach Iruya, das eine hübsche gelb-blaue Kirche, steile Straßen, Adobe-Häuser und atemberaubend schöne Berglandschaften (mit hoch am Himmel kreisenden Kondoren) besitzt. In der Ortschaft ist eine indigene Dorfgemeinschaft ansässig, die traditionelle Sitten und Bräuche pflegt.

Es gibt eine Bank mit Geldautomaten, eine Tankstelle und Internetzugang.

Aktivitäten

Wandern und das Kennenlernen der einheimischen Kultur sind die beiden großen Attraktionen dieser Gegend; es ist leicht, beide miteinander zu verbinden: Wanderungen zu indianischen Siedlungen führen z. B. nach

San Isidro (2 Std.) oder San Juan (4 Std.). In beiden Orten gibt es ansprechende Übernachtungsmöglichkeiten bei heimischen Familien. Führer stehen in Iruya für kurze und längere Trekking-Touren bereit.

Schlafen

Es existiert eine Vielzahl an preiswerten Unterkünften in privaten Wohnhäusern; der Preis beträgt rund 5 US$ pro Person für das Einzelzimmer.

Milmahuasi
HOSTEL $

(📞 0387-15-445-7994; www.milmahuasi.com; Salta s/n; B/EZ/DZ 16/42/72 US$; @ 🏠) 🍴 Diese Herberge/Pension wird von Leuten mit einer echten Leidenschaft für Iruya geführt. Der weit gereiste Víctor weiß alles über die besten Wanderrouten bis zur hiesigen Geologie. Man sollte ihn nach dem WLAN-Projekt fragen. Die Schlafsäle und Zimmer sind makellos gepflegt, schön rustikal und mit tollen, komfortablen Matratzen ausgestattet. Das gute Frühstück ist inklusive; abends kann man vegetarische Mahlzeiten bestellen und sich über den kulturellen Hintergrund unterhalten. Mit HI-Ausweis gibt es einen Preisnachlass.

Hostería Iruya
HOTEL $$

(📞 03887-482002; www.hoteliruya.com; San Martín 641; EZ/DZ 82/109 US$, mit Aussicht 100/117 US$; 🏠) Das Hotel ganz oben im Dorf bietet helle, weiß gestrichene Zimmer mit breiten Betten, einen großzügigen Gemeinschaftsbereich und eine malerische Steinterrasse mit unvergesslicher Aussicht. Die Zimmer mit großen Fenstern, aus denen man das Tal überblickt, sind dem Aufpreis wert. Zudem gibt es ein anständiges Restaurant.

Essen

In mehreren Restaurants werden traditionelle Gerichte zubereitet.

⭐ Comedor Iruya
NORDWESTARGENTINISCH $

(Comedor Tina; 📞 0388-15-404-3606; Hauptgerichte 50–60 Arg$; ⊙ Mo, Di, Do & Fr 11–16 & 20–24, Mi, Sa & So 11–16 & 22.15–24 Uhr) Bei Weitem das beste Restaurant im Ort ist dieses Lieblingslokal der Einheimischen, das vor der Tankstelle an der ortseinwärts führenden Straße liegt. Die herzlichen Inhaber Juan und Tina servieren köstliche Fleischgerichte und Salate nach Art des Hauses zu günstigen Preisen in behaglicher Atmosphäre. Sollte es gerade frisch gebackene Empanadas geben, unbedingt zugreifen!

ℹ An- & Weiterreise

Busse aus Humahuaca (60 Arg$, 3 Std.) fahren 3- bis 4-mal tgl. ab; außerdem gibt es Busverbindungen von Tilcara (80 Arg$, 4 Std.) und Jujuy (100 Arg$, 5 Std.).

Die Schotterstraße (*ripio*) ist im Sommer nach Regenfällen häufig unpassierbar. Regelmäßig sind Dorfbewohner zu sehen, die per Anhalter unterwegs sind – eine gute Möglichkeit, Einheimischen zu begegnen.

La Quiaca
📞 03885 / 13 800 EW. / HÖHE 3442 M

Praktisch am Ende der Welt liegt La Quiaca, es befindet sich 5171 km nördlich von Ushuaia und ist eine wichtige Durchgangsstation nach Bolivien. Es ist ein kalter, windiger Ort mit einigen anständigen Unterkünften, aber nur wenigen Sehenswürdigkeiten.

Indem sie die Quebrada de Humahuaca hinter sich lässt, führt die befestigte Straße RN 9 durch **Abra Pampa**, einen windreichen Ort, 90 km nördlich von Humahuaca, und steigt durch bildschöne, typische Landschaften des Altiplano hindurch an. Abseits der Hauptstrecken sind Vicuñas zu sehen.

La Quiaca wird von stillgelegten Eisenbahngleisen durchzogen; die meisten Zugverbindungen verlaufen westlich davon. Im Norden des Ortes führt eine Brücke über den Fluss und auf Villazón in Bolivien zu.

Schlafen & Essen

Hostel El Apolillo
HOSTEL $

(📞 03885-422388; http://elapolillohostel.blogspot. com; Árabe Siria 146; B/DZ 15/45 US$; @ 🏠) 🍴 Diese Backpackerbleibe wird von einem hilfsbereiten, netten Paar geführt. Geboten werden ein bunter Patio, gemütliche Schlafsäle, eine anständige Küche sowie ein sehr gemütliches Gästezimmer mit eigenem Bad. Die Betreiber des Hostels setzen sich für Umweltschutz und Nachhaltigkeit ein, das zeigt sich u. a. durch die von Sonnenenergie betriebene Heizung. Im Gemeinschaftsraum steht ein Billardtisch.

Copacabana Hostel
PENSION $

(📞 03885-423875; www.hostelcopacabana.com.ar; Pellegrini 141; Zi. pro Pers. ohne Bad 15 US$; @ 🏠) Über die Bahnschienen und einen Häuserblock weit die Straße hinauf – an der Ecke liegt die Banco de la Nación – führt der Weg zu dieser Pension ganz in Pink, Rot und Ocker; sie bietet kleine, hübsche beheizbare Zimmer mit gemeinschaftlich genutzten

Bädern. Die letzte Renovierung hat zur Verschönerung des ohnehin attraktiven Hauses beigetragen. Für Gäste können Bahnkarten nach Bolivien reserviert werden. HI-Ermäßigungen. Liebenswürdiges Personal.

Hostería Munay HOTEL $

(📞 03885-423924; www.munayhotel.com.ar; Belgrano 51; EZ/DZ 44/68 US$; 🛜) Abseits der Fußgängerzone (mit dem Auto zugänglich) liegt dieses akzeptable Hotel mit beheizbaren Zimmern, die mit *artesanía* geschmückt sind. Ermäßigungen gibt es je nach Verhandlungsgeschick. Das Haus ist nicht gerade großartig, aber es hat die besten Hotelzimmer im Ort.

Hotel de Turismo HOTEL $

(📞 0388-423390; laquiacahotel@gmail.com; Ecke Árabe Siria & San Martín; EZ/DZ 35/50 US$; @🛜) Seit Langem etwas heruntergekommen und dennoch akzeptabel (es gibt Gerüchte von einer bevorstehenden Renovierung), bietet das Hotel angemessene beheizbare Zimmer mit Parkettböden und akzeptablen Bädern. Das hauseigene Restaurant (Hauptgerichte 90–130 Arg$) ist wohl die beste Adresse in der ganzen Stadt.

ℹ️ Praktische Informationen

Geld kann auf bolivianischer Seite der Grenze oder am Busbahnhof gewechselt werden.
Die **Touristeninformation** (Av España s/n; ⏱️10–13 & 16–20 Uhr) befindet sich in einem Hostel, hier wird brauchbares Infomaterial angeboten. Gegenüber dem Busbahnhof gelegen.

ℹ️ An- & Weiterreise

Auf dem chaotischen **Busbahnhof** (Ecke Belgrano & España) gibt es regelmäßige Busverbindungen nach Jujuy (110 Arg$, 4–5 Std.), Salta (240 Arg$, 7½ Std.) und (sehr günstig) Buenos Aires (1200 Arg$, 24–28 Std.). Es gibt keine Busverbindungen nach Bolivien, jedoch fahren einige argentinische Fernreisebusse direkt am Busbahnhof auf der anderen Seite der Grenze in Villazón ab.

Yavi

📞 03885 / 200 EW. / HÖHE 3440 M

Die idyllische indigene Siedlung Yavi, etwa 16 km östlich von La Quiaca an einer guten Straße gelegen, ist ein schönes Ziel für einen Abstecher und ein ruhiger Rückzugsort mit seinen von Adobe-Bauten gesäumten Straßen und zwei faszinierenden kolonialzeitlichen Gebäuden, deren Verfall etwas

ℹ️ **NACH BOLIVIEN ÜBER LA QUIACA**

Der Weg von La Quiaca nach Villazón in Bolivien führt zu Fuß oder im Taxi zur Brücke, dort befindet sich die Grenzkontrolle (24 Std. geöffnet). Bolivien ist viel schöner, als Villazón es vermuten lassen würde. Am besten lässt man die billigen Verkaufsstände unbeachtet hinter sich und geht direkt zum Bus- oder Zugbahnhof. Preisgünstige, aber annehmbare Unterkünfte finden sich in der Nähe von Busbahnhof und Plaza. Busse und Minibusse fahren u. a. nach Tupiza (1½ Std.) und La Paz (20 Std.). Der Zugbahnhof (Fahrpläne s. www.fca.com.bo) liegt 1,5 km nördlich der Grenze und bietet Verbindungen nach Tupiza (3 Std.), Uyuni (6 Std.) und ferneren Orten. Die Zeitverschiebung zwischen Bolivien und Nordargentinien beträgt eine Stunde. Touristen dürfen nur einmal pro Jahr einreisen. In La Quiaca gibt es ein **bolivianisches Konsulat** (📞 03885-422283; www.consuladoboliviano.com.ar; 9 de Julio 100; ⏱️Mo–Fr 7–18.30 Uhr).

Romantisches hat. Übrigens: Mobiltelefone empfangen hier kein Signal – die Entspannung ist daher komplett.

⭕ Sehenswertes & Aktivitäten

Diverse Wanderungen führen u. a. in das noch kleinere, ländliche Yavi Chico oder am Fluss entlang zu den Höhlenmalereien. Ein etwas längerer Ausflug geht zur hübschen Laguna Colorada.

⭐ Iglesia de San Francisco de Asís KIRCHE

(Marqués Campero s/n; Eintritt nach Spende; ⏱️9–13 & 14–18 Uhr) Die vom einheimischen Marquis Ende des 17. Jhs. erbaute Kirche von Yavi – eine der beeindruckendsten in Nordargentinien – beherbergt herrliche Altäre in schlichtem Barockstil, die mit Blattgold überzogen und mit wunderschönen Gemälden und Skulpturen geschmückt sind; die meisten stammen aus der Cuzco-Schule. Bemerkenswert sind auch die Fenster aus durchsichtigem Onyx.

Casa del Marqués Campero MUSEUM

(Museo Histórico Provincial; Marqués Campero s/n; Eintritt 10 Arg$; ⏱️8–13 & 14–18.30 Uhr) Im

Haus des Marquis, der die Kirche von Yavi im späten 17. Jh. erbauen ließ, befindet sich ein Museum. Darin werden wunderschön restaurierte Möbel und Ausstellungen zum Leben in der Puna gezeigt, es besitzt eine charmante Bibliothek.

🛏 Schlafen & Essen

Neben einem guten Campingplatz, der unweit vom Museum liegt, gibt es in Yavi mehrere einfache Unterkünfte.

La Casona
HOSTEL, PENSION $
(☎ 03885-425148; mccalizaya@hotmail.com; Ecke Pérez & San Martín; B 9 US$, DZ mit/ohne Bad 35/25 US$; 🖥) Schlicht, aber sympathisch präsentiert sich diese bei Reisenden so beliebte Unterkunft. Hier gibt es rustikale Zimmer (mit Öfen für winterliche Abende), die sich an dem rückwärtig gelegenen Innenhof befinden. Im Vorderhaus existieren eine Bar und ein Kunsthandwerksladen mit knorrigen Holzfußböden. Freundliches und hilfsbereites Personal.

Hostería Pachamá
PENSION $
(☎ 03885-423235; www.pachamahosteria.net; Ecke Pérez & RN 5; EZ/DZ 15/30 US$; 🖥) Die am Ortseingang gelegene Pension verfügt über charmante Zimmer rund um den Adobe-Innenhof und einen hübschen Speiseraum. Das Haus wirkt zwar etwas finster, ist aber dafür sehr ruhig.

ℹ An- & Weiterreise

Von Montag bis Samstag gibt es fünf Busverbindungen ab La Quiaca (10 Arg$, 20 Min.), die von der Schule an der Av Hipólito Yrigoyen abfahren. Sammeltaxis (remises, 15 Arg$, 20 Min.) starten vom nahen Mercado Municipal, sobald sie vollbesetzt sind.

TUCUMÁN & UMGEBUNG

Tucumán ist Argentiniens zweitkleinste Provinz, spielt aber in der Geschichte des Landes eine wichtige Rolle. Hier erklärte sich das Land für unabhängig, die ansässige Zuckerindustrie ist von immenser Bedeutung für die Wirtschaft des Landes.

Die Stadt Tucumán ist heiß und voller Energie und steht damit in krassem Gegensatz zu Tafí del Valle, das mit frischer, gesunder Luft aufwarten kann. Hier befindet sich außerdem, an der Landstraße nach Cafayate gelegen, die wichtigste präkolumbische Stätte Argentiniens – Quilmes. Im Süden der Provinz Tucumán erstreckt sich Santiago del Estero mit einer angenehm schläfrigen Atmosphäre.

Tucumán
📞 0381 / 864 700 EW. (STADT) / HÖHE 420 M

Brütend heiß, energiegeladen und laut – (San Miguel de) Tucumán, die Wiege der argentinischen Unabhängigkeit, ist die fünftgrößte Stadt des Landes, und das ist ihr auch deutlich anzumerken; das großstädtische Getriebe kann im Vergleich mit anderen, eher vornehm wirkenden Hauptstädten des Nordwestens wie ein Schock wirken. Vielleicht ist die Stadt bei Nacht leichter zu ertragen, wenn sich die Abgase und die Hitze des Tages verflüchtigen und Cafés und Bars zum Leben erwachen.

In Tucumán steht dem Flair einer Industriestadt mit ihrer Nüchternheit eine lebhafte Kulturszene gegenüber. In den Bergen im Westen der Stadt werden Wettbewerbe im Gleitschirmfliegen und Drachensegeln auf internationalem Niveau ausgetragen.

Geschichte

Tucumán wurde im Jahr 1565 gegründet. Hier fand der Kongress statt, auf dem 1816 die Unabhängigkeit Argentiniens von Spanien erklärt wurde. Im Gegensatz zu anderen kolonialzeitlichen Städten des Nordwestens gelang es der Stadt erfolgreich, ihre Wirtschaft in der Folgezeit neu auszurichten. Am südlichen Ende der Zuckerrohrzone gelegen, war die große Nähe zu Buenos Aires ausreichend genug, um aus dem wachsenden Markt der Hauptstadt Nutzen zu ziehen. Ab 1874 ermöglichte der Eisenbahnverkehr den Gütertransport und förderte das Wachstum. In den vergangenen Jahren wurde die Region von Krisen geschüttelt, doch die zunehmende Nutzung von Zuckerrohr als Brennstoffquelle bewahrt den Einheimischen einen gewissen Wohlstand.

👁 Sehenswertes

Casa de la Independencia
MUSEUM
(Casa Histórica; Congreso 151; Erw./Kind 30 Arg$/frei; ⊙ 10–18 Uhr) Unitarier-Juristen und Kleriker verkündeten am 9. Juli 1816 in diesem Herrschaftshaus, das aus der späten Kolonialzeit stammt, Argentiniens Unabhängigkeit von Spanien. Porträts der Unterzeichnenden hängen im Originalzimmer an den Wänden. Es gibt zahlreiche Informationen auf Spanisch zur Vorgeschichte dieses bahn-

brechenden Ereignisses, außerdem werden kostenlose Führungen in englischer Sprache angeboten. Bis auf Donnerstag findet jeden Abend eine Licht-Ton-Schau statt; der Eintrittspreis beträgt 10/5 Arg$ pro Erwachsenem/Kind. Die Eintrittskarten sind in der Touristeninformation erhältlich.

Neben dem Gebäude wird an Ständen Kunsthandwerk feilgeboten, an Buden gibt es allerlei traditionelle Speisen.

Museo Folclórico Manuel Belgrano
MUSEUM

(Av 24 de Septiembre 565; ⊙ Di–Fr 9–13 & 17–21, Sa & So 17–21 Uhr) GRATIS Dieses nette Museum in einem Kolonialgebäude präsentiert eine schöne Sammlung von traditioneller Gaucho-Ausrüstung, indigenen Musikinstrumenten (unbedingt die Gürteltier-*charangos* anschauen!) und Webarbeiten, aber auch einige Töpferwaren.

👉 Geführte Touren

Zahlreiche Veranstalter bieten eine Fülle von Ausflügen an – von gemütlichen Stadtspaziergängen bis hin zu Kanutouren, anspruchsvollen Wanderungen und Gleitschirmflügen; in Tucumán wurden bereits einmal die Paragliding-Weltmeisterschaften ausgetragen. Die meisten dieser Veranstalter finden weiter im Westen, in San Javier in den Bergen, statt. Die Touristeninformation hält eine umfassendere Liste bereit. Eine Wanderung, die sich wirklich lohnt, ist die wunderschöne, 72 km lange Trekkingtour von Tucumán nach Tafí del Valle. Viele Bergwanderer schaffen die Strecke in drei Tagen; da es meist bergauf geht, gestaltet sich die Tour in vier Tagen natürlich entspannter. Zwischenstationen finden sich unter www.wikiloc.com (nach Yerba Buena-Tafí suchen).

Montañas Tucumanas
OUTDOOR-AKTIVITÄTEN

(☎ 0381-15-467-1860; www.montanastucumanas.com) Ein herzliches, professionelles Unternehmen, das Wanderungen, Klettertouren, Canyoning, Abseilen und vieles andere mehr im Programm hat.

Tucumán Parapente
PARAGLIDING

(☎ 0381-15-444-7508; www.tucumanparapente.com.ar) Einer von zahlreichen Anbietern, die hervorragende Tandem-Gleitschirmflüge über den Yungas-Wäldern und auch Unterricht anbieten.

Turismo del Tucumán
TOUR

(☎ 0381-422-7636; www.turismodeltucuman.com; Crisóstomo Álvarez 360) Ausflüge mit Führung

zu interessanten Orten rund um die Provinz, darunter der Circuito de Las Yungas (360 Arg$), Tafí del Valle (450 Arg$) und Quilmes (690 Arg$).

Carlos Castro
DRACHENSEGELN

(☎ 0381-15-500-5273; pacoflight@hotmail.com) Diese empfehlenswerte Schule für Drachensegeln veranstaltet Tandemflüge (1000 Arg$ inkl. Anleitung, Flug und Fahrten vom/zum Hotel). Am besten zwei oder mehr Tage im Voraus buchen.

🎊 Feste & Events

Die Feierlichkeiten zum **Día de la Independencia** (Argentiniens Unabhängigkeitstag) am 9. Juli sind ausschweifend. Die *tucumanos* feiern aber auch die **Batalla de Tucumán** (Schlacht von Tucumán) am 24. September mit großer Begeisterung.

🛏 Schlafen

A La Gurda
HOSTEL $

(☎ 0381-497-6275; www.lagurdahostel.com.ar; Maipú 490; B/EZ/DZ 12/25/36 US$, 2BZ ohne Bad 32 US$; ❄@🛜) Im oberen Stockwerk eines wunderschönen alten Hauses ist dieses nette Hostel eingerichtet – hier stimmt einfach alles: Schlafsäle mit jeweils acht Betten und Schließfächern sowie Etagenbettenzimmer mit Klimaanlagen zu angemessenen Preisen. Zur Ausstattung gehören ein Billardtisch und schöne Bäder, Barservice und eine Küche; alles ist makellos. Die Inhaber sind hilfsbereit und freundlich.

Casa Calchaquí
PENSION $

(☎ 0381-425-6974; www.casacalchaqui.com; Lola Mora 92, Yerba Buena; DZ/4BZ 53/80 US$, EZ/DZ ohne Bad 35/40 US$; ⊙ März–Jan.; ❄@🛜🅿🐕) Lediglich 8 km westlich vom Stadtzentrum, im vornehmen Barrio Yerba Buena gelegen, findet man diesen einladenden Rückzugsort. Aus den Fenstern der komfortabel-ländlich eingerichteten Zimmer blickt man auf einen angenehmen Garten mit Hängematten, Barservice und Minipool. In Yerba Buena gibt es gute Restaurants und einige Bars und Kneipen zum Ausgehen – gegenüber dem Busbahnhof befindet sich ein Taxistand (75 Arg$), dort fahren auch die Busse 102 und 118 ab.

Die Straße zweigt von der Avenida Aconquija (bei 1100) ab: Die Banco Galicia liegt gleich an der Ecke. Zudem kann man hier Fahrräder ausleihen. Zur Pension gehören

Tucumán

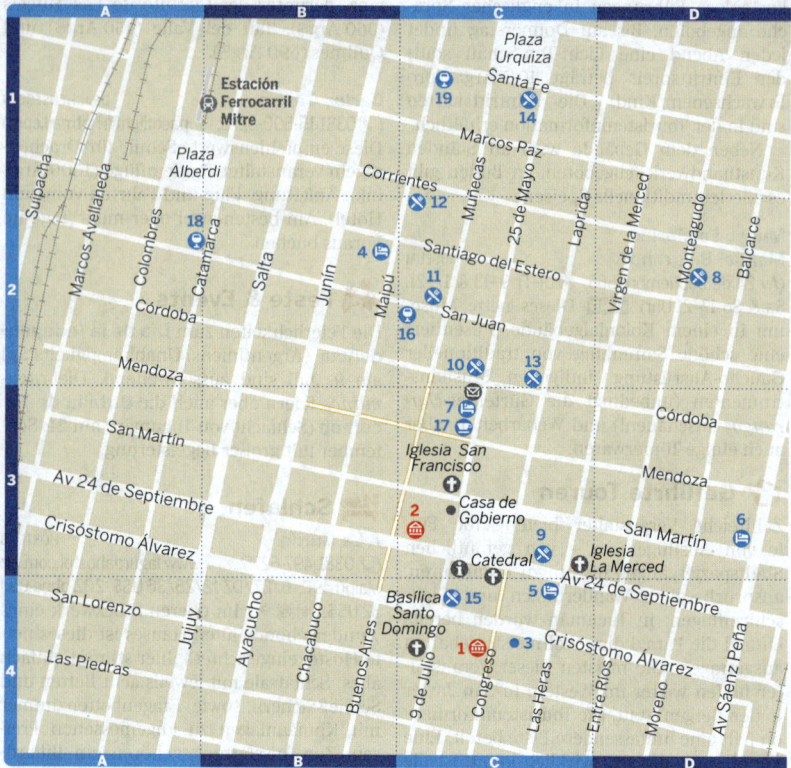

einfache Unterkünfte in einer wunderbar abgelegenen Gegend bei Amaicha del Valle (in der Pension werden die Gäste darüber informiert).

Hotel Colonial   HOTEL $

(☎ 0381-422-2738; www.hotelcolonialweb.com.ar; San Martín 36; EZ/DZ 35/56 US$; ❄ 🤖 🛗) Wer über eine altertümliche Farbgestaltung hinwegsehen kann – die Toiletten in Schokoladenbraun wirken heute nicht mehr so elegant, wie sie es zweifellos einmal waren –, findet hier eine verlässliche und komfortable preiswerte Unterkunft. Die Einrichtung in der Gemeinschaftsräume ist kolonialzeitlich geprägt; der Service ist aufmerksam und freundlich. In einem Anbau auf der gegenüberliegenden Straßenseite gibt es einen Swimmingpool.

★ Tucumán Center   HOTEL $$

(☎ 0381-452-5555; www.tucumancenterhotel.com. ar; 25 de Mayo 230; EZ/DZ 109/125 US$; ❄ @ 🤖 🛗) Über dieses anspruchsvolle Businesshotel, das direkt im Stadtzentrum liegt, kann man wirklich nicht meckern. Service und Ausstattung – darunter ein Swimmingpool im Freien und der Zugang zu einem Fitnessstudio am Ende der Straße – sind erstklassig, die riesigen Betten sind extrem behaglich. Die großräumigen Suiten verfügen über Badezimmer mit Badewanne und Whirlpool. Hervorragende Qualität zu angemessenen Preisen.

Hotel Bicentenario   HOTEL $$

(☎ 0381-431-9119; www.hotelbicentenario.com.ar; Las Heras 21; EZ/DZ 85/95 US$; ❄ @ 🤖 🛗) Angesichts dieses funkelnd sauberen, modernen Hotels mit funktionierenden Duschen, bequemen Betten, einem Swimmingpool auf der Dachterrasse, Sonnendeck und Fitnessstudio fällt es leicht, auf einen stimmigen Stil zu verzichten. Eine hervorragende Ausstattung verbindet sich mit einer günstigen zentralen Lage. Die Zimmer sind zwar etwas

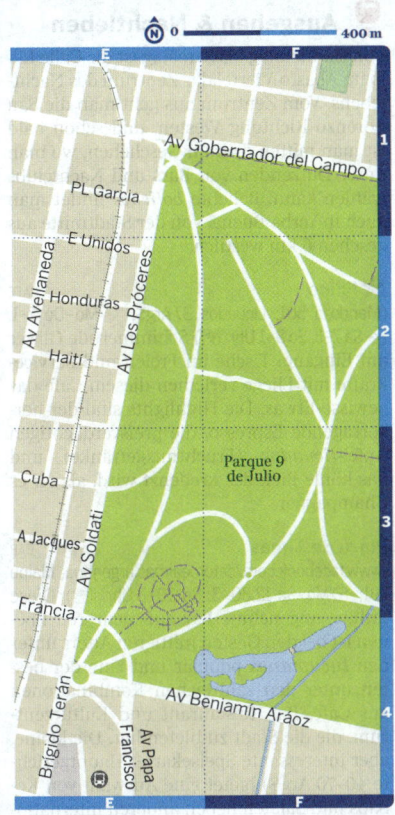

(Seitenrand) SALTA & DER ANDINE NORDWESTEN TUCUMÁN

langweilig eingerichtet, sehen aber gut aus, der Service ist hilfsbereit und aufmerksam. Auch der Preis stimmt.

✖ Essen

Tucumán ist berühmt für Empanadas, in denen viele Eier verarbeitet werden. In der Touristeninformation kann man nach Infomaterial zu einer „Ruta de la Empanada" fragen und sich auf die Spuren der köstlichsten Exemplare begeben.

★ Mi Nueva Estancia   PARRILLA $
(Córdoba 401; Hauptgerichte 70–110 Arg$; ⊙ Mo-Do 11–15 & 20–00.30, Fr–So 11–16 & 20–1.30 Uhr; ☎) Köstlich! So sind jedoch nicht nur die Fleischgerichte dieses beliebten Grillrestaurants zu bewerten, sondern auch die Salatbar und andere Angebote der Speisekarte. Qualität und Quantität lassen nichts zu wünschen übrig, der Service ist freundlich und effizient.

El Portal   NORDWESTARGENTINISCH $
(Av 24 de Septiembre 351; Empanadas Arg$9, Hauptgerichte 60–90 Arg$; ⊙ 12–16 & 20–24 Uhr) Einen halben Häuserblock östlich von der Plaza Independencia befindet sich das ländliche Restaurant mit einer winzig kleinen, aber perfekt konzipierten Speisekarte, bei der sich alles um Empanadas und *locro* dreht, ergänzt von *milanesas* und Pizzas. Köstlich und authentisch.

Il Postino   ITALIENISCH $
(Ecke 25 de Mayo & Córdoba; Pizza & Pasta 55–100 Arg$; ⊙ 7–2 Uhr; ☎ ✏) In diesem stimmungsvollen alten Lagerhaus aus Backstein werden Pizza und Pasta flott serviert. Alle lieben dieses Restaurant, weshalb man auch oft auf einen freien Tisch warten muss. Doch dafür wird man belohnt, insbesondere die Pizzas sind Weltklasse. Es gibt auch tapasähnliche Snacks. In der Junín 86 findet man eine weitere Filiale.

Shitake   VEGETARISCH $
(9 de Julio 94; „all you can eat" 70 Arg$; ⊙ Mo-Sa 11.30–15.30 & 19.30–1 Uhr; ☎ ✏) Mit seinem köstlichen vegetarischen Büfett bietet das kleine, gut geführte Restaurant viel fürs Geld. Pizzas, Empanadas, *milanesas* und

vieles mehr gehören zum Speisenangebot. Getränke sind extra zu bezahlen. Gerichte gibt es auch zum Mitnehmen; die Gerichte werden nach Gewicht bezahlt.

La Sirio-Libanesa
ORIENTALISCH $

(www.facebook.com/lasiriolibanesa.comidasara bes; Maipú 575; festes Menü für 1 bzw. 2 Pers. 90/150 Arg$; ☉Mo-Sa 11–15 & 20–24, So 11–15.30 Uhr; ☐) Das Restaurant in der syrisch-libanesischen Gemeinde bietet eine köstliche levantinische Küche – eine willkommene Abwechslung. Auberginenmus, wohlschmeckendes *kibbe nayé* (arabisches Tatar) und Tabouleh-Salat werden angeboten; es gibt mehrere Menüs sowie diverse Gerichte à la carte.

★ Setimio
ARGENTINISCH $$

(Santa Fe 512; Hauptgerichte 120–210 Arg$, Tapas 60–100 Arg$; ☉Essen 10–16 & 19.30–1.30 Uhr; ☎) Lange Regalreihen voller Flaschen schmücken die elegante Weinhandlung mit Restaurant. Die Speisekarte führt spanische Tapas, feine Salate und gut zubereitete Fischgerichte sowie andere wohlschmeckende Spezialitäten. Die Gäste können aus mehreren offenen Weinen wählen, und gegen ein geringes Korkengeld können Gäste sich eine aus den vielen hundert Flaschen in den Regalen aussuchen.

La Leñita
PARRILLA $$

(☎0381-422-9196; San Juan 633; Hauptgerichte 105–165 Arg$; ☉Kaffee & kleine Speisen 7–1 Uhr, Hauptgerichte 11–15.30 & 19.30–1 Uhr; ☎) Eines der besseren *Parrilla*-Restaurants dieser Gegend; es sticht durch guten Service und eine gute Fleischqualität heraus. Unbedingt probieren: *picana* (Rumpsteak) oder die köstlichen *mollejas* (Kalbsbries). Die Empanadas – Gäste bekommen eine zur Begrüßung – sind ebenso köstlich. Am späteren Abend werden manchmal Volkslieder (*folklórica*) angestimmt.

Cilantro
ARGENTINISCH $$

(☎0381-430-6041; Monteagudo 541; Hauptgerichte 110–180 Arg$; ☉Mo-Sa 12–16 & 20–2, So 12–16 Uhr; ☎) Im zurückhaltend schönen Innenraum des Restaurants wird eine gut durchdachte Auswahl von Gerichten mit Schweine- und Rindfleisch sowie Fisch mit interessanten Soßen angeboten, außerdem gibt es verschiedene Pfannengerichte in asiatischem Stil. Die wechselnden Tagesgerichte sind auch beachtenswert: Manchmal sind köstliche Tamales zu bekommen. Professioneller Service.

Ausgehen & Nachtleben

Von Donnerstag bis Samstag ist die Calle Lillo im Abasto-Viertel das Zentrum des Nachtlebens. Vom Zentrum aus geht man die San Lorenzo Richtung Westen, und schon bald ist man mitten drin im Geschehen, wo man unter Dutzenden von Bars und Nachtclubs wählen kann. Beliebte *boliches* findet man auch in Yerba Buena, von der Stadtmitte aus gesehen 6 km westlich.

★ Filipo
CAFÉ

(Mendoza 501; Licuados 37 Arg$; ☉Mo-Do 7–1, Fr-Sa 7–3, So 8–1 Uhr; ☎) Schimmernde Gläser am Eingang, Tische im Freien und Servicekräfte mit Fliege verleihen diesem Café das gewisse Etwas. Die Highlights sind der hervorragende Espresso, die preisverdächtigen Apfel-*licuados* (Fruchtmixgetränke) und das kühle Bier, das kredenzt wird, als sei es Champagner.

Plaza de Almas
BAR

(www.facebook.com/catorcealmas.argentina; Maipú 791; ☉Mo-Sa 12.30–3, So 20–3 Uhr; ☎) Diese intime, angenehme Bar auf mehreren Ebenen ist bei den Gästen mittleren Alters unter den *tucumanos* populär und eine der besten unter den zahlreichen Kombinationen aus Café, Bar, Restaurant und Kulturzentrum, die die Stadt zu bieten hat. Die kleine, aber interessante Speisekarte (Hauptgerichte 40–70 Arg$) bietet eine Auswahl von Kebabs und Salaten neben anderen internationalen Gerichten. Rundherum liegen weitere Bars – ein attraktives Ziel zum abendlichen Ausgehen.

Managua
BAR

(www.facebook.com/casamanagua; San Juan 1015; ☉Di-So 21 Uhr bis open end) Eine geballte Ladung Charme geht von dieser liebenswürdigen, unkonventionellen Bar aus, die in einem historischen Haus mit hohen Decken eingerichtet ist. Ein Raum, der sich nach draußen öffnet, und viele behagliche Nischen sind vorhanden. Eine Fläche ist für Konzerte vorgesehen, die an den meisten Abenden der Woche stattfinden. In den meisten Fällen lohnt der Besuch.

Costumbres Argentinas
BAR

(www.facebook.com/costumbresargentinas.bar; San Juan 666; ☉21–2 Uhr oder länger) Obwohl die Adresse ein Widerspruch in sich zu sein scheint, hat diese originelle, beliebte und angenehme Bar ein künstlerisches Flair und präsentiert hin und wieder Livemusik. Der

ABSTECHER

TAGESAUSFLÜGE VON TUCUMÁN

Das fruchtbare, bergige Gebiet im Nordwesten von Tucumán ist unter dem Namen **Las Yungas** bekannt. Es birgt zahlreiche ansprechende Ziele von Tagesausflügen, auf denen man der Hitze und Betriebsamkeit der Stadt entfliehen kann. Die **Touristeninformation** (s. unten) hält gutes Material über Ziele bereit, z. B. den Staudamm von **El Cadillal**, wo Camping, Schwimmen, Windsurfen möglich sind und wo es auch einen „Skilift" gibt. Im **Parque Sierra de San Javier**, einem von der Universität betreuten Schutzgebiet, kann man Wanderungen in Begleitung eines Führers unternehmen.

Im Süden von Tucumán ist der **Parque Nacional Campo de los Alisos** – insbesondere für Reisende mit einem eigenen Auto – ein verlockendes Ziel. Eine gebirgige Landschaft in einer Zone, in der Bergwald und Nebelwald in die eigentlichen Anden übergehen – sie bietet gute Bedingungen fürs Wandern und Bergsteigen. Camping ist kostenlos möglich, und es gibt ein *refugio* für Bergsteiger. Der Parkeingang befindet sich etwa 12 km hinter Alpachiri und ist mit dem Bus von Tucumán aus zu erreichen. Das Nationalparkbüro in Concepción, etwa 18 km vor Alpachiri, ist manchmal beim Arrangieren von Fahrten behilflich.

Biergarten auf zwei Ebenen ist genau das Richtige für laue Sommernächte. Auch einige einfache Speisen sind hier erhältlich.

 Unterhaltung

An mehreren Veranstaltungsstätten rund um das Stadtzentrum wird – in der Regel an Wochenenden – *folklórica* live gespielt. Einen vollständigen Veranstaltungskalender hält die Touristeninformation bereit.

 **Praktische Informationen**

Touristeninformation (☏ 0381-430-3644; www.tucumanturismo.gob.ar; Av 24 de Septiembre 484; ⏱ Mo–Fr 8–21, Sa & So 9–21 Uhr) An der Plaza; sehr hilfsbereit und fachkundig. Eine weitere Touristeninformation mit den gleichen Öffnungszeiten befindet sich im Einkaufszentrum beim Busbahnhof.

 An- & Weiterreise

BUS

Der **Busbahnhof** (☏ 0381-430-0352; Brígido Terán 350; ☎) von Tucumán ist ein überwältigend großer Komplex mit 60 Busbuchten und unzähligen Läden und Dienstleistungen. Ein Informationsstand befindet sich draußen beim Supermarkt.

Busse von Tucumán

REISEZIEL	FAHRPREIS (ARG$)	FAHRZEIT (STD.)
Buenos Aires	1107	15–18
Cafayate	240–270	6½
Catamarca	205	3¼–3¾
Córdoba	561	7–9
Jujuy	325	4½–5½
La Quiaca	508	9–11
La Rioja	300–345	5½
Mendoza	906	13–15
Puerto Iguazú	1395	21
Resistencia	726	11–12
Salta	290	4¼
Salvador Mazza	596	10–13
Santiago del Estero	125	2
Tafí del Valle	80	2–3

FLUGZEUG

Aerolíneas (☏ 0381-431-1030; www.aerolineas.com.ar; 9 de Julio 110; ⏱ Mo–Fr 8.30–13 & 17–20, Sa 9–12.30 Uhr) und **LAN** (☏ 0381-422-0606; www.lan.com; San Juan 426; ⏱ Mo–Fr 9–13 & 17–20 Uhr) betreibt tgl. mehrere Flüge nach Buenos Aires; Aerolíneas bietet außerdem Flüge nach Córdoba an.

ZUG

Tucumán ist über zwei wöchentlich verkehrende Züge mit Buenos Aires (über La Banda/Santiago del Estero und Rosario) verbunden, die von der wunderschönen **Estación Mitre** (☏ 0381-430-9220; www.sofse.gob.ar; Plaza Alberdi s/n) abfahren. Fahrgäste müssen mit langen Verspätungen, schlechter Sicht, durchschnittlichem Essen und zweifelhafter Hygiene rechnen. Da eine Zugfahrt sehr preiswert ist, sind die meisten Plätze schon weit im Voraus – d. h. Monate – reserviert.

Zum Zeitpunkt der Recherchen fuhren die Züge vom Bahnhof Retiro in Buenos Aires

Montag und Freitag um 8.47 Uhr zu der 26 Std. dauernden Reise ab. Von Tucumán fuhren die Züge Mittwoch um 16.16 Uhr und Samstag um 21.01 Uhr ab. Die Zugreise kostet 70/130 Arg$ in der 1. Klasse/Pullman (verstellbare Rückenlehnen) oder 800 Arg$ für ein Zweierabteil im Schlafwagen. Im Zug befindet sich ein Bistro mit Restaurant.

ⓘ Unterwegs vor Ort

Aeropuerto Benjamín Matienzo liegt 8 km östlich der Innenstadt. Eine Fahrt in einer *remise* kostet ab Stadtzentrum rund 100 Arg$.

Innerhalb des Stadtgebiets sind die Destinationen der städtischen Busse deutlich an der Frontscheibe angezeigt. Fahrkarten kosten etwa 4 Arg$ und sind passend zu bezahlen oder aber im Voraus zu kaufen; eine Verkaufsstelle befindet sich bei der Touristeninformation am Busbahnhof. Fahrpläne sind unter www.tucubondi. com.ar nachzulesen

Mehrere Autovermietungen stehen Reisenden zur Auswahl.

Tafí del Valle

☏ 03867 / 3400 EW. / HÖHE 2100 M

Das schöne Bergstädtchen, in einem grünen Tal mit fantastischen Ausblicken auf die umgebenen Berge gelegen, ist für die Einwohner von Tucumán seit jeher ein Rückzugsort vor der sommerlichen Hitze gewesen. Tafí ist ein besonderer Aufenthaltsort für ein paar erholsame Tage; es bietet pure Bergluft, gute Wandermöglichkeiten, viele preiswerte Übernachtungsmöglichkeiten und eine entspannte Stimmung. Hier gibt es auch sehenswerte historische Landgüter, die auch Gästen offenstehen.

Die Reise von Tucumán dorthin ist spektakulär: Eine schmale Schlucht, von einem Fluss durchzogen und von dichtem subtropischem Wald umgeben, öffnet sich in ein von einem Stausee angefüllten Tal unterhalb der schneebedeckten Gipfel der Sierra del Aconquija. Auf der Fahrt über die steile Bergstraße ist ein Fensterplatz unbezahlbar!

◎ Sehenswertes & Aktivitäten

Mehrere Einheimische verleihen Pferde (nach Schildern mit der Aufschrift „*alquilo caballos*" oder „*cabalgatas*" Ausschau halten) für Ausritte im Tal. Die Touristeninformation hält nähere Informationen zur **Ruta del Artesano** bereit; in und um den Ort liegen nämlich mehrere Ateliers, die Kunsthandwerk fertigen und besichtigt werden

können. Eine interessante PDF-Datei kann man auf der Website www.tucumanturismo. gov.ar herunterladen.

In den Bergen rund um Tafí zum Wandern zu gehen ist eine tolle Sache. Ein einfacher, gut markierter Weg führt auf den **Cerro El Pelao** hinauf, von wo sich ein schöner Blick auf den Ort bietet. Der Pfad beginnt links hinter der Brücke. An derselben Straße besteht auch die Möglichkeit, etwa 10 km nach **El Mollar** zu wandern; es geht immer am Fluss und am Stausee entlang, der Besuch des Menhir-Parks (S. 306) darf dabei natürlich nicht fehlen – und anschließend fährt man mit dem Bus wieder zurück.

Zu den weiteren Bergen zählen der 3000 m hohe **Matadero**, den man in vier bis fünf Stunden erklimmen kann, der 3600 m hohe **Pabellón** (6 Std.) und der 4500 m hohe **El Negrito**, den man ab der Statue Cristo Redentor an der RN 307 nach Acheral erreicht. Die Pfade sind schlecht markiert, und Wanderkarten gibt es auch keine; aber man kann einen Führer anheuern – einfach in der Touristeninformation anfragen.

Von Tafí kann man auch eine Wanderung nach Tucumán unternehmen.

Capilla La Banda   KIRCHE, MUSEUM
(Av José Silva; Eintritt 15 Arg$; ⊙ 8–18 Uhr) Die Jesuitenkirche aus dem 18. Jh., nach der Vertreibung der Jesuiten von der Familie Frías Silva von Tucumán erworben und danach in den 1830er-Jahren erweitert, wurde in den 1970er-Jahren in ihrer ursprünglichen Gestalt wiederhergestellt. Beachtenswert ist der Fluchttunnel unter dem Altar. Zu sehen ist eine kleine Sammlung von Graburnen, religiösen Kunstwerken im Cuzco-Stil, kirchlichen Gewändern und Stilmöbeln.

Die Kirche liegt einen kurzen Fußweg von der Ortsmitte entfernt. Der Weg führt über die Flussbrücke, nach etwa 750 m ist sie auf der linken Seite zu erkennen.

🛏 Schlafen

Es gibt eine große Auswahl an Unterkünften, darunter eine Reihe von Hüttensiedlungen direkt an oder nahe der Hauptstraße. In der Hochsaison im Januar ist Tafí völlig überlaufen. In den übrigen Monaten fallen die Preise beträchtlich. Zu jeder Zeit des Jahres kann es in nicht beheizbaren Zimmern empfindlich kalt werden.

★ Nomade Hostel   HOSTEL $
(☏ 0381-307-5922; www.nomadehostel.com.ar; Los Castaños s/n; B 18 US$; DZ mit/ohne Bad 48/

60 US$; @ 🕿) 🌿 Entspannt, farbenfroh, enthusiastisch und gastfreundlich – das Hostel ist leicht in zehn Gehminuten vom Busbahnhof aus zu erreichen (nach rechts und um die Kurve gehen und wieder rechts abbiegen). Es ist schön gelegen, vom weitläufigen Garten öffnen sich prächtige Ausblicke. Im Preis sind ein Frühstück und köstliche hausgemachte Abendgerichte inbegriffen; die Atmosphäre ist hinreißend. In den Sommermonaten ist es ratsam, frühzeitig zu buchen. Außerhalb der Saison fallen die Preise beträchtlich. HI-Ermäßigungen.

Von August bis November können Freiwillige im Tausch gegen ein Bett und Verpflegung im Biogarten arbeiten.

Hotel Virgen del Valle
HOTEL $

(🕿 03867-421016; virgendelvalle@tafidelvalle.com; Los Menhires s/n; DZ 48 US$; ✳@🕿) Abseits der Hauptstraße, mitten im Ort, liegt dieses Hotel mit geräumigen und komfortablen, aber etwas dunklen Zimmern, die auf einen Innenhof blicken. Das Haus kann man nicht gerade luxuriös nennen, denn dafür gibt es leider ein paar Unannehmlichkeiten – wer allerdings zu zweit unterwegs ist, findet hier ein akzeptables Hotel zu einem angemessenen Preis.

Hospedaje Celia
PENSION $

(🕿 03867-421170; Belgrano 443; Zi. pro Pers. 15 US$) Etwas abseits der Straße, bergauf gelegen, rund 100 m von der Kirche entfernt, bietet diese Pension helle, weiße und komfortable Zimmer in einer ruhigen, freundlichen Umgebung mit Heizung und eigenen Bädern. Gewisse Unannehmlichkeiten, beispielsweise zu wenige Steckdosen, können schon einmal vorkommen – aber das Personal sorgt für Verlängerungskabel und dann stimmt der Preis wider.

⭐ Estancia Las Carreras
ESTANCIA $$

(🕿 03867-421473; www.estancialascarreras.com; RP 325, Km13, Las Carreras; DZ 130 US$; 🕿) Ein hinreißender Ort, umgeben von einer schönen Berglandschaft und 13 km von Tafí entfernt. Hier kann man wunderbar wandern und reiten; nur das Vieh stört gelegentlich die Ruhe. Auf der historischen Rinderfarm, die einst von den Jesuiten betrieben wurde, wird noch Viehwirtschaft und Käse hergestellt. Die Unterkünfte auf diesem altehrwürdigen Anwesen aus dem 18. Jh. sind hervorragend. Es gibt herrliche öffentlich zugängliche Bereiche; in weitem Umkreis finden Ruhesuchende kaum einen besseren Ort.

⭐ Estancia Los Cuartos
ESTANCIA $$

(🕿 0381-15-587-4230; www.estancialoscuartos.com; Critto s/n; DZ 65–90 US$; @🕿) 🌿 Überaus charaktervoll erscheint dieses wunderschöne Anwesen mit weidenden Lamas, welches zwischen Busbahnhof und Ortsmitte liegt. Die *estancia* ist rund zweihundert Jahre alt und wirkt wie ein Museum; antiquarische Bücher füllen uralte Regale. In den authentisch wirkenden Zimmern duftet es nach altem Holz und dicken Wolldecken, dafür sind die großartigen Badezimmer modern. Die neueren Zimmer bieten naturgemäß etwas weniger historischen Charme, sind aber dem Stil des Hauses angepasst.

Traditionelle Käsesorten werden hier hergestellt. Nicht zu verwechseln mit der nahe gelegenen Hostería Los Cuartos.

Las Tacanas
ESTANCIA $$

(🕿 03867-421821; www.estancialastacanas.com; Perón 372; DZ/4BZ 129/169 US$; @🕿) Untadelig erhalten und eingerichtet ist dieses fantastische historische Anwesen in der Mitte der Ortschaft; es wirkt wie ein ländliches Refugium. Die einstige jesuitische *estancia* ist heute eine eindrucksvolle Unterkunft. Adobe-Bauten, die über drei Jahrhunderte alt sind, beherbergen eine Vielfalt von geschmackvollen, ländlichen Zimmern (eines ist von besonderem historischem Wert) mit edlen Möbeln und Balkendecken. Moderner Luxus ist nicht zu erwarten: Es sind der Charakter und die Geschichte, die hier ihren Preis haben.

Hostería Lunahuana
HOTEL $$

(🕿 03867-421330; www.lunahuana.com.ar; Av Miguel Critto 540; EZ/DZ 75/124 US$; @🕿) Das elegante und populäre Hotel in zentraler Lage bietet Zimmer mit Flair; einige befinden sich in Halbgeschossen, die über Wendeltreppen zugänglich sind. Das ganze Haus ist voller interessanter und geschmackvoller Einrichtungsdetails; der Service ist professionell und freundlich.

Descanso de las Piedras
CABAÑAS $$

(🕿 0381-15-570-1266; www.descansodelaspiedras.com; Madre Teresa de Calcuta s/n; DZ/4BZ 95/180 US$; 🕿✳🏠) 🌿 Gastfreundlich und gesellig – die niedlichen orangefarbenen Hütten und Räume liegen rund um eine Grasfläche mit solarbeheiztem Pool, Gemüsegarten, Enten und Lamas und einem plätschernden Bach. Das entspannende Refugium ist 20 Min. zu Fuß von der Ortsmitte entfernt und eine gute Wahl für Familien; es gibt Hütten für bis zu sieben Personen. Die Brücke überqueren und den Hinweisschildern folgen. Außerhalb der Saison sinken die Preise um bis zu 50 %.

Waynay Killa
HOTEL **$$$**

(📞 0381-413-1280; www.waynaykilla.com; Ubaldini s/n; DZ/3BZ 161/184 US$; ✳️@🛜🎱📶) 🅿️ Unauffällig an einem Hang, etwa 2 km von der Ortsmitte entfernt, liegt dieses neue Hotel, in dem die Nachhaltigkeit an erster Stelle steht – in der Stromerzeugung und Abfallentsorgung bis hin zu Aktivkohlefiltern in der Küche. Attraktive öffentliche Bereiche profitieren vom Tageslicht, und einheimische Kunstwerke kommen gut zur Geltung. Von den Zimmern hat man einen schönen Blick auf das Tal oder die Berge – beide Aussichten sind großartig. Die Hälfte der Zimmer verfügen über einen Balkon (zum gleichen Preis). Das Personal ist sehr aufmerksam. Zum Haus gehören ein Swimmingpool (innen) und ein Spa-Bereich, außerdem gibt es ein Bar-Restaurant mit Außenterrasse, auf der man einen herrlichem Blick hat. In Planung sind Suiten mit Pantryküche und weiteren Annehmlichkeiten.

Essen & Ausgehen

Restaurants finden sich überall an den zentral gelegenen Straßen, ganz besonders viele sind in der Hauptstraße. Es lohnt sich, das Bier der Kkechuwa-Brauerei zu probieren.

Restaurante

El Museo
NORDWESTARGENTINISCH **$**

(Av José Silva s/n; Gerichte 30–90 Arg$; ⏰12–16 Uhr) In der ehrwürdigen Jesuitenkirche im Adobe-Stil, etwa 1 km von der Ortsmitte, findet man diesen stimmungsvollen Ort für ein Mittagessen. Einheimische Spezialitäten werden auf traditionelle häusliche Art zubereitet, z. B. *humitas,* Tamales und Empanadas. Einfach vorbeikommen und sehen, was gerade auf der Karte steht.

Rancho de Félix
NORDWESTARGENTINISCH **$**

(Ecke Belgrano & Perón; Hauptgerichte 75–130 Arg$; ⏰11.30–15 & 20–24 Uhr; 🛜) Der freundliche, scheunenartige Raum unter einem Strohdach ist ein äußerst populäres Ziel zur Mittagszeit. Regionale Spezialitäten wie *locro* und *humitas* sind auf der Speisekarte vorherrschend vertreten, außerdem auch *parrilla* und Pastagerichte. Die Qualität ist ziemlich gut, die Preise sind fair. An ruhigen Abenden bleibt es allerdings manchmal geschlossen.

Flor de Sauco
CAFÉ **$**

(Av Miguel Critto s/n; Kuchen 20–50 Arg$; ⏰8.30–22.30 Uhr; 🛜) Der populäre, angenehme Bungalow ist den ganzen Tag über von geselligen Gästen belebt, die zu Kaffee, Kuchen oder kleinen Speisen herkommen. Obwohl es sich selbst als Teehaus bezeichnet, besteht die recht gute Auswahl ausschließlich in Teebeuteln. Es gibt eine Terrasse mit netter Aussicht. Der Service ist zwar bemüht, aber langsam.

ℹ️ Orientierung

Die Ortsmitte von Tafí wird von einem Dreieck aus drei Straßen gebildet. Critto ist die Hauptstraße; hält man sich beim Verlassen des Busbahnhofs links, führt sie in die Ortsmitte. Abseits davon ist Perón der Mittelpunkt des städtischen Lebens, Belgrano steigt von Perón aus an und passiert die Kirche.

ℹ️ Praktische Informationen

Casa del Turista (📞 0381-15-594-1039; www.tafidelvalle.gob.ar; Los Faroles s/n; ⏰8–22 Uhr) An der Fußgängerzone.

ℹ️ An- & Weiterreise

Der **Busbahnhof** (📞 03867-421025; Av Critto) von Tafí liegt 400 m östlich der Stadtmitte.

Aconquija betreibt 6- bis 9-mal tgl. Busverbindungen nach Tucumán (80 Arg$, 2–3 Std.), Santa María (95 Arg$, 2 Std., 4- bis 5-mal tgl.) und Cafayate (140 Arg$, 3½ Std., 2- bis 5-mal tgl.) über Amaicha del Valle (75 Arg$) und die Abzweigung zu den Ruinen von Quilmes (130 Arg$).

Die Straße von Tucumán ist schön zu befahren, auch die Straße nach Santa María, Quilmes und Cafayate ist landschaftlich reizvoll, sie überquert einen 3050 m hohen Pass, der als Abra del Infiernillo („Pass der kleinen Hölle") bekannt ist.

Rund um Tafí del Valle

Eine Rundreise um das Tal ist eine schöne Strecke (eine Rundfahrt ist 47 km lang). Zu den Highlights gehören hervorragende Ausblicke und die jesuitische *estancia* mit Hotel und Käserei von Las Carreras (S. 305). Führungen finden von 9 bis 18 Uhr (15 Arg$) inkl. Kaffee statt. Bei einem Besuch um 17 Uhr kann man beim Melken zusehen. Im hübschen **El Mollar**, an dem von Tafí aus gegenüberliegenden Ende des Tales, ist der **Parque de los Menhires** (Plaza s/n, El Mollar; Eintritt 15 Arg$; ⏰Di–Fr 9–19, Sa & So 14–19 Uhr) **GRATIS** an der Plaza sehenswert, wo über

100 Menhire mit Gravuren stehen, die in der Umgebung gefunden wurden. Sie entstanden vor 2000 Jahren zur Zeit der Tafí-Kultur.

Tourenveranstalter in Tafí bieten mittelmäßige Ausflüge auf dem Rundweg (200–300 Arg$) an. Preiswerter ist für Gruppen eine Fahrt in einer *remise*. Busse von Aconquija fahren nach El Mollar (10 Arg$) und Las Carreras (12 Arg$). Der Endpunkt der Strecke von Las Carreras ist El Rincón, von dort ist es ein 4 km langer Fußweg bergab nach El Mollar – auf diese Weise kann der Weg vollständig umrundet werden. Täglich befahren drei Busse den gesamten Rundweg (40 Arg$); es ist nicht möglich, auf der Strecke auszusteigen.

Santa María

🖉 03838 / 10 800 EW. / HÖHE 1900 M

In der Provinz Catamarca gelegen, ist die Stadt zwischen Tafí del Valle und Cafayate eine angenehme Zwischenstation und ein praktischer Ausgangspunkt für eine Fahrt zu den Ruinen von Quilmes.

🔴 Sehenswertes

Die attraktive Plaza, neun Häuserblocks nördlich vom Busbahnhof gelegen, ist der Mittelpunkt der Stadt.

Museo Arqueológico Eric Boman   MUSEUM
(Ecke Belgrano & Sarmiento; ⊙ Mo–Fr 9–13 & 18–20, Sa 10–13 & 18–20 Uhr) GRATIS An einer Ecke der Plaza liegt das Museo Arqueológico Eric Boman mit einer sehenswerten Sammlung von Keramiken sowie Grabbeigaben aus Gold und Silber aus dieser archäologisch bedeutenden Region. Besucher sollten nach dem hinteren Saal fragen, wo aufwendig verzierte Graburnen aufbewahrt werden. Nebenan arbeitet eine Kooperative an *artesanía* und verkauft gewebte Stoffe und andere kunsthandwerkliche Stücke zu mehr als fairen Preisen.

🛏 Schlafen

In der Stadt gibt es zahlreiche Übernachtungsmöglichkeiten.

Residencial Pérez   PENSION $
(🖉 03838-420257; hotelperez@hotmail.com; San Martín 94; EZ/DZ 20/30 US$) Das einladende Residencial Pérez besitzt makellose Zimmer, die auf einen mit Weinreben bewachsenen Innenhof blicken; hinterm einem Café nahe der Plaza (keine Hinweisschilder).

🛈 Praktische Informationen

Touristeninformation (🖉 03838-421083; www.santamariadeyokavil.com.ar; Plaza General Belgrano s/n; ⊙ Mo–Fr 7–23, Sa & So 8–23 Uhr) Eine hilfreiche Touristeninformation unter den Bäumen an der Plaza.

🛈 An- & Weiterreise

Mehrmals am Tag fahren Busse nach Tucumán (160 Arg$, 5 Std.) über Tafí (95 Arg$, 2 Std.) sowie 2-mal tgl. nach Cafayate (75 Arg$, 2 Std.) über Quilmes. Mehrere Busse und Minibusse fahren wöchentlich nach Belén (114 Arg$, 4 Std.). Fahrten in einer *remise* vom Busbahnhof zum Stadtzentrum kosten 12 Arg$.

Amaicha del Valle

🖉 03892 / 3200 EW. / HÖHE 2000 M

Die staubige Siedlung an der Hauptstraße zwischen Tafí del Valle und Cafayate verströmt viel indigenes Flair und ist in der Tat auch für ihr **Pachamama-Festival** im Februar berühmt; dann wird mit Musik, Tanz und einem Lamaopfer die Ernte gesegnet. Das ungewöhnliche, reich verzierte **Museo de Pachamama** (www.museopachamama.com; Eintritt 50 Arg$; ⊙ 8.30–18.30 Uhr) präsentiert eine kunterbunte Sammlung indigener Kunst und Artefakte in Kombination mit Skulpturen und Wandbehängen des Künstlers, der das auffällige Gebäude innen und außen entworfen hat.

Für einen Besuch der Ruinen von Quilmes ist Amaicha sehr günstig gelegen; es gibt in dieser Stadt mehrere Unterkunftsmöglichkeiten, darunter Campingplätze und auch Hotels. Die Busse nach Tafí (75 Arg$, 1½ Std.) und Cafayate (60 Arg, 1½ bis 2½ Std.) halten hier.

Quilmes

Die Ruinen von **Quilmes** (Erw./Kind 30 Arg$/frei; ⊙ 8–18 Uhr) sind die Überreste einer komplexen städtischen Siedlung, die um das Jahr 1000 entstand. Auf rund 30 ha Fläche wohnten damals etwa 5000 Menschen. Die Einwohner vom Volk der Diaguita überlebten noch den Kontakt mit den Inkas, die ab 1480 in die Gegend eindrangen, nicht aber die Belagerung durch die Spanier 1667, die die verbliebenen 2000 Menschen nach Buenos Aires verschleppten.

An den dicken Mauern von Quilmes ist schon ersichtlich, dass sie einst Verteidigungszwecken dienten, doch war Quilmes weit mehr als nur eine *pucará* (indianische Festung). Die dichte Bebauung nimmt an einem zentralen Punkt ihren Ausgang. Wer die Ruinen in ihrer gesamten Ausdehnung erfassen möchte, sollte möglichst hoch hinaufklettern; an den Relikten der Wachtürme führen an beiden Seiten Pfade bergauf, von wo sich dann eine tolle Perspektive bietet. Aber Achtung: Die Sonneneinstrahlung ist intensiv, und es gibt unterwegs keinerlei Schatten. Außerdem ist mit zahllosen Mücken zu rechnen, die in Augen, Mund und Nase fliegen. Am Eingang bieten Guides Erläuterungen bzw. Führungen gegen ein Trinkgeld an. Vertiefende archäologische Erklärungen sind aber nicht zu erwarten.

Gerichtliche Streitigkeiten zwischen den Diaguita-Indianern und der Regierung haben dazu geführt, dass Hotel und Restaurant seit Langem geschlossen sind. Theoretisch könnte das Museum an der archäologischen Stätte eines Tages wiedereröffnet werden: Es wäre zu hoffen, denn ohne Museum ist das Verständnis der Ruinen erschwert.

Freundliche Ortsansässige verkaufen neben heimischer Keramik auch kühle Getränke und verwahren auch die Taschen der Besucher; an der Hauptstraßenkreuzung sind auch Aufbewahrungsmöglichkeiten vorhanden, um das Gepäck nicht mit sich herumtragen zu müssen.

ℹ An- & Weiterreise

Buslinien zwischen Cafayate und Santa María oder Tafí enden an der Kreuzung; von dort ist es ein Fußweg oder eine Fahrt per Anhalter von 5 km zu den Ruinen. Als Alternative kann man in Amaicha del Valle aussteigen, von dort kostet eine Fahrt in einer *remise* rund 160 Arg$ (Hinfahrt) zu den Ruinen: Ein günstiger Preis inkl. Wartezeit kann ausgehandelt werden. Häufig finden sich mehrere Fahrgäste zusammen, sodass die Kosten geteilt werden können.
Sebastián Pastrana (☎ 0381-15-443-6805) betreibt gute vierstündige Touren von Amaicha (120 Arg$) mit Abfahrt um 10.30 und 15.30 Uhr.

Eine Fahrt in einer *remise* von Cafayate oder Santa María ist ebenfalls möglich, Touren starten in Cafayate und Tafí.

Santiago del Estero

☎ 0385 / 360 900 EW. INKL. LA BANDA

Im heißen Santiago geht es sehr beschaulich zu. Der 1553 gegründete Ort kann sich mit dem Titel „Madre de Ciudades" (Mutter aller Städte) schmücken, war er doch die erste städtische Siedlung, die die Spanier auf dem Boden des heutigen Argentiniens gründeten. Bauwerke aus dieser Zeit sind nicht mehr erhalten. Der Ort bietet sich aber trotzdem gut für einen Zwischenstopp an.

Die *santiagueños* erfreuen sich nicht nur an Folkore-Musik, sie genießen, um es einmal höflich zu formulieren, landesweit den Ruf, Ruhe und Erholung höher zu schätzen als die Arbeit. Nichtsdestotrotz ist im Zentrum einiges los, besonders am Abend, wenn die ganze Stadt auf den Beinen ist und sich auf der hübschen Plaza und in den Fußgängerzonen zu einem Spaziergang trifft.

◎ Sehenswertes

⭐ **Centro Cultural del Bicentenario**　　MUSEUM, KUNSTGALERIE
(CCB; www.ccbsantiago.com; Pellegrini 149 & Libertad s/n; Erw./Kind 9–14 Jahre 10/5 Arg$; ⊙ Di–Fr 9–14 & 16–21, Sa 10–13 & 18–21, So 18–21 Uhr) Das exzellente Kulturzentrum ist ein luftiger, moderner Raum, der drei Museen birgt. Alle drei Ausstellungen werden fantasievoll präsentiert; das Highlight ist die **anthropologische Sammlung** mit einer hinreißenden Zusammenstellung von indigenen Keramiken, Schmuck und Flöten. Eindrucksvoll sind auch die Fossilien von Mastodonten (Rüsseltieren) und Glyptodonten, ausgestorbenen Wesen, deren Verwandtschaft mit den Gürteltieren deutlich zu erkennen ist. Das **historische Museum** mit spärlichen Erläuterungen ist ansprechend um den Patio des nobelsten Gebäudes von Santiago angeordnet und behandelt die Sklaverei, die Unruhen des 19. Jhs. und die Rolle der Frau. In der oberen Etage zeigt eine **Kunstgalerie** gute wechselnde Ausstellungen.

Alle Informationen sind in spanischer Sprache. Das Café in der unteren Etage ist ein populärer Treffpunkt, dort wird ein guter Kaffee zubereitet, es ist ein angenehmer und klimatisierter Zufluchtsort vor der Hitze Santiagos.

Parque Aguirre　　PARK
Am Flussufer erstreckt sich der weitläufige Park, dicht bestanden mit Eukalyptus und den schachtelhalmartigen Kasuarinen, es gibt einen Campingplatz, einen Swimmingpool und eine *costanera* (Flussstraße). Es ist ein schöner Ort für Spaziergänge, Familien finden viel Unterhaltsames für Kinder, außerdem gibt es ein paar *confiterías* (Cafés, die auch leichte Gerichte anbieten) und Bars. Kaum sehenswert zu nennen ist der schändlich vernachlässigte Zoo, dessen

Santiago del Estero

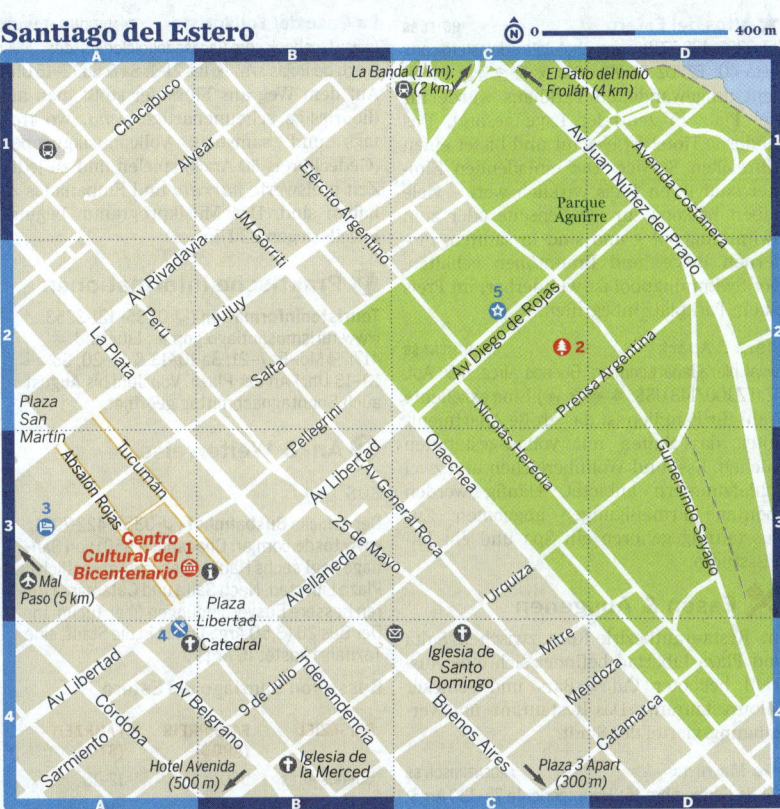

N 0 _____ 400 m

Schließung geplant ist, sich aber verzögert. Darin eingesperrt sind mehrere bedauernswerte Tiger, die unter den schlimmen Umständen zu leiden haben.

✹ Feste & Events

Marcha de los Bombos   PARADE
(www.marchadelosbombos.com.ar) In der letzten Woche im Juli feiern die *santiagueños* die Gründung ihrer Stadt. Im Mittelpunkt steht eine wilde Prozession von Tausenden von Einheimischen in das Stadtzentrum, wobei sie auf alle vorstellbaren Arten von Trommeln einschlagen.

🛏 Schlafen

Hotel Avenida   HOTEL **$**
(☎ 0386-421-5887; www.havenida.com.ar; Pedro León Gallo 403; EZ/DZ 27/50 US$; ❀🛜) Die Betreiber haben Mitgefühl verdient: Da eröffnen sie ein einladendes, schön mit indigener Kunst dekoriertes kleines Hotel direkt

Santiago del Estero

gegenüber dem Busbahnhof – und dann verlegt die Stadt diesen ans andere Ende der Stadt! Doch es lohnt den kurzen Fußmarsch vom Zentrum: Alles ist makellos, renoviert, freundlich und wird stetig besser – ein sehr empfehlenswertes kleines Haus!

★ Altos del Estero
HOTEL $$

(☎ 0385-422-7718; www.hotelaltosdelestero.com; Salta 40; EZ/DZ 60/80 US$; ❋⊚🛜⛱) In einem umgewandelten Parkhaus wurde für viel Platz in zentraler Lage gesorgt. Das moderne Hotel ist elegant und bietet einen hilfreichen Service. Die einladenden Zimmer sind ihren Preis wirklich wert – viele haben Balkons zur Straßenseite oder zum Swimmingpool – und sind in sanften, modernen Beige- und Brauntönen gehalten. Der Swimmingpool ist wunderbar; im Preis ist ein Parkplatz inbegriffen.

Plaza 3 Apart
APARTMENT $$

(www.plaza3apart.com.ar; Buenos Aires 778; Apt. DZ/FZ 100/148 US$; ❋⊚🛜🍴) Eine exzellente Wahl für Familien ist das große Apartmenthotel, das Suiten mit vollausgestatteten Küchen, Ess- und Wohnbereichen und zwei Schlafzimmern anbietet. Häufig werden spontane Ermäßigungen angeboten. Zur Ausstattung gehören ein Spa und ein Fitnessstudio.

🍴 Essen & Ausgehen

Im Restaurantbezirk Roca zwischen Salta und Plaza Libertad befindet sich eine Auswahl beliebter Cafés, Bars und schicker Salonrestaurants. Das Restaurant- und Vergnügungsviertel der Stadt.

Mía Mamma
ARGENTINISCH $$

(24 de Septiembre 15; Hauptgerichte 75–130 Arg$; ⏱12–15 & 21–00.15 Uhr; 🛜) An der Plaza, aber versteckt gelegen, findet man das dezente und gleichbleibend gute Restaurant mit fein gekleideten, äußerst aufmerksamen Kellnern. Es gibt eine Salatbar mit viel Gemüse und eine große Auswahl an Gerichten, darunter enorme *parrilla*-Variationen sowie leckere *arroz a la valenciana* (Paella).

☆ Unterhaltung

El Patio del Indio Froilán
TRADITIONELLE MUSIK

(www.elindiofroilan.com.ar; Av Libertador Norte s/n; Barrio Boca del Tigre; ⏱So) Seit mehr als 40 Jahren fertigt der Indio-Lokalmatador Froilán González schon Trommeln aus den Stämmen des Korallenbaums. Einige der größten Namen in der Latinomusik-Szene spielen auf seinen Instrumenten. Sonntags kommen Anwohner und Besucher ab dem frühen Nachmittag in seine Werkstatt, um Empanadas zu essen, um etwas über sein Handwerk zu erfahren und um zur rhythmischen Livemusik das Tanzbein zu schwingen. Ein tolles Erlebnis!

La Casa del Folclorista
TRADITIONELLE MUSIK

(www.facebook.com/lacasadelfolcloristasde; Av Diego de Rojas s/n; ⏱tgl. 21–1, Sa & So 12–15 Uhr) Auf dem Weg ans Flussufer stößt man auf die riesige scheunenartige *peña*, wo freitags und samstags Volksmusikgruppen (Gedeckpreis 50 Arg$) spielen und zu jeder Zeit preiswerte *parrilla* und Empanadas zu haben sind. Das Musikprogramm beginnt jeweils gegen 23 Uhr.

ℹ Praktische Informationen

Touristeninformation (☎ 0385-421-3253; www.turismosantiago.gob.ar; Libertad 417; ⏱Mo–Fr 7–21, Sa 10–13 & 17–20, So 10–13 Uhr) An der Plaza. Von Juni bis August auch Sonntagnachmittag geöffnet.

ℹ An- & Weiterreise

BUS

Der schicke **Busbahnhof** (☎ 0385-422-7091; www.tosde.com.ar; Chacabuco 550) von Santiago liegt sechs Häuserblocks nordwestlich der Plaza Libertad. Nach Salta und Catamarca führen bessere Busverbindungen über Tucumán. Der Bus 20 (3,50 Arg$) führt in die Stadt, eine Taxifahrt kostet 16 Arg$.

Busse von Santiago del Estero

REISEZIEL	FAHRPREIS (ARG$)	FAHRZEIT (STD.)
Buenos Aires	960	12–15
Catamarca	220	4½
Córdoba	409	5–6
La Rioja	505	7–8
Resistencia	586	8–9
Salta	445	7
Tucumán	125	2

FLUGZEUG

Aerolíneas (☎ 0385-422-4333; www.aerolineas.com.ar; 24 de Septiembre 547; ⏱Mo–Fr 8.30–12 & 17–20, Sa 9–12 Uhr) betreibt tgl. Flüge nach Buenos Aires.

ZUG

La Banda, die Partnerstadt Santiago del Esteros, liegt an der **Strecke** (S. 303) zwischen Tucumán (4 Std.) und dem Bahnhof Retiro in Buenos Aires (23 Std.).

ℹ Unterwegs vor Ort

Die Buslinien 115 und 119 (3,50 Arg$) führen zum **Flughafen** (SDE; ☎ 0385-434-3651; Av. Madre de Ciudades), 6 km nordwestlich der Innenstadt. Eine Taxifahrt kostet 40 Arg$.

Ein neuer städtischer Zug verbindet den Busbahnhof Santiagos mit La Banda.

Der Bus 117 umfährt das Stadtzentrum von Santiago und fährt über den Fluss zum Bahnhof.

CATAMARCA & LA RIOJA

Diese beiden vergleichsweise selten von Touristen besuchten Provinzen lohnen, erkundet zu werden, denn sie bieten jede Menge herrliche Landschaften und beeindruckende Traditionen. Dass aus beiden Provinzen bedeutende präkolumbische Kulturen hervorgingen, bezeugen die vielen interessanten archäologischen Stätten. Die Provinz steigt in Richtung Westen zu den Anden hin an – mit den schönsten Bergpanoramen, die Argentinien zu bieten hat; diese Gegend lässt sich sehr gut mit dem Geländewagen oder im Rahmen eines Ausflugs erkunden. Diese wildromantische Landschaft hinterlässt jedenfalls einen wirklich unvergesslichen Eindruck!

Catamarca

0383 / 200100 EW. / HÖHE 530 M

Das quirlige Catamarca hat ein ganz anderes Flair als andere Städte dieser Größe in dieser Region. San Fernando del Valle de Catamarca – so der vollständige Name der Stadt – beeindruckt mit seiner hübschen Plaza in der Ortsmitte, die mit mächtigen Jacaranda-, Araukarien- und Zitronenbäumen sowie mit Palmen bestanden ist; die Straßen sind mit schönen Gebäuden gesprenkelt. Ein paar Blocks weiter westlich liegt im Parque Navarro der Duft der riesigen Eukalyptusbäume in der Luft. Dahinter erstreckt sich die spektakuläre Sierra.

◉ Sehenswertes

Die Attraktionen außerhalb der Stadt sind gut mit dem Bus erreichbar: die Grotte, in der man die Virgen del Valle fand, ein Stausee, alte Ruinen sowie Villa Las Pirquitas in den malerischen Ausläufern der Sierra. Die Mitarbeiter in der Touristeninformation geben ihr detailliertes Wissen gerne weiter und zeigen auch, wo der jeweilige Bus hält.

★ Museo Arqueológico Adán Quiroga   MUSEUM

(Sarmiento 450; ⊙ Mo–Fr 7.30–13 & 15.30–21, Sa & So 10–19 Uhr) GRATIS Das hervorragende Archäologiemuseum zeigt eine spannende Sammlung präkolumbischer Keramik von verschiedenen Kulturen unterschiedlicher Epochen. Manche Exponate – vor allem die schwarze Aguada-Keramik mit eingeritzten, stilisierten Tierdarstellungen – sind von wirklich bemerkenswert guter Qualität. Interessant sind auch einige Mumien, die in rund 5000 m Höhe gefunden wurden, ein gruseliger Schrumpfkopf aus dem Amazonasgebiet sowie Tabletts, die verwendet wurden, um verschiedene Sorten gemahlenen Tabak zu schnupfen. Abteilungen zur Kolonialzeit und zu religiösen Themen gibt es auch. Im Januar hat das Museum am Wochenende geschlossen.

Catedral Basílica de Nuestra Señora del Valle   KATHEDRALE

(Plaza 25 de Mayo; ⊙ 6–21.30 Uhr) Die Kathedrale aus dem 19. Jh. beherbergt die Figur der Virgen del Valle, der Schutzheiligen von Catamarca, sie zählt zu den am höchsten verehrten Marienbildern im nördlichen Argentinien. Ihr Rücken ist der Kirche zugewandt. Ihr Gesicht können Besucher sehen, wenn sie zur Camarín hinaufsteigen – die Kapelle ist seitlich vom Gebäude zugänglich und mit Buntglastafeln verziert, auf denen die Lebensgeschichte der Jungfrau erzählt wird. Um die Ecke, an der Avenida República, befindet sich ein modernes, neues Museum, das für andächtige Verehrer der Jungfrau von Interesse ist.

☞ Geführte Touren

Alta Catamarca   RUNDFAHRT

(☎ 0383-443-0333; www.altacatamarca.tur.ar; Esquiú 433) Ein gut geführter Veranstalter, der Touren zu Sehenswürdigkeiten in Stadtnähe (315 Arg$) sowie längere Ausflüge zu den Attraktionen im Westen der Provinz anbietet, darunter Belén, die Ruta de Adobe, die Seismiles, Antofagasta de la Sierra und die umgebende Puna. Ein Ausflug von fünf Tagen mit vier Übernachtungen kostet 9900 Arg$ pro Person bei zwei Teilnehmern bzw. 7800 Arg$ bei vier Teilnehmern.

✷ Feste & Events

Fiesta de Nuestra Señora del Valle   RELIGIÖS

Die Fiesta de Nuestra Señora del Valle findet während zwei Wochen nach Ostern statt. Scharen von Wallfahrern strömen zu Ehren der Virgen del Valle in den Ort. Der Tag der Heiligen (8. Dezember) wird auf ähnliche Art feierlich begangen.

Fiesta Nacional del Poncho KULTURELL

(www.facebook.com/fiestadelponcho; ☉ Mitte Juli) Auf diesem Fest des Kunsthandwerks und der traditionellen Kultur von Catamarca verbindet sich ein riesiger Kunsthandwerkermarkt mit einer großen Schar von Volksmusikern und einer hinreißend ausgelassenen Stimmung.

Schlafen

Eine große Auswahl an soliden, aber eher mittelmäßigen Mittelklassehotels befinden sich in der Sarmiento im Norden der Plaza.

Residencial Tucumán GÄSTEHAUS $

(☎ 0383-442-2209; Tucumán 1040; EZ/DZ 30/40 US$; ❄ 🐾 📶) Das gut geführte, vorbildlich gepflegte *residencial* bietet komfortable, makellose Zimmer und liegt nur eine Gehminute vom Busbahnhof entfernt. In der Nähe gibt es weitere Pensionen, falls alle Zimmer belegt sein sollten.

Puna Hostel HOSTEL $

(☎ 0383-442-5296; www.facebook.com/puna hostal; San Martín 152; B/2BZ 10/25 US$; 📶) Ein preiswertes Bett ist in diesem schlichten, zentral gelegenen Hostel leicht zu bekommen. Die Etagenbetten stehen so dicht gedrängt in den Schlafsälen, dass zwischen ihnen kaum Platz ist: An heißen Tagen ist es stickig. Bei alledem ist es aber ein freundliches Haus mit einem Garten am Hinterhaus und einer Küche.

★Hotel Casino Catamarca HOTEL $$

(☎ 0383-443-2928; www.hotelcasinocatamarca. com; Esquiú 151; Studio-/Standard-/Superior-Zi. 97/114/151 US$; ❄ @ 📶 🏊) Viel freien Platz gibt es in diesem friedlichen, dabei zentral gelegenen Hotel, das eine schöne, moderne Raumgestaltung und eine umfangreiche Ausstattung bietet. Die Zimmer sind mehr als geräumig zu nennen. Einige haben Balkons; die Superior-Zimmer sind mit Minibars, breiten Doppelbetten und Hydromassagebädern ausgestattet. Weiße Bettwäsche bildet einen schönen Kontrast zum Holz der Fußböden. Es gibt ein Restaurant, ein Fitnessstudio, einen kleinen Spa-Bereich und einen fantastischen, großen Swimmingpool und Rasen. Und – selbstverständlich – ein Kasino.

✕ Essen & Ausgehen

Das hiesige Nachtleben spielt sich hauptsächlich in einem Bezirk rund 2 km westlich des Stadtzentrums, rund um die Avenida Galindez ab.

Caravati CAFÉ $

(Sarmiento 683; Gerichte 70–120 Arg$; ☉ 8–15 & 18–2 Uhr; 📶) Das einladendste Café mit Terrasse an der Plaza ist nach dem italienischen Architekten benannt, der einen Großteil der Innenstadt von Catamarca entworfen hat, darunter auch die Kathedrale. Das Caravati, mit einer hübschen Gaststube, steht wegen seiner Pizzas, Sandwiches und auch größeren Mahlzeiten bei den Einheimischen hoch im Kurs, darunter ein empfehlenswertes Mittagsgericht, das wochentags serviert wird. Der Service lässt allerdings manchmal sehr zu wünschen übrig.

La Cueva del Santo TAPAS, SPANISCH $$

(☎ 0383-422-6249; www.facebook.com/lacueva. delsanto; Av República 1162; Pintxos 16–50 Arg$, Gerichte 60–110 Arg$; ☉ Di-Sa 21–1 Uhr, Kaffee Mo-Fr 8.30–11.30 Uhr) Die buntscheckige Restaurantszene Catamarcas wird durch diese attraktive Adresse (gegenüber einem imposanten Krankenhaus aus dem 19. Jh.) bereichert. Hier ist die Küche authentisch spanisch: Das Highlight sind köstliche kalte oder warme *pintxos* (Spieße mit belegten Brotscheiben) nach baskischer Art. Es ist ein geselliges, witziges Erlebnis. In den Sommermonaten sind die Öffnungszeiten leider eingeschränkt.

Sopra Tutto ITALIENISCH $$

(☎ 0383-445-2114; Rivadavia 404; Hauptgerichte 70–140 Arg$; ☉ Di-Sa 21–24 Uhr) Exzellente hausgemachte Pasta, schön präsentiert und voller Geschmack, kommen in dieser behaglichen Stadtteil-Trattoria, die von warmherzigen Wirtsleuten geführt wird, auf den Tisch; am Tag ist das Lokal auch ein Spezialitätengeschäft für Pasta aller Art. Der Service der Inhaber ist freundlich und aufmerksam, die Atmosphäre einer italienischen Familienküche ist authentisch – und mit etwas modernem Flair gewürzt.

Shoppen

Catamarca vermarktet mit Begeisterung seine guten Naturprodukte; die Region ist für ihre Weine, Olivenöl, Walnüsse, Marmeladen und Eingemachtes bekannt. Mehrere Geschäfte, die alle diese Köstlichkeiten führen, finden sich in der Sarmiento und in der Rivadavia in der Nähe der Plaza.

Mercado Artesanal y Fábrica de Alfombras KUNSTHANDWERK

(www.artesaniascatamarca.gob.ar; Av Virgen del Valle 945; ☉ Mo-Fr 7–13 & 15–21, Sa 8–20, So

Catamarca

N 0 ▬▬▬▬▬▬ 400 m

8–14 Uhr) 🍃 Die charakteristischen, handgefärbten Wolldecken von Catamarca sind auf diesem Kunsthandwerkermarkt zu entdecken, auf dem es außerdem Ponchos, Decken, Schmuck, Figuren aus rotem Onyx, Musikinstrumente und Korbwaren zu kaufen gibt. Nebenan befindet sich eine Werkstatt für Teppichweberei, wo Besucher freundlich und kostenlos herumgeführt werden. Sie ist allerdings nur Montag- bis Freitagmorgen geöffnet, soll aber in naher Zukunft neu gestaltet und zu einem echten Anziehungspunkt gemacht werden.

ℹ Praktische Informationen

Örtliche Touristeninformation (Sarmiento 620; ⊗ 8–21.30 Uhr) Nahe der Kathedrale.
Provinzielle Touristeninformation (📞 0383-443-7791; www.turismocatamarca.gob.ar; Ecke Rivadavia & República; ⊗ 9–21 Uhr) Infotheke in einer Einkaufspassage an einer Ecke der Plaza.

Catamarca

DER WILDE NORDWESTEN

Wer sich gern abseits der gewohnten Pfade bewegt, ist im entlegenen Antofagasta de la Sierra am richtigen Ort – es liegt im äußersten Nordwesten der Provinz Catamarca, 300 km hinter Belén. Dieses Dorf der Puna (Hochwüste in den Ausläufern der Anden) liegt auf einer Höhe von 3320 m eingebettet in eine spektakuläre Landschaft.

Wer im eigenen Auto unterwegs ist oder sich einer Tour von Belén oder Catamarca aus anschließt, kann weitere Anziehungspunkte des Gebietes entdecken: die spektakulären Bimssteinfelder von Campo de Piedra Pomez, ferne Vulkane, die Salzebenen und das Dorf Antofalla und Seen voller Flamingos.

Ein besonders lohnendes Ziel ist die Gegend Anfang März zur Fiesta de la Puna mit Viehausstellungen und viel kultureller Tradition. Familien stellen Unterkünfte in ihren Häusern zur Verfügung, außerdem gibt es mehrere Pensionen, darunter die **Hostería de Antofagasta** (☑ 03835-410679; Principal s/n, Antofagasta de la Sierra; EZ/DZ 18/ 33 US$). Im Winter ist es dagegen frostig kalt. Busse fahren von Catamarca über Belén: Mittwoch und Freitag um 6.15 Uhr (150 Arg$, 12–15 Std.) mit Rückfahrten am Montag und Freitag um 10 Uhr.

ℹ️ Anreise & Unterwegs vor Ort

BUS

Der weitläufige **Busbahnhof** (☑ 0383-442-3415; Av Güemes 850) von Catamarca umfasst ein Einkaufszentrum und ein Kino. Ein weites Netz von Buslinien führt durch die Provinz und das ganze Land, u. a. nach Tucumán (185 Arg$, 3¾ Std.), La Rioja (138 Arg$, 2 Std.) und Buenos Aires (980 Arg$, 14–16 Std.).

FLUGHAFEN

Aerolíneas (☑ 0383-442-4460; www.aero lineas.com.ar; Sarmiento 589; ⊙ Mo–Fr 8–13 & 18–21, Sa 9–13 Uhr) bietet sechs wöchentliche Flüge von Buenos Aires zum **Aeropuerto Felipe Varela** (☑ 0383-443-0080), der etwa 17 km östlich der Stadt an der RP 33 liegt. Eine Fahrt in einer *remise* zum Stadtzentrum kostet 160 Arg$.

Belén

☑ 03835 / 12 300 EW./ HÖHE 1250 M

Das beschauliche Belén liegt an der RN 40 und erscheint – und ist – weit fernab der übrigen Welt. Hier fühlen sich Reisende, die die Ruhe suchen und die es gern überschaubar und nett haben möchten, sehr wohl. Belén ist einer der besten Orte, um Webwaren, insbesondere Ponchos, zu kaufen. Überall in der Stadt bieten *teleras* (Webereien) ihre handgefertigten Produkte aus Lama-, Schaf- und Alpakawolle zum Kauf an. Die faszinierenden Ruinen von El Shincal in der Nähe sind ein weiterer Grund, der Stadt einen Besuch abzustatten.

👁 Sehenswertes

Museo Cóndor Huasi · · · · · · · · · · · MUSEUM

(Ecke Belgrano & San Martín; Eintritt 5 Arg$; ⊙ Mo–Fr 8–13 & 16–19 Uhr) Das Museum im Obergeschoss am Ende einer Einkaufsarkade an der Ecke der Plaza beeindruckt mit seiner guten archäologischen Sammlung; zu bestaunen sind vielerlei Keramiken aus unterschiedlichen Epochen und Siedlungen in dieser Region.

Arañitas Hilanderas · · · · · · · TEXTILWERKSTATT

(Av Virgen de Belén s/n; ⊙ Mo–Fr 9–19, Sa 9–18 Uhr) 🎟 GRATIS Die Kooperative ist ein guter Ort, um Webern bei der Arbeit zuzusehen und einzukaufen. Die Belgrano führt am Hotel Belén vorüber zu dieser Werkstatt.

Rua Chaky · · · · · · · · · · · · · TEXTILWERKSTATT

(☑ 03835-461068; ruachaky@hotmail.com; Casa 28, Barrio 17 de Agosto; ⊙ 7–22 Uhr) 🎟 GRATIS Jederzeit sind Besucher in diesem Familienwohnsitz in einem netten Barrio eingeladen, um zu sehen wie Umhänge und Ponchos auf traditionelle Weise am Webstuhl entstehen. Die Weberei wird in der Familie seit fünf Generationen betrieben; Besucher können etwas über die natürlichen Farbstoffe erfahren, die dabei verwendet werden. Auf der der Stadt gegenüberliegenden Seite der Hauptstraße gelegen, etwa 1 km vom Stadtzentrum entfernt.

👉 Geführte Touren

⭐ Chaku Aventuras · · · · · · · · · · · · · TOUR

(☑ 03835-463976; www.chakuaventuras.com.ar; Belgrano 607; 2-/3-tägige Touren 280/430 US$)

Das gut geführte Unternehmen veranstaltet schöne Ausflüge in das westliche und nordwestliche Hochland der Provinz voller bleibender Eindrücke. Ein zweitägiger Ausflug umfasst die Ruta del Adobe, die Termas de Fiambalá und die mächtigen Berge nahe der chilenischen Grenze; ein dreitägiger Ausflug führt nordwestlich nach Antofagasta und die spektakuläre Szenerie der Puna in dieser Region. Weitere Angebote und maßgeschneiderte Touren stehen zur Auswahl.

Schlafen & Essen

Auf regionale Spezialitäten achten: *jigote* (in der Art von Moussaka oder Lasagne) und *mote* (gekochter Maisbrei) mit Schweinefleisch.

★ **Hotel Belén** HOTEL $

(☎ 03835-461501; www.belencat.com.ar; Ecke Belgrano & Cubas; EZ/DZ 45/51 US$, Superior-EZ/DZ 62/70 US$;) Ein überraschender Anblick ist dieses charaktervolle Hotel mit dunklen, komfortablen Zimmern, deren Bäder aus rohen Felsen bestehen und die mit indigenen Kunstwerken, einer archäologischen Sammlung und sehr behaglichen Betten ausgestattet sind. Wer über Mängel und Mucken hinwegsehen kann – Geräusche dringen ungehindert durch die Badezimmerwände, der Service ist wechselhaft, und nicht immer funktioniert alles richtig – kann hier einen akzeptablen Aufenthalt zu angemessenen Preisen genießen.

Freddy Hostal PENSION $

(☎ 03835-461230; justi05@hotmail.com.ar; Av Calchaquí 461; EZ/DZ/3BZ/4BZ 20/28/35/45 US$;) Eine aus einer Handvoll von preiswerten Unterkünften an der Hauptstraße. Die Pension wird von einem gastfreundlichen Paar geführt und bietet einfache und dennoch ansprechende ländliche Zimmer an einem Patio mit Kakteengarten. Ein Zimmer mit Klimaanlage kostet etwas mehr.

1900 ARGENTINISCH $

(☎ 03835-461100; Belgrano 391; Hauptgerichte 60–120 Arg$; ⏲ Di–Sa 12.30–15 & 21–1.30 Uhr) Ein Service, der über die bloße Pflichterfüllung hinausgeht, ist das Geheimnis dieses erfreulichen Restaurants, das einen Block von der Plaza entfernt liegt. Es ist sehr beliebt. Da die Kellner niemanden abweisen möchten, werden die Tische immer wieder neu arrangiert und zusammengestellt. Die Preise sind sehr angemessen. Es gibt eine ganze Reihe von Gerichten, die auf großen Platten serviert werden und zum Teilen gedacht sind. Raffiniert zusammengestellte Salate und saftige Fleischspieße gehören zu den Highlights.

Shoppen

Unter Zeltdächern abseits der Plaza verbirgt sich eine Reihe von Verkaufsständen mit *artesanía*, die Ponchos, Kleidung aus Lama- und Alpakawolle sowie regional erzeugten Wein (dessen Trauben mit Füßen zertreten wurden) anbieten. Höherwertige Wollwaren sind in Werkstätten überall in der Stadt oder in den Läden der Innenstadt zu kaufen.

Familia Avar Saracho (☎ 03835-461091; avarsaracho@hotmail.com; Roca 144; ⏲ 10–23 Uhr) bietet angemessene Preise und sorgt auch für den Versand von Waren.

Praktische Informationen

Eine Bank befindet sich an der Ecke von General Paz und Lavalle, in der Nähe der Touristeninformationen.

Touristeninformation (☎ 03835-461304; turismobelencat@gmail.com; General Paz 168; ⏲ 6–13 & 14–20 Uhr) Eine kleine Mineralienausstellung ist hier zu sehen. Einen weiteren Infostand gibt es außerdem an der Plaza.

An- & Weiterreise

Der **Busbahnhof** (Ecke Sarmiento & Rivadavia) von Belén liegt einen Häuserblock südlich und einen Häuserblock westlich der Plaza. Nach Catamarca (200 Arg$, 4–5 Std.) führen mehrmals tgl. Busverbindungen. Nachtbusse fahren nach La Rioja und Córdoba, mehrmals wöchentlich fahren Busse und Minibusse nach Santa María (110 Arg$, 4 Std.), eine landschaftlich reizvolle Fahrt. 5 Busverbindungen pro Woche führen nach Tinogasta (65 Arg$, 3½ Std.).

Londres & El Shincal

15 km südwestlich von Belén liegt das verträumte Londres, dessen Gründung auf das Jahr 1558 zurückgeht, allerding wurde es mehrmals verlegt, bevor es 1612 an seinen Ursprung zurückkehrte. Erneut verließen die Einwohner den Ort während des Aufstandes des Diaguita-Volkes von 1632. Seinen Namen (spanisch für London) verdankt der Ort der Heirat des Prinzen von Spanien (des späteren Königs Philipp II.) mit Maria Tudor, Königin von England, im Jahr 1554.

7 km westlich von Londres befinden sich die Inkaruinen von **El Shincal** (Eintritt 30 Arg$; ⏲ 8–18.30 Uhr). Gegründet wurde

der Ort Shinkal im 15. Jh., er nahm einen beherrschenden Standort an den Ausläufern der Berge mit einem weiten Überblick über das Tal im Süden ein. Die landschaftliche Kulisse ist spektakulär und reich an fantastischen Ausblicken und einer wundervollen Atmosphäre. Der Opferplatz (*ushnu*) steht in der Mitte eines zentralen Platzes und wird von zwei teilweise restaurierten *kallankas* (rechteckigen Steinbauten mit mehrfacher oder unbekannter Funktion) flankiert. Zwei gestutzte Pyramiden, nach dem Auf- und Untergang der Sonne ausgerichtet, dienten wahrscheinlich als Sonnenaltäre und Aussichtspunkte. Das renovierte Museum beim Eingang zeigt ein maßstabgetreues Modell und vermittelt vertiefendes Wissen über die inkaischen und vorinkaischen Kulturen. Auf dem Weg vermitteln Informationstafeln Wissen über regionale Pflanzen. Alle Informationen sind auf Spanisch, manche der Führer, die sich morgens versammeln, sprechen etwas Englisch. Auf dem Gelände gibt es ein Café-Restaurant.

Montag bis Samstag fahren fünf bis sechs Busse von Belén nach Londres (35 Arg$) und weiter zu den Ruinen. Weitere Busse fahren lediglich bis Londres. Eine Fahrt in einer *remise* von Belén kostet ungefähr 250 Arg$ inklusive Wartezeit.

Hinter Londres liegt Chilecito 200 km weiter südlich in der Provinz La Rioja an der RN 40 – allerdings braucht man einen fahrbaren Untersatz, um hinzukommen. Die Fahrt ist fantastisch, mit der imposanten Sierra Famatina im Westen und der Sierra de Velasco im Osten. Die Straße befindet sich in hervorragendem Zustand.

Westliches Catamarca
📞 03837

Der Westen der Provinz Catamarca ist es wert, erkundet zu werden. Hier beeindrucken historische Adobe-Kirchen, Weingärten und herrliche Ausblicke von den Thermen oberhalb von Fiambalá, einer Oase von Ortschaft, die in einem trockenen Tal zwischen Dünen und spektakulären Berglandschaften liegt; die Rallye Dakar findet bevorzugt in diesem Gebiet statt, seit sie nicht mehr in Afrika ausgetragen wird. Im äußersten Westen ragen majestätische, über 6000 m hohe Gipfel auf – nach der Everest-Region die zweithöchste der Welt. Die beiden wichtigsten Siedlungen sind Tinogasta und Fiambalá, die 50 km voneinander entfernt liegen. Wer über keinen fahrbaren Untersatz verfügt, kann diese Region am besten im Rahmen einer Exkursion von Belén oder Catamarca aus kennenlernen.

🎯 Sehenswertes & Aktivitäten

Ruta del Adobe
HISTORISCHES GEBÄUDE

GRATIS Die Straße von Tinogasta nach Fiambalá wird als „Adobe-Route" bezeichnet, denn hier stehen wunderschöne historische Gebäude mit dicken Mauern aus Lehm, Stroh und Dung sowie Dächern aus Zuckerrohr, die von Algarrobo-Balken getragen werden. Die verschiedenen Gebäude, darunter Gasthöfe und kleine Museen, sind an der Straße ausgeschildert. Die Strecke war einst eine wichtige Handelsroute nach Bolivien und Peru.

Wer mit öffentlichen Verkehrsmitteln unterwegs ist, kann die Iglesia de San Pedro besichtigen; sie ragt am südlichen Ortseingang von Fiambalá auf. Gleich daneben beeindruckt die Comandancia de Armas.

Museo del Hombre
MUSEUM

(Azarelli s/n, Fiambalá; Eintritt 10 Arg$; ⊙ Mo–Fr 7.30–13.30 & 15.30–20, Sa & So 8–13 & 15–20 Uhr) Das interessante regionale Museum besitzt Abteilungen zur Geologie und Archäologie, darunter hochwertige Keramiken und zwei gruselige Inkamumien mit gut erhaltenen Grabbeigaben. Ein weiterer Saal ist dem Bergsteigen gewidmet und informiert über berühmte Expeditionen zu den 14 Gipfeln der Provinz, die über 6000 m hoch sind.

Termas de Fiambalá
THERMALQUELLE

(Fiambalá; Eintritt 50 Arg$; ⊙ 7–22 Uhr) Etwa 15 km östlich, in den Bergen von Fiambalá gelegen, entspringen die Thermalquellen den Felsen und ergießen sich am Felshang herab in mehrere Thermalbecken: das höchstgelegene hat eine Temperatur von etwa 40 °C, die kühleren liegen weiter unten. Die Ausblicke über das Wüstental reichen unendlich weit. Nach 17 Uhr findet man mehr Schatten vor. An Wochenenden wird es voll und lärmend. Es gibt einen Campingplatz und verschiedene einfache Übernachtungsmöglichkeiten. Von Fiambalá kostet eine Fahrt in einer *remise* 170 Arg$.

⭐ Los Seismiles
GEBIRGE

Westlich von Fiambalá schlängelt sich eine asphaltierte Straße die gewaltigen Berge hinauf; ganz oben ist dann die Grenze nach Chile erreicht. Diese Autofahrt ist wirklich ein Erlebnis; bis auf ein White-Elephant-Hotel auf halbem Weg zwischen Fiambalá und der Grenze existiert hier absolut gar keine touristische Infrastruktur. Als Los Seismiles werden die Gipfel bezeichnet, die es auf über 6000 m bringen – und von denen bekommt man hier gleich mehrere zu sehen, darunter den Ojos del Salado (6879 m), den höchsten Vulkan der Welt.

Eine sogar noch majestätischere Landschaft lässt sich über eine einsame Bergbauroute erreichen, die nach 90 km zum Monte Pissis (6793 m) führt, dem dritthöchsten Berg Nord- und Südamerikas. Man braucht insgesamt rund fünf Stunden, bis man über diesen imposanten Berg mit herrlichen blauen, schwarzen und türkisen Seen im Vordergrund wieder zurück am Aussichtspunkt ist (50 km). Aufgrund der abgeschiedenen Lage empfiehlt es sich, die Region im Rahmen einer Exkursion zu erkunden – Veranstalter in Belén und Catamarca organisieren solche Touren.

Schlafen & Essen

In Fiambalá gibt es viele einfache Zimmer und ein Hostel. Camping ist möglich, dabei sind aber häufig starker Wind und Sandstürme zu bewältigen.

Hostería Municipal HOTEL $
(📞 03837-496291; Almagro s/n, Fiambalá; EZ/DZ 25/40 US$; ❄️🛜☎️) Im Herzen von Fiambalá liegt dieses Hotel mit einem schlichten, schattigen Innenhof. Die Zimmer sind anständig, in einem Restaurant werden einfache Mahlzeiten serviert.

⭐ **Casagrande** BOUTIQUEHOTEL $$
(📞 03837-421140; www.casagrandetour.com; Moreno 801, Tinogasta; DZ 112 US$; ❄️🛜☎️) Das exquisite Hotel in Tinogasta befindet sich in einem historischen Adobe-Gebäude, das die herzlichen Besitzer ausgebaut und mit wunderschönen Deko-Elementen versehen haben. Die gemütlichen, rustikalen Zimmer weisen traditionelle Reetdächer auf. Außerdem gibt es hier einen Raum mit Whirlpool sowie einen Pool im Freien. Die Mahlzeiten sind einfallsreich, auch hervorragende Salate werden serviert. Die Gäste können hier Sandboards und Fahrräder mieten.

ℹ️ Praktische Informationen

Fiambalá-Touristeninformation (📞 03837-496250; www.fiambala.gov.ar; Plaza Principal s/n, Fiambalá; ⏰ Mo–Fr 7–21, Sa & So 8–21 Uhr) An der Plaza.

ℹ️ An- & Weiterreise

Mindestens drei Busse fahren tgl. von Catamarca nach Tinogasta und Fiambalá (5¾ Std., 125 Arg$). Mehrmals pro Woche fahren Busse nach La Rioja und Córdoba. Wöchentlich verbinden fünf Busse Belén mit Tinogasta (65 Arg$, 3½ Std.).

EL TINKUNACO – KAMPF DER KULTUREN IM 16. JH.

Das faszinierende und bewegende **El-Tinkunaco-Fest** (⏰ 31. Dez. 12 Uhr) erinnert an den Konflikt zwischen den bei der Gründung von La Rioja aufeinanderprallenden Kulturen und vollzieht symbolisch dessen Lösung. Als Juan Ramírez de Velasco 1591 die Stadt gründete, sah er unbekümmert darüber hinweg, dass das Land den Diaguita gehörte, die es auch bestellten. Die Diaguita wehrten sich natürlich gegen die Aufteilung ihres Territoriums unter den spanischen Siedlern und begehrten 1593 auf. Ein blutiger Konflikt konnte durch die Vermittlung von Bruder Francisco Solano, der später dafür heilig gesprochen wurde, abgewendet werden. Die Diaguita vertrauten dem Kirchenmann und hörten sich seine Botschaft an. Sie versprachen, die Waffen niederzulegen – unter zwei Bedingungen: Der spanische *alcalde* (Bürgermeister) sollte abdanken und durch das Jesuskind ersetzt werden. Die Spanier waren einverstanden, und es wurde Frieden geschlossen. Der neue Bürgermeister erhielt den Namen Niño Jesús Alcalde.

Schon bald begann man, dieses historischen Ereignisses – Tinkunaco bedeutet Zusammenkunft in der Quechua-Sprache – zu gedenken. Alljährlich ziehen am Mittag des 31. Dezember zwei Prozessionen durch die Stadt – eine repräsentiert die Spanier, die andere die Diaguita – und diese treffen sich an der Casa de Gobierno. Beim Zusammentreffen der beiden Gruppen fallen alle vor dem Bildnis des Niño Jesús Alcalde auf die Knie und umarmen einander. Dies ist ein eindringlicher Moment mit der Botschaft, trotz kultureller Unterschiede nach Kompromissen zu suchen.

La Rioja

📞 0380 / 181 000 EW. / HÖHE 500 M

Umschlossen von den anmutigen Gipfeln der Sierra de Velasco bietet La Rioja an sonnigen Tagen einen imposanten Anblick. Und es gibt viele Sonnentage: Die sommerlichen Temperaturen erreichen Höchstwerte in dieser ruhigen, abgelegenen Provinzhauptstadt. Es ist ein auf zurückhaltende Art reizvoller Ort; wer auf der Durchreise hier vorbeikommt, entschließt sich vielleicht zu einem Aufenthalt (die Stadt liegt auf halbem Weg zwischen Mendoza und Salta), um einen Ausflug zum Parque Nacional Talampaya und zum Parque Provincial Ischigualasto zu unternehmen.

🔘 Sehenswertes

La Rioja ist ein römisch-katholisches Bistum, viele Wahrzeichen sind daher bedeutende sakrale Bauten.

⭐ Museo Folklórico
MUSEUM

(Pelagio Luna 811; Spende erbeten; ⊙ Di–Fr 9–13 & 17–21, Sa & So 9–13 Uhr) Das wirklich sehr sehenswerte Museum befindet sich in einem Adobe-Gebäude aus dem frühen 17. Jh. Es präsentiert hervorragende Exponate zu verschiedenen Aspekten der regionalen Kultur. Zu den verschiedenen Themenbereichen zählen *chaya* (Musik aus La Rioja), das Tinkunaco-Festival, Webkunst und Weinerzeugung. Die Führung ist wirklich informativ – allerdings nur für Besucher mit guten Spanischkenntnissen.

Convento de Santo Domingo
KIRCHE

(Ecke Pelagio Luna & Lamadrid; ⊙ Mo–Fr 9.30–12.30 & 18–20 Uhr) Das älteste Kloster Argentiniens wurde im Jahr 1623 von den Diaguita unter der Leitung von Dominikanermönchen erbaut. Das Datum ist dem geschnitzten Algarrobo-Türrahmen zu entnehmen, ebenfalls ein Werk von Diaguita-Künstlern. Ein Museum mit sakraler Kunst befindet sich im Gebäudekomplex.

👉 Geführte Touren

Corona del Inca
TOUR

(📞 0380-442-2142; www.coronadelinca.com.ar; Pelagio Luna 914) Der Veranstalter bietet verschiedene Ausflüge zu besonderen Sehenswürdigkeiten der Provinz.

Runacay
TOUR

(📞 03825-470368; www.runacay.com) Bietet Touren in den Parque Nacional Talampaya und den Parque Provincial Ischigualasto sowie nette Ausflüge zur Laguna Brava und anderen exklusiven Zielen.

🎉 Feste & Events

El Tinkunaco (S. 317) zählt zu den interessantesten Zeremonien in Argentinien.

La Chaya
KARNEVAL

Die regionale Variante des Karnevals. Der Name – er leitet sich von einem Wort der Quechua-Sprache ab, das „jemanden nassmachen" bedeutet – lässt erahnen, womit hier zu rechnen ist. Der Musikstil, der mit dem Festival verbunden ist, wird ebenfalls *chaya* genannt.

🛏 Schlafen

Die Hotels von La Rioja sind – von ein paar Ausnahmen abgesehen – allesamt durchschnittlich. Ermäßigungen werden bei Barzahlung gewährt.

Wayra Hostel
HOSTEL $

(📞 0380-15-435-4140; www.wayrahostel.com.ar; Escalada 1008; B 11–15 US$; DZ 25–35 US$; ✳ 🖧) Nett, sauber und freundlich – ein gut geführtes Hostel mit einer friedlichen Atmosphäre trotz Lärm von der Hauptstraßen. Es lohnt sich, ein paar Pesos mehr für den Schlafsaal im Erdgeschoss zu bezahlen, der viel Platz und etwas mehr Ruhe bietet. Die Einzelzimmer sind gepflegt und ziemlich gut. Gäste des Hostels werden kostenlos vom Busbahnhof abgeholt, es gibt einen Fahrradverleih, Gleitschirmflüge und Touren können organisiert werden.

⭐ Hotel Pucara
HOTEL $$

(📞 0380-443-7789; www.hotelpucaralarioja.com.ar; República de Siria 79; EZ/DZ 50/77 US$; ✳ @ 🖧) Kühle und Stille herrschen in dem modernen Hotel mit attraktiven, komfortablen Zimmern in einem ruhigen Barrio. Die freundlichen jungen Inhaber haben ein einladendes Haus daraus gemacht, in dem Gemeinschaftsräume durch rohes Mauerwerk und traditionelle Kunstwerke verschönert wurden. Die fünf sauberen, dunklen Zimmer haben Betten mit guten Matratzen. Obwohl nicht luxuriös, ist es in vieler Hinsicht das beste Hotel von La Rioja.

Naindo Park Hotel
HOTEL $$$

(📞 0380-447-0700; www.naindoparkhotel.com; Av San Nicolás de Bari 475; EZ/DZ 151/168 US$; ✳ @ 🖧 ⊗) Abseits der Plaza und dennoch ein beherrschender Anblick ist dieses Hotel,

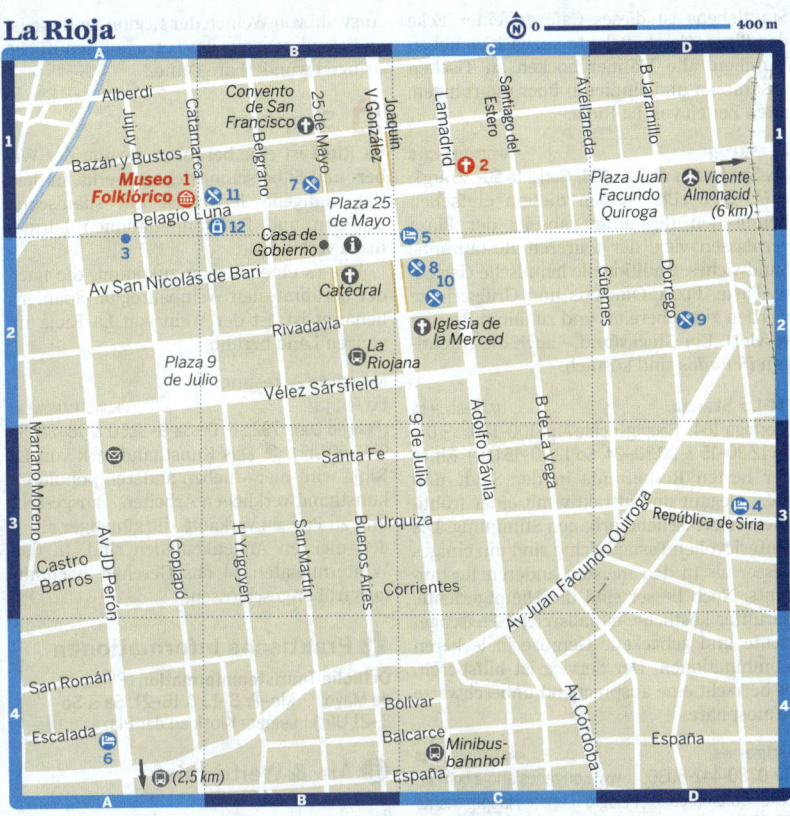

La Rioja

das als Spitzenhotel von La Rioja gilt. Es bietet einen guten Service, einiges an Annehmlichkeiten und verlangt dementsprechende Preise. Die Zimmer sind von angenehmer Größe, hatten aber eine Renovierung dringend nötig. Echte Kunstwerke zieren die Wände, die Ausblicke sind nett. Gerechtfertigt ist der hohe Preis nicht.

✗ Essen

Die regionale Küche ist vor allem von *locro*, saftigen Empanadas, *chivito asado* (Grillgericht mit Ziegenlammfleisch), *humitas*, *quesillo* (Dessert aus Milch mit Karamell) und Oliven geprägt. Es lohnt sich, die preisgünstigen Weine der Region in den Restaurants zu probieren.

Café del Paseo CAFÉ $
(Ecke Pelagio Luna & 25 de Mayo; leichte Mahlzeiten 60–100 Arg$; ⏱7.30–15 & 17.30–1 Uhr; ☎) Der beste Aussichtspunkt zur Beobachtung des

Stadtlebens ist dieses Café an einer Ecke der Plaza. Geschäftsleute sitzen hier neben Familien, alte Männer hocken an Tischen zusammen und sinnieren über die ruhigen, alten Zeiten von La Rioja.

El Marqués
ARGENTINISCH $

(Av San Nicolás de Bari 484; Gerichte 50–80 Arg$; ☺ Mo–Sa 8–1 Uhr) Neben diesem einfachen heimischen Restaurant abseits der Plaza verblassen viele der teureren Restaurants. Sandwiches, traditionelle heimische Gerichte, Pasta, Pizza, Omeletts und Grillgerichte werden gut zubereitet und zu fairen Preisen serviert. Ein Glücksfund – auch die fruchtigen *licuados* sind köstlich.

★ La Stanza
ITALIENISCH $$

(Dorrego 164; Hauptgerichte Arg$100–180; ☺ Di–Sa 12.30–15 & 20.30–24, So 12.30–15 Uhr) Eines der besten Restaurants in der Stadt und dazu elegant und attraktiv mit einer fröhlichen, überraschend urbanen Stimmung. Die fantasievollen Pastagerichte sind um einiges besser als in den meisten anderen Restaurants. Noch besser sind die Hauptgerichte, darunter köstliche, einfallsreiche Fleischgerichte und gebackene Gemüse in leckeren Kombinationen. Der Service ist hilfsbereit, es herrscht eine ansprechend unbeschwerte Atmosphäre.

Orígenes
ARGENTINISCH $$

(☎ 0380-442-8036; www.origeneslarioja.com.ar; Ecke Catamarca & Pelagio Luna; Hauptgerichte 90–180 Arg$; ☺ 11.30–15.30 & 20–24 Uhr; ☎) Eleganz und Enthusiasmus geht von diesem Restaurant aus. Es nimmt einen Eckraum in einem monumentalen, wunderschönen Schulhaus aus dem 19. Jh. ein, in dem sich heute ein Kulturzentrum befindet. Heimische Traditionen werden hier mit moderner Kochkunst verbunden. Die Ergebnisse sind hervorragend, z. B. fantasievoll gemachte Salate, die vollgültige Mahlzeiten sind, und die hübsche Präsentation der Gerichte. Die Preise sind mehr als fair.

La Vieja Casona
ARGENTINISCH $$

(☎ 0380-442-5996; www.lacasonalunch.com.ar; Rivadavia 457; Hauptgerichte 80–180 Arg$; ☺ 11.30–15.30 & 20.30–00.30 Uhr; ☎) Fröhlich beleuchtet und gestaltet ist das fantastische Restaurant mit einer großen Vielfalt regionaler und hauseigener Spezialitäten und einer Speisekarte argentinischer Klassiker – die *parrillada* (Grillplatten inkl. Steak) des Hauses duftet nach dem Rauch des Holzfeuers und ist hervorragend gemacht. Eine gute

Auswahl von Weinen der Region La Rioja ist zu bekommen, aus der betriebsamen Küche dringen wunderbare Düfte.

Shoppen

La Rioja ist eine berühmte Region des Weber- und Silberschmiedehandwerks, in dem sich indigene Techniken mit spanischen Mustern und Farbkombinationen harmonisch verbinden.

Wie es einer Region zukommt, die nach der berühmtesten Weinbauregion Spaniens benannt ist, ist der Wein von La Rioja im ganzen Land berühmt.

Mercado Artesanal de La Rioja
KUNSTHANDWERK

(Pelagio Luna 792; ☺ Di–Sa 9–12.50 & 18–22, So 9–12.50 Uhr) 🖉 Das Kunsthandwerk von La Rioja wird hier – neben anderen populären kunsthandwerklichen Arbeiten – ausgestellt und zu Preisen verkauft, die günstiger als in den meisten Andenkenläden sind. In den Wintermonaten ist das Geschäft nachmittags früher geschlossen.

ℹ Praktische Informationen

Örtliche Touristeninformation (Plaza 25 de Mayo; ☺ Mo–Fr 8–13 & 16–21, Sa & So 8–21 Uhr) In einem Kiosk an der Plaza.

ℹ An- & Weiterreise

BUS

Der **Busbahnhof** (Av Circunvalación s/n) von La Rioja liegt vor der malerischen Kulisse der Sierra, 3 km südlich der Innenstadt.

Nach Chilecito fahren die Minibusse von **La Riojana** (☎ 0380-443-5279; Buenos Aires 154; 150 Arg$; ☺ Mo–Fr 9.15–13.15 & 18.15–21.15, Sa 9.30–13 & 19–21, So 9.30–12.30 & 18–21 Uhr) 3-mal tgl. (150 Arg$, 2½ Std., So 2-mal tgl.), es geht ein wenig schneller als mit dem Bus. Minibusse fahren vom **Minibusbahnhof** (☎ 0380-446-8562; Artigas 750) ab; er liegt sieben Häuserblocks südlich von der Plaza; Fahrgäste dürfen gelegentlich schon beim Büro einsteigen.

Busse von La Rioja

REISEZIEL	FAHRPREIS (ARG$)	FAHRZEIT (STD.)
Belén	162	5
Buenos Aires	985	14–17
Catamarca	138	2
Chilecito	120	3
Córdoba	400	6

Mendoza	563	8–9½
Salta	616	10
San Juan	405–429	6
Santiago del Estero	535	7–8
Tucumán	343	5½–6½

FLUGHAFEN

Aerolíneas Argentinas (☎ 0380-442-6307; www.aerolineas.com.ar; Belgrano 63; ⊗ Mo–Fr 8–13 & 17.30–20.30, Sa 8.30–12.30 Uhr) Flüge von und nach Buenos Aires werden 6-mal wöchentlich abgefertigt.

❶ Unterwegs vor Ort

Aeropuerto Vicente Almonacid (IRJ; ☎ 0380-446-2160) liegt 7 km östlich der Stadt an der RP 5. Eine Taxifahrt kostet 120 Arg$.

Eine Taxifahrt vom Busbahnhof in die Innenstadt kostet 50 Arg$. Städtische Busse (6 Arg$) verkehren zwischen Busbahnhof und Stadtzentrum, u. a. die Linien 2, 6, 7 und 8.

Chilecito

☎ 03825 / 33 700 EW./ HÖHE 1080 M

Das grandios zwischen niedrigen felsigen Hügeln und imposanten, schneebedeckten Gipfeln gelegene Chilecito bietet sich für einen Zwischenstopp an der spektakulären RN 40 an. Hier gibt es mehrere interessante Dinge zu sehen, darunter eine erstaunliche, inzwischen stillgelegte Seilbahn, die zu einer Mine hoch oben in der Sierra führt. Aufgrund der großen Hitze, der Relikte aus vergangenen Bergbautagen und der vielen Kandelaberkakteen auf den Hängen ringsum verströmt Chilecito viel Wildwest-Flair. Es ist definitiv der beste Ort, um in diesem Teil des Landes ein paar geruhsame Tage zu verbringen und spektakuläre Ausflüge in die Sierra zu unternehmen.

◎ Sehenswertes

★ Museo del Cablecarril
MUSEUM, MATERIALSEILBAHN

(Av Presidente Perón s/n; Eintritt 15 Arg$; ⊗ 8.30–12 & 13–18 Uhr) Die alte Materialseilbahn dokumentiert das ungewöhnliche Maschinenbauprojekt und Erzbergwerk, aus dem das moderne Chilecito zu Beginn des 20. Jhs. hervorgegangen ist. Das einfache, malerische Museum bewahrt Fotografien, Werkzeuge und Dokumente, außerdem Kommunikationsgeräte, darunter ein frühes Mobiltelefon. Besucher werden durch das Museum geführt (auf Spanisch) und können dann die Seilbahnstation selbst erkunden, wo Kübelwagen reglos und still hintereinanderstehen. Am sehenswertesten ist es am späten Nachmittag, wenn das Sonnenlicht auf dem rostigen Eisen und den schneebedeckten Sierras liegt.

Mit einem eigenen Auto können Besucher auch die zweite und dritte Zwischenstation besichtigen. Auf Führungen werden Besucher zur neunten und letzten Station, der hoch am Osthang der Sierra gelegenen La Mejicana, begleitet.

Das Museum liegt an der Hauptstraße am südlichen Ortseingang, einen Häuserblock südlich vom Busbahnhof.

Cristo del Portezuelo
MONUMENT

(Maestro s/n; ⊗ Mo–Fr 8–22, Sa & So 8.30–22 Uhr) GRATIS Von der Plaza führt die Maestro auf das neu entstandene Monument zu: eine riesige Christusstatue auf einem Sockel, der auf 203 Stufen bestiegen werden kann und von terrassierten Kakteengärten flankiert wird. Von oben öffnen sich überwältigende Blicke über die Stadt, einheimische Paare schmusen im Schatz und zu Füßen des Heilandes. Es gibt ein Café und eine unendlich langsame Seilbahn (10 Arg$) für übermüdete Besucher.

Molino de San Francisco
MUSEUM

(Ocampo 63; Eintritt 20 Arg$; ⊗ 8.30–12.30 & 14–18 Uhr) Der Gründer Chilecitos, Don Domingo de Castro y Bazán, war Eigentümer dieser kolonialzeitlichen Kornmühle, die eine weit gefasste Sammlung birgt: archäologische Werkzeuge, antike Waffen, frühe kolonialzeitliche Dokumente, Mineralien, traditionelle kunsthandwerkliche Stücke aus Holz und Leder, Banknoten, ausgestopfte Vögel, Holzschnitte, Mobiltelefone und Gemälde. Das Museum liegt vier Häuserblock westlich der Plaza.

La Riojana
WEINGUT

(☎ 03825-423150; www.lariojana.com.ar; La Plata 646; ⊗ Führungen Mo–Fr 11, 12, 13, 15 & 16, Sa 10, 11 & 12 Uhr) GRATIS Die Kooperative La Riojana ist der bedeutendste Weinproduzent der Region und ein großer Betrieb: Rund 30 Mio. Liter werden hier jährlich hergestellt.

Auf einer guten, kostenlosen Tour werden die Besucher durch die Bodega geführt– es gibt hier allerdings keine moderigen Weinfässer in langen Reihen, sondern nur riesige Gärungstanks aus Beton zu sehen. Die Führungen schließen mit einer großzügigen

Weinprobe ab. La Riojana liegt lediglich einen Häuserblock nördlich und fünf Blocks westlich der Plaza.

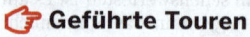 Geführte Touren

Cuesta Vieja
TOUR

(☎ 03825-424874; www.cuestavieja.com.ar; González 467) Der freundliche, zuverlässige Veranstalter ist in Chilecito ansässig und eine exzellente Wahl für Ausflüge in die Sierra, zum Parque Nacional Talampaya und Parque Provincial Ischigualasto. Auf Rundflügen können Teilnehmer die schöne Landschaft von oben betrachten.

Salir del Cráter
TOUR

(☎ 03825-15-679620; www.salirdelcrater.com.ar) Ein guter Veranstalter mit Sitz in Chilecito, der Ausflüge in den Westen der Provinz La Rioja, u. a. zum Parque Nacional Talampaya, anbietet. Kompetentes Buchungsverfahren und hervorragende Guides.

🛏 Schlafen

⭐ Posada Nocenta Pisetta
PENSION $

(☎ 03825-498108; claudiapisetta@hotmail.com; Finca la Cuadra, abseits der RP 12; DZ 60–70 US$, 4BZ 95 US$; ❅ 🖥 🛏) Die historische Rinderranch bietet besondere Unterkünfte, 4 km von der Stadtmitte Chilecitos. Der Inhaber hat das vornehme Adobe-Gebäude mit dicken Wänden von seinem Großvater übernommen. Es bietet sparsam eingerichtete Zimmer mit antiken Holzmöbeln und ursprünglichen Fußbodendielen und -fliesen. Alle Zimmer sind unterschiedlich: Eine Suite ist besonders gut für Familien geeignet (allerdings sind nur Kinder über 12 Jahren erwünscht). Der erste Eindruck ist einzigartig: ein wunderbarer Ort.

El Viejo Molino
PENSION $

(☎ 03825-429445; nicorody@hotmail.com; Jamín Ocampo 64; EZ/DZ/4BZ 46/61/91 US$; ❅ 🖥 🐾) In einem anheimelnd persönlichen Stil wird die attraktive Pension geführt, sie überblickt einen kleinen Garten beim Museum Molino de San Francisco. Die modernen Zimmer sind komfortabel, stilvoll und gut ausgestattet. In einem ansprechenden Restaurant werden Pizzas und regionale Spezialitäten serviert, dazu gibt es Ausblicke auf die Sierra und eine wundervoll friedliche Atmosphäre.

Hotel Ruta 40
HOTEL $

(☎ 03825-422804; Libertad 68; EZ/DZ 25/40 US$, ohne Bad 20/35 US$; ❅ 🖥) Ein lässiges Hotel der preisgünstigen Kategorie, ein paar

Häuserblocks von der Plaza entfernt. Das komfortable Haus bietet verschiedene Zimmer mit bequemen Betten und sauberen, geräumigen Bädern. Am besten ist es, sich die Zimmer vorher anzusehen – einige haben einen schönen Blick auf einen mit Wein bewachsenen Patio und die fernen Berge.

Hotel El Caudillo
PENSION $

(Hostal Mary Pérez; ☎ 03825-423156; hostal_mp@hotmail.com; Florencio Dávila 280; EZ/DZ 25/50 US$; ❅ 🖥) Der tatkräftige Inhaber ist derzeit beschäftigt, die frühere Pension umzubauen und zu modernisieren – und kommt gut voran. Die Zimmer sind eher dunkel, die Betten haben ausgezeichnete Matratzen; ein Zimmer mit zwei Ebenen ist besonders für mehrere Gäste geeignet und hat einen Küchenzugang. Eine gute Adresse an einer ruhigen Straße.

MAC Royal Suites
HOTEL $$$

(☎ 03825-422002; www.macroyalsuites.com; 19 de Febrero 361; EZ/DZ/Suite 242/363/545 US$; ❅ @ 🖥 🛏 🐾) Die Farben der umgebenden Berge wiederholen sich in diesem modernen Hotelbau – etwas fehl am Platz im niedrig gebauten Chilecito. Im Namen trägt es die Initialen des Eigentümers, eines Spielkasinomagnaten. Die Ausstattung ist feudal: Innen- und Außen-Pools, Saunas, ein Kakteengarten und ein modernes Fitnessstudio. Die Zimmer sind stilvoll und geräumig und mit Hydromassagebädern und eleganten Möbeln ausgestattet. Trotz alledem erscheinen die Preise zu hoch, ein WLAN-Zugang wird extra berechnet. Der Service ist immerhin herzlich und enthusiastisch.

🍴 Essen & Ausgehen

⭐ El Rancho de Ferrito
ARGENTINISCH $

(Av Pelagio Luna 647; Hauptgerichte 60–110 Arg$; ⏰ Di–Sa 11–15 & 19–23, So 11–15 Uhr) Der Fußmarsch zu diesem einladenden argentinischen Restaurant, sieben Blocks nördlich der Plaza, lohnt sich auf jeden Fall. Okay, das Angebot kommt einem bekannt vor – einmal abgesehen von den Spezialitäten des Hauses wie *cazuela de gallina* (Hühnereintopf: lecker!) und den Weinen aus der Region –, aber Qualität, Preise und authentische Atmosphäre sind hier wirklich erstklassig.

Yops
BAR

(AE Dávila 70; ⏰ Mo–Sa 9.15–14 & 20.30–2 Uhr) Einfach, aber stimmungsvoll ist die unkonventionelle Bar, bei Weitem das beste Café in Chilecito. Ein feiner Kaffee, kühles Bier und recht gute Mixgetränke werden serviert. Einheimische Gäste tragen hier langwierige Schachpartien aus.

ℹ Praktische Informationen

An der Plaza gibt es Banken mit Geldautomaten. **Touristeninformation** (☎ 03825-429665; www.emutur.com.ar; Castro y Bazán 52; ◷ 9–22 Uhr; ☎) Einen halben Häuserblock abseits der Plaza gelegen. Einen Infostand findet man auch am Busbahnhof.

ℹ An- & Weiterreise

Der **Busbahnhof** (Av Presidente Perón s/n; ☎) liegt 1,5 km südlich vom Stadtzentrum. Von La Rioja (120 Arg$, 3 Std.) ist es eine spektakuläre Fahrt an den roten Felsformationen von Los Colorados vorüber und vor dem Hintergrund der schneebedeckten Sierra de Famatina. Direkte Busverbindungen bestehen zwischen Chilecito und entfernteren Zielen wie Buenos Aires. Die Minibusse von **La Riojana** (☎ 03825-424710; Maestro 61; 150 Arg$) bewältigen die Fahrt von La Rioja aus etwas schneller (2½ Std.).

Nach Belén fahren keine Busse; um einen langwierigen Umweg zu vermeiden, kann man sich einer Tour nach El Shincal anschließen. Ansonsten fährt ein Andesmar-Bus 2-mal wöchentlich (ab 4 Uhr) nach Tinogasta. In Zukunft soll es bessere Verbindungen geben.

Parque Nacional Talampaya

Die spektakulären Felsformationen und Cañyons des trockenen, wüstenartigen Nationalparks (☎ 03825-470356; www.parques nacionales.gob.ar; Eintritt Ausländer/Angehöriger des Mercosur/Argentinier/Auto 120/100/70/15 Arg$; ◷ Ausflüge Okt.–Feb. 8–17 Uhr, März–Sept. 8.30–16.30 Uhr) sind Zeugnisse der erosiven Kraft des Wassers. Heute ist es kaum vorstellbar, dass es hier jemals Wasser gab. Die Sandsteinklippen sind so erstaunlich wie die Gebirgslandschaft der ferneren Umgebung. Talampaya liegt in verhältnismäßiger Nähe zum **Parque Provincial Ischigualasto** in der Provinz San Juan, der reich an Fossilien ist; beide lassen sich leicht miteinander verbinden, wenn man über ein eigenes Auto verfügt oder sich einer Tour anschließt.

◉ Sehenswertes & Aktivitäten

Besucher dürfen den Park nur im Rahmen von Führungen betreten, die von der Touristeninformation arrangiert werden. Eine Standardtour von 2½ Std. (360 Arg$) findet in einem komfortablen Minibus statt, Wanderungen sind dabei kaum vorgesehen. Trotzdem sollten Besucher ausreichend Wasser mitnehmen und sich vor der glühenden Sonne schützen. Gegen eine geringe Gebühr kann die Tour auf einen weiteren Cañyon ausgedehnt oder auf dem Dach eines Lastwagens zurückgelegt werden. Verschiedene andere Touren führen zu ferneren Tälern und anderen Gegenden des Parks.

Wanderungen mit Führung (300–400 Arg$) und Fahrradtouren (400 Arg$) sind ebenfalls möglich – eine ansprechende-

SALTA & DER ANDINE NORDWESTEN PARQUE NACIONAL TALAMPAYA

FAHRTEN IN DEN WESTEN DER PROVINZ LA RIOJA

Der westliche Teil der Provinz La Rioja ist mit einer Vielzahl von faszinierenden Zielen in den Sierras besonders interessant. Die Städte Chilecito und Villa Unión sind ideale Startpunkte für eine Reihe von einzigartigen Ausflügen. Der **Parque Nacional Talampaya** (s. oben) ist ein anziehendes Ziel, das mit einem Besuch des **Parque Provincial Ischigualasto** und (ausgehend von Chilecito) der Überquerung des malerischen Miranda-Passes verbunden werden kann. Auf abenteuerlichen Bergfahrten im Geländewagen ist das verlassene Bergwerk von **La Mejicana** (4603 m) zu erreichen – die ansteigende Fahrt führt durch erstaunliche Szenerien mit einer reichen Palette von Farben, darunter ein Fluss in hinreißendem Gelb. Wer tiefer in die Sierras bis zur chilenischen Grenze vordringt, gelangt zur großen **Laguna Brava**, einem See voller Flamingos, vor einer Kulisse der beängstigend kargen und wunderschönen Andenlandschaft. In noch größerer Höhe (5600 m) liegt der entrückte saphirblaue Kratersee von Corona del Inca, der nur im Sommer zugänglich ist.

Veranstalter in Chilecito, z. B. **Salir del Cráter** (S. 322) und **Cuesta Vieja** (S. 322) organisieren solche Ausflüge, deren Preise zwischen 100 und 400 US$ für bis zu vier Teilnehmer liegen. Ein guter Veranstalter in Villa Unión ist **Runacay** (S. 318). Die Tourenveranstalter arbeiten beim Zusammenstellen von Reisegruppen zusammen.

re Art der Erkundung, wenn die Hitze nicht zu intensiv ist (auch wer zu Fuß unterwegs sein möchte, muss wahrscheinlich die Fahrt in den Nationalpark extra bezahlen). Es gibt Ausflüge bei Nacht (350 Arg$), die bei Vollmond stattfinden. Zu beachten ist, dass verschiedene Ausflüge von unterschiedlichen Veranstaltern angeboten werden, sodass es schwierig sein kann, an umfassende Informationen zu kommen.

Cañón de Talampaya CANYON

Der Hauptanziehungspunkt des Nationalparks ist der spektakuläre (normalerweise) trockene Wasserlauf, der von steilen Sandsteinhängen begrenzt wird. Kondore lassen sich von thermischen Aufwinden gemächlich in die Höhe tragen, und Guanakos, Nandus und Pampashasen sind im Schatten von Algarrobo-Bäumen am sandigen Grund des Cañyon zu sehen. Eine Reihe von rätselhaften Felsritzungen in oxidierten Sandsteinplatten ist der erste Haltepunkt auf einer Standardführung, darauf folgen weitere Highlights im Cañyon selbst, beispielsweise Chimenea, deren Echo einen unvergesslichen Eindruck hinterlässt, und Felsformationen mit sinnbildlichen Namen wie „Catedral" und „El Monje" (Der Mönch).

Ciudad Perdida &
Cañón Arco Iris FELSFORMATION

Ein anderer Teil des Parks ist von der Straße aus (etwa 14 km vor dem Parkeingang) zugänglich; es sind beeindruckende Felsformationen, die auf einer Geländewagenfahrt mit Führung zu erreichen sind. Die Fahrten beginnen, wenn die Plätze besetzt sind (250–300 Arg$; 3–4 Std.).

Sendero Triásico MUSEUM

Der Wanderweg führt an lebensgroßen Nachbildungen von Dinosauriern aus dem Trias (älteste Periode des Erdmittelalters) vorüber, deren Fossilien in der Gegend von Talampaya ausgegraben wurden.

🛏 Schlafen & Essen

Ein schattenloser Campingplatz befindet sich bei der Touristeninformation, dort gibt es akzeptable Toiletten und Duschen. In einem Café werden Mahlzeiten und kalte Getränke serviert.

Einfache Unterkünfte sind in Pagancillo, etwa 29 km nördlich, zu bekommen. Nach einer Fahrt von weiteren 29 km erreicht man den größeren Ort Villa Unión mit mehreren Hütten und Hotelzimmern, die teilweise recht elegant sind.

ℹ Praktische Informationen

Die Touristeninformation liegt direkt am Rand der RP 26. Hier bezahlen Besucher die Eintrittsgebühr und verabreden eine Führung. Der Eintritt ist zwei Tage lang gültig und beinhaltet eine Infotour zur Einführung in biologische und kulturelle Aspekte des Nationalparks. Es ist aber kein Muss an diesen teilzunehmen: Die meisten Informationen werden auch während der Parkführung vermittelt.

ℹ An- & Weiterreise

Busse aus La Rioja nach Pagancillo und Villa Unión (110 Arg$, 3½ Std.) lassen Fahrgäste am Parkeingang aussteigen, von dort sind es nur 500 m zu Fuß zur Touristeninformation. Der früheste Bus (Facundo) fährt von La Rioja um 7 Uhr ab und lässt ausreichend Zeit für einen ganztägigen Ausflug. Ein **Bus** (☏ 03825-527178) verbindet die 58 km entfernte Stadt Villa Unión mit Chilecito (125 Arg$, 3 Std.), die Fahrt führt über den spektakulären Miranda-Pass. Der Bus fährt Montag, Donnerstag und Sonntag um 15 Uhr von Villa Unión ab. Freitags fährt außerdem ein Bus nahe Guandacol um 17 Uhr ab. Von Chilecito sind die Abfahrtzeiten: Montag, Mittwoch und Samstag um 13.30 Uhr und Freitag um 13 Uhr.

Wer Talampaya und Ischigualasto an einem Tag bewältigen will, findet Angebote von Tourenveranstaltern in **La Rioja** (S. 318) oder **Chilecito** (S. 322). Es ist oft preiswerter, an einem der beiden Orte oder dem näheren Villa Unión eine *remise* zu nehmen.

Córdoba & die Pampinen Sierren

Gut essen

➡ El Bistro del Alquimista
(S. 349)

➡ La Nieta 'e la Pancha
(S. 325)

➡ Tono (S. 355)

➡ Kasbah (S. 343)

➡ El Paseo (S. 352)

Schön übernachten

➡ 279 Boutique B&B (S. 349)

➡ Hotel Azur Real (S. 334)

➡ Hostel Rupestre (S. 334)

➡ Estancia La Estanzuela
(S. 359)

➡ Hospedaje Casa Rosita
(S. 351)

Auf nach Cordóba & zu den Pampinen Sierren!

Argentiniens zweitgrößte Stadt sprüht vor Leben. Sieben große Universitäten haben hier ihren Sitz, die junge Bevölkerung sorgt für ein pulsierendes Nachtleben und eine lebhafte Kulturszene. Cordóba blickt auf eine faszinierende Geschichte zurück, sein architektonisches und kulturelles Erbe verdankt es den Jesuiten, die sich nach ihrer Ankunft in Argentinien hier niederließen.

In der Hügellandschaft rund um die Stadt liegen Orte verstreut, in denen sich mühelos Tage oder auch ein ganzer Monat verbringen ließen. Hierzu zählen die fünf Jesuitenmissionen, die sich von der Provinzhauptstadt aus leicht im Rahmen eines Tagesausflugs besuchen lassen. Die Berge bieten zudem ausgezeichnete Möglichkeiten zum Gleitschirmfliegen. Mehrere Nationalparks laden zu fantastischen Trekkingtouren ein. Weiter südwestlich finden sich im Valle de Conlara und in den Sierras Puntanas die richtigen Plätze, um den Massen zu entfliehen.

Reisezeit
Córdoba

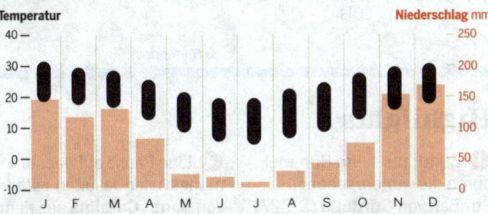

Nov.–Feb. Am Tag bieten die Flussufer in den Sierren Abkühlung. Nachts locken Córdobas Bars.

März–Juni Mit klaren, kühlen Tagen und nur wenig Regen die ideale Zeit für Outdooraktivitäten.

Juli–Sept. In höheren Lagen schneit es ab und zu. Wenig Regen sorgt für gutes Wanderwetter.

Highlights

1 Kultur pur beim Bummel durch die wunderschönen Straßen von **Córdoba** (S. 327)

2 Uralte Höhlen, Felsmalereien und das atemberaubende Hochlandpanorama rund um **Carolina** (S. 358)

3 Ein Gleitschirmflug bei **La Cumbre** (S. 342)

4 Eine Pause auf der stimmungsvollen Jesuiten-*estancia* von **Santa Catalina** aus dem 17. Jh. (S. 349)

5 Der **Parque Nacional Sierra de las Quijadas** (S. 357): Dort faszinieren die surrealen Felsformationen, zu denen schöne Wanderwege führen

6 Im autofreien Bergdorf **La Cumbrecita** (S. 351) chillen

7 Der Besuch von Che Guevaras Haus in **Alta Gracia** (S. 348)

8 Ein Bad im Fluss im urigen Ferienort **Mina Clavero** (S. 352)

Nationalparks

Der wenig besuchte Parque Nacional Sierra de las Quijadas in der Provinz San Luis ist eine hervorragende Alternative zum bekannten Parque Provincial Ischigualasto in San Juan. Sein Vorteil ist die bequeme Erreichbarkeit. Sein Nachteil: Allein kann man sich in dem komplizierten Schluchtenlabyrinth leicht verirren – und man hat die Wüstencanyons und Felsformationen oft ganz für sich allein.

Der Parque Nacional Quebrada del Condorito ist ein lohnenswerter Tagesausflug von Córdoba aus. Zu den eindrucksvollsten Erlebnissen des Parkbesuchs zählen die gewaltigen Kondore, die hier einen Vorposten ihrer Verbreitung haben und an Felsabsätzen brüten. Zu ihrem Schutz wurde der Park auch eingerichtet.

ℹ️ Anreise & Unterwegs vor Ort

Córdoba ist der optimale Zwischenstopp auf dem Weg nach Süden oder Südwesten Richtung Mendoza. Von hier aus gibt es Busverbindungen in alle Landesteile.

Die Städte in den Sierren sind ebenfalls gut mit öffentlichen Verkehrsmitteln erreichbar, viele der kleinen, abgelegenen Orte und *estancias* (Landgüter) der Jesuiten dagegen nur auf den eigenen vier (oder zwei) Rädern. In den Sierren gibt es ein dichtes Netz an Straßen; viele sind asphaltiert, andere allerdings nur Schotterstraßen und damit ideal für eine Fahrradtour – allerdings sinnvollerweise mit einem Mountainbike. Die Autofahrer sind hier übrigens ein bisschen weniger rücksichtslos als anderswo im Land.

CÓRDOBA

📞 0351 / 1 317 MIO. EW. / 400 M

Das alte Reiseführerklischee stimmt: Córdoba ist tatsächlich eine faszinierende Mischung aus Alt und Neu. Wo sonst findet man überfüllte Studentenkneipen, in denen DJs Elektro-Tango auflegen, und direkt daneben die Ruinen jesuitischer Bauwerke aus dem 17. Jh.?

Zwar trennen Córdoba immerhin 715 km von Buenos Aires, aber die Stadt ist dennoch alles andere als ein verschlafenes Provinznest. 2006 erhielt sie immerhin den ziemlich prestigeträchtigen Titel „Kulturhauptstadt beider Amerikas" verliehen – und dieser Titel passt zu Córdoba wie angegossen. Vier ausgezeichnete städtische Kunstmuseen – jeweils der neu entstehenden, der zeitgenössischen, der klassischen und der bildenden

Kunst gewidmet – sind untereinander und vom Stadtzentrum aus bequem zu Fuß erreichbar.

🔴 Sehenswertes

Zu sehen gibt es viel, es lohnt sich daher, zumindest ein paar Tage für die Besichtigung der Stadt einzuplanen. Die meisten Kirchen haben etwa von 9 bis 12 und von 17 bis 20 Uhr geöffnet. Die Öffnungszeiten der Museen ändern sich häufig – je nach Jahreszeit und Verwaltung.

Die meisten Kolonialgebäude stehen im Viertel rund um die Plaza San Martín, den urbanen Kern der Stadt. Das kommerzielle Zentrum liegt gleich westlich der Plaza: Hier kreuzen sich die wichtigsten Fußgängerstraßen – die 25 de Mayo und die Rivera Indarte. An der Obispo Trejo südwestlich der Plaza stehen die Kolonialbauten dicht an dicht. Südlich der Innenstadt findet man in den Grünanlagen des Parque Sarmiento den nötigen Abstand zur oft hektischen Atmosphäre des dicht bebauten Zentrums.

Die in Ost-West-Richtung verlaufenden Straßen ändern beiderseits der San Martín/Independencia ihren Namen, die in Nord-Süd-Richtung verlaufenden Straßenzüge beiderseits der Deán Funes/Rosario de Santa Fe.

🔴 Centro

Die Stadtmitte Córdobas strotzt nur so vor Kolonialbauten und anderen historischen Sehenswürdigkeiten.

Iglesia Catedral   KATHEDRALE
(Ecke Independencia & 27 de Abril; ⏱ Mo–Fr 8–20, Sa & So 8–12 & 17–20 Uhr) Nachdem 1577 mit dem Bau der Kathedrale begonnen wurde, zogen sich die Arbeiten mehr als zwei Jahrhunderte hin. Mehrere Baumeister waren daran beteiligt, darunter Jesuiten und Franziskaner. Und obwohl jegliche architektonische Einheit fehlt, ist die Kathedrale doch ein wunderschönes Gebäude. Mit einer romanischen Kuppel bekrönt, blickt sie über die Plaza San Martín. Die prächtigen Innenräume wurden vom berühmten *Cordobés*-Maler Emilio Caraffa ausgestaltet.

Museo de la Memoria   MUSEUM
(www.apm.gov.ar; San Jerónimo s/n; ⏱ Di–Fr 10–17 Uhr) GRATIS Das Museum dokumentiert die Exzesse der argentinischen Militärdiktatur auf schonungslose Weise. Das Museumsgebäude diente früher als geheimes Internierungs- und Folterlager der gefürchteten Ge-

Córdoba

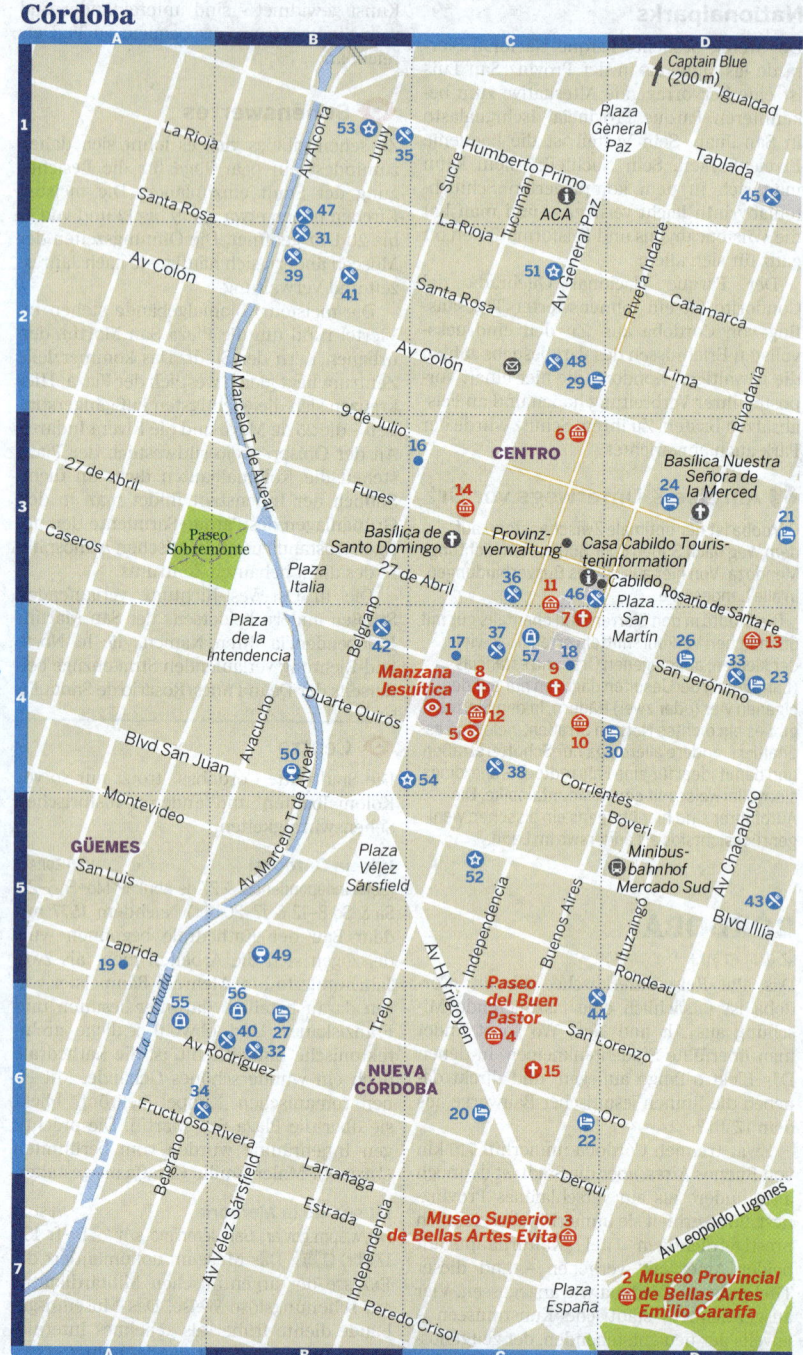

Captain Blue
(200 m)

Igualdad

La Rioja

Santa Rosa

Av Colón

27 de Abril

Caseros

GÜEMES

San Luis

Laprida
19

Fructuoso Rivera

La Rioja

Sucre

Humberto Primo

Tucumán

53
35
Jujuy
Av Alcorta

47
31
39
41

Santa Rosa

9 de Julio

16

Funes

Basílica de
Santo Domingo

27 de Abril

Plaza
Italia

Plaza
de la
Intendencia

Belgrano

Duarte Quirós

Avacucho

Blvd San Juan

Montevideo

50

Av Marcelo T de Alvear

La Cañada

55
56
40 27
32

Av Rodríguez

34

Belgrano

Av Vélez Sársfield

Larrañaga

Estrada

Independencia

Peredo Crisol

42

Manzana
Jesuítica

17
1
5
8
12
54

Plaza
Vélez
Sársfield

52

49

Trejo

Av H Yrigoyen

Independencia

Buenos Aires

**NUEVA
CÓRDOBA**

20

**Museo Superior
de Bellas Artes Evita** 3

La Rioja

51

Santa Rosa

Av Colón

48
29

CENTRO

6

14

Provinz-
verwaltung

Casa Cabildo Touris-
teninformation

36
11 46
7
37
57
18
9
10
30
38

Corrientes

Boveri

Ituzaingó

Rondeau

San Lorenzo

44

15

Oro
22

Derqui

Plaza
General
Paz

ACA

Av General Paz

Rivera Indarte

Basílica Nuestra
Señora de
la Merced

24

Cabildo
Plaza
San
Martín

Rosario de Santa Fe

26
San Jerónimo

Minibus-
bahnhof
Mercado Sud

Paseo
del Buen
Pastor
4

San Lorenzo

Plaza
España

Tablada

Catamarca

Lima

Rivadavia

45

21

13
33
23

Av Chacabuco

43

Blvd Illia

Av Leopoldo Lugones

2 **Museo Provincial
de Bellas Artes
Emilio Caraffa**

Paseo
Sobremonte

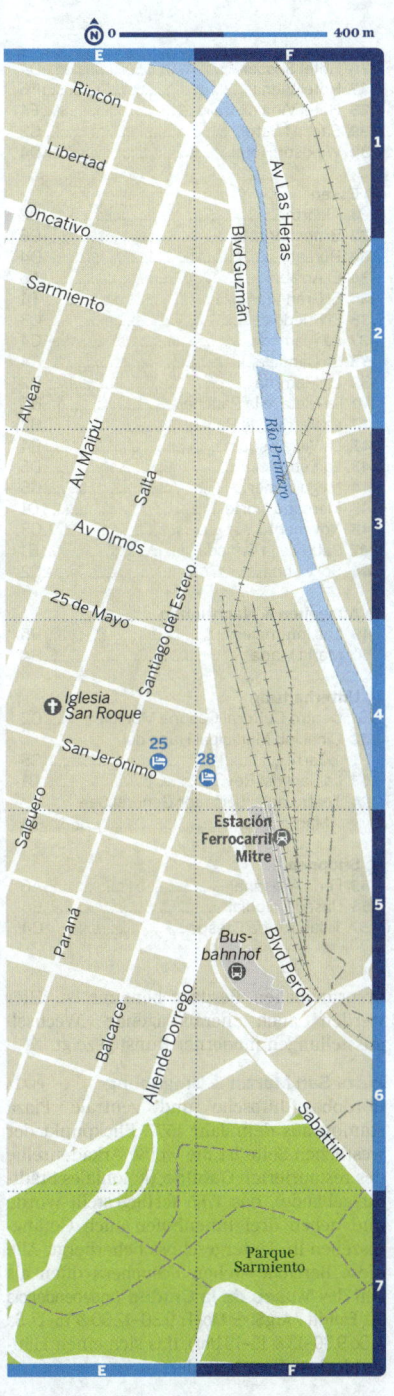

N 0   400 m

heimdienstabteilung (D2), einer in Córdoba stationierten Spezialeinheit, die sich der Entführung und Folterung mutmaßlicher politischer Agitatoren und der „Rückübertragung" ihrer Kinder auf weniger politisch verdächtige Familien verschrieben hatte. Das Museum betreibt Spurensuche.

Der Ausstellungsraum ist kahl und schmucklos gehalten. An den Wänden hängen hochvergrößerte Fotos von Menschen, die auch nach 30 Jahren noch immer „verschwunden" sind.

Ein freudloser Ort, aber eine unerlässliche Erinnerung an eine Ära, die – wie Menschenrechtsorganisationen hoffen – nie in Vergessenheit geraten wird.

Museo Histórico Provincial Marqués de Sobremonte
MUSEUM

(☎ 0351-433-1661; Rosario de Santa Fe 218; Eintritt 15 Arg$; ⊙ Mo–Fr 9.30–14.30 Uhr) Ein Besuch dieses Museums – es ist eines der bedeutendsten Geschichtsmuseen Argentiniens – lohnt sich allein schon wegen des Gebäudes. Der Kolonialbau, ein Wohnhaus aus dem 18. Jh., gehörte einst Rafael Núñez, dem Kolonialgouverneur von Córdoba und späteren Vizekönig von Río de la Plata. Das Haus besitzt 26 Zimmer, sieben Innenhöfe, meterdicke Wände und einen eindrucksvollen schmiedeeisernen Balkon, der auf geschnitzten Holzträgern ruht.

Cripta Jesuítica
MUSEUM

(Ecke Rivera Indarte & Av Colón; Eintritt 2 Arg$; ⊙ Mo–Fr 10–16 Uhr) Die Jesuiten errichteten die Cripta Jesuítica zu Beginn des 18. Jhs. Sie war ursprünglich als Noviziat gedacht, wurde später aber als Krypta und Krematorium genutzt. Nach der Vertreibung der Jesuiten wurde sie zerstört.

Um 1829 verschwand sie dann völlig aus dem Stadtbild, als die Stadtoberen beim Ausbau der Avenida Volón das Dach in die unterirdischen Kirchenschiffe drückten und das Ganze überbauen ließen. Man vergaß die Krypta, bis die Telecom dort 1989 zufällig beim Verlegen unterirdischer Telefonkabel auf die Gebäudereste stieß.

Innerhalb der Stadtverwaltung hatte inzwischen ein Umdenken und eine Neubewertung der historischen Schätze stattgefunden: Die Verantwortlichen ließen deshalb die Krypta oder Unterkirche hervorragend restaurieren.

Heute wird die Krypta regelmäßig für Musik- und Theateraufführungen und Kunstausstellungen genutzt. Die Eingänge

Córdoba

liegen auf beiden Seiten der Avenida Colón mitten in der Fußgängerzone Rivera Indarte.

**Museo Municipal de Bellas Artes
Dr Genaro Pérez**   GALERIE
(Av General Paz 33; ☉ Di–So 10–20 Uhr) **GRATIS**
Diese Kunstgalerie sammelt Gemälde aus dem 19. und 20. Jh. Chronologisch angeordnet stellen die Exponate – darunter Werke von Emilio Caraffa, Lucio Fontana, Lino Spilimbergo, Antonio Berni und Antonio Seguí – die Geschichte der Cordobeser Malerschule dar, deren bekanntester Vertreter Genaro Pérez selbst ist.

Das Museum befindet sich im Palacio Garzón, einem ungewöhnlichen Gebäude aus dem späten 19. Jh., das nach seinem ursprünglichen Besitzer benannt ist. Hier werden auch herausragende Wechselausstellungen moderner Kunst gezeigt.

Plaza San Martín & Umgebung   PLAZA
Córdobas hübsche und zentrale Plaza stammt aus dem Jahr 1577. Blickpunkt der westlichen Seite ist die weiße Arkadenreihe des restaurierten **Cabildo** (koloniales Stadtratsgebäude), das 1785 fertiggestellt wurde und neben drei Innenhöfen auch Gefängniszellen im Untergeschoss beherbergt. Alle diese Bereiche stehen Besuchern offen als Teil des **Museo de la Ciudad** (Independencia 30; Eintritt 7 Arg$; ☉ Mo–Fr 9.30–12.30 & 15–17, Sa & So 9.30–13 & 15–19 Uhr), das sich einen Häuserblock südlich befindet.

Die **Iglesia de Santa Teresa y Convento de Carmelitas Descalzas de San José** (Ecke Caseros & Independencia; ☉ 6–20 Uhr) umfasst fast einen halben Häuserblock. Der Komplex wurde 1628 fertiggestellt und ist seither ein geschlossenes Kloster der Karmeliterinnen. Nur die Kirche ist für Besucher zugänglich.

★ Manzana Jesuítica   BAUWERK

Córdobas wunderschöne Manzana Jesuítica wird wie der Gebäudekomplex in Buenos Aires auch als Manzana de las Luces („Häuserblock der Erleuchtung") bezeichnet und hatte ursprünglich enge Verbindungen zum einflussreichen Jesuitenorden. Das Colegio Nacional de Monserrat befindet sich direkt daneben.

2000 erklärte die Unesco die Manzana Jesuítica sowie fünf weitere *estancias* der Jesuiten in der Provinz zum Weltkulturerbe.

Colegio Nacional de Monserrat   BAUWERK

(Obispo Trejo 294) Das Colegio Nacional de Monserrat wurde 1782 errichtet, wobei das Kolleg selbst schon 1687 gegründet wurde und nach der Vertreibung der Jesuiten umzog. Innen blieben die Kreuzgänge in ihrem ursprünglichen Zustand erhalten. Die Fassade wurde 1927 jedoch vom Architekten Jaime Roca im Zuge der Restauration umfassend umgestaltet; ihm verdankt das Gebäude sein heutiges barockes Flair.

Museo Histórico de la Universidad Nacional de Córdoba   MUSEUM

(Obispo Trejo 242; Eintritt mit Führung pro Pers. 15 Arg$; ☉ Führungen Mo–Sa, 10 & 17 Uhr auf Englisch, 11 & 15 Uhr auf Spanisch) 1613 gründete Fray Fernando de Trejo y Sanabria das Seminario Convictorio de San Javier, das 1622 den Status einer Universität erhielt und dann die Universidad Nacional de Córdoba wurde. Sie ist die älteste Universität des Landes und beherbergt, neben anderen Nationalschätzen, auch Teile der Großen Jesuitenbibliothek und das Museo Histórico de la Universidad Nacional de Córdoba.

Die Innenräume können nur im Rahmen einer Führung besichtigt werden – diese lohnen sich unbedingt! Man darf dabei inmitten von Studierenden durch das Colegio wandern und sogar einen Blick in die Unterrichtsräume werfen.

Iglesia de la Compañía de Jesús   KIRCHE

(Ecke Obispo Trejo & Caseros; ☉ 7–13 & 17–20 Uhr) GRATIS Mit dem Bau dieser Kirche, deren Entwurf vom flämischen Padre Philippe Lemaire stammt, wurde 1645 begonnen. Vollendet wurde sie jedoch erst 1671 mit der erfolgreichen Umsetzung von Lemaires Plänen für ein Zederndach in der Form eines umgedrehten Schiffsrumpfs. Es überrascht daher nicht, dass Lemaire ursprünglich Bootsbauer war. Im Innenraum befindet sich eine geschnitzte barocke Altartafel aus Spanischer Zeder, einer Baumart aus der Provinz Misiones.

Die Capilla Doméstica, die 1644 fertiggestellt wurde, steht gleich hinter der Kirche. Für die kunstvolle Decke wurde Rindsleder über ein Gerüst aus dickem Taguaro-Bambus gespannt und mit Pigmenten bemalt, die zum Teil Knochenleim enthalten.

◉ Nueva Córdoba & Güemes

Bevor die im Nordwesten gelegenen Viertel Chateau Carreras und Cerro de las Rosas mit ihren ruhigen Berghängen die Elite der Stadt anlockten, war Nueva Córdoba das Wohnviertel der Cordobeser Aristokratie. Heute leben hier vor allem Studenten, was auch erklärt, warum die Zahl der hoch aufragenden Mietshäuser aus Backstein so stark zugenommen hat. Doch noch heute spürt man beim Spaziergang entlang der breiten Avenida Yrigoyen beim Anblick der herrschaftlichen alten Wohnsitze die aristokratische Vergangenheit des Viertels.

Das ehemalige Arbeiterviertel Güemes ist inzwischen für seine vielfältigen Antiquitätengeschäfte und Kunstgewerbeläden bekannt, die die Hauptstraße Belgrano zwischen Rodríguez und Laprida säumen. Am Wochenende herrscht auf der *feria artisanal*, einem der besten Märkte des Landes, ein lebhaftes Treiben mit Antiquitätenhändlern, Kunstgewerblern und natürlich auch einigen Cordobeser Hippies.

Im selben Block liegt auch das **Museo Iberoamericano de Artesanías** (Ecke Belgrano & Laprida; ☉ Mo–Fr 10–15, Sa & So 10–21 Uhr) GRATIS, das wunderschönes Kunsthandwerk aus ganz Südamerika ausstellt. Entlang von La Cañada, einem in Stein gefassten und von Akazien gesäumten Kanal mit Bogenbrücken, führt ein schöner Weg in die Stadtmitte zurück.

★ Paseo del Buen Pastor   GALERIE

(Av H Yrigoyen 325; ☉ 10–21 Uhr) GRATIS Das heutige Kulturzentrum, das als Veranstaltungsraum genutzt wird, entstand 1901 als Kombination aus Kapelle, Kloster und einem Frauengefängnis. Mitte 2007 wurde es neu eröffnet und dient jetzt Córdobas junger, aufstrebender Kunstszene als Ausstellungsort. Im zentralen Patiobereich finden sich einige schicke Café-Bars – sie sind optimal zum Abschalten bei einem Appletini (Wodka/saurer Apfel).

Die angrenzende Kapelle (die profaniert wurde) ist regelmäßig Schauplatz von Livemusikveranstaltungen – am besten vorbeischauen und ein Programm mitnehmen. In der Donnerstagsausgabe der Lokalzeitung *La Voz del Interior* finden sich ebenfalls Details zu den Veranstaltungen.

★ Museo Superior de Bellas Artes Evita

GALERIE

(Av H Yrigoyen 551; Eintritt 15 Arg$, Mi frei; ⊙ Di–So 10–20 Uhr) Der Palacio Ferrerya, ein Wahrzeichen von Nueva Córdoba, wurde 1914 nach Plänen von Ernest Sanson im Louis-XVI-Stil errichtet. Das Gebäude selbst ist fantastisch und wurde kürzlich in ein Museum der Schönen Künste umgestaltet. Auf drei Geschossen werden über 400 Kunstwerke in zwölf Räumen ausgestellt. Kunst- und Architekturliebhaber sollten sich den Palacio nicht entgehen lassen.

★ Museo Provincial de Bellas Artes Emilio Caraffa

GALERIE

(www.museocaraffa.org; Av H Yrigoyen 651; Eintritt 15 Arg$ ⊙ Di–So 10–20 Uhr) Das Museo Provincial de Bellas Artes Emilio Caraffa ist eines der besten Museen für zeitgenössische Kunst in der Stadt. Unübersehbar steht es auf der östlichen Seite der Plaza España. Vom Architekten Juan Kronfuss als Museum konzipiert, wurde der neoklassizistische Bau 1916 eingeweiht. Die Ausstellungen wechseln monatlich.

Südlich des Museums beginnt die größte unbebaute Fläche der Stadt, der **Parque Sarmiento**. Er ist ein Entwurf des Architekten Charles Thays, der auch den Parque General San Martín in Mendoza gestaltete.

Parroquia Sagrado Corazón de Jesús de los Capuchinos

KIRCHE

(Ecke Buenos Aires & Obispo Oro) Wer in der Nachbarschaft ist, sollte sich diese wundervolle, neogotische Kirche nicht entgehen lassen, die zwischen 1928 und 1934 erbaut wurde. Kurios ist das Fehlen der Spitze auf dem Kirchturm, das die menschliche Unvollkommenheit symbolisieren soll.

Zahlreiche Skulpturen schmücken die Fassade der Kirche, darunter auch mehrere Atlasfiguren, die sich symbolisch abmühen,

das spirituelle Gewicht der religiösen Figuren über ihnen (und unser aller Sünden und Schuld) zu tragen.

🌶 Kurse

Córdoba eignet sich ausgezeichnet, um Spanisch zu lernen; in vielerlei Hinsicht dreht sich hier alles um die Studierenden. Der Unterricht kostet rund 70 Arg$ pro Stunde bei Einzelunterricht bzw. 800 Arg$ pro Woche für den Unterricht in Kleingruppen.

Facultad de Lenguas

SPRACHKURS

(📞 0351-433-1074; www.lenguas.unc.edu.ar; Av Vélez Sársfield 187; ⊙ Mo–Fr 9–15 Uhr) Spanischschule; Teil der Universidad Nacional de Córdoba.

Able Spanish School

SPRACHKURS

(📞 0351-422-4692; www.ablespanish.com; Tucumán 76; ⊙ Mo–Sa 9–20 Uhr) Bietet gegen Aufpreis Unterkunft und Nachmittagsaktivitäten an. Bei längerer Kursdauer gibt es Rabatte.

Tsunami Tango

TANZEN

(Laprida 453) Dienstags bis sonntags finden Tangokurse und *milongas* (Tangoveranstaltungen) statt. Auf der Webseite www.tan goencordoba.com.ar stehen die Zeiten sowie weitere Infos zum Tangotanzen in Córdoba.

👉 Geführte Touren

Alle Hostels sowie die meisten Hotels der Stadt organisieren auf Wunsch Stadtführungen und Ausflüge ins Umland.

City Tours

STADTSPAZIERGANG

(auf Spanisch/Englisch 50/80 Arg$) Córdobas reiche Geschichte lässt sich hervorragend auf einer der Stadtführungen erleben. Diese starten montags bis freitags um 9.30 und 11.30 Uhr an der Casa Cabildo. Die Touren auf Englisch sollte man besser einen Tag im Voraus reservieren. Außerdem gibt es immer wieder kostenlose Stadtführungen zu bestimmten Themen – bei der Touristeninformation lassen sich die Zeiten erfragen.

🎆 Feste & Events

In den ersten drei Wochen im April veranstaltet die Stadt eine große **Kunsthandwerksmesse,** die von den Einheimischen „FICO" genannt wird. Die Messe findet auf dem Messegelände im Norden der Stadt unweit des Stadions Chateau Carreras statt.

Die Buslinie 31 startet an der Plaza San Martín in diese Richtung.

LOS GIGANTES

Diese spektakulären Felsformationen 80 km westlich von Córdoba entwickeln sich rasant zur Kletterhochburg Argentiniens. Die beiden höchsten Gipfel sind die Granitriesen Cerro de La Cruz (2185 m) und El Mogote (2374 m). Hier leben Andenkondore in großer Zahl – der Nationalpark liegt nur 30 km vom Parque Nacional Quebrada del Condorito entfernt und die Vögel haben sich allmählich auch hier angesiedelt. Außerdem wächst hier der seltene Tabaquillo-Baum, dessen Rinde sich papiergleich abschält. In Argentinien ist er nur hier zu finden, ansonsten noch in Bolivien und Peru.

Der Weg dorthin ist etwas kompliziert. Ein **Sarmiento**-Bus (☏ 0351-433-2161) fährt von Córdobas Hauptbusbahnhof dorthin (Mi–Mo 8 Uhr, Di 6 Uhr, 92 Arg$, 2 Std.). Kaum angekommen, dreht der Bus im Prinzip wieder um; man muss daher vor Ort übernachten. Der Fahrplan ändert sich häufig, also unbedingt die aktuellen Zeiten vorab erfragen.

Bei El Crucero muss man aussteigen (am besten dem Fahrer vorher sagen, dass man nach Los Gigantes möchte). Von dort sind es 3 km zu Fuß nach La Rotonda, wo es eine sehr einfache **Hospedaje** (☏ 03541-449-8370; Zeltplatz pro Pers. 60 Arg$, B 120 Arg$, Küchenbenutzung pro Per. 50 Arg$) und einen kleinen Laden gibt, der am Wochenende geöffnet hat. Der Laden verkauft nur Bier, nicht-alkoholische Getränke und Snacks.

In La Rotonda kann man Führer mieten (85 Arg$), die einem die Höhlenkomplexe zeigen und Besucher auf den Gipfel des Cerro de La Cruz führen. Die Wanderung ist zwar nicht lang, birgt aber ein paar knifflige Kraxelstellen. Es empfiehlt sich daher, einen Führer zu nehmen, denn das Labyrinth an Wegen durch die Felsen ist unübersichtlich. Und wenn der Nebel vom Berg herunterzieht, ist die Gefahr, sich zu verlaufen, sehr groß.

Manche der Córdoba Hostels wie das **Hostel Rupestre** (S. 334) und Reiseveranstalter wie **Nativo Viajes** (☏ 0351-424-5341; Independencia 174; ◷ Mo–Fr 9–18, So 10–15 Uhr) bieten Trekkingtouren und Tagestouren nach Los Gigantes an. Córdobas Touristeninformation hält eine Liste von Kletterführern bereit.

Mitte September findet die regionale Buchmesse **Feria del Libro** statt.

🛌 Schlafen

Die Lage der Hotels an und um die Plaza San Martín ist zwar bestens geeignet, um die Stadt zu erkunden, dafür müssen die Gäste allerdings zum Essen und Ausgehen ein paar Blocks laufen. Wer jedoch in den Hotels entlang der La Cañada und in Nueva Córdoba wohnt, findet Restaurants und Bars praktisch vor der Tür.

🛌 Centro

Hostel Alvear　　　　　HOSTEL $
(☏ 0351-421-6502; www.alvearhostel.com.ar; Alvear 158; B/DZ ab 11/38 US$; @ 🛜) Aufgrund seiner ausgezeichneten Lage und der geräumigen Schlafsäle in einem charaktervollen alten Gebäude zählt das Alvear zu den besseren Hostels in der Innenstadt.

Hotel Quetzal　　　　　HOTEL $
(☏ 0351-426-5117; www.hotelquetzal.com.ar; San Jerónimo 579; EZ/DZ 43/64 US$; ✳@🛜) Das Hotel Quetzal bietet großzügige, modern

und minimalistisch eingerichtete Zimmer. Es ist ein erstaunlich ruhiges Plätzchen in einer ansonsten sehr lebhaften Umgebung.

Sacha Mistol　　　　　HOTEL $$
(☏ 0351-424-2646; www.sachamistol.com; Rivera Indarte 237; Zi. ab 98 US$; ✳🛜🌀) Ein weiteres Beispiel für Córdobas neues Angebot an stilvollen und originellen Hotels. Die geräumigen und komfortablen Zimmer sind mit einer großen Bandbreite an Kunst sowie sorgfältig ausgewähltem Mobiliar bestückt.

Das Hotel befindet sich in einem behutsam renovierten, klassischen Haus in ruhiger, aber zentraler Lage in der Fußgängerzone. Wechselnde Kunstausstellungen und ein eigenes kleines Schwimmbecken runden das Angebot ab.

Hotel Garden　　　　　HOTEL $$
(☏ 0351-421-4729; www.garden-hotel.com.ar; 25 de Mayo 35; EZ/DZ 60/78 US$; ✳🌀) Zentraler geht's nicht! Die großen, modernen Zimmer bieten wahrscheinlich das beste Preis-Leistungs-Verhältnis in dieser Kategorie und ganz generell im Innenstadtbereich.

Das Frühstück wird nicht im Hotel, sondern im Café um die Ecke serviert. Die

Hostelmitarbeiter vermitteln außerdem ein paar wirklich günstige Ferienwohnungen rund um das Stadtzentrum.

Hotel Viña de Italia · HOTEL $$
(📞 0351-425-1678; www.hotelvinadeitalia.com.ar; San Jerónimo 611; EZ/DZ 50/62, Apt. 80–92 US$; ❄🛜) Das 150-Zimmer Hotel versprüht auch heute noch einen Hauch von Eleganz. Die mittelgroßen Zimmer sind mit Fernseher, Telefon, Klimaanlage und Heizung ausgestattet. Zwar sind sie nicht so elegant wie die Lobby eingerichtet, aber trotzdem eindeutig ihr Geld wert – vor allem die Apartments für vier bis sechs Personen.

Windsor Hotel · HOTEL $$
(📞 0351-422-4012; www.windsortower.com; Buenos Aires 214; Zi./Suite 112/130 US$; ❄🛜🏊) Das Windsor hat eine großartige Lage im Zentrum der Stadt und ist in der Stadt eines der wenigen klassischen Hotels mit Stil. In der Lobby herrschen dunkles Holz und Messing vor, alle Zimmer sind in der Zwischenzeit geschmackvoll modernisiert worden.

Hotel Sussex · HOTEL $$
(📞 0351-422-9070; www.hotelsussexcba.com.ar; San Jerónimo 125; EZ/DZ 76/85 US$; ❄🛜🏊) Noch eine wunderschöne Lobby (dieses Mal mit Gewölbedecken, Flügel und hochwertigen Kunstwerken), die allerdings zu weniger spektakulären Zimmern führt. Angesichts der Preise sollten Gäste auf ein Zimmer mit Blick auf die Plaza bestehen.

⭐Hotel Azur Real · BOUTIQUEHOTEL $$$
(📞 0351-424-7133; www.azurrealhotel.com; San Jerónimo 243; Zi. 130–180 US$; ❄@🛜🏊) Das Azur ist komfort minimalistischen Chic mit einer eklektizistischen Mischung regionaler und internationaler Inneneinrichtung. Das Ergebnis: ein richtig schickes, kleines Boutiquehotel, das in Córdoba einzigartig ist. Die Zimmer halten, was sie versprechen, und die Gemeinschaftsräume (inklusive Dachterrasse und Poolbereich) sind ausgesprochen einladend.

🏛 Nueva Córdoba & La Cañada

⭐Hostel Rupestre · HOSTEL $
(📞0351-15-226-7412; www.rupestrehostel.com.ar; Obispo Oro 242; B 11–14 US$, EZ/DZ ohne Bad 24/30 US$; 🛜🏊) Ein toll ausgestattetes, schickes Hostel am Rand von Nueva Córdobas Partymeile. Die Lage ist super und die ganze Anlage sehr gut durchdacht. Für die Gäste gibt es einen kleinen Planschpool auf

dem Dach, innen einen Kletterbereich und großzügige Schlafsäle. Das Personal ist sehr freundlich und engagiert.

Gaiadhon Hostel · HOSTEL $
(📞0351-15-800-5923; www.gaiadhonhostel.com.ar; Buenos Aires 768; B 11–13 US$, EZ/DZ ohne Bad 26/39 US$; 🛜) Ein gemütliches kleines Hostel in guter Lage. Wäre es jemals ausgebucht, würde es darin allerdings ganz schön eng werden. Aber die Atmosphäre ist nett, und es bietet blitzsaubere, wenn auch etwas beengte Schlafsäle und Zimmer.

Hotel Viena · HOTEL $$
(📞0351-460-0909; www.hotelviena.com.ar; Laprida 235; EZ/DZ 59/75 US$; ❄@🛜) Das moderne Hotel im Herzen von Nueva Córdoba hat helle, saubere Zimmer und bietet ein ausgezeichnetes Frühstücksbüfett. Hinzu kommen viele Sitzecken im Lobbybereich und ein hoteleigenes Restaurant. Eine gute Wahl!

 Essen

Mercado Norte · MARKT $
(Ecke Rivadavia & Oncativo; Menüs ab 60 Arg$; ⏱Mo-Sa 8–15 Uhr) Córdobas Markthalle bietet leckeres und preiswertes Essen wie etwa Pizza, *empanadas* und Meeresfrüchte. An den sauberen Ständen vorbeizuschlendern, die Fleisch in jeder erdenklichen Form anbieten (darunter auch ganze *chivitos* – Ziegen – und Schweine), ist ein Muss.

Sol y Luna · VEGETARISCH $
(General Paz 278; Hauptgerichte ab 45 Arg$; ⏱Mo-Sa 12–15.30 Uhr; 🛜🥗) Eine fantastische Auswahl an vegetarischen Köstlichkeiten. Gezahlt wird per Kilogramm – oder man entscheidet sich für eines der (wenigen) Menüs.

Bruchería · CAFE $
(Rodriguez 244; Hauptgerichte 60–100 Arg$; ⏱Mo-Do 9.30–13.30, Fr-So 10–3 Uhr; 🛜) Das im Szeneviertel Güemes gelegene Bruchería ist eine tolle Kombination aus frisch wirkender Dekoration, leckerem Essen und cooler Musik. Ein idealer Ort für ein zweites Frühstück (falls Croissant und Kaffee noch nicht gereicht haben) oder ein lecker zubereitetes Sandwich.

Bursatil · CAFÉ $
(San Jerónimo & Ituzaingó; Hauptgerichte 60–90 Arg$; ⏱Mo-Sa 8–18 Uhr; 🛜) Inzwischen tauchen in der Altstadt stilvolle, moderne Cafés auf, das Bursatil ist eines der schöns-

STUDENTENLOKALE

Wer sich unter Cordobás Studentenvolk mischen will, sollte eines der folgenden Lokale besuchen, in denen *empanadas*, *locro* (herzhafter Eintopf mit Fleisch und Mais) und Bier in großen Mengen aufgetischt werden.

La Alameda (Obispo Trejo 170; *empanadas* 10 Arg\$, *locro* 50 Arg\$; ⏱12–23.30 Uhr) Einfach auf einer Bank Platz nehmen und die selbst gemachten *empanadas* mit eiskaltem Bier herunterspülen – und sich danach mit eigenen Graffiti auf der Wand verewigen.

La Candela (Duarte Quirós 67; *empanadas* 10 Arg\$, *locro* 45 Arg\$; ⏱11–1 Uhr) Rustikal und mit viel Charakter; die Betreiberinnen sind drei grantig-liebenswerte *Señoras*.

La Vieja Esquina (Ecke Belgrano & Caseros; *empanadas* 8 Arg\$, *locro* 45 Arg\$; ⏱Mo–Sa 11–18 Uhr) Ein gemütliches kleines Mittagslokal mit Barhockern und Fensterplätzen. Bestellt wird an der Theke.

ten. Neben einem frischen, modernen Interieur bietet es seinen Gästen einen gut gebrühten Kaffee und eine kleine, asiatisch angehauchte Karte.

La Zete
ORIENTALISCH $
(Ecke Corrientes & Salguero; Hauptgerichte 70–110 Arg\$; ⏱10–23 Uhr) Ausgezeichnete orientalische Küche (dazu ein paar mediterrane Klassiker) als willkommene kulinarische Abwechslung. Über die Einrichtung gibt es nicht viel zu sagen, aber die Speisen machen das mehr als wett.

La Parrilla de Raúl
PARRILLA $
(Ecke Jujuy & Santa Rosa; Hauptgerichte 60 Arg\$; ⏱12–15 & 20.30–0.30 Uhr; ☎) Von allen *parrillas* (Steakhäusern) in Cordobá ist diese wohl die berühmteste. *Parrilladas* (Grillteller) für zwei Personen kosten nur 120 Arg\$ (Extras wie Getränke oder Salat sind nicht im Preis inbegriffen).

Mega Doner
TÜRKISCH $
(Ituzaingó 528; Menüs 90–120 Arg\$; ⏱8–24 Uhr) Das Mega Doner ist praktischerweise in Nueva Córdobas Lokalviertel gelegen, hat sich dieses Lokal auf richtige Döner spezialisiert. Die täglichen Mittagsangebote sind günstig, und für Frischluftfanatiker gibt es ein paar Tische draußen vor der Tür.

El Ruedo
CAFÉ $
(Ecke Obispo Trejo & 27 de Abril; Hauptgerichte um 90 Arg\$; ⏱7–3 Uhr; ☎) Das Restaurant weicht nicht groß von der Steak-, Sandwich- und Pizzapalette der Konkurrenz ab. Dafür ist die Lage an der Plaza unter großen Schatten spendenden Bäumen einfach klasse – ebenso wie die erfrischenden *limonadas con soda* (Zitronensaft mit Sodawasser), die an heißen Tagen die beste Wahl sind.

★ La Nieta 'e la Pancha
FUSION $$
(Belgrano 783; Hauptgerichte 120–170 Arg\$; ⏱Mo–Fr 19–0.30, Sa & So 11.30–1 Uhr; ☎) Das wunderbare Personal serviert eine wechselnde Karte mit leckeren regionalen Spezialitäten, kreativen Pastagerichten und hauseigenen Rezepten. Auf jeden Fall Platz für den Nachtisch lassen! Auf der schönen Terrasse oben weht ein laues Lüftchen, von dort lässt sich herrlich das Treiben auf der darunter liegenden Straße beobachten.

El Gran Vidrio
ARGENTINISCH $$
(Humberto Primo 497; Hauptgerichte 110–160 Arg\$; ⏱Mo–Fr 7.30–19.30, Sa 9–17 Uhr; ☎) Gehobene Küche in schickem Ambiente. Die Karte entfernt sich nicht zu sehr von den traditionellen argentinischen Nudel- und Fleischgerichten, die Bandbreite an Zutaten ist erfreulich groß (Ente, Ziege, Couscous, Meeresfrüchte) und die Weinkarte ausgezeichnet. Die Galerie moderner Kunst gleich im Haus trägt zur Attraktivität des Lokals das ihre bei.

El Arrabal
ARGENTINISCH $$
(☎0351-460-2990; Belgrano 899; Hauptgerichte 100–150 Arg\$; ⏱Di–So 11.30–1 Uhr; ☎) Eines der wenigen traditionellen Restaurants in Nueva Córdoba (okay – vielleicht ist es auch ein Nachbau). Hier werden nicht ganz billige, aber einfallsreich zubereitete regionale und hauseigene Spezialitäten serviert.

Die Tangoshow mit Abendessen (220 Arg\$, das Essen ist im Preis inbegriffen) findet dienstags bis samstags um 23 Uhr statt und ist immer brechend voll – unbedingt einen Tisch reservieren.

Patio de la Cañada
PARRILLA $$
(☎0351-427-0628; Alcorta 360; Hauptgerichte 120–180 Arg\$; ⏱12–16 & 20.30–1 Uhr; ☎) Das

2

3

**arque Nacional Sierra de
Quijadas (S. 357)**
arre Felsen: Hier wandert man wie
einem anderen Planeten.

2. Iglesia Catedral (S. 327)
Die schöne Kirche von Córdoba trägt
eine neoromanische Kuppel.

**3. Museo Jesuítico Nacional de
Jesús María (S. 348)**
Die *estancia* ist Weltkulturerbe und
liegt inmitten schöner Parkanlagen.

Patio de la Cañada ist eine der preisgünstigeren *parrillas* der Stadt, mit ausgezeichneten Fleischgerichten zu erschwinglichen Preisen. Die All-you-can-eat-*parrillada* (Grillteller; 95 Arg$) ist ganz besonders ihr Geld wert.

La Mamma
ITALIENISCH $$

(Ecke Santa Rosa & Alcorta; Hauptgerichte 110–160 Arg$; ⊙Di–Sa 12–15 & 20–1 Uhr; 🛜) Wahrscheinlich Córdobas berühmtestes Nudelrestaurant mit einer ausgezeichneten Auswahl, die das Standardangebot weit übertrifft. Die Grande-Mamma-Soße (mit karamellisierten Zwiebeln, Frischkäse, Pilzen und Suppengrün) ist sehr zu empfehlen.

Novecento
INTERNATIONAL $$

(☎0351-423-0660; Ecke Rosario de Santa Fe & Independencia; Hauptgerichte 90–130 Arg$; ⊙Mo–Fr 9–16 Uhr; 🛜) Es gibt nur wenige Lokale in der Stadtmitte, die uriger sind als dieses putzige kleine Café-Restaurant. Es befindet sich im Innenhof des historischen *Cabildo*-Gebäudes. Die Speisekarte bietet alle argentinischen Klassiker – und dazu noch ein paar Überraschungen.

Alcorta
PARRILLA $$

(☎0351-424-7452; Av Alcorta 330; Hauptgerichte 120–170 Arg$; ⊙12–15.30 & 19–0.30 Uhr; 🛜) Diese gehobene *parrilla* ist für ihre Grillgerichte bekannt (für viele die besten der Stadt), tischt aber auch leckere Pasta- und Fischgerichte auf. Besonders zu empfehlen: die *mollejitas al sauvignon blanc* (Kalbsbries in Weißweinsoße).

Ausgehen & Nachtleben

Angesagtester Drink in Córdoba ist der Fernet (ein starker italienischer Kräuterschnaps, der nach Medizin schmeckt), in den allermeisten Fällen mit Cola gemixt. Wer sich vor dem Morgen danach nicht fürchtet, kann das Zeug ja mal probieren.

Das Nachtleben in Córdoba spielt sich im Wesentlichen in drei Bereichen ab: Die aufgeweckten jungen Hüpfer zieht es zum Barhopping nach Nueva Córdoba – ein Spaziergang nach Mitternacht entlang der Rondeau zwischen den Avenidas H Yrigoyen und Chacabuco lässt die Wahl zwischen Dutzenden von Bars, von denen die meisten entspannte elektronische Musik spielen.

Die etwas älteren, aber nicht weniger lässigen Kneipengänger besuchen die Bars an der Belgrano, vor allem in den Blocks rund um den Kunsthandwerkermarkt.

Am anderen Flussufer, an der Avenue Las Heras Richtung Norden zwischen Roque Sáenz Peña und Juan B Justo (die Gegend wird vor Ort Abasto genannt), liegen die Diskos und Nachtclubs. Beim Vorbeischlendern wird Passanten oft der eine oder andere kostenlose Eintrittspass in die Hand gedrückt.

Los Infernales
BAR

(Belgrano 631; ⊙Di–So 20–5 Uhr) Eine entspannte Bar mit großer musikalischer Bandbreite. Livemusik (Do–So) und ein großer *patio cervecero* (Biergarten) sind eindeutig Pluspunkte.

Maria Maria
CLUB

(Ecke San Juan & Alvear; ⊙Do–So 21 Uhr bis spätnachts) Der Club ist ein Dauerbrenner für Drinks und Tanzen, der eine gute Mischung an Einheimischen, Reisenden und Zugezogenen anzieht.

Captain Blue
CLUB

(Las Heras 124; ⊙Mi–Sa 20 Uhr bis spätnachts) Eines der besten Lokale der Stadt, um lateinamerikanische Tänze wie Salsa und Bachata zu erleben. Am Wochenende spielen oft Livebands.

 ## Unterhaltung

La Voz del Interior, Córdobas größte Zeitung, druckt donnerstags immer einen recht umfangreichen Veranstaltungsteil mit Informationen zum Vorstellungsbeginn etc.

Cuarteto-Musik (in Córdoba erfunden) steht hier hoch im Kurs und wird in vielen Lokalen live gespielt. Leider gilt sie aber auch als Gangsta-Rap der argentinischen Volksmusik und zieht oft eine weniger wünschenswerte Klientel an.

La Sala del Rey
(Humberto Primero 439; ⊙Do–Sa ab 21 Uhr) ist ein ordentliches Lokal und der beste Ort der Stadt, um eine *Cuarteto*-Show zu besuchen.

Centro Cultural Casona Municipal
KONZERTSTÄTTE

(www.casonamunicipal.com.ar; Ecke Av General Paz & La Rioja; ⊙Mo–Fr 9–21 Uhr) Stellt moderne und Avantgarde-Kunst aus, veranstaltet Konzerte und bietet Kunst- und Musikkurse an, die über einen Monat gehen.

Teatro del Libertador General San Martín
THEATER

(☎0351-433-2319; Av Vélez Sársfield 365; Eintritt 60–250 Arg$; ⊙Theaterkasse 9–21 Uhr) Es lohnt sich, hier eine Vorstellung zu besuchen – und sei es nur, um die ganze Pracht des ältesten Theaters Argentiniens zu bewundern. Das 1891 fertiggestellte Theatergebäude besaß schon damals einen Boden, der sich mechanisch auf die Höhe der Bühne anheben ließ. Die Sitze konnten dann entfernt werden und schon hatte man Platz für die prächtigen Feste der Adelsgesellschaften, die hier Anfang des 20. Jhs. stattfanden.

Cineclub Municipal
Hugo del Carril   KINO
(☎ 0351-433-2463; www.cineclubmunicipal.org.ar; Blvd San Juan 49; Eintritt Mo–Mi 2,50 Arg$, Do–So 4 Arg$; ⊙ Kinokasse 9 Uhr bis spätnachts) Wer einen tollen Abend (oder Tag) im Kino verbringen möchte, sollte dieses städtische Lichtspielhaus besuchen, das alles von Kunstfilmen über prämierte lateinamerikanische Filme und regionale Filme zeigt. Das Programm gibt es im Kino. Außerdem werden hier Livemusik gespielt und Theateraufführungen gezeigt.

 Shoppen

Antiquitätenläden säumen die Calle Belgrano im Viertel Güemes, wo auch eine **Feria artisanal** (Kunsthandwerkermarkt; Ecke Rodriguez & Belgrano; Sa & So 17–22 Uhr) stattfindet, die zu den besten des Landes zählt. Mehrere Geschäfte in der Innenstadt verkaufen argentinisches Kunsthandwerk.

Paseo Colonial   ACCESSOIRES
(Belgrano 795; ⊙ Mo–Sa 10–21, So 17–22 Uhr) Wer wissen will, was die angesagten jungen Designer so gerade kreieren, sollte diese kleine Einkaufsgalerie aufsuchen. Verschiedene kleine Geschäfte verkaufen Kleidung, Wohnaccesoires und Schmuck.

Talabartería Crespo   SOUVENIRS
(☎ 0351-421-5447; Obispo Trejo 141; ⊙ Mo–Sa 8–18 Uhr) Waren aus wunderschön geflecktem Wasserschweinleder (*carpincho*) sind die Spezialität des Ladens. Außerdem finden sich Pullover, Messer und Mate-Zubehör in den Regalen.

ⓘ Praktische Informationen

Cambios (Wechselstuben) und Geldautomaten findet man auf der Rivadavia nördlich der Plaza; aber auch am Busbahnhof und am Flughafen.
ACA (Automóvil Club Argentino; ☎ 0351-421-4713; Ecke Av General Paz & Humberto Primo; ⊙ 24 Std.) Der argentinische Automobilclub verkauft gute Straßenkarten der Provinz.
Almundo (☎ 0351-422-9453; www.asatej.com; Av Vélez Sársfield 361; ⊙ Mo–Sa 10–22, So

16–22 Uhr) Im dritten Stock des Einkaufszentrums Patio Olmos. Das Non-Profit Studentenreisebüro hat ein tolles Personal; die Angebote richten sich an alle Altersgruppen und damit auch an Nicht-Studierende.
Cambio Barujel (Ecke Rivadavia & 25 de Mayo; ⊙ Mo–Fr 9–18, Sa 9–14 Uhr) Hohe Gebühren.
Casa Cabildo Touristeninformation (☎ 0351-434-1200; Independencia 30; ⊙ 8–20 Uhr) Die regionale und die städtische Touristeninformation teilen sich die Räumlichkeiten in der historischen Casa Cabildo. Am Flughafen und am Busbahnhof befinden sich ebenfalls Zweigstellen.
Hauptpost (Av General Paz 201; ⊙ Mo–Fr 8–18, Sa 9–13 Uhr)
Maguitur (25 de Mayo 122; ⊙ Mo–Fr 9–18, Sa 9–14 Uhr) Nimmt für Reiseschecks 3 % Gebühr.
Notfallkrankenhaus (☎ 0351-427-6200; Ecke Catamarca & Blvd Guzmán)

ⓘ An- & Weiterreise

Busse ab Córdoba

REISEZIEL	FAHRPREIS (ARG$)	FAHRZEIT (STD.)
Bahía Blanca	950	12
Bariloche	1697	22
Buenos Aires	850	10
Catamarca	445	5–6
Corrientes	940	12
Esquel	1872	25
Jujuy	1226	12
La Rioja	460	7
Mendoza	725	10
Montevideo (Uruguay)	1230	15
Neuquén	1238	17
Paraná	428	6
Puerto Iguazú	1726	22
Puerto Madryn	1695	18–20
Resistencia	940	13
Río Gallegos	3237	40
Rosario	410	6
Salta	1181	12
San Juan	675	14
San Luis	515	6
San Martín de los Andes	1516	21
Santiago del Estero	589	6
Tucumán	670	8

Pampine Sierren

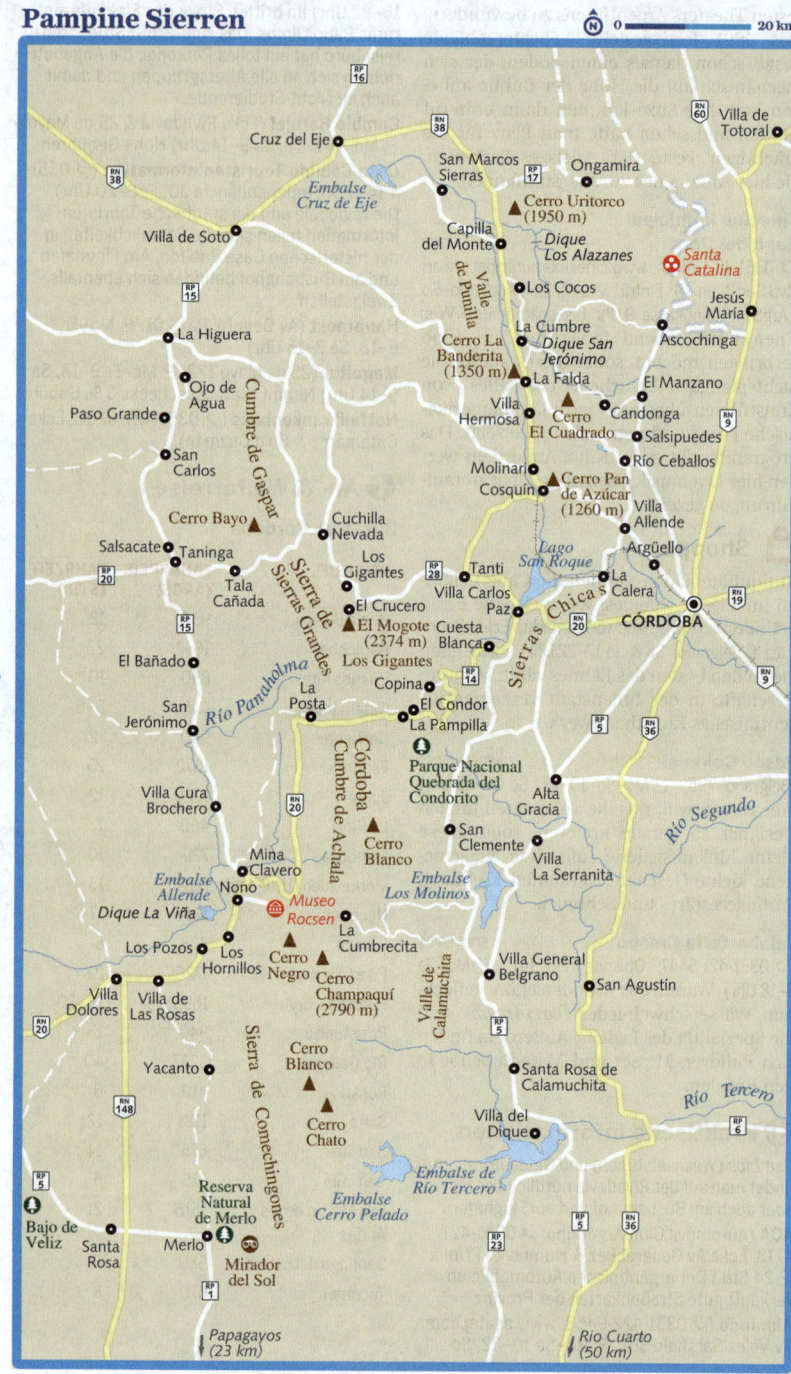

CÓRDOBA & DIE PAMPINEN SIERREN

Cruz del Eje
San Marcos Sierras
Ongamira
Villa de Totoral
Embalse Cruz de Eje
Cerro Uritorco (1950 m)
Capilla del Monte
Dique Los Alazanes
Santa Catalina
Villa de Soto
Los Cocos
Jesús María
Valle de Punilla
La Cumbre
Dique San Jerónimo
La Higuera
Cerro La Banderita (1350 m)
Ascochinga
Ojo de Agua
La Falda
El Manzano
Paso Grande
Villa Hermosa
Cerro El Cuadrado
Candonga
Salsipuedes
San Carlos
Molinari
Río Ceballos
Cerro Bayo
Cuchilla Nevada
Cosquín
Cerro Pan de Azúcar (1260 m)
Villa Allende
Salsacate
Taninga
Los Gigantes
Tanti
Arguello
Tala Cañada
El Crucero
Villa Carlos Paz
Lago San Roque
La Calera
El Bañado
El Mogote (2374 m)
Cuesta Blanca
Sierras Chicas
CÓRDOBA
Los Gigantes
Copina
San Jerónimo
La Posta
El Condor
La Pampilla
Villa Cura Brochero
Parque Nacional Quebrada del Condorito
Alta Gracia
Río Segundo
Mina Clavero
Cerro Blanco
San Clemente
Nono
Embalse Allende
Museo Rocsen
Embalse Los Molinos
Villa La Serranita
Dique La Viña
Los Pozos
Los Hornillos
La Cumbrecita
Villa General Belgrano
San Agustín
Villa Dolores
Villa de Las Rosas
Cerro Negro
Cerro Champaquí (2790 m)
Valle de Calamuchita
Yacanto
Cerro Blanco
Santa Rosa de Calamuchita
Río Tercero
Cerro Chato
Villa del Dique
Embalse de Río Tercero
Reserva Natural de Merlo
Embalse Cerro Pelado
Bajo de Veliz
Santa Rosa
Merlo
Mirador del Sol
Papagayos (23 km)
Río Cuarto (50 km)

BUS

Córdobas **Busbahnhof** (NETOC; ☎ 0351-434-1692; Blvd Perón 300) liegt 15 Gehminuten vom Zentrum entfernt.

Vom neuen Busbahnhof (auf der gegenüberliegenden Straßenseite, per Tunnel zu erreichen) fahren mehrere Busgesellschaften dieselben Orte wie die Minibusfirmen an. Wichtig zu wissen: Alle Busse, die am Busbahnhof starten, halten quasi an jeder Ecke, sodass sich die Fahrt schon mal um eine Stunde verlängern kann.

Mehrere Busgesellschaften fahren nach Chile, u. a. nach Santiago (1273 Arg$, 16 Std.). Teilweise muss man allerdings in Mendoza umsteigen.

FLUGZEUG

Córdobas internationaler Flughafen **Ingeniero Ambrosio Taravella** (☎ 0351-475-0877) liegt 15 km nordwestlich des Stadtzentrums.

Aerolíneas Argentinas/Austral (☎ 0351-410-7600; Av Colón 520) betreibt Büros in der Innenstadt und fliegt mehrmals täglich nach Buenos Aires, Salta und Puerto Iguazú.

Sol (☎ 0810-122-7765; www.sol.com.ar) fliegt nach Rosario und Neuquén.

MINIBUS

Vom **Minibus-Bahnhof Mercado Sud** (Blvd Illía bei der Straße Buenos Aires) fahren regelmäßig Minibusse ab. Während die meisten ihren Zielort direkt anfahren, halten manche in jedem Städtchen entlang des Wegs. Daher besser vorher nach der Route fragen, denn das kann schon mal eine Stunde Fahrzeit ausmachen.

Im Sommer kann es nach La Cumbrecita direkte Busverbindungen geben; schneller ist es aber wahrscheinlich über Villa General Belgrano.

Minibusse ab Córdoba

REISEZIEL	FAHRPREIS (ARG$)	FAHRZEIT (STD.)
Alta Gracia	17	1
Capilla del Monte	58	3
Cosquín	34	1¼
Jesús María	19	1
La Cumbre	48	3
Mina Clavero	55	3
Villa Carlos Paz	18	1
Villa General Belgrano	71	2

ZUG

Von Córdobas **Bahnhof Ferrocarril Mitre** (☎ 0351-426-3565; Blvd Perón s/n) aus fahren Züge nach Rosario (*primera*/Pullman 34/69 Arg$, 9 Std.) und zum Bahnhof Retiro in Buenos Aires (*primera*/Pullman/*camarote* 50/90/300 Arg$, 17 Std.); Abfahrt ist mittwochs und samstags um 16.40 Uhr. Alle Züge haben einen Speisewagen und eine Bar. Fahrkarten sind oft Wochen im Voraus ausgebucht, vor allem für die Klasse *camarote* (Schlafkabinen für 2 Pers.), deshalb so früh wie möglich buchen.

Züge nach Cosquín (6,50 Arg$, 2 Std.) starten täglich um 8.44 und 10.55 Uhr – am Wochenende zusätzlich um 12 Uhr – vom **Bahnhof Rodriguez del Busto** (☎ 0351-477-6195; Cardeñosa 3500). Er liegt am nordwestlichen Stadtrand.

Die Busse der Linie R4 halten an der Straße 27 de Abril 160 auf dem Weg zum Bahnhof; mit dem Taxi kostet die Fahrt 55 Arg$.

ⓘ Unterwegs vor Ort

Der Flughafen liegt 15 km nördlich der Stadt; man erreicht ihn über die Av Monseñor Pablo Cabrera. Busse von Intercórdoba fahren ab dem Busbahnhof zum Flughafen und wieder zurück (12 Arg$). Die Taxifahrt in die Stadt sollte um die 140 Arg$ kosten.

Für die Busse benötigt man aufladbare Magnetkarten oder *cospeles* (Wertmünzen); beide lassen sich an fast jedem Kiosk der Stadt kaufen. Eine Fahrt kostet 9,15 Arg$.

Ein Auto kann sehr nützlich sein, um ein paar der nahe gelegenen Jesuiten-*estancias* zu besuchen, zu denen kein Bus fährt. Je nach Jahreszeit kosten Mietwagen in der Economyklasse mit 200 Freikilometern rund 750 Arg$, z. B. bei **Europcar** (☎ 0351-429-9640; Av Colón 396; ⏱ Mo–Fr 9–19, Sa 9–14 Uhr).

DIE PAMPINEN SIERREN

Die Landschaft ist längst nicht so spektakulär und aufregend wie die der nahe gelegenen Anden, doch diesen „Makel" machen die Pampinen Sierren durch die Gastfreundlichkeit ihrer Bewohner mehr als wett. Die Region ist mit kleinen Ortschaften übersät, die allemal einen Kurzbesuch oder einen längeren Aufenthalt wert sind, und sie verfügt über ein ausgezeichnetes Straßennetz mit regelmäßigen Busverbindungen.

Vom Hippie-Schick der Gleitschirmflieger-Kapitale La Cumbre zum überkandidelten Kitsch von Carlos Paz – Reisende müssten schon ziemlich übersättigt sein, wenn ihnen hier gar nichts gefällt.

Abschalten fällt leicht – das Dorf Mina Clavero am Flussufer ist dafür bestens geeignet, ebenso wie die früheren Jesuitenzentren Alta Gracia und Jesús María.

Weiter südlich erleben deutsche Gäste eine Überraschung, denn es geht dort ganz entschieden deutsch zu: Im autofreien La Cumbrecita locken Spätzle, „alpine" Spaziergänge und zudem noch gute Badestellen.

Cosquín

📍 03541 / 19 500 EW. / 720 M

Cosquín ist landesweit für sein **Festival Nacional del Folklore** (www.aquicosquin.org) bekannt, ein neuntägiges Folkmusikfest, das seit 1961 in der letzten Januarwoche gefeiert wird. Zu diesem Ereignis reisen Besuchermassen an; den Sommer über brummt die Stadt. Dafür wirkt sie den Rest des Jahres erfreulicherweise wie ausgestorben.

Das etwas härtere **Cosquín Rock Festival** hatte hier ebenfalls seinen Platz, bis die Anwohner feststellten, dass Teenager mit angeketteten Brieftaschen, Nietenarmbändern und Piercings nicht wirklich die Touristen sind, die sie gerne in ihrer Stadt sehen wollen. Vor einigen Jahren ist das Festival deshalb ans Ufer des nahe gelegenen (und treffend benannten) Lago San Roque umgezogen.

Vom 1260 m hohen **Cerro Pan de Azúcar** (Zuckerhut), der sich östlich der Stadt erhebt, eröffnet sich ein schöner Blick auf die Sierren, an klaren Tagen sogar bis nach Córdoba. Eine **Aerosilla** (Sessellift; hin & zurück 85 Arg$; ⏱ 9–18 Uhr) schwebt während des Sommers regelmäßig zum Gipfel – außerhalb der Saison sollte man bei der Touristeninformation die Zeiten erfragen. Ein Taxi zum Fuß des Berges kostet etwa 120/160 Arg$ (einfach/hin & zurück), inklusive einer halben Stunde Wartezeit.

Am Flussufer gegenüber vom Stadtzentrum (hinter der Brücke links) bildet die Avenida Belgrano eine 4 km lange Uferpromenade, die an einem Sommertag zum Bummel einlädt – hier reiht sich eine Badestelle an die nächste. Wenn die Temperatur steigt, wird es voll.

In der **städtischen Touristeninformation** (📍 0351-454644; www.cosquin.gov.ar; San Martín 560; ⏱ Mo–Fr 7–14, Sa & So 9–18 Uhr) ist ein nützlicher Stadtplan von Cosquín erhältlich.

🛏 Schlafen & Essen

Cafés, Restaurants und *parrillas* säumen die San Martín von der Plaza bis hin zum Stadion.

Hospedaje Petit　　　　　HOTEL $
(📍 0351-451311; petitcosquin@hotmail.com; A Sabattini 739; EZ/DZ 45/60 US$) Hier gibt es

Türme auf dem Dach und in der Lobby schöne alte Bodenfliesen, dafür aber eher durchschnittliche moderne Zimmer. Das Preis-Leistungs-Verhältnis ist aber in Ordnung, vermietet werden saubere und geräumige Zimmer in zentraler Lage.

Hostería Siempreverde　　　HOTEL $$
(📍 0351-450093; www.hosteriasiempreverde. com; Santa Fe 525; EZ/DZ 60/80 US$; ☎) Das wunderschöne alte Haus bietet nach hinten hinaus geräumige, moderne Zimmer. Ein großer, schattiger Garten und ein schicker, komfortabler Frühstücks-/Lounge-Bereich runden das Bild ab.

La Casona　　　　　　PARRILLA $
(Ecke San Martín & Corrientes; Hauptgerichte 80–120 Arg$; ⏱ 11.30–23 Uhr) Die oft empfohlene *parrilla* befindet sich in einem charaktervollen alten Gebäude. Spezialitäten des Hauses sind der gegrillte *chivito* (Ziege) und Forellen frisch aus der Region.

ℹ An- & Weiterreise

Täglich fahren viele Busse nach La Cumbre (34 Arg$, 1¼ Std.) im Norden sowie alle 20 Minuten nach Villa Carlos Paz (25 Arg$, 40 Min.) und Córdoba (34 Arg$, 1¼ Std.) im Süden. Mehrere Busse fahren täglich nach Buenos Aires (745 Arg$, 11 Std.).

Zwei Züge (8 und 15.30 Uhr) fahren täglich zum Bahnhof Rodriguez del Busto in Córdoba (6,50 Arg$, 2½ Std.), am Wochenende zusätzlich um 16.30 Uhr.

La Cumbre

📍 03548 / 7540 EW. / 1141 M

Hierher ziehen sich die Einwohner Córdobas ebenso gern zurück wie die Gäste aus dem Ausland. La Cumbre bietet auf kleinem Raum viel Charakter. Die breiten Straßen und das milde Gebirgsklima sorgen für einen angenehmen Aufenthalt, und in den Bergen ringsum warten zahlreiche Abenteuer.

International berühmt wurde die Stadt als Austragungsort des World Paragliding Cup 1994. Anhänger der Sportart betrachten La Cumbre als ihre Heimat und geben der Stadt ein internationales Flair. Der Startplatz, 380 m über dem Río Pinto, verspricht eine spektakuläre Einführung in den Sport. Erfahrene Lehrer, die sowohl Kurse als auch Tandemflüge anbieten, gibt es reichlich.

◉ Sehenswertes & Aktivitäten

Fahrradverleihe (Tag ca. 50 Arg$) gibt es einige in der Stadt – die Touristeninformation informiert darüber, wo sie zu finden sind.

Im Süden der Stadt liegt der 12 km lange **Camino de los Artesanos**. Entlang der „Straße der Künstler" wird in mehr als zwei Dutzend Häusern nur Selbstgemachtes verkauft: Das Angebot reicht von Marmelade und Chimichurri (argentinische Petersiliensauce) über Woll- und Lederwaren bis hin zu Silberschmuck und Gürtelschnallen. Die meisten Läden haben von 11 Uhr bis Sonnenuntergang geöffnet.

Vom **Cristo Redentor**, der 7 m hohen Christusstatue auf einem 300 m hohen Hügel östlich der Stadt, hat man einen tollen Fernblick. Zu Fuß läuft man von der Plaza 25 de Mayo über den Fluss und dann weiter nach Osten auf der Córdoba Richtung Berge – der Gipfelpfad beginnt nach der Überquerung der Cabrera, dem Weg für die Ziegenhirten, gleich hinter einer scharfen Linksbiegung.

Der Flug vom Startplatz am Cuchi Corral – und das Chillen am Río Pinto nachher – sind ein unvergessliches Erlebnis. Die Abflugstelle (La Rampa) liegt 10 km westlich der Stadt und ist über eine unbefestigte Straße von der Hauptstraße aus erreichbar. **Pablo Jaraba** (☏03548-15-570951; www.cuchicorral.com) bietet Tandemflüge und Unterricht an. In der Touristeninformation gibt es Infos zu Anbietern und Empfehlungen. Die Preise sind überall die gleichen: Tandemflüge kosten pro 30 Minuten 1000 Arg$; für einen kompletten Kurs werden 12 000 Arg$ verlangt. Beim **Aeroclub La Cumbre** (☏03548-452544; Camino a los Troncos s/n; ☺9–20 Uhr) lässt sich alles vom Tandemflug über Ultraleichtflüge bis zu Fallschirmsprüngen buchen. Am besten nach Andy Hediger (Ex-Weltmeister im Gleitschirmfliegen) fragen.

🛏 Schlafen

Die Betreiber vieler Unterkünfte können alle vorgestellten Aktivitäten in La Cumbre für ihre Gäste organisieren.

Hostel La Cumbre   HOSTEL $

(☏03548-451368; www.hostellacumbre.com; San Martín 186; B 15 US$; Zi. mit/ohne Bad 42/38 US$; @🛜🏊) Die umgebaute englische Villa liegt nur wenige Häuserblocks hinter dem Busbahnhof und ist eines der beeindruckends-

ten Hostels in den Sierren. Der Ausblick vom vorderen Balkon ist atemberaubend.

Camping El Paso   ZELTPLATZ $

(☏03548-452-2545; Monseñor P Cabrera s/n; Zeltplatz 5 US$) La Cumbres außergewöhnlicher Campingplatz liegt östlich der Stadt unterhalb des Cristo Redentor. Von der Stadtmitte ist es nur ein kurzer Fußmarsch dorthin.

Posada de la Montaña   LODGE $$

(☏03548-451867; www.posadadelamontaña.com.ar; 9 de Julio 753; EZ/DZ 80/110 US$; ❄🛜🏊) Von der Stadtmitte aus führt ein kurzer Spaziergang zu diesem sehr komfortablen Hotel. Es bietet große, urig eingerichtete Zimmer mit tollem Ausblick sowie einen grünen Garten mit kleinem Pool. Das Frühstück ist üppig. Betrieben wird die Lodge von einem Team freundlicher junger Einheimischer.

🍴 Essen & Ausgehen

★Kasbah   ASIATISCH $

(Alberdi & Sarmiento; Hauptgerichte 70–120 Arg$; ☺12.30–0.30 Uhr; ☎) Wer erwartet schon, hier draußen ein gutes Thai-Currygericht serviert zu bekommen? Das putzige kleine dreieckige Restaurant kann das. Ebenfalls auf der Karte: diverse chinesische und indische Gerichte.

Casa Caraffa   ARGENTINISCH $$

(Ecke Caraffa & Rivadavia; Hauptgerichte 90–160 Arg$; ☺12–15.30 & 20–24 Uhr) La Cumbres etabliertestes Restaurant floriert noch immer und bietet einige gute *parrilla*-Gerichte sowie eine ausgezeichnete Fischkarte. Besonders zu empfehlen ist der Lachs mit Orangensoße und gegrilltem Gemüse.

El Pungo   PUB

(www.elpungopub.com.ar; Camino de los Artesanos s/n; Gedeck ab 40 Arg$; ☺Sa & So 12 Uhr bis spätnachts) Die legendäre Bar zieht Musiker aus dem ganzen Land an; auch die argentinischen Folkmusiker Charly García und Fito Páez haben hier schon gespielt.

ℹ Praktische Informationen

Banco de la Provincia de Córdoba (Ecke López y Planes & 25 de Mayo; ☺Mo–Fr 9–13 Uhr) Geldautomat.

Touristeninformation (☏03548-452966; www.lacumbre.gov.ar; Av Caraffa 300; ☺April–Juni & Aug.–Nov. 8–21 Uhr, Dez.–März & Juli bis 24 Uhr) Befindet sich gegenüber dem Busbahnhof im alten Bahnhof. Beim freundlichen Personal ist ein nützlicher Stadt- und Umgebungsplan erhältlich.

ℹ️ An- & Weiterreise

Busse fahren regelmäßig von La Cumbres praktischem **Busbahnhof** (General Paz, unweit von Caraffa) Richtung Norden nach Capilla del Monte (22 Arg$, 30 Min.) und San Marcos Sierras (30 Arg$, 1 Std.) oder Richtung Süden nach Cosquín (34 Arg$, 1¼ Std.), Villa Carlos Paz (52 Arg$, 1½ Std.) und Córdoba (48 Arg$, 2½ Std.) ab. Eine halbe Stunde eher ist man in Cordobá mit dem Minibus. Außerdem gibt es eine Direktverbindung nach Buenos Aires (758 Arg$, 12½ Std.).

San Marcos Sierras

📞 03549 / 930 EW. / 625 M

Die Rettung von San Marcos, das einst ein sterbendes Bergdorf war, begann Ende der 1960er, als Hippies das milde Klima, die wunderbare Abgeschiedenheit und das gute Farmland rund um den Ort entdeckten und in großer Zahl dorthin zogen. Über die Jahre folgten ihnen neugierige Touristen, die von der Hippiehochburg in den Sierren gehört hatten. Schließlich verlagerte sich die Ausrichtung des Orts von der Landwirtschaft und dem Kunsthandwerk hin zum Tourismus.

Über diesen „kapitalistischen" Einschlag bestürzt, zogen viele der alten Garde wieder weg, Reste der Hippietradition von San Marcos sind aber noch erkennbar. So ist die Gemeinde sowohl erfolgreich gegen die Verwendung von genmodifiziertem Getreide angegangen als auch gegen befestigte Straßen und eine Tankstelle im Ort.

Heute ist das Städtchen ein angenehmer Rückzugsort und die Lage am kleinen Fluss so bezaubernd wie eh und je. Einen Busbahnhof gibt es nicht, aber Busse kommen und fahren von einer Haltestelle in der Nähe des Hauptplatzes ab.

Die örtliche **Touristeninformation** (📞 03549-496452; www.sanmarcossierras.gov.ar; Ecke Libertad & Sarmiento; ⏰ 9–18 Uhr) hält eine gute Karte von Stadt und Umgebung bereit sowie ganz brauchbare Infos zu Wanderungen und Veranstaltungen. Im Stadthaus auf der Sarmiento gibt es einen Geldautomaten; aber besser Bargeld mitbringen, für den Fall, dass der Automat gerade nicht funktioniert.

◎ Sehenswertes & Aktivitäten

San Marcos bietet eine umwerfende Naturkulisse. Direkt vor der Stadt gibt es ausgezeichnete Möglichkeiten zum Wandern,

u. a. entlang des Flusses zu einer Mühle aus dem 17. Jh. In **El Viejo Molino** (Eintritt 10 Arg$; ⏰ 9–15 Uhr) wurde noch bis in die 1950er-Jahre hinein das Getreide der Stadt gemahlen.

Museo Hippie   MUSEUM

(30 Arg$; ⏰ Do–Mo 11–18 Uhr) 🚶 Das kleine Museum am nördlichen Ortsrand ist eigentlich interessanter wegen der Informationen zur Entwicklung der Hippiebewegung in Argentinien (die bis zu den griechischen Philosophen zurückverfolgt wird) als wegen der eigentlichen Exponate. Schön ist der Spaziergang dorthin.

🛏️ Schlafen & Essen

Restaurants und Cafés umgeben den Hauptplatz. Die meisten Unterkünfte liegen von dort höchstens 1 km entfernt.

Hostel Agrimon   HOSTEL $

(📞 03549-496397; posadaargimon@infovia.com.ar; Sarmiento 341; B/DZ 14/40 US$; @ 🛜) Ein putziges kleines Hostel direkt vor dem Hauptplatz. Die geräumigen Schlafsäle für vier Personen haben alle ein eigenes Bad; die Doppelzimmer bieten ein gutes Preis-Leistungs-Verhältnis. Abgerundet wird das Ganze mit einem schattigen Garten nach hinten hinaus und einem schönen Küchen- und Wohnbereich.

Camping Kachay Kukuy   ZELTPLATZ $

(📞 03549-15-448178;   www.kachaykukuy.com; Libertad s/n; Zeltplatz pro Pers. 5 US$, B 10 US$, Blockhütten für 2/3 Pers. 45/60 US$) Der am schönsten angelegte Campingplatz liegt am Eingang zur Stadt. Hier gibt es viele schattige Zeltplätze und ganz nette Blockhütten für Gäste, die es etwas komfortabler mögen. Zelte werden für 50 bis 80 Arg$ vermietet.

Madre Tierra   HOTEL $

(📞 03549-496394; secretosdemadretierra@hotmail.com; San Martín 650; EZ/DZ 50/60 US$; ❄️🛜🏊) Wahrscheinlich die eleganteste Unterkunft des Ortes. Stilvolle, moderne Zimmer (wenn auch etwas klein) umgeben einen relativ großen Pool. Das Hotel liegt 550 m jenseits der Brücke nördlich der Plaza.

Piano Resto Bar   INTERNATIONAL $

(Córdoba 145; Hauptgerichte 70–120 Arg$; ⏰ 10–2 Uhr) Ein hübsches kleines Lokal zum Kaffeetrinken – und das Essen ist gar nicht schlecht. Auf jeden Fall sollte man hier das regionale Bier *Quilpo* probieren, das so rich-

BEGEGNUNGEN DER DRITTEN ART

Es sind nicht nur die Freaks und Hippies. In Capilla del Monte erzählen selbst Leute, die ganz normal und vernünftig aussehen, Geschichten über seltsame Lichter, die am Nachthimmel über dem nahe gelegenen Cerro Uritorco erscheinen.

Diese Geschichten reichen weit zurück: 1935 berichtete Manuel Reina, er habe ein merkwürdiges Wesen in einem eng sitzenden Anzug bemerkt, als er eine Landstraße entlangging. 1986 sahen Gabriel und Esperanza Gómez ein Raumschiff. Es war so groß, dass seine Scheinwerfer die gesamte Gegend erleuchteten. Am nächsten Tag entdeckte man eine 122 x 64 m große Brandspur an der Stelle, an der das Raumschiff ihren Berichten zufolge gelandet war.

Ein paar Jahre später bezeugten angeblich 300 Personen ein weiteres Raumschiff, das eine Brandspur von 42 m Durchmesser hinterließ. 1991 fand man erneut eine Brandspur. Sie hatte einen Durchmesser von 12 m und wies eine Temperatur von 340 °C auf. Geologen wurden hinzugezogen. Sie stellten fest, dass die Felsen in der Nähe kurz zuvor auf 3000 °C erhitzt worden waren.

Warum alle diese Ereignisse rund um Capilla del Monte? Jetzt wird es wirklich wundersam. Eine Theorie besagt, dass *Ovnis* (UFOs) diese Gegend aufsuchen, weil der Ritter Parzival den Heiligen Gral und das Templerkreuz Ende des 12. Jhs. zum Cerro Uritorco gebracht habe. Er soll beides zu dem Zepter gelegt haben, das Voltán, der Herrscher des indigenen Indiostamms der Comechingones, 8000 Jahre zuvor geschaffen haben soll.

Eine andere Erklärung: Die Außerirdischen fühlen sich deshalb angezogen, weil unterhalb von Uritorco die unterirdische Stadt Erks liegt. Nach Auffassung der „hermetischen Wissenschaftler" wird sich dort die Erneuerung der menschlichen Spezies vollziehen. Im Inneren wird man den Esfera-Tempel und die drei Spiegel finden, die zum Datenaustausch mit anderen Galaxien dienen und in denen das Leben jedes Menschen in allen Einzelheiten zu sehen ist.

Die offizielle Erklärung? Gute alte meteorologische Phänomene, die von aufgeladenen Ionenpartikeln in der Atmosphäre hervorgerufen werden, gemischt mit einem ordentlichen Schuss Massen- und Medienhysterie.

Aber egal welcher Erklärung man nun glaubt, eines ist sicher: Der ganze Hype schadet der kleinen Tourismusbranche von Capilla del Monte nicht im Geringsten. Noch vor gar nicht allzu langer Zeit kletterten nur Ziegenhirten und wenige interessierte Städter auf dem Uritorco herum. Heutzutage kommen pro Tag bis zu 1000 Besucher, die alle darauf hoffen, einen Blick auf die mysteriösen UFO-Lichter zu erhaschen.

Wer auf den Uritorco (1950 m) klettern möchte, sollte mit dem Aufstieg vor 12 Uhr beginnen und vor 15 Uhr den Rückweg antreten. Der 5 km lange Wanderweg zum Gipfel bietet spektakuläre Ausblicke. Die 3 km von Capilla del Monte zum Fuß des Bergs lassen sich per Taxi oder per pedes absolvieren.

In Capilla del Monte selbst kann man ganz gut übernachten – die Stadt bietet viele Restaurants und Unterkünfte. Die **Touristeninformation** (☎03548-481903; www.capilladelmonte.gov.ar; Ecke Av Pueyrredón & Buenos Aires; ◷8–20 Uhr) im alten Bahnhof hält bergeweise Infomaterial bereit. Infos zu UFOs in der Region gibt es im **Centro de Informes Ovni** (☎03548-482485; www.ciouritorco.org; Juan Cabus 397; ◷10–16 Uhr). Es gibt eine regelmäßige Busverbindung gen Süden nach Córdoba (58 Arg$, 3 Std.), die in allen Städten entlang der RN 38 hält, sowie Fernverbindungen nach Buenos Aires.

tig in Strömen fließt, wenn spät am Abend die spontanen Jam-Sessions starten.

ⓘ An- & Weiterreise

Von La Cumbre fahren fünf Busse täglich dorthin (30 Arg$, 1 Std.). Busse auf dem Weg von Cruz del Eje nach Córdoba (300 Arg$, 4 Std.) halten ebenfalls im Ort.

Jesús María
☎ 03525 / 31 600 EW.

Das kleine, verschlafene Jesús María erschien auf der internationalen Landkarte, als es als Standort einer der stimmungsvollsten Jesuiten-*estancias* der Region in die Unesco-Welterbeliste aufgenommen wurde. Die Hauptattraktion ist das **Mu-**

Mythos Che Guevara

Der große Held der kubanischen Revolution, der in gewisser Weise sogar Fidel Castro in den Schatten stellt, war Argentinier. Ernesto Guevara (besser bekannt unter dem argentinischen Ausruf Che), wurde 1928 in Rosario geboren und verbrachte die ersten fünf Lebensjahre in Buenos Aires. 1932 empfahl der Arzt ein trockeneres Klima für den asthmakranken Jungen. Also zog die Familie in das Bergdorf Alta Gracia.

Zum Medizinstudium kehrte er in die Hauptstadt zurück. Eine sechsmonatige Motorrad-Tour durch ganz Südamerika (1952) öffnete ihm die Augen für das Elend der armen Bevölkerung.

Zurück von seinem Trip, reiste Guevara nach Mittelamerika und schließlich nach Mexiko. Dort traf er Fidel Castro und andere kubanische Exilanten. Auf einer klapprigen alten Jacht segelte die kleine Gruppe von Rebellen nach Kuba und rief dort die Revolution aus, die 1959 das Regime des Diktators Fulgencio Batista zu Fall brachte. Die bürokratischen Aufgaben, die der Aufbau des kubanischen Sozialismus erforderte, waren nicht Che Guevaras Sache. Stattdessen versuchte er – ohne Erfolg – im Kongo, in Argentinien und in Bolivien die Revolution anzuzetteln. 1967 wurde er in Bolivien ermordet.

An seine klugen Schriften und eloquenten Reden erinnert sich heute kaum noch jemand. Aber das berühmte Schwarz-Weiß-Porträt des Rebellen mit der Baskenmütze kennt jeder. Die Aufnahme des Fotojournalisten Alberto Korda stammt von 1960 und ziert bis heute alles nur Denkbare vom T-Shirt bis zum CD-Cover. Zu seinem 30. Todestag erinnerte die argentinische Regierung 1997 mit einer Sondermarke an Ches Herkunft. Im kleinen Museo Casa de Ernesto Che Guevara (S. 348) in Alta Gracia sind neben der Briefmarke zahlreiche weitere Memorabilien ausgestellt.

1. Familienfoto im Museo Casa de Ernesto Che Guevara (S. 348) **2.** Das Elternhaus in Alta Gracia (S. 348) **3.** Che Guevaras Porträt auf einer Mauer in Buenos Aires

seo **Jesuítico Nacional de Jesús María** (☎ 03525-420126; Eintritt 20 Arg$; ☺ Di–Fr 8–19, Sa & So 10–12 & 15–19 Uhr). Kirche und Kloster wurden 1618 erbaut und stehen auf gepflegtem Grund. Nachdem die Jesuiten ihr Betriebskapital vor der brasilianischen Küste an Piraten verloren hatten, verkauften sie den hier erzeugten Wein, um ihre Universität im kolonialen Córdoba auch weiterhin unterstützen zu können.

Das Museum besitzt gute archäologische Funde zu indigenen Gruppen aus ganz Argentinien, informative Karten über den Verlauf der Missionsbewegung und schön restaurierte Räume (deren Authentizität allerdings fraglich ist). Jesús María ist außerdem Schauplatz der jährlichen **Fiesta Nacional de Doma y Folklore** (www.festival.org.ar). Zehn Tage lang werden dabei die Reitkünste und Gebräuche der Gauchos gefeiert; der Startschuss fällt am ersten Wochenende im Januar. Das Festival zieht Besucher aus dem ganzen Land an. Tierschutzorganisationen werfen den Veranstaltern regelmäßig Tierquälerei vor. Sie meinen, der Brauch, mit Peitschen auf Pferde einzuschlagen, damit sie sich vor der lärmenden Menge auf die Hinterbeine stellen und im gleißenden Licht Kunststücke vorführen, käme der Folter gleich. Die meisten besuchen Jesús María im Rahmen eines Tagesausflugs von Córdoba aus. Fahrplanmäßig fahren Minibusse (19 Arg$, 1 Std.) täglich vom Mercado Sud in Córdoba und den wichtigsten Busbahnhöfen.

Alta Gracia

☑ 03547 / 48 100 EW. / 550 M

Rund um ein im 17. Jh. entstandenes Staubecken der Jesuiten wurde Alta Gracia angelegt – ein ruhiger, kleiner Gebirgsort mit gewundenen Straßen und schattigen Parks. Hauptattraktion ist die Jesuiten-*estancia* aus dem 17. Jh. Sie liegt 104 km von jener in Santa Catalina entfernt. Die herrliche Kirche, die abendliche Beleuchtung und der hübsche Standort zwischen einem kleinen Staubecken und der zentralen Plaza machen sie zu einer der eindrucksvollsten unter den Welterbestätten Córdobas.

Der Revolutionär Che Guevara verbrachte seine Jugend in Alta Gracia, sein ehemaliges Wohnhaus ist heute ein Museum. Viele Besucher kommen von Córdoba aus nur als Tagestouristen, aber die Stadt entwickelt sich zu einem selbstständigen Reiseziel und

als guter Standort zur Erkundung der südlichen Sierren.

Die **Touristeninformation** (☎ 03547-428128; www.altagracia.gov.ar; Reloj Público, Ecke Av del Tajamar & Calle del Molino; ☺ Nov.–Feb. 7–22.30 Uhr, März–Okt. 7–19 Uhr) residiert mit ihrem Büro im Uhrenturm.

Sehenswertes & Aktivitäten

Jesuiten-Estancia BAUWERK

Von 1643 bis 1762 errichteten Jesuitenpatres die **Iglesia Parroquial Nuestra Señora de la Merced** (Westseite der Plaza Manuel Solares) GRATIS, das eindrucksvollste Gebäude der *estancia*. Gleich südlich der Kirche liegt **El Obraje** (1643), die kolonialen Werkstätten der Jesuiten, in der sich heute die Räumlichkeiten einer öffentlichen Schule befinden.

Neben der Kirche steht das **Museo Histórico Nacional del Virrey Liniers** (☎03547-21303; www.museoliniers.org.ar; Eintritt 20 Arg$, Mi frei; ☺Di–Fr 9–19, Sa, So & feiertags 9.30–18.30 Uhr), das nach dem ehemaligen Präsidenten Virrey Liniers benannt ist. Er war einer der letzten Vizekönige von Rio de la Plata. Wer sich für historische Details interessiert und besser Englisch als Spanisch versteht, kann sich einer englischen Führung (pro Pers. 40 Arg$; 10, 11.30, 15.30 und 17 Uhr) anschließen – und sollte sich dazu am besten am Vortag telefonisch anmelden. Für die weniger Detailversessenen gibt es in jedem Raum ein Informationsblatt auf Englisch, das einen recht guten Eindruck der Ereignisse vermittelt.

Gleich nördlich des Museums, auf der anderen Seite der Avenida Belgrano, befindet sich der **Tajamar** (1659), einer der Staudämme, die im 17. Jh. erbaut wurden. Gemeinsam bildeten diese Staudämme ein umfassendes Bewässerungssystem für die Felder, das die Jesuiten geplant und angelegt hatten. Noch heute ist das Gebiet von Plantagen umgeben.

Museo Casa de Ernesto Che Guevara MUSEUM

(Avellaneda 501; Eintritt 75 Arg$; ☺Mo 14–19, Di–So 9–19 Uhr) In den 1930er-Jahren zog die Familie des jungen Ernesto Guevara hierher, weil der Arzt dem jungen Ernesto das trockene Klima gegen sein Asthma empfohlen hatte. Che lebte in verschiedenen Häusern – auch in seinem Geburtshaus in Rosario –, doch der Hauptwohnsitz der Familie war die Villa Beatriz, die von der

ESTANCIA SANTA CATALINA

Santa Catalina (☎ 03525-421600; www.santacatalina.info; Eintritt 20 Arg$; ☻ Di–So 10–13 & 14–18 Uhr, geschl. Jan., Feb., Juli & Semana Santa) zählt zu den schönsten Jesuiten-*estancias* der Sierren und steht auf der Unesco-Welterbeliste. Der winzige stille Ort liegt etwa 20 km nordwestlich von Jesús María. Der Dorfladen belegt einen Teil der *estancia*, draußen auf den Bänken sitzen alte Leute und beobachten, wie ab und an ein Gaucho auf seinem Pferd vorbeireitet. Ein Großteil der *estancia* ist für Besucher gesperrt, aber es gibt **Führungen** (jeder Bereich 30 Arg$), die den Besuch der Kapelle, des Kreuzgangs und des Noviziats (in dem unverheiratete Sklavinnen untergebracht waren) einschließen.

Das Gelände erstreckt sich heute nur noch über einen Bruchteil der ursprünglichen Fläche und ist wunderschön und sehr gepflegt. Wer es erkunden will, sollte dafür ein bis zwei Stunden einplanen. Auf der Rückseite der *estancia* liegt das ursprüngliche, von den Jeusiten gebaute Staubecken, in dem Wasserhyazinthen wuchern.

Santa Catalina ist die einzige der Welterbe-*estancias*, die sich noch in Privatbesitz befindet. Ein Teil der Familie besitzt und betreibt **La Ranchería de Santa Catalina** (☎ 03525-424467; DZ mit Bad 105 US$, EZ ohne Bad 45 US$; ☎), eine hübsche kleine Pension samt Restaurant (Menüs ab 100 Arg$) und Kunsthandwerksladen. Es gibt nur zwei Zimmer, die in der ehemaligen Sklavenunterkunft liegen. Die Räume sind zwar klein, wurden aber sorgfältig hergerichtet und die originalen Steinwände erhalten. Drei weitere Zimmer mit Bad entstehen gerade unter Verwendung traditioneller Techniken und Baustoffe. Ein freundliches Paar leitet den Betrieb und erzählt sehr gern die prächtige Geschichte der *estancia* von der Zeit der Jesuiten bis zur Gegenwart.

Von Jesús María aus kostet eine Taxifahrt hierhin etwa 190 Arg$.

Gemeinde erworben und als Museum hergerichtet worden ist.

Die behagliche Einrichtung wird jetzt durch eine fotografische Rückschau auf Ches Leben ergänzt, eine Reihe riesiger Fotos erinnert an den Besuch von Fidel Castro und des venezolanischen Staatspräsidenten Hugo Chávez. Wer meint, er sei schon eine ganze Weile unterwegs, sollte sich die Karte anschauen, auf der Ches Reisen durch Lateinamerika in allen Einzelheiten verzeichnet sind. Über die Politik des Mannes mag man denken, was man will, doch unbestreitbar ist er für seine Idee weit gereist. Ein kleine Auswahl an Che-Devotionalien (auch Zigarren) steht ebenfalls zum Verkauf.

🛏 Schlafen & Essen

Mehrere Café-Bar-Restaurants mit Tischen im Freien säumen die Avenida Belgrano in den drei Häuserblocks unterhalb des Jesuitenmuseums.

Alta Gracia Hostel HOSTEL $
(☎ 03547-428810; www.altagraciahostel.com.ar; Paraguay 218; B 12 US$, Zi. 35 US$) Das Hostel liegt nur fünf kurze Häuserblocks bergab vom Museum und bietet ein gutes Preis-Leistungs-Verhältnis. Die Schlafsäle sind geräumig, die Küche zweckmäßig.

★ **279 Boutique B&B** BOUTIQUEHOTEL $$
(☎ 03547-424177; www.279altagracia.com; Giorello 279; Zi. 65 US$; ☎) 🖋 Mit Abstand Alta Gracias beste Unterkunft! Sie hat zwar nur zwei Zimmer, aber das macht gerade ihren Charme aus. Geleitet wird das B&B von einem ehemaligen New Yorker Fotografen. Das stilvolle, intime Hotel kombiniert schickes modernes Styling mit genau der richtigen Menge an originalen Baudetails. Das Frühstück ist fantastisch, die Lage toll und das Auge des Betreibers für Details hervorragend. Mehr davon, bitte!

★ **El Bistro del Alquimista** FUSION $$
(Castellanos 351; Menüs 130–250 Arg$; ☻ Mo–Sa 16–24 Uhr; ☎) Das Restaurant zeigt den Weg, den die Gourmetszene Argentiniens einschlagen sollte: eine offene Küche, bei der die Köche auch als Bedienung fungieren, sowie schön angerichtete, innovative Gerichte, die in entspannter Atmosphäre mit superaufmerksamem Service serviert werden. Das Vier-Gänge-Menü wechselt täglich. Alle Weine stammen von Boutique-Weingütern.

ℹ An- & Weiterreise

Minibusse fahren regelmäßig nach Córdoba (17 Arg$, 1 Std.), sie starten einen Block oberhalb der *estancia*. Vom **Busbahnhof** (Tacuarí an der

OKTOBERFEST IN VILLA GENERAL BELGRANO

Wer die Sierren Anfang Oktober besucht, kann sich überlegen, ob er einen Abstecher nach Villa General Belgrano einplant. Die Stadt feiert ihre deutschen Wurzeln mit einem zehntägigen, landesweit bekannten Oktoberfest. Das Bier fließt in Strömen wie bei allen Oktoberfesten auf der Welt, dazu gibt es Paraden, unzählige Konzerte und viele weitere kulturelle Events. Außerdem wird auf den Straßen so viel leckeres Essen angeboten, dass schon so mancher nachher den Gürtel etwas lockerer schnallen musste. Mehr Informationen über das Fest findet man unter www.elsitiodelavilla.com/oktoberfest.

Perón) in Flussnähe gibt es Verbindungen nach Córdoba und Buenos Aires (950 Arg$, 13 Std.). Busse nach Villa General Belgrano halten jede Stunde an der RP 5, etwa 20 Blocks stadtauswärts vom Zentrum an der Avenida San Martín.

Villa General Belgrano

☏ 03546 / 7800 EW. / 720 M

Villa General Belgrano – mehr kulturelle Merkwürdigkeit denn vollwertige Touristenattraktion – schmückt sich gern mit seinem Ursprung als Siedlung Überlebender des deutschen Kriegsschiffs *Graf Spee,* das während des Zweiten Weltkriegs unweit von Montevideo unterging.

Das Oktoberfest, das in den ersten beiden Oktoberwochen stattfindet, zieht Bierliebhaber aus aller Welt an. Im Sommer füllt sich das Dorf langsam mit Feriengästen, die sich über ruhige Straßen und die immergrüne Landschaft freuen. Wen Bier aus Mikrobrauereien, *torta selva negra* (Schwarzwaldtorte) und Gulasch nicht in Verzückung versetzen, kann Villa General Belgrano auch als schöne Tagestour von Córdoba oder dem benachbarten Cumbrecita aus besuchen. Trotz seines eindeutig teutonischen Einschlags hört man die heutigen Einheimischen nur selten die Sprache der alten Heimat sprechen.

◉ Sehenswertes & Aktivitäten

Wer Lust auf einen Spaziergang hat, kann den wunderschönen Weg von Corrientes nach El Quebracho nehmen, der den Arroyo La Toma entlangführt, ein Flüsschen hinter der Hauptstraße.

Aussichtsturm TURM

(Roca 168; Eintritt 10 Arg$; ⊙ 9–20 Uhr) Der Aussichtsturm neben der Touristeninformation bietet einen schönen Ausblick über die Stadt und ihre Umgebung.

Friedrich FAHRRADVERLEIH

(☏ 03546-461451; Roca 224; ⊙ Mo–Sa 9–18 Uhr) Das Ausleihen von Mountainbikes kostet hier pro Stunde/Tag 30/150 Arg$.

🛏 Schlafen & Essen

In der Hauptsaison von Dezember bis März steigen die Preise und die Hotels sind schnell ausgebucht. Wer nicht schon Wochen vor dem Oktoberfest reserviert hat, sollte das Fest als Tagestourist von Córdoba aus besuchen.

Entlang der Hauptstraßen Roca und San Martín sind viele Restaurants zu finden.

Albergue El Rincón HOSTEL $

(☏ 03546-461323; www.hostelelrincon.com.ar; Fleming 347; Zeltplatz pro Pers. 10 US$, B/DZ ohne Bad 14/45 US$, EZ/DZ mit Bad 42/52 US$; 🖥) 🍴 Das wunderschöne Hostel in dänischer Hand liegt mitten im Wald und bietet ausgezeichnete, geräumige Schlafsäle, Außen- und Innenküchen, eine *parrilla* und eine eigene biodynamische Farm. Das exzellente Frühstück kostet 40 Arg$. Von der Rückseite des Busbahnhofs aus sind es zu Fuß gut 900 m bis zum Eingangstor. Einfach der Beschilderung folgen.

Berna Hotel HOTEL $$

(☏ 03546-461097; www.bernahotel.com.ar; Sarfield 86; Zi. ab 82 US$; 🖳 🀄 🖥) Das Berna liegt auf einem weitläufigen Grundstück in Superlage zwischen Busbahnhof und Stadt. Es bietet geräumige Zimmer mit viel Komfort. Hinzu kommen u. a. ein hoteleigener Wellnessbereich, ein Kinderspielbereich und ein riesiger Pool.

Blumen INTERNATIONAL $$

(Roca 373; Hauptgerichte 100–150 Arg$; ⊙ Di–So 12–23 Uhr) Das Lokal tischt schmackhafte, wenn auch nicht ganz billige Gerichte auf. Die Karte ist eine der umfangreichsten im Ort. Hier kann man prima ein paar Drinks zu sich nehmen – im riesigen schattigen Biergarten ist trotz Holztischen und Pagoden genügend Platz, und das Bier aus Mikrobrauereien fließt in Strömen.

ℹ️ Praktische Informationen

Die **Touristinformation** (📞 03546-461215; www.elsitiodelavilla.com; Roca 168; 🕐 8.30–20 Uhr) liegt an der Hauptstraße, wie auch Banken mit Geldautomaten.

ℹ️ An- & Weiterreise

Der Busbahnhof liegt von der Hauptstraße aus ein paar Häuserblocks den Berg hoch. Nach Córdoba (71 Arg$, 2 Std.) fahren stündlich Busse, nach Buenos Aires (923 Arg$, 11 Std.) einmal täglich. Nach La Cumbrecita (48 Arg$, 1 Std.) sind es sieben Busse am Tag.

La Cumbrecita

📞 03546 / 550 EW. / 1300 M

In diesem Dörfchen im alpinen Stil ticken die Uhren anders. Eingebettet in die Wälder des Valle de Calamuchita verdankt es seine Beschaulichkeit vor allem der Tatsache, dass es autofrei ist. Hier lässt es sich wunderbar ein paar Tage aushalten, um die Waldwege zu erkunden, die zu Badestellen, Wasserfällen und wunderschönen Aussichtspunkten führen. Besucher des Dorfes müssen ihre Autos auf dem unbefestigten Parkplatz (50 Arg$) abstellen und dann die Brücke über den Río del Medio zu Fuß überqueren.

Die hilfreiche **Touristinformation** (📞 03546-481088; www.lacumbrecita.gov.ar; 🕐 Nov.–Feb. 8.30–21 Uhr, März–Okt. 10–18 Uhr) liegt linkerhand direkt hinter der Brücke.

👁 Sehenswertes & Aktivitäten

Wandern ist der Hauptgrund für einen Besuch von La Cumbrecita. Die kurzen Wanderwege sind gut ausgeschildert, und die Touristinformation hält eine zwar grobe, aber dennoch nützliche Karte der Region parat.

Ein 25-minütiger Spaziergang führt zum Wasserfall **La Cascada**, der sich im Berghang versteckt. **La Olla**, die nächste Badestelle, ist von Granitfelsen umgeben. Wo das Wasser tief genug ist, springen Wagemutige von den Felsen aus hinein. Der **Cerro La Cumbrecita** (1400 m) ist der höchste Punkt des Ortes, er liegt etwa 20 Minuten von der Brücke entfernt.

Außerhalb des Dorfes liegt der **Cerro Wank** (1715 m), der höchste Berg der Region. Die Wanderung auf den Gipfel dauert etwa 40 Minuten.

Die Firma **Viviendo Montañas** (📞 03546-481172; Las Truchas s/n; 🕐 9–13 & 15–20 Uhr), die ein Büro an der Hauptstraße des Ortes betreibt, bietet sowohl längere geführte Wanderungen in die Berge an als auch Ausritte (4 Std. 360 Arg$), Forellenangeln und Mountainbiketouren. Ebenfalls im Angebot ist eine zweitägige Wanderung auf den Gipfel des **Cerro Champaquí** (2790 m), den höchsten Gipfel der Sierren.

🛏 Schlafen & Essen

La Cumbrecita bietet über 20 Hotels und *cabañas* in den umgebenden Bergen; die Touristinformation unterstützt bei der Suche. Im Sommer (Januar und Februar), über die Osterfeiertage und während des Oktoberfestes in Villa General Belgrano sollten Besucher auf jeden Fall im Voraus buchen.

⭐ **Hospedaje Casa Rosita**   HOTEL $
(📞 03546-481003; Calle Principal s/n; EZ/DZ ohne Bad 25/40 US$) Eine bescheidene kleine *hospedaje* (Privatunterkunft) in einem bezaubernden Haus am Fluss, direkt am Eingang zum Dorf. Wenn möglich, sollte man Zimmer 1 buchen: Es bietet ein Erkerfenster mit Blick zum Fluss.

Hostel Planeta   HOSTEL $
(📞 03546-404847; planetacumbrecitahostel@gmail.com; B/Zi. pro Pers. 16/22 US$; 🕿) Zum besten Hostel der Stadt geht es einen steilen Pfad hinauf, der neben dem Tennisplatz des Hotels Las Verbenas verläuft. Die Unterkunft befindet sich in einem schönen traditionellen Haus, Essbereich und Küche sind gut, die Schlafsäle in Ordnung und der Ausblick umwerfend.

ESTANCIAS IN DEN PAMPINEN SIERREN

Vom rustikalen kleinen Refugium bis hin zur weitläufigen, stimmungsvollen Ranch – die Pampinen Sierren bieten eine kleine, aber feine Auswahl an *estancias*.

Estancia La Estanzuela (S. 359) Wunderbar erhalten und auf üppig grünem Gelände gelegen.

Estancia Las Verbenas (S. 358) Liegt an einer wunderbaren Lichtung; ein wahrhaft rustikales Erlebnis.

La Ranchería de Santa Catalina (S. 349) Hier übernachtet man im ehemaligen Sklavenquartier.

Hotel La Cumbrecita
HOTEL $$

(☎ 03546-481052; www.hotelcumbrecita.com.ar;
EZ/DZ 50/80 US$; ❀☎☒) Wo sich heute das
weitläufige Hotel mit umwerfenden Blicken
über das Tal befindet, stand einst das aller-
erste Haus von La Cumbrecita. Die Zimmer
sind nicht gerade riesig, die meisten haben
aber tolle Balkone. Auf dem großen Grund-
stück befinden sich ein Fitnessraum und
Tennisplätze.

Restaurante Bar Suizo
EUROPÄISCH $

(Calle Pública s/n; Hauptgerichte 70–100 Arg$;
☉8–22 Uhr; ☎) Am besten eine Holzbank
unter die Kiefer ziehen und ein paar der aus-
gezeichneten schweizerisch-deutschen Ge-
richte probieren, z. B. Spätzle mit Pilzsoße.

★ El Paseo
PARRILLA $$

(Hauptgerichte 100–150 Arg$; ☉Do–So 12–
24 Uhr) Das an der Badestelle La Olla gelegene Lokal bietet gute *parrilla*-Gerichte sowie
die Klassiker der deutschen Küche. Ideal für
ein gemütliches Bier am Nachmittag.

❶ An- & Weiterreise

Von Villa General Belgrano fahren Besucher mit
Transportes Pajaro Blanco (☎ 03546-461709;
☉8–20 Uhr) nach La Cumbrecita (48 Arg$,
1 Std., 7–19.30 Uhr, 7-mal tgl.). Von dort fährt
der letzte Bus um 20.40 Uhr zurück. Im Sommer
fahren manchmal auch Minibusse vom Busbahnhof Mercado Sud in Córdoba dorthin.

Parque Nacional Quebrada del Condorito

1900-2300 M

Der Nationalpark schützt ein einzigartig
schönes, mit Felsen durchsetztes Weideland,
das sich quer durch die Pampa de Achala in
den Sierras Grandes zieht. Das 37 km² große
Schutzgebiet, und vor allem die *quebrada*
(Schlucht) selbst, sind ein wichtiges Brutge-
biet für den Kondor, dessen Jungvögel im
Nationalpark das Fliegen trainieren.

> ### ❶ EINE ABKÜRZUNG ÜBER DEN RÍO MINA CLAVERO
>
> Der Río Mina Clavero teilt die Stadt
> in zwei Hälften. Wer am Busbahnhof
> ankommt, nimmt am besten die Fuß-
> gängerbrücke über den Fluss. Sie führt
> direkt in die Ortsmitte und erspart ei-
> nem den langen Weg außen herum.

Vom Parkeingang **La Pampilla** wandert
man in zwei bis drei Stunden 9 km weit zum
Balcón Norte („Nordbalkon"): Von der Klippe über der Schlucht lassen sich die riesigen
Vögel besonders gut dabei beobachten, wie
sie sich in der Thermik der Schlucht nach
oben schrauben, um das Gelände nach
Fressbarem abzusuchen.

Der Nationalparkbesuch ist ein schöner
Tagesausflug von Córdoba oder ein netter
Zwischenstopp auf dem Weg nach Mina
Clavero.

Alle Busse von Córdoba nach Mina Clavero halten auf Wunsch bei La Pampilla
(52 Arg$, 1½ Std.), wo der Weg zur Schlucht
beginnt. Um nach Córdoba zurückzukom-
men (oder weiter nach Mina Clavero zu fahren), hält man den Bus an der Abzweigung
an. Hostels in Córdoba arrangieren alternativ Tagestouren in den Park.

Mehr Infos zum Park gibt's bei der
**Intendencia del PN Quebrada del Condo-
rito** (☎ 03541-433371; Resistencia 30; ☉Mo–Fr
9–18 Uhr) in Villa Carlos Paz.

Mina Clavero

☎ 03544 / 8500 EW. / 915 M

Im Sommer geht es in Mina Clavero recht
turbulent zu, dafür ist in den übrigen Jahreszeiten kaum etwas los. Die wenigen Besucher können dann in ihrem ganz eigenen
Tempo kristallklare Bäche, über Felsen hi-
nabstürzende Wasserfälle, zahllose Badestellen und idyllische Gebirgslandschaften
bewundern.

Mina Clavero liegt 170 km südwestlich
von Córdoba, am Zusammenfluss des Río de
Los Sauces und des Río Panaholma im Valle
de Traslasierra. Zu erreichen ist der Ort über
die RN 20, den berühmten Nuevo Camino de
las Altas Cumbres (Straße der hohen Gipfel).
Die **Touristeninformation** (☎ 03544-
470171; www.minaclavero.gov.ar; Av San Martín
1464; ☉Dez.–März 7–24 Uhr, April–Nov. 9–21 Uhr)
hält Standardbroschüren und einen praktischen Stadtplan bereit.

◉ Sehenswertes & Aktivitäten

Die *balnearios* (die zum Baden geeigneten
Bereiche) in Mina Clavero sind im Sommer
brechend voll, den Rest des Jahres dafür
aber oft leer. Die Schluchten mit den he-
rabgefallenen Felsbrocken lassen sich gut
erkunden. Inzwischen ist eine wunderschöne *costanera* gebaut worden, die von

ES LIEGT ETWAS WUNDERSAMES IN DER LUFT

Aus irgendeinem Grund sind die Sierren von Córdoba eine der skurrilsten Regionen Argentiniens. Reisende treffen hier immer wieder auf Wundersames und Unerwartetes – was durchaus seinen Reiz hat. Hier ein paar unserer Favoriten:

Capilla del Monte (S. 345) Das ansonsten verschlafene kleine Bergdörfchen ist unter UFO-Jägern weltweit berühmt. Diese zieht es auf den Gipfel des mystischen Cerro Uritorco in der Hoffnung, hier Kontakt zu Außerirdischen aufnehmen zu können.

Villa General Belgrano (www.elsitiodelavilla.com/oktoberfest) Die ausgeprägten deutschen Wurzeln der Stadt verleihen ihr ein sehr europäisches Flair, das insbesondere zu spüren ist, wenn beim Oktoberfest das Bier in Strömen fließt.

Villa Carlos Paz (www.villacarlospaz.gov.ar/turismo) Der Touristenort am See wirkt wie eine Mischung aus Las Vegas und Disneyland. Verschiedene Themenhotels (die Pyramiden, der Kreml usw.) gruppieren sich um eine riesige Kuckucksuhr.

Museo Rocsen (www.museorocsen.org; Eintritt 55 Arg$; ⊙9 Uhr bis zum Sonnenuntergang) Das Museum unweit des winzigen Städtchens Non (außerhalb von Mina Clavero) zeigt 27 000 Exponate – wohl die ausgefallenste Sammlung an Schund/Schätzen, die man sich vorstellen kann.

Hotel Eden (www.edenhotellafalda.com; Eintritt mit Führung 45 Arg$; ⊙10–18 Uhr) Eine Führung durch dieses extravagante Hotel von 1897 sollte man sich nicht entgehen lassen. Hier stiegen einst Gäste wie Albert Einstein, der Fürst von Savoyen und mehrere argentinische Präsidenten ab.

der Fußgängerbrücke aus bis zum **Nido de Aguila**, der besten Bademöglichkeit der Gegend, verläuft – ein richtig schöner Nachmittagsspaziergang.

Wer von dort aus in westlicher Richtung dem Río de Los Sauces folgt, kommt zu **Los Elefantes**, einer Badestelle, die nach ihren elefantenförmigen Felsformationen benannt ist. Nach weiteren 3 km gen Süden führt der Flussweg nach **Villa Cura Brochero**, wo es die schwarze Töpferware gibt, für die diese Region bekannt ist.

Schlafen

Viele Unterkünfte schließen Ende März; dann werden im Ort quasi die Bürgersteige hochgeklappt.

★ Andamundos Hostel HOSTEL $
(☎03544-470249; www.andamundoshostel.com.ar; San Martín 554; B/EZ/DZ 15/28/45 US$; @☎) Eine eher rustikale kleine Unterkunft ein paar Häuserblocks vom Ortskern entfernt. Der große Hinterhof zum Fluss hin ist eindeutig ein Pluspunkt.

Costa Serrana HOTEL $$
(☎03544-471802; www.costaserrana.com.ar; Olmos 1303; Apt. mit 1/2 Schlafzimmern 89/111 US$; ❋☎❋) Mit der tollen zentralen Lage

sind diese Ferienwohnungen diejenigen mit dem besten Preis-Leistungs-Verhältnis in dieser Kategorie. Die Einrichtung ist schick rustikal, das Frühstücksbüfett umfangreich und das Gelände wunderschön. Wer gerne schwimmt, kann sich auf ein großes Schwimmbad mit Blick auf den Fluss freuen.

Essen

Die meisten Restaurants in Mina Clavero liegen an der San Martín. Die schickeren *parrillas* und Restaurants befinden sich auf der südlichen Flussseite.

★ Rincón Suizo CAFÉ $
(Champaqui 1200; Hauptgerichte 70–100 Arg$; ⊙11–22 Uhr) Das gemütliche Teehaus am Fluss empfiehlt sich durch das hausgemachte Eis, köstliche Schweizer und südfranzösische Gerichte (u. a. Fondue, Raclette und Ratatouille) sowie die berühmte *torta selva negra* (Schwarzwälder Torte).

Palenque INTERNATIONAL $
(San Martín 1191; Hauptgerichte 60–110 Arg$; ⊙11–1 Uhr; ☎) Beliebtes Lokal mit flippiger Kunst an den Wänden und Livemusik am Wochenende. Eine gute Adresse für einen Drink, die Snacks und Menüs sind ebenfalls gut und günstig.

Don Jorge
ARGENTINISCH $$

(Mitre 1198; Hauptgerichte 80–150 Arg$; ⊘8–24 Uhr; ☎) Ausgezeichnete *parrilla*, ordentliche Pizzas und viele weitere Klassiker werden in einem großen Speiseraum serviert. Das Lokal liegt direkt gegenüber vom Busbahnhof.

❶ An- & Weiterreise

Der **Busbahnhof** (Mitre 1191) liegt, von der Stadtmitte aus gesehen, am anderen Ufer des Río Mina Clavero. Täglich fahren mehrere Busse nach Córdoba (62 Arg$, 3 Std.) sowie mindestens drei nach Merlo (44 Arg$, 2½ bis 3 Std.). Wer den Minibus nutzt, ist schneller in Córdoba (55 Arg$, 2½ Std.). Täglich fahren mehrere Busse nach Buenos Aires (979 Arg$, 13 Std.). Ziele in den Provinzen San Juan und Mendoza lassen sich am besten vom benachbarten Villa Dolores (28 Arg$, 1 Std.) aus erreichen.

SAN LUIS & UMGEBUNG

Die recht wenig besuchte Provinz San Luis besitzt überraschend viele Attraktionen, die zusätzlich dadurch gewinnen, dass man sie wahrscheinlich mehr oder weniger für sich allein hat.

Die Provinz wird allgemein La Puerta de Cuyo genannt. Das ist die Sammelbezeichnung für den zentralen Westen Argentiniens mit den Provinzen Mendoza, San Luis, La Rioja und San Juan. Der Superstar der Region ist zweifellos der Parque Nacional Sierra de las Quijadas. Doch auch die Bergorte entlang dem Valle de Conlara und die Sierras Puntanas sind für alle, die die ausgetretenen Touristenpfade verlassen möchten, einen Besuch wert.

Merlo

⌨ 02652 / 17 000 EW. / 890 M

Am Kopf des Valle de Conlara liegt der Bergort Merlo, ein expandierender Ferienort mit mildem Mikroklima in einer relativ trockenen Region. Die Stadt liegt 200 km nordöstlich von San Luis im Nordosten der Provinz San Luis. Die **städtische Touristeninformation** (☎02652-476078; www.villademerlo.gov.ar; Coronel Mercau 605; ⊘8–20 Uhr) hält Karten sowie Infos zu Unterkünften bereit.

◉ Sehenswertes & Aktivitäten

Ein ausladender Blick auf Stadt und Tal bietet sich von den *miradores* (Aussichtspunk-

te), die über der Stadt thronen. Die Taxifahrt zum Mirador del Sol, der halb den Berg hinauf liegt, kostet 480 Arg$; von dort aus sind es weitere 12 km bis zum Mirador de los Condores, der auf dem Bergrücken liegt und Ausblicke in beide Richtungen erlaubt. Zur Stärkung gibt es hier oben am Mirador del Sol eine **Confiteria** (Hauptgerichte 80–120 Arg$; ⊘8–19 Uhr). Wenn die Windrichtung stimmt, kann man zusehen, wie die verwegenen Gleitschirmflieger von der nahe gelegenen Absprungstelle abheben.

In Rincón del Este, 2 km vom Zentrum entfernt an der Straße zu den Miradores gelegen, liegt die **Reserva Natural de Merlo** (⊘bei Tageslicht) `GRATIS`. Schöne Wege führen am Flussufer entlang zu ein paar Badestellen. Reiseveranstalter im Park bieten eine ganze Reihe an Aktivitäten an, darunter geführte Wanderungen, Ziplining und Felsklettern. **El Rincón del Paraíso** (Menüs ca. 100 Arg$; ⊘8–18 Uhr), etwa 400 m vom Parkeingang entfernt, ist ein schönes, schattiges Restaurant mitten im Park – ideal für ein Mittagessen oder ein paar Drinks.

Serranías Tour (☎02652-474737; www.serraniastour.com.ar; Av del Sol 186; ⊘Mo–Fr 9–13 & 15–20, Sa 9–13 Uhr) ist einer der vielen erfahrenen Tourenanbieter vor Ort. Im Angebot sind Ausflüge zum nahe gelegenen archäologisch-paläontologischen Park in Bajo de Veliz (halber Tag 450 Arg$) sowie eine Tour, die das Naturschutzgebiet und die Miradors del Sol und de los Condores (halber Tag 350 Arg$) einschließt.

Der Veranstalter kann auch Gleitschirmflüge organisieren, sie dauern je nach Windbedingungen 20 bis 30 Minuten und kosten um die 1000 Arg$.

🛏 Schlafen

Casa Grande Hostel
HOSTEL $

(☎02656-474579; www.casagrandehostelmerlo.com; Dos Venados 740; B/DZ 15/45 US$) Nur einen kurzen Fußweg von der lebendigen Innenstadt entfernt liegt das mit Abstand coolste Hostel der Stadt. Jede Menge Partyzauber, ordentliche Zimmer und ein weitläufiges Grundstück.

Hostería Cerro Azul
HOTEL $

(☎02652-478648; www.hosteriacerroazul.com.ar; Ecke Saturno & Jupiter; Zi. 70 US$; ☎▣) Das helle, moderne Hotel unweit der Hauptstraße bietet große Zimmer mit geräumigen Bädern. Der Lounge-Ess-Bereich mit seinen hohen, kathedralenartigen Decken ist einfach traumhaft.

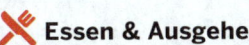 Essen & Ausgehen

⭐ Tono
ARGENTINISCH **$$**

(Av del Sol 690; Hauptgerichte 100–150 Arg$; ⏱12–1 Uhr; ☎) Das Lokal ist auf einheimische Küche mit vielen Zutaten aus der Region spezialisiert und daher grundsätzlich an jedem Tag zu empfehlen. Donnerstags bis samstags wird abends Livemusik von einheimischen *Trova*-Folkbands gespielt.

Basta Lola
ARGENTINISCH **$$**

(Av del Sol 599; Hauptgerichte 100–160 Arg$; ⏱Di–Sa 10–24 Uhr) Ausgezeichnete Küche wie bei Muttern in einem putzigen Ecklokal. Die selbst gemachten Pastagerichte sind umwerfend, auch für den Nachtisch sollte man unbedingt auch noch Platz lassen.

La Cerveceria
BAR

(Av del Sol 515; ⏱14 Uhr bis spät; ☎) Biertrinker aufgepasst: Hier gibt es acht verschiedene Biersorten aus Mikrobrauereien – plus die üblichen nationalen und importierten Marken, dazu Snacks und Sitzgelegenheiten draußen.

ℹ An- & Weiterreise

Fernbusse starten vom **neuen Busbahnhof** (RN 1 an der Calle de las Ovejas), der sich acht Blocks südlich des Ortskerns befindet.

Busse ab Merlo

REISEZIEL	FAHRPREIS (ARG$)	FAHRZEIT (STD.)
Buenos Aires	864	12
Córdoba	268	6
Mendoza	595	8
Mina Clavero	44	3
San Luis	97	4

ℹ Unterwegs vor Ort

Regionale Busse fahren vom **alten Busbahnhof** (☎02652-492858; Ecke Pringles & Los Almendres) in der Ortsmitte ab. Zu den angesteuerten Zielen gehören Piedra Blanca (10 Arg$, 20 Min.), Bajo de Veliz (28 Arg$, 1 Std.), Papagayos (28 Arg$, 1 Std.) und das benachbarte Künstlerdorf Cerro de Oro (12 Arg$, 30 Min.).

San Luis

☎0266 / 170 000 EW. / 700 M

Sogar die Einwohner von San Luis selbst geben zu, dass die Highlights der Provinz außerhalb der Provinzhauptstadt liegen. Immerhin bietet das Städtchen ein paar historische Sehenswürdigkeiten, die zentrale Plaza Pringles ist eine der hübschesten im ganzen Land. Die Avenida Illia, die Haupt-Ausgehmeile der Stadt, bietet mit ihren Bars, Cafés und Restaurants alle Voraussetzungen für einen netten Abend.

Das Geschäftszentrum liegt entlang der parallel verlaufenden Straßen San Martín und Rivadavia zwischen der Plaza Pringles im Norden und Plaza Independencia im Süden. Die meisten Dienstleistungen für Reisende liegen – abgesehen vom Busbahnhof – in den Häuserblocks unweit der Plaza. San Luis liegt am Nordufer des Río Chorrillos. Von Mendoza aus sind es 260 km über die RN 7, von Córdoba aus 456 km über die RN 148.

◉ Sehenswertes

Im Herzen der Stadt liegt die schöne, baumbestandene Plaza Pringles, an deren Ostseite die **Kathedrale** (Rivadavia) aus dem 19. Jh. steht. Fenster und Rahmen wurden aus Harthölzern der Provinz, z. B. dem *Algarobo*-Baum gefertigt, für die Treppen und Säulen wurde aus hiesigen Steinbrüchen stammender weißer Marmor verwendet.

Auf der Nordseite der Plaza Independencia steht die **Casa de Gobierno,** der Sitz der Provinzregierung. An der Südseite liegt die **Iglesia de Santo Domingo** (Ecke 25 de Mayo & San Martín), die wie auch das Kloster aus den 1930er-Jahren stammt, aber den maurischen Stil des Gebäudes aus dem 17. Jh. nachempfindet, das vorher hier stand. Es lohnt sich, die beeindruckenden *Algarobo*-Türen des benachbarten **Archivo Histórico Provincial** um die Ecke an der San Martín anzuschauen.

Auf dem **Mercado artesanal** (Ecke 25 de Mayo & Rivadavia; ⏱Mo–Fr 8–13 Uhr) neben der Iglesia de Santo Domingo verkaufen Dominikanermönche wunderbar handgemachte Wolldecken sowie Töpferwaren, Onyxgegenstände und Webarbeiten aus anderen Teilen der Provinz.

Es lohnt sich ferner, zum schönen ehemaligen **Bahnhof** (Av Illia & Lafinur), der *estación de Ferrocarril*, zu schlendern, um sich das grüne Wellblechdach und die dekorative Eisenkonstruktion von 1884 anzuschauen.

☞ Geführte Touren

Las Quijadas Turismo
TOUR

(☎0266-443-1683; San Martín 874; ⏱Mo–Sa 9–13 & 16–20 Uhr) Die Firma bietet Ausflüge zum Parque Nacional Sierra de las Quijadas, La Angostura und Inti Huasi an.

EL VOLCÁN

Das kleine Dorf El Volcán (ohne Vulkan) liegt eingebettet in die Hügellandschaft östlich von San Luis und ist im Sommer ein entspannter Rückzugsort. Hauptattraktion ist der Fluss, der mitten durch den Ort fließt. Dort bietet der Balneario La Hoya, eine Kette von Naturbecken zwischen den Felsen, schattige Badestellen und ein paar Picknickplätze.

El Volcán liegt so nah bei San Luis, dass es sich im Rahmen eines Tagesausflugs einfach besuchen lässt. Wer gerne vor Ort übernachten will, kann sich aber auch eine Blockhütte mieten, vor allem im Sommer stehen sie reichlich zur Auswahl.

Das **Hotel El Volcán** (✆ 0266-449-4044; www.hotelelvolcan.com; Banda Norte s/n; EZ/DZ 35/50 US$; ❄ 🎧 🏊) ist das einzige richtige Hotel des Dorfes. Der weitläufige Komplex steht auf einem schattigen Gelände, das bis zum Fluss hinunterreicht. Das Hotel ist außerhalb der Saison geschlossen – also besser vorher anrufen, um sich zu vergewissern, dass es auch wirklich geöffnet hat. **El Mantial** (Balneario La Hoya; Hauptgerichte 70–90 Arg$; ⊙ 8–21 Uhr) bietet ordentliches Essen und einen tollen Blick über den Fluss. Die Portionen sind groß und der Service schnell, wenn auch etwas unpersönlich.

Regelmäßige Busverbindungen bestehen zum Busbahnhof in San Luis (12 Arg$, 30 Min.).

🛏 Schlafen

Die gehobeneren Hotels in San Luis richten sich an Geschäftsreisende, daher sind sie unter der Woche schnell voll, am Wochenende dafür billiger.

San Luis Hostel
HOSTEL $
(✆ 0266-442-4188; www.sanluishostel.com.ar; Falucho 646; B/2BZ 12/28 US$; @ 🎧 🏊) Das beste und zentralste Hostel bietet so ziemlich alles vom Billardtisch bis zur DVD-Sammlung, dazu eine ausgezeichnete Küche und einen schattigen Hof mit Grill. Den Schlafsälen für je 16 Personen (Frauen und Männer getrennt) fehlt es etwas an Charme, aber ansonsten ist die Unterkunft klasse.

Hotel Castelmonte
HOTEL $
(✆ 0266-442-4963; Chacabuco 769; EZ/DZ 42/56 US$; ❄ 🎧) Ausgezeichnetes Preis-Leistungs-Verhältnis. Die geräumigen Zimmer haben Parkettboden und Betten mit angenehm festen Matratzen. Es ist zwar zentral gelegen, dennoch liegt das Hotel nicht direkt an der Straße und somit schön ruhig.

Hotel Regidor
HOTEL $$
(✆ 0266-442-4756; www.hotelregidorsanluis.com.ar; San Martín 848; EZ/DZ/Apt. 58/88/110 US$; ❄ 🎧 🏊) Nicht vom etwas schäbigen Exterieur täuschen lassen – die Zimmer sind sehr gepflegt, das Personal klasse und der große Garten und Poolbereich nach hinten hinaus im Sommer mehr als willkommen.

🍴 Essen & Ausgehen

Zu den traditionellen Gerichten von San Luis gehören die *empanadas de horno* (gebackene Empanadas) und *cazuela de gallina* (Hühnersuppe). Entlang der Avenida Illia sind zahlreiche entspannte Bars zu finden. Wie im ganzen Land üblich, öffnen und schließen sie spät. Also einfach mal schauen, was einem gefällt.

Aranjuez
CAFÉ $
(Ecke Pringles & Rivadavia; Hauptgerichte 60–100 Arg$; ⊙ 8–23.30 Uhr; 🎧) Eigentlich ein ganz normales Lokal an der Plaza – Café, Bar und Restaurant in einem. Die Gäste sitzen draußen in der Fußgängerzone und können so beim Essen bzw. Trinken wunderbar das Treiben rundum beobachten.

Los Robles
PARRILLA $$
(Colón 684; Hauptgerichte 100–160 Arg$; ⊙ Mo-Sa 12.30–15 & 21–24 Uhr; 🎧) Die gehobene *parrilla* verwöhnt Gäste mit einer tollen Atmosphäre, einem aufmerksamen Service und einer Karte, die weit mehr als die üblichen Gerichte enthält.

ℹ Praktische Informationen

Mehrere Banken, vor allem an der Plaza Pringles, haben Geldautomaten.

ACA (Automóvil Club Argentino; ✆ 0266-442-3188; Av Illia 401; ⊙ 24 Std.) Automobilclub; hat gutes Kartenmaterial der Provinz.

Bezirkskrankenhaus (✆ 0266-442-2627; Av República Oriental del Uruguay 150) Auf der östlichen Seite der Bolívar.

Post (Ecke Av Illia & San Martín; ⊙ Mo–Fr 8–18, Sa 9–13 Uhr)

Touristeninformation (✆ 0266-442-3957; www.turismo.sanluis.gov.ar; Ecke Av Illia & Junín; ⊙ 9–21 Uhr) Die hilfsbereiten Mitarbeiter statten Besucher mit einem guten Stadtplan und den Attraktionen aus und geben gute Tipps zu Sehenswürdigkeiten in der Region.

ℹ An- & Weiterreise

BUS & AUTO

Der neue **Busbahnhof** von San Luis liegt an der Ostseite der Stadt. Busse zu Orten in der Provinz wie etwa El Volcán (12 Arg$, 30 Min.), Carolina (22 Arg$, 2 Std.), Inti Huasi (24 Arg$, 2½ Std.) und Balde (16 Arg$, 45 Min.) fahren von hier ab. Oder aber man steigt an der **Innenstadt-Haltestelle** ein und spart sich so den Fußmarsch zum Busbahnhof. Busse in die Stadtmitte (3,50 Arg$) fahren vor dem Toyota-Händler gegenüber vom Busbahnhof ab.

Fernbusse fahren täglich zu den meisten touristischen Reisezielen. Wer Orte wie Neuquén und Bariloche ansteuert, muss vielleicht erst nach Mendoza oder San Rafael fahren.

Hertz (☎ 0266-15-4549002; Av Illia 305; ⊙ 9–1 & 15.30–17.30 Uhr) ist die Autovermietung vor Ort.

FLUGZEUG

Der **Flughafen San Luis** (☎ 0266-442-2427) liegt 3 km nordwestlich der Stadtmitte; die Taxifahrt dorthin kostet 40 Arg$.

Aerolíneas Argentinas (☎ 0266-442-5671; Av Illia 472; ⊙ Mo–Fr 9–18, Sa 9–13 Uhr) fliegt täglich nach Buenos Aires.

Busse ab San Luis

REISEZIEL	FAHRPREIS (ARG$)	FAHRZEIT (STD.)
Buenos Aires	1150	11
Córdoba	515	7
Mendoza	335	5
Rosario	725	9
San Juan	425	5
San Rafael	260	5
Santa Fe	757	12

Balde

☎ 0266

Das kleine Dorf liegt 35 km westlich von San Luis und ist lediglich wegen seiner Thermalquellen erwähnenswert. Die städtische Therme ist eindeutig in die Jahre gekommen, während ein neu errichteter Komplex in wunderbarer Umgebung Wellness pur liefert.

Das **Centro Termal Municipal** (☎ 0266-449-9319; Av Esteban Agüero s/n; 1 Std. Bad pro Pers. 25 Arg$, Zeltplatz 5 US$, 2-Pers. Blockhütte

45 US$; ⊙ Therme 8–18 Uhr) bietet kleine Räume mit Bad und einem Bett zum Entspannen; bezahlt wird stundenweise. Die Räume sind sauber und für ein schnelles Bad ganz günstig. Die Hütten (auf der anderen Straßenseite) bieten jeweils locker Platz für zwei Personen.

Los Tamarindos (☎ 0266-444-2220; www.jardinesdetamarindos.com; Av Esteban Agüero s/n; EZ/DZ 55/70 US$, Blockhütten EZ/DZ 63/80 US$; ⊙ Therme 8–18 Uhr; ☎ ≋) ist ein wunderbarer Thermalbadkomplex. Es gibt zwei öffentlich zugängliche Becken, die tagsüber genutzt werden können – das eine unter freiem Himmel mit 26 °C Wassertemperatur (30 Arg$ pro Pers.) – und ein hübscher, sauberer Innenpool (45 Arg$ für beide). Die Zimmer entsprechen dem Standard und haben kleine Wannen, die mit heißem Wasser gespeist werden. Der wahre Luxus aber sind die Hütten: Sie sind viel geräumiger und verfügen über eine separate Wanne, in der man bis zum Hals im Wasser liegt.

Regelmäßige Busverbindungen bestehen vom Busbahnhof in San Luis zum Busbahnhof in Balde (16 Arg$, 45 Min.). Von dort ist es zu beiden Anlagen jeweils nur ein kurzer Fußweg.

Parque Nacional Sierra de las Quijadas

Fans der Road-Runner-Trickfilme werden sich zwischen den roten Sandsteinformationen dieses wenig besuchten **Nationalparks** (☎ 02652.490182; usopublicoquijadas@apn.gov.ar; Eintritt 80 Arg$) wohlfühlen. Der Park umfasst ein 1500 km² großes Areal mit Canyons und ausgetrockneten Seebetten in der Sierra de las Quijadas, deren Gipfel bei Cerro Portillo 1200 m Höhe erreichen. Jüngste paläontologische Ausgrabungen durch die Universidad Nacional de San Luis und das New Yorker Museum of Natural History haben Dinosaurierspuren und Fossilien aus der Unteren Kreidezeit (vor etwa 120 Mio. Jahren) entdeckt.

Obwohl nur wenige Besucher den Nationalpark besuchen, ist die Anfahrt zum Park ausgezeichnet. Busse von San Luis nach San Juan lassen Besucher auf Anfrage hinter dem Dorf Hualtarán beim Parkeingang und der Ranger-Station aussteigen. Der Eingang liegt rund 110 km nordwestlich von San Luis an der RN 147 (San Juan wiederum liegt 210 km nordwestlich). Von hier aus führt eine 6 km lange unbefestigte Straße westlich zu einem Aussichtspunkt mit Blick auf die **Potrero de la Aguada**, eine landschaftlich attraktive Senke unterhalb der Sierragipfel. Dort sammelt sich viel Wasser, sodass hier eine vielfältige Tierwelt leben kann.

An der Ranger-Station lassen sich Parkführer anheuern. Zweistündige, 3 km lange Wanderungen zu den berühmten Dinosaurierspuren finden stündlich zwischen 9 und 16 Uhr statt und kosten 120 Arg$ pro Person. Vierstündige Treks zu einem 150 m tiefen Canyon starten um 13.30 Uhr und kosten 220 Arg$. In beiden Fällen muss die Gruppe mindestens zwei Personen umfassen.

Die anderen **Wandermöglichkeiten** im Park sind ebenfalls ausgezeichnet, die verzweigten Canyons erfordern jedoch seitens der Besucher einen ausgeprägten Orientierungssinn. Wer sich dessen nicht sicher ist, sollte besser einen ortskundigen Führer anheuern. Auch erfahrene Wanderer müssen sich vor sommerlichen Regenfällen und dadurch urplötzlich auftretenden Sturzfluten in Acht nehmen. Die Canyons können dann sehr gefährlich werden.

Neben dem Aussichtspunkt gibt es einen schattigen kostenlosen **Campingplatz** GRATIS und ein kleines Geschäft, das neben Lebensmitteln und Getränken auch sehr willkommenes eiskaltes Bier verkauft.

Die Busse von San Juan nach San Luis kommen etwa jede Stunde vorbei, halten aber nicht immer. Manchmal gibt es Mitfahrgelegenheiten vom Parkeingang zum Aussichtspunkt.

Valle de las Sierras Puntanas

Von San Luis windet sich die RP 9 nordwärts und folgt dabei dem Verlauf des Río Grande. Etliche der kleinen Dörfer entlang des Wegs entwickeln sich allmählich zu touristischen Zielen, haben sich aber noch viel von ihrem ursprünglichen Charakter bewahrt. Die malerische Bergbaustadt Carolina und die nahe gelegene Inti-Huasi-Höhle sind die Highlights der Region. Die Landschaft im oberen Teil des Tals erinnert mit ihren sanft gewellten Weiden und den Trockensteinmauern oftmals an das schottische Hochland.

Estancia Las Verbenas

Auf einer wunderschönen Lichtung im Valle de Pancanta liegt diese **Estancia** (☎0266-429-6151; www.lasverbenas.com.ar; RP 9, Km 68;

pro Pers. mit Vollpension 45 US$; ☎). Mit reichlich deftigem Essen, das zwischen Tierfelldekorationen und grob gezimmerten Möbeln serviert wird, und einfachen, aber gemütlichen Zimmern gibt sie sich so rustikal wie nur möglich.

Dreistündige Ausritte (pro Pers. 220 Arg$) zu einem nahe gelegenen Wasserfall sind eines der Highlights des Aufenthalts. Der beschilderte Zugang zum Areal liegt gleich hinter der Brücke an der Landstraße, von dort sind es ungefähr 4 km bis zum Farmgebäude. Wer mit dem Bus kommt, kann vorher anrufen und wird dann vom Personal an der Landstraße abgeholt.

Carolina
☎ 02651 / 250 EW. / 1610 M

Das kleine Dorf Carolina, das sich zwischen die Ufer des Río Grande und die Vorberge des Cerro Tomalasta (2020 m) schmiegt, ist mit seinen Steinhäusern und den unbefestigten Straßen richtig fotogen. Wenn man sich die Stromleitungen wegdenkt, glaubt man sich 100 Jahre zurückversetzt. Die Region erlebte 1785 einen Boom, als die Spanier die örtlichen Goldminen auszubeuten begannen, die einst von den Inkas betrieben worden sind. Niemand in Carolina benennt Adressen nach Straßen – der Ort ist so klein, dass man darauf verzichten kann.

⊙ Sehenswertes & Aktivitäten

Das **Museo de Poesia** (⊙Di–Sa 10–18 Uhr) GRATIS, eines der schrulligeren Museen des Landes, ehrt den größten Sohn von San Luis, den Dichter Juan Crisóstomo Lafinur. Das Museum besitzt einige Artefakte aus dem Leben des Poeten sowie handgeschriebene Huldigungen von führenden Dichtern Argentiniens. Von dort geht es über das Flüsschen und etwas bergauf zu einer Kuppe mit einem kleinen Steinlabyrinth, ein netter kurzer Spaziergang (ca. 1 Std.).

Huellas Turismo (www.huellasturismo.com.ar; ⊙9–13 & 15–19 Uhr), der örtliche Reiseveranstalter, organisiert Touren zur örtlichen Goldmine, Ausflüge zum Klettern und Abseilen am Cerro Tomalasta sowie Besichtigungsfahrten nach Inti Huasi, La Casa de la Piedra Pintada und La Angostura.

Schlafen & Essen

Die Unterkunftslage in Carolina wird immer besser. Wer in den örtlichen Hotels kein Bett findet, sollte in den Restaurants nach einer *casa de familia (*Privatzimmer mit geteiltem Bad) fragen, in der die Nacht pro Person rund 100 Arg$ kostet.

Rincón del Oro Hostel   HOSTEL **$**

(☐ 02651-490212; Pringles s/n; B/DZ ohne Bad 11/22 US$; ☎) Auf einem kleinen Hügel mit Blick auf die Stadt gelegen, verströmt dieses kleine Hotel rustikalen, gemütlichen Charme, obwohl es 57 Betten hat.

La Tomalasta   CAFETERIA **$**

(Hauptgerichte 50–80 Arg$; ⊙ 8–23 Uhr) Günstige Hausmannskost. Wenn es geschlossen zu sein scheint, hinten herum zum Gemischtwarenladen gehen und um Einlass bitten.

❶ An- & Weiterreise

Busse fahren regelmäßig von Carolina via El Volcán nach San Luis (22 Arg$, 2 Std.). Ein paar fahren nach Inti Huasi (10 Arg$, 30 Min.) weiter.

Inti Huasi

Diese breite, flache **Höhle** (⊙ bei Tageslicht) GRATIS, deren Name auf Quechua „Haus der Sonne" bedeutet, ist einen Abstecher wert – sowohl wegen der hinreißenden Landschaft, die sie umgibt, als auch wegen der Höhle selbst. Die Datierung mittels Radiokarbonmethode legt nahe, dass die Höhle vor etwa 8000 Jahren von den Ayampitín bewohnt wurde. Nach Inti Huasi fahren regelmäßig Busse von San Luis (24 Arg$, 2½ Std.) aus, sie halten auch in Carolina (10 Arg$, 30 Min.).

La Casa de la Piedra Pintada

Von Carolina kommend, zweigt von der Straße 3 km vor der Inti-Huasi-Höhle ein unbefestigter Weg nach Paso de los Reyes ab. Vom Abzweig sind es zu Fuß 5 km bis zu **La Casa de la Piedra Pintada** GRATIS – der Weg ist leicht zu bewältigen. Am Ziel sind im Fels über 50 eingeritzte Zeichnungen erkennbar.

Immer der Straße folgend, gelangt man auf eine offene Weide am Fuß des Cerro Sololasta. Dort beginnt der neue, mit Seilen gesicherte Holzsteg, der die Klippe hinauf und auf das Gelände führt. Wer sich genug mit der Felskunst beschäftigt hat, kann anschließend weiter bergauf die spektakulären Ausblicke über die Sierras Puntanas genießen.

Die Straße ist inzwischen nicht mehr ausgeschildert, sodass es nicht ganz einfach ist,

den Ort zu finden. Aber man kann in Inti Huasi nach dem Weg fragen oder gegen eine geringe Gebühr hier auch einen Führer engagieren.

Valle de Conlara

In nordöstlicher Richtung von San Luis nach Merlo ändert sich die Landschaft dramatisch, während sich die Straße die Berge hinaufwindet. Hinter San Luis ist das Land trocken und wüstenartig, Papagayos bietet einzigartige, nur von Palmen unterbrochene Ausblicke, während Merlo ein üppig grüner Bergort ist.

Estancia La Estanzuela

Die prächtige **Estancia** (☐ 02656-420559; www.estanzuela.com.ar; ein oder zwei Pers. mit Vollpension 180 US$; ☒) ✈ liegt auf dem Gelände einer Jesuitenmission von 1750. Sie ist noch nahezu im Originalzustand erhalten: Die Fußböden bestehen aus Holz oder Stein, die Wände sind aus meterdickem Lehm und viele Decken im traditionellen Gaucho-Stil konstruiert. Das Haus ist wie ein Museum möbliert, mit antiken Möbeln, Gemälden und Familienerbstücken in Hülle und Fülle.

Ein kleiner Teich, den die Jesuiten zur Bewässerung angelegt haben, wird für romantische Ruderbootfahrten genutzt. Als weitere Aktivitäten bieten sich Ausritte und Spaziergänge über das Gelände. Es ist ein besonderer – beinah magischer – Ort, von daher fällt der Mindestaufenthalt von drei Übernachtungen nicht schwer.

Im Übernachtungspreis sind Mahlzeiten, Getränke und Aktivitäten eingeschlossen. Der Besitz liegt, 2 km von der RP 1 entfernt, zwischen Villa del Carmen und Papagayos. Mit öffentlichen Verkehrsmitteln gelangt man von Merlo nach Papagayos. Die Zimmerreservierung ist verpflichtend und muss mindestens zwei Tage im Voraus erfolgen.

Wer kein eigenes Transportmittel besitzt, kann sich in Papagayos oder San Luis abholen lassen.

Papagayos

☐ 02656 / 430 EW.

Ein Tal voller Palmen ist wahrscheinlich das Letzte, was man in diesem Teil der Erde erwartet – und doch liegt dieses Städtchen in genau so einem Tal. Der Ort am Ufer des Arroyo Papagayos wird von riesigen Caranday-Palmen umrahmt, die Region ist für die kunsthandwerklichen Gegenstände bekannt, die aus den Stämmen und Blättern hergestellt werden.

Kleine Läden (meist an Werkstätten angeschlossen), die diese *artesanías en palma* verkaufen, liegen über die gesamte Stadt verstreut. **Rosa López** (vor der Plaza) hat die beste Auswahl. Die Touristeninformation gibt Stadtpläne aus, in denen die Standorte aller Läden sowie weitere lokale Sehenswürdigkeiten eingetragen sind.

Das Flüsschen *(arroyo)* sorgt für Abkühlung – hier reiht sich eine Badestelle an die nächste. Wer lieber in einem künstlichen Pool schwimmt, hat dazu im Balneario Municipal mit Schwimmbecken, Picknick- und Barbecuebereichen Gelegenheit.

Die Möglichkeiten für Ausritte und Wanderungen zu den örtlichen Wasserfällen und Badestellen außerhalb der Ortschaft kann

man in der Touristeninformation oder bei der Hostería Los Leños erfragen.

Die **Oficina de Turismo** (☑ 02656-481868; RP 1 s/n; ☺ 8–20 Uhr) stellt Kontakt zu ortskundigen Führern her, organisiert Touren und hält nützliche Stadtpläne bereit.

Hostería Los Leños (☑ 02656-481812; www.hosterialoslenios.blogspot.com; Av Comechingones 555; Zi. 58 US$; ✳ ☎ ✉) GRATIS macht unter den Hotels der Stadt den besten optischen Eindruck. Die frischen, neuen Zimmer haben große Bäder, der Pool ist ebenfalls gut bemessen.

Die frisch zubereiteten Mahlzeiten (Hauptgerichte 70 bis 100 Arg$) sind ausgezeichnet. Wer einen Tagesausflug machen möchte, kann sich mit einem Lunchpaket versorgen lassen.

Direkt vom Hauptplatz in Papagayos fahren Busse nach Merlo (28 Arg$, 1 Std.).

Mendoza & die Zentralen Anden

Top-Weingüter

➡ Di Tomasso (S. 379)

➡ Posada Salentein (S. 380)

➡ Viñas de Segisa (S. 398)

➡ Pulenta Estate (S. 380)

➡ Bianchi Champañera (S. 387)

Schöne Parks

➡ Parque Provincial Aconcagua (S. 385)

➡ Parque Provincial Volcán Tupungato (S. 386)

➡ Parque Provincial Payunia (S. 402)

➡ Parque Provincial Ischigualasto (S. 402)

Auf nach Mendoza & in die Zentralen Anden!

Die lange, schmale Wüstenregion wird durch zwei Landschaften geprägt, für die Argentinien berühmt ist: die Anden und die Weinfelder, von denen der berühmte argentinische Wein stammt. Die Stadt Mendoza gibt sich lebhaft und weltoffen, im Umland laden viele Weingüter zu unterschiedlich langen, lehrreichen Verkostungstouren ein.

Neben Weinproben gibt es aber noch vieles andere zu erleben. Unweit der Stadt erhebt sich mit dem Aconcagua der höchste Gipfel des amerikanischen Kontinents, er ist ein beliebtes Ziel für Bergsteiger. Gleich mehrere Skiorte erlauben im Winter Abfahrten im Pulverschnee, im Sommer bieten Mendozas Veranstalter eine Vielzahl von Outdooraktivitäten wie Raften, Mountainbiken und Gleitschirmfliegen an. Im Norden schließt sich die lohnenswerte Provinz San Juan an: Hauptanziehungspunkte sind die wenigen, aber bedeutenden argentinischen Weingüter und die surreale Wüstenlandschaft des Parque Provincial Ischigualasto.

Reisezeit
Mendoza

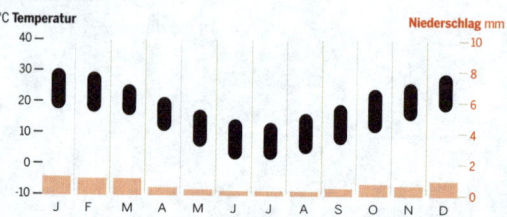

Dez.–März
Heißes, trockenes Wetter, ideal zum Besteigen des höchsten Gipfels der Region.

April–Juni Die prächtige Herbstfärbung der Bäume und Weinreben ist einfach spektakulär.

Juli–Sept.
Schnee färbt die Gipfel weiß – alles ist schön – für Skifahrer wie für alle anderen.

Highlights

1 Auf den Weltklassepisten von **Las Leñas** (S. 392) Spuren in den frischen Pulverschnee zeichnen

2 Sich ein paar Räder schnappen und auf eigene Faust zu einer Tour durch die Weingüter von **Maipú** (S. 379) aufbrechen.

3 Den Menschenmassen entfliehen und ins verblüffende Valle de Calingasta in **Barreal** kommen (S. 398)

4 Dinosaurierfossilien in den bizarren Felsformationen im **Parque Provincial Ischigualasto** entdecken (S. 402)

5 In die Szene eintauchen in den zahlreichen hippen Bars an der Avenida Aristides **Mendoza** (S. 376)

6 Die schmerzenden Glieder in der Thermalanlage von **Cacheuta** wieder auf Vordermann bringen (S. 381)

7 Am **Cerro Aconcagua** (S. 386), dem höchsten Gipfel der westlichen Hemisphäre, dem Dach Amerikas nahe kommen

ℹ️ An- & Weiterreise

Mendoza besitzt den einzigen internationalen Flughafen der Region – dank der Flugverbindungen ins nahe gelegene Santiago de Chile. Von Buenos Aires fliegen regelmäßig Flugzeuge nach Mendoza, San Juan und San Luis. Während der Skisaison kommen noch Flüge nach Malargüe in der Nähe des Skigebiets Las Leñas dazu. Die Busverbindungen sind in der ganzen Provinz ausgezeichnet. Wer nach Süden in Richtung Seengebiet reisen möchte, fährt vermutlich am schnellsten über Neuquén; für alle Reisenden ohne Zeitdruck ist der langsamere Weg über einen wenig befahrenen Abschnitt der RN 40 zwischen den Provinzen Mendoza und Neuquén ein lohnender Umweg.

Mendoza

📞 0261 / 1,1 MIO. EW. / 703 M

Mendoza ist eine geschäftige Stadt mit breiten, baumbestandenen Alleen, stimmungsvollen Plätzen und kosmopolitischen Cafés. Wer (dummerweise) nur ein oder zwei Tage eingeplant hat, wird fast zwangsläufig hängen bleiben: Zu reizvoll ist die gemütliche Gangart und der angenehme Komfort.

Angeblich handelt es sich um eine Wüstenstadt, aber davon ist nichts zu merken – *acequias* (Bewässerungsgräben), die neben jeder Hauptstraße verlaufen, und grandiose Springbrunnen, die jeden größeren Platz schmücken, machen das Plätschern von fließendem Wasser zum fast allgegenwärtigen Hintergrundgeräusch.

Tagsüber geht es in der Stadt lebhaft zu, aber am Abend dreht sie sich richtig auf: Dann füllen sich die Bars, Restaurants und Cafés entlang der Avenida Arístides, und die Gäste belagern die Bürgersteige. Die Jugend trifft sich auf den Straßen, um zu sehen und gesehen zu werden.

In Argentinien (und unter Weinkennern in aller Welt) ist der Name Mendoza ein Synonym für Wein. Genau hier sollte man seine Zelte aufschlagen, wenn man Weingüter besichtigen und einige Dutzend Flaschen eines guten Jahrgangs mit nach Hause nehmen möchte oder einfach nur nach einer passenden Flasche zur abendlichen Pizza Ausschau hält.

Das große Angebot an Reiseveranstaltern macht die Stadt auch zu einem guten Platz, um Wildwasserfahrten, Skiausflüge und andere Outdoor-Abenteuer in den nahe gelegenen Anden vorzubereiten.

1050 km auf der RN 7 sind es von der argentinischen Hauptstadt in die Provinzhauptstadt Mendoza – die chilenische Hauptstadt Santiago liegt dagegen nur 340 km entfernt (zu erreichen über die Grenzstation Los Libertadores).

Mendoza ist hinsichtlich seiner Ausdehnung und Einwohnerzahl (rund 115 000 Ew.) eigentlich relativ klein. Aber wenn man die Bezirke (*departementos*) Las Heras, Guaymallén, Godoy Cruz und auch noch das nahe gelegene Maipú und Luján de Cuyo mitrechnet, schwillt die Bevölkerung des Großraums Gran Mendoza auf etwas mehr als eine Million Einwohner an.

◎ Sehenswertes

Parque General San Martín PARK

Am Seeufer entlangschlendern und im schattigen Rosengarten dösen – so lässt sich dieser wunderschöne 420 ha große Park, eines der Highlights der Stadt, aufs Angenehmste genießen. Zum Park geht es über die Avenida Sarmiento/Civit, vorbei an einigen der schönsten Häuser Mendozas. Parkpläne gibt es im **Centro de Información** (📞 0261-420-5052; Ecke Av Los Platanos & Av Libertador; ☺ 9–17 Uhr), gleich hinter den imposanten Eingangsportalen, die eigentlich für den türkischen Sultan Hamid II. geschmiedet und von England hierher verschifft worden waren.

Charles Thays, der auch den Parque Sarmiento in Córdoba gestaltete, ließ den Park im Jahr 1897 anlegen. Am berühmten **Cerro de la Gloria** erinnert ein Denkmal an San Martíns Andenarmee, die Argentinien, Chile und Peru von den spanischen Kolonialherren befreite. Besonders an klaren, sonnigen Tagen lohnt sich der Ausflug hierher für den weiten Blick über das Tal.

★ Museo Municipal de Arte Moderno MUSEUM

(Plaza Independencia; Eintritt 23 Arg$; ☺ Di–Fr 9–20, Sa & So ab 14 Uhr) Dieses relative kleine Museum mit moderner und zeitgenössischer Kunst ist gut organisiert. An Sonntagabenden um 20 Uhr gibt es kostenlose Konzerte und Theateraufführungen – es lohnt, sich das Wochenprogramm zu holen. Das Museum liegt im Untergrund an der Plaza Independencia.

Iglesia, Convento y Basílica de San Francisco KIRCHE

(Necochea 201; ☺ Mo–Sa 9–13 Uhr) Viele *mendocinos* (Bewohner von Mendoza) halten die Statue der Jungfrau von Cuyo, der Patronin der Ejército de los Andes (Andenar-

WEINGÜTER BEI MENDOZA

Dank einem komplexen und sehr alten System von Aquädukten, die von Flüssen gespeist werden, dient heute Land, das einst Wüste war, jetzt 70 Prozent der Weinproduktion des Landes. Die Provinz Mendoza ist Weinland und viele Weingüter nahe der Hauptstadt bieten Führungen und Verkostungen. Zahllose Reisebüros bieten Tagestouren an, bei denen zwei oder mehr Weingüter in einem genau geplanten Tag besucht werden. Aber es ist auch ganz einfach auf eigene Faust loszuziehen. Es ist auch möglich ein *remise* (Taxi) zu nehmen. Einige Führungen und Verkostungen sind gratis, obwohl die Besucher manchmal am Ende sehr gedrängt werden, etwas zu kaufen. Und die wirklich guten Weine werden nur verkostet, wenn etwas bezahlt wird. Malbec, ist natürlich definitiv *der* argentinische Wein.

Wer sich einen ganzen Tag Zeit nimmt, kann leicht einen Bus besteigen und verschiedene der verlockendsten Weingüter in der Gegend um Mendoza besuchen, von denen einige direkt um das benachbarte **Maipú** (S. 379) herum liegen, nur 16 km entfernt. Wer sehen möchte, was die Top-Weingüter machen, sollte einen Wagen mieten oder sich einer Tour ins **Valle de Uco** (S. 380) anschließen. Auch die Gegend von **Luján de Cuyo**, 19 km südlich von Mendoza, bietet viele bedeutende Weingüter. Busse nach Maipú fahren von La Rioja, zwischen Garibaldi und Catamarca in der Innenstadt von Mendoza; Busse zu den Weingütern in Luján de Cuyo starten an Mendozas **Busbahnhof** (S. 380).

Mendozas **Touristeninformation** (S. 380) an der Garibaldi bei der Avenida San Martín bietet eine einfache, aber hilfreiche Karte der Gegend und ihrer Weingüter. Lohnend ist auch das Set aus drei Karten: *Wine Map – Wine and Tasting Tours*.

Luigi Bosca (☎0261-498-1974; www.luigibosca.com.ar; San Martín 2044, Luján de Cuyo; Führungen 200 Arg$; ⊘mit Anmeldung Mo–Sa) Luigi Bosca, wo auch Finca La Linda produziert wird, ist eines der besten Weingüter Mendozas. Wer sich für Wein interessiert, sollte es nicht versäumen. Führungen gibt es auf Spanisch und auf Englisch. Man fährt mit dem Bus 380 (5,50 Arg$, 1 Std.) ab Bussteig 53 an Mendozas Busbahnhof.

Bodegas Chandon (☎0261-490-9968; www.bodegaschandon.com.ar; RN 40, Km 29, Agrelo, Luján de Cuyo; Führungen 160 Arg$; ⊘mit Anmeldung Mo–Sa) Die modernen Bodegas Chandon sind bei Gruppen beliebt und bekannt für ihre Perlweine (Sekt). Es gibt Führungen auf Spanisch und Englisch. Man fährt mit dem Bus 380 (4,50 Arg$, 1 Std.) ab Bussteig 53 an Mendozas Busbahnhof.

Catena Zapata (☎0261-413-1100; www.catenawines.com; Calle Cobos 5519, Agrelo, Luján de Cuyo; Führungen 200 Arg$; ⊘nach Vereinbarung Mo–Fr 9–18 Uhr) Catena Zapata ist eines der renommiertesten Weingüter Argentiniens. Die Führungen sind ziemlich banal, werden aber auf Englisch, Deutsch und Spanisch durchgeführt. Die Verkostung – die etwas kostet – kann sehr informativ sein. Man kommt mit dem Taxi hin (es ist preiswerter, wenn man mit dem Bus nach Luján de Cuyo fährt und dort ein Taxi nimmt).

mee) von San Martín, für wundertätig, weil sie das verheerende Erdbeben von Mendoza 1968 überstanden hat. Im halbrunden Raum der Virgen legen die Besucher Votivgaben für sie und San Martín ab. In einem Mausoleum innerhalb des Gebäudes ruhen die sterblichen Überreste von San Martíns Tochter, Schwiegersohn und Enkelin, die 1951 aus Frankreich zurück in die Heimat überführt wurden.

Museo Histórico General San Martín
MUSEUM

(Remedios Escalada de San Martín 1843; Eintritt 10 Arg$; ⊘Mo–Fr 9–13 & 15–20 Uhr) Hier wird

José de San Martín geehrt, jener General, der Argentinien von den Spaniern befreite und dessen Namen Parks, Plätze und Straßen im ganzen Land tragen. Der Libertador liegt Mendoza sehr am Herzen; hier lebte er mit seiner Familie, hob seine Armee aus und trainierte sie für den Marsch nach Chile. Das Museum liegt in einer kleinen Arkade unweit der Avenida San Martín.

★ Museo Fundacional
MUSEUM

(Ecke Alberdi & Videla Castillo; Eintritt 27 Arg$; ⊘Di–Sa 8–20, So ab 14 Uhr) Mendozas Museo Fundacional präsentiert Ausgrabungen aus

Mendoza

El Challao
(5,5 km)

6

Informations-
zentrum

38

Av Boulogne Sur Mer

Paso de los Andes

Grandaderos

Av Juan B Justo

13

Grandaderos

Av E Civit

24 18

M Zapata

50

29 Av Arístides Villanueva

37 36

Rodriguez

Olascoaga

Sobremonte

Paso de los Andes

Av. Boulogne Sur Mer

Benegas

Ferrocarril San
Martín (außer
Betrieb)

Peru

33

Av Juan B Justo

55

L Aguirre

Avellaneda

Necochea
Plaza
Chile
19

Gutiérrez

Alvarez

25

Espejo

9 42

35 28

7

53

Av E Civit

57

51

Liniers

Peru

Av Sarmiento

43

Rivadavia

Bus zu den
Chacras
de Coria
Nightclubs

17

39
Plaza
Italia

Chile

Av Belgrano

45

46

Chacras de
Coria (11 km)

dem kolonialen *cabildo* (Rathaus), das 1861
von einem Erdbeben zerstört wurde. Damals verlagerte sich das Zentrum der Stadt
nach Westen und Süden zum heutigen Platz.
Eine Reihe kleiner Dioramen veranschau-
licht Mendozas Geschichte durch die gesamte menschliche Evolution und zwar so, als

ob die Stadt Mendoza der Höhepunkt des
Ganzen wäre (vielleicht war sie es sogar?).

Aktivitäten

Wer vom guten Wein und von der Stadtbesichtigung genug hat, sollte in die Anden

aufbrechen. Mendoza ist nicht umsonst auch berühmt für das spektakuläre Bergpanorama, das seinesgleichen sucht.

Klettern & Bergsteigen

Der Cerro Aconcagua (S. 386) ist der höchste Berg des amerikanischen Kontinents. Doch wer hier bergsteigen will, merkt schnell: Der majestätische Gipfel ist nur die Spitze des Massivs. Ganz in der Nähe kann der Cordón del Plata mit Gipfeln zwischen 5000 und 6000 m durchaus mithalten. Drei wichtige und bekannte Felsklettergebiete liegen ebenfalls in der Provinz: Los Arenales

Mendoza

(bei Tunuyán), El Salto (bei Mendoza) und Chigüido (bei Malargüe).

Bei Inka Expediciones (S. 385) gibt es den farbig illustrierten Führer (nur auf Spanisch) *Escaladas en Mendoza* von Maricio Fernandez. Aktuelle Informationen und eine Liste empfohlener Führer bietet die **Asociación Argentina de Guías de Montaña** (www.aagm.com.ar).

Kletter- und Wanderausrüstung kann bei **Chamonix** (☏ 0261-425-7572; www.chamonix-outdoor.com.ar; Barcala 267; ⊙ Mo–Sa 9–13 & 15–18 Uhr) sowohl geliehen als auch gekauft werden.

Skifahren & Snowboarden

Los Penitentes ist das beste Skigebiet bei Mendoza, obwohl Las Leñas weiter südlich

sogar als das beste Skigebiet ganz Südamerikas gilt. Ski- und Snowboard-Ausrüstung verleihen **Esquí Mendoza Competición** (☏ 0261-429-7944; Av Las Heras 583; ⊙ 9–20 Uhr) sowie einige der Geschäfte entlang der Avenida Las Heras. In der Hochsaison berechnen sie alle rund 230 Arg$ pro Tag für Skier inklusive Stiefel und Stöcke und etwa 280 Arg$ pro Tag für ein Snowboard mit Stiefeln. Die meisten Anbieter verleihen auch Handschuhe, Jacken und Schneeketten fürs Auto. Für gute und sehr gute Skifahrer bietet Argentina Ski Tours (S. 369) die bessere Ausrüstung.

Wildwasser-Rafting

Die wichtigsten Flüsse sind der Mendoza und der Diamante bei San Rafael. Die meisten Anbieter haben Halbtagestouren (ab 420 Arg$) und mehrtägige Expeditionen im Programm. Die Anfahrt kostet zusätzlich 180 Arg$. Die renommierte Firma Argentina Rafting betreibt eine Basis in Potrerillos; Touren können aber auch im Büro in Mendoza gebucht werden.

 Kurse

Intercultural   SPRACHKURSE
(☑ 0261-429-0269; www.spanishcourses.com.ar; República de Siria 241; ☉ Mo–Sa 9–20 Uhr) Hier gibt es Gruppen- und Einzelunterricht in Spanisch sowie international anerkannte Prüfungen. Hilft auch, längerfristig Unterkunft in Mendoza zu finden.

☞ Geführte Touren

Zahlreiche Anbieter organisieren Kletter- und Trekkingexpeditionen, Rafting-Touren, Ausflüge zu Maultier und zu Fahrrad.

Argentina Rafting   ABENTEUERTOUR
(☑ 0261-429-6325; www.argentinarafting.com; Amigorena 86; ☉ Mo–Sa 9–18 Uhr) Im Angebot sind Rafting, Mountainbiken, Kajakfahren, Gleitschirmfliegen, Klettern und viele weitere Aktivitäten.

Argentina Ski Tours   SKITOUR
(☑ 0261-423-6958; www.argentinaskitours.com; Av Belgrano 1194 B; ☉ Mo–Fr 11–20.30, Sa ab 17.30 Uhr) Komplette Skitouren und -kurse auf Spanisch oder Englisch. Verleih von hochwertiger Skiausrüstung in der Stadt. Vermittelt auch eine Reihe von Unterkünften in den Bergen.

Huentata   GEFÜHRTE TOUR
(☑ 0261-420-3863; www.huentata.com.ar; Sarmiento 45, Local 15; ☉ 9–20 Uhr) Konventionelles Reisebüro, das Touren in der Stadt und der Umgebung organisiert. Im Angebot Halbtagestouren durch die Stadt (Arg $180) und Tagestouren zum Cañón del Atuel (Arg $570), nach Villavicencio (280 Arg$) oder in die hohen Kordilleren um Potrerillos, Vallecito und Uspallata (480 Arg$).

Weintouren

Wer nur gelegentlich ein Gläschen trinkt, wird mit einer Audiotour durch Maipú oder einer der angebotenen Bodega-Touren zufrieden sein.

Einige Veranstalter in Mendoza bieten jedoch auch Deluxe-Weintouren an. Billig sind sie nicht, aber dafür bieten sie kleine Gruppen, englischsprachige Führer und Zugang zu exklusiven Weingütern. Die meisten Veranstalter fahren auch ins Valle de Uco, eine große neue Weinregion 150 km südlich von Mendoza, die mit öffentlichen Verkehrsmitteln so gut wie nicht besucht werden kann und nur von wenigen Tour-Veranstaltern ins Programm aufgenommen wurde.

Alle oben genannten Veranstalter können auch Touren zu Pferd durch die Weinberge arrangieren, meist werden sie als Tagestouren angeboten, zu denen auch ein Gourmet-Lunch gehört (190 US$).

Trout & Wine   GEFÜHRTE TOUR
(☑ 0261-425-5613; www.troutandwine.com; Espejo 266; ☉ Mo–Sa 9–13 & 15–20 Uhr) Hier werden Tagestouren nach Luján de Cuyo (195 US$) und ins Uco-Tal (160 US$) nach Wunsch für bis zu acht Personen zusammengestellt. Von November bis März gibt es für 260 US$ Ausflüge zum Fliegenfischen ins Valle de Uco; im Preis sind die Ausrüstung und ein Barbecue als Lunch inbegriffen, zu dem es – was Wunder – ausgezeichnete Weine gibt.

Mendoza Wine Camp   GEFÜHRTE TOUR
(☑ 0261-423-6958; www.mendozawinecamp.com; Av Belgrano 1194 B; ☉ Mo–Fr 11–20.30, Sa ab 17.30 Uhr) ✐ Ein junges Unternehmen, dessen Touren mehr auf Interaktion und Wissensvermittlung ausgerichtet sind. Im Angebot ist auch eine großartige Tagestour zu einem *asado*-Kochkurs (Barbecue). Die Preise liegen bei etwa 200 US$ pro Tag.

Ampora Wine Tours   GEFÜHRTE TOUR
(☑ 0261-429-2931; www.mendozawinetours.com; Av Sarmiento 647; ☉ Mo–Sa 9–21, Sa & So ab 17 Uhr) Ein gut eingeführter Tourorganisator, der sich auf Weine der Mittel- und Spitzenklasse spezialisiert. Jeden Tag gibt es Touren nach Luján de Cuyo (195 US$) und ins Uco-Tal (180 US$). Die Touren konzentrieren sich mehr auf die Verkostung als auf die Techniken der Weinherstellung.

✸ Feste & Events

Von Ende Februar bis Anfang März feiert Mendoza das größte Fest des Jahres, die **Fiesta Nacional de la Vendimia** (nationales Weinlesefest). Zur großen Parade auf der Avenida San Martín präsentiert sich jeder Departamento (Stadtbezirk) mit festlich geschmückten Wagen. Es gibt jede Menge Konzerte und *folklórico*-Veranstaltungen. Der Höhepunkt ist die Krönung der Weinkönigin im Amphitheater des Parque General San Martín.

🛏 Schlafen

Folgende Fakten bitte für die Reise- und Budgetplanung beachten: Die Hotelpreise steigen von Januar bis März, am stärksten während der Fiesta Nacional de la Vendimia Anfang März. Einige Hostels in Mendoza nehmen nur Gäste auf, die auch eine ihrer Touren buchen.

★ Hostel Alamo   HOSTEL $
(📞 0261-429-5565; www.hostelalamo.com.ar; Necochea 740; B 14–17 US$, DZ 37–58 US$; @ 🛜 🏊) Das Alamo, ein makelloses Hostel in großartiger Lage, bietet geräumige Schlafsäle mit vier Betten, prima Gemeinschaftsräume und einen herrlichen Hinterhof mit einem kleinen Swimmingpool.

Hostel Lagares   HOSTEL $
(📞 0261-423-4727; www.hostellagares.com.ar; Corrientes 213; B/DZ 17/65 US$; ❄ 🛜) Dieses „Luxus"-Hostel verlangt zwar beim Preis ein bisschen mehr als die Konkurrenz, doch dafür bekommen die Gäste auch mehr geboten: Es ist makellos sauber, die Schlafsäle sind groß und das Frühstück fällt üppig aus. Einige hübsche Gemeinschaftsbereiche drinnen und draußen tragen noch zur weiteren Attraktivität bei.

Hostel Lao   HOSTEL $
(📞 0261-438-0454; www.laohostel.com.ar; Rioja 771; B 20 US$; Zi. mit/ohne Bad 58–65/40 US$; ❄ 🛜 🏊) Dieses Hostel ähnelt mehr einem coolen B&B; es gibt nur vier Betten in Schlafsälen. Der Rest der Unterkünfte sind geräumige Privatzimmer in einer umgebauten Familienwohnung. Die teureren Zimmer gehen auf den hübschen Bereich hinter dem Haus hinaus.

Mendoza Inn   HOSTEL $
(📞 0261-438-0818; www.mendozahostel.com; Av Arístides Villanueva 470; B 12–15 US$, DZ mit/ohne Bad 45/39 US$; @ 🛜 🏊) Dank der großartigen Lage und des freundlichen zweisprachigen Personals zählt dieses Haus zu den besseren Hostels der Stadt. Die geräumigen Gemeinschaftsräume, der große schattige Hof und der Pool sind eindeutig Pluspunkte.

Hotel Casino   HOTEL $
(📞 0261-425-6666; www.nuevohotelcasino.com.ar; Gutiérrez 668; EZ/DZ 40/56 US$; ❄ 🛜) An der Plaza Chile gelegen, bietet das Hotel Casino einige gute große und einige etwas kleinere, normale Zimmer. Alle sind sauber und bequem, doch ist es besser, sich einige anzusehen, bevor man sich entscheidet.

Punto Urbano Hostel   HOSTEL $
(📞 0261-429-5281; www.puntourbanohostel.com; Av Godoy Cruz 332; B 12–15 US$, DZ mit/ohne Bad 56/51 US$; @ 🛜) Trotz seiner Größe hat dieses Hostel nördlich des Stadtzentrums einen heimeligen Charakter. Die Schlafsäle sind in Ordnung, die Doppelzimmer bieten viel für ihren Preis: Sie sind geräumig, haben Breitbildfernseher und hübsche Bäder. Der große Hof, gut geeignet zum Rauchen, Trinken, Grillen und Abhängen, ist ein zusätzlicher Pluspunkt des Hauses.

Banana Hostel   HOSTEL $
(📞 0261-423-3354; www.bananahostel.com.ar; Julio A Roca 344; B 16–30 US$, DZ mit/ohne Bad 76/65 US$; ❄ @ 🛜 🏊) Ein geräumiges Hostel in einem ruhigen Wohnviertel namens La Quinta. Die Gemeinschaftsbereiche sind toll, ebenso der Hof und der riesige Swimmingpool.

Hotel Zamora   HOTEL $
(📞 0261-425-7537; Perú 1156; EZ/DZ 37/48 US$; ❄ 🛜) Dieses niedliche kleine familiengeführte Hotel besitzt weit mehr Stil als die meisten Häuser dieser Preisklasse. Es bietet bequeme Zimmer, ein Frühstücksbüfett und einen hübschen Innenhof mit einem plätschernden Brunnen und Fliesen im spanischen Stil.

Alcor Hotel   HOTEL $$
(📞 0261-438-1000; www.alcorhotel.com.ar; General Paz 86; EZ/DZ 52/65 US$; ❄ 🛜) Einen Block von der geschäftigen Avenida Las Heras, hat sich dieses jüngst renovierte Hotel einen Teil seines ursprünglichen Charmes bewahrt. Die Zimmer sind groß, hell, gut geschnitten und bieten einige Annehmlichkeiten. Wer länger als drei Tage bleibt, kann mit einem Rabatt rechnen.

Hotel Nutibara   HOTEL $$
(📞 0261-429-5428; www.nutibara.com.ar; Mitre 867; EZ/DZ 94/113 US$; ❄ 🛜) Einen kurzen Weg vom Hauptplatz entfernt bietet das Nutibara ein gutes Preis-Leistungs-Verhältnis. Die Zimmer sind unterschiedlich groß (einige Einzelzimmer sind etwas eng) und durchweg in Beige- und Creme-Tönen gestaltet. Der Pool ist klasse und das Ganze ist gut geführt und schön gepflegt.

Hotel Abril   HOTEL $$
(📞 0261-429-0027; www.hotel-abril.com; Patricias Mendocinas 866; EZ/DZ ab 64/78 US$; ❄ @ 🛜) Ein modernes Hotel mit einigem Stil, doch erreicht es nicht den Boutique-Charakter,

den es für sich in Anspruch nimmt. Trotzdem ist es sehr lohnend in punkto Preis, Annehmlichkeiten und Lage.

Hotel San Martín
HOTEL $$

(☎ 0261-438-0677; www.hsm-mza.com.ar; Espejo 435; EZ/DZ 70/85 US$; ❄ @ 🛜) Dieses Hotel in einem Backsteinbau an der Plaza bietet ein gutes Preis-Leistungs-Verhältnis. Viele geschmackvolle Fliesen sind zu sehen, die geräumigen, bequemen Zimmer verfügen über ein modernes Bad und ein großes Fenster.

Hotel Argentino
HOTEL $$

(☎ 0261-405-6300; www.argentino-hotel.com; Espejo 455; EZ/DZ ab 88/108 US$; ❄ @ 🛜 🏊) Direkt am zentralen Platz gelegen, bietet dieses Business-Hotel einige Annehmlichkeiten wie große Zimmer und einen Swimmingpool von ordentlicher Größe. Wer einen Balkon zur Plaza haben möchte, zahlt etwas mehr.

Palace Hotel
HOTEL $$

(☎ 0261-423-4200; www.hotelpalace.com.ar; Av Las Heras 70; EZ/DZ 52/75 US$; ❄ 🛜) Den verblassenden Charme der 1970er-Jahre gleichen die gute Lage und ein paar klassische Einrichtungsgegenstände aus der guten alten Zeit wieder aus. Die Zimmer sind geräumig, ein Teil der Zimmer geht auf die belebte Avenida hinaus.

B&B Plaza Italia
B&B $$

(☎ 0261-423-4219; www.plazaitalia.net; Montevideo 685; Zi. 110 US$; ❄ 🛜) Dieses B&B mit fünf Zimmern ist in puncto Freundlichkeit und leckeres Frühstück kaum zu übertreffen. Das Haus ist hübsch, die Besitzer (die Englisch sprechen) sind hinreißend und das Wohnzimmer eignet sich perfekt zum Lesen. Man fühlt sich hier einfach zu Hause.

⭐ Modigliani Suites
APARTMENTS $$$

(☎ 0261-429-9222; www.modiglianisuites.com; Av LN Alem 41; Apt. 141–304 US$; ❄ 🛜) Es gibt nur wenige möblierte Apartments mit einem guten Preis-Leistungs-Verhältnis in Mendoza, aber diese sind fantastisch. Der Besitzer, ein Architekt, hat einen Blick fürs Detail und in den Apartments gibt es genau die richtige Mischung aus minimalistisch-kühler und hübscher Deko. Die Kunstgalerie vor Ort ist ein Plus, ebenso die zeitgenössischen Kunstwerke, die jedes Apartment zieren.

Hotel Bohemia
BOUTIQUEHOTEL $$$

(☎ 0261-420-0575; www.bohemiahotelboutique. com; Granaderos 954; EZ/DZ 125/155 US$; ❄ @ 🛜 🏊) Eine Ausnahme in der ansonsten sehr alltäglichen Hotelszene von Mendoza bietet dieses umgewidmete Einfamilienhaus: schickes Design, bequeme Gemeinschaftsbereiche und kleine, aber gut ausgestattete Zimmer mit minimalistischer Dekoration. Es liegt etwa acht Blocks westlich der Plaza Independencia.

🍴 Essen

Einige der besten Restaurants in Mendoza, oft mit Tischen im Freien und lebhaftem jungem Publikum, befinden sich an der Avenida Arístides Villanueva, der westlichen Verlängerung der Avenida Colón. Westlich der Plaza Independencia reihen sich an der Avenida Sarmiento die traditionellen und recht touristischen *parrillas* (Steakhäuser), doch östlich der Plaza, in der Fußgängerzone (*peatonal*), sind viele Cafés mit Tischen im Freien zu finden, die allein schon wegen ihres hervorragenden Kaffees besucht werden sollten.

El Palenque
ARGENTINISCH $

(Av Arístides Villanueva 287; Hauptgerichte 80–140 Arg$; ⏱ Mo–Sa 12–2 Uhr; 🛜) Keinesfalls versäumen sollte man dieses großartige, extreme beliebte Restaurant im Stil einer *pulpería* (Taverne) früherer Zeiten, wo der Hauswein in traditionellen *pinguinos* (weißen pinguinförmigen Keramikkrügen) serviert wird. Das Essen und die Häppchen sind herausragend, die Tische im Freien sind immer gut besetzt.

La Flor de la Canela
PERUANISCH $

(Av Juan B Justo 426; Hauptgerichte 65–100 Arg$; ⏱12–15 & 21–1 Uhr, Mi geschl.) Lust auf etwas Scharfes? Dann steht ein Besuch dieses authentischen, kargen peruanischen Lokals an, das nur ein paar Blocks vom Zentrum liegt. Was hier an Atmosphäre fehlt, wird durch Gaumenfreuden wettgemacht.

Cocina Poblana
NAHÖSTLICH $

(Av Arístides Villanueva 217; Gerichte ab 70 Arg$; ⏱ Mo–Sa 12–15 & 19–1 Uhr) Das ausgesprochen leckere, preiswerte nahöstliche Essen (Hummus, Falafel, Dolmas) bietet eine willkommene Abwechslung zum dauernden Steak. Das Schisch Kebab mit einem Taboulé-Salat ist ein Hit.

Arrope
VEGETARISCH $

(Primitiva de la Reta 927; pro 100 g 18 Arg$; ⏱ 8–15 Uhr; 🖊) Wer genug von Fleisch hat, sollte in dieses gemütliche vegetarische Café-Restaurant kommen und sich von den fleischfreien Köstlichkeiten am Büfett bedienen.

Mendozas Weine

Seit die Jesuiten vor mehr als 500 Jahren die ersten Reben in Nordargentinien pflanzten, hat sich Argentiniens Wein stetig weiterentwickelt, und das Land gilt heute als einer der führenden Weinproduzenten der Welt. Weinkenner sollten also unbedingt Mendoza in ihre Routenplanung aufnehmen.

Bescheidene Anfänge

Qualitätsverbesserungen beim argentinischen Wein stellten sich erst im 19. Jh. ein, als europäische Einwanderer ins Land kamen. Sie brachten aus ihren Heimatländern Rebsorten mit, die die „Criolla"-Reben der Jesuiten durch „edlere" Gewächse wie Merlot oder Cabernet Sauvignon ersetzten. Obwohl die neuen Traubensorten die Qualität des Weines ein wenig verbesserten, blieben die argentinischen Weine nach wie vor eher ein Produkt für den heimischen Markt.

Dann hatten argentinische Weine aus dem Nichts heraus ihren großen Auftritt auf dem Weltmarkt, und ein Merlot aus Mendoza verfügt heute über genauso viele Qualitätsmerkmale wie ein chilenischer Rotwein derselben Preisklasse.

Terroir & Technik

Die Winzer haben ihr Marketing heute definitiv verbessert, aber am Ende kommt es vor allem auf die Qualität an. Argentiniens Weinsorten sind gut und werden immer besser. Eine Schlüsselrolle beim erfolgreichen Anbau spielt das Bewässern. Ein heftiger Regen direkt vor der Ernte kann die Lese verderben, was die Winzer in der wüstenhaften Gegend von Mendoza kaum befürchten müssen. Fast jeder Tropfen Wasser ist künstlich hergeschafft und so frisch wie das Schmelzwasser aus den Anden. Weinberge in der Wüste haben noch einen weiteren Vorteil – den riesigen Temperaturunterschied zwischen Tag und Nacht. Die Wärme des Tages regt die Zuckerproduktion an und verhilft den Trauben zu einer dicken Haut. Die Kühle der Nacht sichert den Säureanteil, und die niedrige Luftfeuchtigkeit hemmt Käfer- und Pilzbefall.

Insgesamt bessert sich die Qualität deutlich. Dazu zählen bessere Hygienestandards und das Ersetzen der alten „Criollo"-Reben durch „edlere" Sorten wie Malbec, Cabernet Sauvignon, Merlot und Syrah. Aber auch die inzwischen gängige Methode, Weine in kleine-

---

EINKAUFEN IN MENDOZA

Auf der Suche nach etwas *wirklich* Gutem? Hier folgen die Top-Malbecs aus der argentinischen Weinprämierung von 2015:

➡ Septima Obra Malbec 2012, Bodega Septima – Codorniu Argentina SA

➡ Riglos Quinto Malbec 2013, Finca Las Divas SA – Bodega Riglos

➡ Casarena Malbec Jamilla's Single Vineyard 2012, Perdriel – Casarena Bodegas & Vineyards

➡ Zuccardi Aluvional Vista Flores Malbec 2012, Familia Zuccardi

---

1. Weingarten in Luján de Cuyo (S. 365)
2. Weinlokal, Luján de Cuyo (S. 365)

ren Eichenfässern mit einer Lebensdauer von wenigen Jahren statt in großen Fässern (die bis zu 70 Jahre lang verwendet wurden) reifen zu lassen, hat positive Wirkung gezeigt. Und man kann über argentinische Weine nicht sprechen, ohne das Preis-Leistungs-Verhältnis zu erwähnen. Der wirtschaftliche Zusammenbruch des Landes 2001 war für Exporteure ein Segen, weil die Preise in den Keller gingen und argentinische Weine über Nacht konkurrenzfähig wurden. Land ist hier billig und Arbeitskraft so günstig, dass fast jede Traube von Hand gelesen wird. Das trifft in anderen Ländern nur auf die Spitzenweine zu.

Ausflüge zu den Weingütern

Wie die Weinindustrie in Mendoza wächst, so tut es auch das damit verwandte Gewerbe, nämlich der Weintourismus. Heutzutage geht es nicht darum, ob man eine Weinprobentour machen kann, sondern darum, welche die beste im breiten Angebot ist.

Hier gibt es Möglichkeiten für jeden Geldbeutel. Wer auf seine Pesos achten muss, kann mit dem Rad durch die **Weingegend Maipú** (S. 379) radeln. Die Weingüter liegen dicht beisammen und die Führungen sind erschwinglich, sodass man mehrere am Tag besichtigen und gute Weine probieren kann. Doch da diese Art der Tagesplanung sehr beliebt ist, werden die Besucher oft wie Viehherden durch die Weingüter getrieben, damit schnell wieder Platz für die nächste Gruppe ist. Wer nicht mit dem Rad unterwegs ist und auch keine große Tour durch die Weinregionen unternehmen will, kann sich auf die Satellitenstadt **Luján de Cuyo** (S. 365), 19 km südlich von Mendoza, beschränken. Mit einem Minimum an Vorausplanung kann man per Bus oder Taxi durch die Gegend fahren und drei oder vier Weingüter ansteuern und abends wieder zurück in Mendoza sein.

Wer sich etwas mehr leisten kann und sich genauer über die Anbaumethoden informieren und das auch noch in einer entspannten Atmosphäre tun möchte,

1. Per Fahrrad durch die Weinregion **2.** Reife Trauben

sollte sich einer **Tour** anschließen. Hier gibt es keine Menschenmassen, und manchmal trifft man sogar den Winzer persönlich. Einen zusätzlichen Reiz bei diesen Touren bildet das Feinschmeckermenü zur Mittagszeit, und auch die Weinproben im Rahmen solcher Führungen sind häufig ungewöhnlich lohnend. Viele Veranstalter organisieren auch Führungen für Weinkenner, die daran interessiert sind, genau dieses oder jenes Weingut oder ein bestimmtes Weinanbaugebiet zu besuchen oder ganz spezielle Weine zu verkosten. Wer genügend Zeit und Geld mitbringt, sollte die Region auf eigene Faust erkunden. Man leiht sich ein Auto in Mendoza, kauft an einem Kiosk eine Übersichtskarte über die Weingüter der Gegend und macht sich auf den Weg. Einige der vorzüglichsten Weine gibt es im **Valle de Uco** (S. 380). Es liegt ungefähr 150 km südlich der Stadt, aber viele der Güter bieten Übernachtungsmöglichkeiten und sogar spezielle Wine Lodges, von denen aus man nach Herzenslust umherwandern kann. Aber Vorsicht, in Argentinien ist das Fahren unter Alkoholeinfluss strengstens untersagt. Deshalb sollte man sich nach einem harten Tag mit Weinproben grundsätzlich niemals ans Steuer setzen. -

WEIN MITNEHMEN

Alkoholische Getränke, die man mit nach Hause nimmt, sind natürlich ein Thema für den Zoll. Abgabefrei können in Deutschland bis zu vier Liter nicht schäumender Wein eingeführt werden; die Flaschen müssen aber zum Reisegepäck gehören und zum persönlichen Gebrauch bestimmt sein. Über Einzelheiten informieren die jeweiligen Zollbehörden (Deutschland unter www.zoll.de). Wer Weinflaschen transportieren möchte, sollte sie im Fachhandel kaufen und die Flaschen bruchsicher verpacken lassen. Viele Fluggesellschaften gestatten übrigens – wenn überhaupt – nur eine begrenzte Anzahl Flaschen im Handgepäck.

La Mira
FUSION $

(Av Belgrano 1191; Hauptgerichte 85–140 Arg$; 9–24 Uhr) Leckere einfallsreiche Gerichte in einer entspannten Umgebung. Jedes Gericht ist eine vollständige Mahlzeit (einige auch mit Gemüse) und es gibt hier eine kleine, aber feine Weinkarte.

Mercado Central
MARKT $

(Ecke Av Las Heras & Patricias Mendocinas; Hauptgerichte ab 70 Arg$; 8.30–23 Uhr) Der renovierte Mercado Central ist ein guter Bereich für die „Jagd" nach preiswerter Pizza, Empanadas und Sandwiches.

★ Anna Bistro
FUSION $$

(Av Juan B Justo 161; Hauptgerichte ab 120 Arg$; 12–2 Uhr; ☎) Eines der schönsten Restaurants von Mendoza bietet einen herrlichen Gartenbereich, coole Musik und sorgfältig zubereitete Gerichte.

Fuente y Fonda
ARGENTINISCH $$

(Montevideo 675; Hauptgerichte 150 Arg$; 12–15 & 20–24 Uhr) Gute ehrliche Hausmannskost. Hier gibt es Familienessen: Große Portionen herzhaften Essens stehen in der Mitte des Tisches, sodass jeder sich bedienen kann. Eine ordentliche Weinkarte und verlockende Desserts runden das Ganze ab.

El Patio de Jesús María
PARRILLA $$

(Ecke Villanueva & Boulogne Sur Mer; Hauptgerichte 100–180 Arg$; n12–16 & 19.30–1 Uhr) Eine von Mendozas beliebtesten *parrillas* liegt jetzt günstig im Stadtzentrum. Die Portionen sind riesig – Rindfleisch ist hier die erste Wahl, aber auch der Ziegenbraten ist nicht zu verachten.

Patancha
INTERNATIONAL $$

(Perú 778; Hauptgerichte 90–150 Arg$; Mo–Sa 10–3 Uhr) Ein hübsches kleines Lokal, das hervorragende Tapas serviert, außerdem traditionelle Favoriten wie *humitas* (gefüllter Maisteig, ähnlich mexikanischen Tamales) und gelegentlich eine Überraschung wie etwa pfannengerührte Meeresfrüchte. Das angebotene Mittagsmenü für 55 Arg$ ist ein Schnäppchen.

Tasca de la Plaza
SPANISCH $$

(☎ 0261-423-3466; Montevideo 117; Hauptgerichte 120–150 Arg$; Mo–Fr 12–15 & 19.30–1 Uhr) La Tasca ist mit ausgezeichneten mediterranen und spanischen Tapas (meist Fisch und Meeresfrüchte), exzellenten Weinen, intimer Atmosphäre, schöner Kunst und freundlichem Service eines der besten Restaurants Mendozas.

Maria Antioneta
INTERNATIONAL $$

(Av Belgrano 1069; Hauptgerichte 100–160 Arg$; Mo–Sa 8–24, So 10–17 Uhr; ☎) Die herrlich frische Mischung an Aromen auf der Speisekarte spiegelt sich auch im Design des Speisesaals – einem ansprechenden Mix aus retro und modern. Alles ist prima – hübsch angerichtet und geschmacksintensiv – und begleitet von einer ausgezeichneten Auswahl an Weinen und Desserts.

La Marchigiana
ITALIENISCH $$

(Patricias Mendocinas 1550; Hauptgerichte 110–160 Arg$; 12–15 & 19–1 Uhr) Das italienische Restaurant wird oft empfohlen. Die Einrichtung erscheint etwas kahl, aber der Service ist herzlich. Die klassisch-italienischen Gerichte schmecken hier durch die argentinische Note ganz anders als erwartet.

Azafrán
FUSION $$$

(☎ 0261-429-4200; Av Sarmiento 765; Hauptgerichte 150–230 Arg$; Mo–Sa 12–15 & 19–1 Uhr) Es ist schwer zu sagen, was besser ist – der rustikale Schick der Ausstattung, die kleine, aber einfallsreiche Speisekarte oder die umfangreiche Weinkarte. Aber was soll's! Am besten genießt man einfach alles.

Siete Cocinas
ARGENTINISCH $$$

(☎ 0261-423-8823; Ecke San Lorenzo & Mitre; Hauptgerichte 160–220 Arg$; Mo–Sa 8.30–1 Uhr) Hier können Gäste eine gastronomische Tour durch die sieben Regionalküchen Argentiniens unternehmen; es gibt Köstlichkeiten wie Ziegenkäse-Ravioli, langsam gegartes Schweinefleisch und patagonische Lamm-Pilz-Pastete.

 ## Ausgehen & Nachtleben

Wer einen tollen Abend in der Stadt erleben will, geht die Avenida Arístides Villanueva hinunter, dort reiht sich eine Bar an die andere. Im Sommer füllen sich ganze Straßenzüge mit Tischen und Menschen, die den Abend genießen. Am anderen Ende der Stadt liegt Tajamar, in dem es etwas lockerer und alternativer zugeht. Dort ist auch eher Livemusik zu hören.

Wein gibt es so gut wie überall in Mendoza (selbst in den Tankstellen), doch ein paar Lokale haben sich ganz besonders darauf spezialisiert.

Wer tanzen möchte, muss wohl oder übel die Innenstadt hinter sich lassen und entweder den nordwestlichen Vorort El Challao oder Chacras de Coria entlang der RP 82 im Süden der Stadt aufsuchen. Nach El

Challao fährt von der Avenida Sarmiento die Buslinie 115. Nach Chacras de Coria geht es ab der Haltestelle La Rioja – zwischen Catamarca und Garibaldi – mit der Linie 10 (*interno*/interne Liniennummer 19) oder ab 25 de Mayo/Ecke Rivadavia mit der Linie 10 (*interno* 15). Einfach den Fahrer nach *los boliches* (Nachtclubs) fragen, er setzt die Fahrgäste dann an der richtigen Stelle ab.

In El Challao wie auch in Chacras de Coria liegen die Nachtclubs Tür an Tür, und aus der ständig wechselnden Auswahl kann sich der Besucher das Richtige für sich Heraussuchen. **La Guanaca** (Ruta Panamericana s/n, Chacras de Coria; ⊙ Fr & Sa 22–5.30 Uhr) ist schon geraume Zeit ein heißer Tipp – mit etwas Glück existiert es vielleicht noch, wenn die Leser die Stadt besuchen.

Viele ausländische Besucher (und auch *mendocinos*) finden aber, dass sich der Aufwand, diese Lokale aufzustöbern, einfach nicht lohnt. Sie besuchen lieber die kleineren Bars entlang der Avenida Arístides Villanueva und an der Tajamar.

Por Acá
BAR

(Av Arístides Villanueva 557; ⊙ Mi–Sa 20 Uhr bis spät nachts) Draußen lila und gelb, im Obergeschoss gepunktet, füllt sich diese Bar erst so richtig gegen 2 Uhr (bis zum frühen Morgen). Zu guter Retro-Tanzmusik wird oft sogar auf den Tischen getanzt.

La Reserva
SCHWULENBAR

(Rivadavia 34; Eintritt frei–75 Arg$; ⊙ Di–Sa ab 21 Uhr) Die kleine Schwulenbar zieht ein gemischtes Publikum an und veranstaltet um Mitternacht unerhörte Drag-Shows gefolgt von Hardcore-Techno.

Blah Blah Bar
BAR

(Escalada 2307; ⊙ ab 18 Uhr) Mendozas Version einer Eckkneipe, die in Tajamar sehr populär ist: hip, aber zurückhaltend, mit entspannter Atmosphäre und vielen Plätzen draußen.

Uvas Lounge & Bar
WEINBAR

(Chile 1124; ⊙ 11–24 Uhr) In der super-formellen Umgebung von Mendozas schönstem Hotel, dem Park Hyatt, bietet diese entspannte und intime Weinbar verschiedene offene Weine, köstliche Käseplatten und diverse Tapas.

Unterhaltung

In Touristeninformationen und Museen liegt *La Guía* aus, die Monatspublikation hat einen umfangreichen Veranstaltungskalender. *Los Andes,* das tägliche Anzeigenblatt, enthält ebenfalls gute Veranstaltungshinweise.

Informationen zu Livemusik und Avantgarde-Theater bietet das Programm des **Centro Cultural Tajamar** (☑ 0261-425-5503; Escalada 1921; Eintritt frei–35 Arg$; ⊙ ab 20 Uhr) im Stadtviertel Tajamar.

Die größten Theater der Stadt sind das **Teatro Quintanilla** (☑ 0261-423-2310; Plaza Independencia) und das nebenan liegende **Teatro Independencia** (☑ 0261-438-0644; Ecke Espejo & Chile).

Shoppen

In der Avenida Las Heras können Shopping-Enthusiasten in Kaufrausch verfallen: Hier lassen sich Souvenirs, Leder, Schokolade und jede Menge billiger argentinischer Schmuck erstehen. Außerdem gibt es hier alles Mögliche aus dem gefleckten braunen Wildleder des *carpincho* (Wasserschwein).

Weinhandlungen verfügen über eine gute Weinauswahl, Personal, das wenigstens etwas Englisch spricht und können die Flaschen transportsicher verpacken.

Carrefour
SUPERMARKT, WEIN

(Ecke Av Las Heras & Belgrano; ⊙ 8–22 Uhr) Wer nicht gerade nach einem seltenen Wein der Spitzenklasse sucht (oder nach Personal, das sich auskennt), findet im Supermarkt Carrefour die größte Auswahl zu einem angemessenen Preis.

Plaza de las Artes
MARKT

(Plaza Independencia; ⊙ Fr–So 17–23 Uhr) Kunsthandwerksmarkt.

Raices
KUNSTHANDWERK

(Av España 1092; ⊙ Mo–Fr 8–19 Uhr, Sa bis 13 Uhr) Hochwertige Webarbeiten, Schmuck und mehr. Es gibt eine Filiale in der nahen Avenida Sarmiento 162.

Juan Cedrón
WEIN

(Av Sarmiento 278; ⊙ Mo–Sa 9–13 & 16–21 Uhr) Eine kleine, aber feine Auswahl säumt die Wände. Der Laden dient auch als Weinbar. Gelegentliche Verkostungen und Tische am Bürgersteig.

Centro Internacional del Libro
BÜCHER

(☑ 0261-420-1266; Lavalle 14; ⊙ Mo–Fr 9–18, Sa bis 14 Uhr) Einige Klassiker und Bestseller auf Englisch.

SBS
BÜCHER

(Gutiérrez 54; ⊙ Mo–Sa 9–18 Uhr) Gut sortiert bei Romanen auf Englisch, Lonely-Planet-Führern, Karten und Büchern zum

Wein. Auch Material zum *Test of English as a Foreign Language* (TOEFL), Sprachlehrbücher für Spanischlernende.

ℹ Orientierung

Die fünf zentralen Plätze sind angeordnet wie die fünf Augen auf einem Würfel, wobei die Plaza Independencia in der Mitte liegt und vier kleinere Plätze jeweils zwei Blocks von deren Ecken entfernt. Unbedingt besuchenswert ist die von Fliesen gezierte Plaza España.

Die Avenida San Martín ist die Hauptdurchgangsstraße; sie durchzieht die Stadt von Norden nach Süden. Hauptgeschäftsstraße ist die Avenida Las Heras.

Einen guten Überblick bietet die **Terraza Mirador** (gratis; ☺9–13 Uhr), die Dachterrasse des **Rathauses** (9 de Julio 500); hier schweift der Blick über die Stadt und die Landschaft der Umgebung.

ℹ Praktische Informationen

EINWANDERUNG

Einwanderungsbüro (☎0261-424-3512; Av San Martín 1859; ☺Mo–Fr 9–16 Uhr) In Godoy Cruz, südlich des Stadtzentrums.

GEFAHREN & ÄRGERNISSE

Mendoza war lange Zeit eines der sichereren Reiseziele in Argentinien, doch die wirtschaftlichen Probleme sind auch hier angekommen und haben zu einer höheren Straßenkriminalität geführt. Touristen sind nur selten das Ziel und die Stadt ist immer noch relativ sicher, aber man sollte ein paar Punkte beachten. Das Wegreißen von Taschen und Taschendiebstahl nehmen zu.

In den Bereichen um den Busbahnhof und am Cerro de la Gloria (im Parque General San Martín) herrscht jetzt verstärkte Polizeipräsenz, doch ist es dort nachts immer noch gefährlich. Erhöhte Vorsicht sollte am frühen Nachmittag walten, da auch die Polizei sich, wie alle anderen, eine Siesta gönnt. Es gab mehrere Berichte,

---

CUYO

Die Provinzen Mendoza, San Juan, San Luis und La Rioja werden von alters her Cuyo genannt, abgeleitet von einem Wort der Huarpe-Sprache, *cuyum*, das so viel wie „sandige Erde" bedeutet. Die Huarpe haben in der Region traditionell Bewässerungslandwirtschaft betrieben; Spuren ihrer Wassergräben sind überall deutlich sichtbar. Das Wort taucht oft auf, ob in Namen örtlicher Busunternehmen, Firmen oder Zeitungen oder im Alltagsgespräch.

---

dass in Hostels Spinds geknackt wurden – Wertsachen sollten also an der Rezeption oder noch besser im Safe des Hostels bleiben.

GELD

In der Innenstadt gibt es viele Geldautomaten. Banco de la Nación und Banco Mendoza sind großartige Gebäude.

Banco de la Nación (Ecke Necochea & 9 de Julio; ☺Mo–Fr 9–13 Uhr)

Banco Mendoza (Ecke Gutiérrez & España; ☺Mo–Fr 9 015013 Uhr)

Cambio Santiago (Av San Martín 1199; ☺8Mo–Fr 9–18, Sa & So 9–13 Uhr) Verlangt bei Reiseschecks zwei Prozent Provision.

MEDIEN

La Guía Wer mit der hektischen Kulturszene Mendozas mithalten will, kann nicht auf dieses kostenlose monatliche Veranstaltungsmagazin verzichten. Es liegt in jeder Touristeninformation aus.

Wine Republic (www.wine-republic.com) Eine ausgezeichnete Zeitschrift in englischer Sprache mit dem Schwerpunkt Wein, die aber auch gute Restaurantkritiken, Klatsch und Tratsch aus Mendoza und eine Reihe unterhaltsamer Artikel bringt. Es gibt die Zeitschrift in Hotels, den Touristeninformationen und bei **Trout & Wine** (S. 369).

MEDIZINISCHE VERSORGUNG

Krankenhaus (☎0261-420-0600, 0261-420-0063; Ecke José F Moreno & Alem)

NOTFALL

Servicio Coordinado de Emergencia (☎0261-428-0000) Hier kann man einen Krankenwagen rufen.

POST

Postamt (Ecke Av San Martín & Colón; ☺Mo–Fr 8–18, Sa 9–13 Uhr)

REISEBÜROS

Almundo (☎0261-429-0029; Av Sarmiento 223; ☺Mo–Fr 9–13 & 16.30–20.30, Sa 10–13 Uhr) Reisebüro, das für Studenten und für preiswerte Reisen empfehlenswert ist.

TOURISTENINFORMATION

ACA (Automóvil Club Argentina; ☎0261-420-2900; Ecke Av San Martín & Amigorena; ☺24 Std.) Argentiniens Automobilclub; eine gute Quelle für regionale Straßenkarten.

Städtische Touristeninformationen (www.turismo.mendoza.gov.ar) Die Stadtverwaltung betreibt Touristeninformationen am Busbahnhof (☎0261-431-5000; ☺8–20 Uhr) und im Rathaus (☎0261-413-2101; 9 de Julio 500; ☺9–21 Uhr).

MAIPÚ: EIN GOURMET-ERLEBNIS

Die kleine Stadt Maipú, direkt außerhalb von Mendoza, besitzt so viele Weingüter, Olivenölproduzenten und andere Gourmet-Betriebe, dass sich leicht an einem Tag fünf oder sechs davon besichtigen lassen. Alle bieten Führungen an und bei den meisten steht am Ende eine kleine Verkostung. Einige Firmen in Maipú verleihen Fahrräder: So macht eine Tour zu den Weingütern der Gegend mehr Spaß als mit den oft etwas gehetzten Halbtagestouren der Reisebüros von Mendoza.

Um nach Maipú zu gelangen, nimmt man den Bus 173 von der Haltestelle an La Rioja in Mendoza und steigt am dreieckigen Kreisverkehr aus. Der Wettbewerb unter den Fahrradverleihern ist heftig (es gab zwischen den Anbietern schon Faustkämpfe) und die wichtigsten Firmen liegen alle relativ nahe beieinander. Bei einem kleinen Bummel lässt sich feststellen, wer das beste Angebot hat. Zu den Anbietern zählt **Mr Hugo Bikes** (☎0261-497-4067; www.mrhugobikes.com; Urquiza 2228; Fahrrad pro Tag Arg$80; ⊙9-19 Uhr Mo-Sa) and **Coco Bikes** (☎0261-481-0862; Urquiza 1781; Fahrradverleih 70 Arg$; ⊙Mo–Sa 9–18 Uhr). Alle versorgen ihre Kunden mit einer einfachen Karte der Gegend und geben vielleicht auch noch Extras wie eine Flasche Wasser und Rabattgutscheine für Verkostungen. Bei den meisten Plätzen an dieser Route ist keine Reservierung nötig.

Carinae (☎0261-499-0470; www.carinaevinos.com; Aranda 2899; Führungen 50 Arg$; ⊙10–18 Uhr) liegt ziemlich weit südlich – es ist ein kleines Weingut in französischem Besitz, das gute Rosé- und Rotweine produziert. Die Gebühr für die Führung wird auf eventuelle Weinkäufe angerechnet.

Auf der anderen Seite der Straße liegt **LAUR** (www.laursa.com.ar; Aranda 2850; Führungen 20 Arg$; ⊙Mo–Sa 10–18 Uhr), eine 100 Jahre alte Olivenfarm. Die 15-minütige Führung informiert über alles, was man von der Olivenölproduktion wissen sollte und endet mit einer Verkostung.

Auf dem Rückweg zur Urquiza geht es vorbei an einem großen Kreisverkehr und dann weiter nach Norden. Das erste Weingut am Weg ist **Di Tomasso** (☎0261-587-8900; www.familiaditommaso.com; Urquiza 8136; Führungen 40 Arg$; ⊙Mo–Sa 10–18 Uhr), ein schönes historisches Weingut, das bereits seit den 1830er-Jahren besteht. Die Führung umfasst eine kurze Tour durch den ursprünglichen Keller.

Wieder in Richtung Norden biegt man rechts nach Moreno zu **Viña del Cerno** (☎0261-481-1567; www.elcerno-wines.com.ar; Moreno 631; Führungen 40 Arg$, volle Verkostung 90 Arg$; ⊙Mo–Sa 10–18 Uhr) ab, einem kleinen altmodischen Weingut, das von seinen beiden Besitzern, die Winzer sind, überwacht wird. Der im Untergrund gelegene Kellerkomplex ist malerisch, doch die Verkostung kann ein bisschen hastig sein.

Auf dem Weg zurück zur Urquiza lohnt ein Stopp bei **Tempus Alba** (☎0261-4813501; www.tempusalba.com; Moreno 572), einem großen modernen Weingut, dass man kurz auf eigene Faust besichtigen kann und das in seinem Restaurant mit Blick auf die Weinberge eine leckere Auswahl an Mittagessen (Hauptgerichte 80–120 Arg$) bietet.

Wieder an der Urquiza geht es Richtung Norden bis zu einem großen Kreisverkehr. Dort führt der Weg nach rechts und folgt den Wegweisern zu **Historia y Sabores** (Carril Gómez 3064; Verkostungen 40 Arg$; ⊙Mo–Fr 10–18, Sa 9–13 Uhr). Sieben Familien betreiben diese kleine Schokoladen- und Likörfabrik. Die Führungen sind kurz, aber die hübsche, ländliche Umgebung und die gemütliche Bar (wo es ein Gläschen Likör gratis gibt) lassen den Zwischenstopp lohnend erscheinen.

An der Urquiza entlang geht es nach Norden, bis zur Stelle, wo aus dem Bus ausgestiegen wird, dort wendet man sich nach rechts und erreicht nach 500 m **Bodega La Rural** (☎0261-497-2013; www.bodegalarural.com.ar; Montecaseros 2625; Führungen 90 Arg$; ⊙Mo–Fr 9–13 & 14–17 Uhr). Die Führungen im Weingut sind nicht gerade außergewöhnlich, aber das Museum ist faszinierend – es zeigt eine große Zahl von Gegenständen, die im Laufe der Zeit bei der Weinherstellung verwendet wurden, darunter eine Kelter, die aus einer vollständigen Kuhhaut gemacht wurde. Führungen auf Spanisch beginnen zur vollen Stunde. Wer eine Führung in Englisch möchte, ruft vorher an. Man kann hier auch auf eigene Faust herumspazieren.

Touristenkiosk (☎ 0261-420-1333; Garibaldi; ⊕ 8–18 Uhr) Dieser hilfreiche Kiosk nahe der Avenida San Martín ist die bequemste Quelle für Informationen.

Touristeninformation (☎ 0261-420-2800; www.turismo.mendoza.gov.ar; Av San Martín 1143; ⊕ Mo–Fr 8–22 Uhr) Gute Karten und viele Broschüren.

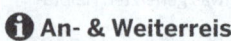 An- & Weiterreise

BUS

Mendoza ist ein Knotenpunkt der öffentlichen Verkehrsmittel, sodass es von hier aus Verbindungen zu nahezu jedem Punkt des Landes gibt. An Mendozas **Busbahnhof** (☎ 0261-431-3001; Ecke Av de Acceso Este & Costanera) gibt es Inlands- und internationale Verbindungen. Fahrkarten können ohne Aufpreis in der Innenstadt am **Terminal del Centro** (9 de Julio 1042; ⊕ 9–13 & 17–21 Uhr) gebucht werden.

Inland

Verschiedene Busunternehmen fahren täglich die Ziele Uspallata (68 Arg$, 2 Std.) und Los Penitentes (82 Arg$, 4 Std.) unterhalb des Cerro Aconcagua an.

Während der Skisaison fahren einige Unternehmen direkt nach Las Leñas (etwa 200 Arg$, 7 Std.).

Mehrere Unternehmen bieten eine Frühverbindung zum Difunta-Correa-Schrein (hin & zurück

---

EINE RUNDFAHRT DURCH DAS VALLE DE UCO

Wirklich entlegen und leider auch schlecht ausgeschildert ist das Valle de Uco – Heimat einiger der Top-Weingüter von Mendoza. Daher sollte man es am besten auf einer geführten Tour besuchen. Wer genug Zeit und Geduld hat, kann aber auch in Mendoza ein Auto mieten und allein losziehen.

Das Tal kann gut von Mendoza aus in einem Tagesausflug besucht werden, doch es gibt einige sehr romantische Übernachtungsmöglichkeiten, darunter **Tupungato Divino** (☎ 02622-448948; www.tupungatodivino.com.ar; Ecke RP 89 & Calle los Europeos; Zi. ab 145 US$; ✴ @), **Posada Salentein** (☎ 02622-429000; www.bodegasalentein.com; RP 89 s/n; Zi. mit Vollpension ab 265 US$; ✴ @ 🛏 🍴) und **Casa Antucura** (☎ 0261-15-339-0491; www.casaantucura.com; Barandica s/n, Tunuyán; Zi. ab 320 US$; ✴ @ 🍴).

Wer auf der Suche nach einem Mittagessen ist, findet es auf den meisten Weingütern. Ansonsten gilt **Ilo** (☎ 02622-488323; Ecke Cabral & Belgrano, Tupungato; Hauptgerichte 110–180 Arg$; ⊕ Mo–Sa 12–15 & 20–24 Uhr) als bestes Lokal in Tupungato – die gute Auswahl an Fisch und Meeresfrüchten machen es zu einem Liebling der Winzer.

Reservierungen sind notwendig für jedes der wichtigen Weingüter in der Region.

Pulenta Estate (☎ 0261-507-6426; www.pulentaestate.com; RP 86; ⊕ Mo–Fr 9–17, Sa bis 13 Uhr) Ein Boutique-Weingut, das von den ehemaligen Besitzern von Trapiche gegründet wurde. Führungen durch diese schöne moderne Anlage stellen die Verkostung in den Mittelpunkt, nicht die Produktion.

Andeluna Estate (☎ 0261-15-508-9525; www.andeluna.com.ar; RP 89, Km11; ⊕ 10–17 Uhr) Die Verkostung der herrlichen hier produzierten Weine findet in einem hübschen Verkostungsraum statt, der den Charme der alten Welt ausstrahlt. Vom Patio aus gibt es einen tollen Blick zu den Bergen.

La Azul (☎ 02622-423593; www.bodegalaazul.com.ar; RP 89 s/n; ⊕ Mo–Sa 10–17 Uhr) Ein kleines Weingut, das ausgezeichnete Malbecs keltert. Führungen gibt es nur auf Spanisch, sie konzentrieren sich aber vorwiegend auf die Verkostung – das Ganze dauert nur etwa 20 Minuten.

Salentein (☎ 02622-429000; www.bodegasalentein.com; RP 89 s/n; ⊕ Mo–Sa 9–17 Uhr) Das topmoderne Weingut in niederländischem Besitz ist einerseits bekannt für die Kunstgalerie, die sich vor Ort befindet, und andererseits für die Methode, die Trauben und den Saft von Hand und durch die Schwerkraft zu bewegen statt mit Maschinen. Führungen in englischer Sprache finden um 11 und um 15 Uhr statt.

François Lurton (☎ 0261-441-1100; www.francoislurton.com; RP 94, Km 21) Eine ultramoderne Anlage, die von zwei französischen Brüdern aus einer berühmten Winzerfamilie geführt wird. Hier entsteht einer der besten Torrontés aus Mendoza, der auf dem Markt ist. Ausgezeichnete Führungen mit beeindruckenden Verkostungsbereichen und Fässern.

160 Arg$, Abfahrt 7.30 Uhr) in der Provinz San Juan an; die Fahrt dauert jeweils drei Stunden und der Bus hat am Zielort dann drei Stunden Aufenthalt. Busse nach Maipú fahren ab der Haltestelle an der La Rioja zwischen Garibaldi und Catamarca.

Zu den meisten Zielen in der nachfolgenden Tabelle fahren täglich von Mendoza mehrere Busse ab; zu den großen Städten verkehren manchmal mehr als 10 bis 20 pro Tag. Die angegebenen Preise entsprechen denen der Zwischensaison.

REISEZIEL	FAHRPREIS (ARGS)	FAHRZEIT (STD.)
Bariloche	1375	20
Buenos Aires	1375	13–17
Catamarca	874	10
Córdoba	805	10
Jujuy	1376	22
Malargüe	201	5
Mar del Plata	1550	19
Neuquén	1025	10–12
Resistencia	1493	24
Río Gallegos	2849	41
Rosario	1025	12
Salta	1142	18
San Juan	224	2½
San Luis	335	3½
San Rafael	72	3
Tucumán	1127	14
Vallecito	260	3

International

Zahlreiche Busgesellschaften überqueren jeden Tag auf der RN 7 (Paso de Los Libertadores) die Anden nach Santiago de Chile (595 Arg$, 7 Std.), Viña del Mar (500 Arg$, 7 Std.) und Valparaíso (500 Arg$, 8 Std.). Mitunter ist der Pass wegen schlechten Wetters gesperrt; bei extremen Wetterlagen heißt es also Warten (unter Umständen auch tagelang, denn die Busunternehmer wollen möglichst nichts riskieren).

Mehrere Betreiber bieten Verbindungen nach Lima, Perú (4296 Arg$, 60 bis 70 Std.), über Santiago, Chile.

Internationale Busse fahren vom Hauptbusbahnhof ab. Die Firmenbüros sind am östlichen Ende des Busbahnhofs.

FLUGZEUG

Aerolíneas Argentinas/Austral (☑ 0261-420-4185; Av Sarmiento 82; ☺ Mo–Fr 10–18, Sa bis 13 Uhr) Diese Fluglinien teilen sich das Büro; Aerolíneas fliegt mehrmals täglich nach Buenos Aires.

LANChile (☑ 0261-425-7900; Rivadavia 256; ☺ Mo–Fr 10–19 Uhr) LANChile fliegt zweimal täglich nach Santiago de Chile.

❶ Unterwegs vor Ort

ZUM/VOM FLUGHAFEN

Der **Plumerillo International Airport** (☑ 0261-520-6000; Acceso Norte s/n) liegt 6 km nördlich der Innenstadt an der RN 40. Der Bus 68 („Aeropuerto") fährt von der Calle Salta direkt zum Terminal.

Mendozas Busbahnhof liegt nur einen Katzensprung von der Innenstadt entfernt. Zu Fuß sind es lediglich 15 Minuten ins Zentrum, am besten durch die Videla-Unterführung. Die Alternative ist der „Villa-Nueva"-Trolley (ist aber tatsächlich ein Bus), der vom Busterminal direkt in die Innenstadt fährt.

AUTO

Autovermietungen gibt es am Flughafen und an der Primitivo de la Reta.

Avis (☑ 0261-447-0150; Primitivo de la Reta 914; ☺ Mo–Fr 8.30–20.30, Sa & So 8.30–13 & 17.30–20 Uhr)

Localiza (☑ 0261-429-6800; Primitivo de la Reta 936, Local 4; ☺ Mo–Fr 8–20, Sa & So 9–13 & 17–20 Uhr)

National/Alamo (☑ 0261-429-3111; Primitivo de la Reta 928; ☺ Mo–Fr 8–20, Sa & So 8.30–3 & 16–20 Uhr)

BUS

In der Stadt kosten Busfahrkarten 3,50 Arg$ – für längere Strecken zahlt man etwas mehr. Die Redbus-Karten mit Magnetstreifen gibt es an fast jedem Kiosk im Wert von 5 Arg$ oder 10 Arg$. Fast alle *lineas* (Buslinien) zeigen im Fenster zusätzliche *internos* (interne Liniennummern) an; beide Nummern sind wichtig, denn aus den *internos* geht exakter hervor, wo genau der Bus entlangfährt!

Cacheuta

☑ 02624 / 640 EW. / HÖHE 1237 M

Cacheuta, etwa 40 km südwestlich von Mendoza im Departamento Luján de Cuyo, ist bekannt für seine warmen Heilwässer und sein angenehmes Mikroklima.

Der Thermalbäderkomplex im Freien, **Complejo Termal Cacheuta** (☑ 02624-490139; www.termascacheuta.com; RP 82, Km 41; Werktag/Wochenende 110/130 Arg$; ☺ 10–18 Uhr), ist einer der besten im Land, denn es gibt eine Vielzahl an Pools in dramatischer Landschaft auf einer Seite des Tals. Am besten kommt man Mitte der Woche; am Wochenende kann es sehr voll sein mit

Kindern, die an der Wasserrutsche und im Wellenbad herumspritzen. In der Luft hängt der Rauch von *parrillas*.

Expreso Uspallata (☑ in Mendoza 0261-438-1092) betreibt tägliche Busse von Mendoza nach Cacheuta (68 Arg$, 1½ Std.).

🛏 Schlafen

Camping Termas de Cacheuta CAMPINGPLATZ $
(☑ 02624-482082; RN 7, Km 39; Stellplatz pro Pers. 5 US$) Camper können am Campingplatz Termas de Cacheuta ein Zelt aufstellen.

Hotel & Spa Cacheuta HOTEL $$$
(☑ 02624-490153; www.termascacheuta.com; RP 82, Km 38; EZ/DZ mit Vollpension ab 157/234 US$; ☀) Im hübschen Hotel & Spa Cacheuta gibt es Zimmer, in deren Preis die Benutzung des Pools und der heißen Bäder sowie eine Massage eingeschlossen sind; außerdem sind einige weitere Wellnessprogramme im Angebot. Für Nichtgäste kostet die Nutzung der Bäder rund 480 Arg$ pro Person.

Potrerillos
☑ 02624 / HÖHE 1351 M

Potrerillos liegt oberhalb des neuen Stausees in der wunderschönen *precordillera* (Vorgebirge) und ist eines der hervorragenden Wildwasserreviere Mendozas. Normalerweise buchen Besucher die Rafting-Touren als Tagesausflug von der Hauptstadt aus.

Etwa 1 km oberhalb vom ACA-Campingplatz bietet **Argentina Rafting** (☑ 02624-482037; www.argentinarafting.com; Ruta Perilago s/n) Rafting- und Kajaktouren auf dem Río Mendoza. Das Programm reicht von 5 km langen, einstündigen Touren der Schwierigkeit II bis zu einer fünfstündigen, 50 km langen, auf zwei Tage verteilten Tour der Schwierigkeit III bis IV. Touren können im Büro in Mendoza (S. 369) oder am Stützpunkt hier in Potrerillos organisiert werden.

🛏 Schlafen

Camping del ACA CAMPINGPLATZ $
(☑ 02624-482013; RN 7, Km50; Stellplatz für Mitglieder /Nichtmitglieder 8/9 US$) Camping del ACA bietet schattige Plätze beim Reservoir unterhalb der Neustadt.

Villavicencio
☑ 0261 / HÖHE 1800 M

Wer in Argentinien in einem Restaurant oder Café ein Mineralwasser bestellt, be-

kommt fast immer eine Flasche Villavicencio auf den Tisch. Hier wird es direkt an den Quellen abgefüllt. Sie liegen in einer spektakulären Gebirgslandschaft, und einst, bis Mitte des 20. Jhs., suchte Argentiniens Elite das **Gran Hotel de Villavicencio** (🕐 8–20 Uhr) GRATIS auf. Seit mehr als zehn Jahren ist das Hotel geschlossen, doch es gibt immer wieder die Ankündigung, es bald wieder zu eröffnen.

Allein die Fahrt nach Villavicencio ist schon ein Erlebnis für sich. Um die Ausblicke unterwegs zu genießen, braucht es allerdings starke Nerven: Die Haarnadelkurven sind nicht ohne. An dem Gelände der hübschen **Hostería Villavicencio** (☑ 0261-439-6487; Gerichte 110–150 Arg$; 🕐 10.30–18 Uhr) ist kostenloses Zelten möglich. Zimmer gibt es dort nicht, aber schmackhafte Mahlzeiten in angenehmer Umgebung.

Das Tal ist mit öffentlichen Verkehrsmitteln nicht zu erreichen. Fast jeder Reiseanbieter in Mendoza hat aber Halbtagestouren (280 Arg$) im Angebot; im Preis enthalten sind ein Besuch des Hotelgeländes, der Abfüllanlage für Mineralwasser und ein kurzer Spaziergang in der landschaftlich reizvollen Umgebung.

Uspallata
☑ 02624 / 3800 EW. / HÖHE 1751 M

Uspallata liegt an einer Kreuzung an der Straße zur chilenischen Grenze. Der bescheidene kleine Ort wirkt mit seinen Pappeln mitten in einem öden Wüstental wie eine Oase. Die vielfarbige Berglandschaft rund um die Stadt ähnelt dem Hochland Zentralasiens so sehr, dass Regisseur Jean-Jacques Annaud sie als Kulisse für sein Filmepos *Sieben Jahre in Tibet* auswählte.

Zunächst wurde der Ort als preisgünstige Übernachtungsalternative für das nahe gelegene Skigebiet Los Penitentes bekannt. In letzter Zeit hat er aber an eigenem Profil gewonnen. Einige Veranstalter bieten hier Trekking, Ausritte und Angelausflüge in die Umgebung an.

Im Ort gibt es ein Postamt und eine Filiale der Banco de la Nacion mit einem Geldautomaten. Die **Touristeninformation** (☑ 02624-420009; RN 7 s/n; 🕐 8–21 Uhr) liegt gegenüber der YPF-Station. Sie informiert die Besucher über lokale Sehenswürdigkeiten und das Angebot an Aktivitäten und vertreibt einige einfache (aber trotzdem nützliche) Karten des Gebiets.

⊙ Sehenswertes

1 km nördlich der Hauptkreuzung in Uspallata führt eine beschilderte Abzweigung zu Ruinen und dem **Museo Las Bóvedas** (⊙11–17 Uhr) GRATIS. Schon in präkolumbischer Zeit gab es hier Silberschmelzen. Ein leichter Spaziergang von 8 km führt nördlich aus der Stadt heraus zum **Cerro Tunduqueral** (⊙11–18.30 Uhr) GRATIS mit Panoramablick und Felsenmalereien der Inkas.

☞ Geführte Touren

Desnivel Aventura OUTDOOR
(☎0261-15-589-2935; www.desnivelaventura. com) Desnivel Aventura bietet eine Reihe von Outdoor-Aktivitäten, darunter Reiten, Mountainbike-Touren, Klettern, Trekking und Off-Road-Touren mit Allradern. Hier werden auch Mountainbikes vermietet für 30/90 Arg$ pro Stunde/Tag.

Fototravesías 4x4 GEFÜHRTE TOUR
(☎0261-15-511-9502; www.fototravesias4x4.com) Fototravesías 4x4, nahe der zentralen Kreuzung, bietet Touren in die Berge der Umgebung im Geländewagen. Der Besitzer ist Fotograf und hilft Reisenden gern, gute Aufnahmen zu machen.

🛏 Schlafen & Essen

Während der Hochsaison im Sommer (wenn Kletterer aus aller Welt hierher kommen) ist es sinnvoll, zu reservieren.

Hostel International Uspallata HOSTEL $
(☎0261-15-466-7240; www.hosteluspallata.com. ar; RN 7 s/n; B/DZ 11/45 US$, Hütte 60–80 US$) Freundliches Hostel 7 km östlich der Stadt, mit einfachen, aber bequemen Zimmern und einer Reihe hübscher kleiner Hütten. Es wird auch Abendessen (85–120 Arg$) serviert. Vom Hostel aus lässt es sich gut wandern; es werden Fahrräder und Pferde vermietet. Der Busfahrer hält auf Anfrage, bevor der Bus Uspallata erreicht.

Hotel Portico del Valle HOTEL $$
(☎02624-420103; Las Heras s/n; B/EZ/DZ US$18/ 780/920) Ein kürzlich errichtetes, modernes Hotel direkt an der Kreuzung. Es ist nicht gerade schick, aber für einige Tage durchaus akzeptabel. Das Hostel liegt in einem eigenen Bau liegt einige Blocks entfernt. Interessenten erhalten an der Rezeption Auskunft.

Hostería Los Cóndores HOTEL $$
(☎02624-420002; www.loscondoreshotel.com.ar; Las Heras s/n; EZ/DZ 84/110 US$; ❄✉) Nahe

der Kreuzung gelegen, ist dies das beste Hotel der Stadt. Es ist geräumig, modern möbliert und ein üppiges Frühstück ist im Preis inbegriffen.

★Café Tibet CAFE $
(Ecke RN 7 & Las Heras; Hauptgerichte 65–100 Arg$; ⊙8–23 Uhr) Ein Besuch in Uspallata wäre nicht komplett, wenn nicht wenigstens ein Kaffee in dieser kleinen Kuriosität eingenommen werden würde. Das Essen ist nichts Besonderes, aber die Ausstattung, zu der Requisiten aus *Sieben Jahre in Tibet* gehören, dürfen sich Fans des Surrealen keinesfalls entgehen lassen.

El Rancho PARRILLA $$
(Ecke RN 7 & Cerro Chacay; Hauptgerichte 100–150 Arg$; ⊙Di–So 12–15 & 19–1 Uhr) Dies ist die gemütlichste und bewährteste *parrilla* der ganzen Stadt, die alle üblichen Gerichte auf der Speisekarte hat und dazu einen schmackhaften Braten aus *chivo* (Ziegenfleisch) serviert.

❶ An- & Weiterreise

Busse von **Expreso Uspallata** (☎0261-432-5055) verkehren mehrmals täglich von und nach Mendoza (68 Arg$, 2½ Std.). Von Uspallata aus fahren Busse weiter nach Las Cuevas (75 Arg$, 2 Std.) an der chilenischen Grenze. Auf dem Weg machen sie Halt bei Los Penitentes, Puente del Inca und an der Abzweigung nach Laguna Los Horcones (Fahrt zum Parque Provincial Aconcagua). Auf der Rückfahrt von Las Cuevas nach Uspallata kann man sie überall anhalten.

Andesmar fährt jeden Morgen nach Santiago (500 Arg$, 6 Std.) und Valparaíso (500 Arg$, 7 Std.) in Chile.

In den letzten Jahren wurde viel über eine neue Busverbindung zwischen Uspallata und Barreal in der Provinz San Juan gesprochen; die Straße ist inzwischen gepflastert, vielleicht ist die Linie also mittlerweile eingerichtet.

Alle Busse fahren ab dem Expreso-Uspallata-Büro in der kleinen Einkaufspromenade nahe der Kreuzung.

Los Penitentes
☎02624 / HÖHE 2581 M

Die Gipfel hier gleichen einer Schar Büßer (*penitentes*) in einer Prozession – daher auch der Name **Los Penitentes** (☎0261-429-9953; www.lospenitentes.com; Lift pro Tag 360–490 Arg$). Der Ort liegt nicht nur in einer traumhaft schönen Landschaft, sondern hat auch sicheren Schnee. Er liegt

165 km westlich von Mendoza an der RN 7. Im 2580 m hoch gelegenen Skigebiet kann man dem Abfahrt- und Langlaufvergnügen frönen. Lifte (360–490 Arg$ pro Tag) und alle Anlagen sind auf dem neuesten Stand. Auf einigen der insgesamt 21 Abfahrten beträgt der Höhenunterschied mehr als 700 m. Zu den Einrichtungen zählen eine Skischule (Einzelunterricht ca. 340 Arg$), ein Skiverleih (Skier 195 Arg$ pro Tag, Snowboards 260 Arg$ pro Tag) und jede Menge Restaurants und Cafeterias.

Während der Skisaison im Winter (Juli und August) und der Bergsteigersaison im Sommer (Dezember bis März) sollten Unterkünfte in Los Penitentes mindestens einen Monat im Voraus gebucht werden.

🛏 Schlafen

Hostel Los Penitentes   HOSTEL **$**
(☑ in Mendoza 0261-425-5511; www.penitentes. com.ar; B 24–31 US$) Die recht gemütlich umgebaute Hütte, die zu Mendozas HI Campo Base gehört, bietet Unterkunft für 38 Personen auf sehr engem Raum. Ausgestattet ist sie mit einer Küche, einem Holzofen und drei Gemeinschaftsbädern. Ob das Ganze Spaß macht, hängt viel davon ab, ob man mit den richtigen Leuten zusammen ist. Ein Mittag- und Abendessen gibt es für 70–100 Arg$.

Hostería Los Penitentes   HOTEL **$$**
(☑ in Mendoza 0261-524-4708; www.hosteriapeni tentes.com; DZ ab 135 US$) Diese bescheidene *hostería* mit einfachen bequemen Zimmern verfügt über ein Restaurant und eine Bar. Im Angebot ist Vollpension mit Skipass.

Refugio Aconcagua   HOTEL **$$**
(☑ in Mendoza 0261-424-1565; www.refugioaconca gua.com.ar; Zi. mit Halbpension pro Pers. 110 US$) Die Zimmer sind nichts Besonderes, aber ausreichend groß. Angesichts der guten zentralen Lage, dem eigenen Bad und zwei Mahlzeiten pro Tag sind sie sogar recht preisgünstig. Das Restaurant serviert deftige große Mahlzeiten (80–200 Arg$) und ist ganzjährig geöffnet.

Hotel Ayelén   HOTEL **$$$**
(☑ in Mendoza 0261-428-4343; EZ/DZ ab 129/ 193 US$) Dieses vor Kurzem renovierte Hotel ist eines der besten Hotels am Berg. Das Restaurant ist fantastisch und bekommt fortwährend gute Kritiken. Hotel und Restaurant sind in der Nebensaison nur an Wochenenden geöffnet.

Puente del Inca

☑ 0261 / HÖHE 2270 M

Diese Steinbrücke über den Río de las Cuevas, eines der herausragendsten Naturwunder Argentiniens, leuchtet in erstaunlichem Orange, das vom Sediment aus dem warmen schwefelhaltigen Wasser stammt. Die Ruinen eines alten Kurbades, das als Teil eines Resorts entstand und später von einer Flut zerstört wurde, liegen unter der Brücke. Sie werden langsam zu einem Teil des schwefelhaltigen Gebildes aus dem Thermalwasser, das darüber, darunter und hindurchsickert. Wegen des empfindlichen Charakters des Gebildes wurde der Bereich abgesperrt und Besucher dürfen die Brücke nicht mehr überqueren oder die heißen Bäder benutzen. Trotzdem kann man einige tolle Fotos schießen.

Puente del Inca besitzt eine spektakuläre Lage und ist auch für Reisende, die nicht klettern wollen, ein guter Ausgangspunkt zur Erkundung der Gegend. Trekker und Kletterer können sich nach Norden auf den Weg zum Aconcagua machen, nach Süden zu den Gipfeln von Los Penitentes oder noch weiter Richtung Süden zum 6650 m hohen Tupungato.

Etwa 1 km vor Puente del Inca (direkt gegenüber von Los Puquios) befindet sich der kleine **Cementerio Andinista**, ein Friedhof für Bergsteiger, die am Aconcagua starben.

🛏 Schlafen & Essen

Eine Reihe von Restaurants an der Straße serviert sättigende, aber uninteressante Mahlzeiten für 100 Arg$.

Los Puquios   CAMPINGPLATZ
(☑ 0261-15-688-6190; www.lospuquios.com.ar; Camping gratis) GRATIS Im Sommer kann im winzigen Ski-Resort von Los Puquios kostenlos gezeltet werden.

Hostel El Nico   HOSTEL **$**
(☑ 0261-592-0736; elnicohostel@gmail.com; B/DZ 22/44 US$) Ein gemütliches kleines Hostel mit Schlafplätzen für 14 Personen. Im Sommer werden Trekkingtouren und im Winter Schneeschuh-/Skitouren organisiert.

ℹ An- & Weiterreise

Vom Busbahnhof in Mendoza fahren ein paarmal täglich Busse nach Puente del Inca (93 Arg$, 4 Std.) ab, und zwar über Uspallata. Wer nur einen Tagesausflug unternimmt, sollte die Rückfahrtzeiten mit dem Fahrer abklären – niemand möchte gern festsitzen. Busse aus Chile fahren durch, sind aber oft voll und halten nicht.

Fast jeder Anbieter in Mendoza hat Touren nach Puente del Inca im Programm, häufig kombiniert mit Las Cuevas.

Parque Provincial Aconcagua

Nördlich der RN 7, dicht an der Grenze zu Chile, schützt der 710 km² große Parque Provincial Aconcagua das wildromantische Hochland rund um den höchsten Gipfel der westlichen Hemisphäre: den 6962 m hohen Cerro Aconcagua. Autofahrer (und alle, die ihre Busverbindungen gut geplant haben) sollten einen Halt in **Laguna Los Horcones** einlegen und den einzigartigen Gipfelblick genießen. Vom Parkplatz nördlich der Hauptstraße sind es lohnende zwei Kilometer zu Fuß dorthin.

Nur sehr erfahrene Bergsteiger sollten in Erwägung ziehen, den Aconcagua (S. 386) ohne die relative Sicherheit einer organisierten Tour zu besteigen. Und selbst dann ist es eine Bergbesteigung, die Training und Vorbereitung verlangt.

Geführte Touren

In und um Mendoza haben sich die Anbieter auf Expeditionen und Hochgebirgstouren spezialisiert. Touren können auch mit Reiseveranstaltern in Übersee organisiert werden.

Mehrere Bergführer der **Asociación Argentina de Guías de Montaña** (www.aagm. com.ar) unternehmen vierzehntägige Touren zum Aconcagua, darunter auch **Pablo Reguera** (www.pabloreguera.com.ar) und **Mauricio Fernández** (www.summit-mza.com.ar).

Führer und organisierte Bergtouren sollten online oder telefonisch mindestens einen Monat im Voraus gebucht werden. In der Hochsaison muss alles – vom Führer über den Maulesel bis zum Hotel – noch früher reserviert werden. In der Gegend gibt es einige wirklich erfahrene Bergführer.

Die Preise variieren von Anbieter zu Anbieter, je nachdem was in die Expedition eingeschlossen ist; 3500 US$ ist eine grobe Schätzung für eine Aconcagua-Besteigung ohne Extras.

Fernando Grajale   WANDERN
(www.grajales.net) Ein gut eingeführter Anbieter mit Erfahrung auf den Haupt- und Nebenrouten. Online Kontakt aufnehmen.

Inka Expediciones   WANDERN
(☑ 0261-425-0871; www.inka.com.ar; Av Juan B Justo 345, Mendoza; ⊙ Mo–Fr 9–18, Sa bis 13 Uhr) Bietet Standard- und maßgeschneiderte Expeditionen.

Rudy Parra's Aconcagua Trek   WANDERN
(☑ 0261-15-466-5825; www.rudyparra.com; Barcala 484) Beliebte Firma mit festen Startzeiten. Auch Hubschrauber-Touren. Kontaktaufnahme online.

ⓘ Praktische Informationen

Während der Trekking-Saison sind Ranger an folgenden Punkten stationiert: an der Laguna Los Horcones; der Abzweigung nach Plaza Francia, etwa 5 km nördlich von Los Horcones; in Plaza de Mulas an der Hauptroute zum Gipfel; beim Refugio Las Leñas, an der Polish Glacier Route hinauf nach Río de las Vacas im Osten und in Plaza Argentina, dem letzten größeren Camp an der Polish Glacier Route.

ⓘ An- & Weiterreise

Beide Parkzugänge – Punta de Vacas und Laguna Los Horcones – liegen an der RN 7 und sind gut ausgeschildert. Die Ausfahrt Los Horcones zweigt 4 km hinter Puente del Inca ab. Wer mit einer organisierten Tour unterwegs ist, braucht sich um den Transport nicht zu kümmern. Wer auf eigene Faust reist, nimmt ab Mendoza frühmorgens einen Bus der Busgesellschaft Expreso Uspallata. Alle Busse nach Chile halten in Puente del Inca. Mit dem Zusteigen kann es schwierig werden: Die Busse sind oft ziemlich voll mit Leuten, die durchfahren.

Von Los Horcones geht es zu Fuß auf der RN 7 zurück nach Puente del Inca oder direkt mit einem der Mendoza-Busse zurück in die Stadt.

Las Cuevas & Cristo Redentor

☑ 02624 / HÖHE 3200 M

Das zerklüftete, von eiskalten Winden umtoste Hochland der Anden bietet der berühmten Statue des Cristo Redentor die perfekte Kulisse. Der „Erlöser" erinnert an das friedliche Ende eines Grenzstreits zwischen Argentinien und Chile 1902. Der Ausblick von hier oben ist ein Muss – egal, ob man nun im Rahmen einer gebuchten Tour oder selbst mit dem Auto hierher fährt. Inzwischen hat ein Tunnel die Fahrt auf den Haarnadelkurven der Straße zur chilenischen Grenze entschärft. Mit dem ersten Schnee im Herbst wird die Strecke allerdings unpassierbar. Wer kein Auto hat, kann von der

DEN CERRO ACONCAGUA BESTEIGEN

Das „Dach Amerikas", wie der Vulkan Aconcagua gern genannt wird, thront auf einem Sockel aus aufgefalteten Meeresablagerungen. Woher sein Name stammt, kann niemand genau sagen. Manche leiten ihn vom Quechua-Begriff Ackon-Cahuac („steinerner Wächter"), andere von der Mapuche-Redewendung Acon-Hue („was von der anderen Seite kommt") ab.

Der Schweizer Mathias Zurbriggen bezwang 1897 offiziell als Erster den Gipfel. Seitdem zieht der Aconcagua Bergsteiger aus aller Welt magisch an, obwohl er in technischer Hinsicht eine geringere Herausforderung darstellt als manch anderer Berg in der Nachbarschaft. 1985 entdeckten Mitglieder des Club Andinista aus Mendoza an der Südwestflanke des Berges in 5300 m Höhe eine Inkamumie. Sie gilt als Beweis für die Tatsache, dass hier in präkolumbischer Zeit Tote begraben wurden.

Um es bis ganz auf den knapp 7000 m hohen Gipfel zu schaffen, sind einschließlich der Akklimatisierung mindestens 13 bis 15 Tage nötig. Manche Bergsteiger bevorzugen die zwar längere, aber landschaftlich schönere, nicht so überlaufene und anspruchsvollere sogenannte polnische Gletscherroute.

Wer ernsthaft an eine Besteigung denkt, sollte sich den Bergführer *Aconcagua* (Seattle, The Mountaineers, 1999) des Gipfelexperten R. J. Secor kaufen. Zusätzliche Tipps gibt es auch im Internet unter www.aconcagua.com.ar sowie unter www.aconcagua.mendoza.gov.ar (Regierung von Mendoza).

Wer kein Bergsteiger ist, kann zu den **Basislagern** und **Refugios** (rustikale Unterstände) unterhalb des ewigen Schnees wandern. Auf der Nordwestroute liegt auch das relativ luxuriöse Hotel Refugio Plaza de Mulas, das seit Jahren von Streitigkeiten über die Besitzlage erschüttert wird. Wenn man dort übernachten möchte, sollte man vorher bei einem Anbieter abklären, ob es gerade Gäste aufnimmt.

Genehmigungen

Von Dezember bis März ist für das Wandern und das Klettern im Parque Naticonal Aconcagua eine Genehmigung erforderlich. **Park Ranger** (S. 385) an der Laguna Los Horcones erlauben Besuchern ohne Genehmigung nicht, zur Quebrada de los Horcones weiterzuge-

---

Straße aus auf Seitenwegen die 8 km zum El Cristo hinaufwandern.

Parque Provincial Volcán Tupungato

Der Tupungato (6650 m) ist ein imposanter, teils mit Schneefeldern und Gletschern bedeckter Vulkan. Erfahrene Bergsteiger halten ihn für weit anspruchsvoller, interessanter und technisch schwieriger als den Aconcagua.

Der Hauptanstieg zum Gipfel erfolgt von **Tunuyán** aus, das 82 km südlich von Mendoza liegt und über die RN 40 erreichbar ist. Das **Touristenbüro** (☎ 02622-422193, 488097; República de Siria & Alem; ⊗ 8–20 Uhr) in Tunuyán erteilt Auskunft.

Viele der Ausrüster für Wanderungen durch den **Parque Provincial Aconcagua** (S. 385) fahren auch in den Provinzpark Tupungato.

San Rafael

☑ 0260 / 118 000 EW. / HÖHE 690 M

San Rafael ist eine geschäftige, moderne Stadt, mit offenen Bewässerungskanälen und von majestätischen alten Platanen bestandenen Straßen.

Sie enthüllt ihren Charme nur langsam – doch wer einige Tage auf seiner Tour Zeit hat, sollte ihr eine Chance geben. San Rafael reicht nicht an Mendoza heran, aber es bemüht sich.

In der Stadt (und das macht ihren Reiz aus) gibt es nichts zu tun, als durch schattige Straßen und über nette Plazas zu schlendern oder in einem der Cafés den Tag vorbeiziehen zu lassen.

In Radfahrdistanz liegen einige renommierte Weingüter, die einen Besuch lohnen.

hen. Die Gebühren variieren je nach Jahreszeit – unter www.aconcagua.mendoza.gov.ar findet man detaillierte Information.

Im Preis geführter Touren ist kaum jemals der Eintrittspreis in den Park enthalten. Der Eintritt sollte in argentinischen Pesos bezahlt werden, kann aber auch in US-Dollars bezahlt werden. Beim Bezahlen des Eintritts muss der Pass vorgelegt werden. Beim Betreten des Parks beginnt die Frist der Genehmigung zu laufen.

Alle Genehmigungen sind ausschließlich in Mendoza bei der **städtischen Touristen-information** erhältlich (S. 380).

Routen

Es gibt drei Hauptrouten auf den Cerro Aconcagua. Am beliebtesten – zugänglich über einen 40 km Weg ab Los Horcones – ist die **Nordwest-Route** (Ruta Noroeste) ab Plaza de Mulas, auf 4230 m über Meereshöhe. Die **Südwand** (Pared Sur), eine anspruchsvolle Kletterroute, wird vom Basiscamp in Plaza Franciavia angegangen, das man über einen 36 km langen Weg von Los Horcones aus erreicht.

Von Punta de Vacas aus, 15 km südöstlich von Puente del Inca, steigt die längere, aber malerischere **Polengletscherroute** (Ruta Glaciar de los Polacos) zunächst den Río de las Vacas hinauf bis zum Basiscamp in Plaza Argentina, eine Strecke von 76 km. Bergsteiger auf dieser Route benötigen Seile, Schrauben und Eispickel, zusätzlich zum üblichen Zelt, einen warmen Schlafsack und Kleidung sowie Plastikstiefel. Diese Route ist teurer, weil für ein längeres Stück Maultiere gebraucht werden.

Maultiere

Der Preis für das Mieten eines Maultiers zum Tragen, das etwa 60 kg tragen kann, ist ins Unermessliche gestiegen. Der Standardpreis der Anbieter liegt bei 1340 Arg$ für das erste Maultier ab Puente del Inca bis Plaza de Mulas; zwei Maultiere kosten nur 1870 Arg$.

Für Maultiere kontaktiert man am besten **Rudy Parra'st Aconcagua Trek** (S. 385) oder **Fernando Grajale** (S. 385). Wer mit einer geführten Tour aufsteigt, muss sich natürlich nicht selbst um Maultiere kümmern.

◉ Sehenswertes & Aktivitäten

San Rafael ist vom Gelände eben (deshalb gibt es hier auch so viele Radfahrer), deshalb sollten sich auch Besucher ein Fahrrad besorgen.

Es gibt einige Weingüter, die von der Stadt aus bequem zu Fuß oder per Rad zu erreichen sind und die kostenlose Führungen und Verkostungen anbieten. Auf geht es Richtung Westen auf der RN 143, an der es auch einen Radweg gibt. Informationen bietet die Touristeninformation (S. 388).

Bianchi Champañera   WEINGUT
(☎ 0260-443-5600; www.vbianchi.com; Ecke RN 143 & Valentín Bianchi; Führungen 35 Arg$; ◷ Mo-Sa 9–12 & 14–17 Uhr) Die moderne und sehr renommierte Bianchi Champañera liegt 6 km von San Rafael entfernt. Die Führungen ermöglichen Besuchern einen Einblick in die Sektherstellung; man spricht Englisch.

Suter   WEINGUT
(☎ 0260-442-1076; www.sutersa.com.ar; Av H Yrigoyen 2850; kurze Führungen gratis; ◷ Mo–Fr 9.30–12.30 & 14–17 Uhr) Auf halbem Weg zwischen Fincas Andinas und San Rafael ist Suter eine recht unromantische, eher moderne Angelegenheit, aber ein lohnender Halt für den Kauf von Weinen zum Sonderpreis. Es wird auch eine Halbtagestour angeboten, bei der die Weingärten mit einem Fachmann besucht werden; während der Tour werden spezielle Weine verkostet und ein großes Mittagessen wird gemeinsam im Weinberg verzehrt.

Ciclos Adelcor   FAHRRADVERLEIH
(Ecke Av H Yrigoyen & Los Franceses; pro Std. 20 Arg$; ◷ Mo–Sa 9–13 & 16–20 Uhr) An einigen Stellen in der Stadt werden an Fahrradinteressierte recht schäbige Drahtesel vermietet; wer lieber etwas Besseres möchte, versucht bei Ciclos Adelcor ein technisch gepflegteres Fahrrad zu mieten.

Schlafen

Hotel España
HOTEL $

(📞 0260-442-1192; www.hotelespanasrl.com.ar; Av,
San Martín 270; EZ/DZ ab 47/66 US$; ❄️📶🍴) Besonders spanisch ist die todschicke Einrichtung aus den 1960er-Jahren nicht, aber dennoch (oder auch gerade deshalb) ein kleines Erlebnis! Die Zimmer im „kolonialen" Teil gehen auf einen hübschen Poolbereich hinaus und sind attraktiver und preiswerter als die großen Räume im himmlischen Celeste-Teil.

Hostel Tierrasoles
HOSTEL $

(📞 0260-443-3449; www.tierrasoles.com.ar; Alsina 245; B ab 15 US$; DZ mit/ohne Bad 58/51 US$;
@📶) Einfach das ansprechendste Hostel der Stadt mit Schlafsälen in annehmbarer Größe und einigen guten Gemeinschaftsbereichen. Der verlockende Hof (mit Grill, der den Gästen zur Verfügung steht) rundet das Angebot ab.

Camping El Parador
CAMPINGPLATZ $

(📞 0260-442-7983; Isla Río Diamante; Stellplatz 7,50 US$) Liegt etwa 6 km südlich des Stadtzentrums.

⭐ San Martín Hotel & Spa
HOTEL $$

(📞 0260-442-0400; www.sanmartinhotelspa.com; San Martín 435; Zi. ab 85 US$; ❄️@📶🍴) San Rafaels schickstes Hotel bietet ein erstaunlich gutes Preis-Leistungs-Verhältnis, große helle Zimmer, geräumige moderne Bäder und einen guten Wellnessbereich.

Hotel Francia
HOTEL $$

(📞 0260-442-9351; www.alojamientofrancia.com.ar; Francia 248; Ez/DZ 76/93 US$; ❄️📶) Hübsche geräumige Zimmer liegen um einen grünen Garten, ein paar Blocks von der Hauptstraße entfernt. Das junge Paar, das den Betrieb führt, ist reizend und hat jede Menge Informationen über das, was man in der Stadt und der Umgebung tun kann.

🍴 Essen & Ausgehen

San Rafaels Ausgehzone erstreckt sich über acht Blocks westlich des Kasinos an der Ecke Yrigoyen und Pueyrredón. Die Strecke lässt sich gut zu Fuß erkunden.

Nina
PIZZA $

(Ecke Av San Martín & Olascoaga; Hauptgerichte 90–140 Arg$; ☉8–1 Uhr; 📶) Die Speisekarte geht kaum über Pizzas und Sandwiches hinaus, aber das Lokal ist gut für einen Kaffee und wird später am Abend zu einer lebhaften Bar mit Livemusik.

La Pagoda
BÜFETT $

(Av Bartolomé Mitre 188; tenedor libre 90 Arg$;
☉12–15 & 20–23.30 Uhr) Jeder, der mit der argentinischen *tenedor-libre*-Kultur (all-you-can-eat) vertraut ist, wird hier kaum überrascht werden. Aber das Essen (argentinisch und chinesisch) ist frisch – man sollte früh kommen – und es gibt wirklich reichlich davon.

Diablo's
FISCH $$

(Ecke Av H Yrigoyen & Castelli; Hauptgerichte 75–160 Arg$; ☉Di–So 12–1 Uhr) Dieses gemütliche kleine Lokal an der Ecke bietet eine große Auswahl an Tapas, erstaunlich frischen Fisch und Meeresfrüchte, einige gute einheimische Weine und eine beeindruckende Reihe von eingeführten und Mikrobrauerei-Bieren.

Las Duelas
INTERNATIONAL $$

(Paseo Pelligrini 190; Hauptgerichte 80–160 Arg$;
☉9 Uhr bis spät) Dieses hübsche kleine Straßencafé in einer teilweise als Fußgängerzone genutzten Straße hat sich auf auf Salate, gute Sandwiches und einige einfallsreiche Hauptgerichte spezialisiert.

La Gringa
ARGENTINISCH $$

(Chile 26; Hauptgerichte 80–150 Arg$; ☉11am-1am; 📶) Eine solide Speisekarte, auf der neben allen argentinischen Standardgerichten, wie Pizza, Pasta, *parrilla,* als Abwechslung auch einige innovative Hauptgerichte zu finden sind.

ℹ️ Orientierung

Die meisten interessanten Bereich der Stadt liegen nordwestlich der Kreuzung Avenida H Yrigoyen und Avenida San Martín. Der Busbahnhof liegt einige Kilometer nördlich.

ℹ️ Praktische Informationen

Banco de Galicia (Av H Yrigoyen 28; ☉Mo–Fr 9–12 Uhr) An einigen Banken an der Avenida H Yrigoyen gibt es Geldautomaten, darunter die Banco de Galicia.

Cambio Santiago (Almafuerte 64; ☉Mo–Fr 9–13 & 16–21, Sa 9–13 Uhr) 2,5 % Provision auf Reisechecks.

Hospital Teodoro J Schestakow (📞 0260-442-4490; Emilio Civit 151)

Postamt (Ecke San Lorenzo & Barcala; ☉Mo–Fr 8–18, Sa 9–13 Uhr)

Städtische Touristeninformation (📞 0260-442-4217; www.sanrafaelturismo.gov.ar; Av H Yrigoyen 745; ☉8–20 Uhr) Hat hilfsbereites Personal sowie nützliche Broschüren und Karten.

ℹ An- & Weiterreise

San Rafael liegt 230 km südöstlich der Stadt Mendoza über die RN 40 und die RN 143 sowie 189 km nordöstlich von Malargüe über die RN 40.

Aerolíneas Argentinas/Austral (☎ 0260-443-8808; Av H Yrigoyen 395; ⏱ Mo–Fr 10–18, Sa bis 13 Uhr) fliegen täglich außer sonntags von und nach Buenos Aires.

Renta Autos (☎ 0260-442-4623; www.renta deautos.com.ar; Av H Yrigoyen 797; ⏱ Mo–Fr 9–18, Sa & So 9–13 & 17–20 Uhr) Renta Autos hat die besten Angebote im Bereich Autovermietung.

BUS

San Rafaels neuer **Busbahnhof** (☎ 0260-442-7720; General Paz 800) liegt eine Taxifahrt für 35 Arg$ von der Innenstadt entfernt.

In Richtung Patagonien verkehrt täglich ein Minibus vom Busbahnhof über Malargüe nach Buta Ranquil (336 Arg$, 8 Std.) in der Provinz Neuquén. Er startet täglich außer samstags um 19.30 Uhr und ist immer schnell voll besetzt. Besser einige Tage im Voraus buchen (und zahlen), um sich einen Sitzplatz zu sichern.

Regelmäßig jeden Tag starten Fahrten zu folgenden Zielen:

REISEZIEL	FAHRPREIS (ARG$)	FAHRZEIT (STD.)
Bariloche	1133	16
Buenos Aires	1021	14
Córdoba	600	11
Las Leñas	116	3
Malargüe	71	3
Mendoza	72	3
Neuquén	795	9
San Luis	260	4

Cañón del Atuel & Valle Grande

Südlich von San Rafael führt die RP 173 am Río Atuel entlang durch eine vielfarbige Schlucht, die von den Einheimischen mit dem Grand Canyon in Arizona verglichen wird. Allerdings wurde ein großer Teil des 67 km langen Canyons durch vier Wasserkraftwerke unter Wasser gesetzt. Trotzdem ist im unteren Flussabschnitt Rafting möglich und einige Anbieter im Touristenkomplex von Valle Grande, auf halber Strecke im Canyon, bieten kurze malerische Fahrten auf dem Fluss und andere Touren an.

Hinter dem Damm von Valle Grande wird die RP 173 zur Staubpiste und führt durch den landschaftlich reizvollen Cañon del Atuel zum Dörfchen El Nihuil, 79 km von San Rafael, wo sich Fuchs und Hase gute Nacht sagen. Die Erkundung dieses Flussabschnitts ist nur im privaten Auto oder mit einer Tourgruppe möglich.

🏃 Aktivitäten

Sport Star   OUTDOOR

(☎ 0260-15-458-1068; www.sportstar.com.ar; RP 173, Km 35; ⏱ 10–17 Uhr) Bietet das umfangreichste Angebot an Aktivitäten, darunter Trekkingtouren, Reiten, Kajakfahren, Mountainbike-Touren, Kanufahren und Abseilen.

🛏 Schlafen & Essen

Cabañas Río Azul   HÜTTE $$

(☎ 0260-442-3663; www.complejorioazul.com.ar; RP 173 Km 33; 2-/4-Personen-Hütten 111/120 US$; 🅿🍴) Die meisten Unterkünfte im Canyon bevorzugen große Gruppen und sind ziemlich unerfreulich, aber hier gibt es bequeme *cabañas* (Hütten), mit einem hübschen Wiesenbereich über dem Fluss – ein toller Ort, um ein oder zwei Tage in der Sonne zu vertrödeln, vor allem in der Nebensaison.

Hotel Valle Grande   HOTEL $$

(☎ 0260-15-458-0660; RP 173 Km 35; EZ/DZ 97/140 US$; ❄🅿🍴) In der „Stadt" Valle Grande bietet dieses 3-Sterne-Hotel die besten Unterkünfte der Gegend, vor hübscher Kulisse am Fluss und mit einem guten Restaurant.

ℹ An- & Weiterreise

Zahlreiche Anbieter in San Rafael haben Tagestouren nach Valle Grande im Angebot, ab 220 Arg$. Busse verkehren regelmäßig von San Rafaels Busbahnhof nach Valle Grande (26 Arg$, 1 Std.). Busse nach El Nihuil fahren alternativ über die RP 144, die nicht durch den Canyon verläuft.

Malargüe

☎ 0260 / 21 600 EW. / HÖHE 1400 M

Malargüe ist eine bescheidene kleine Stadt ohne besondere Attraktionen, die in erster Linie als Basis für Las Leñas, eines der schickeren Skigebiete in Argentinien, dient. Für Skiläufer ist es eine preisgünstige Übernachtungsalternative zu den Luxushotels auf dem Berg. Die trockene Vorkordillere rund um die Stadt unterscheidet sich geologisch deutlich von den eigentlichen Anden und auch von den beiden Tierschutzgebieten Payén und Laguna Llancancelo ganz in der

Nähe. Höhlenwanderungen sind in der Caverna de Las Brujas und in Pozo de las Animas möglich. Ebenfalls nicht weit entfernt befindet sich der Parque Provincial Payunia (S. 391), ein 4500 km² großes Schutzgebiet mit der weltweit höchsten Konzentration an Vulkankegeln.

Geführte Touren

Mehrere Veranstalter bieten ausgezeichnete Geländewagenfahrten und Ausritte an. Für alle, die ohne Auto unterwegs sind, sind dies die besten Möglichkeiten, in die umliegende Bergwelt zu gelangen. **Tagestouren rund um Malargüe** (S. 389) führen u. a. nach Caverna de Las Brujas (430 Arg$ pro Pers., darin enthalten 60 Arg$ Parkeintritt und der Lohn des obligatorischen Führers), Los Molles und Las Leñas (400 Arg$) und zur wunderbaren Laguna Llancancelo sowie dem Vulkan Malacara (430 Arg$ plus 65 Arg$ Parkeintritt). Eine der eindrucksvollsten Fahrten überhaupt ist die zwölfstündige Geländewagentour durch den Parque Provincial Payunia (550 Arg$). Achtung: Darauf achten, dass die Veranstalter alle Sehenswürdigkeiten von Payunia anfahren, bei Touren, die auch nach Laguna Llancancelo führen, wird oft nur die Hälfte der Sehenswürdigkeiten von Payunia besucht.

Karen Travel
AUSFLÜGE

(☑ 0260-447-2226; www.karentravel.com.ar; Av San Martín 54) Der Besitzer von Karen Travel spricht Englisch – der Betrieb hat begeisterte Kritiken erhalten.

Payunia Travel
AUSFLÜGE

(☑ 0260-447-2701; www.payuniatravel.com; Av San Martín 13) Gut eingeführtes Reisebüro in der Stadt bietet Ausflüge an.

🛏 Schlafen

Malargüe bietet reichlich Unterkünfte zu vernünftigen Preisen. Außerhalb der Skisaison (15. Juni bis 15. September) fallen die Preise um bis zu 40 Prozent. Während der Skisaison gibt es keine Einzelzimmer, es wird jedes Bett berechnet, das sich nur irgend in einem Zimmer findet.

Eco Hostel Malargüe
HOSTEL $

(☑ 0260-447-0391; www.hostelmalargue.com; Finca 65, Colonia Pehuenche; B US$13, DZ mit/ohne Bad 72/56 US$; ☎) Sechs Kilometer südlich der Stadt, liegt dieses Hostel/B&B auf einer Öko-Farm. Auch die Bauten wurden mit nachhaltigen Materialien errichtet. Die Zim-

mer sind schlicht, aber bequem; die Umgebung ist schön und das Frühstück (mit Produkten von der Farm) ist großartig.

Camping Municipal Malargüe
CAMPINGPLATZ $

(☑ 0260-447-0691; Alfonso Capdevila s/n; Stellplatz 8 US$) Am Nordrand der Stadt, 300 m westlich der Avenida San Martín ist dies der nächstgelegene Campingplatz.

Hosteria Keoken
HOTEL $

(☑ 0260-447-2468; Puebla 252; EZ/DZ 45/55 US$; ☎) Eine nette kleine schnörkellose Unterkunft abseits der Hauptstraße. Die Zimmer sind recht gemütlich für diesen Preis, die Inhaberin ist eine betagte Dame.

El Nevado
APARTMENT $$

(☑ 0260-15-440-0712; www.aparthotelnevado.com. ar; Puebla 343; Apt. ab 65 US$; ☎) Apartments mit gutem Preis-Leistungs-Verhältnis, für einen Tag oder für längere Aufenthalte. Sie verfügen über voll ausgestattete Küchen, abgeteilte Schlafbereiche und einen hübschen kleinen Garten.

Hotel de Turismo
HOTEL $$

(☑ 0260-447-1042; Av San Martín 224; EZ/DZ 45/ 85 US$) Ein gutes Ausweichquartier – es hat viele (mittelmäßige) Zimmer und ist deshalb selten ausgebucht. Das Restaurant-Café ist aber ganz attraktiv.

★Hotel Malargüe
BOUTIQUEHOTEL $$$

(☑ 0260-447-2300; www.hotelmalarguesuite.com; RN 40 s/n; EZ/DZ ab 120/160 US$; ❄ @ ☎ ≋) Am Nordrand der Stadt liegt dieses luxuriöseste Hotel. Geboten wird ein Frühstücksbüfett, eine Kunstgalerie und eine Schwimmhalle. Die Zimmer sind geräumig, modern und verfügen über Badewannen mit Massageduschen, die nach einem anstrengenden Tag auf den Pisten willkommen sind.

Essen

★El Quincho de María
ARGENTINISCH $

(Av San Martín 440; Hauptgerichte 80–130 Arg$; ⏱ 12–23 Uhr) Das beste Essen im Stadtzentrum gibt es in dieser netten kleinen *parrilla*, wo alles von den Gnocchi bis zu den *empanadas* hausgemacht ist. Nicht versäumen: das sehr leckere Schisch Kebab für 60 Arg$.

Los Olivos
ARGENTINISCH $$

(San Martín 409; Hauptgerichte 110–170 Arg$; ⏱ 12–23.30 Uhr) Eine schöne Auswahl an gut zubereiteten Gerichten – die Speisekarte ist unterteilt in „Gourmet" (regionale Favoriten wie Ziege und Forelle) und „klassisch" (argentinische Standardgerichte mit einem innovativen Touch).

❶ Praktische Informationen

Banco de la Nación (Ecke Av San Martín & Inalicán; ⊗ Mo–Fr 9–13 Uhr) Eine von mehreren Banken in der Innenstadt mit Geldautomaten.

Postamt (Ecke Adolfo Puebla & Saturnino Torres; ⊗ Mo–Fr 8–18, Sa 9–13 Uhr)

Touristeninformation (✆ 0260-447-1659; www.malargue.gov.ar; RN 40, Parque del Ayer; ⊗ 8–20 Uhr) Hilfreiche Touristeninformation am Nordrand der Stadt an der Fernstraße. Ein kleiner Kiosk (⊗ 9–21 Uhr) bietet seine Dienste am Busbahnhof an.

❶ An- & Weiterreise

Von Malargües **Busbahnhof** (Ecke Av General Roca & Aldao) aus verkehren mehrere Busse täglich direkt nach Mendoza (201 Arg$, 5 Std.), bei einigen Linien muss man in San Rafael (72 Arg$, 3 Std.) umsteigen. Außer im Winter verbindet ein Bus täglich Malargüe mit Los Molles und Las Leñas (45 Arg$, 1½ Std.), er startet um 8.30 Uhr und kehrt um 17.30 Uhr zurück.

Transportes Leader (✆ 0260-447-0519; San Martín 775) betreibt einen Minibus, der von Sonntag bis Freitag um 21 Uhr nach Buta Ranquil (271 Arg$, 5 Std.) in Neuquén startet. Die Sitze sind rasch ausverkauft; es empfiehlt sich wenigstens zwei Tage im Voraus zu buchen (und zu bezahlen).

Im Winter bieten Reisebüros einen Shuttle-Service in die Skiorte Los Molles und Las Leñas; die Kosten betragen inklusive Leihski zwischen 450 Arg$ und 600 Arg$ pro Person.

Rund um Malargüe

✆ 0260

Die bizarr geformte Vulkanlandschaft rund um Malargüe unterscheidet sich geologisch stark von den Anden und zählt auch deshalb zu den eindrücklichsten Erlebnissen einer Argentinienreise. Der Tourismus hat das Gebiet erst vor Kurzem entdeckt, das ist auch der Grund, warum man die folgenden Orte nur mit eigenem Auto besuchen kann. Allerdings arrangieren die ausgezeichneten Reisebüros in Malargüe Ausflüge zu allen interessanten Punkten.

Nur 200 km südlich von Malargüe (zu erreichen über die RN 40) liegt der spektakuläre **Parque Provincial Payunia**, ein 4500 km² großes Schutzgebiet mit der weltweit höchsten Konzentration an Vulkankegeln (über 800). Die Landschaft ist atemberaubend und gehört zum Pflichtprogramm

in diesem Teil Argentiniens! Es lohnt sich wirklich, eine zwölfstündige Geländewagentour oder die dreitägige Exkursion zu Pferd zu buchen; beide werden von den meisten Agenturen in Malargüe angeboten.

Im gleichnamigen Tierschutzgebiet, das sich etwa 60 km südöstlich von Malargüe befindet, liegt die **Laguna Llancancelo**. Mehr als 100 Vogelarten, darunter auch zahlreiche Flamingos, besuchen diesen Hochgebirgssee.

Die **Caverna de Las Brujas** (Touren 100 Arg$; ⊗ Sonnenauf- bis -untergang) ist eine märchenhafte Kalksteinhöhle am Cerro Moncol, sie liegt 72 km südlich von Malargüe und 8 km nördlich von Bardas Blancas an der RN 40. Der Name lässt sich mit Hexenhöhle übersetzen. Der Höhlenkomplex erstreckt sich über 5 km, Führungen (Eintritt und Taschenlampen sind im Preis inbegriffen) dauern zwei bis drei Stunden. Die Touren starten ab zwei Teilnehmern – je mehr Leute zusammenkommen, desto niedriger wird der Preis pro Person. Einzelheiten sind bei den Tour-Anbietern in Malargüe zu erfragen.

Los Molles

Bevor Las Leñas zum bedeutendsten Skiort der Region aufstieg, war Los Molles der einzige Ort mit Schleppliften weit und breit. Heutzutage ist Los Molles ein staubiges, windiges Dorf, das langsam in den Dornröschenschlaf sinken würde, wären da nicht die Unterkünfte mit ihren attraktiven Preisen. Sie sind eine Alternative für all jene, die nicht direkt in Las Leñas übernachten möchten. Das gilt besonders für Bergsteiger, Wanderer und andere robuste Outdoor-Typen. Das Dorf liegt 55 km nordwestlich von Malargüe auf beiden Seiten der RP 222. Karen Travel in Malargüe (S. 390) bietet Aktivitäten in der dramatischen Landschaft um das Dorf herum an.

Busse von Malargüe (35 Arg$, 1 Std.) nach Las Leñas (15 Arg$, 30 Min.) fahren durch den Ort.

🛏 Schlafen

Hostel Pehuenche   HOSTEL **$**
(✆ in Buenos Aires 011-4776-6476; www.pehuenchehostel.com; B 18–20 US$; EZ/DZ 55/75 US$; ☎) Das Hostel Pehuenche ist eines der am besten ausgestatteten Hostels im Land, mit einer Bar, einem „digitalen Playroom", Transfer nach Las Leñas und besonders kuscheligen Daunenbetten.

Hotel Los Molles

HOTEL $$

(☎ 0261-423-4848; www.losmolleshotel.com.ar; RP222, Km 30; EZ/DZ 104/138 bis 160/214 US$) Das modernste und am besten ausgestattete Hotel der Stadt mit großen Zimmern, die Balkons mit Blick über das Tal haben. Ein ordentliches Restaurant serviert Menüs mit einem guten Preis-Leistungs-Verhältnis (110 Arg$).

Las Leñas

☎ 0260

Der Skiort wurde vor allem angelegt, um reiche Ausländer anzulocken. Las Leñas (☎ 0260-447-1281; www.laslenas.com; Tageskarte Haupt-/Nebensaison ab 795/495 Arg$, Wochenpässe 2635–3875 Arg$; ⊙ Mitte Juni–Ende Sept.) ist Argentiniens prestigeträchtigstes Skiresort. Seit der Eröffnung im Jahr 1983 hat es ein internationales Publikum angezogen, dass seine Tage auf den umliegenden Pisten verbringt und seine Abende (und Nächte bis zum Sonnenaufgang) bei ausgelassenen Partys feiert. Wegen des trockenen Klimas gibt es in Las Leñas unglaublich pulvrigen Pulverschnee.

Die 33 Pisten erstrecken sich über eine Fläche von 33 km²; die Durchschnittshöhe liegt bei 2200 m, doch die Pisten reichen bis auf 3430 m und haben einen maximalen Höhenunterschied von 1230 m. Außerhalb der Skisaison versucht Las Leñas auch Sommergäste zu gewinnen, die von Wochenend-Packages mit Aktivitäten wie Mountainbikefahren, Reiten und Wandern profitieren.

Die Preise für die Liftkarten variieren während der Skisaison ganz beträchtlich. Karten für Kinder sind um 30 Prozent preiswerter. Es gibt Skipässe für einen Tag, drei Tage, vier Tage, eine Woche, zwei Wochen oder die ganze Saison. Ausrüstung kann geliehen werden; die Preise belaufen sich auf 300 Arg$ pro Tag für Skier oder Snowboards.

Las Leñas liegt 445 km südlich von Mendoza und 70 km von Malargüe, beide über die RN 40 und die RP 222.

🛏 Schlafen & Essen

Zu Las Leñas gehört ein kleines Dorf mit fünf Luxushotels und einer Gruppe von „Apart-Hotels", die alle vom selben Management geleitet werden. Normalerweise werden sie als Teil von Wochenpauschalen gebucht (Unterkunft, unbegrenztes Skifahren und zwei Mahlzeiten pro Tag). Trotz der wirtschaftlichen Schwierigkeiten des Landes haben sich die Preise für ausländische Besucher in Las Leñas kaum verändert. Alle Buchungen laufen entweder online unter www.laslenas.com oder zentral über Ski Leñas (☎ 011-4819-6060, in Buenos Aires 011-4819-6000/60; ventas@laslenas.com; Cerrito 1186, 8. Stock, Buenos Aires).

Das Apart Hotel Gemenis (Woche pro Pers. ab 680 US$) und das Apart Hotel Delphos (Woche pro Pers. ab 710 US$) haben ähnliche Pauschalangebote ohne Mahlzeiten. Sie verfügen aber über gut ausgestattete kleine Küchen.

Es gibt auch kleine Apartments mit zwei bis sechs Betten und einem gemeinsamem Bad, die darauf angelegt sind, dass die Gäste selbst kochen. Reisende mit kleinem Geldbeutel finden in Los Molles, 20 km die Straße hinunter, oder in Malargüe, 70 km entfernt, billigere Unterkünfte.

Die Restaurants im Ort bieten die volle Bandbreite, von Cafés, Sandwich-Läden und Pizzerias bis hin zu eleganten Hotelrestaurants. Das beste aller Restaurants ist Las Cuatro Estaciones im Hotel Piscis.

Hostel Las Leñas

HOSTEL $

(B mit/ohne Bad pro Woche 433/288 US$) Endlich gibt es auch in Las Leñas ein Hostel. Es ist nichts Besonderes, aber eine relativ preiswerte Unterkunft am Berg.

Hotel Acuario

HOTEL $$$

(EZ/DZ pro Woche ab 1400/2800 US$; 🖦) Auch das bescheidenste der Hotels vor Ort ist noch sehr komfortabel und mit nur 40 Zimmern etwas intimer als die anderen.

Hotel Escorpio

HOTEL $$$

(EZ/DZ pro Woche ab 1440/1800 US$; 🖦) Dieses Hotel mit 47 Zimmern hat zwar nur drei Sterne, bietet aber trotzdem Topqualität, mit einem ausgezeichneten Restaurant. Gäste können auch das Angebot des Hotel Piscis nutzen.

Hotel Aries

HOTEL $$$

(EZ/DZ pro Woche ab 2016/2620 US$; 🖦🖦) Aries ist ein 4-Sterne-Hotel mit Sauna, Fitnessraum, Restaurant und luxuriösen Zimmern.

Virgo Hotel & Spa

HOTEL $$$

(EZ/DZ pro Woche ab 1400/2800 US$; 🖦🖦) Im neuesten Hotel am Ort fehlt wirklich nichts: Es besitzt einen beheizten Pool im Freien, eine Sushibar, Bäder mit Whirlpool und ein Kino.

Hotel Piscis
HOTEL **$$$**

(EZ/DZ pro Woche ab 3864/4300 US$; 🛎🖥) Die extravaganteste Unterkunft in Las Leñas' ist das 5-Sterne-Hotel Piscis mit 99 Zimmern. Ausgestattet mit offenem Kamin, einem Fitnessraum, Sauna, überdachtem Swimmingpool, dem eleganten Restaurant **Las Cuatro Estaciones**, Bar, Kasino und Boutiquen. Die Zimmerpreise richten sich nach der Saison und beziehen sich auf zwei Personen im Zimmer.

ℹ An- & Weiterreise

Während der Saison gibt es eine Busverbindung von Mendoza (150 Arg$, 6½ Std.), San Rafael (60 Arg$, 3 Std.) und Malargüe (45 Arg$, 1½ Std.).

Ruta Nacional 40

Von Malargüe führt die RN 40 Richtung Süden durch wilde Wüstenlandschaften und in die Provinz Neuquén. Im Gegensatz zu dem, was oft gesagt wird, gibt es an dieser Strecke öffentliche Verkehrsmittel. **Transportes Leader** (📞 442-1851; Perú 65) betreibt Minibusse, die von Sonntag bis Freitag zwischen San Rafael und Buta Ranquil verkehren, mit einem Zwischenstopp in Malargüe. Von Buta Ranquil gibt es Verbindungen nach Neuquén und Chos Malal, aber es kann passieren, dass Reisende über Nacht festsitzen. Ein Aufenthalt hier lohnt sich eigentlich nicht, aber es gibt eine Reihe günstiger Hotels, eine schöne Unterkunft sowie genug Restaurants und Cafés, um nicht verhungern zu müssen.

San Juan

📞 0264 / 109 100 EW. / HÖHE 650 M

Die Stadt lebt im Schatten eines Weltklassereiseziels wie Mendoza und tut sich entsprechend schwer. Den Bewohnern von San Juan muss man allerdings zugutehalten, dass sie gar nicht erst versuchen, mit Mendoza zu konkurrieren. Das Leben in der Provinzhauptstadt vollzieht sich im ganz eigenen Tempo, die Einheimischen sind in Bezug auf ihre kleine Stadt gleichermaßen stolz und bescheiden.

Die Weingüter von San Juan verrichten keineswegs schlechte Arbeit und geben sich verglichen mit dem Getue in Mendoza erfrischend zurückhaltend. Die übrigen Attraktionen der Provinz sind von der Hauptstadt alle leicht zu erreichen. Die meisten Gäste legen auf dem Weg zum Parque Provincial Ischigualasto einen Stopp in San Juan ein.

1944 zerstörte ein schweres Erdbeben das Stadtzentrum. Damals legte Juan Perón mit seinen Hilfsanstrengungen den Grundstein für seinen landesweiten Ruhm. Im Sommer ist die Stadt wie ausgestorben, besonders sonntags, wenn alle Einwohner von San Juan an die Ufer des nahe gelegenen Sees Dique Ullum strömen, um dort Abkühlung und Entspannung zu suchen.

⊙ Sehenswertes

Die Öffnungszeiten der Museen ändern sich häufig; am besten vorab bei der Touristeninformation nachfragen.

Lookout Tower
AUSSICHTSPUNKT

(Ecke Mendoza & Rivadavia; Eintritt 15 Arg$; ⊙ 9–13 & 17–21 Uhr) Wer sich einen Überblick verschaffen möchte, sollten seinen Weg auf den Lookout Tower finden, von wo man einen fantastischen Panoramablick auf die Stadt und die umgebende Landschaft hat.

Casa Natal de Sarmiento
MUSEUM

(Sarmiento 21 Sur; Eintritt 25 Arg$; ⊙ Mo–Fr 9–19, Sa 9–14, So 11–18 Uhr) Die Casa Natal de Sarmiento ist nach Domingo Faustino Sarmiento benannt, dessen umfassende Aufzeichnungen als Politiker, Diplomat, Erzieher und Journalist ihn über die Grenzen Argentiniens hinaus bekannt gemacht haben. In *Recuerdos de Provincia* erzählt er über seine Kindheit in diesem Haus und über Erinnerungen an seine Mutter. Heute ist das Gebäude ein Museum.

Museo de Vino Santiago Graffigna
MUSEUM

(📞 0264-421-4227; www.graffignawines.com; Colón 1342 Norte; ⊙ Mo–Sa 10–19, So 10–16 Uhr) **GRATIS** Das Museo de Vino Santiago Graffigna ist ein sehenswertes Weinmuseum. In der angeschlossenen Weinbar können viele der besten Weine San Juans verkostet werden. Bus 12A fährt ab der Touristeninformation auf der Sarmiento (3 Arg$, 15 Min.). Auf Anfrage gibt der Fahrer Bescheid, wo ausgestiegen werden muss.

☞ Geführte Touren

Touranbieter in San Juan bieten ein reichhaltiges Angebot, um alles Sehenswerte zu erkunden.

Mario Agüero Turismo
TOUR

(📞 0264-422-5320; General Acha 17 Norte; ⊙ Mo–Fr 9–13 & 16–20, Sa 9–13 Uhr) bietet geführte

DIFUNTA CORREA

Es wird erzählt, dass Deolinda Correa während der Bürgerkriege in den 1840er-Jahren dem Bataillon ihres kränklichen Mannes durch die Wüste von San Juan folgte. Dabei trug sie Essen, Wasser und ihren kleinen Sohn. Als ihre knappen Vorräte zu Ende gingen, starb sie an Durst, Hunger und Erschöpfung. Als vorbeikommende Maultiertreiber die beiden fanden, trank das Baby noch an der Brust der toten Frau. An dieses Wunder erinnert ihr Schrein in Vallecito; hier soll sie gestorben sein.

Difunta bedeutet wörtlich „verstorben" und Correa ist der Familienname. Genau genommen ist sie keine Heilige, sondern eine Seele, eine Tote, die Wunder bewirkt und sich für Menschen einsetzt. Das Überleben des Kindes war das erste in einer Reihe von Wundern, die ihr zugeschrieben werden. Seit den 1940er-Jahren entstand um ihren Schrein – ursprünglich ein schlichtes Kreuz auf einem Hügel – ein kleiner Ort mit Tankstelle, Schule, Postamt, Polizeirevier und Kirche. Die Gläubigen legen in 17 Kapellen und Schauräumen Geschenke ab als Dank für übernatürliche Hilfe. Darüber hinaus gibt es zwei Hotels, einige Restaurants, ein Ladenzentrum mit Souvenirläden und Büros von gemeinnützigen Organisationen, die für die Verwaltung zuständig sind.

Interessanterweise sind Trucker die treuesten Besucher. Von La Quiaca, an der bolivianischen Grenze bis nach Ushuaia in Feuerland gibt es Altärchen an den Straßen mit dem Bild der Difunta Correa und den unverkennbaren Wasserflaschen, um ihren Durst zu stillen. An manchen Stellen scheinen genug Autoteile herumzuliegen, um ein ganzes Auto zusammenzubauen.

Trotz mangelnder Unterstützung durch die Regierung und offener Gegnerschaft der katholischen Kirche wuchs die Verehrung für Difunta Correa und der Glaube in ihre wunderbare Kraft verbreitete sich immer weiter. Gläubige besuchen das ganze Jahr über den Schrein, doch an Ostern, am 1. Mai und an Weihnachten kommen bis 200 000 Pilger nach Vallecito. An Wochenenden ist weitaus mehr los und es ist interessanter als unter der Woche.

Es gibt regelmäßige Fahrten von San Juan und Mendoza nach Vallecito.

Touren, unter anderem in den Parque Provincial Ischigualasto.

Triasico Turismo TOUR
(☎ 0264-422-8566; www.triasico.com.ar; Sarmiento 42 Sur; ⊙ Mo–Sa 9–13 & 16–20 Uhr) Spezialisiert auf Touren nach Ischigualasto (640 Arg$, wenigstens zwei Personen) – wer keine Gruppe zusammenbringt, kommt hierher.

🛏 Schlafen

San Juan Hostel HOSTEL $
(☎ 0264-420-1835; www.sanjuanhostel.com; Av Córdoba 317 Este; B 11–12 US$, EZ/DZ 25/32 US$, ohne Bad 16/21 US$; ❄ @ ☎) Ein ausgezeichnetes kleines Hostel mit vielen verschiedenen Zimmern. Es liegt günstig zwischen Busbahnhof und Innenstadt. Gute Informationen zu geführten Touren und örtlichen Attraktionen. Auf der Dachterrasse gibt es einen Jacuzzi.

Hotel Selby HOTEL $
(☎ 0264-422-4766; www.hotelselby.com.ar; Rioja 183 Sur; EZ/DZ 45/50 US$) Es gibt hier nichts besonders Aufregendes, aber die Zimmer sind von vernünftiger Größe und die Lage in der Innenstadt ist nicht zu schlagen. Gutes Preis-Leistungs-Verhältnis.

Hotel Alhambra HOTEL $
(☎ 0264-421-4780; www.alhambrahotel.com.ar; General Acha 180 Sur; EZ/DZ 30/40 US$; ❄ ☎) Die mit Teppich ausgelegten kleinen Räume und die dunkle Holzvertäfelung schaffen ein stilvolles Ambiente, wobei die Lederstühle und goldenen Aschenbecher im Gang fast schon kitschig sind. Die zentrale Lage ist ideal.

Hotel del Bono Suite HOTEL $$
(☎ 0264-421-7600; www.hoteldelbono.com.ar; Mitre 75 Oeste; DZ/Suite 96/110 US$; ❄ ☎ ⊠) Einige elegante Design-Details mildern die geschäftsmäßige Nüchternheit etwas ab. Das Preis-Leistungs-Verhältnis stimmt und die gut ausgestatteten Kitchenettes und der Pool auf der Dachterrasse sind ein Plus.

Albertina Hotel HOTEL $$
(☎ 0264-421-4222; www.hotelalbertina.com; Mitre 31 Este; EZ/DZ ab 78/85 US$; ❄ @ ☎) Ein schi-

ckes Business-Hotel an der Plaza. Die winzigen Zimmer des Hotels enttäuschen etwas, aber die Bäder sind riesig.

Essen & Ausgehen

Die meisten Restaurants liegen in der Innenstadt und viele der schicksten Lokale befinden sich nahe der Kreuzung Rivadavia und Entre Ríos.

Baró INTERNATIONAL $
(Rivadavia 55 Oeste; Hauptgerichte 80–120 Arg$; ◷8–11.30 Uhr) Dieses beliebte Café-Restaurant an der Hauptstraße bietet die beste Auswahl an Pastagerichten der Stadt. In relaxter Atmosphäre kann man hier zu jeder Zeit einen Kaffee oder Drinks zu sich nehmen.

Soychú VEGETARISCH $
(Av José Ignacio de la Roza 223 Oeste; Büfett 60 Arg$; ◷Mo–Sa 12–21, So 11–15 Uhr; ✈) Ein wirklich ausgezeichnetes vegetarisches Restaurant, das einem Reformhaus angeschlossen ist, in dem alle möglichen Lebensmittel und Tees verkauft werden. Für eine große Auswahl sollte man allerdings recht früh kommen.

★ de Sánchez FUSION $$
(Rivadavia 61 Oeste; Hauptgerichte 130–200 Arg$; ◷Di–Sa 12–15 & 20–1 Uhr) Das versnobbteste Innenstadt-Restaurant von San Juan ist tatsächlich sehr gut. Es verfügt über eine kreative Speisekarte mit einer großen Auswahl an Fisch und Meeresfrüchten, eine hervorragende Weinkarte (auf der es alle Spitzentropfen von San Juan gibt) und eine leise Atmosphäre.

Remolacha PARRILLA $$
(Ecke Av José Ignacio de la Roza & Sarmiento; Hauptgerichte 90–150 Arg$; ◷12–15 & 20–1 Uhr) Eine der größten parrillas der Stadt. Der Speisesaal ist recht gewöhnlich ausgestattet, umso größer ist dafür das Vergnügen, im schattigen Garten zu essen. Von den Tischen vor dem großen Küchenfenster aus können Gäste zusehen, wie ihr Fleisch ausgelöst wird, bevor es auf dem Grill landet. Zum Fleisch werden ausgezeichnete Salate serviert.

Flores Art Bar BAR
(Entre Rios 145; ◷19–3 Uhr) Es gibt hier auch einige Snacks, die gut sind, aber am besten ist schon die Bar – coole Musik, eine tolle Atmosphäre und eine ausgezeichnete Cocktailkarte.

Shoppen

Mercado Artesanal Tradicional MARKT
(Traditioneller Kunsthandwerkermarkt; Centro de Difusión Cultural Eva Perón; ◷Mo–Sa 10–19 Uhr) Der Mercado Artesanal Tradicional ist ein ausgezeichneter Markt für einheimisches Kunsthandwerk mit einer großen Auswahl an Objekten, darunter Ponchos und bunte mantas (Schals).

ⓘ Orientierung

San Juan liegt über die RN 40 170 km nördlich von Mendoza und 1140 km von Buenos Aires. Wie bei den meisten argentinischen Städten erleichtert auch in San Juan die rasterförmige Anlage die Orientierung; die Hinzufügung der Himmelsrichtungen – norte (Norden), sur (Süden), este (Osten) und oeste (Westen) – zu Adressen macht alles noch einfacher. Die ost-westliche Avenida San Martín und die nord-südliche Calle Mendoza teilen die Stadt in diese Quadrate. Das Zentrum der Stadt liegt südlich der Avenida San Martín, die auch oft Avenida Libertador genannt wird.

ⓘ Praktische Informationen

ACA (Automóvil Club Argentina; ☎0264-422-3781; 9 de Julio 802) Argentiniens Automobilclub; gute Quelle für Karten der Provinz.

NICHTS ALS HEISSE LUFT

Wer durch San Juan reist, besonders im Herbst und Winter, erlebt oder hört möglicherweise von einem meteorologischen Phänomen: el zonda. Ähnlich dem Föhn in den Alpen, ist der zonda ein trockener, warmer Fallwind, der die Temperatur an einem kalten Tag vom Gefrierpunkt auf fast 20 °C ansteigen lassen kann. Der zonda entsteht durch Stürme im Pazifik, deren Wolken ostwärts Richtung Anden ziehen, dort zum Aufsteigen gezwungen werden, sich abregnen und dann als Fallwind die Osthänge des Gebirges hinabpeitschen und sich dabei immer stärker erwärmen. Der sanfte bis heulend stürmische Wind kann mehrere Tage anhalten. Sanjuaninos (Leute aus San Juan) können vor die Tür treten und genau vorhersagen, wann er wieder aufhört – und dass es danach kalt wird. Das regelmäßig auftretende Wetterphänomen löst bei vielen in der Region heftige Migräne aus, besonders im Winter.

San Juan

San Juan

Banco de San Juan (Ecke Rivadavia & Entre Ríos; ⏰ Mo–Fr 9–13 Uhr) Hier gibt es einen Geldautomaten.

Cambio Santiago (General Acha 52 Sur; ⏰ Mo–Fr 8–18, Sa & So 9–13 Uhr) Geldwechsel.

Hospital Rawson (☎ 0264-422-2272; Ecke General Paz & Estados Unidos)

Postamt (Av José Ignacio de la Roza 259 Este; ⏰ Mo–Fr 8–18, Sa 9–13 Uhr)

Touristeninformation (☎ 0264-422-2431; www.turismo.sanjuan.gov.ar; Sarmiento 24 Sur; ⏰ 8–19 Uhr) Hier gibt es eine gute Karte der Stadt und ihrer Umgebung, dazu nützliche Informationen über den Rest der Provinz, vor allem über den Parque Provincial Ischigualasto.

❶ An- & Weiterreise

FLUGZEUG

Aerolíneas Argentinas/Austral (☎ 0264-421-4158; Av San Martín 215 Oeste; ⏰ Mo–Fr 10–18, Sa bis 13 Uhr) fliegen zweimal täglich nach Buenos Aires, sonntags nur einmal.

BUS

Am **Busbahnhof** in San Juan (☎ 0264-422-1604; Estados Unidos 492 Sur) kann man Fahrkarten nach Santiago, Viña del Mar und Valparaíso in Chile kaufen, aber man muss in Mendoza umsteigen.

Außer im Sommer – dann gibt es eventuell direkte Busse – muss man zu Zielen in Patagonien südlich von Neuquén in Mendoza umsteigen, obwohl die Fahrkarten in Mendoza gekauft werden können.

Verschiedene Gesellschaften bedienen täglich die folgenden Ziele:

REISEZIEL	FAHRPREIS (ARGS)	FAHRZEIT (STD.)
Barreal	95	4
Buenos Aires	1460	14
Calingasta	80	3½
Catamarca	673	8
Córdoba	675	11
Huaco	75	3
La Rioja	506	7
Mendoza	225	3
Rodeo	105	3½
San Agustín de Valle Fértil	130	4½
San José de Jáchal	105	3
San Luis	425	5
Tucumán	932	13
Vallecito	46	1

❶ Unterwegs vor Ort

Las Chacritas Airport (☑ 0264-425-4133) liegt 13 km südöstlich der Stadt an der RN 20. Ein *remise* oder ein reguläres Taxi kostet 90 Arg$.

Zu zweit oder zu mehreren kann es günstiger sein, ein Auto zu mieten, um nach Ischigualasto zu fahren, als an einer Tour teilzunehmen. Aber Achtung: Viele Vermietungen machen Schwierigkeiten, wenn man ein Auto für nur einen Tag mieten will. In der Touristeninformation gibt es eine Liste der Autovermieter, darunter **Classic** (☑ 0264-422-4622; Av San Martín 163 Oeste; ⊙ 9–19 Uhr) gegenüber der Touristeninformation und **Trebol** (☑ 0264-422-5935; Laprida 82 Este; ⊙ 9–20 Uhr) im Alkazar Hotel.

Rund um San Juan

Nur 18 km westlich von San Juan liegt der 32 km² große **Dique Ullum**, ein Wassersportzentrum: Schwimmen, Angeln, Kajakfahren, Wasserski und Windsurfen (allerdings gibt es keinen Ausrüstungsverleih). *Balnearios* (Strandclubs) sind an der Küste aufgereiht und einen Tag in der Sonne zu relaxen, gehört einfach zu einem Aufenthalt in San Juan. Abends verwandeln sich viele der *balnearios* in Tanzclubs. Der Bus 23 ab der Avenida Salta oder der Bus 29 ab dem Busbahnhof in San Juan entlang der Avenida Córdoba fahren stündlich zum Stausee.

Valle de Calingasta

Das Calingasta-Tal ist ein landschaftlich sehr reizvoller Streifen zwischen den Anden und der geologisch stark gefalteten und in vielen Farben leuchtenden Vorkordillere. Das Tal ist mit Sicherheit eine der schönsten Regionen in den beiden Provinzen San Juan und Mendoza.

Seit zwei neue Stauseen fertiggestellt wurden, ist der Teil der RP 12, der wahrlich spektakulär am Felsabbruch entlangführt, gesperrt. Die meisten Karten zeigen noch die alte Straße, aber Autofahrer müssen inzwischen die RP 5 Richtung Norden nach Talacasto benutzen, dann auf die RP 149 wechseln (die sich Richtung Westen schlängelt) und dann Richtung Süden nach Calingasta fahren.

Calingasta

☑ 02648 / 2200 EW. / HÖHE 1430 M

Calingasta ist ein kleines Bauernstädtchen, das von Pappeln (*álamos*) an den Ufern des Río de los Patos beschattet wird. Es gibt hier wenig zu tun, allerdings bietet sich ein Besuch der **Capilla de Nuestra Señora del Carmen** als netter Zwischenstopp auf dem Weg nach Barreal an. Am Horizont – 7 km außerhalb des Ortes – ragt der **Cerro El Calvario** auf. Hier wurden auf einem indigenen Friedhof mehrere Mumien gefunden. Wer sich dafür interessiert: Eine davon ist im kleinen **Archäologischen Museum** (Eintritt 10 Arg$; ⊙ Di–Sa 10–13 & 16–20 Uhr) in der Nähe des Hauptplatzes in Calingasta ausgestellt.

Die Leute im Büro der **Touristeninformation** (☑ 02648-441066; www.calingastaturismo.gov.ar; RP 12; ⊙ 8–20 Uhr), von San Juan aus am Ortseingang, sind hilfsbereit, wenn es um Fragen zu den Sehenswürdigkeiten und Unterkünften geht.

Wer die Nacht hier verbringen will, geht ins bescheidene **Hospedaje Nora** (☑ 02648-421027; Ecke Cantoni & Sarmiento; Zi. pro Pers. 21 US$) mit schlichten, aber geräumigen Zimmern. Die besten liegen nach hinten heraus. Es gibt einen **städtischen Campingplatz** (Stellplätze 6 US$) am Fluss. Die Mahlzeiten im **La Morocha** (Hauptgerichte ab 65 Arg$; ⊙ 12–15 & 18–23 Uhr) stillen den Hunger – es gibt leckere *empanadas* und Menüs zu einem guten Preis.

Zwei Busse fahren täglich durch die Stadt nach San Juan (80 Arg$, 3½ Std.) und Barreal (16 Arg$, 30 Min.).

ABSEITS DER ÜBLICHEN PFADE

RUTA DEL VINO DE SAN JUAN

Der Weintourismus von San Juan ist nicht ganz so gut entwickelt wie der von Mendoza, aber das ist in vielerlei Hinsicht recht gut. Es gibt keinen Andrang von Besuchern und manchmal übernehmen die Winzer sogar selbst die Führungen. Einige Weingüter haben sich zusammengeschlossen, um für die *Ruta del Vino de San Juan* (die San-Juan-Wein-Route) zu werben. Wer alle an einem Tag besuchen möchte, sollte **ein Auto mieten** (S. 397). Ab San Juan ist es eine 40-Kilometer-Runde, wenn man an allen hier genannten Orten hält. Sie lässt sich auch mit öffentlichen Verkehrsmitteln und mit Taxi bewältigen. Bei keinem der unten aufgeführten Weingüter muss man reservieren.

Der erste Halt an der Route sollte Las Marianas (☎ 0264-423-1191; www.bodegaslas marianas.com.ar; Calle Nuevo s/n; ⊙ Di–Sa 10–13 & 17–20 Uhr) GRATIS sein. Es ist eines der schönsten Weingüter der Region, wurde 1922 gebaut, 1950 verlassen und 1999 wieder in Betrieb genommen. Das Hauptgebäude ist hinreißend mit seinen dicken Lehmziegelwänden und einige Geräte zur Weinherstellung liegen herum. Der Blick über die Weingärten auf die Berge ist großartig. Wer mit dem Bus kommt, nimmt die Nummer 16 (4,10 Arg$, 40 Min.) bei der Ecke Santa Fe und Mendoza in San Juan. Aussteigen an der Ecke Calle Aberastain und Calle Nuevo, von dort gibt es Wegweiser zum Weingut (ein Spaziergang von 800 m).

Auf dem Rückweg zur Calle Aberastain biegt man rechts ab und folgt 500 m der Straße nach Süden bis zu Viñas de Segisa (☎ 0264-492-2000; www.saxsegisa.com.ar; Ecke Aberastain & Calle 15; ⊙ Mo–Sa 9–19 Uhr) GRATIS. Dieses stattliche alte Weingut wirkt stärker museal als andere. Die Führung durch den unterirdischen Kellerbereich ist sehr gut und die Verkostungen sind großzügig.

Wer keine Lust auf einen Spaziergang hat, sollte jetzt ein *remise* (Sammeltaxi) bestellen. Wer Lust darauf hat, nimmt den Weg zurück zur Calle 14 und geht 5 m weiter bis zur RN 40. Nach dem Abbiegen nach links, kommt die Fabril Alto Verde (☎ 0264-421-2683; www.fabril-altoverde.com.ar; RN40, zwischen Calle 13 & 14; ⊙ Mo–Fr 9–13 & 14.30–18.30 Uhr) GRATIS, ein großes topmodernes Weingut, das 90 Prozent seiner Weine im Export verkauft. Es gibt Führungen auf Englisch oder auf Spanisch und einige sind von einem ziemlich öden Promotion-Video begleitet. Die preisgekrönten organischen Sorten Buenas Hondas und Touchstone werden hier produziert.

Als Nächstes nimmt man den Bus24, der auf der RN 40 Richtung Norden fährt, bis zur Calle 11. Dann geht man nach rechts die Calle 11 hinauf und kommt nach 300 m zu Miguel Mas (☎ 0264-422-5807; miguelmas@infovia.com.ar; Calle 11 s/n; ⊙ Mo–Fr 9–17 Uhr) 🌿 GRATIS Auf diesem kleinen Weingut werden einige der seltenen organischen Schaum- und anderen Weine produziert. Der ganze Prozess – mit Ausnahme des Verkorkens – erfolgt von Hand. Führungen (nur auf Spanisch) führen zu jedem Herstellungsschritt.

Wieder zurück an der RN 40, hält man einen Bus 24 an, der zurück zum Busbahnhof von San Juan fährt.

Barreal

☎ 02648 / 3460 EW. / HÖHE 1650 M

Barreal hat eine paradiesische Lage, wie man sie sonst wohl nur selten findet.

Sauces (Trauerweiden), *àlamos* (Pappeln) und Eukalyptusbäume drapieren sich träge über unbefestigten Straßen, die sich durch den gesamten Ort schlängeln. Und der Blick auf die Cordillera de Ansilta – eine Gebirgskette der Anden mit sieben majestätisch aufragenden Gipfeln zwischen 5130 bis 5885 m – ist einfach atemberaubend.

Wer die hohe Kunst des süßen Nichtstuns selbst im Urlaub nicht beherrscht, wird sie in Barreal bestimmt kennen und lieben lernen.

Die Presidente Roca, eine Verlängerung der RP 149 von Calingasta nach Barreal und weiter zum Parque Nacional Leoncito, führt einmal quer durch die Stadt.

Die meisten Straßen tragen in Barreal keinen Namen; wer deshalb – verständlicherweise – Probleme mit der Orientierung hat, fragt am besten die Einheimischen nach dem Weg.

⊙ Sehenswertes & Aktivitäten

Wenn man zum **Río de los Patos** hinuntergeht, präsentieren sich das Tal und die **Cordillera de Ansilta** bei freiem Blick auf ihrer schönsten Seite. Höchster Gipfel der Cordillera ist der **Ansilta**: Er ragt 5885 m hoch auf. Nach Süden zu sind **Aconcagua** und der Vulkan **Tupungato** zu erkennen, außerdem der Gipfel des **Cerro Mercedario**, der bis auf 6770 m Höhe aufragt.

Am südlichen Ende der Presidente Roca befindet sich eine Art dreieckiger Kreisverkehr. Die Straße nach Osten (weg von den Anden) führt hinauf in die Hügel; dort gibt es einen kleinen Schrein, wo Gläubige Opfergaben hinterlegen. Bei **Spaziergängen** in die Vorberge lassen sich weitere faszinierende Ausblicke genießen. Wenn man der Straße weitere 3 km folgt, erreicht man ein Bergbaugelände: Durch das offene Tor zum **Versteinerten Wald** gehen, der nach 1 km erreicht ist.

Hier kann man herrlich **raften** – allerdings mehr der Landschaft als der Stromschnellen wegen. Die meisten Fahrten starten 50 km flussaufwärts bei **Las Hornillas**. Der renommierteste Anbieter der Stadt ist **Barreal Rafting** (📞 0264-15-530-7764).

Las Hornillas (dort gibt es zwei sehr rustikale *refugios* und einen militärischen Außenposten) bietet außerdem **Bergsteigern** Zugang zum Cordón de la Rameda mit fünf Gipfeln über 6000 m, darunter auch zum Cerro Mercedario. Die Aufstiegsrouten sind technisch anspruchsvoller als die des Aconcagua, deshalb ziehen viele Bergsteiger dieses Gebiet vor.

Der aus Barreal stammende Ramon Ossa ist als Bergführer und Exkursionsanbieter sehr empfehlenswert und kennt die Kordillere wie seine Westentasche. Er ist über die **Cabañas Doña Pipa** (📞 02648-441004; www.fortunaviajes.com.ar) erreichbar und kann Ausflüge zum Cerro Mercedario und Expeditionen über die Anden in den Fußstapfen von San Martín arrangieren – Maultiere und Ausrüstung inbegriffen.

Barreal ist hauptsächlich für **Carrovelismo** (Strandsegeln) bekannt, eine aufregende Sportart, bei der ein kleines Gefährt mit einem Segel ausgestattet wird. Fanatiker kommen von weit her, um auf dem windigen, verkrusteten Seebett bei Pampa El Leoncito herumzusausen. Das Gelände liegt etwa 20 km außerhalb der Stadt, neben dem Nationalpark. **Rogelio Toro** (📞 0264-

15-671-7196; dontoro.barreal@gmail.com) verleiht die notwendige Ausrüstung und gibt auch Unterricht.

Wer ins *refugio* möchte, Bergsteigerinformationen, einen Führer oder einen **Mountainbikeverleiher** braucht, sucht am besten Maxi bei **Cabañas Kummel** (📞 02648-441206; Presidente Roca s/n) auf.

🛏 Schlafen & Essen

Posada Don Lisandro   HOSTEL $
(📞 0264-15-505-9122;   www.donlisandro.com.ar; Av San Martín s/n; B 11 US$; DZ mit/ohne Bad 350/280 US$) Diese neu wirkende *posada* (Gasthaus) ist eigentlich ein 100 Jahre altes Haus. Es gibt noch die originalen Schilf- und Lehmdecken, ebenso einige Möbelstücke. Es gibt eine Küche für die Gäste und ein hübsches schattiges Areal, auf dem die Gäste chillen können.

⭐ **El Alemán**   HOTEL $$
(📞 0264-15-411-9913;   www.elalemanbarreal.com; d/q US$92/121) 🅿 Beim Fluss mit Blick über die Anden liegt dieser Komplex in deutsch-argentinischem Besitz. Hier gibt es einige der schönsten Zimmer im Ort; sie sind hübsch und behaglich. Dass es keine Fernsehapparate gibt trägt zur allgemeinen Ruhe bei. Es gibt in der Anlage ein ausgezeichnetes Restaurant, das herzhafte Gerichte und ein großartiges Frühstück aus den frischesten Zutaten serviert.

Ein Anruf genügt, um aus dem Stadtzentrum abgeholt zu werden.

Restaurante Isidro   ARGENTINISCH $
(Presidente Roca s/n; Hauptgerichte 70–100 Arg$; 🕗 8–15 & 20–23.30 Uhr) Im Angebot sind eine Reihe von Standard-Fleisch- und Pastagerichten sowie einige köstliche Fleisch-*empanadas*. Es gibt auch eine gute Auswahl an Weinen aus der Region San Juan.

ℹ Praktische Informationen

Banco de la Nación (Presidente Roca s/n; 🕗 Mo–Fr 9–13 Uhr) Es gibt einen Geldautomaten.

Touristeninformation (📞 02648-441066; turismo@calingasta.gov.ar; Presidente Roca s/n; 🕗 8–20 Uhr) Gleich bei der Haupt-Plaza; bietet eine Liste von Anbietern und Unterkünften.

ℹ An- & Weiterreise

Barreal liegt ziemlich am Ende der Welt, aber es verkehrt zweimal täglich ein Bus nach San Juan (80 Arg$, 4 Std.), der durch Calingasta (12 Arg$, 30 Min.) fährt.

Seit Jahren heißt es, dass ein Bus Barreal mit Uspallata in der Provinz Mendoza verbinden soll. Vielleicht verkehrt er ja bereits bei Erscheinen dieses Buches.

Parque Nacional El Leoncito

Der 76 km² große Parque Nacional El Leoncito nimmt das Gelände einer ehemaligen *estancia* (Ranch), 22 km südlich von Barreal, ein. Die Landschaft ist typisch für das Vorgebirge der Anden, obwohl es hier trockener ist als im Tal nördlich von Barreal. Hauptsehenswürdigkeit ist die **Pampa de Leoncito**, wo ein trockener Seegrund ideal zum Strandsegeln *(carrovelismo)* ist. Das hochgelegene, trockene und weite Tal sieht selten Wolken, sodass man wunderbar in die Sterne gucken kann. So ist der Park die Heimat des **Complejo Astronomico el Leoncito** (www.casleo.gov.ar) mit zwei wichtigen Observatorien, dem Observatorio El Leoncito und dem Observatorio Cesco. Nächtliche Besuche sind auch möglich, müssen aber vorab vereinbart werden. Dies geschieht über das **Büro des Complejo in San Juan** (☎ 0264-421-3653; www.casleo.gov.ar; Av España 1512 sur, San Juan; ◷ 9 Mo–Fr 9–13 & 15–18 Uhr).

Camping ist hier nicht erlaubt, aber in der Nordwestecke des Parks an der Cascada El Rincon, einem hübschen kleinen Wasserfall in einem flachen Canyon, lässt sich wunderbar picknicken und im Wasser herumspritzen.

Es gibt keine öffentlichen Verkehrsmittel zum Park und mit 17 km Straße ab dem Eingang zusätzlich zu den 22 km, die von Barreal hierher führen, ist es zum Laufen eindeutig zu weit. Wer kein Auto hat, kann mit Ramon Ossa bei Cabañas Doña Pipa (S. 399) in Barreal Kontakt aufnehmen – seine informativen Touren durch den Park sind sehr zu empfehlen.

San José de Jáchal

☎ 02647 / 10 900 EW. / HÖHE 1170 M

Jáchal wurde 1751 gegründet und liegt inmitten von Weinbergen und Olivenhainen. Zum Charme des Städtchens gehört die bunt gemischte Architektur aus alten Lehmhäusern und neuen Backsteingebäuden. *Jachalleros* (so nennen sich die Einwohner) sind treue Hüter eigener Bräuche ihres Berufsstandes und von Gaucho-Handwerkstraditionen. Seinen Ruf als *Cuna de la Tradición* (Wiege der Tradition) feiert Jáchal im November mit der **Fiesta de la Tradición**. Außerhalb der Festivalzeit finden sich Beispiele traditioneller Handwerkskunst allerdings eher in San Juan.

In der **Iglesia San José**, dem Nationaldenkmal gegenüber der großen Plaza, steht der **Cristo Negro** (Schwarze Christus), auch Señor de la Agonía (der Schmerzensmann) genannt. Die gruselige Figur aus Leder, deren Kopf und Gliedmaßen beweglich sind, wurde zu Kolonialzeiten aus Potosí hierhergebracht.

Die Unterkunftsmöglichkeiten in Jáchal sind nicht gerade prickelnd, aber das **Hotel San Martín** (☎ 02647-420431; www.hotelsanmartinjachal.com.ar; Echegaray 387; EZ/DZ 24/35 US$; ✳@⊛) , einige Blocks von der Plaza entfernt, bietet das, was man braucht. Es ist nicht so modern, wie es von außen aussieht, aber die Zimmer sind groß und bequem, die Bäder modern.

La Taberna de Juan (San Martín s/n; Hauptgerichte 80–120 Arg$; ◷ 12–23 Uhr) ist eine helle und freundliche *parrilla* an der Plaza. Der Schwerpunkt liegt auf Fleischgerichten, aber es gibt auch eine Auswahl guter Pastagerichte und Salate. Die Mittagsmenüs sind besonders preiswert.

Mehrmals täglich fahren Busse vom **Busbahnhof** (Ecke San Juan & Obispo Zapata) in Jáchal nach San Juan (105 Arg$, 3 Std.).

Rodeo

☎ 02647 / 2600 EW. / HÖHE 2010 M

Rodeo ist ein kleiner heruntergekommener Ort 42 km westlich von San José de Jáchal. Seine malerischen Häuser aus Lehmziegeln sind typisch für diese Gegend.

Rodeo ist in jüngster Zeit eine weltberühmte Destination der **Windsurfer** und **Kitesurfer** geworden. Die Stadt liegt nur 3 km von einem der besten Windsurfreviere des Planeten entfernt: **Dique Cuesta del Viento**. Der Stausee, auf dem von Mitte Oktober bis Anfang Mai die nachmittäglichen Windgeschwindigkeiten 120 km/h erreichen, zieht Surfer rund um den Globus an. Für alle anderen lohnt es sich, ein oder zwei Tage in Rodeo zu verbringen, rund um den Ort spazieren zu gehen und am Strand zu faulenzen. Dort kann man den spektakulären Ausblick genießen und den fanatischen Windsurfern zuschauen.

Westlich der Stadt an der RN 510 liegt das Departamento Iglesia, in dem die *precordillera*-Thermalbäder von **Pismanta** liegen. Die RN 510 führt weiter nach Westen nach

Chile, über den atemberaubenden 4765 m hohen **Paso del Agua Negra** (nur im Sommer geöffnet).

Die **Touristeninformation** (municipalidad_iglesia@yahoo.com.ar; ⏱8–20 Uhr) im Rathaus bietet eine Liste mit Unterkünften und Informationen zu Sehenswertem in der Umgebung.

Vom Busbahnhof in San Juan fahren fahrplanmäßig mehrmals täglich Busse nach Rodeo (30 Arg$, 5½ Std.).

🛏 Schlafen & Essen

Rancho Lamaral HOSTEL $
(📞0264-15-660-1197; www.rancholamaral.com; Stellplatz pro Pers. 12 US$, B/DZ 20/50 US$) An der Playa Lamaral, am Ufer des Stausees, bietet der dem HI angeschlossene Rancho Lamaral einfache Zimmer in einem renovierten Lehmziegelhaus. Im Angebot sind auch Kurse im Windsurfen und im Kitesurfen. Das nötige Equipment wird verliehen.

Posta Huayra HOTEL $$
(📞0264-15-451-6179; www.postahuayra.com.ar; Zeballos s/n; EZ/DZ 45/75 US$) Zwischen den Pappeln unterhalb der Stadt liegt dieses malerische kleine Hotel mit ausgesprochen gemütlichen Zimmern in einer Art Hippie-Schick mit vielen einheimischen Motiven. Das empfehlenswerte Restaurant vor Ort steht auch Nichtgästen offen.

La Surfera INTERNATIONAL $
(Santo Domingo s/n; Hauptgerichte 80–120 Arg$; ⏱12–1 Uhr; 📶) La Surfera liegt an der Hauptstraße im Stadtzentrum. Das legere Restaurant mit Café und Reggae-Bar ist der Treffpunkt der erstaunlich großen Hippie-Szene von Rodeo. Wie nicht anders zu erwarten, sind die vegetarischen Gerichte ausgezeichnet, die Fleischspeisen könnten besser sein.

San Agustín de Valle Fértil
📞 02646 / 4400 EW.

Zu erreichen ist San Agustín de Valle Fértil über seltsam wellenförmige Landstraßen, die die Wüstenlandschaft durchschneiden. Der Ort ist eine ausgezeichnete Ausgangsbasis für Ausflüge in den nahe gelegenen Parque Provincial Ischigualasto. Dass dieses semiaride Tal als fruchtbar gilt, liegt daran, dass die umliegende Landschaft noch viel trockener ist.

Abgesehen von einem Besuch im Park gibt es hier nicht viel zu sehen. Doch der gemächliche Gang der Menschen, die an

ABSEITS DER ÜBLICHEN PFADE

HUACO

Auf dem Weg von San José de Jáchal auf der RN 40 nach Norden kommen die Besucher durch eine herrliche Landschaft, die reich an folkloristischen Traditionen ist und nur selten von Ausländern besucht wird. Östlich von Jáchal klettert die RN 40 die steile **Cuesta de Huaco** hinauf, mit Blick auf den Damm von Los Cauquenes, bevor sie **Huaco** erreicht, ein verschlafenes Dorf 36 km von Jáchal, dessen 200 Jahre alte **Viejo Molino** (Alte Mühle) die Tour rechtfertigt. Einige Besucher nimmt die unheimliche Landschaft von Huaco und das Gefühl, sich in der Mitte von Nirgendwo zu befinden, gefangen. Wem das passiert, der kann in der **Hostería Huaco** (📞0264-423-9590; www.hosteriahuaco.com.ar; Calle La Paz s/n; EZ/DZ 32/38 US$; 📶📺), einem schön ausgestatteten Hotel mit großartigem Bergblick vom Pool im Hof aus, bleiben. Ein Bus fährt täglich von Huaco nach San Juan (75 Arg$, 4 Std.), er kommt auf dem Weg durch Jáchal (32 Arg$, 1 Std.).

Sommerabenden auf den Bürgersteigen sitzen und jeden Passanten grüßen, hat schon mehr als einen Besucher in seinen Bann gezogen.

🛏 Schlafen & Essen

Hostel Campo Base HOSTEL $
(📞02646-420063; www.hosteldelvalledelaluna.com.ar; Tucumán, zwischen San Luís & Libertador; B ab 12 US$; 📶) Das beste Hostel der Stadt verfügt über Schlafsäle von guter Größe und die Standard-Annehmlichkeiten eines Hostels. Wer eine Gruppe für eine Ischigualasto-Tour zusammenstellen möchte, stellt vielleicht fest, dass das Hostel bereits eine organisiert hat.

Cabañas de Valle Pintado HÜTTE $$
(📞0264-434-5737; www.vallepintado.com.ar; Ecke Tucumán & Mitre; Zi./Hütte 45/78 US$; 📶📺) Einige der besten preiswerten Zimmer und Hütten der Stadt finden sich hier, einen Block von der Plaza entfernt. Die Zimmer sind geräumig und makellos sauber mit kleinen Kitchenettes. In den Hütten finden bequem vier Personen Platz. Der hübsche Garten und der relativ große Pool sind das Sahnehäubchen.

La Florencia PARRILLA $
(Ecke Mitre & Acha; Hauptgerichte 70–120 Arg$;
⏱12–15 & 20–24 Uhr) Hat ein gutes *parrilla*-Angebot, u .a. *chivito* (Babyzicklein –
muss zwei Stunden im Voraus bestellt werden) und leckeres *lomo al roquefort* (Rindfleisch mit Roquefortsoße; 32 Arg$).

❶ Orientierung

San Agustín liegt in der Sierra Pampeanas, deren Berge von beeindruckenden Canyons durchzogen sind. Auf der RN 141 und RP 510 fährt man
247 km von San Juan Richtung Nordosten; von
hier geht es weiter nach Ischigualasto und La
Rioja. San Agustín ist so klein, dass man sich
keine Mühe mit Straßennamen gemacht hat;
daher kann es nötig sein, Einheimische nach
dem Weg zu fragen.

❶ Praktische Informationen

Postamt (Ecke Laprida & Mendoza; ⏱Mo–Fr
8–18, Sa 9–13 Uhr)
Städtische Touristeninformation (General
Acha; ⏱Mo–Fr 7–13 & 17–22, Sa 8–13 Uhr)
Gegenüber der Plaza. Hilft bei der Organisation
von Auto- oder Maultiertouren in die nahen
Bergcanyons oder das Hinterland.
Turismo Vesa (✆02646-420143; www.turis
movesa.com; Mitre s/n) Touren zum Parque
Provincial Ischigualasto, nach Talampaya, El
Chiflón und Ausritte.

❶ An- & Weiterreise

Vom **Busbahnhof** in San Agustín (Mitre, zwischen Entre Ríos & Mendoza) verkehren täglich
Busse nach San Juan (130 Arg$, 4½ Std.).

Parque Provincial Ischigualasto

Der Park, der passenderweise auch **Valle de
la Luna** (Tal des Mondes; Eintritt 160 Arg$; ⏱8–
18 Uhr) genannt wird, leitet seinen Namen
vom Wort der Diaguita für „Land ohne Leben" ab. Ein Besuch des Parks ist eine Fahrt
in eine Welt voll surrealer Felsformationen,
imposanter Dinosaurierspuren und glühend
roter Sonnenuntergänge. Der Park ähnelt
gewissermaßen den nordamerikanischen
Nationalparks Bryce Canyon und Zion, nur
dass hier Wind und Wasser mit der Zeit eine
Vielzahl an Fossilien – zum Teil aus dem
Trias, also vor 180 Mio. Jahren – freigelegt
haben.

Das **Museum** des Parks zeigt verschiedenartige Fossilien, darunter den fleischfressenden Hererasaurus (ähnlich dem Ty-

rannosaurus Rex), den Eoraptor lunensis
(der älteste bekannte Raubsaurier) und gute
Schaubilder der Paläo-Landschaften des
Parks.

Der 630 km² große Park ist ein Wüstental
zwischen zwei Bergketten aus Sedimentgestein, den Cerros Colorados im Osten
und den Cerros Los Rastros im Westen. In
Millionen von Jahren haben die Fluten des
heute fast ausgetrockneten Río Ischigualasto markante Formen aus dem weichen roten Sandstein, dem einfarbigen Lehm und
der Vulkanasche herausgewaschen. Wie zu
erwarten, bekamen einige von ihnen mehr
oder weniger fantasievolle Namen, sie heißen nun **Cancha de Bochas** (das Ballfeld),
El Submarino (das U-Boot) oder **El Gusa-
no** (der Wurm). Die Wüstenvegetation mit
Algarrobo-Bäumen, Büschen und Kakteen
passt sich perfekt den ungewöhnlichen Gesteinsformationen an.

Vom Besucherzentrum aus dauert die
Wanderung auf den einsamen, 1748 m ho-
hen Gipfel des **Cerro Morado** drei bis vier
Stunden. Der Anstieg über fast 800 Höhen-
meter belohnt die Wanderer dann mit gran-
diosen Ausblicken über das Land. Wichtiger
Hinweis: Ausreichend Trinkwasser und
Energieriegel mitnehmen!

☞ Geführte Touren

Besucher können den Park nur in Begleitung eines Rangers besuchen. Die beliebteste Tour dauert drei Stunden und beginnt zur
vollen Stunde (mehr oder weniger). Dabei
fahren die Autos im Konvoi und halten unterwegs an interessanten Stellen. Der Ranger erklärt (leider nur auf Spanisch), auf was
man achten sollte.

Wer kein eigenes Fahrzeug hat, muss sich
einer organisierten Tour anschließen, die in
San Agustín gebucht werden kann. Alternativ lässt sich auch über die Touristeninformation ein Auto mit Fahrer organisieren.
Die Touren kosten (ohne Eintrittsgelder)
etwa 800 Arg$ pro Person ab San Juan
(durch einen beliebigen Reiseveranstalter) bzw. etwa 300 Arg$ pro Person ab San
Agustín. Touren ab San Juan beginnen meist
um 5 Uhr und enden spätabends.

Das Besucherzentrum hier bietet eine
Reihe weiterer Touren (etwa 100 Arg$ pro
Pers.) an, z. B. spektakuläre Vollmondtouren
(2½ Std.) in den fünf Tagen um Vollmond,
Wanderungen auf den Gipfel des Cerro Morado (3–4 Std.) und eine 12 km lange Rundfahrt durch den Park auf Mountainbikes.

🛏 Schlafen & Essen

Besucherzentrum CAMPINGPLATZ **$**
(Stellplatz pro Pers. 45 Arg$) Am Besucherzentrum gibt es einen Campingplatz, wo eine *confitería* (Café) einfache Mahlzeiten (Frühstück und Mittagessen) und kalte Getränke serviert; Trockenfrüchte und eingelegte Oliven aus der Provinz sind erhältlich. Es gibt Toiletten und Duschen, allerdings sollte man sich darauf besser nicht verlassen, weil das Wasser von Lkws angeliefert wird. Es gibt keinen Schatten.

🛈 An- & Weiterreise

Ischigualasto liegt etwa 80 km nördlich von San Agustín und ist über die RP 510 und eine asphaltierte Nebenstraße Richtung Nordwesten erreichbar. Aufgrund seiner Größe und Abgeschiedenheit kann der Park praktisch nur mit dem Auto oder im Rahmen einer organisierten Tour besichtigt werden. Die Straßen im Park sind nicht asphaltiert und nach Regenfällen daher zum Teil nicht befahrbar, sodass die Tour, falls nötig, abgekürzt werden muss.

Bariloche & das Seengebiet

Gut essen

➡ Tres Catorce (S. 450)

➡ La Gorda (S. 422)

➡ La Trattoria de la Famiglia
Bianchi (S. 414)

➡ Corazón Contento (S. 432)

➡ Ñancú Lahuén (S. 428)

Schön übernachten

➡ La Casona de Odile Hostel
(S. 421)

➡ Hostel Bajo Cero (S. 426)

➡ El Hostal del Río (S. 441)

➡ Hostería Chimehuín
(S. 440)

➡ Hostería La Masía (S. 432)

Auf nach Bariloche & ins Seengebiet!

Das Seengebiet gehört wegen seiner spektakulären Landschaft zu den interessantesten Zielen für Argentinienbesucher. Die Touristen kommen zum Skifahren, Fischen, Klettern oder Wandern und genießen die kühle, frische Luft in den riesigen Wäldern und an den Gletscherseen.

Die paläontologischen Fundstellen und hervorragenden Weingüter in der Nähe von Neuquén lohnen einen Abstecher. Weit entfernt im Süden liegt der Ferienort Bariloche, ein Postkartenidyll am Ufer des Lago Nahuel Huapi.

Wer dem Touristenrummel entgehen möchte, kann das hier leicht tun. Die beiden am See gelegenen Ferienorte Villa Traful und San Martín de los Andes sind zwar im Sommer gut besucht, sonst aber himmlisch ruhig. Im Norden liegt Chos Malal, ein idealer Ausgangspunkt, um die nahe gelegenen Vulkane, die Seen und die heißen Quellen zu erkunden.

Reisezeit
Bariloche

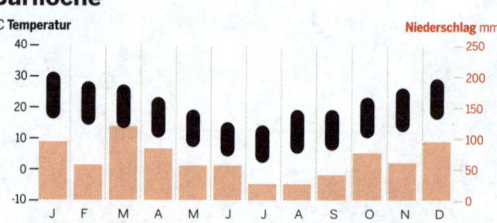

März–Mai Warme Tage und kühle Nächte machen diese Monate zu der perfekten Reisezeit.

Juni–Sept. Während der Skisaison präsentieren sich die Berge ganz besonders spektakulär.

Okt.–Dez. Angenehme Temperaturen und blühende Wiesen locken zum Wandern.

Highlights

1 Eine Rundfahrt auf der **Ruta de los Siete Lagos** (der RN 40, S. 431), der spektakulären, kurvenreichen Straße zwischen Bergseen und Pehuén-Wäldern.

2 Ein Schlammbad im Thermalort **Copahue** (S. 444), so lassen sich alle Sorgen vergessen

3 Von **Bariloche** (S. 406) aus abenteuerliche Ausflüge in die Berge unternehmen

4 Abseits der Touristenströme in **Chos Malal** (S. 444) die großartige Umgebung genießen

5 Wanderungen in den Spuren der Dinosaurier am **Lago Barreales** (S. 449)

6 Ein Einkaufsbummel auf dem Hippiemarkt in **El Bolsón** (S. 420), wo frisches Obst und andere Leckereien angeboten werden

7 Ein paar Tage in der beeindruckenden Kulisse von **Villa Traful** (S. 428) entspannen

Nationalparks

Der weltbekannte und daher leider oft überfüllte Parque Nacional Nahuel Huapi ist das Juwel unter den Nationalparks des Seengebietes. Nördlich davon liegt der weniger besuchte Parque Nacional Lanín, der aber mit dem an den Fuji erinnernden Volcán Lanín und seinen hell wirkenden Pehuén-Wäldern (Araukarien) genauso spektakulär ist wie sein südlicher Nachbar. Ein lohnenswerter Tagesausflug ist der Besuch des kleinen Parque Nacional Los Arrayanes von Villa la Angostura aus: Hier wachsen die schönen, zimtfarbenen Arrayán-Myrtenbäume in lichten Hainen.

An- & Weiterreise

Die wichtigsten Verkehrsknoten der Region sind Neuquén und Bariloche, wo alle Überlandbusse starten und ankommen. Beide Städte sowie San Martín de los Andes haben größere Flughäfen; kleinere Flugplätze gibt es noch in Zapala, Chos Malal und El Bolsón. Von allen genannten Flughäfen starten Flugzeuge nach Buenos Aires.

Bariloche

📞 0294 / 109 300 EW. / 770 M

Bariloche (offizieller Name: San Carlos de Bariloche) säumt das Ufer des Lago Nahuel Huapi, der sich in der Mitte des gleichnamigen Nationalparks erstreckt. Die Lage und die vielfältigen Outdooraktivitäten, die der Ort sommers wie winters zu bieten hat, haben dazu geführt, dass sich der Ort – manche sagen leider – zum Hauptanziehungspunkt des Seengebiets entwickelt hat.

Die steil aufragenden Gipfel der Cerros Catedral, López, Nireco und Shaihuenque (um nur einige zu nennen) – alle über 2000 m hoch – umgeben die Stadt und sorgen für Postkartenmotive in jeder Himmelsrichtung.

Doch die Berge sind nicht nur zum Anschauen da. Die Schneebedingungen im Winter sind stets ideal (zum Ende der Saison können hier mehr als 2 m Schnee liegen), sodass Ski- und Snowboardfahrer angelockt werden.

Im Sommer laden die Berge zum Klettern und Wandern ein, man kann Forellen angeln und Touren mit dem Mountainbike oder hoch zu Ross unternehmen.

Argentiniens Studenten feiern hier traditionell ihre Abschlussparty. Und: Bariloche ist die Schokoladenhauptstadt Argentiniens. Die einzigen, die der frischen Schokolade die Plätze im Schaufenster streitig machen, sind die unzähligen, recht seltsamen Zwerge jeder Art und Größe, die in fast jedem Geschäft verkauft werden.

Bariloche wurde offiziell 1902 gegründet, doch zur touristischen Attraktion entwickelte sich die Stadt erst, als der südliche Streckenabschnitt der Bahnline Ferrocarril Roca 1934 bis Bariloche verlängert wurde. Zeitgleich begann Architekt Ezequiel Bustillo, eine Stadt nach europäischem Muster zu planen. Heute ist Bariloche für seine sogenannte alpenländische Architektur berühmt, die aber durch die Verwendung von einheimischen Harthölzern und besondere Steinkonstruktionen einen patagonischen Touch bekommen hat. Ein sehr gutes Beispiel dafür ist das Gemeindezentrum (*centro cívico*) von Ezequil Bustillo.

Die Kehrseite der wachsenden Beliebtheit ist das unkontrollierte Wachstum an seinen Rändern: Während der letzten 20 Jahre wurde das Bild des „historischen" Stadtzentrums durch viele Apartmenttürme und Wohnanlagen in den angrenzenden Wohnvierteln verunstaltet. Immerhin sind die Unterkünfte nach wie vor bezahlbar geblieben.

🎯 Sehenswertes

Centro Cívico   STADTVIERTEL
Ein Bummel durch Bariloches Zentrum mit seinen wunderschönen Gebäuden aus Holz und Stein ist ein Muss. Die Entwürfe für die Häuser stammen vom Architekten Ezequiel Bustillo. Ebenfalls fast schon Pflicht ist ein Foto mit dem Bernhardiner, dem ein kleines Fass um den Hals hängt – ein klassisches Argentinienmotiv. Dazu kommt der fantastische Blick über den See. In den Gebäuden des Centro Cívico befinden sich die Touristeninformation und das Museum.

Museo de la Patagonia   MUSEUM
(📞0294-442-2309; Centro Cívico; Eintritt gegen eine Spende; ⏰Di–Fr 10–12.30 & 14–17, Sa 10–17 Uhr) Das Museum zeigt archäologische und ethnografische Ausstellungsstücke, lebensechte, ausgestopfte Tiere und eine interessante historische Dokumentation des Mapuche-Widerstandes gegen die Eroberung der Wüste.

Aktivitäten

Bariloche und die Region Nahuel Huapi zählen zu den wichtigsten argentinischen Zielen für Outdooraktivitäten. Zahlreiche Veranstalter bieten die unterschiedlichsten

Freizeitaktivitäten an – besonders beliebt sind Ausritte, Mountainbiketouren und Wildwasser-Rafting.

Angeln

Passionierte Fliegenfischer aus der ganzen Welt strömen in die gut erreichbaren Parks der patagonischen Anden zwischen Lago Puelo und Los Alerces im Süden und Lanín im Norden.

An größeren Seen wie dem Nahuel Huapi wird Schleppangeln (Trolling) bevorzugt, an den Flüssen überwiegt das Fliegenfischen. Die Saison dauert von Mitte November bis Mitte April. Wer weitere Informationen braucht, kann sich an die **Asociación de Pesca y Caza Nahuel Huapi** (Jagd- & Angelclub; ☏ 0294-442-1515; apcnh@speedy.com.ar; Ecke Av 12 de Octubre & Onelli; ◷ Mo–Sa 9–18 Uhr) wenden. Leihausrüstung und einen Führer vermieten bzw. vermitteln Baruzzi Deportes oder Martín Pescador. Beide bieten auch geführte Angeltouren für 6750 Arg$ pro Tag für ein bis zwei Personen an (der Preis ist jeweils der gleiche und schließt die Ausrüstung, das Essen, den Transport und den Führer mit ein). Die Veranstalter verkaufen auch die erforderliche Angelerlaubnis (Tag/Woche/Saison 360/1080/1440 Arg$).

Bergsteigen & Trekking

Im Parkbüro ist eine einfache Karte erhältlich, die für eine erste Planung ausreicht. Die Wanderrouten sind in die Kategorien einfach, mittel oder schwer eingeteilt, außerdem werden mögliche Umwege/Schleifen aufgeführt. Viele dieser Wanderungen werden detailliert im Lonely Planet-Wanderführer *Trekking in the Patagonian Andes* beschrieben.

Club Andino Bariloche　　　　WANDERN
(☏ 0294-442-2266; www.clubandino.org; 20 de Febrero 30; ◷ 9–13.30 & 15–19 Uhr) Der Club bietet jede Menge Informationen (auch zum Thema Camping) und stellt die vorgeschriebenen Genehmigungen für Trekkingtouren im Parque Nacional Nahuel Huapi aus. Außerdem werden Trekkingkarten verkauft, in denen auch Mountainbikestrecken verzeichnet sind. Hier erhalten Wanderer auch Informationen über Schutzhütten im Park.

Gleitschirmfliegen

Parapente Bariloche　　GLEITSCHIRMFLIEGEN
(☏ 0294-15-455-2403; Cerro Otto Basis) Die Berge rund um Bariloche sind fantastische Ausgangspunkte zum Gleitschirmfliegen. Wer sich in die Luft schwingen will, muss etwa

1400 Arg$ für einen 20- bis 30-minütigen Tandemflug anlegen, bespielsweise bei Parapente Bariloche.

Mountainbiken

Fahrräder sind ideal für den Circuito Chico (allerdings benötigt man für den 60 km langen Rundkurs eine gute Kondition) und für andere schöne Strecken in der Umgebung von Bariloche; die meisten Straßen sind asphaltiert und selbst die Schotterpisten sind in gutem Zustand.

Bikeway　　　　FAHRRADVERLEIH
(☏ 0294-461-7686; www.bikeway.com.ar; Av Bustillo Km 12,5) Die Miete für ein Mountainbike inklusive Handschuhen und Helm kostet bei Bikeway und ähnlichen Firmen etwa 120 Arg$ pro Tag.

Raften & Kajakfahren

Rafting- und Kajaktouren auf dem Río Limay und dem Río Manso erfreuen sich in den letzten Jahren immer größerer Beliebtheit. Die beste Zeit dafür sind die Monate November bis Ende Februar. Raften kann man aber auch schon im Oktober und im Herbst bis Ostern.

EXtremo Sur　　　　RAFTING
(☏ 0294-442-7301; www.extremosur.com; Morales 765; ◷ 9–18 Uhr) Bereits seit 1991 bietet dieser Veranstalter verschiedene Streckenabschnitte auf dem Río Manso an: Die Strecke Manso Inferior (Schwierigkeitsgrad II bis III, 1290 Arg$ pro Pers.) ist für jedes Alter geeignet; die Strecke Manso a la Frontera (Schwierigkeitsgrad III bis IV, 1690 Arg$ pro Pers., Alter mind. 14 Jahre) ist ein schöner Flussabschnitt kurz vor der chilenischen Grenze, auf dem man garantiert Spaß hat.

Die Firma bietet auch eine Drei-Tages-Tour an, die Expedición Río Manso (Schwierigkeitsgrad III bis IV), wobei man unterwegs an schönen Uferplätzen zeltet.

Aguas Blancas　　　　RAFTING
(☏ 0294-443-2799; www.aguasblancas.com.ar; Morales 564; ◷ 9–13 & 15–19 Uhr) Diese Firma genießt einen ausgezeichneten Ruf und bietet Touren auf dem Río Manso an.

Pura Vida Patagonia　　KAJAKFAHREN
(☏ 0294-15-441-4053; www.puravidapatagonia.com.ar) Dieser Veranstalter bietet Kajaktouren auf dem Lago Nahuel Huapi an, und zwar Halbtagsausflüge ebenso wie längere Fahrten mit Übernachtung im Zelt, die den individuellen Fähigkeiten der Kundschaft angepasst werden.

Bariloche

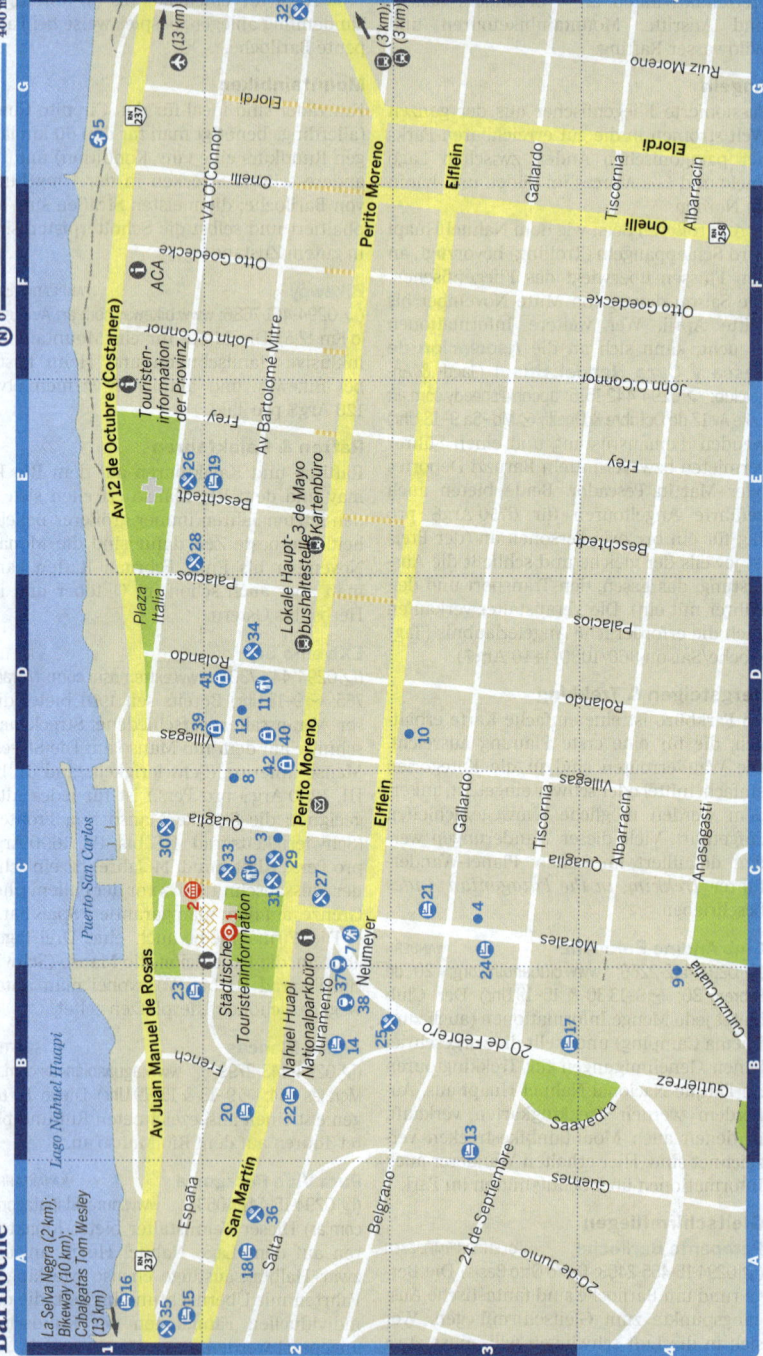

Bariloche

Reiten

Die meisten Reisebüros auf der Avenida Bartolomé Mitre haben auch Ausritte im Programm.

Cabalgatas Carol Jones REITEN
(☏ 0294-442-6508; www.caroljones.com.ar) Wenn es etwas Besonderes sein soll, wendet man sich am besten an die liebenswerte Carol Jones, die Halbtagesausritte von ihrer *estancia* außerhalb der Stadt für 1100 Arg$ pro Pers. anbietet. Im Preis inbegriffen sind der Transport von und zur Stadt sowie ein ausgezeichneter *asado* unter freiem Himmel. Auch mehrtägige Ausritte sind möglich (3000 Arg$ pro Pers. und Tag).

Cabalgatas Tom Wesley OUTDOOR
(☏ 0294-444-8193; Av Bustillo, Km 15,5) Der alteingesessene Spezialist für Ausritte hat einen ausgezeichneten Ruf.

Skifahren

Nahuel Huapis Skigebiet Cerro Catedral (S. 418) war früher das renommierteste Skigebiet Südamerikas, wurde aber inzwischen von Las Leñas (nahe Mendoza) und einigen Skiorten in Chile abgelöst. Las Leñas hat deutlich besseren Schnee (trockener Pulverschnee), dafür fehlt aber die Hauptattraktion von Catedral: die spektakuläre Aussicht.

Der Blick von den verschneiten Pisten über die glitzernden Seen von Nahuel Huapi ist unübertroffen.

Skipässe kosten je nach Saison zwischen 550 und 790 Arg$. Unterricht erhalten Interessierte in den Skischulen am Cerro Catedral oder beim Club Andino Bariloche. Zwei Stunden Einzelunterricht kosten etwa 1600 Arg$. Skiausrüstungen verleihen **Baruzzi Deportes** (☏ 0294-442-4922; www.barilochefishing.com; Urquiza 250; ⊙ Mo–Fr 9–13 & 15–18, Sa 9–13 Uhr) oder **Martín Pescador** (☏ 0294-442-2275; martinpescador@speedy.com. ar; Rolando 257; ⊙ Mo–Fr 9–13 & 16.30–19, Sa 10–13 & 18–21 Uhr). Man kann die Ausrüstung aber auch direkt im Skigebiet ausleihen. Ein Paar Ski, Stöcke und Stiefel kosten etwa 300 Arg$, die Ausrüstung zum Snowboarden etwa 340 Arg$ 340 pro Tag.

🍴 Kurse

La Montaña SPRACHKURSE
(☏ 0294-452-4212; www.lamontana.com; Elflein 251, 2. St.; ⊙ Mo–Fr 9–16 Uhr) Diese Sprachschule genießt einen ausgezeichneten Ruf.

👉 Geführte Touren

Unzählige Reisebüros an und nahe der Avenida Bartolomé Mitre, etwa Turisur, bieten

Minibus-Touren zum Nationalpark und weiter in den Süden bis El Bolsón an. Die Preise bewegen sich zwischen 115 Arg$ für einen Halbtagesausflug auf dem Circuito Chico und 280 Arg$ für eine Fahrt nach San Martín de los Andes auf der landschaftlich schönen Ruta de los Siete Lagos (S. 431).

Adventure Center · AUTOTOUREN
(☎0294-442-8368; www.adventurecenter.com.ar; Perito Moreno 30; ⏰9–18 Uhr) Dreitägige Touren auf der legendären RN 40 bis hinunter nach El Calafate. Sie werden von Ende Oktober bis in den April hinein angeboten.

Bariloche Moto Tours · MOTORRADTOUREN
(☎0294-446-2687; www.barilochemototours. com) Der Veranstalter organisiert individuelle Motorradtouren von Südpatagonien bis Nordchile und darüber hinaus.

Espacio · BOOTSAUSFLÜGE
(☎0294-443-1372; www.islavictoriayarrayanes. com; Av Bartolomé Mitre 139) Espacio kreuzt während des Sommers mit dem 12-m-Katamaran *Cau Cau* auf dem Nahuel Huapi. Plätze müssen zwei Tage im Voraus gebucht werden.

✸ Feste & Events

Im Januar und Februar findet das **Festival de Música de Verano** (Sommer-Musikfestival) statt, zu dem ganz unterschiedliche Veranstaltungen wie das **Festival de Música de Cámara** (Kammermusikfestival), das **Festival de Bronces** (Blechbläserfestival) und das **Festival de Música Antigua** (Festival der alten Musik) gehören.

Beim **Festival Nacional del Chocolate**, das zu Ostern stattfindet, gibt es nicht nur Livemusik und Paraden, sondern neben anderen süßen Attraktionen stehen vor allem ein 9 m hohes Osterei sowie ein 150 m langer Schokoriegel im Mittelpunkt des Geschehens.

Am 3. Mai wird die **Fiesta Nacional de la Rosa Mosqueta** zu Ehren der Hagebutte, die in vielen einheimischen Delikatessen verwendet wird, gefeiert.

Im August feiert Bariloche zehn Tage lang die **Fiesta Nacional de la Nieve** (Nationales Schneefest).

🛏 Schlafen

Vom Campingplatz und Privatunterkünften bis zum 5-Sterne-Hotel: In Bariloche findet sich für jeden etwas. Durch das große Angebot lässt sich selbst in der Hochsaison etwas

Akzeptables finden, obwohl Reservierungen immer empfehlenswert sind. Am teuersten sind die Unterkünfte während der Skisaison (Juli und Aug.), diese werden dann in der Hochsaison (Jan. und Feb.) etwas günstiger und fallen den Rest des Jahres über noch weiter.

Hostel Los Troncos · HOSTEL $
(☎0294-443-1188; www.hostellostroncos.com. ar; San Martín 571; B/DZ ab 26/63 US$; 🐾) Das Troncos ist etwas komfortabler als die anderen Hostels der Stadt und bietet moderne Zimmer mit Bad sowie einige Annehmlichkeiten wie Leselampen am Bett, tolle, gemütliche Aufenthaltsräume, eine riesige Küche und einen hübschen kleinen Garten im Innenhof.

Hostel 41 Below · HOSTEL $
(☎0294-443-6433; www.hostel41below.com; Juramento 94; B 16–19 US$; DZ ohne Bad 50 US$; @🐾) Ein kleines Hostel mit sauberen Schlafsälen, hübschen Doppelzimmern (mit schöner Aussicht) und einer guten Atmosphäre. Die Küche und der Aufenthaltsraum sind ausgezeichnet.

Periko's · HOSTEL $
(☎0294-452-2326; www.perikos.com; Morales 555; DZ mit/ohne Bad 54/45 US$; @🐾) Ein stimmungsvolles kleines Hostel auf einem Berg mit Blick über die Stadt. Es bietet ganz unterschiedliche Übernachtungsmöglichkeiten, ausgezeichnete Gemeinschaftsräume und Küche sowie sehr gute Informationen im angeschlossenen Reisebüro.

Hospedaje Wikter · HOTEL $
(☎0294-442-3248; www.hospedajewikter.com; Güemes 566; EZ/DZ 35/60 US$; 🐾) Die kleine, freundliche *hospedaje* liegt abseits des Zentrums den Berg hinauf und bietet geräumige Zimmer in einem hellen, modernen Gebäude. Die Bäder sind größer als es sonst in dieser Preisklasse üblich ist und einige Zimmer haben eine tolle Aussicht.

La Selva Negra · CAMPINGPLATZ $
(☎0294-444-1013; www.campingselvanegra.com. ar; Av Bustillo, Km 2 950; Stellplatz pro Pers. 12 US$) Der Platz liegt 3 km westlich der Stadt an der Straße nach Llao Llao, ist aber trotzdem der stadtnächste. Er bietet eine gute Infrastruktur und im Herbst kann man direkt vor dem Zelt Äpfel pflücken.

Hostel Patanuk · HOSTEL $
(☎0294-443-4991; www.patanuk.com; Av Juan Manuel de Rosas 585; B/DZ 90/260 Arg$; 🐾) Das

einzige Hostel direkt am See ist ein Volltreffer: Große Panoramafenster bieten einen tollen Blick auf das Wasser und die Berge. Holzfußböden, eine geräumige Küche und ein gemütlicher Aufenthaltsraum sind weitere Pluspunkte.

Hotel Tirol · HOTEL $$
(☎ 0294-442-6152; www.hosteriatirol.com.ar; Libertad 175; Zi. mit Stadtblick/Seeblick 128/148 US$; @☎) Das hübsche kleine Hotel liegt direkt in der Stadt und bietet große, gemütliche Zimmer. Die Zimmer nach hinten verfügen, ebenso wie der freundliche Frühstücks-/Aufenthaltsraum, über eine beeindruckende Aussicht über den See bis zu den Bergen im Hintergrund.

Hostería La Paleta del Pintor · HOTEL $$
(☎ 0294-442-2220; www.lapaletadelpintor.com.ar; 20 de Febrero 630; EZ/DZ 73/90 US$; ☎) Die Einrichtung des Hotels ist etwas verspielt, aber die Zimmer mit kleinen, makellosen Bädern sind groß und luftig und haben riesige Fernseher.

Hotel Aconcagua · HOTEL $$
(☎ 0294-442-4718; www.hotelaconcaguabariloche.com; San Martín 289; EZ/DZ 67/79 US$; ✳☎) Eine unschlagbare Lage direkt mitten im Geschehen, dazu kommt die beeindruckende Aussicht über den See auf die Berge aus den Räumen nach hinten. Die Zimmer sind schon etwas in die Jahre gekommen, aber alles ist wie aus dem Ei gepellt und das Haus ist gut geführt.

Hotel Carlos V · HOTEL $$
(☎ 0294-442-5474; www.carlosvpatagonia.com.ar; Morales 420; EZ/DZ 110/133 US$; @☎) Auf den ersten Blick eine typische Unterkunft für Geschäftsreisende, doch das Carlos V hat jede Menge verborgener Reize. Dazu kommen als weitere Pluspunkte die zentrale Lage und die geräumigen Zimmer – einfach unschlagbar.

Hostería Piuke · HOTEL $$
(☎ 0294-442-3044; res.piuke@gmail.com; F Beschtedt 136; EZ/DZ 69/87 US$; ☎) Ein empfehlenswertes Hotel dicht am See gelegen, mit geräumigen, komfortablen Zimmern und schicken Retro-Möbeln aus den 70er-Jahren.

Hosteria La Sureña · HOTEL $$
(☎ 0294-442-2013; www.hosterialasurena.com.ar; San Martín 432; EZ/DZ 68/79 US$; ☎) Eine gemütliche, wild dekorierte Lobby führt zu ganz unterschiedlichen Zimmern – manche sind groß und gut ausgestattet, andere dagegen klein und schlicht. Man sollte sich die Zimmer, wenn möglich, vorher ansehen.

Hotel Edelweiss · HOTEL $$$
(☎ 0294-444-5500; www.edelweiss.com.ar; San Martín 202; EZ/DZ ab 164/248 US$; @☎✱) Eines der besseren Hotels für Geschäftsleute. Trotz seiner Größe strahlt das Edelweiß eine gewisse Wärme aus. Es gibt alles, was man braucht – im siebten Stock sogar ein tolles Spa mit Pool.

 **Essen**

Die Köche in Bariloche gehören zu den besten des Landes. Es würde Wochen dauern, alle lohnenswerten Restaurants auszuprobieren. Außerdem wäre die Brieftasche bald leer, der Gürtel zu eng, und der Magen würde rebellieren. Zu den regionalen Spezialitäten, die man aber probieren sollte, gehören *cordero* (über dem offenen Feuer gegrilltes Lamm), *jabalí* (Wildschwein), *ciervo* (Hirsch) und *trucha* (Forelle).

Covita · VEGETARISCH $
(☎ 0294-442-1708; VA O'Connor 511; Hauptgerichte 30–60 Arg$; ☻ Mo–Sa 12–15, Fr & Sa 20–23 Uhr; ☑) Wunderbares, solides Restaurant, das nicht nur makrobiotische und vegane Küche anbietet, sondern auch Rohkosternährung. Es gibt eine große Auswahl an Salaten, Wokgerichten, Currys und Sushi, dazu frisch gepresste Bio-Säfte.

La Fonda del Tio · ARGENTINISCH $
(Av Bartolomé Mitre 1130; Hauptgerichte 60–120 Arg$; ☻ 12–15.30 & 20–24 Uhr) Hier gibt es keine Touristenmenüs, sondern große Portionen solider argentinischer Klassiker. Die Karte ist übersichtlich und ändert sich täglich – es lohnt sich also immer, mal reinzuschauen und zu sehen, was angeboten wird.

La Marca · INTERNATIONAL $
(Urquiza 240; Hauptgerichte 100–160 Arg$; ☻ 12–24 Uhr; ☎) Gehobene *parrilla* (Steakrestaurant) mit akzeptablen Preisen (für Bariloche). Das Lokal bietet eine beeindruckende Auswahl an *brochettes* (Schaschliks) von Rind, Huhn, Hirsch, Lamm und Lachs. Bei schönem Wetter können die Gäste auch draußen sitzen.

Helados Jauja · EISDIELE $
(Perito Moreno 48; Eis ab 35 Arg$; ☻ 9–23.30 Uhr) Wen immer man nach dem besten Eis der Stadt fragt, alle sagen nur: „Jauja". Viele behaupten, es sei das beste Eis Argentiniens.

412

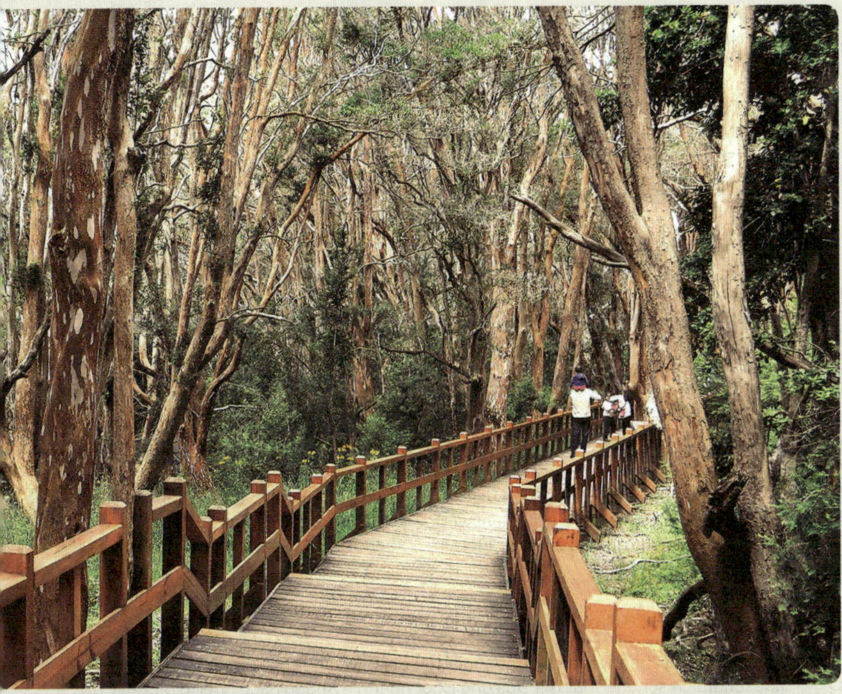

ELENAMIRAGE/GETTY IMAGES ©

ALFREDO MAIQUEZ/GETTY IMAGES ©

ALEXANDRE CAPPI/GETTY IMAGES ©

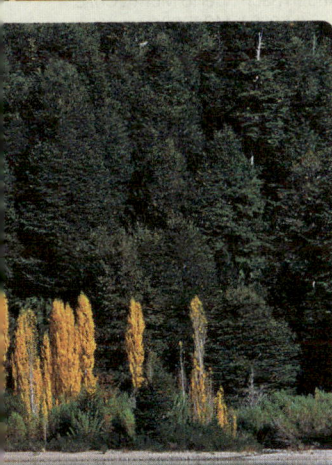

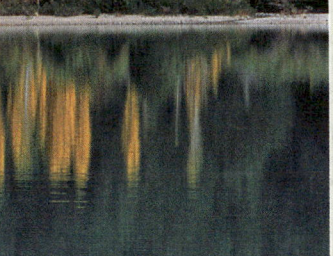

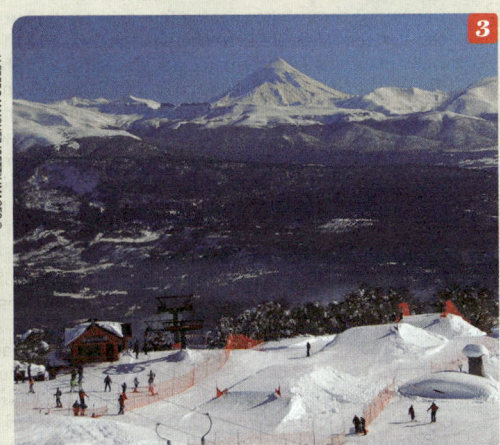

1. Bariloche (S. 406)
Das Hauptreiseziel im Seengebiet ist gleichzeitig die Schokoladenmetropole des Landes.

2. Parque Nacional Los Arrayanes (S. 425)
In diesem kleinen, artenreichen Nationalpark wandert man an Arrayán-Bäumen entlang.

3. San Martín de los Andes (S. 429)
Der Cerro Chapelco ist ein Paradies für Ski- und Snowboardfahrer.

4. Laguna Frias (S. 418)
Der friedliche See befindet sich im beliebten Parque Nacional Nahuel Huapi (S. 417).

Rock Chicken
FASTFOOD $

(San Martín 234; Hauptgerichte 75–120 Arg$; ☉10 Uhr bis spät) Noch spätabends Hunger? Oder mittags Lust auf einen Hamburger oder ein gebratenes Hähnchen? Das Essen hier ist sicherlich nicht preisverdächtig, aber es ist in Ordnung.

★ La Trattoria de la Famiglia Bianchi
ITALIENISCH $$

(☎0294-442-1596; España 590; Hauptgerichte 120–180 Arg$; ☉12–23.30 Uhr; ☎) Endlich mal ein italienisches Restaurant mit einer anderen Speisekarte: ausgezeichnete, abwechslungsreiche Pasta, eine gute Auswahl an Fleischgerichten und wunderbare Risottos mit so verlockenden Zutaten wie Meeresfrüchte und Wildpilze.

Alto El Fuego
PARRILLA $$

(☎0294-443-7015; 20 de Febrero 445; Hauptgerichte 130–250 Arg$; ☉12–15 & 20–24 Uhr; ☎) Diese *parrilla* ist absolut empfehlenswert, denn sie bietet nicht nur exzellentes Fleisch, sondern auch eine gut ausgewählte Weinkarte. Da das Restaurant nur wenige Plätze hat, ist abends eine Reservierung unbedingt zu empfehlen. Mittags kann man bei schönem Wetter auch draußen auf der luftigen Terrasse speisen.

La Esquina
CAFÉ $$

(Ecke Urquiza & Perito Moreno; Hauptgerichte 140–220 Arg$; ☉9–24 Uhr; ☎) Die *confitería* (Café mit kleinen Gerichten) mit viel Atmosphäre bietet guten Kaffee, preiswerte Sandwiches und Hamburger und einige leckere regionale Spezialitäten.

Familia Weiss
ARGENTINISCH $$

(Palacios 167; Hauptgerichte 120–180 Arg$; ☉Mo–Do 12–16 & 20–24, Fr–So 12–24 Uhr; ☎) Ein beliebtes Familienrestaurant mit regionalen Spezialitäten wie Hirsch, Forelle und Gulasch. Die Speisekarte mit Bildern ist praktisch für alle, die des Spanischen nicht so mächtig sind. Die Atmosphäre ist gut, abends wird Livemusik gespielt.

DIE CRUCE DE LAGOS

Eine der klassischen Touren in Argentinien ist die Cruce de Lagos, eine zwölfstündige, landschaftlich schöne Tour mit Bus und Boot über die Anden nach Puerto Montt, Chile. Der einzige Veranstalter, der die Tour anbietet, ist **Turisur** (☎0294-442-6109; www.cruceandino.com; Mitre 219, Bariloche; pro Pers. 1650 Arg$). Die Tour beginnt morgens gegen 8 Uhr (die Zeiten variieren) in Bariloche. Mit einem Shuttle werden die Teilnehmer von der Turisur-Geschäftsstelle nach Puerto Pañuelo beim Hotel Llao Llao gebracht. Die Personenfähre von Puerto Pañuelo legt unmittelbar nach Ankunft des Shuttle ab – wer also im Hotel Llao Llao Tee trinken möchte, muss schon vorher auf eigene Faust anreisen (und die Fahrkarten vorher gekauft haben). Im Sommer fahren Bus und Boot täglich, den Rest des Jahres nur Montag bis Freitag. Im Winter (Mitte April bis Sept.) dauert die Tour zwei Tage, denn die Passagiere müssen eine Nacht im chilenischen Peulla verbringen. Hier stehen zwei Hotels zur Wahl: das **Hotel Natura Patagonica** (☎in Chile 65-297-2289; www.hotelnatura.cl; EZ/DZ 211/220 US$; @☎) oder das **Hotel Peulla** (☎in Chile 65-297-2288; www.hotelpeulla.cl; EZ/DZ 138/146 US$; @☎). Bislang gab es noch eine günstigere Möglichkeit in Puerto Blest, bei Redaktionsschluss war das Hotel aber leider geschlossen. Eine Nachfrage bei Turisur lohnt sich.

Fahrräder sind auf dem Schiff erlaubt, manchmal auch im Bus (wenn man sie zerlegen kann). Wer mit dem Fahrrad nicht im Bus mitgenommen wird, muss auf den Strecken Bariloche bis Pañuelo (25 km), Puerto Blest bis Puerto Alegre (15 km), Puerto Frías bis Peulla (27 km) and Petrohué bis Puerto Montt (76 km) selber in die Pedalen treten. Die **Touristeninformation in Bariloche** (S. 415) kennt eventuell alternative Transportmöglichkeiten für die Strecke zwischen Petrohué und Puerto Montt für erschöpfte Radfahrer.

Karten für Teilstrecken werden im Winter nicht verkauft (außer für die Strecke zwischen Puerto Pañuelo und Puerto Blest; 750 Arg$). Im Sommer (Dez. bis April) sind auch Karten ausschließlich für die Bootsstrecke erhältlich (900 Arg$). Radfahrer bekommen von Turisur einen geringen Preisnachlass, da sie nicht mit den Bussen fahren. Auch wenn die Tour selten ausgebucht ist, sollten Interessierte auf jeden Fall ein oder zwei Tage im Voraus buchen.

Días de Zapata
MEXIKANISCH $$

(☎0294-442-3128; Morales 362; Hauptgerichte 120–160 Arg$; ⏱12–15.30 & 19–24 Uhr; ☎) Einladendes, gemütliches kleines mexikanisches Restaurant. Obwohl der Besitzer aus Mexico City stammt, sind die Gerichte eher TexMex. Alles ist lecker und die Portionen sind groß.

Kostelo
INTERNATIONAL $$

(☎0294-443-9697; Quaglia 111; Hauptgerichte 130–220 Arg$; ⏱Di–So 12–15 & 20–24 Uhr; ☎) Die moderne gehobene Bar mit Restaurant besticht vor allem durch ihre Lage direkt am See. Das Essen ist allerdings auch nicht schlecht – kreativ, schön angerichtet und große Portionen. Am schönsten ist ein Tisch mit Blick aufs Wasser.

La Marmite
ARGENTINISCH $$

(☎0294-442-3685; Av Bartolomé Mitre 329; Hauptgerichte 130–200 Arg$; ⏱12–1 Uhr; ☎) Eine gute Wahl für patagonische Klassiker wie Forelle und Hirsch. Toll ist auch das Schokoladenfondue (300 Arg$ für zwei Personen), falls man sich noch nicht an Schokolade satt gegessen hat.

Ausgehen & Nachtleben

Los Vikingos
BAR

(Ecke Juramento & 20 de Febrero; ⏱Mo–Sa 19–3 Uhr) Etwas abseits liegende Bar mit einer guten Auswahl an einheimischen Bieren von kleinen Brauereien zu günstigen Preisen. Die Musik ist cool und die Ausstattung ungewöhnlich. Am Wochenende legen DJs Musik auf.

South Bar
BAR

(Juramento s/n; ⏱20–4 Uhr) Lockere Kneipe, in der man sich beim Bier tatsächlich unterhalten kann. Wer will kann auch Dart spielen.

Shoppen

Bariloche ist berühmt für seine Schokoladenspezialitäten: Dutzende von Geschäften im Stadtzentrum – von großen Ketten bis zu kleinen Tante-Emma-Läden – verkaufen Schokolade in jeder nur erdenklichen Form. Die Schokoladenqualität ist jedoch sehr unterschiedlich; mit billigem Zeug kann man sich leicht den Magen verderben.

★ Mamuschka
ESSEN

(☎0294-442-3294; Av Bartolomé Mitre 298; ⏱9.15–22 Uhr) Ganz einfach die beste Schokolade der Stadt. Im Ernst: Hier muss man zuschlagen!

Abuela Goye
ESSEN

(☎0294-443-3861; Av Bartolomé Mitre 258; ⏱9.30–19.30 Uhr) Eine der alteingesessenen Schokoladenmanufakturen in Bariloche. Immer noch klein und unbedingt einen Besuch wert.

Huitral-Hue
KLEIDUNG

(☎0294-442-6760; Villegas 250; ⏱Mo–Sa 9.30–13 & 16.30–21.30 Uhr) Gute Auswahl an klassischen Ponchos, Kleidung und Wollpullovern.

Paseo de los Artesanos
KUNSTHANDWERK

(Ecke Villegas & Perito Moreno; ⏱Sonnenaufgang-Sonnenuntergang) Einheimische Handwerker zeigen hier alles, was man aus Wolle, Holz, Leder, Silber und anderen Materialien herstellen kann.

ℹ Orientierung

Das Geschäftszentrum liegt an der Avenida Bartolomé Mitre. Achtung: Die VA O'Connor (auch bekannt als Vicealmirante O'Connor oder Eduardo O'Connor) wird oft mit der John O'Connor verwechselt. Beide Straßen kreuzen sich in der Nähe des Sees. Ebenso kreuzen sich die Perito Moreno und die Ruiz Moreno am östlichen Ende des Stadtzentrums in der Nähe der Diagonal Capraro.

ℹ Praktische Informationen

Im Stadtzentrum gibt es überall Banken mit Geldautomaten.

ACA (Automóvil Club Argentino; ☎0294-442-3001; Av 12 de Octubre 785) Argentiniens Automobilclub bietet gute Straßenkarten der Provinz.

Cambio Sudamérica (Av Bartolomé Mitre 63; ⏱Mo–Fr 9–20, Sa 9–13 Uhr) Umtausch von Bargeld und Reisechecks.

Krankenhaus (☎0294-442-6100; Perito Moreno 601) Lange Wartezeiten, aber kostenlose Behandlungen.

Nationalparkbüro Nahuel Huapi (☎0294-442-3111; San Martín 24; ⏱Mo–Fr 8–16, Sa & So 9–15 Uhr) Die Information für den nahe gelegenen **Nationalpark** (S. 417).

Post (Moreno 175; ⏱Mo–Fr 8–18, Sa 9–13 Uhr)

Städtische Touristeninformation (☎0294-442-3022; Centro Cívico; ⏱8–21 Uhr) Hier erhält man kostenlos nützliche Dinge wie Karten und den sehr kommerziellen, aber brauchbaren *Guía Busch*. Dieser Führer erscheint halbjährlich und steckt voller nützlicher Informationen über Bariloche und das Seengebiet.

Touristeninformation der Provinz (☎0294-442-3188, 0294-442-3189; secturrn@bariloche.com.ar; Ecke Av 12 de Octubre & Emilio Frey; ⏱9–19 Uhr) Bietet zahlreiche Informationen über die Provinz inklusive einer ausgezeichneten Karte und nützlicher Broschüren in englischer und spanischer Sprache.

ℹ️ An- & Weiterreise

BUS

Bariloches **Busbahnhof** (📞 0294-443-2860) und der Bahnhof befinden sich östlich der Stadt auf der anderen Seite des Río Ñireco an der RN 237. Die Preise variieren, häufig gibt es Sonderangebote. Während der Hauptsaison sollte man die Karten wenigstens einen Tag im Voraus kaufen. Das Büro der Touristeninformation im Busbahnhof ist sehr hilfreich.

Die Hauptstrecke nach Chile führt über den Pass Cardenal A Samoré (Puyehue) nach Osorno (350 Arg$, 5 Std.) und Puerto Montt (375 Arg$, 6 Std.). Von dort hat man Anschlussverbindungen nach Nord- und Südchile. Mehrere Gesellschaften bedienen die Strecke.

Nach San Martín de los Andes und Junín de los Andes fahren Albus, Transportes Ko-Ko und **Turismo Algarrobal** (📞 0294-442-7698) im Sommer oft über die reizvolle, aber mitunter staubige Ruta de los Siete Lagos (RN 40), ansonsten über die längere, aber asphaltierte Ruta La Rinconada (RN 237).

Busse ab Bariloche

REISEZIEL	FAHRPREIS (ARG$)	FAHRZEIT (STD.)
Bahía Blanca	1100	12–14
Buenos Aires	1784	20–23
Córdoba	1619	22
El Bolsón	123	2
Esquel	290	4½
Junín de los Andes	145	3
Mendoza	1375	19
Neuquén	512	7
Río Gallegos	1483	28
San Martín de los Andes	177	4
San Rafael	1133	15
Viedma	950	12
Villa la Angostura	60	1½

FLUGZEUG

Aerolíneas Argentinas (📞 0294-443-3304; Av Bartolomé Mitre 185; ⊙ Mo–Fr 9–19, Sa 9–13 Uhr) fliegt montags bis mittwochs 2-mal täglich und den Rest der Woche 3-mal täglich von Bariloche nach Buenos Aires.

Während der Hauptsaison kommen wöchentliche Direktflüge nach Córdoba und El Calafate dazu, manchmal werden sogar auch Flüge nach Ushuaia angeboten.

LAN (📞 0810-999-9526; www.lan.com; Av Bartolomé Mitre 534; ⊙ Mo–Sa 9–14 & 15–18 Uhr) fliegt nach Chile und Buenos Aires und **LADE** (📞 0294-442-3562; www.lade.com.ar; John O'Connor 214; ⊙ Mo–Sa 9–15 Uhr) bedient die Zielorte im Süden.

SCHIFF

Wer möchte, kann mit Boot und Bus mit **Cruce de Lagos** (S. 414) nach Chile reisen.

ZUG

Wie jede der anderen Fernverkehrslinien, fahren auch die Züge des **Tren Patagonico** (📞 02944-423172; www.trenpatagonico-sa.com.ar) unzuverlässig. Der **Bahnhof** (📞 0294-423172) liegt auf der anderen Seite des Río Ñireco in der Nähe des Busterminals. Wenn die Züge fahren, erfolgt die Abfahrt von Bariloche nach Viedma (16 Std.) normalerweise an den meisten Sonntagen (und manchmal montags) um 17 Uhr; der Fahrpreis schwankt zwischen 562 Arg$ in der *primera* (1. Kl., Sitzplatz) und 1123 Arg$ in der *camarote* (1. Kl. Schlafwagen). Da sich diese Angaben permanent ändern, sollte man sich unbedingt vor Antritt der Reise in der Touristeninformation erkundigen.

ℹ️ Unterwegs vor Ort

AUTO

In Bariloche gibt es an allen Ecken und Enden die üblichen Autovermieter, die Tarife zählen zu den günstigsten in Argentinien. Die Preise variieren je nach Saison und Nachfrage, normalerweise kostet ein Auto bei 200 Freikilometern etwa 400 Arg$ pro Tag.
Andes (📞 0294-443-1648; www.andesrentacar.com.ar; San Martín 162; ⊙ 9–18 Uhr)
Budget (📞 0294-444-2482; www.budget-bariloche.com; Av Bartolomé Mitre 717; ⊙ 9–19 Uhr)
Hertz (📞 0294-442-3457; www.hertz.com.ar; Elflein 190; ⊙ 9–21 Uhr)

BUS

Von der **größten Bushaltestelle der Stadt** an der Perito Moreno (zwischen Rolando & Palacios) fahren Busse von Codao del Sur und Ómnibus 3 de Mayo stündlich nach Cerro Catedral. Die Busse von Codao halten an der Avenida de los Pioneros, während die Busse von 3 de Mayo über die Avenida Bustillo fahren.

Von 6 Uhr früh bis Mitternacht fährt die städtische Buslinie 20 von der Hauptbushaltestelle alle 20 Minuten in die hübschen Seebäder Llao Llao und Puerto Pañuelo. Die Buslinie 10 fährt 14-mal täglich zur Colonia Suiza. Im Sommer fahren drei der Busse (diejenigen um 8.05, 12 und 17.40 Uhr) weiter nach Puerto Pañuelo und bieten so die Möglichkeit, den größten Teil des Circuito Chico mit öffentlichen Bussen zu fahren.

Die Abfahrtszeiten von Puerto Pañuelo zurück nach Bariloche über die Colonia Suiza sind 9.40, 13.40 und 18.40 Uhr. Man kann allerdings auch ein Stück die Straße entlangwandern und jederzeit einen Bus an der Strecke anhalten.

Die Buslinien 50 und 51 von Ómnibus 3 de Mayo fahren alle 30 Minuten zum Lago Gutiérrez. Im Sommer bietet die Gesellschaft 3-mal täglich „Línea Mascardi"-Verbindungen nach Villa Mascardi/Los Rápidos an. Die „Línea El Manso" von Ómnibus 3 de Mayo fährt freitags zweimal nach Río Villegas und El Manso an der südwestlichen Grenze des Parque Nacional Nahuel Huapi.

Die Buslinien 70, 71 und 83 halten an der Hauptbushaltestelle und verbinden das Stadtzentrum mit dem Busbahnhof.

VOM/ZUM FLUGHAFEN

Der Flughafen von Bariloche befindet sich 15 km östlich der Stadt an der RN 237 und RP 80. Eine *remise* (Taxi) kostet etwa 140 Arg$. Die Buslinie 72 (15 Arg$) fährt ab der großen Bushaltestelle an der Perito Moreno.

TAXI

Ein Taxi vom Busbahnhof bis zum Stadtzentrum kostet etwa 40 Arg$. Innerhalb der Stadt sollte eine Taxifahrt normalerweise nicht mehr als 25 Arg$ kosten.

Parque Nacional Nahuel Huapi

📞 02944

Nahuel Huapi (📞 0294-442-3111; Eintritt 120 Arg$) ist einer der meistbesuchten Nationalparks in Argentinien. Das 7500 km² große Schutzgebiet liegt im gebirgigen Südwesten der Provinz Neuquén und im Westen der Provinz Río Negro. Die Kernzone des Parks ist der Lago Nahuel Huapi, ein Relikt der letzten Eiszeit: Er ist mehr als 100 km lang und bedeckt eine Fläche von rund 500 km². Im Westen markiert ein hoher Gebirgskamm die Grenze zwischen Argentinien und Chile. Der höchste Berg des Parks ist der 3554 m hohe Monte Tronador, ein erloschener Vulkan. Er macht seinem Namen („Donnerer") alle Ehre, wenn Eisbrocken unter großem Getöse von seinen Gletschern abbrechen. Während der Sommermonate sind die alpinen Wiesen farbenfroh mit Wildblumenteppichen übersät.

Der Nationalpark wurde zum Schutz der patagonischen Andenwälder und einiger seltener Tiere eingerichtet. Zu den hier heimischen Tieren gehören der *huemul* (Andenhirsch) und der Zwerghirsch *pudú*.

ⓘ BUSFAHRKARTEN IN BARILOCHE

Fürs Busfahren innerhalb Bariloches braucht man eine aufladbare Magnetkarte, die in der **Verkaufsstelle 3 de Mayo** (📞 0294-442-5648; Perito Moreno 480) im Stadtzentrum oder am Busbahnhof erhältlich ist. Hier gibt es auch praktische *horarios* (Fahrpläne) für alle Destinationen. Die Magnetkarten kosten 20 Arg$ (sie lassen sich mit einer beliebigen Summe aufladen). Die meisten Strecken kosten 9 Arg$, die teuerste Strecke liegt bei 15 Arg$. Einige Hostels verleihen gegen eine Kaution Karten an ihre Gäste.

Besucher sehen sie eher selten, aber es gibt mehrere eingeführte Wildarten, etwa Rot- und Damhirsche sowie Rehe, die man häufiger zu Gesicht bekommt. Ähnliches gilt für die einheimischen Vögel.

Circuito Chico

Einer der beliebtesten und landschaftlich reizvollsten Ausflüge, der Circuito Chico, beginnt an der Avenida Bustillo in den Außenbezirken von Bariloche und führt zunächst in den ruhigen Ferienort **Llao Llao**. In **Cerro Campanario** kann man mit dem Sessellift von **Aerosilla Campanario** (📞 0294-442-7274; hin & zurück 150 Arg$; ⏱ 9–17.30 Uhr) zu einem Aussichtspunkt mit Panoramablick über den Lago Nahuel Huapi fahren.

In Llao Llaos **Puerto Pañuelo** legen die Schiffe der kombinierten Boots- und Busexkursion über die Anden nach Chile und die Ausflugsboote zum Parque Nacional Los Arrayanes auf der Halbinsel Quetrihué ab.

Auch wer nicht plant, eine Nacht in Argentiniens berühmtestem Hotel, dem **Hotel Llao Llao** (📞 0294-444-8530; www.llaollao.com.ar; DZ ab 374 US$; ❄@🅿🏊) zu verbringen, sollte wenigstens einmal über das Gelände schlendern. Als es noch den Ein-Peso-Schein gab, schmückte diesen ein Bild des Hotels. Von Llao Llao bietet sich ein Abstecher nach **Colonia Suiza** an, der Ort wurde nach seinen Schweizer Gründern benannt. Eine einfache *confitería* überrascht mit ausgezeichnetem Kuchen, außerdem gibt es in der Kolonie mehrere Campingplätze und sogar ein Hostel.

An der Straße liegt auch der Ausgangspunkt des Wanderweges zum 2076 m hohen **Cerro López**; der Aufstieg dauert drei Stunden, danach führt der Weg zurück nach Bariloche. Auf dem Gipfel des Cerro López können die Wanderer im **Refugio López** (☏0294-15-458-4459; www.cerrolopez.com; B etwa 25 US$; ⊙ Mitte Dez.–Mitte April) übernachten und auch etwas essen.

Reisebüros bieten den Circuito Chico als Halbtagestour an (115 Arg$ bei den meisten Reisebüros in Bariloche). Die Runde lässt sich jedoch ebenso gut mit dem Linienbus abfahren oder wer sich die 60 km Tour zutraut, kann das auch mit dem Rad machen. Eine kürzere Radtour führt mit dem Bus bis Km 18,6, dort steigt man aus und mietet ein Fahrrad bei **Bike Cordillera** (☏0294-452-4828; www.cordillerabike.com; pro Tag 300 Arg$; ⊙9–18 Uhr). Diese Strecke ist nicht nur kürzer, sondern man vermeidet auch das Fahren auf der belebten Avenida Bustillo und kann trotzdem die landschaftlich reizvollen Abschnitte des Circuito genießen. Unbedingt vorher ein Fahrrad reservieren.

Cerro Otto

Die 8 km lange Wanderung zum Cerro Otto (1405 m) führt über eine Schotterpiste, die westlich von Bariloche beginnt. Es sind aber auch genug Fahrzeuge zum Trampen unterwegs. Und ganz Harte bezwingen die steile, aber lohnenswerte Strecke mit dem Fahrrad. Einfacher bringt der **Teleférico Cerro Otto** (☏0294-444-1035; Av de Los Pioneros, Km 5; Erw./Kind 200/140 Arg$) Wanderer auf den Gipfel. Ein kostenloser Bus verkehrt von Bariloche zur Talstation; Abfahrt ist an der Ecke Avenida Bartolomé Mitre und Villegas oder Perito Moreno und Independencia.

Vom kleinen Skigebiet Piedras Blancas führt ein Wanderweg zum **Refugio Berghof** (B 19 US$). Die Hütte des Club Andino liegt auf einer Höhe von 1240 m. Zur Zeit der Drucklegung diente die Hütte nur als Schutzraum während des Tages – genauere Informationen gibt es beim Club Andino Bariloche (S. 407). Im *refugio* befindet sich auch das **Museo de Montaña Otto Meiling** (Führung 30 Arg$), das nach einem Bergsteigerpionier benannt wurde.

Cerro Catedral

Der 2388 m hohe **Gipfel** (☏0294-440-9000; www.catedralaltapatagonia.com; ⊙ Mitte Juni–Mitte Okt.) 20 km südwestlich von Bariloche ist das wichtigste Skigebiet der Region. Mehrere Sessellifte und die **Aerosilla Cerro Bel-**lavista (☏0294-440-9000; 260 Arg$) bringen die Wintersportler hinauf auf 2000 m Höhe. Hier befindet sich auch ein Restaurant/*confitería* mit einem wunderbaren Panoramablick.

An der Station beginnen gleich mehrere **Wanderwege**: Eine relativ einfache vierstündige Tour führt zum **Refugio Emilio Frey** (B 180 Arg$) des Club Andino. Das Haus verfügt über 40 Betten und bietet einfache Mahlzeiten (130 Arg$) an, Selbstversorger können aber auch die Küche benutzen (45 Arg$). Das *refugio* liegt an exponierter Stelle, es gibt jedoch auch einige geschützter gelegene Zeltplätze in der Umgebung, die als Argentiniens bestes **Klettergebiet** gilt. Auskünfte über Klettertouren in dem Gebiet und über geführte Touren sowie die Ausleihmöglichkeiten für das notwendige Equipment erteilt der Club Andino in Bariloche (S. 407).

Die **Hostería Knapp** (☏0294-446-0460; www.knappcerrocatedral.com.ar; Zi. pro Pers. ab 108 US$; ☎) liegt an der Talstation. Eine Alternative dazu ist das Übernachten in Bariloche; die öffentlichen Busverbindungen sind ausgezeichnet; direkt im Stadtzentrum starten im Stundentakt Busse von Ómnibus 3 de Mayo.

Monte Tronador & Pampa Linda

Den **Ventisquero Negro** („schwarzer Gletscher") und den Fuß des Tronador (3554 m) erreicht man nach einer ganztägigen Fahrt auf einer einspurigen Staubpiste, die am Ufer des Lago Mascardi vorbei nach Pampa Linda führt. Dutzende von Wasserfällen stürzen an den Hängen der erloschenen Vulkane in die Tiefe.

Von Pampa Linda – Ausgangspunkt für mehrere ausgezeichnete **Wanderungen** – erreicht man zu Fuß das an der Schneegrenze liegende **Refugio Otto Meiling** (B 30 US$) des Club Andino. Für die Wanderung sollten vier bis sechs Stunden eingeplant werden. Von der Hütte geht es über den **Paso de las Nubes** zur Laguna Frías: Die fünf- bis siebenstündige Wanderung führt bis auf 2000 m Höhe. Diese Wanderung lässt sich auch zu einer Rundwanderung erweitern, dann aber in entgegengesetzter Richtung: Dazu nimmt man zunächst die Turisur-Fähre von Puerto Pañuelo nach Puerto Blest und wandert dann den Río Frías flussaufwärts zum Paso de las Nubes. Von dort führt der Abstieg wieder am Río Alerce entlang nach Pampa Linda. Im *refugio* gibt es ausgezeich-

Parque Nacional Nahuel Huapi

0   20 km

Paso Hua Hum (659m)

San Martín de los Andes

Junín de los Andes (41 km)

RP 48

s. Karte Parque Nacional Lanín (S. 437)

Lago Queñi

Lago Nonthué

Lago Lácar

Playa Catrite

RN 40

Lago Escondido

Arroyo Partido

Cerro Chapelco (1340 m)

Lago Machónico

Lago Hermoso

Lago Melinquina

CHILE

Cascada Vullignanco

Lago Villarino

Lago Falkner

Parque Nacional Lanín

Puyehue (58 km); Osorno (106 km)

La Ruta de los Siete Lagos

RN 40

Lago Traful

Paso del Córdoba

RP 63

RN 237

Lago Espejo

Lago Correntoso

RP 65

Río Traful

Cerro Bayo

Villa Traful

Confluencia

Villa la Angostura

Puerto Manzano

Quetrihué Península

Lago Nahuel Huapi

Río Limay

Parque Nacional Los Arrayanes

Parque Nacional Nahuel Huapi

Isla Victoria

RN 237

RN 231

Nahuel Huapi

Paso de Pérez Rosales

Puerto Blest

Llao Llao

RP 23

Puerto Alegre

Puerto Pañuelo

Peulla (5 km); Puerto Montt (60 km)

Colonia Suiza

Puerto Frías

Cerro Otto (1405 m)

Paso de las Nubes

Cerro López (2076 m)

Bariloche

Parque Nacional V Pérez Rosales

Refugio Otto Meiling

Piedras Blancas

Pampa Linda

Cerro Catedral (2388 m)

Monte Tronador (3554 m)

Ventisquero Negro

Lago Gutiérrez

Lago Mascardi

Lago Fonck

Lago Hess

RP 81

Villa Mascardi

Lago Guillelmo

Lago Martín

Río Manso

RN 40

ARGENTINIEN

Lago Steffan

netes Essen (ca. 220–300 Arg$, Küchenbenutzung 100 Arg$) und einen hervorragenden Vorrat an gutem Wein und Bier. Die Hütte bietet auch Touren mit Bergführern an: Das Angebot reicht von der dreistündigen Wanderung zu einem nahe gelegenen Gletscher bis zu einem mehrtägigen Aufstieg auf den Gipfel des Cumbre Argentina auf dem Tronador.

Bergsteiger, die den Tronador bezwingen wollen, sollten wissen, dass es sich hierbei um eine drei- bis viertägige anspruchsvolle Bergtour in einem Gebirgsmassiv handelt, die Erfahrung im Fels und auf Schnee und Eis voraussetzt.

Die Straße nach **Pampa Linda** führt an **Los Rápidos** vorbei und wird anschließend extrem schmal. Aus diesem Grund dürfen Fahrzeuge nur bis 14 Uhr nach Pampa Linda fahren, ab 16 Uhr wird die Straße dann in die entgegengesetzte Richtung geöffnet. Der Club Andino Bariloche bietet im Sommer (Ende Nov.–April) täglich um 8.30 Uhr eine Verbindung nach Pampa Linda an (130 Arg$ einfache Fahrt), die Rückfahrt erfolgt gegen 17 Uhr. Die Busse fahren vor dem Club Andino in Bariloche (S. 407) ab und benötigen für die etwa 90 km lange Strecke ungefähr 2½ Stunden. Der Parkeintritt (120 Arg$) wird während der Fahrt an der Rangerstation in Villa Mascardi (der Bus hält extra deswegen an) eingesammelt.

🛏 Schlafen

Zusätzlich zu den Campingplätzen rund um Bariloche gibt es auch Zeltplätze am Lago Gutiérrez, Lago Mascardi, Lago Guillelmo, Lago Los Moscos, Lago Roca und Pampa Linda. Die *refugios* sind normalerweise von Dezember bis Ende April geöffnet. Reservierungen sind nicht möglich – die Betten werden nach dem Prinzip „wer zuerst kommt, mahlt zuerst" vergeben. Aber irgendwie findet sich immer noch ein Platz, und sei es auf dem Fußboden.

Innerhalb des Parks gibt es eine Reihe von ziemlich luxuriösen Hotels. Eine Ausnahme ist die preislich akzeptable **Hostería Pampa Linda** (☏ 0294-449-0517; www.hosteriapampalinda.com.ar; EZ/DZ mit Halbpension 160/220 US$) an den südlichen Ausläufern des Cerro Tronador. Ein besonderes Erlebnis ist ein Aufenthalt in dem einsam gelegenen **Hotel Tronador** (☏ 0294-449-0556; www.hoteltronador.com; EZ/DZ ab 106/123 US$; ☺ Nov.–Mitte April), das sich am nordwestlichen Ende des Lago Mascardi an der Straße nach Pampa Linda befindet.

ℹ Praktische Informationen

Ganz ausgezeichnete Informationen über den Park gibt es im **Nationalparkbüro Nahuel Huapi** (S. 415) in Bariloche.

Trekkingkarten und Informationen zu verschiedenen Wanderungen in der Region bietet der Lonely-Planet-Führer *Trekking in the Patagonian Andes* von Carolyn McCarthy. Für alle, die der spanischen Sprache mächtig sind, ist auch der Reiseführer *Las Montañas de Bariloche* von Toncek Arko und Raúl Izaguirre lesenswert, der vor Ort erhältlich ist.

ℹ Anreise & Unterwegs vor Ort

Parque Nacional Estado de Rutas (☏ 105) Auskünfte über die Straßenverhältnisse in den Nationalparks und auf den Zufahrtsstraßen können hier gebührenfrei erfragt werden.

El Bolsón

☏ 0294 / 17 000 EW. / 300 M

Es ist nicht schwer nachzuvollziehen, warum sich hier seit den 1970er-Jahren so viele Hippies niedergelassen haben. El Bolsón ist ein ruhiges, kleines Städtchen, malerisch zwischen zwei Gebirgsketten gelegen. Lediglich im Sommer fallen ganze Horden von argentinischen Touristen ein, die hier bündelweise Geld ausgeben und dann wieder verschwinden.

Während der letzten drei Jahrzehnte wurde El Bolsón sowohl zur „atomwaffenfreien Zone" als auch zur „ökologischen Gemeinde" für die Spontis und Rucksackreisenden erklärt. Direkt vor der Stadt beginnen ausgezeichnete, leicht erreichbare Wanderwege, die durch eine der schönsten Landschaften Argentiniens (und vielleicht sogar der Welt) führen. Backpacker lieben den Ort, da er eine Abwechslung zum übertrieben kommerzialisierten Bariloche bildet. Hier kann man nach Herzenslust vegetarisch essen, das exzellente Bier, Süßigkeiten, Marmeladen und Honig genießen.

Die vielen Pappeln geben den einheimischen *chacras* (Höfen) einen geradezu mediterranen Touch. Die meisten Farmer bauen hier Obst und Hopfen an: In El Bolsón werden fast drei Viertel der gesamten Hopfenproduktion des Landes erzeugt!

Insbesondere für Autofahrer wichtig: El Bolsón ist der nördlichste Punkt, an dem man noch Benzin zu den günstigen patagonischen Preisen kaufen kann (allerdings führten die jüngsten Kürzungen von Subventionen dazu, dass der Unterschied nur noch bei etwa 1 Arg$ pro Liter liegt).

⊙ Sehenswertes & Aktivitäten

Der auffälligste Orientierungspunkt der Stadt ist die ovale Plaza Pagano. Die meisten Geschäfte liegen in ihrer Nähe.

★ Feria Artesanal   MARKT

(⊙ Di, Do Sa & So 10–16 Uhr) 🖉 Einheimische Handwerker bieten ihre Waren auf diesem Markt am östlichen Ende der Plaza Pagano an. Angeblich sollen es mehr als 300 Kunsthandwerker sein, die von geschnitzten Holzbrettchen und handgefertigten Kalebassen für Mate (einem bitteren, traditionellen Tee) bis hin zu Schmuck, Flöten und Marionetten fast alles herstellen und verkaufen. Dazu kommen noch jede Menge Imbissstände und da auf diesem Markt nur selbst hergestellte Produkte verkauft werden dürfen, bietet sich hier eine gute Möglichkeit, diverse einheimische Spezialitäten zu probieren. An sonnigen Sonntagen findet die *feria* (Markt) allerdings nur mit etwa der Hälfte der Stände statt.

Grado 42   RAFTING

(📞 0294-449-3124; www.grado42.com; Av Belgrano 406; ⊙ Mo–Sa 8.30–20.30, So 10.30–13 & 17–19 Uhr) Wenn es um Abenteuertouren geht, ist man bei dieser Agentur genau richtig. Sie bietet ausgedehnte Trekking-, Mountainbike- und andere Touren rund um El Bolsón an, außerdem Rafting auf dem Río Manso. Touren auf dem Manso Inferior (Schwierigkeitsgrad II bis III) kosten 960 Arg$ pro Person (inklusive Snack); auf dem Manso a la Frontera (Schwierigkeitsgrad II bis IV) kosten die Touren 1490 Arg$ (inklusive Frühstück).

El Tabano   FAHRRADVERLEIH

(📞 0294-449-3093; Perito Moreno 2871; ⊙ Mo–Sa 9–18 Uhr) Hier werden Fahrräder für 60/200 Arg$ pro Stunde/Tag vermietet.

🎇 Feste & Events

Das einheimische Bier steht im Mittelpunkt des **Festival Nacional del Lúpulo** (Nationales Hopfenfest), das Mitte Februar vier Tage lang gefeiert wird. Im Dezember findet in El Bolsón an einem Wochenende das **Jazzfestival** (www.elbolsonjazz.com.ar) statt.

🛏 Schlafen

Reisende mit eher kleinem Budget sind in El Bolsón gern gesehene Gäste. Hier sind günstige Preise zum Glück die Regel und nicht die Ausnahme.

★ La Casona de Odile Hostel   HOSTEL $

(📞 0294-449-2753; www.odile.com.ar; B/DZ 18/55 US$; @ 🛜) 🖉 5 km nördlich des Stadtzentrums befindet sich auf einem zwei Hektar großen parkähnlichen Grundstück am Fluss eines der besten Hostels des Landes. Es ist einer der typischen Plätze, an denen man zunächst nur ein paar Tage bleiben will, dann aber nach zwei Wochen noch immer vor Ort ist.

Der reiseerfahrene Besitzer weiß, was seine Gäste brauchen – gute Infrastruktur, komfortable Schlafsäle und Zimmer, eine eigene Hausbrauerei, Yogakurse, Massagen, günstiges, herzhaftes Essen und einen Fahrradverleih.

La Casa del Arbol   HOSTEL $

(📞 0294-472-0176; www.hostelelbolson.com; Perito Moreno 3038; B ab 16 US$, DZ mit/ohne Bad ab 47/40 US$; @ 🛜) Tolles kleines Hostel mit einigen guten Zimmern, geräumigen Schlafsälen und einer ausgezeichneten Küche sowie netten Aufenthaltsräumen drinnen und draußen.

Hostería Luz de Luna   HOTEL $

(📞 0294-449-1908; www.luzdeluna.guiapatagonia.net; Dorrego 150; EZ/DZ 55/75 US$; 🛜) Die geräumigen, sehr gemütlichen Zimmer, makellosen Bäder und eine sehr individuelle Einrichtung machen den Reiz des Hauses aus. Die Zimmer im ersten Stock sind heller und bieten eine gute Aussicht.

Camping Refugio Patagónico   CAMPINGPLATZ $

(📞 0294-448-3888; www.refugiopatagonico.com.ar; Islas Malvinas s/n; Stellplatz pro Pers. 7 US$, B/DZ 14/100 US$; 🛜) Nicht schlecht für einen Campingplatz – eigentlich ist es nur eine große Wiese mit einem plätschernden Bach. Die Infrastruktur ist gut, es gibt *asados* und eine moderne Toilettenanlage. Wer ein Zimmer sucht, findet bessere Adressen.

La Posada de Hamelin   PENSION $$

(📞 0294-449-2030; www.posadadehamelin.com.ar; Granollers 2179; EZ/DZ 70/90 US$; 🛜) Ein uriger kleiner Zufluchtsort. Es gibt nur vier Zimmer, die mit freigelegten Balken und rauen Steinwänden beeindrucken. Der sonnige Speiseraum im Obergeschoss ist ein wunderbarer Ort, um eine *empanada* (herzhafter gerollter Pfannkuchen) zu genießen.

Hostería La Escampada   HOTEL $$

(📞 0294-448-3905; www.laescampada.com.ar; Azcuénaga 561; EZ/DZ 60/100 US$; 🛜) Eine erfrischende Ausnahme von den üblichen fantasielosen Unterkünften in El Bolsón.

Das Escampada besticht durch modernes Design, helle, luftige Zimmer und eine entspannte Atmosphäre.

Hostería San Jorge · HOSTEL $$
(☑ 0294-449-1313; www.sanjorgepatagonico.com; Perito Moreno & Azcuénaga; EZ/DZ 65/90 US$; ☎) Große, makellose Zimmer rund um einen netten, kleinen Garten angeordnet – und das mitten im Zentrum. Zur guten Atmosphäre trägt auch das Frühstücksbüfett mit hausgemachten Leckereien bei.

🍴 Essen

Bei den Restaurants in El Bolsón gibt es längst nicht so eine große Auswahl wie in Bariloche, aber die Qualität des Essens ist gut, oft sogar hervorragend. Das liegt an den frischen regionalen Zutaten und deren sorgfältige Zubereitung. Regenbogenforelle (*Trucha arco iris*) ist die Spezialität der Gegend.

Feria Artesanal · MARKT $
(Plaza Pagano; ☉ Di, Do, Sa & So 10–16 Uhr) 🌿 Der Markt ist für Hungrige die beste und preiswerteste Möglichkeit, um sich zu versorgen. Zu den angebotenen Köstlichkeiten gehören frisches Obst, belgische Waffeln mit Sahne und Beeren, riesige *empanadas* für 10 Arg$, Sandwiches, *fritatas*, *milanesa de soja* (Sojaschnitzel), einheimisches Bier sowie regionale Desserts.

La Salteñita · FASTFOOD $
(Av Belgrano 515; Empanadas 10 Arg$; ☉ 10–21 Uhr) Diese günstige Rotisserie ist etwas für Freunde richtig scharfer *empanadas*.

Jauja · EISDIELE $
(Av San Martín 2867; Eis ab 35 Arg$; ☉ 8–23 Uhr; ☎) Die *confiteria* (Café mit kleinen Gerichten) ist bekannt für ihre gute Küche. Es gibt die üblichen Gerichte, dazu aber auch Besonderheiten wie etwa selbst gebackenes Brot und Erdbeersaft. Die Tagesgerichte sind immer lohnend – das Risotto mit Lamm und Wildpilzen ist einfach göttlich. Die daneben liegende Eisdiele ist legendär – man sollte unbedingt noch Platz für eine riesengroße Portion Eis lassen.

⭐ La Gorda · INTERNATIONAL $$
(☑ 0294-472-0559; 25 de Mayo 2709; Hauptgerichte 130–190 Arg$; ☉ Di–So 7–23.30 Uhr) Das ist ein unbedingtes Muss in El Bolsón: riesige Portionen, gut zubereitet und alles in einer entspannten, stylishen Atmosphäre. Auch für Vegetarier ist gesorgt, dazu kommen einige asiatische Gerichte, leckere Fleischspeisen und interessante Beilagen. Bei schönem Wetter kann man im Garten sitzen. Es empfiehlt sich unbedingt, vorher zu reservieren.

Otto Tipp · ARGENTINISCH $$
(☑ 0294-449-3700; Ecke Roca & Islas Malvinas; Hauptgerichte 120–200 Arg$; ☉ Dez.–Feb. 12–1 Uhr, März–Jan. 20–1 Uhr; ☎) Nach einem anstrengenden Urlaubstag mit zahlreichen Aktivitäten (oder ohne) gibt es kaum eine bessere Art, den Tag zu beschließen als mit den selbst gebrauten Bieren von Mr. Tipp. Gäste dürfen die sechs Sorten zunächst kostenlos probieren. Wer Hunger verspürt, kann regionale Spezialitäten wie geräucherte Forelle und patagonisches Lamm in Schwarzbiersoße bestellen.

Pasiones · ARGENTINISCH $$
(Ecke Belgrano & Berutti; Hauptgerichte 100–150 Arg$; ☉ 12–16 & 20–23.30 Uhr; ☎) Spezialität des kleinen, sonnigen Lokals mit den riesigen Panoramafenstern und einer tollen Aussicht sind ausgezeichnete selbst gemachte Nudeln. Manchmal gibt's Livemusik.

Patio Venzano · ARGENTINISCH $$
(Ecke Av Sarmiento & Pablo Hube; Hauptgerichte 120–190 Arg$; ☉ 12–24 Uhr) Wer hier an einem sonnigen Tag einen Tisch im Freien haben möchte, sollte früh kommen. Die Karte bietet zwar nur die üblichen Gerichte (Pasta, *parrilla*), aber die Atmosphäre ist toll.

Las Brasas · PARRILLA $$$
(☑ 0294-449-2923; Ecke Av Sarmiento & Pablo Hube; Hauptgerichte 130–220 Arg$; ☉ 11.30–24 Uhr; ☎) Die beste *parrilla* der Stadt. Die Spezialität von Las Brasas ist patagonisches Lamm, aber auf der Karte finden sich auch andere *parrilla*-Gerichte sowie eine große Auswahl an Gerichten mit Forelle.

🍷 Ausgehen & Unterhaltung

Barr 442 · BAR
(☑ 0294-449-2313; Dorrego 442; ☉ Mi–Sa ab 20 Uhr) Hier gibt es freitags Disko und samstagnachts häufig auch Livemusik.

Centro Cultural Eduardo Galeano · THEATER
(☑ 0294-445-5657; centrogaleano@gmail.com; Ecke Dorrego & Onelli) Kleine Bühne, auf der einheimische (manchmal auch internationale) Künstler mit Theater-, Musik- und Tanzdarbietungen auftreten. Es lohnt sich, hier oder in der Stadt nach einem Programm zu fragen.

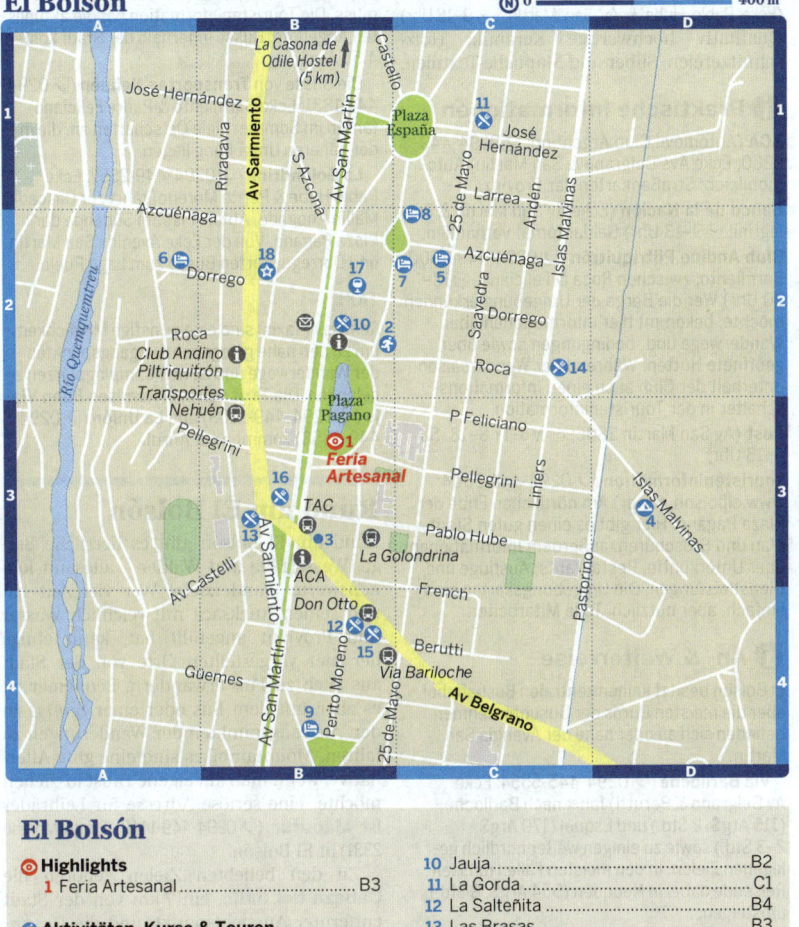

El Bolsón

🔒 Shoppen

El Bolsón ist ein wahres Paradies für alle, die handgefertigte Sachen lieben. Neben der bekannten *feria artesanal* (S. 421) gibt es auch eine Reihe von Geschäften, die sich auf regionale Kunst und Kunsthandwerk spezialisiert haben.

Monte Viejo KUNSTHANDWERK
(Ecke Pablo Hube & Av San Martín; ⊙9–18 Uhr) Qualitativ hochwertige Keramik, Holzschnitzereien, Silber und Mapuche-Textilien.

ℹ Praktische Informationen

ACA (Automóvil Club Argentino; ☎0294-449-2260; Ecke Avs Belgrano & San Martín) Automobilclub; Straßenkarten der Provinz.

Banco de la Nación (Ecke Av San Martín & Pellegrini; ⊙9–13 Uhr) Geldautomat vorhanden.

Club Andino Piltriquitrón (☎0294-449-2600; Sarmiento, zwischen Roca & Feliciano; ⊙18–20 Uhr) Wer die Berge der Umgebung erkunden möchte, bekommt hier Informationen über Wanderwege und -bedingungen sowie über geöffnete Hütten. Während der Wandersaison unterhält der Club auch einen Informationsschalter bei der Touristeninformation.

Post (Av San Martín 2806; ⊙Mo–Fr 8–18, Sa 9–13 Uhr)

Touristeninformation (☎0294-449-2604; www.elbolson.gov.ar) Am nördlichen Ende der Plaza Pagano. Hier gibt es einen guten Stadtplan und Broschüren, außerdem Informationen über Unterkünfte, Restaurants, Ausflüge und Dienstleistungen. Die Umgebungskarten sind einfach, aber nützlich. Tolle Mitarbeiter.

ℹ An- & Weiterreise

El Bolsón besitzt keinen zentralen Busbahnhof, aber die meisten Büros der Busunternehmen befinden sich an oder nahe der Avenida San Martín.

Via Bariloche (☎0294-445-5554; Ecke Av Belgrano & Berutti) fährt nach Bariloche (115 Arg$, 2 Std.) und Esquel (170 Arg$, 2–3 Std.) sowie zu einigen weiter nördlich gelegenen Zielen. In den meisten Fällen müssen Reisende dabei in Neuquén (554 Arg$, 8 Std.) umsteigen.

TAC (☎0294-449-3124; Ecke Av Belgrano & Av San Martín) fährt ebenfalls nach Bariloche und Neuquén; die Gesellschaft verkauft auch Fahrkarten nach Mendoza, Córdoba und anderen wichtigen Städten im Norden, allerdings muss man in Neuquén umsteigen.

Don Otto (☎0294-449-3910; Av Belgrano 406) fährt nach Bariloche und Comodoro Rivadavia (750 Arg$, 11 Std.), in Esquel kann man nach Trelew und Puerto Madryn umsteigen.

ℹ Unterwegs vor Ort

BUS

In den Sommermonaten gibt es viele Busverbindungen zu den nahe gelegenen Sehenswürdigkeiten, im Herbst und Winter dünnt das Angebot jedoch ziemlich aus, sodass man dann auf ein

Taxi oder eine organisierte Tour ausweichen muss. Die Touristeninformation hat die aktuellsten Angebote. Busse innerhalb der Stadt kosten 4,50 Arg$.

Die Busse von **Transportes Nehuén** (☎0294-449-1831; Ecke Sarmiento & Padre Feliciano) fahren im Sommer viele Ortschaften an, die in der näheren Umgebung liegen.

La Golondrina (☎0294-449-2557; Ecke Pablo Hube & Perito Moreno) fährt zur Cascada Mallín Ahogado, Abfahrt ist am Südende der Plaza Pagano. Von der Ecke Avenida San Martín und Dorrego starten Busse zum Lago Puelo.

TAXI

Remises (Taxis) sind eine günstige Möglichkeit, um zu den nahe gelegenen Ausgangspunkten der Wanderwege und zu den Campingplätzen zu gelangen. Die Taxis von u. a. **Remises Buen Viaje** (☎0294-449-3103) und **La Unión** (☎0294-449-2858) kommen auf Anruf.

Rund um El Bolsón

Rund um El Bolsón gibt es herrliche Berge, Wasserfälle und Wälder – allesamt lohnenswerte Wanderziele! Wer viel Zeit hat und seinen Rucksack mit reichlich Wasser und Proviant angefüllt hat, kann einige der hier vorgestellten Orte von der Stadt aus auch zu Fuß erwandern. Bequemer ist es aber, mit dem Bus oder einer *remise* zu den Ausgangspunkten der Wanderungen zu fahren. Mountainbikes sind eine gute Alternative, wenn man auf eigene Faust losziehen möchte; eine seriöse Adresse für Leihräder ist **Maputur** (☎0294-449-1440; Perito Moreno 2331) in El Bolsón.

Zu den beliebten Zielen gehören die **Cabeza del Indio**, ein 7 km von der Stadt entfernter Aussichtspunkt, und die **Cascada Mallín Ahogado**, ein kleiner Wasserfall 10 km nördlich der Stadt. Von hier aus erreicht man den **Refugio Perito Moreno** (☎El Bolsón 0294-448-3433; Nacht mit/ohne Bettwäsche 10/7 US$). Die Hütte des Club Andino Piltriquitrón ist ein guter Ausgangspunkt für mehrere tolle Wanderungen. So führt eine zweieinhalbstündige Tour zum 2206 m hohen Gipfel des **Cerro Perito Moreno** (☎0294-449-3912; Skipass 250–380 Arg$, Ski-/Snowboardverleih 170/220 Arg$). Hier befindet sich ein kleines Skigebiet, die Talstation liegt auf 1000 m Höhe.

Ambitionierte Wanderer zieht es zum 2260 m hohen **Cerro Piltriquitrón**, einem Granitkamm mit einer unvergleichlichen Aussicht über das Tal des Río Azul bis zum

Andenkamm an der chilenischen Grenze. Auf halbem Weg erreicht man den **Bosque Tallado** (Skulpturenwald) und das **Refugio Piltriquitrón** (B 8 US$, Zelten frei) des Club Andino. Die Betten hier sind sehr gut, aber man sollte seinen eigenen Schlafsack mitbringen. Auch preisgünstige Mahlzeiten werden angeboten. Vom *refugio* sind es weitere zwei Stunden bis zum Gipfel. Auf der Strecke nach oben gibt es Trinkwasser, es empfiehlt sich aber, an die Trinkflasche zu denken und Essen für das Picknick auf dem Gipfel mitzubringen.

Detaillierte Informationen zu diesen und anderen Wanderungen in der Region sowie zu den Betriebszeiten der *refugios* bietet der Club Andino Piltriquitrón in El Bolsón (S. 424).

In der Provinz Chubut, 15 km südlich von El Bolsón, liegt der **Parque Nacional Lago Puelo**. Der gewundene, azurblaue See eignet sich zum Schwimmen, Angeln, Bootfahren, Wandern und Zelten. Am See liegt die Barkasse **Juana de Arco** (☎ 0294-449-8946; www.interpatagonia.com/juanadearco). Sie bringt Passagiere über den See zu Argentiniens Tor zum Pazifik an der chilenischen Grenze (300 Arg$, 3 Std.). Ganz Hartgesottene wandern von hier nach Chile – eine kleine Touristeninformation am Pier hat die nötigen Informationen.

Peuma Hue (☎ 0294-449-9372; www.peuma-hue.com.ar; EZ/DZ ab 70/110 US$) ist ein komfortables Ferienresort. Es liegt zwischen zwei Flüssen und bietet einen tollen Blick auf die gewaltige Bergkette des Piltriquitrón. Am Parkeingang befinden sich sowohl kostenlose, als auch gebührenpflichtige Campingplätze, darunter auch der **Camping La Pasarela** (☎ 0294-449-9061; www.lpuelo.com.ar; Stellplatz pro Pers. 10 US$, B/Hütte 17/75 US$).

Im Sommer fahren regelmäßig Busse von El Bolsón zum Lago Puelo, sonntags und außerhalb der Saison sind die Verbindungen eingeschränkt.

Villa la Angostura

🕐 0294 / 11 100 EW. / 850 M

Der exklusive Urlaubsort mit zahlreichen Hotels und guter Infrastruktur liegt am nordwestlichen Ufer des Lago Nahuel Huapi. Nicht weit ist es zum Cerro Bayo, einem kleinen, beliebten Wintersportgebiet.

Doch auch in der Sommerzeit lohnt sich ein Abstecher hierher. Man kann beispielsweise Boot fahren oder im kleinen, aber landschaftlich vielfältigen Parque Nacional Los Arrayanes – einer kleinen Halbinsel, die etwa 12 km in den See hineinragt – wandern. Villa la Angostura ist außerdem der südliche Ausgangspunkt, um die atemberaubende Fahrt auf der Ruta de los Siete Lagos zu unternehmen.

Der Ort besteht aus zwei Stadtteilen: El Cruce, dem Geschäftszentrum am Highway, und La Villa, das 3 km weiter südlich am See liegt. La Villa ist in erster Linie eine Wohnsiedlung, aber es gibt hier auch Hotels, Geschäfte, verschiedene Dienstleistungsunternehmen und – im Gegensatz zu El Cruce – einen direkten Zugang zum See. In Puerto Manzano, das zu La Villa gehört, fahren auch die Ausflugsboote zum Parque Nacional Los Arrayanes ab.

◎ Sehenswertes & Aktivitäten

Mehrere Veranstalter im Ort bieten Trekkingtouren, Ausritte und geführte Mountainbiketouren an; die Touristeninformation verfügt über alle wichtigen Informationen dazu. Das Mountainbike ist ein großartiges Fortbewegungsmittel, um die nähere Umgebung zu erkunden.

Parque Nacional Los Arrayanes   PARK (Eintritt 120 Arg$) 🏞 Der unbekannte, häufig übersehene Park umfasst die gesamte Halbinsel Quetrihué. Hier gibt es noch kleine Bestände an Arrayán-Bäumen. Die Myrtenbäume sind an ihrer zimtfarbenen Rinde zu erkennen. In Mapudungun (der Sprache der Mapuche) bedeutet der Name der Halbinsel deswegen auch „Ort der Arrayánes". Die Parkvorschriften verlangen, dass Wanderer den Park bis mittags betreten und im Winter bis 16 Uhr verlassen müssen (im Sommer zwischen 18 und 19 Uhr).

Die Parkverwaltung befindet sich am südlichen Ende der Halbinsel in der Nähe von **El Bosque**, wo die meisten Arrayán-Bäume stehen. Eine 12 km lange Wanderung, die etwa drei Stunden dauert, führt an die Spitze der Halbinsel. Sie ist gleichzeitig ein ausgezeichneter **Naturlehrpfad**. Man kann auch nur eine Strecke gehen und mit der Fähre von der Landspitze zurückfahren oder umgekehrt. Am Wanderweg liegen zwei kleinere Seen.

Vom nördlichen Parkeingang bei La Villa führt eine sehr steile 20-minütige Wanderung zu zwei **Panorama-Aussichtspunkten** mit Blick auf den Lago Nahuel Huapi.

Cabalgatas Correntoso
AUSRITTE

(☎0294-15-451-0559; www.cabalgatacorrentoso. com.ar; Cacique Antriao 1850) Für Pferdefans (Halbtages- bis mehrtägige Ausritte). Tero Bogani ist der richtige Ansprechpartner für alle, die einmal Gaucho spielen möchten. Die Preise beginnen bei 450 Arg$ für einen dreistündigen Ausritt.

Centro de Ski Cerro Bayo
SKIFAHREN

(☎0294-449-4189; www.cerrobayoweb.com; Tagespass 455–760 Arg$) Von Juni bis September bringen Lifte Skisportler von der Talstation auf 1050 m ins Skigebiet auf 1700 m. Der kleine, teure Wintersportort liegt rund 9 km nordöstlich von El Cruce an der RP 66. Vor Ort bekommt man alles, was man braucht, auch die notwendige Skiausrüstung (250–350 Arg$).

Cerro Belvedere
WANDERN

Der 4 km lange Wanderweg beginnt an der Avenida Siete Lagos, nordwestlich der Touristeninformation, und führt zu einem **Aussichtspunkt** mit gutem Ausblick auf den Lago Correntoso, Nahuel Huapi und die umliegenden Berge. Vom Aussichtspunkt sind es weitere 3 km zum 1992 m hohen Gipfel. Wer sich am Aussichtspunkt „sattgesehen" hat, geht einige Schritte zurück zu einer nahe gelegenen Kreuzung, die zur **Cascada Inayacal** führt, einem 50 m hohen Wasserfall. Wer diese Wanderung unternehmen möchte, sollte sich bei der Touristeninformation eine Wanderkarte besorgen, denn die Wegführung ist etwas verwirrend.

Aquiles
FAHRRADVERLEIH

(Arrayanes 150; ☺9–13 & 16–20 Uhr) Hier gibt es gute Mountainbikes für 70 Arg$ pro Tag zu mieten.

🛏 Schlafen

Übernachten ist teuer in Angostura, es sei denn, man zeltet oder steigt in einem der vielen Hostels ab. Während des Sommers gibt es so gut wie keine Einzelzimmer – Alleinreisende müssen mit dem Preis für ein Doppelzimmer rechnen.

⭐ Hostel Bajo Cero
HOSTEL $

(☎0294-449-5454; www.bajocerohostel.com; Río Caleufu 88; B/DZ 25/63 US$; @☎) Das tolle Hostel liegt nur einen guten Kilometer vom Busbahnhof entfernt und bietet große, gut geplante Schlafsäle und hübsche Doppelzimmer. Dazu kommen ein netter Garten, eine Küche und angenehm luftige Gemeinschaftsräume.

Residencial Río Bonito
PENSION $

(☎0294-449-4110; www.riobonitopatagonia.com. ar; Topa Topa 260; DZ/3BZ 50/65 US$; @☎) Hell und freundlich sind die Zimmer in dem ehemaligen Einfamilienhaus, das nur einige Blocks vom Busbahnhof entfernt liegt. Pluspunkte sind der große, gemütliche Aufenthaltsbereich, die freundlichen Besitzer und die Küchenmitbenutzung.

Camping Cullumche
CAMPINGPLATZ $

(☎0294-449-4160; moyano@uncu.edu.ar; Blvd Quetrihué s/n; Stellplatz pro Pers. 8 US$) Der abgeschiedene, große Campingplatz direkt am See ist ab dem Boulevard Nahuel Huapi gut ausgeschildert. Im Sommer kann es sehr voll werden, aber außerhalb der Saison ist es wunderbar.

La Roca de la Patagonia
HOTEL $$

(☎0294-449-4497; www.larocadelapatagonia. com.ar; Pascotto 155; EZ/DZ 82/94 US$; ✳☎) Nettes kleines Hotel mit nur sechs Zimmern abseits der Touristenroute. Es befindet sich in einem großen, zum Hotel umgebauten Haus und bietet dementsprechend großzügige Räume. Die Einrichtung ist sehr patagonisch – viel Holz und Stein. Von der Terrasse bietet sich eine fantastische Aussicht auf die Berge.

Verena's Haus
HOTEL $$

(☎0294-449-4467; www.verenas-haus.com.ar; Los Taiques 268, El Cruce; EZ/DZ 82/93 US$; ☎) Das ideale Haus für verliebte Paare, die einen ruhigen, romantischen Ort suchen: Es gibt jede Menge Herzen und Blümchentapeten. Die blitzsauberen Zimmer sind groß und sehr gemütlich.

Hotel Angostura
HOTEL $$

(☎0294-449-4224; www.hotelangostura.com; Blvd Nahuel Huapi 1911, La Villa; EZ/DZ ab 80/97 US$, Bungalow 122–200 US$; ☎) Die Inneneinrichtung mit den Lampengestellen aus Hirschgeweihen ist etwas gewöhnungsbedürftig, aber die Lage ist ein Traum. Das Hotel liegt auf einem Felsvorsprung mit Blick auf den See und den Nationalpark – man kann den Blick gar nicht abwenden.

Encanto del Rio
HOTEL $$$

(☎0294-447-5357; www.encantodelrio.com.ar; RN 40, Km 1110; Zi./Hütte/Apt. 186/256/312 US$; ✳☎≋) Auf halber Strecke zwischen dem Zentrum und Puerto Manzano liegt diese außerordentlich schöne Unterkunft mit diversen Unterbringungsmöglichkeiten. Die Zimmer sind gut ausgestattet und geräumig und bieten Blick auf die Berge oder auf den Fluss. Die Hütten haben alle eine gut ausgestattete Küche und viel Privatsphäre. Auch die Apartments sind schön, aber etwas überteuert.

Essen

In El Cruce reihen sich mehrere Restaurants und *confiterías* entlang der Los Arrayanes und ihrer Nebenstraßen.

Gran Nevada
ARGENTINISCH $

(Av Arrayanes 106; Hauptgerichte 90–130 Arg$; ⊙12–23.30 Uhr) Der riesige Fernseher (meistens läuft Fußball) und die preiswerten, sättigenden Portionen locken auch die Einheimischen in dieses Lokal. Hier geht ganz bestimmt niemand hungrig raus.

Nicoletto
ITALIENISCH $$

(Pascotto 165; Hauptgerichte 100–180 Arg$; ⊙12–15, 20–23.30 Uhr) In diesem bescheidenen Familienbetrieb abseits der Hauptstraße gibt es die besten Nudeln weit und breit. Alles ist lecker – frisch zubereitet und mit tollen Soßen, aber ganz besonders zu empfehlen ist *sorrentino* (große, runde gefüllte Nudel) mit Forelle und Lauchsoße.

La Encantada
ARGENTINISCH $$

(☏0294-449-5515; Cerro Belvedere 69, El Cruce; Hauptgerichte 120–170 Arg$; ⊙12–24 Uhr; 🛜) Das nette kleine Landhaus bietet eine große Auswahl an patagonischen und argentinischen Spezialitäten. Das Essen wird sorgfältig zubereitet und schön angerichtet, die Atmosphäre ist warm und einladend. Die Pizza hier gehört zu den besten der Stadt, außerdem gibt es eine gute Auswahl an einheimischen Bieren und Weinen.

Los Troncos
ARGENTINISCH $$

(Av Arrayanes 67, El Cruce; Hauptgerichte 130–190 Arg$; ⊙8–23 Uhr; 🛜) In diesem netten kleinen Lokal gibt es typische Spezialitäten der Berge wie beispielsweise leckeres Hirschgulasch, Forelle in Mandelsauce und Ragout von Wildpilzen.

Lancomilla
PARRILLA $$

(Av Arrayanes 176; Hauptgerichte 110–200 Arg$; ⊙12–24 Uhr; 🛜) Die beliebteste *parrilla* an der Hauptstraße bietet nicht nur die üblichen Speisen, sondern auch sehr gute Lammgerichte.

Tinto Bistro
INTERNATIONAL $$$

(Av Arrayanes 256; Hauptgerichte 180–260 Arg$; ⊙Mo–Sa 20.30–1 Uhr) Nicht nur, dass das Essen (regionale Küche mit europäischem Touch) ausgezeichnet ist – der Besitzer Martín Zorreguieta ist der Bruder von Máxima, Königin der Niederlande.

ℹ Praktische Informationen

Banco de la Provincia (Calle Las Frambuesas, zwischen Cerro Belvedere & Nahuel Huapi, El Cruce; ⊙Mo–Fr 9–13 Uhr) Geldautomat.

Post (Las Fuschias 121; ⊙Mo–Fr 8–18, Sa 9–13 Uhr) In einem Einkaufszentrum hinter dem Busbahnhof.

Touristeninformation (☏0294-449-4124; Av Arrayanes 9; ⊙8–21 Uhr)

ℹ An- & Weiterreise

Der **Busbahnhof** (Ecke Av Siete Lagos & Av Arrayanes, El Cruce) von Villa la Angostura liegt gegenüber der Touristeninformation. Einige Busse halten in El Cruce auf der Fahrt von Bariloche nach San Martín de los Andes.

Andesmar (☏0294-449-5217) fährt über den Paso Cardenal Samoré nach Osorno in Chile (300 Arg$, 3½ Std.).

Mehrmals täglich verkehren Busse nach Bariloche (60 Arg$, 1 Std.), außerdem fahren zweimal täglich Busse nach Neuquén (837 Arg$, 7 Std.). Im Sommer fährt Albus mehrmals täglich über die landschaftlich schöne Ruta de los Siete Lagos nach San Martín de los Andes (121 Arg$, 4 Std.). La Araucana startet täglich nach Villa Traful (82 Arg$, 2 Std.).

ℹ Unterwegs vor Ort

BUS

Innerorts kostet eine Busfahrt 5,50 Arg$. Busse von Transportes 15 de Mayo verkehren stündlich vom Busbahnhof nach La Villa (15 Min.). Sie fahren über die Avenida Siete Lagos zum Lago Correntoso (15 Min.) und Richtung Süden über die Avenida Arrayanes nach Puerto Manzano am Lago Nahuel Huapi (15 Min.). Von Juli bis Ende September und von Dezember bis Ende März fahren die Busse von 15 de Mayo 6- bis 7-mal täglich zum Skigebiet am Cerro Bayo (60 Arg$, 1 Std.).

SCHIFF

Zwei Reedereien bieten täglich Fährverbindungen vom Hafen (am Hotel Angostura in La Villa) zur Spitze der Halbinsel Quetrihué im Parque Nacional Los Arrayanes an (einfach/hin und zurück 280/350 Arg$, plus 120 Arg$ Parkeintrittsgebühr).

Es empfiehlt sich, die Schiffsfahrkarten schon vor einer Wanderung zu kaufen, um einen sicheren Platz für die Rückfahrt zu haben. Die Fahrt dauert 45 Minuten, Fahrräder können aufs Boot mitgenommen werden.

TAXI

Taxis sind die einfachste Möglichkeit, um zu den Ausgangspunkten der Wandertouren zu kommen, auch wenn einige von Bussen angesteuert werden. Sowohl Busse als auch Taxis starten am Busbahnhof an der Avenida Siete Lagos, direkt nördlich der Avenida Arrayanes.

Villa Traful

📞 0294 / 360 EW. / 720 M

Der kleine Ort besticht durch seine atemberaubend schöne Lage am südlichen Ufer des Lago Traful inmitten der Berge. Im Januar, Februar und zu Ostern ist Villa Traful geradezu überlaufen, deswegen ist es empfehlenswert, für diese Zeit seinen Aufenthalt etwa drei Monate im Voraus zu buchen. Während der übrigen Zeit ist es hier herrlich einsam. Vor allem November, Dezember, März und April sind fantastische Reisezeiten. Allein die Anreise lohnt den Abstecher: Villa Traful liegt 80 km nördlich von Bariloche an der unbefestigten RP 65.

Sehenswertes

Cascadas de Arroyo Blanco & Coa Có
WASSERFALL

Die beiden Wasserfälle liegen auf einem relativ einfachen zweistündigen Rundweg, der ohne Führer unternommen werden kann. Wanderer folgen der Straße, die neben dem *guardaparque* (Parkranger-Büro) den Berg hinaufführt. Der Weg ist ausgeschildert. Auf freiem Feld trifft man auf eine Gabelung. Um zu den 30 m hohen Cascadas Coa Có zu gelangen, nimmt man den linken Weg und erreicht den Wasserfall nach 500 m. Wer auch die kleineren Cascadas de los Arroyos Blancos aufsuchen möchte, muss bis zur Gabelung zurückgehen und den anderen Weg nehmen. Nach 1 km taucht der Wasserfall auf. Viel beeindruckender als die Wasserfälle sind die Aussichtspunkte entlang der Strecke.

Lagunas las Mellizas
SEE

Die Tour, die auch für weniger geübte Wanderer geeignet ist, beginnt mit einer Bootsfahrt über den See. Danach folgt ein 2½-stündiger Aufstieg durch den Zypressenwald, der mit wunderbaren Blicken auf die Lagunas Azul und Verde (Blaue und Grüne Lagune) belohnt wird. Wer dann noch Kondition hat, durchquert einen Bach und gelangt in ein Gebiet, das mit einer Vielzahl gut erhaltener, ungefähr 600 Jahre alter Tehuelche-Felsmalereien aufwartet.

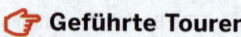 Geführte Touren

Eco Traful
TOUREN

(📞 0294-447-9139; ⏱ 10–13 & 16–19 Uhr) Der empfehlenswerte Veranstalter bietet Ausflüge zu den Lagunas Las Mellizas (450/560 Arg$ pro Pers. zu Fuß/Pferd) und zum Cerro Negro (300 Arg$ pro Pers.) an. Auch Bootsausflüge und Angeltouren werden organisiert.

🛏 Schlafen & Essen

Es gibt nur wenige Unterkünfte, es sei denn, man mietet eine *cabaña* (Hütte; die Touristeninformation bietet ein vollständiges Verzeichnis). Dazu kommen einige Restaurants, die sich unter schattigen Bäumen verstecken, und ein Supermarkt.

Albergue & Camping Vulcanche
HOSTEL $

(📞 0294-447-9028; www.vulcanche.com; Stellplatz pro Pers. 5 US$, B 12 US$; 📶) Der Campingplatz liegt in einem schönen Waldgebiet am östlichen Stadtrand. Er bietet Stellplätze auf Gras, das Hostel hat anständige Schlafräume und eine gute Küche.

Hostería Villa Traful
HOTEL $$

(📞 0294-447-9005; www.hosteriavillatraful.com; EZ/DZ ab 86/110 US$) Eine kleine angenehme Familienpension am westlichen Stadtrand. Die Zimmer sind etwas abgewohnt, aber gemütlich. Zur Pension gehört ein gutes Restaurant, der Besitzer organisiert Boots- und Angeltouren.

★ Ñancú Lahuén
ARGENTINISCH $$

(Hauptgerichte 110–150 Arg$; ⏱ 11.30–23 Uhr; 📶) Ein nettes kleines Restaurant im Blockhüttenstil direkt im Ortszentrum. Die Spezialität des Hauses sind Forellengerichte (besonders lecker in Mandelsoße), aber auf der Speisekarte stehen auch *parrilla* und jede Menge Salate.

ℹ Praktische Informationen

Die Banco de la Provincia de Neuquén, im Ortszentrum, hat einen Geldautomaten, der auch Visa- und MasterCard annimmt.

Touristeninformation (📞 0294-447-9099; www.villatraful.gov.ar; ⏱ Dez.–Febr. tgl., März–Jan. Sa–Mi) Teilt sich die Geschäftsstelle im Ortszentrum mit dem *guardapaque* (Parkranger).

ℹ An- & Weiterreise

Im Sommer (Dezember bis Februar) sind die Busverbindungen nach Villa Traful besser als im übrigen Jahr. La Araucana fährt täglich nach Villa la Angostura (82 Arg$, 2 Std.) und im Sommer auch nach San Martín de los Andes (115 Arg$, 2½ Std.). Im Sommer gibt es eine tägliche Verbindung nach Bariloche (62 Arg$, 2 Std.).

San Martín de los Andes

☎ 02972 / 28 000 EW./ 645 M

San Martín wird, ebenso wie Bariloche, zweimal im Jahr von Urlaubern frequentiert: Im Winter kommen die Touristen zum Skifahren am Cerro Chapelco, im Sommer zum Wandern und Bergsteigen im nahen Parque Nacional Lanín. Ganz Mutige wagen sich auch in das eisige Wasser des Lago Lácar westlich der Stadt. Außerhalb dieser Zeiten ist San Martín ein ruhiger, kleiner Ort vor spektakulärer Kulisse, der viel von jenem Charme und der architektonischen Geschlossenheit behalten hat, die einst auch die Besucher von Bariloche faszinierte. Eine Schifffahrt auf dem See ist ein Muss für alle Besucher. Wer die Stadt in der schneefreien Jahreszeit (ab November) Richtung Süden verlässt, sollte die landschaftlich sehr schöne Ruta de los Siete Lagos (RN 40) in Richtung Villa la Angostura, Lago Nahuel Huapi und Bariloche nehmen.

◎ Sehenswertes

In San Martín de los Andes lässt sich fast alles vom *centro cívico* aus zu Fuß erreichen. Der schattige Park am See und der Schiffsanleger sind wunderbare Plätze, um einen Nachmittag zu verbringen.

★ Museo Primeros Pobladores   MUSEUM

(M Rosas; Eintritt 10 Arg$; ⊙ Di 8.30–15, Mi–Fr 9–13 Uhr) Das Museum zeigt archäologische und ethnografische Ausstellungsstücke aus der Region, darunter Pfeil- und Speerspitzen, Keramik und Musikinstrumente. Es befindet sich direkt nördlich der Touristeninformation an der Avenida Roca.

🏃 Aktivitäten

Ruta de los Siete Lagos   AUTOTOUR

(Sieben-Seen-Route) Von San Martín aus führt die RN 40 vorbei an zahlreichen Hochgebirgsseen nach Villa la Angostura. Die landschaftlich einzigartige Strecke führt über eine schmale und teilweise staubige Piste. Die Ruta de los Siete Lagos (S. 431) ist wegen ihrer spektakulären Szenerie eine der größten Attraktionen der Region. Im Winter werden regelmäßig Teile der Strecke wegen heftigen Schneefalls gesperrt – die beste Reisezeit ist von Dezember bis Mai, man sollte sich aber vorher über die Straßenverhältnisse informieren.

Von San Martín, Villa la Angostura und Bariloche starten regelmäßig Tagestouren, die Route lässt sich aber auch mit dem öffentlichen Bus befahren. Auch mit dem eigenen Auto oder dem Fahrrad ist die Strecke zu bewältigen.

HG Rodados   FAHRRADVERLEIH

(☎ 02972-427345; Av San Martín 1061; ⊙ Mo–Fr 9–13 & 16–20, Sa 9–13 Uhr) Mit dem Mountainbike lässt sich die Umgebung herrlich erkunden – sogar die Fahrt auf der Ruta de los Siete Lagos ist möglich. Fahrräder kosten etwa 30/110 Arg$ pro Stunde/Tag.

Mirador Bandurrias   AUSSICHTSPUNKT

(Eintritt 10 Arg$) Ein 2,5 km langer steiler, staubiger Weg endet mit einer atemberaubenden Sicht auf den Lago Lácar; man sollte aber unbedingt Verpflegung mitnehmen. Trainierte Radfahrer schaffen die Strecke über Schotter zum *mirador* (Aussichtspunkt) in etwa einer Stunde.

Playa Catrite   STRAND

Der geschützte Steinstrand, 4 km entfernt auf der RN 40, ist zu Fuß, mit dem Rad oder per Anhalter zu erreichen (im Sommer fährt dreimal täglich ein Bus). Es gibt auch ein nettes Restaurant mit Terrasse.

Lanín Turismo   RAFTING

(☎ 02972-425808; www.laninturismo.com; Av San Martín 431; ⊙ Mo–Sa 9–20 Uhr) Bei diesem Veranstalter kostet ein Tagesausflug zum Rafting auf dem Río Chimehuin oder dem Río Aluminé inklusive Transfer etwa 520 Arg$. Die Flüsse sind spektakulär, aber auch für Kinder geeignet.

Andestrack   OUTDOOR

(☎ 02972-420588; www.andestrack.com.ar; Coronel Rhode 782; ⊙ Mo–Sa 9–13 & 15–20 Uhr) Der Parque Nacional Lanín bietet ausgezeichnete Möglichkeiten zum Wandern und Bergsteigen. Der neue, engagierte Veranstalter ist für Touren mit dem Mountainbike, Kanufahrten, Ausflüge mit Schneeschuhen und Hundeschlittenfahrten sehr zu empfehlen.

Bumps   SKIFAHREN

(☎ 02972-428491; www.skibumps.com.ar; Villegas 459; ⊙ Mo–Sa 9–18 Uhr) Ski- und Snowboardfahrer strömen im Winter in Massen zum nahe gelegenen Cerro Chapelco. Dies ist eine der vielen Adressen in San Martín, die an der Avenida San Martín Ausrüstungen

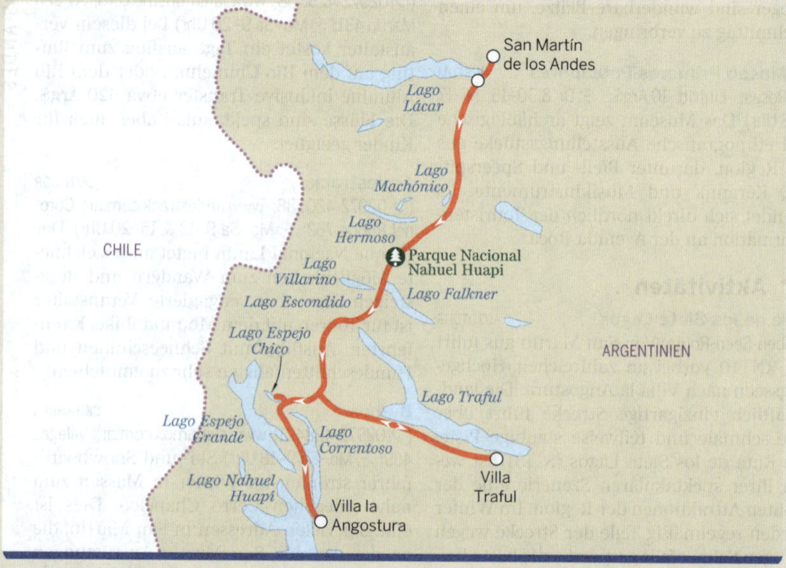

San Martín
de los Andes

*Lago
Lácar*

*Lago
Machónico*

*Lago
Hermoso*

CHILE

Parque Nacional
Nahuel Huapi

*Lago
Villarino*

Lago Escondido

Lago Falkner

*Lago Espejo
Chico*

ARGENTINIEN

Lago Traful

*Lago Espejo
Grande*

*Lago
Correntoso*

Villa
Traful

*Lago Nahuel
Huapi*

Villa la
Angostura

KASTIANZ/SHUTTERSTOCK ©

1 TAG La Ruta de los Siete Lagos

Die 110 km lange Strecke führt vorbei an schneebedeckten Berggipfeln, kristallklaren Seen und dichten Nadelwäldern und gilt als Klassiker im Seengebiet. Sie lässt sich per Bus oder mit dem Auto am Stück bewältigen oder in Etappen aufteilen – nur auslassen sollte man sie auf keinen Fall.

Von **San Martín de los Andes** (S. 429) aus auf der RN 40 streift man die Ufer des **Lago Lácar** (S. 436) und passiert die Mapuche-Stadt Curruhuinca. Nach 20 km ist der Aussichtspunkt bei Arroyo Partido erreicht.

Von dort 5 km bergab zu einer Brücke über den Río Hermoso. Weitere 5 km und zwei kurze Steigungen später erblickt man das Blau des Lago Machónico. Noch einmal 5 km bis zu einer Abzweigung nach rechts; dort führt eine 2 km lange Schotterpiste zum **Lago Hermoso**. Vorsicht beim Waldspaziergang wegen der vielen Jäger.

Vom Eingang zum Parque Nacional Nahuel Huapi (S. 417) sind es 15 km bis zur Cascada Vullignanco, einem 20 m hohen Wasserfall des Río Filuco. Nach weiteren 2 km führt die Straße zwischen **Lago Villarino** und **Lago Falkner** hindurch; Letzterer hat einen weit-läufigen Sandstrand.

Noch einmal 2 km, und man steht am Lago Escondido; im Zickzack geht es 8 km bergab bis zu einer Abzweigung zur Linken. Die Schotter(neben)straße führt 2 km nach Norden und endet am Lago Traful.

Nach 30 km auf der Hauptstrecke ge-langt man zur Abzweigung nach **Villa Traful** (S. 428) – von hier sind es noch 27 km auf einer guten Schotterpiste bis zu diesem Urlaubsort. Unterwegs gibt es schöne Campingplätze am Seeufer. Wer auf der Hauptstraße bleibt, streift den Lago Correntoso und erblickt nach 20 km eine Brücke und eine ehemalige *hostería*.

Für einen Abstecher direkt vor der Brücke nach rechts auf die Straße, die bergauf führt; nach 2 km endet sie am Lago Espejo Chico.

Auf der Weiterfahrt Richtung Süden liegt rechts hinter Bäumen der Lago Espejo Grande. Nach 15 km kommt eine Kreuzung; dort links und nach 10 km auf einer Asphaltstraße erreicht man **Villa la Angostura** (S. 425).

JOSE ALBERTO TEJO/SHUTTERSTOCK ©

Oben: Seeufer bei Villa La Angostura
Unten: Lago Falkner

für den Wintersport verleihen. Die Preise für Ski- und Snowboardausrüstungen bewegen sich zwischen 205 und 390 Arg$ pro Tag. Außerdem gibt es im Skigebiet weitere Anbieter.

Feste & Events

San Martín feiert seine Gründung am 4. Februar mit Ansprachen, Paraden und anderen Festivitäten: Die Parade selbst ist eine seltsame, aber unterhaltsame Mischung aus Soldaten, Feuerwehrleuten, Gauchos, Polospielern und Fuchsjägern.

Schlafen

In der Touristenhochburg San Martín mangelt es nicht an Unterkünften. Sie sind jedoch alle ziemlich teuer, besonders während der Hochsaison im Sommer (Januar bis März) und der besten Zeit zum Skifahren (Mitte Juli bis August). Dann ist es auch unbedingt notwendig, zu reservieren. Die Qualität der Unterkünfte ist meistens sehr gut. In der Nachsaison können die Preise dann um bis zu 40 % niedriger ausfallen.

El Oso Andaluz Hostel   HOSTEL $
(☏ 02972-427232; www.elosoandaluz.com.ar; Elordi 569; B/DZ ab 11/35 US$; ✳@☎) Das gemütlichste unter den kleinen Hostels in der Innenstadt von San Martín bietet eine angemessene Anzahl an Bädern, behagliche Gemeinschaftsräume und Doppelzimmer, die ihr Geld wert sind.

Camping ACA   CAMPINGPLATZ $
(☏ 02972-427332; Av Koessler 2175; Stellplatz pro Pers. 9 US$) Großzügiger Campingplatz am Ostrand der Stadt. Auf keinen Fall sollte man einen Stellplatz direkt an der Hauptstraße nehmen. Mindestgebühr pro Stellplatz ist der Preis für zwei Personen.

Hostería Hueney Ruca   HOTEL $
(☏ 02972-421499; www.hosteriahueneyruca.com.ar; Ecke Obeid & Coronel Pérez; EZ/DZ 63/74 US$; ☎) Die großen Zimmer mit Terrakottaböden gehen nach hinten auf einen hübschen kleinen, gepflegten Hof. Die Betten sind groß und die Matratzen sind hart;die Bäder sind geräumig und haben Duschkabinen aus Glas.

★ Hostería La Masía   HOTEL $$
(☏ 02972-427688; www.hosterialamasia.com.ar; Obeid 811; EZ/DZ 560/890 Arg$; ☎)Das La Masía bietet alpenländische Atmosphäre auf Spitzenniveau mit viel dunklem Holz,

Spitzbogentüren und gusseisernen Lampen. Die Zimmer sind groß und komfortabel, die meisten bieten einen Blick auf die Berge. In der Lobby brennt ein Kaminfeuer und die aufmerksamen Besitzer kümmern sich darum, dass sich ihre Gäste wirklich wohlfühlen. Erstklassig.

Rotui   HOTEL $$
(☏ 02972-429539; www.rotui.com.ar; Perito Moreno 1378; EZ/DZ ab 60/120 US$; ✳☎) Ein hübsches Landhaus mit viel Holz und Stein in einem perfekt gepflegten Garten mit Blick auf den Arroyo Pochulla. Die Zimmer sind aufwendig eingerichtet und bieten große Betten, polierte Holzdielen und Daunendecken. Die ebenfalls angebotenen Apartments und Hütten sind eine gute Wahl für Gruppen.

Hotel Antiguos   HOTEL $$
(☏ 02972-411876; www.hotelantiguos.com.ar; Diaz 751; Zi. ab 115 US$; ✳☎) Nicht weit von der Hauptstraße entfernt, liegt das hübsche Hotel im typischen San-Martín-Stil mit viel Holz und Stein. Einige Zimmer bieten eine umwerfende Aussicht auf den Garten und die Berge, alle sind geräumig und luxuriös ausgestattet. Das Kaminfeuer in der Lounge bietet ein warmes Willkommen an kalten Wintertagen.

La Raclette   HOTEL $$
(☏ 02972-427664; www.hosterialaraclette.com; Coronel Pérez; EZ/DZ ab 71/112 US$; ☎) Die engen, niedrigen Gänge sind nichts für Leute mit Platzangst, sie führen aber zu geräumigen, komfortablen Zimmern. Besonders schön sind die Aufenthaltsräume – rund um einen offenen Kamin gruppieren sich die Lounge mit Bar sowie gemütliche Sitzecken.

Essen

★ Corazón Contento   CAFÉ $
(Av San Martín 467; Hauptgerichte 85 Arg$; ⊙9–23 Uhr; ☎) Die nette kleine Bäckerei mit Café bietet eine gute Auswahl an frischen, gesunden Snacks und Gerichten. Die Salate sind toll, die frisch gebackenen Scones und Muffins ein echter Hit.

Pizza Cala   PIZZA $
(Av San Martín 1129; Hauptgerichte 60–130 Arg$; ⊙12–1 Uhr; ☎) Hierher kommen die Einheimischen, um eine Pizza zu essen – daher wird das Lokal in der Nähe der Plaza immer größer. Alle Klassiker stehen auf der Karte, dazu „Gourmet"-Pizza mit geräucherter Forelle, Spinat und Aubergine.

San Martín de Los Andes

N 0 ———— 200 m

San Martín de Los Andes

Bamboo   PARRILLA $$

(Ecke Belgrano & Villegas; Hauptgerichte ab 140 Arg$; ⊙ 12–16 & 21–1 Uhr; 🕾) Ein Leser schrieb, in dieser gehobenen *parrilla* gäbe es „das beste Fleisch Argentiniens". Ob das den Tatsachen entspricht, muss jeder für sich selbst ausprobieren.

Torino   ARGENTINISCH $$

(Ecke Elordi & Villegas; Hauptgerichte ab 120 Arg$; ⊙ 12–15 & 20–24 Uhr; 🕾) Vielleicht die umfangreichste Speisekarte der Stadt und alle Gerichte sind wunderbar gelungen. Angeboten werden auch Meeresfrüchte, dazu die

üblichen Nudel- und Fleischgerichte und für die, die's mögen auch gute Sushi.

El Regional   ARGENTINISCH $$

(Villegas 953; Hauptgerichte 120–180 Arg$; ⊙ 11.30–16 & 18–23.30 Uhr) Ein riesiges Lokal mit viel Atmosphäre. Das El Regional bietet leckere Gerichte mit Forellen, die Spezialität sind hier aber die *tablas* (Teller mit Kleinigkeiten), auf denen patagonische Klassiker wie Wildschwein, Hirsch und Forelle in allen möglichen Zubereitungen angeboten werden. Beeindruckend ist auch das Angebot an Biersorten.

La Casona
ARGENTINISCH $$

(Villegas 744; Hauptgerichte 100–160 Arg$; ⏲12–15 & 20–24 Uhr; ☎) Die gemütliche Atmosphäre lässt nicht auf die umfangreiche Speisekarte schließen, die viele regionale Spezialitäten anbietet. Empfehlenswert ist das Wildschwein in Schwarzbiersoße, aber auch das Risotto mit Lamm und Wildpilzen schmeckt gut.

El Mesón
INTERNATIONAL $$$

(☎02972-424970; Rivadavia 885; Hauptgerichte 140–200 Arg$; ⏲12–15 & 20–23.30 Uhr) Das nette kleine Restaurant bietet eine der kreativsten Speisekarten der Stadt. Es gibt viele Forellengerichte, Paella und einige vegetarische Spezialitäten.

Shoppen

Viele Geschäfte bieten regionale Produkte und Kunsthandwerk an.

Artesanías Neuquinas
KUNSTHANDWERK

(☎02972-428396; M Rosas 790; ⏲Mo–Sa 9–18 Uhr) Die Mapuche Cooperative bietet qualitativ hochwertige Webarbeiten und Holzschnitzereien an.

El Carpincho
ACCESSOIRES

(Capitán Drury 814; ⏲Mo–Sa 9–13 & 15–18 Uhr) Hier findet sich alles, was ein Gaucho so braucht.

Patalibro
BÜCHER

(☎02972-421532; Av San Martín 866; ⏲9–20 Uhr) Eine gute Auswahl an spanischen Büchern über Patagonien; außerdem gibt es hier einige englischsprachige Lonely-Planet-Reiseführer sowie Romane. Die ausgezeichneten Nationalparkwanderkarten *Sendas y Bosques* sind hier ebenfalls erhältlich (160 Arg$).

ⓘ Praktische Informationen

Auf den Avenidas San Martín, Belgrano und Elordi gibt es jede Menge Reisebüros, die die üblichen Dienstleistungen und Ausflüge anbieten.

ACA (Automóvil Club Argentino; ☎02972-429194; Av Koessler 2175; ⏲24 Std.) Hier gibt es gute Straßenkarten der Provinz.

Andina Internacional (☎02972-427871; Capitán Drury 876; ⏲9–18 Uhr) Geldwechsel, auch Reisechecks, möglich.

Banco de la Nación (Av San Martín 687; ⏲Mo–Fr 9–13 Uhr Geldautomat.

Krankenhaus Ramón Carrillo (☎02972-427211; Ecke Coronel Rohde & Av San Martín)

Post (Ecke Pérez & Roca; ⏲Mo–Fr 8–18, Sa 9–13 Uhr)

Touristeninformation (☎02972-427347; www.sanmartindelosandes.gov.ar; Ecke San Martín & M. Rosas; ⏲8–21 Uhr) Hier erhält man überraschend ehrliche Informationen über Hotels und Restaurants, dazu ausgezeichnete Broschüren und Karten.

Verwaltung des Parque Nacional Lanín (Intendencia del Parque Nacional Lanín; ☎02972-427233; www.parquenacionallanin.gov.ar; Ecke Elordi & Perito Moreno; ⏲Mo–Fr 8–14 Uhr) Das Büro bietet nur eine begrenzte Auswahl an Karten an, außerdem Broschüren und Informationen über die Straßenverhältnisse auf der Ruta de los Siete Lagos.

ⓘ An- & Weiterreise

BUS

Der **Busbahnhof** (☎02972-427044; Ecke Villegas & Juez del Valle) befindet sich einen Block südlich des Highway und 3½ Blocks südwestlich der Plaza San Martín.

La Araucana (☎02972-420285) fährt im Sommer täglich nach Villa Traful (115 Arg$, 2½ Std.). Wer im Sommer nach Villa la Angostura oder Bariloche möchte, kann mit Albus über die landschaftlich schöne Ruta de los Siete Lagos (RN 40) fahren und muss nicht die längere, aber weniger kurvenreiche Rinconada-Strecke nehmen.

Die Fahrt nach Aluminé geht nur mit Umsteigen in Zapala oder Junín de los Andes (3-mal wöchentlich).

Igi-Llaima (☎02972-428878) fährt auf der RP 60 über den Paso Tromen (auch bekannt als Mamuil Malal) nach Temuco, Chile (720 Arg$, 6 Std.). Die Fahrt führt am beeindruckenden Volcán Lanín vorbei; auf der linken Seite hat man die beste Sicht.

Von San Martín besteht im Sommer eine Direktverbindung auf der RN 231 über den Paso Cardenal A Samoré (Puyehue) nach Osorno und Puerto Montt in Chile.

Pro Tag gibt es mehrere Verbindungen zu den hier genannten Zielen.

REISEZIEL	FAHRPREIS (ARG$)	FAHRZEIT (STD.)
Bariloche	177	4½
Buenos Aires	1956	20–23
Junín de los Andes	55	1
Neuquén	692	6
Villa la Angostura	121	4
Zapala	343	3½

FLUGZEUG

Vom **Flughafen Chapelco** (☎02972-428388; RN 40) gibt es regelmäßig Flüge nach Buenos

Aires mit **Aerolíneas Argentinas** (02972-410588; Mariano Moreno 859; Mo–Sa 8–22, So 9–21 Uhr).

SCHIFF

Die Schiffe von **Naviera** (02972-427380; naviera@smandes.com.ar; Mo–Sa 9.30–19.30, So 10.30–19.30 Uhr) legen täglich mittags von den **Landungsbrücken** (Muelle de Pasajeros; Costanera MA Camino) ab und machen eine Rundfahrt zu allen Orten am Ufer des Lago Lácar. Dabei wird irgendwann auch Paso Hua Hum an der chilenischen Grenze angelaufen – hier können Passagiere, die nach Chile wollen, aussteigen und zu Fuß weitergehen. Die Abfahrtszeiten ändern sich permanent; die genauen Zeiten kennen die Reederei und die Touristeninformation. Die siebenstündige Hin- und Rückfahrt kostet 750 Args$.

Unterwegs vor Ort

Der **Flughafen Chapelco** (S. 434) liegt in der Mitte zwischen San Martín und Junín. Jeder Bus, der von San Martín Richtung Norden fährt, kann Fahrgäste am Eingang absetzen.

In der Nebensaison sind die Reisemöglichkeiten eingeschränkt. Im Sommer fährt Transportes Airen zweimal täglich nach Puerto Canoa am Lago Huechulafquen (55 Args$) und hält an allen Campingplätzen, die sich auf der Strecke befinden. **Albus** (02972-428100) steuert mehrmals täglich den Strand von Playa Catrite am Lago Lácar an (32 Args$), während **Transportes Ko-Ko** (02972-427422) 4-mal täglich zum Lago Lolog (28 Args$) fährt, allerdings nur im Sommer.

In San Martín gibt es jede Menge Autovermieter.

Alamo (02972-410811; Av San Martín 836, 2. St.; 9–18 Uhr)

Sur (02972-429028; Villegas 830; Mo–Fr 9–18, Sa & So 9–14 Uhr)

Cerro Chapelco

Das nur 20 km südöstlich von San Martín auf 1920 m Höhe gelegene Skigebiet **Cerro Chapelco** (02972-427845; www.chapelco.com) zählt zu den wichtigsten Wintersportregionen Argentiniens und ist sowohl für Anfänger als auch für fortgeschrittene Ski- und Snowboardfahrer geeignet. Das alljährlich gefeierte Skifestival **Fiesta Nacional del Montañés** findet in der ersten Augusthälfte statt.

Die Preise für den Skipass ändern sich je nach Saison: Ein Tagesticket kostet zwischen 555 und 790 Args$ für Erwachsene und 445–630 Args$ für Kinder. Die Skipisten

sind in der Regel von Mitte Juni bis Anfang Oktober in Betrieb. Als Nachsaison wird die Zeit von Mitte Juni bis Anfang Juli und vom 28. August bis Mitte Oktober festgelegt, als Hauptsaison gelten die letzten beiden Wochen im Juli. Wintersportausrüstungen werden im Skigebiet und in San Martín vermietet.

Die Busse von Transportes Ko-Ko fahren zweimal täglich (im Sommer 3-mal tgl.; 60 Args$ hin & zurück) vom Busbahnhof in San Martín zum Park. Die Reisebüros in San Martín bieten Pauschalangebote (inkl. Transport) oder auch Shuttledienste an (80 Args$); die Gäste werden direkt am Hotel abgeholt.

Parque Nacional Lanín

Von allen Orten entlang der chilenischen Grenze ist der schneebedeckte Kegel des 3776 m hohen Volcán Lanín zu sehen. Er ist das Prunkstück des gleichnamigen **Nationalparks** (www.parquenacionallanin.gov.ar; Eintritt 80 Args$), der sich über 150 km vom Parque Nacional Nahuel Huapi im Süden bis zum Lago Ñorquinco im Norden erstreckt.

Der 3790 km² große Parque Nacional Lanín schützt den patagonischen Wald. Hier wachsen viele Baumarten, die eigentlich eher in den südlichen patagonischen Wäldern vorkommen, wie etwa die Südbuchenarten Lenga (Nothofagus pumilio), Ñire (Nothofagus antárctica) und Coihue (Nothofagus dombeyi). Eine botanische Besonderheit der Gegend sind die ausgedehnten Bestände der breitblättrigen, laubabwerfenden Baumart Raulí (Nothofagus procera), ebenfalls eine Südbuchenart, und die eigenwilligen Pehuén/Araukarien (Araucaria araucana). Die pinienartige Konifere trägt Nüsse, die lange zu den Grundnahrungsmitteln der Pehuenches und Mapuches gehörten. Heute dürfen nur noch die Ureinwohner die piñones (Nüsse) der Araukarien sammeln.

Die Städte San Martín de los Andes, Junín de los Andes und Aluminé sind die günstigsten Ausgangspunkte für den Besuch des Lanín, seiner Gletscherseen und des Hinterlandes. Das Nationalparkbüro Lanín in San Martín (S. 434) gibt Broschüren über Camping, Wandern und Klettern im Park heraus. Im Park verteilt finden sich mehrere Rangerstationen, meistens gibt es dort aber keine gedruckten Informationen. Auf der Website des Parks sind jedoch jede

Menge nützlicher Informationen zu finden. Während der Recherche für dieses Buch war eine Eintrittsgebühr für den Park nur dann fällig, wenn man in Richtung Puerta Canoa unterwegs war.

ℹ An- & Weiterreise

Obwohl der Park in der Nähe von San Martín und Junín liegt, ist die Verbindung mit öffentlichen Verkehrsmitteln schlecht. Mit etwas Geduld kann man in der Hauptsaison zum Park trampen. Die Busse ab San Martín und Junín über den Hua Hum und Tromen Pass nach Chile stoppen unterwegs für ihre Passagiere, sind aber meistens schon sehr voll.

Lago Lácar & Lago Lolog

Von San Martín am Ostende des Lago Lácar verkehrt regelmäßig ein Bus auf der RP 48 am Ufer des Sees entlang bis zur chilenischen Grenze beim Paso Hua Hum. Man kann überall entlang des Sees aussteigen oder alternativ bis nach Hua Hum fahren und von dort zur **Cascada Chachín** wandern – die Busfahrer kennen den Haltepunkt. Von der Straße führen eine 3 km lange Schotterpiste und anschließend ein

Trampelpfad (noch weitere 20 Min.) zum Wasserfall. Ein wirklich wunderbarer Ort für ein Picknick.

Der Lago Lolog – etwa 15 km nördlich von San Martín de los Andes gelegen – bietet gute Angelmöglichkeiten in unberührter Natur. Frei zelten ist auf dem **Camping Puerto Arturo** möglich. Transportes Ko-Ko fährt im Sommer viermal täglich die Strecke von San Martín zum Lago Lolog (40 Arg$).

Lago Huechulafquen

Der größte See des Parks liegt in dem Teil des Parks, der am zentralsten und am leichtesten zugänglich ist. Von San Martín und – noch besser – von Junín de los Andes (S. 439) ist er, trotz der insgesamt schlechten Anbindung mit öffentlichen Verkehrsmitteln, gut zu erreichen. Die RP 61 zweigt an einer Kreuzung nördlich von Junín nach Westen zum Lago Huechulafquen und zum kleineren Lago Paimún ab. Die Strecke bietet unvergleichliche Ausblicke auf den Volcán Lanín.

Entlang der Strecke liegen auch die Ausgangspunkte für einige spektakuläre Wanderungen.

AUSFLÜGE ZUM PARQUE NACIONAL LANÍN

Mehrmals täglich starten im Sommer Busse am Busbahnhof in Junín und bringen ihre Gäste zu Fahrzielen im Nationalpark. Hier beginnen eine Reihe von Wanderwegen, die auch zu schön gelegenen Stellen führen, an denen man campen kann. Die Busse befahren drei Strecken, die einfache Fahrt kostet 55 Arg$.

Circuito Curruhué (via RP 62)

Zum **Lago Curruhué** und **Lago Epulafquen** fahren ein- oder zweimal täglich Busse ab Junín de los Andes. Vom Lago Epulafquen führt eine einstündige Wanderung zu den **Termas de Lahuen-Có** (☎ 02972-424709; www.lahuenco.com; EZ/DZ ab 325/490 US$). Pauschaltouren zu den Thermen werden sowohl vom Besucherzentrum als auch von verschiedenen Veranstaltern im Ort angeboten zum Preis von – inklusive Mittagessen und Anwendungen – etwa 100 US$ (der Transport kostet allerdings extra). Wer hier übernachten möchte, findet auch luxuriöse Zimmer. Eine schöne Wanderung führt von den Thermen zum Krater des **Volcán Achen Niyeu**.

Lago Huechulafquen (via RP 61)

In Puerto Canoa am Nordufer des Lago Huechulafquen beginnen einige lohnenswerte **Wanderungen** (S. 437). Die Busse fahren ab Juníns Busbahnhof zweimal morgens (normalerweise gegen 8 und 11 Uhr) und einmal nachmittags (gegen 16 Uhr). Wer den letzten Bus verpasst, muss im Park zelten.

Circuito Tromen (via RP 60)

Zweimal täglich starten in Junín de los Andes Busse zum **Lago Tromen** (S. 438). Der Lago Tromen ist auch mit jedem Bus zu erreichen, der nach Chile fährt; der Ausstieg ist dann in Tromen.

Parque Nacional Lanín

N 0 _____ 20 km

Lago Villarrica

● Pucón

▲ Volcán Villarrica (2847 m)

🏕 Parque Nacional Villarrica

Lago Calafquen

Lago Ruca Choroi

Lago Quillén

Rahué (28 km); Aluminé (45 km)

ARGENTINIEN

Lago Tromen

Paso Tromen (Mamuil Malal) (1207 m)

Volcán Lanín (3776 m)

🏠 CAJA refugio

Lago Paimún ● Piedra Mala

● Puerto Canoa

Paso Carirriñe (1123 m)

Termas de Lahuen-Có

Lago Huechulafquen

RP 60

Lago Epulafquen

Lago Curruhué

RP 61

▲ Volcán Choshuenco (2415 m)

Lago Pirehueico

▲ Volcán Achen Niyeu

RP 62

🏠 Parque Nacional Lanín

Junín de los Andes

Lago Lolog

🏕 Camping Puerto Arturo

Paso Hua Hum (659 m)

s. Karte Parque Nacional Nahuel Huapi (S.419)

San Martín de los Andes

RP 48

Lago Lácar

🏃 Aktivitäten

Von der Rangerstation bei **Puerto Canoa** führt ein siebenstündiger Rundweg zur **Cara Sur de Lanín** (Südseite des Volcán Lanín). Für die Wanderung haben die Parkranger 11 Uhr als späteste Aufbruchszeit festgelegt. Rangerstationen gibt es jeweils am Eingang zum Huechulafquen und bei Puerto Canoa. In Puerto Canoa werden auch Bootsfahrten auf dem See mit dem Schiff **José Julian** (☎ 02972-428029; www.catamaran-josejulian.com.ar; 350 Arg$) angeboten.

Von der Rangerstation bei **Puerto Canoa** führt ein lohnenswerter Wanderweg zu einem Aussichtspunkt am Hang des Lanín. Von dort kann man weiter zum Paso Tromen marschieren oder die Wanderung zu einer der beiden Schutzhütten fortsetzen: das **Refugio RIM** gehört dem Regimiento de Infantería de Montaña (RIM), das **Refugio CAJA** dem Club Andino Junín de los Andes (S. 440). Beide sind sehr einfache, aber gut gepflegte Schutzhütten und können als Ausgangspunkt für eine Gipfelbesteigung genutzt werden. Der Weg beginnt auf einer verlassenen Straße und führt nach etwa 40 Minuten in den Wald, wo er sich am **Arroyo Rucu Leufu**, einem schönen Gebirgsfluss, entlangschlängelt. Auf halber Strecke zum *refugio* befindet sich ein ausgedehnter **Pehuén-Wald**. Die Bäume haben hier ihre südlichste Verbreitungsgrenze im Park. Für alle, die nicht genügend Zeit für die gesamte Wanderstrecke haben: Der Wald ist einer der Höhepunkte der Strecke! Der Weg zur 2450 m hoch gelegenen Hütte des RIM dauert ungefähr sieben Stunden (einfach), zur Hütte des CAJA wird noch etwas mehr Zeit benötigt.

Eine weitere lohnende Wanderung durch das Hinterland führt rund um den **Lago Paimún**. Für die Gesamtstrecke sollten ab Puerto Canoa zwei Tage eingeplant werden; der Rückweg zur Nordseite des Sees führt über eine Seilbrücke, die die Engstelle zwischen Huechulafquen und Paimún überwindet. Eine Alternative ist die kürzere Wanderung von dem schön gelegenen Campingplatz bei **Piedra Mala** zur **Cascada El Saltillo**; der Wasserfall liegt in einem nahe gelegenen Wald. Ab der Stelle, wo die Treibholz-„Brücke" den Bach überquert, ist allerdings ein Allradfahrzeug nötig. Wer keines hat, der geht zu Fuß von hier nach Piedra Mala. Die Straße, die bis dorthin auch für normale Autos befahrbar ist, kann nach einem strengen Winter in einem sehr schlechten Zustand sein. In Piedra Mala werden auch Pferde vermietet. Die Busse von Transportes Ko-Ko verkehren im Sommer täglich vom Busbahnhof in San Martín bis nach Piedra Mala.

🛏 Schlafen

Entlang der Straße gibt es jede Menge Campingplätze; wer in freier Natur an den Engstellen zwischen den Seen und der Straße zeltet, muss eine Latrine graben und den Müll wieder mitnehmen. Wer auf die offiziellen Campingplätze geht, die zwar nicht luxuriös sind, aber gepflegt werden, unterstützt damit gleichzeitig die Mapuche, die die Zeltplätze betreuen. Für sie ist es eine der wenigen Möglichkeiten, wenigstens ein geringes Einkommen auf dem Land zu verdienen, das ihnen der Staat vor hundert Jahren weggenommen hat. Zu den empfehlenswerten Plätzen gehören **Camping Raquithue** (pro Pers. 5 US$) und **Bahía Cañicul** (☎ 0297-249-0211; pro Pers. 5 US$).

Wer nicht zelten möchte, sollte sich einen Aufenthalt in der **Hostería Refugio Pescador** (☎ 0294-15-425-5837; www.refugiodelpescador.com; Zi. pro Pers. inkl. Vollpension 82 US$) oder in dem 3-Sterne-Hotel **Hos-**

tería Paimún (☎ 02972-491758; www.hosteriapaimun.com.ar; Zi. pro Pers. inkl. Vollpension 126 US$) gönnen; beide Hotels bieten auch Angelausflüge an.

Lago Tromen & Volcán Lanín

Der nördliche Zugang zum **Volcán Lanín** (3776 m) liegt an der argentinisch–chilenischen Grenze. Hier beginnt die kürzeste Aufstiegsroute auf den Vulkan, die auch als erste im Jahr für Wanderer und Bergsteiger geöffnet wird. Vor der Besteigung des Lanín muss man sich im Nationalparkbüro Lanín in San Martín (S. 434) eine Erlaubnis besorgen, eventuell auch bei der *gendarmería* (Grenzposten) in Junín; von hier fahren auch **Busse** (S. 440) ab. Sowohl im Nationalparkbüro als auch am Grenzposten wollen sie die komplette Ausrüstung, inklusive Plastikwerkzeuge, Steigeisen, Eispickel und Kleidung (mit Sonnenbrille, Sunblocker, Handschuhen, Hut und wattierter Jacke), sehen.

Vom Startpunkt des Trails an der argentinischen Grenzstation führt der Weg zunächst fünf bis sieben Stunden bis zum **Refugio CAJA** (Platz für 20 Personen) auf 2600 m Höhe am Camino de Mulas. Oberhalb dieses Punktes geht nichts mehr ohne Hochgebirgsausrüstung. Eine kürzere, aber steilere Route verläuft entlang des Kamms **Espina del Pescado**. Trekker können über die Sierra Mamuil Malal durchqueren und über Arroyo Rucu Leufu zum Lago Huechulafquen wandern.

Andestrack (S. 429) sowie auch das Parkbüro in San Martín organisieren Guides für die Besteigung des Lanín. Normalerweise dauert die Tour zwei Tage: Man bricht am frühen Morgen auf und übernachtet in der Hütte (*refugio*) des RIM. Noch vor Sonnenaufgang beginnt am nächsten Tag der Aufstieg zum Gipfel, danach geht es auch gleich wieder zurück. Im Winter vermittelt Andestrack auch Führer, die mit ihren Kunden aufsteigen und dann mit ihnen auf Skiern oder Snowboards ins Tal hinabfahren.

Wer dagegen lieber kürzere Wanderungen unternehmen möchte, kann vom Lago Tromen aus eine **eineinhalbstündige Rundtour** entlang des Flusses und durch einen Araukarienwald unternehmen. Der Wanderweg bietet wunderbare Ausblicke auf den See. Eine weitere Möglichkeit bietet sich mit einer 45-minütigen Wanderung zum Fuß des **Volcán Lanín's Cara Norte** (Nordseite).

Nördliche Seen

Im dichtesten Pehuén-Wald des Parks liegt der einsame Lago Quillén. Zu erreichen ist er über eine Schotterpiste von Rahué aus, das 17 km südlich von Aluminé liegt. Hier gibt es auch zahlreiche empfehlenswerte **Campingplätze**. Weitere Seen in der Umgebung sind der **Lago Ruca Choroi** direkt westlich von Aluminé und der **Lago Ñorquinco** an der Nordgrenze des Parks. In Ruca Choroi und Quillén befinden sich Reservate der Mapuche.

Junín de los Andes

📞 02972 / 12 600 EW. / 800 M

Die Stadt wirkt viel bescheidener als die anderen Orte im Seengebiet, genießt aber bei den Fliegenfischern eine außerordentliche Beliebtheit. Junín bezeichnet sich selbst als „Forellenhauptstadt der Provinz Neuquén". Übertriebenermaßen sind sogar die Straßenschilder in Forellenform gestaltet. Von hier aus lassen sich einige schöne Rundfahrten um den Lago Huechulafquen unternehmen, die zu Mapuche-Dörfern führen. Deren Bewohner zeichnen sich durch besondere Gastfreundlichkeit aus. Wer sich außerhalb der Hochsaison auf den Weg macht, fährt am besten mit dem eigenen Fahrzeug (gut trainierte Sportler schaffen die Touren locker auch mit dem Fahrrad). Doch auch die lokalen Reiseveranstalter bieten günstige Touren an.

☉ Sehenswertes & Aktivitäten

Die Umgebung Juníns ist schöner als der Ort selbst, dort lohnt sich allerdings ein Besuch im Museum.

Museo Mapuche   MUSEUM
(Padre Milanesio 751; Eintritt Spende; ⊗ Mo–Fr 9–12.30 & 14–19, Sa 9–12.30 Uhr) Zu den Ausstellungsstücken in diesem Museum gehören Webarbeiten der Mapuche sowie archäologische Fundstücke.

Vía Cristi   WAHRZEICHEN
Etwa 2 km vom Stadtzentrum entfernt am Ende der Avenida Antardida Argentina führt die Vía Cristi auf den Cerro de la Cruz. Mit 22 Skulpturen, Basreliefs und Mosaiken schildert sie eindrucksvoll die Eroberung der Wüste, dokumentiert Mapuche-Legenden, christliche Themen und die Geschichte der einheimischen Bevölkerung.

Forellenfischen   ANGELN
(360/1080/1440 Arg$ pro Tag/Woche/Saison) Das Gebiet rund um Junín ist absolut ideal zum Forellenfischen. Besonders lohnenswert ist der Río Aluminé nördlich von Junín. Die Fische müssen allerdings im Anschluss wieder ins Wasser geworfen werden. Angelscheine sind bei der Touristeninformation erhältlich.

Ciclismo Mavi   FAHRRADVERLEIH
(Felix San Martín 415; ⊗ 9–13 & 15–18 Uhr) Mountainbikes sind für 30/160 Arg$ pro Stunde/Tag zu mieten.

☞ Geführte Touren

Picurú Turismo   GEFÜHRTE TOUR
(📞 02792-492829; www.picuruturismo.tur.ar; Coronel Suárez 371; ⊗ Mo–Fr 9–18, Sa 9–13 & 16–19 Uhr) Empfehlenswerter Veranstalter für Ausflüge in den Parque Nacional Lanín und zu den Mapuche-Dörfern.

🎉 Feste & Events

Im Januar werden auf der **Feria y Exposición Ganadera** die besten Rinder, Pferde, Schafe, Geflügel und Kaninchen der Region ausgestellt. Außerdem finden Reitwettbewerbe und Handwerksausstellungen statt. Die Feria ist eine Schau der *estancieros* (Besitzer einer *estancia*).

Im Juli zeigen die Mapuche ihre Handwerkskunst während der **Semana de Artesanía Aborígen**.

Das **Nationale Forellenfest** findet im November statt.

🛏 Schlafen

Die Haupturlaubszeit fällt mit der Angelsaison (November bis Ende April) zusammen; in der Nebensaison sind die Preise günstiger als hier angegeben.

Reencuentro Hostel   HOSTEL **$**
(📞 02972-492220;   www.elreencuentrohostel. blogspot.com; Pedro Illera 189; B/EZ/DZ/3BZ 9/10/19/29 US$; @ 🛜) Gemütliches kleines Haus mit zwei 5-Bett-Schlafsälen und alten Holzfußböden.

Camping Laura Vicuña   CAMPINGPLATZ **$**
(Ginés Ponte s/n; Stellplatz pro Pers. 6 US$; 🛜) Es gibt wohl kaum eine schönere Lage für einen städtischen Campingplatz – auf einer Insel zwischen zwei plätschernden Bächen. Der Platz bietet die übliche Infrastruktur, außerdem werden gut ausgestattete Ferienhäuser vermietet (min. 3 Nächte).

★ Hostería Chimehuín   HOTEL $$

(☏02972-491132; www.interpatagonia.com/
hosteriachimehuin; Ecke Coronel Suárez & 25 de
Mayo; EZ/DZ 67/95 US$; ☎) Eine tolle Unter-
kunft nur wenige Minuten vom Stadtzentrum entfernt. Wer rechtzeitig reserviert,
bekommt mit Glück vielleicht ein Zimmer
mit Balkon zum Fluss. Auf jeden Fall sind
die Zimmer groß, warm und gemütlich, so
wie das ganze Haus.

Rüpú Calel   HOTEL $$

(☏02972-491569; Coronel Suárez 560; EZ/DZ
42/60 US$; ☎) Manche Gäste empfinden
die großen Zimmer als zu schlicht und minimalistisch, doch sie sind auf jeden Fall
angenehm und blitzsauber, genauso wie die
geräumigen Bäder.

✗ Essen

Juníns Restaurants werden langsam besser.
Regionale Spezialitäten wie Forelle, Wildschwein und Hirsch stehen auf einigen Speisekarten.

Sigmund   ARGENTINISCH $

(Juan M de Rosas 690; Hauptgerichte 80–140 Arg$;
☉12–24 Uhr; ☎) Bekanntes, angesagtes Restaurant mit buntem Dekor, gesundem Essen
und einer tollen *onda* (Atmosphäre). Auf
der Karte stehen unendlich viele Arten von
Pizza, Pasta, Sandwiches und Salaten; und
alles wird mit außerordentlicher Freund-
lichkeit serviert.

Lespos   PIZZA $$

(Domingo Milanesio 520; Hauptgerichte 100–
150 Arg$; ☉12–1 Uhr) Nette kleine Pizzeria mit
sehr angenehmer Atmosphäre. Auf der Speisekarte stehen nicht nur viele verschiedene
Pizzas, sondern auch Hamburger. Auch die
Musikauswahl ist ansprechend.

Ruca Hueney   PARRILLA $$

(☏02792-491113; Ecke Colonel Suárez & Domingo
Milanesio; Hauptgerichte 110–160 Arg$; ☉12–
24 Uhr; ☎) Ruca Hueney, Juníns ältestes
Restaurant, ist eine verlässliche Wahl. Die
Speisekarte ist umfangreich, die Portionen
sind groß, allerdings ist der Service eher ge-
wöhnungsbedürftig. Wer stattdessen dann
lieber ein Picknick im gegenüberliegenden
Park machen möchte, findet nebenan einen
Imbiss, der dafür Gerichte zum Mitnehmen
anbietet.

❶ Orientierung

Das Zentrum liegt zwischen dem Highway und
dem Fluss. Die Avenida San Martín, die westlich

der Plaza San Martín verläuft, ist nicht identisch
mit der Félix San Martín, die sich zwei Straßenzüge weiter westlich erstreckt.

❶ Praktische Informationen

Banco de la Provincia de Neuquén (Av San
Martín, zwischen Coronel Suárez & General
Lamadrid; ☉Mo–Fr 9–13 Uhr) Gegenüber der
Plaza.

Club Andino Junín de los Andes (Milanesio
362; ☉Di–Fr 16–18, Sa 11–13 Uhr) Der Berg-
steigerclub bietet Informationen über die Besteigung des Volcán Tromen und über andere
Exkursionen im Parque Nacional Lanín.

Nationalparkbüro Lanín (☏02972-491160;
Ecke Domingo Milanesio & Coronel Suárez;
☉8–21 Uhr) In der Touristeninformation. Hier
gibt es Informationen über den Parque Nacional Lanín.

Post (Ecke Coronel Suárez & Don Bosco;
☉Mo–Fr 8–18, Sa 9–13 Uhr)

Touristeninformation (☏02792-491160;
junindelosandes.gov.ar; Ecke Domingo Milanesio & Coronel Suárez; ☉8–21 Uhr) Äußerst
nette Mitarbeiter; hier sind Angelscheine und
ein Verzeichnis der zugelassenen Angelführer
erhältlich.

❶ An- & Weiterreise

Der Flughafen Chapelco liegt genau zwischen
Junín und San Martín de los Andes. Es gibt
regelmäßig Flüge nach Buenos Aires und Neuquén. Ein *remise* in die Stadt sollte etwa 90 Arg$
kosten. Wer das nicht ausgeben möchte, läuft
1 km zum Highway und hält dort einen Bus an
(23 Arg$, 25 Min.).

Der **Busbahnhof** (☏02792-492038; Ecke Olavarría & Félix San Martín) liegt drei Blocks von
der Hauptplaza entfernt. El Petróleo fährt 3-mal
wöchentlich nach Aluminé (159 Arg$, 3 Std.).

Busse ab Junín de Los Andes

REISEZIEL	FAHRPREIS (ARG$)	FAHRZEIT (STD.)
Buenos Aires	1906	22
Neuquén	645	6
San Martín de los Andes	55	1
Zapala	293	3

Aluminé

☏02942 / 4600 EW. / 400 M

In Aluminé scheint die Zeit stehen geblieben zu sein. Auch wenn es sich mittlerweile
zu einem wichtigen touristischen Ziel entwickelt hat, wird es doch weniger häufig
besucht als die Orte im Süden. Die Stadt

liegt 103 km nördlich von Junín de los Andes an der RP 23 und ist ein beliebtes Ziel für Fliegenfischer. Von Aluminé aus ist der selten besuchte Nordteil des Parque Nacional Lanín am besten zu erreichen. Der Río Aluminé eignet sich hervorragend zum Wildwasser-Rafting und zum Kajakfahren.

◉ Sehenswertes & Aktivitäten

Die Touristeninformation hat ein Verzeichnis aller verfügbaren **Angelführer** und verkauft auch Angelscheine (360/1080/1440 Arg$ pro Tag/Woche/Saison). **Mali Viajes** (☑ 02942-496310) bietet während des Sommers landschaftlich schöne Touren auf Nebenstraßen des Circuito Pehuenia (siehe unten) an.

Aigo & Salazar   DÖRFER
Zu den nahe gelegenen Mapuche-Dörfern Aigo und Salazar führt eine 26 km lange Schotterpiste in Richtung **Lago Ruca Choroi** (im Parque Nacional Lanín). Die Dorfbewohner verkaufen traditionelle Webwaren, Nüsse der Araukarien und im Sommer *comidas típicas* (typische Speisen). Salazar ist durch einen 12 km langen ausgeschilderten Wander- und Radweg entlang des Flusses leicht zu erreichen. Aigo liegt weitere 14 km entfernt.

Aluminé Rafting   OUTDOOR
(☑ 02942-496322; www.interpatagonia.com/aluminerafting; Conrado Villegas 610; ◷ Mo–Sa 9–18 Uhr) Die ideale Adresse für Rafting auf dem Río Aluminé (die beste Zeit ist der November) sowie Kajakfahren, Fliegenfischen, Wandern und Klettern.

⌂ Schlafen & Essen

Für Gruppen hält die Touristeninformation ein Verzeichnis von Ferienhäusern bereit – manche sogar ganz in der Nähe der Stadt, die oft eine günstige Alternative darstellen. Die Hauptsaison fällt mit der Angelsaison von November bis Ende April zusammen.

Nid Car   HOTEL $
(☑ 02942-496131; nidcaralumine@yahoo.com.ar; Ecke Christian Joubert & Benigar; EZ/DZ 28/34 US$) Sehr schlichte, aber recht geräumige Zimmer direkt oberhalb der Plaza. Das günstigste Hotel der Stadt und keine schlechte Wahl, wenn man nicht zu kritisch ist.

★ El Hostal del Río   HOTEL $$
(☑ 02942-15-696808; www.elhostaldelrio.com.ar; RP 23 s/n; EZ/DZ 65/95 US$; ☎) Einige Kilometer nördlich der Stadt liegt die bezaubernde Lodge mit viel Holz und Stein. Sie bietet viel Komfort und von der Terrasse eine fantastische Aussicht auf den Río Aluminé. Die Zimmer sind geräumig und makellos, der schattige Garten und die Gemeinschaftsräume werden liebevoll gepflegt.

La Posta del Rey   ARGENTINISCH $$
(Christian Joubert 336; Hauptgerichte 110–160 Arg$; ◷ 8–23 Uhr; ☎) Das Restaurant in der Hostería Aluminé bietet das beste Essen der Stadt. Auf der Speisekarte finden sich alle argentinischen Klassiker, dazu patagonische Spezialitäten wie Lamm, Hirsch und Forelle.

ⓘ Praktische Informationen

Banco del Provincia del Neuquén (Ecke Conrado Villegas & Torcuato Mordarelli; ◷ Mo–Fr 9–13 Uhr) Bank und Geldautomat.
Touristeninformation (☑ 02942-496001; info@alumine.gov.ar; Christian Joubert, Plaza San Martín; ◷ Mitte März–Nov. 8–20 Uhr, Dez.–Mitte März 9–21 Uhr) Karten und Informationen über die Umgebung, Angelscheine, Straßenverhältnisse etc.

ⓘ An- & Weiterreise

Aluminés **Busbahnhof** (☑ 02941-496048) liegt direkt unterhalb der Plaza und nicht weit von den angegebenen Hotels entfernt. Aluminé Viajes und Albus fahren täglich nach Neuquén (352 Arg$, 6 Std.), Zapala (221 Arg$, 3–3½ Std.) und San Martín de los Andes (159 Arg$, 4½ Std.). Außerdem gibt es täglich um 19.30 Uhr eine Verbindung nach Villa Pehuenia (112 Arg$, 1 Std.).

Villa Pehuenia
☑ 02942 / 700 EW./ 1200 M

Villa Pehuenia ist ein idyllischer kleiner Ort am Ufer des Lago Aluminé. Er befindet sich 102 km nördlich von Junín de los Andes (über die RP 23 und Aluminé) und 120 km westlich von Zapala (RP 13). In der Nähe liegen mehrere Mapuche-Dörfer, dazu gehört auch Puel zwischen dem Lago Aluminé und dem Lago Moquehue.

Der Ort ist im Zentrum der Region Pehuen, die ihren Namen den vielen Pehuén-Bäumen (Araukarien) verdankt. Für Autofahrer lohnt sich der Circuito Pehuenia, eine vier- bis sechsstündige Rundfahrt von Villa Pehuenia zum Lago Moquehue, Lago Ñorquinco, Lago Pulmarí und zurück zum Lago Aluminé.

DIE MAPUCHE

Der größte indigene Stamm im Seengebiet, die Mapuche, kam ursprünglich aus Chile. Sie widerstanden mehreren Unterwerfungsversuchen der Inkas und kämpften fast 300 Jahre gegen die Herrschaft der Spanier. Ihre Übersiedlung nach Argentinien vollzog sich sehr langsam. Bereits im 17. Jh. unternahmen die chilenischen Mapuche häufig Wanderungen über die Anden, um Handel zu treiben. Einige von ihnen blieben auch. In den 1880er-Jahren verstärkte sich der Zuzug, da die chilenische Regierung die Mapuche von ihrem Land vertrieb.

Einer anderen Theorie zufolge drangen die Mapuche verstärkt nach Osten vor, weil für sie das *puelmapu* (das östliche Land) eine besondere Bedeutung hat. Im Glauben der Mapuche kommt alles Gute (wie die Sonne) aus dem Osten.

Neben dem Handel lebten die Mapuche (in ihrer Sprache, dem Mapudungun, bedeutet der Name „Leute des Landes") schon immer von der Landwirtschaft und betätigten sich als Jäger und Sammler. Es gibt keine zentrale Regierung – jede Großfamilie wird von einem *lonko* (Häuptling) angeführt, und in Kriegszeiten versammelten sich die Familien, um einen *toqui* (Axtträger) zu wählen, der sie anführte.

Der *machi* (Schamane) spielt bis heute eine wichtige Rolle bei den Mapuche. Normalerweise erfüllt diese Funktion eine Frau; zu ihren Aufgaben gehören Zeremonien zur Heilung von Krankheiten, zum Abwehren von Unheil und bösen Träumen und zur Beeinflussung des Wetters, der Ernten und sozialer Kontakte. Der *machi* wusste auch Heilkräuter richtig anzuwenden. Leider ist dieses Wissen im Laufe der Jahre verloren gegangen, da die Mapuche immer weniger Land besitzen und die Artenvielfalt der Pflanzen abgenommen hat.

Genaue Zahlen über die Anzahl der in Argentinien ansässigen Mapuche schwanken je nach Quelle. Die offizielle Zählung liegt bei 300 000, die Mapuche behaupten aber, dass ihre Zahl bei 500 000 liegt.

Sowohl in Chile als auch in Argentinien leben die Mapuche unter bescheidenen Bedingungen auf dem Land oder ziehen auf der Suche nach Arbeit in die großen Städte. Schätzungen zufolge gibt es in Chile immer noch 200 000 Menschen, die fließend Mapudungun sprechen. Hier werden große Anstrengungen unternommen, um die Sprache auch in der Schule wieder zu beleben. In Argentinien gibt es dagegen kein offizielles Programm, die Zahl der Muttersprachler ist nicht bekannt. So besteht die begründete Befürchtung, dass die Sprache bald aussterben wird.

Neben dem Verlust der Sprache ist die größte Bedrohung für die Kultur der Mapuche der Verlust des Landes. Dieser Prozess ist bereits im Gange, seit ihr Landbesitz nach der Eroberung der Wüste umverteilt wurde und viele Mapuche in Reservate umgesiedelt wurden. Hier sind die Böden häufig sehr schlecht und ohne spirituelle Bedeutung. Wie viele Ureinwohner haben auch die Mapuche eine besondere Beziehung zu ihrem Land und glauben, dass bestimmte Felsen, Berge und Seen eine spirituelle Bedeutung haben.

Obwohl die Mapuche in einer relativ gut organisierten Kampagne für mehr Land kämpfen, wird immer noch Mapuche-Land kommerziellen Interessen (Öl-, Rinder- und Waldindustrie) geopfert. Es sieht jedoch nicht so aus, als würden die unbeugsamen Mapuche von der Landkarte verschwinden. Ihrer Meinung nach ist ihr kulturelles Überleben an ihre wirtschaftliche Unabhängigkeit geknüpft, deswegen finden sich auch überall im Seengebiet Geschäfte und Einrichtungen, die von Mapuche betrieben werden und in ihrem Besitz sind.

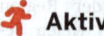

Aktivitäten

Volcán Batea Mahuida
WANDERN

Vom Gipfel des Vulkans bietet sich ein großartiger Blick auf acht weitere Vulkane (vom Lanín im Süden bis zum Copahue im Norden), die sich in Argentinien und jenseits der Grenze in Chile befinden.

Auf dem Batea Mahuida gibt es einen kleinen Kratersee. Wer möchte, kann bis kurz unterhalb des Gipfels fahren, was allerdings nur im Sommer möglich ist, und von dort in etwa zwei Stunden zu Fuß hinauf zum Gipfel auf 2010 m Höhe wandern.

Batea Mahuida SKIFAHREN
(☑02942-467711; www.cerrobateamahuida.com.
ar; Skipass 300–400 Arg$ pro Tag) 🏂 Auf dem
Volcán Batea Mahuida befindet sich das
kleine, von Mapuche betriebene Skigebiet;
es besteht aus kaum mehr als einigen Pisten mit zwei Schleppliften. Langläufer sind
besser dran – für sie gibt es eine Loipe, die
rund um den Park führt und eine atemberaubende Aussicht auf den Vulkan und die
Seen bietet.

Los Pehuenes ABENTEUERTOUREN
(☑02942-498029; www.pehuenes.com.ar; Centro
Comercial; ⊗9–13 & 16–20 Uhr) Der ortsansässige Veranstalter für Abenteuertouren
hat Ausritte sowie Rafting-, Trekking- und
Off-Road-Touren mit dem Jeep im Angebot.

🛏 Schlafen & Essen
Viele Hotels und Geschäfte in Villa Pehuenia
schließen außerhalb der Saison. *Hosterías*
und *cabañas* finden sich überall auf der
Peninsula de los Coihues.

Hostería de las Cumbres HOTEL $$
(☑02942-498097; www.posadalascumbre.com.ar;
DZ 70 US$; ⊗ganzjährig; ☎) Diese gemütliche
kleine *hostería* befindet sich im Ortszentrum direkt am Wasser. Die ziemlich kleinen
Zimmer liegen an engen Fluren, aber der
Seeblick aus den vorderen Räumen entschädigt für alles.

★La Escondida HOTEL $$$
(☑02942-15-691166; www.posadalaescondida.
com; Zi. ab 185 US$; ⊗ganzjährig; ☎) Die kleine
posada (Gasthof) liegt versteckt am Seeufer.
Es gibt nur sechs Räume, die aber alle schön
eingerichtet sind, und eine Terrasse zum See
haben. Die Aufenthaltsräume sind luxuriös
und das Restaurant gehört zu den besten im
Ort. Für Gruppen gibt es auch preiswerte Fe-
rienhäuser (allerdings ohne Seeblick).

La Moquehuina ARGENTINISCH $$
(Hauptgerichte 120–200 Arg$; ⊗ganzjährig Di–Sa
12–15 & 21–24 Uhr) Da das Restaurant nur drei
Tische hat, sollte man vor einem Besuch unbedingt reservieren. Es lohnt sich, denn die
patagonischen Klassiker gibt es hier in einer
Gourmet-Version, dazu kommt eine ausgezeichnete Auswahl an Craft-Bieren und regionalen Weinen.

❶ Praktische Informationen
Banco de la Provincia del Neuquén (RP 13
s/n; ⊗Mo–Fr 9–13 Uhr) Neben der Polizei;
Geldautomat..

Oficina de Turismo (☑02942-498044; www.
villapehuenia.gov.ar; RP 13 s/n; ⊗9–20 Uhr)
Am Ortseingang gelegen; sehr hilfsbereite
Mitarbeiter, viele nützliche Karten der Region.

❶ Anreise & Unterwegs vor Ort
Ohne Auto ist die Fortbewegung in dieser
Region eher schwierig, auch wenn im Sommer
Trampen gut möglich ist. **Destinos Patagonicos**
(☑02942-498067; Centro Comercial) ist der
Vertreter für Albus, die einzige Busgesellschaft,
die zur Zeit in diesem Ort fährt. Täglich verkehren
Busse nach Zapala (286 Arg$, 4½ Std.), Neu-
quén (458 Arg$, 7 Std.) und Aluminé (112 Arg$,
1 Std.).

Caviahue
☑02948 / 610 EW./ 1600 M
Am Westufer des Lago Caviahue und am
südöstlichen Fuß des Volcán Copahue liegt
der Wintersportort Caviahue. Der Ort ist
hübscher als das nördlich gelegene Copahue, erfreut sich aber auch wachsender
Beliebtheit. Daher wird man in den Sommermonaten auch häufig durch Baulärm
gestört.

🏃 Aktivitäten
Der Ort dient als Ausgangspunkt einiger
schöner kurzer Wanderungen; eine beliebte Tagestour führt entlang des Wasserfalls
Cascada Escondida zur **Laguna Escondida**. Eine andere Tour, die zu den vier Wasserfällen **Cascadas Agrio** führt, startet an
der Brücke am Ortseingang. Die Touristeninformation hält eine ausgezeichnete Karte
für diese und andere Touren in der Umgebung bereit.

Hotel Caviahue SPA
(☑02948-495044; hotelcaviahue@issn.gov.ar; 8
de Abril s/n; Anwendungen ab 150 Arg$) Wer sich
gerne verwöhnen lassen möchte, kann in
diesem Hotel Thermalbäder und andere Anwendungen genießen.

Centro de Ski Cerro Caviahue SKIFAHREN
(☑02948-495043; www.caviahue.com) Knapp
2 km westlich von Caviahue liegt das Skigebiet mit sieben Sesselliften und vier Schleppliften, die die Skifahrer auf den Gipfel des
Volcán Copahue (2953 m) bringen. Skiausrüstung (Ski/Snowboard 195–280 Arg$ pro
Tag) kann im Ort oder im Skigebiet ausgeliehen werden. Skipässe kosten für Erwachsene zwischen 440 und 680 Arg$ pro Tag, je
nach Saison.

👉 Geführte Touren

Caviahue Tours WANDERUNGEN, OUTDOOR
(☎02948-495138; www.caviahuetours.com; Av
Bialous Centro Comercial local 11; ☺9–13 & 16–
20 Uhr) Wer das Abenteuer liebt, kann hier
geführte Touren buchen, beispielsweise zur
Laguna Termal und zum Volcán Copahue.
Außerdem werden im Sommer Mountainbikes verliehen und im Winter Hundeschlittenfahrten angeboten.

🛏 Schlafen

Hebe's House HOSTEL $
(☎02948-495138; www.hebeshouse.com.ar; Mapuche & Puesta del Sol; B/DZ 20/60 US$; ☺Dez.–
Sept.; ☎) Hier werden die Gäste in gemütlichen, aber engen Schlafsälen untergebracht.
Das nette Haus im alpenländischen Stil bietet Küchenbenutzung, Waschmaschine und
jede Menge Informationen für Touristen. Im
Winter sollte man frühzeitig reservieren.

Hotel Caviahue HOTEL $$
(☎02948-495044; hotelcaviahue@issn.gov.ar; 8 de
Abril s/n; EZ/DZ 57/77 US$; ☎) Ein weitläufiges,
altmodisches Hotel am Berg mit Blick auf
die Stadt, den See und die Berge. Es ist au-
ßerdem das einzige, das ganzjährig geöffnet
hat. Außerhalb der Saison sinken die Preise
um bis zu 30 %. Hier befindet sich auch das
einzige ganzjährig geöffnete **Restaurant**
der Stadt (Hauptgerichte 60–100 Arg$).

ℹ Praktische Informationen

Oficina de Turismo (☎02948-495036; www.
caviahue-copahue.gov.ar; ☺9–20 Uhr) Am
Ortseingang. Gute Karten und aktuelle Infor-
mationen über Unterkünfte im Ort. Ein weiteres
Büro befindet sich in der *municipalidad* (Rat-
haus).

ℹ An- & Weiterreise

Täglich fährt ein Bus über Zapala (156 Arg$,
3½ Std.) nach Neuquén (270 Arg$, 6½ Std.).
Wer nach Chos Malal möchte, kann die Fahrzeit
verkürzen, indem er in Las Lajas (122 Arg$,
2½ Std.) umsteigt. Aber unbedingt rechtzeitig
Informationen über die Abfahrtszeiten bei der
Busgesellschaft **Cono Sur** (☎02942-432607)
einholen – denn falls man irgendwo festsitzt,
sollte das am besten noch in Zapala sein.

Copahue
📞 02948 / 2030 M

Der kleine Kurort mit Thermalquellen liegt
an der nordöstlichen Seite des gleichnami-

gen Vulkans – umgeben von dampfenden
Schwefelseen und einem Becken mit blub-
berndem, heißem Schlamm, der beliebten
Laguna del Chancho (Eintritt 50 Arg$; ☺8–
18 Uhr). Die Lage in einer Art natürlichem
Amphitheater, das von den Bergen gebildet
wird, ist spektakulär, aber sonst hat der Ort
nicht viel zu bieten.

Copahue hat sich zu einem beliebten Ziel
für argentinische Touristen entwickelt, was
sich auch am Wachstum der Infrastruktur
ablesen lässt. Allerdings kann der Ort nur
zwischen Anfang Dezember und Ende April
besucht werden, die übrige Zeit ist er ein-
geschneit.

Im Mittelpunkt steht der große, moderne
Complejo Termal Copahue (☎0299-442-
4140; www.termasdecopahue.com; Ortiz Velez; Bad
80 Arg$, Behandlungen ab 150 Arg$), in dem die
unterschiedlichsten Anwendungen angebo-
ten werden.

Im Sommer fährt einmal täglich ein Bus
über Zapala (176 Arg$, 4 Std.) nach Neuquén
(300 Arg$, 7 Std.) In den übrigen Monaten
gibt es keine fahrplanmäßige Verbindung.

🛏 Schlafen & Essen

Residencial Codihue HOTEL $
(☎02948-495543; www.codihue.wix.com; Velez s/
n; EZ/DZ 45/80 US$) Residencial Codihue ist
die günstigste empfehlenswerte Unterkunft
im Ort. Die einfachen Zimmer liegen in der
Nähe des Thermalbads. Man kann sogar
Vollpension buchen.

Hotel Termas HOTEL $$
(☎02948-495525; www.hoteltermascopahue.com.
ar; Doucloux s/n; EZ/DZ ab 76/112 US$; ☎) Das
beste Hotel im Ort ist das Hotel Termas, das
über moderne Zimmer, gemütliche Aufenthaltsräume und ein ausgezeichnetes Restaurant mit klassischer argentinischer Küche
und regionalen Spezialitäten verfügt.

Parrillada Nito PARRILLA $$
(Zambo Jara s/n; Hauptgerichte 110–160 Arg$;
☺12–23.30 Uhr) Parrillada Nito ist die belieb-
teste *parrilla* (Steakhaus) im Ort.

Chos Malal
📞 02948 / 13 100 EW./ 862 M

In der kargen, wüstenähnlichen Landschaft
nördlich von Zapala erwarten die wenigsten
Reisenden, eine solch hübsche kleine Stadt
vorzufinden. Die Stadt am Zusammenfluss
von Río Neuquén und Río Curi Leuvú bietet
zwei große Plazas, die die Namen der beiden

WANDERUNG ZUR LAGUNA TERMAL

Diese Tagestour ab Copahue lässt sich auch ohne ortskundigen Führer in gut acht Stunden bewältigen. Die Strecke ist nur zwischen Dezember und April schneefrei, in den übrigen Monaten ist eine entsprechende Ausrüstung erforderlich. Wer die Nebenstrecke zum Gipfel des Volcán Copahue nehmen möchte, sollte sich von einem erfahrenen Führer begleiten lassen. Zu den zahlreichen Veranstaltern, die Guides vermitteln, gehört **Caviahue Tours** (S. 444).

Vom **Hotel Valle del Volcán** am oberen südwestlichen Rand des Ortes führt der Weg über die kleine Fußgängerbrücke und hinter der lebensgroßen **Statue der Jungfrau Maria** bergauf. Der ausgetretene Pfad verläuft über eine kaum bewachsene Ebene in Richtung des Kegels des **Volcán Copahue**, die Hänge gehen in üppige grüne Wiesen über, die das Nordufer des westlichen „Zwillings" der **Lagunas Las Mellizas** bedecken. Der Weg führt weiter am Nordufer des Sees entlang, vorbei an kleinen schwarzen Sandstränden und sprudelnden Quellen am gegenüberliegenden Ufer, bis er den Anfang einer **Dampf-Pipeline**, 1 bis 1¼ Stunden vom Ort entfernt, erreicht. Das Getöse des Dampfes, der aus dem unterirdischen **Geothermalgebiet Copahue** in das *vapoducto* strömt, und die unregelmäßigen Explosionen von austretendem Dampf sind fast die gesamte Wegstrecke zu hören. Man überquert den Abfluss des Sees (ein Stück weiter flussabwärts befindet sich eine breite, einfache Furt), dann geht es Richtung Südwesten weiter über Schneeverwehungen an einem Bergsee vorbei, bis am Rand einer kleinen **Feuchtwiese** eine Piste erreicht wird. Rechts abbiegen und der Piste links herum folgen. (Eine Alternative ist ein Trampelpfad rechts davon, der mit weißen Farbtupfern markiert ist. Er führt bis zu einer Felskante unter einem Holzkreuz.) Die Piste verläuft in westlicher Richtung durch eine öde Mondlandschaft, bis sie unterhalb eines kleinen **Gletschers** an der Ostflanke des Volcán Copahue endet, 1¼ bis 1½ Stunden von der Pipeline entfernt.

Weiter geht es nun Richtung Südwesten über Felskanten und mehrere kleine Schmelzwasserbäche. Im Nordwesten, bereits jenseits der chilenischen Grenze, ist die vom Eis geschliffene **Sierra Velluda** und der idealtypische, schneebedeckte Kegel des **Volcán Antuco** zu sehen, der majestätisch in die Höhe ragt. Nach dem dritten Bächlein (mit gelben, schwefelverkrusteten Rändern) führt die Wanderung den Hang unterhalb einer heißen Quelle hinauf, dann weiter zur Spitze eines auffälligen Felsvorsprungs aus grauem Bimsstein, der an der Grenze liegt. Auf diesem Fels geht es weiter, bis er zu steil wird. Dann hält man sich rechts und überquert einen Geröllhang bis zu einer Spalte und erreicht **Laguna Termal**, 1¼ bis 1½ Stunden ab dem Ende der Piste (3½–4¼ Std. ab Copahue).

Die Laguna Termal, ein dampfender, heißer See, füllt den östlichen Krater des Volcán Copahue. Gespeist wird er vom Schmelzwasser eines Gletschers an seiner Rückseite. Häufig verhindern Schwefeldämpfe, dass die Wanderer dem See allzu nahe kommen, aber auf den steilen Hängen eröffnet sich eine wunderbare Aussicht. Im großen Talkessel zwischen dem hufeisenförmigen **Lago Caviahue** (Lago Agrio) und dem lang gestreckten **Lago Trolope** Richtung Nordosten sieht man die beiden Orte liegen. Nur sehr erfahrene Wanderer können von hier aus auch den Gipfel des Volcán Copahue besteigen.

Der Rückweg nach Copahue führt über die gleiche Route. Wer eine zuverlässige Karte der Region mit dabei haben sollte, kann auch entlang des Arroyo Caviahue (Río Agrio) und der RN 26 zurück in die Stadt wandern.

Achtung

Besonders an windigen Tagen können die beißenden Dämpfe der Laguna Termal wegen ihres Schwefeldioxidgehalts eine Gefährdung für die Gesundheit darstellen: Sie greifen die Atemwege an. Wanderer sollten sich dem See deshalb vorsichtig nähern – und auf gar keinen Fall darin baden! Weniger erfahrene Wanderer sollten sich am besten einer geführten Tour anschließen.

NÖRDLICH VON CHOS MALAL

Die Gegend nördlich von Chos Malal bietet einige selten besuchte, aber lohnenswerte Attraktionen. Allerdings gibt es so gut wie keine öffentlichen Busverbindungen; wer sich jedoch mit Zeit und Geduld auf den Weg macht, wird reich belohnt.

Parque Archaeologico Colo Michi-Co

Diese kleine archäologische Fundstätte bietet eine der wichtigsten Sammlungen von **Höhlenzeichnungen der Pehuenche** in Patagonien. Über 600 Zeichnungen zeigen symbolische Figuren und abstrakte Muster. Der Park ist ohne eigenes Fahrzeug schwer zu erreichen. Täglich um 14 Uhr fährt ein Bus von Chos Malal nach Varvarco (195 Arg\$, 3 Std.). Von dort geht es auf der RP 39 9 km Richtung Süden zur Escuela Colo Michi-Co (die Busfahrer kennen die Haltestelle). Hier steht ein Wegweiser zum Park, zu dem ein 8 km langer Fußmarsch führt. Dort gibt es keine Versorgungsmöglichkeiten – jeder muss seinen Proviant und ausreichend Wasser mitbringen.

Wem der Anmarsch zu mühsam ist, der sollte sich mit **Señora La Gallega** (☎ 02948-421329) in Varvarco in Verbindung setzen. Da es hier keine *remises* (Taxis) gibt, organisiert die Señora ein Auto mit Fahrer. Pro Kilometer kostet die Fahrt etwa 25 Arg\$, die Wartezeit wird extra berechnet. Trampen ist sehr verbreitet, allerdings müssen lange Wartezeiten einkalkuliert werden.

Aguas Calientes

Diese lohnenden **heißen Quellen** befinden sich in einem 20 km² großen Areal am Fuß des **Volcán Domuyo** und bestehen aus drei Hauptorten. Die Hauptquelle in **Villa Aguas Calientes** eignet sich zum Baden; **Las Olletas** ist eine Ansammlung von blubbernden Schlammlöchern und **Los Tachos** bietet Geysire, die bis zu 2 m hoch schießen. Das Gebiet befindet sich 40 km nördlich von Varvarco, nur bis dorthin fahren auch Busse. Wer nicht motorisiert ist, aber es bis nach Varvarco schafft, kann sich dort über **Señora La Gallega** einen Fahrer organisieren.

großen argentinischen Helden tragen – San Martín und Sarmiento. Eine Vielzahl historischer Gebäude ist rund um die Plaza San Martín zu bewundern. Unter ihnen auch die Festung Fuerte IV Division, von deren Rückseite aus sich eine wunderbare Aussicht über das Tal bietet. Fünf Blocks weiter südlich erreicht man die Plaza Sarmiento, um die herum sich die Banken und Geschäfte gruppieren.

🛏 Schlafen & Essen

Der größte Teil der Unterkünfte befindet sich zwischen den beiden Plazas. Die lokale kulinarische Spezialität von Chos Malal sind Gerichte mit Zicklein – es lohnt sich, es zu probieren.

Baalback   HOTEL **$**
(☎ 02948-421495; 25 de Mayo 920; EZ/DZ 18/35 US\$) Eine schlichte *residencial* (Budgethotel) nur einige Straßenzüge von einer Plaza entfernt. Das Baalback ist so gut, wie man es für diesen Preis erwarten kann.

Hosteria La Farfalla   HOTEL **$$**
(☎ 02948-421349; www.farfalla.com.ar; Ecke Salta & Islas Malvinas; EZ/DZ 65/90 US\$; ❄ 🛜) Diese hübsche kleine Lodge, die einige Blocks südlich der Plaza liegt, ist die gemütlichste Unterkunft in ganz Chos Malal. Die Zimmer sind groß und komfortabel, aber das absolute Highlight ist der wunderbare große Garten.

Las Delicias de L'Traful   BÄCKEREI **$**
(Roca 80; Gebäck ab 15 Arg\$; ⏰ 7.30–13.30 & 16.30–21.30 Uhr) In der kleinen Bäckerei mit Café werden leckere, ofenwarme Backwaren und ausgezeichneter Kaffee angeboten.

El Viejo Caicallén   PARRILLA **$$**
(General Paz 345; Hauptgerichte 100–140 Arg\$; ⏰ Mo-Sa 12–23 Uhr) Die beste *parrilla* im Ort mit guter Atmosphäre. Auf der Speisekarte stehen jede Menge Fleischgerichte, Nudeln, Salate und Sandwiches. Meistens werden auch einige regionale Spezialitäten wie Forelle in dunkler Butter und gegrilltes Zicklein angeboten.

ℹ️ Praktische Informationen

Banco de la Nación (Ecke Sarmiento & Urquiza; ☺ Mo–Fr 9–13 Uhr) Hat einen Geldautomat.

Krankenhaus Zonal Gregorio Avárez (☎ 02948-421400; Ecke Entre Ríos & Flores) Hier wird Englisch gesprochen.

Touristeninformation (☎ 02948-421425; turnorte@neuquen.gov.ar; 25 de Mayo 89; ☺ 8–21 Uhr) Gute Karten von der Stadt und ihrer Umgebung.

ℹ️ An- & Weiterreise

Regelmäßig fahren Busse nach Zapala (232 Arg$, 3 Std.) und Neuquén (404 Arg$, 6 Std.). Täglich um 14 Uhr fährt ein Bus nach Varvarco (195 Arg$, 3 Std.). Zwei Minibusse fahren täglich nach Buta Ranquil (94 Arg$, 2 Std.) – wer nach Mendoza umsteigen möchte, sollte den Minibus um 16.30 Uhr nehmen.

Richtung Norden auf der Ruta Nacional 40

Auf der RN 40 nördlich von Chos Malal und in Richtung San Rafael wird die Landschaft immer wüstenähnlicher; es gibt kleine, vom Sturm zerzauste Dörfer und endlose, leere Landstriche. Auch wenn viele das Gegenteil behaupten – es gibt tatsächlich öffentliche Verkehrsmittel entlang dieser Strecke! Die Minibusse von **Transportes Leader** (☎ in Buta Ranquil 02948-493268; Ecke Malvinas & Jadull) verkehren von Montag bis Samstag zwischen Buta Ranquil und San Rafael (336 Arg$). Von Neuquén und Chos Malal gibt es eine regelmäßige Busverbindung nach Buta Ranquil, eventuell muss man hier einmal übernachten. Der Ort ist nicht sonderlich attraktiv, aber es gibt einige preiswerte Hotels, ein sehr nettes Hostel und genügend Restaurants, damit niemand verhungern muss.

Zapala

☎ 02942 / 32 100 EW. / 1200 M

Bereits der Ortsname – das Mapuche-Wort *chapadla* bedeutet übersetzt „toter Sumpf"– weist darauf hin, dass Zapala schon immer unter einem Imageproblem gelitten hat. Daran hat sich auch bis heute nicht viel geändert. Es ist ein verschlafenes Städtchen und das einzige Vergnügen seiner Bewohner besteht darin, die Hauptstraße entlang zu bummeln und dabei gelegentlich eine Pause einzulegen.

🔴 Sehenswertes & Aktivitäten

Hauptgrund für einen Stopp in der Stadt ist der Besuch des nahe gelegenen Parque Nacional Laguna Blanca, der sich durch besonderen Vogelreichtum auszeichnet, und die guten Busverbindungen, die von hier in den kaum besuchten Norden des Seengebiets führen.

Centro Cultural　　　　　KULTURZENTRUM (San Martín & Chaneton; ☺ 17–22 Uhr) Das Kulturzentrum liegt direkt an der Plaza. Hier finden neben Konzerten auch Ausstellungen einheimischer Künstler statt, außerdem werden die neuesten Kinohits aus Hollywood gezeigt.

🎊 Feste & Events

In der zweiten Novemberwoche findet die **Feria de la Tradición** statt, die den Besuchern mit viel Folkloremusik, Reitvorführungen, Kunsthandwerk sowie einheimischen Speisen die regionale Kultur vermittelt.

🛏️ Schlafen & Essen

In Zapala gibt es nur sehr wenig Übernachtungsmöglichkeiten.

Hotel Pehuén　　　　　　HOTEL $ (☎ 02942-423135; Ecke Etcheluz & Elena de la Vega; EZ/DZ 45/59 US$; ☎) Seltsamerweise hat das Hotel Pehuén nur zwei Sterne, dabei ist es eigentlich eine gute Wahl. Es liegt verkehrsgünstig in der Nähe des Busbahnhofs, bietet saubere Zimmer, eine attraktive (fast schon noble) Lobby und hat ein gutes Restaurant.

Hotel Hue Melén　　　　HOTEL $$ (☎ 02942-432109; www.hotelhuemelen.com; Almirante Brown 929; EZ/DZ 78/90 US$; ✳☎) Das ruhige, elegante Hotel mit Spielcasino hat schon so manchen Gast überrascht. Es bietet breite Betten, Badewannen und moderne Kunst an den Wänden – einfach toll, was man mit Glücksspielerlösen alles finanzieren kann.

El Chancho Rengo　　　　CAFÉ $ (Ecke Av San Martín & Etcheluz; Sandwiches 50–80 Arg$; ☺ 8–23:30 Uhr) Es scheint so, als würde sich die halbe Stadt hier täglich auf einen Espresso treffen. Mit seinen Tischen vor der Tür, gutem Kaffee und leckeren Sandwiches ist dies der ideale Ort für eine kleine Pause und ein beliebter Treffpunkt.

Detente ARGENTINISCH $$
(Italia 87; Hauptgerichte 80–160 Arg$; ⊙Mo–Fr 12.30–15 & 21–2, Sa 21–2 Uhr) Das entspannte Lokal ist eines der besten in Zapala (die Konkurrenz ist allerdings nicht groß). Auf der Karte stehen Fleischgerichte, Pizza und Pasta – alles ist lecker, der Service freundlich.

❶ Praktische Informationen

Banco de la Provincia del Neuquén (Ecke Av San Martín & Etcheluz; ⊙Mo–Fr 9–13 Uhr) Bank mit Geldautomat.
Parkverwaltung des Parque Nacional Laguna Blanca (☏02942-431982; lagunablanca@apn. gov.ar; 12 de Julio 686; ⊙Mo–Fr 8–15 Uhr) Informationen über den Parque Nacional Laguna Blanca.
Touristeninformation (☏02942-424296; RN 22, Km 1398; ⊙7–21 Uhr) Am Highway, 2 km westlich des Stadtzentrums.

❶ An- & Weiterreise

Der **Busbahnhof** (☏02942-421370; Ecke Etcheluz & Uriburu) liegt etwa vier Blocks von der Avenida San Martín entfernt. Im Sommer verkehren häufig und regelmäßig Busse nach Copahue (176 Arg$, 4 Std.).

Busse ab Zapala

REISEZIEL	FAHRPREIS (ARG$)	FAHRZEIT (STD.)
Aluminé	180	3½
Buenos Aires	1430	18
Caviahue	156	3
Chos Malal	232	3
Junín de los Andes	293	3
Laguna Blanca	76	½
Neuquén	220	3
San Martín de los Andes	343	3½
Villa Pehuenia	286	4½

Parque Nacional Laguna Blanca

Inmitten der faszinierenden Vulkanwüste des Nationalparks liegt die Laguna Blanca auf 1275 m Höhe. Der See ist nur 10 m tief, er hat sich unterirdisch gebildet, als zwei kleine Bäche durch Lavaströme gestaut wurden. Für Fische ist das Wasser zu alkalisch (sauer), aber eine Vielzahl an Vogelarten nistet hier, darunter auch südamerikanische Blesshühner, Enten, Lappentaucher, Andengänse, Möwen und sogar ein paar Flamin-

gos. Der 112,5 km² große Park (nur 30 km südwestlich von Zapala gelegen) wurde ganz wesentlich zum Schutz der Schwarzhalsschwäne geschaffen, die hier ganzjährig leben und brüten.

Rund 10 km südlich von Zapala beginnt die asphaltierte und gut beschilderte RP 46, die direkt durch den Park nach Aluminé führt. Wer mit dem Bus fährt, kann den Fahrer bitten, am Besucherzentrum anzuhalten. Wenn man nicht motorisiert ist, lohnt es sich auch, im Büro des Nationalparks in Zapala nachzufragen, ob man morgens mit einem Ranger mitfahren kann. Die Fahrt mit dem Taxi kostet um die 450 Arg$, inklusive zwei Stunden Wartezeit.

Im Park gibt es einen kleinen Campingplatz mit Windschutz, Verpflegung muss mitgebracht werden. Das **Besucherzentrum** (⊙Fr–So 9–18 Uhr) hat vormittags geöffnet und bietet neben Informationen auch Wanderkarten, jedoch kein Restaurant.

Neuquén
☏0299 / 231 200 EW. / 265 M

Es gibt zwei Gründe für einen Halt in Neuquén: die bedeutenden paläontologischen Fundstätten in der Umgebung und drei ausgezeichnete Weingüter. Doch auch sonst besitzt die Stadt mit ihren breiten Alleen und den vielen Plätzen eine gewisse Attraktivität.

Die östlichste Stadt der Provinz liegt am Zusammenfluss von Río Neuquén und Río Limay. Die meisten Reisenden kommen auf dem Weg zu den Traumzielen in Patagonien oder den Seengebiet durch Neuquén. Die Stadt ist der zentrale Verkehrsknotenpunkt mit guten Verbindungen nach Bariloche und zu anderen Destinationen im Seengebiet, in den Süden und nach Chile. Von hier aus führen asphaltierte Straßen nach Osten ins Río-Negro-Tal, nach Zapala im Westen und Richtung Südwesten nach Bariloche.

◉ Sehenswertes

Außerhalb der Stadt befinden sich drei der bedeutendsten Weingüter Patagoniens – **NQN** (☏0299-489-7500; www.bodeganqn. ar; RP 7, Picada 15; ⊙10–16.30 Uhr), **Fin del Mundo** (☏0299-555-5330; www.bodegadelfindelmundo.com; RP 8, Km 9, San Patricio Del Chañar; ⊙Mo–Fr 10–16, Sa 10–17 Uhr) und **Schroeder** (☏0299-489-9600; www.familiaschroeder.com; Calle 7 Nte, San Patricio del Chañar; Eintritt 50 Arg$; ⊙10–17 Uhr). Ohne ein eigenes Fahrzeug ist der Besuch der Weingüter fast unmöglich.

RIESENGROSSE KNOCHEN

Gemeinsam mit dem Parque Provincial Ischigualasto in der Provinz San Juan ist Neuquén einer der bedeutendsten Pilgerorte für Dinosaurier-Fans. Hier liegen drei wichtige paläontologische Fundstätten nur wenige Autostunden von der Stadt Neuquén entfernt: Plaza Huincul, Villa El Chocón und das Centro Paleontológico Lago Barreales. Eine echte Attraktion für alle, die sich auch nur ein bisschen für Dinosaurier interessieren.

1989 entdeckte Guillermo Heredia aus Neuquen auf seinem Besitz 7 km östlich der Stadt **Plaza Huincul** einen Dinosaurierknochen. Paläontologen untersuchten den Fundort und fanden bei Grabungen ein Dutzend Knochen eines Tieres, das später *Argentinosaurus huinculensis* genannt wurde – der größte bekannte Dinosaurier der Welt. Der gewaltige Pflanzenfresser, der aus der mittleren Kreidezeit stammt, war unvorstellbare 40 m lang und 18 m hoch. Allein die Größe des *Argentinosaurus huinculensis* ist schwer vorstellbar. Der Besuch im **Museo Municipal Carmen Funes** (☎ 0299-496-5486; Córdoba 55; 18 Arg$; ☻ Mo–Fr 9–19, Sa & So 10.30–20.30 Uhr) in Plaza Huincul und ein Blick auf das nachgebaute Skelett machen einem klar, was wirkliche Größe ist.

Etwa 80 km südwestlich der Stadt Neuquén befindet sich **Villa El Chocón**. Hier fand man die Überreste des 100 Millionen Jahre alten, 14 m langen und 8 Tonnen schweren, fleischfressenden *Gigantosaurus Carolinii*, des größten bekannten Fleischfressers. Er wurde 1993 vom Fossilienjäger Rubén Carolini entdeckt und ist sogar noch größer als der bekannte *Tyrannosaurus rex* aus Nordamerika. In El Chocón befinden sich auch gigantische Dinosaurierfußabdrücke entlang des Ufers des Stausees Ezequiel Ramos Mexía. (Ein Einheimischer gestand, dass Familien früher ihre *asados* (Grillfeste) in den Fußabdrücken veranstaltet hatten – bevor sie wussten, worin sie standen!)

Dinofans können ihren „Hunger" auf Knochen am besten im **Centro Paleontológico Lago Barreales** (☎ 0299-15-418-2295; www.proyectodino.com.ar; Costa Dinosaurio; Eintritt 40 Arg$; ☻ 9–19 Uhr) stillen. Es befindet sich 90 km nordwestlich von Neuquén. Zur Zeit der Recherche war es geschlossen, aber wer sich für Dinosaurier interessiert, sollte sich unbedingt auf der Website über Neuigkeiten informieren. Wenn das Zentrum geöffnet ist, kann man hier tatsächlich Seite an Seite mit Paläontologen arbeiten und in der Erde buddeln, denn es ist die einzige Dinosaurierausgrabungsstelle weltweit, die für die Öffentlichkeit geöffnet ist. Wer es eilig hat, besucht das Museum und bekommt einen geführten Rundgang über das Gelände – Dauer: 1½ Stunden. Das Tollste aber ist die einmalige Möglichkeit, direkt am Ort des Geschehens zu sein. Nicht zu vergessen, dass an dieser Fundstätte tatsächlich Forschung betrieben wird. Besuche (auch Tagesbesuche) sollten langfristig organisiert werden. Unter der Anleitung des bekannten Paläontologen und Projektleiters Jorge Calvo verbringt man die Tage damit, Knochen aus der Kreidezeit zu entstauben, Fossilien zu sammeln und die Nächte in der Stille der Wüste zu genießen. Wie Calvo sagt: „Wenn man anfängt, den weichen Stein zu bearbeiten und dabei versteinerte Blätter entdeckt und 90 Millionen Jahre alte Knochen findet, dann vergisst man den Rest der Welt – manche Leute vergessen sogar zu essen."

Vom Busbahnhof in Neuquén fahren regelmäßig Busse nach Plaza Huincul (55 Arg$, 1¾ Std.), alle Busse auf der Strecke von Neuquén nach Zapala halten hier. Regelmäßige Busverbindungen bestehen auch zwischen Neuquén und Villa El Chocón (42 Arg$, 1¼ Std.). Das Centro Paleontológico Lago Barreales ist schwieriger zu erreichen; eine Anfahrtsskizze und Informationen über Anreisemöglichkeiten findet man auf der Website (es gibt keine Linienbusverbindung). Wer mit dem Fahrzeug anreist, sollte die RP 51 nehmen, nicht die RN 7.

Allerdings bietet Turismo Arauquen (s. rechts)Touren an, häufig in Verbindung mit einer paläontologischen Tour.

Museo Nacional de Bellas Artes MUSEUM (Ecke Bartolomé Mitre & Santa Cruz; ☻ Mo–Sa 10–20, So 16–20 Uhr) GRATIS Das Museum zeigt regionale Kunst und häufig auch interessante Wechselausstellungen.

👉 Geführte Touren

Turismo Arauquen GEFÜHRTE TOUREN (☎ 0299-442-6476; www.arauquen.com; H Yrigoyen 720; ☻ Mo–Fr 9–19, Sa 9–13 Uhr) Veranstaltet geführte Touren zu den paläontologischen Fundstätten für ca. 620 Arg$ pro Person (mind. 4 Pers.). Die Touren können auch mit Besichtigungen der Weingüter kombiniert werden (380 Arg$ pro Pers.). Die Besuche auf den Weingütern finden auf jeden Fall jeden Samstag statt – auch bei weniger als vier Teilnehmern.

🛏 Schlafen

Die Hotels in Neuquén sind hauptsächlich auf Geschäftsreisende ausgerichtet. Sie sind aber eher schlicht und ihr Geld nur bedingt wert.

Punto Patagonico Hostel   HOSTEL $

(☎ 0299-447-9940; www.puntopatagonico.com; Periodistas Neuquinas 94; B 25 US$, DZ mit/ohne Bad 70/50 US$; @☎) Neuquéns bestes Hostel ist eine gute Wahl – es bietet komfortable Schlafsäle, einen großzügigen Aufenthaltsraum und hat einen schönen Garten.

Parque Hotel   HOTEL $

(☎ 0299-442-5806; www.parquehotelnqn.com.ar; Av Olascoaga 271; EZ/DZ 40/56 US$; ☎) Die geräumigen Zimmer mit gefliestem Fußboden verströmen einen gewissen Charme. Einige von ihnen sind allerdings schon etwas abgewohnt, aber von den meisten hat man eine gute Aussicht über die belebte Straße vor dem Haus.

Hotel Neu   HOTEL $$$

(☎ 0299-443-0084; www.hotelneu354.com; Rivadavia 354; EZ/DZ 135/178 US$; ❄☎) Eines der besseren Hotels für Geschäftsreisende in der Stadt. Das Neu bietet ein frisches, modernes Design in durchschnittlich großen, übersichtlichen Zimmern. Es liegt außerordentlich zentral und verfügt auch über ein Fitnessstudio.

✕ Essen & Ausgehen

Die zahlreichen *confiterías* an der Avenida Argentina bieten sich zum Frühstücken oder für einen Kaffee an. Auch nördlich des Parque Central und dort, wo sich die großen Straßen kreuzen, gibt es jede Menge Bars und *confiterías*.

La Nonna Francesa   INTERNATIONAL $

(☎ 0299-430-0930; 9 de Julio 56; Hauptgerichte 90–150 Arg$; ◷ Mo–Sa 11–15 & 20–24 Uhr) Die französisch-italienische Trattoria ist eines der besten Restaurants in Neuquén. Die Nudelgerichte sind alle ausgezeichnet, werden aber sogar noch von den angebotenen Forellen übertroffen.

Confitería Donato   CAFÉ $

(Ecke Juan B. Alberdi & Santa Fe; Hauptgerichte 60–90 Arg$; ◷ 8–23 Uhr; ☎) Altmodisches Lokal mit dunkler Holztäfelung, Messingbeschlägen und gemütlichen Möbeln, in dem man endlos lange sitzen kann. Die Speisekarte bietet, wie die meisten *confiterías*, jede Menge Sandwiches, Gebäck und Kaffee. Von Freitag- bis Sonntagabend wird Livemusik gespielt, manchmal gibt es auch eine Tango-Vorführung – die Termine sind in der Bar zu erfahren.

★ Tres Catorce   INTERNATIONAL $$

(9 de Julio 63; Hauptgerichte 100–160 Arg$; ◷ Di-So 20–2 Uhr; ☎) Die Restaurantszene in Neuquén ist im Laufe der Jahre immer besser geworden – zu den besten Adressen gehört sicherlich dieses schicke Lokal. Alle Gerichte werden sorgfältig zubereitet und gekonnt serviert; die Weinkarte ist klein, enthält aber gut ausgesuchte Raritäten.

🛍 Shoppen

Paseo de los Artesanos   KUNSTHANDWERK

(Av Independencia, Parque Central; ◷ Mi–So 10–21 Uhr) Das Outlet nördlich des alten Bahnhofs bietet Neuquéns größte Auswahl an traditionellem Kunsthandwerk.

Artesanías Neuquinas   KUNSTHANDWERK

(Brown 280; ◷ Mo–Fr 8–13 & 17–21, Sa 9–13 Uhr) Die Provinzregierung unterstützt dieses Geschäft, das eine große Auswahl an hochwertigen Mapuche-Textilien und Holzschnitzereien anbietet.

ℹ Orientierung

Hauptdurchgangsstraße ist die in Ost-West-Richtung verlaufende RN 22, die jeder hier nur Félix San Martín nennt. Sie liegt einige Blocks südlich des Stadtzentrums. Achtung: Nicht mit der Avenida San Martín (ohne den Zusatz „Félix") verwechseln, der obligatorischen Huldigung des argentinischen Nationalhelden. Die wichtigste Nord-Süd-Verbindung ist die Avenida Argentina, die südlich des alten Bahnhofs dann zur Avenida Olascoaga wird. Die Straßennamen wechseln auf beiden Seiten der Avenida Argentina und des alten Bahnhofs. Mehrere diagonal verlaufende Straßen durchschneiden das Gitternetz.

ℹ Praktische Informationen

Fast alle der zahllosen Reisebüros der Stadt liegen in der Nähe des Zentrums. Mehrere Banken an der Ecke Avenida Argentina und Juan B. Justo haben Geldautomaten.

ACA (Automóvil Club Argentino; ☎ 0299-442-2325; Ecke Diagonal 25 de Mayo & Rivadavia) Argentiniens Automobilclub; eine gute Quelle für Straßenkarten der Provinz.

Bezirkskrankenhaus (☎ 0299-443-1474; Buenos Aires 421)

Cambio Pullman (Ministro Alcorta 144; ⊗ Mo–Sa 9–19 Uhr) Geldwechsel.

Post (Ecke Rivadavia & Santa Fe; ⊗ Mo–Fr 8–18, Sa 9–13 Uhr)

Touristeninformation der Provinz (☎ 0299-442-4089; www.neuquentur.gov.ar; Félix San Martín 182; ⊗ 7–21 Uhr) Tolle Karten und Broschüren. Etwas zentraler liegt ein Informationsstand im Parque Central (Olascoaga s/n; ⊗ 8–20 Uhr)

ℹ An- & Weiterreise

BUS

Neuquén ist ein Verkehrsknotenpunkt für alle regionalen und internationalen Busverbindungen. Deswegen ist der **Busbahnhof** (☎ 0299-445-2300; Ecke Solalique & RN 22) auch mit Resaurants, Souvenirläden und sogar einem Gepäckband gut ausgestattet. Er befindet sich etwa 3,5 km westlich vom Parque Central. Ins Stadtzentrum fahren Pehueche-Busse (5,50 Arg$; Fahrkarten gibt's im Local 41) oder Taxis (50 Arg$).

Für Verbindungen nach Chile sorgen mehrere Unternehmen: Via Bariloche fährt nach Temuco (400 Arg$, 9 Std.).

Neuquén ist das Einfallstor für alle Ziele tief im Süden Patagoniens. Wer nach Norden (Catamarca, San Juan, Tucumán, Salta und Jujuy) fahren möchte, muss möglicherweise in Mendoza umsteigen, kann aber die durchgehende Fahrkarte in Neuquén kaufen.

Orte innerhalb der Provinz werden mehrmals täglich angefahren; die Tabelle zeigt die täglich angebotenen Verbindungen zu fast allen weiter entfernten Städten.

REISEZIEL	FAHRPREIS (ARG$)	FAHRZEIT (STD.)
Aluminé	352	6
Bahía Blanca	589	7½
Buenos Aires	1324	17
Chos Malal	404	6
Córdoba	1181	16
El Bolsón	554	7
Esquel	722	10
Junín de los Andes	645	6
Mendoza	1025	13
Puerto Madryn	750	11
Río Gallegos	1995	29
San Martín de los Andes	692	6
San Rafael	795	10
Viedma	605	8
Villa la Angostura	837	7
Zapala	220	3

FLUGZEUG

Der **Flughafen** (☎ 0299-444-0525) von Neuquén liegt westlich der Stadt an der RN 22. **Aerolíneas Argentina/Austral** (☎ 0299-442-2411, 0299-442-2410, 0299-442-2409; Santa Fe 52) fliegt montags bis freitags viermal täglich nach Buenos Aires, am Wochenende nur zweimal täglich.

ℹ Unterwegs vor Ort

Die Provinz Neuquén lässt sich ausgezeichnet mit dem Auto erkunden. Reisende sollten allerdings wissen, dass die RN 22, sowohl östlich des Río-Negro-Tals als auch westlich Richtung Zapala, in einem schlechten Zustand ist und stark von Lastwagen frequentiert wird. Wer trotzdem ein Auto mieten möchte, kann das bei **Turismo Arauquen** (S. 449) machen; hier bekommt man die besten Konditionen der Stadt.

Patagonien

Nationalparks & Schutzgebiete

➔ Parque Nacional Los Glaciares (S. 524)

➔ Reserva Faunística Península Valdés (S. 464)

➔ Parque Nacional Torres del Paine (S. 557)

➔ Parque Nacional Los Alerces (S. 503)

Schön übernachten

➔ Aguas Arriba (S. 534)

➔ El Cabo (S. 480)

➔ Estancia El Cóndor (S. 529)

➔ Bahía Bustamante (S. 483)

Auf nach Patagonien!

Wild, karg und schön offenbart sich die Natur in Südamerikas südlichster Region. Ihre Ebenen sind so gewaltig wie die Stille, die sie erfüllt. Die erste Begegnung mit solch einer Leere fasziniert genauso wie der Anblick von Patagoniens zerklüfteten Gipfeln, unberührten Flüssen und staubigen Dörfern. Mit seinem riesigen Ausmaß verspricht Patagonien ein reiches Spektrum an Landschaften und Erlebnissen.

Vergangenheit sind die Schotterstrecken der einsamen RN 40. Dennoch bleibt sie die kultige Fernstraße, die einst so unterschiedliche Charaktere wie Butch Cassidy und Bruce Chatwin beeindruckte. An der Ostküste verläuft die asphaltierte RN 3 Richtung Süden und verbindet Ölstädte, alte versteinerte Wälder, walisische Siedlungen und die herrliche Península Valdés miteinander. Patagonien besitzt auch trendige Orte mit mehr Kunstpelzträgern als Guanakos, z. B. El Calafate und El Chaltén. Beide sind spektakulär, aber eine völlig andere Welt als die der einsamen Steppen.

Reisezeit
El Calafate

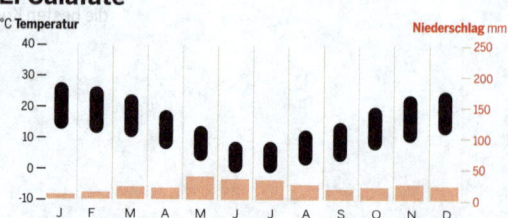

Nov.–März
Wärmste Monate, ideal für den Besuch einer *estancia* und Fahrten auf der Ruta 40.

Juni–Mitte Dez.
Wale beobachten; z. B. vor der Península Valdés tauchen Glattwale auf.

Mitte Sept. Anfang März An der Küste wimmelt es vor Pinguinen, Seelöwen und Seevögeln.

ℹ Anreise & Unterwegs vor Ort

Patagonien ist gleichbedeutend mit schlecht gewarteten *caminos de ripio* (Schotterstraßen), fehlenden Verkehrsverbindungen und endlosen Busfahrten. Flüge – zu gesalzenen Preisen – verbinden die Highlights der Region. Bei den Transportkosten zu sparen, dürfte schwerfallen, immerhin umfasst Patagonien ein Drittel des achtgrößten Landes der Welt.

Wer mit dem Bus an der Ostküste entlangfährt, wird schon bald merken, dass sich die Fahrpläne an den Interessen der Fahrgäste in Buenos Aires orientieren. Abfahrt und Ankunft erfolgen in der Landeshauptstadt zu angenehmen Zeiten, während sie in den Ortschaften weiter im Süden häufig mitten in der Nacht stattfinden.

In der Nebensaison sind die Verkehrsverbindungen allerdings erheblich eingeschränkt. In der Hochsaison dagegen ist der Bedarf wiederum so hoch, dass die Reisenden sich ihre Fahrkarten so frühzeitig wie nur irgend möglich besorgen sollten.

PATAGONIENS OSTKÜSTE

Patagoniens hoch aus dem Wasser springenden Glattwale, seine Pinguinkolonien und seine traditionsreichen walisischen Siedlungen lassen sich gut über Argentiniens Küstenstraße RN 3 erreichen. In der Geschichte der Seefahrt spielte diese Straße zeitweise eine überaus faszinierende Rolle. Heute asphaltiert, durchquert sie die weiten, gähnend leeren Landschaften, die am fernen Horizont zu verschwimmen scheinen wie ein endloses unbeschriebenes Blatt Papier. Für überdimensionale Trucks bildet die RN 3 eine gerne und häufig genutzte Langstreckenroute.

Wen die Tierwelt begeistert, sollte diese drei Schutzgebiete nicht auslassen: die weltberühmte Península Valdés, die Área Natural Protegida Punta Tombo mit der weltweit größten Kolonie von Magellanpinguinen und die Reserva Natural Ría Deseado – das Mündungsgebiet des Río Deseado – mit ihren zahlreichen Populationen verschiedener Meeresvögel.

Beschauliche Stunden an der Küste gewähren die Kleinstädte Puerto San Julián und Camarones. Tiefere Einblicke in die Geschichte der walisischen Besiedlung lassen sich an einem trägen Nachmittag bei traditionellem Tee und Gebäck im Städtchen Gaiman gewinnen.

Puerto Madryn

📞 0280 / 73 600 EW.

Für den Besuch der Península Valdés bildet die Stadt einen idealen Ausgangspunkt. Obwohl Tourismus und Industrie boomen, hat sich Puerto Madryn einiges von seinem Kleinstadtcharakter bewahrt. Das Radio gibt Suchmeldungen nach vermissten Hunden durch, die Einheimischen sind gastfreundlich und gemütlich. Im schlichten Seebad herrschen Sommertemperaturen wie in Buenos Aires. Von Juni bis Mitte Dezember stehen allerdings die Südkaper (auch Südliche Glattwale genannt) im Mittelpunkt. In der Zeit von Juli bis September schwimmen diese wandernden Wale so nahe an der Küste, dass jeder sie von Madryns Hafendamm oder vom Festland 20 km nördlich der Stadt gut beobachten kann.

Die Stadt ist der zweitgrößte Fischereihafen des Landes und Standort von Aluar, Argentiniens erster Aluminiumfabrik (1974 errichtet). Der Hafen von Puerto Madryn liegt geschützt in der Bucht des Golfo Nuevo. Gegründet wurde die Stadt 1886 von walisischen Siedlern. An der Küste stehende Statuen von Einwanderern und Tehuelche würdigen die Geschichte der Stadt. Madryns Universidad de la Patagonia ist bekannt für das Meeresbiologische Institut. Darüber hinaus fördern auch andere ökologische Zentren den Naturschutz und vermitteln naturkundliches Wissen.

◉ Sehenswertes

Puerto Madryn liegt direkt östlich der RN 3 - 1371 km südlich von Buenos Aires und etwa 65 km nördlich von Trelew. Das geschäftige Leben der Stadt konzentriert sich auf die *costanera* (Uferpromenade) und zwei parallel verlaufende große Straßen, die Avenida Roca und die 25 de Mayo. Der Bulevar Brown, der entlang den Stränden südwärts verläuft, ist die Hauptstraße. Die meisten der hiesigen Hotels verleihen auch Fahrräder und verschaffen ihren Gästen damit eine wunderbare Möglichkeit, die Gegend zu erkunden und unterschiedliche Strände aufzusuchen.

★ EcoCentro   MUSEUM

(📞 445-7470; www.ecocentro.org.ar; J. Verne 3784; Eintritt 125 Arg$; ⊙ Mi–Mo 17–21 Uhr, gelegentlich auch 10–13 Uhr) Auf meisterhafte Weise widmet sich dieses Museum dem einzigartigen maritimen Ökosystem der Region. Seine

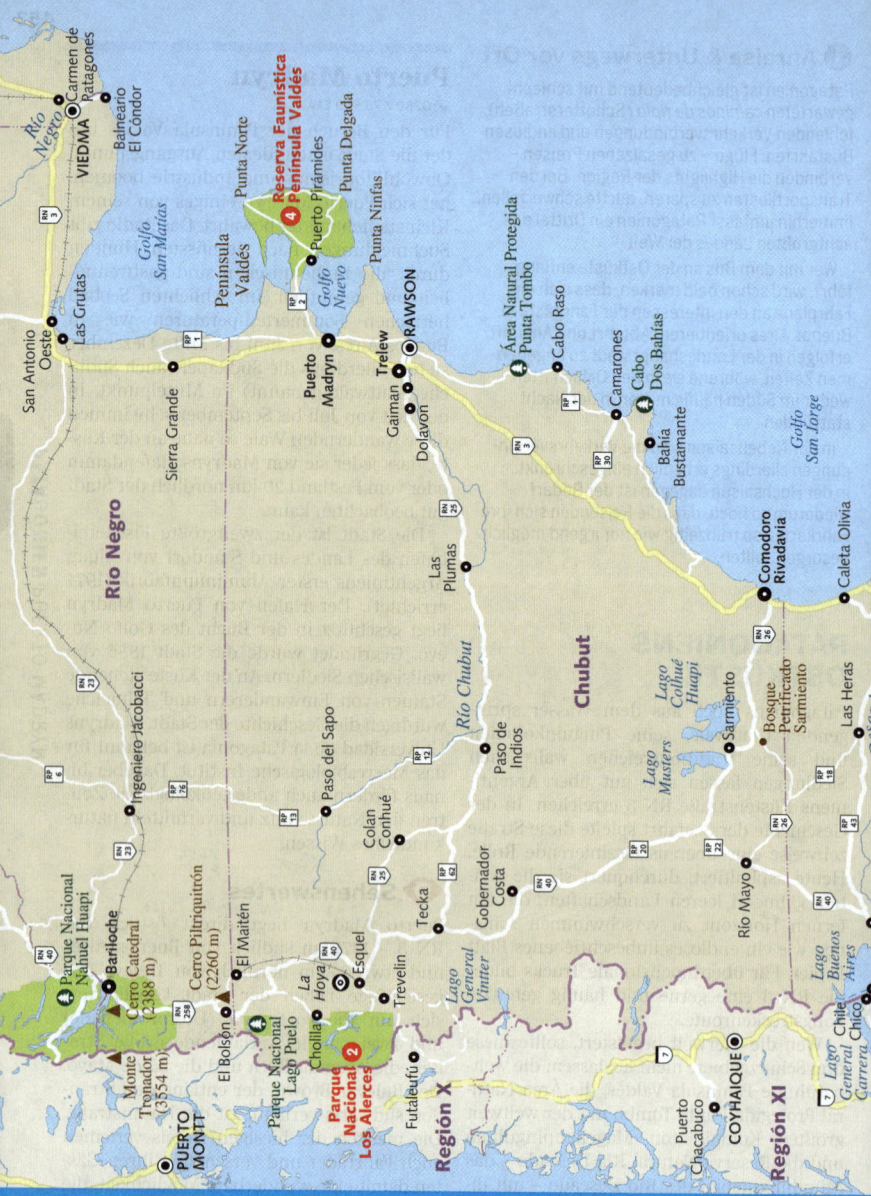

Highlights

1 Der bläulich schimmernde **Gletscher Perito Moreno** (S. 539), von dem riesige Eisbrocken mit Donnergetöse abbrechen

2 Die jahrtausendealten Wälder und die kristallklaren Seen im üppig grünen **Parque Nacional Los Alerces** (S. 503)

3 Wanderungen am Fuß des **Cerro Fitz Roy** (S. 524) entlang, dessen Gipfel wie spitze Zähne – nahe El Chaltén, Argentiniens Trekking-Metropole – in die Höhe ragen

4 Die Kapriolen der Südlichen Glattwale vor der Küste der **Reserva Faunística Península Valdés** (S. 464)

5 Ein Ritt über das weitläufige Gelände einer estancia (S. 518), anschlie-

200 km

N

0

ATLANTISCHER OZEAN

Puerto Deseado

Reserva Natural Ría Deseado

La Paloma

Santa Cruz

Monumento Natural Bosques Petrificados

Hostería Cueva de las Manos

Cueva de las Manos

Parque Interjurisdiccional Marino Isla Pingüino

Puerto San Julián

Santa Cruz

Parque Nacional Monte León

FALKLANDINSELN (Islas Malvinas)

Bajo Caracoles

Estancia La Orientia

Las Horquetas

Gobernador Gregores

Río Chico

6 Ruta 40

Tres Lagos

Río Santa Cruz

Esperanza

RÍO GALLEGOS

Punta Delgada

Cabo Vírgenes

Cabo Espíritu Santo

Cerro Sombrero

Strait of Magellan

Lago Pueyrredón

Patagonia

Cerro San Lorenzo (3706 m)

Parque Nacional Perito Moreno

Lago Cardiel

Aguas Arriba Estancia

El Cóndor

El Chaltén

6

Lago Viedma

Hostería Estancia Helsingfors

El Calafate

Cerro Castillo

Cerro Turbio

Bella Vista

Río Turbio

Río Rubens

Parque Nacional Pali Aike

Río Verde

PUNTA ARENAS

Región XII

Villa O'Higgins

Candelario Mansilla

Cerro Fitz Roy (3405 m)

3

Parque Nacional Los Glaciares

Lago Argentino

Glaciar 1 Perito Moreno

Cerro Gigstal (1426 m)

Puerto Natales

Villa Tehuelches

7 Parque Nacional Torres del Paine

Cueva del Milodón

6 Eine Tour auf der legendären **Ruta 40** (S. 501)

7 Ein Ausflug nach Chile in den **Parque Nacional Torres del Paine** (S. 557), dessen raue Schönheit beeindruckt

Bend gibt es Lammbraten vom Grill

umfassenden Forschungsarbeiten stellt es mit geradezu künstlerischem Feingefühl dar. Seine Ausstellungen informieren beispielsweise über das Fortpflanzungsverhalten der Südkaper, die Sprache der Delfine und die Harems der Südlichen See-Elefanten. Als eine Art „maritimer Streichelzoo" dient ein Gezeitenbecken. Ein zweistöckiger Turm beherbergt die Bibliothek. In seinem voll verglasten obersten Stockwerk laden gemütliche Sofas zum Lesen und Schmökern ein. Da sich manchmal Wale in Sichtweite tummeln, lohnt es sich, ein Fernglas mitzunehmen. Über die hübsche *costanera* (Uferpromenade) lässt sich das EcoCentro zu Fuß in etwa 40 Minuten oder per Fahrrad in 15 Minuten erreichen. Ein Shuttlebus fährt dreimal täglich von der Touristeninformation in der Avenida Roca zum Museum; eine Alternative ist die Buslinie 2 bis zur Endhaltestelle zu nehmen, von dort geht man dann noch einmal 1 km zu Fuß.

Observatorio Punta Flecha
NATURSCHUTZGEBIET

(☺ bei Flut) GRATIS Die Walbeobachtungsstation wird von der Fundación Patagonia Natural betrieben und dient zugleich als Informationszentrum. Sie liegt 20 km nördlich von Puerto Madryn an der Playa el Doradillo. Geöffnet hat sie nur bei Flut und Tageslicht, weil sich dann mehr Wale in Sichtweite tummeln und Besucher an den Strand locken.

Museo Provincial de Ciencias Naturales y Oceanográfico
MUSEUM

(☎ 445-1139; Ecke Domecq García & Menéndez; Eintritt 10 Arg$, Di frei; ☺ Mo–Fr 9–19, Sa 15–19 Uhr) Tangstränge anfassen und präparierte Tintenfische beäugen gehören zum interaktiven Konzept dieses Museums im 1917 erbauten Chalet Pujol. In seinen Ausstellungen informiert es über Meeres- und Landsäugetiere. Neben einer Fülle an Tierpräparaten ist auch eine Sammlung an walisischem Geschirr zu sehen. Die auf Spanisch verfassten Erklärungen richten sich in erster Linie an den wissenschaftlichen Nachwuchs. Doch die kreativ und optisch informativ gestalteten Ausstellungen vermitteln jedem einen faszinierenden Eindruck. Lohnenswert ist auch der Blick von der Kuppel des Museums, der weit über den Hafen reicht.

🏃 Aktivitäten

Dank der spannenden Unterwasserwelt und interessanter Schiffswracks haben sich Puerto Madryn und die Península Valdés zu Argentiniens Hochburgen des Tauchsports entwickelt. Schnuppertauchkurse kosten um die 800 Arg$. Manche Tauchbasen bieten neben Tauchkursen auch Nachttauchgänge und mehrtägige Tauchexkursionen an.

Während der Hochsaison kann man in einer Hütte neben dem Bistro de Mar Nautico Unterricht im Windsurfen buchen. Hier werden auch Surfbretter in Standard- und breiter Ausführung sowie Kajaks stundenweise verliehen. Die südlich der Muelle Piedra Buena gelegene **Playa Tomás Curti** ist ein beliebter Windsurfer-Spot.

Die nachfolgend genannten Tauchbasen sind PADI-Mitglieder und veranstalten teilweise auch die beliebten Schnorchelausflüge (pro Pers. 1400 Arg$) zu den Seelöwen an der Punta Lomas.

Lobo Larsen
TAUCHEN

(☎ 447-0277, 15-451-6314; www.lobolarsen.com; Av Roca 885, Local 2) Die angesehene Tauchbasis mit mehrsprachigem Team bietet u. a. spezielle Schnuppertauchkurse für Anfänger.

Scuba Duba
TAUCHEN

(☎ 445-2699; www.scubaduba.com.ar; Blvr Brown 893) Qualifizierte Tauchbasis.

Madryn Buceo
TAUCHEN

(☎ 0280-15-456-4422; www.madrynbuceo.com; Blvr Brown 1900) Bietet Tauchkurse für Anfänger, Schnorcheln mit Seelöwen sowie verschiedene Tauchausflüge. Auf Wunsch werden die Teilnehmer vom Hostel bzw. Hotel abgeholt.

Regina Australe
SCHIFFSTOUR

(☎ 445-6447; www.reginaaustrale.com.ar; Muelle Piedra Buena; Erw./Kind 4–12 Jahre 350/250 Arg$; ☺ Fahrkartenschalter 10–13 & 14–19 Uhr) Das Passagierschiff mit etwa 300 Plätzen legt im Hafen von Madryn an dem Kai ab, an dem sich auch der Kartenschalter befindet. Samstags, sonntags, mittwochs und an Feiertagen startet jeweils um 13 Uhr die dreistündige Schiffstour durch den Golfo Nuevo zur Punta Loma und wieder zurück. Das Schiff verfügt über drei Decks und eine Bar mit Schnellimbiss.

Auch wenn der Schiffsausflug ausdrücklich nicht als Walbeobachtungstour angeboten wird, lassen sich während der Walsaison manchmal Wale sichten. Ideal für Familien mit Kindern, die sich nicht dem rauen Wind und Wetter aussetzen wollen, sind die verglasten Decks.

Puerto Madryn

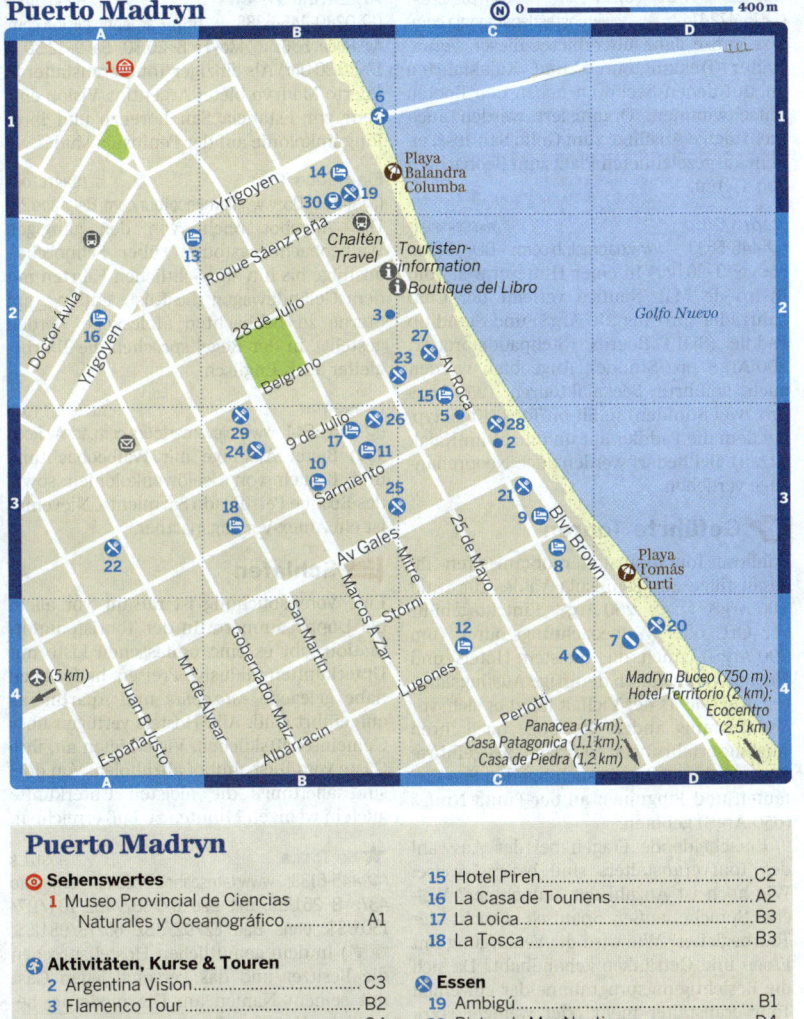

N   0   400 m

Golfo Nuevo

Playa Balandra Columba

Chaltén Travel

Touristen-information

Boutique del Libro

Playa Tomás Curti

Madryn Buceo (750 m); Hotel Territorio (2 km); Ecocentro (2,5 km)

Panacea (1 km); Casa Patagonica (1,1 km); Casa de Piedra (1,2 km)

Puerto Madryn

Costas de Patagonia ABENTEUERSPORT

(☎ 15-472-1142; www.costasdepatagonia.com) Das ganze Jahr über bietet dieser Veranstalter Trekkingtouren und Kajakfahrten an, auf denen Seelöwen neben den Booten mitschwimmen. Organisiert werden auch mehrtägige Ausflüge zum Golfo San José, einem ausgezeichneten Platz zum Beobachten von Tieren.

Napra Club WASSERSPORT

(☎ 445-5633; www.napraclub.com; Blvr Brown 860; ☺9–20 Uhr) In einer Hütte unweit vom Bistro de Mar Nautico verleiht der Club Fahrräder (pro Tag 210 Arg$) und Stand-up Paddle (SUP) Boards (Stehpaddelbretter; 200 Arg$ pro Stunde). Angeboten werden auch geführte Seekajaktouren (250 Arg$ pro zwei Stunden) in Sit-on-Tops (Kajaktyp, bei dem die Paddler auf und nicht im Kajak sitzen). Bei Bedarf werden auch Neoprenanzüge verliehen.

 ## Geführte Touren

Zahllose Tourveranstalter organisieren Tagesausflüge zur Península Valdés für rund 800 Arg$ (zzgl. 260 Arg$ Eintrittsgebühr vor Ort) oder Walbeobachtungstouren (um 890 Arg$). Auch die meisten Hotels und Hostels veranstalten derartige Ausflugsfahrten. Angesichts der Vielfalt lohnt es sich, vor der Buchung andere Reisende nach ihren Ausflugserfahrungen zu fragen. Als geführte Tour wird auch ein Besuch bei den See-Elefanten und Pinguinen an der Punta Ninfas (650 Arg$) geboten.

Entscheidende Fragen bei der Auswahl des Tourveranstalters sind beispielsweise: Wie hoch ist Anzahl der Teilnehmer? Welche Sprache außer Spanisch spricht der Tourbegleiter? Wie wird die Versorgung mit Essen und Getränken gehandhabt? Da sich die Besichtigungsprogramme der einzelnen Tourveranstalter mehr oder weniger stark unterscheiden, ist auch die Frage nach den Haltepunkten wichtig. Und nicht zuletzt: ein eigenes gutes Fernglas mitnehmen, es lohnt sich auf jeden Fall.

Von Puerto Madryn kosten die Ausflüge zum Tierschutzreservat Punta Tombo genauso viel (800 Arg$) wie von Trelew aus, doch von dort dauert die Fahrt länger, sodass weniger Zeit für die Pinguine bleibt.

Gezeiten und Wetter spielen bei der Ausflugsplanung eine wichtige Rolle – detaillierte Informationen finden sich unter http://aanppv_nueva.peninsulavaldes.org.ar/turismo/informe-diario/

Argentina Vision GEFÜHRTE TOUR

(☎ 0280-445-5888; http://argentinavision.com; Av Roca 536; ☺Mo–Fr 8–20.30, Sa 9–12.30 & 17–20.30 Uhr) Als einziger Tourveranstalter in Puerto Madryn bietet Argentina Vision eine Tour zur Estancia San Lorenzo und ihrer Pinguinkolonie auf der Península Valdés.

Flamenco Tour GEFÜHRTE TOUR

(☎ 445-5505; www.flamencotour.com; Belgrano 25) Das Angebot reicht von den gängigen Walbeobachtungstouren über Schnorchelausflüge bis hin zu nächtlichen Fahrten mit dem Geländewagen die Küste entlang, um Sterne zu beobachten (Teleskope werden gestellt). In der Regel sprechen die Tourbegleiter auch Englisch.

Nievemar GEFÜHRTE TOUR

(☎ 445-5544; www.nievemartours.com.ar; Av Roca 493) Bietet Ausflüge mit Walbeobachtung und Besuch von Seelöwenkolonien sowie des Bosque Petrificado Sarmiento. Nievemar ist ein Amex-Vertragspartner.

Schlafen

Eine Vorausbuchung ist ratsam, vor allem bei Doppelzimmern. In der Touristeninformation gibt es eine umfassende Liste mit Unterkünften inklusive Preisen, in der auch nahe gelegene *estancias* und Apartments aufgeführt sind. Alle Hostels verfügen über Gemeinschaftsküchen. Viele bieten an, ihre Gäste vom Busbahnhof abzuholen. Von dort sind allerdings die meisten Unterkünfte auch in wenigen Minuten zu Fuß erreichbar.

★ La Tosca HOSTEL $

(☎ 445-6133; www.latoscahostel.com; Sarmiento 437; B 26 US$, mit Bad DZ/3BZ/4BZ 104/117/130 US$, ohne Bad EZ/DZ/3BZ 65/78/98 US$; @🛜) In dem gemütlichen Hostel sprechen die Besitzer und das Personal jeden Gast mit seinem Namen an. Die moderne, behagliche Unterkunft mit grasbewachsenem Innenhof, guten Matratzen und vielfältigem Frühstück, darunter selbst gebackener Kuchen, Joghurt und Früchte, sind das Werk eines reiseerfahrenen Ehepaares. Eine echte Bereicherung sind die Doppelzimmer mit renoviertem Duschbad. Gäste können sich Fahrräder ausleihen.

La Casa de Tounens HOSTEL $

(☎ 447-2681; www.lacasadetounens.com; Passaje 1 de Marzo 432; EZ/DZ mit Bad 45/55 US$, B/EZ/DZ ohne Bad 18/40/45 US$; @🛜) Ein freundliches französisch-argentinisches Ehepaar führt dieses sympathische kleine Hostel in der

Nähe des Busbahnhofs. Bei seinen wenigen Zimmern ist die Aufmerksamkeit des Personals gewährleistet. Im gemütlichen gepflasterten Innenhof gibt es Hängematten und einen Grill für die Gäste. Zum Frühstück wird selbst gebackenes Brot serviert.

Chepatagonia Hostel   HOSTEL $

(☎ 445-5783; www.chepatagoniahostel.com.ar; Storni 16; B/DZ 19/60 US$; @🛜) Besitzer des stylischen, hübschen Hostels ist ein freundliches Ehepaar, das für die Gäste Touren organisiert und zweimal in der Woche eine Grillparty veranstaltet. Weitere Vorteile sind die bequemen Betten und die Chance, Wale vom Balkon aus zu beobachten. Gäste können ihre Wäsche waschen, die Küche benutzen und auch Fahrräder (150 Arg$ pro Tag) ausleihen.

El Retorno   HOSTEL $

(☎ 445-6044; www.elretornohostel.com.ar; Mitre 798; B/EZ/DZ 14/30/40 US$; @🛜) Gladys, die unermüdliche Betreiberin des Hostels umsorgt ihre Gäste aus aller Welt wie eine klassische Herbergsmutter. Neben den Mehrbettzimmern gibt es behagliche Doppelzimmer, außerdem ein Solarium, Grillplatz und Fahrradverleih.

La Loica   HOSTEL $

(☎ 494-6426; www.loicahostel.com; Mitre 416; B/DZ ohne Bad 22/55 US$; 🛜) Neu in der Unterkunftsszene der Stadt ist dieses teilweise renovierte Hostel. Jeweils zwei Zimmer teilen sich ein Bad und die Betten sind mit guten Matratzen ausgestattet. Das Design der Ausstattung erinnert ein wenig an eine Junggesellenbude, doch das Personal hat sehr viel Erfahrung im Beherbungsgewerbe. Eine Dachterrasse ist in Arbeit.

Camping ACA   CAMPINGPLATZ $

(☎ 445-2952; info@acamadryn.com.ar; Camino al Indio; Stellplatz 1/2 Pers. 9/12 US$; ⊘Mai–Aug, geschl.) Bäume schützen die 800 gekiesten Stellplätze vor dem ständigen Wind. Kochgelegenheiten sind auf dem Platz nicht vorhanden, aber es sind einige Snacks und manchmal auch warme Gerichte erhältlich. Vom und zum Stadtzentrum besteht eine Busverbindung, die Citybuslinie 2, deren Endhaltestelle (La Universidad) nur 500 m vom Campingplatz entfernt liegt.

El Gualicho   HOSTEL $

(☎ 445-4163; www.elgualicho.com.ar; Marcos A Zar 480; B/DZ/3BZ 15/55/63 US$; @🛜) Das moderne Hostel wartet mit ausgesprochen stylischen Zimmern auf. Umso mehr verwundern die minderwertigen Matratzen. Schön sind die geräumigen Gemeinschaftsbereiche mit Billardtischen und Hängematten. Aufgrund seiner Größe (120 Betten) wirkt das Hostel etwas unpersönlich. Die Doppelzimmer verfügen über TV-Geräte. Gäste können Fahrräder ausleihen; das Schwarze Brett informiert über alle aktuellen und wichtigen Dinge.

La Posada Hotel   HOTEL $

(☎ 445-4087; www.la-posada.com.ar ; Mathews 2951; EZ/DZ 62/72 US$; @🛜♿) Das moderne Hotel ist von weitläufigen Rasenflächen umgeben und eine ruhige Alternative zu den Unterkünften direkt in der Stadt. In seinen sauberen, lichtdurchfluteten Zimmern mit Kabelfernsehen setzen helle Möbelstücke freundliche Akzente. Im Garten gibt es einen Pool und einen Grill. La Posada liegt 2 km südlich vom Stadtzentrum.

★ Casa de Piedra   B&B $$

(☎ 447-3521; www.lapiedrahosteria.com; Arenales 82; DZ/3BZ 96/120 US$; @🛜) 🍃 Das wunderschöne B&B zeichnet sich durch seinen freundlichen, aufmerksamen Service aus. Sein kunsthandwerklich talentierter Besitzer hat selbst Hand angelegt und jedes Detail sorgfältig gestaltet, angefangen von den gemusterten Pflasterwegen über die Holzarbeiten bis hin zu einem überdimensionalen Schaukelpferd. Jedes der makellosen Zimmer hat einen eigenen Zugang zum betonierten Innenhof und ist mit Flachbildfernseher, Schließfach, Mini-Kühlschrank und nützlichen Utensilien zum Kaffee- oder Teekochen ausgestattet.

★ El Patio B&B   B&B $$

(☎ 15-440-8887, 447-5224; www.elpatiohostalpatagonia.com; Mitre 46; DZ mit/ohne Bad 90/75 US$; @) In dem ländlichen B&B in einem altmodischen Haus werden die Gäste sehr freundlich empfangen. Noten von Liedern schmücken die Wände etlicher Räume. Seine sieben weiß getünchten Zimmer liegen rund um einen hübschen, sonnigen Innenhof. Das Frühstück umfasst u. a. Weizenvollkornbrot, Joghurt, Früchte und Müsli. Carla, die Besitzerin, hat auch als Naturführerin gearbeitet und kann hilfreiche Tipps geben.

Casa Patagonica   B&B $$

(☎ 445-1540; www.casa-patagonica.com.ar; Av Roca 2210; DZ/3BZ 77/86 US$; @🛜) Gemütlich und freundlich sind die makellos gepflegten Zimmer in dem B&B, das sich in einem

Backsteingebäude mit Holzdecken befindet. Im Garten steht ein *quincho* (Grillhütte) und zum Frühstück gibt es selbst gebackenes Gebäck. Die Casa Patagonica liegt fünf Blocks vom Strand entfernt und 1 km südlich des Stadtzentrums.

Hostería Las Maras
GASTHOF **$$**

(☎ 445-3215; www.hosterialasmaras.com.ar; Marcos A Zar 64; EZ/DZ 105/120 US$, Superior 125–140 US$; @ 🖥) Backsteinwände, frei liegende Deckenbalken und Korbmöbel schaffen eine heimelige und gemütliche Atmosphäre – zumindest in der Lobby. Lediglich zweckmäßig eingerichtet, klein, dafür aber sehr sauber sind jedoch die Standardzimmer. Wer Wert auf eine schickere Ausstattung legt, sollte nach Möglichkeit eines der Superiorzimmer wählen.

Hotel Bahía Nueva
HOTEL **$$**

(☎ 445-0045, 445-0145; www.bahianueva.com.ar; Av Roca 67; EZ/DZ/3BZ 74/89/107 US$; @ 🖥) Mit der Bibliothek im Foyer und seinem etwas verspielten Ambiente erinnert das Hotel an einen englischen Landsitz. Von den 40 gut gepflegten Zimmern haben nur wenige Ausblick aufs Meer. Zu den Highlights zählen eine Bar mit Billardtisch und einem Fernseher (meist laufen Spiel- und Dokumentarfilme) sowie die ausführlichen Informationen über Ausflüge.

★ Hotel Territorio
BOUTIQUEHOTEL **$$$**

(☎ 447-1496; www.hotelterritorio.com.ar; Av Roca 33; Suite inkl. Spa 219 US$; @ 🖥 🛗) Wunderschöne Dünen erstrecken sich vor dem 36-Zimmer-Hotel mit Meerblick. Polierter Beton und elegante moderne Möbel verleihen ihm einen dezenten Schick. In einer Halle prangt die vollständige Wirbelsäule eines Wals. Den Kindern der Gäste steht ein geräumiges Spielzimmer zur Verfügung. Von Puerto Madryns Zentrum bis zum Standort des Hotels am Kap Punta Cuevas ist es ziemlich weit. Eine coole Cocktailbar und ein modernes Wellnesszentrum gleichen die abgelegene Lage aus.

Dazzler
HOTEL **$$$**

(☎ 447-5758; Blvr Brown 637; DZ mit Stadt-/Meerblick 180/200 US$) Dieses neue Spitzenklassehotel bietet einen spektakulären Ausblick aufs Meer. Seine 95 übergroßen Zimmer mit extrabreitem Doppelbett sind in einem modernen minimalistischen Stil eingerichtet. Zu den willkommenen Extras zählen Solarium, Jacuzzi und Spa auf der Dachterrasse. Einigen Beifall verdient auch

das hoteleigene Bar-Restaurant, aber dem Lobbybereich mangelt es etwas an persönlicher Atmosphäre.

Hotel Piren
HOTEL **$$$**

(Av Roca 439; DZ 120–170 US$) In dem Hochhaus am Meer befinden sich außer dem relativ preiswerten Hotel noch Timesharing-Ferienappartements (d. h. mehrere Eigentümer haben lediglich das Recht, ihr Appartment in einem bestimmten Zeitraum zu nutzen). Der ganze Stolz des Hauses ist der gläserne Lift im Stil des Aufzugs in dem Film „Charlie und die Schokoladenfabrik". Auf seiner Fahrt über zehn Stockwerke bietet er schwindelerregende Ausblicke. Die Gemeinschaftsbereiche sind gepflegt und hübsch gestaltet, wobei es allerdings zwischen dem neuen und alten Trakt erhebliche Qualitätsunterschiede gibt.

Essen

La Taska
CAFÉ **$**

(☎ 15-499-4870, 445-7200; 9 de Julio 461; Hauptgerichte 80–150 Arg$; ⏱ 12–23.45 Uhr) Einheimische loben die großen Portionen und günstigen Preise dieses kleinen Lokals in einem Wohnviertel. Betrieben wird es von einem ziemlich quirligen Koch.

Panacea
BISTRO **$**

(☎ 419-5886; Ecke Roca & Apeleg; Hauptgerichte 65–135 Arg$; ⏱ 8–1 Uhr; 🛗 🍴) Eine entspannte Atmosphäre herrscht in dem Bistro, das auf der ruhigen Seite der Avenida Roca liegt. Seine Speisekarte umfasst wechselnde Tagesgerichte sowie vegetarische und vegane Speisen. Hinzu kommen Pasta, Pizza, Fisch und Meeresfrüchte sowie einige Spezialitäten der nahöstlichen und indischen Küche. Das Brot wird vor Ort gebacken. Bei Einheimischen, die dem Touristenrummel entfliehen möchten, ist das Bistro sehr beliebt.

Mr Jones
INTERNATIONAL **$**

(9 de Julio 116; Hauptgerichte 80–150 Arg$; ⏱ 8 Uhr bis spätabends) Angesichts der Auswahl an leckerem Starkbier und Rotweinen, hausgemachten Aufläufen und *fish and chips* kommt in diesem beliebten Pub jeder auf seine Kosten. Die Bedienung ist freundlich, aber mitunter etwas langsam.

Lupita
MEXIKANISCH **$**

(☎ 15-472-2454; Av Gales 195; Hauptgerichte 80–120 Arg$; ⏱ 8–1 Uhr) Mit *nachos* und *fajitas* erfüllt das kleine und farbenfrohe Speiselokal die Gelüste von Gästen, die gerne scharf Gewürztes essen. Mit seinen hausgemachten Tortillas aus Weizenvollkornmehl und den selbst gemachten Salsas gibt sich das Lupita genauso viel Mühe wie gute Restaurants in der weit entfernten mexikanischen Metropole Guadalajara.

★ Plácido
ARGENTINISCH $$

(☑ 445-5991; www.placido.com.ar; Av Roca 506; Hauptgerichte 75–200 Arg$; ⊘ 12–15 Uhr & 20 Uhr bis spätabends) In dem schicken Restaurant am Strand schmeckt das Essen durchwegs ausgezeichnet. In einem minimalistischen Ambiente werden an weiß gedeckten Tischen wunderschön angerichtete traditionelle Gerichte serviert, darunter Shrimps mit Knoblauch und *cordero patagónico* (patagonisches Lamm). Einen Versuch wert ist auf jeden Fall der Meeresfrüchteteller, zu dem beispielsweise ein Weißwein von der Bodega del Fin del Mundo bestens mundet.

Olinda
ARGENTINISCH $$

(☑ 447-0304; Av Roca 385; Hauptgerichte 70–235 Arg$; ⊘ 12–16 & 19.30–1 Uhr) In dem modernen Café mit Holzterrasse herrscht eine coole Candle-Light-Dinner-Atmosphäre. Auf großen Wandtafeln stehen leckere, preisgünstige Gerichte, zu denen eine erfrischende Limonade mit Gin oder Tonic sehr gut passt. Gerichte wie patagonisches Lamm oder gegrillte regionale Shrimps mit Meersalz werden stets frisch zubereitet. Auch das Brot wird selbst gebacken. Eine gute Wahl sind die Tagesmenüs, die Desserts schmecken so köstlich, dass man am liebsten zwei davon essen möchte.

Bistro de Mar Nautico
FISCH & MEERESFRÜCHTE $$

(☑ 447-4289; Blvr Brown 860; Hauptgerichte 75–280 Arg$; ⊘ 8–24 Uhr) Mit seiner unschlagbaren Strandatmosphäre und einer emsigen Bedienung ist dieses gut besuchte Bistro eine tolle Location. Ganz zu schweigen von dem traumhaft schönen Ausblick aufs Meer, den nur wenige Restaurants in Puerto Madryn bieten können. Liebhaber von Fisch und Meeresfrüchten können hier gegrillten Fisch oder knusprige Calamari genießen. Aber auch Burger, Pizzas und sogar Frühstück stehen auf der Speisekarte. Nach 20 Uhr gibt es allerdings nur eine eingeschränkte Abendkarte.

El Almendro
INTERNATIONAL $$

(☑ 470525; Alvear 409; Hauptgerichte 110–165 Arg$; ⊘ Di–So 20 Uhr bis spätabends) Mit seiner verführerischen Speisekarte, einer aufmerksamen Bedienung und seiner recht guten Weinkarte fällt es nicht schwer, dieses familiengeführte Restaurant zu mögen. Manche Gäste kommen häufig einfach nur mal schnell auf einen köstlichen Aperitif vorbei. In einem gemütlichen, eleganten Ambiente lassen sich hier beispielsweise Gnocchi mit Kürbiskernen oder Steaks mit Balsamicoglasur genießen.

Ambigú
ARGENTINISCH $$

(☑ 472541; www.ambiguresto.com.ar; Ecke Av Roca & Roque Sáenz Peña; Hauptgerichte 105–165 Arg$; ⊘ n 12–14.30 & 19.30–24 Uhr) Einheimische gehen gerne in dieses Ecklokal mit seiner abwechslungsreichen Auswahl an Gerichten. Das in warmen Farben gehaltene Restaurant befindet sich in einem geschmackvoll renovierten historischen Bankgebäude.

Giuseppe
ITALIENISCH $$

(☑ 445-6891; 25 de Mayo 381; Hauptgerichte 80–150 Arg$; ⊘ 12–16 & 20–1 Uhr) Dieses italienische Bistro mit klassischen rot-karierten Tischdecken und den Tischen trifft mit seinen frisch zubereiteten Pastagerichten, Gnocchi und Pizza *a la piedra* genau ins Schwarze. Ein wenig „exotischer" ist der *risotto de langostinos*.

Bodegón
CAFÉ $$

(☑ 447-2547; Blvr Brown s/n; Hauptgerichte 118–150 Arg$; ⊘ 12–15 & 20–24 Uhr) Mit seinen kleinen Tischen, den Backsteinwänden und seiner persönlichen Atmosphäre wäre das Café auch in Buenos Aires nicht fehl am Platz. Wie zu erwarten, stehen die Klassiker auf der Speisekarte, z. B. Steaks mit Pommes, *cazuelas* (Fleischeintöpfe) und unterschiedliche *milanesas* (panierte Schnitzel). Die Weine tragen die Namen berühmter Fußballmannschaften. Für einen feuchtfröhlichen Männerabend ist das Lokal ideal.

★ Una Mesa
ARGENTINISCH $$$

(☑ 447-4479; Belgrano 346; Hauptgerichte 200–400 Arg$; ⊘ Fr & Sa 20–24 Uhr) Ein Besuch des originellen kleinen Lokals mit sehr persönlicher Atmosphäre lohnt sich. Geführt wird es von einem jungen Ehepaar, dem Küchenchef Juan und der Konditorin Julia. Alle Gerichte kommen kunstvoll angerichtet auf den Tisch, z. B. ein Teller mit einer frischen Auswahl an Fisch und Meeresfrüchten oder ein Risotto mit verschiedenen Fleischsorten. Unbedingt zu empfehlen sind die exquisiten Desserts. Juan und Julia veranstalten auch noch Kochkurse. Unter der Bezeichnung „Unamesa" sind die beiden auch auf Facebook vertreten.

Ausgehen & Nachtleben

Bars und Tanzclubs kommen und gehen. Wer wissen will, was gerade *de moda* (in) ist, fragt am besten Einheimische.

Margarita Bar _PUB_
(Roque Sáenz Peña; ☺ 11–4 Uhr) Dieser angesagte Treffpunkt mit schummeriger Beleuchtung und Backsteinwänden lockt mit einer riesigen Cocktailauswahl, freundlichen Bedienungen und ziemlich gutem Essen (Hauptgerichte 60–175 Arg$). An den Wochenenden wird meistens ab 1.30 Uhr ausgelassen getanzt.

ⓘ Praktische Information

Banco de la Nación (9 de Julio 127) Geldautomat und Umtausch von Reiseschecks.
Boutique del Libro (☏ 445-7987; Ecke 28 de Julio & Av Roca, Portal de Madryn 208; ☺ Mo–Fr 9.30–13.30 & 15.30–21, Sa 9.30–21.30, So 11–21 Uhr) Buchhandlung mit guter Auswahl an Büchern über Patagonien und regionalen Karten. Bietet auch einige englischsprachige Romane und Reiseführer. Sie befindet sich im ersten Stock des Einkaufszentrums neben der Touristeninformation.
Hospital Subzonal (☏ 445-1999; R. Gómez 383)
Post (Ecke Belgrano & Gobernador Maíz)
Touristeninformation (☏ 445-3504; www.madryn.gov.ar/turismo; Av Roca 223; ☺ Dez.–Feb. 8–21 Uhr, April–Nov. eingeschränkte Öffnungszeiten) Hilfsbereites, effizient arbeitendes Personal; in der Regel steht ein Mitarbeiter zur Verfügung, der Englisch oder Französisch spricht. Nützliche Tipps für Reisende finden sich im *libro de reclamos* (Beschwerdebuch). Am Busbahnhof hat die Touristeninformation einen hilfreichen Schalter, der allerdings nur während der Hochsaison (7–21 Uhr) geöffnet ist.

ⓘ An- & Weiterreise

Wegen der beschränkten Verkehrsverbindungen ist es ratsam, Bus- und Flugtickets im Voraus zu buchen, vor allem wenn die Reise von Puerto Madryn in die Anden geht.

BUS

Puerto Madryns **Busbahnhof** (www.terminal madryn.com; Ecke Ciudad de Nefyn & Dr Ávila) liegt hinter der historischen Estación del Ferrocarril Patagónico (1889 erbaut). Er verfügt über einen Geldautomaten, einen Schalter der Touristeninformation mit hilfsbereitem Personal und Gepäckschließfächern. Die Busfahrpläne sind übersichtlich und auch für ausländische Besucher verständlich.

Verschiedene Busunternehmen bedienen den Busbahnhof, darunter **Andesmar** (☏ 447-3764), **Don Otto** (☏ 445-1675), **Mar y Valle** (☏ 447-2056), **Que Bus** (☏ 445-5805), **TAC** (☏ 445-5805) und **TUS** (☏ 445-1962). **Chaltén Travel** (☏ 445-4906; Av Roca 115) bietet eine Busverbindung nach Esquel mit Anschluss an die Busse, die über die RN 40 Richtung Norden nach Bariloche oder Richtung Süden nach Perito Moreno und El Chaltén fahren.

Ein Bus von Mar y Valle verkehrt täglich um 8.55 und 17 Uhr nach Puerto Pirámides (75 Arg$, 1½ Std.), der um 11 bzw. 19 Uhr wieder nach Madryn zurückfährt. Mittwochs und freitags startet zusätzlich ein Bus um 6.30 Uhr. Da sich die Busfahrpläne saisonbedingt ändern, sollten Reisende sich vor Ort nach den aktuellen Abfahrtszeiten erkundigen.

Busse ab Puerto Madryn

REISEZIEL	FAHRPREIS (ARG$)	FAHRZEIT (STD.)
Bariloche	814	15
Buenos Aires	1350	18–20
Comodoro Rivadavia	438	6–8
Córdoba	1300	18
Esquel	644	9
Mendoza	1475	23–24
Neuquén	710	12
Río Gallegos	1312	15–20
Trelew	47	1
Viedma	416	5–6

FLUGZEUG

Puerto Madryn besitzt, etwa 5 km westlich der Stadt gelegen, einen eigenen modernen Flughafen, den **Aeropuerto El Tehuelche.** Die meisten Passagierflugzeuge landen allerdings auf dem etwa 65 km weiter südlich gelegenen Flughafen von Trelew.

Die regionale Fluggesellschaft **Andes** (☏ 445-2355; www.andesonline.com; Belgrano 41) fliegt mehrmals in der Woche von Puerto Madryn zum Flughafen Aeroparque in Buenos Aires (2757 Arg$). **Aerolíneas Argentinas** (☏ 445-1998; Av Roca 427) unterhält zwar einen Ticketschalter im Flughafen von Madryn, allerdings fliegen deren Maschinen leider nur vom Flughafen von Trelew ab.

ⓘ Unterwegs vor Ort

Mit einem Leihfahrrad lassen sich die Stadt und ihre Umgebung ausgezeichnet erkunden. Ein Taxi ist bequem für einen Abstecher nach Puerto Pirámides (1170 Arg$) und zur Punta Loma/Doradillo (445 Arg$).

AUTO

Von Puerto Madryn aus umfasst die Hin- und Rückfahrt zur Península Valdés etwas mehr als 300 km. Eine relativ preiswerte und flexiblere Alternative zur Bustour ergibt sich, wenn sich mehrere Personen einen Mietwagen teilen. Wichtig ist es auf ausreichende Freikilometer und klare Mietbedingungen zu achten.

Die Mietwagenpreise sind abhängig von den Freikilometern sowie vom Alter, Zustand und Typ des Fahrzeugs. Angemessene Preise und einen freundlichen, umfassenden Service bietet beispielsweise **Hi Patagonia Rent-a-Car** (☑ 445-0155; www.hipatagonia.com; Rawson 419). Auch der Familienbetrieb **Centauro** (☑ 0280-15-340400; www.centaurorentacar.com.ar; Av Roca 733) hat einen guten Ruf. Einfache Fahrzeuge kosten pro Tag 1350 Arg$ inklusive Versicherung und 200 Freikilometern.

ZUM/VOM FLUGHAFEN

Die südwärts nach Trelew fahrenden Busse des Busunternehmens 28 de Julio verkehren von montags bis samstags stündlich zwischen 6 und 22 Uhr. Auf Wunsch hält der Bus am Flughafen von Trelew.

Mit Ruftaxis wie beispielsweise **La Nueva Patagonia** (☑ 447-6000) kostet die Fahrt vom bzw. zum Flughafen von Puerto Madryn rund 80 Arg$. Das Taxiunternehmen **Eben-Ezer** (☑ 447-2474) betreibt einen Shuttle-Service zwischen Madryn und dem Flughafen von Trelew.

Rund um Puerto Madryn

Eine Seelöwen- und eine Kormorankolonie hat sich dauerhaft in der **Reserva Faunística Punta Loma** (Eintritt 50 Arg$) angesiedelt. Zu dem 17 km südwestlich von Madryn gelegenen Tierschutzgebiet führt eine gut ausgebaute, allerdings kurvenreiche Schotterstraße. Nur 15 m trennen den Beobachtungsposten von den Tieren, die am besten bei Ebbe, wenn sie ruhen, zu sehen sind. Viele Reisebüros organisieren interessante zweistündige Beobachtungstouren in das Schutzgebiet, wobei sich die Abfahrt jeweils nach den Gezeiten richtet. Wer sich per Leihwagen, Taxi oder Fahrrad auf den Weg machen will, sollte sich vorher unbedingt über die Gezeiten informieren.

Fährt man auf derselben Straße weiter, gelangt man zur **Punta Ninfas**, einer Klippe mit einem markanten Leuchtturm. Faszinierend ist hier der Ausblick auf den Strand, an dem sich See-Elefanten tummeln. Ebenfalls beobachten lässt sich eine zusehends größer werdende Pinguinkolonie. Besucher sollten sich generell zurückhalten und auch Fotos nur aus einer Entfernung machen, bei der die Tiere nicht gestört werden. Von Puerto Madryn bis zur Punta Ninfas sind es etwa 78 km auf der bereits erwähnten staubigen Schotterstraße.

An dieser Straße liegt auch die private *estancia* **El Pedral** (☑ 0280-447-3043; www.reservaelpedral.com; camino a Punta Ninfas; EZ/DZ inkl. Mahlzeiten & Transfer 375/500 US$; ⊙ Mitte Sept.–Mitte April). In einem historischen Haus an der Küste verfügt sie über wunderschöne Zimmer. Das Gelände ist ein Naturschutzgebiet mit einer beständig wachsenden Kolonie von Magellanpinguinen.

Die rund 20 km nördlich von Puerto Madryn gelegene – über die RP 1 erreichbare – Warte an der **Punta Flecha** ist ein empfehlenswerter Platz zum Beobachten von Walen.

Die Küste der Provinz Río Negro

Eine Art Tor nach Patagonien bilden die beiden Nachbarstädte Viedma und Carmen de Patagones, die getrennt durch den imposanten Río Negro einander gegenüberliegen. Beide Ortschaften lohnen wirklich einen Besuch. Viedma, die Hauptstadt der Provinz Río Negro, strahlt einen gewissen Wohlstand aus, den nicht nur die stylischen Cafés am Flussufer widerspiegeln. Dagegen liegt Carmen de Patagones' besonderer Reiz in seinen historischen und steilen Kopfsteinpflastergassen und seiner wunderbaren kolonialen Architektur.

Richtung Süden verläuft La Ruta de los Acantilados (die Straße der steilen Klippen) entlang der wunderschönen Atlantikküste. Aus den uralten (3 bis 13 Mio. Jahre) Klippen hat die unentwegte Brandung wahre Schätze an Fossilien freigelegt. Während in der Sommerzeit an diesem Küstenstreifen Scharen an Besuchern für Hochbetrieb sorgen, versinkt er gegen Ende der Saison in eine Art Winterschlaf.

Der Badeort **Balneario El Cóndor** liegt 31 km südöstlich von Viedma an der Mündung des Río Negro. Mit ungefähr 35 000 Bruthöhlen hat sich hier in den Klippen die größte Papageienkolonie der Welt angesiedelt. Sehenswert ist auch der jahrhundertealte und zugleich Patagoniens ältester Leuchtturm.

Rund 30 km weiter südlich liegt **La Lobería** (Reserva Faunística de Punta Bermeja) an der Nordküste des Golfo San Matías.

Hier lebt beständig eine Population Südamerikanischer Seelöwen (Otaria byronia). Ihren Höhepunkt erreicht die Anzahl der Tiere in der Kolonie im Frühjahr, wenn die Paarungszeit beginnt. Dann tauchen die Seelöwenmännchen am Strand auf, um miteinander zu kämpfen und einen Harem von bis zu zehn Weibchen zu gründen. Ab Dezember kommen die Jungen zur Welt. Eine sichere Beobachtungsplattform direkt oberhalb der Paarungsstrände ermöglicht Besuchern, das Geschehen zu verfolgen, ohne die Tiere dabei zu stören. Die Busse aus Viedma fahren in einer Entfernung von 3 km an der Kolonie vorbei.

Am nordwestlichen Rand des Golfo San Matías liegt knapp 180 km westlich von Viedma (via RN3) der stets gut besuchte Badeort Las Grutas. Seinen Name verdankt er den nahe gelegenen Unterwasserhöhlen. Aufgrund des ungewöhnlich großen Gezeitenhubs dehnen sich hier die Strände bei Ebbe Hunderte Meter Richtung Meer aus. Eine Gezeitentabelle mit den genauen Zeiten von Ebbe und Flut ist in der **Touristeninformation** (☎ 02934-497470; www.las grutasturismo.com.ar; Galería Antares, Primera Bajada) erhältlich. Mehrere Busse fahren stündlich nach San Antonio Oeste (ca. 16 km nordöstlich von Las Grutas), wo es weitere Unterkünfte gibt.

Reserva Faunística Península Valdés

Die von der Unesco zum Weltnaturerbe erklärte Península Valdés gehört zu den schönsten Tierschutzgebieten Südamerikas. Auf der Halbinsel leben Seelöwen, See-Elefanten, Guanakos, Nandus, Magellanpinguine und zahllose Meeresvögel. Jährlich besuchen mehr als 80 000 Menschen dieses Refugium, das 3600 km² umfasst und eine Küstenlänge von mehr als 400 km aufweist.

Die Tierwelt der Halbinsel zu beobachten, ist wirklich ein außergewöhnliches Erlebnis. Die unbestreitbar größte Attraktion bildet jedoch der im Bestand gefährdete *ballena franca austral* (Südkaper, auch Südlicher Glattwal genannt). Zwischen Juni und Dezember sind die wärmeren, geschützten küstennahen Gewässer im Golfo Nuevo und Golfo San José sowie bei Caleta Valdés (von Punta Norte bis Punta Hércules) die wichtigsten Aufzuchtgebiete dieser Wale.

Wohl kaum jemand erwartet Schafe in der Nähe von Pinguinen, doch der größte Teil der Halbinsel ist Weideland, das von den *estancias*, die Schafzucht betreiben, bewirtschaftet wird. Außerdem befinden sich auf der Halbinsel die Salztonebenen Salina Grande und Salina Chica. Sie liegen

Reserva Faunística Península Valdés

0 — 30 km

WALE IN NOT

Weltweit sind die Bestände des Südlichen Glattwals (auch Südkaper genannt) gewachsen, doch zahlreiche Bedrohungen gefährden seine weitere Existenz. So verzeichnet die Internationale Walfangkommission (IWC) beispielsweise in dem Aufzuchtgebiet dieser Wale vor der Küste der Península Valdés bei den Jungtieren eine bisher nicht gekannte hohe Sterberate. Darüber hinaus hat das **Instituto de Conservación de Ballenas** (ICB; www.icb.org.ar) in einer Langzeitstudie einen deutlichen Geburtenrückgang aufgrund von Nahrungsmangel festgestellt. Genauer gesagt, weil sich infolge der Klimaerwärmung der Krillbestand in den Nahrungsgründen der Glattwale nahe der South Georgia Islands verringert hat. Das gemeinnützige Institut widmet sich seit Langem der Walforschung und hat seit 1971 mehr als 3000 Individuen der Südlichen Glattwale in Fotos dokumentiert. Eine seiner Studien zeigt auch ein eigenartiges regionales Problem: Vor der Küste der Península Valdés picken Möwen zum Luftholen auftauchenden Walen Hautstücke aus dem Rücken und fressen sie. Damit verursachen sie nicht nur Verletzungen, sondern beeinträchtigen auch das Verhalten der Wale. Mitglieder der örtlichen Walbeobachtungs-Community unterstützen das ICB, indem sie Daten sammeln und Fotos machen, die dazu beitragen, den genannten Problemen auf den Grund zu gehen. Ausführliche Informationen, inklusive Links zu wissenschaftlichen Publikationen, finden sich auf der Website des ICB. Und wer den Glattwalen helfen möchte, kann über die Website auch eine Patenschaft für einen Wal übernehmen.

42 m unter dem Meeresspiegel und zählen damit zu den tiefsten Landsenken der Welt. In Puerto Pirámides, dem einzigen Dorf der Península Valdés, wurde um 1900 das aus der Salina Grande gewonnene Salz zum Transport auf Schiffe verladen.

Etwa 17 km nördlich von Puerto Madryn zweigt die befestigte RP 2 von der RN 3 ab und führt über den Istmo Carlos Ameghino (eine Landenge) zum Eingang des **Schutzgebiets** (Erw./Kind von 5–12 Jahren 260/130 Arg$; ⊙ tgl. 8–20 Uhr). Im **Centro de Interpretación** (⊙ 8–20 Uhr), 22 km vom Eingang entfernt, bilden naturkundliche Themen den Schwerpunkt. So zählt z. B. das vollständige Skelett eines Glattwals zu den Exponaten. Es widmet sich aber auch der regionalen Geschichte – von der ersten spanischen Ansiedlung bei Fuerte San José bis hin zur späteren Erforschung der Bodenschätze. Der Aussichtsturm eröffnet einen weiten, ungehinderten Panoramablick.

Wer in Puerto Madryn übernachtet, aber am nächsten Tag wiederkommen möchte, sollte sich von einem Parkaufseher die Gültigkeit der Eintrittskarte bestätigen lassen. So kostet der Eintritt am Folgetag nichts.

Puerto Pirámides

🎵 0280 / 565 EW., 400–2700 WALE

Der alte Salzexporthafen liegt, von Sandklippen umgeben, am strahlend blauen Meer. In dem einst verschlafenen Ort wimmelt es heute vor Touristenbussen und Besuchern in orangefarbenen Rettungswesten. Dieser stetig wachsende Touristenboom ist den wieder häufig gewordenen Walen zu verdanken. Doch am Ende des Tages verschwinden die Busse, das Treiben legt sich, und das Leben in dem Drei-Straßen-Dorf geht seinen gewohnten trägen Gang weiter.

Von der Hauptstraße, der Avenida de las Ballenas, zweigt die Primera (1era) Bajada ab, die direkt zum Strand führt und an der sich alle hiesigen Tourveranstalter niedergelassen haben.

 Aktivitäten

Die meisten Besucher kommen nach Puerto Pirámides, um Wale zu beobachten. Doch das Angebot an weiteren erlebnisreichen Aktivitäten nimmt kontinuierlich zu.

Besucher können sich Fahrräder oder Kajaks leihen, auch **Mountainbiking** wird häufig angeboten. Einige *estancias* in der Umgebung bieten **Ausritte** an. Die knapp 5 km von der Ortschaft entfernte **Seelöwenkolonie** lässt sich recht gut zu Fuß erreichen, auch wenn es vorwiegend bergauf geht. Manchmal tauchen hier auch Wale vor der Küste auf. Außerdem ist es ein schöner Platz, um den Sonnenuntergang und den Blick über den Golfo Nuevo nach Puerto Madryn zu genießen. Bei der Ausflugsplanung sollte man unbedingt einen Blick in die Gezeitentabelle werfen. Der Grund: Bei

Ebbe lassen sich die Seelöwen am besten beobachten, bei Flut schwimmen fast alle weit draußen im Meer.

Geführte Touren

Faszinierend ist es, auf einer **Walbeobachtungsfahrt** (Erw./Kind 890/450 Arg$) zu erleben, wie die Wale den Kopf aus dem Wasser strecken, um Ausschau zu halten (dieses Verhalten wird Spyhopping genannt). Es ist ein unglaubliches Erlebnis, wenn die Tiere hoch aus dem Wasser emporschießen und wieder steil eintauchen, sodass die gewaltige Fluke einen Moment lang senkrecht aus dem Wasser ragt. Buchen lassen sich solche Fahrten in Puerto Madryn oder Puerto Pirámides. Die Standardtour dauert ungefähr anderthalb Stunden, es sind aber auch längere Ausflüge möglich.

Vor der Buchung einer Tour sollte man sich über die vom Veranstalter eingesetzten Boote informieren. Kleinere Schlauchboote mit Außenbordmotor bieten mehr Intimität als die größeren Bootsvarianten, sind allerdings weniger bequem. Laut Gesetz dürfen sich die Boote den Walen nur bis auf 100 m nähern. In dieser Entfernung muss der Bootsführer zudem den Motor abstellen. Die Tiere zu verfolgen oder in irgendeiner anderen Weise zu bedrängen, ist natürlich strengstens verboten.

Es schadet auch keinesfalls, einen genaueren Blick auf die Geschäftsbedingungen des Tourenveranstalters zu werfen: Wenn die Boote wegen schlechten Wetters nicht auslaufen können, findet die gebuchte Tour in der Regel am folgenden bzw. nächstmöglichen Tag statt (an solchen Tagen herrscht dann allerdings mehr Betrieb). Außerhalb der Walsaison (Juni bis Dez.) sind solche Bootsfahrten nur für die Leute interessant, die sich für Seelöwen und Küstenvögel begeistern können.

⭐ **Patagonia Explorers**   KAJAKFAHREN
(☑ 0280-15-434-0618; www.patagoniaexplorers. com; Av de las Ballenas; 2-stündige Kajakfahrt 70 US$) Die Tourenveranstalter (zwei Brüder und deren Schwester) organisieren erstklassige Wanderungen und Seekajaktouren. Beispielsweise eine dreitägige Kajaktour auf dem Golfo San José umfasst Paddeln neben Seelöwen, vielfältige Tierbeobachtungen und Camping in freier Natur. Geboten werden auch Ausflüge bei Vollmond oder Sonnenuntergang. Detaillierte Informationen über das Ausflugsprogramm bieten die Website oder das Büro der Patagonia Explorers.

Bottazzi   WALBEOBACHTUNG
(☑ 449-5050; www.titobottazzi.com; 1era Bajada) Dieser empfehlenswerte Familienbetrieb in zweiter Generation ist der einzige hiesige Tourenveranstalter, der ein eigenes Büro in Puerto Madryn hat. Besonders beliebt sind die Bootsausflüge bei Sonnenuntergang. Wegen der persönlichen Atmosphäre finden sie in einem kleineren Boot statt, was zugleich ideale Bedingungen fürs Fotografieren mit sich bringt.

Southern Spirit   WALBEOBACHTUNG
(☑ 449-5094; www.southernspirit.com.ar; 1era Bajada; Walbeobachtung unter Wasser Erw./Kind 1780/890 Arg$) Außer konventionellen Walbeobachtungsfahrten, bei denen die Passagiere aufs Wasser blicken, bietet der angesehene Tourveranstalter etwas Besonderes: das Beobachten von Walen unter Wasser auf der speziell dafür gebauten *Yellow Submarine*. Auch wenn es so klingt, ist es kein Unterseeboot, sondern das Unterdeck dieses Schiffes wurde mit dicht nebeneinander liegenden Fenstern ausgestattet. Hinter jedem Fenster stehen bequeme Stühle, auf denen man einen freien Blick auf unter Wasser schwimmende Wale (und andere Tiere) hat. Die Teilnehmerzahl pro Fahrt ist auf 35 bis 40 Passagiere begrenzt. Southern Spirit veranstaltet auch eine Trekkingtour entlang der Küste, bei der die Teilnehmer am Abend den Walgesängen lauschen können.

Hydrosport   WALBEOBACHTUNG
(☑ 449-5065; www.hydrosport.com.ar; 1era Bajada) Veranstaltet Wal- und Delfinbeobachtungstouren in Begleitung von Naturforschern auf einem Schiff mit einem Unterwasser-Audiosystem.

Whales Argentina   WALBEOBACHTUNG
(☑ 449-5015; www.whalesargentina.com.ar; 1era Bajada) Organisiert erstklassige Ausflüge mit mehrsprachigen Führern. Bietet auch nach persönlichen Wünschen gestaltete Touren in einem viersitzigen Semi-Rigid-Boot (Schlauchboot mit einem leichten Aluminium-Rumpf).

Patagonia Scuba   TAUCHEN
(☑ 0280-15-457-8779; www.patagonia-scuba.com. ar; Av de las Ballenas s/n; Tauchkurs für Anfänger 800 Arg$) Diese renommierte PADI-zertifizierte Tauchbasis bietet Tauchausflüge und die Möglichkeit zum Schnorcheln, und zwar in der Gesellschaft von Seelöwen (1400 Arg$). Die beste Sicht unter Wasser hat man im August. Patagonia Scuba ver-

leiht auch Kajaks. Ausführliche Informationen finden sich auf der Internet- oder auf der Facebook-Seite der Tauchbasis.

Traccion a Sangre   MOUNTAINBIKEN
(☏0296-549-5047; www.traccionasangre.com.ar; Av de las Ballenas s/n; geführte halbtägige Tour 800 Arg$) Verleiht Mountainbikes und bietet geführte Mountainbiketouren auf der Peninsula Valdés. Teilt sich ein Büro mit Patagonia Scuba.

🛏 Schlafen

Wer in Puerto Pirámides übernachtet, kann sich gelassener als bei einem Tagesausflug der Tierbeobachtung widmen. Der Ort besitzt allerdings nur einige wenige gute Unterkünfte, und nachts ist hier wenig los. Camper erzählen aber begeistert von den schauerlich klingenden Gesängen der Wale und den Geräuschen, die beim Ausblasen des Atemstrahls entstehen – in der Stille der Nacht ist das ein eindrucksvolles Erlebnis.

Mit einer Buchungsbescheinigung ihrer Unterkunft können Besucher die Reserva Faunística Península Valdés verlassen und müssen bei der Rückkehr nicht erneut Eintritt bezahlen. Entlang der Hauptstraße weisen Schilder auf zu mietende Zimmer, Hütten und Apartments hin. Das WLAN arbeitet im Schneckentempo – immer und überall, ganz gleich, wie hoch der Preis für die Unterkunft auch ist.

Hostel Bahía Ballenas   HOSTEL $
(☏15-456-7104; www.bahiaballenas.com.ar; Av de las Ballenas s/n; B 20 US$; ✳@🤝) Ein unübersehbares Schild mit der Aufschrift „BackPackers" kennzeichnet den einladenden Ziegelsteinbau mit zwei riesigen Schlafsälen. Gäste erhalten Rabatte bei einigen der örtlichen Tourveranstalter. Küchenbenutzung ist im Preis inbegriffen; das Frühstück kostet extra (40 Arg$).

Camping Municipal   CAMPINGPLATZ $
(☏15-420-2760; pro Pers. 12 US$) Die Straße hinter der Tankstelle führt zu dem komfortablen Campingplatz hinunter. Er bietet geschützte, mit Kies aufgeschüttete Zeltplätze, saubere Toiletten, heiße Duschen (gegen Entgelt) und einen Laden. Im Frühsommer sind die Chancen, einen Platz zu bekommen, am größten. Wichtig: Nicht am Strand campen, denn die Flut steigt hier extrem hoch!

Hidden House   PENSION $
(☏449-5078, 15-464-4380; hiddenhouse@gmail.com; Segunda Bajada; pro Pers. 65 US$; ✳🤝) Ein wenig versteckt zwischen Dünen liegt das hübsche, luftige Haus. Mit den freundlichen Hunden des Besitzers, schönen Blumenkübeln und Liegestühlen in den Dünen ist es alles in allem eine vergnügliche Unterkunft. Mumo, der Chef des Hauses, kümmert sich persönlich um seine Gäste. Beispielsweise kocht er für sie oder veranstaltet tolle Grillfeste. Die Straße ist nicht beschildert – das Haus steht an der zweiten Zufahrt zum Strand. Das Hidden House hat eine Facebook-Seite.

La Casa de la Tía Alicia   PENSION $$
(☏449-5046; Av de las Ballenas s/n; DZ 83 US$; 🤝) Insbesondere für zu zweit Reisende ist das eine gemütliche Unterkunft. In dem rosaroten Haus gibt es lediglich drei Zimmer in einem malkastenbunten Hüttenstil, die an einen hübschen Garten grenzen. Utensilien zum Teekochen sind in jedem Zimmer vorhanden. Pflichtbewusst achten die Betreiber auf Wasser-Recycling und Kompostierung der Bio-Abfälle.

Motel ACA   MOTEL $$
(☏449-5004; www.motelacapiramides.com; Av Roca s/n; DZ 130 US$; ✳🤝) Das Motel gehört zu den besseren Unterkünften in Pirámides, auch wenn es hier durchaus recht laut sein kann. Die Gemeinschaftsbereiche verfügen über riesengroße Fenster mit Ausblick auf die Bucht.

Cabañas en el Mar   HÜTTEN $$
(☏15-466-1629; www.cabañasenelmar.com; Av de las Ballenas; 4-/5-Pers.Hütte 150/160 US$; ✳🤝) Mitten im Zentrum des Geschehens stehen diese komfortablen Hütten (direkt an der Kreuzung, wo die Straße zum Strand abzweigt). Ihre coolen, gut ausgestatteten Räume sind makellos sauber. In den Schlafzimmern steht ein Fernsehapparat und der Kühlschrank sowie der Herd in der Küche haben eine normale Haushaltsgröße.

★ Del Nomade Hostería Ecologica   LODGE $$$
(☏449-5044; www.ecohosteria.com.ar; Av de las Ballenas s/n; DZ 165 US$; @🤝) 🍃 Ein bekannter argentinischer Naturfotograf ist der Besitzer dieser Öko-Lodge. Ihre acht stylishen Zimmer sind in einem behaglichen minimalistischen Stil eingerichtet. Zum Frühstück wird hausgemachte Kost serviert. Um die Lodge so umweltfreundlich wie nur möglich zu gestalten, wurden große Anstrengungen unternommen. Das reicht von der Verwendung von Holz umgestürzter Bäu-

me und natürlicher Reinigungsmittel über Kompostierung bis hin zur Solaranlage und zum Recyceln von Wasser. Naturfotografien an den Wänden und ausgelegte Exemplare des Magazins *National Geographic* machen Lust auf eigene Naturerlebnisse.

Auf Wunsch erhalten Gäste auch Lunch-Pakete (60 Arg$) für ihre Ausflüge. Bei einem längeren Aufenthalt sind sogar Rabatte möglich.

Restingas Hotel   HOTEL $$$

(📞 449-5101; www.lasrestingas.com; 1era Bajada; DZ Garten-/Meerblick 231/271 US$; @ 📶 ☒) Neben geräumigen Zimmern bietet das luxuriöse Spa-Hotel am Strand einen schönen verglasten Aufenthaltsraum. Ein dicker Pluspunkt: Von den Zimmern mit Meerblick lassen sich die Wale beobachten. Die Gäste loben auch das üppige Frühstücksbüfett. Das hoteleigene Gourmet-Restaurant ist auch für das allgemeine Publikum zugänglich. Eher von der laxen Seite zeigt sich allerdings der Service.

De Luna   PENSION $$$

(📞 449-5083; www.deluna.com.ar; Av de las Ballenas s/n; DZ/Hütte 195/120 US$) Hell, freundlich, geräumig und einladend sind die Zimmer im Haupthaus. Oberhalb des Hauses thront noch eine knarrende, aber hübsche Gästehütte mit herrlichem Ausblick. An dem Haus befindet sich allerdings kein Namensschild und einchecken muss man nebenan im Del Nomade.

Essen & Ausgehen

Am Strand reihen sich mehrere Restaurants. Alle sind über die erste Straße, die gleich am Ortseingang rechts von der Hauptstraße abzweigt, erreichbar. Vorsicht: Hier wird entsalztes Meerwasser ausgeschenkt! Wer einen empfindlichen Magen hat, sollte zum professionell in Flaschen abgefüllten Mineralwasser greifen. Selbstversorger bringen ihre Lebensmittel am besten aus Puerto Madryn mit.

El Viento Viene   CAFÉ $

(1era Bajada; Hauptgerichte 40–95 Arg$; ⏱ 9–20) Dieses kleine Café ist ein reizvoller Ort, um gemütlich Kaffee, Sandwiches und hausgemachten Kuchen zu genießen. Hier wird auch innovatives Kunsthandwerk verkauft.

La Estación   FISCH & MEERESFRÜCHTE $

(Av de las Ballenas s/n; Hauptgerichte 100 Arg$; ⏱ Fr–Mi 12–16.30 & 19–23 Uhr) Das flippige Speiselokal eignet sich bestens, um entspannt eine Flasche Wein zu genießen. Trotz der saloppen Atmosphäre haben die Gerichte Gourmetqualität, wie z. B. die *langostinos a la plancha* (gegrillte Garnelen), die frischen Jakobsmuscheln oder mit Lammhackfleisch gefüllte *sorrentinos* (große runde, ravioliähnliche Teigtaschen). Eine Reservierung ist ratsam, da nur wenige Tische zur Verfügung stehen.

★ Guanaco   PUB $$

(📞 449-5046; Av de las Ballenas s/n; Hauptgerichte 142–180 Arg$; ⏱ Mo, Di, Do & Fr 19–23.30, Sa & So 12–15.30 & 19–23.30 Uhr) Eine überdachte Veranda mit Kunstinstallationen kennzeichnet diese abgefahrene *cervecería* (Bierlokal, Pub). Hernán, der Betreiber, schenkt hier sein selbst gebrautes Bier und andere regionale Biersorten aus. Die Gerichte wie beispielsweise Lammravioli, Fisch mit Butter und Kräutern sowie die riesigen Salate schmecken gut. Manchmal funktioniert der Service ein wenig langsam, aber es ist eben ein kleiner Betrieb. Wie gut die Kneipe läuft, zeigt sich darin, dass sie mitunter schließen muss, weil die Vorräte ausgegangen sind.

ℹ Praktische Informationen

Eine kleine **Touristeninformation** (📞 449-5048; www.puertopiramides.gov.ar; 1era Bajada; ⏱ 8–20 Uhr) steht Reisenden mit Rat zur Seite. Besucher können den Internetzugang im **India** (Av de las Ballenas; pro Std. 500 Arg$; ⏱ 10.30–20 Uhr; 📶) nutzen. Ein Geldautomat findet sich in der **Banco del Chubut** (Av de las Ballenas).

ℹ An- & Weiterreise

Die Bushaltestelle befindet sich auf einem Platz hinter der YPF-Tankstelle, der zu einem Busbahnhof ausgebaut werden soll. Busse von Mar y Valle fahren montags bis freitags um 8.10, 13 und 18 Uhr von Puerto Pirámides nach Puerto Madryn (75 Arg$, 1½ Std.). Samstag und Sonntag verkehrt nur der 18-Uhr-Bus. Bei manchen Bustouren ab Puerto Madryn können Reisende, die lediglich nach Puerto Pirámides wollen, mitfahren und dort aussteigen.

Rund um Puerto Pirámides

Bei der Fahrt über die Halbinsel ist Geduld gefragt. Was als Straße nennt, sind Waschbrettpisten aus *ripio* (Schotter) mit reichlich sandigen Stellen, an denen die Räder einsinken. Wer mit einem Leihwagen unterwegs ist, sollte vorher das Kleingedruckte genau lesen und prüfen, welche Schäden die Versicherungspolice abdeckt. Per Anhalter weiterzukommen, ist fast unmöglich. Eine Radtour macht hier auch nicht viel Freude, den die Fahrt zieht sich endlos hin und der ständige Wind ist sehr störend.

Eine private *estancia* auf der Península Valdés, **Estancia San Lorenzo** (www.pinguinos puntanorte.com.ar; Punta Norte; Erw./Kind zwischen 12 und 15 Jahren 620/310 Arg$), bietet ausgezeichnete Möglichkeiten, die heimische Tierwelt zu beobachten. Einen Besuch der *estancia* organisiert Argentina Vision (S. 458) in Puerto Madryn.

ISLA DE LOS PÁJAROS

Das Vogelschutzgebiet am Golfo San José liegt etwa 800 m nördlich der Landenge. Niemand darf es betreten, doch mit einem starken Fernglas lässt sich schon einiges beobachten. Auf der Insel steht die Nachbildung einer Kapelle, die in Fuerte San José gebaut wurde.

PUNTA DELGADA

An der südöstlichen Ecke der Halbinsel, etwa 76 km südöstlich von Puerto Pirámides, kann man im Frühjahr von den Klippen aus Seelöwen und eine riesige Kolonie von See-Elefanten beobachten. Der Zugang kostet 150 Arg$, weil der Aussichtspunkt nur über das Anwesen des Hotels Faro Punta Delgada erreichbar ist. Für Gäste des Hotels oder des hoteleigenen Restaurants ist der Zugang jedoch kostenlos.

Aufgrund ihrer erstklassigen Lage für Tierbeobachtungen beherbergt die Estancia Rincón Chico (0280-447-1733; www.rinconchico. com.ar; DZ pro Pers. inkl. Vollpension 376 US$; Mitte Sept.–März) neben Touristen auch zahlreiche Meeresbiologen und forschende Studenten. Die acht gut ausgestatteten Doppelzimmer befinden sich in einem modernen, mit Wellblech verkleideten Farmhaus. Auch ein *quincho* (Grillhütte) ist vorhanden. Neben den angebotenen geführten Touren können die Gäste auch Fahrradtouren und Wanderungen auf eigene Faust unternehmen. Mindestaufenthalt: zwei Nächte.

Das luxuriöse Faro Punta Delgada Hotel (02965-15-406304, 445-8444; www.puntadelga da.com; EZ/DZ inkl. Ausflüge 263/308 US$, Mittagessen Erw./Kind 12–18 Jahre 200/100 Arg$) befindet sich in einem Gebäude mit integriertem Leuchtturm, das früher der argentinischen Post gehörte. Seinen Gästen bietet es zahlreiche Aktivitäten, darunter Ausritte und Geländewagentouren. In dem hoteleigenen – für jedermann zugänglichen – Spit-

zenrestaurant werden typische *estancia*-Gerichte serviert. Während der Hochsaison finden regelmäßig naturkundliche Strandwanderungen statt.

PUNTA CANTOR & CALETA VALDÉS

Im Frühjahr schleppen sich See-Elefanten auf die lange, kiesbedeckte Landzunge in der geschützten Bucht, die 43 km nördlich von Punta Delgada liegt. Hier bringen die Weibchen ihre Jungen zur Welt. Um ihren Harem zu behalten, kämpfen die Männchen häufig miteinander. Von den Pfaden am Hang lassen sich solch spektakuläre Szenen gut beobachten. Ab und zu streifen auch Guanakos am Strand entlang.

Ein paar Kilometer nördlich liegt der Brutplatz einer stattlichen Kolonie von Magellanpinguinen. Zum Brüten graben die Paare tiefe Mulden in den Boden.

PUNTA NORTE

Am äußersten Ende der Halbinsel liegt die abgeschiedene Punta Norte, wo eine riesige gemischte Kolonie von Seelöwen und See-Elefanten lebt. Wegen der großen Entfernung verirren sich nur wenige Reisegruppen dorthin. Den wahren Nervenkitzel verursachen hier jedoch die Orcas, wenn sie sich von Mitte Februar bis Mitte April an den Seelöwen gütlich tun. Da sie ihre Attacken auf die nichtsahnenden Seelöwen nur bei Flut ausführen, besteht kaum eine Chance, das Geschehen zu beobachten. Doch allein zu sehen, wie die mächtigen Rückenflossen dieser vermeintlichen „Killerwale" das Wasser durchpflügen, reicht, um eine Gänsehaut zu bekommen.

Ein kleines, aber gutes **Museum** konzentriert sich hauptsächlich auf Meeressäuger. Seine Besucher erfahren aber auch einiges über die Tehuelche und die Geschichte des regionalen Robbenfangs. Im **Café** bekommt man kleine Snacks; es wird allerdings nur geöffnet, wenn es sich lohnt – wenn also genügend Besucher anwesend sind.

Trelew

0290 / 98 600 EW

Auch wenn Trelew von walisischem Erbe durchdrungen ist, zeigt sich die Stadt nicht gerade als Postkartenidylle. Für Besucher besitzt die mittelgroße Stadt, die ein wichtiger regionaler Knotenpunkt ist, eine günstige Lage zum Erkunden zahlreicher touristischer Attraktionen. So eignet sich das

Wirtschaftszentrum der Region z. B. ausgezeichnet als Ausgangspunkt für den Besuch von Gaiman und Dolavon. Trelew selbst hat an Sehens- und Erlebenswertem kaum etwas zu bieten – die Ausnahme bildet das erstklassige Dinosauriermuseum, das wirklich einen Besuch wert ist.

Gegründet wurde die Stadt im Jahr 1886 als Eisenbahnknotenpunkt. Seinen mitunter falsch ausgesprochenen Namen verdankt Trelew (tre-*ley*-uh) der walisischen Verbindung der Wörter *tre* (walisisch: Stadt, Heimstätte) und *lew* (nach Lewis Jones, der den Ausbau der Eisenbahn förderte). Im Verlauf der folgenden 30 Jahre erreichte die Bahnstrecke Gaiman und erbauten die heimwehkranken Waliser ihren Salón San David (einen Nachbau der St David's Cathedral in Pembrokeshire). Außerdem siedelten sich spanische und italienische Einwanderer in der Gegend an. Als die Regierung im Jahr 1956 die industrielle Entwicklung Patagoniens förderte, stieg die Einwohnerzahl von Trelew sprunghaft an.

Trelew liegt 65 km südlich von Puerto Madryn (über die RN 3). Das Stadtzentrum erstreckt sich rund um die Plaza Independencia, die meisten Dienstleistungsunternehmen, z. B. Banken, Reisebüros usw., befinden sich in der Calle 25 de Mayo, der Calle San Martín und der kürzlich sanierten Avenida Fontana. Die von Ost nach West verlaufenden Straßen tragen diesseits bzw. jenseits der Avenida Fontana andere Namen.

⊙ Sehenswertes

In der Touristeninformation gibt es manchmal eine Broschüre (auf Englisch und Spanisch) mit Stadtspaziergängen inklusive Beschreibungen fast aller historischen Gebäude der Stadt.

★ Museo Paleontológico Egidio Feruglio

MUSEUM

(☏ 442-0012; www.mef.org.ar; Av Fontana 140; Erw./Kind 95/65 Arg$; ⊙ Mo–Fr 9–18, Sa & So 10–19 Uhr) Das naturkundliche Museum zeigt die wichtigsten fossilen Funde Patagoniens. Seine hervorragenden Exponate umfassen Dinosaurier in Lebensgröße sowie 1700 fossile Reste von Pflanzen und Meerestieren. Naturklänge und ein Videofilm ergänzen die Informationstafeln. Führungen werden in mehreren Sprachen angeboten. Zur

DER KLEINE PRINZ

Von Europas Schlachtfeldern ins Exil getrieben, schrieb und illustrierte der französische Pilot und Schriftsteller Antoine de Saint-Exupéry 1941 in einem Apartment in Manhattan eine märchenähnliche Erzählung: *Der kleine Prinz* – inzwischen eines der meistgelesenen Werke der Weltliteratur. In den vorhergehenden 20 Jahren hatte sich der damals 40-jährige Saint-Exupéry hauptsächlich der Fliegerei gewidmet. Er flog über die Sahara, über Ägypten und Patagonien, wo er von 1929 bis 1931 Direktor der Aeropostal Argentina war. Bilder, die sich ihm auf seinen Flügen über die windige, karge Landschaft Patagoniens einprägten, spiegeln sich in den Berichten des kleinen Prinzen über seinen Heimatplaneten Asteroid B612 wider.

Zu der gezeichneten Boa, die gerade einen Elefanten verdaut („die großen Leute" meinen, es ist ein Hut), hat den Autor angeblich die Form der Isla de los Pájaros (S. 469) vor der Küste der Península Valdés inspiriert. Und vermutlich verdanken die Vulkane auf dem Asteroiden ihre perfekte konische Form den Vulkanen, die Saint-Exupéry auf dem Flug nach Punta Arenas (Chile) gesehen hatte. Zahlreiche Illustrationen des Autors zeigen den kleinen Prinzen auf Berggipfeln, die an die Berge des Fitz-Roy-Massivs erinnern – einer davon heißt heute Cerro Saint-Exupéry. Möglicherweise hat die Begegnung mit den beiden kleinen Töchtern eines französischen Einwanderers bei einer Notlandung nahe in Concordia nahe Buenos Aires dazu beigetragen, die Gestalt des kleinen Prinzen zu entwickeln.

Antoine de Saint-Exupéry hat die vielfältige Wirkung, die seine junge Titelfigur ausüben sollte, nicht mehr erlebt. 1944, kurz nach der ersten Veröffentlichung des Buches *Der kleine Prinz* fand er den Tod. Von einem Aufklärungsflug im Auftrag der in Algerien stationierten Forces française libres (Freie französische Streitkräfte) kehrte er nicht mehr zurück. Seine Zeit in Patagonien spielt auch in seinen hochgelobten Romanen *Nachtflug* und *Wind, Sand und Sterne* eine große Rolle. Beide sind eine lesenswerte Lektüre auf langen Patagonientouren.

Sammlung zählen Dinosaurier aus der Region, z. B. der Tehuelchesaurus, Patagosaurus und Titanosaurus. Gemeinsam mit einem internationalen Team haben die Forscher des Museums eine neue Spezies entdeckt: den *Brachytrachelopan mesai*, ein Sauropod mit einem für diese Sauriergruppe ungewöhnlich kurzen Hals. Der Namensgeber des Museums, der italienische Paläontologe Egidio Feruglio, kam 1925 nach Argentinien, um als Geologe für das Erdgas- und Erdölunternehmen YPF zu arbeiten.

Das Programm *Exploradores en Pijama* (Forscher im Schlafanzug) lädt Kinder zwischen acht und zwölf Jahren ein, im Museum zu übernachten und dessen Räume im Schein von Taschenlampen auszukundschaften. Das Museum fördert auch geführte Gruppenfahrten zum Geoparque Paleontológico Bryn Gwyn. Der Geopark liegt in den Badlands (einer stark erodierten Verwitterungslandschaft) am Ufer des Río Chubut (25 km von Trelew oder 8 km südlich von Gaiman über die RP 5). Während der dreistündigen Führung machen die Teilnehmer eine Art Wanderung durch die Zeit. Dabei sehen sie z. B. freigelegte Fossilien, die aus dem Tertiär stammen, also rund 40 Mio. Jahre alt sind.

Museo de Artes Visuales MUSEUM
(443-3774; Mitre 351 Eintritt 10 Arg$; Mo–Fr 9–19, Sa & So 14–20 Uhr) Das kleine Kunstmuseum liegt direkt neben der Touristeninformation. Seine Ausstellungen umfassen Leihgaben des Museo Nacional de Bellas Artes in Buenos Aires sowie Kunstgegenstände aus der Zeit der walisischen Besiedlung.

Museo Regional Pueblo de Luis MUSEUM
(442-4062; Ecke Av Fontana & Lewis Jones; Eintritt 30 Arg$; 8–20 Uhr) Das kleine Museum in einem ehemaligen Bahnhof zeigt historische Fotografien sowie Kleidung und Mobiliar der walisischen Siedler. Ausgestellt sind auch Relikte der Ureinwohner der Gegend.

Geführte Touren
Mehrere Reisebüros in Trelew organisieren Busausflüge zur Área Natural Protegida Punta Tombo (700 Arg$, zzgl. 180 Arg$ Eintritt). Bestehen gerade gute Beobachtungschancen, machen manche Busse auf dem Rückweg in Puerto Rawson Halt, damit die Ausflügler die *toninas overas* (Commerson-Delfine) sehen können. An der Punta Tombo beträgt die Aufenthaltsdauer nur anderthalb Stunden. Ganztagestouren auf die

WALISCHES ERBE
Im Jahr 1865 setzten Waliser zum ersten Mal einen Fuß auf patagonischen Boden. Ihre neu gewonnene Freiheit kam sie jedoch teuer zu stehen. Wenige der Einwanderer hatten Erfahrung in der Landwirtschaft und obendrein besaßen Patagoniens ausgedörrte Steppen keinerlei Ähnlichkeit mit der fruchtbaren Erde ihres Heimatlandes. Dem Hungertod nahe, überlebten die Waliser nur mit Hilfe der Tehuelche und besiedelten wahrscheinlich das gesamte untere Chubut-Tal. Sie gründeten die Städte Rawson, Trelew, Puerto Madryn und Gaiman, in denen sie später Teestuben eröffneten.

Heute fließt in den Adern von etwa 20 % der Bewohner der Provinz Chubut walisisches Blut. Durch die in jüngster Zeit erfolgte Wiederbelebung der walisischen Kultur wurde das alte Erbe der Vergessenheit entrissen. Der walisische Historiker Fernando Coronato meint: „Im alten Fürstentum Wales galt die Auswanderung nach Patagonien als die tollkühnste Tat, die ein Mensch vollbringen konnte." Der erneuerte Draht zur alten Heimat ist unübersehbar: Das British Council (Großbritanniens internationale Organisation für Kultur und Bildung) organisiert jährlich Zusammenkünfte von Walisischlehrern und fördert den patagonisch-britischen Studentenaustausch. Wissbegierige walisische Touristen reisen an, um eine Zeitreise in ihre eigene Kultur zu unternehmen – ein authentisches Erlebnis, das Patagoniens lang währender Isolation zu verdanken ist.

Península Valdés (1800 Arg$, zzgl. 260 Arg$ Eintritt) werden in Trelew ebenfalls angeboten. Doch es bringt Vorteile, nach Puerto Madryn zu fahren und dort solch eine Tour zu buchen: Die Preise sind zwar identisch, aber dafür ist die Auswahl größer und die Fahrtzeit kürzer.

Empfehlenswerte Touranbieter in Trelew sind beispielsweise **Nievemar** (443-4114; www.nievemartours.com.ar; Italia 20), ein Amex-Vertragspartner, der auch Reiseschecks akzeptiert, sowie **Explore Patagonia** (443-7860; Roca 84).

Trelew

N 0 ——————— 200 m

Map references:

- Ecuador (A)
- *Hostel El Agora (100 m)* (B)
- Berwin R (C)
- ✈ (5 km) (D)
- Av de los Trabajadores Norte
- ✈ 7 Av Gales (A1)
- Moreno
- 5 (C1)
- Matthews
- 1 **Museo Paleontológico Egidio Feruglio**
- Av Rawson
- Av Fontana
- Plaza Centenario
- 3 (C2)
- 9 de Julio
- Lewis Jones
- *Tia Camila (650 m)*
- Mitre
- Catamarca
- Rivadavia
- Belgrano
- Tucumán
- ✈ 8 (C2)
- 11 (C2)
- Salta
- Sarmiento
- Jujuy
- Moreno
- Santiago del Estero
- Urquiza
- Posadas
- 9 (A2)
- 25 de Mayo
- España
- Plaza Independencia
- 2 (A3)
- La Rioja
- 10 (B3)
- ✈ 6 (B3)
- ACA ℹ
- 4 (C3)
- Touristeninformation ℹ
- Iglesia María Auxiliadora
- San Martín
- Italia
- *Rawson (17 km); Playa Unión (25 km)*
- *La Casa de Paula (720 m); Gaiman (17 km)*

🎉 Feste & Events

Gwyl y Glaniad   KULTURFESTIVAL
(🕐 28. Juli) Bei diesem Fest wird die Landung der ersten Waliser gefeiert, indem die Menschen in eine der zahlreichen Kapellen gehen und dort Tee trinken.

Eisteddfod de Chubut   KULTURFESTIVAL
(🕐 Ende Okt.) Das Festival ist der walisischen Literatur und Musik gewidmet und wurde zum ersten Mal 1875 veranstaltet.

Aniversario de la Ciudad   KULTURFESTIVAL
(🕐 20. Okt.) Jährliches Festival anlässlich der 1886 erfolgten Gründung der Stadt.

🛏 Schlafen

Trelews Unterkünfte sind größtenteils in die Jahre gekommen und hauptsächlich auf Geschäftsreisende eingestellt. Darüber hinaus sind sie ohnehin schnell ausgebucht. Eine bessere Auswahl finden Reisende im nahe gelegenen Puerto Madryn oder in Gaiman.

Hostel El Agora   HOSTEL $
(☎ 442-6899; www.hostelagora.com.ar; Edwin Roberts 33; B 19 US$; ❄ @ 🛜) Eine Oase für Rucksacktouristen ist das hübsche, lang gestreckte Backsteinhaus mit seinen hellen Räumen und dem kleinen Innenhof. Vorhanden sind auch eine kleine Leihbibliothek und eine Wäscherei. Für Gäste werden geführte Fahrradtouren organsiert. Das Hostel liegt zwei Blocks von der Plaza Centenario und vier Blocks vom Busbahnhof entfernt.

⭐ La Casa de Paula   B&B $$
(☎ 15-435-2240; Marconi 573; EZ/DZ/3BZ/4BZ 100/120/130/140 US$; ❄ 🛜) Nach einem Tag in Sonne und Wind ist das Haus der Künstlerin Paula eine wahre Oase der Entspannung. Das freundliche Ambiente zeigt sich in modernen, mit Liebe zum Detail eingerichteten Räumen und riesigen Doppelbetten mit Daunendecken und gewebten Überwürfen. In den gemütlichen Aufenthaltsbereichen stapeln sich Modemagazine und aus dem Radio erklingt Jazzmusik. Ein wunderschöner Garten und ein hervorragendes Frühstück mit hausgemachter Marmelade runden die Vorzüge ab.

Die neuen Suiten mit Balkon oder Veranda sind für Familien mit Kindern besonders gut geeignet.

La Casona del Río   B&B $$
(☎ 443-8343; www.lacasonadelrio.com.ar; Chacra 105; EZ/DZ/3BZ 110/125/165 US$; @) Das B&B in einem Haus im englischen Stil liegt 5 km vom Stadtzentrum entfernt am Ufer des Río Chubut. Alles in allem bildet es ein reizvolles Refugium mit hellen, schicken Gästezim-

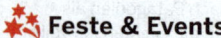

Trelew

mern. Weitere Vorteile sind beispielsweise Bibliothek, Tennisplatz, ein lauschiger Pavillon und Leihfahrräder.

Patagonia Suites Apart APARTMENTS $$
(☏442-1345, 0280-453-7399; www.patagonian
suites.com; Matthews 186; DZ ab 115 US$; 🛜)
Eine clevere Bereicherung der örtlichen Unterkunftsszene sind die 13 modernen Apartments, in denen Holz das Ambiente prägt. Die Auswahl reicht von Einzimmerapartments bis hin zu Wohnungen mit mehreren Schlafzimmern – alle mit voll eingerichteter Küche, Kabelfernsehen, Haartrockner und Tagesdecken aus Kordsamt. Der Gebäudekomplex liegt an der Plaza Centenario.

✕ Essen

Tia Camila ARGENTINISCH $
(☏443-2950; 25 de Mayo 951; Hauptgerichte 50–120 Arg$; ⊙Do-Mo 12.30–15 & 20.30–23.45 Uhr)
Zu den Gästen des bescheidenen Restaurants zählen hauptsächlich Bewohner des Stadtviertels. Serviert wird einfache, sättigende Kost, die Auswahl reicht von hausgemachter Pasta bis hin zu köstlichen *costillitas* (Spareribs) mit Kartoffelbrei und Salat. Die Gerichte kann man auch mitnehmen.

La Bodeguita ARGENTINISCH $
(Belgrano 374; Hauptgerichte 80–120 Arg$; ⊙Di-So 12–15 & 20–24 Uhr) Seine Beliebtheit verdankt dieses Restaurant seinen guten

Fleisch-, Pasta- und Fischgerichten. Das Personal ist sehr aufmerksam und die Atmosphäre familiär.

Miguel Angel ITALIENISCH $$
(☏443-0403; Av Fontana 246; Hauptgerichte 110–180 Arg$; ⊙Di-So 12–15 & 20–24 Uhr) Das schicke Speiselokal mit gemütlichen, in Weiß gehaltenen Nischen zeichnet sich durch besonders schmackhafte Gerichte aus, wie z.B. Gnocchi mit Wildpilzen oder eine dünne, knusprige Pizza mit Schinken und Basilikum.

Sugar MODERN ARGENTINISCH $$
(25 de Mayo 247; Hauptgerichte 90–190 Arg$; ⊙7–1 Uhr; 🍷) Das moderne Speiselokal an der Plaza Independencia peppt die klassische argentinische Kost mit innovativen Gerichten auf, beispielsweise *milanesas* mit Quinoa, Geschnetzeltes aus der Pfanne, gegrilltes Gemüse oder Fisch mit Kräutern. Auch Salate und frische Obstsäfte sind erhältlich. Ein Gourmetrestaurant ist es zwar nicht, aber es bringt eine angenehme Abwechslung in den althergebrachten Trott der argentinischen Küche.

Majadero ARGENTINISCH $$$
(☏443-0548; Av Gales 250; Hauptgerichte 110–240 Arg$; ⊙Mo-Sa 20–24, So 12–18 Uhr) Lampen aus Eisen und Backsteinambiente bewahren die Romantik der Getreidemühle aus dem Jahr 1914, in der sich heute das Majadero befindet. Zweifellos zählt es zu den hübschesten Restaurants der Stadt. Am Wochenende werden auf der mit Holz befeuerten *parrilla* (Steakrestaurant) fleißig Fleisch und sogar Gemüse gegrillt.

🍷 Ausgehen & Nachtleben

★ Touring Club CAFÉ
(Av Fontana 240; Snacks 12 Arg$; ⊙6.30–2 Uhr) Der Geist der Vergangenheit trieft hier förmlich aus allen Poren dieser historischen *confitería* (Café, das auch kleine Gerichte anbietet; Snacks 60 Arg$). Die Nostalgie reicht von dem Wanted-Plakat, auf dem Butch Cassidy prangt, über die Reliefkacheln an der Decke bis hin zu der antiquierten Rückwand der Bar. Selbst die Kellner im Smoking wirken, als seien sie längst vergangenen Zeiten entsprungen. Nicht berauschend sind der Service und die Sandwiches, doch das Ambiente ist einmalig und einen Besuch wert.

Boru Irish Pub & Restobar PUB
(Belgrano 341; ⊙20–4 Uhr) Mit seiner schönen holzgetäfelten Bar und den urgemütlichen

Tierwelt in Patagonien

Dank der tiefen Meeresströmungen, die Nährstoffe und ausreichend Nahrung anspülen, ist die Küste Südargentiniens ein Lebensraum vieler Meerestiere. Sie in freier Wildbahn zu beobachten, bringt einem das Wunder des Lebens an dieser einsamen Atlantikküste besonders nahe.

Magellan-Pinguine
Bewundernswert und äußerst modern geht es bei den Pinguinen zu, denn beide Elternteile kümmern sich um den Nachwuchs. Zu beobachten ist das z. B. in Punta Tombo (S. 479), Ría Deseado (S. 487) und Bahía Bustamante (S. 483).

Mähnenrobben
Die quirligen Schwimmer finden sich ganzjährig an der Südküste Argentiniens und ernähren sich von Tintenfischen, verschmähen aber auch einen Pinguin nicht.

Commerson-Delfine
Die kleinen Delfine kommen gern nah an Boote heran. Ganzjährig sieht man sie an der Playa Unión (S. 476), in Ría Deseado (S. 487) und Puerto San Julián (S. 488).

Südliche Glattwale
Im Frühling ziehen die Gewässer vor der Península Valdés (S. 464) diese Riesen an, die hier ihre Jungen zur Welt bringen.

Killerwale
Um die Natur aus nächster Nähe mitzuerleben, strömen Besucher nach Punta Norte (S. 464) auf der Península Valdés, wo die Orcas fast bis an den Strand schwimmen, um von Mitte Februar bis Mitte April Seelöwen zu jagen.

Südliche Seeelefanten
Diese Riesentiere sind vollendete Taucher und fast das ganze Jahr über draußen im Meer. Im Frühling der Südhalbkugel sieht man ihre Kolonien bei Punta Delgada (S. 469) auf der Península Valdés.

1. Magellan-Pinguine **2.** Mähnenrobben
3. Commerson-Delfine **4.** Südliche Glattwale

2

DAVID TIPLING/GETTY IMAGES ©

3

GUY CHRISTIAN/HEMIS.FR/GETTY IMAGES ©

roten Kojen sieht das Boru Irish so richtig
hipp aus. Hier kommen eiskaltes Bier und
große Teller mit hoch aufgehäuften Pommes
auf den Tisch.

ℹ Praktische Informationen

Rund um die Plaza Independencia befinden
sich Geldautomaten und zahlreiche *locutorios*
(privat geführte Telefoncenter, Call-Shops) mit
Internetzugang.
ACA (Automóvil Club Argentino; ☎435197;
Ecke Av Fontana & San Martín) Die Niederlas-
sung von Argentiniens Automobilclub ist eine
ausgezeichnete Quelle für regionale Straßenkarten.
Post (Ecke 25 de Mayo & Mitre)
Touristeninformation (☎442-0139; www.
trelewtourismo.wordpress.com; Ecke San
Martín & Mitre; ☉Mo–Fr 8–20, Sa & So
9–21 Uhr) In dieser Touristinfo findet man
hilfsbereites, teilweise Englisch sprechendes
Personal.

ℹ An- & Weiterreise

BUS

Der Busbahnhof von Trelew liegt sechs Blocks
nordöstlich des Stadtzentrums.

Die Busse von **28 de Julio** (☎443-2429)
fahren bis zu 18-mal täglich (Sa und So seltener)
zwischen 7 und 23 Uhr nach Gaiman (15 Arg$),
wobei die meisten der Busse nach Dolavon
(20 Arg$, 30 Min.) weiterfahren. Die Busse
zur Playa Unión (18 Arg$) verkehren sogar
jede Stunde.

Mar y Valle (☎443-2429) und 28 de Julio
bieten stündliche Busverbindungen nach Puerto Madryn an. Ein Bus von Mar y Valle startet
täglich um 8.15 Uhr nach Puerto Pirámides
(99 Arg$, 2½ Std.), in den Sommermonaten
verkehrt der Bus häufiger. Ein Bus von **El Ñandú**
(☎442-7499) fährt montags, mittwochs und
freitags um 8 Uhr nach Camarones (125–
220 Arg$, 4 Std.).

Zu den Busunternehmen, die Langstrecken-
verbindungen anbieten, zählen **El Cóndor**
(☎443-1675), **Que Bus** (☎442-2760), **Andesmar** (☎443-3535), **TAC** (☎443-9207), **TUS**
(☎442-1343) und **Don Otto/Transportes
Patagonia** (☎442-9496).

Don Otto bietet die meisten, komfortabelsten
und schnellsten Direktverbindungen nach
Buenos Aires an. Nur Don Otto bedient die
Route nach Mar del Plata, während La Plata nur
von TAC angesteuert wird. TAC und Andesmar
unterhalten Busverbindungen zu den meisten
Städten. Mehrmals täglich starten Busse von
TAC, Don Otto oder Andesmar nach Comodoro
Rivadavia, alle fahren anschließend nach Río
Gallegos weiter.

Busse ab Trelew

REISEZIEL	FAHRPREIS (ARG$)	FAHRZEIT (STD.)
Bahía Blanca	472	12
Bariloche	577	13–16
Buenos Aires	935	18–21
Comodoro Rivadavia	294	5–6
Córdoba	1063	19
Esquel	601	8-9
Mar del Plata	847	17–21
Mendoza	1200	24
Neuquén	516	10
Puerto Madryn	45	1
Río Gallegos	860	14–17
Viedma	375	8

FLUGZEUG

Der Flughafen von Trelew liegt 5 km nördlich der
Stadt abseits der RN3.

Im Folgenden sind die Grundpreise für einen
One-Way-Flug angegeben: **Aerolíneas Argentinas** (☎442-0222; Rivadavia 548) fliegt täglich
im Direktflug nach Buenos Aires (2050 Arg$)
und mehrmals in der Woche nach Ushuaia
(3090 Arg$) und El Calafate (3990 Arg$).

LADE (☎443-5740) fliegt einmal in der Woche
nach Comodoro Rivadavia (Buchung im LADE-
Büro im Busbahnhof).

ℹ Unterwegs vor Ort

Ein Taxi vom Flughafen in die Innenstadt kostet
90 Arg$. Der Preis für eine Taxifahrt nach Puer-
to Madryn beträgt 600 Arg$. Am Flughafen sind
u. a. die Autoverleiher **Hertz** (☎447-5247) und
Rent a Car Patagonia (☎442-0898; www.renta
carpatagonia.com.ar; Rivadavia 86) vertreten.

Rund um Trelew

Rawson, die Hauptstadt der Provinz Chubut, liegt 17 km östlich von Trelew. Den
wichtigsten Anziehungspunkt bildet jedoch
der nahe gelegene Badeort **Playa Unión** mit
seiner Hauptattraktion: das Beobachten von
toninas overas (Commerson-Delfine). Playa
Unión besteht aus einem langen weißen
Sandstrand, gesäumt von Sommerhäusern
und Restaurants, die u. a. knusprige, frische
rabas (Kalamari) anbieten. Delfinbeobachtungstouren finden von April bis Dezember
statt. Die Boote fahren vom **Puerto Rawson**
ab. Tourbuchungen nimmt **Estacion Maritima** (estacionmaritima@gmail.com; Erw./Kind

650/325 Arg$) oder **Toninas Adventure** (☎0280-15-467-5741, 449-8372; www.facebook.com/ToninasAdventure) vor.

Wer zum Strand will, nimmt an der Plaza oder am Busbahnhof in Rawson den grünen Bahia-Bus, der bis zum Puerto Rawson fährt, wo er dann wieder kehrtmacht.

Gaiman
☎0280 / 9600 EW.

Cremetorte, feines Teegebäck, *torta negra* (ein reichhaltiger Früchtestollen) und heißer schwarzer Tee zählen zu Gaimans Spezialitäten. Davon verzehren die meisten Besucher dieser walisischen Ortschaft in dem idyllischen Flusstal eine ordentliche Dosis. Voller Stolz erzählen die Einheimischen von dem Tag, an dem 1995 Lady Diana, Princess of Wales, Gaiman besuchte, um hier einen Tee zu trinken. Ihre Teetasse steht immer noch in einem Schaukasten im Ty Te Caerdydd. Etwa ein Drittel von Gaimans heutigen Einwohnern hat walisische Vorfahren und die althergebrachte walisische Teestubentradition ist nach wie vor fest verankert. Allerdings trüben die hohen Preise den Besuch einer dieser Teestuben.

Der Name des Städtchens bedeutet „steinerne Spitze" oder „Pfeilspitze" und stammt von den Tehuelche, die früher in dem Tal überwinterten. Nachdem zugewanderte Waliser im Jahr 1874 hier ihr erstes Haus errichtet hatten, lebten die beiden Gruppen eine Zeit lang friedlich zusammen. Später siedelten auch *criollos*, Deutsche und Engländer an. Seinen Besuchern bietet Gaiman gemütliche, preiswerte Unterkünfte, aber wenig Abwechslung. Nach einem ausgiebigen Teestubenbesuch bleibt nicht sehr viel mehr, als auf gemächlichen Spaziergängen die hiesigen Backsteinhäuser mit ihren Rosengärten zu bewundern.

Die kleine Ortschaft Gaiman liegt 17 km westlich von Trelew (über die RN 25). Die Avenida Eugenio Tello ist die Hauptstraße und verbindet den Hauptortseingang mit der begrünten Plaza Roca. Die meisten Teestuben und historischen Stätten befinden sich in der näheren Umgebung der Plaza. Am gegenüberliegenden Flussufer breitet sich ein schnell wachsendes Wohn- und Industriegebiet aus.

⊙ Sehenswertes

Gaiman eignet sich ausgezeichnet für einen gemütlichen Spaziergang, der an wunderschönen alten Häusern vorbeiführt; Rosen ranken malerisch an den schmiedeeisernen Zäunen. Architektonisch auffallende Kirchen und Kapellen liegen über den ganzen Ort verstreut. Die **Primera Casa** (Ecke Av Eugenio Tello & Evans; Eintritt 15 Arg$; ⊙11–18 Uhr) ist das allererste Wohnhaus des Ortes – es wurde 1874 von David Roberts gebaut. Der 1906 errichtete **Colegio Camwy** (Ecke M. D. Jones & Rivadavia) gilt als die erste weiterführende Schule Patagoniens.

Museo Histórico Regional Gales MUSEUM
(Ecke Sarmiento & 28 de Julio; Eintritt 10 Arg$; ⊙Dez.–März tgl. 15–20 Uhr, April–Nov. Di–So 15–19 Uhr) Dieses hübsche kleine Museum befindet sich im alten Bahnhof der Stadt und zeigt Gegenstände und Fotografien aus Gaimans Pionierzeit.

Museo Antropológico MUSEUM
(Ecke Bouchard & Jones; Eintritt 15 Arg$; ⊙11–18 Uhr) Die Hommage an die Geschichte und Kultur der Ureinwohner fällt in diesem anthropologischen Museum ziemlich bescheiden aus. Besucher müssen zunächst in die Touristeninformation gehen, die den Einlass regelt. In der Nähe des Museums erstreckt sich der 300 m lange **Túnel del Ferrocarril,** ein aus Ziegelsteinen gebauter Eisenbahntunnel, durch den im Jahr 1914 der erste Zug nach Dolavon fuhr.

🛏 Schlafen

⭐**Yr Hen Ffordd** B&B **$**
(☎449-1394; www.yrhenffordd.com.ar; Jones 342; EZ/DZ/3BZ 40/50/60 US$; 🛜) Ein junges Ehepaar betreibt dieses reizvolle B&B. Ihre Gäste erhalten Hausschüssel, sodass sie nach Belieben kommen und gehen können. Die einfachen, aber gemütlichen Zimmer verfügen über Kabelfernsehen und ein eigenes Bad mit einer tollen Dusche. Wer beim Frühstück die köstlichen hausgemachten Scones in vollen Zügen genießen möchte, sollte sich vorher auf irgendeine Art ordentlich Appetit holen.

Hostería Gwesty Tywi B&B **$**
(☎449-1292; www.hosteria-gwestytywi.com.ar; Chacra 202; EZ/DZ/3BZ 55/70/85 US$; @🛜) Diego und Brenda führen dieses wundervolle walisische B&B mit großem Garten und behaglichen, herausgeputzten Zimmern. Ihren Gästen helfen sie gerne bei der Reiseplanung und heizen zu deren Freude immer wieder mal den Grill im Garten an. Zum Frühstück gibt es u. a. verschiedene Marme-

ladensorten, Aufschnitt und Brot. Allerdings liegt das B&B etwas weit weg vom Stadtzentrum.

Dyffryn Gwyrdd
PENSION $

(☎ 449-1777; patagongales@yahoo.com.ar; Av Eugenio Tello 103; EZ/DZ 30/45 US$; 🛜) Im Gegensatz zu den meisten anderen Unterkünften hat die kanariengelbe Pension ganzjährig geöffnet. Ihre Zimmer sind einfach, hell und mit Teppichboden, Ventilatoren und vielen kleinen Kissen ausgestattet. Etwas veraltet, aber pieksauber sind die Badezimmer. Vorhanden sind auch eine ruhige Bar und ein Fernsehraum.

Camping Bomberos Voluntarios
CAMPINGPLATZ $

(☎ 449-1117; Ecke Av Yrigoyen & Moreno; Erw./Kind 3/1 US$) Ein angenehmer Campingplatz mit heißen Duschen und Feuerstellen.

🍴 Essen & Ausgehen

Tarten afal, tarten gwstard, cacen ffrwythau, spwnj jam und *bara brith* und dazu eine anscheinend nie leer werdende Kanne Tee – Appetit bekommen? Der Nachmittagstee wird in Gaiman wie eine heilige Handlung zelebriert, auch wenn ganze Busladungen von Touristen ohne Vorwarnung in die Teestuben einfallen. Am besten ist es, nach einer Teestube Ausschau zu halten, vor der kein Bus parkt, oder zu warten, bis die Horde wieder weg ist. Die Teestuben sind in der Regel von 14 bis 19 Uhr geöffnet.

Siop Bara
BÄCKEREI $

(Av Eugenio Tello 505; Snacks 50 Arg$; ⊙8–13 & 15–21 Uhr) Diese walisische Bäckerei ist perfekt, um schnell mal zwischendurch köstliches Gebäck, leckere Eiscreme oder ausgezeichnete Sandwiches zu kaufen.

Gwalia Lan
ARGENTINISCH $$$

(Ecke Av Eugenio Tello & Jones; Mittagsmenü 250 Arg$; ⊙Di–Sa 12.30–15 & 19.30–24, So 12.30–3 Uhr) Das Gwalia Lan gilt als Gaimans bestes Restaurant. Seine hausgemachte Pasta und die gut gewürzten Fleischgerichte schmecken immer sehr gut. Zuvorkommender Service.

★ Ty Gwyn
TEESTUBE

(☎ 499-1009; 9 de Julio 111; ⊙14–19.30 Uhr) Seit etwa 30 Jahren besteht die bei Einheimischen sehr beliebte Teestube in dem weißen Haus. Gebäck, Marmeladen und Brot sind hausgemacht und tatsächlich immer frisch (Tee 200 Arg$).

Ty Nain
TEESTUBE

(Yrigoyen 283; ⊙Juni–April 14–19 Uhr) Einige Jahre sind inzwischen vergangen, seit das Ty Nain in der *Washington Post* und der *Los Angeles Times* beschrieben und bewertet wurde. Doch die gerahmten Auszeichnungen prangen immer noch stolz im Vorgarten. Das Ty Nain (Tee 170 Arg$) befindet sich in einem efeubewachsenen Gebäude und gehört zu den traditionsreichsten Teestuben des Landes. Das angrenzende Museum präsentiert einige interessante walisische Gegenstände.

Ty Cymraeg
TEESTUBE

(☎ 449-1010; www.gaimantea.com; Matthews 74; ⊙Di–So 14–19.30 Uhr) In dieser am Flussufer gelegenen Teestube gehören zum Tee (150 Arg$) unweigerlich üppige Kuchen und Konfitüren dazu. Miguel, ein tatkräftiger Mann in den Zwanzigern und jüngstes Mitglied der Eigentümerfamilie, erklärt den Gästen gerne einige walisischen Traditionen, angefangen von den Literaturwettbewerben bis hin zur Bedeutung der holzgeschnitzten „Liebeslöffel". Seine kenntnisreichen und lustigen Erzählungen bereichern den Besuch der Teestube.

Plas y Coed
TEESTUBE

(☎ 449-1133; www.plasycoed.com.ar; Jones 123; ⊙14–19.30 Uhr) Diese Teestube (Tee 180 Arg$) befindet sich in einer prächtigen Backsteinvilla und wird von der Urenkelin der ersten Besitzerin geführt. Mit freundlichem Service, frischem Kuchen und würdevollen gehäkelten Wärmehauben auf den Teekannen werden hier Leib und Seele der Gäste verwöhnt. In dem Haus stehen auch Zimmer für Übernachtungsgäste (DZ 70 US$) zur Verfügung.

ℹ Praktische Informationen

In der Banco del Chubut an der Plaza Roca gibt es einen Geldautomaten, der jedoch nicht immer funktioniert. Besucher sollten deshalb besser ausreichend Bargeld mitbringen. *Locutorios* mit Internetzugang befinden sich in der Hauptstraße.

Post (Ecke Evans & Yrigoyen) Liegt gleich nördlich der Flussbrücke.

Touristeninformation (☎ 449-1571; www. gaiman.gov.ar; Ecke Rivadavia & Belgrano; ⊙Dez.–März 9–20 Uhr, April–Nov. 9–18 Uhr) Die Touristinfo bietet Karten sowie geführte Touren zu historischen Gebäuden an. Ausführliche Informationen finden sich auf Facebook unter dem Namen Gaiman Turismo.

ℹ An- & Weiterreise

Von der Plaza Roca starten die Busse von 28 de Julio unter der Woche zwischen 7 und 23 Uhr regelmäßig nach Gaiman (15 Arg$), am Wochenende verkehren sie seltener. Die meisten Busse nach Dolavon (15 Arg$) fahren über die Schnellstraße, einige nehmen aber die wesentlich längere Route über die Schotterstraße, die durch das Tal führt. Das Ruftaxi *(remise)* ist in Gaiman deutlich billiger als in Trelew. Die Fahrt von Gaiman nach Trelew kostet für bis zu vier Fahrgäste nur rund 160 Arg$.

Rund um Gaiman

Wer eine authentische walisische Landstadt erleben möchte, sollte **Dolavon** (2800 Einwohner; www.dolavon.com.ar) besuchen. Vom Tourismus noch weitgehend unberührt, liegt das Städtchen 19 km westlich von Gaiman und ist über die befestigte RN 25 erreichbar. Sein aus dem Walisischen stammende Name bedeutet „Wiese am Fluss". Dolavon besitzt einen ländlichen Charakter. Hölzerne Wasserräder reihen sich an dem Bewässerungskanal, den sanft schwankende Pappeln säumen.

Im Ortszentrum stehen historische Backsteingebäude, darunter die **Molino Harinero** (☎ 0280-449-2290; romanogi@infovia.com.ar; Maipú 61), eine Kornmühle aus dem Jahr 1880 mit einem immer noch funktionstüchtigen Mahlwerk. Im Restaurant der Mühle, **La Molienda** (☎ 0280-449-2290; Hauptgerichte 150 Arg$), kommen hausgemachtes Brot und Pasta mit Weinen und Käse aus der Region auf den Tisch. Die genauen Öffnungszeiten sind telefonisch vom Besitzer Romano Giallatini zu erfahren.

Área Natural Protegida Punta Tombo

Das Naturschutzgebiet **Área Natural Protegida Punta Tombo** (Eintritt 180 Arg$; ⊙ Sept.–April 8–18 Uhr) beherbergt den größten Pinguinbrutplatz auf dem südamerikanischen Festland. In der Kolonie leben über eine halbe Million Magellanpinguine. Doch auch zahlreiche andere Vogelarten bevölkern das Areal, vor allem Kormorane wie Königs- und Felsenscharben, Riesensturmvögel, Dominikanermöwen, Dampfschifften und Klippen-Austernfischer. Aufgrund neuer Vorschriften der Verwaltung darf der Besuch der Kolonie nur in Begleitung von Rangern erfolgen.

In Trelew bieten Reisebüros Tagestouren an, die allerdings abgesagt werden, wenn schlechtes Wetter die Schotterstraßen unpassierbar macht. Um den Besuchermassen zu entgehen, lohnt es sich, am frühen Morgen das Schutzgebiet aufzusuchen. In dem rund 200 ha großen Areal sind die meisten Brutgebiete eingezäunt. Besucher sollten die Begrenzungen unbedingt respektieren. Nicht zuletzt, weil die so niedlichen Pinguine ziemlich kräftig zubeißen können, wenn sie sich gestört fühlen.

Das **Centro Tombo** (⊙ 8–18 Uhr) ist ein informatives Besucherzentrum. Auf dem angrenzenden Parkplatz müssen Tourveranstalter ihren Bus bzw. Besucher ihr Auto abstellen. Ranger bringen dann die Besucher zur Pinguinkolonie und auch wieder zurück. Wie häufig dieser Shuttleservice erfolgt, hängt vom Andrang ab – die erste Tour am Morgen ist am schönsten. Vor Ort befinden sich eine Bar und eine *confitería*, am besten bringt man aber selbst einen gut gefüllten Picknickkorb mit.

Punta Tombo liegt 110 km südlich von Trelew und 180 km südlich von Puerto Madryn. Der Weg zum Eingang des Areals führt über die RP 1, eine gut gepflegte Schotterstraße, und eine kurze, südöstlich verlaufende Nebenstraße. Wer selbst mit einem Fahrzeug unterwegs ist, kann weiter Richtung Süden über das landschaftlich schöne, aber einsame Cabo Raso nach Camarones fahren. Sofern sich eine kleine Gruppe in Trelew oder Puerto Madryn zusammentrommeln lässt, lohnt es sich, für den Ausflug gemeinsam ein Auto zu mieten.

Camarones

☎ 0297 / 1300 EW

Im dem harten Wettbewerb um Patagoniens verschlafenstes Küstendorf bringt Camarones garantiert die Goldmedaille nach Hause. Missachtung verdient sein verträumtes Dasein aber keineswegs, denn gerade darin liegt der Kick. Menschenleere Strände fördern die Lust auf lange Spaziergänge, und die Dorfbewohner beherrschen die Kunst des Plauderns virtuos. Außerdem ist Camarones der nächstgelegene Ausgangspunkt für einen Besuch des kaum bekannten Naturschutzgebietes Cabo Dos Bahías, in dem rund 25 000 Pinguinpaare ihre niedlichen flauschigen Jungen aufziehen.

An der Küste von Camarones ging der spanische Entdecker Don Simón de Alca-

CABO RASO

Am Cabo Raso schlägt noch der Puls des alten Patagoniens. An seiner felsigen, trockenen Küste verbergen sich nicht nur nahezu unbekannte Surfplätze, sondern auch eine Geisterstadt ist hier zu neuem Leben erwacht.

In den späten 1800er-Jahren gründeten Schafzüchter am Cabo Raso eine rasch prosperierende Siedlung, die allerdings in den 1950er-Jahren von allen Bewohnern verlassen wurde. Mit nachhaltigem Tourismus versucht nun eine engagierte argentinische Familie, den Ort wiederzubeleben. Acht Jahre mühsamer Arbeit hat es gedauert, bis die Küste von jahrzehntealtem Müll befreit war und sich jetzt wieder als wundervolle Naturschönheit zeigt. Zahlreiche Küstenpfade laden zum Wandern und zu Vogelbeobachtungen ein. Weitere verlockende Aktivitäten sind Kajakfahren, Angeln – und Surfen, wobei die besten Bedingungen im August herrschen, wenn der Nordwind bläst.

In **El Cabo** (☑0280-15-467-3049, 0280-442-0354; www.caboraso.com.ar; RP1, Km 294; Zeltplatz pro Pers. 12 US$, B 18 US$, Hostería mit Halbpension pro Pers. 70 US$, Hütte 2–6 Pers. 60–180 US$) stehen Zimmer in einem Gästehaus zur Verfügung. Mieten kann man auch eines der einfachen Steinhäuser der ursprünglichen Siedlung, die kunstvoll mit umfunktionierten recycelten Materialien restauriert wurden. Reisende mit schmalem Geldbeutel haben die Wahl zwischen altmodischen Bussen, die zu „Mehrbettzimmern" umgebaut wurden, und Campen. Der Campingplatz liegt an einem ehemaligen Militärbunker – umgebaut zu einem *quincho* (Grillhütte) mit geschützten Kochgelegenheiten für Camper. Die Antwort auf die Reservierung bzw. Anfragen über die Website kann eine Weile dauern, denn vor Ort gibt es weder Handyempfang noch WLAN.

Zum Cabo Raso gelangt man nur mit einem eigenen Fahrzeug oder man vereinbart im Voraus eine Abholung am Punta Tombo. Das Kap liegt 80 km nördlich von Camarones (die Fahrt geht über Schotterstraßen) und 55 km südlich der Halbinsel Punta Tombo.

zaba y Sotomayor 1545 vor Anker und erklärte den Ort geradewegs zum Teil seiner geplanten Provincia de Nueva León. Als die Wollindustrie Fuß fasste, entwickelte sich Camarones zum wichtigsten Regionalhafen. Die hohe Qualität der regionalen Wolle blieb dem Friedensrichter Don Mario Tomás Perón nicht verborgen. Er baute die größte Estancia der Region auf, der er den Namen Porvenir gab. Dort tollte sein Sohn Juanito – der spätere Präsident Juan Domingo Perón – in seiner Kindheit herum. Der Hafen florierte, doch nachdem der gewaltige Hafen von Comodoro Rivadavia fertiggestellt worden war, verödete Camarones.

Seit der 2009 erfolgten Asphaltierung der RN 1 existiert eine direkte Busverbindung mit Comodoro Rivadavia. Infolgedessen nimmt der Tourismus zu, wenn auch in bescheidenem Tempo. Wer sich also beeilt, kann noch das etwas ursprüngliche Camarones kennenlernen.

⊙ Sehenswertes

Museo Perón   MUSEUM
(☑496-3014; JM Estrada s/n; Eintritt 10 Arg$, Di frei; ⊙Mo–Fr 9–18, Sa & So 12–18 Uhr) Dieses

neue mehrstöckige Museum dokumentiert das Leben des argentinischen Exprésidenten Juan Domingo Perón.

☞ Geführte Touren

Patagonia Austral Expediciones   TOUR
(☑0297-15-451-7660; patagoniaustralexpeditions@hotmail.com) Organisiert Delfinbeobachtungs- und Angeltouren sowie Ausflüge zu nahe gelegenen Inseln.

★ Festivals

Fiesta Nacional del Salmón   KULTUR
Das Fest findet jährlich an einem Wochenende im Februar statt. Seine Hauptattraktion, der Wettbewerb im Hochseefischen, liefert zugleich die Zutat für das kostenlose Fischessen am Sonntag.

🛏 Schlafen & Essen

Las Cabañas   HÜTTEN $
(☑15-422-2270, 15-400-0818; patagoniamara@hotmail.com; Ecke Roca & Estrada; 3BZ 55–60 US$) Die pastellfarbenen, schachtelförmigen Hütten mit kleinen, sauberen Schlafzimmern, Bad und Küchenzeile stehen auf dem Gelände gegenüber der Plaza. Sie sind preis-

wert und fast alles ist noch so gut wie neu. Falls bei der Ankunft kein Zuständiger vor Ort ist, erhalten die Gäste ihren Schlüssel im Café Alma Patagonica (s. unten), dessen Geschäftsführer auch die Hütten betreiben.

Camping Camarones CAMPINGPLATZ $
(☎0297-15-494-7080; www.campingcamarones. com; San Martín; Stellplatz pro Pers./Fahrzeug 6/5 US$, Hütte EZ/DZ 25/50 US$; ☎) Ein freundliches älteres Ehepaar leitet diesen friedlichen Campingplatz am Hafen. Vorhanden sind heiße Duschen, Stromanschlüsse und ein einfacher Laden, der Proviant und Eiscreme verkauft.

★**El Faro Casas de Mar** APARTMENT $$
(☎0297-414-5510; www.elfaro-patagonia.com.ar; Zi 90 US$, Haus 140 US$) Die fast noch brandneue Unterkunft besteht aus zwei kleinen Häusern mit glänzender Wellblechfassade, lackierten Holzelementen und Meerblick. Gäste können ein komfortables Haus mit vier Schlafstätten oder ein Doppelzimmer mieten. Eine Adresse gibt es nicht – die Häuser stehen gegenüber der historischen Casa Rabal in der Nähe des Hafens.

Hotel Indalo Inn HOTEL $$
(☎496-3004; www.indaloinn.com.ar; Ecke Sarmiento & Roca; DZ/Hütte 78/110 US$; ☎) Das Hotel ist ordentlich, sein Personal wirkt jedoch irgendwie teilnahmslos. Die renovierten Zimmer sind ein bisschen eng, aber mit bequemen Betten und gut funktionierenden Duschen ausgestattet. Deutlich teurer sind die Hütten, dafür bieten sie einen schönen Ausblick auf das Meer.

Alma Patagonica CAFÉ $$
(Ecke Sarmiento & Roca; Hauptgerichte 115–136 Arg$; ☎Mo–Sa 11.30–15 & 19–24 Uhr) In der restaurierten, rund hundert Jahre alten Bar mit Am-Ende-der-Welt-Flair wird die Bewahrung der örtlichen Tradition im Auge behalten. Exzellent sind die hausgemachten Fisch-Empanadas (herzhafte, im Ofen gebackene Teigtaschen) und dazu ein großes kaltes Bier. Die Geschäftsführer des Cafés betreiben auch Las Cabañas (S. 480), die Hütten, die lediglich einen Block weit entfernt liegen.

❶ Praktische Informationen

Touristeninformation (☎496-3013; Acceso Ruta 30; ☎Dez.–Mai 8–20 Uhr) Sehr hilfsbereit, bietet Karten, gute Tipps für landschaftlich reizvolle Ausflüge und Informationen zu Unterkünften.

❶ An- & Weiterreise

Rund 180 km südlich von Trelew zweigt an einer Kreuzung mit einer Tankstelle die RP 30 von der RN 3 ab und führt ostwärts ins 72 km entfernte Camarones. Am **Busbahnhof** (Ecke 9 de Julio & Rivadavia) von Camarones starten die Busse von El Ñandú montags, mittwochs und freitags um 16 Uhr nach Trelew (125–220 Arg$, 4 Std.). Nach Comodoro Rivadavia (195 Arg$, 3½ Std.) fahren die Busse von Etap dienstags und donnerstags, Abfahrt ist jeweils um 13 Uhr.

Örtliche Taxis führen die 30-minütige Fahrt zum Cabo Dos Bahías aus.

Cabo Dos Bahías

Rund 30 holprige Straßenkilometer führen zu dem südöstlich von Camarones gelegenen **Cabo Dos Bahías** (Eintritt 50 Arg$; ☎ganzjährig). Zu dem einsamen Kap kommen wesentlich weniger Besucher als zur Punta Tombo – alleine deshalb schon ist es eine ausgezeichnete Alternative. Im Frühjahr und Sommer tummeln sich hier Orcas und eine riesige Kolonie brütender Pinguine. Im Winter tauchen andere Wale auf; Guanakos und Nandus streifen scharenweise durch die Gegend. Zahlreiche Seevögel, Seelöwen, Füchse und Pelzrobben bevölkern das ganze Jahr über das Naturschutzgebiet.

Auf dem Gelände des Cabo Dos Bahías Club Naútico sowie an allen Stränden zwischen Camarones und dem Kap darf kostenlos gezeltet werden.

Comodoro Rivadavia

☎0297 / 177 000 EW

Ausgedörrte Hügel mit Bohrtürmen, Öltanks und Windparks umgeben Comodoro (so wird die Stadt im Allgemeinen kurz und bündig genannt). Touristisch gesehen, hat die staubige Hafenstadt wenig zu bieten – außer dem Bustransfer. Mit ihren beachtlichen Verkehrsanbindungen bildet die moderne, arbeitsame Stadt einen guten Ausgangspunkt für Ausflüge zu den Attraktionen in der näheren Umgebung. Außerdem liegt sie am östlich Ende des Corredor Bioceánico, der Fernstraße, die bis nach Coyhaique in Chile führt.

Comodoro wurde 1901 als Umschlagplatz für die landwirtschaftlichen Produkte der Farmen des benachbarten Sarmiento gegründet. Als man 1907 nach Trinkwasser bohrte und stattdessen auf Erdöl stieß, brach in Comodoro auf einen Schlag der

Wohlstand aus. Mit der ersten großen Öl-quelle des Landes vor der Haustür avan-cierte die Stadt zum Hätschelkind der Re-gierung. Sie bekam einen deutlich größeren Hafen, einen großen Flughafen und asphal-tierte Straßen. Heute bildet die Stadt das Machtzentrum der inzwischen privatisier-ten Erdölindustrie. Mittlerweile erlangten ihre Bewohner den zweifelhaften Ruf, die eifrigsten Käufer von Plasma-TV-Bildschir-men in ganz Argentinien zu sein.

Auch wenn der derzeitige Abschwung in der Ölindustrie nichts Gutes ahnen lässt, florieren die protzigen Kasinos nach wie vor und durch die Straßen fahren immer noch teure frisierte Autos.

Die Hauptgeschäftsstraßen sind die Ave-nida San Martín und die Avenida Rivadavia. Zwischen der Mitre und der Belgrano liegen an der Avenida San Martín Edelboutiquen und andere teure Läden, die sonst fast nir-gendwo in Patagonien zu finden sind.

 **Sehenswertes**

Museo Nacional del Petróleo MUSEUM
(455-9558; Eintritt 10 Arg$; Di–Fr 9–17, Sa 15–18 Uhr) Das Museo Nacional del Petróleo gibt einen Einblick in die sozialen und his-torischen Hintergründe der Erdölerschlie-ßung – aus Insidersicht. Ausgewogene, ob-jektive Betrachtungen in Sachen Erdöl darf man hier also nicht erwarten, schließlich wurde das Museum von dem ehemaligen staatlichen Erdölunternehmen YPF errich-tet. Heute steht es unter der Obhut der Uni-versidad Nacional de Patagonia. Im Gegen-satz zu den interessanten historischen Fotos begeistern sich wohl eher nur eingeschwo-rene Fans der Thematik für die detaillierten Modelle von Tankern, Raffinerien und des gesamten Fördergeländes. Auf Wunsch fin-den auch Führungen statt.

Dieses Museum befindet sich im Vorort General Mosconi, etwa 3 km nördlich des Stadtzentrums. Wer keinen Chauffeur-Dienst *(remise)* in Anspruch nehmen will, kann mit der Buslinie 7 Richtung Laprida der Linie 8 Richtung Palazzo fahren und muss dann am Supermarkt La Anónima aussteigen.

Museo Regional Patagónico MUSEUM
(477-7101; Ecke Av Rivadavia & Chacabuco; Mo–Fr 9–18, Sa & So 11–18 Uhr) GRATIS Etwas verstaubte naturhistorische Ausstellungs-stücke lenken leider von den wenigen ar-chäologisch und historisch spannenden Exponaten ab. Dazu gehören beispielswei-se kunstvoll gearbeitete Töpferwaren und Speerspitzen sowie Gegenstände, die von burischen Einwanderern aus dem fernen Südafrika stammen.

 Geführte Touren

Mehrere Reisebüros organisieren Ausflüge zum Bosque Petrificado Sarmiento und zur Cueva de las Manos.

Ruta 40 GEFÜHRTE TOUREN
(0294-452-3378; www.ruta-40.com) Wer an einer wirklich zünftigen Autotour interes-siert ist, sollte sich an den Tourveranstalter Ruta 40 wenden. Das kleine Unternehmen mit mehrsprachigen Tourbegleitern hat sei-nen Sitz in Bariloche. Einige der Touren be-ginnen in Comodoro, z. B. die achttägige Au-totour auf der Ruta 40 mit Zwischenstopps in Puerto Deseado, an der Cueva de las Ma-nos und auf mehreren reizvollen *estancias*, bis sie dann schließlich in El Calafate endet. Über die aktuellen Preise und Termine in-formiert die Website bzw. eine Anfrage über das Kontaktformular.

Circuito Ferroportuario ZUGFAHRT
GRATIS Der Circuito Ferroportuario, eine Rundfahrt mit der alten Stadtbahn, startet und endet an der Touristeninfo. Der Zug hält am Hafen, wo sich die Fahrgäste Con-tainer, Lagerhäuser, historische technische Anlagen und Werkstätten ansehen können.

Schlafen

Comodoros Unterkünfte orientieren sich hauptsächlich an den Belangen von Ge-schäftsleuten und Zeitarbeitern. Daraus ergeben sich zwei Kategorien: vornehm oder etwas heruntergekommen. Aufgrund der großen Nachfrage sind die Unterkünf-te überteuert und häufig voll belegt, sodass eine frühzeitige Buchung wichtig ist.

Hotel Victoria HOTEL $$
(446-0725; www.hotelvictoriacrd.com.ar; Belgra-no 585; DZ/3BZ 96/116 US$) Das freundlichste Hotel am Platze bietet ansprechende, ge-räumige Zimmer mit stabilen Einzelbetten, Schreibtisch und Kabelfernsehen, doch lei-der ohne WLAN. Wenn der Duft nach frisch gebackenem Gebäck ein Indiz ist, dann lohnt sich das Frühstück.

Lucania Palazzo Hotel HOTEL $$$
(449-9300; www.lucania-palazzo.com; Moreno 676; EZ/DZ 166/201 US$;) Dieser mondä-ne Palazzo ist Comodoros Antwort auf den Trump Tower. Alle Zimmer verfügen über Meerblick und eine geschmackvolle, moder-

BAHÍA BUSTAMANTE

Etliche Meeres- und Küstenschutzgebiete geben Einblicke in Patagoniens vielfältige Meereswelt. Doch nur bei wenigen zeigt sich dieses Ökosystem in solch einer grandiosen Schönheit wie auf der historischen **Estancia Bahía Bustamante** (☎ 0297-480-1000, in Buenos Aires 011-4778-0125; www.bahiabustamante.com; Cottage mit Meerblick EZ/DZ/3BZ inkl. Vollpension & Aktivitäten 500/620/750 US$, einfaches 3-Pers.-Cottage 145 US$; ☎). Sie liegt zwischen Trelew und Comodoro Rivadavia. Auf ihrem 80 ha großen Gelände erstrecken sich eine weite Steppe, wellige Grasdünen und ein langer Kiesstrand. Nicht nur Romantiker werden sich in diese Landschaft verlieben und mit wohligem Gefühl in den langsamen Lebensrhythmus an dieser einsamen Küste eintauchen. Geführte Touren finden in Begleitung umsichtiger Naturkundler (die auch Englisch sprechen) statt. Auf dem Ausflugsprogramm stehen z. B. Seekajaktouren, Wanderungen zu dem nahen 65 Millionen Jahr alten versteinerten Wald sowie Bootsfahrten, um Magellanpinguine, Seelöwen und Meeresvögel zu beobachten.

Mit der Bahía Bustamante verbindet sich zugleich eine der kauzigen Fußnoten der patagonischen Geschichte: Ein eingewanderter Andalusier mit unternehmerischen Ambitionen gründete einst die *estancia.* Er nutzte die Algenmassen in der Bucht, um daraus Agar Agar (ein Geliermittel) herzustellen. Zeitweise ging die Anzahl der Arbeiter in die Hunderte. Da alle auf der *estancia* lebten, entstand eine kleine Ortschaft inklusive Polizeistation mit Gefängniszelle – beinahe wie im Wilden Westen. Bevor die ersten weißen Siedler hierher kamen, durchstreiften Tehuelche das Gebiet und hinterließen Werkzeuge und Abfallhaufen als historische Spuren.

Heute werden Algen nur noch in begrenztem Umfang geerntet, u. a. essbarer Tang, der überwiegend nach Japan exportiert wird. Auf einer *Estancia-Tour* erfahren die Teilnehmer auch einiges über die Schafzucht, die gerade aufgebaut wird, um die ökologischen Verhältnisse zu verbessern. Weidewechsel tut dem Boden gut und fördert den Wuchs einheimischer Pflanzen. Die jüngst gezüchtete Merinorasse ist besser an das Ökosystem angepasst als die bisher hier weidende Schafrasse.

Die *estancia* wirkt wie eine Geisterstadt, die langsam wieder zum Leben erweckt wird. Den Mittelpunkt bildet der ehemalige Gemischtwarenladen, der zum Aufenthaltsraum und Restaurant umgebaut wurde. Auf den Tisch kommen z. B. Lammfleisch aus eigener Zucht und Nori-Crêpes. Manchmal speisen hier auch die Enkelsöhne des Gründers, die heute die *estancia* führen. Vor den komfortablen Gästehütten am Strand stehen große, rote, aus Holzpaletten zusammengebaute Liegen. Preisgünstiger sind die Hütten mit Blick in die Steppe. Für Selbstversorger gibt es im Restaurant Gerichte zum Mitnehmen sowie auf Wunsch eine Box mit Salat und Gemüse aus dem hauseigenen Gewächshaus. Auch an den Ausflügen kann jeder teilnehmen.

Wer sich schon mal auf den recht langen Weg zu der *estancia* macht, sollte nach Möglichkeit mindestens drei Tage bleiben. Für Tierbeobachtungen eignet sich die Zeit zwischen Mitte September und Anfang März, wobei Januar und Februar auch Möglichkeiten zum Baden bieten. Brütende Vögel sind im November das Highlight, während im Januar die Seelöwen mit ihren neu geborenen Jungen faszinieren. Im Sommer bringt ein eigener Bus die Gäste vom Flughafen Trelew zur *estancia* (vorherige Anmeldung per Telefon oder E-Mail erforderlich; Abholung von Comodoro Rivadavia auf frühzeitige Anfrage). Wer sich im nahe gelegenen Camarones aufhält und über ein Fahrzeug verfügt, sollte einen Abstecher über die malerische Küstenstraße zur Bahía Bustamente machen.

ne Ausstattung. Allerdings könnte die Belüftung besser sein. Im Grunde genommen hat das Hotel jedoch nicht mehr zu bieten als ein Haus einer Hotelkette. Das hoteleigene Restaurant ist akzeptabel und das eifrige Personal gibt gerne hilfreiche Tipps.

WAM BOUTIQUEHOTEL **$$$**
(☎ 406-8020; www.wamhotel.com.ar; Av Hipólito Yrigoyen 2196; DZ 203 US$; ❊@☎☀) Von außen wirkt das Boutiquehotel leider wie ein Bürogebäude, während innen industrielles Design das Ambiente prägt. Seine moder-

nen Zimmer sind in neutralen Farbtönen gehalten und warten mit weißer Leinenbettwäsche und gläsernem Spritzschutz an der Badewanne auf. Vorhanden sind auch ein nettes Restaurant sowie ein Fitnessstudio. Zum Wellnesscenter, das über Jacuzzi und Swimmingpool verfügt, haben die Gäste freien Zugang. Das WAM befindet sich südlich vom Stadtzentrum in unmittelbarer Nähe der *costanera*.

Essen

Mit dem Ölboom kamen auch die nötigen finanziellen Mittel für eine dringende Verfeinerung der gastronomischen Szene. An der Rezeption etlicher Hotels ist eine Gratisausgabe des Restaurantführers *Sabores del Sur* erhältlich.

Puerto Mitre
PIZZA $

(☎446-1201; Ameghino 620; Hauptgerichte 90 Arg$; ⏰12–15 & 20–23 Uhr) Hier gibt es Pizzas und klassische argentinische Empanadas – die alltägliche Kost mancher Argentinienreisenden.

Chocolates
EISCREME $

(Av San Martín 231; Eis in der Waffel 40 Arg$; ⏰9–18 Uhr; ⊞) In diesem Eissalon wird die reiche Auswahl an samtweichen Schokoladeneiscremes und köstlichen *Dulce-de-leche*-Varianten Eiscreme-Fans begeistern. Für die Kinder unter den Gästen steht ein kleines Karussell bereit.

★ La Tradición
PARRILLA $$

(☎446-5800; Mitre 675; Hauptgerichte 120–180 Arg$; ⏰Mo–Sa 12–15 & 20.30–24 Uhr) Viele Bürger der Stadt schätzen diese elegante *parrilla* (Grillrestaurant) mit ihren weiß gedeckten Tischen und Ölgemälden an den Wänden (die meisten Bilder zeigen tatsächlich Bohrinseln). Zum hervorragend gegrillten Rind- und Lammfleisch werden ganz dünne, knusprige Pommes, die Strohkartoffeln ähneln, gereicht.

Ausgehen & Nachtleben

Molly Malone
CAFÉ

(☎447-8333; Ecke 9 de Julio & Av San Martín 292; ⏰Mo–Do 7.30–24, Fr & Sa 7.30–3, So 16–24 Uhr) In diesem kleinen, etwas abgefahrenen Resto-Pub (Pub mit Restaurant) abends ein schönes Quilmes-Bier zu süffeln, macht richtig Spaß. Betreiber dieser sympathischen Kneipe, in der man auch frühstücken und zu Mittag essen kann, ist der Rugby-Club „Golden Oldies". Zwar bietet das Molly Malone

lediglich Durchschnittsessen, dafür aber gibt es eine besonders amüsante, einladende Atmosphäre.

☆ Unterhaltung

Cine Teatro Español
KINO

(☎447-7700; www.cinecr.com.ar; Av San Martín 668) In dem imposanten, altmodischen Kino werden u. a. die neuesten Hollywoodproduktionen gezeigt.

ⓘ Praktische Informationen

ACA (Automóvil Club Argentino; ☎446-0876; Ecke Dorrego & Alvear) Bietet Karten und Infos über die Straßenverhältnisse.

Banco de la Nación (Ecke Av San Martín & Güemes) Die meisten von Comodoros Banken und Geldautomaten liegen in der Avenida San Martín (wie diese Bank) oder in der Avenida Rivadavia.

Hospital Regional (☎444-2287; Av Hipólito Yrigoyen 950)

Post (Ecke Av San Martín & Moreno)

Touristeninformation (☎444-0664; www.comodoroturismo.gob.ar; Av Rivadavia 430; ⏰Mo–Fr 8–20, Sa & So 9–15 Uhr) Freundlich, gut organisiert und üppig mit Infomaterial ausgestattet.

ⓘ An- & Weiterreise

Der Corredor Bioceánico – RN 26, RP 20 und RP 55 – verbindet Comodoro direkt mit der chilenischen Stadt Coyhaique und dem Pazifikhafen Puerto Chacabuco. Diese wirtschaftlich wichtige Transportroute wird als Alternative zum Panamakanal gefeiert, weil die Strecke das ganze Jahr über befahrbar ist und den Kontinent an der Stelle durchquert, an der die Entfernung zwischen einem Atlantik- und einem Pazifikhafen am kürzesten ist. Die befestigten Straßen RN 26, RP 20 und RN 40 führen nach Esquel und Bariloche.

BUS

So gut wie alle Busse, die die RN 3 entlangfahren, steuern den chaotischen **Busbahnhof** (Pellegrini 730) von Comodoro an. Sehr nützlich ist der Schalter der Touristeninformation, der Karten und Reiseberatung bietet.

Die meisten Busfahrpläne sind in zwei Rubriken unterteilt: Die eine enthält die Abfahrtszeiten Richtung Norden, die andere die Zeiten Richtung Süden. Die Busse von **Andesmar** (☎446-8894) fahren fünfmal täglich – zwischen 1.15 und 15 Uhr – Richtung Norden und steuern verschiedene Zielorte an, darunter Trelew, Rawson und Puerto Madryn.

Die gleiche, nordwärts führende Route bedient auch **TAC** (☎444-3376), allerdings fahren die

Busse weiter nach Buenos Aires. Die Busse von **Etap** (☐ 447-4841) fahren einmal täglich nach Esquel und Río Mayo sowie viermal täglich nach Sarmiento. Mittwochs und samstags startet ein Etap-Bus um 8 Uhr nach Coyhaique (Chile).

Sportman (☐ 444-2988) bietet eine Busverbindung über Perito Moreno (Stadt) nach Los Antiguos. Dort gibt es Anschlussbusse nach Chile Chico. Die Busse von **Taqsa/Marga** (☐ 447-0564) starten abends nach Bariloche und El Calafate.

Die Busfahrpläne ändern sich ständig, deshalb muss man sich rechtzeitig im Busbahnhof am Schalter des jeweiligen Busunternehmens nach den genauen Abfahrtszeiten erkundigen.

Busse ab Comodoro Rivadavia

REISEZIEL	FAHRPREIS (ARG$)	FAHRZEIT (STD.)
Bariloche	750–860	12
Buenos Aires	1615–1825	24
Coyhaique, Chile	681	11
El Calafate	1210	14
Esquel	530–610	10
Los Antiguos	410	5
Puerto Deseado	300	4
Puerto Madryn	433–533	6
Río Gallegos	715–815	10–12
Río Mayo	226	3½
Sarmiento	150–180	2
Trelew	378–464	5

FLUGZEUG

Commodoros Flughafen, **Aeropuerto General Mosconi** (CRD; ☐ 454-8190), liegt 9 km nördlich der Stadt.

Aerolíneas Argentinas (☐ 444-0050; Av Rivadavia 156) und **LAN** (☐ 454-8160; Airport) fliegen mehrmals täglich nach Buenos Aires (One-Way-Ticket ab 2410 Arg$).

Comodoro ist hauptsächlich die Domäne von **LADE** (☐ 447-0585; Av Rivadavia 360). Mindestens einmal in der Woche fliegen LADE-Maschinen nach El Calafate (912 Arg$), Río Gallegos (970 Arg$), Trelew (927 Arg$), Ushuaia (1529 Arg$) und Buenos Aires (2102 Arg$). Per Direktflug oder Zwischenlandung werden auch etliche andere Ortschaften angesteuert. Die Flugpläne und -routen wechseln so häufig wie Patagoniens Winde.

ⓘ Unterwegs vor Ort

Die Buslinie 8 („Directo Palazzo") fährt vom Busbahnhof in Comodoro direkt zum Flughafen. Eine Taxifahrt von der Innenstadt zum Flughafen kostet etwa 130 Arg$.

Die Busse von Expreso Rada Tilly verkehren von Montag bis Freitag alle 20 Minuten, samstags und sonntags alle 30 Minuten vom Busbahnhof in Comodoro zum nahe gelegenen Strandresort (3 Arg$).

Mietwagen gibt es bei **Avis** (☐ 454-9471; Airport) und **Localiza** (☐ 446-1400; Airport). **Dubrovnik** (☐ 444-0073; www.rentacardubrovnik.com; Moreno 941) verleiht Geländewagen.

Puerto Deseado

☐ 0297 / 14 200 EW

Die RN 281 zweigt von der RN3 ab und windet sich dann 125 km südostwärts durch raue, rosafarbene Felsentäler, vorbei an Grasland mit Büschelgräsern, auf dem Guanakos umherstreifen. Schließlich endet die Straße in der schönen, ruhigen Hafenstadt Puerto Deseado, in der die Hochseefischerei eine große Rolle spielt. Obwohl die Stadt längst eine Auffrischung nötig hätte, geht hier alles im Schneckentempo voran. Davon zeugen vorsintflutliche Trucks, die an den Straßen vor sich hin rosten und wie gestrandete Wale wirken. Dennoch ist Puerto Deseado einen Abstecher wert, dafür sprechen besonders das historische Stadtzentrum und das Schutzgebiet Ría Deseado, eine überflutete Flussmündung mit einer Fülle an Seevögeln und Meerestieren.

In dieser Mündung fand Hernando de Magallanes (Ferdinand Magellan) im Jahr 1520 mit seiner von einem Sturm angeschlagenen Flotte eine Zuflucht, die ihm ermöglichte, seine Schiffe zu reparieren. Er nannte das Mündungsgebiet *Río de los Trabajos* (Fluss der Arbeit).

Als 1586 der englische Freibeuter Cavendish die Mündung erkundete, gab er ihr den englischen Namen seines Schiffes: *Desire* (span. *deseo, deseado),* den sie bis heute (auf Spanisch) trägt. Flotten aus aller Welt zog es in den Hafen, um von hier aus zum Wal- und Robbenfang auszulaufen. Daher sah sich die spanische Krone gezwungen, eine Schwadron Kolonisten unter dem Kommando von Antonio de Viedma in den Hafen zu entsenden. Nach einem strengen Winter starben 30 Kolonisten an Skorbut. Die Überlebenden zogen landeinwärts und gründeten die Kolonie Floridablanca, die aber nicht lange bestand. Im Jahr 1834 erforschte Darwin die Flussmündung, und 1876 ging Perito Moreno auf Erkundungstour.

Puerto Deseado liegt ungefähr zwei Autostunden südöstlich der Kreuzung bei Fitz Roy, wo die RN 281 von der RN3 abzweigt.

Die beiden Hauptstraßen San Martín und Almirante Brown begrenzen das Stadtzentrum, in dem sich die Hauptaktivitäten der Stadt abspielen.

◉ Sehenswertes & Aktivitäten

Estación del Ferrocarril Patagónico
HISTORISCHE STÄTTE

(Eintritt: Spende erwünscht; ⊙ Mo–Sa 16–19 Uhr) Eisenbahnfans wird der imposante Bahnhof nahe der Avenida Oneto begeistern. Er wurde im Jahr 1908 von serbokroatischen Steinmetzen im englischen Stil gebaut. Puerto Deseado war einst der Endbahnhof einer bedeutenden Eisenbahnstrecke (Güter und Personenbeförderung): Die Züge transportierten Schafwolle von Pico Truncado und Blei aus den chilenischen Minen im etwa 280 km nordwestlich gelegenen Las Heras an die Küste.

Vagón Histórico
WAHRZEICHEN

(Ecke San Martín & Almirante Brown; ⊙ 17–20 Uhr) Dieser restaurierte Eisenbahnwaggon von 1898 ist der berühmte Waggon, in dem der Rebellenführer Facón Grande die „Patagonische Rebellion" vorbereitete. Als im Jahr 1979 der Waggon verkauft und verschrottet werden sollte, blockierten Bürger der Stadt die Straßen und konnten so das Vorhaben verhindern. Einige Blocks weiter westlich liegt die schöne 1915 erbaute **Sociedad Española** (San Martín 1176).

Museo Municipal Mario Brozoski
MUSEUM

(☏ 487-1358; Ecke Colón & Belgrano; Eintritt 15 Arg$; ⊙ Mo–Fr 8–17, Sa 15–18 Uhr) Das Museum zeigt Überreste der englischen Korvette *Swift*, die 1776 vor der Küste von Puerto Deseado 1776 gesunken ist. Taucher sind nach wie vor dabei, Gegenstände aus dem 1982 entdeckten Wrack zu bergen.

City Tour
STADTBUMMEL

Ein Streifzug durch die Stadt auf eigene Faust ist ein guter Start, einen Eindruck von der Atmosphäre in Puerto Deseado zu gewinnen. Hilfreich dabei ist die Karte *Guía Historica,* die in der Touristeninformation (S. 487) erhältlich ist.

☞ Geführte Touren

Darwin Expediciones
ABENTEUERTOUREN

(☏ 0297-15-624-7554; www.darwin-expeditions. com; Av España 2601; Ausflug zur Isla Pingüinos 1200 Arg$) Darwin Expediciones veranstaltet Seekajak- und Tierbeobachtungstouren

sowie mehrtägige, sachkundig geführte Ausflüge, bei denen neben der Natur auch die Archäologie im Mittelpunkt steht. Besonders beliebt ist die erstklassig organisierte „EcoSafari" durch die Reserva Natural Ría Deseado (600 Arg$), die das Beobachten von Delfinen, Seelöwen, Magellanpinguinen und Seevögeln umfasst.

Los Vikings
ABENTEUERTOUR

(☏ 0297-15-624-5141, 0297-15-624-4283; www.los vikingos.com.ar; Moreno & Prefectura Naval) Bietet Ausflüge an Land und auf dem Wasser. Einige Touren werden von Meeresbiologen begleitet, darunter die Tour zur Reserva Natural Ría Deseado und zum Monumento Natural Bosques Petrificados. Die Kontaktaufnahme kann über die Website oder per Telefon erfolgen.

🛏 Schlafen

Auskünfte über relativ nahe gelegene *estancias* gibt die Touristeninformation.

Residencial Los Olmos
HOTEL $

(☏ 487-0077; Gregores 849; EZ/DZ/3BZ 40/60/80 US$; ☎) Die solide und preisgünstige Unterkunft in einem Backsteinhaus verfügt über insgesamt 19 kleine Zimmer mit Bad, Fernseher und und einer gut funktionierenden Heizung.

Tower Rock
APARTMENTS $$

(☏ in Buenos Aires 011-3935-0150, 011-3935-0188; Pueyrredón 385 oder Almirante Zar 305; Apt. 85–165 US$; ✳ ☎) Ruhe und Privatsphäre bieten sowohl die Einzimmerapartments als auch die Apartments mit mehreren Schlafzimmern. Die komfortablen Unterkünfte sind voll eingerichtet, inklusive gut ausgestatteter Küche, Flachbildfernseher und Safe. Für die Sauberkeit sorgt ein täglicher Reinigungsdienst. Auf Fragen der Gäste geben die Betreiber Patricia und Jorge gerne Auskunft. Ausführliche Informationen finden sich auf der Facebook-Seite „Tower Rock Alojamiento Puerto Deseeado".

Hotel Los Acantilados
HOTEL $$

(☏ 487-2167; www.hotelosacantilados.com; Ecke Pueyrredón & Av España; Dz Superior 91 US$; @ ☎) Von außen wirkt das auf einer Klippe stehende Hotel inspirierender als von innen. Ein idealer Platz zum Entspannen ist die geräumige Lounge mit offenem Kamin. Die Betten sind mit festen, bequemen Matratzen ausgestattet. Vom Speisesaal blickt man auf den Hafen; die wenigen Zimmer mit schöner Aussicht sind schnell ausgebucht.

 **Essen**

Ideal für einen schnellen Imbiss sind die Hähnchengrills, die in Puerto Deseado an unzähligen Stellen zu finden sind.

Lo de Piola   CAFÉ $$
([☑]487-2644; San Martín 1280; Hauptgerichte 80–167 Arg$; [☺]Mo–Sa 11.30–22 Uhr) In der bescheidenen, von Einheimischen empfohlenen *confitería* werden sättigende Gerichte, beispielsweise mit gegrilltem Fleisch, und Snacks serviert. Bier und Wein stehen ebenfalls auf der Karte.

Puerto Cristal   FISCH & MEERESFRÜCHTE $$
(Av España 1698; Hauptgerichte 85–165 Arg$; [☺]Do–Di 12–15 & 20–24 Uhr) Von der kitschigen Dekoration mal abgesehen, lockt das beliebte Fischrestaurant mit seinen üppigen Portionen an Fisch und Calamari vom Grill sowie einer großen Auswahl an Weinen.

ℹ Praktische Informationen

Banken, Geldautomaten, *locutorios* und andere Stätten mit Internetzugang finden sich gebündelt in der Avenida San Martín.
Banco de la Patagonia (San Martín & Almirante Brown)
CIS Tours ([☑]487-2864; www.cistours.com.ar; San Martín 916) Organisiert Touren in die Umgebung und nimmt Flugbuchungen vor.
Dirección Municipal de Turismo ([☑]487-0220; http://puertodeseado.tur.ar; San Martín 1525; [☺]8–20 Uhr) Touristeninformation. Bietet nützliche Karten. Das Personal hier und am Schalter (mit begrenzten Öffnungszeiten) im **Busbahnhof** (Sargento Cabral 1302) spricht Englisch. Veranstaltungen werden auf der Facebook-Seite veröffentlicht.
Hospital Distrital ([☑]487-0200; España 991)
Post (San Martín 1075)

ℹ An- & Weiterreise

Der **Busbahnhof** (Sargento Cabral 1302) liegt an der nordöstlichen Seite der Stadt, neun lange Blocks von der Avenida San Martín und Avenida Oneto entfernt – der Weg verläuft leicht bergauf. Die **Taxis** ([☑]487-2288, 487-0645) sind mit Taxametern ausgestattet.
Die Busse von **La Unión** ([☑]487-0188) und **Sportman** ([☑]487-0013) fahren fünfmal täglich nach Comodoro Rivadavia (190 Arg$, 4 Std.). Sportman bietet auch zweimal täglich eine Busverbindung nach Río Gallegos (700 Arg$, 13 Std.) an. Da sich die Busfahrpläne sehr häufig ändern, ist es sehr hilfreich, sich rechtzeitig im Busbahnhof nach den genauen Abfahrtszeiten zu erkunden

Wer vorhat, in der gottverlassenen Ortschaft Fitz Roy auszusteigen, um so schneller nach Comodoro oder Río Gallegos zu gelangen, sollte sich das dreimal überlegen (die Einheimischen sagen, dort gäbe es nichts anderes zu sehen als den Wind). Die Busse landen in Fitz Roy zur Geisterstunde! Und einen Schlafplatz bietet lediglich der Campingplatz hinter dem Multirubro La Illusion.

Reserva Natural Ría Deseado & Parque Interjurisdiccional Marino Isla Pingüino

Das von Sandklippen flankierte aquamarinblaue Wasser schafft ein Meerespanorama, das niemand so schnell vergisst. Darüber hinaus zählt diese Landschaft zu Patagoniens wichtigsten Meeresschutzgebieten. Die Ría Deseado entstand durch die Überflutung des Mündungstrichter (Ría), wodurch das Wasser des Atlantis etwa 40 km tief ins Landesinnere vordringen und sich ein geschützter Lebensraum für Meeresbewohner bilden konnte. Der vor wenigen Jahren zum Nationalpark erklärte Parque Interjurisdiccional Marino Isla Pingüino (klein, aber für die Tiere lebenswichtig) bildet ein weiteres Highlight für die Besucher.

In den geschützten Gebieten leben Meerestiere in Hülle und Fülle. Etliche Inseln und Uferbereiche bieten zahlreichen Seevögeln geeignete Nistplätze, darunter Magellanpinguinen, Sturmvögeln, Austernfischern, Reihern, Seeschwalben sowie fünf Kormoranarten. Die Isla Chaffers ist die Domäne der Pinguine, während auf dem Banco Cormorán zwei Kormoranarten – die Felsenscharbe und die markante Buntscharbe – Schutz finden. Auf der Isla Pingüino nisten Felsenpinguine, die Mitte Oktober hier eintreffen, außerdem ziehen Seelöwen dort ihre Jungen auf. Neben den Seelöwen lassen sich auf einer sehenswerten Tour durch die Ría Deseado auch Commerson-Delfine, Guanakos und Nandus beobachten.

Die Monate von Dezember bis April sind die beste Zeit für einen Besuch der Schutzgebiete. Darwin Expediciones (S. 486) veranstaltet Rundfahrten. Eine der Touren umfasst das Gebiet der Commerson-Delfine, die Isla Chaffers, Banco Cormorán und einen Spaziergang zu einer Pinguinkolonie. Die Hauptattraktion des Tagesausfluges zur Isla Pingüinos (1200 Arg$) ist die Felsenpinguin-Unterart *Eudyptes chrysocome*

chrysocome mit ihren stachelförmigen gelben und schwarzen Schopfhaaren. Diese Tour schließt auch die Beobachtung anderer Wildtiere sowie Segeln und Wandern mit ein. Wenn allerdings weniger als vier Teilnehmer eine Tour gebucht haben, findet sie nicht statt. Der Tourenveranstalter Los Vikingos (S. 486) bietet ähnliche Ausflüge an – in Begleitung zweisprachiger Führer – und organisiert Überlandfahrten.

Monumento Natural Bosques Petrificados

Im Jura (vor etwa 150 Mio. Jahren) herrschte in dieser Gegend ein feuchtwarmes Klima. Bei verschiedenen Vulkanausbrüchen wurden die üppig-grünen Wälder unter einem bis zu 20 m dicken Ascheregen begraben und im Laufe der Jahrmillionen fossilisiert. Durch Erosion (Wind und Regen) wurden die Bäume nach und nach wieder freigelegt. Sie haben teilweise einen Durchmesser von bis zu 3 m und eine Länge von 35 m. Die Bäume stammen aus der Familie der *Proaraucariaceae*, den Vorfahren der heutigen Araukarien (Andentannen), die nur in der südlichen Hemisphäre wachsen.

Im 150 km² großen **Monumento Natural Bosques Petrificados** (Naturdenkmal Versteinerter Wald; ⊘ ganzjährig 9–21 Uhr) GRATIS gibt es ein kleines Besucherzentrum, eine informative Broschüre in englischer Sprache und einen kurzen Lehrpfad, der von der Parkverwaltung zur größten Gruppe versteinerter Bäume führt. Viele der schönsten Fundstücke wurden leider vor 1954 geplündert, erst dann wurde das Areal unter Schutz gestellt. Das Mitnehmen von Souvenirs wird mittlerweile strafrechtlich verfolgt.

Das Naturmonument liegt 157 km südwestlich von Caleta Olivia und ist über die gute Schotterstraße RP 49 erreichbar. Die Abzweigung von der RN 3 liegt bei Km 2074, von dort geht es etwa 50 km Richtung Westen. Es gibt leider keinen öffentlichen Busverkehr. Die Busse von Caleta Olivia lassen Fahrgäste zwar an der Kreuzung aussteigen, doch kann es dann häufig mehrere Stunden dauern, bis ein Auto anhält. Los Vikingos (S. 486) veranstaltet organisierte Fahrten ab Puerto Deseado.

Etwa 20 km vor der Parkverwaltung liegt bei **La Paloma** ein einfacher Campingplatz. Hier werden auch ein paar Grundnahrungsmittel und Wasser verkauft. Im Park selbst ist das Zelten verboten.

Puerto San Julián

☏ 02962 / 7900 EW

Für einen ambitionierten Kunstfilm wäre dieses öde und dennoch sehr atmosphärische Nest eine ideale Umgebung. Etwa 350 km südlich von Caleta Olivia liegt diese kleine Stadt, in helles Licht und Staub getaucht – in schönem Kontrast zum Blau der Bucht. Der Hafen von San Julián gilt als Wiege der patagonischen Geschichte. Im Jahr 1520 ankerte Magellan, der berühmte portugiesische Seefahrer, als Erster im Hafen von San Julián. Magellans Begegnung mit den einheimischen Tehuelche verdankt die Region ihren mythischen Namen. Auch Viedma, Drake und Darwin wagten sich auf diese sandige Landzunge. Letzterer suchte hier nach Fossilien.

Während Menschen Geschichte schrieben, erzählt die Landschaft von einer geologischen Revolution, die sich an den verschiedenfarbigen Gesteinsschichten, den weiten, sanft auslaufenden Hügeln und den goldfarbenen Klippen ablesen lässt. Hier kann man, neben anderen Mineralien, auch Kupfererze finden.

Die ersten nicht einheimischen Siedler von Puerto San Julián kamen im späten 19. Jh. von den Falklandinseln (Islas Malvinas), als der Boom der Wollindustrie einsetzte. Schotten folgten im Zuge der Gründung der San Julián Sheep Farming Company, die beinahe ein ganzes Jahrhundert lang die wirtschaftliche Vormachtstellung in der Region einnahm. Den jüngsten, nie zuvor erlebten Aufschwung und Bevölkerungszuwachs erlebte die Stadt durch den Bergbau und durch die industrielle Verarbeitung von Meeresfrüchten. Außerdem existiert hier eine Hochschule, die von regionaler Bedeutung ist. Für Reisende ist die Ortschaft ein entspannender Zwischenstopp, der zudem die Gelegenheit bietet, Commerson-Delfine zu beobachten.

◉ Sehenswertes & Aktivitäten

Das Museum und die Pinguinkolonie sind die Hauptattraktionen. Darüber hinaus lockt eine Wanderung entlang der Küste, um die Vielfalt der regionalen Vogelwelt zu erkunden. Ausführliche Informationen über weitere Aktivitäten erhalten Besucher in der Touristeninformation (Dirección de Turismo) im Busbahnhof oder in der Zweigstelle an der RN 3.

Museo Nao Victoria
MUSEUM

(Eintritt 15 Arg$; ☺ 8–21.30 Uhr) Die Kombination aus Museum und Themenpark am Hafen erweckt Magellans Landung wieder zum Leben. Auf dem Nachbau der *Nao Victoria* (Magellans Schiff) stellen lebensgroße Figuren in Rüstungen z. B. das Feiern einer Messe und eine Meuterei dar.

Circuito Costero
AUTOTOUR

Wer nicht seinen Mietwagen malträtieren will, nimmt besser einen Chauffeur-Dienst *(remise)* für die 30 km lange Fahrt auf dieser Schotterstraße. Der Circuito Costero verläuft entlang der Bahía San Julián und führt durch eine unglaublich malerische Landschaft. Goldfarbene Felsen unterbrechen wunderschöne Strände, an denen die Gezeiten besonders stark auftreten. An der Strecke liegen auch eine Seelöwenkolonie und eine Attraktion für reuige Sünder: der Büßerweg am Monte Cristo (mit allen Stationen des Kreuzweges).

👉 Geführte Touren

Banco Cormorán
TIERBEOBACHTUNG

(Eintritt pro Pers. 150 Arg$; ☺ Okt.–April) Gemäß der letzten Zählung leben rund 130 000 Pinguine in diesem Teil der Bahía San Julián. Für Besucher werden Bootstouren angeboten. Unter bestimmten Bedingungen dürfen Tourenteilnehmer eine der Inseln betreten und die Tiere beim Schwimmen, Dösen oder beim Brüten beobachten. Von Dezember bis März bestehen sehr gute Chancen, Commerson-Delfine – die weltweit kleinste Delfinart – zu beobachten.

Das Ausflugsboot macht auch an der Banco Justicia Halt, auf der sich eine Kormorankolonie befindet.

Expediciones Pinocho
GEFÜHRTE TOUREN

(☎ 454600; www.pinochoexcursiones.com.ar; Costanera s/n; ☺ Jan. & Feb. 9–21 Uhr) Meeresbiologen des Teams von Expediciones Pinocho organisieren und begleiten die rund zwei Stunden langen Bootstouren durch die Bahía San Julián. Das Büro dieses Tourveranstalters befindet sich in einer kleinen Hütte am Hafen.

🛏 Schlafen & Essen

Hotel Ocean
HOTEL $

(☎ 452350; San Martín 959; EZ/DZ/3BZ 46/60/68 US$; ☎) In den sauber geschrubbten, ansprechenden Zimmern des hellen, umgebauten Backsteinhauses mit tropischer Geräuschkulisse stehen solide Betten. Das freundliche und hilfsbereite Personal steht Reisenden mit Rat und Tat zur Seite. Wenn Gäste müde und hungrig mit dem Bus um Mitternacht in der Stadt ankommen (was häufig passieren kann), dann hilft ihnen hier jemand, ein Restaurant zu finden, das zu später Stunde noch geöffnet hat.

Camping Municipal
CAMPINGPLATZ $

(☎ 454506; Magallanes 650; Zeltstellplatz 5 US$, Wohnmobil 7–10 US$) Der am Meer gelegene Campingplatz am nördlichen Ende der Vélez Sarsfield ist u. a. mit Windschutz, heißen Duschen und Waschmaschinen ausgestattet.

Hostería Miramar
GÄSTEHAUS $

(☎ 454626; hosteriamiramar@uvc.com.ar; San Martín 210; DZ 68 US$; @ ☎) Tageslicht durchflutet die Räume dieser freundlichen Unterkunft am Meer. Ihre elf supersauberen Zimmer, darunter ein für Familien geeignetes Apartment, sind mit Teppichboden, anständigen Betten und Fernseher ausgestattet. Aus den Duschen strömt das Wasser beinahe wie ein Sturzbach.

Costanera Hotel
HOTEL $

(☎ 452300; www.costanerahotel.com; 25 de Mayo 917; EZ/DZ/3BZ 55/69/80 US$; ☎) Nach einer umfangreichen Renovierung sieht dieses Hotel am Meer wie neu aus. Die Zimmer sind standardmäßig ausgestattet, aber sauber und ordentlich. Das Hotelrestaurant ist passabel, hat aber nur abends geöffnet.

Hotel Bahía
HOTEL $$

(☎ 453144; www.hotelbahiasanjulian.com.ar; San Martín 1075; EZ/DZ/3BZ 65/87/165 US$; @ ☎) Mit seiner glänzenden Glasfront wirkt dieses Hotel in einem Ort wie San Julián geradezu dekadent. In den modern ausgestatteten Zimmern stehen solide Betten. Zu den Extras zählen Fernseher und Wäscheservice. Die Café-Bar ist auch für das allgemeine Publikum zugänglich.

⭐ Naos
FISCH & MEERESFRÜCHTE $$

(Costanera s/n; Hauptgerichte 85–145 Arg$; ☺ 20–23 Uhr) Das Naos, eines der besten Restaurants der Stadt, liegt zwar am Meer, bietet aber keinen Ausblick aufs Wasser. Kein Problem, exzellente Weine, köstlicher frischer Fisch und frische Salate lenken die Gäste ohnehin genügend ab. Zu den Vorspeisen zählen patagonische Wildspezialitäten wie Guanako-Empanadas und *escabeche de vizcacha* (mariniertes Wildbret). Da die Tische schnell belegt sind, sollte man so frühzeitig wie möglich kommen.

Shoppen

Centro Artesenal Municipal KUNSTHANDWERK
(Costanera s/n; ⊙9–19 Mo–Fr) Diese coole Kooperative verkauft hier handgemachte Töpferwaren, handgewebte Produkte und einen
ausgezeichneten, aber ziemlich hochprozentigen Kirschlikör.

ℹ Praktische Informationen

Banco Santa Cruz (Ecke San Martín & Moreno)
Mit Geldautomat.
Dirección de Turismo (☑ 454396; www.
sanjulian.gov.ar; San Martín 1552; ⊙Mo–Fr
8–24, Sa & So 9–22 Uhr) Touristeninformation. Das Hauptbüro mit freundlichem Service
befindet sich im Busbahnhof. Die Zweigstelle
an der **Rotunda** (RN 3; (⊙Dez.–Feb. 7–18 Uhr)
ist praktisch für Reisende, die mit dem Auto
unterwegs sind. Mit dem Bus ist sie nur schwer
erreichbar, denn die Entfernung zur Stadt ist
ziemlich groß und es gibt nur unregelmäßige
Busverbindungen.
Post (Ecke San Martín & Belgrano)

ℹ An- & Weiterreise

BUS

Die meisten auf der RN 3 verkehrenden Busse
machen am **Busbahnhof** von Puerto San Julián
(San Martín 1552) zu höchst unchristlichen
Zeiten Halt. Wer nicht morgens um 4 Uhr in
der Hafenstadt aus dem Bus klettern möchte,
sollte es mit dem Busunternehmen **Don Otto**
(☑ 452072) versuchen. Dessen Busse setzen
auf ihrer Fahrt Richtung Süden die Fahrgäste
am Abend zu einer zivilen Zeit in San Julián ab.
Die Busse von **Via Tac** (☑ 454049) fahren nach
Puerto Madryn (840 Arg$, 12 Std.), die von **An-
desmar** (☑ 454403) nach Comodoro Rivadavia
(385 Arg$, 7 Std.). Um 16 Uhr verkehren Busse
von **Taqsa/Marga** (☑ 454667) nach Bariloche
(1170 Arg$, 14 Std.) sowie nach Río Gallegos
(370 Arg$, 4½ Std.), wo es Anschlussbusse in
den Süden gibt. Um 8 Uhr startet ein Bus von
Cerro San Lorenzo (☑ 452403; Berutti 970)
nach Gobernador Gregores (300 Arg$, 4 Std.).

Da sich die Busfahrpläne häufig ändern, ist es
ratsam, sich vor Ort rechtzeitig nach den genau-
en Abfahrtszeiten zu erkundigen.

Parque Nacional Monte León

Dieser großartige Küstennationalpark wurde im Jahr 2004 eröffnet. Auf einer Fläche
von etwa 600 km² schützt er atemberaubende Landvorsprünge und eine charakteristische patagonische Steppe. Sein etwa 40 km

langer, umwerfend schöner Küstenabschnitt
besticht mit Buchten, Stränden und Wattflä-
chen. In diesem Gebiet gingen einst nomadisierende Ureinwohner auf die Jagd, später
siedelten sich Tehuelche an. Bevor es zum
Nationalpark erklärt wurde, gehörte das
weitläufige Gelände zu einer *estancia*. Heute beheimatet es unzählige Magellanpinguine, Seelöwen, Guanakos und auch einige
Pumas. Bei den erstklassigen Möglichkeiten
für Tierbeobachtungen sollte niemand das
Fernglas vergessen.

Wenn die Ebbe weite Bereiche des sandigen und steinigen Strands freigibt, lohnt
sich eine Wanderung entlang der Küste,
die außergewöhnliche geografische Besonderheiten aufweist, am meisten. Eine der
markantesten Attraktionen des Parks, **La
Olla** (eine riesige Brandungshöhle), hielt im
Oktober 2006 den gewaltigen Kräften der
Gezeiten nicht mehr stand und stürzte in
sich zusammen. Bei Ebbe kann auch die **Isla
Monte León**, die der Küste vorgelagert ist,
betreten werden. Von ihren hohen Felsen
wurde zwischen 1933 und 1960 intensiv Gu-
ano abgebaut. Heute leben hier wieder Kormorane, Dominikanermöwen, Raubmöwen
und andere Seevögel. Vorsicht, der Tiden-
hub ist hier sehr groß, das Wasser kehrt also
rasant schnell zurück. Jeder, der am Strand
unterwegs sein will, muss sich deshalb vorher immer genau über die Tidezeiten informieren. Die bei Flut unter Wasser stehenden
Felsen sind bei Ebbe glitschig!

Von der Hauptstraße zweigen Naturpfade
ab, die zur Küste führen. Der **Pinguinweg**
verläuft quer durch die Steppe bis zu einem
Aussichtspunkt, von dem aus sich die Pinguinkolonie überblicken lässt. Den Weg zu
verlassen, ist verboten, aber auch gar nicht
nötig, da die rund 75 000 Pinguinpaare problemlos zu sehen sind. Die Rundwanderung
dauert etwa 1½ Stunden. Wer will, kann mit
dem Auto zu dem markanten Kliff **Cabeza
de León** (Löwenkopf) fahren und in gut
20 Minuten auf einem Pfad zur Seelöwenkolonie laufen.

Campen ist nur auf den entsprechend
gekennzeichneten Geländen erlaubt. Eine
Alternative ist die reizvolle **Hostería Monte León** (☑ in Buenos Aires 011-6155-1360; www.
monteleon-patagonia.com; DZ inkl. Halbpension
490 US$; ⊙ Nov.–April) mit ihren vier Gäste-
zimmern. Das restaurierte, über 100 Jahre
alte Gebäude war früher das Farmhaus *(casco)* einer im Jahr 1895 gegründeten *estancia*. In seinen Innenräumen blieb der spar-

tanische, aber elegante Stil patagonischer Farmhäuser erhalten. Er zeigt sich beispielsweise in den schmiedeeisernen Betten, den alten Kachelöfen mit handgemalten Fliesen und der originalen geschmackvollen Möblierung. In der Hostería ist auch eine wunderschöne Sammlung vorhanden, die Fossilien, Knochen und Fotobildbände umfasst.

Wer sich für Bootstouren oder Fliegenfischen auf Stahlkopfforellen interessiert, muss sich an die **Parkverwaltung** (www.pn monteleon.com.ar) wenden. Der Parkeingang liegt etwa 30 km südlich von Comandante Luis Piedrabuena bzw. 205 km nördlich von Río Gallegos. Er befindet sich direkt an der RN 3, ist aber leider sehr schlecht ausgeschildert. Besucher müssen also unterwegs gut aufpassen, damit sie nicht an der Abzweigung vorbeifahren. Wichtig: Nach starken Regenfällen lässt sich der Strand nicht erreichen, da die aufgeweichten Lehmwege dann unpassierbar sind.

Río Gallegos

📞 02966 / 95 800 EW.

Mit der Verschiffung von Kohle, den Ölraffinerien und Kränen für das Verladen von Wolle wirkt der Hafen von Río Gallegos nicht gerade anziehend auf Touristen. Im Hafen herrscht zwar reger Betrieb, doch andere Vorzüge kann er kaum aufweisen.

Unter der Regierung von Néstor Kirchner blühte die Hauptstadt seiner Heimatprovinz zu einem blitzblank aufpolierten Wirtschaftszentrum auf. Die Attraktionen für Besucher liegen in der näheren Umgebung der Stadt: einige der besten Fischgründe des Kontinents zum Fliegenfischen, außerdem traditionelle *estancias* und eine Küste mit extrem ausgeprägten Gezeiten (das Wasser weicht 14 m zurück). Obwohl es in der Stadt an Dienstleistungen für Reisende nicht mangelt, fahren die meisten auf dem Weg nach El Calafate, Puerto Natales oder Ushuaia geradewegs durch.

Heute stehen die nahe gelegenen Erdölfelder im Mittelpunkt der wirtschaftlichen Interessen der Stadt, während die Kohle größtenteils zu den Hochseefrachtern in Punta Loyola geschafft wird. Als Standort einer großen Militärbasis spielte Río Gallegos während des unseligen Falklandkrieges eine wichtige Rolle. Die Hauptstraße, einst die Roca, wurde zu Ehren des ehemaligen Staatspräsidenten Néstor Kirchner (1950–2010) umbenannt.

⊙ Sehenswertes

Museo Provincial Padre Jesús Molina
MUSEUM

(📞 426427; Ecke Av San Martín & Ramón y Cajal; 5 Arg$; ⊙ Mo–Fr 9–19, Sa & So 11–19 Uhr) GRATIS Fans von Dinosaurier-Dioramen und moderner Kunst kommen hier auf ihre Kosten. Das Museum zeigt Exponate aus den Bereichen Anthropologie, Paläontologie, Geologie und der bildenden Kunst. Eine ethnologisch orientierte Tehuelche-Ausstellung umfasst faszinierende Fotos und Informationen zur örtlichen Geschichte.

Museo de Arte Eduardo Minnicelli
MUSEUM

(📞 436323; Maipú 13; ⊙ Di–Fr 8.30–19, Sa & So 14–18 Uhr) GRATIS Mit dem Auftrag, Wissen über Kunst zu vermitteln, zeigt das Museum in Wechselausstellungen Leihexponate größerer Museen und Gemälde von Künstlern der Provinz Santa Cruz. Auch die neuesten Nachrichten aus der lokalen Kunstszene sind hier zu erfahren.

Museo Malvinas Argentinas
MUSEUM

(📞 437618; Ecke Pasteur & Av San Martín; ⊙ Mo–Fr 11–18, Sa & So 10–17 Uhr) GRATIS Hier dreht sich alles um den Besitzanspruch, den Argentinien auf die Islas Malvinas (Malwinen/Falklandinseln) erhebt. Eine neu gestaltete Ausstellung zeigt Ehrenabzeichen ehemaliger Frontkämpfer des Falklandkrieges. Ein Videofilm informiert auf Englisch über das gesamte, schwierige Thema.

Plaza San Martín
PLAZA

In ruhigen Ecken der hübschen Plaza stehen Bänke im Schatten von Silberpappeln und purpurfarben blühenden Jacarandas (Río-Palisanderbäume).

Museo de los Pioneros
MUSEUM

(📞 437763; Ecke Elcano & Alberdi; ⊙ 10–17 Uhr) GRATIS Dieses Museumsgebäude ist eine Art Fertighaus mit Metallfassade aus den 1890er-Jahren. Seine Einzelteile wurden einstmals mit dem Schiff von England nach Argentinien transportiert. In anschaulichen Ausstellungen widmet sich das Museum dem harten Leben und beschwerlichen Alltag der frühen Einwanderer

Funda Cruz
KULTURZENTRUM

(G Lista 60; ⊙ Fr–So 16–20 Uhr) Das hübsche importierte vorgefertigte Holzhaus diente früher als Zollamt. Heute finden darin Kulturveranstaltungen statt. Es beherbergt auch einen *salón de té* (Teestube).

Río Gallegos

👉 Geführte Touren

Die große Pinguinkolonie am Cabo Vírgenes, rund 140 km südöstlich von Río Gallegos, kann von Oktober bis März besucht werden. Ausflüge zum Kap veranstaltet z. B. **Al Sur Turismo** (✆ 436743; www.alsurturismo.com.ar; Errazuriz 194). Eine Achtstundentour mit mindestens drei Teilnehmern kostet etwa 700 Arg$ pro Person (zzgl. 20 Arg$ Eintrittsgebühr). Nehmen weniger als drei Personen teil, erhöht sich der Preis.

🛏 Schlafen

Da sich die meisten Hotels der Stadt auf Geschäftsleute spezialisiert haben, sind preisgünstige Unterkünfte selten.

El Viejo Miramar HOTEL $

(✆ 430401; hotelviejomiramar@yahoo.com.ar; Av Kirchner 1630; DZ 58 US$) Aufgrund seiner behaglichen Zimmer mit Teppichboden und makellos sauberem Bad ist das Hotel eine gute Wahl. Das Frühstück ist im Zimmerpreis inbegriffen. Zum Zeitpunkt der Recherche für dieses Buch hat gerade der Besitzer gewechselt.

Hotel Covadonga HOTEL $

(✆ 420190; www.hotel-alonso.com.ar; Av Kirchner 1244; DZ/3BZ mit Bad 55/70 US$, ohne Bad 50/60 US$; 🖳) Das Hotel ist preisgünstig, sauber und ziemlich altbacken. In seinen großen Zimmern knarren die Fußböden und in dem sonnigen Aufenthaltsraum stehen abgewetzte Ledersofas. Der höhere Preis für ein Zimmer mit Bad lohnt sich.

Hostel Elcira HOSTEL $

(✆ 429856; Zuccarino 431; B/DZ 17/40 US$; 🖳) Freundliche Gastgeber betreiben das Hostel in einem makellosen, wenn auch etwas kitschig ausgestatteten Wohnhaus. Vom Busbahnhof bis zum Elcira dauert der Fußweg nur zehn Minuten, während die Entfernung zum Stadtzentrum ziemlich weit ist.

Río Gallegos

Hotel Sehuen HOTEL $
(☏ 425683; www.hotelsehuen.com; Rawson 160; DZ ab 48 US$) Für eine Stadt mit wenigen preisgünstigen Unterkünften sind die Preise im Sehuen moderat. Unterm Strich erscheinen sie dennoch überteuert. Die Zimmer sind klein, die Wände dünn und die Badezimmer definitiv winzig. In dem geräumigen Frühstücksbereich liegen morgens örtliche Tageszeitungen aus; es gibt ein einfaches Frühstücksbüfett.

Hotel Aire de Patagonia BOUTIQUEHOTEL $$
(☏ 444950; www.hotelairepatagonia.com.ar; Vélez Sársfield 58; EZ/DZ 79/89 US$; 🖥) In dem modernen, gastfreundlichen Boutiquehotel zeigen sich erste leichte Verschleißerscheinungen. Zu den Annehmlichkeiten in den Zimmern zählen weiche Bettlaken aus ägyptischer Mako-Baumwolle, Fußbodenheizung und Flachbildfernseher. In der hübschen *confitería* können die Gäste in aller Ruhe einen Espresso trinken und sich mit Brettspielen die Zeit vertreiben.

✖ Essen

Mostaza FASTFOOD $
(Alberdi 9400; Hauptgerichte 53–106 Arg$; ⏱ Mo-Sa 9–23.30, So 10–24 Uhr) Das moderne, gepflegte Lokal einer Restaurantkette mit langen Öffnungszeiten bietet eine recht gute Auswahl der Fastfoodstandards: Sandwiches, Salate und Burger. Ausgestattet ist es in einem modernen minimalistischen Design. Den Kindern unter den Gästen steht ein hübsches Spielhaus zur Verfügung.

Pizza Express PIZZA $
(☏ 434400; Av San Martín 650; Pizza 60–90 Arg$; ⏱ 11 Uhr bis spätnachts) Preiswert, leger und ein freundlicher Service wie kaum anderswo in der Stadt – das sind einige der Gründe, warum hier zahlreiche Studenten und einheimische Familien gerne einkehren, um Pizza, Burger, Gnocchi und Salate zu essen. Und niemand hat etwas dagegen, wenn ältere Herrschaften sich eine große Flasche Quilmes-Bier teilen.

★ La Lechuza ARGENTINISCH $$
(☏ 425421; Sarmiento 134; Hauptgerichte 115–168 Arg$; ⏱ 11.30–16, 20–24 Uhr) Zweifellos zählt diese schicke Kombination aus Pizzeria und Restaurant zu den stimmungsvollsten Speiselokalen in Río Gallegos (schon das vorher in El Calafate eröffnete La Lechuza war und ist ein Erfolg). In dem gedämpft beleuchteten Gastraum sind die Wände mit alten Zeitungen und Weinkisten übersät. Ob Pizza Caprese, Pizza mit Spinat, mit patagonischem Lamm oder mit Pilzen – die Liste der Pizza-Varianten ist ellenlang. Auch Weine und Spirituosen stehen auf der Karte.

Buffalo Grill AMERIKANISCH $$$
(☏ 439511; G Lista 198; Hauptgerichte 180–298 Arg$; ⏱ 12–14.30 & 20.30–24 Uhr) Die amerikanische Tex-Mex-Küche hat Patagonia erreicht. Chicken Wings, Potato Skins (überbackene Kartoffeln) und Steaks sind nur einige der typischen, aber gut zubereiteten Gerichte, die mit einer winzigen Flasche Tabasco serviert werden. Bei den Fajitas ist die Auswahl an brutzelnden Füllungen sehr groß – bleibt nur zu hoffen, dass sich die bleischweren Tortillas verbessern.

ℹ Praktische Informationen

Die Banken in der Avenida Kirchner verfügen über Geldautomaten. Internetzugang bieten die zahlreichen Internetcafés und auch einige Restaurants.

ACA (Automóvil Club Argentino; ☏ 420477; Orkeke 10) Tankstelle.

Centro de Informes Turístico (Av San Martín s/n; ⏱ Okt.–April 9–20 Uhr) Nützlicher Informationskiosk, der auf dem Mittelstreifen der Straße steht.

Einwanderungsbehörde (☏ 420205; Urquiza 144; ⏱ Mo–Fr 9–15 Uhr)

Hospital Regional (☏ 420289; José Ingenieros 98)

PATAGONIEN RÍO GALLEGOS

Post (Ecke Av Kirchner & San Martín)
Regionale Touristeninformation (☏438725; Av Kirchner 863; ◷ Mo–Fr 9–16 Uhr) Ausgesprochen hilfreich; bietet Karten und detaillierte Informationen; das Personal spricht auch Englisch.
Städtische Touristeninformation (☏436920; www.turismo.riogallegos.gov.ar; Av Beccar 126; ◷ Mo–Fr 8–18, Sa & So 8–20 Uhr) Liegt außerhalb des Stadtzentrums; hilfsbereites Personal. Der Schalter im Busbahnhof hat nur sporadisch geöffnet.

ℹ An- & Weiterreise

BUS

Der **Busbahnhof** (Ecke RN 3 & Av Eva Perón) von Río Gallegos liegt etwa 3 km südwestlich des Stadtzentrums. Mehrere Busunternehmen bieten vor Ort ihre Dienste an, darunter **El Pingüino** (☏442169), **Don Otto** (☏442160), **Bus Sur** (☏442687), **Andesmar** (☏442195), **Sportman** (☏442595) und **TAC** (☏442042). Einige Busunternehmen steuern Ziele in Chile an, z. B. **Ghisoni** (☏457047), **Pacheco** (☏442765) und **Tecni-Austral** (☏442427). Die Busse von **Taqsa/Marga** (☏442003; www.taqsa.com.ar; Estrada 71) fahren von Río Gallegos' Flughafen direkt nach Puerto Natales und El Calafate.

Busse ab Río Gallegos

REISEZIEL	FAHRPREIS (ARG$)	FAHRZEIT (STD.)
Buenos Aires	2680	36–40
Comodoro Rivadavia	715	9–11
El Calafate	360	4
El Chaltén	410	9
Esquel	1150	19
Puerto Madryn	1151	15–20
Puerto San Julián	370	4½
Punta Arenas (Chile)	300	5–6
Río Grande	488	8–10
Trelew	1091	14–17
Ushuaia	628	12

FLUGZEUG

Der Flughafen von Río Gallegos liegt 7 km nordwestlich der Stadt.

Im Folgenden sind die Preise für einen One-Way-Flug angegeben. **Aerolíneas Argentinas** (☏0810-2228-6527; Av San Martín 545) fliegt täglich nach Buenos Aires (3170 Arg$) und regelmäßig nach Ushuaia (645 Arg$). **LADE** (☏422316; Fagnano 53) bietet mehrmals in der Woche Flüge nach Buenos Aires (2102 Arg$),

Río Grande (540 Arg$), El Calafate (594 Arg$), Comodoro Rivadavia (993 Arg$) und Ushuaia (882 Arg$). **LAN** (☏02966-457189; www.lan.com) hat ebenfalls einen Ticketschalter im Flughafen.

ℹ Unterwegs vor Ort

Mitfahrer für die Fahrt in einem Taxi mit Taxameter zwischen Innenstadt oder Busbahnhof und dem Flughafen (60 Arg$) finden sich schnell. Die von der Avenida Roca abfahrenden Busse, die mit „B" oder „Terminal" gekennzeichnet sind, verbinden das Stadtzentrum mit dem Busbahnhof (8,50 Arg$).

Zu den Sehenswürdigkeiten in der Umgebung führen nur miserable Straßen, daher sind Mietwagen sehr teuer. Unabhängig von den Wechselkursen kann es unter dem Strich preiswerter sein, sich in Punta Arenas in Chile ein Fahrzeug zu mieten. Ein Autoverleih in Río Gallegos ist z. B. **Riestra Rent A Car** (☏421321; www.riestrarentacar.com; Av San Martín 1508).

Rund um Río Gallegos

Zwischen September und März brüten Magellanpinguine in der **Reserva Provincial Cabo Vírgenes** (Eintritt 20 Arg$) und ziehen ihre Jungen auf – es ist Argentiniens zweitgrößte Pinguinkolonie. Am Cabo Vírgenes gibt es auch einen Leuchtturm und eine Snackbar, die während der Saison geöffnet hat. Zu dem 140 km von Río Gallegos entfernten Schutzgebiet führt eine Schotterstraße, auf der man nur sehr langsam fahren kann. Daher kann der einfache Weg durchaus drei Stunden dauern.

Während der Saison veranstalten Reisebüros in Río Gallegos ab Mitte November Tagestouren zum Cabo Vírgenes und zur nahe gelegenen *estancia*.

PATAGONIENS BINNENLAND

Der Weg zu den Touristenzentren El Calafate und El Chaltén führt über die RN 40 und die entsprechenden Zubringerstraßen. Während der Fahrt auf dieser Fernstraße stellt sich immer wieder das Gefühl ein, am Ende der Welt zu sein und zugleich eine unübertreffliche Autoreise zu erleben. Die RN 40 verläuft parallel zur Andenkette und durchquert dabei Gegenden, in denen Nandus durch Salbeigebüsch trotten und Lastwagen riesige Staubwolken aufwirbeln. Eine am

Horizont auftauchende Tankstelle erscheint manchen Reisenden beinahe schon wie eine Oase in der Wüste.

Nachdem inzwischen der größte Teil der 1228 km langen Strecke zwischen Esquel und El Calafate asphaltiert ist, fällt die Fahrt auf der RN 40 erheblich leichter. Doch einige raue, holprige Abschnitte sind immer noch vorhanden. Der Transport mit öffentlichen Verkehrmitteln beschränkt sich auf die Busse, die nur in den wenigen Sommermonaten fahren und hauptsächlich Touristen über die RN 40 kutschieren. Auf jeden Fall erfordert eine Fahrt auf der RN 40 eine gute Vorbereitung und viel Geduld.

Die RN 40 beginnt im Norden von Bariloche und verläuft entlang der mächtigen Andenkette bis an die chilenische Grenze in der Nähe von Puerto Natales. Dort macht die Straße einen abrupten Schwenk Richtung Osten zum Atlantischen Ozean hin. Zu den Highlights auf dieser Strecke gehören die Nationalparks Perito Moreno und Los Glaciares sowie die Cueva de las Manos mit ihren Felsenmalereien und einige einsam gelegene *estancias.*

In den nachfolgenden Beschreibungen geht es um den asphaltierten Abschnitt der RN 40, der in Esquel beginnt und Richtung Süden verläuft – allerdings mit zahlreichen Schlaglöchern. Zum Zeitpunkt der Recherche war die 100 km lange Strecke zwischen Gobernador Gregores und Tres Lagos noch nicht asphaltiert.

Esquel

02945 / 32 400 EW. / HÖHE 570 M

Wer von Bariloches Läden mit all ihrer Schokolade und den Zwergen ebenso genug hat wie von der Postkartenidylle des argentinischen Seengebiets, dem wird das gute alte Esquel wie eine frische Brise vorkommen. Die Stadt liegt in den westlichen Gebirgsausläufern der Provinz Chubut, einer traumhaft schönen Landschaft mit ausgezeichneten Wandermöglichkeiten. Esquel ist ein bequemer Ausgangspunkt für den Besuch des Parque Nacional Los Alerces und für weitere erlebnisreiche Aktivitäten – der ideale Ort, um sich von Strapazen der Fahrt auf der RN 40 zu erholen.

Die um die Wende des 20. Jhs. gegründete Stadt ist das Viehhandels- und Wirtschaftszentrum der Region. Außerdem befindet sich hier die südliche Endstation von *La Trochita,* der historischen Schmalspurdampfbahn. Der Name der Stadt stammt aus dem Mapudungun, der Sprache der Mapuche, und bedeutet „Sumpf" oder „Ort der Disteln".

PATAGONIEN ESQUEL

LA TROCHITA: DER ALTE PATAGONIENEXPRESS

Im heutigen Jet-Zeitalter wirkt Ferrocarril Rocas **La Trochita** (02945-451403; 400 Arg$) wie ein Anachronismus. Argentiniens berühmte Schmalspurdampfbahn erreicht auf ihrer kurvenreichen Fahrt zwischen Esquel und El Maitén gerade mal eine Höchstgeschwindigkeit von knapp 30 km/h. Der Zug – von Paul Theroux ironisch *Der alte Patagonienexpress* genannt – ist sowohl eine Touristenattraktion als auch ein Verkehrsmittel für die einheimischen Bürger.

Wie bei vielen staatlichen Projekten zog sich auch die Fertigstellung dieser Eisenbahnlinie endlos in die Länge: Nach dem ersten Spatenstich 1906 dauerte die Fertigstellung der geplanten Strecke bis 1945. Die Schmalspurbahn musste einige der merkwürdigsten Unglücksfälle der Eisenbahngeschichte erleben. Zwischen den späten 1950er-Jahren und Anfang der 1960er hoben Windböen den Zug dreimal aus den Gleisen. Vereiste Gleise führten zu weiteren Zugentgleisungen und 1979 kollidierte der Zug mit einem Rind.

La Trochitas 402 km lange Originalstrecke zwischen Esquel und Ingeniero Jacobacci war vermutlich eine der am längsten in Betrieb gehaltenen Dampfzuglinien der Welt. Alle 40 bis 45 km wurden die 4000 l fassenden Wassertanks der belgischen Baldwin- und deutschen Henschel-Loks an strategisch günstig platzierten *parajes* (Pumpen) aufgefüllt. Die meisten mit Holzöfen beheizbaren Personenwaggons stammen wie die Güterwagen von 1922. Heute dampft der Zug nur noch über eine kleine Teilstrecke.

Im Sommer fährt der **Tren Turístico** (Fahrkarte 250 Arg$; 2-mal wöchentl. 10 Uhr, zusätzliche Fahrten im Jan. & Feb.) vom Roca-Bahnhof in Esquel zur 20 km weiter östlich gelegenen Bahnstation Nahuel Pan. Hier haben die Reisenden Gelegenheit, Fotos zu machen und einen kleinen Kunsthandwerkermarkt zu besuchen.

NICHT VERSÄUMEN

TREKKING IN PATAGONIEN

Auf der ganzen Welt laden spektakuläre Fernwanderwege zu Trekking-Touren ein, wie beispielsweise der Appalachian Trail in den USA oder der Te Araroa Trail in Neuseeland. Und nun lockt auch Argentinien mit seinem ersten Fernwanderweg, dem **Huella Andina** (huellaandina.desarrolloturistico.gov.ar) – dem Andenwanderweg. *Huella* bedeutet wörtlich übersetzt, Fährte oder Fußabdruck, im einheimischen Sprachgebrauch steht es aber auch für Fuß- oder Wanderweg.

Die Idee zu diesem Projekt hatten Estefanía Chereguini und Walter Oszust, zwei junge Bergsteiger aus Esquel. Drei Jahre benötigten die beiden, um die Wege auf einer 430 km langen Strecke durch die Anden sowie unterwegs 31 Stationen zu markieren. Die Huella Andina verläuft von der Provinz Neuquén bis in die Provinz Chubut, dabei führt sie durch fünf Nationalparks, darunter den Parque Nacional Los Alerces, sowie durch Privatgebiete. Auf der Strecke wechselt das Landschaftsbild von Araukarien- zu Alercewäldern oder von Berghöhen zu Flusstälern und kristallklaren Seen. Zwei Querbalken, oben blau, unten weiß, markieren den Fernwanderweg.

Zuständig für den Fernwanderweg ist heute das Minsterio Nacional de Turismo (Tourismusministerium). Durch die Anbindung weiterer Wege soll die Strecke eventuell auf mehr als 600 km verlängert werden. Eine detaillierte Karte mit dem Verlauf und den Stationen des Huella Andina findet sich auf der Website.

Die RN 259 schlängelt sich durch die Stadt, bis sie auf die RN 40 stößt, die in nördlicher Richtung nach El Bolsón und südwärts nach Comodoro Rivadavia führt. Südlich der Stadt zweigt von der RN 259 auf der Strecke Richtung Trevelin eine Straße zum Parque Nacional Los Alerces ab.

⊙ Sehenswertes & Aktivitäten

Esquels größter Pluspunkt ist die Vielfalt an Outdoor-Aktivitäten, insbesondere im Parque Nacional Los Alerces und im Skigebiet La Hoya. Die Seen und Flüsse in der näheren Umgebung der Stadt bieten ausgezeichnete Fischgründe, um beispielsweise dem **Fliegenfischen** zu frönen. Die Angelsaison reicht von November bis April. Angelscheine verkauft z. B. das Büro des ACA (argentinischer Automobilclub; S. 499) in der YPF-Tankstelle. **Mountainbiken** ist eine ausgezeichnete Möglichkeit, um die Hügellandschaft und die Wege vor den Toren der Stadt zu erkunden.

Museo de Culturas Originarias Patagónicas
MUSEUM

(☑ 451929; Nahuel Pan; Spenden erwünscht; ⊙ Mo-Fr, 7-13 & 15-21, Sa & So 17-21 Uhr) GRATIS In einer kleinen Ausstellung zeigt das Museum Gegenstände, die von den Mapuche stammen. Vor dem Gebäude hält die historische Schmalspurbahn *La Trochita*, deren Strecke 20 km östlich von Esquel beginnt.

Museo del Tren
MUSEUM

(☑ 451403; Ecke Roggero & Urquiza; ⊙ Mo, Mi & Fr 9.30–12 Uhr) GRATIS Dieses Bahnmuseum befindet sich direkt am Stadtrand in der Bahnstation der Ferrocarril Roca. Hier hält auch *La Trochita*, Argentiniens berühmte Schmalspurdampfbahn. In den Sommermonaten verkaufen mehrere Reisebüros in Esquel Fahrkarten für eine Rundfahrt mit diesem historischen Zug.

Cerro La Hoya
WINTERSPORT

(☑ 453018; www.cerrolahoya.com; Lift Erw./Kind 380/240 Arg$; ⊙ Skisaison Juni–Okt.) Das Skiresort liegt 13 km nördlich von Esquel auf etwa 1350 m Höhe. Trotz seiner weiten Senken und einiger der besten Pulverschneepisten Argentiniens nimmt sein Bekanntheitsgrad bisher nur allmählich zu. Im Vergleich zu den Skigebieten bei Bariloche ist La Hoya preisgünstiger und weniger überfüllt, aber insgesamt kleiner. Außerdem bewegen sich die Schwierigkeitsgrade seiner Pisten eher im moderaten Bereich. Für Familien eignet sich das Skiresort allerdings hervorragend. Skiausrüstungen kann man sich direkt in La Hoya oder in den Sportgeschäften in Esquel ausleihen.

Zu den im Sommer angesagten Aktivitäten gehören Wandern, Reiten und Fahrten mit dem Sessellift.

Coyote Bikes
FAHRRADVERLEIH

(☑ 455505; www.coyotebikes.com.ar; Rivadavia 887; p pro Tag 120 Arg$; ⊙ Mo–Fr 9–13 & 15.30–20,

Sa 9–13 Uhr) Verleiht im Sommer Mountainbikes. Zum Service gehören ausführliche Routenbeschreibungen.

Geführte Touren

Die unabhängigen, staatlich zertifizierten Berg- und Wanderführer **Estefanía Chereguini** (☎ 02945-549357; echereguini@gmail.com) und **Walter Oszust** (☎ 02945-682915; walteroszust@gmail.com), – die „Erfinder" der Huella Andina (des Andenwanderwegs) – begleiten geführte Wanderungen durch den Parque Nacional Los Alerces. Darüber hinaus organisieren sie auch Touren abseits der gängigen Pfade in Patagonien. Beide sprechen auch Englisch.

Circuito Lacustre BOOTSTOUR

Zahlreiche Reisebüros verkaufen Karten für den Circuito Lacustre – eine Bootsrundfahrt im Parque Nacional Los Alerces. Wer seine Karte bereits in Esquel kauft, sichert sich einen Platz auf der häufig ausgebuchten Tour. Ein Tagesausflug mit Rundfahrt auf dem See sowie Transfer zum Park und wieder zurück kostet ab Puerto Chucao 490 Arg$ und ab Puerto Limonao etwas mehr.

EPA ABENTEUERTOUR

(Expediciones Patagonia Aventura; ☎ 457015; www.epaexpediciones.com; Av Fontana 484) Auf dem Programm dieses Tourenveranstalters stehen Rafting-, Kanu-, Reit- und Trekkingtouren. Teilnehmer der Wildwasserfahrten

(halber Tag 1550 Arg$ inkl. Transfer) auf dem etwa 90 km entfernten Río Corcovado können in einem empfehlenswerten Hostel am Flussufer übernachten. Bei Baumkronenwanderungen, Reit- und Trekkingtouren im Parque Nacional Los Alerces übernachten die Teilnehmer sogar im firmeneigenen Bergresort, einer hübschen, aus Holz erbauten Lodge. Hier können die Gäste die hauseigenen Kajaks benutzen; auch Camping ist hier möglich.

Feste & Events

Semana de Esquel KULTUR

Im Februar feiert die im Jahr 1906 gegründete Stadt jedes Jahr eine Woche lang ihren Geburtstag.

Fiesta Nacional de Esquí SPORT

(Nationales Skifestival) Findet jährlich Mitte September im Skiresort La Hoya statt.

Schlafen

Esquel verfügt über zahlreiche Unterkünfte, darunter auch Hütten und Apartments, die sich besonders gut für einen Skiurlaub eignen. Eine umfassende Auflistung der Unterkünfte ist in der Touristeninformation (S. 499) erhältlich.

★ Sol Azul HOSTEL **$**

(☎ 455193; www.hostelsolazul.com.ar; Rivadavia 2869; B 15 US$; @☎) Die recht einladende Berglodge toppt ihr schönes Aussehen mit

---

GROSSE FÜSSE – WAHRHEIT ODER LÜGE?

Manch einer denkt beim Namen „Patagonia" an die Sportbekleidungsmarke, die für ihre Öko-Klamotten bekannt ist. Seit Langem betrachten viele jedoch diesen Name als Sinnbild für „ein Land am Ende der Welt"– und bis heute liefert er Stoff für heiße Debatten über seinen Ursprung.

Eine Theorie führt den Namen auf ein fiktives Ungeheuer zurück: den Riesen „Patagón", der in einem spanischen Bestsellerroman des 16. Jhs. auftaucht. Als Magellan mit seiner Mannschaft 1520 in Puerto San Julián überwinterte, hätten seine Leute den Namen dieses Riesen verwendet, um die Tehuelche zu beschreiben. In einem Reisebericht schildert tatsächlich ein Mitglied der Schiffscrew, der italienische Adlige Antonio Pigafetta, einen Tehuelche: Er war „so groß, dass wir ihm nur bis zur Taille reichten ... Er war in Tierhäute gekleidet, die geschickt zusammengenäht waren ... In eine schuhähnliche Form gebracht, bedeckte dieselbe Art von Häuten seine Füße ... Der Kapitän [Magellan] nannte diese Leute Patagoni."

Eine andere Theorie besagt, der Name beruhe auf dem spanischen Wort *pata*, das Pfote oder Fuß bedeutet. Für die Behauptung, die Tehuelche hätten ungewöhnlich große Füße gehabt, fehlt definitiv der Beweis – möglicherweise wirkten ihre Füße durch die Tierhäute, die sie als Schuhe trugen, auffallend groß. Immerhin bildet die „Großfußtheorie" einen guten Stoff für das Genre jener Reiseerzählungen, in denen erste subjektive Eindrücke eine größere Rolle spielen als die Realität.

einer Sauna und einer voll eingerichteten Gemeinschaftsküche mit Profikochfeld und gut bestücktem Gewürzregal. Die Herberge bietet ihren Gästen auch Mahlzeiten an, für die u. a. Fleisch und sonstige landwirtschaftliche Produkte aus der Region verarbeitet werden. Die Schlafräume mit kleinen, aber sauberen Badezimmern befinden sich in einem separaten Gebäude hinter der Lodge. Das Sol Azul liegt am nördlichen Stadtrand und ist vom Stadtzentrum aus mit einer erschwinglichen Taxifahrt erreichbar. Das Frühstück kostet extra.

Hostería Angelina   PENSION $

(☎ 452763; www.hosteriaangelina.com.ar; Av Alvear 758; DZ 65–85 US$; @ ☎) Die gastfreundliche, pieksaubere Hostería mit Springbrunnen im Innenhof, gutem Frühstücksbüfett und professionellem Service erfüllt internationale Standards.

Planeta Hostel   HOSTEL $

(☎ 456846; www.planetahostel.com; Av Alvear 1021; B/DZ 25/70 US$; ☎) Das Hostel in einem alten, recht verwegen angestrichenen Haus im Stadtzentrum bietet einen freundlichen Service, aber ziemlich enge Zimmer. Mit Daunendecken, einer blitzsauberen Gemeinschaftsküche und einer Lounge mit Fernseher hebt es sich vom Durchschnitt ab.

Hostería La Chacra   B&B $$

(☎ 452802; www.lachacrapatagonia.com; RN259, Km 5; DZ/3BZ 90/120 US$; @ ☎ ☒) Wer einen Schuss Lokalkolorit mag, dürfte sich in dieser ländlichen Pension aus den 1970er-Jahren wohlfühlen. In den geräumigen, hellen Zimmern liegen mollig warme Daunendecken auf den Betten und das Frühstück ist üppig. Rini, der Besitzer, ist ein perfekter Gastgeber und ein hervorragender Kenner der regionalen walisischen Geschichte. La Chacra bietet einen eigenen Shuttleservice, lässt sich aber auch gut per Taxi oder mit dem stündlich in Richtung Trevelin verkehrenden Bus erreichen.

Sur Sur   HOTEL $$

(www.hotelsursur.com; Av Fontana 282; DZ/3BZ 75/90 US$; ☎) Viele Reisende wissen die herzliche und behagliche Atmosphäre dieses Familienbetriebs zu schätzen. Zur Ausstattung der kleinen Zimmer mit Fliesenboden zählen Fernseher, Ventilator und Haartrockner. Fotos mit Motiven aus der Region bedecken die Wände der Flure. Die Aufnahmen stammen alle von ehemaligen Gästen. Morgens gibt es ein Frühstücksbüfett.

Plaza Esquel Hostería & Spa   HOTEL $$

(☎ 457002; www.plazaesquel.com.ar; Av Ameghino 713; DZ/Superior inkl. Spa 80/96 US$; @ ☎) Die kleinen Zimmer mit modernem Dekor in der reizvollen *hostería* an der Plaza sehen schon ein wenig abgenutzt aus. Der Wellnessbereich mit Sauna und Whirlpool besitzt nur wenig Atmosphäre.

★ Las Bayas Hotel   BOUTIQUEHOTEL $$$

(☎ 455800; www.lasbayashotel.com; Av Alvear 985; DZ/3BZ US$255/270; ☎) Rundum hübsch ist dieses elegante Boutiquehotel, das etliche andere Hotels vor Ort in den Schatten stellt. Holz und moderne Elemente setzen geschmackvolle Akzente. In den geräumigen Zimmern zählen warme Wolldecken, LCD-Fernseher, eine Auswahl an DVDs, Küchenzeile und eine Badewanne mit Massagedüsen zu den Annehmlichkeiten. Im Wellnessbereich werden verschiedene Anwendungen angeboten. In der Nebensaison gewährt das Hotel hohe Rabatte.

Hostería Canela B&B   B&B $$$

(☎ 453890; www.canelaesquel.com; Ecke Los Notros & Los Radales, Villa Ayelén; DZ/3BZ/4-Pers.-Apt. 165/203/280 US$; ☎) Das gepflegte B&B von Veronica und Jorge liegt nur knapp 2 km vom Stadtzentrum entfernt in einem Kiefernwald. Mit seinem eleganten, behaglichen Ambiente eignet es sich für etwas „gesetztere" Gäste besonders gut. Beide Besitzer sprechen Englisch. Auf Wunsch wird der Tee auch auf dem Zimmer serviert. Die bequemen Betten sind mit blütenweißer Leinenbettwäsche bezogen.

Essen

Dimitri Coffeehouse   CAFÉ $

(Rivadavia 805; Hauptgerichte 45–80 Arg$; ⊙ Mo-Sa 9–20) Überaus charmant ist dieses helle Café mit angenehmer, lockerer Atmosphäre. Auf bunt zusammengewürfeltem Porzellan werden hier große Salate, Gebäck und Sandwiches serviert. Nach Barista-Art zubereitete Kaffeespezialitäten und Bier sind ebenfalls erhältlich.

La Abuela   ARGENTINISCH $

(☎ 451704; Rivadavia 1109; Hauptgerichte 90–130 Arg$; ⊙ Mo-Fr 12–15 & 19.30–23 Uhr) Wer etwas für familiäre Atmosphäre und Spitzendecken auf den Tischen übrighat, zwängt sich in diese kleine Kneipe. Zu günstigen Preisen können die Gäste hier Gnocchi, hausgemachte Pasta und Klassiker der argentinischen Hausmannskost wie *puchero*

(Eintopf aus Gemüse und Fleisch) genießen. Gut dazu passt der akzeptable Hauswein, der in Karaffen serviert wird.

María Castaña CAFÉ $
(Ecke 25 de Mayo & Rivadavia; Snacks 50–110 Arg$; ⊙9 Uhr bis spätnachts) Ein Hit in dem verspielt ausgestatteten Café sind die Waffeln mit *dulce de leche* (Creme aus Milch, Zucker und Vanilleextrakt). Lecker schmecken aber auch das Frühstück, die Sandwiches und die Eisbecher. Gehaltvollere, gut sättigende Gerichte sind ebenfalls erhältlich. Die bequemsten Sitzplätze sind die Polstersessel im hinteren Bereich.

Quillen VEGETARISCH $$
(☑400212; Av Fontana 769; Hauptgerichte 90–180 Arg$; ⊙Di 9–15, Do–Sa 9–15 & 20–1 Uhr; ☑) Für Pizza, Pasta, frische Limonade und andere kulinarische Genüsse werden hier Bioprodukte verwendet und das Bier stammt aus einer Mikrobrauerei. Damit passt das Quillen eigentlich besser in das hippe Stadtviertel Palermo von Buenos Aires als in die Vorgebirgslandschaft der Anden. Nun denn, das Quillen gibt es und seine leichten verganen und vegetarischen Gerichte sind ein Glücksfall – ganz besonders für jene, die gerädert von der RN 40 kommen.

★**Don Chiquino** ITALIENISCH $$
(Av Ameghino 1641; Hauptgerichte 160 Arg$; ⊙12–15.39 & 20–24 Uhr) Klar, Pasta ist wirklich nichts Besonderes in Argentinien, aber hier führt der Besitzer Zaubertricks vor, während die Gäste auf das Essen warten. In dem Lokal herrscht eine fröhlich-chaotische Atmosphäre und die sättigenden Gerichte, beispielsweise die *sorrentinos* (große, runde ravioliähnliche Pasta mit Rucola), schmecken einfach lecker.

Cheers PUB $$
(☑457041; Ecke Sarmiento & Av Alvear; Hauptgerichte 80–150 Arg$; ⊙12 Uhr bis spätnachts) Auch wenn hier die Atmosphäre eines irischen Pubs herrscht, handelt es sich keineswegs um eine gewöhnliche Pinte. Im Lokal werden neben Guinness auch leckere Mittagsmenüs und eine ganze Reihe herzhafter Suppen, Salate und Sandwiches serviert.

La Luna ARGENTINISCH $$
(Av Fontana 656; Hauptgerichte 85–180 Arg$; ⊙12–16, 19–1 Uhr)) In dem schicken Bar-Restaurant mit Rock-'n'-Roll-Flair gibt es eine köstliche Spinatpizza, Gemüse-Crêpes und riesige Portionen Steak mit Pommes.

Abends drängen sich die Gäste in den mit Holz oder Ziegelsteinen eingefassten Nischen und trinken patagonisches Bier.

Ausgehen & Nachtleben

El Bodegón BAR
(☑02945-15-428117; Rivadavia 905; ⊙11–15 Uhr & 19 Uhr bis spätabends) Die gemütliche Resto-Bar (Kombination aus Restaurant und Bar) in einem Backsteinhaus hat auch Sitzplätze im Freien und wartet mit großen Gläsern mit kaltem Bier auf. In den Sommermonaten wird täglich Livemusik gespielt, außerhalb der Saison nur am Wochenende. Das Programm reicht von argentinischem Rock über Blues bis hin zur alternativen Musik (Indie, Grunge usw.).

Hotel Argentino BAR
(25 de Mayo 862; ⊙16–5 Uhr) Die anspruchslose Bar im Stil eines Wildwestsaloons eignet sich viel besser zum Trinken als das Hotel zum Übernachten. Auf einen Sprung vorbeizuschauen, lohnt sich dennoch – nicht nur wegen des freundlichen Besitzers. Bemerkenswert in dem 1916 gebauten Haus sind auch die zahlreichen Relikte aus alten Zeiten und die Skulpturen. Außerdem geht es am Wochenende in der Bar hoch her.

Unterhaltung

Dirección Municipal de Cultura KULTURZENTRUM
(☑451929; www.esquelsemueve.com.ar; Belgrano 330) Sponsert regelmäßig Konzerte, Film- und Theateraufführungen sowie Tanzveranstaltungen.

❶ Praktische Informationen

ACA (Automóvil Club Argentino; ☑452382; Ecke 25 de Mayo & Av Ameghino; ⊙in den Nachtstunden geschl.) Befindet sich in der YPF-Tankstelle; verkauft Angelscheine.

Banco de la Nación (Ecke Av Alvear & General Roca) Geldautomat und Umtausch von Reiseschecks.

Banco del Chubut (Av Alvear 1147) Mit Geldautomat.

Hospital Regional (☑450009; 25 de Mayo 150))

Post (Av Alvear 1192) Neben der Touristeninformation.

Touristeninformation (☑451927; www.esquel. gov.ar; Ecke Av Alvear & Sarmiento; ⊙Mo–Fr 8–20, Sa & So 9–20 Uhr) Gut organisiert, hilfsbereit, mehrsprachiges Personal. Bietet eine beeindruckend große Auswahl an detaillierten Karten und informativen Broschüren.

ℹ️ An- &Weiterreise

AUTO

Die Preise für Mietwagen beginnen bei etwa 1000 Arg$ pro Tag, inklusive 100 Freikilometer und Versicherung. Eine gute Auswahl an Fahrzeugen bietet z. B. **Patagonia Travel Rent A Car** (☎ 455811; Av Alvear 1041).

BUS

Esquels **Busbahnhof** (Ecke Av Alvear & Brun) mit Rundum-Service liegt nahe beim Stadtzentrum.

Die Busse von **Transportes Jacobsen** (☎ 454676) fahren montags und freitags um 8 und 18 Uhr nach Futaleufú, Chile (84 Arg$, 1½ Std.). Die stündlich verkehrenden Busse nach Trevelin (19 Arg$, 30 Min.) halten auf dem Weg stadtauswärts an der Ecke Avenida Alvear und Avenida 25 de Mayo.

In den Sommermonaten fahren die Busse von **Transportes Esquel** (☎ 453529; www.transportesesquel.com.ar) durch den Parque Nacional Los Alerces zum Lago Futalaufquen (50 Arg$, 1¼ Std.). Abfahrt ist täglich 8 Uhr (im Januar zusätzlich um 14 und 18 Uhr). Der 8-Uhr-Bus fährt weiter zum Lago Puelo (125 Arg$, 6 Std.) und hält unterwegs um 10.30 Uhr am Lago Verde (75 Arg$) und um 12 Uhr in Cholila (75 Arg$). Mit einem Pauschalticket kann man die Fahrt auf der Strecke zwischen Esquel und Lago Puelo beliebig oft unterbrechen (sowohl hin als auch zurück). Außerhalb der Saison verkehren die Busse seltener.

Busse ab Esquel

REISEZIEL	FAHRPREIS (ARG$)	FAHRZEIT (STD.)
Bariloche	280	4¼
Buenos Aires	1998	25
Comodoro Rivadavia	530	8
El Bolsón	180	2½
Neuquén	600	10
Puerto Madryn	644	7–9
Río Gallegos	1300	18
Trelew	601	8–9

FLUGZEUG

Der Flughafen von Esquel liegt 20 km östlich der Stadt abseits der RN 40. Den Transfer zwischen Flughafen und Stadt führen Shuttle-Taxis aus.

Aerolíneas Argentinas (☎ 453614; Av Fontana 406) fliegt mehrmals in der Woche nach Buenos Aires (One-Way-Ticket ab 2890 Arg$).

ZUG

Die Schmalspurdampfbahn *La Trochita* fährt von dem kleinen **Roca-Bahnhof** (www.latrochita.

org.ar; Ecke Roggero & Urquiza; ⊙ Mo–Sa 8–14 Uhr) ab. Als Attraktion für die Touristen zuckelt der Zug regelmäßig nach Nahuel Pan. Wer echtes Patagonien-Express-Feeling beinahe wie in der guten alten Zeit erleben möchte, fährt am besten mit dem Bus nach El Maitén. Von hier fährt *La Trochita* nach Desvío Thomae. Diese weniger vom Touristenrummel betroffene Tour findet leider nur ab und zu statt. Über die aktuellen Fahrpläne informiert die o. g. Website oder die Touristeninformation in Esquel.

Trevelin

☎ 02945 / 7900 EW. / HÖHE 735 M

Der Name des historischen Städtchens Trevelin (zweite Silbe lang und betont) setzt sich aus den walisischen Wörtern für Stadt *(tre)* und Mühle *(velin)* zusammen. Es ist die einzige Ortschaft, die im Hinterland der Provinz Chubut einen ausgeprägten walisischen Charakter aufweist. Wer dem Getümmel von Esquel (nicht vergessen, hier ist alles relativ) ausweichen will, sucht sich in dieser ruhigen und idyllischen Postkartenschönheit eine nette Unterkunft. Zumindest lohnt sich ein Tagesausflug, um ein Tässchen Tee zu trinken und um die nähere Umgebung zu erkunden – die nur darauf wartet, entdeckt zu werden.

Trevelin liegt 22 km südlich von Esquel, der Weg dorthin führt über die asphaltierte RN 259. Wie die Speichen eines Rades gehen von der zentralen Plaza Coronel Fontana acht Straßen ab. Dazu gehört auch die Avenida San Martín, die Hauptdurchgangsstraße und zugleich die südliche Verlängerung der RN 259. Nach einem Schwenk in westliche Richtung führt die RN 259 zur 50 km entfernten chilenischen Grenze. Nach weiteren 12 km ist Futaleufú erreicht.

◎ Sehenswertes

Museo Regional Andes   MUSEUM
(☎ 480461; Ecke 25 de Mayo & Molino Viejo; Erw./Kind unter 12 Jahre 60 Arg$/frei; ⊙ Mo–Fr 10–18, Sa & So 14–18.30 Uhr) Das Museum liegt ein paar Blocks östlich der Plaza am Ende der Avenida 25 de Mayo. Es befindet sich in einer restaurierten Getreidemühle aus dem Jahr 1922. Das Museum wurde vor Kurzem sorgfältig renoviert.

✸ Feste & Events

Aniversario de Trevelin   FESTIVAL
Am 19. März feiert die Stadt ihren Gründungstag.

GUTE REISE AUF DER LEGENDÄREN RUTA NACIONAL 40

Die Autofahrt auf Patagoniens RN 40 ist für viele Reisende der ultimative Trip. Niemand kommt hier schnell voran – heimtückisch schlägt das Wetter um und die Windstärken haben es in sich. Es scheint, als würde die Fahrt niemals enden. Doch sie überrascht auch mit magischen Momenten, wenn in der schier endlosen flachen Steppenlandschaft wie aus dem Nichts eisbedeckte Gipfel und glitzernde Seen ins Blickfeld rücken. Seit die RN 40 weitgehend asphaltiert ist, fällt das Fahren leichter. Wer jedoch auf die Nebenstraßen fährt, um die Umgebung zu erkunden, muss mit schlechten Schotterpisten rechnen.

Ausrüstung

Außerhalb der Städte haben Handys keinen Empfang. Reisende sind also auf sich selbst angewiesen – und nicht zuletzt auf einen durchdacht bestückten Werkzeugkoffer. Wer einen Wagen mietet, sollte genau überprüfen, ob die Reifen (inkl. Ersatzreifen), Scheinwerfer, Stoßdämpfer und die Bremsen in einwandfreiem Zustand sind. Da die Tankstellen an der RN 40 rar gesät sind, gehören Ersatzkanister mit Benzin sowie einige Dosen Öl zum Pflichtgepäck. Unverzichtbar sind auch Proviant und Trinkwasser in großzügiger Menge. Benzin wird in Patagonien subventioniert, daher ist die Nachfrage groß, der Nachschub aber nicht immer perfekt organisiert. Deshalb gilt: Volltanken, wann immer es geht!

Straßenverkehrsregeln

Sowohl das Anlegen von Sicherheitsgurten als auch das Einschalten des Abblendlichts bei Tag sind in Argentinien gesetzlich vorgeschrieben. Unbedingt zu beachten ist das Tempolimit, das mit 65 km/h auf Schotterpisten und maximal 80 km/h auf Asphaltstrecken in einem recht sicheren Geschwindigkeitsrahmen liegt. Schafe haben *immer* Vorfahrt. Gefahrenquellen sind auch Guanakos und Nandus. Deshalb: runter vom Gaspedal und Abstand halten, bis die Tiere das Feld geräumt haben. Außerdem sollte man auf die unbeschilderten *guardaganados* (Weideroste bzw. bodengleiche Viehsperren) achten.

Einfach anderen das Fahren überlassen

Eine Reihe von Reisebüros organisiert zwei- bis fünftägige Minivan-Fahrten auf der RN 40, die von El Calafate über El Chaltén, Perito Moreno und Los Antiguos nach Bariloche führen. Die Touren finden von Mitte Oktober bzw. Anfang November bis Anfang April statt, sind aber abhängig vom Wetter, den Straßenverhältnissen und der Nachfrage. Ziemlich teuer sind die geführten Touren, die mehr als vier oder fünf Tage dauern.

Eine zehntägige Autotour auf der RN 40 in Begleitung mehrsprachiger Reiseführer bietet der kleine Tourveranstalter **Ruta40** (S. 482) an. Die Fahrt führt von Bariloche nach El Calafate. Zwischenstopps sind die Cueva de las Manos sowie die *estancias* El Condor und La Oriental. Auf der Website sind die aktuellen Preise und Termine zu erfahren.

Wer zügiger auf der RN 40 reisen möchte, kann die Busse von **Chaltén Travel** (☎ 011-4326-7282; www.chaltentravel.com; Sarmiento 559, 8. Etage, Buenos Aires) nutzen. Für eine Zweitagestour Richtung Norden mit Übernachtung in Perito Moreno fahren die Busse um 8 Uhr in El Calafate ab. In Bariloche starten an ungeraden Tagen um 6.45 Uhr die Busse für eine Dreitagestour Richtung Süden mit Übernachtung in Perito Moreno und El Chaltén. Diese Busse halten auch in Los Antiguos. In der Regel finden die Touren von November bis März statt. Die eintägige Fahrt zwischen El Calafate und Bariloche (2190 Arg$ pro Pers.) umfasst weder Verpflegung noch Übernachtung. Unterwegs können die Reisenden die Fahrt nach Belieben unterbrechen und mit einem der nächsten Busse weiterfahren – in dem allerdings eine Platzreservierung nicht möglich ist. Angeboten wird auch eine Tour, die erst Richtung Norden und dann nach Puerto Madryn führt. Chaltén Travel hat Zweigstellen in **El Calafate** (S. 530), **El Chaltén** (S. 522), **Puerto Madryn** (S. 462) und **Bariloche** (☎ 0294-442-3809; www.chaltentravel.com; Quaglia 262).

Manche Reisende haben auch gute Erfahrung mit dem Busunternehmen **Taqsa/Marga** (S. 508) gemacht. Während der Hochsaison pendeln die Bussen zwischen El Calafate und Bariloche (einfache Fahrt 2180 Arg$, 28 Std., Okt.–April). Unterwegs machen sie Halt in El Chaltén, Perito Moreno und Esquel.

Eisteddfod
KULTUR

Ende Oktober treten beim größten walisischen Fest des Jahres, dem mehrsprachigen Eisteddfod, Barden des Gesangs und der Literatur in den Wettstreit.

Schlafen

Circulo Policial
CAMPINGPLATZ $

(480947; Costanera Río Percy & Holdich; Zeltplatz pro Pers. 9 US$) Ein schöner Campingplatz mit Rasen und schattigen Zeltplätzen. Der Weg dorthin: an der Hausnummer Avenida San Martín 600 in westlicher Richtung in die Coronel Holdich einbiegen und nach zwei Blocks links in die Schotterstraße einschwenken. Der Platz ist im Januar und Februar geöffnet, abhängig vom Wetter manchmal auch länger.

Hostería Casa de Piedra
LODGE $$

(480357; www.casadepiedratrevelin.com; Brown 244; DZ 99 US$; ❄️📶) Ein Paradies für Angler und Freunde von Geländewagen bildet diese elegante, aus Stein gebaute Lodge mit riesigem offenem Kamin und rustikalem Touch. Joghurt, hausgebackenes Brot, Gebäck und Obst sind feste Bestandteile des üppigen Frühstücksbüfetts.

Cabañas Wilson
HÜTTEN $$

(480803; www.wilsonpatagonia.com.ar; Kreuzing RP 259 mit RP71; 4-/6-Pers.-Hütte 95/105 US$; 📶) Die Hütten aus Holz und Ziegelsteinen sind mit rustikalen Möbeln ausgestattet und liegen inmitten einer idyllischen, stillen Umgebung am Stadtrand. Zu den Vorzügen der Unterkunft zählen ein täglicher Reinigungsservice, zusätzliche Decken und ein Grillplatz. Wer es wünscht, erhält ein üppiges Frühstück.

Cabañas Oregon
HÜTTEN $$

(480408; http://www.alojamientosdelsur.com.ar/oregon; Ecke Av San Martín & JM Thomas; 4-Pers.-Hütte 100 US$; 📶📺) Die hübschen Blockhütten liegen verstreut in einem großen Apfelgarten an der Südseite der Stadt. Zur Ausstattung zählen Küche, handgefertigte Holzmöbel und Fernseher. Auch eine Kinderschaukel ist vorhanden. Auf dem Gelände befindet sich ein Grillrestaurant (Grillgerichte 250–280 Arg$; Di geschl.) mit gutem Service. Es hat den Ruf, die besten Fleischgerichte der Stadt zu servieren.

Essen & Ausgehen

So wie die Besucher von Trelew in Scharen zum Teetrinken nach Gaiman fahren, machen sich Esquels Gäste auf den Weg, um in Trevelin walisischen Tee zu genießen. In der Regel sind die Teestuben von 15 bis 20 Uhr geöffnet. Die meist riesigen Teeportionen reichen locker für zwei Personen. Wer sich den Tee mit seiner Begleitung teilen möchte, sollte aber vorher die Bedienung fragen, ob das in Ordnung ist.

Nikanor
ARGENTINISCH $$

(480400; Libertad 56; Hauptgerichte 90–210 Arg$; 🕐12.30–14.30 & 20.30–23 Uhr) Wer keine Lust auf Tee hat, für den ist das ausgezeichnete, heimelige Restaurant eine gute Alternative. Ein Ehepaar serviert hier seinen Gästen Ravioli, die mit Lammfleisch aus der Region gefüllt sind, und flambierte Crêpes als Dessert sowie argentinische Weine. Das Nikanor befindet sich in einem hübschen, restaurierten Haus aus den 1900er-Jahren. Unverputzte Backsteinwände, freiliegendes Gebälk sowie ein Bereich, der die originale Lehm-Bambus-Konstruktion der Wände zeigt, verleihen dem Gastraum eine hübsche, reizvolle Atmosphäre.

Nain Maggie
TEESTUBE

(480232; www.casadetenainmaggie.com; Perito Moreno 179; 🕐15.30–20.30 Uhr) Trevelins älteste Teestube befindet sich zwar in einem modernen Gebäude, aber Tradition wird hier ganz großgeschrieben. Außer dem Tee in wohl nie leer werdenden Kannen locken hier auch Cremetorten, *torta negra* und Scones (Tee-Gedeck 150 Arg$).

La Mutisia
TEESTUBE

(480165; Av San Martín 170; 🕐15.30–20.30 Uhr) Zum Tee wird hier ausschließlich Hausgemachtes serviert (Tee-Gedeck 110 Arg$).

Shoppen

Mercado de Artisanos
MARKT

(🕐9–15 Uhr) Im Sommer füllen die Stände des Kunsthandwerkermarktes an jedem Sonntag die Plaza Coronel Fontana. Während des restlichen Jahres findet der Markt nur an jedem zweiten Sonntag statt.

Praktische Informationen

Banco del Chubut (Ecke Av San Martín & Brown) Liegt gleich südlich der Plaza; mit Geldautomat.

Gales al Sur (480427; www.galesalsur.com.ar; Patagonia 186) Arrangiert regionale Touren.

Post (Av San Martín) Gleich südlich der Plaza gelegen.

Touristeninformation (📱 480120; www. trevelin.gov.ar; ⊙ 8–20 Uhr) Hilfsbereit, bietet einen kostenlosen Stadtplan und Informationen über Wanderrouten in der Umgebung. Das Personal spricht Englisch.

ℹ An- & Weiterreise

Der **Busbahnhof** (Ecke Roca & RN 40) liegt neben der zentralen Plaza. Die meisten Busunternehmen haben ihren Sitz in Esquel. In der Nähe des Tourveranstalters **Gales al Sur** (📱 480427; RN 259) befindet sich eine Bushaltestelle, von der stündlich ein Bus nach Esquel (19 Arg$, 30 Min.) abfährt. Montags und freitags, im Sommer auch mittwochs, startet um 8.30 und 18 Uhr ein Bus, der über die chilenische Grenze nach Futaleufú (84 Arg$, 1 Std.).

Parque Nacional Los Alerces

📱 02945

In diesem Naturpark spiegelt die Naturlandschaft aus reißenden Bächen, sattgrünen Wäldern und spiegelnden Seen die unverfälschten Anden wider. Die Hauptattraktion bildet jedoch die Alerce *(Fitzroya cupressoides),* die Patagonische Zeder oder Zypresse, die zu den langlebigsten Spezies der Welt zählt. Die älteste Alerce wurde auf 3622 Jahre datiert – es werden aber noch ältere Exemplare vermutet. In den bekannten Nationalparks weiter nördlich und südlich bekommen die Wanderer diese Kostbarkeit der Natur nicht zu sehen – Grund genug, um den Besuch des Parque Nacional Los Alerces ganz besonders zu genießen.

Die Alerce, die in Aussehen und Wuchs dem in Kalifornien wachsenden Riesenmammutbaum ähnelt, gedeiht in den gemäßigten Wäldern Westpatagoniens. Innerhalb von 20 Jahren wächst sie um lediglich 1 cm. Einige dieser wunderschönen Bäume können einen Durchmesser von 4 m und eine Höhe von 60 m erreichen. Wegen ihres wertvollen Holzes erging es der Alerce wie dem Riesenmammutbaum: Die Bestände wurden Opfer der Überholzung. Heute schützt der Nationalpark auf einer Fläche von 2630 km² die größten Alerce-Wälder, die noch erhalten sind.

Da die Anden hier nicht besonders steil ansteigen, sondern relativ flach sind, bringen die Weststürme jährlich fast 3000 mm Niederschlag mit sich. Der östliche Teil des Parks ist allerdings trockener. Die Durchschnittstemperatur liegt im Winter bei 2 °C (kann aber erheblich tiefer sinken) und im Sommer bei 24 °C, wobei die Nächte in der Regel ziemlich kühl sind.

Im urwüchsigen Hinterland des Nationalparks leben zahlreiche Wildtiere, darunter der scheue Südliche Huemul (Südandenhirsch), den kaum jemand zu Gesicht bekommt. Der Parque Nacional Los Alerces hat in erster Linie die Aufgabe, den Reichtum einer Pflanzenwelt zu bewahren, die den dichten Valdivian-Wald (gemäßigter Regenwald) prägt.

🏃 Aktivitäten

Die Reisebüros in Esquel bieten Touren zum Segeln, Wandern, Angeln, Kanufahren, Mountainbiken, Schnorcheln und Reiten.

Segeln

Seit eh und je ist der **Circuito Lacustre** die beliebteste Tour im Parque Nacional Los Alerces. Wegen des niedrigen Wasserstands muss die kurze Strecke zwischen Puerto Mermoud (am nördlichen Ende des Lago Futalaufquen) und Puerto Chucao (am Lago Menéndez) zu Fuß zurückgelegt werden. Eine Barkasse bringt die Tourteilnehmer von Puerto Chucao (1½ Std.) zu dem nördlich gelegenen Naturpfad **El Alerzal**, der den leichtesten Zugang zu den Alerce-Beständen bietet. Eine empfehlenswerte Alternative, um nach Puerto Chucao zu gelangen, ist der landschaftlich wunderschöne, 1,5 km lange Weg, der über die Brücke des Río Arrayanes führt.

Die Barkasse hält mehr als eine Stunde an der Anlegestelle am Ausgangspunkt von El Alerzal – Zeit genug für eine gemächliche Rundwanderung. Der Rundweg führt am **Lago Cisne** und an einem schönen Wasserfall vorbei und endet an **El Abuelo** („Der Großvater"), einer 57 m hohen, etwa 2600 Jahre alten Alerce.

Die Tour (560 Arg$) startet um 11.30 Uhr in Puerto Chucao, ungefähr um 17 Uhr kehren die Teilnehmer wieder zurück. Um sich einen Platz zu sichern, kauft man die Karte am besten schon in Esquel.

Wandern

Als Wanderer muss man sich an einer der Rangerstationen anmelden, bevor man sich auf den Weg macht.

In der Nähe des **Lago Futalaufquen** verlaufen mehrere markierte Wege, die sich für eine Tageswanderung eignen. Von **Puerto Limonao** führt eine 25 km lange Wanderroute am Südufer des Lago Futalaufquen entlang bis zur **Hostería Lago Krüger**. Je

Parque Nacional Los Alerces

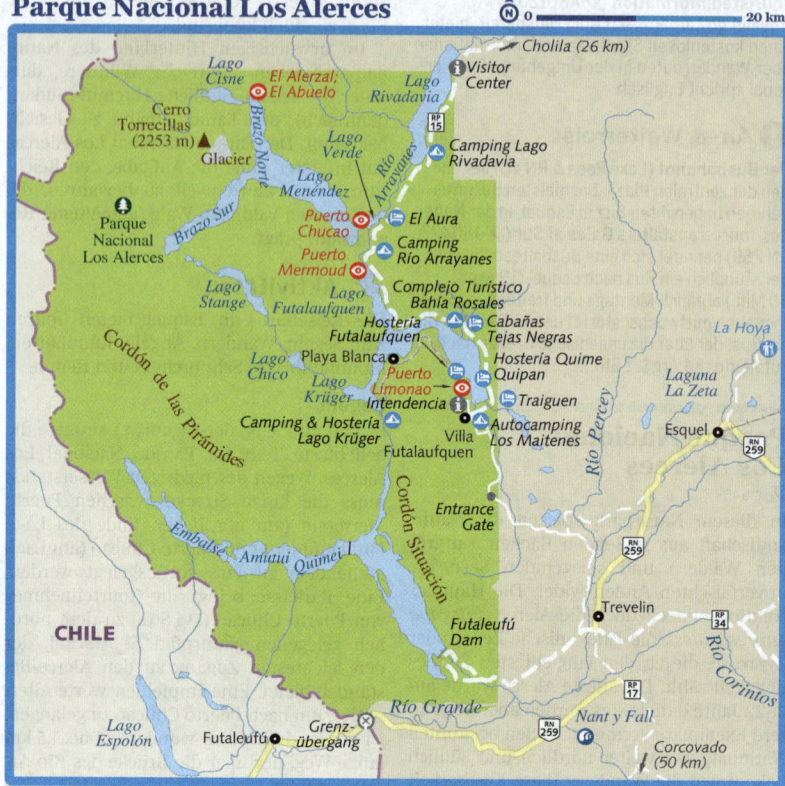

Ŝ N 0 ▬▬▬▬▬▬▬ 20 km

Cholila (26 km)

Lago Cisne

El Alerzal; El Abuelo

Lago Rivadavia

Visitor Center

RP 15

Cerro Torrecillas (2253 m) ▲

Glacier

Lago Verde

Camping Lago Rivadavia

Brazo Norte

Río Arrayanes

Lago Menéndez

Puerto Chucao

El Aura

Parque Nacional Los Alerces

Brazo Sur

Puerto Mermoud

Camping Río Arrayanes

Complejo Turístico Bahía Rosales

Lago Stange

Lago Futalaufquen

Hostería Futalaufquen

Cabañas Tejas Negras

La Hoya

Cordón de las Pirámides

Lago Chico

Playa Blanca

Lago Krüger

Puerto Limonao

Hostería Quime Quipan

Traiguen

Laguna La Zeta

Camping & Hostería Lago Krüger

Intendencia

Autocamping Los Maitenes

Esquel

RN 259

Villa Futalaufquen

Embalse Amutui Quimei

Cordón Situación

Entrance Gate

CHILE

Futaleufú Dam

Trevelin

RP 34

Río Corintos

Lago Espolón

Futaleufú

Grenz-übergang

Río Grande

Nant y Fall

RP 17

RN 259

Corcovado (50 km)

---

nach Kondition lässt sich die Tour in einem strammen Tag schaffen oder man macht eine Rast und übernachtet auf dem Campingplatz an der **Playa Blanca**.

Tipp: Ausführliche Beschreibungen längerer Trekkingtouren finden sich in dem englischsprachigen Lonely-Planet-Reiseführer *Trekking in the Patagonian Andes*.

🛏 Schlafen & Essen

Auf dem Weg zum Nationalpark weisen Schilder auf den Verkauf von Nahrungsmitteln hin, die sich gut für Picknicks eignen, z. B. hausgebackenes Brot, köstliche Käsespezialitäten der Provinz Chubut, frisches Obst und walisische Süßigkeiten. In Villa Futalaufquen gibt es einige einfache Lebensmittelläden und ein Restaurant, das aber nur im Sommer geöffnet hat. Am besten ist es jedoch, den Proviant selbst mitzubringen.

Der Nationalpark Los Alerces verfügt über mehrere gut ausgestattete Camping-

plätze. Duschen gehören hier zum Standard. Lebensmittelläden und Restaurants befinden sich entweder direkt auf dem Platz oder in geringer Entfernung. Im näheren Umkreis dieser kostenpflichtigen Campingplätze liegen meistens auch minimal ausgestattete Plätze sowie kostenlose Plätze ohne irgendeine Ausstattung.

Für Gruppen sind *cabañas* (Hütten) eine kostengünstige Alternative.

Camping Río Arrayanes CAMPINGPLATZ $
(☏ 454381; Zeltplatz Erw./Kind 12/8 US$) Der noch relativ neue Campingplatz mit Duschen, Bädern und Grillplätzen liegt in einer der malerischsten Landschaften des Nationalparks. Auf dem Gelände gibt es auch einfache Jurten (*domos*).

Camping Lago Rivadavia CAMPINGPLATZ $
(☏ 454381; Zeltplatz Erw./Kind 13/8 US$) Geschützt von schattenspendenden Bäumen erstreckt sich der idyllische Campingplatz

am südlichen Ende des Lago Rivadavia. Vorhanden sind u. a. Picknicktische, Stromanschluss und ein Bootssteg. Er liegt 42 km nördlich von Villa Futalaufquen.

Autocamping Los Maitenes CAMPINGPLATZ $
(📞471006; Zeltplatz Erw./Kind 13/8 US$) Nur 200 m von der Intendencia (Verwaltung) entfernt liegt der Campingplatz mit wunderschönem Seeblick auf einem Rasenstreifen zwischen Hauptstraße und See. Neben Schatten bietet er auch so praktische Dinge wie Stromanschluss und Feuerstellen.

Complejo Turístico
Bahía Rosales CAMPINGPLATZ $
(📞02945-15-403413, 471044; www.bahiarosales.com; Zeltplatz Erw./Kind 12/6 US$, 4-/6-Pers.-Hütte 130/180 US$) Etliche Möglichkeiten für sportliche Aktivitäten bietet der weitläufige Komplex am Nordufer des Lago Futalaufquen. Von der Hauptstraße führt ein 1,5 km langer Weg Schotterweg zu dem Gelände. Auf dem Gelände soll es bald schon einfache Jurten (domos) geben. Auskunft über den aktuellen Stand gibt die Intendencia (Parkverwaltung) in Villa Futalaufquen bzw. die Website.

Cabañas Tejas Negras HÜTTEN $$
(📞471012, 471046; www.tejasnegras.com; 4-/5-Pers.-Hütte 160/240 US$; ⊘ ganzjährig) Seit 40 Jahren beherbergen Nilda und Hector ihre Gäste in einer Handvoll Spitzdachhütten, die von einem Rasen Marke Golfplatz umgeben sind. Doch weder Golf- noch Fútbol-Matches stören die himmlische Ruhe. Wer mit Kindern anreist, sollte wissen, dass hier nur wohlerzogene Kids erwünscht sind.

Die Mindestaufenthaltsdauer beträgt drei Übernachtungen. Anfragen sollte man besser telefonisch vornehmen, da hier das Internet extrem langsam läuft.

Traiguen HÜTTEN $$
(📞02945-15-68-3606; 4-Pers.-Hütte 80 US$; ⊘ ganzjährig) Nur geländegängige Fahrzeuge schaffen die Schotterpiste, die zu den wenigen geräumigen Hütten führt. Doch der wunderschöne Ausblick auf den See und der günstige Preis machen jede Mühe wett. Graciela, die Betreiberin der Hütten, und ihr riesiger Kater sind *muy simpático*.

Hostería Quime Quipan PENSION $$
(📞471021; www.quimequipan.com.ar; 5-Pers.-Apt./Hütte 175/140 US$; ⊘ Nov.–April; 📞) In einer atemberaubenden Umgebung bietet das altmodische Gästehaus freundliche, aber veraltete Zimmer – der höhere Preis für den Seeblick lohnt sich. In dem gemütlichen, sonnendurchfluteten Restaurant sind auch Nicht-Gäste willkommen. Bei Anglern ist es als letzter „Boxenstopp" vor dem Heimweg sehr beliebt. WLAN gibt es nur in der Lobby.

★ Hostería Futalaufquen PENSION $$$
(📞471008; www.hosteriafutalaufquen.com; DZ See-/Waldblick 244/194 US$ inkl. Vollpension, 3-Pers.-Hütte 410 US$) Der exklusive, elegante Landgasthof liegt am ruhigeren Westufer des Lago Futalaufquen rund 4,5 km nördlich von Villa Futalaufquen. An dem Anwesen endet auch die Straße. Zur Wahl stehen gut ausgestattete Doppelzimmer und Blockhütten ohne Küche. Die vielfältigen Aktivi-

PATAGONIEN PARQUE NACIONAL LOS ALERCES

AUF BUTCH CASSIDYS SPUREN IN CHOLILA

Mit der Absicht, nunmehr ein rechtschaffenes Leben zu führen, ließen sich Butch Cassidy, Sundance Kid und Etta Place in der Nähe von Cholila nieder. Diese bäuerliche Gemeinde liegt vor dem nordöstlichen Eingang des Parque Nacional Los Alerces. Die Idylle der drei währte jedoch nur wenige Jahre. In seinem Reisebuchklassiker *In Patagonien* erzählt der britische Schriftsteller Bruce Chatwin die Geschichte dieser drei Banditen. Deren teilweise restauriertes Wohnhaus steht heute noch 8 km nördlich von Cholila nahe der RP 71 bei Km 21. Eine genaue Wegbeschreibung zu dem Haus sowie eine hilfreiche regionale Karten erhalten Besucher von dem engagierten, hilfsbereiten Personal in Cholilas **Casa de Informes** (📞02945-498040, 02945-498208; www.turismocholila.gov.ar; Kreuzung RP 71 mit RP 15; ⊘ Dez.–März).

Wer in dem urigen patagonischen Nest übernachten möchte, findet im **Piuke Mapu Hostel** (📞02945-15-553545, 02945-15-685608; www.piukemapu.com; Av Soberanía Argentina 200; B 20 US$, 6-Pers.-Hütte 100 US$) eine gastfreundliche Unterkunft. Das Hostel liegt drei Blocks von der Plaza entfernt. Seine jungen Besitzer, Laura und Dario, betreiben auch einen ökologischen Lehrgarten sowie eine Berghütte, begleiten geführte Trekking- und Bergtouren in die Umgebung und verleihen Fahrräder.

täten reichen hier vom Kajakfahren bis zum Abseilen an Felswänden. Nach einem erlebnisreichen Tag kann man sich zum Relaxen mit dem Dessert an einen offenen Kamin zurückziehen. Die unterschiedlich großen Hütten bieten Platz für bis zu acht Personen. Reservierungen lassen sich in Esquel in der Avenida Sarmiento 635 vornehmen.

El Aura   HÜTTEN $$$

(Lago Verde Lodge; ☑ in Buenos Aires 011-4816-5348; www.hosteriaselaura.com; 2-/4-Pers.-Hütte 349/523 US$, 2-Pers.-Jurte 120 US$; ⊙ Nov.–April) Rustikal und doch zugleich feudal sind die aus Naturstein gebauten *cabañas* mit großen, bequemen Betten, zünftigem Ambiente und Panoramablick. Eine preisgünstige Unterkunft sind die Jurten (*domos*). Angler können ein motorisiertes Schlauchboot mieten und jeden Winkel des Sees nach Fischen abgrasen, auch Fliegenfischen ist möglich. Darüber hinaus werden geführte Wander- und Reittouren angeboten. Das Gourmetrestaurant und die Teestube stehen auch Nicht-Gästen offen. Das Anwesen liegt 35 km nördlich von Villa Futalaufquen.

❶ Praktische Informationen

Während der Hochsaison (Weihnachten bis Karwoche) zahlen Ausländer für den Besuch des Nationalparks 120 Arg$ Eintritt. Die **Intendencia** (Parkverwaltung; ☑ 471015; ⊙ Sommer 8–21 Uhr, restl. Jahr 9–16 Uhr) befindet sich in Villa Futalaufquen. Ranger geben dort Auskunft über das Wandern und Campen im Park sowie über geführte Touren. Angelscheine sind hier ebenfalls erhältlich. Das Gebäude der Intendencia beherbergt auch das **Museo y Centro del Interpretación**, ein naturhistorisches Museum. Das Besucherzentrum am nördlichen Ende des Nationalparks hat nur von Dezember bis Februar geöffnet.

Gobernador Costa

☑ 02945 / 2400 EW:

Nach Gobernado Costa verirren sich kaum Touristen, dementsprechend werden sie bestaunt. Das verschlafene Nest liegt an der gähnend langweiligen Strecke zwischen Esquel und Río Mayo – an der Kreuzung der RN 40 mit der RP 20, die Richtung Sarmiento und Comodoro Rivadavia führt. 20 km westlich der Ortschaft führt die RP 19 zum **Lago General Vintter** und zu einigen kleineren, ebenfalls strahlend blauen Seen nahe der chilenischen Grenze. An den Seeufern darf gezeltet werden.

Touristisch orientierte Einrichtungen sind zwar nur dünn gesät, dafür aber ganz in Ordnung. Ein Geldautomat findet sich in der **Banco del Chubut** (Ecke Sarmiento & San Martín). Das motelähnliche **Hotel Roca** (☑ 491126; Av Roca s/n; pro Pers. 25 US$; ☎) bietet saubere Zimmer mit Backsteinwänden sowie ein hauseigenes Restaurant. Essen zum Mitnehmen, darunter auch frische, hausgemachte Pasta, gibt es bei **Kaserita** (Aguado 128; Hauptgerichte 60–110 Arg$; ⊙ 10–14 & 18–22.30 Uhr), einem Pasta-Lokal mit Klappstühlen als Sitzplätze.

Vom **Busbahnhof** (Av Roca s/n) fährt von Sonntag bis Freitag frühmorgens um 3.45 Uhr ein Bus nach Esquel (248 Arg$, 2 Std.) und von dort aus weiter nach Bariloche. Ebenfalls von sonntags bis freitags fährt ein Bus um 23.30 Uhr nach Comodoro Rivadavia, (530 Arg$, 8 Std.). Beide Routen sind asphaltiert.

Río Mayo

☑ 02903 / 2800 EW., 800 000 SCHAFE

Die nationale Hauptstadt der Schafschur erweist sich überraschenderweise als stumpfsinniges Kaff mit zahlreichen Ölarbeitern und Gauchos, die nichtsahnende *turistas* (Touristinnen) mit ihrem Wolfsgeheul erschrecken. Dieser öde Zwischenstopp liegt 200 km südlich von Gobernador Costa und 135 km nördlich von Perito Morenos.

Die Touristeninformation in der **Casa de Cultura** (☑ 420400; Ejército Argentino s/n; ⊙ 9–12 & 15–18 Uhr) gibt u. a. Auskunft über Mountainbike-Routen in der Umgebung. In der **Banco del Chubut** (Ecke Yrigoyen & Argentina) befindet sich ein Geldautomat.

Während des im Januar stattfindenden **Festival Nacional de la Esquila** laufen Wettbewerbe um die qualitativ beste Merinowolle sowie im Scheren von Guanakos. Den Höhepunkt des Festes bildet die im Vorfeld heiß umkämpfte Krönung der Schafschur-Königin.

Ziemlich exzentrisch wirkt das Hotel **El Viejo Covadonga** (☑ 420020; San Martín 573; EZ/DZ 35/60 US$; ☎). In der Qualität sind die Zimmer recht unterschiedlich, aber alle Betten verfügen über gute Daunendecken. Gut besucht ist die hauseigene Bar mit orangefarbenem Vinyl-Ambiente. Außer Mahlzeiten und einem Internetzugang hat das **Hotel Akatá** (☑ 420054; San Martín 640; EZ/DZ 40/65 US$; @☎) nicht viel zu bieten. Seine holzgetäfelten Zimmer sind dunkel und stickig. Die YPF-Tankstelle is eine gute Anlaufstelle für Sandwiches und heißen Kaffee.

Eine einladende Alternative zu den kargen Unterkünften in Río Mayo ist die **Estancia Don José** (☑ 02903-420015; www.turismo guenguel.com.ar; pro Pers. 200 US$; ☺ Okt.–April; ☎). Die freundliche *estancia* liegt 2,5 km westlich der Ortschaft. Die Gäste können hier reiten, angeln oder einen Spaziergang unternehmen, um sich die Höhlenmalereien anzusehen. Direkt vor Ort lassen sich Guanakos und Nandus bestaunen. Aktivitäten und Mahlzeiten sind im Preis inbegriffen. Auf der Website ist der Weg zur *estancia* ausführlich beschrieben.

Vom **Busbahnhof** (☑ 420174; Ecke Fontana & Irigoyen) starten jeden Morgen Busse nach Comodoro Rivadavia (226 Arg$, 4½ Std.) und Sarmiento (113 Arg$, 2 Std.). Mittwochs und samstags (kann sich jederzeit ändern) fährt ein Bus nach Coyhaique in Chile (7 Std.). Da sich die Abfahrtszeiten ständig ändern, müssen Reisende sich rechtzeitig im Busbahnhof informieren. Es besteht auch eine Busverbindung Richtung Norden nach Esquel (460 Arg$, 6 Std.). Zum Zeitpunkt der Recherche waren auf der RN 40 Richtung Süden auf der Strecke nach Perito Moreno 43 km noch nicht asphaltiert. Auf diesem holprigen Abschnitt der RN 40 sind die Shuttles für Rucksacktouristen die einzige regelmäßige Verkehrsverbindung – und das auch nur im Sommer.

Perito Moreno

☑ 02963 / 4600 EW.

Bloß nicht verwechseln! Hier geht es nicht um den gleichnamigen atemberaubenden Nationalpark oder den Gletscher in der Nähe von El Calafate. Innerhalb dieser Ortschaft besteht die einzige Touristenattraktion aus einem feuchtfröhlichen Kneipenbesuch am Samstagabend. Als Zwischenstopp auf dem Weg in die freundlichere Andenoase Los Antiguos eignet sich Perito Moreno jedoch recht gut. Für eine Ortschaft an der RN 40 können sich die touristisch orientierten Einrichtungen alle sehen lassen. Außerdem liegen Highlights wie die Cueva de las Manos und der Parque Nacional in der Nähe des Ortes. Ein ehrgeiziges Projekt schreitet langsam voran: das Museo Gradin, ein archäologisches Museum, das in seinen Ausstellungen Funde aus dem Río de las Pinturas zeigen soll. Solch ein Museum dürfte die Attraktivität der Stadt steigern.

Ruhm erlangte die Kleinstadt 1898, als der Forscher und Geologe Perito Moreno die chilenische Definition der Landesgrenze austrickste: Chile forderte *divortum aquarum continental,* was in der Praxis bedeutete: Alle Quellgebiete jener Flüsse, die in den Pazifik fließen, gehören zu Chile. Das betraf auch den durch die Stadt fließenden Río Fénix. Kurzerhand leitetet Moreno diesen Fluss zum Río Deseado um – und der mündet in den Atlantik. So blieb die Region samt Fluss bei Argentinien und die Stadt erhielt den Namen des findigen Gelehrten. Perito Moreno liegt etwa 135 km südlich von Río Mayo und 128 km nördlich von Bajo Caracoles. Die Hauptstraße, die Avenida San Martín, führt nordwärts zur RP 43 und südwärts zur RN 40.

☞ Geführte Touren

GuanaCondor Tours   TOUREN

(☑ 432303; jarinauta@yahoo.com.ar; Perito Moreno 1087; ☺ Mo–Mi & Sa 10–12 & 16–20, So 17–20 Uhr) Dieser erfahrene Tourveranstalter organisiert in den Sommermonaten Touren zur Cueva de las Manos. Dabei führt der Weg in den Park über die ehemalige Estancia Los Toldos, was mit einer anstrengenden Wanderung verbunden ist. Im Programm sind auch eine Tour zum Monte Zeballos, einem hohen Tafelberg mit herrlichem Ausblick, sowie ein Ausflug zum Paso Tehuelche mit Übernachtung.

Hugo Campañoli   TOUR

(☑ 432336) Hugo Campañoli ist ein ortsansässiger Tourführer, der Tagestouren zur Cueva de las Manos mit drei oder mehr Teilnehmern durchführt.

Zoyen   TOUR

(☑ 432207; www.zoyenturismo.com.ar; Perón 1008) Dieses angesehene ortsansässige Reisebüro bietet in der Hochsaison Ausflüge zur Cueva de las Manos an.

🛏 Schlafen & Essen

In der Avenida San Martín befinden sich mehrere gute *panaderías* (Bäckereien) und gut sortierte Supermärkte.

Hotel Americano   HOTEL $

(☑ 432074; www.hotelamericanoweb.com.ar; San Martín 1327; EZ/DZ 34/51 US$, DZ Superior 66 US$; ☎) In dem beliebten Hotel gibt es ein gut besuchtes Grillrestaurant und ein Café, das auch abends geöffnet ist. Die Zimmer unterscheiden sich in der Qualität erheblich, manche haben kein Fenster, andere dagegen sind urgemütlich. Deshalb sollte man sich beim Einchecken besser erst einmal mehrere Zimmer anschauen.

Hotel Belgrano
HOTEL $

([phone] 432019; www.hotelbelgrano.guiapatagonia.net San Martín 1001; B/EZ/DZ/3BZ 20/50/70/90 US$) Das große kastenförmige Hotel nimmt eine Straßenecke ein. Seine geräumigen Zimmer mit Betonwänden und passablen Matratzen besitzen wenig Atmosphäre Viele, die im Morgengrauen mit den Chaltén-Travel-Bussen ankommen, übernachten hier. Das Frühstück kostet zusätzlich 20 Arg$.

Camping Municipal
CAMPINGPLATZ $

(Laguna de los Cisnes, abseits Mariano Moreno; Zeltplatz 2 US$, Fahrzeug zusätzl. ab 3,50 US$, 4-Pers.-Hütte 30 US$) Für Rucksacktouristen ist der Campingplatz mit rustikalen Hütten im Süden der Stadt die preisgünstigste Unterkunft. Heiße Duschen sind vorhanden. Pappeln spenden wohltuenden Schatten. Zum Zeitpunkt der Recherche wurde der Campingplatz renoviert. Danach werden sicher die Preise steigen.

★ Chacra Kaiken Lodge
B&B $$

([phone] 0297-15-408-6996, 432079; www.chacrakaiken. com.ar; Yrigoyen 2012; EZ/DZ/3BZ ab 107/130/ 162 US$; [clock] Okt.–März; [wifi]) Petty und Coco, die Besitzer des soliden B&B mit vier komfortablen Zimmern, leben seit ihrer Geburt in dieser Region. Über viele Jahre haben sie eine bekannte *estancia* geleitet. Auf einem wunderschönen Anwesen bieten sie heute ihren Gästen nicht nur einen geruhsamen Schlaf, sondern auch das vitale Flair des echten Patagoniens.

Salón Iturrioz
CAFE $

(Ecke Rivadavia & San Martín; Sandwiches 40– 150 Arg$; [clock] 8–23 Uhr; [wifi]) Mit seinem Cappuccino, seinen leckeren Snacks und WLAN ist das hübsche Café in einem Eckhaus aus Backstein ein Glücksfall an der RN 40. Es ist ein geselliger Ort, an dem man auch die besten Auskünfte über das Museo Gradin auf der gegenüberliegenden Straßenseite erhält.

ℹ Praktische Informationen

Banco de Santa Cruz (Ecke San Martín & Rivadavia) Geldautomat und Umtausch von Reiseschecks.
Hospital Distrital ([phone] 432040; Colón 1237)
Post (Ecke JD Perón & Belgrano)
Touristeninformation ([phone] 432732; peritomo reno@santacruzpatagonia.gob.ar; San Martín;

[clock] Mo–Fr 7–23.30, Sa & So 8–15 Uhr) Hilfsbereit; bietet eine überraschende Fülle an Broschüren und Prospekten sowie Informationen über Privatunterkünfte. Betreibt auch einen Schalter im Busbahnhof (an der Zufahrtsstraße zur RN 43).

ℹ An- & Weiterreise

LADE ([phone] 432055; San Martín 1065) fliegt nach El Calafate, Río Gallegos, Río Grande und Ushuaia.

Der **Busbahnhof** (an der Zufahrtsstraße der RN 43) liegt hinter dem YPF-Rundbau am nördlichen Ende der Stadt. Taxis (25 Arg$) sind das einzige Beförderungsmittel zwischen Busbahnhof und Stadtzentrum. Die Alternative ist ein Fußmarsch, der bei strammem Tempo etwa 15 Minuten dauert. Mehrmals am Tag fahren Busse nach Los Antiguos (94 Arg$, 40 Min.). Auf den Fahrplan ist jedoch kein Verlass, da sich die Abfahrtszeiten nach den Bussen richten, die von der RN 40 kommen – und die haben häufig Verspätung. Um 15.50 Uhr starten mehrere Busse nach Comodoro Rivadavia (518 Arg$, 6 Std.) und Río Gallegos (882 Arg$, 16 Std.); sie nehmen die Route über die RN 3.

Mehrere Tourveranstalter bieten neben ihrem Ausflugsprogramm auch einen Touristen-Shuttleservice für verschiedene Streckenabschnitte der RN 40 an. Die Busse von **Chaltén Travel** ([phone] 02902-492212; www. chaltentravel.com) verkehren von November bis April. Die Abfahrt (wie auch die Ankunft) erfolgt stets vor dem Hotel Belgrano in Perito Moreno. Der Bus Richtung Norden nach Bariloche (11 Std.) startet an jedem geraden Tag um 20 Uhr. Der südwärts nach El Chaltén (11 Std.) fahrende Bus fährt an jedem ungeraden Tag um 8 Uhr ab.

Das Busunternehmen **Taqsa/Marga** ([phone] 432675) bedient ebenfalls die ganze RN-40-Strecke zwischen El Calafate und Bariloche (2180 Arg$). Am Ende Oktober bis zum Ende der Saison verkehren die Busse mehrmals in der Woche. Unterwegs halten sie in El Chaltén, Bajo Caracoles, Perito Moreno und Esquel (600 Arg$). Die Strecke zwischen Perito Moreno und El Calafate kostet 1300 Arg$.

Los Antiguos
[phone] 02963 / 3360 EW.

Die ländliche Oase am windigen Ufer des Lago Buenos Aires beherbergt zahlreiche *chacras* (kleine, selbstständige Farmen), die vom Anbau von Kirschen, Erdbeeren, Äpfeln, Aprikosen und Pfirsichen leben. Vor der Ankunft der Europäer fanden betagte Tehuelche hier eine Zuflucht – sie nannten den Ort *I-Keu-khon* (Platz der Älteren).

Zahlreiche Reisende fahren hierher, um die Grenze nach Chile zu überqueren, wobei sie auf der Strecke zwischen Perito Moreno und Los Antiguos eine spektakuläre Sicht auf diverse Seen erleben können.

Der Ausbruch des Volcán Hudson im Jahr 1991 überzog zwar Los Antiguos samt seiner näheren Umgebung mit einer Ascheschicht, doch die Bauernhöfe erholten sich davon wieder. In den Sommermonaten ist der **Lago Buenos Aires**, Südamerikas zweitgrößter See, warm genug, um darin zu schwimmen. Forellen- und Lachsangler zieht es vorzugsweise an den atemberaubend schönen **Río Jeinemeni**.

Die meisten Busse fahren in der ostwestlich verlaufenden Avenida 11 de Julio oder in deren Nähe ab. Die Straße führt zum chilenischen Grenzübergang bei Chile Chico, dem bequemsten Übergang der Region. Perito Moreno und die RN 40 liegen etwa 60 km weiter östlich.

◎ Sehenswertes & Aktivitäten

Parque Nacional Patagonia   NATIONALPARK
(RN 41) Der neue etwa 530 km^2 große Nationalpark liegt weit draußen in der Steppe und wurde im Jahr 2015 hauptsächlich zum Schutz des *maca tobiano* (Goldscheiteltaucher) geschaffen. Eine eingeschleppte Marderart, der Nerz, hat dazu beigetragen, dass diese Vogelart – sie wird fälschlicherweise häufig als Ente bezeichnet – heute vom Aussterben bedroht ist.

Insgesamt ist der Park ein lohnenswerter Ort für die Vogelbeobachtung. Infrastruktur und Wege des Parks sind noch im Aufbau. Besucher können auf dem El-Sauco-Campingplatz am Río Blanco zelten – was einem wilden Campen gleicht, da es keinerlei Ausstattung gibt. Der Nationalpark liegt etwa 190 km von Los Antiguos entfernt, der Weg führt über die RN 40 und RN 41 (Richtung Paso Zeballos).

Maca Tobiano   FAHRRADVERLEIH
(☎ 0297-15-5014-4444; kayakmacatobiano@hot mail.com.ar; Costanera s/n) Dieser Fahrradverleih befindet sich am Seeufer. Neben Fahrrädern vermietet er auch Kajaks und Neoprenanzüge für wassersportliche Aktivitäten. Außerdem bietet er eine Mountainbike-Tour auf den Monte Zeballos hinauf – verbunden mit einer rasanten Abfahrt, bei der das Adrenalin aus allen Poren schießt. Ausführliche Informationen finden sich auf der Facebook-Seite von Maca Tobiano.

☞ Geführte Touren

Chelenco Tours   TOUREN
(☎ 02963-491198; www.chelencotours.tur.ar; Av 11 de Julio Este 584; ☉ 10–13 & 16.30–21.30 Uhr) Das Büro dieses Tourenveranstalters befindet sich in einer Blockhütte. Neben Wanderungen zur Cueva de Las Manos bietet er auch Wandertouren über die malerische Straße, die zum Monte Zeballos führt, sowie längere Trekking-Touren an (inklusive Transfer ab Comodoro Rivadavia).

Festivals

Fiesta de la Cereza   KIRSCHFEST
Mit Rodeos, Livemusik, dem Verkauf von Kunsthandwerk und der Krönung der nationalen Kirschenkönigin wird am zweiten Januarwochenende eine große Fiesta gefeiert. Auf den Farmen dauern die privaten *peñas folklóricas* (Livekonzerte argentinischer Folkloremusik) bis tief in die Nacht. Detaillierte Auskünfte über die Fiesta gibt die Touristeninformation.

🛏 Schlafen & Essen

Cabañas Rincon de los Poetas   HÜTTEN $
(☎ 491051; Patagonia Argentina 226; DZ/3BZ/4BZ 60/75/90 US$; ☎) Die behaglichen, etwas kitschig wirkenden Holzhütten sind mit einer Küchenzeile ausgestattet. Alles in allem haben sie jedoch nicht Besonderes zu bieten, eignen sich aber hervorragend für Gruppen oder Familien. Sie liegen zwei Blocks vom Stadtzentrum entfernt.

Camping Municipal   CAMPINGPLATZ $
(☎ 491265; Av 11 de Julio s/n; Zeltplatz 10 US$, zusätzl. pro Pers. 20 Arg$, B/Hütte 40/50 US$) Der mit überaus hilfreichem Windschutz versehene Campingplatz liegt 1,5 km östlich der Stadt am Seeufer. Neben den Hütten mit bis zu vier Schlafplätzen gibt es schlafsaalähnliche Unterkünfte in fensterlosen Hütten mit Duschen, die erst am Abend über heißes Wasser verfügen. Camper zahlen pro Zelt und zusätzlich pro Person eine Gebühr.

Hotel Los Antiguos Cerezos   HOTEL $$
(☎ 491132; hotel_losantiguoscerezos@hotmail. com; Av 11 de Julio 850; EZ/DZ/3BZ 50/78/90 US$; ☎) In den modernen, aber etwas sterilen Zimmern in einem großen Betonbau stehen Einzelbetten und ein Fernseher. Bei Bedarf spendet die Heizung reichlich Wärme.

Hostería Antigua Patagonia   HOTEL $$
(☎ 491038; www.antiguapatagonia.com.ar; RP43 Abfahrt Ost; EZ/2BZ/DZ 124/142/160 US$; ☎✉)

Der Gebäudekomplex am Seeufer hat eine atemberaubend schöne Lage. Eine Kombination aus Komfort und rustikalem Design prägt die Ausstattung der Räume. In den Zimmern stehen eiserne Himmelbetten und Möbel aus Astholz. Vor dem behaglichen offenen Kamin möchte man sich am liebsten wie eine Katze zusammenrollen. Nicht zu empfehlen sind die Zimmer im Erdgeschoss, weil sich die Terrassentüren nicht sicher verschließen lassen. Guter Service, Sauna, Pool sowie Fahrräder und Kajaks für Gäste zählen zu den Vorteilen. Die *hostería* liegt 2 km östlich der Stadt.

Hotel Mora HOTEL $$

(☎0297-15-420-7472; www.hotelmorapatagonia. com; Av Costanera 1064; EZ/DZ mit Seeblick 96/122 US$, EZ/DZ/3BZ ohne Seeblick 72/102/ 128 US$; ☎) Das Hotel mit Wellblechfassade und hübscher Holzterrasse hält das, was es verspricht. Am besten sind die Doppelzimmer mit Seeblick. Mit ihren durchgelegenen Matratzen und Duschen ohne jeglichen Spritzschutz zählen die anderen Zimmer eher zur unteren Kategorie. Ideal ist auf jeden Fall die Terrasse mit Ausblick auf eine Seepromenade, um bei Sonnenuntergang ein Bier zu genießen.

Viva El Viento CAFÉ $$

(☎491109; www.vivaelviento.com; Av 11 de Julio 447; Hauptgerichte 40–220 Arg$; ☺Okt.–April 9–21 Uhr; ☎) In dem stylishen Café-Restaurant mit freundlichem Service kommen Liebhaber von starkem Kaffee auf ihre Kosten. Auf der Speisekarte stehen frisch gepresste Säfte, knackige Salate, leckere Gnocchi und gute Steaks. Nicht zu empfehlen sind die Forellen, sie schmecken ein wenig zu „fischig" und sind sehr trocken. Die Küche ist gerne bereit, auf die Bedürfnisse von Vegetariern einzugehen.

❶ Praktische Informationen

Banco de Santa Cruz (Av 11 de Julio 531) Mit einem Geldautomaten, der rund um die Uhr zugänglich ist

Parques Nacionales (☎29-6662-2852; www. sib.gob.ar; Costanera s/n; ☺Mo–Fr 9–16 Uhr) Das Büro der Nationalparkverwaltung ist auch zuständig für den neuen Parque Nacional Patagonia. Informiert über die Campingmöglichkeiten und bietet Wegbeschreibungen.

Post (Gregores 19)

Touristeninformation (☎491261; info@los antiguos.tur.ar; Av 11 de Julio 446; ☺8–20 Uhr) Hilfsbereit; bietet einen Stadtplan und eine Liste mit Farmen, die frische Produkte ab Hof

verkaufen. Ausführliche Informationen und Neuigkeiten finden sich auf der Facebook-Seite „Los Antiguos Santa Cruz Patagonia".

❶ An- & Weiterreise

Die RN 40 wird Zug um Zug asphaltiert, wodurch sich die Busverbindungen und -fahrpläne dauernd ändern. Deshalb ist es ratsam, vor Ort aktuelle Auskünfte einzuholen.

Mehrmals am Tag fahren Busse ins nahe gelegene Perito Moreno (94 Arg$, 40 Min.). Dort finden Reisende Flug- und Busverbindungen für eine zügige Weiterreise in andere Teile Patagoniens. Von Los Antiguos starten an Wochentagen die Busse von **La Unión** (☎491078; Ecke Perito Moreno & Patagonia Argentina) um 12 Uhr und fahren nach der Überquerung der chilenischen Grenze nach Chile Chico (100 Arg$).

Von Mitte November bis März fahren die Busse von **Chaltén Travel** (www.chaltentravel.com) an geraden Tagen um 9 Uhr nach El Chaltén, der erste Halt ist Perito Moreno.

Eine von **Naviera Sotramin** (☎in Chile 56-067-223-7958; Chile Chico; pro Pers./Fahrzeug 2100/18 650 Chil$) betriebene chilenische Fähre überquert fast täglich den Lago General Carrera auf ihrer Route von Chile Chico nach Puerto Ibañez. Wer z. B. nach Coyhaique will, spart sich mit der Fähre viel Zeit. Die Platzreservierung sollte eine Woche im Voraus erfolgen und die Passagiere müssen 30 Minuten vor der Abfahrt an der Fähre sein. Die Alternative zur Fähre ist die länger dauernde Autofahrt auf der Straße, die entlang des Südufers des Sees verläuft und zur Carretera Austral führt, auf der es dann auch weiter nach Coyhaique geht.

Die Taxifirma **Leiva Remise** (☎491228) ist insbesondere dann hilfreich, wenn man bei strömendem Regen trockenen Fußes ins Hotel zurückkehren möchte.

Cueva de las Manos

Die sagenhaften Höhlenmalereien in der **Cueva de las Manos** (Höhle der Hände; www. cuevadelasmanos.org; Eintritt 120 Arg$; ☺9–19 Uhr) hat die Unesco zum Weltkulturerbe erklärt. Die mehrfarbigen Felsbilder bedecken Einbuchtungen und Nischen der nahezu senkrechten Höhlenwände. Aus der Zeit um 7370 v. Chr. stammen die Darstellungen von Abdrücken menschlicher Hände und von Guanakos. In einer späteren Periode sind auch eine Reihe abstrakterer Motive entstanden. Mehr als 90 % der rund 800 Abbildungen zeigen linke Hände, darunter eine Hand mit sechs Fingern.

Erreichen lässt sich die Höhle über Nebenstraßen abseits der RN 40. Es sind raue,

BOSQUE PETRIFICADO SARMIENTO

Eine helle Sandsteinlandschaft übersät mit gefallenen Baumriesen – so zeigt sich dieser **versteinerte Wald** (⏱10–18 Uhr) GRATIS, der sich 30 km südöstlich von Sarmiento erstreckt. Die bis zu 100 m langen und 1 m dicken versteinerten Stämme wurden vor etwa 65 Millionen Jahren von reißenden Flüssen aus den Bergregionen an ihren heutigen Platz geschwemmt. Für Besucher ist dieser versteinerte Wald leichter zugänglich als das weiter südlich gelegene Monumento Natural Bosques Petrificados.

Wer nicht über einen Mietwagen verfügt, kann sich in der Touristeninformation in Sarmiento nach einer *remise* (Chauffeur-Dienst) und deren Preisen für eine anderthalbstündige Rundfahrt erkundigen. Besucher sollten möglichst bis zum Sonnenuntergang bleiben, um zu erleben, wie die letzten Sonnenstrahlen die gestreiften Felsen des Cerro Abigarrado und die mehrfarbigen Hänge zum Leuchten bringen.

Die rund 10 km westlich von Sarmiento gelegene Kirschplantage **Chacra Labrador** (☎0297-489-3329; www.hosterialabrador.com; EZ/DZ/3BZ 80/100/150 US$; ⏱Okt.–Mitte April; 🛜) bietet B&B-Zimmer in einem reizvollen Wohnhaus aus den 1930er-Jahren. In den wenigen, aber prächtig ausgestatteten Zimmern gibt es große, bequeme Betten, antike Möbel, knisterndes Kaminfeuer und Kannen mit heißem Tee.

Das hilfsbereite Personal der **Touristeninformation** (☎0297-489-2105; www.sarmientochubut.gob.ar; Ecke Infanteria 25 & Pietrobelli; ⏱Mo–Fr 7–19, Sa & So 9–19 Uhr) in Sarmiento informiert über *Remise*-Tarife und versorgt Besucher mit Karten sowie Informationen über Unterkünfte. Sarmiento liegt 148 km westlich von Comodoro, die Route verläuft über die RN 26 und die RP 20. Busse von **Etap** (☎0297-489-3058) fahren täglich nach Comodoro Rivadavia (115 Arg$, 2 Std.). Außerdem startet täglich ein Etap-Bus um 9.30 Uhr nach Río Mayo (113 Arg$, 1½ Std.).

manchmal unwegsame Pisten, die aber durch malerische Landschaften entlang des Río de las Pinturas führen. Da in der Gegend zahlreiche Guanakos umherstreifen, heißt es für Autofahrer: Vorsicht Wildwechsel! Es gibt drei Möglichkeiten, zum Eingang der Höhle zu gelangen: Auf der direkten Strecke, einer unbefestigten Straße, die von der RN 40 abzweigt, fährt man 28 km weit auf losem Schotter. Auf der zweiten Route über Bajo Caracoles geht die Fahrt ab dem Ort bis zur 46 km entfernten Höhle ebenfalls nur über Schotterpisten. Die dritte Möglichkeit ist eine von Norden kommende Schotterstraße, die über das Gelände der Hostería Cueva de las Manos (in der Nebensaison geschlossen) führt und nach 22 km an einer Fußgängerbrücke endet. Ab hier sind es dann nur noch rund 4 km Fußweg bis zum Höhleneingang.

In Perito Moreno organisieren Tourenveranstalter Tagesausflüge zur Höhle (um 350 Arg$ pro Pers. zzgl. Eintritt). Die Fahrt ab Perito Moreno dauert etwa dreieinhalb Stunden (einfache Strecke) – und führt ebenfalls über holprige Straßen.

Die Führungen (im Eintritt inbegriffen) durch die Höhle starten zu jeder vollen Stunde, dauern 45 Minuten und finden in Begleitung des sachkundigen Personals statt. In dem Empfangsgebäude nahe dem südlichen Eingang befindet sich ein Informationszentrum und eine einfache *confitería*. Am besten ist es allerdings, seinen Proviant selbst mitzubringen.

In unmittelbarer Nähe der Stätte, die Argentiniens beste Höhlenmalerei birgt, liegt auf dem Gelände der ehemaligen Estancia Los Toldos die **Hostería Cueva de las Manos** (☎02963-432207, in Buenos Aires 011-5237-4043; www.cuevadelasmanos.net; B/EZ/DZ/3BZ 14/52/62/72 US$, 4- bis 6-Pers.-Hütte ab 96 US$; ⏱Nov.–April). Sie liegt 52 km südlich von Perito Moreno und nur einen Steinwurf von der RN 40 entfernt. Als Unterkunft stehen Zimmer im Hauptgebäude der *hostería*, Hütten und ein 20-Personen-Schlafsaal zur Auswahl. Die Zimmer sind zwar schlicht, aber gut eingerichtet. An der *hostería* beginnt ein malerischer, jedoch schwieriger Wanderweg, auf dem (allerdings nur im Sommer) sowohl die Gäste des Hauses als auch Tourenteilnehmer zur Cueva de los Manos laufen können. Der Pfad windet sich hinunter in den Canyon und durchquert den Río de las Pinturas.

Die rustikale, aber einladende **Estancia Casa de Piedra** (☎ 02963-432 199; abseits der RN 40; Stellplatz pro Pers. 60 Arg$; ☺ Jan. & Feb.) liegt 76 km südlich von Perito Moreno. Die schlichte Ranch bietet einfache Zimmer und die Möglichkeit zum Zelten. Sie eignet sich bestens als Ausgangspunkt für Wanderungen zu den in der Nähe liegenden Vulkanen oder für eine Tagestour, die über den Cañon de las Pinturas (Zugang für Nicht-Gäste 30 Arg$) zur Cueva de las Manos führt. Von der *estancia* bis zum Canyon sind es 12 km, von dort geht es dann noch einmal 6 km weiter bis zur Höhle. Die Tour dauert mit Hin- und Rückweg einschließlich der Höhlenbesichtigung rund zehn Stunden. Wanderer sollten früh am Morgen aufbrechen und ausreichend Proviant mitnehmen. Der gut erkennbare Weg zur Höhle lässt sich auf eigene Faust bewerkstelligen, es stehen aber auch Führer zur Verfügung.

Bajo Caracoles

Ein kurzes Blinzeln genügt, um diesen staubigen Tankstopp zu übersehen. Viel hat sich nicht verändert, seit Bruce Chatwin im Jahr 1975 in seinem Buch *In Patagonien: Reise in ein fernes Land* dieses Dörfchen als „belanglose Wegkreuzung mit Straßen, die in sämtliche Richtungen anscheinend ins Nirgendwo führen", beschrieben hat. Wer Richtung Süden fährt, sollte in diesem Kaff unbedingt sein Auto und die Benzinkanister auftanken, denn hier steht die einzige verlässliche Zapfsäule zwischen Perito Moreno (128 km nördlich) und Tres Lagos (409 km südlich). Von Bajo Caracoles führt die RP 39 in westlicher Richtung über den Ort Lago Posadas zum Paso Roballos nach Chile.

Wer hier übernachten will, muss sich notgedrungen mit dem **Hotel Bajo Caracoles** (☎ 02963-490100; RN 40 s/n; DZ 60 US$) abfinden. Allerdings erfordern dessen alte Gasheizungen ein wachsames Auge. Im Hotel werden einige einfache Lebensmittel und ein recht anständiger Kaffee verkauft. Außerdem verfügt es über das einzige private Telefon des Dorfes.

Richtung Süden ist die RN 40 bis Las Horquetas asphaltiert. An diesem an sich belanglosen Ort kreuzt sich die RN 40 mit der RP 27 und RP 37. Um nach Gobernador Gregores zu gelangen, geht es auf der RP 27 noch 128 km in südöstlicher Richtung weiter. Zum Zeitpunkt der Recherche war diese Strecke schon fast vollständig asphaltiert.

Parque Nacional Perito Moreno

Für Abenteuerlustige ist der verwilderte, vom Wind zerzauste **Parque Nacional Perito Moreno** (☺ Anmeldung der Besucher 9–20 Uhr; Park Okt.–April geöffnet) ein Traum. Von der Steppe aus gesehen, ragen die massiven, schneebedeckten Gipfel der Sierra Colorada wie Wachposten in die Höhe. Guanakos streifen durch das büschelige Gras, Kondore ziehen am Himmel ihre Kreise, während der Wind die Wasseroberfläche der aquamarin- und kobaltblauen Seen kräuselt. Wer hierherkommt, zählt zu den jährlich etwa 1200 Besuchern des Parks – das bedeutet: weit und breit keine Menschenseele, Einsamkeit führt das Regiment. Nur die örtlichen *estancias* bieten ihre Dienste an, ansonsten ist jeder auf sich allein gestellt.

Der abgelegene, aber zunehmend beliebter werdende Nationalpark trägt den Namen seines Gründers. Er umfasst eine Fläche von 1150 km^2 und liegt 310 km südwestlich der Stadt Perito Moreno (diesen Park nicht mit dem weiter südlich gelegenen, berühmten Parque Nacional Los Glaciares und dessen Perito-Moreno-Gletscher verwechseln!).

Das Sedimentgestein der Sierra Colorada leuchtet in allen erdenklichen rötlichen Farbtönen. Jenseits der Parkgrenze überragen hohe Berge mit gletscherbedeckten Gipfeln die Landschaft, darunter der 3706 m hohe **Cerro San Lorenzo**, der höchste Berg der Region. Der höchste Berg innerhalb des Parkgebiets ist der Cerro Mié, der 2254 m hoch aufragt.

Da die Niederschläge Richtung Westen zunehmen, geht die patagonische Steppe an der östlichen Parkgrenze allmählich in subantarktische Wälder mit Südbuchen, Lenga und Coihue über. Auch die am niedrigsten liegenden Parkareale liegen mindestens 900 m hoch – entsprechend schlecht kann das Wetter sein. Im Sommer sind die Temperaturen in der Regel ganz angenehm, aber warme und wetterfeste Kleidung ist zu jeder Jahreszeit ratsam. Das Wasser ist klar und trinkbar, Lebensmittel und alle anderen Vorräte muss man selbst mitbringen.

◎ Sehenswertes & Aktivitäten

Hinter dem Informationszentrum führt ein markierter Weg innerhalb einer Stunde zu den **Pinturas Rupestres**. Diese etwas vernachlässigten Höhlenmalereien werden auf den Informationstafeln auch auf Englisch erläutert. Die Parkranger geben Auskunft über Rucksacktouren und geführte Wanderungen zu den Felsmalereien nahe der **Casa de Piedra** am Lago Burmeister und zur **Playa de los Amonites** am Lago Belgrano, wo es Fossilien zu sehen gibt.

Die Wanderung zum Lago Burmeister dauert hin und zurück gut acht Stunden. Auf der Halbinsel des **Lago Belgrano** lassen sich zwei schöne Wanderungen unternehmen: eine Tagestour, die rund um die Halbinsel führt, und eine insgesamt fünfstündige Wanderung zu einem See im Inneren des Halbinsel. Bei sehr windigem Wetter sollte man besser sowohl die Seen als auch die Berggipfel meiden. Besser sind die zuvor genannten geschützteren Ziele oder die Estancia El Rincón (im Zweifelsfall einen Parkranger fragen).

Von der Estancia La Oriental dauert die Wanderung zum Gipfel des 1434 m hohen **Cerro León** etwa dreieinhalb Stunden – und wird mit einem unglaublich schönen Panoramablick belohnt. Unmittelbar östlich des Gipfels bildet der vulkanische Aufschluss (erkaltete Lavaströme) des **Cerro de los Cóndores** ein Nistgebiet der Kondore. Hier kreist eine große Anzahl dieser Vögel über einer 300 m hohen Klippe. Ganz vereinzelt wurden hier auch schon Pumas gesichtet. In dem tiefer liegenden Terrain lassen sich Guanakos beobachten.

🛏 Schlafen & Essen

Ein gebührenfreier Campingplatz liegt direkt neben dem Informationszentrum des Nationalparks. Er ist öde und ungeschützt. Wesentlich malerischer und gut geschützt durch einen dichten Lenga-Wald liegt in 16 km Entfernung ein zweites Campinggelände am Lago Burmeister. Ein dritter Campingplatz befindet sich 15 km südlich des Informationszentrums auf dem Gelände der Estancia El Rincón (Feuermachen verboten). Auf allen drei Plätzen gibt es Plumpsklos, Picknicktische und Trinkwasser. Wichtig: Jeder muss seinen Abfall mitnehmen!

Estancia La Oriental ESTANCIA $$$
(☎15-407197, in Buenos Aires 011-41526901; www.estanciasdesantacruz.com/LaOriental/ealaoriental.htm; 3-Pers.-Zelt 30 US$, B 70 US$, EZ/DZ/3BZ/4BZ 140/175/230/260 US$; ◷Nov–Mar) Diese *estancia* liegt am Fuß des Cerro León, und zwar am Ende der Straße am Nordufer des Lago Belgrano. Als Ausgangspunkt für Erkundungstouren durch das abwechslungs-

reiche Terrain im Inneren des Nationalparks eignet sie sich bestens. Gruppen bilden den Hauptteil der Gäste. Mit ihrem gutem Essen sowie dem Angebot an Ausritten sowie Ausflügen mit dem Geländewagen leistet die Ranch gute Arbeit. Die Mindestaufenthaltsdauer beträgt zwei Nächte. Jeder Gast muss sich im Informationszentrum des Nationalparks anmelden, bevor er sich auf den Weg zur *estancia* macht.

Nur Hausgäste können sich auf der *estancia* Benzin kaufen. Abholung von der RN 40 (200 US$) und von Gobernador Gregores ist möglich.

ℹ Praktische Informationen

Besucher des Nationalparks müssen sich in dem Informationszentrum, das sich an der östlichen Parkgrenze befindet, anmelden. Hier sind auch zahlreiche informative Karten und Broschüren erhältlich. Kompetente Auskünfte gibt auch das Nationalparkbüro in Gobernador Gregores.

ℹ An- & Weiterreise

Im Winter ist die RN 37, die Zufahrtsstraße zum Park, unpassierbar – und der Park ohnehin geschlossen. Während der gesamten Nebensaison kann es auf dieser Straße immer wieder zu unpassierbaren Streckenabschnitten kommen. Besucher sollten sich deshalb vor Fahrtantritt im Nationalparkbüro in Gobernador Gregores über die Straßenverhältnisse genau informieren.

Öffentliche Verkehrsmittel halten nur an der Kreuzung der RN 40 mit der RN 37. Trampen ist im Park schwierig, u. a. weil die Ausgangspunkte der Wanderwege weit entfernt vom Informationszentrum liegen. Wer mit dem Auto unterwegs ist, sollte sich großzügig mit gefüllten Benzinkanistern und Ersatzreifen eindecken.

Gobernador Gregores

☎ 02962 / 4500 EW.

Das verschlafene Städtchen Gobernador Gregores zählt zu den besseren Stopps entlang der RN 40. Seine Hotels und Läden tragen zu einem angenehmen Aufenthalt bei.

Gregores liegt 60 km östlich der RN 40 an der RP 25. Von hier aus sind es bis zum Parque Nacional Perito Moreno noch 200 km in westlicher Richtung – näher am Park liegt keine andere Stadt, um sich mit Proviant zu versorgen und Touren durch den Park zu planen. Die ausgesprochen hilfsbereite **Touristeninformation** (☎491259; www.turismoengregores.com; Paseo 9 de Julio 610; ◷Mo–Fr 8–14 Uhr) bietet ausführliche Informationen über Unterkünfte. Hilfreiche, sachkundige

Auskünfte zum Besuch des Parque Nacional Perito Moreno gibt die **Nationalparkverwaltung** (☑ 491477; San Martín 882; ☺ Mo–Fr 9–16 Uhr).

Die RP 29 führt zu dem rund 70 km westlich der Stadt gelegenen **Lago Cardiel,** den Angler als Fischgrund für Lachse und Regenbogenforellen sehr schätzen. Von der Abzweigung zum See sind es dann noch mal 116 km bis nach **Tres Lagos**, wo ein nettes Ehepaar eine YPF-Tankstelle betreibt. 123 km weiter westlich liegt El Chaltén.

Camping Nuestra Señora del Valle (☑ 491398; gregoresturismo@yahoo.com.ar; Zeltplatz gratis) GRATIS mit Duschen, heißem Wasser und Steingrills hat nur im Sommer geöffnet. Warme Mahlzeiten (100 Arg$), darunter ausgezeichnete hausgemachte Pasta, nette Gespräche sowie solide Betten hat das **Cañadón León** (☑ 491082; Roca 397; EZ/DZ/3BZ 45/65/75 US$; ☎) zu bieten. Seine 25 geräumigen Zimmer sind tadellos sauber. Eine Vorausbuchung ist ratsam. Auch ein Autoverleih und ein örtlicher Transferservice werden geboten.

Ein neuer Busbahnhof ist in Planung. Die Busse von **Cerro San Lorenzo** (☑ 491340; Ecke San Martín & Alberdi) starten Montag bis Samstag entweder um 16 oder um 18 Uhr nach Puerto San Julián (300 Arg$, 4 Std.) – die genaue Abfahrtszeit ist im Büro des Busunternehmens zu erfahren. Busse von **Taqsa/Marga** (☑ in Río Gallegos 02966-442003; Paralello 956) verkehren täglich nach Río Gallegos (435 Arg$, 7 Std.) sowie in unregelmäßigen Abständen nach Esquel (990 Arg$, 13½ Std.).

In südlicher Richtung sind auf der RN 40 zwischen Gobernador Gregores und dem nützlichen Tankstopp Tres Lagos noch 100 km nicht asphaltiert – immerhin, die Asphaltierung ist im Gange.

El Chaltén

☑ 02962 / 1630 EW.

Vom farbenfrohen Dorf El Chaltén fällt der Blick auf den atemberaubend schönen Nordteil des Parque Nacional Los Glaciares. Im Sommer reisen Tausende Wanderer an, um von hier aus den Park zu erkunden. Kein Wunder: Vor den Toren des Dorfes beginnen Wanderwege, die zu den schönsten Routen weltweit zählen.

El Chaltén wurde 1985 im Eilverfahren als Grenzort gegründet, um Chiles Besitzansprüche an diesem Landstrich abzuschmet-

tern. Mit seiner schlechten Infrastruktur, den streunenden Hunden und einem leichten Hang zu Werten der Hippiekultur ist es ein Grenzort geblieben, wenn auch kein gewöhnlicher. Immer mehr Touristen strömen Jahr für Jahr dorthin und veranstalten einen Mordstrubel (wenn auch nur in den Sommermonaten). Im Winter (Mai bis September) schließt ein Großteil der Hotels und der anderen touristischen Einrichtungen. Auch die Verkehrsverbindungen sind dann auf ein Minimum reduziert.

El Chaltén ist der Tehuelche-Name für den Cerro Fitz Roy. Er bedeutet „Feuergipfel" oder „rauchender Berg" – eine passende Beschreibung für den andauernd in Wolken gehüllten Gipfel. Perito Moreno und Carlos Moyano tauften ihn später Fitz Roy. So hieß der Kapitän, der 1834 Darwins Expeditionsschiff, die *Beagle,* den Río Santa Cruz flussaufwärts steuerte. Dabei gelang es ihm, das Schiff bis auf 50 km an die Gebirgskette heranzubringen.

◉ Sehenswertes & Aktivitäten

In den Mittagsstunden sind El Chalténs Straßen menschenleer, weil alle Besucher in den umliegenden Bergen beim Wandern, Felsklettern oder Reiten sind.

Capilla de los Escaladores   KAPELLE
Die schlichte Kapelle in einer Art österreichischem Stil ist eine Gedenkstätte für die vielen Bergsteiger, die seit 1953 den Gefahren der Berge zum Opfer fielen.

Reserva Los Huemules   NATURSCHUTZGEBIET
(☑ Satellitentelefon 011-4152-5300; www.loshuemules.com; Eintritt 100 Arg$) Mit seinen markierten Wegen von insgesamt 25 km Länge bildet das 5600 km² große, private Schutzgebiet eine ruhige Alternative zum angrenzenden Parque Nacional Los Glaciares. Wanderer müssen sich als Erstes im Besucherzentrum melden. Das Schutzgebiet erstreckt sich 17 km von El Chaltén entfernt jenseits des Río Eléctrico.

Spa Yaten   SPA
(☑ 493394; spayaten@gmail.com; San Martín 36; Massage pro Std. 650 Arg$; ☺ 10–21 Uhr) Im Spa Yaten können Wanderer gleich nach Rückkehr ihren schmerzenden Gliedern etwas Entspannendes tun. Duschen, Bademäntel und Pantoffeln sind vorhanden. Verschiedene therapeutische Anwendungen, Massagen, Whirlpools in einem Gemeinschaftsraum

und eine Trockensauna fördern das körperliche Wohlbefinden. Es ist ratsam, den Massagetermin im Voraus zu vereinbaren.

✹ Feste & Events

Fiesta Nacional de Trekking
SPORTEVENT

In der ersten Märzwoche lockt dieses Fest Scharen an Outdoor-Freaks in die Stadt. Anlass ist ein Wettbewerb im Felsklettern (mit Sicherung) und Bouldern (freies Klettern am Felsen). Hinzu kommen ein Wettstreit im Holzfällen sowie Wettrennen und Mountainbike-Rallyes.

Fiesta del Pueblo
FESTIVAL

Am 12. Oktober, wenn sich der patagonische Winter langsam seinem Ende zuneigt und die Nässe die Straßen in Schlammpisten verwandelt, feiert El Chaltén seinen Geburtstag. In der Turnhalle der Schule wird getanzt, außerdem stehen Livemusik und Grillen auf dem Programm.

🛏 Schlafen

Reservierungen für die Monate Januar und Februar (Hochsaison) sollten mindestens einen Monat im Voraus erfolgen, denn die Nachfrage ist groß. Mitten in der Nacht bei heulendem Wind in El Chaltén anzukommen und nirgendwo ein Quartier zu finden, macht eindeutig keinen Spaß. Wer sein eigenes Zelt mitbringen kann, hat immerhin eine gute Alternative, denn auf den Campingplätzen findet sich mit Sicherheit irgendein freies Plätzchen.

In den Sommermonaten sind auch die Schlafsäle schnell ausgebucht. Falls nicht anders angegeben, sind dünne Wände, beengte Verhältnisse in den Schlafräumen und unzulängliche Gemeinschaftseinrichtungen leider die Norm.

Albergue Patagonia
HOSTEL $

(📞 493019; www.patagoniahostel.com.ar; Av San Martín 392; EZ/DZ/3BZ mit Bad 65/77/88 US$, B/EZ/DZ ohne Bad 17/40/45 US$; ⊙ Sept.–Mai; @ 📶) Das Hauptgebäude des einladenden Hostels ist ein wunderschönes Farmhaus aus Holz. In einem separaten Gebäude befinden sich moderne, geräumige Schlafsäle. Für die Gäste der B&B-Zimmer mit eigenem Bad und Küchenbenutzung wird ein üppiges Frühstücksbüfett im Fuegia Bistro aufgebaut. Zu den Vorzügen zählen hilfsbereites Personal, insgesamt ein guter Service und eine gesellige Atmosphäre

Die Herberge verleiht außerdem Fahrräder und hat auch eine einzigartige, gut

geführte Fahrradtour zum wunderschönen Lago del Desierto im Programm (auf Wunsch mit Shuttle-Service).

Lo de Trivi
HOSTEL $

(📞 493255; www.lodetrivi.com; Av San Martín 675; B 22 US$, DZ mit/ohne Bad 84/62 US$; 📶) Das zum Hostel umgebaute Haus ist eine recht gute Budgetunterkunft. Umgebaut zu Unterkünften wurden auch Schiffscontainer, antiquierte Betten dienen als Sitzpläze auf den Terrassen. Alles in allem ist es ein ziemliches Sammelsurium, aber es funktioniert. Geboten werden unterschiedliche saubere Mehrbettzimmer mit und ohne Fernseher. In die durchaus gemütlichen, Doppelzimmer in den Containern passt allerdings gerade mal ein Bett. Das Beste ist die riesige Gemeinschaftsküche im Industriedesign.

Condor de Los Andes
HOSTEL $

(📞 493101; www.condordelosandes.com; Ecke Río de las Vueltas & Halvor Halvorsen; B/DZ/3BZ 18/66/79 US$; @ 📶) Mit seinen etwas abgenutzten Etagenbetten, den mollig warmen Räumen und dem prasselnden Kaminfeuer besitzt dieses gemütliche Hostel die Atmosphäre einer Skihütte. Neben einer tadellosen Gemeinschaftsküche bietet es auch komfortable Aufenthaltsräume.

Posada La Base
GÄSTEHAUS $

(📞 493031; www.elchaltenpatagonia.com.ar; Calle 10, No 16; DZ/3BZ 70/90 US$) Die geräumigen Gästezimmer in dem hübschen, weitläufigen Haus liegen an der Gartenseite. Alle Gäste können die tadellose Gemeinschaftsküche benutzen. Besonders vorteilhaft für Gruppen sind die Zimmer Nummer 5 und 6, da sie sich eine eigene Küche mit Essbereich teilen. Ein allseits beliebter Video-Loft mit einer mehrsprachigen DVD-Sammlung befindet sich im Empfangsbereich. Bei zwei oder mehr Übernachtungen kann man nach einem Rabatt fragen.

Inlandsis
GÄSTEHAUS $

(📞 493276; www.inlandsis.com.ar; Lago del Desierto 480; DZ 63–75 US$; ⊙ Okt.–April) Das kleine, gemütliche Backsteinhaus bietet preiswerte Zimmer mit Etagenbetten. Einige dieser Räume sind allerdings ziemlich stickig (wenn möglich, vor der Buchung bzw. beim Einchecken „reinriechen"). Eine Alternative sind die größeren, teureren Doppelzimmer mit zwei getrennten oder großen französischen Betten. In den doppelstöckigen Hütten zählen Küche, Badewanne und DVD-Player zur Ausstattung

El Chaltén

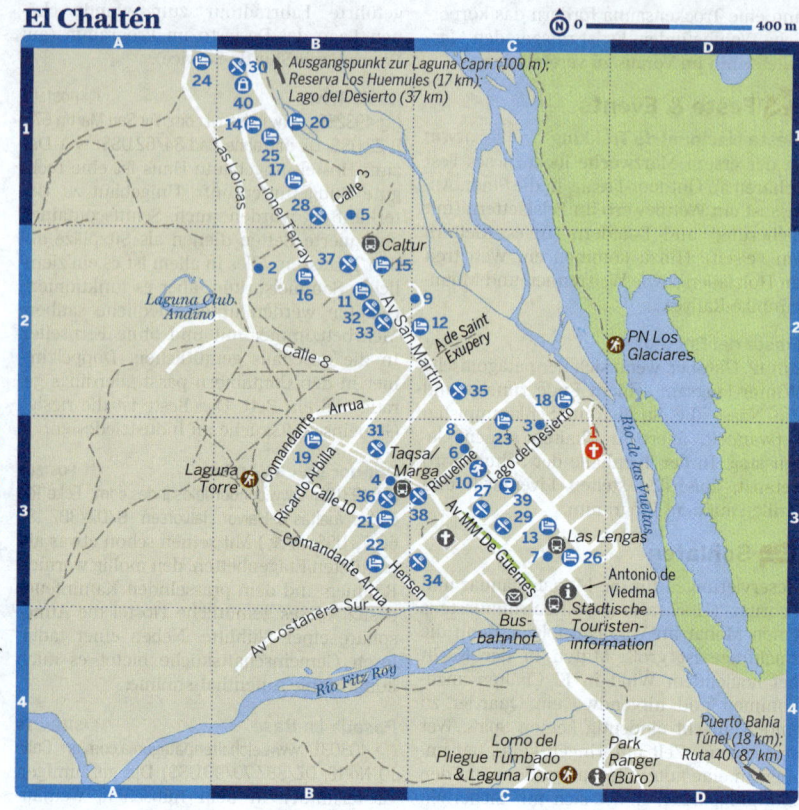

Rancho Grande Hostel

HOSTEL $

(☎ 493092; www.ranchograndehostel.com; Av San Martín 724; B/DZ/3BZ/4BZ 25/98/120/140 US$; @ 🖥) In dieser Unterkunft für Rucksacktouristen geht es ziemlich geschäftig zu, denn das Hostel dient gewissermaßen auch als Chalténs Hauptbahnhof. Hier halten die Chaltén-Travel-Busse und es bietet jedem Besucher etwas – von der Busreservierung über Internetzugang (kostenpflichtig) bis hin zum Café. In den sauberen Vierbettzimmern stapeln sich mollige Decken und in den Gemeinschaftsbädern mangelt es auch nicht an Duschkabinen. Etliche Doppel- und Dreibettzimmer verfügen über ein eigenes Badezimmer.

Hostel Pioneros del Valle

HOSTEL $

(☎ 491368; www.caltur.com.ar/pioneros/hostel. html; Av San Martín 451; B/DZ/3BZ 15/70/85 US$; 🖥) Das geradezu riesige Hostel bietet Sechsbettzimmer mit eigenem Bad, Schließfächern, Plasmafernseher und kostenfreiem WLAN. Es gehört einem Busunternehmen, das auch Arrangements für Übernachtungen inklusive Busreise anbietet.

Camping El Relincho

CAMPINGPLATZ $

(☎ 493007; www.elrelinchopatagonia.com.ar; Av San Martín 545; Zeltplatz pro Pers./Fahrzeug 10/ 5 US$, 4-Pers.Hütte 100 US$) Die Zeltplätze auf dem privaten Campingplatz sind ungeschützt und dem Wind ausgesetzt.

★ Nothofagus B&B

B&B $$

(☎ 493087; www.nothofagusbb.com.ar; Ecke Hensen & Riquelme; EZ/DZ/3BZ mit Bad 84/92/ 110 US$, ohne Bad 68/76/95 US$; ⊙ Okt.–April; @ 🖥) 🖉 In diesem bezaubernden, gastfreundlichen Refugium im Chaletstil wird ein herzhaftes Frühstück serviert. Aufgrund umweltschonender Maßnahmen, u.a. Mülltrennung und Handtuchwechsel nur nach Bedarf, wurde das B&B mit dem Sello Verde (Grünen Siegel) ausgezeichnet. Die Gästezimmer – teilweise mit herrlichem Aus-

El Chaltén

blick – haben Balkendecken und sind mit Teppichboden ausgelegt. Jeweils zwei Zimmer teilen sich ein Bad.

Anita's House
HÜTTEN **$$**

(☑ 493288; www.anitashouse.com.ar; Av San Martín 249; 4-/6-Pers.-Hütte ab 140/240 US$; ☎) Draußen mag der Wind heulen, in den modernen Hütten im Ortszentrum ist es auf jeden Fall gemütlich. Gruppen, Paare und Familien sind hier gut aufgehoben. Guter Service, inklusive Zimmerservice, voll eingerichtete Küchen und Kabelfernsehen zählen zu den Vorzügen. Die einstöckigen Hütten sind teurer, dafür aber geräumiger.

Posada Lunajuim
PENSION **$$**

(☑ 493047; www.welcomeargentina.com/lunajuim; Trevisán 45; EZ/DZ/3BZ 95/115/140 US$; ☎) ✏ In der einladenden Pension verbindet sich moderner Komfort mit einem Hauch Exzentrik. Ihre Gäste geben ihr gute Bewertungen. Einfarbige Skulpturen und viele bunte Ölgemälde – Werke des Besitzers – schmücken die Flure. Eine gemütliche Zuflucht, vor allem an Regentagen, finden die Gäste in der Bibliothek und vor dem offenen Kamin aus Natursteinen. Zu den sympathischen Extras zählen die hausgemachten Lunchpakete und das Frühstücksbüfett

Pudu Lodge
HOTEL **$$**

(☑ 493365; www.pudulodge.com; Calle Las Loicas 97; DZ 140 US$; @ ☎) Die 20 Zimmer in dem modernen, gemütlichen Hotel mit ausgesprochen sympathischem Service sind geräumig. In einem tollen Raum mit Kathedraldecke (sprich: Der Raum ist nach oben bis zum Dach offen) wird das Frühstücksbüfett aufgebaut. Allerdings verfügt das Gebäude über einige Konstruktionsfehler und genau genommen sind die Zimmer etwas überteuert – doch die hohe Nachfrage regiert hier den Preis.

Senderos Hostería
B&B **$$$**

(☑ 493336; www.senderoshosteria.com.ar; Perito Moreno 35; EZ/DZ/Suite 170/190/215 US$) Für Wanderer und andere Gäste, die auf ihr leibliches Wohl besonderen Wert legen, wird in dem modernen Haus mit Wellblechfassade bestens gesorgt. Das hauseigene Restaurant mit zuvorkommendem Service lockt mit exquisiten Gourmetgerichten und ausgezeichneten Weinen – wahre Muntermacher nach einem anstrengenden Tag im Freien. Einige der hübschen Zimmer haben bei klarem Wetter Ausblick auf den Cerro Fitz Roy. In allen Räumen gibt es Schließfächer und solide Betten, die mit weichen, weißen Laken bezogen sind.

ESTANCIAS IN PATAGONIEN

Die meisten Menschen nehmen an, auf den *estancias* (Farmen) drehe sich alles um das liebe Vieh. Doch die nachfolgend aufgeführten *estancias* weichen von der Regel ab und haben einiges mehr zu bieten.

Eine reiche Tierwelt

➡ Die Nachbarn der Estancia Rincón Chico (S. 469) auf der Península Valdés sind Pinguine, See-Elefanten, Seevögel und etliche andere Tiere.

➡ Dutzende Exemplare der namensgebenden Vogelart lassen sich auf der Estancia El Cóndor (S. 529) beobachten. Die raue Bergranch liegt nördlich von El Chaltén.

➡ Die Hostería Monte León (S. 490) ermöglicht faszinierende Einblicke in eine vielfältige Tierwelt, in der Magellanpinguine, Seelöwen, Guanakos und Pumas leben.

Atemberaubende Schönheit

➡ Umgeben von Gletschern, Seen und dem hoch aufragenden Cerro Fitz Roy fast vor der Tür bietet die exklusive Hostería Estancia Helsingfors (S. 541) luxuriösen Komfort. Auf der wunderschönen Estancia Bahía Bustamante (S. 483) locken Ausflüge zu einem spektakulären versteinerten Wald und zu kleinen menschenleeren Inseln, auf denen sich nur Vögel, Pinguine und Seelöwen tummeln.

Wie Indiana Jones

➡ Von der Hostería Cueva de las Manos (S. 511) führt ein Serpentinenweg durch den rötlich schimmernder Canyon des Río de las Pinturas zur Cueva de las Manos, einer Unesco-Weltkulturerbestätte.

Für schmale Geldbeutel

➡ Wer seinen Allerwertesten in ein Etagenbett schwingt, kann einiges an Geld sparen: Die Estancia El Cóndor (S. 529), die Hostería Cueva de las Manos (S. 511) und die Estancia Casa de Piedra (S. 512) verfügen über preisgünstige *refugios* (rustikale Hütten; Schlafbaracken). Manche der Unterkünfte bieten zu einem höheren Preis auch Arrangements mit Vollpension und Ausflügen – dabei bekommt man viel für sein Geld.

Kaulem BOUTIQUE HOTEL $$$
(☏ 493251; www.kaulem.com.ar; Ecke Av Antonio Rojo & Av Comandante Arrua; EZ/DZ 160/175 US$, 1-/2-Pers.-Hütte 135/150 US$; ☎) ✈ Das elegante Boutiquehotel mit rustikalem Ambiente und gemütlicher Lodge-Atmosphäre hat nur vier Zimmer und eine Hütte zu bieten – alle mit Ausblick auf den Cerro Fitz Roy. Joghurt, hausgebackenes Brot und Obst sind feste Bestandteile des Frühstücksbüfetts. Ein riesiger, lichtdurchfluteter Gemeinschaftsbereich mit angenehmer Hintergrundmusik, Büchern und Schachspielen dient auch als Frühstücksraum.

Hostería El Puma LODGE $$$
(☏ 493095; www.hosteriaelpuma.com.ar; Lionel Terray 212; EZ/DZ/3BZ 148/185/221 US$; ☎) In der luxuriösen Lodge mit zwölf komfortablen Zimmern herrscht eine exklusive, aber keineswegs versnobte Atmosphäre. Angenehm ist auch das riesige Frühstücksbüfett.

In der Lounge hängen Bilder von Gipfelbesteigungen, Berggipfeln und Bergkarten, die zu eigenen Bergtouren inspirieren. Abends an dem großen offenen Kamin zu sitzen, ist hier die schönste Art, den Tag ausklingen zu lassen.

Destino Sur HOTEL $$$
(☏ 493360; www.hoteldestinosur.com; Lionel Terray 370; DZ/3BZ 234/295 US$) Hinter der überdimensionalen Eingangstür, die einem mittelalterlichen Burgtor ähnelt, verbirgt sich ein echtes Spitzenklassehotel. Mit seinen Wänden und Säulen aus Natursteinen, den Dielenböden sowie den Holz- und schmiedeeisernen Elementen wirkt das Destino Sur in der Tat sehr imposant. Zur Ausstattung seiner 24 geschmackvoll eingerichteten Zimmer zählen Satellitenfernsehen, Minibar, Schließfächer und Dekor im indigenen Stil. Vorhanden ist auch ein Wellnessbereich mit Fitnessraum, Whirlpool und Sauna.

Hotel Poincenot
HOTEL $$$

(📞493252; www.hotelpoincenot.com; Av San Martín 668; DZ 145–165 US$; 📞) Geschäftig geht es in dem noch recht neuen, modernen Hotel zu. In seinen 20 Zimmern stehen Flachbildfernseher und bequeme Betten mit Daunendecken und farbenfrohen Überwürfen. Großzügig bemessen sind die allgemein zugänglichen Räume, darunter eine Lounge mit Kathedraldecke (sprich der Raum ist nach oben offen bis zum Dach) sowie der Café- und Barbereich. Der Service ist professionell und zuvorkommend.

 Essen

Lebensmittel, vor allem landwirtschaftliche Erzeugnisse, sind in El Chaltén rar und teuer. Es lohnt sich, so viel wie möglich in El Calafate zu besorgen und mitzubringen.

La Lucinda
CAFÉ $

(📞493202; Av San Martín 175; Hauptgerichte 84–143 Arg$; ⏱7–24 Uhr; 📞) Das freundliche, der Kunst zugeneigte Café mit himmelblauen Wänden lockt mit warmen Sandwiches (darunter auch vegetarische Varianten) und einer guten Auswahl an Kaffee, Tee und Wein. An Schlechtwettertagen erweist es sich als ein Geschenk des Himmels, insbesondere weil es von früh bis spät durchgehend geöffnet hat. Frühstück wird ebenfalls serviert.

Domo Blanco
EISDIELE $

(Av MM De Güemes s/n; Snacks 40 Arg$; ⏱14–24 Uhr) Zitronen-Ingwer-Eis sowie Eiscreme mit Mascarpone und dunkelblauen Calafate-Beeren zählen hier zu den hausgemachten Eiscremesorten. Die meisten Zutaten stammen von einer örtlichen *estancia* und die Beeren von Calafate-Sträuchern (eine Berberitzen-Art), die rund um die Stadt wild wachsen.

Distrisur Supermercado
SUPERMARKT $

(📞02902-494784; San Martín 580; ⏱9–22 Uhr) Der Lebensmittelladen hat die größte Auswahl in der Stadt. Nur Barzahlung möglich.

★ La Cervecería
PUB $$

(📞493109; Av San Martín 320; Hauptgerichte 80–160 Arg$; ⏱12–24 Uhr) Ein Absacker nach dem Wandern kann in dieser geselligen Après-Kneipe mit sympathischen Bedienungen und einer resoluten Bierzapferin durchaus in einer langen Nacht ausarten. Ein wahrer Genuss sind hier das kühle Pils oder Bockbier mit Pasta oder *locro* (pikanter Eintopf aus Mais, Bohnen, Wurst, Rind- und Schweinefleisch).

Techado Negro
CAFÉ $$

(📞493268; Av Antonio Rojo; Hauptgerichte 60–145 Arg$; ⏱12–24 Uhr; 📞) 📎 In dem schlichten Café passt alles zum Charakter von El Chaltén, seien es die Gemälde mit regionalen Motiven an den Wänden, die hellen, kräftigen Farben oder die raue, kumpelhafte Atmosphäre. Auf den Tisch kommt üppige, preiswerte und manchmal sogar richtig gesunde argentinische Kost, wie z. B. hausgemachte Empanadas, mit *humita* gefüllter Kürbis (süße Tamale) sowie vegetarische Gerichte mit Naturreis, Suppen und Pastagerichte. Auch Lunchpakete sind erhältlich.

Patagonia Rebelde
ARGENTINISCH $$

(📞493208; San Martín 430; Hauptgerichte 130–240 Arg$; ⏱12.30–16 & 18–24 Uhr) Wandmalereien mit politisch nach links tendierenden Motiven und eine rustikale Einrichtung kennzeichnen dieses schlichte Restaurant. Seine Spezialität ist die *cocina al disco*: Eintopfgerichte, die ähnlich wie Paella in einer riesigen flachen Eisenpfanne zubereitet werden. Riesig sind auch die Portionen, beispielsweise eine Portion der Hühnchen- oder Lammstücke im Teigmantel mit Orangensoße, Pilzen, Schinken, Gemüse und Pommes reicht locker für zwei „ausgehungerte" Wanderer. Gut schmeckt auch der gebratene *provoleta* (Käse). Der Service ist freundlich, aber leger.

Ahonikenk
ARGENTINISCH $$

(Av MM De Güemes 23; Hauptgerichte 90–180 Arg$; ⏱12–15 & 19–23 Uhr) Dieses winzige Restaurant in einem Blockhaus ist bekannt für sein gutes Preis-Leistungs-Verhältnis. Busfahrer genießen hier gerne die überdimensionale *milanesa* (paniertes Kalbsschnitzel), die locker für eine vierköpfige Familie reicht, vor allem wenn noch Spiegeleier obendrauf liegen. Forelle, Pasta, Pizza und Salate schmecken hier ebenfalls gut.

El Muro
ARGENTINISCH $$

(📞493248; Av San Martín 912; Hauptgerichte 40–190 Arg$; ⏱12–15 & 19–23 Uhr) In dem kleinen Lokal am Ende der Straße werden auch Bergwanderer mit Bärenhunger satt. Dafür sorgen z. B. gebratenes Fleisch, Bœuf Stroganoff oder Forelle mit knusprig gegrilltem Gemüse – alles in großen Portionen.

Patagonicus
PIZZA $$

(📞493025; Av MM De Güemes 57; Pizza 80–160 Arg$; ⏱Nov.–April 11–24 Uhr) Hier gibt es die beste Pizza der Stadt, und davon gleich 20 Sorten, außerdem Salate und Wein. Ser-

1

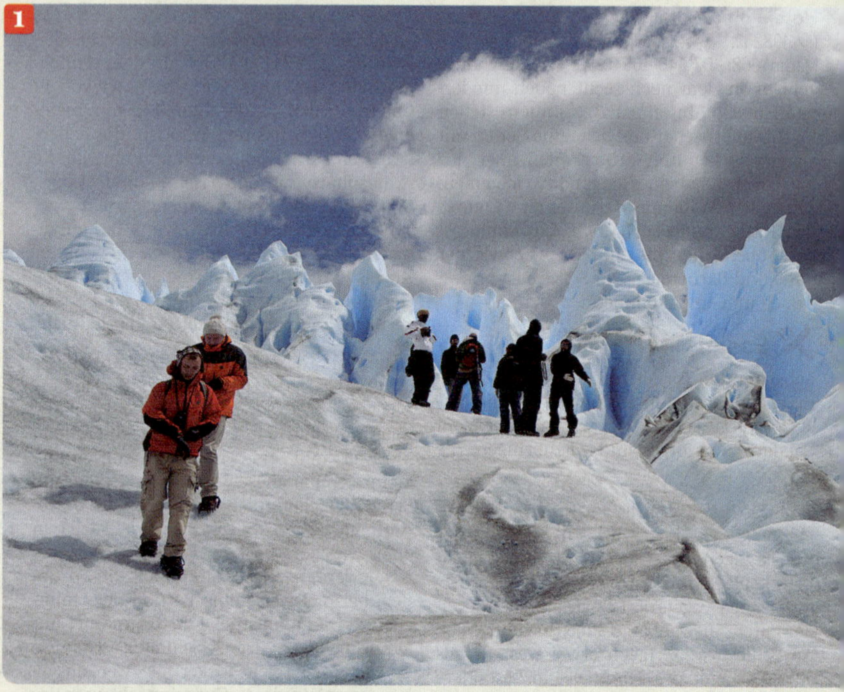

3

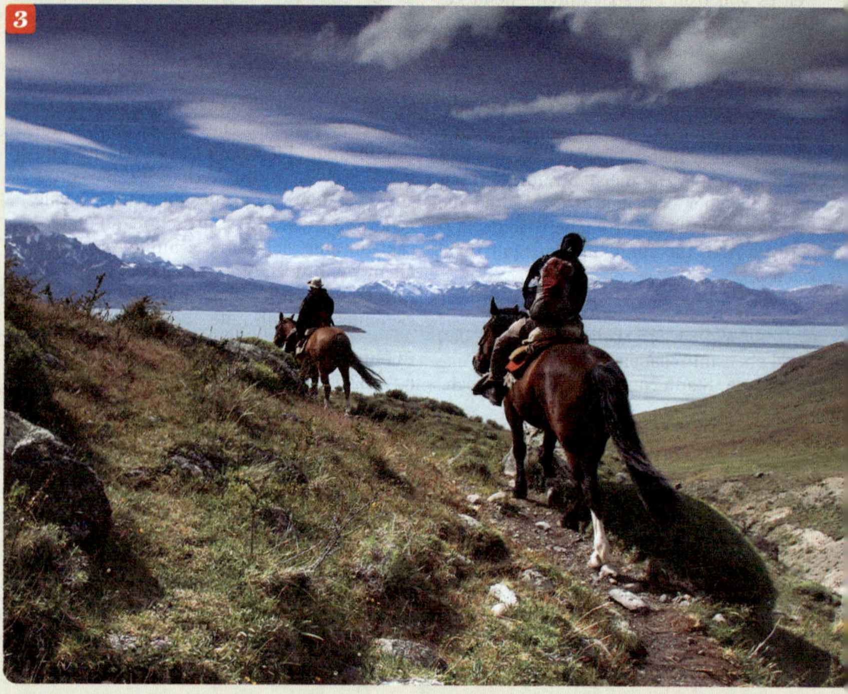

RACHEL LEWIS/GETTY IMAGES ©

Extreme in Patagonien

Vor über 130 Jahren gab die englische Journalistin Lady Florence Dixie der High Society den Laufpass, um durch die Steppe von Patagonien zu reiten. Auch heute noch kann man sich den Traum erfüllen, namenlose Gipfel zu erklimmen, inmitten von Seelöwen umherzupaddeln oder einen Gletscher zu erwandern.

Reiten

Estancias (Ranches; S. 518) lassen den Besucher erleben, wie schön es ist, in freier Wildbahn zu reiten, die Wärme eines Lagerfeuers zu spüren und unter freiem Himmel zu schlafen.

Eisklettern

Ein echter Adrenalin-Kick! Bei El Chaltén organisieren Ökocamps Klettertouren in die surreale Eiswelt des Parque Nacional Los Glaciares (S. 538).

Gletscherwandern

Dies ist mehr als nur eine Wanderung – es ist ein ästhetisches Erlebnis, in das man voll und ganz eintaucht. Man erlebt die Eisskulpturen im Torres del Paine (S. 557) oder Parque Nacional Los Glaciares (S. 524 & S. 538) aus nächster Nähe.

Tauchen

Klares Wasser, Schiffswracks und coole Meerestiere machen die Península Valdés (S. 464) zum argentinischen Taucherparadies schlechthin.

Kajakfahren auf dem Meer

In Ría Deseado (S. 487) und Bahía Bustamante (S. 483) paddelt man mit Pinguinen und Commerson-Delfinen oder beobachtet das Spiel der Seelöwen vor der Península Valdés (S. 464).

Auf der Ruta Nacional 40

Es gibt keinen weiteren Himmel als auf dieser Straße (S. 501) entlang der Anden – ein Sinnbild langsamen Reisens.

2

MARTIN HARVEY/GETTY IMAGES ©

1. Wanderung auf dem Glaciar Perito Moreno (S. 539)
2. Eisklettern **3.** Reiten

viert wird an massiven Holztischen in einem Gastraum, der ringsherum Panoramafenster hat. Empfehlenswert sind auch der Kaffee und die Kuchen.

★ La Tapera
ARGENTINISCH $$$

(☑ 493195; Antonio Rojo 74; Hauptgerichte 142–275 Arg$; ⊙ Okt.–April 12–15 & 18.30–23 Uhr) Chipo heißt der Besitzer des Restaurants in einem blockhüttenähnlichen Haus mit offenem Kamin. Im La Tepera einzukehren, ist wahrhaft kein Fehler. Serviert werden hier z. B. zarte Steaks in Balsamicosoße und superfrische Forellen aus dem Lago del Desierto. Die Portionen sind großzügig bemessen. Zur Wahl stehen auch tolle Weine und die Rotweingläser sind fast so groß wie der eigene Kopf. Der Service ist richtig flink.

Estepa
ARGENTINISCH $$$

(☑ 493069; Ecke Cerro Solo & Av Antonio Rojo; Hauptgerichte 90–270 Arg$; ⊙ 11.30–14, & 18–23 Uhr) In dem bei Einheimischen sehr beliebten Lokal kreiert der Koch schmackhafte Gerichte in stets gleichbleibend guter Qualität, wie z. B. Lamm mit Calafate-Sauce, Forellen-Ravioli oder Spinat-Crèpes. Die Portionen sind klein, aber kunstvoll angerichtet. Das Gemüse stammt aus einem örtlichen Gewächshaus. Gerichte zum Mitnehmen zu deutlich günstigeren Preisen bietet die dazugehörige Rotisserie.

Fuegia Bistro
INTERNATIONAL $$$

(☑ 493243; Av San Martín 342; Hauptgerichte 120–240 Arg$; ⊙ Mo–Sa 18–23 Uhr; ☑) In dem Speiselokal gibt es gute vegetarische Gerichte, z. B. Falafel aus Naturreis und gefüllte Auberginen. Das Fuegia gibt es schon sehr lange, vielleicht hat es deshalb ein wenig nachgelassen und ist dafür etwas zu teuer.

Ausgehen & Nachtleben

La Vinería
WEINLOKAL

(☑ 493301; Av Lago del Desierto 265; ⊙ 16–3 Uhr) Das von Alaska nach El Chaltén verpflanzte kleine Weinlokal wartet mit einer sehr großen Auswahl an argentinischen Weinen auf. Auch Biere aus Mikrobrauereien und spitzenmäßige Vorspeisen werden geboten.

La Chocolatería
CAFÉ

(☑ 493008; Lago del Desierto 105; Heiße Schokolade & Kaffee 60 Arg$; ⊙ Nov.–März Mo–Fr 11–21, Sa & So 9–21 Uhr) Die Bilder an den Wänden dieser unwiderstehlichen Schokoladenmanufaktur erzählen die Geschichte legendärer Bergsteigergrößen des Ortes. Angefangen von heißer Schokolade mit Schuss über

Wein bis hin zum Schoko-Fondue bietet das Café köstliche Zutaten für einen gemütlichen Ausklang des Tages.

Shoppen

Viento Oeste
BÜCHER

(☑ 493200; Av San Martín 898; ⊙ 10–21 Uhr) Wie in etlichen anderen „Allerlei-Shops" in El Chaltén werden auch hier Bücher, Karten sowie Souvenirs verkauft; außerdem wird ein breites Sortiment an Campingausrüstungen verliehen.

Prkatische Informationen

Der Anschluss an moderne Zeiten geht in El Chaltén ziemlich schleppend voran. Doch nun gibt es immerhin Handyempfang und ein langsames Internet. Auch zwei Geldautomaten sind vorhanden, die jedoch nicht immer zuverlässig funktionieren. Wer von El Calafate anreist, sollte sich daher dort besser mit genügend Bargeld eindecken. Am Ortseingang befindet sich eine Tankstelle. Euro und US-Dollar werden vielerorts akzeptiert, Kreditkarten aber nicht, mit Ausnahme einiger Restaurants, Spitzenhotels und Tourveranstalter. Die Website www.elchalten.com gibt einen guten Überblick über die Gegebenheiten in der Stadt.

Banco de Santa Cruz (Terminal de Omnibus/Busbahnhof) Geldautomat.

Banco La Nacion (Av MM De Güemes 151) Geldautomat.

Chaltén Travel (☑ 493092; www.chaltentravel.com; Ecke Av MM De Güemes & Av Lago del Desierto) Buchung von Flugtickets sowie Busreisen auf der RN 40.

Parkranger-Büro/Besucherzentrum (☑ 493004, 493024; pnlgzonanorte@apn.gov.ar; Spenden erwünscht; ⊙ Dez.–Feb. 9–20 Uhr, März–Nov. 10–17 Uhr) An dem Besucherzentrum kurz vor der Brücke über den Río Fitz Roy halten viele der Busse mit Tagesausflüglern zur ersten Orientierung. Die Parkranger verteilen Karten und Stadtführer an die Besucher. Außerdem informieren die Ranger ausgezeichnet über das Ökosystem des Parque Nacional Los Glaciares (auch auf Englisch).

Täglich um 15 Uhr laufen Dokumentarfilme über Bergtouren – ein guter Zeitvertreib an Regentagen. In der Nebensaion ist das Besucherzentrum nur von 10–17 Uhr geöffnet.

Puesto Sanitario (☑ 493033; AM De Agostini 70) Medizinische Grundversorgung.

Städtische Touristeninformation (☑ 493370; Terminal de Omnibus/Busbahnhof; ⊙ 9–22 Uhr) Freundlich und ausgesprochen hilfsbereit. Bietet eine Liste mit Unterkünften und gute Informationen über El Chaltén sowie über Touren in die Umgebung. Das Personal spricht auch Englisch.

ℹ️ An- & Weiterreise

El Chaltén liegt 220 km von El Calafate entfernt, die Fahrt geht über frisch asphaltierte Straßen. Von der Stadt führt ein Radweg zur Hostería El Pilar im Parque Nacional Los Glaciares. Leihfahrräder (3 Std. 150 Arg$) werden an verschiedenen Stellen der Stadt angeboten.

Alle Busse fahren vom neuen **Terminal de Omnibus** (Busbahnhof) nahe dem Ortseingang ab bzw. kommen dort an. Die Busse von **Chaltén Travel** (☑ 493092, 493005; Av San Martín 635) starten im Sommer täglich um 7.30, 13 und 18 Uhr nach El Calafate (350 Arg$, 3½ Std.). **Caltur** (☑ 493079; Av San Martín 520) und

Taqsa/Marga (☑ 493068; Av Antonio Rojo 88) bedienen ebenfalls die Strecke nach El Calafate (340 Arg$), zu einem etwas günstigeren Preis. In der Nebensaison verkehren die Busse aller Busunternehmen seltener.

Während der Hochsaison verkehren Shuttlebusse von **Las Lengas** (☑ 493023; www.transportelaslengas.com.ar; Antonio de Viedma 95) zwischen El Chaltén und dem Flughafen von El Calafate (500 Arg$). Außerdem fahren Las-Lengas-Minibusse zum Lago del Desierto (250 Arg$), zur Hostería El Pilar (100 Arg$) und zum Río Eléctrico (150 Arg$). Eine Taxifahrt zum Flughafen von El Calafate kostet 2000 Arg$.

ABSEITS DER ÜBLICHEN PFADE

TREKKING-TOUR NACH CHILE

Besonders abenteuerlustige Reisende können eine Trekking-Tour unternehmen, die am Campo de Hielo Patagónico Sur (südliches Eisfeld, Patagoniens größtes Gletschergebiet) vorbeiführt. Der Ausflug beginnt an Argentiniens Parque Nacional Los Glaciares bzw. in El Chaltén und endet in Villa O'Higgins, der südlichsten und letzten Ortschaft an Chiles Carretera Austral. Ausführen lässt sich die Ein- bis Dreitagestour nur von November bis März. Zur unerlässlichen Ausrüstung zählen Proviant, Bargeld in chilenischer Währung, der Reisepass und Regenkleidung. Da auf die (nötigen) Bootsverbindungen keinerlei Verlass ist, muss man mit Übernachtungen rechnen. Deshalb sollte der Proviant keinesfalls zu knapp bemessen sein. Hier die Eckdaten der Tour:

➡ **Schritt 1** Mit dem Shuttlebus geht es von El Chaltén an das 37 km entfernte Südufer des Lago del Desierto (150 Arg$, 1 Std.).

➡ **Schritt 2** Fahrt mit der Fähre oder einem Ausflugsboot ans Nordufer des Lago del Desierto (480 Arg$, 1 Std. bzw. 4½ Std.). Eine Alternative ist die Wanderung auf einem schönen Bergweg (15 km, 5 Std.), der teilweise am Seeufer verläuft. Hinweis: Radwanderer müssen ihr Fahrrad auf dieser Strecke an zahlreichen Stellen tragen. Am Nordufer erfolgen nach Passkontrolle und Zollformalitäten durch die argentinischen Grenzposten. Campen ist an der Grenze nicht erlaubt.

➡ **Schritt 3** Vom Nordufer des Lago del Desierto geht es zu Fuß oder zu Pferd zur Laguna Larga (1½ Std.) – auch hier ist Campen nicht erlaubt.

➡ **Schritt 4** Von hier führt die Wanderung (1½ Std.) oder der Ritt gleich weiter zur Laguna Redonda (Campen verboten).

➡ **Schritt 5** Die nächste Station der Wanderung (2 Std.) oder des Ritts ist Candelario Mansilla. In dem Grenzort bietet eine Familie Unterkünfte in einem Farmhaus. Sie organisiert auch geführte Wanderungen und verleiht Pferde (Reit- oder Packpferd 30 000 Chil$ pro Tag). In Candelario Mansilla erfolgen die Passkontrolle und Zollformalitäten durch die chilenischen Grenzposten.

➡ **Schritt 6** Von Candelario Mansilla (am Südufer des Lago O'Higgins) fährt der Hielo-Sur-Katamaran ein- bis dreimal pro Woche nach Puerto Bahamondez (44 000 Chil$, 4 Std.), in der Regel am Samstag, manchmal auch zusätzlich montags oder mittwochs. Von Puerto Bahamondez fährt ein Bus nach Villa O'Higgins (2500 Chil$).

In Villa O'Higgins bietet **El Mosco** (☑ 067-243-1819; www.patagoniaelmosco.blogspot.com; Carretera Austral Km 1240; Zeltplatz pro Pers. 5000 Chil$, B 9000 Chil$, DZ 45 000 Chil$, EZ/DZ ohne Bad 18 000/30 000 Chil$) gute Unterkunftsmöglichkeiten. Informationen über den chilenischen Fährverkehr sind bei **Hielo Sur** (☑ 067-243-1821; www.villaohiggins.com) in O'Higgins erhältlich.

Während der Hochsaison fahren Chaltén-Travel-Busse an jedem ungeraden Tag nach Bariloche (1100 Arg$, 2 Tage). Unterwegs wird in Perito Moreno übernachtet. Verpflegung und Unterkunft sind nicht im Fahrpreis inbegriffen.

Parque Nacional Los Glaciares (Nordteil)

Im Nordteil des Parks liegt zweifellos Argentiniens Bergsteiger-Eldorado – das Bergmassiv Fitz Roy mit seinen schroffen Felsen und steilen, spitzen Gipfeln, die wie Haifischzähne in den Himmel ragen. Weltklasse-Bergsteiger versuchen sich hier an der schwierigen Besteigung des **Cerro Torre** und des **Cerro Fitz Roy** – für viele Meilensteine in ihrer Bergsteigerkarriere. Beide Berge sind jedoch wegen ihrer brutalen Witterungsverhältnisse berüchtigt. Wem solch extreme Herausforderungen nicht liegen, kann auf zahlreichen, gut markierten Wanderwegen das atemberaubende Panorama bewundern – sofern sich die Wolken einmal verziehen und den Blick freigeben.

Der Parque Nacional Los Glaciares besteht aus einem Nord- und einem Südteil, die geografisch voneinander getrennt liegen. El Chaltén liegt am Eingang zum nördlichen Teil des Parks. El Calafate ist das Tor zum Südteil des Parks, in dem auch der Perito-Moreno-Gletscher liegt.

 ## Aktivitäten

Bevor sich Wanderer auf den Weg in den Park machen, sollten sie sich im Parkrangerbüro (S. 522) in El Chaltén nach dem aktuellen Zustand der Wege erkundigen. Die besten Wetterverhältnisse fürs Wandern herrschen hier nicht im Sommer, sondern im März und April, wenn der Wind weniger stark bläst (und darüber hinaus weniger Leute im Park unterwegs sind). Von Mai bis September müssen Wanderer sich vor und nach der Wanderung im Rangerbüro registrieren. Während der Wintermonate Juni und Juli können die Wege ganz oder teilweise gesperrt sein oder Hochwasser Brücken überfluten – deshalb sollte man sich unbedingt vor Antritt der Wanderung im Rangerbüro informieren.

Wanderungen in entlegene Parkareale sollten nur Rucksacktouristen mit gutem Orientierungssinn und viel Trekkingerfahrung unternehmen. Für derartige Touren sind der Informationsaustausch mit den Rangern und die Registrierung unbedingt erforderlich. Ausführliche Informationen über Wanderungen in dieser Region bietet der englischsprachige Lonely-Planet-Reiseführer *Trekking in the Patagonian Andes.*

Laguna Torre   WANDERN

Zu den Highlights zählt ein Blick auf die faszinierende Felsnadel des Cerro Torre. Bei gutem Wetter – sprich: wenig Wind – und klarem Himmel sollten Wanderer der Tour zur Laguna Torres (einfache Wegstrecke 3 Std.) den Vorrang geben, um einen Blick auf Gipfelzacken des Cerro Torre zu erhaschen. Bei keinem anderen Berg in der Gegend besteht angesichts der vielen stürmischen Tagen eine so geringe Chance, den Gipfel komplett zu sehen.

Zwei Wanderwege, die sich unterwegs vereinen, führen zur Laguna Torre. Der eine Weg beginnt am nordwestlichen Rand von El Chaltén: Von dem Wegweiser an der Avenida San Martín geht es auf der Avenida Eduardo Brenner in westlicher Richtung, bis rechter Hand der beschilderte Ausgangspunkt des Laguna-Torre-Wegs auftaucht. Der Weg windet sich westwärts um riesige Felsbrocken auf Hängen, die mit typischen patagonischen Pflanzenarten bedeckt sind. Nach einer 35- bis 45-minütigen Wanderung verläuft er in südwestlicher Richtung und führt an einer Feuchtwiese vorbei zu einer Kreuzung, wo er auf einen von links kommenden Weg trifft.

Der zweite Weg startet im Süden von El Chaltén und folgt zunächst dem westlich des Stadtrandes gelegenen Ufer des Lago del Desierto, bis er an einem kleinen Kraftwerk vorbei hinunter zum Flussbett führt. An einem Wegweiser entfernt sich der Pfad vom Fluss und verläuft durch verstreut liegende Lenga- und Ñire-Haine (Letztere ist eine kleine, laubabwerfende Verwandte der Südbuche). Nach dem Überklettern eines Drahtzaunes vereint sich der Pfad schließlich mit dem zuvor beschriebenen bekannteren und markierten Weg.

An einem runden Felsen vorbei geht es nun weiter hinauf zum **Mirador Laguna Torre.** Dieser Bergkamm eröffnet den ersten freien Blick über das Tal hinüber zur 3128 m hohen Gipfelspitze des Cerro Torre, die sich aus den weiten Gletschermassen erhebt.

Anschließend führt der sanft absteigende Weg durch Lenga-Haine und durchquert eine Flussebene mit struppigem Buschwerk sowie alten Moränen, auf denen sich wieder Pflanzen angesiedelt haben. Nach etwa 40 bis 50 Minuten erreichen der Wander-

Parque Nacional Los Glaciares (Nordteil)

weg eine Wegkreuzung, an der der Sendero Madre e Hija, eine Abkürzung zum Campamento Poincenot, abzweigt. Um ins Tal zu gelangen, geht es weiter bergab bis zur nächsten Weggabelung. Hier hält man sich links, klettert über eine bewaldete Böschung und durchquert die angrenzende schmale Schwemmlandebene, um dann dem träge dahinfließenden Gletscherwasser des Río Fitz Roy zu folgen. Nach 50 bis 90 Minuten ist der **Campamento De Agostini** (ehemals Campamento Bridwell) erreicht. Auf diesem gebührenfreien Campingplatz (mit Klohäuschen) herrscht reger Betrieb. Er dient den Bergsteigern, die den Cerro Torre bezwingen wollen, als Basislager. In der näheren Umgebung gibt es nur noch einen weiteren Campingplatz. Er liegt am Fluss in einem schönen Lenga-Hain am Fuß des Cerro Solo.

Der Weg entlang des Nordufers des Sees (Dauer 1 Std.) führt zum **Mirador Maestri**; Zelten ist hier nicht erlaubt.

Laguna de Los Tres
WANDERN

Etwas anstrengender als die Tour zur Laguna Torre ist die Wanderung zu diesem hoch gelegenen Bergsee (10 km, Hinweg 4 Std.). Er zählt zu den fotogensten Orten des Parks. Bei schlechtem Wetter müssen Wanderer ganz besonders vorsichtig sein, denn die Wege sind sehr steil.

Die Route beginnt an einer gelb überdachten Packstation. Nach einer Stunde trifft der Wanderpfad auf eine Wegkreuzung, an der ein markierter Weg zu den ausgezeichneten gebührenfreien **Campingplätzen** im Hinterland der Laguna Capri abzweigt. Der Hauptpfad dagegen verläuft durch windzerzauste Wälder und an kleinen Seen vorbei, bis er auf den Sendero Madre e Hija stößt. Weiter geht es durch einen vom Wind gebeutelten Ñire-Wald und über ein morastiges Gelände bis zum **Río Blanco** (3 Std.) und zum bewaldeten, von Mäusen geplagten **Campamento Poincenot**. Am

Río Blanco gabelt sich der Weg Richtung Río Eléctrico. Wanderer halten sich hier links, um zu einem Basislager der Bergsteiger zu gelangen. Von dort führt ein Wanderweg im steilen Zickzack zum Gletschersee **Laguna de los Tres** hinauf. Am See herrscht eine unheimliche Stille, der Blick fällt auf den 3405 m hohen Cerro Fitz Roy, der zum Greifen nah zu sein scheint. Wanderer müssen hier mit gefährlichen Windböen rechnen und sollten deshalb genügend zeitlichen Spielraum einplanen.

Piedra del Fraile
WANDERN

Bei dieser Wanderung umfasst der Hinweg ungefähr 8 km (3 Std.).

Von der **Hostería El Pilar** läuft man zunächst auf der Hauptstraße 1 km in nordöstlicher Richtung bis zum Ausgangspunkt des Weges nahe einer großen Eisenbrücke, der zur Piedra del Fraile führt. Der durchweg gut markierte Weg verläuft durch das Valle Eléctrico, wobei unterwegs einige Flussüberquerungen über massive Baumstämme und über eine Brücke nötig sind.

Der Wanderweg führt zunächst durch Weideland und schwenkt dann nach links ins Tal des **Río Eléctrico** ein, das von blanken Felswänden gesäumt wird. Schließlich erreicht der Pfad die privat geführte **Lodge Los Troncos** (Zeltplatzs pro Pers. 20 US$, B 50 US$). Dort befindet sich ein Restaurant, aber keine Küche für Gäste. Ein Bett im Schlafsaal ist am billigsten, wenn man seinen eigenen Schlafsack mitbringt. Besucher müssen Eintritt (500 Arg$) bezahlen. Da es hier weder Telefon noch Handyempfang gibt, ist eine Reservierung nicht möglich – also einfach auf gut Glück vorbeischauen. Der Campingplatz bietet einen Kiosk, ein Restaurant und einen hervorragenden Service. Über empfehlenswerte Wanderrouten in der näheren Umgebung geben die Besitzer des Anwesens gerne Auskunft.

Die Busse zum Lago del Desierto lassen Wanderer an der Brücke am Río Eléctrico aussteigen (100 Arg$).

Lomo del Pliegue Tumbado & Laguna Toro
WANDERN

Die Wanderroute (Hinweg 4–5 Std.) beginnt am Parkrangerbüro und verläuft südwestwärts an der Ostwand des Loma del Pliegue Tumbado entlang bis zum Río Túnel. Dort schwenkt der Pfad nach Westen und führt zur Laguna Toro. Auf diesem Weg sind weniger Wanderer unterwegs als auf den Hauptrouten. Es ist eine leichte Wanderung, allerdings muss man mit starkem Wind rechnen. Wichtig: unbedingt ausreichend Trinkwasser mitnehmen!

Diese Wanderung ist die einzige in der gesamten Region, auf der sowohl der Cerro Torres als auch der Cerro Fitz Roy gleichzeitig zu sehen sind.

☞ Geführte Touren

Las Lengas
BUSTOUR

(☎ 02962-493023; Antonio de Viedma 95, El Chaltén) Minibusse von Las Lengas fahren täglich um 8, 12 und 15 Uhr von El Chaltén zum Lago del Desierto (250 Arg$, 2 Std.). Am Südufer des Sees liegt die **Hostería El Pilar** (☎ 02962-493002; www.hosteriaelpilar.com.ar; Hauptgerichte 110–300 Arg$; ☺ Nov.–März, Übernachtung nur nach vorheriger Reservierung), in deren einladendes Restaurant die Ausflügler einkehren können.

Exploradores Lago del Desierto
BOOTSTOUR

(☎ 02966-15-467103; www.exploradoreslagodeldesierto.com; Tour mit/ohne Bustransfer 950/500 Arg$) Diese neue Bootstour auf dem Lago del Desierto schließt eine kurze Wanderung zum Glaciar Vespignani mit ein. Ohne Transfer von El Chaltén ist die Tour etwas preisgünstiger.

Hielo Sur
BOOTSTOUR

(☎ in Chile 56-0672-431821; www.villaohiggins.com) Der chilenische Hielo-Sur-Katamaran nimmt in Candelario Mansilla Passagiere an Bord, die über die chilenische Grenze wollen. Bei einigen Touren macht das Boot unterwegs einen Abstecher zum Glaciar O'Higgins (72 000 Chil$) der im Campo de Hielo Patagónico Sur (Südliches Eisfeld) liegt. Andere Touren nehmen den direkten Weg von Candelario Mansilla über Puerto Bahamondez nach Villa O'Higgins (45 000 Chil$). Zwischen Puerto Bahamondez und Villa O'Higgins verkehrt auch ein Bus (2500 Chil$).

Camino Abierto
GEFÜHRTE TOUREN

(☎ 493043; www.caminoabierto.com; abseits Av San Martín s/n, El Chaltén) Der Tourenveranstalter bietet geführte Trekkingtouren zu Zielen in ganz Patagonien sowie eine grenzüberschreitende Tour nach Villa O'Higgins.

Eisklettern & Trekking

Mehrere Tourveranstalter bieten Eiskletterkurse sowie Eistrekkingtouren. Bei einigen der angebotenen Touren kommen Schlitten mit Schlittenhunden (Siberian Huskys) zum Einsatz. Das Gefühl, auf einer Polarexpedition zu sein, vermitteln die mehrtägigen Wanderungen über den Campo de Hielo Patagónico Sur (südliches Kontinentaleis). Solche Touren eignen sich aber nur für Bergwanderer, die alle Techniken des Bergsteigens sicher beherrschen – inklusive dem Klettern mit Steigeisen – und auch strapaziöse Flussüberquerungen meistern können.

Fitzroy Expediciones   BERGSTEIGEN
(✆ 02962-436424; www.fitzroyexpediciones.com. ar; Av San Martín 56, El Chaltén) Bietet verschiedene Trekking-Touren, darunter eine fünftägige Tour, die Gletscherwanderungen auf dem Glaciar Viedma sowie Bergwanderungen im Bereich des Cerro Fitz Roy und Cerro Torre umfasst. Im Gegensatz zu den meisten anderen Unternehmen in der Stadt, akzeptiert Fitzroy Expediciones auch Kreditkarten.

Casa de Guias   BERGSTEIGEN
(✆ 02962-493118; www.casadeguias.com.ar; Lago del Desierto s/n, El Chaltén) Dieser freundliche und professionelle Tourenveranstalter hat sich auf Bergwanderungen und Bergbesteigungen in kleinen Gruppen spezialisiert. Seine Bergführer sprechen Englisch und sind AAGM-zertifiziert (Asociación Argentina de Guías de Montaña, Argentiniens offizieller Bergführerverband). Angeboten werden auch Klettertouren mit Quergang (waagerecht verlaufender Abschnitt einer Kletterroute), die allerdings eine sehr gute Kondition und viel Erfahrung im Felsklettern voraussetzen.

Patagonia Aventura   ABENTEUERTOUR
(✆ 02962-493110; www.patagonia-aventura.com; Av San Martín 56, El Chaltén) Dieser Tourenveranstalter hat Eistrekking (1700 Arg$, 2 Std.) und Eisklettern (3000 Arg$, ganzer Tag) am Glaciar Viedma im Programm; die Anfahrt erfolgt mit dem Boot. Der Transport zum Puerto Bahía Túnel (170 Arg$), der Anlegestelle, an der die Tour beginnt, ist nicht im Tourenpreis ingebgriffen.

El Chaltén Mountain Guides   BERGSTEIGEN
(✆ 02962-493251; www.chaltenmountainguides. com; Ecke Av Antonio Rojo & Av Comandante Arrua, El Chaltén) Die zertifizierten Bergführer organisieren und begleiten Gletscherbegehungen und ein- oder mehrtägige Bergwanderungen sowie Bergbesteigungen. Je höher die (beschränkte) Anzahl der Teilnehmer ist, desto günstiger ist der Preis pro Person. Das Büro des Tourenveranstalters befindet sich im Hotel Kaulem.

Fliegenfischen

Anglern bietet **Chaltén Fishing** (✆ 02962-493169; www.chaltenfishing.com.ar; Cabo García 267, El Chaltén) halbtägige Ausflüge zum Lago del Desierto oder Tagestouren mit mehrstündigem Aufenthalt an der Laguna Larga an. Die Angelausrüstung wird den Teilnehmern gestellt. Die aktuellen Preise und Informationen zum Angelschein kann man telefonisch erfragen.

Reiten

Jeder darf auf dem Rücken eines Pferdes durch die Stadt traben oder gemeinsam mit einem Führer (Preis Verhandlungssache) Ausrüstungen transportieren. Nicht erlaubt sind jedoch Ausritte innerhalb Nationalparks ohne die Begleitung eines zugelassenen Führers. **El Relincho** (✆ 02692-493007, in El Calafate 02902-491961; www.elrelinchopatagonia. com.ar; Av San Martín 505, El Chaltén; 4-stündiger Ausritt 850 Arg$) organisiert Ausritte in das schöne Tal des Río de las Vueltas. Anspruchsvollere Reittouren umfassen ein Grillfest auf einer Ranch. Der Tourenveranstalter vermietet auch Hütten.

Kajaktouren

Im gleichen Maße wie El Chaltén wächst, erhöht sich auch die Anzahl der Anbieter von Wassersportaktivitäten. Fitzroy Expediciones (s. links) veranstaltet eine halbtägige Kajaktour auf dem Río de las Vueltas mit Mittagessen im Abenteuercamp des Unternehmens. Dieses Camp liegt 17 km nördlich von El Chaltén und bietet auch Unterkünfte in einer Holzlodge und in acht Hütten – ausführliche Auskünfte darüber gibt das Büro von Fitzroy Expediciones in El Chaltén. Auf dem Programm des Tourveranstalters steht auch eine zweitägige Kajaktour auf dem Río La Leona mit Übernachtung auf einem Campingplatz.

Bootsfahrten auf dem See

Patagonia Aventura (s. links) bietet Bootsfahrten auf dem Lago Viedma (pro Pers. 650 Arg$, zzgl. 170 Arg$ Transfer). Besonders beeindruckend dabei ist der Ausblick auf die 40 m hohe Gletscherstirn des Glaciar Viedma, der bis sich zum Fitz Roy erstreckt. Das Boot startet am Puerto Bahía Túnel, die Rundfahrt dauert zweieinhalb Stunden.

Klettern

Mehrere Sportgeschäfte in der Stadt verleihen die fürs Felsklettern nötige Ausrüstung. **Patagonia Mágica** (✆ 02692-486261; www. patagoniamagica.com; Fonrouge s/n, El Chaltén) veranstaltet einen eintägigen Felskletter-kurs für Anfänger. Erfahrene Kletterer kön-nen in Begleitung zertifizierter Bergführer eine Klettertour auf den Glaciar Laguna Tor-re unternehmen.

🛏 Schlafen

Die gebührenfreien Campingplätze im In-neren des Nationalparks sind lediglich mit einer Trockentoilette ausgestattet. Auf man-chen Plätzen liegt Totholz herum, aus dem sich ein Windschutz basteln lässt. Feuer-machen ist allerdings streng verboten! Das Wasser ist so klar wie das Schmelzwasser der Gletscher, deshalb sollten Wasch- und Abwaschaktionen nur ein Stück weit fluss-abwärts vom Campingplatz erfolgen. Wich-tig: Auf keinen Fall Müll hinterlassen, son-dern alles einpacken und mitnehmen!

ⓘ An- & Weiterreise

Der Nationalpark erstreckt sich vor El Chalténs Toren, was für Besucher mit eigenem Fahrzeug sehr bequem ist. Ansonsten bieten die meisten Tourenveranstalter den Transfer zwischen Stadt und Park (einfach 100 Arg$) an. Mit dem Taxi kostet die einfache Fahrt 300 Arg$.

El Calafate

☑ 02902 / 21130 EW

Der Volksmund sagt: Wer die Beere isst, der diese Stadt ihren Namen verdankt, kommt garantiert nach Patagonien zurück. Doch nicht die Beeren des Calafatestrauches sind der Magnet, der Besucher nach El Calafate zieht, sondern eine andere unwiderstehliche Attraktion: der Glaciar Perito Moreno im 80 km entfernt liegenden Parque Nacional Los Glaciares. In der Tat ist dieser Gletscher ein Muss. Seine enorme Popularität brachte dem einst so malerischen El Calafate einen rapiden Aufschwung. Zugleich vergrößerte sich der Ort so zügellos und unkontrolliert wie Wildwuchs. Seinen Besuchern bietet er aber immer noch jede Menge Spaß und es gibt genügend touristische Einrichtungen. Aufgrund ihrer strategisch günstigen Lage zwischen El Chaltén und Torres del Paine (Chile) bildet die Stadt zwangsläufig einen Zwischenstopp auf der Reise, die Richtung Süden nach Feuerland führt.

El Calafate liegt 320 km nordwestlich von Río Gallegos und 32 km westlich der Kreu-zung, an der die RP 11 auf die nach Norden führende RN 40 stößt. Die Stadt flankiert das Südufer des Lago Argentino. Ihre von knorrigen Bäumen gesäumte Hauptstraße, die Avenida del Libertador General San Martín (meist zu Avenida Libertador ab-gekürzt), ist mit kitschigen Souvenirshops, Süßwarenläden, Restaurants und Touren-veranstaltern gespickt. Jenseits der Flanier-meile schmilzt die ganze Pracht allerdings schnell dahin. Schlammige Straßen führen zu Gebäuden, die ziemlich planlos aus dem Boden gestampft wurden, und zu offenem Weideland.

Januar und Februar sind die beliebtesten (und teuersten) Reisemonate, weil Patago-nien in diesen Breiten dann sommerlich erscheint. Doch die Nebensaison gewinnt zunehmend an Attraktivität, was die Preise und manches andere in der Stadt auf den Prüfstand stellt.

◉ Sehenswertes

★ Glaciarium   MUSEUM
(☑ 497912; www.glaciarium.com; Erw./Kind 230/100 Arg$; ◷ Sept.–Mai 9–20 Uhr, Juni–Aug. 11–20 Uhr) Einzigartig und sehr spannend ist das neue Museum, das die Welt des ewigen Eises unter verschiedenen Aspekten be-leuchtet. Ausstellungen und zweisprachige Filme zeigen, wie Gletscher entstehen, und dokumentieren Expeditionen auf dem Kon-tinentaleis. Auch der Klimawandel ist ein großes Thema. In Pelzumhänge gehüllt, kön-nen Erwachsene die *bar de hielo* (140 Arg$ inkl. Getränk) besuchen. Bei Temperaturen unter Null Grad wird im blau schimmern-den Licht der „Eisbar" Wodka oder eine Cola mit Fernet serviert – selbstverständlich in Gläsern aus Eis.

Der Museumsladen verkauft handgefer-tigte, umweltfreundliche Produkte argen-tinischer Kunsthandwerker. Im Museum finden auch themenbezogene internationale Filmfeste statt. Das Glaciarium liegt 6 km von Calafate entfernt an der Strecke Rich-tung Nationalpark. Von der Avenida 1 de Mayo (im Abschnitt zwischen Avenida Li-bertador und Avenida Roca) fährt stündlich ein kostenloser Shuttlebus zum Museum.

Reserva Natural
Laguna Nimez   VOGELSCHUTZGEBIET
(Eintritt 100 Arg$; ◷ bei Tageslicht) Das Schutz-gebiet liegt nördlich der Stadt am Ufer der Laguna Nimez und umfasst ein bedeutendes Vogelbiotop mit einem Lehrpfad. In einer Casa-Verde-Informationshütte erhalten Be-sucher kompetente Auskünfte und können sich ein Fernglas leihen. Besonders zum Be-obachten von Flamingos ist es ein herrlicher

ESTANCIA EL CÓNDOR

Diese abgelegene *estancia* (☑in Buenos Aires 011-4735-7704, Satellitentelefon 011-4152-5400; www.cielospatagonicos.com; Haupthaus pro Pers. 220 US$ inkl. Vollpension und Ausflüge; ⊙Okt.–März) liegt am Ufer des Lago San Martín und gleicht einem Paradies. Ein Ensemble aus gelbbrauner Steppe, vermoostem Buchenwald und Berggipfeln mit Gletscherhauben bedeckt dieses 400 km² große private Naturschutzgebiet.

Selbst für patagonische Verhältnisse scheint hier alles überdimensional zu sein – nicht nur der riesige türkisfarbene See, der auf chilenischer Seite Lago O'Higgins heißt. In der Landschaft wachsen tatsächlich 13 unterschiedliche Orchideenarten und über mächtigen zerklüfteten Felsen ziehen imposante Kondore ihre Kreise. Ambitionierte Reiter können eine Woche lang die Gegend durchstreifen, ohne das Terrain der *estancia* zu verlassen. Mit ihrer Berghütte La Nana bietet die *estancia* sogar noch tiefer in der Wildnis eine Unterkunft. Auch für Wandertouren eignet sich das Gebiet. Wanderungen mit Flussüberquerungen sollte man allerdings nie ohne einen kundigen Führer unternehmen. Ein Highlight ist die Tagestour zur *condorera*, einem Brutplatz von Kondoren.

Die *estancia* hat es sogar zu einer kuriosen Fußnote der patagonischen Geschichte gebracht: Im *puesto* (Wohnstätte) La Nana lebte einstmals Jimmy Radburne, ein berühmt-berüchtigter Brite, der die Tehuelche-Frau Juana entführt haben soll. Aber eigentlich folgte Juana ihm freiwillig, denn ihr Vater hatte sie in der Zeit davor verkauft, um eine Spielschuld zu begleichen. Mit ihr kam er um die Wende des 20. Jhs. an diesen extrem abgeschiedenen Ort, um eine Familie zu gründen. Derzeit führt nur eine Tageswanderung oder ein langer Ritt vom *casco* (Haupthaus, Farmhaus) von der *estancia* aus zum *puesto* La Nana.

Mahlzeiten und Ausflüge sind im Preis inbegriffen. Komfortabel, aber nicht luxuriös sind die sechs Zimmer im *casco* (Haupthaus, Farmhaus). Jedes verfügt über ein eigenes Bad, einen großen offenen Kamin und eine kleine Auswahl an Literatur über die Region. Preisgünstiger, aber rustikaler sind die Unterkünfte in der Schlafbaracke (Preise und Verfügbarkeit lassen sich über die Website per E-Mail erfragen). Für die Mahlzeiten liefert ein eigenes Gewächshaus frisches Gemüse und auch das Fleisch stammt von der Ranch.

Besucher können auf eigene Faust anreisen oder den fünfstündigen Transfer (120 US$) von El Calafate zur *estancia* nutzen, der montags und freitags angeboten wird. El Cóndor liegt drei Autostunden von Tres Lagos entfernt bzw. 118 km abseits der RN 40 auf der Strecke Richtung El Chaltén. Derzeit gibt es in der Gegend keinen offiziellen Grenzübergang nach Chile.

Platz. Andere Vögel kann man allerdings ebenso gut in El Calafate am Ufer des Lago Argentino beobachten.

Centro de Interpretación Historico
MUSEUM

(☑497799; www.museocalafate.com.ar; Av Brown & Bonarelli; Eintritt 100 Arg$; ⊙Sept.–Mai 10–20 Uhr, Juni–Aug. 11–17 Uhr) Das kleine, aber informative Museum zeigt ein Skelett eines *Austroraptor cabazaii*, das in der Nähe gefunden wurde. Im Mittelpunkt der Ausstellungen steht die Geschichte Patagoniens. Ein Museumsführer lädt die Besucher nach der Führung zu einer Tasse Mate ein.

👉 Geführte Touren

Etwa 40 Reisebüros organisieren Touren zum Gletscher Perito Moreno und zu anderen Attraktionen in der näheren Umgebung. Dazu zählen auch Ausflüge zu regionalen **Estancias**, wo Besucher wandern, reiten und entspannen oder auch übernachten können. Im Preis für die Tour zum Glaciar Perito Moreno ist allerdings der Parkeintritt nicht enthalten! Es lohnt sich jedoch, die Tourenveranstalter oder andere Reisende nach möglichen vorteilhaften Extras zu fragen, etwa Zwischenstopps, Bootsfahrten, mehrsprachige Führer oder Verleih von Ferngläsern.

⭐ Glaciares Sur
ABENTEUERTOUR

(☑02902-495050; www.glaciarsur.com; 9 de Julio 57; pro Pers. 225–250 US$) Eine der angebotenen Tagestouren führt in einen sehr wenig besuchten Teil des Parque Nacional Los Glaciares. Fern jeglicher Besuchermassen lässt

El Calafate

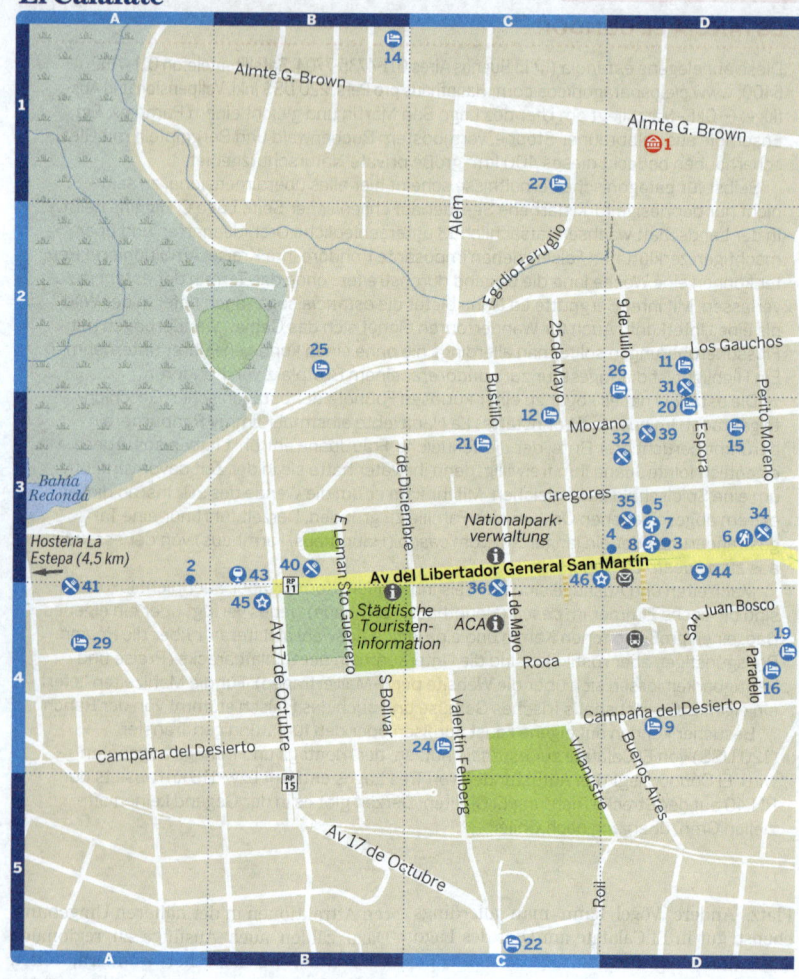

sich hier die atemberaubende Schönheit der mächtigen Gletscher genießen: In Begleitung eines sachkundigen, mehrsprachigen Führers fährt immer nur eine kleine Gruppe zum Lago Rocas, um sich dort den Glaciar Frias anzusehen.

Zu den weiteren Abenteuertouren, die von Glaciar Sur angeboten werden, zählt auch eine vierstündige Wanderung. Eine Tour mit Schwerpunkt auf Land und Leuten beinhaltet einen traditionellen *asado* (Grillmahlzeit) auf einer *estancia* sowie den Besuch des Glaciar Perito Moreno zu weniger besucherreichen Zeiten.

Caltur TOUR
(☎ 491368; www.caltur.com.ar; Libertador 1080) Hat sich auf Touren rund um El Chaltén und die dazu passenden Übernachtungsarrangements spezialisiert.

Chaltén Travel GEFÜHRTE TOUREN
(☎ 492212; www.chaltentravel.com; Libertador 1174; ⏰ 9–21 Uhr) Veranstaltet empfehlenswerte Touren zum Glaciar Perito Moreno mit Stopps für Tierbeobachtungen (Ferngläser werden gestellt). Ist auch auf RN-40-Touren spezialisiert. Einige geführte Touren lässt das Unternehmen von **Always Glaciers** (www.alwaysglaciers.com) ausführen.

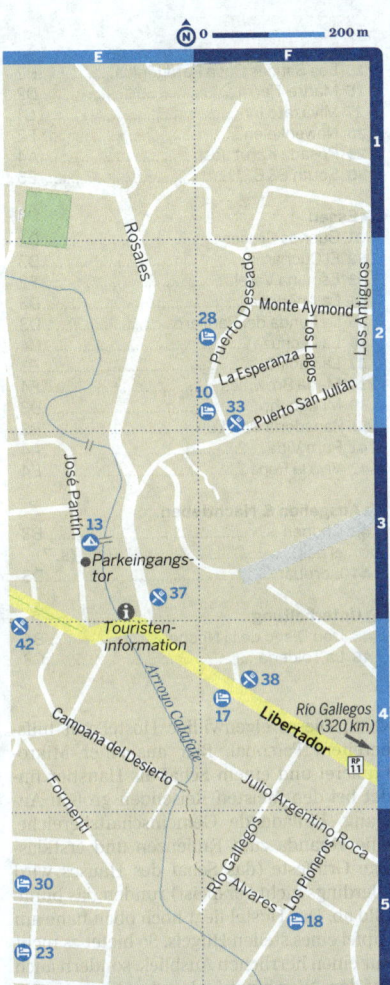

ter hat sich auf geführte Abenteuertouren spezialisiert, z. B. Klettern am Cerro Roca, Via-Ferrata-Touren (Klettersteigtouren), Abseilen von Felsen und Abfahrten mit einer Seilrutsche. Die Führer sprechen auch Englisch. Die Tourenteilnehmer werden von ihrer Unterkunft abgeholt. In der Stadt hat Enjoy! kein Büro; es liegt weit draußen auf der Estancia 25 de Mayo.

Calafate Fishing   ANGELN
(☎ 496545; www.calafatefishing.com; Libertador 1826; ⏱ Mo–Sa 10–19 Uhr) Bietet Touren zum Fliegenfischen im Lago Roca (halber Tag 1700 Arg$) oder Lago Strobbel. Einem Gerücht zufolge schwimmen in diesen Seen die größten Regenbogenforellen der Welt – Tourenteilnehmer können es testen.

🛏 Schlafen

Obwohl El Calafate über viele Unterkünfte verfügt, ist es ratsam, frühzeitig zu reservieren. Die Kernzeit der Hochsaison sind die Monate Januar und Februar, an einigen Orten hält der Hochbetrieb aber von Mitte Oktober bis April an. Viele der Luxushotels wurden im Eilverfahren hochgezogen, daher weisen nicht alle denselben guten Standard auf. In der Nebensaison werden zum Teil erhebliche Rabatte gewährt – von daher lohnt es sich, gründlich zu recherchieren.

In der Städtischen Touristeninformation gibt es eine umfassende Liste mit *cabañas* und Apartmenthotels, die sich für Gruppen und Familien besonders gut eignen. Die meistens Hostels lassen ihre Gäste vom Busbahnhof abholen.

Camping El Ovejero   CAMPINGPLATZ $
(☎ 493422; www.campingelovejero.com.ar; José Pantín 64; Zeltplatz pro Pers. 9 US$; @ ☎) Auf dem bewaldeten, gut gepflegten (ein wenig lauten) Campingplatz mit makellosen Duschen gibt es rund um die Uhr heißes Wasser. Zu den Extras zählen der eigene Tisch an jedem Zeltplatz, Stromanschluss und Grills. Einheimische behaupten, in dem Restaurant auf dem Campingplatz gäbe es die besten Grillgerichte der Stadt. Der Platz liegt an dem Bach nördlich der Brücke, die zur Stadt führt.

Hostal Schilling   PENSION $
(☎ 491453; http://hostalschilling.com; Paradelo 141; B 25 US$, EZ/DZ/3BZ mit Bad 63/75/95 US$, DZ ohne Bad 60 US$; ☎) Reisende treffen mit dieser preisgünstigen, zentral gelegenen Pension eine gute Wahl. Zu ihrer freundli-

Overland Patagonia   GEFÜHRTE TOUR
(☎ 491243, 492243; www.glaciar.com; Gletschertour 640 Arg$) Der Tourenveranstalter hat ein Büro im Hostel del Glaciar Libertador und im Hostel del Glaciar Pioneros. Organisiert eine alternative Gletschertour zum Glaciar Perito Moreno, die den Besuch einer *estancia*, eine einstündige Wanderung im Park sowie auf Wunsch auch eine Bootsfahrt auf dem See (250 Arg$ extra) umfasst

Enjoy!   ABENTEUERTOUREN
(☎ 497722; www.enjoycalafate.com; Via-Ferrata-Tour 580 Arg$) Der beliebte Tourenveranstal-

El Calafate

chen Atmosphäre tragen Cecilia, Marcelo und Raimiro, die Besitzerfamilie, sehr viel bei. Aufmerksam umsorgen sie ihre Gäste, sei es mit einer Tasse Tee oder der Hilfe bei logistischen Fragen. Vorhanden sind mehrere Aufenthaltsräume sowie ein Cafébereich, in dem es auch einen herzhaften Linseneintopf gibt, falls man einmal nicht außer Haus essen will.

Die Besitzer helfen auch gerne bei der Reservierung von Unterkünften auf der Estancia El Cóndor.

America del Sur HOSTEL $
(☎493525; www.americahostel.com.ar; Puerto Deseado 151; B 35 US$, DZ/4BZ 97/153 US$; @ 🖥) Das stylische logdeähnliche Hostel mit herrlichem Ausblick und Fußbodenheizung zählt zu den Favoriten der Rucksacktouristen. Die Doppelzimmer sind schön und einheitlich eingerichtet. Viel Spaß machen seine gesellige Atmosphäre und die vielen Gelegenheiten, gemeinsam zu feiern. Während der Hochsaison finden z. B. nächtliche Grillfeste mit Salatbüfett statt.

I Keu Ken Hostel HOSTEL $
(☎495175; www.patagoniaikeuken.com.ar; FM Pontoriero 171; B 23 Arg$, Hütte pro Pers. 80 US$;

@🖥) Dieses eigenwillige Hostel mit hilfsbereitem Personal, Bier aus einer Mikrobrauerei und einem Schaf als Haustier findet bei den meisten Reisenden großen Anklang. Einladende Gemeinschaftsbereiche, eine Veranda zum Faulenzen und erstklassige Grillfeste (das Schaf des Hauses wird allerdings nicht verspeist) runden das bunte Bild ab. Das Hostel liegt hoch oben nahe am Gipfel eines steilen Hügels. So bietet es nicht nur einen herrlichen Ausblick, sondern auch auf dem Weg hinauf oder aber hinunter ein zünftiges Workout.

Las Cabañitas HÜTTEN $
(☎491118; www.lascabanitascalafate.com; Valentín Feilberg 218; 2-/3-Pers.Hütte 84/105 US$, B/DZ ohne Bad 25/65 Arg$; ☺Aug.–Juni; @🖥) Auf dem erholsamen Gelände stehen gemütliche Giebeldachhütten wie aus dem Bilderbuch. Wendeltreppen führen zu Hochbetten oder Apartments. Gerardo, der sympathische und energiegeladene Besitzer, bietet seinen Gästen auch leckere Mahlzeiten, Lunchpakete und hilfreiche Informationen. Zu den weiteren positiven Details zählen der Garten, in dem Lavendel wächst, ein Grillbereich und Kochgelegenheiten für Gäste

Bla! Guesthouse
HOSTEL **$**

(📞 492220; www.blahostel.com; Espora 257; B 20–25 US$, DZ/3BZ 80/95 US$; 🛜) Wer sich wundert, wo all die Hipster geblieben sind, sollte sich mal in diesem kleinen, hübschen Designerhostel umschauen. Während es in den Zimmern mit Etagenbetten ziemlich eng zugeht, sind die Doppelzimmer wesentlich komfortabler – trotz ihrer ziemlich dünnen Wände.

Hostel del Glaciar Pioneros
HOSTEL **$**

(📞 491243; www.glaciar.com; Los Pioneros 251; B 17 US$, EZ 48–67 US$, DZ 62–73 US$; ⊙Nov.– März; @🛜) In diesem weitläufigen, renovierten rotfarbigen Haus befindet sich eines der ältesten Hostels der Stadt. Es liegt lediglich 15 Fußminuten von der Stadt entfernt. Komfortable Gemeinschaftsräume, gemütliche Schlafsäle und ein kleines Restaurant, in dem schmackhafte, hausgemachte Gerichte serviert werden, tragen zu seiner geselligen Atmosphäre bei.

Calafate Hostel
HOSTEL **$**

(📞 492450; www.calafatehostels.com; Moyano 1226; B/EZ/DZ/3BZ 20/60/80/100 US$; @🛜) Die riesige Blockhütte eignet sich ausgezeichnet für große Gruppen und besitzt eine ausgesprochen gute Atmosphäre. Die Schlafräume mit den Etagenbetten sind urgemütlich und der neue Anbau bietet saubere Doppelzimmer mit Backsteinwänden.

Hostel del Glaciar Libertador
HOSTEL **$**

(📞 492492; www.glaciar.com; Libertador 587; B/DZ/3BZ/4BZ 22/92/109/123 US$; @🛜) Die beste Wahl sind hier die Schlafräume mit den Etagenbetten, auf denen dicke Decken liegen. Hinter einer viktorianischen Fassade verbergen sich moderne Einrichtungen. Dazu zählen eine Küche im Dachgeschoss, Fußbodenheizung, Computer und ein geräumiger Gemeinschaftsbereich mit einem Plasmafernseher, auf dem der Sportkanal fest einprogrammiert zu sein scheint. Für Nutzer der Schlafsäle kostet das Frühstück zusätzlich 84 Arg$.

Hospedaje Jorgito
GÄSTEHAUS **$**

(📞 491323; Moyano 943; pro Pers. Zi mit/ohne Bad 3/10 US$1) In ihrem gemütlichen mit alten Barbiepuppen, Spitzendeckchen und Plastikblumen geschmückten Haus hat die liebenswerte Señora Virginia schon Generationen an Reisenden beherbergt. Die Zimmer unterscheiden sich in der Größe, sind aber alle hell und gut gepflegt. Die Gäste dürfen die große Küche benutzen.

Albergue Lago Argentino
HOSTEL **$**

(📞 491423; lagoargentinohostel.com; Campaña del Desierto 1050; B/EZ/DZ 26/85/95 US$) Seit vielen Jahren betreibt Estela das rosa angestrichene Hostel mit sauberen, aber beengten, einfachen Mehrbetträumen. Ansprechender ist das Nebengebäude auf der anderen Straßenseite. Seine hübschen, ruhigen Zimmer liegen an der Gartenseite und eignen sich besonders gut für Paare. Neben guten Informationen über die Stadt und ihre Umgebung bietet das Hostel auch einen Fahrradverleih. Es liegt nahe beim Busbahnhof.

Hosteria La Estepa
BOUTIQUEHOTEL **$$**

(📞 493551; www.hosterialaestepa.com; Libertador 5310; EZ/DZ US$110/130, deluxe 130/150 US$; @🛜) Auf die Gäste wartet ein gemütliches, rustikales Hotel mit bäuerlichen Antiquitäten und Panoramablick auf den See. Von den 26 Zimmern hat allerdings nur eine Handvoll Blick aufs Wasser. In den De-luxe-Zimmern gibt es einen kleinen Wohnbereich. Der große Gemeinschaftsbereich im ersten Stock ist geradezu übersät mit regionalen Karten- und Brettspielen. Im Restaurant kommt Hausmannskost auf den Tisch. Die *hosteria* liegt 5 km vom Stadtzentrum entfernt (Richtung Nationalpark).

Cauquenes de Nimez
B&B **$$**

(📞 492306; www.cauquenesdenimez.com.ar; Calle 303, No 79; DZ/3BZ 98/120 US$; ✳🛜) 🌿 Gabriels einladende einstöckige Lodge ist rustikal und modern zugleich. Ab November lassen sich den ganzen Sommer über Flamingos am See beobachten. In den hübschen Zimmern mit Fernseher, Schließfächern und Kordsamtdecken schmücken Naturfotografien die Wände. So sympathisch wie der individuelle Service sind das kostenlose Teegedeck mit Lavendelmuffins und der kostenfreie Fahrradverleih (Spenden unterstützen das Naturschutzgebiet).

Posada Karut Josh
B&B **$$**

(📞 496444; www.posadakarutjosh.com; Calle 12, No 1882, Barrio Bahía Redonda; d US$75) Ein italienisch-argentinisches Ehepaar betreibt dieses friedliche B&B in einem Haus mit Aluminiumfassade, hellen Zimmern und einem hübschen Garten mit Ausblick auf den See. Neben dem Frühstück sind auch recht gute Hauptgerichte (85 Arg$) erhältlich.

Miyazato Inn
B&B **$$**

(📞 491953; www.miyazatoinn.com; Egidio Feruglio 150, Las Chacras; EZ/DZ 120/150 US$; @) Für seinen individuellen Service verdient das elegante B&B, das an einen schlichten japanischen Gasthof erinnert, Extrapunkte. Süßigkeiten und *medialunas* (Croissants) sind Bestandteil des Frühstücks. Gäste, die einen Ausflug unternehmen, erhalten eine Thermosflasche mit heißem Kaffee oder Tee für unterwegs. Das Miyazato liegt fünf Gehminuten vom Stadtzentrum entfernt.

Newenkelen
PENSION $$

(☑ 493943; www.newenkelenposada.com.ar; Puerto Deseado 223; DZ/3BZ 97/130 US$; @🛜) Das gemütliche Haus thront auf einem Hügel hoch oben über der Stadt. Seine sechs Zimmer mit Backsteinwänden und geschmackvollem Bettzeug bieten Utensilien zum Teekochen und einen herrlichen Ausblick auf die umliegenden Berge.

La Posada del Angel
PENSION $$

(☑ 495025; posadadelangelcalafate.com; Madre Teresa de Calcutta 909; DZ/4BZ 90/120 US$; 🛜) Für gesetztere Reisende oder Fans von Unterkünften mit heimeligem Touch ist das familiengeführte B&B in einem komfortablen Backsteinhaus eine gute Wahl. Jedes seiner wenigen Gästezimmer hat ein geräumiges Bad. Darüber hinaus gibt es tadellose Gemeinschaftsräume – und niedliche Haustiere. Es liegt auf einer Anhöhe oberhalb des Stadtzentrums.

Hotel La Loma
PENSION $$

(☑ 491016; www.lalomahotel.com; Roca 849; B 30 US$, Zi 91–137 US$; ⊙ Juli–Mai; 🛜🖨) Möbel im Stil der Kolonialzeit und Kronleuchter kennzeichnen dieses ranchartige Refugium mit hübschem Steingarten. Antiquitäten schmücken die Flure, in denen die Dielen etwas knarzen. Die Superiorzimmer sind geräumig und hell, während die Mehrbettzimmer dagegen eher Klosterzellen ähneln. Die Preise hängen vom Ausblick und der Qualität der Zimmer ab.

South B&B
B&B $$

(☑ 489555; www.southbb.com.ar; Av Juan Domingo Perón 1016; DZ/3BZ 100/150 US$; ⊙ Okt.–Mai; 🛜) Welch ein spektakulärer Ausblick auf den Largo Argentino wird hier den Gästen geboten! Nur eine Drohne könnte so ein wunderschönes Panoramabild vom See einfangen. Das große B&B liegt hoch oben an einem Hang (vor dem Umbau zum B&B war das Anwesen eine riesige Hotelanlage). Seine Zimmer sind geräumig und hell, allesdings haben nur wenige WLAN-Empfang. Geführt wird das B&B von einer fürsorglichen Familie – und einem Zwergpudeltrio, das stolz Wache hält.

Hotel Michelangelo
HOTEL $$

(☑ 491045; http://www.michelangelocalafate.com/es/index.html; Moyano 1020; DZ/3BZ 128/156 US$; 🛜) Das Hotel im Schweizer Chaletstil liegt im Stadtzentrum und gehört zu den bevorzugten Unterkünften von Reisegruppen. Neben der schicken Lobby besticht auch der Aufenthaltsbereich mit offenem Backsteinkamin und indirekter Beleuchtung. Gedeckte Farben prägen die geschmackvollen, gut ausgestatteten hohen Zimmer.

ABSTECHER

AGUAS ARRIBA LODGE

Ein Refugium mit ganz eigenem Charakter bildet diese exklusive **Naturlodge** (☑ in Buenos Aires 11-15-6134-8452; www.aguasarribalodge.com; Lago del Desierto; pro Pers. und Tag 430 US$ inkl. Vollpension & Aktivitäten) 🌿 am abgelegenen Lago del Desierto an der chilenischen Grenze. Umgeben ist die Lodge von einem stillen Wald aus Lenga-Südbuchen, in dem Huemuls (Andenhirsche; eine stark gefährdete Tierart) umherstreifen. Im Haus der Lodge gibt es nur fünf Gästezimmer, alle mit Blick auf den gewaltigen Glaciar Vespignani. An klaren Tagen ist in der Ferne der Cerro Fitz Roy zu sehen. Diesen beeindruckenden Ausblick können die Gäste auch auf der hölzernen Terrasse genießen. Zu den gebotenen Aktivitäten zählen Fliegenfischen im Rahmen einer geführten Tour und Wanderungen auf einem ausgedehnten Netz an Wegen mit Wasserfällen, Aussichtspunkten und abgeschiedenen Stränden. Auf dem „Öko-Programm" stehen Kompostieren, Recycling und nachhaltiges Bauen. Die Besitzer der Lodge, Patricia und Ivor, empfangen ihre Gäste mit einer herzlichen Begrüßung in diesem wahren Paradies. Dorthin zu kommen, dauert allerdings eine Weile. Bis zum Südufer des Sees gelangen die Gäste auf eigene Faust, von dort werden sie dann von einem Boot der Lodge abgeholt. Ideal ist ein Aufenthalt mit drei Übernachtungen. Mitreisende Kinder sollten mindestens zwölf Jahre alt sein.

⭐ Madre Tierra · BOUTIQUEHOTEL $$$

(☑ 498880; www.madretierrapatagonia.com; 9 de Julio 239; DZ 165 US$) Typische Stoffe aus den Anden und rustikale Einfachheit verleihen dem Hotel ein besonderes Flair. Sein bester Anziehungspunkt ist der Aufenthaltsraum im ersten Stock; hier stehen gemütliche Sofas und an kühlen Tagen prasselt das Feuer im Holzofen. Das Haus verfügt nur über sieben Zimmer, die alle in einem klaren, modernen Stil geschmackvoll eingerichtet sind, teilweise mit übergroßen Kommoden. Geführt wird das Hotel von Natacha und Mariano, die langjährige Tourenführer in der Region gewesen sind. Für ihre Gäste organisieren sie Geländewagentouren und auf Wunsch auch Transfers.

Los Sauces Casa Patagónica · HOTEL $$$

(☑ 495854; www.casalossauces.com; Los Gauchos 1352; DZ/Suite ab 290/360 US$; @🛜) Das ist kein Hotel, sondern eine pure Luxusoase mit preisgekröntem Restaurant, hervorragendem Wellnessbereich sowie weitläufigen, tadellos gepflegten Gartenanlagen, in denen exotische Vögel umherflattern. Doch damit genug: Das Personal flitzt in Golfmobilen umher. Einfach super sind die verschiedenen, jeweils Ton in Ton gehaltenen Zimmer mit erstklassigen Betten, riesigen Flachbildfernsehern sowie Bädern mit Steinfliesen und Whirlpool.

Hotel Posada Los Álamos · RESORT $$$

(☑ 491144; www.posadalosalamos.com; Moyano 1355; EZ/DZ 241/264 US$; @🛜) Für den Komfort, den Calafates ältestes Resort bietet, sind die Preise angemessen. Feudale Zimmer, dick gepolsterte Sofas, spektakuläre Gartenanlagen, Tennisplätze, Putting Greens und Wellnessbereich lassen den anderen oder Gast vielleicht sogar vergessen, dass er sich eigentlich den Glaciar Perito Moreno ansehen wollte.

 Essen

In den Seitenstraßen der Avenida Libertador verkaufen kleine Läden backfrisches Brot, köstlichen Käse, Süßigkeiten und Wein – genau das Richtige für Picknicks. Preiswerte Gerichte zum Mitnehmen und Lebensmittel gibt es bei **La Anónima** (Ecke Libertador & Perito Moreno; 🕙 9–22 Uhr),

Esquina Varela · ARGENTININISCH $

(☑ 490666; Puerto Deseado 22; Hauptgerichte 85–110 Arg$; 🕙 7 Uhr bis spätabends) Mit seinem köstlichen Essen zu günstigen Preisen ist dieses Restaurant mit Wellblechfassade ein wahres Schnäppchen im teuren El Calafate. Ein guter Auftakt sind die frittierten Calamari und ein Bier. Lammeintopf, Steak und *locro* (traditioneller Eintopf aus Mais, Fleisch und Gemüse) sowie einige vegetarische Gerichte locken auf der kurzen Speisekarte – serviert in sattmachenden Portionen, Hier wird auch Livemusik gespielt.

La Fonda del Parrillero · PARRILLA $

(9 de Julio 29; Hauptgerichte 45–180 Arg$; 🕙 10–23 Uhr) Wer seine Ansprüche ans Ambiente nicht allzu hoch schraubt, kann in dem geschäftigen Grilllokal mit ein paar Tischen vor der Tür und Essen zum Mitnehmen recht gut speisen, vor allem auch zu später Stunde. Neben köstlichen Lammsteaks gibt es hier auch hausgemachte Pasta, herzhafte Pies und eine riesengroße Auswahl an schmackhaften Empanadas.

Viva la Pepa · CAFÉ $

(☑ 491880; Amado 833; Hauptgerichte 60–120 Arg$; 🕙 Mo-Sa 12–21 Uhr) Das nette mit Kinderzeichnungen geschmückte Café hat sich auf Crêpes spezialisiert. Lecker sind aber auch seine Sandwiches aus hausgemachtem Brot (unbedingt die Version mit Hühnchen, Apfel und Blauschimmelkäse probieren), frische Fruchtsäfte und *mate* (in einer Kalebasse serviert).

María Brownies · DESSERTS $

(☑ 496817; Libertador 524; Snacks 60 Arg$; 🕙 Mi-Mo 15.30–20.30 Uhr) Wer auf hausgemachte Brownies, Zitronen-Tart und Scones steht, der ist in dieser bezaubernden Teestube genau richtig.

Panaderia Don Luis · BÄCKEREI $

(Av Libertador 2421; Snacks 10 Arg$; 🕙 7–21 Uhr) *Medialunas* und vieles mehr gibt es in dieser riesigen Bäckerei.

⭐ Buenos Cruces · ARGENTINISCH $$

(☑ 492698; Espora 237; Hauptgerichte 130–220 Arg$; 🕙 Mo-Sa 7–23 Uhr) Neu in der Gastro-Szene der Stadt ist dieses familiengeführte Restaurant, das frischen Wind in die klassische argentinische Küche bringt. Empfehlenswert als Vorspeise ist beispielsweise der warme Rote-Bete-Salat mit Balsamico-Reduktion. Die Forelle mit Nusskruste – auf Risotto serviert – schmeckt nicht nur köstlich, sondern macht auch richtig satt. Das Gleiche lässt sich von den mit Roquefort überbackenen Ravioli sagen. Auch der Service ist gut.

Pura Vida

ARGENTINISCH $$

(☑493356; Libertador 1876; Hauptgerichte 90–185 Arg$; ⊙ Do–Di 7.30–23.30 Uhr; ✐) Ein seltener Genuss: In dem unkonventionellen, schummerig beleuchteten Speiselokal wird unverfälschte argentinische Hausmannskost serviert. Seine langjährigen Besitzer packen selbst mit an und bereiten beispielsweise würzige Pasteten mit Hühnerfleischfüllung zu oder schenken den Gästen Wein ein. Mit Naturreis, Gemüse aus dem Wok und verschiedenen Salaten kommen hier auch Vegetarier nicht zu kurz. Ein unschlagbares Dessert ist der mit warmer Beerensoße getränkte Schokokuchen mit Eiscreme. Tischreservierung ist erforderlich.

La Tablita

PARRILLA $$

(☑491065; www.la-tablita.com.ar; Rosales 24; Hauptgerichte 100–150 Arg$; ⊙12–15.30 & 19–24 Uhr) Saftige Steaks und Lamm vom Spieß sind die kulinarischen Highlights dieser *parrilla*, die wegen ihrer üppigen Portionen sehr beliebt ist. Für den Durchschnittshunger reicht ein halbes Steak mit frischem Salat oder Knoblauchpommes und dazu ein guter Malbec-Wein.

El Cucharón

ARGENTINISCH $$

(☑495315; 9 de Julio 145; Hauptgerichte 130–230 Arg$; ⊙12–15 & 20–23 Uhr) Ein noch verhältnismäßig unbekanntes gastronomisches Kleinod ist dieses raffinierte, kleine Speiselokal, das sich ein paar Blocks abseits der Hauptstraße in einem Winkel versteckt. Es eignet sich ausgezeichnet, um regionale Klassiker wie *cazuela de cordero* (Lammeintopf) auszuprobieren. Köstlich schmeckt auch die Forelle mit Zitronensoße und gegrilltem Gemüse.

La Lechuza

PIZZA $$

(Libertador 1301; Hauptgerichte 93–220 Arg$; ⊙12–15 & 18.30–23.30 Uhr) Auf runden Holzplatten werden hier eine klassische Auswahl an Empanadas sowie Salate und Pizzas serviert. Besonders lecker schmeckt die Pizza mit Schafskäse und Oliven. Gut dazu passt das Bier, das aus einer der örtlichen Mikrobrauereien stammt.

★ Mi Rancho

ARGENTINISCH $$$

(☑490540; Moyano 1089; Hauptgerichte 160–230 Arg$; ⊙12–15.30 & 20–24 Uhr) Eine inspirierende und persönliche Atmosphäre hat dieses Restaurant in einem kleinen Backsteinhaus aus El Calafates Gründerzeit. Hier kocht der Besitzer noch selbst und serviert riesige Portionen Ossobuco, köstliche, mit Königskrabben gefüllte Pasta, herrliche Salate und Kalbsbries mit angedünstetem Spinat auf Toast. Desserts wie Eisparfait mit Schokoladensauce oder Passionsfrüchten und ähnliche Schlemmereien sind eine Kaloriensünde wert. Da nur wenige Tische zur Verfügung stehen, sollte man einige Tage im Voraus reservieren.

Ausgehen & Nachtleben

Chopen

PUB

(Cervecería Artisanal; ☑249-6096; Libertador 1630; ⊙20–2 Uhr) Nach einem langen Tag in Wind und Sonne ist dieses gemütliche Brauerei-Pub ein Segen. Das kühle Bier wird vor Ort gebraut und aus der winzigkleinen Küche kommen gehäufte Platten mit Fleisch, Käse und würzigen, mit Rindfleisch gefüllten Empanadas.

Librobar

PUB

(Libertador 1015; ⊙10–3 Uhr; ☎) Die hippe „Buchladen-Bar" befindet sich im Aldea de los Gnomos (Wichteldorf), einem Vergnügungs- und Einkaufsviertel der Stadt. Hier können die Gäste im ersten Stock bei Kaffee, Flaschenbier und ziemlich teuren Cocktails in großen Bildbänden über Patagoniens Tier- und Pflanzenwelt schmökern. Wer seinen Laptop mitbringt, kann kostenlos das WLAN nutzen.

el ba'r

CAFÉ

(9 de Julio s/n; ⊙9–2 Uhr) Das trendige Patio-Café ist genau richtig, um sich bei einem Espresso, einem *submarino* (heiße Milch, in der ein Riegel Bitterschokolade schwimmt), grünem Tee, Sandwiches oder glutenfreien Snacks zu entspannen (Hauptgerichte 80–115 Arg$).

Unterhaltung

La Tolderia

LIVEMUSIK

(☑491443; www.facebook.com/LaTolderia; Libertador 1177; ⊙Mo–Do 12–4, Fr–So 12–6 Uhr) Tanzen und Live-Auftritte sind angesagt, wenn der kleine Club mit großen Fenstern zur Straße am Abend seine Tore öffnet. Man sagt, er sei wahrscheinlich der beste Treffpunkt in der ganzen Stadt, um sich mal richtig austoben.

Don Diego de la Noche

LIVEMUSIK

(Libertador 1603; ⊙20 Uhr bis spätabends) In dem Dauerfavoriten der Nachtschwärmer gibt es Abendessen und Livemusik wie Tango, Gitarrenklänge und *folklórico* (argentinische Folkloremusik).

ℹ️ Praktische Informationen

GELD

Vorausschauende Leute decken sich vor dem Wochenende mit genügend Bargeld ein – nicht selten steht man am Sonntag vor bereits leeren Geldautomaten. Auch wer nach El Chaltén weiterreist, sollte nicht vergessen, ausreichend Bargeld mitzunehmen.

Banco Santa Cruz (Libertador 1285) Geldautomat und Umtausch von Reiseschecks.

MEDIZINISCHE VERSORGUNG

Hospital Municipal Dr José Formenti (☑ 491001; Roca 1487)

POST

Post (Libertador 1133)

TOURISTENINFORMATION

ACA (Automóvil Club Argentino; ☑ 491004; Ecke 1 de Mayo & Roca) Die Zweigstelle von Argentiniens Autoclub ist eine gute Quelle für regionale Straßenkarten.

Nationalparkverwaltung (☑ 491545; Libertador 1302; ⌚ Dez.–April 8–20 Uhr, Mai–Nov. 8–18 Uhr) Bietet Broschüren über den Parque Nacional Los Glaciares und eine recht gute Karte des Parks. Reisende sollten sich hier Auskünfte einholen, bevor sie den Park besuchen.

Städtische Touristeninformation (☑ 491090, 491466; www.elcalafate.tur.ar; Av Libertador 1411; ⌚ 8–20 Uhr) Bietet Stadtpläne und allgemeine Informationen über die Stadt und ihre Umgebung. Hat auch einen Informationsstand am Busbahnhof (☑ 491090; www.elcalafate.gov.ar; Ecke Libertador & Rosales; ⌚ 8–20 Uhr); An beiden Standorten gibt es Mitarbeiter, die Englisch sprechen.

REISEBÜRO

Fast alle Reisebüros vor Ort befassen sich ausschließlich mit Touren in die nähere Umgebung. Über andere Regionen wissen die Mitarbeiter meistens nur wenig.

Tiempo Libre (☑ 491207; www.tiempolibre viajes.com.ar; Gregores 1294) Flugbuchungen.

ℹ️ An- & Weiterreise

BUS

El Calafates **Busbahnhof** (Roca s/n) liegt auf einem Hügel und ist zu Fuß leicht über die Treppe an der Ecke Avenida Libertador und Avenida 9 de Julio erreichbar. In der Hochsaison ist eine Platzreservierung sehr wichtig, da die Busplätze häufig schnell ausgebucht sind.

Die Busse **Taqsa/Marga** (☑ 491843) oder **Andesmar** (☑ 494250) fahren viermal täglich nach Río Gallegos. Wer nach Bariloche oder Ushuaia will, muss meistens mitten in der Nacht

von El Calafate abfahren und in Río Gallegos in den entsprechenden Bus umsteigen.

Täglich fahren um 8, 14 und 18 Uhr Busse nach El Chaltén. Im Sommer bedienen **Caltur** (☑ 491368; www.caltur.com.ar; Libertador 1080) und **Chaltén Travel** (S. 530) die Strecke nach El Chaltén und auch die Route über die RN 40 nach Bariloche (2190 Arg$, 2 Tage).

Die Busse von **Cootra** (☑ 491444) und **Turismo Zahhj** (☑ 491631) fahren in der Hochsaison täglich um 8 bzw. 8.30 Uhr nach Puerto Natales (Chile). In der Nebensaison verkehren die Busse nur dreimal in der Woche. Die Grenze überqueren sie bei Villa Cerro Castillo, wo auch mitunter eine Möglichkeit zur Fahrt zum Parque Nacional Torres del Paine besteht.

Busse ab El Calafate

REISEZIEL	FAHRPREIS (ARG$)	FAHRZEIT (STD.)
Bariloche	1740–2190	14/28 Sommer/ Winter
El Chaltén	350	3½
Puerto Natales (Chile)	475	5
Río Gallegos	360	4

FLUGZEUG

Der moderne **Aeropuerto El Calafate** liegt 23 km östlich der Stadt abseits der RP11; die Flughafengebühr beträgt 38 US$.

Im Folgenden sind die Preise für einen One-Way-Flug angegeben. **Aerolíneas Argentinas** (☑ 492816, 492814; Libertador 1361) fliegt täglich nach Bariloche oder Esquel (ab 2491 Arg$) sowie nach Ushuaia (1200 Arg$), Trelew (4224 Arg$) und zum Aeroparque de Ezeiza in Buenos Aires (ab 1930 Arg$).
LADE (☑ 491262; Jean Mermoz 168) fliegt mehrmals in der Woche nach Río Gallegos (665 Arg$), Comodoro Rivadavia (984 Arg$), Ushuaia und Buenos Aires. **LAN** (☑ 495548; 9 de Julio 57) steuert einmal wöchentlich Ushuaia an.

ℹ️ Unterwegs vor Ort

Der Flughafenshuttle von **Ves Patagonia** (☑ 494355; www.vespatagonia.com) bietet einen Tür-zu-Tür-Service (einfach 120 Arg$) zwischen Flughafen und Unterkünften in El Calafate. Im Flughafen befinden sich mehrere Autovermietungen. Die Autovermietung **Localiza** (☑ 491398; www.localiza.com.ar; Libertador 687; ⌚ 9–20 Uhr) und **Servi Car** (☑ 492541; www.servi4x4.com.ar; Libertador 695; ⌚ Mo-Sa 9.30–12 & 16–20 Uhr) haben ein bequem erreichbares Büro direkt in der Stadt.

Ein **Fahrrad** zu leihen ist eine ausgezeichnete Möglichkeit, ein Gefühl für El Calafate und seine Umgebung zu bekommen und auf den Schotterstraße rund um den See die Gegend zu erkunden. Ein Fahrradverleih befindet sich in der **Albergue Lago Argentino** (S. 533).

Rund um El Calafate

Ab El Calafate verläuft die asphaltierte RN 40 über 95 km Richtung Südosten quer durch die weite Steppe bis El Cerrito. Hier macht die RN 40 einen Schwenk nach Süden und geht zugleich in eine Schotterpiste über. Wer nach Río Gallegos will fährt ab El Cerrito auf der südostwärts verlaufenden asphaltierten RP 5 weiter. Für die 224 km lange, eintönige Strecke benötigt man allerdings geschlagene fünf Stunden. Von Río Gallegos führt die asphaltierte RP 7, die westwärts verläuft und auf die RN 40 stößt, die zu den Grenzposten Cancha Carrera (Argentinien) und Villa Cerro Castillo (Chile) führt. Auf chilenischen Straßen geht es dann weiter zum Parque Nacional Torres del Paine und nach Puerto Natales.

Parque Nacional Los Glaciares (Südteil)

Die absolute Attraktion im südlichen Teil des **Parque Nacional Los Glaciares** (Eintritt 260 Arg$; wird ab 8 Uhr erhoben) bildet der atemberaubende **Glaciar Perito Moreno** – einer der dynamischsten und am leichtesten zugänglichen Gletscher der Welt. Er ist 30 km lang, 5 km breit und 60 m hoch. Außergewöhnlich sind jedoch nicht seine Ausmaße, sondern die Tatsache, dass er immer noch wächst. Täglich schiebt er sich um 2 m vorwärts und kalbt dabei riesige Eisbrocken. Das bedeutet: Haushohe Eisberge brechen von seiner Gletscherzunge ab – ein einzigartiger Anblick! Allerdings kommt dieses spektakuläre Ereignis nicht alle Tage vor.

Der Gletscher entstand, als eine flache Vertiefung in den Anden den von Niederschlägen begleiteten Pazifikstürmen ermöglichte, ihre nassen Ladungen östlich des Gebirgskamms als Schnee abzuladen. Der Schnee sammelte sich in der Vertiefung und wurde durch sein enormes Gewicht über Jahrtausende zu Eis gepresst. Mit der Zeit bewegten sich die Eismassen langsam ostwärts. Die 1600 km² große Mulde des Lago Argentino, der größten zusammenhängen-den Süßwassermasse des Landes, beweist, dass der Gletscher einst eine viel größere Fläche als heute bedeckte.

Während bei den meisten Gletschern weltweit das Eis schwindet (Gletscherschmelze), bleibt der Glaciar Perito Moreno in sich konstant. Bei seinem Vordringen hat er zwischen 1917 und 2012 19-mal den Brazo Rico, einen Seitenarm des Lago Argentino, blockiert und den Wasserspiegel in die Höhe gejagt. Das vor dem Eis schmelzende und das nachdrängende (zufließende) Wasser erzeugen einen Druck, dem diese Blockade schon mehrfach nicht standhalten konnte. Jedes Mal stürzte sie dann in einer gewaltigen Explosion aus Wasser und Eisbrocken in sich zusammen. Wer dieses spektakuläre und zugleich verheerende Ereignis schon einmal beobachten konnte, wird es sein Leben lang nicht vergessen.

Der Glaciar Perito Moreno bietet nicht nur ein visuelles, sondern auch ein akustisches Erlebnis, wenn er kalbt und die riesigen Eisbrocken von der Gletscherzunge abbrechen und mit Getöse in den **Canal de los Témpanos** (Eisbergkanal) stürzen. Am besten lässt sich die von der Natur geschaffene Touristenattraktion von der Península de Magallanes aus beobachten. Die Halbinsel liegt nahe genug, um einen grandiosen Ausblick zu garantieren, aber weit genug entfernt, um die Sicherheit der Besucher zu gewährleisten. Zahlreiche Stahlstege, die zusammengenommen eine Länge von fast 4 km ergeben, sowie mehrere Aussichtspunkte ermöglichen den Schaulustigen, den Gletscher gut zu sehen, zu hören und zu fotografieren. Während die Stirnseite des Gletschers morgens voll in der Sonne liegt, verändert der zunehmende Schatten im Lauf des Tages das Erscheinungsbild auf faszinierende Weise.

Zwischen Parkplatz und Aussichtsstegen verkehrt ein kostenloser Shuttlebus. Ein rundum verglaster *refugio* ermöglicht auch bei schlechtem Wetter einen herrlichen Ausblick auf den Gletscher. Eine Snackbar und ein doppelstöckiges Restaurant (von Nativos betrieben) versorgen die Schaulustigen mit Cappuccino und Sandwiches. Wer seinen Proviant allerdings selbst mitbringen möchte, sollte daran denken, wie schwierig und teuer es ist, den Müll aus diesem Gebiet zu entsorgen. Deshalb: Bitte sämtliche Abfälle wieder mitnehmen!

Bei Vorlage der International Student Identity Card erhalten Studenten eine Er-

Rund um El Calafate & PN Los Glaciares (Südteil)

Map labels:

Glaciar Upsala (5 km)
Estancia Cristina
Hostería Estancia Helsingfors (124 km); El Chaltén (160 km)
Glaciar Agassiz
Brazo Upsala
Glaciar Onelli
Lago Onelli
Brazo Norte
Glaciar Heim
Parque Nacional Los Glaciares
Lago Argentino
Glaciar Spegazzini
Puerto Bandera
RP 19
Canal de los Témpanos
Península de Magallanes
RP 8
Hostería La Estepa
RP 11
Park-Ranger-Büro
RP 11
Eolo
Glaciarium
El Calafate
RP 11
Glaciar Mayo
Puerto Bajo de las Sombras
Mitre Picknick
Eingangstor
RP 60
RP 15
Glaciar Ameghino
Brazo Rico
Lago Roca
Glaciar Perito Moreno
Brazo Sur
Cerro Cristal (1286 m)
ARGENTINIEN
Cerro Moreno
Adventure Domes
Camping Lago Roca
Glacier Lookout; Puerto Bajo Restaurant
Estancia Nibepo Aike
Glaciar Frías
Lago Frías
CHILE

PATAGONIEN PARQUE NACIONAL LOS GLACIARES (SÜDTEIL)

mäßigung auf den Eintrittspreis. Das Einfallstor zum südlichen Parkteil ist El Calafate. Diese Stadt liegt etwa 80 km östlich vom Glaciar Perito Moreno und ist mit dem Nationalpark durch eine Straße verbunden. In El Calafate befinden sich auch die meisten Veranstalter, die Touren und sonstige Aktivitäten organisieren.

Aktivitäten

Glaciar Perito Moreno

In diesem Abschnitt des Nationalparks sind Boote das einzige Transportmittel. Ein einsamer Fußweg führt lediglich nahe der Bootsanlegestelle am Seeufer entlang und dann hinauf zu den Aussichtsplattformen. Die Bootsfahrten vermitteln einen intensiven Eindruck von der gewaltigen Größe des Glaciar Perito Moreno – allerdings aus sicherer Distanz. Nicht enthalten im Preis

der Bootstouren sind der Transfer zum/vom Parque Nacional Los Glaciares (hin & zurück 130 Arg$) und die Eintrittsgebühr.

Hielo y Aventura EISTREKKING, BOOTSRUNDFAHRTEN (☎ 02902-492205, 02902-492094; www.hieloyaventura.com; Libertador 935, El Calafate) Safari Náutico (120 Arg$, 1 Std.) nennt der Veranstalter die herkömmliche Rundfahrt durch den Brazo Rico, den Lago Argentino und den südlichen Abschnitt des Canal de los Témpanos. Die Katamarane, auf denen sich bis zu 130 Personen befinden, legen stündlich zwischen 10.30 und 16.30 Uhr in Puerto Bajo de las Sombras ab.

Der Veranstalter bietet auch Touren mit Gletscherwanderungen an: die Mini-Trekkingtour (1200 Arg$, knapp 2 Std. auf dem Eis) sowie die längere und anspruchsvollere „Big Ice Tour" (2200 Arg$, 4 Std. auf dem Eis). Beide Touren umfassen eine rasante Bootsfahrt ab Puerto Bajo de las Sombras, eine Wanderung durch Lenga-Wälder, eine kleine Einführung in die Gletscherkunde und die Gletscherwanderung, bei der Steigeisen zum Einsatz kommen. Kinder unter acht Jahren dürfen an diesen Touren nicht teilnehmen. Wichtig: Warme Regenbekleidung mitnehmen! Da es in der Gletscherlandschaft häufig schneit, kann man an Bord schnell nass werden und frieren. Auch Mitnahme des eigenen Proviants ist erforderlich. Und nicht zuletzt: rechtzeitig reservieren. Die Bootsfahrt ist nicht im Preis enthalten und kostet 300 Arg$.

Glaciar Upsala & Lago Onelli

Der 595 km² große Glaciar Upsala ist etwa 60 km lang und stellenweise 4 km breit. Majestätische, bizarr geformte Eisberge umgeben diese monumentalen Eismassen. Bewundern lässt sich die Eislandschaft leider nur von einem großen Katamaran aus, auf dessen Deck sich die Passagiere drängen, ganz nach dem Motto: die Natur und ich – und 300 meiner engsten Freunde.

Der Glaciar Upsala liegt an einer Verlängerung des Brazo Norte (Nordarm) des Lago Argentino. Von Puerto Punta Bandera fährt ein Katamaran dorthin. Der Hafenort liegt 45 km westlich von Calafate (über die RP 11 und RP 8). Der Bustransfer ab El Calafate (etwa 50 Arg$) ist im Preis der Tour nicht enthalten.

Solo Patagonia S.A.   BOOTSRUNDFAHRT

(☎ 02902-491115; www.solopatagonia.com; Libertador 867, El Calafate) Unter der Bezeichnung „Circuito Ríos de Hielo Express" (1350 Arg$) bietet Solo Patagonia eine Bootsrundfahrt, die von Punta Bandera zum Glaciar Upsala, Glaciar Spegazzini und zum Glaciar Perito Moreno führt. Je nach Wetter kann sich die Route ändern. Der Transfer von El Calafate nach Punta Bandera kostet zusätzlich 300 Arg$. Die während der Touren angebotenen Mahlzeiten sind ziemlich teuer, aber die Teilnehmer dürfen auch ihren eigenen Proviant mitbringen.

Mar Patag   BOOTSRUNDFAHRT

(☎ 02902-492118; www.crucerosmarpatag.com; 9 de Julio 57, Büro 4, El Calafate; ☺ Mo–Fr 7–19, Sa & So 7–11 & 17–21 Uhr; Tagestour 315 US$) Zum Komfort der De-luxe-Touren zählt der Küchenchef, der an Bord Gourmetmahlzeiten serviert. Das Schiff legt an dem Privathafen La Soledad ab. Die Tagestour – mit Vier-Gänge-Menü an Bord – führt zum Glaciar Upsala. Die Dreitagestour (ab 1608 US$ pro

Pers., Zweibettkabine), die fünfmal im Monat stattfindet, umfasst neben dem Glaciar Upsala auch noch den Glaciar Mayo und den Glaciar Perito Moreno. Der Transfer ab El Calafate (30 US$) ist allerdings nicht im Preis inbegriffen.

🏃 Lago Roca

Uferwälder und Berge säumen den stillen Südarm des Lago Argentino. In diesem Abschnitt des Nationalparks, Los Glaciares, in dem nur wenige Besucher unterwegs sind, befinden sich gute Wanderwege, schöne Campingplätze und Unterkünfte auf einer *estancia*. Eintrittsgeld wird hier nicht erhoben. An- und Rückfahrt kann der Tourveranstalter Caltur organisieren.

Cerro Cristal   WANDERN

In einer etwa dreieinhalbstündigen Bergwanderung lässt sich der Cerro Cristal erklimmen. Auch wenn die Wege felsig und steinig sind, lohnt sich die Tour. An klaren Tagen sind der Glaciar Perito Moreno und die Torres del Paine zu sehen. Die Route beginnt am Ausbildungslager La Jerónima, kurz vor dem Eingang zum Campingplatz Lago Roca, 55 km südwestlich von El Calafate an der RP 15.

Cabalgatas del Glaciar   REITEN

(☎ 495447; www.cabalgatasdelglaciar.com; Tagestour 900 Arg$) Cabalgatas veranstaltet ein- und mehrtägige Reitausflüge sowie Trekkingtouren zum Lago Rocas und Paso Zamora an der chilenischen Grenze. Unterwegs beeindrucken die Panoramablicke auf die Gletscherlandschaft. Diese Touren bietet auch Caltur an.

🛏 Schlafen & Essen

★ Camping Lago Roca   CAMPINGPLATZ $

(☎ 02902-499500; www.losglaciares.com/campinglagoroca; pro Pers. 15 US$, Hütte B pro 2/4 Pers. 63/95 US$) Dieser voll ausgestattete Campingplatz mit Bar-Restaurant liegt nur ein paar Kilometer vom Ausbildungscamp entfernt. Für Erkundungstouren in die Umgebung bildet er einen ausgezeichneten Ausgangspunkt. Die sauberen Schlafräume mit Betonwänden sind eine gute Alternative zum Campen. Rund um den Campingplatz verlaufen zahlreiche Wanderwege. Die Campingplatzverwaltung verleiht Angelausrüstungen und Fahrräder, außerdem organisiert sie Ausritte zu der nahe gelegenen Estancia Nibepo Aike.

★ **Estancia Cristina** ESTANCIA $$$

(☎ 02902-491133, in Buenos Aires 011-4803-7352; www.estanciacristina.com; DZ 2 Nächte inkl. Vollpension & Aktivitäten 1145 US$; ☺ Okt.–April) Sachkundige Einheimische behaupten, die Umgebung der *estancia* sei das schönste Trekkinggebiet der Region. Die Gästeunterkünfte sind helle und moderne Hütten mit herrlichen, weit reichenden Ausblicken. Geboten werden neben verschiedenen geführten Aktivitäten auch eine Bootstour zum Glaciar Upsala. Die *estancia* befindet sich am nördlichen Ausläufer des Lago Argentino und ist nur mit dem Boot von Punta Bandera aus erreichbar.

Hostería Estancia Helsingfors ESTANCIA $$$

(☎ Satellitentelefon 011-5277-0195; www.helsingfors.com.ar; pro Pers. inkl. Vollpension, Transfer & Aktivitäten 385 US$; ☺ Okt.–April) Rundum spektakulär ist die Lage der *estancia* mit dem weiten Blick über den Lago Viedma bis hin zum imposanten Cerro Fitz Roy. Doch damit nicht genug: Diese ehemalige von finnischen Siedlern gegründete Ranch zählt zu den renommierten Luxusunterkünften in der gesamten Region. Trotz allem luxuriösen Komfort herrscht eine wohltuend zwanglose Atmosphäre mit persönlichem Touch und ohne jedes „Getue". Die Gäste vertreiben sich die Zeit mit landschaftlich malerischen, aber anstrengenden Bergwanderungen, Ausritten oder Ausflügen zum Glaciar Viedma.

Dienstags, donnerstags und samstags bietet die *estancia* einen regelmäßigen Transferservice. Bei rechtzeitiger Voranmeldung ist auch an jedem Tag der Woche ein individueller Transport möglich. Die *estancia* liegt am Südufer des Lago Viedma, etwa 170 km von El Chaltén und rund 180 km von El Calafate entfernt.

Estancia Nibepo Aike ESTANCIA $$$

(☎ 02902-492791, in Buenos Aires 011-5272-0341; www.nibepoaike.com.ar; RP15, Km 60; DZ pro Pers. inkl. Vollpension & Aktivitäten ab 220 US$; ☺ Okt.–April; ☏) Aus Kroatien stammende Siedler haben einstmals diese Schaf- und Rinderfarm gegründet, die heute noch voll

KLEINE GLETSCHERKUNDE

Ganz gleich, ob die Eisflächen einem glatt gespannten Bettlaken gleichen oder ob sie von Wind und Wetter modelliert und vom Druck gespalten sind: Die majestätische Schönheit der Gletscher fasziniert und raubt einem den Atem.

Gletscher nehmen ihren Anfang in einem Nährgebiet (Akkumulationsgebiet). Wenn Schnee fällt, sammelt sich dieser im Nährgebiet an und wird mit der Zeit zu Eis gepresst. Die Schwerkraft zwingt die Eismassen, sich hangabwärts zu bewegen, wobei sich die Eisschichten durch die Topografie des Geländes verformen. Zugleich vermischt sich das unter dem Gletscher abfließende Schmelzwasser mit dem Gestein und der Erde des Untergrunds. Ein Teil der Mixtur wird zu einer Art Schmiermittel zerrieben, auf dem sich der Gletscher vorwärtsschiebt. Nicht zermahlenes Geröll wird zur Seite gedrückt und bildet Seitenmoränen. Die Bewegungsvorgänge verursachen auch die Oberflächenverformungen und die Gletscherspalten.

Der Bereich, in dem der Gletscher schmilzt, heißt Ablations- oder Zehrgebiet. Wenn die im Nährgebiet gefallene Schneemenge (die Akkumulation) größer ist als die im Zehrgebiet abgeschmolzene Eismenge (die Ablation), dehnt sich der Gletscher aus. Schmilzt im Zehrgebiet mehr Eis als an Schnee im Nährgebiet hinzukommt, schrumpft der Gletscher. Die globale Erderwärmung trägt zu dem verstärkten Gletscherschwund bei, der seit etwa 1980 weltweit auffällig zutage tritt.

Ein wahres Wunderwerk ist auch die Farbe der Gletscher. Wie entsteht ihr Blau? Antwort: Durch die Wellenlänge des Lichts und die Luftblasen. Kompaktes Eis besitzt kaum Luftblasen, sodass von dem Spektrum des eindringenden Lichtes nur das kurzwellige Blau reflektiert, also sichtbar, wird. In den Lufteinschlüssen des weniger kompakten Eises überlagern sich die Wellenlängen der Farben, wodurch der Gletscher weiß erscheint. An den Stellen, an denen der Gletscher abschmilzt und kalbt, tritt Gletscherwasser aus. Dieses Gletschermilch genannte Wasser ist grau und milchig, weil es fein zerriebenes Gestein mit sich führt. In manchen Seen setzt sich dieses Sediment nicht ab und reflektiert das Sonnenlicht – so entsteht eine ganze Palette verblüffender Farben, die von Türkis über Blassgrün bis Azurblau reicht.

in Betrieb ist. In einigen Räumlichkeiten geben ausgezeichnete Fotos einen Einblick in die regionale Geschichte. Neben ihren sehr hübschen Zimmern bietet Nibepo Aike auch die ganze Palette der Highlights einer aktiven *estancia,* wie Einblicke in die tägliche Farmarbeit oder Ausritte in Begleitung eines Führers, der auch Englisch spricht. Darüber hinaus können die Gäste auch mit dem Fahrrad die Umgebung erkunden. Der Transfer zwischen der *estancia* und El Calafate ist im Preis inbegriffen.

Eolo
HOTEL $$$

(☑ in Buenos Aires 011-4700-0075; www.eolo.com.ar; RP11; EZ/DZ inkl. Vollpension ab 770/950 US$; ☎) So weit das Auge auch reicht, ist das Eolo von der unendlich erscheinenden patagonischen Steppe umgeben. Das rustikale Leben außerhalb der Doppelscheiben dieses Relais & Châteaux (ein Zusammenschluss von Luxushotels und Restaurants) rückt jedoch schnell in weite Ferne. Bei ihrer Ankunft betreten die Gäste als Erstes einen Innenhof voller Lavendel. Dann erwartet sie eines der insgesamt 17 geschmackvoll eingerichteten Zimmer und Annehmlichkeiten wie Sauna, ein kleiner Swimmingpool und ein Spa-Bereich mit Fitness- und Wellnessprogramm. Wunderschöne Möbel im *Estancia*-Stil, eine Sammlung alter regionaler Karten und reichlich Lesestoff tragen zu der behaglichen Atmosphäre bei. Der Transfer ist im Preis inbegriffen.

Adventure Domes
CAMPINGPLATZ $$$

(☑ 02962-493185; www.adventure-domes.com; pro Pers. ab 430 US$) Über dieses All-inclusive-Camp gehen die Meinungen weit auseinander. Seinen Gästen bietet es geführte Wanderungen sowie Eistrekking auf dem Gletscher. Als Unterkünfte dienen große Kuppelzelte mit bequemen Betten und heißen Duschen. Im Preis inbegriffen sind alle Mahlzeiten, inklusive Lunchpakete für die Tagestouren. Auf Wunsch wird der Transfer organisiert.

❶ An- & Weiterreise

Der Glaciar Perito Moreno liegt 80 km westlich von El Calafate und ist über die asphaltierte RP 11 erreichbar. Die Fahrt führt durch die atemberaubende Landschaft am Lago Argentino. Im Sommer finden regelmäßig Bustouren (Rundfahrt 450 Arg$) statt. Die Busse fahren in El Calafate am frühen Morgen los und kehren je nach gewählter Ausflugsdauer gegen Mittag oder ungefähr um 19 Uhr wieder zurück.

CHILENISCHES PATAGONIEN

Wilde Meereslandschaften, gesäumt von eisbedeckten Gipfeln, das atemberaubende Bergmassiv Torres del Paine und eine weite Steppe, durch die ein heulender Wind fegt, kennzeichnen die andere (westliche) Seite der Anden. Für Argentinienreisende, die sich in der Nähe aufhalten, lohnt es sich, die Grenze zu überqueren. Das chilenische Patagonien umfasst eine vom stetig wehenden Westwind gemeißelte Gebirgslandschaft, die sich bis in die abgelegenen Regionen Aisén und Magallanes erstreckt. Zwischen diesen beiden Regionen befindet sich das südliche Kontinentaleisfeld (Hielo Patagónico Sur). Im Folgenden werden die Städte Punta Arenas und Puerto Natales sowie der spektakuläre Parque Nacional Torres del Paine vorgestellt. Ausführliche Informationen über Chile bietet der Lonely-Planet-Reiseführer *Chile & Osterinsel.*

Reisende aus Deutschland, Österreich und der Schweiz benötigen kein Visum für die Einreise nach Chile. Beim Grenzübertritt stellt die Zollbehörde eine kostenlose Touristenkarte, die *tarjeta de turismo,* aus. Sie ist 90 Tage gültig und kann bei Bedarf (gegen Gebühr) um weitere 90 Tage verlängert werden. Mit Formalitäten nehmen es die chilenischen Behörden sehr genau, deshalb sollte jeder auf seine Touristenkarte genau so gut aufpassen wie auf seinen Reisepass.

Kälteempfindliche Reisende werden bald einen gravierenden Unterschied zwischen Chile und dem mit Energie gut versorgten Argentinien feststellen: Ein Großteil der öffentlichen Gebäude und viele der preiswerten Unterkünfte besitzen keine Zentralheizung. Wärmende Bekleidung spielt daher häufig auch für den Aufenthalt in Räumen eine wichtige Rolle.

US-Dollar werden nicht überall akzeptiert. Im Nachfolgenden sind die Preise in chilenischen Pesos angegeben (Chil$) – nur dort nicht, wo Hotels oder Touranbieter ihre Preise in US-Dollars ausweisen.

Punta Arenas
☑ 061 / 130100 EW

Die weitläufige Metropole an der Magellanstraße trotzt einer eindeutigen Beschreibung. Im Punta Arenas von heute geht moderner Kommerz Hand in Hand mit alter Grandezza, die sich in den eleganten Villen aus der Ära des Wollbooms widerspiegelt. Einen Kontrast bildet auch die planvolle Renovierung des Hafens zu dem liegen gelassenen Müll, den der Wind durch die Straßen treibt, und zu der Zersiedelung der Landschaft. Für Reisende ist die Stadt der bequemste Ausgangspunkt, um die abgelegene Region Magallanes zu erkunden. Dazu tragen auch die zahlreichen guten touristischen Dienstleister ihren Teil bei. Auch wenn heute Passagiere von Kreuzfahrtschiffen und Trekker statt der Forschungsreisenden, Robbenjäger und Seeleute von gestern auf den Barhockern sitzen, hat sich die Stadt ein Herz für die „alte Garde" bewahrt.

Punta Arenas wurde im Jahr 1848 als Strafkolonie und Militärgarnison gegründet. Während des Goldrauschs erwies sich sein Hafen als günstiger Zwischenstopp für die Schiffe, die Alta California ansteuerten. In den ersten Jahren dümpelte die Wirtschaft der Stadt vor sich hin, bis sie gegen Ende des 19. Jhs. Aufwind bekam: Der Gouverneur der Region genehmigte den Kauf von 300 reinrassigen Schafen von den Falklandinseln. Dieses erfolgreich verlaufende Experiment heizte die Gründung von Schaffarmen an. Bereits um die Jahrhundertwende weideten fast 2 Mio. Schafe auf dem Gebiet rund um Punta Arenas.

Sehenswertes & Aktivitäten

Museo Regional de Magallanes   MUSEUM
(Museo Regional Braun-Menéndez; 061-224-4216; www.museodemagallanes.cl; Magallanes 949; Eintritt 1000 Chil$; Jan.–April Mi–Mo 10.30–17 Uhr, Mai–Dez. Mi–Mo 10.30–14 Uhr) Die stattliche Villa bezeugt den Reichtum und die Macht der Pioniere der Schafzucht im späten 19. Jh. In den gut gepflegten Innenräumen befindet sich ein Museum für Regionalgeschichte (Broschüren in Englisch erhältlich). Zu sehen ist auch noch ein Großteil des originalen Inventars der Familie, die einst in diesem Haus lebte. Es reicht von Möbeln in exquisitem französischem Jugendstil über Fußböden mit feinen Holzintarsien bis hin zu chinesischen Vasen.

Im oberen Stockwerk, wo früher die Unterkünfte der Bediensteten lagen, befindet sich heute ein Café. Ein hübscher Ort, um bei einem Pisco sour die Pracht vergangener Zeiten auf sich wirken zu lassen!

Plaza Muñoz Gamero   PLAZA
Stattliche Villen und herrliche Koniferen säumen diese zentral gelegene Plaza. An der Nordseite des Platzes residiert in der **Casa Braun-Menéndez** (061-224-1489; Eintritt 1000 Chil$; Di–Fr 10.30–13 & 17–20.30, Sa 10.30–13 & 20–22, So 11–14 Uhr) der private Club de la Unión. Das Clublokal im Obergeschoss ist auch für das allgemeine Publikum geöffnet Das nahe **Denkmal** hatte der Wollbaron José Menéndez 1920 zu Ehren des 400. Jahrestages von Ferdinand Magellans Reise gespendet. Gleich östlich davon liegt die ehemalige **Sociedad Menéndez Behety**, in der jetzt die Büros von Turismo Comapa untergebracht sind. Die **Kathedrale** steht im Westen der Plaza.

★ Cementerio Municipal   FRIEDHOF
(Haupteingang an Av Bulnes 949; 7.30–20 Uhr) GRATIS Mit seiner Mischung aus bescheidenen Gräbern von Einwanderern und imposanten Grabmälern gehört der städtische Friedhof zu Südamerikas faszinierendsten Begräbnisstätten. Das extravagante Grabmal des Wollbarons José Menéndez ist – laut Bruce Chatwin – eine maßstabsgetreue Kopie des Denkmals für Vittorio Emanuele in Rom. An der Innenseite des Haupttores hängt ein Lageplan.

Von der Plaza ist der Friedhof zu Fuß in knapp 15 Minuten zu erreichen. Wer lieber fährt, kann in der Avenida Magallanes vor dem Museo Regional Braun-Menéndez in irgendeines der *taxis colectivos* (Sammeltaxi mit fester Fahrtroute) steigen.

Museo Naval y Marítimo   MUSEUM
(061-220-5479; www.museonaval.cl; Pedro Montt 981; Erw./Kind 1200/600 Chil$; Di–Sa 9.30–12.30 & 14–17 Uhr) Das Seefahrt- und Marinemuseum zeigt u. a. eine ausgezeichnete Ausstellung über die chilenische Mission, der es gelang, die Mannschaft des englischen Entdeckungsreisenden Sir Ernest Shackleton aus der Antarktis zu retten. Das fantasievollste Ausstellungsstück ist der Nachbau eines Schiffes mit Details wie Brücke, Seekarten und Funkkabine.

Museo Regional Salesiano   MUSEUM
(061-222-1001; Av Bulnes 336; Erw./Kind bis 12 Jahre 2500/200 Chil$; Di–So 10–12.30 & 15–18 Uhr) Die Ordensgemeinschaft der Salesianer, die einst auf die Besiedlung der Region einigen Einfluss nahm, trug eine hervorragende völkerkundliche Kollektion zusammen. Allerdings hebt das Museum die Rolle der Salesianer als Friedensstifter zwischen den Yaghan, Ona und den Siedlern auf eine etwas zu aufdringliche Weise hervor.

PATAGONIEN PUNTA ARENAS

Reserva Forestal Magallanes
PARK

(🕐 bei Tageslicht) **GRATIS** Das 8 km vom Stadtgebiet entfernt gelegene Naturschutzgebiet
bietet hervorragende Möglichkeiten zum
Wandern und Mountainbiken durch dicht
gewachsene Lenga- und Coihue-Wälder.

👉 Geführte Touren

Anbieter von Touren in den Parque Nacional
Torres del Paine finden sich in Punta Arenas
zuhauf. Wegen der großen Entfernung kann
es aber ein extrem langer Tourentag werden.

Punta Arenas

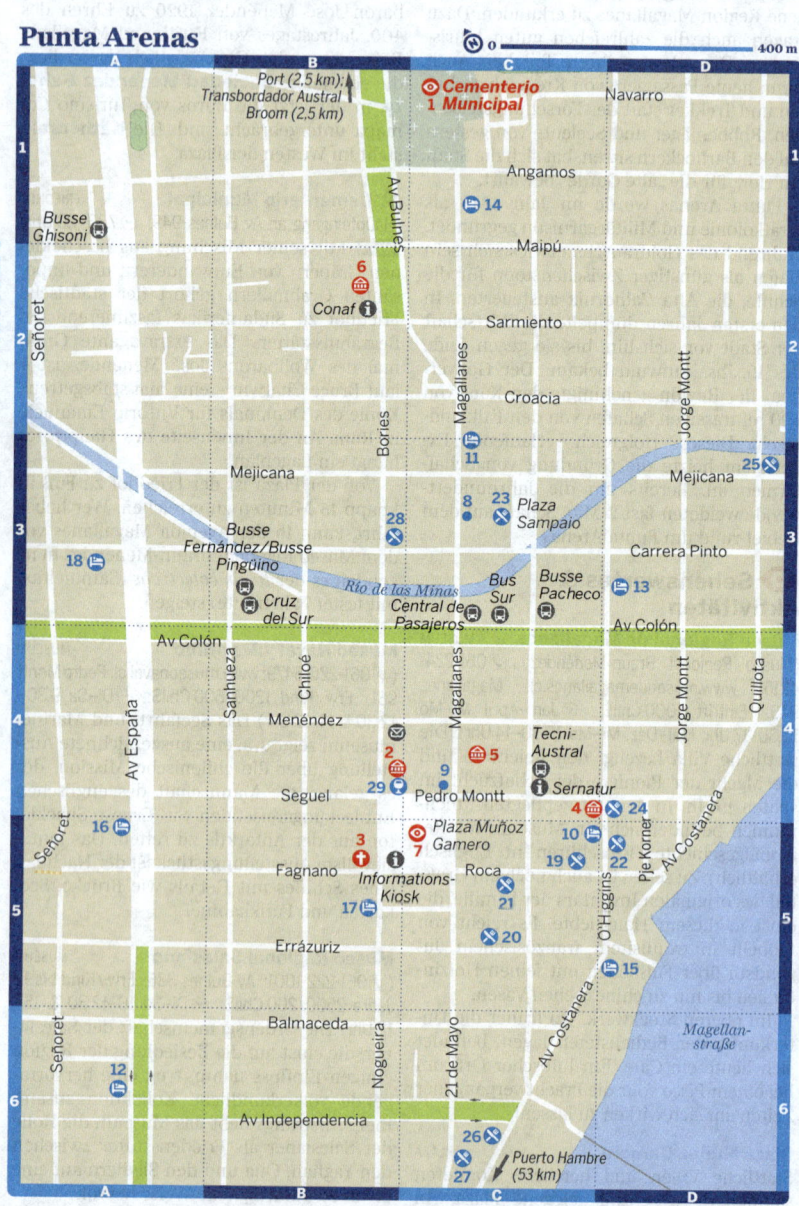

Bequemer ist es, die Tour von Puerto Natales aus zu unternehmen.

Der **Parque Historia Patagonia** (Parque del Estrecho de Magallanes; ☏ 061-272-3195; www. phipa.cl; Km 56 Sur; Eintritt 12 000 Chil$; ☺ 9.30–18.30 Uhr) umfasst die ersten Ansiedlungen in der Umgebung der Stadt: Fuerte Bulnes und Puerto Hambre. Erreichbar ist dieser Historienpark im Rahmen einer geführten Tour oder aber auf eigene Faust mit einem Mietwagen.

Eine stimmungsvollere, aber zeitaufwendigere Alternative zum Ausflug zur Pinguinkolonie am Seno Otway ist der Besuch der vitalen Magellanpinguinkolonie im Schutzgebiet Monumento Natural Los Pingüinos (S. 549) auf der Isla Magdalena.

Turismo Aonikenk GEFÜHRTE TOUREN
(☏ 061-222-8616; www.aonikenk.com; Magallanes 570) Die empfehlenswerten Tourenführer sprechen neben Spanisch auch Deutsch, Englisch und Französisch. Sie begleiten Trekkingtouren zum Cabo Froward und zur Königspinguinkolonie auf Tierra del Fuego (Feuerland) sowie preisgünstigere Exkursionen, die viel Trekkingerfahrung erfordern.

Kayak Agua Fresca KAJAKFAHREN
(☏ cell 9655-5073; www.kayakaguafresca.com; halbtägige Tour 50 000 Chil$) Bietet u. a. spektakuläre Touren mit dem Seekajak an den seltenen Tagen, an denen sich in Punta Arenas der Wind gelegt hat und das Meer ruhig ist. Es gibt kein Büro; ausführliche Infomationen finden sich auf der Website.

🛏 Schlafen

Da Punta Arenas auf dem Kurs der Kreuzfahrtschiffe liegt, verfügt es über eine Fülle an Hotels. Ausländische Touristen müssen keine Mehrwertsteuer (18 %) zahlen, wenn sie die Hotelrechnung in US-Dollar, mit Reisescheck oder Kreditkarte begleichen. In der Nebensaison (Mitte April bis Mitte Oktober) sind die Preise günstiger.

Hospedaje Magallanes B&B $
(☏ 061-222-8616; www.aonikenk.com; Magallanes 570; B/DZ ohne Bad 18 000/40 000 Chil$; @🖥) Besitzer dieses tollen und preiswerten B&B ist ein deutsch-chilenisches Ehepaar, das auch Touren zum Parque Nacional Torres del Paine begleitet und dem auch ein örtliches Reisebüro gehört. Es vermietet nur einige wenige, aber ruhige Zimmer. Vor einer Kletterwand im Innenhof finden häufig gemeinschaftliche Abendessen oder aber gesellige Grillfeste statt. Dunkles Brot und starker Kaffee sind feste Bestandteile des schmackhaften Frühstücks.

Hostal La Estancia GÄSTEHAUS $
(☏ 061-224-9130; www.estancia.cl; O'Higgins 765; DZ mit Bad 48 000 Chil$, B/EZ/DZ ohne Bad 12 500/20 000/38 000 Chil$; @🖥) Dieses B&B befindet sich in einem alten Stadthaus und bietet geräumige, hohe Zimmer, saubere Gemeinschaftsbäder, Küchenbenutzung, Wäscheservice, Gepäckraum und Bücher zum Ausleihen. Die beiden langjährigen Besitzer, Carmen und Alex, helfen bereitwillig bei der Reiseplanung.

PATAGONIEN PUNTA ARENAS

Punta Arenas

Hostal Independencia
PENSION $

(☑ 061-222-7572; www.hostalindependencia.cl; Av Independencia 374; Zeltplatz pro Pers./B 2000/7000 Chil$; @🕾) Als eine der letzten Unterkünfte für Rucksacktouristen vor Ort hat das Independencia immer noch wirklich günstige Preise – kumpelhafte Atmosphäre inbegriffen. Obwohl hier manchmal chaotische Zustände herrschen, sind die Zimmer ziemlich sauber. Gäste können die Küche benutzen, Fährräder ausleihen und auf dem Gelände campen.

Hostel Keoken
HOSTEL $

(☑ 061-224-4086; www.hostelkeoken.cl; Magallanes 209; EZ/DZ mit Bad 30 000/38 000 Chil$, ohne Bad 20 000/28 000 Chil$; @) Bei Rucksacktouristen gewinnt das Hostel zunehmend an Beliebtheit. Auf den komfortablen Betten liegen kuschelige weiße Daunendecken. Zum Frühstück gibt es auch hausgemachtes Gebäck. Bis zum Stadtzentrum sind es zu Fuß nur ein paar Minuten.

Al Fin del Mundo
HOSTEL $

(☑ 061-271-0185; www.alfindelmundo.hostel.com; O'Higgins 1026; B/EZ/DZ ohne Bad 13 500/23 000/34 000 Chil$; 🕾) Die Zimmer des Hostels im ersten und zweiten Stock eines muffigen Gebäudes im Stadtzentrum sind recht hübsch, hätten aber eine Renovierung nötig. Vorhanden sind Gemeinschaftsbäder mit heißen Duschen, eine große Gemeinschaftsküche, ein Aufenthaltsbereich mit großem Fernseher, Billardtisch und DVD-Sammlung sowie ein Fahrradverleih (pro Std. 1000 Chil$).

Hotel Patagonia
HOTEL $$

(☑ 061-222-7243; www.patagoniabb.cl; Av España 1048; EZ/DZ/2BZ 30 000/40 000/50 000 Chil$; 🕾) Die Zimmer in dem Mittelklassehotel sind in einem einfachen, sachlichen Stil eingerichtet, die Betten mit weißer Leinenbettwäsche bezogen. An Freundlichkeit könnte der Service noch ein paar Grad zulegen. Der Eingang liegt am Ende einer langen Auffahrt hinter dem Hauptgebäude.

★ Ilaia Hotel
BOUTIQUEHOTEL $$$

(☑ 061-272-3100; www.ilaia.cl; Carrera Pinto 351; EZ/DZ/3BZ ab 105/140/195 US$; 🕾) Das moderne Boutiquehotel mit spielerischem Touch und anspruchsvollem Konzept umgibt seine Gäste mit familiärer Wärme. An den Wänden sind Sinnsprüche spiegelverkehrt geschrieben, weil man sie in den Spiegeln des Raums lesen soll. Schlicht, aber sehr schick sind die Zimmer. Ein verglaster Aufenthaltsraum gewährt einen unglaubli-

chen Blick auf die Magellanstraße. Wer an einem Yogakurs teilnehmen möchte, wird mit einem hoteleigenen Fahrzeug zu einem Yogastudio gebracht. Das gesunde Frühstück umfasst Chapati (Fladenbrot), hausgemachte Marmelade, Avocados, Joghurt und andere bekömmliche Zutaten. Nur eines werden die Gäste hier vergeblich suchen: einen Fernseher.

Hotel Plaza
HOTEL $$$

(☑ 061-224-1300; www.hotelplaza.cl; Nogueira 1116; EZ/DZ 65 500/83 500 Chil$; 🕾) Das Hotel in einer ehemaligen Villa wartet mit gewölbten Decken und Ausblick auf die zentrale Plaza auf. Historische Fotos schmücken die Eingangshalle. In diesem würdevollen Rahmen wirkt der Landhausstil der Einrichtung allerdings etwas deplatziert. Immerhin macht der vornehme Service eine gute Figur und die Lage ist unschlagbar.

Hotel Dreams del Estrecho
HOTEL $$$

(☑ gebührenfrei 600-626-0000; www.mundodreams.com/detalle/dreams-punta-arenas; O'Higgins 1235; DZ/Suite 76 000/134 000 Chil$; @🕾🏊) Dieses ovale Hochhaus liegt direkt an der Küste und bringt ein wenig Las-Vegas-Flair ans Ende der Welt. Entsprechend glamourös ist hier die Atmosphäre. Auch in den geräumigen Zimmern mangelt es nicht an luxuriösem Komfort. Den wahren Hit bildet jedoch der Swimmingpool, der mit dem Ozean beinahe zu verschmelzen scheint. Wellnesszentrum, Spielkasino und ein todschickes Restaurant sind ebenfalls vorhanden.

✗ Essen

Die fangfrischen Meeresfrüchte sind ein wahrer Gaumenschmaus. Die Fangsaison für die *centolla* (Königskrabbe) ist zwischen Juli und November, für die *erizos* (Seeigel) von November bis Juli.

Café Almacen Tapiz
CAFÉ $

(☑ cell 8730-3481; www.cafetapiz.cl; Roca 912; Hauptgerichte 5000 Chil$; ⊙ 9–21.30 Uhr; 🕾) Das mit Alerceholz getäfelte Café mit lebhafter Atmosphäre eignet sich bestens für eine Kaffeepause. Neben traumhaften Schichttorten locken Salate und Fladenbrot-Sandwiches, die mit Ziegenkäse, Fleisch oder geröstetem Gemüse belegt sind.

Mercado Municipal
MARKET $

(21 de Mayo 1465; ⊙ 8–15 Uhr) In der Markthalle werden Fisch und Gemüse verkauft. Im ersten Stock befinden sich *cocinerías*

(Speiselokale) – eine wunderbare Gelegenheit, um preisgünstige Gerichte aus Fisch und Meeresfrüchten zu verspeisen.

La Mesita Grande
PIZZA $

(☎ 061-224-4312; O'Higgins 1001; Hauptgerichte 3000–6000 Chil$; ⏱ 12–23.30 Uhr) Schon mal in Brooklyn gewesen? Zumindest einen Hauch des Flairs des New Yorker Stadtteils strahlt diese moderne Pizzeria mit unverputzten Backsteinwänden aus. Die hervorragenden knusprig-dünnen Pizzas sind mit Bio-Produkten belegt, das Bier stammt aus einer örtlichen Brauerei. Köstlich sind auch die Pastagerichte und Salate. Man sollte aber noch etwas Platz im Magen für die hausgemachte Eiscreme lassen. Das Hauptlokal befindet sich in Puerto Natales.

Kiosco Roca
SANDWICHES $

(Roca 875; Snacks 500 Chil$; ⏱ Mo–Fr 7–19, Sa 8–13 Uhr) In dem unwiderstehlichen Imbiss mit chilenischem Krimskrams an den Wänden warten die überwiegend einheimischen Gäste geduldig auf einen freien Hocker an der Theke. Hier gibt es ausschließlich mundgerechte Sandwiches mit Chorizo oder Käse oder beidem und dazu einen Bananen-Milchshake.

Los Inmigrantes
CAFÉ $

(☎ 061-222-2205; www.inmigrante.cl; Quillota 559; Hauptgerichte 5000 Arg$; ⏱ 12–20 Uhr) Das Café liegt im historischen kroatischen Stadtviertel. In seinem Gastraum voller interessanter Gegenstände, die von dalmatinischen Einwanderern stammen, werden geradezu dekadente Kuchen serviert.

Fuente Hamburg
CHILENISCH $

(☎ 061-224-5375; Errázurriz 856; Hauptgerichte 2500–6000 Chil$; ⏱ Mo–Fr 10.30–20.30, Sa 10.30–15 Uhr) Glänzende Barhocker säumen einen gewaltigen Grill, der pausenlos saftig gebratene Häppchen liefert. Empfehlenswert ist ein *churrasco* (dünne Fleischscheiben), der mit Tomaten, grünen Bohnen und frischer Mayonnaise auf einem weichen Brötchen serviert wird.

Unimarc
SUPERMARKET $

(Bories 647; ⏱ Mo–Sa 9–22, So 10–21 Uhr) Großer, gut sortierter Supermarkt.

★ La Marmita
CHILENISCH $$

(☎ 061-222-2056; www.marmitamaga.cl; Plaza Sampaio 678; Hauptgerichte 6000–12 000 Chil$; ⏱ Mo–Sa 12.30–15 & 18.330–23.30 Uhr; ⏱) Aufgrund seiner zwanglosen Atmosphäre und des köstlichen Essens erfreut sich das

klassische Bistro großer Beliebtheit. Neben frischen Salaten und ofenwarmem Brot bietet es herzhafte Gerichte, wie Eintöpfe oder Fischgerichte, die nach traditioneller chilenischer Hausfrauenart zubereitet sind. Auf der Speisekarte stehen auch gute vegetarische Gerichte, man kann sämtliche Gerichte auch mitnehmen.

La Cuisine
FRANZÖSISCH $$

(☎ 061-222-8641; O'Higgins 1037; Hauptgerichte 8000–9000 Chil$; ⏱ Mo–Sa 11–22 Uhr) Mit vegetarischer Kost jenseits der üblichen Kartoffel-Nudel-Gemüse-Tristesse wartet dieses schlichte französische Restaurant auf. Gerichte aus Fisch und Meeresfrüchten werden mit sautiertem Gemüse, grünem Salat oder Ratatouille serviert. Auch eine hausgemachte Pastete ist erhältlich. Die offenen Weine sind preiswert.

Remezón
CHILENISCH $$

(☎ 061-224-1029; 21 de Mayo 1469; Hauptgerichte 5000–15 000 Chil$; ⏱ 12–15 & 19–23.30 Uhr) In dem Restaurant mit innovativer Küche herrscht eine heimelige Atmosphäre. Die mit würziger Fleischbrühe zubereitete Knoblauchsuppe ist eine leckere Vorspeise, die Portion reicht sogar für zwei Gäste. Wildgerichte sind die Spezialität des Hauses, köstlich sind aber auch die Fischgerichte wie *merluza negra* (Seehecht, *Merluccius australis)* mit *chupe de espinaca* (eine Art Spinateintopf).

🍷 Ausgehen & Nachtleben

La Taberna
BAR

(Casa Braun-Menéndez, Plaza Muñoz Gamero; ⏱ Mo–Fr 19–2 Uhr, Sa & S 19–3 Uhr) Die dunkle, elegante Bar im Untergeschoss ist ein klassischer Altherrenclub. Mit ihrem polierten Mobiliar und lauschigen Nischen erinnert sie an ein altmodisches Schiff. Am späteren Abend wabbert zwar dichter Zigarrenrauch durch die Räume. Einen Pisco sour in der noblen Villa zu trinken, sollten Reisende sich nicht entgehen lassen.

Jekus
PUB

(O'Higgins 1021; ⏱ 18–3 Uhr) Das Restaurant mit Happy Hour, Karaoke und Fußball im Fernsehen ist zugleich ein beliebter Treffpunkt für Leute, die einfach nur etwas trinken wollen.

ℹ Praktische Informationen

Die Reisebüros im Stadtzentrum tauschen Bargeld und Reiseschecks um – sie befinden sich in der Avenida Roca und der Avenida Lautaro Navarro. Alle haben von Montag bis Samstag geöffnet, einige auch am Sonntagmorgen. Banken mit Geldautomatomaten sind im gesamten Stadtzentrum zu finden.

Conaf (☎061-223-0681; Bulnes 0309; ☺Mo–Fr 9–17 Uhr) Informiert im Detail über die Nationalparks in der Umgebung.

Hospital Regional (☎061-220-5000; Ecke Arauco & Angamos) Großes regionales Krankenhaus.

Informationskiosk (☎061-220-0610; Plaza Muñoz Gamero; ☺Dez.–Feb. Mo–Sa 8–19, So 9–19 Uhr) Liegt an der Südseite der Plaza.

Post (Bories 911) Liegt einen Block nördlich der Plaza Muñoz Gamero.

Sernatur (☎061-224-1330; www.sernatur. cl; Navarro 999; ☺Mo–Fr 8.30–20, Sa & So 10–18 Uhr) Freundliches, mehrsprachiges, gut informiertes Personal; bietet Listen mit Unterkünften und Beförderungsmöglichkeiten. Während der Nebensaison eingeschränkte Öffnungszeiten.

Sur Cambios (Navarro 1001) Geldumtausch.

❶ An- & Weiterreise

In der Touristeninformation erhalten Besucher Broschüren mit detaillierten Informationen über die Beförderungsmöglichkeiten vor Ort.

BUS

Die Busse fahren vor den Büros der Busunternehmen ab, die fast alle innerhalb von ein oder zwei Blocks im Umkreis der Avenida Colón liegen. Reisende sollten ihre Busfahrkarten einige Stunden vor der Abfahrt kaufen, besser noch ein paar Tage vorher. Die **Central de Pasajeros** (☎061-224-5811; Ecke Magallanes & Av Colón) ist so etwas Ähnliches wie eine zentrale Vorverkaufsstelle.

Folgende Busunternehmen fahren täglich die jeweils genannten Zielorte an:

Bus Sur (☎061-261-4224; www.bus-sur.cl; Av Colón 842) El Calafate, Puerto Natales, Río Gallegos, Ushuaia und Puerto Montt.

Buses Fernández/Buses Pingüino (☎061-224-2313; www.busesfernandez.com; Sanhueza 745) Puerto Natales, Torres del Paine und Río Gallegos.

Buses Ghisoni (☎061-224-0646; www.buses barria.cl; Av España 264) Río Gallegos, Río Grande und Ushuaia (sehr komfortable Busse).

Buses Pacheco (☎061-224-2174; www.buses pacheco.com; Av Colón 900) Puerto Natales, Río Gallegos und Ushuaia.

Cruz del Sur (☎061-222-7970; www.buses cruzdelsur.cl; Sanhueza 745) Puerto Montt, Osorno und Chiloé.

Tecni-Austral (☎061-222-2078; Navarro 975) Río Grande.

Busse ab Punta Arenas

REISEZIEL	FAHRPREIS (CHIL$)	FAHRZEIT (STD.)
Puerto Montt	45 000	32
Puerto Natales	6000	3
Río Gallegos	12 000	5–8
Río Grande	25 000	9
Ushuaia	30 000	10

FLUGZEUG

Der Flughafen von Punta Arenas liegt 21 km nördlich der Stadt.

Im Folgenden sind die Preise für den Hin- und Rückflug angegeben.

Aerovías DAP (☎061-261-6100; www.aerovias dap.cl; O'Higgins 891) fliegt von November bis März täglich – außer sonntags – nach Porvenir (55 000 Chil$) sowie montags bis samstag jeweils um 10 Uhr nach Puerto Williams (143 000 Chil$). Das Gepäck ist auf 10 kg pro Person beschränkt.

LanChile (☎061-224-1100; www.lan.com; Bories 884) fliegt mehrmals täglich nach Santiago (162 000 Chil$) – mit Zwischenlandung in Puerto Montt (153 000 Chil$). Samstags geht ein Flug auf die Falklandinseln/Islas Malvinas (530 000 Chil$).

Sky Airline (☎061-271-0645; www.skyairline. cl; Roca 935) fliegt täglich nach Santiago – mit Zwischenlandung in Puerto Montt oder Concepción.

SCHIFF/BOOT

Cruceros Australis (☎in Santiago 02-442-3110; www.australis.com; ☺Sept.–Mai) bietet luxuriöse vier- und fünftägige Schiffstouren nach Ushuaia und wieder zurück. In Punta Arenas führt das Reisebüro Turismo Comapa (☎061-220-0200; www.comapa.com; Magallanes 990) die Buchungen aus.

Transbordador Austral Broom (☎061-258-0089; www.tabsa.cl) bietet drei verschiedene Fährverbindungen nach Tierra del Fuego (Feuerland). Abfahrt ist am Fährenleger Tres Puentes (Feuerland). Die Passagier- und Autofähre verkehrt täglich zwischen Punta Arenas und Porvenir (pro Pers./Fahrzeug 6200/39 800 Chil$, 2½–4 Std.). In der Regel legt sie um 9 Uhr ab, außerdem mehrmals am Nachmittag – die aktuellen Abfahrtszeiten stehen auf der Website.

Die Fähren für die schnellste tägliche Verbindung – die Primera-Angostura-Route – nach Porvenir (pro Pers./Fahrzeug 1700/15 000 Chil$, 20 Min.) legen nordöstlich von Punta Arenas ab. Zwischen 8.30 und 23.45 Uhr verkehren die Fähren alle 90 Minuten.

Drei- oder viermal im Monat fährt mittwochs (Rückfahrt am Samstag) eine Broom-Fähre nach

Puerto Williams auf der Isla Navarino (Liegesitz/Mehrbettkajüte 103 000/143 000 Chil$ inkl. Verpflegung, 34 Std.).

ⓘ Unterwegs vor Ort

AUTO

Mit dem Auto lassen sich die Torres del Paine ausgezeichnet erkunden. Doch mit einem in Chile gemieteten Auto die Grenze nach Argentinien zu überqueren, kostet aufgrund der internationalen Versicherungsbestimmungen ein Heidengeld – für viele unerschwinglich. Wer nach El Calafate will, mietet sich also besser ein Auto in Argentinien. Ein billiges Auto zu kaufen, lohnt nicht wirklich, da es im chilenischen Patagonien keine durchgehenden Straßenverbindungen zwischen dem Norden und Süden gibt. Um die argentinischen Straßen kommt also niemand herum, oder es fallen hohe Kosten für den Transfer mit der Fähre an.

Im chilenischen Patagonien sind die Mietwagenpreise in Punta Arenas am günstigsten. Zudem ist der Service bei den örtlichen Unternehmen häufig besser. Beispielsweise bietet der empfehlenswerte Autoverleiher **Adel Rent a Car/Localiza** (☎ 061-222-4819; www.adelrentacar.cl; Pedro Montt 962) einen zuvorkommenden Service, günstige Preise, Abholung vom Flughafen und gute Reisetipps. Zu den weiteren Mietwagenunternehmen zählen **Hertz** (☎ 061-224-8742; O'Higgins 987) und **Lubag** (☎ 061-271-0484; Magallanes 970).

BUS & TAXI COLECTIVO

Die *taxis colectivos,* (Sammeltaxis mit festgelegten, nummerierten Routen) kosten nur geringfügig mehr als die Busse (etwa 800 Chil$, spätabends und sonntags etwas teurer), sind aber wesentlich bequemer und außerdem schneller unterwegs.

VOM/ZUM FLUGHAFEN

Vom Flughafen fährt ein Bus direkt nach Puerto Natales. **Transfer Austral** (☎ 061-272-3358; www.transferaustral.com) betreibt Haus-zu-Haus-Shuttlebusse (3000 Chil$) zwischen Flughafen und Stadtzentrum, die auf den Flugplan abgestimmt sind. Die Fernández-Busse (3000 Chil$) bedienen die Route im Linienverkehr (3000 Chil$).

Monumento Natural Los Pingüinos

Wer genug Zeit hat, kann statt der leicht erreichbaren Pinguinkolonie am Seno Otway einen Ausflug zur reizvolleren Alternative unternehmen: zu der lebhaften Magellanpinguinkolonie im Schutzgebiet Monumento Natural Los Pingüinos auf der Isla Magdalena. Die **Tour mit der Fähre** (Erw./Kind 35 000/17 500 Chil$) dauert ungefähr fünf Stunden und schließt einen einstündigen Aufenthalt auf der Insel ein.

Die Fähre startet von Dezember bis Februar an jedem Dienstag, Donnerstag und Samstag im Hafen von Punta Arenas. Über die genauen Abfahrtszeiten informiert das Reisebüro Turismo Comapa (S. 555), das auch die entsprechenden Karten für die Fähre verkauft. Es ist zu empfehlen Proviant für ein Picknick mitzunehmen.

Parque Nacional Pali Aike

Schroffe vulkanische Steppenlandschaften mit Kratern, Höhlen und bizarren Gesteinsformationen prägen den Parque Nacional Pali Aike. Sein Name entstammt der Sprache der Tehuelche und bedeutet „Land des Teufels". Die karge Landschaft des 50 km² großen **Nationalparks** (www.conaf.cl/parques/parque-nacional-pali-aike; Erw./Kind unter 12 Jahren 1000 Chil$/frei) erstreckt sich entlang der argentinischen Grenze. Je nach ihrem Mineraliengehalt sind die Lavafelsen rot, gelb oder graugrün. Zur Tierwelt des Parks zählen Scharen von Guanakos und Nandus sowie Graufüchse und Gürteltiere.

In den 1930er-Jahren legte Junius Bird bei Ausgrabungen die etwa 17 m tiefe **Cueva Pali Aike** (Pali-Aike-Höhle) frei. In der Höhle fand er die ersten paläoindianischen Artefakte, die Hinweise auf die neuweltliche Fauna gaben, beispielsweise auf das Milodon (Riesenfaultier) und das Urpferd *Onohippidium.*

Im **Nationalpark** verlaufen mehrere Wanderwege, darunter der 1,7 km lange Pfad, der das zerklüftete Lavafeld des **Escorial del Diablo** durchquert und zu dem beeindruckenden **Cráter Morada del Diablo** führt. Feste Schuhe sind auf dieser Route ein absolutes Muss, um zu vermeiden, dass die scharfkantige Lava die Füße verletzt. Hunderte Krater sind auf diesem Weg zu sehen, von denen manche die Höhe eines vierstöckigen Hauses erreichen. Ein etwa 9 km langer Wanderweg verläuft von der Cueva Pali Aike bis zur **Laguna Ana**. Von dort führt ein kürzerer Pfad zu einer Ausgrabungsstätte an der Hauptstraße (rund 5 km vom Parkeingang entfernt).

Der Parque Nacional Pali Aike liegt etwa 200 km nordöstlich von Punta Arenas. Die Strecke zum Park führt über die RN 9, die

Ch 255 und eine Schotterpiste, die an der Cooperativa Villa O'Higgins, 11 km nördlich der Estancia Kimiri Aike, beginnt. Eine andere Zufahrtsstraße beginnt an dem chilenischen Grenzposten Monte Aymond. Mit öffentlichen Verkehrsmitteln ist der Park nicht zu erreichen, doch die Reisebüros in Punta Arenas bieten Tagestouren an.

Puerto Natales

061 / 18 000 EW

Das ehemals ruhige Fischerdorf am windgepeitschten Seno Última Esperanza (Sund der letzten Hoffnung) ist heute der turbulente Knotenpunkt für Scharen von Besuchern, die zur Nummer eins der Nationalparks des Kontinents streben: zum Parque Nacional Torres del Paine. Zug um Zug hat die Tourismusbranche die verrosteten Blechfassaden der Läden in schicke Häuserfronten verwandelt. Dennoch hat sich Punta Natales seinen ein wenig verblassten provinziellen Charme bewahrt, der vor allem während der Nebensaison zutage tritt.

Die Fähren von Navimag starten und beenden ihre Touren durch die chilenischen Fjorde in Punta Natales. Die Stadt liegt etwa 250 km nordwestlich von Punta Arenas (über die RN 9 erreichbar) und bietet regelmäßige Verbindungen nach El Calafate in Argentinien.

Sehenswertes & Aktivitäten

Museo Histórico
MUSEUM

(061-241-1263; Bulnes 28; Eintritt 1000 Chil$; Mo–Fr 8–19, Sa & So 10–13 & 15–19 Uhr) Wie in einem Crashkurs gibt dieses Museum Einblick in die regionale Geschichte. Zu den Ausstellungsstücken gehören archäologische Funde, ein Kanu der Yahgan, Bolas (Wurfwaffen) der Tehuelche sowie historische Fotografien.

Mandala Andino
SPA

(cell 9930-2997; mandalaandino@yahoo.com; Bulnes 301; Massage ab 18 000 Chil$; Nov.–März 10–22 Uhr) In diesem empfehlenswerten und gut ausgestatteten Wellnesscenter liegt ein Schwerpunkt auf Massagen sowie auf Wannenbädern und verschiedenen Anwendungen, die die Gesundheit und das körperliche Wohlbefinden fördern. Hier werden auch interessante Souvenirs verkauft, darunter sind auch kunsthandwerkliche Gegenstände aus der Region.

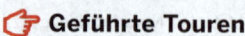 ## Geführte Touren

Antares/Big Foot Patagonia
ABENTEUERTOUREN

(061-241-4611; www.antarespatagonia.com; Ave Pedro Montt/Costanera 161) Dieser Tourenveranstalter hat sich auf geführte Touren durch den Parque Nacional Torres del Paine spezialisiert. Er hilft bei der Beschaffung von Genehmigungen fürs Bergsteigen und organisiert auch individuell gestaltete Ausflüge. Außerdem besitzt das Unternehmen die Konzession für Aktivitäten am Lago Grey, wie beispielsweise Eiswanderungen auf dem Glaciar Grey und Kajaktouren.

Baqueano Zamora
REITEN

(061-261-3530; www.baqueanozamora.cl; Baquedano 534) Baqueano Zamora organisiert empfehlenswerte Reittouren durch den Parque Nacional Torres del Paine, einschließlich der einzigartigen Möglichkeit, Wildpferde zu beobachten.

Chile Nativo
ABENTEUERTOUREN

(061-241-1835, cell 9078-9168; www.chilenativo.cl; Eberhard 230, 1. Stock) Der kompetente Tourenveranstalter organisiert Besuche bei ortsansässigen Gauchos, Fotosafaris und auf persönliche Abenteuerträume zugeschnittene Touren.

Pingo Salvaje
REITEN

(cell 6236-0371; www.pingosalvaje.com; Estancia Laguna Sofia; 3-stündiger Ausritt 33 000 Chil$; Okt.–April) Die reizvolle, idyllisch gelegene *estancia* bietet Ausritte und die Möglichkeit Kondore zu beobachten. Wer will, kann in einer komfortablen Gemeinschaftshütte (pro Pers 15 000 Chil$; Schlafsack mitbringen) schlafen. Eine Alternative ist der Campingplatz (pro Pers.4000 Chil$) in einem Waldstück. Er bietet Grillplätze, Tische und heiße Duschen. Pingo Salvaje liegt 30 km von Puerto Natales entfernt; der Transfer kostet 10 000 Chil$ pro Person.

Turismo 21 de Mayo
GEFÜHRTE TOUR

(614420; www.turismo21demayo.com; Eberhard 560) Hier werden Tages- und Trekkingtouren zum Glaciar Balmaceda und zum Glaciar Serrano organisiert.

Schlafen

Über Unterkünfte verfügt die Stadt im Überfluss. Die meisten bieten Frühstück, Wäscheservice und in der Nebensaison niedrigere Preise. Wer mit der Fähre anreist, sollte seine Unterkunft am besten im Voraus buchen.

Viele der Hostels verleihen Ausrüstungen aller Art und organisieren auch Fahrten zum Nationalpark.

Singing Lamb
HOSTEL $

(☏ 061-241-0958; www.thesinginglamb.com; Arauco 779; B 22–30 US$, DZ 80 US$; @ ☎) ✈ In diesem sauberen, umweltbewussten Hostel legt man Wert auf umweltfreundliche Maßnahmen, wie z.B. Komposthaufen, Sammelbehälter für Regenwasser und Einkaufstaschen aus Leinen. Der Preis für die Schlafräume richtet sich nach der Anzahl der Betten (max. neun). Die Gemeinschaftsräume sind großzügig bemessen. Zu den Annehmlichkeiten zählen Zentralheizung und ein Frühstück mit hausgemachten Zutaten. Die Avenida Raimírez, die einen Block hinter der Plaza O'Higgins verläuft, führt direkt zum Singing Lamb.

Hostal Dos Lagunas
PENSION $

(☏ cell 8162-7755; hostaldoslagunas@gmail.com; Ecke Barros Arana & Bories; B/DZ 12 000/ 30 000 Chil$; ☎) Alejandro und Andrea sind aufmerksame Gastgeber, beide sind in Puerto Natales geboren. Ihre Gäste verwöhnen sie mit einem üppigen Frühstück. Außerdem geben sie gute Reisetipps. Die makellose Pension gehört zu den seit Langem bestehenden Unterkünften der Stadt.

Lili Patagonico's Hostal
HOSTEL $

(☏ 061-241-4063; www.lilipatagonicos.com; Arturo Prat 479; B 10 000 Chil$, DZ mit/ohne Bad 32 000/ 24 000 Chil$; @ ☎) In dieser weitläufigen Herberge gibt es auch eine Kletterwand, verschiedene Schlafsäle sowie farbenfrohe Doppelzimmer mit Daunendecken und neueren Bädern.

4Elementos
PENSION $

(☏ cell 9524-6956; www.4elementos.cl; Esmeralda 811; EZ/DZ mit Bad 20 000/25 000 Chil$, B/DZ/ 4BZ ohne Bad 15 000/20 000/40 000 Chil$; ☎) ✈ Was das Recyling betrifft, gehört dieses spartanische Gästehaus in Patagonien zu den Pionieren. Zur engagierten Mission des Teams gehört es, Leuten Unterricht im sinnvollen Entsorgen von Müll zu geben. Das Hostel selbst produziert keinerlei Müll. Die Gäste kommen in den Genuss eines sorgsam zubereiteten skandinavischen Frühstücks. Geboten werden auch geführte Touren durch den Nationalpark, Buchung von Unterkünften im Park und Führungen durch Gewächshäuser. Eine Reservierung ist unbedingt erforderlich, da die Pension nicht immer geöffnet hat.

Residencial Bernardita
PENSION $

(☏ 061-241-1162; www.residencialbernardita.cl; O'Higgins 765; EZ/DZ ohne Bad 17 000/ 28 000 Chil$; ☎) Die hoch gelobte Pension bietet ruhige Zimmer mit Zentralheizung und einer bunt zusammengewürfelten altmodischen Einrichtung. Die Zimmer im rückwärtigen Anbau gewähren mehr Privatsphäre als die im Haupthaus. Den Gästen steht eine Küche zur Verfügung, auf Wunsch erhalten sie ein Frühstück.

★ We Are Patagonia
B&B $$

(☏ cell 7389-4802; www.wearepatagonia.com; Galvarino 745; Zi mit/ohne Bad 70/60 US$; ☎) Minimalistisches skandinavisches Design mit heimeligem Touch prägt das Ambiente des reizvollen B&B mit Zentralheizung. An die Wände gemalte Mantras vermitteln Botschaften mit einem unterschwelligen ernsten Kern. Das „Breakfast of Champions" (Championsfrühstück) genannte Frühstück umfasst Bohnenkaffee, Obst, Haferflocken und Vollkornweizenbrot. Das B&B befindet sich in einem kleinen Haus.

Kau
B&B $$

(☏ 061-41-4611; www.kaulodge.com; Ave Pedro Montt/Costanera 161; DZ 50 000–60 000 Chil$; ☎ ⚴) ✈ In seiner konsequenten Schlichtheit erinnert das coole, gemütliche B&B ein wenig an ein stylisches Kabinenhotel. Dicke Bettüberwürfe aus Wolle, ein Picknicktisch im Frühstücksraum sowie die Einrichtung aus abgenutztem, recyceltem Holz schaffen eine lässige Atmosphäre. Die Zimmer haben Fjordblick, Zentralheizung sowie Schließfächer und im Bad mangelt es nicht an Toilettenartikeln. In der dazugehörigen Espressobar **Coffee Maker** gibt es köstliche Kaffeespezialitäten und ein Personal, das so gut wie alles über erlebnisreiche Ausflüge in die Umgebung weiß.

Amerindia
B&B $$

(☏ 061-241-1945; www.hostelamerindia.com; Barros Arana 135; DZ mit/ohne Bad 45 000/35 000 Chil$, 6-Pers.Apt. 80 000 Chil$; ☺ Aug.–Juni; @ ☎) Dem ruhigen Refugium verleihen ein Holzofen, wunderschöne Webarbeiten und Elemente aus rohem Holz ein bodenständiges Flair. Zum üppigen Frühstück gehören u. a. Kuchen, Eier und Haferflocken. Serviert wird es in einem gemütlichen Café, das öffentlich zugänglich ist und auch Bio-Schokolade, Tees und glutenfreie Produkte zum Kauf anbietet. In dem B&B kann man sogar ein Auto mieten.

PATAGONIEN PUERTO NATALES

Puerto Natales

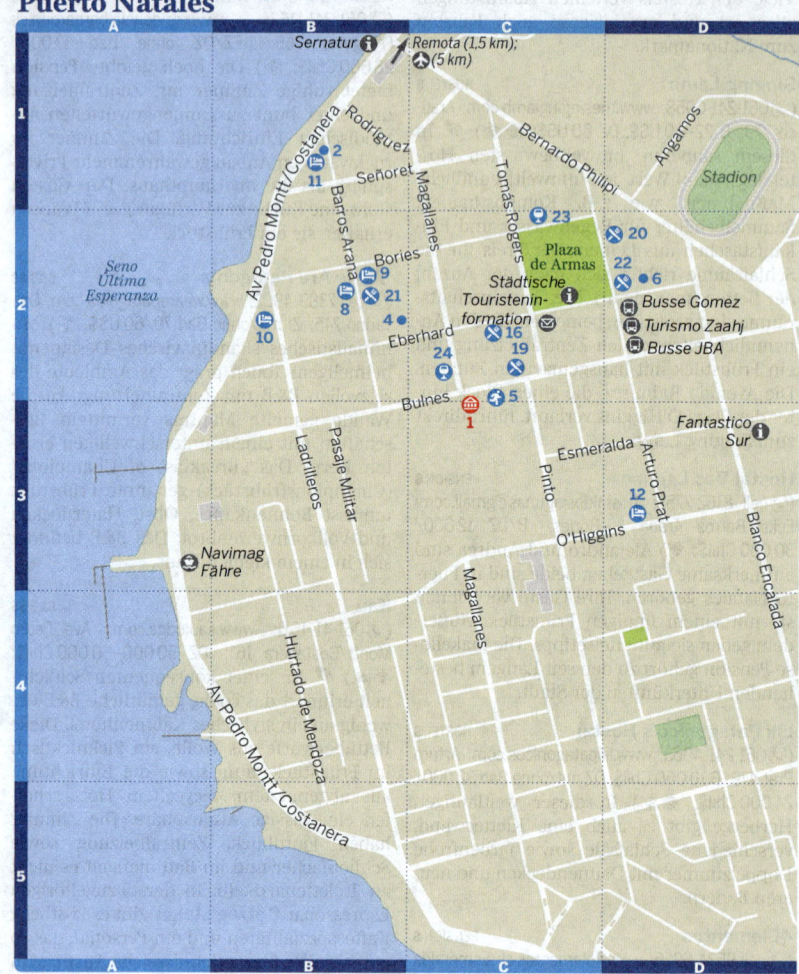

⭐ **Singular Hotel** BOUTIQUEHOTEL $$$
(☎061-241-4040, bookings in Santiago 02-387-1500; www.thesingular.com; RN9, Km 1,5; DZ 428 US$, DZ inkl. Vollpension & Ausflüge 1360 US$; @🛜🏊) Dieses Hotel befindet sich in einem Wahrzeichen der Stadt: dem historischen Fleischlagerhaus am Sund, wo früher Fleisch für die Verschiffung verpackt wurde. Ausgeprägtes Industriedesign, beispielsweise die aus alten Heizkörpern hergestellten Sessel in der Lobby, mischt sich mit historischen Fotografien und Antiquitäten. Panoramafenster gewähren in den gemütlichen Zimmern den Blick aufs Wasser. In dem sehr angesehenen Bar-Restaurant stehen regionale Wildgerichte auf der Speisekarte. Wie das angrenzende Museum ist auch das Restaurant für Nicht-Gäste zugänglich.

Die Hausgäste können den Wellnessbereich mitsamt Swimmingpool nutzen oder sich Fahrräder und Kayaks ausleihen, um die nähere Umgebung zu erkunden. Das Hotel liegt etwa 6 km vom Stadtzentrum entfernt am Puerto Bories.

Indigo Patagonia BOUTIQUEHOTEL $$$
(☎061-241-3609; www.indigopatagonia.com; Ladrilleros 105; DZ inkl. Spa ab 309 US$; @🛜) Nach

N 0 ⬩━━━━━ 200 m

Río Natales

Puerto Natales

Remota
LODGE **$$$**

(☎ 061-241-4040, Buchung in Santiago 02-387-1500; www.remota.cl; RN9, Km 1,5; EZ/DZ 300/350 US$, All-inclusive ab 1950 US$; @ ☎ ⛵) Im Gegensatz zu den meisten Hotels macht das Remota den Charakter der Region bewusst, allen voran die Stille, die den tosenden Wind unterstreicht. Holzelemente an den Fenstern imitieren alte Viehgatter und ein gewundener Durchgang erinnert an die Treibgänge für Schafe. Obwohl die Zimmer sehr gemütlich sind, kommt in dieser abgelegenen Lage bei manchen ein Gefühl der Einsamkeit auf, zumal es dem Service ein wenig an Herzlichkeit mangelt.

 **Essen**

Cafe Kaiken
CHILENISCH **$**

(☎ cell 8295-2036; Baquedano 699; Hauptgerichte 5000–7000 Chil$; ⊙ Mo-Sa 13–15.30 & 18.30–23 Uhr) Intimer geht es nicht: lediglich fünf Tische und ein Ehepaar, das kocht, serviert und mit den Gästen plaudert. Um dem Leben auf der Überholspur in Santia-

---

einem anstrengenden Tag begeben sich viele der Wanderer unter den Gästen erst einmal auf das Dach, wo Whirlpools und ein verglaster Wellnessbereich warten.

Materialien wie Eukalyptusholz, Schiefer und Eisen setzen in dem modernen Design des Hauses interessante natürliche Akzente. Die Gästezimmer sind verhältnismäßig klein, doch dafür kommt man sogar von der Dusche aus in den Genuss eines wahren Highlights dieses Hotels: einen wunderschönen Ausblick auf den Fjord. Das Indigo Patagonia gehört zu der chilenischen Hotelkette Noi.

ABSTECHER

CUEVA DEL MILODÓN

In den 1890er-Jahren entdeckte Hermann Eberhard in einer Höhle 24 km nordwestlich von Puerto Natales die Überreste eines prähistorischen riesigen Faultiers – das als Mylodon identifiziert wurde. Der fast 4 m große Pflanzenfresser ernährte sich vom Laub und Geäst kleiner sukkulenter Bäume. Im späten Pleistozän starb er jedoch aus. In der 30 m hohen **Höhle** (cuevadelmilodon.cl; Erw./Kind bis 12 Jahre 4000/500 Chil$; ☉ Okt.–April 8–19 Uhr. Mai–Sept. 8.30–18 Uhr) erinnert eine lebensgroße Rekonstruktion des Tieres an den früheren Bewohner. Sonderlich geschmackvoll ist die Plastik nicht, dennoch lohnt sich ein Abstecher. Allein schon die Höhle beeindruckt und es hat durchaus einen besonderen Reiz, sich ihre urzeitliche Vergangenheit durch den Kopf gehen zu lassen. Außerdem führt von der Höhle ein leichter Weg zu einem schönen Aussichtspunkt.

Im Umkreis der Höhle sind Campen und Picknicken erlaubt, Feuer machen ist dagegen verboten. Etwa 8 km von der Höhle entfernt halten die Busse zum Nationalpark Torres del Paine auf Wunsch an der Abzweigung zur Höhlenverwaltung, die am Höhleneingang liegt. Einige Tourveranstalter in Puerto Natales bieten ab und zu Touren direkt zur Höhle an. Trampen oder ein Taxi (20 000 Chil$) mit anderen zu teilen, sind die Alternativen. Außerhalb der Hochsaison verkehren die Busse nur unregelmäßig.

go zu entkommen, sind die beiden nach Natales gezogen und gehen die Dinge nun gemächlicher an. Als ihr Gast passt man sich ihnen am besten einfach an. Es lohnt sich auf jeden Fall, auf ihre Gerichte wie langsam gebratenes Lamm oder hausgemachte, mit Räucherlachs gefüllte Ravioli geduldig zu warten. Man sollte so frühzeitig wie möglich kommen, um einen Platz zu ergattern.

La Mesita Grande   PIZZA $

(☎ cell 6141-1571; www.mesitagrande.cl; Arturo Prat 196; Pizza 5000–7000 Chil$; ☉ Mo–Sa 12.30–15 & 19–23.30, So 13–15 & 19–23.30 Uhr) Hier essen zufriedene Gäste gemeinsam an langen, abgenutzten Tischen hervorragende knusprig-dünne Pizzas, köstliche Pastagerichte und knackige Biosalate.

El Bote   CHILENISCH $

(☎ 061-241-0045; Bulnes 380; Tagesmenü 3500 Chil$; ☉ Mo–Sa 12–23.30 Uhr) In dem bescheidenen Restaurant lockt köstliche chilenische Hausmannskost wie Brathähnchen, Eintöpfe mit Fisch und Meeresfrüchten und hausgemachte Suppen. Etwas teurer sind die Wildgerichte aus Guanako- und Hirschfleisch. Als Nachtisch ist die klassische Kastaniencreme zu empfehlen.

El Living   CAFÉ $

(www.el-living.com; Arturo Prat 156; Hauptgerichte 4000–6000 Chil$; ☉ Nov.–Mitte April Mo–Sa 11–22 Uhr; ☎) El Living zählt zu den ältesten Cafés in Natales. Seine Atmosphäre erinnert an eine Londoner Lounge und lädt zum Ent-

spannen ein. Dazu tragen auch die Stapel europäischer Hochglanzmagazine und der lauschige Innenhof mit Tischen bei. Auf der Speisekarte stehen vegetarische, vegane und glutenfreie Gerichte

Cangrejo Rojo   CAFÉ $$

(☎ 061-241-2436; Santiago Bueras 782; Hauptgerichte 6000–8500 Chil$; ☉ Di–So 13.30–15 & 17.30–22 Uhr) In dem überaus preisgünstigen, gemütlichen Café in einem Haus mit Wellblechfassade herrscht eine unglaublich freundliche Atmosphäre. Auf der Speisekarte stehen Pies, Eiscreme, Sandwiches, im Tontopf gegarte Eintöpfe aus Fisch und Meeresfrüchten sowie Lammkoteletts. Der Weg zum Café: vier Blocks südlich der Plaza O'Higgins der Avenida Baquedano bis zur Calle Santiago Bueras folgen.

La Aldea   MEDITERRAN $$

(☎ cell 6141-4027; www.aldearestaurant.cl; Barros Arana 132; Hauptgerichte 7000–10 000 Chil$; ☉ Mi–Mo 19–23 Uhr) Pato, der Küchenchef, wechselt das Angebot an Gerichten täglich. Der Schwerpunkt liegt immer auf „frisch" und „mediterran". Das Spektrum reicht von gegrillten Muscheln über Lamm-*tagine* (im Tontopf gegarter Lammeintopf) bis hin zu Quinoa-Gerichten.

Afrigonia   FUSION $$

(☎ 061-241-2877; Eberhard 343; Hauptgerichte 10 000–14 000 Chil$; ☉ 12.20–15 & 18.30–23 Uhr) Im Afrigonia werden hervorragende, authentische Gerichte der afrochilenischen

Küche serviert, die selbst auf New Yorker Speisekarten nicht zu finden sind. Betreiber dieses romantischen gastronomischen Kleinods ist ein fleißiges sambisch-chilenisches Ehepaar. Ob Duftreis, Ceviche oder saftiger mit Minze gewürzter Lammbraten – alle Gerichte werden frisch und mit großer Sorgfalt zubereitet. Eine Tischreservierung ist zu empfehlen.

Ausgehen & Nachtleben

Baguales
MIKROBRAUEREI

(www.cervezabaguales.cl; Bories 430; ⊙ 18–2.30 Uhr; ☎) Miteinander befreundete Kletterer haben die Mikrobrauerei eröffnet, um ein besonders edles Bier zu brauen, und das ist ihnen gelungen. Aufgrund der großen Nachfrage mussten sie sogar die Brauerei um ein Stockwerk erweitern. In der Brauerei-Kneipe wird „Gringo-Kost" (Burger, Tacos u. Ä.) serviert, deren Qualität allerdings eher mittelmäßig ist.

Por Que no te Callas
BAR

(☑ 061-241-4942; Magallanes 247; ⊙ Mo–Do 19–1.30, Fr & Sa 19–2 Uhr) Um Lokalkolorit zu schnuppern, dürfte eine Bar, die übersetzt „Warum hältst du nicht die Klappe" heißt, wohl das Richtige sein. Doch die Atmosphäre ist hier weitaus freundlicher und das Ambiente sogar ein wenig edler als der Name suggeriert. Es gibt einen Billardtisch und an Wochenenden wird Livemusik gespielt, von Bossa Nova bis Rock. Die Größe der Drinks wie etwa des *caballo negro* (Longdrink mit Fernet-Branca) bleibt möglicherweise nicht ohne Nebenwirkungen.

❶ Praktische Informationen

GELD

Die meisten Banken in der Stadt verfügen über Geldautomaten.

La Hermandad (Bulnes 692) Bietet in der Regel einen günstigen Kurs bei Umtausch von Geld und Reiseschecks.

INFOS IM INTERNET

www.torresdelpaine.cl ist das beste zweisprachige (Spanisch und Englisch) Internetportal für diese Region.

MEDIZINISCHE VERSORGUNG

Hospital (☑ 061-241-1582; Pinto 537) Notfallversorgung.

POST

Post (Eberhard 429)

REISEBÜROS

Fantastico Sur (☑ 061-261-4184; www.fantasticosur.com; Esmeralda 661; ⊙ Mo–Fr 9–13 & 15–18 Uhr) Betreibt die Refugios Torres, El Chileno und Los Cuernos im Parque Nacional Torres del Paine. Organisiert verschiedene geführte Touren und Trekkingtouren durch den Nationalpark; hilft auch bei der Planung einer beliebten Trekkingtour auf eigene Faust.

Turismo Comapa (☑ 061-241-4300; www.comapa.com; Bulnes 541; ⊙ Mo–Fr 9–13 & 15–19, Sa 10–14 Uhr) Buchung von Navimag-Fähren und Flügen. Betreibt *refugios* (Berghütten) im Parque Nacional Torres del Paine.

Vertice Patagonia (☑ 061-241-2742; www.verticepatagonia.com; Bulnes 100) Betreibt die Refugios Grey und Lago Dickson, die Mountain Lodge Paine Grande sowie Camping Los Perros im Parque Nacional Torres del Paine. Buchung im Voraus unbedingt erforderlich.

TOURISTENINFORMATION

Conaf (☑ 061-241-1438; Baquedano 847; ⊙ Mo–Fr 8.30–12.45 & 14.30–17.30 Uhr) Forstbehörde der chilenischen Nationalparks.

Städtische Touristeninformation (☑ 061-261-4808; Plaza de Armas; ⊙ Di–So 8.30–12.30 & 14.30–18 Uhr) Hat eine Auflistung mit Unterkünften in der ganzen Region. Hat eine Zweigstelle im Museo Histórico und im Rodoviario (Busbahnhof).

Sernatur (☑ 061-241-2125; infonatales@sernatur.cl; Ave Pedro Montt/Costanera 19; ⊙ Mo–Fr 9–19, Sa & So 9.30–18 Uhr) Bietet nützliche Karten, darunter auch einen Stadtplan. Während der Hochsaison gibt es eine Zweigstelle an der Plaza de Armas.

❶ An- & Weiterreise

BUS

Puerto Natales besitzt jetzt einen **Rodoviario** (Busbahnhof; Av España 1455), aber die meisten Busunternehmen verkaufen ihre Fahrkarten immer noch in ihren Büro im Stadtzentrum.

Zum Parque Nacional Torres del Paine führt neben der schon lange bestehenden Schotterstraße seit geraumer Zeit eine weitere Anfahrtsmöglichkeit. Die Straße ist zwar auch nur geschottert, verläuft aber direkter: am Lago del Toro entlang bis zur Administración (Parkverwaltung). Diese Route nutzen mehrere Tourveranstalter.

Die Busse zum Nationalpark Torres del Paine fahren je nach Bedarf zwei- oder dreimal täglich, und zwar um 7, 8 und 14.30 Uhr. Wer in der Nebensaison zur Mountain Lodge Paine Grande will, muss den Morgenbus nehmen, um den Katamaran zu erwischen. Die Karten gelten auch für Transfers innerhalb des Parks, deshalb gut aufheben. Da sich die Fahrpläne schnell ändern, sollte sich jede Reisende vorher genau über die aktuellen Abfahrtszeiten informieren.

Hier einige Busunternehmen und die Zielorte, die sie ansteuern:

Bus Sur (☎ 061-261-4220; www.bus-sur.cl; Baquedano 668) Punta Arenas, Torres del Paine, Puerto Montt, El Calafate, Río Gallegos und Ushuaia.

Buses Fernández/El Pingüino (☎ 061-241-1111; www.busesfernandez.com; Ecke Esmeralda & Ramírez) Torres del Paine und Punta Arenas. Bietet eine direkte Busverbindung zwischen Flughafen in Punta Arenas und Puerto Natales.

Buses Gomez (☎ 061-241-5700; www.buses gomez.com; Arturo Prat 234) Torres del Paine.

Buses JBA (☎ 061-241-0242; Arturo Prat 258) Torres del Paine.

Buses Pacheco (☎ 061-241-4800; www.buses pacheco.com; Ramírez 224) Punta Arenas, Río Grande und Ushuaia.

Cootra (☎ 061-241-2785; Baquedano 244) El Calafate – Abfahrt täglich um 8.30 Uhr.

Turismo Zaahj (☎ 061-241-2260; www.turismo zaahj.co.cl; Arturo Prat 236/270) Torres del Paine und El Calafate.

Busse ab Puerto Natales

REISEZIEL	FAHRPREIS (CHIL$)	FAHRZEIT (STD.)
El Calafate	15 000	5
Punta Arenas	6000	3
Torres del Paine	8000	2
Ushuaia	36 000	13

FLUGZEUG

Zum Zeitpunkt der Recherche hat Puerto Natales kleiner Flughafen keine Linienflüge angeboten, doch das kann sich jederzeit wieder ändern.

FÄHRE/SCHIFF

Ein Highlight für viele Reisende ist die Fahrt durch Chiles spektakuläre Fjorde an Bord der **Navimag-Fähre** (☎ 061-241-1421, Rodoviario 061-241-1642; www.navimag.com; Ave Pedro Montt/Costanera 308; 2. Büro im Rodoviario (Busbahnhof); ⊘ Mo–Fr 9–13 & 14.30–18.30 Uhr). Die viertägige Reise mit drei Übernachtungen an Bord führt nordwärts und startet in der Regel jeden Dienstag in Puerto Natales. Da diese Tour sehr beliebt ist, muss man sie frühzeitig buchen. Wer einfach mal sein Glück versuchen will, kann sich ein paar Tage vor seiner Ankunft in Puerto Natales an Turismo Comapa (S. 555) wenden und fragen, ob noch Plätze auf der Navimag-Fähre frei sind. Die Fähre, die sowohl Personen als auch Fahrzeuge transportiert, hält auf ihrem Weg von Puerto

Natales nach Puerto Montt in Puerto Edén (oder am Glaciar Pía XI, wenn sie die Südroute nimmt). Die Abfahrtszeiten richten sich grundsätzlich nach den Wetterbedingungen und Gezeiten. Wer aussteigen will, muss an Bord bleiben, solange Frachten ein- und ausgeladen werden. Zusteigende Passagiere müssen die Nacht an Bord verbringen.

Die Unterbringung erfolgt in Sechser-Kabinen mit eigenem Badezimmer. Im Preis inbegriffen sind alle Mahlzeiten und Vorträge. Vegetarische Gerichte sind ebenfalls erhältlich, wenn man diese bei der Buchung bestellt. Auf jeden Fall ist es ratsam, Snacks, Wasser und gegebenenfalls andere Getränke selbst mitzubringen. Die Reise kostet pro Person ab 450 US$. Die aktuellen Abfahrtszeiten sind auf der Homepage von Navimag zu erfahren.

❶ Unterwegs vor Ort

Mietwagen sind ziemlich teuer und das Angebot ist nicht groß. In Punta Arenas oder in Argentinien sind die Preise günstiger. Ein Mietwagenverleiher vor Ort ist **Emsa/Avis** (☎ 061-261-4388; Eberhard 577).

Viele Hostels verleihen auch Fahrräder.

Parque Nacional Bernardo O'Higgins

Nahezu unzugänglich ist dieser Nationalpark mit seinen atemberaubenden Gletschern. Nur mit dem Boot lässt er sich besuchen. Turismo 21 de Mayo (S. 550) bietet eintägige Bootstouren (75 000 Chil$ inkl. Mittagessen), die zum Fuß des Glaciar Serrano führen.

Mehrere Veranstalter bieten auch eine Tour an, bei der die Fahrt über den Glaciar Serrano hinaus bis zum Parque Nacional Torres del Paine geht. Ein Zodiac-Boot (Schlauchboot mit Außenbordmotor) bringt seine Passagiere zunächst einmal zum Glaciar Serrano. Zum Mittagessen wird die Estancia Balmaceda angesteuert. Nach dem Essen tuckert das Boot weiter auf dem Río Serrano flussaufwärts bis zur südlichen Grenze des Nationalparks Torres del Paine, die gegen 17 Uhr erreicht ist.

Wer vom Nationalpark aus auf dem gleichen Weg in die Stadt zurückkehren möchte, der sollte in der Nähe vom Río Serrano zelten, um am nächsten Morgen das Boot zu erwischen, das um 9 Uhr startet. Bei dem Veranstalter Turismo 21 de Mayo belaufen sich die Kosten für diese Tour inklusive Eintrittsgebühr für den Nationalpark auf 100 000 Chil$.

Parque Nacional Torres del Paine

🎵 061

Beinahe senkrecht erheben sich die knapp 3000 m hohen Torres del Paine (Türme von Paine) über die patagonische Steppe. Diese spektakulären Granitsäulen beherrschen die Landschaft des vielleicht schönsten **Nationalparks** (www.parquetorresdelpaine.cl; Hoch-/ Nebensaison 18 000/10 000 Chil$) auf dem südamerikanischen Kontinent.

Bevor das Gelände 1959 als Nationalpark ausgewiesen wurde, gehörte es zu einer weitläufigen *estancia* mit intensiver Schafzucht. Seit die Unesco 1978 den Park zum Biosphärenreservat erklärt hat, bietet er Nandus, Andenkondoren, Flamingos und vielen anderen Vogelarten einen geschützten Lebensraum. Am deutlichsten zeigt sich der Erfolg des Artenschutzes beim Guanako (*Lama guanicoe*). Gelassen ziehen die Guanakos grasend durch die offene Steppe, wo ihr ärgster Fressfeind, der Puma, sich nicht unbemerkt anschleichen kann. Nähern sich Menschen oder Fahrzeuge einer Herde, weichen die Tiere noch nicht einmal zurück.

Im 1810 km² großen Park ändert sich das Wetter manchmal rasant – mitunter bekommen Parkbesucher an einem einzigen Tag gleich das Wetter aller vier Jahreszeiten zu spüren. Plötzliche Regengüsse und Windböen, die beinahe jeden umhauen, sind gewissermaßen Bestandteil des Abenteuers. Grund genug, sich mit Schlechtwetterkleidung in bester Qualität auszurüsten, dazu gehört auch ein Schlafsack aus Synthetikmaterial. Und Camper benötigen natürlich ein sehr stabiles Zelt.

Von Puerto Natales aus gibt es geführte Wanderungen, die aber nur ein winziges Schlaglicht auf das werfen, was dieser Nationalpark tatsächlich in sich birgt. Naturliebhaber sollten für ihren Aufenthalt im Park besser drei bis sieben Tage einplanen.

Ende 2011 brannte ein Feuer mehr als 16 200 ha des Parks nieder. Das Feuer wütete wochenlang, zerstörte alte Baumbestände und tötete Tiere. Auch mehrere Einrichtungen im Park fielen ihm zum Opfer. Ein ausländischer Besucher wurde der fahrlässigen Brandstiftung beschuldigt, weil er versucht habe, ein verbotenes Lagerfeuer anzuzünden. Der Beschuldigte bestritt die Tat, zahlte aber 10 000 US$ Strafe und erklärte sich bereit, bei der Wiederaufforstung mitzuhelfen. Zum Schutz seiner Parks verschärfte Chile das „Ley del Bosque" (Waldgesetz) und die Conaf bzw. die Ranger entfernen jeden umgehend aus dem Park, der gegen die Parkrichtlinien verstößt. Das vom Brand betroffene Terrain liegt größtenteils zwischen Pehoé und dem Refugio Grey, betrifft also einen wesentlichen Teil des westlichen Abschnitts der „W-Route".

Als oberstes Gebot gilt: Unbedingt Verantwortungsbewusstsein und Sorgfalt walten lassen – jeder Einzelne ist ein Teil der Hunderttausenden con Besuchern, die jährlich den Park genießen möchten.

🏃 Aktivitäten

Die 2800 m hohen Granittürme der Torres del Paine ziehen alljährlich Heerscharen von Wanderern aus der ganzen Welt an. Um dieses herrliche Panorama zu genießen, entscheiden sich die meisten für den Paine Circuit oder die klassische „W-Route" und lassen andere unglaublich schöne Bereiche im Norden des Parks außen vor. Wer den Nationalpark intensiver kennenlernen möchte, sollte sich für den Paine Circuit entscheiden: Er umfasst sowohl das „W" als auch die spektakulären Strecken auf der Rückseite der Gipfel im Norden des Parks. Für diesen großen Rundweg sollte man sieben bis neun Tage kalkulieren, während die klassische „W-Route" nur vier bis fünf Tage dauert („W" steht für die Wege, die auf der Landkarte oder aus der Vogelperspektive in etwa diesen Buchstaben bilden). Für die notwendigen Fahrzeiten, um zu den Routen zu gelangen, sollten zwei zusätzliche Tage eingeplant werden.

Für beide Trekkingtouren wählen die meisten Wanderer die **Laguna Amarga** als Startpunkt. Wer will, kann aber auch genauso gut an der Administración losmarschieren oder mit dem Katamaran von Pudeto zum Lago Pehoé fahren und dort dem „W" vom Südwesten bis zum Nordwesten folgen. Auf dieser Route genießt man die besten Ausblicke auf die Gipfel aus schwarzem Gestein, die den Namen Los Cuernos (2200 bis 2600 m) tragen. Ausführliche Informationen über die nachfolgend beschriebenen Wanderungen finden sich in dem englischsprachigen Lonely-Planet-Reiseführer *Trekking in the Patagonian Andes*.

Immer mehr Wanderer unternehmen auch in der Nebensaison Trekkingtouren im Park. Sie müssen sich besonders gut vor Antritt ihrer Wanderung darüber informieren, welche Strecken in der Vorsaison und/oder

Parque Nacional Torres del Paine

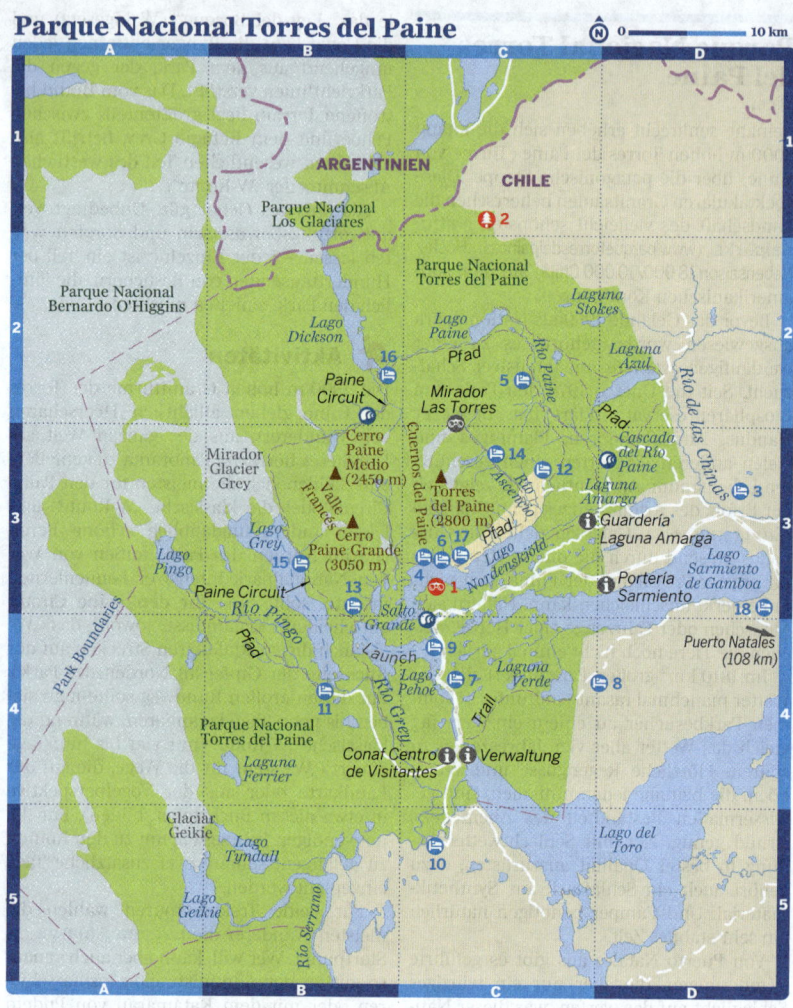

Parque Nacional Torres del Paine

schlechtwetterbedingt gesperrt sind. Sich alleine auf eine Trekkingtour zu begeben, ist nicht ratsam, besonders nicht auf der Route, die an der Rückseite der Berge verläuft. Wahrscheinlich wird die Conaf in Kürze Richtlinien für Alleinwanderungen herausgeben. Tourveranstalter in Puerto Natales organisieren geführte Trekkingtouren mit Vollverpflegung und Übernachtungen in *refugios* oder Hotels. Beim Preis gilt als Faustregel: je größer die Gruppe, desto niedriger ist der Preis pro Person.

Um die Sicherheit im Nationalpark zu erhöhen, verlangt die Conaf von jedem Besucher, vor Betreten des Parks einen Vertrag zu unterschreiben. Das Dokument beinhaltet die Parkrichtlinien und die Sanktionen bei einem Verstoß.

Die „W-Route"

Die meisten Wanderer starten an der Laguna Amarga, um dem „W" von Ost nach West zu folgen. Zum Startpunkt fährt von Puerto Natales aus zweimal täglich ein Bus (2½ Std.). Wer jedoch im Westen aufbricht und ostwärts wandert, kann unterwegs herrliche Ausblicke auf Los Cuernos genießen – insbesondere auf der Strecke zwischen dem Lago Pehoé und dem Valle Francés. Die im Westen startenden Wanderer überqueren den Lago Pehoé mit dem Katamaran, um dann in nördlicher Richtung am Lago Grey entlang zum Campamento Italiano zu laufen. Von diesem Camp aus lassen sich auch schöne Tageswanderungen (ohne Gepäck!) unternehmen Die West-Ost-Route umfasst insgesamt 71 km.

Die nachfolgend beschriebenen Teilstrecken gehören zu den schönsten Abschnitten der „W-Route". Angegeben ist jeweils die Länge der einfachen Wegstrecke.

Vom Refugio Las Torres zum Mirador Las Torres (8 km, 4 Std.) Die leichte Wanderroute führt am Río Ascencio entlang zu einem baumlosen Ufer eines Bergsees unterhalb der Ostseite der Torres del Paine. So nahe an den „Türmen" liegt kein anderer Aussichtspunkt des Parks! In der letzten Stunde dieser Tour geht es allerdings auf allen vieren über Geröll und Felsen (im Winter liegt hier der Schnee knie- bis hüfthoch). Bei Las Torres und Chileno liegen *refugios* und Campingplätze, darunter der einfache Campamento Torres. Letzterer eignet sich im Sommer besonders gut für Wanderer, die bei Sonnenaufgang losmarschieren wollen, um dem „Massenaufbruch" zu entfliehen.

Vom Refugio Las Torres zu Los Cuernos (12 km, 7 Std.) Wanderer sollten den unteren Weg nehmen, auf dem oberen, der ohnehin nicht auf der Karte eingezeichnet ist, hat sich schon so mancher verirrt. Im Sommer kann der Wind sehr heftig wehen. Auf der Strecke gibt es einen Campingplatz und ein *refugio*.

Von Los Cuernos/Lago Pehoé zum Valle Francés (10 km, 5 Std.) Bei klarem Wetter ist das die schönste Strecke. Sie verläuft zwischen dem 3050 m hohen Cerro Paine Grande im Westen und den niedrigeren, dennoch spektakulären Torres del Paine und Los Cuernos im Osten. Und auf der ganzen Tour: Gletscher so weit das Auge reicht. Im Herzen des Tals liegen der Campamento Italiano und der Campamento Británico. Am Eingang des Tals befindet sich der Campamento Francés.

Vom Valle Francés zur Mountain Lodge Paine Grande (13 km, 5 Std.) Vom Campamento Británico führt der Weg hügelabwärts und über eine Hängebrücke aus dem Valle Francés heraus und dann zur Mountain Lodge Paine Grande. An der rechten Seite ragen die spektakulären Los Cuernos empor und links erstreckt sich der Lago Skottsberg. Der Fähranleger befindet sich kurz vor dem *refugio* bzw. dem Campingplatz.

Von der Mountain Lodge Paine Grande zum Refugio Grey (10 km, 4 Std., einfache Wegstrecke ab dem Lago Pehoé) Diese Strecke verläuft über relativ leichte Wege mit einigen wenigen schwierigen Abstiegen. Eine weitere halbe Stunde dauert die Wanderung zum Gletscheraussichtspunkt. Am Anfang und Ende der Route befinden sich Campingplätze und *refugios*. Dieses Gebiet war von dem Brand 2011 am stärksten betroffen, sodass immer noch Asche, abgebrannter Wald und karge Wiederaufforstungsareale zu erwarten sind.

Von der Mountain Lodge Paine Grande zur Administración (16 km, 5 Std.) Die Route führt zunächst hinunter zum Lago Pehoé und ein Stück weit am Ufer entlang, anschließend verläuft sie über das weite Grasland am Río Grey. Diese Strecke zählt allerdings nicht mehr zum „W", bietet jedoch die Möglichkeit, an der Administración die Wanderung zu beenden, sodass man nicht mehr zur Laguna Amarga (zum Bus) zurücklaufen muss. Das Personal der Mountain Lodge Paine Grande kann per Funk sicherstellen, dass die Wanderer an

Das „W"

Cerro Córdor (1790 m)
Cerro Amistad (1766 m)
Paso John Garner (1241 m)
Campamento Los Perros
Laguna de los Perros
Río de los Perros
Salto Los Perros
Río Cabeza del Indio
Cerro Oggioni (1697m)
Campamento Japonés
Parque Nacional Torres del Paine
(1878 m)
Valle del Silencio

Cerro Blanco (2092 m)
Campamento Paso
Glaciar Los Perros
Cerro Catedral (2168 m)
Cerro Trono Blanco (2197 m)
Cordillera Paine
(2240 m)
(2681 m)
(2243 m)
(2248 m)
(2800 m)
Torres del Paine

Glaciar Grey
Campamento Los Guardas
MACIZO PAINE
(2750 m)
Campamento Británico
(2500 m)
Cuernos del Paine
Río Francés
Cerro Almirante Nieto (2640 m)
Parque Nacional Torres del Paine
Cuerno Este (2200m)

Refugio Grey
Camping Grey
(3050 m)
(2730 m)
(2600 m)
Cerro Paine Grande
Glaciar Francés
(2400 m)
(2600 m)
Campamento Italiano
Refugio Los Cuernos
Camping Los Cuernos

Camping & Domos El Francés
Lago Nordenskjöld

Lago Grey
Launch
Parque Nacional Torres del Paine
Lago Skottsberg
Mirador Nordenskjöld

Pudeto
Guardería Lago Pehoé

Mountain Lodge Paine Grande
Katamaran
Salto Grande

Lago Pehoé
Administración (10 km)

der Administración den Bus für die Rückkehr nach Puerto Natales bekommen. Diese Strecke eignet sich auch, um auf dem „W" von Osten nach Westen zu wandern.

Auf dem Paine Circuit

Wer Einsamkeit und nachts einen wunderschönen Sternenhimmel sowie harte Herausforderungen liebt, kann diese längere Trekkingtour unternehmen. Der insgesamt 112 km lange Rundweg umfasst das „W" sowie die nördliche Strecke zwischen dem Refugio Grey und dem Refugio Las Torres. Die Landschaft ist sehr karg, aber einfach

wunderschön. Am **Paso John Gardner,** dem extrem schwierigen Teil dieser Route, müssen sich die Wanderer mitunter durch knietiefen Schlamm und Schnee kämpfen. Unterwegs liegt nur ein einfacher *refugio* bei Los Perros – ansonsten heißt es Campen auf die rustikale Art.

Um in den Nationalpark zu gelangen, fahren viele Wanderer mit dem Bus zur Laguna Amarga und beginnen hier den Paine Circuit. Das bedeutet, sie laufen erst einmal die nur wenige Stunden dauernde Strecke zum Refugio und Campamento Chileno. Von hier aus folgen sie dem Rundweg gegen

Campamento Torres · Cerro Paine (1508 m) · Río Ascensio · Camping Chileno · Mirador las Torres · Refugio Las Torres · Laguna Amarga (5 km) · Refugio Chileno · Hotel Las Torres · Camping Las Torres · Cerro Paine · Estancia · Río Paine · Laguna Larga · Lago Sarmiento de Gamboa · Parque Nacional Torres del Paine

PATAGONIEN PARQUE NACIONAL TORRES DEL PAINE

den Uhrzeigersinn und landen schließlich im Valle Francés und an Los Cuernos. In den Wintermonaten ist der Paine Circuit geschlossen.

Die nachfolgend beschriebenen Abschnitte des Paine Circuit zählen zu seinen schönsten Strecken. Angegeben ist jeweils die Länge der einfachen Wegstrecke.

Vom Refugio Grey zum Campamento Paso (10 km, 4 Std. auf der Nordroute, 2 Std. auf der Südroute) Wanderer, die von Westen nach Osten laufen, steigen den Paso John Garner hinauf, anstatt ihn abwärtszuschlittern.

Vom Campamento Paso zum Campamento Los Perros (12 km, 4 Std.) Auf dieser Strecke müssen Wanderer mit ziemlich viel Schlamm und manchmal auch mit Schnee rechnen. Nicht verwirren lassen: Was nach der Überquerung des Paso John Garner wie ein Campingplatz aussieht, ist keiner – also weiterwandern, bis schließlich eine Hütte in Sicht kommt.

Vom Campamento Los Perros zum Campamento Lago Dickson (9 km, 4½ Std.) Eine relativ leichte, aber dafür ziemlich windige Strecke.

Vom Campamento Lago Dickson zum Campamento Serón (19 km, 6 Std.) Die Route führt rund um den Lago Paine, wo der Wind mitunter sehr heftig weht und der Weg teilweise nur schwer zu erkennen ist. Daher sollten sich die Wanderer möglichst auf dem Pfad halten, der am weitesten vom See entfernt verläuft. Der auf dem Weg liegende Campamento Coiron ist seit dem Brand von 2005 geschlossen.

Vom Campamento Serón zur Laguna Amarga (15 km, 4–5 Std.) Wer will, kann zum Abschluss der Wanderung im Refugio Las Torres ein erholsames Nachtquartier und gutes Essen genießen.

Tageswanderungen

Eine leichte Wanderroute führt von der Guardería Lago Pehoé über den Hauptweg des Parks zum **Salto Grande**, einem gewaltigen Wasserfall zwischen dem Lago Nordenskjöld und Lago Pehoé. Nach einer weiteren leichten, einstündigen Wanderung ist der **Mirador Nordenskjöld** erreicht, der wunderschöne Ausblicke auf den See und die Berge bietet.

Für eine Tageswanderung mit einer größeren Herausforderung bietet sich die vierstündige Tour zum **Lago Paine** an, die durch eine stille, atemberaubend schöne Landschaft führt. Das Nordufer des Sees lässt sich allerdings nur von der Laguna Azul aus zu erreichen.

Kajakfahren

Kajaktouren sind eine tolle Möglichkeit, dicht an die Gletscher heranzukommen. Im Sommer bietet Antares/Big Foot Patagonia (S. 550) mehrmals täglich zweieinhalbstündige Kajaktouren (pro Pers. 55 000 Chil$) auf dem Lago Grey.

Fantastico Sur (S. 555) veranstaltet familienorientierte Kajaktouren auf dem sanft dahin fließenden Río Serrano.

Reiten

Aufgrund der Eigentumsverhältnisse innerhalb des Parks dürfen Reiter nicht vom Westteil (Lago Grey, Lago Pehoé und Río Serrano) in den von Fantastico Sur/Hotel Las Torres verwalteten östlichen Teil reiten (oder umgekehrt). Die Trennlinie verläuft ungefähr am Refugio Los Cuernos. Baqueano Zamora (S. 550) veranstaltet eintägige Ausritte (60 US$) zur Laguna Azul, ins Valle Francés und zum Glaciar Dickson. Darüber hinaus bietet der Tourveranstalter auch mehrtägige Reitausflüge an.

Das Hotel Las Torres (S. 565) ist Teil einer *estancia*, die das östliche Areal des Parks umfasst. Es bietet eintägige Ausritte rund um den Lago Nordenskjöld sowie in dessen Umgebung.

Eiswandern

Eine Wanderung durch die zerklüftete Gletscherlandschaft macht sehr viel Spaß. Für die geführten Touren benötigt man noch nicht einmal viel Erfahrung im Eiswandern. Antares/Big Foot Patagonia (S. 550) ist der einzige Tourenveranstalter, der eine Konzession für Eiswanderungen auf dem Glaciar Grey (90 000 Chil$) besitzt. Die von Oktober bis Mai angebotene fünfstündige Gletschertour startet um 8.30 und um 14.30 Uhr am Conaf-Haus.

🏳 Schlafen

Wichtig: Unbedingt reservieren! Wer ohne Reservierung in der Tasche im Nationalpark landet, kommt – vor allem in der Hochsaison – nur auf einem Campingplatz unter. Reisebüros bieten zwar Reservierungen an, viel besser ist es jedoch, direkt bei den verschiedenen Betreibern der Unterkünfte zu reservieren.

Refugios & Domos

Wer das „W" oder den Paine Circuit durchwandert, muss unterwegs entweder in *refugios* (Berghütten) in *domos* (Jurten) oder auf Campingplätzen übernachten. Es ist erforderlich, die Unterkünfte im Voraus zu reservieren – und bei Bedarf zugleich den Wunsch nach vegetarischen Mahlzeiten anzumelden. Die Reservierung sollte so schnell wie möglich nach der Buchung der ausgewählten Tour erfolgen.

Die *refugios* verfügen über Schlafräume mit jeweils vier bis acht Etagenbetten, heiße Duschen und eine Gemeinschaftsküche (nur für Logiergäste und nur zu bestimmten Uhrzeiten). Alle *refugios* bieten Mahlzeiten an (14–26 US$ zusätzlich, sofern nicht Vollpension gebucht). Einen Schlafsack oder anderes Bettzeug vor Ort auszuleihen, kostet ebenfalls zusätzlich (ab 11 US$). Falls ein *refugio* überbucht wurde, stellt das Personal die nötige Campingausrüstung zur Verfügung. Die meisten *refugios* schließen Ende April und eröffnen erst wieder zur Hauptsaison. Die aus Zeltstoff oder Plastik bestehenden *domos* sind mit Etagenbetten oder Pritschen ausgestattet. Aber möglicherweise stehen sie nicht die gesamte Saison über zur Verfügung.

Mit Wasser und Strom sollten die Gäste sehr sparsam umgehen. Auf den Zimmern sind leider keine Steckdosen vorhanden, deshalb solle man für Handy & Co. ein Solar-Aufladegerät oder einen zusätzliche Akku mitnehmen.

Einige *refugios* verlangen zur Bestätigung der Reservierung beim Einchecken eine Fotokopie des Reisepasses und der Touristenkarte des Gastes. Um den Check-in zu beschleunigen, lohnt es sich, diese Dokumente im Voraus (jeweils eine Kopie für jede Unterkunft) selbst zu kopieren. In manchen Fällen kann das Personal per Funk die Reservierungsbestätigung an die nächste Unterkunft weitergeben. Da die Wanderer zu bestimmten Uhrzeiten in Scharen eintrudeln, lassen sich Warteschlangen nicht vermeiden – ein wenig Zen-Praxis kann da recht nützlich sein.

Bei den genannten Preisen handelt es sich um Grundpreise. Bettzeug bzw. Schlafsack kostet extra, sofern man nicht den eigenen Schlafsack dabei hat.

Refugio Las Torres LODGE $
(☑ 061-261-4184; www.fantasticosur.com; B 86 US$, mit Vollpension 145 US$; ⊙ Sept.–April; @) Die geräumige Lodge ist ein attraktives „Basislager" mit 60 Betten, gemütlicher Lounge, Restaurant und Bar. Während der Hochsaison wird auch ein nahe gelegenes älteres Gebäude – zu niedrigeren Preisen – genutzt, um den Andrang zu bewältigen.

Refugio Chileno HÜTTEN $
(☑ 061-261-4184; www.fantasticosur.com; B 55 US$, mit Vollpension 114 US$; ⊙ Okt.–März) 🚫 Kein anderer *refugio* liegt so nah an den herrlichen Torres del Paine wie das Chileno. Mit 32 Betten und einem kleinen Kiosk, der Proviant verkauft, ist es eines der kleinsten *refugios* im Park. Windenergie sorgt hier für den Strom und das stille Örtchen besteht aus Komposttoiletten mit Biofilter.

Refugio Los Cuernos
BERGHÜTTE $

(☎ 061-261-4184; www.fantasticosur.com; B 55 US$, mit Vollpension 114 US$, 2-Pers.-Hütte 187 US$, mit Vollpension 305 US$; ⊙ Sept.–April) Dieser *refugio* liegt auf halber Strecke der „W-Route". Er füllt sich rasch, weil hier Wanderer aus beiden Richtungen eintreffen. Auch wenn es mal zu Engpässen kommt, ist die kleine Lodge mit acht Betten pro Zimmer mehr als gemütlich. Neue separate Duschen und Bäder für Camper lindern bei starkem Andrang ein wenig den Stress. Mehr Privatsphäre und Komfort bieten die acht Zweipersonenhütten mit großen Dachfenstern, eigenem Gemeinschaftsbad und Zugang zu einem hölzernen Whirlpool mit knallheißem Wasser.

Mountain Lodge Paine Grande
LODGE $

(☎ 061-241-2742; www.verticepatagonia.cl; B ab 50 US$, mit Vollpension 95 US$; ⊙ ganzjährig; @) Trotz ihrer stattlichen Größe ist die Lodge hübscher als die meisten anderen Unterkünfte an der „W-Route". Alle Zimmer haben einen herrlichen Ausblick auf Los Cuernos. Mit ihrer ganzjährigen Öffnungszeit ist sie im nassen, kalten Winter für die Wanderer ein wahrer Segen. Allerdings bietet sie in der kalten Jahreszeit (Mai bis September) keine Mahlzeiten an. Vorhanden sind auch ein Campingplatz mit Kuppelzelten *(domos)* und ein Kiosk, der einfachen Proviant verkauft.

Vom Lago Grey und dem Valle Francés liegt die Lodge jeweils eine Tageswanderung entfernt. Über den Lago Pehoé lässt sie sich per Boot auch direkt erreichen.

Refugio Grey
LODGE $

(☎ 061-241-2742; www.verticepatagonia.cl; B ab 50 US$, mit Vollpension 80 US$; ⊙ ganzjährig) Die De-luxe-Unterkunft liegt ein Stück weit landeinwärts vom See entfernt. Ihr schick gestalteter Aufenthaltsbereich glänzt mit Ledersofas und einer Bar. Die Küche gleicht einer großen Restaurantküche und die insgesamt 60 Betten in gemütlichen Schlafsälen bieten reichlich Platz für Rucksacktouristen. Vorhanden sind auch ein Gemischtwarenladen und eine überdachte Kochgelegenheit für Camper.

Im Winter (Mai bis September) bietet die Lodge keine Mahlzeiten an.

Refugio Lago Dickson
BERGHÜTTE $

(☎ 061-241-2742; B 35 US$, mit Vollpension 80 US$; ⊙ Nov.–März) Das ist einer der ältesten *refugios* und mit 30 Betten zugleich der kleinste *refugio* im Parque Nacional Torres del Paine. Seine Lage am Paine Circuit unweit vom Glaciar Dickson ist einfach atemberaubend schön.

Domos Los Cuernos
DOMOS $

(☎ 061-261-4184; www.fantasticosur.com; B 66 US$, mit Vollpension US$125; ⊙ Sept.–März, kann variieren) Neben dem Refugio Los Cuernos.

Domos El Serón
DOMOS $

(☎ 061-241-4184; www.fantasticosur.com; B 38 US$, mit Vollpension 118 US$) Auf dem Gelände vom Campamento Serón.

Domos El Francés
DOMOS $

(☎ 061-261-4184; www.fantasticosur.com; B 73 US$, mit Vollpension 132 US$; ⊙ Okt.–März, kann variieren) Die neuen Kuppelzelte befinden sich auf dem Gelände vom Campamento Francés, etwa 40 Fußminuten vom Refugio Los Cuernos entfernt. Ein großes Zelt dient als Speisesaal. Jede Zeltunterkunft verfügt über zwei Etagenbetten, Heizung und ein Duschbad. Zum Zeitpunkt der Recherche waren weitere stabile Unterkünfte mit etwas mehr Privatsphäre im Bau.

Camping

Der Nationalpark verfügt über kostenpflichtige und gebührenfreie Campingplätze. Mehr Service bieten die zuvor beschriebenen Unterkünfte.

Ein Zeltplatz auf den Campingplätzen der *refugios* kostet 4000–8500 Chil$. Die *refugios* verleihen auch Campingausrüsten: Zelt (9500 Chil$ pro Nacht), Schlafsack (5500 Chil$), Isomatte (2000 Chil$). Wer auf Nummer sicher gehen will, bringt in der Hochsaison besser seine eigene Campingausrüstung mit, denn in dieser Zeit ist häufig alles ausgeliehen.

Gehört der Campingplatz zu einem *refugio* können die Camper auch an den Mahlzeiten teilnehmen. Die Preise reichen von 9000 Chil$ für ein Frühstück bis zu 17 500 Chil$ für ein Abendessen. Sofern vorhanden, nehmen die kleinen Kioske auf den Campingplätzen gesalzene Preise für Waren wie beispielsweise Pasta, Tütensuppen oder Butangas. Auf einigen Campingplätzen befinden sich auch überdachte Kochgelegenheiten, die vor allem bei schlechtem Wetter sehr nützlich sind.

In der Regel sind die Campingplätze von Mitte Oktober bis Mitte März geöffnet. Allerdings öffnen die Plätze an dem rückwärtigen Streckenabschnitt des Paine Circuit bei zu harschen Witterungsverhältnissen erst Mitte November – die Entscheidung trifft die

Conaf. Für Auskünfte und die Buchung sind folgende Unternehmen zuständig:

Buchungshinweise: Vertice Patagonia (S. 555) betreut die Campingplätze Grey, Lago Dickson, Los Perros und den Campingplatz auf dem Grundstück der Mountain Lodge Paine Grande. Fantastico Sur (S. 555) ist der Besitzer der Campingplätze Las Torres, Francés, Chileno, Los Cuernos und Serón.

Die Campingplätze an den Trekkingrouten, die vom Conaf Centro de Visitantes verwaltet werden, sind zwar gebührenfrei, aber dafür sehr einfach ausgestattet. Sie verfügen weder über Duschen noch über einen Ausrüstungsverleih. Zu den Plätzen von Conaf gehören Campamentos Británico, Italiano, Paso, Serón, Torres und der Campamento Guardas.

Viele Camper berichten, dass Wildtiere – in Gestalt von Nagetieren – rund um die Campingplätze lauern. Deshalb: Keine Lebensmittel im Gepäck bzw. Zelt lassen, sondern irgendwo frei baumelnd aufhängen, z. B. an einem Baum.

Hotels

Nationalparkbesucher sollten bei der Buchung auch auf den Standort des Hotels achten. Unterkünfte, die nahe am „W" liegen, gewähren Wanderern mehr Bewegungsfreiheit und Flexibilität. Die meisten Hotels haben auch mehrtägige Pauschalarrangements in ihrem Angebot.

★ Tierra Patagonia   LODGE $$$
(☎ in Santiago 02-207-8861; www.tierrapatagonia.com; DZ pro Pers. 3 Nächte, inkl. Vollpension & Transfers ab 2390 US$; @🏊🏕🍴) Mitten in die weite Steppe schmiegt sich diese schicke und definitiv einladende Luxuslodge. In der runden Bar mit einer großen Feuerstelle in der Mitte herrscht eine lebendige, gesellige Atmosphäre – genauso wie in dem hübschen Aufenthaltsbereich. Besonders faszinierend ist die überdimensionale, künstlerisch gestaltete Karte vom Nationalpark. Jedes der großen, geschmackvoll eingerichteten Zimmer gewährt Ausblicke auf das Torre-del-Paine-Massiv. In den All-inclusive-Preisen sind Flughafentransfer, tägliche Ausflüge, Nutzung des Wellnessbereichs, Mahlzeiten und Getränke enthalten.

Tierra Patagonia liegt auf dem Gelände der *estancia* Cerro Guido, die dem Hotel ermöglicht, seinen Gästen ein spannendes „Ranch-Programm" anzubieten. Die Lodge befindet sich am Lago Sarmiento, gleich au-ßerhalb des Parque Nacional Torres del Paine und etwa 20 km von der Laguna Amarga entfernt.

Hotel Lago Grey   HOTEL $$$
(☎ 061-271-2100; www.lagogrey.cl; Buchungsadresse: Lautaro Navarro 1061, Punta Arenas; EZ/DZ 290/310 US$; @🍴) Das ganzjährig geöffnete, geschmackvolle Hotel bietet auch gemütliche weiß angestrichene Hütten, die mit Holzstegen verbunden sind. Die neuen De-luxe-Zimmer mit Blick auf den See sind in einem eleganten, modernen Stil eingerichtet. Wer in dem hauseigenen, der öffentlich zugänglichen Café sitzt, überblickt die ganze Pracht. Bei den Bootstouren zum Gletscher hält das Boot vor dem Conaf-Büro am gegenüberliegenden Ufer des Lago Grey, um Passagiere aufzunehmen oder aussteigen zu lassen.

Awasi   LODGE $$$
(☎ in Santiago 022-233-9641; awasipatagonia.com; 3 Nächte, All-inklusive pro Pers. 3250 US$; 🍴) Der Appetit auf Spitzenklasse-Lodges scheint nicht nachzulassen. Nun bereichert das Awasi die Unterkunftsszene, in der sich ein moderner, unaufdringlicher Stil mit einer abgelegenen Lage inmitten einer grandiosen archaischen Landschaft verbindet. Seine zwölf Bungalows mit eigenem Whirlpool umgeben ein Haupthaus mit Gourmetrestaurant, Loungebereiche und WLAN. Die Bungalows sind nur per Funk erreichbar. Die gut besuchte Lodge strahlt einen rustikalen Schick aus. Im Preis inbegriffen sind ausgezeichnete, auf individuelle Wünsche maßgeschneiderte Touren. Sie befindet sich außerhalb des Parks an der Nordseite des Lago Sarmiento. Ein wenig Geduld und Zeit erfordert der ziemliche weite Weg über die Schotterstraße, die zu den Hauptattraktionen des Nationalpark führt. Allerdings können die Gäste auch den Transfer-Service der Lodge nutzen.

Explora   HOTEL $$$
(☎ in Santiago 022-395-2800; www.explora.com; DZ 4 Nächte, inkl. Vollpension & Transfers ab 6156 US$; @🏊) Die mondäne Unterkunft thront hoch oben über dem Wasserfall Salto Chico am Ausfluss des Lago Pehoé. Ringsherum, quasi aus jedem Winkel, gewähren Fenster Ausblicke auf das Torres-del-Paine-Massiv. Der Wellnessbereich wartet mit beheiztem, rundem Swimmingpool, Sauna, Massageraum und Whirlpools im Freien auf. Im Preis inbegriffen sind Flughafentransfers, Vollpension in Gourmetqualität und

ein breit gefächertes Programm an Touren, die von jungen, spanisch und englisch sprechenden Führern begleitet werden.

Hotel Las Torres — HOTEL $$$

(☑ 061-261-7450; www.lastorres.com; Buchungsadresse: Magallanes 960, Punta Arenas; DZ ab 304 US$; ☺ Juli–Mai; ☎) ✎ Das gastfreundliche, gut geführte Hotel erfüllt internationale Standards. Zu seinen Vorzügen zählen der Wellnessbereich mit Jacuzzi sowie gute geführte Touren. Wissenswert: Einen Teil der Einnahmen aus den Touren spendet das Hotel der AMA, einer gemeinnützigen Umweltschutzorganisation mit Sitz im Nationalpark. Für das Büfett werden Biogemüse aus dem eigenen Gewächshaus und Biofleisch von nahe gelegenen Ranches verwendet.

Hostería Mirador del Payne — PENSION $$$

(☑ 061-222-8712; www.miradordelpayne.com; EZ/DZ/3BZ 200/245/265 US$) Die komfortable *hostería* liegt auf dem Gelände der Estancia El Lazo, die in dem wenig besuchten Gebiet an der Laguna Verde liegt. Sie ist bekannt für ihre ruhige Lage, die spektakulären Aussichtspunkte in ihrer unmittelbaren Nähe und ihren erstklassigen Service – aber nicht für einen leichten Zugang zu den meisten der beliebten Wanderwege. Zu den angebotenen Aktivitäten zählen Vogelbeobachtungen, Ausritte und Sportfischen. Nach vorherigem Anruf werden die Gäste von der Straßenkreuzung abgeholt.

Hotel Cabañas del Paine — HÜTTEN $$$

(☑ 061-273-0177; www.cabanasdelpaine.cl; Pueblito Río Serrano; EZ/DZ/3BZ 264/275/308 US$) Die geschmackvollen, einzeln stehenden Hütten am Ufer des Río Serrano fügen sich harmonisch in die abgelegene Landschaft ein. Die Ausblicke sind hier wunderschön.

Hostería Pehoé — HOTEL $$$

(☑ 061-272-2853; http://altopehoe.cl; EZ/DZ/3BZ ab 165/185/240 US$) Das Hotel liegt auf einer kleinen Insel des Lago Pehoé, die mit dem Festland durch eine lange Fußgängerbrücke verbunden ist. Der Panoramablick auf die Los Cuernos und den Cerro Paine Grande verdient mindestens fünf Sterne. Leider erinnern die abgewohnten Zimmer an ein schäbiges Motel an irgendeinem Straßenrand. Restaurant und Bar sind für die Öffentlichkeit zugänglich.

❶ Praktische Informationen

Der Parque Nacional Torres del Paine liegt 112 km nördlich von Puerto Natales und über eine recht gute Straße per Auto oder Zubringerbus erreichbar. Leider schließt die neue Conaf-Jahreskarte für die chilenischen Nationalparks (10 000 Chil$) den Nationalpark nicht mit ein, das heißt, auch Inhaber dieser Karte müssen Eintritt bezahlen.

Während der Nebensaison verkehren die Zubringerbusse wesentlich seltener als in der Hauptsaison. Zudem sind viele Unterkünfte geschlossen und die touristischen Dienstleistungen eingeschränkt. Auch erschweren die winterlichen Witterungsverhältnisse das Wandern. Zu den besten Trekkingmonaten zählen der November und der März. In beiden Monaten tummeln sich nicht so viele Besucher im Park. Im März sind die Windverhältnisse in der Regel günstiger als sonst. Rund ums Jahr ist es wichtig, sich über alle Details der geplanten Aktivitäten (Öffnungszeiten, Zustand der Wege, Wetter usw.) im Voraus, aber zeitnah ausführlich zu informieren. Zu den guten Informationsquellen im Internet zählt die Website www.torresdelpaine.com.

Der Haupteingang, wo auch der Eintritt kassiert wird, ist die **Portería Sarmiento** (☺ bei Tageslicht). Die liegt 37 km vom **Conaf Centro de Visitantes** (☺ Dez.–Feb. 9–20), das gute Informationen über die Ökologie des Parks und den Zustand der Wege bietet. Auch die Administración befindet sich hier. In Pudeto gibt es eine kleine Cafeteria, eine weitere soll an der Südspitze des Lago Grey eröffnet werden.

Wanderkarten sind an vielen Stellen in Puerto Natales erhältlich. Ausführliche Informationen über Trekkingtouren und Karten finden sich in dem englischsprachigen Lonely-Planet-Reiseführer *Trekking in the Patagonian Andes*.

❶ An- & Weiterreise

Zwischen dem Nationalpark und El Calafate besteht keine direkte Busverbindung. Wer am Tag des Parkbesuchs noch in diese Stadt will, muss entweder an einer entsprechend organisierten Gruppentour teilnehmen oder das Ganze im Voraus sehr genau planen. Am besten ist es, nach Puerto Natales zurückzukehren.

❶ Unterwegs vor Ort

Die Shuttlebusse (2800 Chil$) halten an der Laguna Amarga, am Bootsanleger des Katamarans in Pudeto und vor dem Gebäude der Administración.

Der Katamaran von **Hielos Patagónicos** (☑ 061-241-1380; info@hielospatagonicos.com; einfach/hin und zurück 15 000/24 000 Chil$) von Pudeto zur Mountain Lodge Paine Grande startet von Dezember bis Mitte März täglich um 9.30, 12 und 18 Uhr. In der zweiten Märzhälfte und im November legt er täglich um 12 und 18 Uhr ab. Im September, Oktober und April fährt er nur einmal am Tag um 12 Uhr.

Eine andere Barkasse pendelt mehrmals täglich auf dem Lago Grey zwischen dem Hotel Lago Grey und dem Refugio Lago Grey (45 000 Chil$, 1½ bis 2 Std.). Die genauen Abfahrtszeiten sind im Hotel Lago Grey (S. 564)zu erfahren.

DIE FALKLANDINSELN/ ISLAS MALVINAS

☑ 500 / 2900 EW., 500 000 SCHAFE

Was hat dieser Archipel außer heißen Debatten und seinen politischen Status abenteuerlustigen Reisenden zu bieten? Die 500 km östlich von Argentinien im Südatlantik gelegene Inselgruppe wartet in der Tat mit einigem Schönen auf: kleine Inseln, trichterförmige Flussmündungen und zahlreiche Strände bilden faszinierende, gewundene Küstenlinien. Und eine vielfältige Tierwelt ist hier zu Hause: Falkland- und Schopfkarakaras, Kormorane, Austernfischer und der Weißgesicht-Scheidenschnabel. Zahlreiche Pinguinarten (Magellan-, Felsen-, Goldschopf-, Esels- und Königspinguin) wetteifern mit See-Elefanten, Seelöwen, Pelzrobben und fünf Arten aus der Familie der Delfine (darunter Orcas) um die Gunst der Tierbeobachter.

Stanley (2115 Einwohner), die Hauptstadt der Falklandinseln, befindet sich auf Ostfalkland (engl. East Falkland, span. Isla Soledad). Das Hafenstädtchen besteht aus einer Ansammlung von Häusern, deren Wellblechfassaden in fröhliche Farben angestrichen sind. Der Ort eignet sich ausgezeichnet, um in einer Kneipe ein paar Gläschen zu trinken und den Geschichten über die Inseln zu lauschen. Auf den anderen Inseln (von den Briten als „Camp" bezeichnet) liegen Ortschaften, die aus den sogenannten *company towns* hervorgegangen sind. In diesen kleinen Siedlungen wurde früher die Schafwolle auf Küstenschiffe verladen. Heute bieten sie rustikale Unterkünfte und zahlreiche Möglichkeiten, eine unberührte Tier- und Pflanzenwelt zu erleben. Zusammengenommen verfügen die Inseln immerhin über 400 km Straßen – aber über keinerlei Straßenbeleuchtung.

Reisezeit

Die beste Zeit für eine Reise zu den Falklandinseln sind die Monate Oktober bis März. Dann kehren die Zugvögel (darunter die Pinguine) und Meeressäuger zurück und tummeln sich an den Stränden, auf den Landzungen und vor den Küsten. Kreuzfahrtschiffe mit Kurs auf die Insel South Georgia und die Antarktis legen von November bis März an. Sportliche Events mit Pferderennen, Bullenreiten und Geschicklichkeitsprüfungen für Hütehunde finden jährlich zwischen Weihnachten und Neujahr in Stanley statt. Auf Ost- und Westfalkland geht es mit solchen Veranstaltungen erst Ende Februar nach Abschluss der Schafschur los. Mit einer Höchsttemperatur von 24 °C wird es im Sommer nie richtig heiß, dafür sorgen die starken kühlen Winde.

Geschichte

Die Initialzündung des Booms der Schafzucht auf Tierra del Fuego (Feuerland) und in Patagonien ging von der Inselgruppe aus, die von den Argentiniern Las Islas Malvinas und von den Briten Falkland Island genannt wird. Beide Nationen haben den Archipel erkundet, aber weder Argentinien noch Großbritannien haben ihren Besitzanspruch klar definiert. Als jedoch Mitte des 19. Jhs. in Europa der Wollboom einsetzte, änderte sich die Situation. Innerhalb kurzer Zeit entwickelte sich die Falkland Islands Company (FIC) zum größten Landbesitzer der Inseln. Während zuvor die Bevölkerung hauptsächlich aus hier gestrandeten Gauchos und Seeleuten bestand, schoss die Einwohnerzahl durch englische und schottische Einwanderer rapide in die Höhe. Unter dem Deckmantel der Missionierung zwang die South American Missionary Society im Jahr 1853 unzählige Yahgan-Indianer von Tierra del Fuego auf die Keppel Island umzusiedeln.

Argentinien erhebt seit 1833 Anspruch auf die Falklandinseln. Doch erst im Jahr 1982 machte der argentinische Präsident Leopoldo Galtieri den Besitzanspruch unmissverständlich geltend – sprich: Argentiniens Militär griff die Falklandinseln an. Mit diesem Coup hoffte er, die von wirtschaftlichem Chaos und Korruption gebeutelte Bevölkerung Argentiniens auf seine Seite zu ziehen. Ohne Zögern holte die britische Premierministerin Margaret Thatcher (die damals ebenfalls in einem Popularitätstief steckte) zum Gegenschlag aus – und der für Argentinien so bitter endende Falklandkrieg nahm seinen Lauf.

In einer Erklärung bekräftigte Präsidentin Cristina Fernández de Kirchner 2010 Argentiniens Anspruch auf die Falklandinseln. Damit trübte sie das kooperativere Verhältnis, das sich in den vorhergehenden zehn

Falklandinseln/Islas Malvinas

Jahren zwischen der Regierung Großbritanniens, der Falklandinseln und Argentiniens entwickelt hatte. Um den Dauerkonflikt beizulegen, wurde schließlich 2013 auf den Falklandinseln eine Volksabstimmung über den zukünftigen politischen Status der Inselgruppe abgehalten. Dabei entschieden sich 99 Prozent der Bewohner für den Verbleib bei Großbritannien. Demnach bleiben die Beziehungen zu Argentinien weiterhin frostig und der Großteil der südamerikanischen Handelsgeschäfte wird nach wie vor über Chile abgewickelt.

Visa & andere Papiere

Reisende aus der EU und der Schweiz benötigen für die Falklandinseln kein Visum. Vorgeschrieben sind jedoch ein noch sechs Monate gültiger Reisepass, ein Rück- bzw. Weiterreiseticket, ausreichend Geldmittel (Kreditkarten sind hilfreich) sowie der Nachweis über eine fest gebuchte Unterkunft. Letzteres bedeutet in der Praxis: Einreisende ohne diesen Nachweis können im Ankunftsterminal festgehalten werden, bis sich für sie eine Unterkunft gefunden hat.

Geld

Auf den Falkinseln gibt es leider keine Geldautomaten und die einzige Bank befindet sich in der Hauptstadt Stanley. Kreditkarten werden aber weitgehend akzeptiert. Das Britische Pfund und der US-Dollar werden überall in bar angenommen. Für US-Dollar ist der Wechselkurs allerdings etwas schlechter, jedoch ist ein Umtausch in Falkland-Dollar (die örtliche Währung) ohnehin nicht notwendig.

In der Hauptsaison sollten Besucher mit täglichen Ausgaben (ohne Flugkosten) zwischen 175 und 350 US$ rechnen. Selbstversorger mit einer Unterkunft auf einem Campingplatz oder in einem Ferienhaus kommen entsprechend billiger weg.

ℹ Praktische Informationen

Das **Jetty Visitors Centre** (☑ 22215; info@ falklandislands.com; ⊙ Mo–Fr 10–17, Sa 9–17, So 10–16 Uhr) befindet sich in Stanley an der Ross Road bei den Landungsbrücken für Passagierschiffe. In dem Besucherzentrum ist der *Visitor Accommodation Guide* erhältlich, in dem Unterkünfte, einschließlich Campingplätze, aufgelistet sind (nützlich für Trekkingtouren oder das beliebte Insel-Hopping). Hilfreich für die Reise- und Tourenplanung sind die ausführlichen englischsprachigen Websites von **Falkland Islands Tourism** (www.falklandislands.com) und vom **Falkland House** (☑ 020-7222-2542; www.falklands.gov.fk/self-governance/london-office; 14 Broadway, London SW1H 0BH).

PATAGONIEN DIE FALKLANDINSELN/ISLAS MALVINAS

ⓘ An- & Weiterreise

LanChile (www.lan.com) fliegt jeden Samstag von Santiago de Chile zum Mount Pleasant International Airport (MPA; nahe Stanley). Zwischenlandungen erfolgen in Puerto Montt und Punta Arenas (beide Chile) sowie an einem Samstag im Monat auch in Río Gallegos (Argentinien). Ab Punta Arenas kostet ein Hin- und Rückflug bei Vorausbuchung 788 US$.

Vom Airport **RAF Brize Norton** (www.raf.mod. uk/rafbrizenorton) in Oxfordshire in England gibt es einen Linienflug der Royal Air Force zum Mount Pleasant International Airport. Die Flugdauer beträgt 18 Stunden, inklusive eines zweistündigen Tankstopps auf der kleinen Insel Ascension im Südatlantik. Reisende, die von den Falklandinseln nach Chile weiterfliegen, können einen einfachen Flug (1111 UK£) buchen. Die Buchung muss über das **Falkland Islands Government Office** (☎ 020-7222-2542; www. falklands.gov.fk; 14 Broadway, Falkland House, Westminster, London SW1H 0BH) erfolgen und bar bzw. per Barscheck bezahlt werden; sie kos-

tet dort nur halb so viel wie bei einer Buchung in Großbritannien. Kreditkarten werden allerdings nicht akzeptiert.

ⓘ Unterwegs vor Ort

Von Stanley aus **Figas** (☎ 27219; reservations@ figas.gov.fk) mit achtsitzigen Flugzeugen zu abgelegenen Zielen auf den Inseln.

In Stanley organisieren Tourenveranstalter Tagesausflüge zu verschiedenen Zielen auf Ostfalkland, z.B. **Discovery Falklands** (☎ 21027, 51027; discovery@horizon.co.fk). **Adventure Falklands** (☎ 21383; pwatts@horizon.co.fk) ist auf Tierbeobachtungstouren spezialisiert, die zu Kolonien von Königs-, Esels- und Magellanpinguinen führen. Als weitere Spezialität werden historisch orientierte Touren angeboten.

Trekkingtouren und Campen sind möglich. Allerdings existieren keinerlei markierte Wanderwege – schon so mancher Wanderer hat sich auf den Falklandinseln verlaufen. Wichtig: Vor dem Betreten von Privatgrund immer erst um Erlaubnis fragen.

Feuerland (Tierra del Fuego)

Gut essen

➡ Kalma Resto (S. 586)

➡ Kaupé (S. 586)

➡ María Lola Restó (S. 585)

➡ Chiko (S. 585)

➡ Don Peppone (S. 595)

Schön übernachten

➡ Galeazzi-Basily B&B
(S. 581)

➡ Antarctica Hostel (S. 580)

➡ Estancia Las Hijas (S. 593)

➡ Hostería Yendegaia
(S. 598)

➡ Los Cauquenes Resort &
Spa (S. 584)

Auf nach Feuerland!

Die Südspitze Amerikas ist eine schöne windgepeitschte Inselgruppe. Die Faszination geht nicht nur von der Vergangenheit aus, einer Geschichte von Schiffskatastrophen, gescheiterten Missionsgründungen und der beinahe vollständigen Ausrottung der Ureinwohner. Auch die Natur zeigt sich von einer rauen Seite – von den kargen Ebenen, Torfmooren und moosigen Südbuchenwäldern bis zu den schneebedeckten Gebirgsketten. Abgelegen und schwer erreichbar, ist Feuerland keineswegs vom Kontinent isoliert, wenn auch die chilenische Hälfte weniger entwickelt ist als die argentinische. Dort herrscht in den Häfen lebhaftes Treiben und auf den Flughäfen treffen abenteuerlustige Gäste ein – zum Wandern, Fliegenfischen oder zur Weiterreise in die Antarktis. Die argentinisch-chilenische Grenze teilt Feuerlands große Hauptinsel, die Isla Grande, in zwei ungleiche Hälften, während die Isla Navarino und die kleineren Inseln größtenteils zu Chile gehören.

Reisezeit
Ushuaia

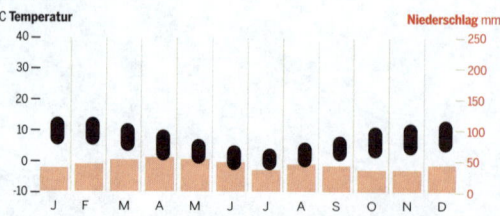

°C Temperatur   Niederschlag mm

Nov.–März Die wärmsten Monate, ideal zum Wandern, Beobachten von Pinguinen und für Aufenthalte auf einer *estancia* (Ranch).
Mitte Nov.–Mitte April Die Saison für das Fliegenfischen.

Juli–Sept. Optimaler Zeitraum zum Ski-, Snowboard- oder Hundeschlittenfahren.

❶ An- & Weiterreise

Die wichtigste Überlandverbindung von Patagonien aus führt zur Fähre bei **Punta Delgada** (Primera Angostura; ☏ +(56) 61-2728100; www.tabsa.cl; 15.000/1700 Chil$ pro Auto/Passagier; ⊙ bei Tageslicht, 20 Min.) in Chile. Feuerland hat im Gegensatz zum restlichen Argentinien keine Provinzstraßen, sondern ausschließlich kleinere Landstraßen, die sogenannten *rutas complementarias*, die durch kleine Buchstaben gekennzeichnet sind (z. B. RC-a).

Wer sich auf dem argentinischen Festland ein Auto mietet, überquert bis Feuerland mehrfach die chilenische Grenze. Dafür sind spezielle Dokumente und eine zusätzliche internationale Versicherung notwendig. Zudem dürfen bestimme Dinge (besonders Obst, Milchprodukte, Fleisch und Samen) nicht eingeführt werden. Die meisten Autovermieter erledigen den leidigen Papierkram, wenn sie rechtzeitig darum gebeten werden.

Zur Zeit der Recherchen für diese Auflage baute man auf chilenischer Seite gerade eine eigene Straße zum Süden der Insel. Momentan besteht schon eine Verbindung zum Lago Fagnano, doch benötigt man dafür ein Fahrzeug mit Allradantrieb.

Río Grande oder Ushuaia sind auch per Flugzeug erreichbar. Busse setzen vom chilenischen Punta Delgada mit der Fähre über; alle Linien kommen durch Río Grande bevor sie das Endziel Ushuaia erreichen.

Ushuaia

☏ 02901 / 57 000 EW.

Ushuaia ist eine geschäftige Hafenstadt und ein Zentrum für Abenteurer aller Art. Es bildet einen schmalen Streifen mit steilen Straßen und bunt zusammengewürfelten Häusern am Fuße der schneebedeckten Gebirgskette des Cerro Martial. Hier fallen die Anden schroff ins südliche Polarmeer ab und lassen noch Platz für die Stadt bevor sie das Meer mit seinen aufbäumenden Strömungen erreichen.

Eine vergleichbare Lage können nur wenige Orte aufweisen. Die aufregende Stadt zieht vollen Nutzen aus diesem Nimbus, die letzte Stadt am Ende der Welt zu sein, weil immer mehr Schiffe auf ihrem Weg in die Antarktis in diesem Hafen vor Anker gehen. Der übereifrige Geschäftsgeist kennt keine Peinlichkeiten: Ein Souvenirladen ist nach Jemmy Button benannt (einem Einheimischen, der zu Vorführzwecken nach England entführt wurde), das Skizentrum ist nach einer zerstörerischen invasiven Spezies benannt ... das sollte für einen ersten

Eindruck genügen. Vor diesem Hintergrund lässt sich mit einem Pint Bier aus der südlichsten Kleinbrauerei der Welt in der Hand wunderbar aus dem überwältigenden Angebot an sportlichen Aktivitäten auswählen: Nur wenige Minuten außerhalb der Stadt finden sich Möglichkeiten zum Wandern, Segeln, Ski- und Kajakfahren, ja sogar zum Gerätetauchen.

Die relativ hohen Löhne in Feuerland ziehen Argentinier aus allen Landesteilen an; nicht wenige Einheimische beklagen den Verlust an kleinstädtischem Lokalkolorit. In der Tat hat die Ausbreitung der Stadt zu einer planlosen Bebauung in all den Gebieten geführt, in denen die verrückte geografische Lage es zulässt.

Geschichte

1870 machte sich die britische South American Missionary Society (Südamerikanische Missionsgesellschaft) daran, die Yahgan (oder Yámana) zu bekehren, ein Volk von Nomaden, die trotz des grimmigen Klimas ihrer Heimat nahezu vollständig nackt durchs Leben gingen. In ihren provisorischen Behausungen ließ sich nichts trocken halten, und so waren sie überzeugt, dass der natürliche Fettfilm ihrer Haut sie besser schützte als ein durchnässtes Tierfell. Charles Darwin hatte sie als „die niedrigste Form des Menschentums auf Erden" bezeichnet, ein Urteil, das der englische Missionar Thomas Bridges widerlegen konnte. Nachdem er jahrelang bei und mit ihnen gelebt hatte, verfasste er Ende des 19. Jhs. ein englisches Wörterbuch ihrer Sprache, das zeigte, wie komplex und scharfsinnig die Yahgan sich auszudrücken pflegten.

Ushuaia wurde zum ersten festen Außenposten der Missionare in Feuerland, doch die Yahgan, die 6000 Jahre lang ohne Kontakt zu Fremden gelebt hatten, reagierten auf die von den Neuankömmlingen eingeschleppten Krankheiten sehr empfindlich und wurden immer häufiger von Robbenjägern, Siedlern und Goldschürfern attackiert. Schon 1830 hatte der britische Marinekapitän Robert FitzRoy vier Ureinwohner nach England entführt, um sie dort in europäischer Lebensart zu unterrichten und als Musterbeispiele „kultivierter Wilder" vorführen zu lassen. Unter ihnen war auch ein Jugendlicher, der später als „Jemmy Button" bekannt wurde, ein Vorbild für Michael Endes Jugendbuchhelden Jim Knopf. Einer der Deportierten starb bald nach der

Highlights

1 Ein Streifzug durch die alten feuerländischen Urwälder des **Parque Nacional Tierra del Fuego** (S. 588)

2 Eine **Hundeschlittenfahrt** (S. 577) durch die verschneiten Täler rund um Ushuaia

3 Fliegenfischen auf einer **estancia** (S. 593) bei Río Grande

4 Besuch des **Museo Marítimo & Museo del Presidio** (S. 574). Dieses Museum ist das einstige berüchtigte Gefängnis von Ushuaia und vermittelt einen Eindruck vom harten Leben der damaligen Häftlinge

5 Ski- und Snowboardfahren am **Cerro Castor** (S. 577), dem südlichsten Urlaubsort der Welt mit absolut grandiosen Ausblicken

6 Das stille Hafenstädtchen **Porvenir** (S. 597) – eine Zeitreise in längst vergangene Zeiten

7 Eine fünftägige Trekkingtour durch die schroffen Gipfel und die wild zerklüfteten Landschaften des **Dientes de Navarino** (S. 595) nahe bei Puerto Williams

Estancia Monte
Dinero

Cabo
Vírgenes

Cabo
Espíritu Santo

Bahía San
Sebastián

ATLANTISCHER
OZEAN

San
Sebastián

CHILE

Isla Grande de
Tierra del Fuego

Estancia
María
Behety

Estancia José
Menéndez

3 Río Grande

Paso Río
Bellavista

ARGENTINIEN

Estancia
Las Hijas

RN
3

Estancia Rolito

Lodge
Deseado

Lago Fagnano (Kami)

Tolhuin

**Parque
Nacional
Tierra
del Fuego**

Glaciar
Martial

Paso Garibaldi

Guardería
Lapataia

1

2 **4**

**5 Cerro
Castor**

Ushuaia

Estancia
Harberton

Estancia
Yendegaia

Puerto
Navarino

**Puerto
Williams**

7 Villa
Ukika

Isla
Navarino

Puerto
Toro

Isla Picton

Isla Nueva

Estrecho de
la Maire

Isla
Lennox

Parque Nacional
Cabo de Hornos

Kap Hoorn
(Cabo de Hornos)

0   100 km

Ankunft an einer ansteckenden Krankheit, und nachdem FitzRoys Aktion ihm monatelang hauptsächlich heftige öffentliche Kritik beschert hatte, erklärte sich der Kapitän schließlich bereit, die Yahgan in ihre Heimat zurückzubringen.

Heute ist von dem alten Volk kaum mehr geblieben als einige Muschelhaufen, ein Museum im Zentrum von Ushuaia, das berühmte Wörterbuch ihrer Sprache von Thomas Bridges und ein nach Jemmy Button benannter Souvenirladen. Die letzte Frau, deren Eltern beide den Yámana angehörten und die als Letzte mit der Sprache ihres Volkes aufgewachsen ist, lebte bei Redaktionsschluss hochbetagt auf der chilenischen Isla Navarino.

Von 1884 bis 1947 diente Ushuaia dem argentinischen Staat als Strafkolonie für politische Gefangene und besonders berüchtigte Kriminelle – so wie die abgelegene Isla de los Estados vor der Ostspitze Feuerlands. Nach Auflösung des Straflagers wurde die Stadt seit 1950 zu einem wichtigen Stützpunkt der Marine.

Sehenswertes

Ganz in Ufernähe verläuft parallel zum Beagle-Kanal die Avenida Maipú; sie knickt westlich des Friedhofs nach Süden ab und wird kurz darauf zur Malvinas Argentinas, die am Stadtrand in die RN 3 übergeht; diese wiederum endet 12 km weiter westlich im Parque Nacional Tierra del Fuego. Nach Osten endet die Maipú am Gelände der Marine. Der Weg biegt hier nach Norden auf die Yaganes ab, die ein paar Blocks weiter in die RN 3 mündet; diese Straße führt nach Nordosten in Richtung Lago Fagnano. Die meisten Geschäfte und sonstigen für Besucher interessanten Einrichtungen liegen an der Avenida San Martín, der Parallelstraße der Maipú einen Block landeinwärts, oder in deren unmittelbarer Nähe.

Bei der Touristeninformation gibt es gratis einen Übersichtsplan der Stadt mit Vorschlägen für Rundgänge und Wissenswertem über die historischen Gebäude. Die **Legislatura Provincial** (Provinzparlament; Av Maipú 465) diente einst dem Gouverneur der Provinz als Residenz. Die **Iglesia de la Merced** (Ecke Av San Martín & Don Bosco) wurde vor rund 100 Jahren von Strafgefangenen errichtet. Und die **Casa Beban** (Ecke Av Maipú & Plüschow; ⊙ 11–18 Uhr), in der heute von Zeit zu Zeit örtliche Künstler ihre Werke präsentieren, entstand 1911 aus Fertigteilen, die zu

diesem Zweck eigens aus Schweden importiert wurden.

★ Museo Marítimo & Museo del Presidio
MUSEUM

(☎ 02901-437481; www.museomaritimo.com; Ecke Yaganes & Gobernador Paz; Eintritt 200 Arg$; ⊙ 9–20 Uhr) Als 1906 Strafgefangene von der Isla de los Estados (Staten Island) nach Ushuaia verlegt wurden, mussten sie sich ihr Staatsgefängnis erst einmal selber bauen. Im Jahr 1920 war es dann fertig. Die Zellen waren nur für 380 Insassen ausgelegt; tatsächlich saßen hier jedoch vor der endgültigen Schließung 1947 bis zu 800 Mann ein, darunter so berühmte Leute wie der gefeierte Schriftsteller Ricardo Rojasand der ukrainischstämmige Anarchist Simón Radowitzky. Die Beschreibung des Alltagslebens der Gefangenen ist faszinierend, allerdings ist sie ausschließlich in Spanisch gehalten.

Exponate zum Thema Meer liefern einen einzigartigen Einblick in die Geschichte der Region. Im Hof stehen die Überreste der weltweit schmalsten Schmalspurbahn für Gütertransporte. In ihren Waggons wurden die Sträflinge von der Stadt zu ihren Arbeitsstätten und zurück transportiert. Von Dezember bis März finden Führungen um 11.30 und 16.30 Uhr statt (auch auf Englisch). Wenn möglich, sollte man den Tourführer Horacio erwischen.

Museo Yamaná
MUSEUM

(☎ 02901-422874; Rivadavia 56; Eintritt 75 Arg$; ⊙ 10–19 Uhr) Das kleine, aber sehr gewissenhaft geführte Museum gibt einen hervorragenden Einblick in die Lebensweise der Yahgan (Yamaná). Es taucht tief in den Überlebenskampf dieses Volkes ein und zeigt, wie dessen Mitglieder dem harten Klima ohne Kleidung trotzten, warum bei ihnen nur die Frauen schwimmen konnten und wie sie in einem fahrenden Kanu ein Lagerfeuer in Gang hielten. Fachmännisch detaillierte Dioramen (auch auf Englisch) zeigen die Buchten und Zuflüsse des Parque Nacional Tierra del Fuego, sodass man vor dem Besuch des Parks entsprechend eingestimmt und informiert ist.

Museo del Fin del Mundo
MUSEUM

(☎ 02901-421863; www.museodelfindelmundo.org. ar; Ecke Av Maipú & Rivadavia; Eintritt 130 Arg$; ⊙ 10–19 Uhr) In diesem ehemaligen Bankgebäude aus dem Jahre 1903 gibt es eine Ausstellung zur Naturgeschichte Feuerlands mit ausgestopften Tieren, dazu noch Exponate

ANTARKTIS: IM EWIGEN EIS

Für viele Reisenden ist die Reise in die Antarktis ein Abenteuer, das sie sich nur einmal gönnen. Eine solche Reise hat mehr zu bieten als die Gelegenheit, den sechsten Kontinent abzuhaken. Hier erlebt man mehrere Hundert Meter dicke, in Schnee eingehüllte Land- und Eisschelfe, Gletscher, die sich von Gebirgshängen ins Meer schieben, und Eisberge, die haushohe Skulpturen bilden. Genauso faszinierend ist die Tierwelt mit Tausenden Pinguinen und einer außergewöhnlichen Vielfalt an Vögeln, Robben und Walen.

Mehr als 90 % der Schiffe, die die Antarktis ansteuern, kommen durch Ushuaia; während der Saison 2014–2015 beförderten sie fast 40 000 Touristen – ein Vielfaches der gerade einmal 5000 Wissenschaftler und Techniker (im Sommer) oder 1200 (im Winter). Das Reisen ist jedoch nicht ohne Risiko. Am 23. November 2003 rammte die MS *Explorer* einen Eisberg und sank, konnte jedoch erfolgreich evakuiert werden. Bei diesem Unglück waren ungewöhnliche Umstände im Spiel, dennoch hatte es zusätzliche Sicherheitsmaßnahmen zur Folge. Wer zwei bis drei Wochen Zeit hat, kann ein Kreuzfahrtschiff ins Eis besteigen. Während einige Schiffe auch die Islas Malvinas (Falklandinseln) und Südgeorgien (10 bis 20 Einwohner und schätzungsweise zwei bis drei Millionen Pinguine) ansteuern, fahren andere direkt zur Antarktischen Halbinsel; wieder andere folgen den Spuren historischer Expeditionen. Eine kleine Schar an Reisenden besucht die Antarktis mit Privatfahrzeugen: Segelboote (mit Hilfsmotoren). Die Saison geht von Mitte Oktober bis Mitte März, je nach Eisverhältnissen. Früher waren die Überfahrten nur zur Hochsaison ausgebucht, heute gilt das fast für alle rund ums Jahr. Wer nach einem Angebot sucht, sollte einige Fragen stellen: Wie viele Tage wird das Schiff vor Ort in der Antarktis sein? Hin- und Rückfahrt können jeweils bis zu zwei Tage in Anspruch nehmen. Wie viele Landgänge sind vorgesehen? Je kleiner das Schiff desto öfter können die Passagiere von Bord gehen (vom Wetter abhängig). Die Veranstalter nehmen Preise zwischen 7000 und 70 000 US$; es gibt auch Sonderangebote für 5000 US$ für 10 Tage. Die nötige Versicherung kostet dann aber extra (rund 800 US$). Man sollte darauf achten, ob das Schiff seine Passagiere mit warmer und wetterfester Kleidung versorgt.

Weil Ushuaia so nahe bei der Antarktischen Halbinsel liegt, legen die meisten Kreuzfahrtschiffe von hier ab. Wer auf der Suche nach Sonderangeboten ist, sollte sich von Südamerika aus bereits einige Wochen im Voraus bei den einschlägigen Veranstaltern melden. Last-Minute Buchungen können bei **Freestyle Adventure Travel** (☏ 2901-609792; www.freestyleadventuretravel.com; Gobernador Paz 866) durchgeführt werden; 1 % Rabatt für Planet Members und Preisnachlässe für Ausflüge zum Kap Hoorn. Ushuaia Turismo (S. 579) nimmt ebenfalls Last-Minute-Buchungen vor. Andere Reisebüros und Tourenanbieter, die ganze Reisepakete bereithalten, sind etwa Rumbo Sur (S. 587), All Patagonia (S. 587) und Canal Fun (S. 578), aber es gibt natürlich noch viele mehr.

Der gewählte Anbieter sollte Mitglied in der **IAATO** (www.iaato.org) sein, die ihren Mitgliedern strenge Richtlinien für ein verantwortungsvolles Reisen in die Antarktis auferlegt hat. Nachfolgend einige weniger bekannte Unternehmen für Reisen in die Antarktis:

Adventure Associates Cruise (www.adventureassociates.com) Der älteste australische Anbieter von Antarktisreisen mit zahlreichen Schiffen und verschiedenen Reisezielen.

National Geographic Expeditions (www.nationalgeographicexpeditions.com) Der wohl renommierteste Veranstalter mit Naturkundlern und anderen ausgewiesenen Experten an Bord der *National Geographic Explorer*, die Platz für 48 Passagiere bietet.

Peregrine Adventures (www.peregrineadventures.com) Bietet einzigartige Reisen, darunter zum Südlichen Polarkreis mit Möglichkeiten zum Kajakfahren und Campen.

WildWings Travel (www.wildwings.co.uk) Britischer Veranstalter, der sich auf die Beobachtung von Vögeln und anderen Tieren in der Antarktis spezialisiert hat.

Weitere Informationen im Lonely-Planet-Reiseführer *Antarctica*. Aktuelle Hinweise im Internet unter http://polarconservation.org. In Ushuaia ist die **Oficina Antártica** (☏ 02901-430015; www.tierradelfuego.org.ar/antartida; Av Maipú 505; ⊙ 9–17 Uhr mit Schiff im Hafen) am Pier eine große Hilfe.

Ushuaia

FEUERLAND (TIERRA DEL FUEGO) USHUAIA

zum Leben der Ureinwohner und der frühen Strafkolonien sowie einige Nachbildungen von nur mäßigem Interesse. Führungen gibt es um 11 und 15.30 Uhr.

Parque Yatana   PARK
(Fundación Cultiva; ☑ 425212; Ecke Magallanes & 25 de Mayo; ⊙ Mo–Fr 9–12 Uhr) Dieser Südbuchenwald von der Größe eines Häuserblocks wurde durch das entschlossene Engagement einer einzelnen Familie vor dem rücksichtslosen Wachstum der Stadt gerettet und ist teils Kunstprojekt, teils eine grüne Oase.

🏃 Aktivitäten

Gelegenheiten zum Wandern gibt es nicht nur im Parque Nacional Tierra del Fuego; mit ihren Seen und Flüssen ist die ganze Gebirgskette hinter Ushuaia ein Paradies für Wanderfreunde. Die Wege sind allerdings meist spärlich oder überhaupt nicht markiert, und manch einer, der problemlos

hinaufgewandert ist, hat sich auf der Suche nach dem Rückweg schon jämmerlich verlaufen. Zu ihrer eigenen Sicherheit sollten sich Wanderer, die außerhalb des Nationalparks unterwegs sein wollen, am Touristenbüro (S. 588) bei Aufbruch und Rückkehr melden. Der Club Andino Ushuaia (S. 587) hat Kartenmaterial und gibt gute Informationen mit auf den Weg. Im Notfall sollte man sich an den Zivilschutz (☑ 02901-22108, 103) wenden. Bootsfahrten sind das ganze Jahr hindurch möglich.

Aktivitäten im Sommer
Cerro Martial & Glaciar
Martial   OUTDOOR-AKTIVITÄTEN
(⊙ 10–16 Uhr) Der fantastische Rundblick über Ushuaia und den Beaglekanal ist eindrucksvoller als der kleine Gletscher selbst. Wegen des wechselhaften Wetters ist warme, wasserabweisende Kleidung und festes Schuhwerk angebracht. Man kann hier

0   200 m

Cabañas del Beagle
(700 m)

Lago Escondido
(60 km);
Lago Fagnano
(100 km)

Magallanes

Gobernador Paz

Deloquí

Av San Martín

Av Maipú

**Museo
Marítimo
& Museo
del Presidio**

Beaglekanal

und Möglichkeit am Kap Hoorn von Bord zu gehen.

Aeroclub Ushuaia
RUNDFLÜGE

(☎ 421717, 421892; www.aeroclubushuaia.com; Charterflug für 5 Pers. 335 US$ pro Pers.) Bietet Panoramarundflüge über den Kanal und gegebenenfalls auch nach Puerto Williams, Chile (10 kg Gepäck ist erlaubt). Abflug vor 13 Uhr, drei Tage im Voraus bestätigen.

Aktivitäten im Winter

Wenn sich die Berggipfel rundum in dichten Pulverschnee hüllen, ist es Zeit, die örtlichen Skigebiete kennenzulernen, die alle gut über die RN 3 zu erreichen sind und sowohl Abfahrtspisten als auch Langlaufloipen bieten. Die Skisaison dauert von Juni bis September; am meisten Betrieb herrscht jedoch während der Winterferien im Juli.

Cerro Castor
SKIFAHREN

(☎ 02901-499301; www.cerrocastor.com; Tagesticket für den Skilift Erw./Kind 730/500 Arg$; ⊙ Mitte Juni–Mitte Okt.) Fürs Skivergnügen in einer schönen Landschaft finden sich hier 15 Pisten in einem 400 ha großen Areal, mehrere Hütten mit Cafébetrieb und sogar eine hippe Sushi-Bar. Abfahrts- und Langlaufskier sowie Snowboards werden verliehen. Beim Kauf von Skipässen für mehrere Tage und in der Zwischensaison gibt es einen Rabatt. An besonders kalten Tagen werden die Skilifte mit durchsichtigem Windschutz versehen. 26 km von Ushuaia gelegen und über die RN 3 erreichbar.

Tierra Mayor
WINTERSPORT

(☎ 02901-430329; http://antartur.com.ar; RN3, Km 3018; geführte Hundeschlittenfahrten 50 US$) Bietet vergleichsweise preiswerte Abenteuertouren an und hat eine eigene Niederlassung in den Bergen selbst. Mit Schneeschuhen geht es durch wunderschöne Täler oder mit von Siberian und Alaskan Huskys gezogenen Schlitten durch die holprige Tierra Mayor. Wenn man diese Abenteuer mit einer abendlichen Feuerwerksdarbietung verbindet, werden das wirklich unvergessliche Erlebnisse (130 bis 145 US$). Gleiches gilt für geführte Fahrten mit der Schneekatze oder eine Tagestour mit dem Geländewagen zum Lago Fagnano mit Kanufahrt und Grillen. Das Ganze gibt es 19 km von Ushuaia und ist über die RN 3 erreichbar.

Cerro Martial & Glaciar Martial
WINTERSPORT

(☎ Mobiltelefon 1551-0307; http://www.escue laushuaia.com; Unterrichtsstunden im nordi-

wandern oder auch Canopytouren (Baumkronentouren) unternehmen. Die Anreise zum Cerro Martial erfolgt mit dem Taxi oder einem Minibus (120 Arg$); Letzterer fährt von 8.30 bis 18.30 Uhr alle halbe Stunde von der Ecke Avenida Maipú/Juana Fadul ab.

Canopy Tours
ABENTEUERTOUR

(www.canopyushuaia.com.ar; Refugio de Montaña, Cerro Martial; Erw./Kind inkl. Transfer 32/28 US$; ⊙ Okt.–Juni 10–17.15 Uhr) Bei den Canopytouren am Abend kann man sich eine Stunde lang wie Tarzan fühlen und sich mit 11 Seilrutschen und zwei Hängebrücken durch den Wald bewegen. Nur mit Voranmeldung.

Cruceros Australis
KREUZFAHRT

(☎ in Santiago 022-442-3115; www.australis.com; 3 Nächte & 4 Tage ab 1190 US$ pro Pers.; ⊙ Ende Sept.–Anfang April) Luxuskreuzfahrt mit drei bis vier Übernachtungen von Ushuaia nach Punta Arenas, mit Besichtigungsprogramm

Ushuaia

schen Skifahren 520 Arg$, Schneeschuhverleih 110 Arg$ pro Tag; ⊙10–16 Uhr) Ideal für Familien wie für Gäste, die nur einige Stunden ihr winterliches Vergnügen haben wollen. In diesem Wintersportzentrum kann man nordisch Ski fahren und sich sowohl die Ausrüstung als auch die Bekleidung ausleihen; auch Schneeschuhe für eine Winterwanderung sind im Angebot.

☞ Geführte Touren

Viele Reisebüros bieten Touren in der Region an. Zur Auswahl stehen Ausritte, Wanderungen, Kanufahrten, Ausflüge zu den Seen Lago Escondido und Lago Fagnano, Aufenthalte auf einer *estancia* (Ranch) oder Vogel- und Biberbeobachtungen.

Wer auf dem Boot über die grauen Gewässer des Beaglekanals schippert, erlebt die fernen Gletscher, felsigen Inseln und das reichhaltige Tierleben aus einer ganz anderen Perspektive. Hafenrundfahrten (etwa 750 Arg$) sind entweder vierstündige Morgen- oder Nachmittagsexkursionen zu See-

löwen und Kormoranen. Die mögliche Anzahl der Passagiere, die Art der Verpflegung und die eingeschobenen Wandermöglichkeiten sind je nach Anbieter verschieden. Ein Highlight ist ein Zwischenstopp auf einer Insel, um zu den *conchales,* den Müllhaufen (eigentlich Muschelhaufen) des indigenen Volkes der Yagan zu wandern. Die Schiffe der verschiedenen Anbieter liegen am Eingang zum Pier von Ushuaia aufgereiht vor Anker.

Canal Fun ABENTEUERTOUREN
(☏02901-435777; www.canalfun.com; Roca 136) Zum vielgefragten Angebot dieser von hippen jungen Leuten geleiteten Agentur gehören ganztägige Unternehmungen wie Wandern und Kajakfahren im Parque Nacional Tierra del Fuego, die berühmten Geländewagenfahrten rund um den Lago Fagnano und ein Ausflug zur Estancia Harberton mit verschiedenen sportlichen Angeboten wie Kajakfahren und einem Besuch bei einer Pinguinkolonie.

Che Turismo Alternativo BOOTSTOUREN

(✆ Mobiltelefon 02901-15-517967; www.facebook. com/elcheturismoalternativo; Touristenpier; Halbtagestour 850 Arg$) Auf dieser Tour fährt der Betreiber selbst zur Bridges Island hinaus und führt dort eine Wanderung. Auf der Rückfahrt zum Hafen wird frisches heimisches Beagle-Bier gezapft – sehr beliebt bei Rucksackreisenden.

⭐ Compañía de Guías de
Patagonia ABENTEUERTOUREN

(✆ 02901-437753; www.companiadeguias.com.ar; ganztägige Wanderung 105 US$) Dieses renommierte Unternehmen organisiert Expeditionen und mehrtägige Wanderungen rund um Ushuaia und weiter hinaus in entlegene Teile Feuerlands. Es bietet ebenfalls Gletscherwanderungen, Mountainbiketouren und Ausflüge in die Antarktis mit Kajakfahrten auf dem Meer.

Patagonia Adventure Explorer BOOTSTOUREN

(✆ 02901-15-465842; www.patagoniaadvent.com. ar; Touristenpier) Komfortable Schiffe mit Imbiss und kurzer Wanderung auf der Isla Bridges. Ein besonderes Abenteuer ist das 5 m lange Segelboot. Ganztägige Segeltörns mit Wein und Gourmethäppchen sowie mehrtägige Ausflüge sind ebenfalls möglich.

Piratour BOOTSTOUREN

(✆ 02901-435557; www.piratour.net; Av San Martín 847; Fahrt zur Pinguinkolonie 150 US$; ⏱9–21 Uhr) Veranstaltet Ausflüge für bis zu 20 Personen zur Isla Martillo mit Wanderung zu den Magellan- und Eselspinguinen und einem Besuch in Harberton. Zusätzlich fahren auch Schiffe nach Puerto Williams in Chile (Dezember bis März). Ein zweites Büro gibt es am Touristenpier.

Rayen Aventura ABENTEUERTOUREN

(✆ 02901-437005; www.rayenaventura.com; Av San Martín 611) Ist für die peppigen Allradtouren zum Lago Fagnano mit Möglichkeiten zum Wandern, Kajakfahren und Besuchen auf einer *estancia* bekannt. Auch im Winter gibt es Tourangebote.

⭐ Tierra ABENTEUERTOUREN

(✆ 02901-433800, 02901-15-486886; www.tierra turismo.com; Onas 235, Büro 4C) 🏳 Diese kleine Agentur wurde von ehemaligen Tourenführern gegründet, um damit individuelle Reiseerlebnisse zu ermöglichen. Sie bietet Abenteuertouren mit ungewöhnlichen, auf die Bedürfnisse der jeweiligen Teilnehmer zugeschnittenen Ausflügen an. Zu den An-

geboten zählen eine Geländewagentour zum Lago Fagnano mit Bootsfahrten und Wandermöglichkeiten (1400 Arg$), Wanderungen im Parque Nacional Tierra del Fuego (650 Arg$ für einen halben Tag) und Besuche auf der Estancia Harberton.

Tres Marías Excursiones BOOTSTOUREN

(✆ 02901-436416; www.tresmariasweb.com; Touristenpier) Der einzige Anbieter mit der Erlaubnis, auf der Isla „H" im Naturschutzgebiet Isla Bridges mit ihren Muschelhaufen und einer Kolonie von Felsenscharben (Felsenkormoranen) anzulanden. Maximal für acht Passagiere.

Tolkar GEFÜHRTE TOUREN

(✆ 02901-431408, 02901-431412; www.tolkarturis mo.com.ar; Roca 157) Eine beliebte Agentur mit hilfsbereitem Personal und Allround-Programm; gehört zum Busunternehmen Tecni-Austral.

Turismo Comapa GEFÜHRTE TOUREN

(✆ 430727; www.comapa.com; Av San Martín 409) Bei diesem seit vielen Jahren existierenden Reisebüro können Reisende ihre Buchungen bei den Reedereien Navimag und Cruceros Australis bestätigen lassen, aber auch die üblichen Touren und Schiffsfahrten nach Puerto Williams, Chile, buchen.

Turismo de Campo GEFÜHRTE TOUREN

(✆ 02901-437351; www.turismodecampo.com; Fuegia Basquet 414) Dieses Reisebüro organisiert leichte Trekkingtouren, Segeltörns auf dem Beaglekanal und Besichtigungsfahrten zur Estancia Rolito bei Río Grande. Darüber hinaus gibt es auch neun- bis zwölftägige Schiffstouren in die Antarktis.

Ushuaia Turismo GEFÜHRTE TOUREN

(✆ 02901-436003; www.ushuaiaturismoevt.com. ar; Gobernador Paz 865) Bietet Last-Minute-Buchungen für Kreuzfahrten in die Antarktis.

🎉 Feste & Events

Desafío Ushuaia MARATHON

(⏱ Anfang März) Ein immens beliebter internationaler Marathonlauf auf der südlichsten Rennstrecke des Kontinents.

Festival Nacional de la Noche
Más Larga FESTIVAL

(Sonnenwende; ⏱ Mitte Juni) Bei diesem Festival finden zwei Wochen lang Shows und Musikveranstaltungen (von Tango bis Jazz und Pop) statt. Überall in der Stadt gibt es auch Events, die keinen Eintritt kosten. Weitere

ESTANCIA HARBERTON

Harberton (Skype estanciaharberton.turismo; www.estanciaharberton.com; Eintritt Erw./ Kind 180 Arg$/frei, EZ/DZ Vollpension & Aktivitäten 325/580 US$, B 50 US$; ⊙ 15. Okt.–15. April 10–19 Uhr) wurde 1886 vom britischen Missionar Thomas Bridges und seiner Familie gegründet und ist Feuerlands erste *estancia*. Berühmt wurde das Anwesen durch das Buch *Uttermost Part of the Earth*, die bewegenden Memoiren von Bridges' Sohn Lucas über seine Jugendjahre unter den heute ausgestorbenen Völkern der Selk'nam und Yahgan. Das Buch ist auf Englisch erhältlich und bietet eine hervorragende Einführung in die Geschichte dieser Region und das Leben ihrer Ureinwohner.

Die herrlich gelegene *estancia* gehört bis heute den Nachfahren des einstigen Gründers Thomas Bridges. Besucher (Tages- und Übernachtungsgäste) können bei einer Führung u. a. das älteste Haus der Insel und den Nachbau einer Yahgan-Behausung besichtigen, im Restaurant essen und die Pinguinkolonie in der Reserva Yecapasela besuchen. Wer gerne Vögel beobachtet, kommt hier ohnehin auf seine Kosten.

Auf dem Gelände befindet sich auch das eindrucksvolle **Museo Acatushún** (www. acatushun.com; Eintritt mit Besuch der *estancia* 180 Arg$), in dem die verstorbene Biologin Natalie Prosser Goodall eine riesige Sammlung von Säugetieren und Vögeln inventarisiert hat. Den Schwerpunkt bilden die Meeressäuger der Region sowie Tausende Säugetiere und Vogelarten, darunter der seltene Hector-Schnabelwal. Ein großer Teil des Bestands stammt aus der Bahía San Sebastián nördlich von Río Grande, wo sich das Meer bei Ebbe bis zu 11 km weit vom Land zurückzieht, wobei oft zahlreiche Tiere stranden. Bitte die Öffnungszeiten des Museums vorher noch einmal bei der *estancia* erfragen.

Man sollte rechtzeitig reservieren, da es kein Telefon auf der *estancia* gibt, jedoch könnte Skypen möglich sein. Mit einer vorab erteilten Genehmigung ist es auch erlaubt, am Río Lasifashaj, Río Varela und Río Cambaceres unter einfachsten Bedingungen zu zelten. Harberton liegt 85 km östlich von Ushuaia und ist von dort in 1½ bis 2 Stunden über die RN 3 und die holprige RC-j, zu erreichen. In Ushuaia starten auch Shuttlebusse, die um 9 Uhr an der Avenida Maipú gegenüber der 25 de Mayo abfahren und gegen 15 Uhr dorthin zurückkehren. Einige Agenturen vor Ort bieten Tagestouren per Katamaran zur *estancia* an.

Informationen bei der städtischen Touristeninformation (S. 588).

Marcha Blanca   WINTERSPORT (www.marchablanca.com; ⊙ Mitte Aug.) Seit einem Vierteljahrhundert wird mit einem Langlauf durchs Gelände alljährlich an General San Martíns historische Überquerung der Anden am 17. August 1817 erinnert. Zu Ushuaias größter Skisportveranstaltung gehören auch ein Meisterkurs für Skibegeisterte, der Bau von Schneeskulpturen und ein nordischer Skimarathon.

🛏 Schlafen

Von Januar bis Anfang März sollte man Unterkünfte im Voraus buchen. Dabei fragt man am besten auch gleich, ob das Haus einen kostenfreien Abholdienst bietet. Im Winter fallen die Preise etwas und einige Häuser schließen sogar ganz, obwohl der Wintertourismus mittlerweile im Kommen

ist. In den meisten Hotels gibt es einen Wäscheservice.

Die städtische Touristeninformation (S. 588) führt ein Verzeichnis von B&Bs und *cabañas* (Hütten) und hängt nach Dienstschluss eine Liste freier Unterkünfte an der Tür aus.

Groß ist das Angebot von Hostels, die allesamt mit Küche und meist auch mit Internetanschluss ausgestattet sind. Außerhalb der Saison (April bis Oktober) fallen die Preise üblicherweise um bis zu 25 %.

⭐ **Antarctica Hostel**   HOSTEL $ (02901-435774; www.antarcticahostel.com; Antártida Argentina 270; B/DZ 26/85 US$; @) In diesem freundlichen Rucksacktreff finden die Gäste eine herzliche Atmosphäre und hilfsbereites Personal. Die offene Raumgestaltung und das Bier vom Fass erleichtern die Kontaktmöglichkeiten unter den Gästen. Im Gemeinschaftsraum sitzen die Gäste oder spielen Karten, und eine schicke Balkonküche lädt zum Kochen ein. Die nüchternen Betonschlafzimmer sind sauber und geräumig und mit wärmenden Heizstrahlern ausgestattet.

Hostel Cruz del Sur HOSTEL $

(02901-434099; www.xdelsur.com.ar; Deloquí 242; B 25 US$; @) Zwei renovierte Häuser (aus den Jahren 1920 und 1926) – orangerot gestrichen und über einen Durchgang verbunden - bilden dieses Hostel, in dem es ganz leger zugeht. Die Preise der Schlafsaalbetten richten sich nach der Auslastung des Hauses. Einziger Nachteil ist, dass das Bad unter Umständen in einem anderen Stockwerk liegt. Es gibt auch eine hübsche Innenhofterrasse, denn die Gemeinschaftsräume im Inneren des Hauses sind eher knapp bemessen.

Torre al Sur HOSTEL $

(02901-430745; www.torrealsur.com.ar; Gobernador Paz 855; B/DZ 20/35 US$;) Das Schwester-Hostel des Cruz del Sur macht von Außen vielleicht nicht viel her, aber drinnen herrscht eine herzliche Atmosphäre mit farbenfrohen Zimmern, renovierten Bädern und einer gut ausgestatteten Küche. Die freundliche Gastgeberin des Hostels heißt Marisa.

La Posta HOSTEL $

(444650; www.laposta-ush.com.ar; Perón Sur 864; B/DZ 27/80 US$; @) Mit ihrem freundlichen Service, der gemütlichen Einrichtung und den makellos gepflegten offenen Küchenbereichen ist das behagliche Hostel und Gästehaus am Stadtrand besonders bei jungen Leuten sehr beliebt. Ein Nachteil ist die weite Entfernung zur Innenstadt, die aber mit Bus oder Taxi sehr gut zu erreichen ist.

Los Cormoranes HOSTEL $

(02901-423459; www.loscormoranes.com; Kamshen 788; B 31–40 US$, DZ/DBZ/VBZ US$107/132/155; @) Dieses freundliche HI-Hostel liegt eine Gehminuten (bergan) nördlich vom Stadtzentrum entfernt. Die warmen Sechsbettzimmer liegen an Außenkorridoren mit Bretterböden; einige haben ein eigenes Bad. Die Doppelzimmer sind mit blankpolierten Betonböden und Daunendecken ausgestattet – am schönsten ist das Zimmer 10, mit Aussicht auf die Bucht. Die Bettwäsche könnte neuer sein und die Gemeinschaftsräume sind so lala. Das Frühstück macht man selbst und es besteht unter anderem aus Eiern und frisch gepresstem Orangesaft.

Yakush HOSTEL $

(435807; www.hostelyakush.com; Piedrabuena 118; B 28–30 US$, DZ mit/ohne Bad 105/95 US$; Mitte Okt.–Mitte April; @) Dieses farbenfrohe Hostel erscheint etwas zu teuer für das, was es bietet, besonders im Hinblick auf die dunklen Doppelzimmer.

Camping Municipal CAMPINGPLATZ $

(RN3; Zeltplätze sind gratis) Dieser kostenlose Campingplatz befindet sich etwa 10 km westlich der Stadt an der Strecke zum Parque Nacional Tierra del Fuego und kann sich einer idyllischen Lage rühmen, hat aber nur eine einfache Ausstattung.

★ Galeazzi-Basily B&B B&B $$

(02901-423213; www.avesdelsur.com.ar; Valdéz 323; EZ/DZ ohne Bad 45/65 US$, Hütten für 2/4 Pers. 110/140 US$; @) Das beste an dieser eleganten hölzernen Unterkunft ist die warmherzige und gastfreundliche Familie, die es den Gästen gemütlich macht. Die Zimmer sind klein, aber mit persönlicher Note eingerichtet. Paare, die im Doppelbett schlafen wollen, sollten eine der modernen Hütten hinterm Haus mieten, denn im Hauptgebäude gibt es nur Einzelbetten. Hier ist es ganz friedlich und die Gäste können ihr Englisch, Französisch, Italienisch und Portugiesisch auffrischen.

Mysten Kepen PENSION $$

(02901-430156, 02901-15-497391; http://mystenkepen.blogspot.com; Rivadavia 826; DBZ/VBZ 94/144/175 US$;) Wer das Leben einer echten argentinischen Familie miterleben möchte, ist hier genau richtig. Die Gastgeber Roberto und Rosario erzählen noch immer Geschichten ihrer Lieblingsgäste vergangener Jahre, und in ihrem makellos geführten Vier-Personen-Haushalt (mit zwei Kindern) geht es in einem guten Sinne geschäftig und lebendig zu. Die Zimmer sind relativ neu ausgestattet; helle Kordbettdecken und praktische Regale am Bett für die Nachtlektüre. Flughafentransfer und reduzierte Winterpreise sind möglich.

La Casa de Tere B&B B&B $$

(02901-422312; www.lacasadetere.com.ar; Rivadavia 620; DZ mit/ohne Bad 120/85 US$) Im Tere werden die Gäste mit aufmerksamen Service überhäuft, man lässt die Gäste in dem hübschen modernen Haus mit wundervoller Aussicht aber auch großzügig schalten und walten. Die drei gepflegten Zimmer sind immer schnell belegt. Kochen ist erlaubt, und im Wohnzimmer gibt es Kabel-

1

2

HOLGER LEUE/GETTY IMAGES ©

4

MICHAEL TAYLOR/GETTY IMAGES ©

1. Ushuaia (S. 571)
Eine Bootssafari auf dem Beagle-Kanal
bietet einen ganz neuen Blick auf die Landschaft.

2. Estancia Harberton (S. 580)
Die 1886 gegründete Ranch beherbergt heute ein Museum mit einer großen Sammlung
von Säugetieren und Vögeln.

3. Cerro Castor (S. 577)
In diesem großen Skiresort erstrecken sich
die Pisten über 400 Hektar, und die Kulissen
ringsum sind atemberaubend.

4. El Tren del Fin de Mundo (S. 589)
Der Zug diente einst dem Gefangenen-
transport; heute gelangt man mit ihm ganz
gemächlich auf einer reizvollen Strecke zum
Parque Nacional Tierra del Fuego (S. 588).

MIKE TRUELOVE/GETTY IMAGES ©

fernsehen und einen Kamin. Der Weg vom Stadtzentrum zum B&B ist kurz, aber steil.

Posada Fin del Mundo
B&B $$

(☎ 02901-437345; www.posadafindelmundo.com.ar; cnr Rivadavia & Valdéz; DZ 140 US$) Dieses geräumige Haus strahlt guten Geschmack und Charme aus, angefangen vom gemütlichen Salon mit folkloristischer Kunst und weitem Panoramablick aufs Wasser bis hin zum schokoladenbraunen Labrador. Jedes der neuen Zimmer hat seinen eigenen Stil; die besten liegen im Obergeschoss. Einige sind zwar klein, aber dafür mit langen Betten ausgestattet. Das Frühstück ist reichhaltig, und nachmittags gibt es sogar Tee und Kuchen. Im Winter quartieren sich manchmal Wintersport-Teams ein.

Familia Piatti B&B
B&B $$

(☎ 437104; www.familiapiatti.com; Bahía Paraíso 812, Bosque del Faldeo; DZ 90 US$; @ ☎) ✆ Wer sich nach einem ruhigen Plätzchen im Wald sehnt, ist in dieser gastlichen Pension genau richtig: Hier warten warme Daunendecken und Möbel aus heimischem Südbuchenholz. Wanderwege in die Berge beginnen gleich in der Nähe. Die freundlichen Eigentümer sprechen mehrere Sprachen (Englisch, Italienisch, Spanisch und Portugiesisch) und arrangieren auf Wunsch Fahrgelegenheiten und geführte Touren. Die Website gibt Infos für die Anreise.

Cabañas del Beagle
HÜTTEN $$$

(☎ 02901-432785; www.cabanasdelbeagle.com; Las Aljabas 375; Hütte für 2 Pers. 260 US$, mindestens 4 Nächte) Mit ihrem rustikalen Schick sind diese Blockhütten ein romantisches Plätzchen für Paare. Für Komfort sorgen beheizte Steinfußböden, knisternde Kaminfeuer und täglich frisch mit Brot, Kaffee und anderen Leckereien bestückte Küchen. Der sympathische Eigentümer Alejandro wird für seinen aufmerksamen Service immer sehr gelobt. Das Areal liegt 13 Blocks oberhalb des Stadtzentrums und ist über die Avenida Leandro Alem erreichbar.

Cabañas Aldea Nevada
HÜTTEN $$$

(☎ 02901-422851; www.aldeanevada.com.ar; Martial 1430; Hütten für 2/4 Pers. ab 140/190 US$, mindestens 2 Nächte; @ ☎) Es ist, als würden hier jeden Moment die Elfen auftauchen: In einem wunderschönen Stückchen Südbuchenwald liegen diskret verteilt 13 Blockhütten, dazwischen Grillplätze und grob gezimmerte Bänke an beschaulichen Teichen. Die Innenräume sind rustikal, aber modern

Cumbres del Martial
GASTHOF $$$

(☎ 02901-424779; www.cumbresdelmartial.com.ar; Martial 3560; DZ/Hütte 365/525 US$; @ ☎) Die stilvolle Edelherberge steht am Fuß des Glaciar Martial. Während die Standardzimmer sich am englischen Landhausstil orientieren, begeistern die zweistöckigen Holzhütten mit steinernen Kaminen, Whirlpools und wundervollen gewölbten Fenstern. Zu den besonderen Annehmlichkeiten beim Service gehören feudale Bademäntel, eine Zeitung aus der Heimat im Briefkasten und auf Wunsch Massagen (gegen Aufpreis).

Los Cauquenes Resort & Spa
RESORT $$$

(☎ 441300; www.loscauquenes.com; DZ ab 365 US$; @ ☎ ✉) Diese recht geräumige Holzlodge zeichnet sich durch ihre exklusive Lage direkt am Beaglekanal aus und liegt in privater Umgebung mit Zufahrt über eine Schotterstraße. Die Zimmer sind geschmackvoll eingerichtet; zu den Besonderheiten zählt ein Hobbyraum mit Spielen für Kinder und Terrassenplätze mit gläsernen Windschutzwänden und atemberaubendem Ausblick auf den Kanal. Alle paar Stunden fahren kostenlose Shuttle ins Stadtzentrum. Zum Flughafen sind es 4 km in östliche Richtung.

Hier gibt es auch einen Spa-Bereich, eine Sauna und ein Innen- und Außenschwimmbecken. Als Beweis, dass Argentinien so ziemlich alles vermarktet, gibt es im Spa auch Yerba-Mate-Büsche und andische Torfmasken.

Arakur
HOTEL $$$

(☎ 02901-442900; www.arakur.com; Cerro Alarken; DZ mit Tal-/Meeresblick 370/400 US$; @ ☎ ✉) Das Arakur thront über der Stadt auf einer bewaldeten Landzunge und ist das neueste Luxushotel der Stadt. Den Einheimischen ist es wegen des jährlich dort stattfindenden Musikfestivals wohlbekannt. Es wirkt gepflegt und waldnah mit neutralen Farbtönen, doch mit versnobtem Personal, das nach Besserung schreit. Nichtsdestotrotz sind die Ausblicke unvergleichlich schön. In den Zimmern gibt es Bedienungsfelder mit elektronischen Steuerungen und Bäder mit gläsernen Wänden. Der Infinity Pool geht von drinnen nach draußen.

Mil 810
HOTEL $$$

(☎ 437710; www.hotel1810.com; 25 de Mayo 245; DZ 200 US$; @) Das Haus firmiert als Boutiquehotel, ist aber eher ein kleines Hotel der gehobenen Kategorie. Die Architektur verbindet modernen Stil mit naturbelassenen Materialien – Beispiele sind die Stützmauer aus Flusssteinen und die Felswand mit rieselnden Wasserbächlein im Eingangsbereich. In den 38 Zimmern erwarten den Gast Brokattapeten, edle Stoffe, satte Farben und ein wenig abstrakte Kunst. Dazu kommen Fernseher mit Flachbildschirmen, Safes und auf den Fluren sorgen Überwachungskameras für ein gutes und sicheres Gefühl.

✖ Essen

Almacen Ramos Generales   CAFÉ $
(☑ 02901-4247317; Av Maipú 749; Hauptgerichte 73–175 Arg$; ⊙ 9–24 Uhr) Mit seinen skurrilen Erinnerungsstücken und Aushängen zu Umweltfragen der Region, von denen man vorher noch nie etwas gehört hat, bietet dieser ehemalige Gemischtwarenladen einen Einblick ins wahre Ushuaia. Einheimische halten hier auch schon einmal ihren Familienrat ab. Der französische Konditormeister produziert leckere Croissants und knusprige Baguettes. Es gibt hier aber auch heimisches Bier vom Fass, eine Weinkarte und leichte Speisen wie Sandwiches, Suppen und verschiedene Quiches.

Cafe Bar Banana   CAFÉ $
(☑ 02901-424021; Av San Martín 273; Hauptgerichte 60–130 Arg$; ⊙ Mo-Fr 8-1, Sa bis 2, So 9-1 Uhr nachts) Dieses Café ist bei den Einheimischen wegen seiner guten, aber preiswerten Küche zum abendlichen Essen mit Freunden sehr beliebt. Serviert werden hausgemachte Burger und Pommes, Sandwiches, Steaks und Eier.

Freddo   EISDIELE $
(Av San Martín 209; Hörnchen 50 Arg$; ⊙ 9.30-24.30 Uhr) Eine der besten Eisdielen Argentiniens hat ihre Tore nun im schneereichen Ushuaia geöffnet – und plötzlich ist der Sommer da.

El Turco   CAFÉ $
(☑ 02901-424711; Av San Martín 1410; Hauptgerichte 50–119 Arg$; ⊙ 12–15 & 20–24 Uhr) Dieses schlichte, klassische, etwas altmodische argentinische Café verzaubert mit vernünftigen Preisen und flinken Kellnern mit Fliegen, die den Touristen gerne ihre Französischkenntnisse beweisen. Zu essen gibt es *milanesa* (paniertes Fleisch), Pizzas, knusprige Pommes und Brathähnchen.

Lomitos Martinica   ARGENTINISCH $
(☑ 02901-432134; Av San Martín 68; Hauptgerichte 65–125 Arg$; ⊙ Mo–Sa 11.30–15 & 20.30–24 Uhr) Dieser preiswerte und freundliche Schnellimbiss mit Sitzplätzen am offenen Grill serviert riesige Sandwiches mit *milanesa* und in der Mittagszeit ein günstiges Tagesgericht.

La Anónima   SUPERMARKT $
(Ecke Gobernador Paz & Rivadavia; ⊙ 9–22 Uhr) Ein Lebensmittelladen mit einem preiswerten Imbiss.

Placeres Patagónicos   ARGENTINISCH $$
(☑ 02901-433798; www.patagonicosweb.com.ar; 289 Deloquí; Snacks 65 Arg$, Gerichte vom Holzbrett ab 100 Arg$; ⊙ 12–24 Uhr) Dieses modische Delikatessen-Café serviert auf Holzbrettern Berge an selbst gebackenem Brot mit superleckeren Spezialitäten aus der Region wie etwa geräucherter Forelle oder Wildschwein. Ein idealer Ort, um *mate* zu schlürfen und einen Teller voller *tortas fritas* (frittiiertes Brot) zu genießen. Der Kaffee wird dampfend in einer Tasse serviert, die fast so groß ist wie eine Schüssel.

Chiko   MEERESFRÜCHTE $$
(☑ 02901-431736; 25 de Mayo 62; Hauptgerichte 110–260 Arg$; ⊙ Mo–Sa 12–15 & 19.30–23.30 Uhr) Eine Freude für Liebhaber von Meeresfrüchten. Knusprige, übergroße Kalamares, *paila marina* (Schellfischeintopf)) und Fischgerichte wie *abadejo a pil pil* (Pollack in Knoblauchsoße) sind so gut gemacht, dass man über den recht langsamen Service hinwegsieht. Eine kuriose Sammlung chilenischer Souvenirs soll den Wirtsleuten aus Chile das Heimweh nehmen.

María Lola Restó   ARGENTINISCH $$
(☑ 02901-421185; Deloquí 1048; Hauptgerichte 165–264 Arg$; ⊙ Mo–Sa 12–24 Uhr) Dieses kreative, caféartige Restaurant mit Blick auf den Kanal ist ein Ort zum Sattwerden. Einheimische besuchen das silberfarbene Haus wegen der hausgemachten Nudeln mit Meeresfrüchten oder der Steaks mit üppiger Pilzsoße. Das Tagesgericht während der Woche ist fast geschenkt (104 Arg$). Der Service ist gut und die Portionen sind gigantisch: Ein Dessert reicht locker für zwei. Eins der wenigen Restaurants in der Innenstadt mit eigenem Parkplatz.

Paso Garibaldi   ARGENTINISCH $$
(☑ 02901-432380; Deloquí 133; Hauptgerichte 150–250 Arg$; ⊙ Di–Sa 12–15 & 19–23.30, So 7-23.30 Uhr) Dieses neue Restaurant ist erfri-

schend authentisch und serviert herzhafte Speisen aus der Region, darunter Eintopf mit schwarzen Bohnen, leckere Salate und gebratener Seehecht. Die recycelte Ausstattung des Restaurants sieht etwas zu improvisiert aus, aber der Service könnte nicht besser sein, und die Preise sind gut.

Bodegón Fueguino PATAGONISCH $$
(☑ 02901-431972; Av San Martín 859; Hauptgerichte 95–215 Arg$; ⊙ Di–So 12–14.45 & 20–23.45 Uhr) Der ideale Ort, um herzhafte patagonische Hausmannskost zu probieren oder sich bei Wein und Vorspeisenhäppchen zu treffen. Dieses hundertjährige typisch feuerländische Haus in pfirsichfarbenem Anstrich hat durch seine mit Schafsleder bezogenen Sitzbänke, Fässer aus Zedernholz und Farne ein behagliches Ambiente geschaffen. Zu einer *picada*, der Vorspeisenplatte für zwei, gehören Auberginen, Lammfleischspießchen, Krabben und Pflaumen im Speckmantel.

La Estancia STEAKHAUS $$
(☑ 02901-431421; Ecke Godoy & Av San Martín; Hauptgerichte 120–240 Arg$; ⊙ 12–15 & 23 Uhr) Wer einen echten argentinischen *asado* (Grillrestaurant) sucht, kommt an diesem soliden und preiswerten Haus nicht vorbei. An der Hauptstraße gibt es noch viele andere, aber dies ist das einzige, das beständig gute Speisen serviert. Wer mit viel Hunger einkehrt, sollte das *tenedor libre* (330 Arg$) nehmen. Einheimische und Touristen sitzen hier zusammen und lassen sich ganze Lammbraten, saftige Steaks, brutzelnde Rippchen und mächtige Salatportionen schmecken.

Christopher PARRILLA $$
(☑ 425079; www.christopherushuaia.com.ar; Av Maipú 828; Hauptgerichte 100–254 Arg$; ⊙ 12–15 & 20–24, Sa bis 1 Uhr) Dieses klassische Grillrestaurant mit Braustube ist zu Recht bei den Einheimischen ausgesprochen beliebt. Herausragend sind die Rippchen vom Grill, die großen Salatportionen und Burger. Man bekommt viel fürs Geld; die Portionen sind oft so üppig, dass sie für zwei reichen, und ein talentierter Barkeeper mixt Cocktails. Von den Tischen an den Fenstern hat man einen fantastischen Blick auf den Hafen.

Küar Resto Bar PUB $$
(☑ 437396; www.kuar.com.ar; Av Perito Moreno 2232; Hauptgerichte 115–300 Arg$; ⊙ 18 Uhr bis spätabends) In dieser schicken Blockhausbar wird einheimisches Bier ausgeschenkt; es werden Käsebretter und Tapas, aber auch

komplette Abendgerichte mit vielen frischen Meeresfrüchten serviert. Das Innere der Bar ist ziemlich modern, aber das eindeutige Highlight ist der atemberaubende Blick aufs Wasser, und das besonders bei Sonnenuntergang. Mit dem Taxi dauert die Fahrt von der Innenstadt hierher etwa fünf Minuten (50 Arg$). Alternativ lockt das **Küar 1900** (☑ 02901-436807; Av San Martin 471, 2. Stock; Hauptgerichte 120–180 Arg$; ⊙ Mo–Sa 12–15.30 & 18.30–24 Uhr), ein kleineres Lokal in der Innenstadt, das sich auf Tapas spezialisiert hat.

Tante Sara CAFÉ $$
(☑ 423912; www.tantesara.com; Ecke Av San Martín & Juana Fadul; Hauptgerichte 154–265 Arg$; ⊙ 8–14 Uhr) Dieses Eckbistro ist wegen seiner quirligen Atmosphäre beliebt und serviert die üblichen Klassiker. Wer noch zu später Stunde ein Häppchen essen möchte, ist hier genau richtig – nirgends sonst ist die Küche noch bis 2 Uhr nachts geöffnet. In der **Filiale** (☑ 433710; Rivadavia & Av San Martín; Hauptgerichte 60–130 Arg$; ⊙ Mo–Do 8–20.30, Fr & Sa bis 21 Uhr) kann man leckeres Gebäck genießen und am Wochenende brunchen.

★**Kalma Resto** INTERNATIONALE KÜCHE $$$
(☑ 02901-425786; www.kalmaresto.com.ar; Antártida Argentina 57; Hauptgerichte 180–390 Arg$; ⊙ Mo–Sa 16–23 Uhr) In diesem kleinen Juwel präsentiert der Chefkoch und Inhaber feuerländische Spezialitäten wie Krabben und Tintenfisch in ganz extravaganten neuen Kombinationen. Da bekommt der Schwarze Sägebarsch, ein nahrhafter Tiefseebewohner, eine herbe Tomatensoße als Kontrast, da gibt es gefülltes Lamm mit Pfeffer und Rosmarin abgeschmeckt, und die Sommergemüse und essbaren Blüten kommen frisch aus dem Garten.

Der Service ist himmlisch – der junge Chefkoch Jorge macht regelmäßig zwischen den wenigen Tischen mit schwarzen Tischtüchern die Runde. Als Nachtisch zergeht einem ein nicht zu süßer, in seine Bestandteile zerlegter Schokoladenkuchen auf der Zunge.

Kaupé INTERNATIONALE KÜCHE $$$
(☑ 422704; www.kaupe.com.ar; Roca 470; Hauptgerichte 180–260 Arg$) Bei Kerzenschein und Rundblick auf die Bucht bescheren hier Fisch und Meeresfrüchte dem Gaumen ungekannte Genüsse. Chefkoch Ernesto Vivian verwendet nur die allerfrischesten Zutaten, auch der Service ist erstklassig. Das köstliche Tagesmenü umfasst neben dem Hauptgang – mit Spitzengerichten wie einem Ein-

topf aus Königskrabben oder Schwarzem Sägebarsch mit brauner Butter – zwei Vorspeisen und den Nachtisch.

Chez Manu INTERNATIONALE KÜCHE $$$
(☎ 432253; www.chezmanu.com; Martial 2135; Hauptgerichte 150–260 Arg$) Auf dem Weg zum Glaciar Martial ist dieses gastronomische Juwel 2 km vor der Stadt ein absolutes Muss. Chefkoch Emmanuel verleiht frischen Zutaten aus der Region wie feuerländischem Lammfleisch oder gemischten kalten *fruits de mer* eine französische Note. Der Service ist herausragend. Das dreigängige Mittagsmenü ist immer eine gute und günstige Wahl. Die Aussicht gibt es gratis dazu.

 Ausgehen & Nachtleben

Wer auf geografische Rekorde aus ist, der sollte wissen, dass die südlichste Bar der Welt nicht in Ushuaia liegt, sondern auf einer ukrainischen Forschungsstation in der Antarktis.

Dublin Irish Pub PUB
(☎ 02901-430744; 9 de Julio 168; ⊙ 19–4 Uhr) In diesem bei den Fremden so beliebten Pub kommt der Gast bei lebhaften Kneipengesprächen, jeder Menge Alkohol und spärlicher Beleuchtung dem Geist von Dublin ganz nahe. Gelegentlich gibt es hier auch Livemusik, und man sollte auf jeden Fall wenigstens eins der drei heimischen Beagle-Biere probieren.

Viagro BAR
(☎ 02901-421617; Roca 55; ⊙ 20–4 Uhr) Wer sich nicht an dem etwas unglücklichen Namen stört, findet in dieser Cocktailbar bei gedämpftem Licht den perfekten Ort zum Rendezvous; hier werden exotische Erfindungen und Appetit anregende Tapas serviert, um die Nacht so richtig anzuheizen. Samstagabends gibt es Tanz..

 Unterhaltung

Cine Pakawaia KINO
(☎ 436500; Ecke Yaganes & Gobernador Paz; Karten 70 Arg$) In diesem voll restaurierten Filmtheater im Flugzeughallenstil des Presidio werden die neuesten Kinofilme gezeigt.

Casa de la Cultura Performing Arts AUFFÜHRUNGEN
(☎ 422417; Ecke Malvinas Argentinas & 12 de Octubre) Das Haus der Kultur liegt hinter einem Sportzentrum versteckt und ist gelegentlich auch Schauplatz von Konzerten. Es liegt

6 km nördlich der Innenstadt und ist über die Avenida Maipú erreichbar.

 Shoppen

Boutique del Libro BÜCHER
(☎ 02901-424750; Av San Martín 1120) Ein herausragendes Angebot an Literatur, Reiseführern, Bildbänden und anderen Materialien über Patagonien und die Antarktis (auch auf Englisch).

 Praktische Informationen

EINWANDERUNG

Einwanderungsbehörde (☎ 02901-422334; Beauvoir 1536; ⊙ Mo–Fr 9–12 Uhr) Argentinisches Büro für Einwanderungsbelange.

GELD

An den Avenidas Maipú und San Martín liegen mehrere Banken mit Geldautomaten.

GESUNDHEIT

Hospital Regional (☎ 107, 02901-423200; Ecke Fitz Roy & 12 de Octubre) Für Notfälle. Es liegt auf der Avenida Maipú südwestlich des Stadtzentrums.

POST

Post (Ecke Av San Martín & Godoy; ⊙ Mo–Fr 9–18 Uhr).

REISEBÜROS

All Patagonia (☎ 02901-433622; www.allpatagonia.com; Juana Fadul 48; ⊙ Mo–Fr 10–19, Sa bis 13 Uhr) Hier bieten Vertreter vom amerikanischen Kreditkarteninstitut American Express Ausflüge sowohl der normalen als auch der Luxusklasse an.

Rumbo Sur (☎ 02901-421139; www.rumbosur.com.ar; Av San Martín 350; ⊙ Mo–Fr 9–19 Uhr) Das älteste Reisebüro in Ushuaia hat sich auf die üblichen Freizeitaktivitäten spezialisiert und vermittelt dazu noch eine Hafenrundfahrt mit dem Katamaran. Es nimmt auch Buchungen in die Antarktis an.

TOURISTENINFORMATION

Automóvil Club Argentino (ACA; www.aca.org.ar; Ecke Malvinas Argentinas & Onachaga) Argentiniens Automobilclub ist eine gute Bezugsquelle für Straßenkarten der einzelnen Provinzen.

Club Andino Ushuaia (☎ 02901-422335; www.clubandinoushuaia.com.ar; Alem 2873, Refugio Walker; ⊙ Mo–Fr 10–13 & 15–20 Uhr) Der Club verkauft eine Karte und einen zweisprachigen Trekking-, Bergsteiger- und Mountainbikeführer. Gelegentlich organisiert er auch Wanderungen und kann Bergführer empfehlen. Liegt 5 km westlich von Ushuaia.

Instituto Fueguino de Turismo (Infuetur; ☎ 02901-421423; www.tierradelfuego.org.ar; Av Maipú 505) Touristenbüro für Feuerland. Hier gibt es neueste Infos zur Entwicklung der Trekkingrouten der Insel (Huella del Fin del Mundo). Befindet sich im Erdgeschoss des Hotel Albatros.

Städtische Touristeninformation (☎ 02901-437666; Prefectura Naval 470; ☻ 8–21 Uhr) Die äußerst hilfsbereiten Mitarbeiter sprechen Englisch und Französisch; es gibt ein Schwarzes Brett und mehrsprachige Informationsbroschüren sowie nützliche Auskünfte zu Unterkünften, Freizeitaktivitäten und Verkehrsmitteln. Eine Filiale gibt es auch am Flughafen (☎ 02901-423970; ☻ zu den Ankunftszeiten der Flüge).

Verwaltung der Nationalparks (☎ 02901-421315; Av San Martín 1395; ☻ Mo–Fr 9–17 Uhr) Bietet Informationen zum Parque Nacional Tierra del Fuego.

ℹ An- & Weiterreise

FLUGZEUG

LAN ist die beste Wahl für Flüge nach Buenos Aires; Tickets gibt es bei den örtlichen Reisebüros.

Aerolíneas Argentinas (☎ 0810-2228-6527; Ecke Av Maipú & 9 de Julio) fliegt mehrmals täglich nach Buenos Aires (250 US$ pro Flug, 3½ Std.), manchmal mit Zwischenlandung in El Calafate (70 Minuten).

LADE (☎ 02901-421123; Av San Martín 542) fliegt Buenos Aires, El Calafate, Río Grande und manchmal auch andere Orte an.

SCHIFF

Einige Privatjachten bieten Chartertouren auf dem Beaglekanal, zum Kap Hoorn und in die Antarktis an. Interessierte müssen diese Ausflüge weit im Voraus organisieren.

Ushuaia Boating (☎ 02901-436193; www. ushuaiaboating.com.ar; Touristenpier s/n; einfache Fahrt Sa 135 US$) fährt täglich mit stabilen Motorschlauchbooten nach Puerto Williams. Die Fahrkarten sind nicht nur für die 40-minütige Fahrt, sondern auch für den Bustransfer Puerto Navarino gültig. Achtung: Bei schlechtem Wetter fallen diese Überfahrten oft aus. Zur Wahl stehen Abfahrtszeiten um 9.30 Uhr, bei ausreichend großer Nachfrage auch noch um 18 Uhr. Eine weitere Möglichkeit, um nach Puerto Williams zu gelangen, bietet sich durch Piratour (S. 579).

Eine kleine Einschiffungssteuer (*tasa de embarque*) wird am Pier entrichtet.

BUS

In Ushuaia gibt es keinen Busbahnhof. Busfahrkarten sollten so früh wie möglich im Voraus gebucht werden; besonders in der Hochsaison haben schon zahlreiche Besucher in der Stadt

festgesessen. Mit etwas Pech verbringt man außerdem lange Wartezeiten an den Grenzen.

Bus Sur (☎ 02901-430727; Av San Martín 245) Busse von Bus Sur fahren drei Mal in der Woche um 5.30 Uhr nach Punta Arenas und Puerto Natales in Chile in Abstimmung mit dem Busunternehmen Montiel. Das Büro befindet sich in Comapa und organisiert auch Touren und Fähren in Chile.

Tecni-Austral (☎ 02901-431408; Roca 157) Busse über Tolhuin nach Río Grande morgens um 5 Uhr, nach Punta Arenas dreimal in der Woche, nach Río Gallegos täglich um 5 Uhr. Taqsa hat ebenfalls Busse, die morgens um 5 Uhr über Tolhuin nach Río Grande fahren; nach Punta Arenas und Puerto Natales in Chile dreimal in der Woche um 5 Uhr und nach Río Gallegos, El Calafate und Bariloche täglich um 5 Uhr.

Lider (☎ 02901-442264; Gobernador Paz 921) betreibt Minibusse, die sechs- bis achtmal an Werktagen von Tür zu Tür nach Tolhuin und Río Grande fahren; an Sonntagen allerdings seltener. **Montiel** (☎ 02901-421366; Gobernador Paz 605) bietet einen ganz ähnlichen Service.

Busse ab Ushuaia

REISEZIEL	FAHRPREIS (ARG$)	FAHRZEIT (STD.)
Calafate	1150	18
Punta Arenas, Chile	920	12
Río Gallegos	750	13
Río Grande	250	3½
Tolhuin	150	1½

ℹ Unterwegs vor Ort

Taxifahrten zum/vom modernen Flughafen 4 km südwestlich des Stadtzentrums kosten 120 Arg$. Für rund 433 Arg$ pro Stunde lässt sich ein Taxi mieten. An der Avenida Maipú entlang verkehrt ein Stadtbus.

Die Mietpreise für Kleinwagen einschließlich Versicherung beginnen bei rund 800 Arg$ pro Tag; als gute Adresse gilt **Localiza** (☎ 02901-430739; Av Maipú 778). Einige Verleihfirmen verzichten auf den üblichen Zuschlag, der fällig würde, wenn man das Auto in anderen Orten im argentinischen Teil Feuerlands abgibt.

An der Ecke Juana Fadul und Avenida Maipú fahren täglich von 9 bis 14 Uhr Skibusse (hin & zurück 250 Arg$) in die Skigebiete an der RN 3. Darüber hinaus betreibt jedes Skigebiet einen eigenen Zubringerdienst von und nach Ushuaia.

Parque Nacional Tierra del Fuego

Steil wie ein Damm über dem Beagle-Kanal aufgetürmt, sind die duftenden stillen

Wälder im Süden der Insel Feuerland ein erstklassiges Terrain für Entdeckungstouren. Rund 630 km² groß ist der **Parque Nacional Tierra del Fuego** (Eintritt 170 Arg$, erhoben zwischen 8 und 20 Uhr), der sich vom Beagle-Kanal im Süden bis jenseits des Lago Fagnano im Norden erstreckt. Argentiniens erster Küstennationalpark liegt knapp 12 km westlich von Ushuaia und ist über die RN 3 erreichbar, Informationen für Besucher gibt es im **Centro de Visitantes Alakush** (⊗ 9–19 Uhr, März–Nov. kürzer).

Öffentlich zugänglich sind lediglich ein paar Tausend Hektar entlang der Küste, und das spärliche Netz kurzer, leichter Wanderwege ist mehr auf Familien zugeschnitten, die einen Tagesausflug unternehmen, als auf erfahrene Bergwanderer mit großem Gepäck. Der große Rest des Parks ist als *reserva natural estricta* ausgewiesen, d. h. für nahezu alle Besucher strikt verbotenes Gelände. Trotz dieser Einschränkungen lohnt sich eine Erkundung der malerischen Pfade entlang der Buchten und Flüsschen oder durch die dichten Urwälder aus immergrünen Coihue-Südbuchen, Winterrinden und sommergrünen Lenga-Scheinbuchen auf jeden Fall. Spektakuläre Farbenspiele sind im Herbst zu beobachten, wenn die Ñire-Scheinbuchen ganze Hügel in flammendes Rot tauchen.

Besonders an der Küste gibt es eine reiche und vielfältige Vogelwelt. Hier leben Kondore, Albatrosse, Kormorane, Möwen, Seeschwalben, Austernfischer, Lappentaucher, Kelpgänse und die flugunfähigen, lustig aussehenden Dampfschiffenten mit ihren orangefarbenen Schnäbeln, die sich wie Raddampfer bewegen. Als Eindringlinge haben sich u. a. europäische Kaninchen und nordamerikanische Biber breitgemacht, die zwar putzig anzusehen sind, aber gewaltige ökologische Schäden anrichten. Gelegentlich sind auch Grau- und Rotfüchse zu beobachten, die die reichlich vorhandenen Kaninchen zu schätzen wissen.

🛏 Schlafen & Essen

Im Nationalpark gibt es ein *refugio* und mehrere, größtenteils kostenlos nutzbare Zeltplätze. Die meisten sind oft überlaufen und dann sehr schnell unglaublich schmutzig. Also ist es umso wichtiger, den eigenen Müll aus dem Park mitzunehmen und dort keine Spuren zu hinterlassen.

Camping Ensenada liegt 16 km hinter dem Parkeingang ganz in der Nähe des Küstenwanderweges Senda Costera und Camping Río Pipo 6 km vom Parkeingang entfernt. Er kann leicht über die Straße zum Cañadon del Toro oder den Wanderweg Senda Pampa Alta erreicht werden. Die Zeltplätze Camping Laguna Verde und Camping Los Cauquenes verteilen sich über die Inseln im Río Lapataia. Auf diesen Plätzen gibt es keine Versorgungseinrichtungen; weitere Informationen beim Besucherzentrum des Parks (s. links).

Der einzige kostenpflichtige Campingplatz plus *refugio* ist **Camping & Refugio Lago Roca** (☑ 15-412649; Zeltplatz pro Pers./B 10/22 US$) und liegt 9 km vom Parkeingang entfernt. Der Schlafsaal im *refugio* steht ganzjährig zur Verfügung, außer wenn die Zufahrt zum Park wegen schlechten Wetters geschlossen ist. Campingplatz und *refugio* bieten heiße Duschen und eine gute *confitería* (Café mit leichten Mahlzeiten) und einen winzigen, teuren Lebensmittelladen. Wildes Campen ist an vielen Stellen möglich, allerdings hat das Wasser des Lago Roca keine Trinkwasserqualität und sollte daher unbedingt vor Gebrauch immer abgekocht werden.

ℹ An- & Weiterreise

Private Ausflugsbusse kosten für eine Rundfahrt 300 Arg$. Wenn sich mehrere Leute zusammentun, ist eine Taxifahrt in den meisten Fällen genauso preiswert wie eine Busfahrkarte.

Eine reine Touristenattraktion und zugleich das langsamste Vehikel zum Park ist der **Tren del Fin de Mundo** (☑ 02901-431600; www.trendelfindemundo.com.ar; Erw./Kind plus Eintritt für den Park 500/100 Arg$), der ursprünglich als Transportmittel für Strafgefangene in ihre Arbeitslager diente – nur Joggen ist langsamer. Das Bähnchen (ohne Strafgefangene) fährt im Sommer drei- oder viermal täglich, im Winter ein- oder zweimal am Tag von der Estación del Fin de Mundo 8 km westlich von Ushuaia (im Taxi einfache Fahrt 120 Arg$) ab.

Während der einstündigen Fahrt auf Schmalspurgleisen durch malerische Landschaften sind Erläuterungen zur Geschichte auf Englisch und Spanisch zu vernehmen. Im Januar und Februar empfiehlt sich eine Vorabreservierung, weil sich der Zug dann mit den Passagieren der Kreuzfahrtschiffe füllt. Natürlich ist es auch möglich, den Zug nur für eine Fahrt zu benutzen und für den Rückweg einen Minibus zu nehmen. Allerdings kostet die Rückfahrkarte mit dem Zug genauso viel wie die einfache Fahrt.

Trampen ist auch kein Problem, doch viele Autos sind auf dieser Strecke oft schon voll besetzt.

Parque Nacional Tierra del Fuego – Lapataia-Sektor

2 km

0

Nach
Ushuaia
(8 km)

Estación Fin del
Mundo

Estación Cascada
La Macarena

Río Pipo

Río
Pipo

Monte Susana
(502 m)

Beagle-
kanal

Park-
eingang

Cerro
Francisco
Seguí

Camping
Río Pipo

Cascada
Río Pipo

Senda
Pampa Alta

Estación del
Parque

pampa Alta

Bahía
Cucharita

Isla
Estorbo

Punta
Ishton

Punta
Luij

Parque Nacional
Tierra Del Fuego

Anleger

Camping
Ensenada

Bahía Ensenada

Isla
Redonda

Cerro
Guanaco
(973 m)

Arroyo
Piloto

Cordón de Guanaco

RN 3

Cerro Bellavista
(299 m)

Punta
Italam

Punta
Entrada

Senda
Costera

Punta
Galaxias

Puerto
Caneto

639 m

Arroyo
Guanaco

962 m

Isla El Salmón

Residencia
Guardaparques

Centro de Visitantes Alakush

Camping Las Bandurrias

Guardería
Lapataia

Guardería
Lapataia

Bahía
Lapataia

Reserva
Natural
Estricta

Puerto
Diablito

Camping &
Refugio
Lago Roca

Hito XXIV

Senda Hito
XXIV

Cerro El
Cóndor

Laguna
Cecilia

Laguna
Negra

Isla El
Salmón

Río
Lapataia

Camping
Laguna
Verde

Camping Los
Cauquenes

Mirador
Lapataia

Senda
Laguna
Negra

Senda del
Turbal

Senda
Castorera

Lago
Roca

Laguna
Negra

ARGENTINIEN

CHILE

WANDERN

Die RN 3 erreicht nach 3242 km ab Buenos Aires ihren Endpunkt an den Ufern der Bahía Lapataia. Von hier aus schlängeln sich die Spazierwege **Mirador Lapataia** (500 m, mit herrlichen Ausblicken) und **Senda Del Turbal** (400 m) durch Lenga-Südbuchenwälder weiter die Bucht entlang. Ähnlich kurz sind u. a. der durch Torfmoore führende Naturlehrpfad **Senda Laguna Negra** (950 m) und **Senda Castorera** (400 m), von dem aus an einigen Teichen beeindruckend große und mittlerweile verlassene Biberdämme zu sehen sind.

Senda Hito XXIV

Vom Campingplatz Lago Roca führt ein 10 km langer Rundweg (4 Std.) ohne größere Steigungen am bewaldeten Nordostufer des Lago Roca zum Hito XXIV – auf Spanisch *veinticuatro* – dem Grenzpfosten, der die Grenze zwischen Argentinien und Chile markiert. Sie zu überqueren ist strengstens untersagt. Regelmäßige Patrouillen überwachen die Einhaltung dieses Verbots.

Am genannten Campingplatz beginnt auch der Aufstieg zum **Cerro Guanaco** (973 m); ein nach ihm benannter steiler und beschwerlicher Bergpfad von 8 km Länge führt hinauf. Der Weg ist anstrengend, aber die Aussicht ist herrlich.

Senda Costera

Dieser 8 km (4 Std.) lange Wanderweg führt westlich der Bahía Ensenada an der Küste entlang. Mit wachem Auge kann man die von Gras überwucherten alten *conchales* (archäologisch wertvolle Muschelhaufen der Yahgan) entdecken. Ein Stückchen östlich der Parkaufsicht (*guardería*) in Lapataia trifft der Weg auf die RN 3. Von hier aus sind es noch 1,2 km zur Senda Hito XXIV.

Es ist zwar verführerisch, die Ärmel hochzukrempeln um Muscheln zu sammeln, aber man sollte wissen, dass gelegentlich überall am Beaglekanal die *marea roja* (rote Algenpest) auftritt, die alle Weichtiere (inklusive der essbaren Muscheln) vergiftet. Dieser Weg ist ab Dezember begehbar.

Senda Pampa Alta

Trotz einer eher mäßigen Höhe (rund 315 m) bietet die Pampa Alta einen großartig weiten Ausblick über den Beaglekanal auf die Isla Navarino und Isla Hoste. Der Wanderweg kreuzt die RN 3 1,5 km westlich des Río Pipo und auch die Verbindungsstraße zur Bahía Ensenada (3 km vom Parkeingang). Vorbei an einem Biberdamm steigt der 5 km lange Rundweg zunächst auf einen Hügel zu einem Aussichtspunkt mit eindrucksvoller Aussicht an. 300 m weiter beginnt ein Pfad, der parallel zum Río Pipo mit einigen Wasserfällen verläuft.

Laguna Negra

Von der Straße 2 km südwestlich von Lapataia führt ein Wanderweg Richtung Norden am westlichen Ufer des Río Lapataia zu einer Angelstelle auf der Höhe der Isla El Salmón. Die Laguna Negra, ein hübscher Waldsee, ist über eine 1 km lange Schleife ganz leicht zu erreichen.

Tolhuin & Lago Fagnano

📞 02901

Das kleine Uferstädtchen Tolhuin (2000 Einwohner) im Herzen Feuerlands 132 km südlich von Río Grande und 104 km nordöstlich von Ushuaia verdankt seinen Namen dem Volk der Selk'nam: In ihrer Sprache heißt *tolhuin* „herzförmig". Matschige Straßen

und abgeholzte Wälder prägen dieses rasch wachsende Grenzstädtchen am Ostufer des Lago Fagnano, auch unter dem Namen Lago Kami bekannt. Der Lago Fagnano ist mit seinem zwanglosen Freizeitangebot für Reiter, Mountainbiker, Bootsfahrer und Angler ein ruhiger Ferienort am See.

Die Uferlinie des Gletschersees teilt sich Argentinien mit Chile und bietet 117 km

Strand, der großenteils abgelegen und ohne Straßenanbindung ist. Es gibt jedoch Pläne zum Bau einer Straßenverbindung von chilenischer Seite aus und zur Einrichtung eines Katamaranverkehrs auf dem See.

◉ Sehenswertes

Museo Histórico Kami
MUSEUM

(tdf@gmail.com; Lago Fagnano s/n; ⊙ Di–So 15–19 Uhr) GRATIS Wer in Tolhuin Zwischenstation macht, sollte sich dieses Museum anschauen, besonders wenn man der spanischen Sprache mächtig ist. Dieses kleine Gebäude war ehemals eine Polizeistation aus den 1920er-Jahren und ist heute der Regionalgeschichte angefangen mit dem indigenen Volk der Selk'nam gewidmet. Eine Ausstellung dokumentiert die alten Geschichten dieses Volkes aus der nicht so fernen Zeit der Pioniere. Das Museum liegt neben dem Camping Hain am Lago Fagnano. Man sollte nach einer Führung zu fragen.

Parque Hain
VERGNÜGUNGSPARK

(Parque de Diversiones Reciclado; Lago Fagnano s/n; Erw./Kind 50/20 Arg$; ⊙ 9–17 Uhr) Dieser eher ungewöhnliche Vergnügungspark ist das Produkt eines kreativen Geistes, denn alles ist aus recycelten Materialien gebaut, soll heißen aus 5000 Holzpaletten und Autoreifen, die in Spielgeräte umgebildet, sowie Flaschen, aus denen dekorative Gegenstände gefertigt wurden. Der Schöpfer dieses Parks ist Roberto Barbel, der auch den Campingplatz auf der anderen Straßenseite betreibt, auf dem sich ebenfalls solche skurrilen Dinge befinden, die beim Anschauen einfach Spaß machen.

🛏 Schlafen & Essen

Camping Hain
CAMPINGPLATZ $

(☎ 02964-15-603606; Lago Fagnano; Zeltplatz pro Pers. 6 US$, Refugio für 3/6 Pers. 50/100 US$) Liegt am Lago Fagnano und bietet heiße Duschen, Rasenflächen mit hölzernen Windbrechern, einen riesigen Grillplatz und ein *fogon* (geschützte Feuerstelle mit Kochbereich). Es gibt viel Kreatives zu tun, aber mit Absicht kein Internet: einfach den Stecker rausziehen und genießen! Der Inhaber kann die Gäste auf Wunsch von der Panadería La Unión abholen.

Hostería Ruta Al Sur
HOTEL $$

(☎ 492278; www.rutalsur.com.ar; RN 3, Km 2954; DZ 115 US$; ⊙ Mitte Okt.–April; @ 🛜 ☒) Wenn man mal bedenkt, dass diese hübsche Lodge, umgeben von alten Buchen, an der Hauptstraße liegt, ist man etwas überrascht. Genauso überraschend ist der holprige Service. Die Preise sollte man im Voraus aushandeln, da Ausländer manchmal mehr bezahlen müssen (fairerweise gibt es eben auch Preise für Feuerländer). Neben den blitzblanken Zimmern gibt es einen geräumigen Salon und ein Restaurant, in dem ein einfaches Frühstück serviert wird.

Panadería La Unión
BÄCKEREI $

(☎ 02901-492202; www.panaderialaunion.com.ar; Jeujepen 450, Tolhuin; Snacks 20 Arg$; ⊙ 24 Std.) Erstklassige *facturas* (süßes Gebäck) und zweitklassiger Instant-Cappuccino sorgen in diesem Lokal an der Straße für regen Betrieb. Die Porträts argentinischer Berühmtheiten an den Wänden sagen Gästen aus Europa vermutlich eher nichts (Hinweis: Die Herren sind alternde Rockstars). Busse legen hier oft eine Pause ein, um Passagiere aufzunehmen und heißes Wasser für *mate* (ein bitteres Teegetränk) zu besorgen.

ℹ Praktische Informationen

Tolhuins **Touristeninformation** (☎ 492380, 492125; www.tierradelfuego.org.ar/tolhuin; Av de los Shelknam 80; ⊙ Mo–Fr 8–22 Uhr) hinter der Tankstelle des Ortes gibt Auskunft über Wanderwege, Reitausflüge und Ausrüstungsverleiher. Wer aus Ushuaia anreist, erfährt bei der dortigen Touristeninformation allerdings möglicherweise mehr. Beim **Banco de Tierra del Fuego** (Menkiol s/n) gibt es einen Geldautomaten.

ℹ An- & Weiterreise

Den ganzen Tag über halten Busse und Minibusse, die auf der RN 3 zwischen Tolhuin und Ushuaia oder Río Grande unterwegs sind, an der Panadería La Unión (Arg$150). Die Busse sind allerdings in der Hochsaison oft überfüllt.

Río Grande
☎ 02964 / 66 500 EW

Eine riesige Forellenskulptur am Ortseingang zeigt den Besuchern an, dass sie sich quasi in der Hauptstadt des Fliegenfischens in Feuerland befinden, mit einigen der besten preisgekrönten Angelgründe für den Meerforellenfang weltweit. Wer keine Angelrute im Gepäck hat, wird allenfalls nur weinige Stunden im windgepeitschten Río Grande bleiben und dann schnell einen Bus ins 230 km entfernte Ushuaia nehmen.

Nachdem Wollbaron José Menéndez Ende des 19. Jhs. in der Umgebung seine ersten Schaffarmen gegründet hatte, entwickelte sich Río Grande rasch zu einem behelfsmäßigen, aber zunehmend wichtigen Dienstleistungszentrum. 1893 errichtete der Salesianerorden eine Missionsstation unter der Leitung von Monsignore Fagnano – nicht zuletzt im vergeblichen Bemühen um einen Schutz der einheimischen Selk'nam vor der wachsenden Verfolgung durch Goldsucher und Farmer. Als Ölhafen und Raffineriestandort ist die Stadt heute eindeutig industriell geprägt. Selbst die Kunstwerke im Straßenraum sehen aus wie grobschlächtig zusammengezimmerte Riesenspielzeuge. Der zollfreie Status, der die Entwicklung der örtlichen Wirtschaft fördern sollte, hat zur Ansiedlung von Elektronikfabriken und Gerätegroßmärkten geführt. In den Hotels und Gaststätten verkehren darum größtenteils Geschäftsleute und sorgen für ein hohes Preisniveau. Während des Falklandkriegs war der Ort zudem ein wichtiger Militärstützpunkt. Heute erinnern mehrere Gedenkstätten an die gefallenen Soldaten.

Aktivitäten

Hollywoodstars, ehemalige US-Präsidenten und andere Staatsoberhäupter strömen in Scharen ins öde Umland von Río Grande, um einen richtig großen Fang zu machen. Meistens haben sie Glück. Bach-, Meer- und Regenbogenforellen sowie Bachsaiblinge wurden in den 1930er-Jahren in den Flüssen rund um Río Grande ausgesetzt. Nicht zuletzt wegen der geringen Entfernung zum Atlantik, wo die Meerforellen einen Großteil

ESTANCIAS RUND UM RÍO GRANDE

Weite Teile Feuerlands gehörten einst zum Privatbesitz des Wollbarons José Menéndez. Seine erste *estancia* – La Primera Argentina – gründete er 1897. Heute ist sie bekannt als Estancia José Menéndez und liegt 20 km südwestlich von Río Grande. Sie ist über die RN 3 und RC-b zu erreichen und erstreckte sich einst über eine Fläche von 1600 km², auf denen über 140 000 Schafe weideten. Sein zweites und höchst geliebtes Projekt war La Segunda Argentina mit einer Gesamtfläche von 1500 km². Später wurde sie nach seiner Frau in Estancia María Behety (☎ in Buenos Aires 011-4331-5061; www.maribety. com.ar; 1 Woche ab 4295 US$ pro Pers.; ⊙ Dez.–April) umbenannt und ist nach wie vor in Betrieb. Sie liegt 17 km westlich von Río Grande an der RC-c und besitzt angeblich die weltweit größte Scheune für Schafschur, dient aber auch als höchst exklusive Lodge für zahlungskräftige Angeltouristen, die hier die bis zu 16 kg schweren und damit größten Meerforellen der Welt angeln wollen. Zwei Lodges können bis zu 18 Fliegenfischer aufnehmen; das ist schon die maximale Quote für den Fluss.

Weitere *estancias* haben sich dem Kleintourismus geöffnet und bieten so die beste Gelegenheit, etwas über die Geschichte der Region zu erfahren und zugleich ihren Zauber zu genießen. Dazu ist es allerdings nötig, sich so früh wie möglich im Voraus anzumelden.

Die viel gepriesene Estancia Las Hijas (☎ 02901-15-554462, 02901-15-617022; www. estancialashijas.com.ar; RP16; Übernachtung oder Tagesfahrt 85 US$ pro Pers., Tagesausflug inkl. Hin- & Rückfahrt 290 US$) bietet Ausflugsmöglichkeiten für kleine Gruppen und Familien (bitte im Voraus Erkundigungen einholen, weil verschiedene Gruppen gleichzeitig kommen können). In dieser Gegend gilt die *estancia* als „*locos divinos*". Nach Reitausflügen, Besuchen bei den Schafen und Grillabend können die Gäste in einfachen Unterkünften, allerdings ohne eigenes Bad, übernachten. Sie liegt etwa 33 km nördlich von Tolhuin, 7 km auf der unbefestigten, staubigen Straße RP 16 (ehemals „G"). Bei mitgebuchter Hin- und Rückfahrt (von Ushuaia oder Río Grande) müssen aber mindestens zwei Personen gemeinsam fahren. Eine Übernachtung auf der *estancia* beinhaltet ein Abendessen, ein Frühstück und verschiedene Aktivitäten.

Die faszinierende rustikale Estancia Rolito (☎ 02901-437351, 02901-432419; www. tierradelfuego.org.ar/rolito; RC-a, Km 14; EZ/DZ mit Vollpension 330/550 US$) ist sehr argentinisch und einladend. Die Gäste schwärmen von Wanderungen durch Nire- und Lenga-Südbuchenwälder. Tagesausflügler aus Ushuaia (von Turismo de Campo, s. S. 579, organisiert) legen hier einen Zwischenstopp zum Mittag- oder Abendessen und für verschiedene Freizeitaktivitäten ein. Die Preise gelten bei Doppelbelegung. Rolito liegt 100 km von Río Grande und 150 km von Ushuaia entfernt.

ihres Lebens verbringen, ist die Gegend heute eines der besten Fangreviere der Welt für diese Art. Einige der hier geangelten Exemplare wiegen bis zu 15 kg, Regenbogenforellen manchmal bis zu 9 kg.

Die meisten Angeltouren nach und in Feuerland werden von Reisebüros im Ausland (großenteils in den USA) organisiert. Zu den für jedermann zugänglichen Flüssen, die von Tourveranstaltern angesteuert werden, gehören die Flüsse Fuego, Menéndez, Candelaria, Ewan und MacLennan. In der oberen Preisklasse logieren die Hobbyfischer dagegen meist auf *estancia*s, die sich Exklusivrechte auf einige der ergiebigsten Wasserläufe gesichert haben.

Es gibt zwei Arten von Angelerlaubnisscheinen. Der erste gilt in der gesamten Provinz außer im Parque Nacional Tierra del Fuego. Anlaufstellen sind die **Asociación Caza y Pesca** (☎ 02901-422423; www.cazay pescaushuaia.org; Av Maipú 822) in Ushuaia (auf der Webseite finden sich auch die Tidezeiten) oder der **Club de Pesca John Goodall** (☎ 02964-15-503074; http://clubdepescatdf.blogs pot.com; Ricardo Rojas 606) in Río Grande. Die zweite Art von Lizenz gilt für den Parque Nacional Tierra del Fuego und Patagonien. Anlaufstelle hierfür ist die Verwaltung des Nationalparks (S. 588) in Ushuaia; weitere Informationen zur Sportfischerei in Argentinien sind auch unter dem Online-Portal **Pesca Argentina** (www.pescaargentina.com.ar) abrufbar. Hier weitere nützliche Tipps:

Fliegen Gummibeine und Wooly Buggers.

Gebühren für die Angelerlaubnis
270 Arg$ pro Tag oder 1080 Arg$ für die Saison, je nachdem wo man angeln möchte.

Mengenbegrenzung Ein Fisch pro Person und Tag, ansonsten gilt: fangen und wieder freilassen.

Angelarten Spin- und Fliegenfischen; Angeln in der Nacht ist verboten.

Saison 1. November bis 15. April, vom 1. bis 15. April gibt es sogar Mengenbeschränkungen bei der Angelmethode „Fangen und Freilassen".

🛏 Schlafen & Essen

Posada de los Sauces
HOTEL $$
(☎ 02964-432895; www.laposadadelossauces. com; Elcano 839; DZ 110 US$; @ 🗣) Die Posada de los Sauces ist ein Hotel für eher betuchte Angler. Posada de los Sauces hat die Atmosphäre einer Lodge samt frischem Duft und forstlichen Akzenten.

Hotel Villa
HOTEL $$
(☎ 02964-424998; hotelvillarg@hotmail.com; Av San Martín 281; DZ/DBZ 70/77 US$; @ 🗣) Das Hotel Villa liegt gegenüber dem Casino Status und ist ein beliebtes Restaurant mit einem Dutzend geräumigen, stilvoll eingerichteten Zimmern.

Don Peppone
ITALIENISCH $$
(☎ 02964-432066; Perito Moreno 247; Hauptgerichte 100–135 Arg$; ⊙ Di–So 12–24 Uhr) An Wochenenden geht es im Don Peppone fast verrückt zu. Eine gut besuchte Pizzeria mit Kreationen aus dem Steinofen, aber auch vielen verschiedenen Nudel- und Fleischgerichten. Kreditkarten werden akzeptiert.

Tante Sara
CAFÉ $$
(Belgrano 402; Hauptgerichte 80–160 Arg$; ⊙ So–Do 8–13, Fr & Sa bis 14 Uhr) Bietet den Damen Tee und Kuchen und den Herren Bier und Burger an der auf Hochglanz polierten Bar. Das Essen ist gut, aber der Service ist manchmal etwas träge.

❶ Praktische Informationen

Das meiste, was Reisende benötigen, ist an den Avenidas San Martín und Belgrano zu finden. Touristeninformationen gibt es im **Instituto Fueguino de Turismo** (Infuetur; ☎ 02964-426805; www.tierradelfuego.org.ar; Av Belgrano 319; ⊙ 9–21 Uhr) auf der Südseite der *plaza* oder im **Municipal Tourist Kiosk** (☎ 02964-431324; turismo@riogrande.gob.ar; ⊙ 9–20 Uhr), einem hilfreichen Kiosk, der an der *plaza* liegt und Landkarten, Broschüren über *estancia*s und detaillierte Auskünfte für Angler bereithält.

Mariani Travel (☎ 02964-426010; mariani@ marianitravel.com.ar; Rosales 281) nimmt Buchungen für Flüge vor und vertritt mehrere *estancia*s der Umgebung.

❶ An- & Weiterreise

Der **Flughafen** (☎ 02964-420699; unweit der RN 3) liegt nur eine kurze Taxifahrt von der Stadt entfernt. **Aerolíneas Argentinas** (☎ 02964-424467; Av San Martín 607) fliegt von dort täglich nach Buenos Aires (einfacher Weg 2760 Arg$). **LADE** (☎ 02964-422968; Lasserre 429) fliegt mehrmals in der Woche nach Río Gallegos, El Calafate und Buenos Aires.

Busse der folgenden Busunternehmen fahren vom **Terminal Fueguina** (Finocchio 1194) ab:

Buses Pacheco (☎ 02964-421554) Busse nach Punta Arenas dreimal pro Woche jeweils um 10 Uhr.

Lider (☎ 02964-420003; www.lidertdf.com. ar; Av Belgrano 1122) Mehrmals täglich Minibusfahrten von Tür zu Tür nach Ushuaia und

Tolhuin; bester Anbieter auf dieser Strecke. Telefonische Reservierung notwendig.

Montiel (📞 02964-420997; 25 de Mayo 712) Busse nach Ushuaia und Tolhuin.

Taqsa/Marga (📞 02964-434316) Busse über Tolhuin nach Ushuaia.

Tecni-Austral (📞 02964-430610; Kartenverkauf Moyano 516) Busse nach Ushuaia über Tolhuin dreimal pro Woche um 8.30 Uhr; nach Río Gallegos und Punta Arenas ebenfalls dreimal pro Woche.

Busse ab Río Grande

REISEZIEL	FAHRPREIS (ARG$)	FAHRZEIT (STD.)
Punta Arenas, Chile	900	9
Río Gallegos	750	8
Tolhuin	150	2
Ushuaia	240	4

Puerto Williams (Chile)

📞 061 / 2300 EW.

Ushuaia ist bei Weitem nicht das Ende der Welt. Das beginnt erst in Puerto Williams, wo sich auf der Hauptstraße Pferdefohlen herumtreiben und die Jachten vor oder nach dem Törn um Kap Hoorn Zuflucht nehmen. Der Marinestützpunkt ist die einzige Stadt auf der Isla Navarino und der offizielle Einreisehafen für Boote am Beginn vom Weg um das Kap Hoorn und in die Antarktis. Hier wohnt auch der letzte noch lebende Sprecher der Yahgan-Sprache.

Die Umgebung der Stadt ist eine der atemberaubendsten Landschaften an der Südspitze Südamerikas. Mit mehr als 150 km Wanderwegen, den schieferblauen Seen, den moosigen Lenga-Südbuchenwäldern und den zerklüfteten Felsgipfeln der Dientes de Navarino ist die Isla Navarino ein raues Paradies für Rucksacktouristen. Die Pfade führen vorbei an Biberdämmen, Bunkern und Schützengräben steil in die Berge hinauf und tief in die Wälder hinein. Die Biber, die in den 1940er-Jahren aus Kanada eingeführt wurden und zwischendurch zur regelrechten Plage geworden waren, sind mittlerweile dank aktiver Bestandsreduzierung in ihrer Zahl wieder rückläufig.

Mitte des 19. Jhs. siedelten sich auf der Insel die ersten Europäer an: Missionare, denen während des Goldrausches in den 1890er-Jahren die Glücksritter folgten. Die heute noch verbliebenen Nachfahren vom indigenen Volk der Yahgan (Yámana), die sich mit den Einwanderern vermischt ha-

ben, leben in dem kleinen Dorf Villa Ukika an der Küste, das 15 Gehminuten östlich von Puerto Williams entfernt gelegen ist.

👁 Sehenswertes

Museo Martín Gusinde   MUSEUM

(Ecke Araguay & Gusinde; Eintritt gegen Spende; ⏲ Di–Fr 9–13 & 15–18.30, Sa & So 15–18.30 Uhr, Nebensaison eingeschränkte Öffnungszeiten) Das ansprechende Museum erinnert an den deutschen Priester und Ethnologen Gusinde, der von 1918 bis 1923 bei den Yahgans tätig war. Den Schwerpunkt bilden völkerkundliche und naturgeschichtliche Ausstellungsstücke. In der Bibliothek gibt es öffentliches WLAN.

Club de Yates Micalvi   LANDMARKE

(⏲ Ende Sept.–Mai) 1976 wurde das gesunkene deutsche Lastschiff *Micalvi* in ein Marinemuseum umgewidmet, fand schließlich eine viel bessere Nutzung in Form einer schwimmenden Bar, die von Marineleuten und Jachtbesitzern besucht wurde. Leider ist die Bar nicht für die Öffentlichkeit zugänglich.

Yelcho   LANDMARKE

In der Nähe des Eingangs zum örtlichen Militärgelände ist der originale Bug des Schiffes aufgestellt, das 1916 die Mitglieder der von Ernest Shackleton geleiteten Antarktisexpedition von Elephant Island rettete.

🏃 Aktivitäten

Winterwanderungen sind nur für erfahrene Bergwanderer empfehlenswert. Infos zu Trekkingrouten stehen im englisch-sprachigen Lonely-Planet-Führer *Trekking in the Patagonian Andes*.

⭐ Dientes de Navarino   WANDERUNGEN

Dieser Rundwanderweg führt vor der Kulisse der gezackten Türmchen der Insel Navarino zu rauen und windgepeitschten Aussichtspunkten. Ausgangspunkt der 53,3 km langen Route ist der Jungfrauenaltar vor den Toren der Stadt. Dann windet sich der Weg durch eine spektakuläre Wildnis von nackten Felsen und eingeschlossenen Seen. Geübte Wanderer schaffen das in (relativ) trockenen Sommermonaten in vier Tagen. Wegmarkierungen sind eher spärlich vorhanden: GPS plus Wanderkarten sollten als Navigationshilfe im Gepäck sein.

Cerro Bandera   WANDERUNGEN

Dieser vierstündige Rundweg mit weiten Ausblicken auf den Beaglekanal ist der Anfang des Navarino Circuit. Der Weg verläuft

LAGO DESEADO & UMGEBUNG

Südlich von Camerón geht die Zufahrt in den chilenischen Teil Feuerlands in eine komplette, straßenlose Wildnis und die zerklüftete Gebirgslandschaft der Cordillera Darwin über. Das Straßenbauministerium arbeitet hart daran, Zufahrtsmöglichkeiten zu diesen südlichsten Orten und damit künftige Touristenziele zu schaffen.

Zu diesen Projekten gehört zum Beispiel der Bau einer Straße zum neuen Parque Nacional Yendegaia an der Südküste der Insel. Im Moment führt sie bis Seno Almirantazgo in der Cordillera Darwin.

Bis jetzt gibt es mindestens ein lohnenswertes Ziel an der Straße. Die **Lodge Deseado** (☎ 061-9165-2564; www.lodgedeseado.cl; Hütte für 2/3-Personen 310/370 US$) am gleichnamigen See ist ein heimeliger Ort, um Wildforellen an Land zu ziehen, sich in hübschen modernen Hütten zu entspannen und sich Geschichten mit dem angenehmen Eigentümer Ricardo zu erzählen. Fahrmöglichkeiten von Punta Arenas aus stehen zur Verfügung. Das Ein-Wochen-Paket beinhaltet Fahrten zu den wichtigsten Natursehenswürdigkeiten ganz Feuerlands (darunter auch zur Kolonie der Königspinguine).

In dieser entlegenen Gegend braucht man einen Geländewagen. Mittlerweile gibt es eine Straße zur argentinischen Seite mit einem offiziellen Grenzübergang am Bergpass Río Bellavista (nur von Mitte Dezember bis März geöffnet).

steil durch Lenga-Südbuchenwälder hinauf auf steinige Anhöhen, über denen die chilenische Flagge weht.

Lago Windhond WANDERUNGEN

Weniger bekannt als der Rundweg in den Dientes de Navarino bietet dieser abgelegene See Wanderern eine Alternative. Die Strecke verläuft über geschütztere Pfade durch Wälder und Torfmoore. Die viertägige Trekkingtour ist bei stürmischem Wetter die bessere Wahl. Details sind bei Turismo Shila (S. 597) zu erfahren; ein ortskundiger Führer ist oft von Vorteil.

Geführte Touren

Fuegia & Co GEFÜHRTE TOUREN

(☎ Mobiltelefon 7876-6934; fuegia@usa.net; Ortiz 049) Wer geführte Wandertouren oder logistische Unterstützung sucht, sollte sich an Denis Chevallay wenden, der seine Dienste auf Französisch, Deutsch und Englisch anbietet und über ein reiches Wissen in Botanik und Geschichte verfügt. Bei den Führungen gibt es Gepäcktransport und ein Satellitentelefon für Notfälle. Es werden auch Tagesausflüge zu archäologischen Stätten angeboten.

Schlafen & Essen

Residencial Pusaki GÄSTEHAUS $

(☎ Mobiltelefon 9833-3248; pattypusaki@yahoo.es; Piloto Pardo 222; EZ/DZ 12 500/27 000 Chil$) Die Hausherrin Patty lädt ihre Gäste mit.

einer schon legendär gewordenen Herzlichkeit in ihr heimeliges Haus ein, in dem sich komfortable, mit Teppich ausgelegte Zimmer befinden, einige jedoch ohne eigenes Bad. Sie organisiert Gruppenessen, an denen auch Nichtgäste teilnehmen können.

Refugio El Padrino HOSTEL $

(☎ 061-262-1136, Mobiltelefon 8438-0843; Costanera 276; Camping pro Pers. 6000 Chil$, B 12 000 Chil$) Dieses saubere freundliche Hostel für Selbstversorger ist ideal, um Kontakte zu knüpfen und fungiert so mit seiner Gastgeberin Cecilia als sozialer Treffpunkt. Die kleinen Schlafsäle liegen am Kanal.

Lakutaia Lodge HOTEL $$$

(☎ 061-262-1733; www.lakutaia.cl; EZ/DZ/DBZ 210/265/315 US$) Diese moderne Lodge mit Rundumservice liegt 3 km östlich des Ortes Richtung Flughafen und bietet Erholung in einer wunderschönen ländlichen Umgebung. Es gibt ein funktionierendes Restaurant, und die Bibliothek enthält Bücher über Geschichte und Natur der Gegend. Einziger Nachteil des Hauses ist die isolierte Lage: Man reist unter Umständen wieder ab, ohne viel von der lebendigen Stadt mitbekommen zu haben.

Puerto Luisa Cafe CAFÉ $

(☎ Mobiltelefon 9934-0849; Costanera 317; Snacks 3000 Chil$; ⊙ Nov.–März Mo–Fr 10–20, Sa 7–20 Uhr) Direkt neben den Docks lädt dieses himmlische Café mit seiner heimeligen Atmosphäre, den übergroßen Stühlen und dem Meeresblick zu Espresso, Schokolade und Gebäck ein.

El Alambique
ITALIENISCH, PUB $

(☑ Mobiltelefon 5714-2087; Piloto Pardo 217; Tagesmenü 5500 Chil$; ⊙ Mo–Fr 12–14.30, Di–Sa 20–1 Uhr) Dieses schlichte Pub mit seinen Wandmalereien serviert gute hausgemachte Nudeln (und an Freitagen gibt es so viel Pizza wie man essen kann). Es ist die einzige Lokalität, die abends die Atmosphäre eines Pubs vermittelt.

❶ Praktische Informationen

Das Centro Comercial in der Nähe des zentralen Kreisverkehrs beherbergt das örtliche Postamt, einen Internetladen, ein Büro der Fluggesellschaft Aerovías DAP und einige Call-Center. Geldautomaten und die Möglichkeit, Geld zu wechseln (nur US-Dollar in bar, und zwar mindestens 100 US$), bietet die Banco de Chile. Wer eine Visa-Karte vorlegt, kann ebenfalls Bargeld abheben.

Städtische Touristeninformation (☑ Mobiltelefon 8383-2080; www.ptowilliams.cl/Turismo. html; Ecke Piloto Pardo & Arturo Prat; ⊙ Mo–Fr 8–13 & 14–17 Uhr) Hat Stadtpläne, Wanderkarten und aktuelle Infos zum Wetter und zum Zustand der Trekkingwege am Lago Windhond und in den Dientes de Navarino. Ist in einem kleinen Kiosk untergebracht.

Turismo Shila (☑ Mobiltelefon 7897-2005; www.turismoshila.cl; O'Higgins 220) Sehr hilfreiche Anlaufstelle für Trekker. Vermittelt ortskundige Führer und den Verleih von Wohnwagen, Fahrrädern (5000 pro Tag Chil$), Schneeschuhen, Angelausrüstung und GPS-Karten. Hier kauft man auch Schiffsfahrkarten und bucht Charterflüge nach Ushuaia.

❶ An- & Weiterreise

Puerto Williams ist mit dem Flugzeug oder per Schiff erreichbar, allerdings gibt es wegen des Wetters oft Verspätungen.

Transbordador Austral Broom (☑ 061-272-8100; www.tabsa.cl) betreibt eine neue Fähre, die *Patagonia*, die von Tres Puentes, dem Fährhafen von Punta Arenas, drei- oder viermal im Monat mittwochs nach Puerto Williams ablegt; die Rückreise von Puerto Williams nach Punta Arenas erfolgt am Samstag (Liegesitz/Koje 103 000/143 000 Chil$ inkl. Mahlzeiten, 38 Std.). Urlauber geraten oft ins Schwärmen, wenn sie von der Reise erzählen: Bei gutem Wetter an Deck bieten sich herrliche Ausblicke und manchmal Begegnungen mit Delfinen oder Walen.

Aerovías DAP (☑ 061-262-1051; www.ae roviasdap.cl; Plaza de Ancla s/n; nur Hinflug 75 000 Chil$) Fliegt von November bis März von Montag bis Samstag nach Punta Arenas, im Win-

ter weniger häufig. Oft werden die Passagiere auf einer Warteliste gesammelt, bis sich der Flug für die Fluggesellschaft lohnt; diese Praxis kann für Reisende, die nur wenig Zeit haben, recht ernüchternd sein. Man sollte beim Kauf des Tickets die Gepäckbeschränkungen beachten. DAP-Flüge in die Antarktis legen gelegentlich einen Zwischenstopp in Puerto Williams ein.

Ushuaia Boating (☑ in Argentinien 02901-436-193; www.ushuaiaboating.com; ein Weg 130 US$; ⊙ Überfahrten Mo–Sa) bietet sporadisch Bootsfahrten an, die in der Hochsaison täglich mit Schlauchbooten erfolgen. Die Karte beinhaltet manchmal eine holprige abenteuerliche 40-minütige Überfahrt plus einen 1½-stündigen Überlandtransfer von/nach Puerto Navarino. Achtung: Widriges Wetter führt oft zu Stornierungen und Verzögerungen auf unbestimmte Zeit.

Porvenir (Chile)

☑ 061 / 5900 EW

Wer Feuerland möglichst unverfälscht erleben will, ist hier richtig. Die meisten Besucher kommen von Punta Arenas nur auf einen Tagesausflug hierher, oft seekrank von der Überfahrt. Dabei bietet eine Übernachtung hier nicht nur die Chance, zwischen den viktorianischen Häusern mit Metallverkleidungen etwas vom Flair des rustikalen Dorfes mitzunehmen, sondern auch die Gelegenheit zur Erkundung der benachbarten Buchten. Vogelfreunde finden ganz in der Nähe Königspinguine sowie ganze Kolonien von Kormoranen, Gänsen und Seevögeln.

Porvenirs Bevölkerung erreichte ihre heutige Heimat in mehreren Wanderungswellen. Als 1879 in der Gegend Gold entdeckt wurde, kamen Scharen von Glückssuchern, viele davon aus Kroatien. Ein verlässlicheres Auskommen versprach wenige Jahre später die Schafzucht auf den neu gegründeten *estancias*. Diese Farmen und die Fischerei zogen damals vor allem Chilenen von der Insel Chiloé an. Die heutige Einwohnerschaft ist daher eine einzigartige Mixtur aus diesen beiden Gruppen.

◉ Sehenswertes

Museo de Tierra del Fuego
MUSEUM

(☑ 061-258-1800; Jorge Schythe 71; Eintritt 1000 Chil$; ⊙ Mo–Do 8-17, Fr bis 16, Sa & So 10.30–13.30 & 15–17 Uhr) Dieses faszinierende Museum an der Plaza de Armas präsentiert einige außergewöhnliche Exponate, darunter Schädel und Mumien der Ureinwohner (Selk'nam), Musikinstrumente, die von den

FEUERLAND (TIERRA DEL FUEGO) PORVENIR (CHILE)

Bewohnern der Missionsstation auf der Isla Dawson benutzt wurden, und eine Ausstellung über die frühe chilenische Filmtechnik.

Geführte Touren

Reisenden, die gerne Tiere in freier Wildbahn beobachten, ist die chilenische Hälfte Feuerlands noch kaum bekannt. Dabei leben hier zahllose Vögel und Meeresbewohner, wie beispielsweise Peale-Delfine in der Bahía Chilota und Königspinguine, die einen Teil des Jahres in der Bahía Inútil verbringen. Die neue Kolonie dieser Pinguine hat einiges Aufsehen erregt, aber die noch kleine Population hat sich bisher nicht erfolgreich fortpflanzen können. Für einen Ausflug zu den Pinguinen sollte man seriöse Führer engagieren, einen großzügigen Abstand wahren und die Brutzeiten der Tiere respektieren.

Bei der Touristeninformation kann man auch Aktivitäten wie Goldwaschen, Ausritte und Fahrten im Geländewagen buchen.

Far South Expeditions OUTDOOR-AKTIVITÄTEN (www.fsexpeditions.com) Bietet Exkursionen zur Kolonie der Königspinguine oder aber auch Touren mit naturkundlicher Begleitung, zum Teil als Pauschalarrangement ab Punta Arenas.

Schlafen & Essen

Hotel Rosas PENSION $
(☑ 061-258-0088; hotelrosas@chile.com; Philippi 296; EZ/DZ 23 500/34 000 Chil$; ☎) Die elf hübschen, sauberen Zimmer sind mit Heizung und Kabelfernseher ausgestattet; einige bieten zudem eine herrliche Aussicht. Eigentümer Alberto weiß so gut wie alles über die Gegend und arrangiert Ausflüge zu den früheren Goldminen am Circuito del Loro. Das Restaurant (*plato del día* 6200 Chil$), serviert frische Meeresfrüchte und vieles mehr; zu den Essenszeiten ist es hier ziemlich voll.

★**Hostería Yendegaia** B&B $$
(☑ 061-258-1919; www.hosteriayendegaia. com; Croacia 702; EZ/DZ/DBZ 25 000/40 000/55 000 Chil$; ☎) Das sorgfältig restaurierte historische Gebäude im regionalen Stil ist das älteste Wohngebäude Porvenirs und hat alles zu bieten, was zu einer guten Pension gehört: eine hilfsbereite Gastfamilie, geräumige Zimmer mit dicken Daunendecken, eine üppige Frühstückstafel, Aussicht auf die Magellanstraße und naturkundliche Bücher (darunter einige eigene Werke des

Hausherrn). Die hauseigene Reiseagentur Far South Expeditions hat sich auf Exkursionen mit naturwissenschaftlicher Begleitung spezialisiert.

Zum kürzlich hinzugefügten Café-Angebot zählen Espresso, Sandwiches und Pizza.

Club Croata MEERESFRÜCHTE $$
(☑ 061-258-0053; Señoret 542; Hauptgerichte 5000-10,000 Chil$; ⊙ Di–So 11–16 & 19–22.30 Uhr) Hier geht es traditionellerweise förmlich zu, jedoch gibt es in diesem besten Restaurant der Stadt gute Gerichte mit Meeresfrüchten zu akzeptablen Preisen. Es gibt auch kroatische Spezialitäten wie Schweinekoteletts mit *chucrut* (Sauerkraut). Die Bar ist bis 3 Uhr morgens geöffnet.

❶ Praktische Informationen

Banco de Estado (Ecke Philippi & Croacia) Geldautomat, der rund um die Uhr zugänglich ist.

Krankenhaus (☑ 061-258-0034; Wood, zw. Señoret & Guerrero)

Post (Philippi 176) An der Plaza de Armas.

Touristeninformation (☑ 061-258-0098, 061-258-0094; www.muniporvenir.cl; Zavattaro 434; ⊙ Mo–Fr 9-17, Sa & So 11–17 Uhr) Auskünfte gibt es auch im Kunsthandwerksladen an der *costanera* (Uferstraße) zwischen Philippi und Schythe.

❶ An- & Weiterreise

Die Schotterstraße nach Osten, die entlang der Bahía Inútil zur argentinischen Grenze bei San Sebastián führt, ist in gutem Zustand. Die Fahrt kann bis zu vier Stunden dauern. Wer von San Sebastián (wo es Benzin und ein Motel gibt) mit dem Auto nordwärts fahren will, sollte den direkten Weg über die stark befahrene, ziemlich ramponierte Lkw-Piste meiden und stattdessen bis zu der vom Erdölkonzern ENAP erbauten Siedlung Cerro Sombrero auf die Nebenstrecke über Onaisín ausweichen. Von Cerro Sombrero geht es dann auf der Hauptstraße weiter zur Fährverbindung über die Magellanstraße zwischen Punta Delgada und Puerto Espora.

Aerovías DAP (☑ 061-261-6100; www.aero viasdap.cl; Ecke Senoret & Philippi) fliegt von November bis März montags bis samstags nach Punta Arenas (29 000 Chil$, 15 Min.), in der Nebensaison seltener. Die Fluggesellschaft kümmert sich auch um den Transfer vom und zum Flughafen (2000 Chil$).

Transbordador Austral Broom (☑ 061-258-0089; www.tabsa.cl; Passagier/Fahrzeug Porvenir-Punta Arenas 6200/39 800 Chil$) betreibt eine Auto- und Passagierfähre nach Punta Arenas. In der Hochsaison im Sommer sollten die Plätze für die Fahrzeuge vorgebucht werden.

Uruguay

📖 598 / 3,3 MIO. EW. / 176 215 KM²

Gut essen

➡ Charco Bistró (S. 628)

➡ Café Picasso (S. 642)

➡ Bodega y Granja Narbona
(S. 631)

➡ Parador La Huella (S. 648)

Schön
übernachten

➡ La Posadita de la Plaza
(S. 626)

➡ El Galope Horse Farm &
Hostel (S. 627)

➡ Estancia Panagea (S. 640)

➡ Posada Lunarejo (S. 656)

Auf nach Uruguay!

Uruguay wirkt wie eine Traube, die zwischen dem riesigen Daumen Brasiliens und dem langen Zeigefinger Argentiniens eingeklemmt ist, und es wurde lange vernachlässigt. Nachdem das kleinste Land Südamerikas 200 Jahre im Schatten seiner Nachbarn stand, wird ihm aber nun endlich die wohlverdiente Anerkennung zuteil. Das fortschrittliche, stabile, sichere und kultivierte Uruguay bietet seinen Besuchern vielerlei Gelegenheiten, das wahre Leben jenseits des Tourismus kennenzulernen.

Wer sich nur kurze Zeit hier aufhält, kann sich im kosmopolitischen Montevideo, im malerischen Colonia und in der Partyhochburg Punta del Este in vielerlei Aktivitäten stürzen. Aber es lohnt sich auch, tiefer zu schürfen. Es macht Spaß, an der Atlantikküste Tiere zu beobachten, am Río Uruguay von einem Thermalbad zum nächsten zu hüpfen oder im Landesinneren einen Ausritt durch das Meer von wogenden Felder zu unternehmen.

Reisezeit
Montevideo

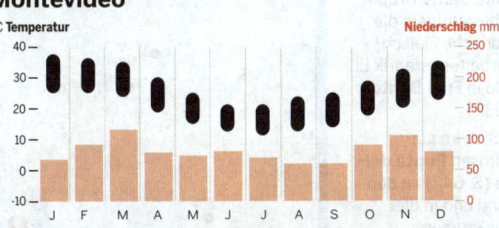

Feb. Straßentheater und Getrommel halten Montevideo während des Karnevals in Atem.

März Gaucho-Festival in Tacuarembó; niedrigere Preise an der immer noch sonnigen Atlantikküste.

Okt. Es laden die Thermalquellen von Salto ein oder aber das Tangofestival in Montevideo.

Highlights

① Beim **Karneval** (S. 618). zu immer anderem Getrommel tanzen

② Sich an der wilden Küste von **Punta del Diablo** (S. 655) in die Wellen oder in eine Strandfete stürzen

③ In den **Thermalbädern** (S. 638) in der Nähe von Salto entspannen

④ In den beiden Naturschutzgebieten, der **Quebrada de los Cuervos** und dem **Valle del Lunarejo** (S. 656), die ausgetretenen Pfade weit hinter sich lassen

⑤ Im malerischen **Colonia del Sacramento** (S. 622) auf der Stadtmauer aus dem 18. Jh. sonnenbaden oder durch Kopfsteinpflastergassen und über Plazas bummeln

⑥ Sich durch die Sanddünen von **Cabo Polonio** (S. 652) treiben lassen und vom Leuchtturm aus die Seelöwen beobachten

⑦ Die zum Unesco-Weltkulturerbe ernannte Stätte Uruguays besichtigen: die historische Fleischverarbeitungsfabrik El Anglo in **Fray Bentos** (S. 632)

⑧ Sich im glamourösen **Punta del Este** (S. 643) an den Strand und in die Clubs stürzen

⑨ Auf dem Pferderücken Rinder hüten und die Freuden des *estancia*-Lebens rund um **Tacuarembó** (S. 639) entdecken

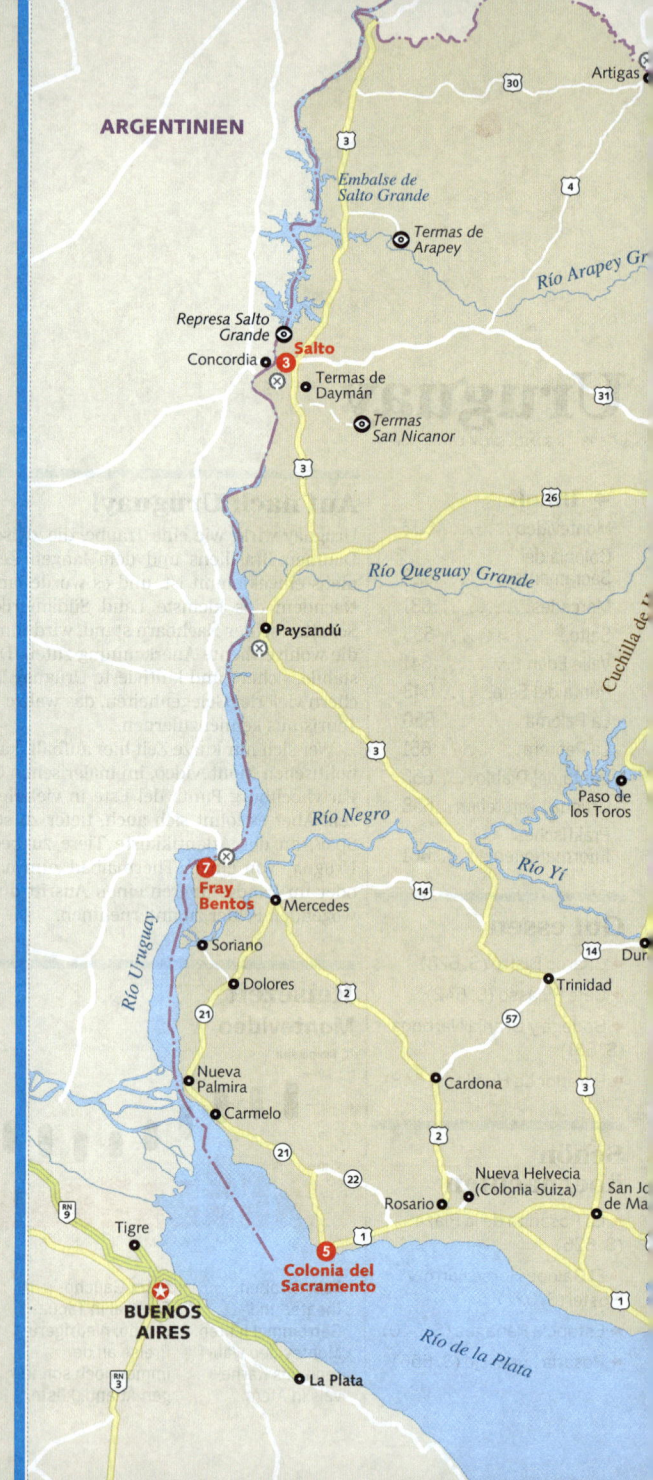

601

0   100 km

Santana do Livramento

Rivera

4 Valle del Lunarejo

Tranqueras

5

Tacuarembó **9**

Valle Edén

59

BRASILIEN

Aceguá

8

26

Melo

26

Jaguarão

Rio Branco

San Gregorio de Polanco

go Artificial le Rincón del Bonete

7

Quebrada de los Cuervos 4

18

Vergara

Laguna Merín

43

19

Cerro Chato

Treinta

19

Cebollati

BR 471

armen

14

14

José Batlle y Ordóñez

14

15

19

Chuí
Chuy
Barra del Chuy

Lascano

Parque Nacional Santa Teresa

Fortaleza de Santa Teresa

Cerro Colorado

8

Laguna Negra

Punta del Diablo 2

6

7

Florida

13

Laguna de Castillos

15

Gruta Arequita

Sierra de Rocha

Monte de Ombúes

Cabo Polonio 6

5

Villa Serrana

Rocha

10

La Pedrera

Canelones

8

Minas

Parque Salus

39

Laguna de Rocha

La Paloma

Pan de Azúcar

9

Faro José Ignacio

1

Atlántida

Piriápolis

La Barra (de Maldonado)

ontevideo 1

Maldonado

Punta del Este 8

ATLANTISCHER OZEAN

Cuchilla Grande

MONTEVIDEO

1,3 MIO. EW.

In der Hauptstadt des Landes lebt fast die Hälfte der Bevölkerung Uruguays. Montevideo ist eine pulsierende, bunte Stadt mit einem reichen Kulturangebot. Die Stadt mit den vielen Gesichtern erstreckt sich 20 km von West nach Ost – vom Industriehafen bis zur exklusiven Vorstadt Carrasco am Strand unweit des Flughafens. Im Geschäftsviertel der historischen Innenstadt drängen sich Jugendstil- und neoklassizistische Gebäude und heruntergekommene Wolkenkratzer, sie wirken, als hätte man sie geradewegs aus Havanna oder aus Rumänien zur Zeit Ceauşescus eingeflogen. Weiter im Südosten erinnern die Shoppingmalls und modernen Hochhäuser von Strandgemeinden wie Punta Carretas und Pocitos eher an Miami oder die Copacabana. Die Musik-, Theater- und Kunstszene ist lebendig und niveauvoll – von eleganten älteren Theatern und gemütlichen kleinen Tango-Bars bis hin zu modernen Diskos direkt am Strand ist alles geboten. Es herrscht hier ein internationales Flair, was den vielen ausländischen Kulturzentren und Montevideos Status als Verwaltungszentrum des Mercosur – Südamerikas führender Wirtschaftsvereinigung – zu verdanken ist.

◉ Sehenswertes

Ein Hinweis vorab: Viele Museen in Montevideo sind nur unter ihrer Abkürzung bekannt. Die meisten Exponate werden ausschließlich auf Spanisch erklärt.

◉ Ciudad Vieja

★ Mercado del Puerto   MARKT

(Pérez Castellano) Niemand, der Montevideo einen Besuch abstattet, sollte die alte Markthalle am Hafen verpassen, genau gesagt am Ende der Pérez Castellano. Der beeindruckende schmiedeeiserne Bau beherbergt einen Schwung quirliger *parrillas* (Steak-

Montevideo

Restaurants). Vor allem am Wochenende geht es hier nachmittags hoch her, denn dann lassen sich in diesem malerischen Ambiente gern Künstler, Kunsthandwerker und Straßenmusikanten blicken.

★ **Teatro Solís** THEATER
(☎1950-3323; www.teatrosolis.org.uy; Buenos Aires 678; ☺Führungen Di–So 16, plus Mi, Fr, Sa & So 11 & 12 Uhr) Das nur ein paar Schritte von der Plaza Independencia entfernte, elegante Teatro Solís gilt als die beste Bühne Montevideos. Das 1856 eröffnete Theater wurde in den letzten rund zehn Jahren komplett renoviert und verfügt über eine hervorragende Akustik. Die regelmäßig angebotenen Führungen bieten die Gelegenheit, den Zuschauerraum sowie die Bühne zu besichtigen, ohne eine Vorstellung zu besuchen. Die Führungen auf Spanisch sind mittwochs gratis, ansonsten kosten sie 20 Ur$; für Führungen auf Englisch und Portugiesisch sind 50 Ur$ zu bezahlen.

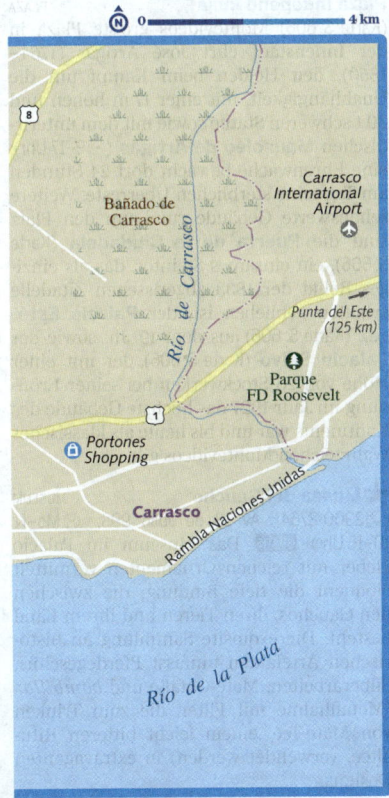

Plaza Matriz PLAZA
Auf dem auch unter dem Namen Plaza Constitución bekannten Platz mit einer Grünanlage schlug zur Kolonialzeit das Herz Montevideos. An seiner Westseite ragt die **Iglesia Matriz** (Plaza Matriz) auf, das älteste öffentliche Gebäude Montevideos. Der Bau der Kirche begann 1784, vollendet wurde sie im Jahr 1799. Ihr gegenüber steht der **Cabildo** (Karte S. 606), ein neoklassizistisches Steingebäude, das 1812 fertiggestellt wurde. Bänke unter den Bäumen und allerlei Esslokale mit Tischen auf den Bürgersteigen rund um die Plaza bieten sich für eine nette Mittagspause an.

Museo de los Andes MUSEUM
(☎2916-9461; www.mandes.uy; 619 Rincón; Eintritt 200 Ur$; ☺Mo–Fr 10–17, Sa 10–15 Uhr) Das 2013 eröffnete Museum ist wirklich etwas Besonderes. Es dokumentiert nämlich den Flugzeugabsturz, der sich 1972 in den Anden ereignete. 29 Urugayer kamen damals ums Leben, was die Seele der Nation zutiefst verstörte. (Das Unglück wurde übrigens auch durch das Buch *Überleben!* bekannt.) Die Ausstellung präsentiert orginiale Objekte und Fotos von der Absturzstelle und erzählt die Geschichte der 16 Überlebenden, die 72 Tage lang allen Widrigkeiten trotzten, um dann – zur allgemeinen Verblüffung – in die Heimat zurückzukehren. Das Museum wurde mit viel Herzblut vom derzeitigen Direktor Jörg Thomsen ins Leben gerufen. Er ist mit vielen der von diesem Unglück betroffenen Familien gut befreundet.

Museo del Carnaval MUSEUM
(☎2916-5493; www.museodelcarnaval.org; Rambla 25 de Agosto 218; Eintritt 90 Ur$; ☺April–Nov. Mi–So 11–17 Uhr, Dez.–März tgl.) Dieses Museum beherbergt eine herrliche Sammlung von Kostümen, Trommeln, Masken, Tonaufnahmen und Fotos, die die mehr als einhundertjährige Geschichte des Karnevals in Montevideo dokumentiert. Hinter dem Museum befinden sich ein Café und ein Patio, in dem die Zuschauer in den Sommermonaten auch Vorstellungen anschauen können. Einige interaktive Exponate, die 2014 ergänzt wurden, geben eher spärliche Erklärungen auf Englisch.

Casa Rivera MUSEUM
(☎2915-1051; Rincón 437; ☺Mi–So 11–16.45 Uhr) GRATIS Das ehemalige Domizil von Fructuoso Rivera (Uruguays erstem Präsidenten und Gründer der Colorado-Partei) befindet sich in diesem neoklassizistischen Gebäude aus

dem Jahr 1802. Es ist das Kernstück von Montevideos Historischem Nationalmuseum. Präsentiert wird hier eine Sammlung von Gemälden, Dokumenten, Möbeln und Artefakten, die der Geschichte Uruguays vom 19. Jh. bis zur Unabhängigkeit nachspürt. Mehrere andere historische Wohnhäuser gleich in der Nähe in der Ciudad Vieja, die offiziell mit zum Museum gehören, öffnen ihre Pforten für Besucher allerdings nur selten.

Museo de Arte Precolombino e Indígena
MUSEUM

(MAPI; ☑2916-9360; www.mapi.org.uy; 25 de Mayo 279; Eintritt 80 Ur$; ◷ Mo–Sa 10.30–18 Uhr) Dieses Museum präsentiert in seiner Dauerausstellung Artefakte und Informationen zu den frühesten Einwohnern Uruguays. Zu bestaunen gibt es auch Wechselausstellungen, die sich mit den indigenen Stämmen Nord- und Südamerikas beschäftigen.

Museo de Artes Decorativas
MUSEUM

(☑2915-1101; 25 de Mayo 376; ◷ Mo–Fr 12.30–17.30 Uhr) GRATIS Der dreistöckige Palacio Taranco, das ehemalige Domizil eines reichen Kaufmanns aus dem Jahr 1910, wurde von den berühmten französischen Architekten Charles Girault und Jules Chifflot entworfen und war ausschließlich für Wohnzwecke konzipiert. Das Gebäude steht unter Denkmalschutz. Es quillt schier über von reich verzierten Stilmöbeln aus dieser Epoche sowie Gemälden europäischer Künstler, darunter Ghirlandaio und Goya.

⊙ Centro

Plaza Independencia
PLAZA

(Karte S. 606) Montevideos größte Plaza in der Innenstadt ehrt José Artigas (1764–1850), den Helden beim Kampf um die Unabhängigkeit, mit einer 17 m hohen und 30 t schweren Statue sowie mit dem unterirdischen Mausoleo de Artigas (◷9–17 Uhr); eine Ehrenwache bewacht dort 24 Stunden am Tag seine sterblichen Überreste. Weitere sehenswerte Gebäude rund um den Platz sind die Puerta de la Ciudadela (Karte S. 606), ein einsames Steintor, das als einziges Relikt der 1833 abgerissenen Zitadelle erhalten geblieben ist, der Palacio Estévez (Karte S. 606) aus dem 19. Jh. sowie der Palacio Salvo (Karte S. 606), der mit einer Höhe von 26 Stockwerken bei seiner Eröffnung im Jahr 1927 das höchste Gebäude des Kontinents war und bis heute als klassisches Wahrzeichen Montevideos gilt.

★ Museo del Gaucho
MUSEUM

(☑2900-8764; Av 18 de Julio 998; ◷Mo–Fr 10–16 Uhr) GRATIS Das Museum im Palacio Heber mit reichen Ornamenten vermittelt eloquent die tiefe Bindung, die zwischen den Gauchos, ihren Tieren und ihrem Land besteht. Die exquisite Sammlung an historischen Artefakten umfasst Pferdegeschirr, Silberarbeiten, Mate-Gefäße und *bombillas* (Metallhalme mit Filter, die zum Trinken von Mate-Tee, einem leicht bitteren Ritualtee, verwendet werden) in extravaganten Designs.

⊙ Nördlich vom Centro

Torre Antel TURM
(☎ 2928-8517; Guatemala 1075; ☉ Führungen im
30-Min.-Takt Mo, Mi & Fr 15.30–17, Di & Do 10.30–
12 Uhr) GRATIS Einen sagenhaften Blick über
die Stadt genießt, wer mit dem Lift auf den
dramatischsten modernen Wolkenkratzer
hinauffährt, den Montevideo zu bieten hat.

Palacio Legislativo HISTORISCHES GEBÄUDE
(☎ 2924-1783; www.parlamento.gub.uy; Av General
Flores s/n; Führungen 70 Ur$) Das Bauwerk aus
dem Jahr 1908 beherbergt bis heute Uruguays Asamblea General (Legislative). Das
dreistöckige neoklassizistische Parlaments-
gebäude kann montags bis freitags im Rahmen einer Führung um 10.30 und 15 Uhr
besichtigt werden.

⊙ Östlich vom Centro

Espacio de Arte Contemporáneo GALERIE
(☎ 2929-2066; www.eac.gub.uy; Arenal Grande
1930; ☉ Mi–Sa 14–20, So 11–17 Uhr) GRATIS Diese
Galerie nutzt die zum Nachdenken anre-
genden Zellen eines Gefängnisses aus dem
19. Jh., um in ihren extravaganten Ausstel-
lungsräumen Wechselausstellungen zeitgenössische Kunst zu präsentieren.

Museo del Fútbol MUSEUM
(☎ 2480-1259; www.estadiocentenario.com.uy/
site/footballMuseum; Estadio Centenario, Av Ricaldoni s/n, Parque José Batlle y Ordóñez; Eintritt
150 Ur$; ☉ Mo–Fr 10–17 Uhr) Das Museum ist
ein Muss für jeden *fútbol*-Fan. Zu bestaunen sind Erinnerungsstücke aus den Jahren
1930 und 1950, als Uruguay die Fußballwelt-
meisterschaft gewann. Die Besucher können
auch die Tribünen besichtigen.

⊙ Parque Rodó, La Rambla & Strände im Osten

La Rambla, Montevideos mehrere Kilometer lange Promenade, prägt den Charakter
der Stadt. Sie verbindet die Innenstadt von
den Vierteln am Strand: Punta Carretas, Pocitos, Buceo und Carrasco. Hier spielt sich
am Sonntagnachmittag das gesellschaftliche
Leben der Hauptstädter ab, denn dann treffen sie sich hier mit ihren Freunden. Unver-
zichtbares Utensil ist eine Thermoskanne
mit Mate.

Museo Nacional de Artes Visuales MUSEUM
(MNAV; ☎ 2711-6124; www.mnav.gub.uy; Garibaldi 2283, Parque Rodó; ☉ Di, Mi & Fr 9–16, Do

14–16 Uhr) GRATIS Uruguays größte Gemälde-
sammlung befindet sich im Parque Rodó. In
den weitläufigen Sälen hängen Werke von
Blanes, Cúneo, Figari, Gurvich, Torres García
und anderen berühmten Uruguayern. Wer
sich eingehender mit einigen dieser Künstler beschäftigen möchte, besucht das **Museo
Torres García** (☎ 2916-2663; www.torresgarcia.
org.uy; Sarandí 683; Eintritt 100 Ur$; ☉ Mo–Sa
10–18 Uhr), das **Museo Figari** (☎ 2915-7065;
www.museofigari.gub.uy; Juan Carlos Gómez 1427;
☉ Di–Fr 13–18, Sa 10–14 Uhr) GRATIS und das **Museo Gurvich** (☎ 2915-7826; www.museogurvich.
org; Sarandí 524; Eintritt 100 Ur$; ☉ Mo–Fr 10–18,
Sa 11–15 Uhr) in der Ciudad Vieja oder auch
das **Museo Blanes** (☎ 2336-2248; blanes.mon-
tevideo.gub.uy; Av Millán 4015; ☉ Di–So 13–19 Uhr)
GRATIS im Viertel Prado nördlich vom Centro.

Castillo Pittamiglio HISTORISCHES GEBÄUDE
(☎ 2710-1089; www.castillopittamiglio.com; Rambla
Gandhi 633; Führungen 125 Ur$) An der Rambla
(Uferstraße) zwischen Punta Carretas und
Pocitos beeindruckt das exzentrische Vermächtnis des einheimischen Alchimisten
und Architekten Humberto Pittamiglio. Allein schon die kuriose Fassade lohnt einen
Blick. Wer die Räumlichkeiten eingehender
in Augenschein nehmen möchte, nimmt an
einer Führung (auf Spanisch) teil; die Website enthält ein Monatsprogramm mit Öffnungszeiten und Veranstaltungen.

Museo Naval MUSEUM
(☎ 2622-1084; Ecke Rambla Costanera & Av L.A. de
Herrera; Eintritt 60 Ur$; ☉ Fr–Mi 8–12 & 14–18 Uhr)
Das Marinemuseum im Osten der Stadt, di-
rekt am Wasser in Buceo, beschäftigt sich
mit der Rolle, die Boote und Schiffe in der
Geschichte Uruguays spielten – von der
Kanukultur der Charrúa bis hin zum dra-
matischen Untergang der *Graf Spee* in den
Gestaden Montevideos im Jahr 1939.

🏃 Aktivitäten

Eines der großen Vergnügen in Montevideo
bietet der kombinierte Fuß-, Jogging- und
Radweg, der neben der Rambla am Wasser entlangführt. Nach ein paar Kilometern erstreckt sich östlich vom Zentrum die
Playa Pocitos – der schönste Strand, um zu
schwimmen. Außerdem spielen hier meistens auch gerade ein paar Leute **Beach-
Volleyball** – einfach mitmachen! Ein paar
Buchten weiter besteht die Möglichkeit,
im Jachthafen von Buceo, genau gesagt im
Jachtclub, Unterricht im **Windsurfen** zu
nehmen. Die ganze Rambla bietet sich für

Montevideo: Centro & Ciudad Vieja

URUGUAY MONTEVIDEO

Bahía de Montevideo

Dársena 2

Muelle B

Hafen von Montevideo

Dársena 1

Rambla Franklin D Roosevelt

Muelle A

Fähr-anleger

Buquebus (Port)

Nationales Tourismus Ministerium (Port)

Rambla 25 de Agosto de 1825

Dársena Fluvial

Piedras

Cerrito

25 de Mayo

Bartolomé Mitre

Juncal

Ciudadela

Florida

s. Vergrößerung

44

11 🏛
Mercado del Puerto 🔴 1
25

Städtische Touristen-information (Ciudad Vieja)

56
43 28 12 19 10 5
17

Yacaré

Maciel

8
21
Plaza Zabala
9
6
7
13
Juan Carlos Gómez
24

Guaraní

25 de Mayo

20 39

Fußgängerzone

37
Treinta y Tres
Ituzaingó
54
4
Teatro Solís
33

Washington

CIUDAD VIEJA
38

Pérez Castellano

Colón

Alzáibar

Zabala

Misiones

Reconquista

Brecha

Plaza España

46

Cuestas

Sarandí

Buenos Aires

Rambla Gran Bretaña

Rambla Francia

Vergrößerung

0   200 m

Rincón

Colonia

Ciudadela

Florida

Andes

Bartolomé Mitre

27
40 14
Sarandí
18
16
3 🏛
Palacio Salvo

50
Bacacay
Plaza Independencia

48
30
34
Buenos Aires
15
San José

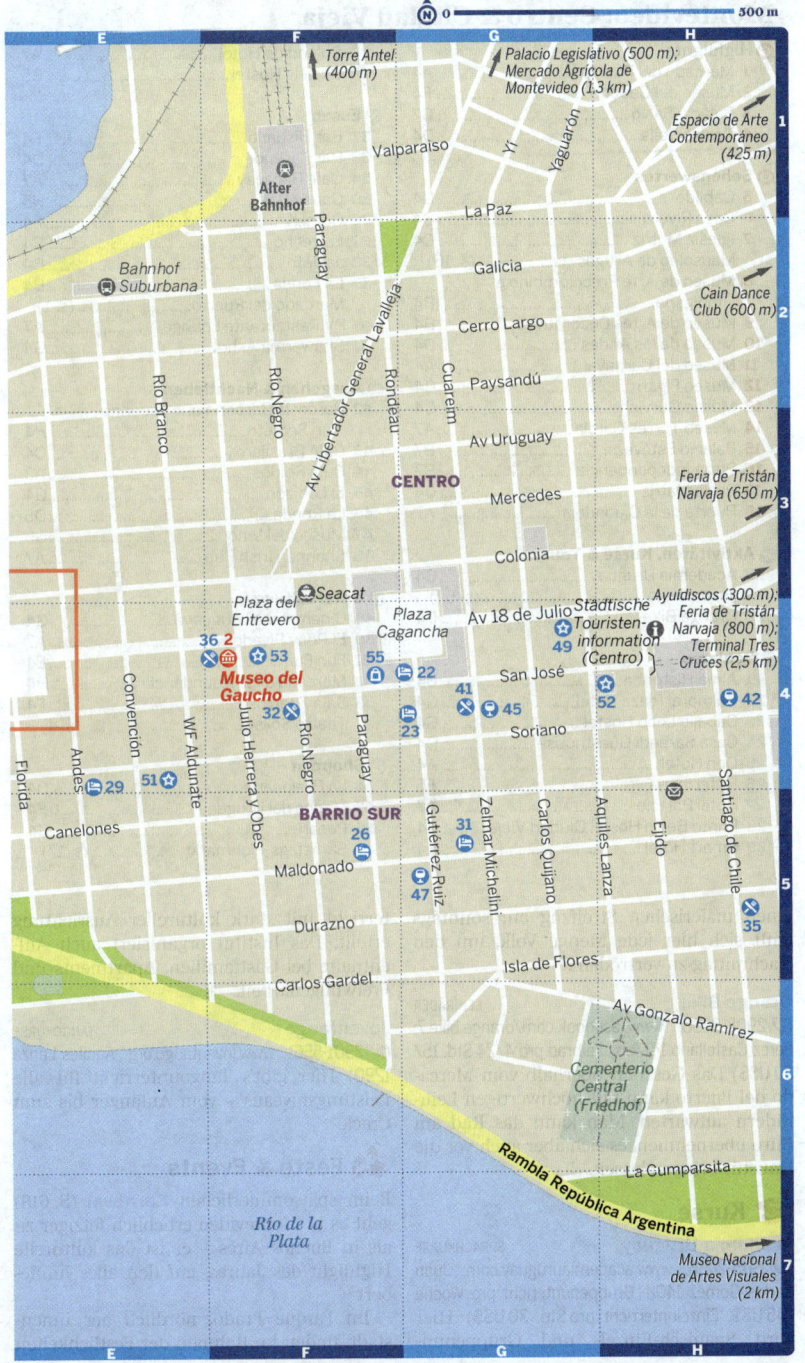

N 0 _____ 500 m

Torre Antel
(400 m)

Palacio Legislativo (500 m);
Mercado Agrícola de
Montevideo (1.3 km)

Espacio de Arte
Contemporáneo
(425 m)

Valparaíso

Yi

Yaguarón

Alter
Bahnhof

La Paz

Paraguay

Galicia

Cain Dance
Club (600 m)

Bahnhof
Suburbana

Cerro Largo

Río Negro

Río Branco

Rondeau

Cuareim

Av Libertador General Lavalleja

Paysandú

Av Uruguay

CENTRO

Mercedes

Feria de Tristán
Narvaja (650 m)

Colonia

Seacat

Plaza del
Entrevero

Plaza
Cagancha

Av 18 de Julio

Städtische
Touristen-
information
(Centro)

Ayuídiscos (300 m);
Feria de Tristán
Narvaja (800 m);
Terminal Tres
Cruces (2.5 km)

36 2
53

55

22

49

**Museo del
Gaucho**

41

San José

52

42

Convención

W F Aldunate

Julio Herrera y Obes

Río Negro

Paraguay

32

23

45

Soriano

Andes

Florida

29

51

Canelones

BARRIO SUR

26

31

Zelmar Michelini

Carlos Quijano

Aquiles Lanza

Ejido

Santiago de Chile

Maldonado

Gutiérrez Ruiz

47

35

Durazno

Carlos Gardel

Isla de Flores

Av Gonzalo Ramírez

Cementerio
Central
(Friedhof)

La Cumparsita

Rambla República Argentina

Río de la
Plata

Museo Nacional
de Artes Visuales
(2 km)

Montevideo: Centro & Ciudad Vieja

einen malerischen Streifzug an; sonntags trifft sich hier jede Menge Volk, um den Nachmittag zu vertrödeln.

Orange Bike LEIHRÄDER
(☑2908-8286; www.facebook.com/orange.bike.7; Pérez Castellano 1417bis; Leihrad pro 4/24 Std. 15/ 20 US$) Das Geschäft oberhalb vom Mercado del Puerto kann mit hochwertigen Leihrädern aufwarten. Man kann das Rad am Büro übernehmen, es sich aber auch vor die Haustür bringen lassen.

Kurse

Academia Uruguay SPRACHKURSE
(☑2915-2496; www.academiauruguay.com; Juan Carlos Gómez 1408; Gruppenunterricht pro Woche 245 US$, Einzelunterricht pro Std. 30 US$) Hier wird Spanisch-Einzel- und Gruppenun-

terricht mit stark kultureller Ausrichtung erteilt. Das Institut organisiert auch Aufenthalte bei Gastfamilien, Apartments und Freiwilligenarbeit.

Joventango TANGOKURSE
(☑2901-5561; www.joventango.org; Aquiles Lanza 1290) Hier gibt's Tangounterricht für alle Leistungsniveaus – vom Anfänger bis zum Crack.

Feste & Events

Beim spätsommerlichen **Karneval** (S. 618) geht es in Montevideo erheblich fetziger zu als in Buenos Aires – er ist das kulturelle Highlight des Jahres, auf den alles hinfiebert.

Im Parque Prado, nördlich der Innenstadt, finden im Rahmen der Festlichkeiten während der Semana Criolla in der **Semana Santa** (Karwoche) auch Geschicklichkeitsvorführungen von Gauchos, *asados* auf großen Grillrosten und andere typische Veranstaltungen statt.

Am letzten Wochenende im September oder am ersten Wochenende im Oktober öffnen alle Museen, Kirchen und historischen Häuser kostenlos ihre Pforten. Gefeiert werden die **Días del Patrimonio** (Tage des Nationalerbes).

Im Oktober geht es während des zehntägigen **Festival del Tango** unter der Regie von Joventango (S. 608) auf den Straßen und in den angesagten Locations Montevideos immer hoch her.

🛏 Schlafen

Montevideo kann mit einer Fülle von Boutique- und Luxushotels aufwarten, verfügt jedoch auch über eine florierende Hostel-Szene und jede Menge zuverlässiger Hotels im mittleren Preisbereich, die sich im Centro befinden.

🛏 Ciudad Vieja

★ Hotel Palacio   HOTEL $

(☎ 2916-3612; www.hotelpalacio.com.uy; Bartolomé Mitre 1364; Zi. ohne/mit Balkon 45/50 US$, immer ohne Frühstück; ❄ 🛜) Wer die Chance hat, eines der beiden Zimmer im sechsten Stock dieses alteingesessenen Familienbetriebs, einen Block von der Plaza Matriz entfernt, zu ergattern, der sollte sofort zuschlagen. Sie haben Klimaanlage und Balkon und bieten einen herrlichen Blick über die Dächer der Ciudad Vieja. Das Preis-Leistungs-Verhältnis der anderen Zimmer in diesem Hotel stimmt aber auch. Geboten sind Holzböden, antike Möbel, ein nostalgischer Lift und Service der alten Schule.

Spléndido Hotel   HOTEL $

(☎ 2916-4900; www.splendidohotel.com.uy; Bartolomé Mitre 1314; DZ mit Bad 48–55 US$, DZ ohne Bad 38–45 US$, EZ ohne Bad 32–38 US$; @ 🛜) Das verblichene, flippige Spléndido bietet Budget-Reisenden, denen ihre Privatphäre wichtiger ist als ein Hostel mit Partystimmung, wirklich viel fürs Geld. Die besseren Zimmer besitzen 5 m hohe Decken und Flügeltüren, die auf einen Balkon hinausgehen; drei Zimmer (Nr. 106, 220 & 221) bieten eine hübsche Aussicht direkt aufs Teatro Solís. Manche Zimmer sind allerdings beengt und stinken oft auch nach Zigarettenrauch. Am besten lässt man sich deshalb das Zimmer vor dem Bezug zeigen. In den Kneipen auf der Straße unten kann es häufig ziemlich laut werden.

★ Casa Sarandi Guesthouse   PENSION $$

(☎ 2400-6460; www.casasarandi.com; Buenos Aires 558, 3. St.; Zi. ohne Frühstück 75 US$; 🛜) Die drei attraktiven Gästezimmer in einer nostalgischen Wohnung mit Gemeinschaftsküche und gemütlichem Wohnzimmer samt Kunstwerken aus Uruguay und Parkettboden befinden sich einen Block südlich der Plaza Matriz. Es empfiehlt sich, frühzeitig einen Termin mit den walisisch-argentinischen Inhabern zu vereinbaren; sie wohnen nicht hier, kommen aber mit dem Schlüssel vorbei und bringen auch gleich noch jede Menge topaktueller Tipps zu Restaurants, Unterhaltung und Transportmitteln mit.

Alma Histórica   BOUTIQUEHOTEL $$$

(☎ 2914-7450; www.almahistoricahotel.com; Solis 1433, Plaza Zabala; Zi. 199–220 US$, Suite 250 US$; ❄ ❄ 🛜) Das noble, 2014 eröffnete Boutiquehotel unter italienischer Leitung beeindruckt mit seinen mit Antiquitäten vollgestopften Zimmern, deren Dekor berühmte Bewohner Uruguays ehrt – Künstler, Schriftsteller, Sportstars etc. An Annehmlichkeiten warten feudale Schweizer Matratzen, Bettwäsche aus ägyptischer Baumwolle, gemütliche Kissen, Naturkosmetik, Safes in der Größe eines Laptops sowie YouTube- und Netflix-Streaming auf TVs mit großem Flachbildschirm.

Zum edlen Ambiente tragen die originale Marmortreppe (errichtet um 1900) sowie

---

ℹ **HOTELPREISE: DOLLAR KONTRA PESO**

Die Unterkünfte in Uruguay geben ihre Preise oft eher in US-Dollar an und nicht in Uruguayischen Pesos, was vor allem für Touristenziele wie Montevideo, Colonia und die Atlantkküste gilt. In diesem Kapitel wurden die Preise immer in der Währung aufgeführt, wie sie von der jeweiligen Unterkunft während der Recherchen zu diesem Reiseführer genannt wurden. Das bedeutet, dass nun also einige Hotel- und Hostelpreise in US-Dollar (US$) verzeichnet sind, andere aber in Uruguayischen Pesos (Ur$). Beim Durchlesen der Auflistung sollte man somit ein wachsames Auge auf die Preisangaben haben.

die elegante Bibliothek bei, in der Unmengen von Kunstbänden und Reiseführern zu finden sind.

Don Hotel
BOUTIQUEHOTEL $$$

(☎ 2915-9999; www.donhotel.com.uy; Piedras 234; DZ 130–170 US$, Suite 305 US$; ✳ @ 🛜 🏊) Direkt gegenüber dem Mercado del Puerto und dem Fähranleger präsentiert sich dieses moderne Boutiquehotel als wahrer Ausbund an Eleganz in Schwarz, Weiß und Silber mit iberischen Tapeten und Fliesen sowie Whirlpools und Blick über die schmiedeeisernen Dächer des Markts von den Superior-Zimmern, die nach vorne hinausgehen. Ein Pool, ein Solarium und eine Dachbar mit Aussicht auf den Hafen tragen ein Übriges zum stilvollen Flair dieses Hotels bei.

🛏 Centro

⭐ Ukelele Hostel
HOSTEL $

(☎ 2902-7844; www.ukelelehostel.com; Maldonado 1183; B 16–22,50 US$, 2BZ 48–52 US$, DZ 50–60 US$; @ 🛜 🏊) Das attraktive Familienhotel aus den 1920er-Jahren wurde liebevoll zu einem Hostel umgestaltet, das nun hohe Decken, schöne Holzböden, nostalgische architektonische Details, eine Bar, ein gemütliches Musikzimmer und zum Entspannen eine Grünfläche samt Patio und Pool hinter dem Haus zu bieten hat. Gekrönt wird das alles noch durch die netten Mitarbeiter und die gelungene Mischung aus Schlafsälen und Zimmern – und schon hat man die perfekte Budget-Bleibe mitten in der Stadt.

Caballo Loco Hostel
HOSTEL $

(☎ 2902-6494; www.caballolocohostel.com; Gutierrez Ruiz 1287; B 18–22 US$; ✳ 🛜) Das neue Hostel in einem aufgepeppten historischen Gebäude liegt unschlagbar in der Innenstadt, genau gesagt nur ein paar Schritte von der grünen Plaza Cagancha und den Bushaltestellen zum Busbahnhof und zu den Stränden Montevideos entfernt. Die sechs tipptopp Vier- bis Zehnbettzimmer gruppieren sich um einen einladenden Gemeinschaftsbereich mit hoher Decke und Gästeküche, Billardtisch und TV-Lounge. Weitere Pluspunkte gibt's für die netten Inhaber und den Fahrradverleih direkt vor Ort.

Hotel Iberia
HOTEL $

(☎ 2901-3633; www.hoteliberia.com.uy; Maldonado 1097; DZ/3BZ/4BZ ab 45/72/82 US$; ✳ 🛜) Das Iberia gleich südlich vom Centro bietet solide Annehmlichkeiten im mittleren Preissegment zu akzeptablen Tarifen.

Smart Hotel
HOTEL $$

(☎ 2903-3222; www.smarthotelmontevideo.com; Andes 1240; Zi. 75–120 US$; ✳ 🛜) „Smart" beschreibt perfekt das moderne Ambiente, die weiße Möblierung mit klaren Linien und das helle Holzdekor dieses gut gelegenen Neuzugangs in der Hotelszene unweit der Plaza Independencia. Alle Zimmer sind mit einem Kühlschrank, einem Sofa und einem Kaffeetisch ausgestattet; die teureren Wohneinheiten verfügen auch über ein Schlafsofa, Mikrowelle und manchmal über eine Terrasse. Die Eck-Lofts, in denen auch ein Schreibtisch steht, bieten wirklich viel zusätzlichen Platz. Ein Restaurant gehört mit dazu, ebenso eine Parkgarage, und bei längeren Aufenthalten gibt's Rabatt.

Balmoral Plaza Hotel
HOTEL $$

(☎ 2902-2393; www.balmoral.com.uy; Plaza Cagancha 1126; EZ 70–156 US$, DZ 85–166 US$, Suite 150–181 US$; ✳ @ 🛜) Die beiden dicken Pluspunkte dieses Hotels sind die zentrale Lage in der Stadt und der Blick aus der Vogelperspektive auf die grüne Plaza Cagancha. Alle Zimmer sind mit einer Minibar, einem Safe und einem großen TV ausgestattet und haben Schallschutzfenster. Eine Garage, ein Fitnessstudio, eine Sauna, ein Businesscenter und ein Restaurant gehören mit dazu.

🛏 Parque Rodó, La Rambla & Stände im Osten

Punto Berro Hostel
HOSTEL $

(☎ 2707-7090; puntoberrohostel.com; Berro 1320, Pocitos; B 18–22 US$, EZ 32–45 US$, DZ 50–65 US$, 2BZ 54–65 US$; 🛜) Nur zwei Blocks vom Strand entfernt liegt im feudalen Viertel Pocitos dieses Hostel mit sauberen, hellen Zimmern und so anheimelnden Kleinigkeiten wie gemütlichen Sofas, einer gut ausgestatteten Gästeküche und einer lieben betagten Katze. Unter demselben Management gibt es noch ein Schwesterhostel im Herzen der Ciudad Vieja (☎ 2914-8600; puntoberrohostel.com; Ituzaingó 1436; B 16–22 US$, DZ 50–60 US$; @ 🛜); es liegt nur einen Steinwurf von der quirligen Plaza Matriz entfernt.

Cala di Volpe
BOUTIQUEHOTEL $$

(☎ 2710-2000; www.hotelcaladivolpe.com.uy; Ecke Rambla Gandhi & Parva Domus, Punta Carretas; Zi. 99–159 US$, Suite 150–239 US$; ✳ @ 🛜 🏊) Das feudale Hotel gegenüber vom Strand bietet Annehmlichkeiten, die ein Boutiquehotel auszeichnen, in Hülle und Fülle: gemütliche Sofas, Schreibtische, gefliste Marmorbäder,

NICHT VERSÄUMEN

HIGHLIGHTS AM WOCHENENDE IN MONTEVIDEO

Am Wochenende ist die Zeit gekommen, um sich bei einigen für Montevideo typischen Aktivitäten zu amüsieren. Ein Hinweis: Die Ciudad Vieja, d. h. die Altstadt außerhalb vom Mercado del Puerto, gleicht sonntags praktisch einer Geisterstadt, denn dann sind alle Geschäfte geschlossen und das pralle Menschenleben spielt sich in Richtung Osten an der langen Rambla am Wasser ab.

Samstagvormittag Auf dem Antiquitätenmarkt auf der Plaza Matriz herumstöbern.

Samstagnachmittag Seine „Fleischeslust" bei einem Mittagessen im Mercado del Puerto entdecken.

Samstagabend Sich eine Vorstellung im Teatro Solís oder in der Sala Zitarrosa ansehen, ein paar *uvitas* (Süßweingetränk) schlürfen und in der Bar Fun Fun Livemusik hören, sich beim Tango im Mercado de la Abundancia unter die einheimischen Tangotänzer mischen oder die ganze Nacht in den Clubs der Stadt Party feiern.

Sonntagvormittag Auf der Feria de Tristán Narvaja das Labyrinth aus Marktständen erkunden.

Sonntagnachmittag Sich bei einem Bummel über die 20 km lange Rambla, die sich am Wasser entlangzieht, zu den Einheimischen gesellen, die hier ihrem Mate-Ritual frönen.

Sonntagabend Sich in den Straßen von Palermo oder im Parque Rodó vor dem Karneval eine Trommelprobe anhören.

die nur so spiegeln, und Panoramafenster vom Boden bis zur Decke hinauf mit Aussicht auf den Río de la Plata. Auf dem Dach locken ein kleiner Pool und ein nettes Restaurant.

Sofitel Montevideo Casino Carrasco & Spa CASINOHOTEL **$$$**
(☎ 2604-6060; www.sofitel.com; Rambla Republica de Mexico 6451, Carrasco; Zi. 244–363 US$, Suite ab 460 US$; ❀@🛜❀) Das von oben bis unten renovierte und 2013 als Luxushotel wiedereröffnete historische Kasino von Carrasco ist mit Sicherheit die protzigste Unterkunft, die Montevideo zu bieten hat. Das monumentale Gebäude aus dem frühen 20. Jh. – seit Langem ein Wahrzeichen dieses betuchten Viertels – bietet 116 Zimmer, darunter 23 exquisite Suiten. Mit dazu gehören ein Kasino, ein Spa mit Innen- und Außenpools – und das üppigste Frühstück, das in ganz Uruguay serviert wird.

 **Essen**

Wer gern einmal eine Abwechslung zur Restaurantszene in der Innenstadt hätte, sollte die neueste kulinarische Attraktion ausprobieren, den **Mercado Agrícola de Montevideo** (MAM; www.mam.com.uy; José Terra 2220; ⏱9–22 Uhr), ein Marktgebäude aus dem frühen 20. Jh., das 2,5 km nördlich vom Stadtzentrum liegt und mehr als 100 Geschäfte

umfasst, darunter Obst- und Gemüseläden, Cafés, Restaurants, allerlei Delikatessengeschäfte und eine Kleinbrauerei.

 Ciudad Vieja

Eine nette Entspannungspause genießt, wer sich in der Fußgängerzone Sarandí in den Lokalen mit Tischen im Freien auf ein Bier und einen Snack unter die Einheimischen mischt – mit Aussicht auf die hübsche Plaza Matriz.

★ **Estrecho** INTERNATIONAL **$$**
(Sarandí 460; Hauptgerichte 270–390 Ur$; ⏱Mo-Fr 12–16 Uhr) Am besten schnappt man sich einen Platz am langen Tresen neben dem Ofen einen Stuhl und schaut dann den Köchen zu, wie sie in diesem gemütlichen Lokal in der Ciudad Vieja mittags den Kochlöffel schwingen. Auf der internationalen Speisekarte des französischen Inhabers Bénédicte Buffard stehen Baguettes mit Steak oder Räucherlachs, vielerlei Salate, jeden Tag ein anderes frisch zubereitetes Fischgericht sowie himmlische Desserts.

La Fonda VEGAN, GESUNDES ESSEN **$$**
(☎ 097-300222; www.facebook.com/lafondamori; Pérez Castellano 1422; Hauptgerichte 300–370 Ur$; ⏱Di–So 12–16, plus Do–Sa 20–23 Uhr) Man kann an einem Tisch an der verkehrsfreien Straße

Platz nehmen oder in das Restaurant mit hohen Decken und Ziegelwänden hineingehen, um den fröhlich witzelnden Küchenchefs mit wildem Haarschopf bei der Arbeit zuzuschauen: Sie schwofen zum coolen Jazz, während sie die selbst gemachte Pasta ausrollen, sorgsam Spargelspitzen aufs Risotto legen oder Zutaten aus den Behältern mit Bioprodukten herausnehmen, die ihre offene Küche zieren. Auf der ständig wechselnden Speisekarte, die auf einer Schiefertafel angeschrieben steht, findet sich immer auch ein veganes Gericht.

Jacinto INTERNATIONAL $$

(www.jacinto.com.uy; Ecke Sarandí & Alzáibar; Sandwiches 210–260 Ur$, Hauptgerichte 480–540 Ur$; ⏱ Mo 9–18, Di–Sa bis 24 Uhr) Frisch gebackenes Brot, aromatische Salate und Suppen, aber auch köstliche Kuchen und Sandwiches kommen in diesem Speiselokal mit hoher Decke und Marmorboden mit Schachbrettmuster neben gehaltvolleren Gerichten auf den Tisch. Die selbst gemachten *saborizadas* (140 Ur$), d. h. natürliches Mineralwasser, das mit frischem Obst und Kräutern aromatisiert wird und in Kombinationen wie Grapefruit-Thymian, Orange-Rosmarin oder Zitrone-Ingwer-Minze erhältlich ist, sind erfrischend und passen gut zu den Speisen.

PV Restaurante Lounge URUGUAYISCH $$

(pvloungerestaurante.com; Peatonal Sarandí 675; Hauptgerichte 280–450 Ur$; ⏱ Mo–Fr 10–20, Sa 10–18 Uhr) Das Speiselokal im Jugendstil im eleganten Obergeschoss des Buchgeschäfts Más Puro Verso ist vom Boden bis zur Decke mit Bücherregalen vollgestellt; die Panoramafenster gehen auf die Fußgängerzone der Ciudad Vieja hinaus. Jedenfalls ist die Lounge ein netter Ort, um nachmittags etwas trinken zu gehen oder um sich mittags das *menu del día* (Tagesmenü mit Vorspeise, Hauptgericht und Dessert, 12–15.30 Uhr) für 395 Ur$ schmecken zu lassen.

Café Bacacay FUSIONKÜCHE $$

(www.bacacay.com.uy; Bacacay 1306; Gerichte 310–490 Ur$; ⏱ Mo–Sa 10–1 Uhr) In dem schicken kleinen Café gegenüber vom Teatro Solís werden vielerlei Köstlichkeiten serviert, beispielsweise das Fischgericht des Tages mit Wasabi- oder *limoncello* (Zitronenlikör)-Soße sowie Salate, die so üppig sind, dass sie als eine komplette Mahlzeit durchgehen. Und die Getränkekarte fällt ebenfalls umfangreich aus. An Desserts gibt es z. B. Birnentorte oder eine *torta quarteto*,

das ist ein besonderer, gehaltvoller Kuchen, der mit Ricotta, Mandeln und Quittenmus gebacken wird.

★ Mercado del Puerto PARRILLA $$$

(www.mercadodelpuerto.com; Pérez Castellano; Hauptgerichte 260–700 Ur$; ⏱ ganzjährig tgl. 12–17 Uhr, Nov.–Feb. bis 23 Uhr) Der umfunktionierte Markt am Wasser in der Ciudad Vieja ist und bleibt ein Klassiker in Montevideo, selbst wenn die vielen Kreuzfahrtschiffe, die am Hafen gleich nebenan anlegen, die Preise kräftig haben steigen lassen. Am besten sucht man sich unter den voll besetzten *parrillas* einfach eine aus und schnappt sich dann einen Stuhl. Am Wochenende kann man die pulsierende Energie des Marktes am schönsten auf sich wirken lassen.

✗ Centro

★ Candy Bar TAPAS, BURGER $

(☎ 2904-3179; www.facebook.com/CandyBarPalermo; Durazno 1402; Tapas 100 Ur$, Hauptgerichte 240–260 Ur$; ⏱ Di–Fr 12–15 & 19–1, Sa 12–16 & 20–3, So 12–18 Uhr) Dieses tolle Ecklokal hat draußen auf dem Gehsteig bunte Klappstühle unter einer riesigen Platane aufgestellt. Drinnen mixen die Köche hinter dem Tresen, über dem künstlerisch angehauchte Lampen hängen, Drinks, zaubern Mahlzeiten und jonglieren mit frisch gebackenem Brot herum. Tapas und Burger zu vernünftigen Preisen prägen die Speisekarte (für Fleischfans und Vegetarier); dazu schmecken ein Craft-Bier oder ein Mixgetränk. Der Brunch am Sonntag ist besonders beliebt.

Shawarma Ashot ARABISCH $

(www.facebook.com/ShawarmaAshot; Zelmar Michelini 1295; Sandwiches 130–220 Ur$; ⏱ Mo–Fr 11–17, Sa 12–16 Uhr) Die exquisit zubereiteten arabischen Traditionsgerichte wie Falafel und *shawarma* locken mittags jede Menge Leute in dieses schlichte Lokal. Wer sich etwas besonders Köstliches gönnen möchte, sollte sich die Samstagsspezialität nicht entgehen lassen: Lamm aus Uruguay mit Reis-Pilaf.

Bar Tasende PIZZA $

(Ecke Ciudadela & San José; Pizzaschnitte 90 Ur$; ⏱ So–Do 10–13, Fr & Sa bis 2 Uhr) Diese klassische Eckkneipe mit ihren hohen Decken lockt schon seit 1931 jede Menge Stammgäste an, vor allem mit ihrem *muzzarella al tacho*, der Spezialität des Hauses, aber auch mit einfachen leckeren Pizzaschnitten, die vor Mozzarella nur so triefen – der perfekte Snack zu jedem Bier, ganz egal zu welcher Uhrzeit.

Comi.K   BRASILIANISCH **$$**
(✆ 2902-4344; www.facebook.com/ COMIKRestaurante; Av 18 de Julio 994, 2. St.; Spezialangebote inkl. Getränk & Dessert 320 Ur$; ⏱ Mo-Fr 9–21, Sa 9–16 Uhr) Die preislich akzeptablen Mahlzeiten im brasilianischen Kulturzentrum – beispielsweise *feijoada* (typisch brasilianischer Eintopf mit Fleisch und schwarzen Bohnen) – werden im eleganten Salon im zweiten Stock mit hohen Decken und Buntglas serviert. Am Freitag abend lockt brasilianische Livemusik.

Bar Hispano   URUGUAYISCH **$$**
(San José 1050; Gerichte 210–395 Ur$; ⏱ 7–1 Uhr) Nostalgische *confiterías* (Cafés, in denen es kleinere Mahlzeiten gibt) wie diese verschwinden immer mehr von der Bildfläche. Die wortkargen, effizienten Kellner nehmen jede Bestellung an, die ihnen entgegenschallt – einen hochprozentigen Drink, um in den Tag zu starten, eine komplette Mahlzeit um 17 Uhr oder auch eine Orgie in Sachen Schokolade in den frühen Morgenstunden.

✗ Parque Rodó, La Rambla & Strände im Osten

Casitanno   URUGUAYISCH **$$**
(✆ 2409-7236; Maldonado 2051, Parque Rodó; Hauptgerichte 205–350 Ur$; ⏱ Di–Sa 21–3, So bis 24 Uhr) Das quirlige Ecklokal mit seiner bunten Cocktailkarte, dem persönlichen Barbereich und der Terrasse zur Straße hinaus lockt jugendliche Nachtschwärmer an, die das Designer-Comfortfood und die Drinks goutieren. Gourmet-*chivitos* (Steak-Sandwiches) sind die Hauptattraktion, denn sie bestehen aus einem Ciabatta-Brötchen mit Steak, Rucola, karamellisierten Zwiebeln und gebratenem Paprika; Vegetarier erhalten eine fleischlose Variante.

La Pulpería   PARRILLA **$$**
(www.facebook.com/LaPulperiaMvdeo; Ecke Lagunillas & Nuñez, Punta Carretas; Hauptgerichte 270–395 Ur$; ⏱ Di–Sa 20–0.30, So 12–16 Uhr) Das Pulpería ist ein Paradebeispiel für eine persönliche *parrilla* in der Nachbarschaft. Das Ecklokal macht nicht groß für sich Werbung (wer vor 20 Uhr kommt, sieht nicht mal ein Schild draußen). Stattdessen konzentriert sich das Restaurant darauf, Fleischstücke vom Feinsten in Perfektion zu

grillen – und verlässt sich dann darauf, dass die Mundpropaganda ein Übriges tut. Am besten schnappt man sich einen Barhocker am knisternden Feuer oder nimmt an einem der Tische auf dem Gehsteig draußen Platz.

Foc   FUSIONKÜCHE **$$$**
(✆ 2915-3006; www.facebook.com/restaurantefoc; Ramón Fernández 285, Punta Carretas; mehrgängige Menüs ab 1000 Ur$; ⏱ Di–Sa 20–24 Uhr) Nachdem der Küchenchef Martín Lavecchia seine kulinarischen Techniken neun Jahre lang in diversen Restaurants mit Michelin-Sternen in Katalonien verfeinert hat, ist er nun wieder nach Montevideo zurückgekehrt, um dieses himmlische Restaurant zu eröffnen. Die Fünf- bis Sieben-Gänge-Menüs bieten Köstlichkeiten aus dem Meer wie Muschel-Tintenfisch-Risotto oder Garnelen in Kokosmilch mit Koriander, Limette und *guindilla*-Chilis, gefolgt von so wahnwitzigen Desserts wie Zitronenmousse mit Mandarineneis und Brause-Streuseln.

La Perdiz   PARRILLA **$$$**
(✆ 2711-8963; www.restaurantlaperdiz.com; Guipúzcoa 350, Punta Carretas; Hauptgerichte 315–550 Ur$; ⏱ 12–15.30 & 19.30–0.30 Uhr) In dieser seit ewigen Zeiten beliebten *parrilla*, einen Block von der Uferpromenade entfernt in der Nähe der Shoppingmall von Punta Carretas, empfiehlt es sich auf alle Fälle, zu reservieren. Hier kann man die beste Fleischkultur genießen, die Uruguay zu bieten hat, und zwar entweder an einem Tisch direkt neben dem offenen Grillfeuer oder auch an einem der größeren Tische im Umkreis. In jedem Fall noch Platz lassen für den Nachtisch, beispielsweise eine der Spezialitäten des Hauses wie *dulce-de-leche*-Mousse (Karamellmousse) oder *frutillas con nata* (Erdbeeren mit Schlagsahne).

Ausgehen & Nachtleben

Montevideo bietet eine spannende Mischung aus ehrwürdigen alten Cafés und hippen Nachtlokalen. Viele Bars liegen geballt in der Bartolomé Mitre in der Ciudad Vieja, südlich der Plaza Independencia im Centro und in der Juan Jackson beim Parque Rodó.

🍷 Ciudad Vieja

★ Café Brasilero   CAFÉ
(www.cafebrasilero.com.uy; Ituzaingó 1447; ⏱ Mo–Fr 9–20, Sa 10–18 Uhr) Das nostalgische Café aus dem Jahr 1877 mit Vertäfelung aus

OLAF SPEIER/GETTY IMAGES ©

RICHARD I'ANSON/GETTY IMAGES ©

1. Colonia del Sacramento (S. 622)
Die Kopfsteinpflastergassen dieser Unesco-Welterbestätte laden zum Bummeln ein.

2. Punta del Diablo (S. 655)
Im Zentrum der Backpacker-Strandszene von Uruguay geht man das Leben ganz entspannt an.

3. Plaza Matriz (S. 603)
Im grünen Viertel von Montevideo findet allwöchentlich ein Flohmarkt (S. 619) statt.

4. Carnaval, Montevideo (S. 618)
Im Februar steht die Hauptstadt von Uruguay ganz im Zeichen des Karnevals.

RICHARD I'ANSON/GETTY IMAGES ©

dunklem Holz und historischen Fotos an den Wänden ist reizend, um morgens eine Tasse Kaffee oder nachmittags einen Tee zu trinken. Es lohnt sich auch, zum Mittagessen zu kommen, denn es verlocken *menus ejecutivos* (Tagesspezialitäten mit drei Gängen und Getränk, 400 Ur$) zu einem prima Preis-Leistungs-Verhältnis.

Café Roldós BAR
(roldos.com.uy; Mercado del Puerto; ⊙9–17 Uhr) Seit 1886 schenkt dieses ehrwürdige, alte Bar-Café im Mercado del Puerto schon seinen berühmten *medio y medio* aus, ein erfrischendes Getränk, das zur Hälfte aus Wein, zur anderen aus Perlwein besteht (pro Flasche/Glas 200/70 Ur$). Wer dazu noch ein paar leckere Sandwiches (95 Ur$/Stück) isst, hat schon eine ganze Mahlzeit! Das Café Roldos steht bei den *montevideanos* am Wochenende seit ewigen Zeiten hoch im Kurs.

Shannon Irish Pub PUB
(www.theshannon.com.uy; Bartolomé Mitre 1318; ⊙19 Uhr–open end) In diesem Pub geht es immer hoch her. Im Shannon sind Biere aus sieben Mikrobrauereien Uruguays und dazu noch zig weitere Biere aus mehr als einem Dutzend Ländern erhältlich. An 365 Tagen im Jahr wird Livemusik gespielt; das Spektrum reicht von Rock bis zu traditionellen irischen Bands.

Centro

La Ronda BAR
(Ciudadela 1182; ⊙Mo–Sa 12 Uhr bis spätnachts, So 19 Uhr bis spätnachts) In dieser oft brechend vollen Bar hocken die jugendlichen Stammgäste auf den Fensterbänken in der düsteren Gaststube, die mit nostalgischen Schallplattencovern vollgepflastert ist. Die Tische am Gehweg draußen kühlt ein laues Lüftchen, das von der Rambla herüberweht.

Barón: la Barbería que Esconde un Secreto COCKTAILBAR
(www.facebook.com/LaBarberiaQueEscondeUn Secreto; Santiago de Chile 1270; ⊙Di–Sa 18–2 Uhr) Dieser „Friseurladen, der ein Geheimnis birgt" hat etwas von einer Zeitreise ins Amerika in den Tagen der Prohibition. Die Cocktailbar versteckt sich hinter dem unauffälligen Schaufenster des Geschäfts. Man geht zuerst an den nostalgischen Friseurstühlen vorbei und öffnet dann die Geheimtür, die zu einem der coolsten Nachtlokale von ganz Montevideo führt. (Und ja: Die Haare kann man sich hier auch schneiden lassen!)

El Lobizón BAR
(ellobizon.com.uy; Zelmar Michelini 1264; ⊙19–2 Uhr) Dank seiner Kellerbar-Atmosphäre, des Sangria und des *clericó* (Weißwein mit Rum und Früchten), die in Strömen fließen, aber auch der leckeren Snacks wie des berühmten *gramajo* (Kartoffeln, Schinken und Eier, die mit Zwiebeln und Petersilie gebraten werden) steht das Lobizón bei den Einheimischen schon seit ewigen Zeiten hoch im Kurs.

Museo del Vino WEINBAR
(☎2908-3430; www.museodelvino.com.uy; Maldonado 1150; ⊙Di–Sa 13–17, Mi–Sa 21–1 Uhr) Tagsüber ist diese Location in der Innenstadt eine Weinhandlung, am Abend finden hier häufig Tangovorführungen statt – und dazu wird eine erlesene Auswahl an Weinen aus Uruguay ausgeschenkt.

Nördlich vom Centro

Chopería Mastra MIKROBRAUEREI
(mastra.com.uy; Mercado Agrícola de Montevideo, Local 17; ⊙11–23 Uhr) Die gesellige Kneipe im Agrarmarkt von Montevideo ist die Vorzeige-Location der allseits geschätzten Mikrobrauerei Mastra von Uruguay. Eine Halbe Bier kostet 130 Ur$, aber da ein Dutzend Sorten zur Auswahl steht, macht es eigentlich mehr Sinn, die *tabla degustación* (Tablett mit vier Bieren zum Verkosten, 260 Ur$, nur wochentags erhältlich) zu bestellen. Die Brauerei hat in letzter Zeit noch mehrere andere Kneipen in der Stadt eröffnet, so auch in der Nähe vom Strand in **Pocitos** (mast ra.com.uy; Benito Blanco 1017, Pocitos; ⊙Mo–Sa 20–3 Uhr).

Cain Dance Club GAY
(www.facebook.com/caindanceuruguay; Cerro Largo 1833, Cordón; ⊙Fr & Sa 24–7 Uhr) Montevideos Nachtlokal Nummer eins für Schwule und Lesben (aber dennoch auch heterofreundlich) ist ein Club auf mehreren Ebenen mit zwei Tanzflächen, die mit jeder Art von Musik beschallt werden – von Techno bis Latin.

Parque Rodó, La Rambla & Strände im Osten

Montevideo Brew House MIKROBRAUEREI
(www.mbh.com.uy; Libertad 2592; ⊙Mo–Sa 19 Uhr bisopen end) Diese Eckkneipe in Pocitos zählt zu den beliebtesten Locations, um ein Bier trinken zu gehen. Serviert werden sechs Sorten Bier, die alle vor Ort gebraut werden (da-

runter ein hervorragendes Dunkles im Stil von Guinness). Es gibt aber auch noch ein halbes Dutzend Biersorten von der in Montevideo angesiedelten Mikrobrauerei Davok; das IPA, ein stärker gebrautes helles Bier mit einem höheren Alkoholgehalt, sollte man sich aber auf keinen Fall entgehen lassen.

Philomène TEEHAUS
(📞2711-1770; www.philomenecafe.com; Solano García 2455, Punta Carretas; ⊙ Mo–Fr 8–20.30, Sa 11–20.30 Uhr) Die Spezialität dieses gemütlichen Teehauses in Punta Carretas sind große Kannen Tee sowie Gebäck und kleinere Mahlzeiten, die in zwei Räumen in der Größe eines Salons samt farbenfrohen Tapeten serviert werden.

☆ Unterhaltung

Websites in spanischer Sprache mit vielen Veranstaltungshinweisen sind beispielsweise www.cartelera.com.uy, www.vivomon tevideo.com/cartelera, www.elpais.com.uy/divertite sowie www.socioespectacular.com.uy.

Livemusik & Tanz
Die Tangolegende Carlos Gardel verbrachte einige Zeit in Montevideo, wo der Tango ebenso beliebt ist wie in Buenos Aires. In der Innenstadt gibt es Musik- und Tanzlokale zuhauf.

★ Fun Fun LIVEMUSIK
(📞2904-4859; www.barfunfun.com; Soriano 922, Centro; ⊙Di–Sa 20.30 Uhr bis open end) Seit 1895 serviert dieses persönliche, legere Lokal schon seine berühmte *uvita* (ein Süßweingetränk), während auf der winzigen Bühne Tango und andere Livemusik präsentiert werden. Das Fun Fun zog 2014 vorübergehend in die Calle Soriano um, soll aber nach Abschluss der Renovierungsarbeiten aller Wahrscheinlichkeit nach im Jahr 2017 wieder an seinen traditionellen Standort im Mercado Central zurückkehren.

★ Teatro Solís DARSTELLENDE KÜNSTE
(📞1950-3323; www.teatrosolis.org.uy; Buenos Aires 678, Ciudad Vieja; Eintritt ab 75 Ur$) Das Theater gilt als die Topadresse der darstellenden Künste und ist auch die Heimat des Philharmonieorchesters von Montevideo. Hier finden in festlichem Rahmen Konzerte mit klassischer Musik, Jazz, Tango und anderen Musikrichtungen statt, außerdem Musikfestivals, Theater-, Ballett- und Opernaufführungen.

★ Mercado de la Abundancia LIVEMUSIK
(Ecke San José & Aquiles Lanza, Centro; Eintritt Sa frei, So 150 Ur$; ⊙ Sa 22 Uhr bis open end, So 20 Uhr bis open end) Am Samstagabend strömen die Einheimischen ab 22 Uhr in Scharen in die obere Etage dieses historischen Marktes, um zu Livemusik Tango zu tanzen. Wer mag, macht einfach mit oder beobachtet das rege Treiben von einem der angrenzenden Restaurants aus. Sonntags veranstaltet Joventango (mit Standort im Markt), die führende Tangoorganisation Montevideos, regelmäßig Tangoshows um 20 Uhr; ab 21.30 Uhr steht die Tanzfläche dann allen offen.

Sala Zitarrosa KONZERTSAAL
(📞2901-7303; www.salazitarrosa.com.uy; Av 18 de Julio 1012, Centro) Montevideos bester informeller Konzertsaal bürgt für große Namen bei seinen Musik- und Tanzvorstellungen darunter Tango, Rock, Flamenco, Reggae und *zarzuela* (traditionelle spanische Operette).

El Pony Pisador LIVEMUSIK
(📞2915-7470; www.facebook.com/pony.pisador.1; Bartolomé Mitre 1324; ⊙ Mo–Fr 17 Uhr bis open end, Sa & So 20 Uhr bis open end) Der ehrwürdige alte Club in der Ciudad Vieja präsentiert allabendlich Livemusik. Er öffnet wochentags früh seine Pforten für Leute, die sich nach der Arbeit noch einen Drink genehmigen wollen. Je nach Abend können die Gäste zu Blues, brasilianischer Musik, Cumbia, Flamenco, Reggaeton, Soul, Latin oder englischen und spanischen Coverversionen von Rockmusik abtanzen.

Paullier y Guaná LIVEMUSIK
(www.paullieryguana.com; Paullier 1252; ⊙Di–Sa 10 Uhr–open end) Die persönliche Kellerbar mit Steinwänden liegt etwas versteckt im Basement eines wunderschön restaurierten Gemischtwarenladens aus dem frühen 20. Jh. Hier werden regelmäßig Rock, Jazz, Blues und andere Livemusik gespielt. Oben verlockt eine Restobar mit hohen Decken, gefliesten Böden, originalen Architekturelementen und Tischen, die von Künstlern aus Uruguay individuell bemalt wurden.

El Tartamudo Café LIVEMUSIK
(📞2480-4332; www.eltartamudobar.com; Ecke 8 de Octubre & Presidente Berro, Tres Cruces; ⊙Mi–Sa 20–2 Uhr) Die Vorstellungen in diesem Café gleich östlich vom Busbahnhof Tres Cruces bieten ein breites Musikspektrum – von Rock und Tango bis hin zu *candombe* und Jazz.

NICHT VERSÄUMEN

KARNEVAL IN MONTEVIDEO

Wer der Meinung war, Brasilien sei die einzige Hochburg des Karnevals in Südamerika, muss sich eines Besseren belehren lassen. Bei den *montevideanos* geht jedes Jahr im Januar/Februar die Post ab. Dann ist einen ganzen Monat lang Musik, Tanz und freches Kabarett angesagt.

Auf keinen Fall verpassen sollte man Anfang Februar den **Desfile de las Llamadas**, einen Umzug von *comparsas* (Karnevalsgesellschaften der einzelnen Viertel), der aufgrund seiner enormen Beliebtheit gleich an zwei Abenden stattfindet. Beide Umzüge führen durch die Straßen der Viertel Palermo und Barrio Sur, unmittelbar südöstlich vom Centro. *Comparsas* bestehen aus *negros* (Personen afrikanischer Abstammung) und *lubolos* (Weiße, die sich im Karneval das Gesicht schwarz anmalen – was in Uruguay eine lange Tradition hat). Die Rivalität zwischen den einzelnen Vierteln wird deutlich, wenn Welle um Welle die Tänzer und Tänzerinnen zu den elektrisierenden Rhythmen des traditionellen afro-uruguayischen *candombe*-Getrommels heranwirbeln und einander zu übertrumpfen versuchen. Die Trommeln werden auf drei verschiedenen Tonhöhen geschlagen: *chico* (Sopran), *repique* (Alt) und *piano* (Tenor). Kernstück der Umzugsroute ist die Straße Isla de Flores zwischen Salto und Gaboto. Die Zuschauer können sich einen Sitzplatz am Gehsteig kaufen oder versuchen, einen freien Platz auf den Balkonen von Privathäusern zu ergattern, von denen aus sich natürlich ein besonders toller Blick auf das Geschehen bietet.

Ein weiteres Schlüsselelement des Karnevals von Montevideo sind die *murgas*, Gruppen mit 15 bis 17 schrill gekleideten Sänger-Kabarettisten, darunter auch drei Trommler, die originelles Musiktheater mit oft satirischem oder politischem Hintergrund vorführen. Während der Diktatur in Uruguay waren die *murgas* für ihre subversiven Kommentare berühmt. Alle *murgas* verwenden die gleichen Instrumente, nämlich: *bombo* (Basstrommel), *redoblante* (Schnarrtrommel) und *platillos* (Zymbal/Becken). *Murgas* treten in der ganzen Stadt auf und nehmen im Februar auch an einem Wettbewerb im **Teatro de Verano** (Eintritt ab 70 Ur$) im Parque Rodó teil. Er besteht aus drei Runden; Juroren legen fest, welche Gruppe jeweils weiterkommt und welche ausscheidet.

Die faszinierende Geschichte des Karnevals in Montevideo ist im **Museo del Carnaval** (S. 603) hervorragend dokumentiert. Eine andere tolle Möglichkeit, außerhalb der Saison in den Karneval hineinzuschnuppern, bekommen Interessierte, wenn sie an einer zwanglosen *candombe*-Übungssession teilnehmen, die das ganze Jahr über in den Straßen verschiedener Stadtviertel stattfinden. Zwei gute Locations, wo man meist Glück hat, sind die Ecke Isla de Flores/Gaboto in Palermo sowie der Parque Rodó; dort trifft sich oft die reine Frauengruppe **La Melaza** (www.lamelaza.com) an der Ecke Blanes/Gonzalo Ramírez, um mit viel Getöse die San Salvador hinunterzuziehen. An beiden genannten Orten geht die Trommelei am Sonntagabend so gegen 19 Uhr los.

Kino

Die drei großen Shoppingmalls östlich der Innenstadt (Punta Carretas, Montevideo und Portones) verfügen alle über einen modernen Kinokomplex mit mehreren Sälen.

Cinemateca Uruguaya   KINO
(☎ 2900-9056; www.cinemateca.org.uy; Av 18 de Julio 1280, Centro; Kinokarten Mitglieder/Nicht-Mitglieder frei/160 Ur$) Der Filmclub verlangt einen bescheidenen Mitgliedsbeitrag (390 Ur$ pro Monat, plus 195 Ur$ einmalige Aufnahmegebühr), dann können Filmkunstfans unbegrenzt in den vier Kinos Filme gucken; Nicht-Mitglieder bezahlen einen geringfügigen Eintritt (160 Ur$) pro Film. Im März oder April findet hier zwei Wochen lang das Festival Cinematográfico Internacional del Uruguay statt.

Zuschauersport

Estadio Centenario   FUSSBALL
(Av Ricaldoni, Parque José Batlle y Ordóñez) *Fútbol,* die große Leidenschaft der Uruguayer, mobilisiert regelmäßig die Massen. Das wichtigste Stadion von Montevideo, das Estadio Centenario, öffnete 1930 anlässlich der Fußball-Weltmeisterschaft seine Pforten; damals schlug Uruguay Argentinien im Endspiel 4:2. Wenn kein Spiel stattfin-

det, besteht die Möglichkeit, das Stadion in Verbindung mit dem Besuch des Museo del Fútbol (S. 605) zu besichtigen.

Fanáticos Fútbol Tours FUSSBALL

(☎ 099-862325; www.futboltours.com.uy) Das kleine Unternehmen bietet total individuelle Touren an, bei denen sich alles um *fútbol* dreht. Sie werden von kundigen, mehrsprachigen *aficionados* geführt; im Preis ist die Eintrittskarte zum Fußballspiel der Wahl inbegriffen, plus der Transfer vom/zum Hotel.

Shoppen

Die traditionelle Einkaufsstraße in der Innenstadt von Montevideo ist die Avenida 18 de Julio. Die Einheimischen strömen aber auch gern zu den diversen Shoppingmalls östlich des Zentrums, beispielsweise ins Punta Carretas Shopping, Tres Cruces Shopping (über dem Busbahnhof) und ins Montevideo Shopping in Pocitos/Buceo.

Feria de Tristán Narvaja MARKT

(Tristán Narvaja, Cordón; ☉ So 9–16 Uhr) Dieser lebhafte, bunte Markt, der immer sonntags unter freiem Himmel abgehalten wird, kann auf eine jahrzehntelange Tradition zurückblicken, die von Einwanderern aus Italien ins Leben gerufen worden war. Der Markt zieht sich von der Avenida 18 de Julio in Richtung Norden an der Calle Tristán Narvaja entlang und breitet sich in zig Seitenstraßen aus. Hier sind an vielen provisorisch zusammengezimmerten Ständen alte Bücher, Musik, Bekleidung, Schmuckstücke, lebendige Tiere, Antiquitäten und Souvenirs erhältlich.

Flohmarkt am Samstag MARKT

(Plaza Matriz, Ciudad Vieja; ☉ Sa 8–13 Uhr) Jeden Samstag ist die Plaza Matriz mitten in der Ciudad Vieja in den Händen von Händlern, die antike Türklopfer, Sättel, Haushaltswaren und allen erdenklichen Krimskrans feilbieten.

Manos del Uruguay KLEIDUNG

(☎ 2900-4910; www.manos.com.uy; San José 1111, Centro; ☉ Mo–Fr 11–19, Sa 10–14 Uhr) Diese landesweite gemeinnützige Kooperative – und Mitglied der World Fair Trade Organization – ist für ihre hochwertigen Wollsachen bekannt. Einer der Läden liegt ganz zentral direkt in der Innenstadt, weitere Filialen befinden sich in den Einkaufszentren und zwar im Montevideo Shopping und Punta Carretas Shopping östlich des Stadtzentrums.

Pecarí KLEIDUNG, ACCESSOIRES

(www.pecari.com.uy; Juan Carlos Gómez 1412; ☉ Mo–Fr 10–19, Sa 10.30–13.30 Uhr) Wer auf der Suche nach qualitativ hochwertigen Lederwaren aus Uruguay ist, also beispielsweise Jacken, Handtaschen, Schuhen und Accesoires, sollte sich in diesem Geschäft gleich bei der Plaza Matriz in der Ciudad Vieja umschauen.

La Pasionaria KUNSTHANDWERK

(☎ 2915-6852; www.lapasionaria.com.uy; Reconquista 587, Ciudad Vieja; ☉ Mo–Fr 10–18, Sa 11–17 Uhr) Dieser farbenfrohe Laden in der Ciudad Vieja verkauft in seiner Boutique im Obergeschoss Kleidung und unten Kunsthandwerk aus Uruguay. Im zugehörigen Café kommen leckere Suppen, Salate und Tagesgerichte (280–410 Ur$) auf den Tisch; Speisen für Vegetarier und Veganer stehen auch zur Auswahl.

Hecho Acá KUNSTHANDWERK

(☎ 2622-6683; www.hechoaca.com.uy; Montevideo Shopping, 1. Stock, Local 147; ☉ 10–22 Uhr) Wollsachen und Kunsthandwerk aus dem ganzen Land sind hier hübsch präsentiert.

Ayuídiscos MUSIK

(☎ 2403-1526; www.tacuabe.com/ayui-discos; Av 18 de Julio 1618, Centro; ☉ Mo–Fr 10–20, Sa 10–13 Uhr) Der kleine Laden ist eine hervorragende Quelle für alle Arten von Musik aus Uruguay.

❶ Orientierung

Montevideo liegt am Río de la Plata fast direkt gegenüber von Buenos Aires. Für viele Besucher ist die Ciudad Vieja (Altstadt) die interessanteste Gegend, d. h. die zur Kolonialzeit schachbrettartig angelegten Straßen, die sich an der Westspitze der Halbinsel zwischen dem geschützten Hafen und dem breiten Fluss erstrecken. Gleich östlich vom alten Stadttor beginnt an der von historischen Gebäuden aus der republikanischen Zeit (1836/37) gesäumten Plaza Independencia das Centro (Innenstadt). Die Avenida 18 de Julio, Montevideos Einkaufsstraße, verläuft gen Osten an der Plaza del Entrevero, der Plaza Cagancha und der Intendencia (Rathaus) vorbei in Richtung Busbahnhof Tres Cruces; von dort an heißt sie dann Avenida Italia und führt weiter nach Osten zum Carrasco International Airport und zur Interbalnearia, der Schnellstraße nach Punta del Este.

Westlich vom Hafen war der 132 m hohe Cerro de Montevideo einst ein Orientierungspunkt für die Seefahrer; bis heute bietet sich von der Anhöhe ein sagenhafter Blick über die Stadt. Gen Osten verläuft die Rambla an Montevideos malerischem Ufer entlang; sie schlängelt sich am attraktiven Parque Rodó vorbei und durch diverse weitläufige Vororte am Strand – Punta Carretas, Pocitos, Buceo und Carrasco; sie alle sind bei den *montevideanos* im Sommer, am Wochenende und abends überaus beliebt.

Praktische Informationen

GEFAHREN & ÄRGERNISSE

Für lateinamerikanische Verhältnisse ist Montevideo eine recht ruhige Stadt, aber natürlich sollte man auch hier Vorsicht walten lassen wie in jeder anderen Großstadt auch. Die vor einer Weile in der ganzen Ciudad Vieja und im Centro installierten Überwachungskameras haben jedenfalls einen radikalen Rückgang an Bagatelldelikten bewirkt. Die *policia turística* (Touristenpolizei) von Montevideo geht in den Straßen Streife und hilft weiter, wenn Probleme auftreten.

GELD

Banken, Wechselstuben und Geldautomaten gibt es überall; sie finden sich geballt in der Innenstadt in der Avenida 18 de Julio.

INFOS IM INTERNET

Eine hervorragende Quelle für Leute, die Englisch können, ist die Website guruguay.com. Sie wurde von Karen Higgs entwickelt, der Inhaberin des **Casa Sarandi Guesthouse** (S. 609), und bietet jede Menge nützliche Insiderinfos zu Montevideo und ganz Uruguay.

INTERNETZUGANG

In den meisten Quartieren steht in der Lobby ein Computer für die Gäste, in den Zimmern gibt es kostenloses WLAN – und manchmal sogar beides. Viele Restaurants und Cafés bieten ebenfalls kostenloses WLAN an.

MEDIEN

Die wichtigsten Tageszeitungen in Montevideo sind **El País** (www.elpais.com.uy), **El Observador** (www.elobservador.com.uy) und **Últimas Noticias** (www.unoticias.com.uy). Auch das wöchentlich erscheinende Nachrichtenblatt **Búsqueda** (www.busqueda.com.uy) ist an den meisten Zeitschriftenkiosken erhältlich.

MEDIZINISCHE VERSORGUNG

Hospital Británico (☑ 2487-1020; www.hospitalbritanico.com.uy; Ecke Av Italia & Avelino Miranda) Eine überaus empfehlenswerte Privatklinik mit Ärzten, die Englisch sprechen; 2,5 km östlich der Innenstadt.

NOTFALL

Krankenwagen (☑ 105)
Polizei (☑ 911)

POST

Post Centro (Canelones 1358); Ciudad Vieja (Misiones 1328); Busbahnhof Tres Cruces (Ecke Bulevar Artigas & Av Italia)

TELEFON

Antel Centro (San José 1101); Ciudad Vieja (Rincón 501); Busbahnhof Tres Cruces (Ecke Bulevar Artigas & Av Italia)

TOURISTENINFORMATION

Städtische Touristeninformation (www.descubrimontevideo.uy) Centro (☑ 1950-1830; Ecke Av 18 de Julio & Ejido; ⊙ 10–16 Uhr); Ciudad Vieja (☑ 2916-8434; Ecke Piedras & Pérez Castellanos; ⊙ Mo–Fr 9–17 Uhr) Hier gibt es Stadtpläne und allgemeine Informationen zu Montevideo. Einen Stadtführer auf Spanisch, Englisch und Portugiesisch kann man sich herunterladen.

Staatliches Tourismusministerium (☑ 2188-5100; www.turismo.gub.uy) Carrasco Airport (☑ 2604-0386; ⊙ 8–20 Uhr); Hafen (☑ 2188-5111; Rambla 25 de Agosto & Yacaré; ⊙ Mo–Fr 9–17 Uhr); Busbahnhof Tres Cruces (☑ 2409-7399; Ecke Bulevar Artigas & Av Italia; ⊙ 8–20 Uhr) Informationen zu Montevideo und Ziele im ganzen Land.

An- & Weiterreise

BUS

Montevideos moderner **Busbahnhof Tres Cruces** (☑ 2401-8998; www.trescruces.com.uy; Ecke Bulevar Artigas & Av Italia) liegt rund 3 km östlich der Innenstadt. Er verfügt über eine Touristeninformation, saubere Toiletten, eine Gepäckaufbewahrung, Geldautomaten sowie über eine Shoppingmall im Obergeschoss.

Ein Taxi vom Busbahnhof in die Innenstadt kostet 150 bis 180 Ur$. Wer Geld sparen möchte, nimmt den Stadtbus CA1; er fährt direkt vor dem Busbahnhof (Ostseite) ab und verkehrt über die Avenida 18 de Julio (19 Ur$, 15 Min.) in die Ciudad Vieja.

Zu den Vierteln am Strand, Punta Carretas und Pocitos, nimmt man den Stadtbus 174 bzw. 183, die beide vor dem Busbahnhof abfahren (26 Ur$). Ein Taxi in diese beiden Viertel kostet 150 bis 180 Ur$.

Alle Reiseziele in Uruguay werden täglich angesteuert, die meisten sogar mehrmals am Tag. Eine geringfügige *tasa de embarque* (Abfahrtsteuer) wird auf den Preis der Fahrkarte aufgeschlagen. Bei den genannten Fahrzeiten handelt es sich um ungefähre Angaben.

EGA (☑ 2402-5164; www.ega.com.uy) verfügt über das breiteste Angebot an Verbindungen in die Nachbarländer. Zu den Reisezielen in Argentinien zählen Paraná, Santa Fe und Mendoza (alle 1-mal wöchentl., Fr), zudem Córdoba und Rosario (jeweils 4-mal wöchentl.). Von EGA verkehren auch einmal die Woche Busse nach Santiago/Chile (Mo) und São Paulo/Brasilien (So), zweimal wöchentlich nach Asunción/Paraguay (Mi & Sa), viermal wöchentlich nach Florianópolis/Brasilien und täglich außer samstags nach Porto Alegre/Brasilien.

Verbindungen nach Buenos Aires bestehen häufiger, da diverse Konkurrenzunternehmen mehrmals am Tag diese Stadt ansteuern.

Busse ab Montevideo: Ausland

REISEZIEL	FAHRPREIS (UR$)	FAHRZEIT (STD.)
Asunción (Paraguay)	3730	21
Buenos Aires (Argentinien)	1345	10
Córdoba (Argentinien)	2535	15½
Florianópolis (Brasilien)	3475	18
Porto Alegre (Brasilien)	2285	12
Santiago (Chile)	4590	28
São Paulo (Brasilienl)	4895	28

Busse ab Montevideo: Inland

REISEZIEL	FAHRPREIS (UR$)	FAHRZEIT (STD.)
Carmelo	424	3¼
Colonia	318	2¾
La Paloma	424	3½
La Pedrera	442	4
Mercedes	494	4
Paysandú	671	4½
Piriápolis	177	1½
Punta del Diablo	530	5
Punta del Este	256	2¼
Salto	883	6½
Tacuarembó	689	4½

FLUGZEUG

Montevideos schicker, moderner **Carrasco International Airport** (☎ 2604-0272; www.aeropuertodecarrasco.com.uy) wird von weniger Fluglinien angesteuert als der Flughafen Ezeiza in Buenos Aires. Direktflüge nach Montevideo bieten Iberia und Air Europa ab Madrid sowie Air France ab Paris; von vielen Städten in Deutschland, Österreich und der Schweiz gibt es Zubringerflüge. Außerdem besteht die Möglichkeit, mit Lufthansa über São Paulo nach Montevideo zu fliegen. Auch über Buenos Aires lässt sich Montevideo erreichen.

Während der Recherchen zu diesem Reiseführer bot keine Fluglinie Inlandsflüge innerhalb Uruguays an.

SCHIFF

Von **Buquebus** (☎ 130; www.buquebus.com.uy) gibt es täglich Verbindungen mit dem Schnellboot Francisco (2¼ Std.) von Montevideo nach Buenos Aires; das Boot ist nach Papst Franziskus benannt. Der Fahrpreis in der *turista*-Klasse kostet komplett 3320 Ur$. Von Buquebus gibt es jedoch auch weniger teure Verbindungen mit Schiff und Bus von Montevideo nach Buenos Aires via Colonia (langsames Schiff 1100 Ur$, 6½ Std.; schnelles Schiff 1930 Ur$, 4½ Std.). Alle oben genannten Verbindungen kommen bei Buchung übers Internet billiger. Es besteht auch die Möglichkeit, direkt an den Schaltern von Buquebus im **Hafen** von Montevideo (Fähranleger Fluvio-Marítima, Hafen Montevideo) oder im **Busbahnhof Tres Cruces** (Fahrkartenschalter 28 & 29; ⌚ So–Fr 5.30–1.30, Sa bis 23.30 Uhr) zu buchen.

Seacat (☎ 2915-0202; www.seacatcolonia.com.uy; Río Negro 1400; ⌚ Mo–Fr 9–19, Sa 9–12 Uhr) hat preiswertere Verbindungen mit Bus und Schiff von Montevideo nach Buenos Aires im Angebot, die über Colonia (4¼ Std.) führen. Eine Strecke kostet 960 bis 1398 Ur$.

Noch preisgünstiger, dafür aber weniger komfortabel sind die Bus-Schiff-Kombinationen von **Colonia Express** (☎ 2401-6666; www.coloniaexpress.com; Busbahnhof Tres Cruces, Fahrkartenschalter 31A; ⌚ 5.30–22.30 Uhr). Der Preis für die einfache Fahrt von 4¼ Stunden beträgt pro Person komplett 998 Ur$; wer online frühzeitig seine Fahrkarte kauft, bezahlt nur noch schlappe 560 Ur$.

Cacciola Viajes (☎ 2407-9657; www.cacciolaviajes.com; Busbahnhof Tres Cruces Bus, Fahrkartenschalter 25B; ⌚ 8.30–23.30 Uhr) bietet zwei- bis dreimal täglich eine malerische Bus-Schiffsverbindung von Montevideo nach Buenos Aires an, und zwar über das am Río de la Plata gelegenen Städtchen Carmelo ins argentinische Delta, genau gesagt in den Vorort Tigre. Die achtstündige Fahrt kostet einfach 850 Ur$.

🛈 Unterwegs vor Ort

AUTO

Die meisten internationalen Mietwagenfirmen verfügen über einen Schalter am Flughafen Carrasco. In der Innenstadt von Montevideo kann man aber auch die folgenden uruguayischen Unternehmen ausprobieren (mit Zweigstellen im ganzen Land).

Multicar (☎ 2902-2555; www.redmulticar.com; Colonia 1227, Centro)

Punta Car (☎ 2900-2772; www.puntacar.com.uy; Cerro Largo 1383, Centro)

BUS

Die von **Cutcsa** (☎ 19333; www.cutcsa.com. uy) betriebenen Stadtbusse in Montevideo bringen ihre Fahrgäste für 26 Ur$ pro Fahrt zu so ziemlich jedem gewünschten Ziel. Informationen zu den Busverbindungen auf der Basis des aktuellen Standorts und des Fahrziels erhält man auf der nützlichen spanischen Website Como Ir (www.montevideo. gub.uy/aplicacion/como-ir)

TAXI

Die schwarz-gelben Taxis in Montevideo sind alle mit einem Gebührenzähler ausgestattet. Die Fahrer richten sich nach zwei offiziellen Preislisten: Die eine gilt an Wochentagen, die andere (20 % höher) nachts von 22 bis 6 Uhr sowie an Sonn- und Feiertagen. Die Grundgebühr beträgt 32 Ur$ (nachts & sonntags 40 Ur$), dann sind rund 2 Ur$ pro Block zu bezahlen. Selbst für eine lange Fahrt werden selten mehr als 200 Ur$ fällig – außer zum Flughafen Carrasco hinaus. Taxis lassen sich auf der Straße mit erhobener Hand heranwinken – auf das erleuchtete rote Libre-Schild (frei) an der Windschutzscheibe achten.

VOM/ZUM FLUGHAFEN

Vom **Terminal Suburbana** (☎ 1975; Ecke Río Branco & Galicia), fünf Blocks nördlich der Plaza del Entrevero, fahren die Stadtbusse 700, 710 und 711 des Unternehmens Copsa sowie die Busse C1 und C5 von Cutcsa zum Flughafen Carrasco (51 Ur$, 45 Min.) hinaus. Eine Alternative sind die Direktbusse von COT, die vom Flughafen zum Busbahnhof Tres Cruces (159 Ur$, 30 Min.) verkehren. Vom Flughafen kommend, steigt man direkt an der vor der Ankunftshalle gelegenen Haltestelle ein.

Taxis mit Festpreis (detaillierter Aushang im Flughafen beim Ausgang) verlangen für die 30 bis 45 Minuten lange Fahrt vom Flughafen nach Montevideo – je nach Viertel – 1050 bis 1420 Ur$; die Rückfahrt zum Flughafen kommt billiger (700–900 Ur$). Es verkehren aber auch Gemeinschaftsshuttles (5 Pers. Minimum) vom Flughafen ins Zentrum (350 Ur$ pro Pers.); die Fahrkarten sind am Taxischalter in der Ankunftshalle des Flughafens (taxisaeropuerto.com) erhältlich.

DER WESTEN

Von Colonia mit seinen Kopfsteinpflastergassen im Schatten der Bäume bis hin zu den heißen Quellen von Salto geht es in den Städten am Fluss im Westen von Uruguay überall recht beschaulich und angenehm entspannt zu, auch einige Sehenswürdig-

kteiten haben sie zu bieten. Der Río de la Plata und der Río Uruguay markieren die Grenze zu Argentinien – die Gegend wird im Allgemeinen einfach als *el litoral* (die Küste) bezeichnet.

Weiter landeinwärts findet sich der Kern dessen, was viele als das „unverfälschte" Uruguay betrachten: das Land der Gauchos rund um Tacuarembó. Hier liegen auch einige *estancias* – verstreut über das Land oder eingebettet in einigen der herrlichen, aber selten besuchten Naturschutzgebiete (*áreas protegidas*).

Colonia del Sacramento

26 230 EW.

Am Ostufer des Río de la Plata, 180 km westlich von Montevideo, aber mit der Fähre nur 50 km von Buenos Aires entfernt, liegt Colonia, eine unglaublich malerische Stadt, die von der Unesco ins Weltkulturerbe aufgenommen wurde. Das Barrio Histórico, ein Wirrwarr aus schmalen Gassen mit Kopfsteinpflaster aus der Kolonialzeit, nimmt eine kleine Halbinsel ein, die in den Fluss ragt. Platanenalleen sorgen im Sommer für Schutz vor der Hitze; am Fluss sind die spektakulären Sonnenuntergänge ganz besonders schöne Momente. Der Charme der Stadt, aber auch ihre Nähe zu Buenos Aires locken Tausende Besucher aus Argentinien an. Am Wochenende steigen vor allem in den Sommermonaten die Preise, und es ist dann gar nicht so einfach, ein Quartier zu finden.

Colonia wurde 1680 von Manuel Lobo, dem portugiesischen Gouverneur von Rio de Janeiro, gegründet. Die Siedlung hatte durch ihre Lage fast exakt gegenüber von Buenos Aires eine strategisch wichtige Position am Río de la Plata. Die Stadt gewann an Bedeutung, als von hier aus geschmuggelte Handelswaren vertrieben wurden. Damit wurde Spaniens eifersüchtig verteidigtes Handelsmonopol unterlaufen, was in der Folge immer wieder zu Belagerungen und Schlachten zwischen Spanien und Portugal führte.

1750 ging Colonia in den spanischen Besitz über, doch erst 1777 konnten die Spanier die Stadt wirklich unter ihre Kontrolle bringen. Von diesem Zeitpunkt an verringerte sich die wirtschaftliche Bedeutung Colonias, denn nun wurden die ausländischen Waren direkt nach Buenos Aires auf der anderen Flusseite transportiert.

⊙ Sehenswertes & Aktivitäten

⊙ Barrio Histórico

Das Barrio Histórico (Historische Altstadt) von Colonia strotzt nur so vor optischen Highlights. Malerische Ecken, die zum Bummeln einladen, sind die **Calle de los Suspiros** (Seufzerstraße) mit ihrem Kopfsteinpflaster aus dem 18. Jh., gesäumt von Kolonialgebäuden mit Stuck und Kacheln, der **Paseo de San Gabriel** am westlichen Flussufer, der **Puerto Viejo** (Alter Hafen) sowie die beiden Hauptplätze im historischen Zentrum: die weitläufige **Plaza Mayor 25 de Mayo** und die schattige **Plaza de Armas** (auch unter dem Namen Plaza Manuel Lobo bekannt).

Eine einzige Eintrittskarte zu 50 Ur$ ermöglicht den Besuch der acht **historischen Museen** (☎ 4523-1237; www.museoscolonia.com.uy; ⊙ 11.15–16.45 Uhr) von Colonia. Sie alle haben praktischerweise dieselben Öffnungszeiten, jedoch jeweils unterschiedliche Ruhetage.

Faro   LEUCHTTURM
(Eintritt 25 Ur$; ⊙ 11 Uhr–Sonnenuntergang) Eines der bekanntesten Wahrzeichen der Stadt ist der Leuchtturm aus dem 19. Jh., von dem sich ein herrlicher Blick über die Altstadt und den Río de la Plata bietet. Er ragt in den Ruinen des **Convento de San Francisco** (Plaza Mayor 25 de Mayo) aus dem 17. Jh. an der Südwestecke der Plaza Mayor 25 de Mayo auf.

Portón de Campo   STADTTOR
(Manuel Lobo) Den beeindruckendsten und attraktivsten Zugang zum Barrio Histórico gewährt dieses rekonstruierte Stadttor aus dem Jahr 1745. Von hier verlaufen dicke Wehrmauern am Paseo de San Miguel entlang gen Süden zum Fluss; die abschüssigen Grünflächen am Ufer stehen bei Sonnenanbetern hoch im Kurs und werden ausgiebig genutzt.

Museo Portugués   MUSEUM
(Plaza Mayor 25 de Mayo 180; Eintritt in 8 Museen 50 Ur$; ⊙ 11.15–16.45 Uhr, Mi & Fr geschl.) In diesem wunderschönen alten Gemäuer sind allerlei Relikte der Portugiesen zu bestaunen, beispielsweise Porzellan, Möbel, Landkarten sowie der Familienstammbaum von Manuel Lobo und ein altes Steinwappen, das einst den Portón de Campo zierte.

Museo Municipal   MUSE
(☎ 4522-7031; Plaza Mayor 25 de Mayo 77; Eintritt in 8 Museen 50 Ur$; ⊙ Mi–Mo 11.15–16.45 Uhr) Das Stadtmuseum beherbergt eine bunte Sammlung von Schätzen, darunter das Skelett eines Wals, ein riesiges Ruder von einem Schiffswrack, historische Gezeitenfeln sowie ein maßstabsgetreues Modell von Colonia (um 1762).

Casa Nacarello   MUSEUM
(Plaza Mayor 25 de Mayo 67; Eintritt in 8 Museen 50 Ur$; ⊙ Mi–Mo 11.15–16.45 Uhr) Das ehemalige Privatdomizil gilt als eines der schönsten Kolonialgebäude der Stadt; es ist ausgestattet mit Stilmöbeln, dicken, weiß getünchten Mauern, gerifteltem Glas und den original erhaltenen Türstöcken (Achtung: Kopf einziehen!).

Museo Indígena   MUSEUM
(Comercio s/n; Eintritt in 8 Museen 50 Ur$; ⊙ 11.15–16.45 Uhr, Mo & Do geschl.) Das Museum beherbergt die Privatsammlung von Roberto Banchero: Steinwerkzeug der Charrúa, Exponate zur Geschichte der indigenen Bevölkerung und eine amüsante Landkarte im Obergeschoss, die vermittelt, wie viele Länder Europas ins Staatsgebiet von Uruguay hineinpassen würden – es sind mindestens sechs!

Museo del Azulejo   MUSEUM
(Ecke Misiones de los Tapes & Paseo de San Gabriel; Eintritt in 8 Museen 50 Ur$; ⊙ 11.15–16.45, Mi & Fr geschl.) Das schnuckelige Steingebäude aus dem 17. Jh. präsentiert eine Auswahl an Kacheln aus Frankreich, Katalonien und Neapel.

Archivo Regional   MUSEUM
(Misiones de los Tapes 115; Eintritt in 8 Museen 50 Ur$; ⊙ Mo–Fr 11.15–16.45 Uhr) Das Regionalarchiv am nordwestlichen Rand der Plaza zeigt historische Dokumente, aber auch Töpfereien und Glaskunst, die aus der Casa de los Gobernadores (18. Jh.) gleich in der Nähe stammen.

Museo Español   MUSEUM
(San José 164; Eintritt in 8 Museen 50 Ur$; ⊙ 11.15–16.45 Uhr, Di & Do geschl.) Das Museum soll 2016 nach langen Jahren der Renovierung endlich wieder seine Pforten öffnen. Zu bestaunen gibt es dort dann eine abwechslungsreiche Sammlung von spanischen Artefakten, darunter Töpfereien aus der Kolonialzeit, historische Stiche, Kleidung und Landkarten.

Colonia del Sacramento

N

Río de la Plata

Feria Artesanal

← Real de San Carlos (5 km)

Vicente P Garcia

Av Artigas

Daniel Fosalba

Rivadavia

Av General Flores

Rivera

18 de Julio

Manuel Lobo

Ruta 1 (1 km)

Av FD Roosevelt

Touristeninformation (Busbahnhof)

Buquebus (100 m); Colonia Express (100 m); Fährterminal (100 m); Seacat (100 m)

Alberto Méndez

26

Lavalleja

15

21

Plaza 25 de Agosto

Intendente Suárez

Calle Odriozola

BiT Welcome Center

Colombo

20

Rivadavia

17

Av General Flores

25

16

30

Washington Barbot

18 de Julio

Manuel Lobo

19

Touristeninformation (Barrio Histórico)

24

29

Ituzaingó

San Antonio

Bastión de San Miguel

San Miguel

13

Virrey Cevallos

5

Plaza de Armas

11

22

San José

7

España

8 de Octubre

Portugal

31

33

Real

Calle de la Playa

18

Plaza Mayor

25 de Mayo

de Solís

10

Calle de los Suspiros

23

Santa Rita

12

28

Plazoleta San Martín

Colegio

8

Comercio

27

Calle de los Tapes

Misiones de los Tapes

32

9

San Francisco

2

3

4

14

San Pedro

6

P de San Gabriel

San Gabriel

625

Colonia del Sacramento

Sehenswertes
1 Archivo Regional ... B3
2 Casa Nacarello ... B4
3 Convento de San Francisco ... B4
4 Faro ... B4
5 Iglesia Matriz ... B3
6 Museo del Azulejo ... A3
7 Museo Español ... B2
8 Museo Indígena ... B3
9 Museo Municipal ... B3
10 Museo Portugués ... B4
11 Portón de Campo ... C4
12 Puerto Viejo ... B2
13 Teatro Bastión del Carmen ... C2

Schlafen
14 Charco Hotel ... B4
15 Colonia Suite ... E3
16 El Viajero Hostel ... D3
17 Hostel del Río ... D2
18 La Posadita de la Plaza ... B3
19 Posada del Ángel ... D4
20 Radisson Colonia Hotel ... D1
21 Remus-Art Hostel ... E3

Essen
22 Buen Suspiro ... B4
23 Charco Bistró ... B4
24 Don Joaquín ... C3
25 El Portón ... D2
26 Irene's ... E2
27 La Bodeguita ... B3
28 Lentas Maravillas ... A2
29 Los Farolitos ... C3

Ausgehen & Nachtleben
30 Barbot ... D3
31 El Drugstore ... B3
   La Taza de Té ... (s. 15)
32 Papá Ramón ... A3

Shoppen
33 Malvón ... B3

URUGUAY COLONIA DEL SACRAMENTO

Iglesia Matriz KIRCHE
(Plaza de Armas) Die älteste Kirche Uruguays ist die Hauptattraktion an der hübschen Plaza de Armas. Die Portugiesen begannen 1680 mit den Bauarbeiten, dann wurde das Gotteshaus unter der Herrschaft der Spanier zweimal umgebaut. An dieser Plaza befinden sich auch die Fundamente eines Hauses, das auf die Zeit der Portugiesen zurückgeht.

Teatro Bastión del Carmen THEATER, GALERIE
(Rivadavia 223; ⏰12–20 Uhr) GRATIS In diesen Komplex mit einem Theater und einer Galerie sind die alten Wehranlagen der Stadt integriert. Er befindet sich direkt neben dem **Puerto Viejo** (Alter Hafen) von Colonia und präsentiert wechselnde Kunstausstellungen, außerdem finden hier regelmäßig Konzerte statt. Die Grünflächen hinter dem Haus am Fluss mit Skulpturen und einem Industrieschornstein aus dem Jahr 1880 bieten sich für eine malerische Pause an.

⊙ Real de San Carlos

Zu Beginn des 20. Jhs. ließ der argentinische Unternehmer Nicolás Mihanovich 1,5 Mio. US$ in einen gigantischen Touristenkomplex in Real de San Carlos fließen, 5 km nördlich von Colonia. Zur Anlage gehörte eine Stierkampfarena mit 10 000 Plätzen, ein *frontón*-Platz für 3000 Zuschauer, um die baskische Sportart *jai alai* zu pflegen, ein Hotel mit einem Kasino sowie eine Pferderennbahn.

Heute ist nur noch die Rennbahn in Betrieb, aber die Ruinen der verbliebenen Gebäude geben ein interessantes Ausflugsziel ab, und der Strand nebenan ist an Sonn- und Feiertagen bei Einheimischen sehr beliebt.

Museo Paleontológico MUSEUM
(Real de San Carlos; Eintritt in 8 Museen 50 Ur$; ⏰Do–So 11.15–16.45 Uhr) Das aus zwei Räumen bestehende Museum zeigt Glyptodon-Panzer, Knochen und andere vor Ort ausgegrabene Objekte aus der Privatsammlung des Paläontologen Armando Calcaterra, eines Autodidakten.

☞ Geführte Touren

Walking Tours SPADTSPAZIERGANG
(📞9937-9167; asociacionguiascolonia@gmail.com; Tour pro Pers. in Spanisch/anderen Sprachen 150/200 Ur$) Die Touristeninformation vor dem historischen Stadttor Colonias organisiert gute Stadtspaziergänge unter der Regie einheimischer Führer. Die Touren auf Spanisch beginnen ganzjährig täglich um 11 und um 15 Uhr, gelegentlich findet im Januar und Februar auch noch ein zusätzlicher Spaziergang bei Sonnenuntergang um 19 Uhr statt. Stadtspaziergänge in anderen Sprachen (Englisch, Französisch, Italienisch und Portugiesisch) werden nach dem Rotationsprinzip durchgeführt. Einfach in der Touristeninformation anfragen, wann welche Sprache auf dem Programm steht.

🛏 Schlafen

Viele Hotels verlangen von Freitag bis Sonntag höhere Preise als sonst. Im Sommer empfiehlt es sich, nicht am Wochenende zu kommen oder aber länger im Voraus zu reservieren.

El Viajero Hostel
HOSTEL $

(☎ 4522-2683; www.elviajerohostels.com/hostel-colonia; Washington Barbot 164; B 17–19 US$, EZ/DZ 40/65 US$; ❄@🛜) Das Hostel ist heller, schicker und irgendwie auch gemütlicher als die Konkurrenz; seine Lage zwei Blocks östlich der Plaza de Armas könnte besser nicht sein. Und Leihräder, eine Bar für die Gäste und Klimaanlage in allen Zimmern werden auch noch geboten.

Hostel del Río
HOSTEL $

(☎ 4523-2870; www.hosteldelrio.com; Rivadavia 288; B 15–20 US$, DZ 61–108 US$) Das neue Hostel in prima Lage am Rand des historischen Zentrums bietet blitzblanke Schlafsäle mit vier bis sechs Betten und Doppelzimmer, außerdem eine Gästeküche und einen rückwärtigen Patio. Die Atmosphäre ist relativ steril, aber die strahlend weißen Zimmer verfügen über wohldurchdachte Annehmlichkeiten wie individuelle Leselampen an den Doppelstockbetten.

Remus-Art Hostel
B&B $

(☎ 9206-6985; www.facebook.com/remusarthostel; 18 de Julio 369; Zi. 60–65 Ur$) Das neue B&B im Privatdomizil der deutschen bildenden Künstlerin Christiane Brockmeier bietet drei gemütliche, farbenfrohe Zimmer mit Gemeinschaftsbad sowie eine großzügige Dachterrasse, auf der die Gäste ein Sonnenbad nehmen, nach den überhängenden Platanenblättern greifen oder auch die Candlelight-Dinner mit selbst gekochten Speisen genießen können. Zu den Spezialitäten gehören Raclette und Fondue aus der Schweiz, wo Christiane 20 Jahre lang gelebt hat.

★ La Posadita de la Plaza
B&B $$

(☎ 4523-0502; www.posaditadelaplaza.com; Misiones de los Tapes 177; Zi. 125–150 Ur$) In dieser extravaganten Pension am ältesten Platz von Colonia hat der nette brasilianische Fotograf Eduardo sein kreatives Genie darauf verwendet, ein zauberhaftes Ambiente zu schaffen, das einer lebensgroßen Joseph-Cornell-Collage ähnelt. Die vier Zimmer, der Innenhof mit Veranda und hübschen Altstadtansichten sowie die gemütliche Bibliothek-Lounge sind mit Fundstücken dekoriert, die Eduardo von seinen Weltreisen mitgebracht hat. Zum üppigen Frühstück gehört auch frisch gepresster Orangensaft.

Posada del Ángel
HOTEL $$

(☎ 4522-4602; www.posadadelangel.net; Washington Barbot 59; DZ 85–125 US$; ❄@🛜🏊) Das kleine Hotel liegt praktisch auf halbem Weg zwischen dem Fährhafen und dem Stadttor aus dem 18. Jh. Es gibt Daunendecken und eine Sauna für kalte Nächte, dazu einen Hof mit Grünfläche samt Pool für heiße Tage. Die meisten Zimmer mit hoher Decke gehen auf den Innenhof hinaus; deshalb sind die billigsten Zimmer auch recht dunkel. Man sollte also in Betracht ziehen, ein paar Scheine mehr für das einzige Superior-Zimmer (Nr. 12) mit Gartenblick zu investieren.

★ Colonia Suite
B&B $$$

(☎ 9861-8966; www.coloniasuite.com; Lavalleja 169; DZ 125–190 US$; ❄🛜) Mit drei geräumigen Suiten und einem gemütlichen Gartenhaus ist dieses B&B eine ganz besondere Unterkunft in Colonia. Hier verlocken Unmengen anheimelnder Annehmlichkeiten wie Armsessel, bunte Teppiche, TV mit Flachbildschirm und DVD-Player, gut ausgestattete Kochnischen, Kunst aus Uruguay und in einer Wohneinheit sogar ein Holzofen. Zum Charme trägt auch noch La Taza de Té (Tee am Nachmittag für 2 Pers. 490 Ur$; ⏱ 13.30–19 Uhr) bei, die Teestube, in der Crêpes, Blinis, Kuchen und natürlich Tee serviert werden.

Charco Hotel
BOUTIQUEHOTEL $$$

(☎ 4523-5000; charcohotel.com; San Pedro 116; Zi. Mo–Mi 150–350 Ur$, Do–So 200–400 Ur$; ❄🛜) Das neueste Hotel in Colonia kann mit einer unvergleichlichen Lage in der Altstadt aufwarten, einer schicken Restobar am Wasser und einer wunderschönen parkähnlichen Gartenanlage. Die sieben noblen Zimmer in einem elegant renovierten historischen Gebäude lassen ein leuchtend weißes Dekor und unverputzte Stein- und Ziegelwände sehen. Wirklich außergewöhnlich sind die Suite mit einer Terrasse am Fluss und der Rancho, ein historisches Haus mit Küche aus der Zeit der Portugiesen, in dem bis zu sechs Personen übernachten können. Wer im Voraus bezahlt oder mehrere Nächte bleibt, kann mit einem Rabatt rechnen.

Radisson Colonia Hotel
CASINOHOTEL $$$

(☎ 4523-0460; www.radissoncolonia.com; Washington Barbot 283; EZ/DZ Fr–So ab 280/330 US$, Mo–Do ab 170/180 US$; ❄@🛜🏊) Das

ESTANCIA-AUFENTHALT FÜR WENIG GELD

Was kommt heraus, wenn man eine Touristen-*estancia* mit einem Hotel kreuzt? Das lässt sich leicht im **El Galope Horse Farm & Hostel** (☑ 099-105985; www.elgalope.com. uy; Colonia Suiza; B 25 US$, DZ mit/ohne Bad 80/70 US$; ☒) herausfinden, einem einzigartigen Quartier auf dem Land, das 115 km westlich von Montevideo und 60 km östlich von Colonia liegt. Die erfahrenen Weltreisenden Mónica und Miguel geben ihren Gästen Gelegenheit, sich einfach einmal richtig auszuklinken und sich ein paar Tage lang auf den entspannten Rhythmus des Landlebens einzulassen.

Die Ausritte für Reiter aller Leistungsniveaus (40 US$ für Anfänger innerhalb der eigenen Ländereien, 80 US$ für erfahrene Reiter bei längeren Ausritten) werden vom kundigen Miguel höchstpersönlich geleitet; außerdem gibt es hier noch eine Sauna (8 US$) und einen kleinen Pool, um am Abend die ächzenden Muskeln zu entspannen. Das Frühstück ist inbegriffen; weitere Mahlzeiten – vom Mittagessen und Fondue bis hin zu umfangreichen *asados* (Grillspezialitäten) – sind für 9 bis 15 US$ erhältlich. Auf Wunsch können sich die Gäste im nahen Colonia Valdense von der Bushaltestelle abholen lassen (10 US$).

hier eher unpassende Haus der modernen Hotelkette befindet sich nur einen Steinwurf vom kolonialen Zentrum Colonias entfernt. Vorhanden sind zwei Pools und eine sagenhafte Terrasse direkt am Fluss, plus Sauna, Fitnessraum, Solarium, Kinderspielplatz und Garage. Wer unter der Woche kommt, bezahlt erheblich weniger. Die Deluxe-Zimmer mit Terrasse und Flussblick kosten rund 25 % mehr als die Standard-Zimmer.

✖ Essen

★ Don Joaquín
PIZZA $
(☑ 4522-4388; www.facebook.com/donjoaquinartesanalpizza; 18 de Julio 267; Pizzas 120–190 Ur$; ⊙ Di–So 20–24, Sa & So 12–15 Uhr) Nach 13 Jahren in Europa sind Yancí und Pierina, zwei gebürtige Colonier, mit einem original neapolitanischen Ofen im Schlepptau wieder nach Hause zurückgekehrt. Das Ergebnis ist ein fröhliches Lokal mit hohen Decken, in dem die Gäste zuschauen können, wie der *pizzaiolo* (Pizzabäcker) knusprige Köstlichkeiten mit leckerem selbst gemachtem Belag kreiert. Nicht entgehen lassen sollte man sich die Pizza *carbonara* mit Käse, Ei und prima krossem Speck oder auch die Pizza *pescatore* mit Muscheln und Garnelen.

Los Farolitos
FASTFOOD $
(Av General Flores 272; Sandwiches 40–200 Ur$; ⊙ 12.30–1 Uhr) Der einfache Imbissstand ist für seine *chivitos* berühmt, es ist jedoch auch noch anderes preiswertes, leckeres Fastfood erhältlich, z. B. Hot Dogs und *milanesas* (paniertes Schnitzel).

Irene's
VEGETARISCH $
(☑ 4522-4433; Av General Flores 441; Hauptgerichte 140–340 Ur$; ⊙ Mo–Sa 11–18 Uhr; ☑) In diesem bescheidenen Lokal außerhalb des historischen Zentrums kommen neben Standardgerichten wie Pizza, Pasta und *parrilla* auch noch vegetarische Speisen und Vollwertpasta auf den Tisch. Das *menu vegetariano* (vegetarisches Menü) gibt's täglich für 190 Ur$.

Buen Suspiro
PICADAS $$
(☑ 4522-6160; www.buensuspiro.com; Calle de los Suspiros 90; Picadas für 2 Personen 255–830 Ur$; ⊙ 11–24 Uhr) Beim Betreten dieses gemütlichen Restaurants sollte man vorsichtshalber den Kopf einziehen, um nicht gegen die Holzbalken zu rumpeln. Das Buen Suspiro hat sich auf *picadas* (kleine Snacks, die mit einem Zahnstocher aufgespießt werden) spezialisiert. Die Gäste können verschiedene Sorten Wein aus der Region probieren, der in der Flasche oder auch offen ausgeschenkt wird. Dazu munden Spinat-Lauch-Kuchen, Ricotta-Walnuss-,,Trüffel", einheimischer Käse, Wurst, Suppen und Salate. Wer im Winter auf einen Tisch am Kamin Wert legt, sollte reservieren; im Sommer macht es Spaß, auf dem beschaulichen Patio hinter dem Haus die Zeit zu vertrödeln.

La Bodeguita
INTERNATIONAL $$
(www.labodeguita.net; Comercio 167; Minipizzas 140 Ur$; Gerichte 270–440 Ur$; ⊙ Di–So 20–24, Sa & So 12.30–16 Uhr) Am besten schnappt man sich einen Tisch hinter dem Haus auf der Sonnenterrasse auf zwei Ebenen und

lässt dann die herrliche Aussicht über den Fluss auf sich wirken, während man einen Sangria (260 Ur$ pro Liter) trinkt oder eine Minipizza verputzt, die auf einem Holzbrett serviert wird – das Markenzeichen des La Bodeguita. Auf der vielseitigen Speisekarte stehen jedoch auch noch Pasta, Salate, Steaks und *chivitos*.

Lentas Maravillas INTERNATIONAL $$

(Santa Rita 61; Sandwiches 300–320 Ur$; ⊙ Do–Di 14–20.30 Uhr) In diesem Restaurant ist es so gemütlich wie bei einem Freund zu Hause. Jedenfalls ist das Lentas Maravillas nett, um es sich mit einem Tee und Gebäck so richtig gut gehen zu lassen, ein Glas Wein zu genießen und sich dazu noch eine hausgemachte Suppe, ein Sandwich oder Gulasch zu bestellen. Außerdem kann man noch einen Kunstband aus der Privatbibliothek der Inhaberin Maggie Molnar durchblättern und natürlich die schöne Aussicht auf den Fluss auf sich wirken lassen, und zwar entweder oben im Kaminzimmer oder unten an den Tischen auf dem Rasen.

El Portón PARRILLA $$

(☎ 4522-5318; Av General Flores 333; Hauptgerichte 190–450 Ur$; ⊙ Di–Sa 12–16 & 20–24, So 12–16 Uhr) Das Restaurant mit seinem fröhlichen orangeroten Dekor ist bei den Einheimischen schon seit ewigen Zeiten wegen des leckeren Fleischs vom Grill beliebt.

★ Charco Bistró INTERNATIONAL $$$

(☎ 4523-5000; charcohotel.com; San Pedro 116; Hauptgerichte 340–520 Ur$; ⊙ 8–23 Uhr) Der aktuelle Restaurantzugang in Colonia ist sowohl wegen seiner Lage als auch wegen des Essens etwas wirklich Besonderes. Das Bistró liegt etwas versteckt in einer Seitenstraße im Kolonialstil und bietet eine großzügige Veranda, die auf den Río de la Plata mit seinen Grünflächen am Ufer hinausgeht. An verlockenden Köstlichkeiten werden gegrillter Tintenfisch mit Caponata (süß-saurem Gemüse), Steak mit Chimichurri und selbst gemachte Ravioli serviert, zu denen Ingwerlimonade mit Minze, exquisite Cocktails oder auch ein Glas Tannat (Rotwein aus Uruguay) munden.

 ## Ausgehen & Nachtleben

Papá Ramón BAR

(Misiones de los Tapes 49; ⊙ Mi–Mo 11–1 Uhr) In dieser 2015 eröffneten, netten, nostalgischen Eckbar sind die Räumlichkeiten komplett mit Kacheln ausgestaltet; die Tische auf dem Gehsteig draußen laden ein, bei Sonnenunterngang die Straße mit Kopfsteinpflaster in Richtung Fluss hinunterzugucken. Die Bar rühmt sich ihres – für die Maßstäbe Colonias jedenfalls – preisgünstigen kalten Biers, der Sandwiches, Empanadas und *platos del día* (Tagesgerichte unter 300 Ur$).

Barbot MIKROBRAUEREI

(☎ 4522-7268; www.facebook.com/barbotcerveceria; Washington Barbot 160; ⊙ Mo–Do 18–2, Fr–So 12–4 Uhr) Die schicke Brauereikneipe (die erste in Colonia, die 2013 in Betrieb ging) lohnt einen Besuch allein schon wegen ihrer sich ständig weiterentwickelnden Sammlung von 15 vor Ort gebrauten Bieren vom Fass; die Snacks an der Bar (Pizza, *picadas* und mexikanische Speisen) kann man sich allerdings sparen.

El Drugstore COCKTAILBAR

(Portugal 174; ⊙ 12–24 Uhr) Das flippige Eckrestaurant ist zwar touristisch, aber dennoch amüsant mit seinen gepunkteten Tischtüchern, Räumlichkeiten in lebhaften Farben und Tischen im Freien mit tollem Blick auf die Plaza de Armas und zwei Oldtimer, die auf dem Kopfsteinpflaster stehen und als romantische Essecke dienen. Die Hälfte der 24 Seiten umfassenden Speisekarte entfällt auf Getränke, die andere Hälfte auf Tapas, die so lala sind, und internationale Speisen (Hauptgerichte 180–500 Ur$). Oft lassen hier Gitarrenspieler ihre Künste hören.

 ## Shoppen

Malvón KLEIDUNG

(☎ 4522-1793; Av General Flores 100; ⊙ 11–19 Uhr) In diesem Geschäft sind handgearbeitete Wollsachen der im ganzen Land vertretenen Kooperative Manos del Uruguay erhältlich sowie Kunsthandwerk aus Uruguay.

❶ Praktische Informationen

Antel (Ecke Lavalleja & Rivadavia)

BBVA (Av General Flores 299) Einer von zahlreichen Geldautomaten in der Avenida General Flores.

BIT Welcome Center (☎ 4522-1072; www.bit-colonia.com; Odriozola 434; ⊙ 9–18 Uhr) Das moderne Besucherzentrum in einem schillernden Gebäude mit Glaswänden gegenüber dem Hafen untersteht dem Tourismusministerium von Uruguay; es bietet eine Touristeninformation, interaktive Exponate, ein Geschäft mit Kunsthandwerk und eine – übeteuerte (50 Ur$) – Videopräsentation mit dem Titel „Welcome to Uruguay".

Post (Lavalleja 226)
Touristeninformation (☑ 4522-8506; www.coloniaturismo.com) Barrio Histórico (Manuel Lobo 224; ◷ 9–18 Uhr); Busbahnhof (Ecke Manuel Lobo & Av FD Roosevelt; ◷ 9–18 Uhr)

❶ An- & Weiterreise

BUS

Der moderne **Busbahnhof** (Ecke Manuel Lobo & Av FD Roosevelt) von Colonia liegt praktisch gleich in der Nähe vom Hafen und in Fußweite zum Barrio Histórico. Er verfügt über eine Touristeninformation und eine Gepäckaufbewahrung, eine Wechselstube und Internetzugang.

Busse ab Colonia del Sacramento

Die folgenden Orte werden mindestens zweimal täglich angefahren.

REISEZIEL	FAHRPREIS (UR$)	FAHRZEIT (STD.)
Carmelo	141	1¼
Mercedes	318	3½
Montevideo	318	2¾
Paysandú	583	6
Salto	795	8

SCHIFF

Vom Fährhafen am unteren Ende der Rivera verkehren von **Buquebus** (☑ 130; www.buquebus.com.uy; ◷ 9–22 Uhr) zwei langsame Schiffe (750 Ur$, 3¼ Std.) plus mindestens drei Schnellboote (1580 Ur$, 1¼ Std.) täglich nach Buenos Aires.

Colonia Express (☑ 4522-9676; www.colonia-express.com.uy; Fährhafen; ◷ 9–22 Uhr) und **Seacat** (☑ 4522-2919; www.seacatcolonia.com.uy; Fährhafen; ◷ 7.30–19 Uhr) bieten weniger häufige, aber dafür erschwinglichere Verbindungen mit dem Tragflügelboot an. Von beiden Unternehmen legen täglich zwei bis drei Schiffe ab. Die Überfahrt dauert eine Stunde; der Preis richtet sich nach dem jeweiligen Tag und beträgt 798 bis 1198 Ur$.

Bei allen drei Unternehmen erhalten Kinder, Senioren und Kunden, die übers Internet buchen, Rabatt.

Die Einreiseformalitäten werden in beiden Ländern abgewickelt, bevor die Passagiere an Bord gehen.

❶ Unterwegs vor Ort

Im kompakten Colonia macht es Spaß, die Stadt zu Fuß zu erkunden; beliebte Alternativen sind Motorroller, Fahrräder und mit Gas betriebene Golfwagen. **Thrifty** (☑ 4522-2939; www.thrifty.com.uy; Av General Flores 172; Fahrrad/Motorroller/Golfwagen pro Std. 6/12/17 US$,

pro 24 Std. 24/40/66 US$) vermietet alles – von hochwertigen Fahrrädern bis hin zu Motorrollern und Golfwagen. Bei mehreren anderen Unternehmen in der Nähe des Busbahnhofs und des Fährhafens kann man Leihwagen und Motorräder mieten, beispielsweise bei **Multicar** (☑ 4522-4893; www.multicar.com.uy; Manuel Lobo 505), **Motorent** (☑ 4522-9665; www.motorent.com.uy; Manuel Lobo 505), **Punta Car** (☑ 4522-2353; www.puntacar.com.uy; Ecke 18 de Julio & Rivera), **Avis** (☑ 4522-9842; www.avis.com.uy; Bus Station) und **Europcar** (☑ 4522-8454; www.europcar.com.uy; Av Artigas 152). Bei den beiden Letztgenannten besteht die Möglichkeit, den Leihwagen für nur eine Strecke zu mieten, d. h. man kann das Fahrzeug in Colonia übernehmen und in Montevideo zurückgeben oder umgekehrt.

Die Stadtbusse von COTUC fahren über die Avenida General Flores zu den Stränden und zur Stierkampfarena in Real de San Carlos (19 Ur$19).

Carmelo

18 040 EW.

Das 1816 gegründete Carmelo ist ein beschauliches Städtchen mit Straßen aus Kopfsteinpflaster und niedrigen alten Häusern. Es gilt als beliebtes Zentrum für Segler und Angler sowie als günstiger Ausgangspunkt, um das Delta des Paraná zu erkunden. Der Ort liegt rechts und links des Arroyo de las Vacas, eines Baches, der sich unterhalb vom Zusammenfluss des Río Uruguay mit dem Río de la Plata zu einem geschützten Hafen verbreitert. Das Stadtzentrum, sieben Blocks nördlich des Arroyo (Bach), bildet die Plaza Independencia. Südlich des Arroyo befindet sich auf der anderen Seite der Brücke ein hübscher Strand, die Playa Seré, mit einem großen Park dahinter. Hier kann man schwimmen gehen und zelten und für Freunde des Glücksspiels ist sogar ein riesiges Kasino vorhanden. Es verkehren täglich Boote von Carmelo nach Tigre, einem Vorort von Buenos Aires.

◉ Sehenswertes & Aktivitäten

Der Arroyo, an dem große, rostige Boote vertäut liegen, bietet sich für einen tollen Spaziergang an; es macht aber auch Spaß, eine halbe Stunde zum Strand zu marschieren. Die Weine aus dieser Region genießen einen hervorragenden Ruf; kein Wunder also, dass der Besuch eines Weinguts hier eine beliebte Freizeitbeschäftigung darstellt.

NICHT VERSÄUMEN

ESTANCIA-TOURISMUS IN URUGUAY

Estancias, die gigantischen Farmen im Landesinneren Uruguays, sind ein nationales Kultursymbol. Seit das Ministerium für Tourismus in Uruguay die „Estancia Turística" als eigene Unterkunftskategorie eingeführt hat, haben Dutzende solcher Anwesen ihre Pforten für Urlauber geöffnet – von traditionellen Farmen, auf denen ganz normal gearbeitet wird, bis hin zu historischen Höfen mit Hotelbetrieb. Typisch für diese *estancias* ist, dass sie jeden Tag Aktivitäten organisieren, wobei der Schwerpunkt auf dem Reiten liegt; in vielen kann man auch übernachten. Die meisten *estancias* lassen sich ohne eigenen fahrbaren Untersatz allerdings nur schwer erreichen; nach vorheriger Vereinbarung werden die Gäste aber oft auch an einem Treffpunkt abgeholt.

Eine der beeindruckendsten *estancias*, die Uruguay zu bieten hat, ist **San Pedro de Timote** (☎4310-8086; www.sanpedrodetimote.com; Ruta 7, Km 142, Cerro Colorado; EZ/DZ inkl. Frühstück ab 80/150 US$, inkl. Vollpension & allen Aktivitäten ab 205/300 US$; ❄❋) in wirklich wunderschöner Lage – eine 14 km lange Staubstraße führt durch die 253 ha großen, leicht hügeligen Ländereien mit Viehwirtschaft zum Anwesen. Zum Reiz der *estancia* trägt ein Komplex aus historischen Gebäuden bei, von denen einige aus der Mitte des 19. Jhs. stammen: eine reizende weiße Kapelle, ein Hof mit hoch in den Himmel ragenden Palmen, eine Bibliothek mit herrlichen Kacheln sowie eine runde Steinkoppel. Die Aufenthaltsräume haben Parkettboden, einen großen Kamin und sind mit gemütlichen Ledersesseln ausgestattet; außerdem gibt es zwei Pools und eine Sauna. Im Preis für die Vollpension sind drei Mahlzeiten, Tee am Nachmittag und zwei Ausritte pro Tag, plus gelegentlich ein Lagerfeuer und Spaziergänge bei Vollmond inbegriffen. Der Abzweig zur *estancia* liegt gleich bei der Ortschaft Cerro Colorado, 160 km nordöstlich von Montevideo an der Ruta 7.

Weitere beliebte Touristen-*estancias* sind **La Sirena** (S. 633) in der Nähe von Mercedes, **Guardia del Monte** (S. 653) unweit der östlichen Atlantikküste bei Castillos, **Panagea** (S. 640) nordwestlich von Tacuarembó und **Yvytu Itaty** (S. 640) im Südwesten von Tacuarembó.

In Montevideo haben sich die beiden Reisebüros **Cecilia Regules Viajes** (☎2916-3011; www.ceciliaregulesviajes.com; Bacacay 1334, Local C) und **Lares** (☎2901-9120; www.lares.com.uy; WF Aldunate 1341) auf *estancia*-Tourismus spezialisiert.

Bodega Irurtia
WEINGUT

(☎099-692545, 4542-2323; www.irurtia.com.uy; Av Paraguay, Km 2,3) Das Weingut, nur ein kleines Stück außerhalb der Stadt (nach der gigantischen Weinflasche Ausschau halten!), keltert preisgekrönte Tannats und Pinot noirs. Nach vorheriger Vereinbarung können Besucher an einer 1½-stündigen Führung durch die Weinkeller teilnehmen, gefolgt von der Verkostung von bis zu fünf Weinen (8–32 US$, je nach Anzahl der probierten Weine).

Almacen de la Capilla
WEINGUT

(☎4542-7316; almacendelacapilla.wix.com/almacendelacapilla; Camino Vecinal de Colonia Estrella; ⏱11–18 Uhr) Der historische Gemischtwarenladen inmitten von Weingärten liegt an der Kreuzung zweier Landstraßen 5 km nördlich von Carmelo (an der Ruta 21 bei Km 257 ausgeschildert). Die Familie Cordano, die eigentlich aus Genua/Italien stammt, produziert hier schon in der fünften Generation Wein, genau gesagt seit 1870. Es werden Weinproben und mittags auch Picknicks veranstaltet. Einfach fragen, ob die Möglichkeit besteht, den Weinkeller zu besichtigen; er befindet sich unter einer Falltür hinter dem Tresen.

🛏 Schlafen & Essen

★ Ah'Lo Hostel Boutique
HOSTEL $

(☎4542-0757; ahlo.com.uy; Treinta y Tres 270; B 18–23 US$, DZ 61–87 US$, DZ ohne Bad 46–55 US$, Suite 59–99 US$; ❄📶) Das nagelneue Hostel ist mit Abstand die beste und angenehmste Bleibe in der Innenstadt von Carmelo. Und es macht seinem Beinamen „Boutique" auch wirklich alle Ehre, denn hier warten super-gemütliche Schlafsäle mit feudalen Federbetten, tadellose Gemeinschaftsbäder und Doppelzimmer zu durchaus anständigen Preisen – und das alles befindet sich auch noch in einem schön restaurierten Kolonialgebäude, sieben Blocks vom Fährhafen und zwei Blocks vom Hauptplatz entfernt. Leihfahrrräder (10 US$ pro Tag) sind vorhanden, und es werden Fahrradausflüge zu den Weingütern organisiert.

Camping Náutico Carmelo CAMPINGPLATZ $
(📞 4542-2058; dnhcarmelo@adinet.com.uy; Arroyo de las Vacas s/n; Stellplatz 322 Ur$, Dusche pro 7 Min. 49 Ur$) Der nette Campingplatz mit heißen Duschen liegt im Schatten von Bäumen südlich des Arroyo. Er war ursprünglich für Skipper gedacht, die ein Boot hier liegen haben, aber auch andere Gäste, die spontan vorbeikommen, sind willkommen. Auf einer Parzelle können bis zu vier Personen wohnen.

Piccolino URUGUAYISCH $
(📞 4542-4850; Ecke 19 de Abril & Roosevelt; Gerichte 175–300 Ur$; ⊗ Mi–Mo 9–24 Uhr) In dieser Eckkneipe gibt es anständige *chivitos* und dazu noch die Aussicht auf den Hauptplatz in der Mitte von Carmelo.

Fay Fay URUGUAYISCH $$
(📞 4542-4827; 18 de Julio 358; Gerichte 170–390 Ur$; ⊗ Di–So 11–16 & 19.30–0.30 Uhr) Das sagenhafte kleine Restaurant – ein Familienbetrieb – ist direkt an der Plaza gelegen. Auf der Speisekarte stehen die üblichen Standardgerichte aus Uruguay, aber ein paar Überraschungen sind auch noch zu entdecken. Die selbst zubereiteten Nachspeisen schmecken himmlisch.

⭐ **Bodega y Granja Narbona** ITALIENISCH $$$
(📞 4540-4778; www.narbona.com.uy; Ruta 21, Km 268; Gerichte 22–32 US$; ⊗ 12–24 Uhr) Das Restaurant inmitten von Wein- und Obstgärten, 13 km von Carmelo entfernt, befindet sich in einem restaurierten Farmgebäude aus dem Jahr 1908. Serviert werden hier Gourmet-Pasta, Rindfleisch aus Uruguay, vielerlei Biogemüse sowie ein sagenhafter Tannat und *grappamiel* (ein Weinbrand mit Honig) aus den preisgekrönten Weinkellern des Narbona. Im Haus können die Besucher in den Regalen herumstöbern, die vom Boden bis zur Decke mit Olivenöl aus der Region, eingemachten Pfirsichen und *dulce de leche* (Karamellcreme) reich bestückt sind.

In der **Narbona Wine Lodge** (📞 4540-4778; www.narbona.com.uy/en/lodge; Ruta 21, Km 268; Suite 185–310 US$, mit Aussicht auf die Weingärten 215–360 US$; 🎧) gleich nebenan stehen Luxusquartiere zum Übernachten zur Verfügung.

ℹ️ Praktische Informationen

Casa de la Cultura (📞 4542-2001; carmelo turismo.com.uy; 19 de Abril 246; ⊗ März–Nov. 9–18 Uhr, Dez.–Feb. bis 19 Uhr) Das Kulturhaus befindet sich drei Blocks südlich des Hauptplatzes und acht Blocks nordöstlich der Fähranleger.

Post (Uruguay 360)

Scotiabank (Uruguay 401) Einer von zahlreichen Geldautomaten gegenüber vom Hauptplatz.

ℹ️ An- & Weiterreise

BUS

Alle Busunternehmen befinden sich an oder in der Nähe der Plaza Independencia. **Berrutti** (📞 4542-2504; www.berruttiturismo.com/horarios.htm; Uruguay 337) hat die meisten Verbindungen nach Colonia im Angebot. **Chadre** (📞 4542-2987; www.agenciacentral.com.uy; 18 de Julio 411) empfiehlt sich für alle anderen Fahrziele.

Busse ab Carmelo

REISEZIEL	FAHRPREIS (UR$)	FAHRZEIT (STD.)
Colonia	141	1½
Mercedes	177	2
Montevideo	424	3½
Paysandú	424	5
Salto	636	7

SCHIFF

Cacciola (📞 4542-4282; www.cacciolaviajes.com; Wilson Ferreyra s/n; Carmelo–Tigre einfache Fahrt 770 Ur$; ⊗ Fahrkartenbüro 3.30–4.30 & 8.30–20 Uhr) Es verkehren von diesem Unternehmen zweimal täglich Schiffe nach Tigre, einem Vorort von Buenos Aires, und zwar von Montag bis Samstag um 4.30 und um 13.30 Uhr sowie sonntags um 12.30 und 18.30 Uhr. Im Sommer werden manchmal auch drei Verbindungen angeboten. Die 2½-stündige Fahrt durch das Paraná-Delta ist die malerischste Schiffspassage von Uruguay nach Argentinien.

Mercedes

42 000 EW.

Die Hauptstadt der Provinz Soriano, ca. 280 km nordwestlich der Landeshauptstadt Montevideo gelegen, ist ein Zentrum des Viehhandels. Rund um den Hauptplatz, die Plaza Independencia in der Stadtmitte, wo sich auch die Kathedrale aus dem 18. Jh. befindet, verlaufen eine kleine Fußgängerzone und Straßen mit Kopfsteinpflaster. Die schönste Besonderheit der Stadt ist aber sicherlich die herrlich grüne Flusspromenade am Südufer des Río Negro entlang, an der sich angenehm flanieren lässt.

🎯 Sehenswertes & Aktivitäten

An attraktiven Freizeitmöglichkeiten am Wasser verlocken Bootfahren, Angeln und Schwimmen an den Sandstränden, aber es macht auch Spaß, einfach über die Rambla zu bummeln – was vor allem am Sonntagnachmittag eine allgemein beliebte Beschäftigung darstellt.

Museo Paleontológico Alejandro Berro   MUSEUM
(☑ 4532-3290; Parque Castillo Mauá; ⊙ 11–17 Uhr) GRATIS Das Museum, rund 3 km westlich der Stadt, zeigt eine umfassende Fossiliensammlung, darunter einen erstaunlich gut erhaltenen Glyptodon-Panzer, der in der Nähe am Flussufer entdeckt wurde.

👉 Geführte Touren

Catamarán Soriano I   BOOTSAUSFLUG
(☑ 4532-2201 Nebenst. 2503; Touren pro Pers. 200–500 Ur$) Mit diesem Ausflugsschiff werden gelegentlich Exkursionen auf dem Río Negro und dem Río San Salvador unr-

---

ABSTECHER

DER KLEINE WÜRFEL, DER UM DIE WELT GING

Im Jahr 1865 eröffnete die Liebig Extract of Meat Company ihre erste Fabrik in Südamerika in der Nähe der Stadt Fray Bentos am Río Uruguay, 35 km westlich von Mercedes. Sie sollte rasch zum bedeutendsten Industriekomplex Uruguays aufsteigen. In den 1920er-Jahren übernahm El Anglo, eine Firma unter britischer Leitung, die Geschäfte, bis zum Zweiten Weltkrieg hatte die Fabrik bereits 4000 Angestellte, die 200 Rinder pro Tag schlachteten – eine astronomische Zahl.

Wer heute die aufgelassene Fabrik sieht, wird sich keinesfalls vorstellen können, dass das wichtigste Produkt, der Oxo-Brühwürfel, einmal das Leben von Millionen Menschen auf allen Kontinenten beeinflusst hat. Oxo-Brühwürfel ernährten im Ersten Weltkrieg die Soldaten in den Schützengräben; Jules Verne sang ein Loblied auf das Produkt in seinem Roman *Reise um den Mond,* Stanley nahm sie auf seine Suche nach dem Forscher nach Livingstone mit, Scott und Hillary hatten sie in der Antarktis und auf dem Mount Everest dabei. Mehr als 25 000 Menschen aus über 60 Ländern arbeiteten hier, und zu ihrer Blütezeit exportierte die Fabrik fast 150 verschiedene Produkte, wobei sämtliche Teile des Rinds Verwendung fanden – ohne Gemuhe.

Die Fabrikanlage, die im Juli 2015 von der Unesco zu Uruguays jüngstem Weltkulturerbe erklärt wurde, ist heute ein Museum – das **Museo de la Revolución Industrial** (museo.anglo@rionegro.gub.uy; Eintritt 40 Ur$, inkl. Führung 50–90 Ur$, Di frei; ⊙ Di–So 9.30–17 Uhr). Dutzende kunterbunter Exponate – oft witzig, oft ergreifend – erwecken die Geschichte der Fabrik zu neuem Leben, beispielsweise eine gigantische Viehwaage, auf der sich nun ganze Schulklassen wiegen können, oder auch die alten Büros der Fabrik im Obergeschoss, die sich in genau dem Zustand befinden wie 1979, als die Fabrik geschlossen wurde – sogar die Rillen im Boden sind noch vorhanden, die von den Füßen eines Buchhalters stammen, der hier jahrzehntelang an ein und demselben Schreibtisch saß. Die meisten Exponate sind nur auf Spanisch erklärt.

Im Rahmen einer Führung von ein bis zwei Stunden Dauer (unterschiedl. Zeiten) erhalten Interessierte Zugang zum komplexen Labyrinth aus Durchgängen, Koppeln und aufgelassenen Schlachthäusern hinter dem Museum. Donnerstags, samstags und sonntags um 11 Uhr können Besucher auch an einer Führung durch die Casa Grande teilnehmen, das Herrenhaus, in dem einst der Manager der Fabrik wohnte.

In der nahen Stadt Fray Bentos mit ihrer hübschen Flusspromenade befindet sich die südlichste Brücke über den Río Uruguay, über die man auf dem Landweg von Argentinien einreisen kann. Von Mercedes ist man 45 Minuten mit dem Bus (53 Ur$) unterwegs, von Colonia sind es vier Stunden (389 Ur$), ebenso von Buenos Aires (1010 Ur$), und von Montevideo (547 Ur$) dauert es 4½ Stunden dorthin.

ternommen. Die Touristeninformation von Mercedes in der Innenstadt bietet nähere Informationen zu den Fahrplänen und den Fahrkarten.

Schlafen & Essen

Camping Isla del Puerto CAMPINGPLATZ $
(☏9401-6049; Isla del Puerto; Stellplatz pro Pers./Zelt 24/78 Ur$) Der weitläufige Campingplatz von Mercedes gilt als einer der besten in dieser Region. Er nimmt die halbe Isla del Puerto im Río Negro ein und ist durch eine Brücke mit dem Festland verbunden. Die Gäste können schwimmen und angeln; sanitäre Einrichtungen sind auch vorhanden.

★**Estancia La Sirena** ESTANCIA $$$
(☏9953-2698, 4530-2271; www.lasirena. uy/hosteria.html; Ruta 14, Km 4,5; Zi. pro Pers. mit Halb-/Vollpension 110/135 US$, inkl. Ausritte & andere Aktivitäten) Diese *estancia*, 15 km flussaufwärts von Mercedes, liegt inmitten einer weitläufigen, hügeligen Landschaft. Sie ist eine der ältesten in Uruguay und heißt ihre Gäste besonders herzlich willkommen. Das geräumige Farmhaus aus dem Jahr 1830 mit gemütlichem Salon und Kaminen eignet sich perfekt, um in abgeschiedener Lage einmal richtig auszuruhen, am Spätnachmittag ein bisschen unter den Eukalyptusbäumen zu plaudern, nachts in die Sterne zu gucken oder einen Ausflug hoch zu Ross zum nahen Río Negro zu unternehmen. Die Hausmannskost, die hier auf den Tisch kommt, ist ein Gedicht.

Martiniano Parrilla Gourmet PARRILLA $$
(☏4532-2649; Rambla Costanera s/n; Gerichte 190–390 Ur$; ⏰Di–So 12–15 & 19.30–24 Uhr) Zur perfekten Lage am unteren Ende der 18 de Julio direkt am Fluss kommt eine abwechslungsreiche Speisekarte, auf der hausgemachte Pasta, Fleisch vom Grill und Fisch stehen.

🔒 Shoppen

★**Lanas de Soriano** KLEIDUNG
(☏4532-2158; www.lanasdesoriano.com; Colón 60; ⏰Mo–Fr 9–12, Mo & Mi–Fr 15–18.30 Uhr) Ein buntes Kaleidoskop wunderschöner, handgearbeiteter Wollsachen ist in diesem Geschäft erhältlich, das etwas versteckt in einem Wohnviertel unweit des Flusses liegt.

❶ Praktische Informationen

Post (Ecke Rodó & 18 de Julio)

Scotiabank (Giménez 719) Geldautomat an der Plaza Independencia.

Städtische Touristeninformation (☏4532-2201 Nebenst. 2501; turismo@soriano.gub.uy; Plaza El Rosedal, Av Asencio zwischen Colón & Artigas; ⏰8–18.30 Uhr) Sie befindet sich in einem verfallenen weißen Gebäude gegenüber der Brücke, die zum Campingplatz führt.

❶ An- & Weiterreise

Der moderne, klimatisierte **Busbahnhof** (Plaza General Artigas) von Mercedes liegt rund zehn Blocks von der Plaza Independencia entfernt in einem Shoppingcenter mit Geldautomaten, einer Post, kostenlosen öffentlichen Toiletten, Gepäckaufbewahrung und einer Notfallklinik. Ein Stadtbus (20 Ur$) fährt im Stundentakt vor dem Busbahnhof ab und auf einem Rundkurs durch die Innenstadt.

Busse ab Mercedes

Die folgenden Ziele werden mindestens einmal täglich angefahren:

REISEZIEL	FAHRPREIS (UR$)	FAHRZEIT (STD.)
Buenos Aires	1010	5
Carmelo	177	2
Colonia	318	3
Montevideo	494	3½–4½
Paysandú	217	2
Salto	491	4

Paysandú

76 400 EW.

Am Ostufer des Río Uruguay liegt die drittgrößte Stadt Uruguays, die über den Puente Internacional General Artigas mit Colón/Argentinien verbunden ist. Die meisten Touristen legen hier nur einen Zwischenstopp auf dem Weg von oder nach Argentinien ein. Das Geschehen in Paysandú spielt sich an der Plaza Constitución ab, die sechs Blocks nördlich des Busbahnhofs liegt.

Paysandú wurde in der Mitte des 18. Jhs. als Außenposten für Viehhirten von der Jesuitenmission in Yapeyú (heute in Argentinien) gegründet und entwickelte sich im Lauf der Zeit zu einem bedeutenden Zentrum der fleischverarbeitenden Industrie. Die Stadt wurde im 19. Jh. wiederholt belagert – zuletzt 1864/65 –, was ihr den Spitznamen „südamerikanisches Troja" einbrachte.

Trotz seiner turbulenten Geschichte und seines Status als bedeutendes Industriezentrum gibt sich das moderne Paysandú erstaunlich ruhig. Wer die wilde Seite dieser Stadt kennenlernen möchte, sollte zum **Karneval** herkommen. In der Karwoche wird eine Woche lang das **Bierfest** gefeiert.

⊙ Sehenswertes & Aktivitäten

Museo Histórico
MUSEUM

(☏ 4722-6220 Nebenst. 247; Av Zorrilla de San Martín 874; ⊙ Di–Sa 9–14, So bis 15 Uhr) GRATIS Das historische Museum präsentiert eindrucksvolle Bilder der mehrfachen Belagerungen Paysandús im 19. Jh., darunter das von Kanonenkugeln durchlöcherte Mauerwerk der Kathedrale und Frauen im Exil, die von einer Insel aus beobachten, wie die Stadt unter Beschuss genommen wird.

Museo de la Tradición
MUSEUM

(☏ 4722-3125; Av de los Iracundos 5; ⊙ Di–Sa 9–14 Uhr) GRATIS Das Museum in einem Park unweit des Flusses kann mit einer kleinen, aber gut präsentierten Auswahl an anthropologischen Artefakten und Gaucho-Ausrüstung aufwarten.

🛏 Schlafen

Hotel Rafaela
HOTEL $

(☏ 4722-4216; 18 de Julio 1181; EZ/DZ mit Ventilator & ohne Bad 650/850 Ur$, mit Klimaanlage & Bad 900/1150 Ur$; ❄🖥) Das anständige Budgethotel befindet sich gleich westlich des Hauptplatzes. Die Zimmer im Rafaela sind eher dunkel, fallen dafür aber groß aus, und einige von ihnen haben sogar einen eigenen kleinen Patio.

★ Hotel Casagrande
HOTEL $$

(☏ 4722-4994; www.hotelcasagrande.com.uy; Florida 1221; EZ 1800 Ur$, DZ 2782–3615 Ur$; ❄❄@🖥) Das schönste Hotel in der Innenstadt Paysandús ist anheimeld und liegt auch noch günstig. Geboten werden gemütliche Armsessel, Tische mit Marmorplatte, große Messingbetten, kostenlose Parkplätze sowie ein Gourmet-Restaurant.

Estancia La Paz
ESTANCIA $$

(☏ 4720-2272; www.estancialapaz.com.uy; Ruta 24, Km 86,5; DZ/Suite/4-Pers.-Apt. ab 100/130/145 US$; ❄@🖥🏊) Die Tennisplätze, der Pool und die Aufenthaltsräume mit Musikberieselung wollen irgendwie nicht so recht zu den historischen Gebäuden und der unberührten Natur passen, in der diese touristische *estancia,* 25 km südöstlich von Paysandú, liegt. Reiter können hier ein- oder mehrtägige Ausritte unternehmen. Die

estancia lässt sich über eine lange Staubstraße erreichen. Auf der Ruta 24 bei Km 86,5 abbiegen, auf der Ruta 3 bei Km 336.

✗ Essen & Ausgehen

Confitería Las Familias
KONDITOREI $

(www.postrechaja.com; 18 de Julio 1152; Chajá 65 Ur$; ⊙ 9–19 Uhr) Wer gerne süß isst – und zwar zuckersüß –, sollte sich in dieser alteingesessenen Konfiserie einen Stuhl schnappen und einige klassische Nachspeisen aus Uruguay probieren, z. B. *chajá,* eine zahnarztfreundliche Mischung aus zuckersüßer Meringe, Obst und Sahne, die 1927 hier erfunden wurde.

Pan Z
URUGUAYISCH $$

(☏ 4722-9551; Ecke 18 de Julio & Setembrino Pereda; Gerichte 195–495 Ur$; ⊙ 12–15 & 19–1 Uhr) Das beliebte „Panceta“ serviert Steaks, Pizza, *chivitos,* auf denen sich alle erdenklichen Zutaten türmen, und leckere Desserts wie Erdbeerkuchen und Tiramisu.

El Bar
PIZZA, URUGUAYISCH $$

(☏ 4723-7809; es-es.facebook.com/ElBarPaysandu; Ecke 18 de Julio & Herrera; Hauptgerichte 140–420 Ur$; ⊙ 6.30 Uhr bis open end) Diese an einer Ecke gelegene Resto-Bar im Herzen der Stadt (einen Block westl. der Plaza Constitución) hat den ganzen Tag geöffnet. Serviert werden Pizza, Burger und Standardgerichte aus Uruguay. Nach Einbruch der Dunkelheit wechselt das Lokal in einen sanften Barmodus über. Freitags wird es immer besonders voll, denn dann wird Livemusik gespielt.

☆ Unterhaltung

Direkt am Fluss, 4 km nordwestlich des Stadtzentrums, liegt inmitten von Bäumen das kleine **Teatro de Verano** und direkt gegenüber das größere **Anfiteatro del Río Uruguay** mit 20 000 Sitzplätzen; hier finden während des alljährlichen Bierfestes von Paysandú bedeutende Konzerte statt. Die Touristeninformation weiß Bescheid, welche Veranstaltungen in den beiden Theatern aktuell auf dem Programm stehen.

❶ Praktische Informationen

Post (Ecke 18 de Julio & Montevideo)

Scotiabank (18 de Julio 1026) Einer von zahlreichen Geldautomaten in der Hauptstraße von Paysandú.

Touristeninformation Centro (☏ 4722-6220 Nebenst. 184; turismo@paysandu.gub.uy; 18 de Julio 1226; ⊙ 9–19 Uhr); am Fluss (☏ 4722-

9235; plandelacosta@paysandu.gub.uy; Av de Los Iracundos; ⊙ 9–17 Uhr); Busbahnhof (Ecke Artigas & Av Zorrilla de San Martín; ⊙ Dez.– April 7–13 Uhr, Mai–Nov. 12–18 Uhr) Die Info im Centro befindet sich an der Plaza Constitución, die am Fluss neben dem Museo de la Tradición.

❶ An- & Weiterreise

Der **Busbahnhof** (☏ 4722-3225; Ecke Artigas & Av Zorrilla de San Martín) von Paysandú, sechs Blocks südlich der Plaza Constitución, fungiert als Verkehrsknotenpunkt für Reisen nach/von Argentinien. **Flechabus** (www.flechabus.com. ar) und **COIT** (www.coitviajes.com) fahren beide nach Buenos Aires, **EGA** (www.ega.com.uy) steuert Córdoba (via Paraná und Santa Fe) und Asunción/Paraguay an.

Um vom Busbahnhof zum Hauptplatz zu gelangen, kann man jeden Stadtbus von Copay (20 Ur$) nehmen, der die Avenida Zorrilla de San Martín hinunterfährt.

Busse ab Paysandú

REISEZIEL	FAHRPREIS (UR$)	FAHRZEIT (STD.)
Asunción (Paraguay)	3720–4555	17
Buenos Aires (Argentinien)	750	5½
Carmelo	424	5
Colón (Argentinien)	109	¾
Colonia	543	6
Córdoba (Argentinien)	1715	11
Mercedes	217	2½
Montevideo	679	4½
Paraná (Argentinien)	905	5¼
Salto	217	2
Santa Fe (Argentinien)	950	6
Tacuarembó	432	3½

Salto

104 000 EW.

Salto, die drittgrößte Stadt Uruguays und die nördlichste Grenzstadt nach Argentinien, wurde in der Nähe der Wasserfälle errichtet – dort, wo der Río Uruguay einen „riesigen Satz" (Salto Grande) macht. Sie ist ein Handelszentrum für Getreide und Gemüse. Der gemütliche Ort kann mit Architektur aus dem 19. Jh. und einer hübschen Flusspromenade aufwarten. Die Besucher kommen nach Salto, um in den nahe gelegenen heißen Quellen zu baden oder um sich

in dem Gebiet oberhalb des gewaltigen Staudamms des Salto Grande von den Strapazen des Alltags zu erholen.

◉ Sehenswertes & Aktivitäten

Sämtliche Museen in Salto haben im Januar geschlossen.

Museo de Bellas Artes y Artes Decorativas
MUSEUM

(Uruguay 1067; ⊙ Feb.–Dez. Di–Sa 13–19, So 16–19 Uhr) GRATIS In diesem Herrschaftshaus mit einem Obergeschoss samt einem imposanten Treppenhaus, Buntglas und einem Garten hinter dem Anwesen gibt es eine schöne Sammlung von Malerei und Skulpturen aus Uruguay zu bestaunen.

Museo del Hombre y la Tecnología
MUSEUM

(Ecke Av Brasil & Zorrilla; ⊙ Feb.–Dez. Mo–Fr 13–19, Sa 14–19 Uhr) GRATIS Das Museum in einem historischen Marktgebäude zeigt hervorragende Ausstellungen zur kulturellen Entwicklung und Geschichte im Obergeschoss sowie eine kleinere archäologische Ausstellung im Erdgeschoss.

Represa Salto Grande
STAUDAMM

(☏ 4732-6131; www.saltogrande.org; ⊙ 7–16 Uhr) GRATIS Der gewaltige hydroelektrische Staudamm, 14 km nördlich von Salto, liefert mehr als 50 % der Energie Uruguays und ist der ganze Stolz des Landes. Im Rahmen einer kostenlosen, 1½-stündigen Führung (im 30-Minuten-Takt) können Interessierte sowohl die uruguayische als auch die argentinische Seite kennenlernen. Ein Taxi ab Salto kostet etwa 1000 Ur$ (Hin- & Rückfahrt). Unterwegs lohnt ein Stopp an einem der Stände, die selbst gemachte *empanadas* und frisch gepressten Orangensaft (2 l für 45 Ur$!) verkaufen.

🛏 Schlafen

Bei den Thermalquellen in der Nähe warten Unterkünfte mit so ziemlich dem besten Preis-Leistungs-Verhältnis in der ganzen Region.

Hostal del Jardín
HOTEL $

(☏ 4732-4274; www.hostaldeljardin.com.uy; Colón 47; EZ/DZ 800/1000 Ur$; ❋ 🛜) Das praktisch in Richtung Flusshafen gelegene Hotel bietet einfache, saubere Zimmer (die preiswertesten in ganz Salto), die sich im Stil eines Motels seitlich an einem Hof mit Grünflächen aneinanderreihen.

Die Strände von Uruguay

Von Montevideo bis nach Brasilien erstrecken sich 300 km Strand an der Mündung des Río de la Plata und am Atlantik entlang. Es ist für jeden etwas dabei: die Punta del Este mit Glanz und Glamour oder die ländliche Ruhe des Cabo Polonio.

Cabo Polonio

Cabo Polonio (S. 652) mit seinem Leuchtturm ist der Traum eines jeden Naturliebhabers – nicht zuletzt wegen der dort dösenden Seelöwen. Schon die Anfahrt durch die Dünen mit einem Geländewagen ist ein Vergnügen.

La Paloma

Das familienfreundliche La Paloma (S. 650), versteckt hinter Sanddünen, ist der Inbegriff eines schlichten, ungetrübten Strandvergnügens.

Punta del Este

Punta del Estes Halbinsel (S. 643), genau zwischen dem Atlantik und dem Río de la Plata gelegen, verwandelt sich mit ihren Hochhäusern und tollen Stränden Jahr für Jahr vom verschlafenen Strandnest in eine sommerliche Party-Location.

Punta del Diablo

Punta del Diablo (S. 655) liegt am Ende der Küstenlinie. Einige Schritte weiter und man ist in Brasilien, aber die meisten Leute bleiben, weil hier die Wellen, die Meeresfrüchtebuden, die Strandfeuerwerke und der Nationalpark so verführerisch sind.

Piriápolis

In Piriápolis (S. 641) werden die Besucher in die 1930er-Jahre zurückversetzt: Grandhotel an der Strandpromenade und Blick aufs Meer vom Sessellift aus.

La Pedrera

Dieser weite Blick auf die gesamte Atlantikküste Uruguays ist nirgendwo so schön wie von den Klippen La Pedreras aus (S. 651).

1. La Pedrera 2. Punta del Este 3. Piriápolis 4. Cabo Polonio

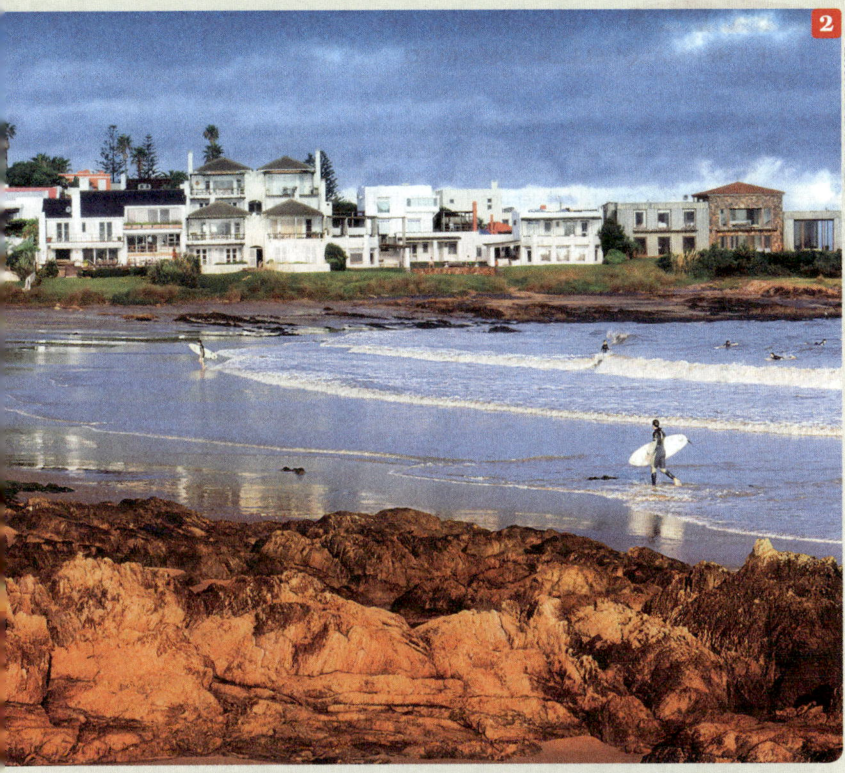

ELOJOTORPE/GETTY IMAGES ©

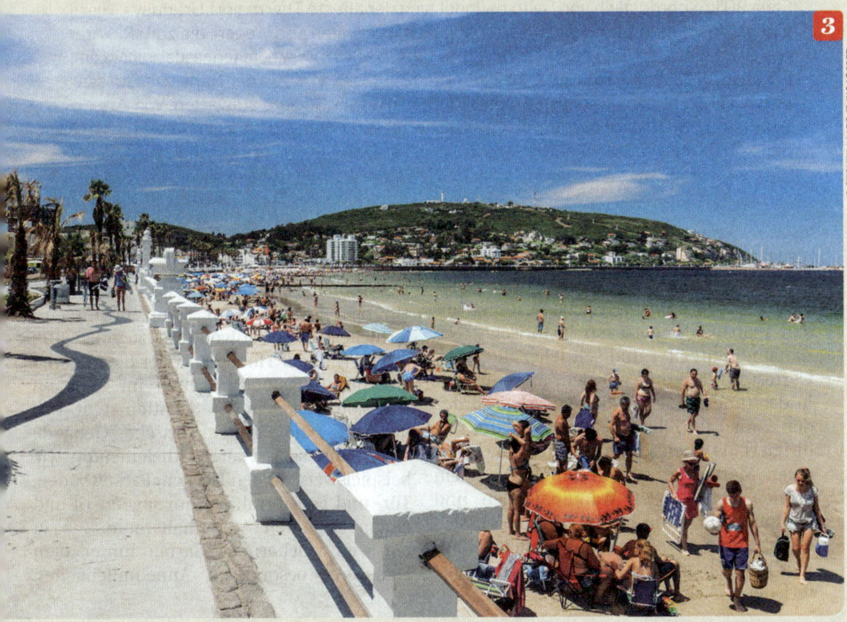

ELOJOTORPE/GETTY IMAGES ©

NICHT VERSÄUMEN

DIE THERMALQUELLEN VON SALTO

Rund um Salto blubbern jede Menge heißer Quellen.

Termas San Nicanor (☎ 4730-2209; www.sannicanor.com.uy; Ruta 3, Km 475; Stellplatz pro Pers. 200–250 Ur$, B 25–40 US$, DZ 100–150 US$, 4-Pers.-Hütte 180–230 US$; ☎ ✉) Inmitten einer idyllischen Landschaft mit Kühen, Feldern und Wasser, die etwas an flämische Malerei erinnert, liegt der beschaulichste Thermalort von Salto. Er bietet zwei riesige Thermalbecken im Freien, ein Restaurant und Unterkünfte für jeden Geldbeutel, darunter Campingplätze, Schlafsäle ohne viel Schnickschnack, Hütten für vier Personen und Privatzimmer in einem *estancia*-Gebäude mit hohen Decken, großen Kaminen und Pfauen, die übers Grundstück stolzieren.

Tagsüber kostet die Nutzung der Thermalquellen (nur Fr–So 8–22 Uhr) 150 Ur$ (100 Ur$ in der Nebensaison).

Die 12 km lange, unbefestigte Straße beginnt an der Ruta 3, 10 km südlich von Salto. Es verkehren gelegentlich **Shuttles** (☎ Fahrer Martín Lombardo 099-732368; einf. Fahrt 400 Ur$) nach San Nicanor, die in Salto (Ecke Larrañaga/Artigas) und an den Termas de Daymán abfahren. Die Zeiten sind unterschiedlich, deshalb sollte man sich vorher telefonisch nach der genauen Abfahrtszeit erkundigen.

Termas de Daymán (☎ 4736-9711; www.termasdedayman.com; Eintritt 100 Ur$; ☉ 9–21 Uhr) Rund 8 km südlich von Salto präsentiert sich Daymán als total erschlossener Themenpark mit Thermalbädern samt einem Wasserpark für die Kids. Die Thermen sind bei Touristen aus Uruguay und Argentinien beliebt, die im Bademantel über die einen Block lange Hauptstraße spazieren. Als komfortables Quartier in der Nähe der Thermalquellen empfiehlt sich **La Posta del Daymán** (☎ Campingplatz 4736–9094, Hotel 4736–9801; www.lapostadeldayman.com; Stellplatz pro Pers. 150 Ur$, Zi. pro Pers. inkl. Frühstück 1100–1550 Ur$; ☎ ✉).

Busse der Empresa Cossa fahren im Stundentakt von Salto zu den Bädern (25 Ur$); sie verkehren vom Hafen in Salto über die Avenida Brasil jeweils zur halben Stunde (7.30–22.30 Uhr) und fahren immer zur vollen Stunde (7–23 Uhr) zurück.

Termas de Arapey (☎ 4768-2101; www.termasarapey.com; Eintritt 100 Ur$; ☉ 7–23 Uhr) Etwa 90 km nordöstlich von Salto befindet sich der älteste Thermalort Uruguays. Hier gibt es zig Pools inmitten einer Gartenanlage mit Brunnen und Wegen, die zum Río Arapey Grande führen. Das **Hotel Municipal** (☎ 4768-2441; www.hoteltermasdelarapey.com; EZ/DZ 1670/2290 Ur$, Frühstück pro Pers. extra 125 Ur$; ❄ ☎ ✉), in der Nähe des Flusses unten, kann mit den günstigsten Unterkünften in dieser Gegend aufwarten. Von **Argentur** (☎ 4732-9931; minibusesargentur.blogspot.com) verkehren ein bis zwei Busse täglich ab Salto (170 Ur$, 1½ Std.).

Gran Hotel Concordia　　HOTEL $

(☎ 4733-2735; www.facebook.com/granhotelconcordia; Uruguay 749; EZ/DZ 800/1500 Ur$; ❄ ☎) Das verblichene Relikt aus den 1860er-Jahren ist ein historisches Nationalmonument – und seit jeher die preiswerteste Unterkunft mit dem meisten Flair in der Innenstadt von Salto. Carlos Gardel, der einmal im Zimmer 32 übernachtet hat, dirigiert als lebensgroße Holzfigur die Gäste einen Marmorkorridor hinunter zu einem grünen Patio voller Wandmalereien und Skulpturen. Darum herum gruppieren sich die eher etwas müden und muffigen Zimmer mit hohen Sprossenfenstern und Fensterläden.

★ **Art Hotel Deco**　　BOUTIQUEHOTEL $$

(☎ 4732-8585; www.arthoteldeco.com; Sarandí 145; EZ/DZ/Suite 90/120/150 US$; ❄ ☎) Nur ein paar Schritte vom Stadtzentrum entfernt liegt dieser stilvolle Neuzugang (2013 eröffnet) in der Hotelszene, der die anderen Übernachtungsmöglichkeiten im Zentrum von Salto locker in den Schatten stellt. Das liebevoll renovierte historische Gebäude strotzt nur so vor alten Stilelementen wie beispielsweise hohen Decken, Parkettböden, Tür- und Fensterrahmen im Jugendstil und einem eleganten Aufenthaltsraum – dazu ein wild wuchernder Garten hinter dem Haus. An besonderen Annehmlichkeiten warten Bettwäsche aus ägyptischer Baumwolle, Kabel-TV, eine Sauna und ein Fitnessstudio.

 Essen

La Caldera
PARRILLA **$**
(Uruguay 221; Gerichte 130–300 Ur$; ⊙Di–So 11–15 & 20–24 Uhr) Die *parrilla* mit einer sonnigen Terrasse, auf der eine frischen Brise weht, ist ideal, um dort Mittag zu essen; ebenso viel Flair hat aber die Gaststube mit Blick aufs Kaminfeuer beim Abendessen.

Casa de Lamas
URUGUAYISCH **$$**
(☑4732-9376; Chiazzaro 20; Gerichte 190–445 Ur$; ⊙Mi 20–24, Do–Mo 12–14.30 & 20–24 Uhr) Das protzigste Speiselokal Saltos befindet sich in einem Gebäude aus dem 19. Jh. mit einer schönen Gewölbedecke und Steinmetzarbeiten. Das *menú de la casa* (Menü mit Vorspeise, Hauptgericht, Nachtisch und Getränk) ist für 430 Ur$ erhältlich.

La Trattoria
URUGUAYISCH **$$**
(Uruguay 754; Gerichte 180–415 Ur$; ⊙12–2 Uhr) Die Einheimischen strömen in Scharen in dieses Speiselokal mit hohen Decken in der Innenstadt, um sich Fisch, Fleisch und Pasta schmecken zu lassen. Die Gäste können im Speiseraum zum Holzvertäfelung Platz nehmen oder an einem Tisch an der Calle Uruguay das bunte Treiben beobachten.

ⓘ Praktische Informationen

BBVA (Ecke Uruguay & Lavalleja) Eine von mehreren Banken an dieser Kreuzung.

Post (Ecke Artigas & Sarandí)

Touristeninformation (☑4733-4096; turismo@salto.gub.uy) Busbahnhof (Salto Shopping Center, Ecke Ruta 3 & Av Bastille; ⊙8–22 Uhr); Centro (Uruguay 1052; ⊙Mo–Sa 2–19 Uhr)

ⓘ An- & Weiterreise

BUS

Der **Busbahnhof** (Salto Shopping Center, Ecke Ruta 3 & Av Batlle) von Salto in einem hypermodernen Shoppingcenter, 2 km östlich der Innenstadt, verfügt über einen Infokiosk für Touristen, Geldautomaten, Interneteinrichtungen, kostenlose öffentliche Toiletten und einen Supermarkt.

Busse ab Salto

REISEZIEL	FAHRPREIS (UR$)	FAHRZEIT (STD.)
Buenos Aires (Argentinien)	1005	7
Colonia	809	8
Concordia (Argentinien)	121	1
Montevideo	883	6½
Paysandú	217	2
Tacuarembó	526	4

In Concordia besteht Anschluss zu weiteren Fahrtzielen in Argentinien, beispielsweise nach Puerto Iguazú und Córdoba.

SCHIFF

Von **Transporte Fluvial San Cristóbal** (☑4733-2461; Ecke Av Brasil & Costanera Norte) verkehren Schiffe über den Fluss nach Concordia/Argentinien (Erw./Kind 160/70 Ur$, 15 Min.), genau gesagt von Montag bis Samstag dreimal täglich von 8.45 bis 18 Uhr (sonntags keine Verbindungen).

Tacuarembó

54 800 EW.

Das in den sanften Hügeln der Cuchilla de Haedo gelegene Tacuarembó gilt als das Land der Gauchos. Und zwar nicht von Typen, die sich für ein paar Pesos in Positur schmeißen, sondern von echten Kerlen. Hier soll auch die Tangolegende Carlos Gardel geboren sein.

Als Provinzhauptstadt bietet Tacuarembó reizvolle, von Pappeln gesäumte Straßen und attraktive Plazas. Das Stadtzentrum liegt rund um die Plaza 19 de Abril mit den beiden wichtigsten Verkehrsadern, der 25 de Mayo und der 18 de Julio.

◉ Sehenswertes

Museo del Indio y del Gaucho
MUSEUM
(Ecke Flores & Artigas; ⊙Di–Sa 10–17Uhr) GRATIS Das Museum ist eine romantische Hommage an die Gauchos von Uruguay und die indigenen Völker des Landes. Zur Sammlung zählen Schemel aus Leder und Rinderknochen, elegant gearbeitete Silbersporen und andere Gegenstände, die zum Landleben gehören.

✷ Feste & Events

Fiesta de la Patria Gaucha
KULTUR
(www.patriagaucha.com.uy) Jedes Jahr Anfang März findet fünf Tage lang dieses bunte, authentische und typisch uruguayische Fest statt, das Besucher aus dem ganzen Land anlockt, die sich für die traditionellen Fertigkeiten der Gauchos, Musik und andere

Aktivitäten begeistern können. Die Fiesta steigt im Parque 25 de Agosto im Norden Tecuarembós.

🛏 Schlafen & Essen

Wer die traditionelle Kultur Tacuarembós aus nächster Nähe kennenlernen möchte, der sollte am besten in einer *estancia* in der Nähe logieren.

Hospedaje Márfer   HOTEL $
(☎ 4632-3324; Ituzaingó 211; EZ/DZ mit Bad 650/1150 Ur$, ohne Bad ab 390/780 Ur$) Die neuen Inhaber dieses Gästehauses in der Innenstadt haben mehrere Wohneinheiten mit neuen Matratzen und Tagesdecken sowie eigenem Bad und Klimaanlage ergänzt, Pfennigfuchser haben aber auch weiterhin die Wahl, sich für ein Billigzimmer mit Ventilator zu entscheiden. Das optionale Frühstück ist mit 150 Ur$ überteuert.

★ Estancia Panagea   ESTANCIA $$
(☎ 4630-2670, 9983-6149; panagea-uruguay.blogspot.com.uy; Ruta 31, Km 189; B pro Pers. inkl. Vollpension, Farmaktivitäten, Ausritte & Transport 60 US$) Ein wirklich toller, authentischer Einblick ins Landleben von Uruguay bietet sich auf dieser knapp 10 km² großen *estancia*, 40 km nordwestlich von Tacurembó, einem ganz normalen Betrieb. Juan Manuel, der hier geboren wurde und auch aufgewachsen ist, seine Schweizer Frau Susana und ein zweisprachiger Gaucho heißen die Gäste willkommen, rundum am Leben auf der Farm teilzunehmen. Die Aktivitäten reichen von so alltäglichen Verrichtungen wie der Kennzeichnung und Impfung von Tieren bis hin zu klassischen Tätigkeiten wie hoch zu Ross die Rinder zu hüten.

Die Gäste übernachten in einfachen Zimmern im Stil von Schlafsälen, bekommen täglich drei hausgemachte Mahlzeiten (beispielsweise Eier mit Speck, die auf dem Holzofen zubereitet werden), können sich auf dem Basketball- und Volleyballplatz bei Sonnenuntergang sportlich betätigen und sich abends am Kaminfeuer zusammensetzen. Man sollte vorher anrufen, um die Termine abzustimmen und um den Transfer vom Busbahnhof in Tacuarembó zur *estancia* zu vereinbaren.

★ Yvytu Itaty   ESTANCIA $$
(☎ 099-837555, 4630-8421; www.viviturismorural.com.uy; EZ inkl. Vollpension, Farmaktivitäten & Ausritte 2200 Ur$, pro Pers. ab. 2 Pers. 2000 Ur$) 🖉 Pedro und Nahir Clarigets schlichtes Zu-

hause im Stil einer Ranch, 50 km südwestlich von Tacuarembó gelegen, ermöglicht einen unverfälschten Einblick ins echte Gaucho-Leben. Die Gäste werden eingeladen, Pedro und seine netten Hütehunde bei einem Ausritt über die rund 636 ha große, gut organisierte *estancia* zu begleiten, an den üblichen Alltagstätigkeiten teilzunehmen und bei Sonnenuntergang auf dem Patio einen Mate-Tee zu trinken – in froher Erwartung der leckeren Hausmannskost von Nahir.

Am besten ist es, vorher anzurufen, um sich die Anfahrt mit dem Auto erklären zu lassen oder um die Abholung vom Busbahnhof in Tacuarembó zu vereinbaren (1500 Ur$ hin & zurück, unabhängig von der Gruppengröße).

La Rueda   PARRILLA $
(W Beltrán 251; Gerichte 140–300 Ur$; ⊙ Mo–Sa 12–15 & 19–24, So 12–16 Uhr) Die nette *parrilla* im Viertel mit Reetdach und Wänden, die über und über mit Gaucho-Andenken bedeckt sind, steht bei den Einheimischen seit ewigen Zeiten hoch im Kurs.

Cabesas Bier   PUB-ESSEN $
(cabesasbier.uy/#brewpub; Sarandí 349; Kneipenessen ab 200 Ur$; ⊙ Do–Sa 20 Uhr bis open end) Eine unerwartete Freude in Tecuarembó verspricht diese tolle kleine Mikrobrauerei, in der acht Sorten Craft-Bier vom Fass serviert werden; dazu munden Pizza, *picadas* und anderes Kneipenfutter.

ℹ Praktische Informationen

Banco Santander (18 de Julio 258) Einer von mehreren Geldautomaten in der Nähe der Plaza Colón.

Post (Ituzaingó 262)

Touristeninformation (☎ 4632-7144; tacuarembo.gub.uy; ⊙ Mo–Fr 8–19, Sa & So 8–12 Uhr) Direkt vor dem Busbahnhof.

ℹ Anreise & Unterwegs vor Ort

Der **Busbahnhof** (☎ 4632-4441; Ecke Ruta 5 & Av Victorino Pereira) befindet sich 1 km nordöstlich vom Zentrum. Ein Taxi in die Stadt kostet etwa 70 Ur$.

Busse ab Tacuarembó

REISEZIEL	FAHRPREIS (UR$)	FAHRZEIT (STD.)
Montevideo	689	4½
Paysandú	436	3½
Salto	512	4

Valle Edén

Im Valle Edén, einem üppigen Tal 24 km südwestlich von Tacuarembó, ist das **Museo Carlos Gardel** (☏ 099-107303; Eintritt 25 Ur$; ⏱ Di–So 9.30–17.30 Uhr) zu Hause. Es lässt sich mit dem Auto über eine Furt erreichen, über die sich eine hölzerne Hängebrücke für Fußgänger spannt. Das Museum befindet sich in einer ehemaligen *pulpería*, einem Krämerladen mit Bar, wie sie früher auf vielen *estancias* betrieben wurden. Das Museum belegt anhand von Dokumenten, weshalb Tacuarembó für sich in Anspruch nimmt, der Geburtsort des hochverehrten Tangosängers zu sein – eine Behauptung, die ihm sowohl Argentinien als auch Frankreich mit Vehemenz streitig machen!

Übernachten kann man im Valle Edén auf dem **Camping El Mago** (☏ 4632-7144; Stellplatz pro Zelt/Pers. 100/40 Ur$) oder in der **Posada Valle Edén** (☏ 098-800100, 4630-2345; www.posadavalleeden.com.uy; DZ 1480–2160 Ur$; ❄); die Gäste essen und wohnen in dem hübschen historischen Gasthof, erbaut aus Lehm und Stein, können aber auch in modernen *cabañas* auf der anderen Straßenseite logieren.

Zwei Busse der Empresa Calebus verkehren täglich von Tacuarembó ins Valle Edén (60 Ur$, 20 Min.).

DER OSTEN

Östlich von Montevideo zieht sich ein 340 km langer Küstenstreifen mit Stränden, Dünen, Wäldern und Lagunen bis zur brasilianischen Grenze – er zählt zu den Naturschätzen des Landes.

Diese Region ist eigentlich nur den Uruguayern und ihren unmittelbaren Nachbarn bekannt: Rund zehn Monate im Jahr liegt die Küste in einer Art Dornröschenschlaf, erst im Sommer (also zwischen Weihnachten und Karneval) erwacht die Gegend zum Leben: Dann hat es den Anschein, als würde jeder Bus in Montevideo zu einem der Küstenörtchen fahren. Wem der Sinn einfach nur nach Sonne und Unterhaltung steht, der ist hier in der Hochsaison genau richtig. Wer nur wenige Wochen vorher oder nachher (also im März oder in den ersten drei Dezemberwochen) dorthin fährt, kann die Schönheit und die Ruhe dieses Landstrichs für sage und schreibe den halben Preis genießen.

In der Nähe der brasilianischen Grenze liegen mitten in der weiten, offenen Landschaft und an den uneingeschränkt zugänglichen Stränden der Provinz Rocha verlassene Festungen auf den Hügeln, auch Schiffswracks sind stumme Zeugnisse einer Zeit, als sich Spanier und Portugiesen um die Herrschaft auf dem neuen Kontinent stritten. Wo einst Beobachtungsposten den weiten Horizont nach einfallenden Armeen absuchten, haben sich heute neue „Invasoren" breitgemacht: Touristen, die im Cabo Polonio mit dem Fernglas Wale beobachten, und Leute, die in Punta del Este mit gezückter Kamera nach Prominenten Ausschau halten.

Piriápolis

8800 EW.

Mit seinem prächtigen alten Hotel und der Strandpromenade vor der Kulisse niedriger Berge erinnert Piriápolis etwas an einen Ferienort am Mittelmeer und verströmt auch das Flair eines traditionellen Seebads. Das Städtchen wurde im frühen 20. Jh. von dem argentinischen Unternehmer Francisco Piria als Ferienort konzipiert. Er errichtete auch das besagte Argentino Hotel, ein imposantes Wahrzeichen von Piriápolis, sowie sein exzentrisches Domizil in den Hügeln, das Castillo de Piria (Pirias Burg).

Das gesamte Geschehen spielt sich in einem Abschnitt von nur zehn Blocks am Strand zwischen der Avenida Artigas (Zufahrt von der Ruta 9 aus) und der Avenida Piria ab (dort vollzieht die Küste eine weite Kurve in Richtung Süden). Die Straßen hinter dem Strand gehen rasch in reine Wohngebiete über.

In der Umgebung findet sich viel Interessantes, darunter zwei der höchsten Berge Uruguays.

Sehenswertes & Aktivitäten

Schwimmen und **Sonnenbaden** sind die beliebtesten Freizeitbeschäftigungen in Piriápolis, außerdem kann man am Ende des Strands, wo die Rambla de los Argentinos in die Rambla de los Ingleses übergeht, an den Felsen auch gut **angeln**.

Wer einen tollen Ausblick auf Piriápolis genießen möchte, fährt mit dem **Sessellift** (Aerosilla; Erw./Kind 160/140 Ur$; ⏱ 10 Uhr bis Sonnenuntergang) auf den Gipfel des **Cerro San Antonio** (130 m) am östlichen Stadtrand hinauf.

🛏 Schlafen & Essen

Die Übernachtungspreise fallen drastisch außerhalb der Hochsaison im Sommer. Eine gute Auswahl an Meeresfrüchterestaurants und *parrillas* entdeckt man bei einem Bummel über die Rambla, die am Strand entlangführt.

Bungalows Margariteñas   BUNGALOW $

(☑ 4432-2245, 099-890038; www.margaritenias. com; Ecke Zufriategui & Piedras; DZ/3BZ/4BZ 60/ 65/70 US$; @ 🛜) Die Anlage in der Nähe des Busbahnhofs bietet gut ausgestattete, individuell gestaltete Bungalows, in denen zwei bis vier Personen übernachten können. Die redselige Inhaberin Corina spricht Englisch und holt ihre Gäste auf Wunsch auch vom Busbahnhof ab.

Hostel de los Colores   HOSTEL $

(☑ 4432-6188; www.hosteldeloscolores.com.uy; Simón del Pino, zwischen Barrios & Reconquista; B 15–27 US$, DZ ab 47 US$; @ 🛜) Der Neuzugang direkt gegenüber vom offizielleren HI-Hostel von Piriápolis mit 240 Betten liegt zwei Blocks vom Strand entfernt und bietet saubere, farbenfrohe Vier- und Sechsbettschlafsäle sowie ein einziges Doppelzimmer. Es besteht die Möglichkeit, hier ein Fahrrad (400 Ur$ pro Tag) oder ein Kajak (500 Ur$ pro Tag) zu mieten.

Argentino Hotel   HISTORISCHES HOTEL $$$

(☑ 4432-2791; www.argentinohotel.com; Rambla de los Argentinos s/n; Zi. pro Pers. inkl. Frühstück 89–159 US$, inkl. Halbpension 108–180 US$; ❄ @ 🛜 ≋) Selbst wer nicht hier logiert, sollte diesem eleganten Spahotel im europäischen Stil mit 350 Zimmern und zwei beheizten Meerwasserpools, einem Kasino, einer Eislaufbahn und anderem Luxus einen Besuch abstatten.

★ Café Picasso   MEERESFRÜCHTE $$

(☑ 4432-2597; Ecke Rojas & Caseros; Gerichte 240–480 Ur$; ⏲ Dez.–April tgl. 12–15.30 & 20–23.30 Uhr, Mai–Nov. tgl. 12–15.30, Fr & Sa 20–23.30 Uhr) Mehrere Blocks vom Meer entfernt liegt etwas versteckt in einem Wohngebiet dieses Café. Hier hat der siebzigjährige Küchenchef und Inhaber Carlos seinen Autostellplatz und das Vorderzimmer in ein legeres, farbenfroh gestaltetes Restaurant mit einem Grill im Freien umfunktioniert. Die Einheimischen sitzen gemütlich auf Plastikstühlen, plaudern und hören Tangoaufnahmen an, während Carlos so ziemlich den besten Fisch zubereitet, den man an der Atlantikküste Uruguays finden kann; sonntags bereitet er zusätzlich auch Paella (560 Ur$) zu.

ℹ Praktische Informationen

Banco de la República (Rambla de los Argentinos, zwischen Sierra & Sanabria) Praktischer Geldautomat

Post (Av Piria s/n) Zwei Blocks vom Strand entfernt.

Touristeninformation (☑ 4432-5055; www. destinopiriapolis.com; Rambla de los Argentinos; ⏲ April–Nov. 10–18, Dez. & März 9–20, Jan. & Feb. bis 24 Uhr) Info am Wasser in der Nähe vom Argentino Hotel mit hilfsbereiten Mitarbeitern; und Toiletten gibt es hier auch.

ℹ An- & Weiterreise

Der **Busbahnhof** (☑ 4432-4526; Ecke Misiones & Niza) von Piriápolis liegt ein paar Blocks vom Strand entfernt. Von COT und COPSA verkehren häufig Busse nach Montevideo (177 Ur$, 1½ Std.) und nach Punta del Este (116 Ur$, 50 Min.).

Rund um Piriápolis

In den Hügeln nördlich der Stadt präsentiert das **Castillo de Piria** (☑ 4432-3268; Ruta 37, Km 4; ⏲ April–Nov. Di–So 8–15.30, Dez.–März bis 18 Uhr) GRATIS, Francisco Pirias bombastisches Domizil im Stil einer Burg, Ausstellungen (auf Spanisch) zur Geschichte von Piriápolis. Etwa 1 km weiter landeinwärts können Wandervögel den vierthöchsten „Gipfel" Uruguays erklimmen, den **Cerro Pan de Azúcar** (389 m). Der Weg (2½ Std. hin & zurück) beginnt am Parkplatz der **Reserva de Fauna Autóctona** (Ruta 37, Km 5; ⏲ 7–20.30 Uhr) GRATIS; die Staubstraße geht allmählich in einen steilen Pfad über, der mit roten Pfeilen gekennzeichnet ist.

Das private Naturschutzgebiet **Sierra de las Ánimas** (☑ SMS nur 094-419891; www. sierradelasanimas.com; Ruta 9, Km 86; Eintritt 80 Ur$; ⏲ Sa & So 9 Uhr–Sonnenuntergang, plus Karneval & Osterwoche) 🚶 liegt gleich an der Interbalnearia (Küstenschnellstraße), 25 km von Piriápolis entfernt in Richtung Montevideo. Es gibt hier zwei gute Wanderwege, die sich jeweils in drei bis vier Stunden (hin & zurück) begehen lassen: Einer führt auf den 501 m hohen Gipfel hinauf (den zweithöchsten Uruguays), der andere zum **Cañadón de los Espejos**, mehreren Wasserfällen und natürlichen Schwimmbecken, die vor allem nach einem kräftigen Regenguss beeindrucken. Weitere Aktivitäten hier sind rustikales Zelten (50 Ur$ pro Pers., nur nach Vereinbarung) und Mountainbiken. Wer von Montevideo mit dem Bus kommt, steigt am Parador Los Cardos, einem Restaurant, aus und überquert die Schnellstraße. Bei Kälte oder Regenwetter sollte man sicherheitshalber vor dem Aufbruch eine SMS schicken und fragen, ob das Naturschutzgebiet auch wirklich geöffnet ist.

Punta del Este

9300 EW.

Okay, der Plan gestaltet sich folgendermaßen: bräunen, enthaaren, im Fitnesscenter den Body stählen – um ihn dann am Strand von „Punta" zur Schau zu stellen. Und wenn das alles abgehakt ist, dann nichts wie ab in einen der berühmten Clubs der Stadt.

Punta del Este – mit seinen vielen Stränden, eleganten Domizilen am Meer, dem Jachthafen, den Apartmenthochhäusern, Nobelhotels und schicken Restaurants – ist einer der exklusivsten Ferienorte Südamerikas und steht bei Argentiniern und Brasilianern enorm hoch im Kurs; und der teuerste Ort Uruguays ist Punta locker auch.

Jedenfalls haben hier Leute, die gern nach Berühmtheiten Ausschau halten, einen Vollzeitjob. Punta strotzt nur so vor großen Namen, und die Regenbogenpresse führt Tabellen, wer wo mit wem gesehen wurde. Vom Mythos Punta profitieren dann natürlich auch die umliegenden Ortschaften wie die berühmte Clubzone La Barra im Osten oder Punta Ballena weiter westlich.

◉ Sehenswertes

Stadtstrände
STRAND

Im sonnigen Punta del Este sind die Strände tagsüber die Hauptattraktion. Auf der Westseite der Halbinsel (d. h. am Río de la Plata) schlängelt sich die Rambla Gral Artigas an der beschaulichen **Playa Mansa** entlang, führt dann am quirligen **Jachthafen** vorbei, der vor Booten, Restaurants und Nachtclubs nur so überquilllt, um in Richtung Osten auf den offenen Atlantik zu treffen. Auf der Ostseite der Halbinsel sind die Wellen und Strömungen dann stärker, was schon am Namen **Playa Brava** (Wilder Strand) deutlich wird – und natürlich an den Surfern, die in Scharen mit ihren Brettern zur **Playa de los Ingleses** und zur **Playa El Emir** strömen.

Entlegenere Strände
STRAND

(Richtung Westen auf der Rambla Williman) Von der Playa Mansa in Richtung Westen an der Rambla Williman entlang erstrecken sich die Strände La Pastora, Marconi, Cantegril, Las Delicias, Pinares, La Gruta an der Punta Ballena und Portezuelo. An der Rambla Lorenzo Batlle Pacheco in Richtung Osten sind die besten Strände La Chiverta, San Rafael, La Draga und Punta de la Barra. Im Sommer bieten alle *paradores* (kleine Lokale) auch Strandservice.

Isla de Lobos
INSEL

Die kleine, etwa 10 km vom Festland entfernte Insel beherbergt die zweitgrößte Seelöwenkolonie der Welt – bei der letzten Zählung mindestens 200 000 Tiere –, aber auch Kolonien mit Südlichen Seebären (Pelzrobbenart) sowie den höchsten Leuchtturm Südamerikas. Die Insel steht unter Naturschutz und kann nur im Rahmen eines organisierten Ausflugs vom Boot aus in Augenschein genommen werden; es tummeln sich aber auch viele Tier im Wasser, oft sogar direkt am Boot.

Isla Gorriti
INSEL

Etwa im 30-Minuten-Takt (in der Hochsaison tgl., in der Nebensaison nur am Wochenende) fahren vom Jachthafen in Punta del Este Boote in 15 Minuten zu dieser nahe gelegenen Insel hinüber, die mit herrlichen Sandstränden, ein paar Restaurants und den Ruinen der Baterías de Santa Ana aufwarten kann, einem alten Fort aus dem 18. Jh.

★ Casapueblo
GALERIE

(☎ 4257-8041; carlospaezvilaro.com.uy/nuevo/museo-taller; Eintritt 220 Ur$; ⊙ 10 Uhr–Sonnenuntergang) Die gleißend weiße, unglaublich kapriziöse Villa mit Kunstgalerie des uruguayischen Künstlers Carlos Páez Vilaró erweckt den Anschein, als würde sie über neun Etagen eine Klippe hinabstürzen. Sie befindet sich oberhalb von Punta Ballena, einer Landzunge 15 km westlich von Punta del Este. Die Besucher können fünf Räume besichtigen, einen Film über das Leben und die Reisen des Künstlers anschauen und den sagenhaften Ausblick in der Cafeteria-Bar im Obergeschoss auf sich wirken lassen. Ein Hotel und ein Restaurant gehören mit dazu. Von der Kreuzung, an der die Busse 8 von Codesa halten, sind es noch 2 km zu Fuß bis zur Villa.

🏃 Aktivitäten

Im Sommer besteht an der Playa Mansa die Möglichkeit zum **Parasailing**, **Wasserski**- und **Jetskifahren**. Anbieter finden sich am

Strand auf Höhe der Rambla Claudio Williman zwischen den *paradas* (Haltestellen) 2 und 20.

Sunvalleysurf
SURFEN

(✆ 4248-1388; www.sunvalleysurf.com; Parada 3, Playa Brava; ⊕ 11–19 Uhr) Neoprenanzüge, Surf- und Bodyboards, aber auch Unterricht bietet das Hauptgeschäft an der Playa Brava; Filialen gibt's an der **Playa El Emir** (✆ 4244-8622; Calle 28, zwischen Calles 24 & 26) und in **La Barra** (Ruta 10, Km 160).

☞ Geführte Touren

Dimar Tours
BOOTSAUSFLUG

(✆ 4244-4750; www.isladelobos.com.uy; Puerto; Erw./Kind zur Isla Gorriti 300/200 Ur$, zur Isla de Lobos 50/30 US$) Dimar veranstaltet ab dem Hafen von Punta während der Hochsaison täglich, in der Nebensaison nur am Wochenende Bootsausflüge zur Isla de Lobos und zur Isla Gorriti. Die Hauptattraktion der Isla de Lobos-Tour besteht in der Möglichkeit, mit den Seelöwen zu schwimmen. Andere Veranstalter wie **Crucero Samoa** (✆ 094-954660; crucerosamoa.com; Hafen) haben ein Büro am selben Steg. Am besten dreht man also eine Runde und vergleicht die Angebote. In der Hochsaison sollte man den Ausflug im Voraus reservieren.

Schlafen

Im Sommer ist das mondäne Punta überfüllt, die Preise schießen in astronomische Höhen – sogar die Hostels verdoppeln im Januar ihre Tarife. Im Winter gleicht Punta hingegen einer Geisterstadt; die Unterkünfte, die dann noch offen haben, gewähren erhebliche Ermäßigungen. In der Hochsaison verlangen sogar Mittelklasse-Unterkünfte Preise wie ein Luxushotel. Außerhalb der Saison entspricht die Preisgestaltung weitgehend dem Durchschnitt.

★ Tas D'Viaje Hostel
HOSTEL $

(✆ 4244-8789; www.tasdviaje.com; Calle 24 zwischen 28 & 29; B 15–35 US$, DZ 50–100 US$; ✳@🛜) Das bestgelegene Hostel Puntas ist gerade mal einen Block von der Playa El Emir entfernt. Hier gibt es wirklich alles – von preisgünstigen Schlafsälen mit Ventilator bis hin zu nagelneuen Suiten mit Klimaanlage und eigenem Bad, schönen Holzböden und Kabel-TV mit Flachbildschirm. Es verlocken eine Frühstücksveranda, die aufs Meer hinausgeht, ein einladendes Wohnzimmer mit Kamin, eine attraktive Gästeküche und ein Patio hinter dem Haus mit

Hängematten zum Chillen. Außerdem können die Gäste hier noch ein Fahrrad oder ein Surfbrett für 10 US$ am Tag mieten.

Trip Hostel
HOSTEL $

(✆ 4248-8181; www.thetriphostel.com; Sader zwischen Artigas & Francia; B 12–30 US$, DZ 50–80 US$; @🛜) Das von drei Freunden – alles Uruguayer – gegründete kleine Hostel hat jede Menge *buena onda* (gute Atmosphäre). Geboten werden eine gemütliche Lounge, eine Bar, in der Bier aus lokalen Mikrobrauereien serviert wird, und eine Dachterrasse, auf der sechs Cannabispflanzen gedeihen – nach neuester Gesetzgebung das Maximum, das erlaubt ist. Das Hostel liegt in einer Straße mit Wohnhäusern fünf Minuten zu Fuß vom Busbahnhof und von den Stränden entfernt. Das einzige Doppelzimmer, das im Angebot ist, ist allerdings nicht gerade zu empfehlen – da es keine Fenster hat, bekommt man leicht Platzangst.

Hostel del Puerto
HOSTEL $

(✆ 4244-4949; www.hosteldelpuerto.com; zwischen Calle 11 & 12; B 15–40 US$, DZ ohne Bad 60–100 US$; ⊕ Mitte Nov.–Feb.; ✳🛜) Für die verhältnismäßig sterile Atmosphäre im neuesten Hostel von Punta entschädigt die perfekte Lage – einen Block oberhalb des Jachthafens mit seinem pulsierenden Nachtleben. In den Schlafsälen können vier bis 13 Personen übernachten; außerdem gibt es nur eine große Küche und einen Hof mit Grillvorrichtungen.

Camping San Rafael
CAMPINGPLATZ $

(✆ 4248-6715; www.campingsanrafael.com.uy; Saravia s/n; Stellplatz pro Pers. 11 US$, plus pro Fahrzeug 2 US$; ⊕ Nov.–Ostern) Dieser bewaldete Campingplatz in der Nähe der Brücke, die nach La Barra hinüberführt, kann mit gepflegten Einrichtungen aufwarten, genauer gesagt mit einem Laden, einem Restaurant, einer Waschküche, heißem Wasser rund um die Uhr und anderen Annehmlichkeiten.

La Lomita del Chingolo
PENSION $

(✆ 099-758897, 4248-6980; www.lalomitadelchingolo.com; Las Acacias zwischen Los Eucaliptus & Le Mans; Dez. & März B/DZ 20/40 US$, Jan. & Feb. 50/100 US$, April–Nov. 17/30 US$; @🛜) Die entspannte Pension mit einem Schlafsaal für sechs Personen und fünf Doppelzimmern liegt in einer Wohngegend, rund 4 km nördlich des Zentrums. Die gastfreundlichen Inhaber Rodrigo und Alejandra verwöhnen ihre Gäste gern mit einem leckeren Frühstück, spontanen Grillfeten im Hof hinter dem Haus, Kochgelegenheiten sowie jeder Menge nützlicher Informationen zur Umgebung.

Bonne Étoile
HOTEL $$

(☏ 4244-0301; www.hotelbonneetoile.com; Calle 20, zwischen Calle 23 & 25; Nebensaison EZ/DZ 55/65 US$, Hochsaison US$135/145; ✳@🛜) Das Hotel in einem Strandhaus aus den 1940er-Jahren neben einem moderneren sechsstöckigen Turm kann mit sauberen, geräumigen Zimmern aufwarten. Einige haben einen schönen Blick aufs Wasser. In der Nebensaison bietet das Hotel die besten Preise in der ganzen Stadt, und die Lage zwischen der Gorlero und dem Hafen ist so ziemlich unschlagbar.

Hotel Bravamar
HOTEL $$

(☏ 4248-0559; hotelbravamar.com.uy; Rambla Costanera, Playa Brava; Zi. Nebensaison 50–80 US$, Hochsaison 100–140 US$; ✳🛜) Das bescheidene, nette Hotel – ein Familienbetrieb – ist eines der besten Schnäppchen an der Playa Brava, wobei die Schnellstraße die Aussicht allerdings nicht gerade verschönert.

⭐Las Cumbres
BOUTIQUEHOTEL $$$

(☏ 4257-8689; www.cumbres.com.uy; Ruta 12, Km 3,5, Laguna del Sauce; DZ 155–375 US$, Suite 315–675 US$; ✳@🛜🏊) In der Nähe von Punta Ballena ist das Las Cumbres ein luxuriöses, aber nicht protziges Paradies oben auf einem Hügel, das kunterbunt mit allen möglichen Schätzen ausgestattet ist, die die Inhaber von ihren Weltreisen mitgebracht haben. Die geräumigen Zimmer bieten eine Fülle von Extras wie einen Schreibtisch, einen Kamin und einen Whirlpool im Freien. Die Gäste können die Kureinrichtungen, Strandliegen und Sonnenschirme, aber auch die kostenlosen Mountainbikes nutzen. Von der Terrasse des Teezimmers (öffentl. zugänglich) bietet sich ein herrlicher Blick.

⭐Casa Zinc
BOUTIQUEHOTEL $$$

(☏ 4277-3003, 9962-0066; www.casazinc.com; Calle 9, La Barra; Zi. 140–470 US$; @🛜) Das zauberhafte Boutiquehotel in La Barra ist voll von nostalgischen Möbeln, Badewannen mit Klauenfüßen und Marmorböden mit Schachbrettmuster. Geboten werden sechs luxuriöse Zimmer mit hohen Decken, die unter einem Motto stehen, also beispielsweise die „Bibliothek", das von Licht durchflutete „Architektenstudio" und „Wieder in der Schule" mit Doppelbetten und altmodischen Schiefertafeln. Die Gäste können bis 16 Uhr ihr Frühstück genießen, sich in der fantas-

ACHTUNG: HAND IM SAND!

Das berühmteste Wahrzeichen von Punta del Este ist **La Mano en la Arena** (Die Hand im Sand; Playa Brava), die montrös große Skulptur einer Hand, die an der Playa Brava aus dem Sand ragt. Das Gebilde aus Stahlbeton stammt von dem chilenischen Künstler Mario Irarrázabal und gewann 1982 den ersten Preis bei einem Bildhauereiwettbewerb. Seitdem zählt es zum Inventar von Punta. Die Hand übt eine magische Anziehungskraft auf alljährlich Tausende von Besuchern aus, die auf die Finger hinaufklettern, herunterhüpfen und vor der Hand für Fotos posieren. Einfach ein Stück südöstlich vom Busbahnhof nach der Skulptur Ausschau halten.

tisch ausgestatteten Küche ihr Essen zubereiten oder in den Kunstbänden herumblättern, die das Hotel zusammengetragen hat.

Atlántico Boutique Hotel
BOUTIQUEHOTEL $$$

(☏ 4244-0229; hotelatlanticopuntadeleste.com; Ecke Calles 7 & 10; Zi. 92–292 US$, Suite 138–384 US$; ✳🛜🏊) Das Boutiquehotel in strahlend weißem Dekor samt einem Pool und einem Barbereich hinter dem Haus liegt zwischen dem Hafen und der Spitze der Halbinsel und ist eine der neuesten, stilvollsten und besten Unterkünfte, die Punta zu bieten hat. An Annehmlichkeiten warten 32-Zoll-TVs in jedem Zimmer, eine Pizzeria, eine umfangreiche Videobibliothek und ein üppiges Frühstücksbüfett.

Conrad Resort & Casino
CASINOHOTEL $$$

(☏ 4249-1111; www.conrad.com.uy; Parada 4, Playa Mansa; DZ 350–761 US$, Suite ab 578 US$; ✳@🛜🏊) Das 5-Sterne-Hotel in einem Hochhaus in der Innenstadt gilt schon lange als Institution, aber auch als Dreh- und Angelpunkt des sommerlichen Gesellschaftslebens von Punta – sehen und gesehen werden lautet hier die Devise. Die besseren Zimmer haben eine Terrasse mit Meerblick, der Pool und der Spa-Komplex sind sagenhaft, und das Kasino kann mit einem extravaganten Unterhaltungsprogramm aufwarten.

 Essen

Rustic
INTERNATIONAL $

(☏ 092-007457; www.facebook.com/Rusticbarpuntadeleste; Calle 29, zwischen Gorlero

Punta del Este

500 m
0

Punta Ballena (15 km)

Charrua

La Lomita del Chingolo (1 km);
La Barra (11 km);
Mahantiales (15 km)

Av Francia

Joaquín Lenzina

Yaro

Rbla. Lorenzo Batlle Pacheco

Calle Emilio Sader

Buevar Artigas

Rambla Claudio William

Pedro Risso

Calle 31 (Inzaurraga)

Playa Brava

Playa Mansa

Calle 18 (Baupres)

Calle 20 (El Remanso)

Calle 29 (Las Gaviotas)

Calle 22 (Av Juan Gorlero)

Calle 24 (El Mesana)

Rambla Gral Artigas

Calle 28 (Los Meros)

Calle 27 (Los Muergos)

Río de la Plata

Calle 25 (Arrecifes)

Rambla Artigas

Plaza Artigas

Calle 23 (El Coral)

Calle 26 (Resalsero)

Calle 21 (La Galerna)

Calle 19 (Comodoro Gorlero)

Yacht-hafen

Calle 17 (El Estrecho)

Puerto

Calle 15 (La Salina)

Calle 14 (El Foque)

Calle 11 (Juan Díaz de Solís)

Calle 9 (La Salina)

Calle 7 (Capitán Miranda)

Plaza El Faro

Calle 5 (El Faro)

Calle 4 (Puesta del Sol)

Rambla Gral Artigas

Calle 6 (El Pampero)

Calle 8 (El Ibirapitá)

Calle 10 (Arrecifes)

Calle 2 (Virazón)

ATLANTISCHER OZEAN

La Mano en la Arena

Punta del Este

& Calle 24; Hauptgerichte 150–350 Ur$; ⊙ Mi–Mo 11–16, plus Fr & Sa 20–3 Uhr) Rustikale Holztische, unverputzte Ziegelwände, Retro-Dekor und leckeres Essen zu erschwinglichen Preisen machen das Rustic zu einem der attraktivsten Lokale auf der Halbinsel, um dort Mittag zu essen. Die netten jungen Inhaber Luciana und Sebastian lassen ein freundliches Lächeln sehen, wenn sie von Tisch zu Tisch schwirren, um *chivitos*, *milanesas*, *quesadillas*, Salate und den Fisch des Tages zu servieren. Jeden Tag wird mittags ein besonderes Gericht für 150 Ur$ (130 Ur$ zum Mitnehmen) angeboten.

Chivitería Marcos — SANDWICHES $$
(☎ 4243-7609; Rambla Artigas, zwischen Calle 12 & 14; Chivitos 335 Ur$; ⊙ Dez.–März 11–4 Uhr, April–Nov. Fr & Sa 12–24, So 12–17 Uhr) Das Marcos mit seiner Hauptniederlassung in Montevideo hat sich einen Namen mit seinen *chivitos* (Uruguays berühmten Steak-Sandwiches) gemacht, die hier nach den Wünschen der Gäste zubereitet werden. Sie haben die Qual der Wahl unter elf Belägen und sieben Soßen. Und dann gilt es natürlich, die Köstlichkeit irgendwie an den Tisch zu balancieren.

Olivia — INTERNATIONAL $$
(☎ 4244-5121; Calle 21, zwischen Rambla Artigas & Gorlero; Hauptgerichte 320–490 Ur$; ⊙ 12–24 Uhr) Das Restaurant ist für seine abwechslungsreiche Speisekarte und die – zumindest für Punta – moderaten Preise bekannt. Serviert werden Tacos, Pizza, Salate, Sandwiches und gehaltvollere Fisch- und Fleischgerichte, aber auch Caipirinhas, Mojitos, Sangria oder frische Limonade mit Ingwer und Minze. Bei milden Temperaturen macht es Spaß, auf der malerischen Dachterrasse mit Blick über den Hafen Platz zu nehmen.

Lo de Tere — INTERNATIONAL $$$
(☎ 4244-0492; www.lodetere.com; Rambla Artigas & Calle 21; Hauptgerichte 580–980 Ur$; ⊙ 12–15 & 20–24 Uhr) Selbst mit einem Preisnachlass für Gäste, die früh kommen (20–40 %, je nachdem, wann genau man eintrifft), stellt das Lo de Tere noch einen Frontalangriff auf den Geldbeutel dar; exquisiteres Essen findet man allerdings nirgendwo sonst in Punta. Auf der umfangreichen Speisekarte stehen beispielsweise schwarze Krabbenravioli, Shrimp-Risotto mit Orangenaroma, Steak aus Uruguay mit Steinsalz und selbst gemachtem Chimichurri sowie der berühmte Lammrücken – und das alles mit einem wunderschönen Blick über den Hafen.

Lo de Charlie — MEERESFRÜCHTE, MEDITERRAN $$$
(☎ 4244-4183; www.lodecharlie.com.uy; Calle 12, No 819; Gerichte 520–840 Ur$; ⊙ Dez.–März

…r bis open end, April–Nov. Do–Sa 20–24 & …So 11–16 Uhr) Das Restaurant gehört einem Kumpel, mit dem der einheimische Künstler Carlos Páez Vilaró gern zum Angeln geht – an den Wänden hängen einige seiner Werke. Jedenfalls ist das Lo de Charlie eine der feinsten Adressen in Punta. An kulinarischen Köstlichkeiten verlocken Gazpacho, Paella, Risotto, selbst gemachte Pasta, Fisch und Schalentiere.

Guappa
URUGUAYISCH $$$
(📞 4244-0951; guappa.com.uy; Rambla Artigas zwischen Calle 27 & 28; Hauptgerichte 350–790 Ur$; ⏰ 10–24 Uhr) Wer Meeresfrüchte, Salate, Pasta, Panini oder *chivitos* in einem der attraktivsten Lokale am Meer goutieren möchte, sollte sich an einen Tisch auf der Terrasse am Strand setzen und dann genüsslich zuschauen, wie die Kellner sich um eine würdevolle Miene bemühen, wenn sie mit ihren vollbeladenen Tabletts die Straße überqueren. Ein beliebtes Lokal, um sich den Sonnenuntergang anzuschauen.

Miró
SUSHI, MEERESFRÜCHTE $$$
(www.facebook.com/miro.restomusicbar; Ecke Calle 26 & 27; Hauptgerichte 390–680 Ur$; ⏰ März–Nov. Fr–So 10–24 Uhr, Dez.–Feb. tgl.) Sushi, gegrillter Fisch, gebratener Tintenfisch und *mejillones a la provençal* (in Weißwein, Knoblauch, Petersilie und Olivenöl gegarte Muscheln) sind die Spezialitäten dieses Speiselokals am Strand. Die Terrasse direkt an der Playa El Emir zählt zu den besten Locations auf der Halbinsel, um sich einen malerischen Sundowner zu gönnen oder um zwischen den Stippvisiten am Strand einen Happen zu essen.

Il Baretto
ITALIENISCH $$$
(📞 4244-5565; www.ilbarettopunta.com; Ecke Calle 9 & 10; Pizza 270–395 Ur$; Gerichte 495–750 Ur$; ⏰ Mitte Dez.–Karneval tgl. 11–16 & 20–24 Uhr, restl. Jahr Sa & So 11–16, Fr & Sa 20–24 Uhr) Die Polstersessel und Sofas im von Kerzen erleuchteten Garten schaffen ein romantisches Ambiente, um nach dem Aufenthalt am Strand einen Drink zu nehmen und dazu die selbst gemachte Pasta, Pizza und Desserts zu genießen.

Ausgehen & Nachtleben
Eine Reihe von Clubs in der Hafengegend von Punta haben ganzjährig geöffnet, in der Nebensaison allerdings nur am Wochenende. Während der absoluten Hochsaison von Weihnachten bis Ende Januar machen weitere Strandclubs an der Playa Brava sowie an der Küstenstraße nach La Barra auf – die Namen wechseln ständig.

ABSTECHER

FARO JOSÉ IGNACIO

Die Reichen und Berühmten strömen in Scharen in diesen total angesagten Ort am Meer mit seinem attraktiven Leuchtturm und den langen weichen Sandstränden, 30 km östlich von Punta del Este.

In die exklusive Atmosphäre von José Ignacio „hineinschmecken" können Tagesgäste, wenn sie im **Parador La Huella** (📞 4486-2279; www.paradorlahuella.com; Playa Brava, José Ignacio; Hauptgerichte 450–700 Ur$; ⏰ Dez.–März tgl. 12–17.30 & 20–1 Uhr, April–Nov. Fr–So 12–15, Fr–Sa 20–24 Uhr) am Strand vorbeischauen. Zu den Spezialitäten des schicken Speiselokals zählen Sushi, Fisch vom Grill und Pizza aus dem Tonofen – und alles wird mit traumhafter Aussicht aufs Meer serviert.

Hier zu logieren, ist nichts für Leute mit schmaler Geldbörse; 1000 US$ für eine Übernachtung ist die Norm – was auch für das **Playa Vik** (📞 093- 704866; playavik.com; Ecke Los Cisnes & Los Horneros; Suite 900–1200 US$, Häuser 1300–2300 US$) gilt, eines von drei Luxushotels in der Umgebung von José Ignacio, die von dem skandinavischen Multimillionär und Kunstmäzen Alex Vik ins Leben gerufen wurden. Wer diesen herrlichen Küstenstreifen kennenlernen möchte, ohne hinterher komplett pleite zu sein, sollte sich auf Websites wie joseignaciouruguay.com umsehen, auf denen sich coole, weniger kostspielige Alternativen finden wie beispielsweise **El Farolito** (📞 098-345323; Republica Argentina zwischen Las Toninas und Av Soria; bis zu 5 Pers. pro Nacht/Woche 150/1000 US$) – ein zu einem flippigen Strandhaus umfunktionierter Schiffscontainer.

Von **COT** (📞 4248-3558; www.cot.com.uy) verkehren täglich zwei Busse von Punta del Este nach José Ignacio (98 Ur$, 40 Min.).

Noch ein Hinweis: Einen Nachtclub sollte man nicht vor 2 Uhr in der Früh aufsuchen. Die Bars in Punta haben im Allgemeinen geöffnet, solange feierfreudige Gäste da sind; manchmal wird am Wochenende auch Livemusik gespielt.

Capi Bar
BAR
(www.facebook.com/capipde; Calle 27, zwischen Gorlero & Calle 24; ⊙12 Uhr–open end) Die erste Brauereikneipe von Punta del Este ging 2015 in Betrieb und serviert ihr selbst gebrautes Capitán, jedoch auch allerlei andere Craft-Biere aus ganz Uruguay. Das feudale, schummrige Ambiente ist aber auch nett, um sich in aller Ruhe einen preislich akzeptablen Fisch mit Pommes, *rabas* (frittierter Tintenfisch) und andere kleinere Gerichte von der Bar schmecken zu lassen.

Moby Dick
PUB
(www.mobydick.com.uy; Calle 13, zwischen Calle 10 & 12; ⊙Mo–Do 18–5, Fr–So 12–5 Uhr) In diesem klassischen Pub in der Nähe des Jachthafens startet das dynamische Szenevolk allabendlich ins Nachtleben. Das Moby Dick hat ganzjährig geöffnet; gespielt wird eine Mischung aus Livemusik und DJ-Rhythmen.

Soho
CLUB
(www.facebook.com/SohoPuntaUy; Calle 13, zwischen Calle 10 & 12; ⊙24–6 Uhr) Ein weiteres Tanzlokal, das zuverlässig das ganze Jahr über geöffnet hat und Livemusik sowie DJs aus dem In- und Ausland bietet.

Ocean Club
CLUB
(www.facebook.com/OceanClubPunta; Rambla Batllé Parada 12; ⊙1–7 Uhr) In den Dünen zwischen Punta und La Barra liegt dieser Strandclub – eine der besten und zuverlässigsten Adressen zum Abfeiern.

 Unterhaltung

Medio y Medio
JAZZ
(☎4257-8791; www.medioymedio.com; Camino Lussich s/n, Punta Ballena; ⊙22.30 Uhr bis spätabends) Dieser Jazzclub mit Restaurant in der Nähe vom Strand in Punta Ballena präsentiert Topmusiker aus Uruguay, Argentinien und Brasilien.

 Shoppen

Manos del Uruguay
KLEIDUNG
(www.manos.com.uy; Gorlero zwischen Calles 30 & 31; ⊙März–Nov. 11–19, Dez. 10–20, Jan. & Feb. bis 24 Uhr) Die hiesige Filiale der landesweiten Kooperative, in der edle Wollsachen erhältlich sind.

Feria de los Artesanos
KUNSTHANDWERK
(Plaza Artigas; ⊙April–Nov. 11–19 Uhr, Dez.–März länger geöffnet) Markt mit Kunsthandwerk auf dem zentralen Platz in Punta.

ⓘ Orientierung

Punta del Este ist relativ klein; es liegt auf einer schmalen Halbinsel, die offiziell den Río de la Plata vom Atlantik trennt. Die Stadt weist zwei getrennte Straßennetze auf: Nördlich einer schmalen Landenge und gleich östlich des Jachthafens, befindet sich die Hotelzone mit Hochhäusern, der südliche Bereich ist eher ein Wohngebiet. Auf den Straßenschildern stehen sowohl Namen als auch Nummern, wobei die Einheimischen die Straßen nur nach ihrer Nummer benennen. Eine Ausnahme stellt die Avenida Juan Gorlero (Calle 22) dar, die Haupteinkaufsstraße, die allgemein nur als „Gorlero" bezeichnet wird (nicht zu verwechseln mit der Calle 19, der Comodoro Gorlero).

Die Rambla Claudio Williman und die Rambla Lorenzo Batlle Pacheco sind zwei Hauptverkehrsstraßen, die an der Küste entlang verlaufen und von Nordwesten bzw. Nordosten kommend an der Landenge aufeinandertreffen. Die verschiedenen Locations an den Ramblas werden anhand der Nummer der *paradas* (am Wasser entlang ausgeschilderte Bushaltestellen) angegeben.

ⓘ Praktische Informationen

Die meisten Hotels und Restaurants bieten kostenloses WLAN, auf der Plaza Artigas gibt es gratis WLAN von der Stadt. Die vielen Banken, Geldautomaten und Wechselstuben Puntas liegen geballt in der Gorlero.

Antel (Ecke Calle 24 & 25; ⊙Mo–Fr 9–17 Uhr; 📞) Service rund ums Telefon.

Post (Calle 30, zwischen Gorlero & Calle 24)

Städtische Touristeninformation (☎4244-6510; www.maldonado.gub.uy; Plaza Artigas; ⊙Mitte Dez.–Feb. 8–23, restl. Jahr 11–17 Uhr) Büro mit Komplettservice und angeschlossenem Schalter, der Hotelbuchungen vornimmt. Weitere Zweigstellen am Hafen, am Busbahnhof (☎4249-4042; ⊙Mitte Dez.–Feb. 8–22, restl. Jahr 11–17 Uhr) und an der Playa Mansa (☎4244-6519; Ecke Calle 18 & 31; ⊙Mitte Dez.–März 9–22, restl. Jahr 11–17 Uhr).

Staatliches Tourismusministerium (☎4244-1218; puntadeleste@mintur.gub.uy; Gorlero 942; ⊙Mo–Sa 10–17 Uhr)

An- & Weiterreise

BUS

Vom **Busbahnhof** (☎4249-4042; Ecke Calle 32 & Bulevar Artigas) von Punta del Este fahren täglich Dutzende Busse über die Küstenstraße nach Montevideo. Von COT verkehren zwei Busse täglich in Richtung Nordosten die Küste entlang zur brasilianischen Grenze mit Zwischenstopps in Rocha (dort umsteigen nach La Paloma, La Pedrera und zum Cabo Polonio) und in Punta del Diablo.

Busse ab Punta del Este

REISEZIEL	FAHRPREIS (UR$)	FAHRZEIT (STD.)
Carrasco Airport	266	1¾
Montevideo	266	2¼
Piriápolis	116	1
Punta del Diablo	363	3
Rocha	187	1½

FLUGZEUG

Der **Punta del Este International Airport** (S. 665) liegt an der Laguna del Sauce, 20 km westlich von Punta del Este. Internationale Direktflüge bieten beispielsweise Aerolíneas Argentinas zum Aeroparque von Buenos Aires und TAM nach São Paulo an.

❶ Unterwegs vor Ort

AUTO

Die bekanntesten internationalen Autovermietungen, aber auch einheimische Leihwagenfirmen wie **Punta Car** (☎ 4248-2112; www.punta car.com.uy; Bulevar Artigas 101) und **Multicar** (☎ 4244-3143; www.redmulticar.com; Gorlero 860) verfügen über einen Schalter am Flughafen von Punta del Este. In der Innenstadt befinden sich sämtliche Mietwagenunternehmen in der Gorlero und der Calle 31.

BUS

Der von **Codesa** (☎ 4266-9129; www.codesa.com.uy) betriebene Bus 14 verkehrt vom Busbahnhof in Punta über die östlichen Strände nach La Barra (49 Ur$, 10 Min.) und José Ignacio (60 Ur$, 50 Min.); andere Busse von Codesa steuern ganzjährig Fahrtziele weiter westlich an, darunter Punta Ballena.

VOM/ZUM FLUGHAFEN

Der **Transfer per Minivan** (☎ 099-903433, 4223-0011; Transfer zwischen Flughafen & Busbahnhof oder Hafen 220 Ur$, zwischen Flughafen & Hotel 320 Ur$) von Tür zu Tür ist am praktischsten, um zum Flughafen von Punta del Este zu gelangen.

Eine Alternative stellen die Busse nach Montevideo dar, die ihre Fahrgäste am Flughafeneingang an der Hauptschnellstraße absetzen (81 Ur$); von hier sind es dann noch rund 250 m bis zum Flughafengebäude, die zu Fuß zurückgelegt werden müssen.

La Paloma
3500 EW.

La Paloma liegt auf einer kleinen Halbinsel, 225 km östlich von Montevideo, in der recht ländlichen Provinz Rocha. Die ausgedehnte Ortschaft ist relativ nichtssagend, aber die Strände in der Nähe können dafür mit so ziemlich den besten Surfbedingungen in ganz Uruguay aufwarten. Im Sommer veranstaltet das Städtchen oft kostenlose Konzerte am Strand; dann ist es wichtig, rechtzeitig im Voraus ein Quartier zu reservieren.

◉ Sehenswertes & Aktivitäten

El Faro del Cabo Santa María   LEUCHTTURM

(Eintritt 25 Ur$; ⊙ 15 Uhr bis Sonnenuntergang) Die Fertigstellung des Leuchtturms im Jahr 1874 markiert La Palomas Aufstieg zum Ferienort im Sommer. Der erste, unvollendete Leuchtturm stürzte bei einem schweren Sturm ein und riss 17 Arbeiter aus Frankreich und Italien in den Tod, die nun in der Nähe begraben liegen. Im Freien befindet sich eine Sonnenuhr, die mit Hilfe des Schattens, den der Leuchtturm wirft, die Zeit anzeigt.

Laguna de Rocha   NATURSCHUTZGEBIET

Das ökologische Naturschutzgebiet untersteht dem staatlichen SNAP-Programm (S. 656). Das weitläufige, wunderschöne Feuchtgebiet, 10 km westlich von La Paloma, beherbergt Populationen von Schwarzhalsschwänen, Störchen, Löfflern und anderen Wasservögeln.

Peteco Surf Shop   SURFEN

(www.facebook.com/peteco.surf; Av Nicolás Solari, zwischen Av El Sirio & Av del Navío; ⊙ Do–Mo 10–20, Di & Mi bis 18 Uhr) Dieser nette Surferladen vermietet alles an Ausrüstung, was man braucht, also Shortboards, Longboards, Bodyboards, Sandboards, Neoprenanzüge und Kajaks, außerdem bekommen Interessierte auch gleich noch einen einheimischen Lehrer gestellt. Die besten Strände zum Surfen sind Los Botes, Solari und Anaconda im Südwesten der Ortschaft sowie La Aguada und La Pedrera im Nordosten.

🛏 Schlafen & Essen

La Balconada Hostel   HOSTEL $

(☎ 4479-6273; www.labalconadahostel.com.uy; Centauro s/n; B 18–35 US$, DZ mit Bad 60–80 US$, DZ ohne Bad 50–60 US$; ⊛) Das surferfreundliche Hostel in beneidenswerter Lage befindet sich umweit des Strands La Balconada, etwa 1 km südwestlich des Zentrums. Vom Busbahnhof einfach mit dem Taxi hinfahren, das Hostel übernimmt dann die Rechnung.

Hotel Bahía
HOTEL **$$**

(☎ 4479-6029; www.elbahia.com.uy; Ecke Av del Navío & del Sol; DZ 55–115 US$; ❋ ☎) Das Bahía ist wegen seiner zentralen Lage und seines umfassenden Komforts kaum zu überbieten. Die Zimmer sind sauber und hell, die Betten haben feste Matratzen, und praktische Leselampen am Bett sind auch noch vorhanden. Das Fisch- und Meeresfrüchte-Restaurant im Erdgeschoss (Hauptgerichte 295–525 Ur$, Di geschl.) ist schon seit 1936 gut im Geschäft und wird von den Einheimischen regelmäßig als das beste in ganz La Paloma empfohlen.

Lo de Edinson
PARRILLA, PIZZA **$$**

(☎ 4479-8178; www.facebook.com/LoDeEdinson; Av Nicolás Solari, zwischen Antares & de la Virgen; Hauptgerichte 155–310 Ur$; ⊙ Mi–Mo 8–23.30 Uhr) Das beliebte Speiselokal im Herzen der Ortschaft ist vor allem für sein Fleisch vom Grill bekannt, serviert jedoch auch eine anständige Pizza. In der zugehörigen Bäckerei werden mit breitem Angebot werden Köstlichkeiten zum Mitnehmen verkauft.

Punto Sur
MEERESFRÜCHTE **$$**

(☎ 099-624630, 4479-9462; Centauro s/n; Gerichte 280–450 Ur$; ⊙ Weihnachten–Karneval 12–1 Uhr) Für ein legeres Speiseerlebnis empfiehlt sich dieses nur im Sommer geöffnete Restaurant mit Meerblick an der Playa La Balconada; auf den Tisch kommen Tapas, Paella, gegrillter Fisch und selbst gemachte Pasta.

❶ Praktische Informationen

Banken, die Post und Telefonläden finden sich allesamt in der Hauptstraße, der Avenida Nicolás Solari.

Touristeninformation (☎ 4479-6088; Av Nicolás Solari; ⊙ Mitte Dez.–Ostern tgl. 10–22, restl. Jahr Mo–Sa 10.30–16.30 Uhr) Am Kreisverkehr im Herzen der Stadt; die Filiale im Busbahnhof hat nur während der Saison geöffnet.

❶ Anreise & Unterwegs vor Ort

Vom Busbahnhof in La Paloma, 500 m nordwestlich des Zentrums, fahren alle Busse von COT, Cynsa und Rutas del Sol häufig nach Montevideo (424 Ur$, 4 Std.). Außerdem gibt es viele lokale Verbindungen nach La Pedrera (53 Ur$, 15 Min.). Rutas del Sol steuert zweimal täglich den Ab-

zweig zum Cabo Polonio (106 Ur$, 45 Min.) und einmal am Tag Punta del Diablo (212 Ur$, 2 Std.) an. Für andere Reiseziele nimmt man den Bus in die Provinzhauptstadt Rocha (57 Ur$, 30 Min., häufig), von wo im Stundentakt Busse die Küste hinauf- und hinunterfahren.

La Pedrera
230 EW.

Das als Eldorado für Surfer bekannte, beschauliche La Pedrera liegt oben auf einer Steilklippe mit einem sagenhaften Blick über die weiten Strände, die sich in Richtung Norden bis zum Cabo Polonio und gen Süden nach La Paloma erstrecken. In den letzten Jahren machte der Ort auch wegen seines Karnevals von sich reden, der sich durch den Zustrom von auswärtigen Gästen immer ausgelassener gestaltet. Dennoch ist La Pedrera außerhalb der Sommermonate auch heute noch ein total verschlafenes Nest. Von April bis November haben die meisten Hotels geschlossen, und Dienstleistungen für Touristen gibt es dann auch keine.

🛏 Schlafen & Essen

Wie überall an der Küste, fallen die Preise auch hier in der Nebensaison erheblich.

El Viajero La Pedrera Hostel
HOSTEL **$**

(☎ 4479-2252; www.elviajerolapedrera.com; Venteveo, zwischen Pirincho & Zorzal; B 18–38 US$, DZ 60–120 US$; ⊙ Mitte Dez.–Anfang März; @☎) Das nur im Sommer geöffnete Hostel in guter Lage gehört zur größten Hostelkette Uruguays. Es liegt etwas versteckt in einer Seitenstraße, fünf Minuten zu Fuß von der Bushaltestelle und nur 500 m vom Strand entfernt.

Brisas de la Pedrera
BOUTIQUEHOTEL **$$$**

(☎ 099-804656; brisasdelapedrera.com; DZ 130–280 US$; ❋ ☎) Das älteste Quartier in La Pedrera wurde komplett im Boutiquestil umgebaut und von der argentinisch-amerikanischen Inhaberin Laura Jauregui 2009 wiedereröffnet. Seitdem hofiert es die Gäste mit sonnigen, geräumigen Zimmern und hochwertiger Ausstattung (aber kein TV). Die Wohneinheiten mit privater Terrasse im Obergeschoss bieten einen sagenhaften Meerblick.

La Pe
MEERESFRÜCHTE, ITALIENISCH **$$**

(☎ 094-408955; www.facebook.com/ RestaurantLaPe; Calle Principal; Hauptgerichte

ABSEITS DER ÜBLICHEN PFADE

HOCH ZU ROSS DURCH DIE HÜGEL

Oben in der Sierra de Rocha – einer reizvollen Landschaft mit grauen Fels-blöcken, die in den Hügeln verstreut liegen – veranstaltet **Caballos de Luz** (☎ 099-400446; www.caballosdeluz.com; Ausritte ab 45 US$, EZ/DZ 40/50 US$, EZ/DZ inkl. Vollpension 95/170 US$) unter der Leitung des mehrsprachigen österrei-chisch-uruguayischen Paars Lucie und Santiago unvergessliche Ausritte durch die Hügel, die von zwei Stunden bis zu einer ganzen Woche dauern können. Im Preis inbegriffen sind köstliche vegetari-sche Mahlzeiten und die Übernachtung in zwei gemütlichen Gästehäusern mit Reetdach.

Man kann sich an der Bushaltestelle in Rocha (20 US$, einfach anrufen) ab-holen lassen, ein Taxi nehmen (25 US$) oder natürlich selbst hinfahren (30 Min. von Rocha, 1 Std. von La Pedrera).

300–450 Ur$; ⏱ Dez.–März 13–16 & 20.30-0.30 Uhr) „P" steht für Pasta, Paella und – auf Spanisch – *pescado* (Fisch). Das beliebte Restaurant direkt im Herzen der Hauptstra-ße von La Pedrera serviert alle drei Speisen, und Tische unter Bäumen sowie ein hüb-scher Kinderspielplatz sind auch noch ge-boten. Einfach nach dem roten, von Wein überwucherten Gebäude mit dem Fisch-Lo-go Ausschau halten.

Costa Brava　　MEERESFRÜCHTE **$$**
(Gerichte 260–450 Ur$; ⏱ Dez.–März tgl. 12–15 & 20–24 Uhr, April–Nov. Fr & Sa 20–24, Sa & So 12–15 Uhr) In diesem Restaurant oben auf den Klippen dreht sich alles um Meeresfrüchte uns Fisch – und mit dazu gibt's einen un-schlagbaren Blick über den Atlantik.

Lajau　　MEDITERRAN, MEERESFRÜCHTE **$$$**
(☎ 099-922091; Hauptgerichte 320–590 Ur$; ⏱ 13–16 & 21–1 Uhr) In diesem gemütlichen Restaurant – einem Familienbetrieb – führt der Küchenchef aus dem Baskenland mit Ni-kolausbart Regie. Das Lajau befindet sich ei-nen Block von der Uferpromenade entfernt und bietet eine knappe, aber leckere Spei-sekarte, auf der Pasta und Meeresfrüchte stehen. Vor Ort gefangene Krabben, Rochen, Haifische und Garnelen wandern für die

Spezialitäten des Hauses in den Kochtopf – beispielsweise *fidegua* (ein Gericht im Stil von Paella mit Fisch und Schalentieren, aber Nudeln anstelle von Reis).

❶ Praktische Informationen

Die **Touristeninformation** (☎ 4472-3100; turis-morocha.gub.uy; Principal s/n; ⏱ Dez.–Ostern 10–18, Jan.–Karnevalsaison bis 22 Uhr) von La Pedrera hat nur während der Saison geöffnet. Sie befindet sich ein paar Blocks vom Strand entfernt in einem winzigen Holzkiosk neben den OSE-Wassertürmen, dem höchsten Wahrzeichen des Ortes. Die nächsten Geldautomaten gibt es in La Paloma.

❶ An- & Weiterreise

Busse, die in Richtung Südwesten nach Monte-video (442 Ur$) und in Richtung Nordosten zum Abzweig nach Cabo Polonio (65 Ur$) verkehren, halten in der Nähe der Touristeninformation in der Hauptstraße von La Pedrera. Die Fahrpläne richten sich nach der jeweiligen Saison; eine Übersicht hängt an der Touristeninformation aus, gegenüber der Bushaltestelle. Es verkehren auch häufig Busse nach Rocha (88 Ur$), wo dann Anschluss in Richtung Norden und Süden besteht.

Cabo Polonio
100 EW.

Nordöstlich von La Paloma liegt bei Km 264,5 an der Ruta 10 der Abzweig zum Cabo Polonio, einem der wildesten und ursprüng-lichsten Gebiete Uruguays. Neben dem winzigen, in den Sanddünen versteckten Fi-scherdorf auf einem windgepeitschten Kap, über das ein einsamer Leuchtturm wacht, lebt die zweitgrößte Seelöwenkolonie des Landes. Die Region wurde 2009 zum Na-tionalpark erklärt und untersteht nun dem staatlichen SNAP-Naturschutzprogramm (S. 656). Trotz des ständig steigenden Zu-stroms an Touristen (und des 2012 erbauten, relativ unpassenden, schicken Eingangspor-tals) hat sich Cabo Polonio als eines der rus-tikalsten Küstendörfer erhalten.

Banken mit den entsprechenden Dienst-leistungen gibt es hier gar nicht, und der auch nicht überall vorhandene Strom wird aus Generatoren, von Wind- und Sonnen-energie geliefert.

◉ Sehenswertes

Faro Cabo Polonio　　LEUCHTTURM
(Eintritt 25 Ur$; ⏱ 10–13 & 15–18.30 Uhr) Vom markanten Leuchtturm am Cabo Polonio

LAGUNA DE CASTILLOS

Nordwestlich des Cabo Polonio steht an der Laguna de Castillos, einer ausgedehnten Lagune in Küstennähe, die größte Konzentration an *ombúes* unter Naturschutz – anmutige, baumartige Pflanzen, deren anarchisches Wachstumsmuster fantastische Formen hervorbringt. In einigen Teilen Uruguays gedeiht der *ombú* als Solitär, die Exemplare hier – einige sind ein paar hundert Jahre alt – wachsen dagegen in Gruppen. Die Lagune bewahrt sie davor, von Rindern niedergetrampelt zu werden, was der Pflanze anderwo den Garaus bereitet hat.

Monte de Ombúes (☑ 099-295177; Touren pro Pers. 450– 500 Ur$, ab 5 Pers.) Am Westufer der Laguna de Castillos (unweit Km 267 an der Ruta 10) bieten die Brüder Marcos und Juan Carlos Olivera, deren Familie das Land 1793 von der portugiesischen Krone bekam, zwei- bis dreistündige Exkursionen in die Natur an. Die Ausflüge beginnen mit einer 20-minütigen Bootsfahrt durch ein Sumpfgebiet, das vor Kormoranen, Ibissen, Kranichen und Schwarzschwänen nur so strotzt. Anschließend wandern die Teilnehmer durch den *ombú*-Wald.

Im Sommer finden diese Exkursionen häufig statt – sobald fünf Teilnehmer zusammengekommen sind, geht es los; zu anderen Jahreszeiten sollte man reservieren. In der Nebensaison lassen sich – nach vorheriger Vereinbarung – auch längere Exkursionen zur Vogelbeobachtung an der Lagune arrangieren.

Guardia del Monte (☑ 099-872588, 4470-5180; www.guardiadelmonte.com; Ruta 9, Km 261,5; Zi. pro Pers. inkl. Frühstück/Halb-/Vollpension 110/150/180 US$) Am Nordufer der Laguna de Castillos liegt diese beschauliche Bleibe, die im 18. Jh. von einem spanischen Wachposten gegründet wurde, um den Camino Real und die Grenze an der Küste vor Piraten und portugiesischen Plünderern zu schützen. Das hübsche *estancia*-Gebäude steckt voller Geschichte – vom Salon mit Landkarten aus dem 18. Jh. und Zeichnungen von Vögeln bis hin zur Küche mit einem dänischen Holzofen, der 1884 aus einem Schiffswrack geborgen wurde.

Im Übernachtungspreis inbegriffen sind der Nachmittagstee und die Mahlzeiten, die in dem alten Steinpatio oder auch im gemütlichen Speisezimmer mit Kamin serviert werden. An Aktivitäten stehen Ausritte (30 US$) und Spaziergänge an der Lagune oder im nahen *ombú*-Wald auf dem Programm. Die Guardia del Monte befindet sich am Ende einer 10 km langen Sackstraße, die von der Ruta 9 abzweigt, 4 km südlich der Ortschaft Castillos.

bietet sich ein sagenhafter Blick auf das Kap, die Seelöwenkolonie und die Dünen und Inseln in der Umgebung.

Aktivitäten

Während der Hochsaison bietet die Surfschule am Cabo Polonio, die von den beiden Einheimischen Mario und Ruben geleitet wird, Surfunterricht an; Surfbretter kann man hier auch mieten.

★ **Cabalgatas Valiceras**   REITEN
(☑ 099-574685; cabalgatasvaliceras.com.uy; Barra de Valizas) Der hervorragende Veranstalter im nahen Barra de Valizas bietet Ausritte in den Nationalpark, durch die Dünen und über die Strände nördlich von Cabo Polonio an, darunter auch Ausritte bei Vollmond.

Wildlife-Watching   TIERBEOBACHTUNG
Die Bedingungen, um Tiere zu beobachten, sind in Cabo Polonio das ganze Jahr über hervorragend. Unterhalb vom Leuchtturm aalen sich Mähnenrobben (*Otaria flavescens*) und Südamerikanische Seebären (*Arctocephalus australis*) auf den Felsen. Von August bis Oktober lassen sich zudem Südliche Glattwale sehen, von Mai bis August bevölkern Pinguine den Strand, und von Januar bis März statten Südliche Seeelefanten (*Mirounga leonina*) der nahen Isla de la Raza einen Besuch ab.

🛏 Schlafen & Essen

Viele Einheimische vermieten Zimmer und Häuser an Touristen. Am schwierigsten gestaltet sich das Auffinden eines Quartiers in den ersten beiden Januarwochen. Außerhalb der Hochsaison fallen die Preise drastisch (40–70 %).

Viejo Lobo Hostel   HOSTEL $

(☎ 091-413013; www.viejolobohostel.com; B/DZ Dez.–Feb. 25/60 US$, März–Nov. 12,50/34 US$; ☎) Das neuere Hostel an der sandigen, Plaza, an der die Busse wenden, bietet drei Schlafsäle, in denen vier bis sieben Personen übernachten können, plus ein paar einfache Doppelzimmer. Der Strom wird mit Hilfe von Sonnenkollektoren und Windmühlen erzeugt, WLAN steht abends eine Stunde zur Verfügung. Wie die nette Managerin Vicky, die auch Englisch spricht, so schön sagte: Genug, damit die Leute Kontakt halten können, aber nicht genug, um sie zu Zombies zu machen!

Cabo Polonio Hostel   HOSTEL $

(☎ 099-445943; www.cabopoloniohostel.com; B/DZ Mitte Dez.–Feb 33/100 US$, restl. Monate 16/50 US$s; ⊙ Okt.–April) ✎ Das rustikale Hostel am Strand wurde unlängst ausgebaut und kann nun mit einer größeren, helleren Küche und einem nagelneuen Schlafsaal mit Meerblick aufwarten. Jedenfalls ist das Hostel ein Klassiker in Cabo Polonio mit seinem Patio samt Hängematten und einem Holzofen für stürmische Nächte. Der verlassene TV in den Dünen und das eigens angefertigte NoFi-Logo sind ein Sinnbild für die Low-Tech-Philosophie des Inhabers Alfredo: Wenn man sich in Polonio aufhält, ist es an der Zeit, den Stecker zu ziehen und langsamer zu machen!

Pancho Hostal del Cabo   HOSTEL $

(☎ 095-412633; Jan. & Feb. B 30 US$, März–Dez. B 11 US$) Panchos beliebtes Hostel mit schlichten Schlafsälen auf zwei Etagen lässt sich kaum übersehen. Einfach nach dem gelben Wellblechdach Ausschau halten, auf dem mit riesigen roten Buchstaben der Name steht – und zwar von der Bushaltestelle in Richtung Strand. An netten Einrichtungen gibt es eine geräumige neue Küche, einen Lounge-Bereich, der zum Strand hinausgeht, sowie einen Schlafsaal im zweiten Stock unter dem Spitzdach mit einer kleinen Terrasse und direktem Meerblick.

Mariemar   HOTEL $$

(☎ 4470-5164, 099-875260; posadamariemar@hotmail.com; Dez.–Feb. B 150 US$, März–Nov. B 55-65 US$) Das Mariemar liegt etwas versteckt unterhalb des Leuchtturms. Durch die rückwärtige Tür haben die Gäste direkten Zugang zum Strand. Jedenfalls ist dieses Hotel mit Restaurant eines der ältesten Unternehmen in Cabo Polonio, das zudem ganzjährig geöffnet hat. Die einfachen Zimmer haben alle Meerblick, wobei die Wohneinheiten unten etwas weniger kosten als die im Obergeschoss. Das zugehörige Restaurant (Hauptgerichte 290–425 Ur$) serviert alles, vom Snack am Nachmittag (frittierte Algen und kaltes Bier) bis hin zu kompletten Mahlzeiten mit Meeresfrüchten.

La Majuga   EMPANADAS $

(Snacks ab 45 Ur$; ⊙ Nov.–April 7.30–23 Uhr) In dieser blaugrünen Hütte, einen halben Block von der Bushaltestelle entfernt, bereitet Señora Neli köstliche *empanadas* (45 Ur$) zu, die mit *siri* (Krabben) und *pescado* (Fisch) gefüllt sind, es verlocken jedoch auch *chivitos, milanesas*, Pommes und andere uruguayische Snacks zu anständigen Preisen.

El Club   PARRILLA, INTERNATIONAL $$

(Hauptgerichte 200–400 Ur$; ⊙ Mitte Dez.–Ostern 11 Uhr bis open end) Das neueste Speiselokal von Cabo Polonio mit Mosaiken und bunt bemalten Möbeln kombiniert die kreativen Bemühungen der kolumbianischen Künstlerin Camila, ihres uruguayischen Partners Fernando und des verehrten einheimischen Küchenchefs Martín. Zu den Spezialitäten zählen Fisch vom Grill, Craft-Bier, Holzofenpizza und ein Fondue, das auf ein paar recycelten Blechdosen zubereitet wird. Das Lokal fungiert auch als geselliger Club, in dem sich die Leute zum Schachspielen treffen oder um Livemusik zu hören.

🍷 Ausgehen & Nachtleben

Lo de Joselo   BAR

(⊙ 18 Uhr bis open end) Für ein unvergessliches Erlebnis in Cabo Polonio bürgt diese baufällige Bar, die von dichtem Gebüsch und blühendem Weinreben überwuchert ist. Der blinde Barkeeper Joselo, der in der flippigen Gaststube bei Kerzenschein Regie führt, serviert *licor de butia* (Likör aus einheimischen Dattelpalmfrüchten), *grappamiel* und einen stark alkoholhaltigen *caña* (Zuckerrohrschnaps). Die Bar befindet sich ein paar Schritte von der Bushaltestelle entfernt in Richtung Leuchtturm.

✦ An- & Weiterreise

Von Rutas del Sol verkehren täglich zwei bis fünf Busse von Montevideo nach Cabo Polonio, d. h. zur Einfahrt an der Ruta 10 (530 Ur$, 4½ Std.).

Dort steigt man in einen Lastwagen mit Allradantrieb um, der dann über Stock und Stein und die Dünen in den Ort (170 Ur$ Hin- & Rückfahrt, 30 Min. pro Strecke) rumpelt.

Punta del Diablo

820 EW.

Das ehemals verschlafene Fischerdorf Punta del Diablo, seit geraumer Zeit einer der beliebtesten Ferienorte der Uruguayer und Argentinier, hat sich als Zentrum der Backpackerszene am Meer etabliert. In den letzten Jahren wurde am Ufer, aber auch landeinwärts, schubweise leider sehr viel unkontrolliert gebaut. Doch die herrliche Küste und vor allem das Hippieflair üben weiterhin ihren Reiz aus. Wer Menschenmassen nicht so mag, sollte besser nicht in der Zeit zwischen Weihnachten und Februar hierher kommen: Die Hölle los ist in den ersten beiden Januarwochen, wenn sage und schreibe 30 000 Urlauber die Ortschaft überschwemmen.

Vom traditionellen Ortszentrum, einer sandigen „Plaza" 200 m landeinwärts vom Meer, gehen mehrere schmale Staubstraßen in alle Himmelsrichtungen ab.

◉ Sehenswertes & Aktivitäten

Am Hauptstrand besteht die Möglichkeit, tagsüber ein Surfbrett oder ein Pferd zu mieten. Auch eine rund einstündige Wanderung zum Parque Nacional Santa Teresa macht Spaß. Nach einem – oft spektakulären – Sonnenuntergang geht hier dann die Post ab: Straßenkünstler treten auf, am Strand wird getrommelt, Lagerfeuer flackern in der Dunkelheit – und es wird ausgiebig gefeiert.

🛏 Schlafen

Die Hostelszene des Ortes hat sich in den letzten Jahren rasant entwickelt. An Unterkünften sind aber auch die *cabañas* empfehlenswert; unter diesem Begriff findet sich so ziemlich alles – von rustikalen oder schon verfallenen Hütten bis hin zu Designeranlagen mit jeglichem modernen Schnickschnack. Die meisten *cabañas* haben eine Küche; manchmal ist das Bettzeug mitzubringen. Wer bei der Suche Hilfe braucht, kann im Supermercado El Vasco mitten im Ort anfragen oder im Internet unter www.portaldeldiablo.com.uy sein Glück versuchen. Von Weihnachten bis Februar schießen die Preise nur so in die Höhe.

★ El Diablo Tranquilo HOSTEL $
(☑ 4477-2519; www.eldiablotranquilo.com; Av Central; B 12– 25 US$, DZ mit Bad 50–90 US$, DZ ohne Bad 38–70 US$; @ 🛜) Immer dem teuflisch roten Leuchten nach, und schon steht man in einem der verführerischsten Hostels, die ganz Südamerika zu bieten hat. Zu den schier endlosen Annehmlichkeiten zählen unter anderem einladende Bereiche zum Chillen, ein Fahrrad- und Surfboardverleih, Yoga- und Sprachunterricht, Ausritte und PayPal-Geldanweisungen.

In der Dependance am Strand, den Playa Suites, bieten die Zimmer im Obergeschoss einen unverstellten Blick aufs Meer; in der ruppigen Bar-Restaurant gibt es Mahlzeiten und einen Strandservice, außerdem spielt sich dort spät in der Nacht die örtliche Partyszene ab.

La Casa de las Boyas HOSTEL $
(☑ 4477-2074; www.lacasadelasboyas.com.uy; Playa del Rivero; Weihnachten–Feb. B 18–55 US$, DZ 100–150 US$, restl. Jahr B/DZ/3BZ/4BZ ab 15/50/60/70 US$; @ 🛜 🏊) Nur einen Steinwurf vom Strand und zehn Minuten zu Fuß von der Bushaltestelle entfernt liegt dieses Hostel mit einem Pool, einer Gästeküche und 13 unterschiedlich großen Schlafsälen. Außerhalb der Hochsaison werden die besseren Zimmer – mit eigenem Bad, Kochnische und Satelliten-TV – als Apartments vermietet.

Hostel de la Viuda HOSTEL $
(☑ 4477-2690; www.hosteldelaviuda.com; Ecke San Luis & Nueva Granada; B 18–29 US$, DZ 54–58 US$; @ 🛜 🏊) Das nette La Viuda – ein Familienbetrieb – befindet sich in einer abgelegenen Seitenstraße, 2 km südwestlich des Ortszentrums, was die blitzblanken Schlafsäle und Doppelzimmer, der kostenlose Abholservice von der Bushaltestelle, der Pool hinter dem Haus, die geräumige Gästeküche und eine Lounge, in der man an kühlen Abenden am Kamin prima Filme anschauen kann, jedoch locker wieder wettmachen. Das Hostel liegt fünf lange Blocks landeinwärts von der Playa La Viuda entfernt, dem südlichsten Strand von Punta del Diablo.

Posada Nativos BOUTIQUEHOTEL $$
(☑ 099-641394; www.nativos.com.uy; Ecke Santa Teresa & General San Martín; Zi. 80–160 US$; 🕿) Das Boutiquehotel des Künstlers Eduardo Vigliola wurde von ihm mit viel Liebe gestaltet. Es lässt wunderschöne Elemente aus einheimischem Stein und Holz sehen und

NATURSCHUTZGEBIETE IN URUGUAY – ABSEITS DER TOURISTENPFADE

Uruguay mit seinen ewigen Weiten ist der Traum eines jeden Naturfreundes. Die Regierung von Uruguay hat mehrere ausgewiesene Gebiete unter den Schutz ihres **SNAP-Programms** (Sistema Nacional de Áreas Protegidas; mvotma.gub.uy) gestellt. Die Gelder fließen spärlich, und die touristische Infrastruktur ist minimal, doch werden unerschrockene Reisende in diesen wenig besuchten Gegenden reich belohnt. Das Valle del Lunarejo und die Quebrada de los Cuervos sind zwei Naturschutzgebiete, die den Geist des wilden Gaucho-Landes am schönsten einfangen. Weitere SNAP-Naturschutzgebiete sind Cabo Polonio (S. 652), Cerro Verde (S. 658) und die Laguna de Rocha (S. 650).

Valle del Lunarejo

Das wunderschöne Tal, 95 km nördlich von Tacuarembó, ist ein herrlicher Hort der Ruhe und Abgeschiedenheit; die einzigen Geräusche hier sind der Gesang der Vögel und das Plätschern des Wassers.

Besucher können in der reizenden **Posada Lunarejo** (☎ 4650-6400; www.posadalunarejo.com; Ruta 30, Km 238; Zi. pro Pers. inkl. Vollpension Mo–Do 1700 Ur$, Fr–Sa 2000 Ur$) übernachten, einem restaurierten Gebäude aus dem Jahr 1880, 2 km von der Hauptstraße entfernt, 3 km vom Fluss und ein paar Schritte von einer Vogelkolonie mit *garzas* (Reihern) und *espátulas rosadas* (Rosalöfflern). Die *posada* organisiert Wanderungen in der Umgebung (200 Ur$, 3 Std.) sowie Ausritte (200 Ur$, 1 Std.).

CUT (www.cutcorporacion.com.uy) bietet die praktischsten Busverbindungen zum Valle del Lunarejo, nämlich mit dem Bus, der täglich auf der Strecke Montevideo–Tacuarembó–Artigas verkehrt; er fährt um 12 Uhr in Montevideo (830 Ur$, 6 Std.) und um 16.50 Uhr in Tacuarembó (141 Ur$, 1½ Std.) ab. Nach vorheriger telefonischer Vereinbarung kommt jemand von der Posada Lunarejo vorbei, um die Gäste an der Bushaltestelle abzuholen.

Quebrada de los Cuervos

Die versteckte kleine Schlucht verläuft 40 km nordwestlich von Treinta y Tres (325 km nordöstl. von Montevideo) durch eine sanfte Hügellandschaft und bietet vielerlei Pflanzen und Tieren einen unerwartet kühlen und feuchten Lebensraum. Es gibt zwei markierte Wanderwege, die auf eigene Faust begehbar sind: Bei dem einen handelt es sich um einen Rundweg von 2½ Stunden, der durch die Schlucht führt (50 Ur$ Eintrittsgebühr für den Park), der andere ist ein Privatweg, auf dem man zur Cascada de Olivera gelangt, einem Wasserfall direkt vor dem Park (30 Min. pro Strecke, 30 Ur$).

Der perfekte Standort, um diese Region zu erkunden, ist das **Cañada del Brujo** (☎ 4452-2837, 099-297448; www.pleka.com/delbrujo; pro Pers. inkl. Frühstück/Halb-/Vollpension 720/1210/1650 Ur$), ein rustikales Hostel in einem alten Schulgebäude, 8 km vom Park und 14 km von der Ruta 8 entfernt. Der Hostelinhaber Pablo Rado bietet geführte Wanderungen (250 Ur$) und Ausritte (480 Ur$) zu einem Wasserfall in der Nähe an, dem Salto del Brujo, und macht seine Gäste auch gern mit den Freuden des Gaucho-Lebens bekannt: Mate trinken, einfache Gerichte vom Holzofen essen und die sagenhaften Sonnenuntergänge am weiten Himmel beobachten. Nach vorheriger Vereinbarung organisiert Pablo den Transfer zum Hostel ab Treinta y Tres (300 Ur$ pro Pers.) oder auch von der Abzweigung an der Schnellstraße bei Km 306,7 an der Ruta 8 (150 Ur$ pro Pers.).

Von **Nuñez** (nunez.com.uy) und **EGA** (www.ega.com.uy) verkehren häufig Busse von Montevideo nach Treinta y Tres (512 Ur$, 4¼ Std.).

liegt inmitten eines Landschaftsgartens, den Wasserlilien, Papyrus, Ess- und Heilpflanzen, ein kleiner Bach und ein japanisch anmutender Teich sprenkeln. Die Casa Nativos hinter dem Anwesen mit vier Zimmern, einem Wohnzimmer und einer Küche gehört mit zum Hotel, das frei stehende Haus kann jedoch auch als Feriendomizil angemietet werden.

 Essen

In der Hochsaison kann man einfach am Meer entlangbummeln und sich unter den Dutzenden von Imbissbuden eine ausсuchen. Die aufgeführten Esslokale zählen zu den wenigen, die auch im Winter in Betrieb sind. Ein weiteres Lokal, das zuverlässig das ganze Jahr geöffnet hat, ist das Bar-Restaurant im Hostel El Diablo Tranquilo.

⭐ Resto-Pub 70   ITALIENISCH $

(Hauptgerichte 200–280 Ur$; ⊘ Nov.–Ostern 12.30–16 & 19.30–23 Uhr) Das Esslokal am Hafen wird von einer italienischen Familie aus dem Veneto geführt. Auf den Tisch kommt himmlische gemachte Pasta wie *lasagne alle cipolle* (vegetarische Lasagne mit Walnüssen und karamellisierten Zwiebeln) zu anständigen Preisen; dazu mundet ein Glas Hauswein (50 Ur$). Hinterher sollte man sich die *cantucci con vino dolce* (Mandel-Biscotti in Süßwein) und den *limoncino* (hausgemachten Likör aus aromatischen Zitronen aus Uruguay) nicht entgehen lassen.

Empanada-Stände   EMPANADAS $

(Feria Artesanal, de los Pescadores s/n; Empanadas 60 Ur$; ⊘ Jan. & Feb. tgl. 10–16 Uhr, März–Dez. nur Sa & So) Zwischen den Ständen der Kunsthandwerker am Hafen stehen die Schwestern Alba, Mónica und Noelia Acosta an ihren drei Ständen ohne viel Schnickschnack, an denen die leckersten und billigsten Snacks in Punta del Diablo erhältlich sind – empanadas, die knallheiß aus der Fritteuse kommen und mit Muscheln, Fleisch, Käse, Oliven und anderen Köstlichkeiten gefüllt sind.

Cero Stress   INTERNATIONAL $$

(Av de los Pescadores; Hauptgerichte 290–450 Ur$; ⊘12–17 & 19.30–24 Uhr; 🖥📶) Das größte Plus dieses entspannten Restaurants ist mit Abstand seine Terrasse mit sagenhaftem Meerblick. Jedenfalls bietet sich das Cero Stress an, um bei Sonnenuntergang einen *caipirinha* (brasilianischen Cocktail mit Zuckerrohrschnaps) zu schlürfen und sich dabei in aller Ruhe die Abendgestaltung durch den Kopf gehen zu lassen. Manchmal wird hier auch Livemusik gespielt.

Il Tano   INTERNATIONAL $$$

(📱4477-2538, 096-589389; www.iltanocucina. com; Ecke Calles 5 & 20; Hauptgerichte 340–

550 Ur$; ⊘12–15 & 19–23 Uhr) Das nobelste Restaurant in Punta del Diablo befindet sich in diesem gemütlichen Haus mit umlaufender Veranda, die auf einen hübschen Garten hinausgeht; aus ihm kommen allerlei Gemüse und Kräuter, die die italienisch inspirierte Speisekarte mit Pasta, Fleisch und Meeresfrüchten ergänzen. Zu den Spezialitäten zählen selbst gemachte Garnelen-Zucchini-Ravioli, Schinken-Käse-Agnolotti mit cremiger Wildpilzsoße sowie Schweineschulter in süß-saurer Soße mit Dattelpalmfrüchten.

ℹ Praktische Informationen

In Punta del Diablo gibt es keine Geldautomaten – nur im Sommer werden kurzzeitig welche aufgestellt. Von daher unbedingt ausreichend Bargeld mitbringen! Nur wenige Geschäfte akzeptieren Kreditkarten, und die nächste Bank findet man erst eine Stunde entfernt in Castillos (40 km südwestlich) oder in Chuy (45 km nördlich).

ℹ An- & Weiterreise

Rutas del Sol, COT und Cynsa bieten alle Verbindungen zum wenig attraktiven Busbahnhof von Punta del Diablo an; er liegt 2,5 km westlich des Ortes. Von Busbahnhof fahren Shuttlebusse (25 Ur$) oder Taxis (100 Ur$) ins Zentrum (5–10 Min.). Das übrige Jahr fahren die Busse vom Busbahnhof weiter zum Hauptplatz nicht weit vom Meer.

Mehrere Direktbusse am Tag fahren nach Montevideo sowie nach Chuy an der brasilianischen Grenze. Wer in andere Orte an der Küste fahren möchte, muss in der Regel in Castillos oder in Rocha umsteigen.

Busse ab Punta del Diablo

REISEZIEL	FAHRPREIS (UR$)	FAHRZEIT (STD.)
Castillos	70	1
Chuy	88	1
Montevideo	530	5
Punta del Este	363	3
Rocha	177	1½

Parque Nacional Santa Teresa

Dieser **Nationalpark** (📱4477-2101; sepae. webnode.es; Ruta 9, Km 302; ⊘ Dez.–März 8–20, April–Nov. bis 18 Uhr) GRATIS, 35 km südwestlich der brasilianischen Grenze, wird von der Armee verwaltet und lockt mit seinen relativ leeren Stränden viele Besucher aus

Uruguay und Brasilien an. Geboten werden 2000 Stellplätze zum Zelten (170–220 Ur$ pro Pers.), die in Eukalyptus- und Pinienhainen verstreut liegen, ein winziger Tierpark und ein Treibhaus. Außerdem kann man hier noch verschiedene *cabañas* für vier bis zehn Personen mieten. Im Januar kostet eine einfache Vier-Personen-Hütte (zum Teil aus Segeltuch) mit Gemeinschaftsbad ab 1400 Ur$, eine schickere Wohneinheit am Meer schlägt mit bis zu 4800 Ur$ zu Buche. Von März bis Dezember reduzieren sich diese Preise um 30 bis 35 %.

Busse, die von Punta del Diablo (47 Ur$, 15 Min.) kommen, halten bei Km 302 an der Ruta 9; von hier geht man im Flachland noch 1 km zu Fuß bis zur **Capatacía** (Parkzentrale); dort befinden sich ein Telefon, eine Post, ein Markt, eine Bäckerei und ein **Restaurant** (Gerichte 130–390 Ur$; ⊙ 10–22 Uhr). Eine andere Möglichkeit ist, von Punta del Diablo ein paar Kilometer gen Nordosten über den Strand zu marschieren, wo man an der **Playa Grande** den Südrand des Parks erreicht.

Die eigentliche Hauptattraktion des Nationalparks, 4 km nördlich von der Parkzentrale an der Ruta 9, ist aber sicher die auf einem Hügel gelegene **Fortaleza de Santa Teresa** (Eintritt 30 Ur$; ⊙ Dez.–März 10–19, April–Nov. Mi–So 10–17 Uhr). Die Portugiesen begannen 1762 mit dem Bau dieser Festung; sie wurde dann von den Spaniern vollendet, nachdem sie die Anlage 1793 eingenommen hatten. In der Nordostecke des Parks ragt der **Cerro Verde** auf, eine Steilklippe am Meer, die den Meeresschildkröten einen wichtigen Lebensraum bietet; das Naturschutzgebiet untersteht dem staatlichen SNAP-Programm (S. 656).

Direkt gegenüber vom Parkeingang, an der Westseite der Ruta 9, führt eine 5 km lange, unbefestigte Sackgasse zur **Laguna Negra**, einer ausgedehnten Lagune, in der Flamingos, Capybaras (Wasserschweinart) und andere Wildtiere beobachtet werden können.

URUGUAY VERSTEHEN

Uruguay aktuell

Die vergangenen zehn Jahre bescherten Uruguay beachtliche Entwicklungen in Kultur und Politik. Nach fast 200 Jahren, in denen die beiden traditionellen Parteien, die Blancos und die Colorados, einander immer wieder an der Macht ablösten, wählten die Uruguayer 2004 die linksgerichtete Frente Amplio (Breite Front) in die Regierung, was sich 2009 und 2014 wiederholte. In diesem Zeitraum zeichnete die Frente-Amplio-Regierung für zahlreiche gesellschaftliche Veränderungen verantwortlich, darunter die Legalisierung von Marihuana, von Abtreibungen und von gleichgeschlechtlichen Ehen.

Viele dieser Veränderungen vollzogen sich während der fünfjährigen Amtszeit von José Mujica (2010–2015), einem ehemaligen Tupamaro, der von sich reden machte, weil er während der Militärdiktatur in Uruguay 13 Jahre Gefängnis und Folter überstand. Als Präsident war Mujica (liebevoll „Pepe" genannt) vor allem für seine großväterliche Art und Bescheidenheit bekannt; er spendete einen Großteil seines Gehalts wohltätigen Organisationen und weigerte sich, im Präsidentenpalast zu wohnen. Unter Mujicas Amtszeit gingen Armut und Einkommensungleichheit erheblich zurück, das Pro-Kopf-Einkommen stieg – und so verließ er sein Amt mit einer breiten Bevölkerungszustimmung von 65 %.

Die im Oktober 2014 abgehaltenen Wahlen brachten die Frente Amplio erneut an die Macht, wobei der vorherige Präsident Tabaré Vázquez das Amt, das er bereits von 2005–2010 innegehabt hatte, erneut übernahm. Unter der Führung von Vázquez trotzt Uruguay nun weiterhin den bestehenden Verhältnissen und ist Ende 2015 aus dem tiefgreifenden internationalen TISA-Handelsabkommen ausgestiegen, außerdem unternimmt das Land enorme Anstrengungen, erneuerbare Energien zu entwickeln. Uruguay soll bis Ende 2016 bereits weltweit die höchste Rate an Windenergie aufweisen und hat sich bis Ende 2016 die absolute Klimaneutralität zum Ziel gesetzt.

Geschichte

Die Ureinwohner Uruguays waren die Charrúa an der Küste sowie die Guaraní nördlich des Río Negro. Die Charrúa, Jäger und Sammler, widersetzten sich der europäischen Besiedlung über ein Jahrhundert lang, indem sie 1516 den spanischen Forschungsreisenden Juan de Solís und einen Großteil seiner Leute umbrachten. Zudem gab es hier wenig, was die Spanier hätte anlocken können; sie schätzten das ebene Land am Río de la Plata hauptsächlich als Zugangsweg zu Gold und anderen Reichtümern weiter im Landesinneren.

Die ersten Europäer, die sich an der Banda Oriental (Ostküste) niederließen, waren jesuitische Missionare. Sie siedelten sich in der Nähe des heutigen Soriano am Río Uruguay an. Als Nächstes kamen die Portugiesen, die 1680 das heutige Colonia als Brückenpfeiler für den Schmuggel von Waren nach Buenos Aires gründeten. Spanien reagierte darauf 1726 mit dem Bau einer Zitadelle in Montevideo. In den folgenden 100 Jahren kämpften die Spanier und Portugiesen um die Vorherrschaft am Ostufer des Río de la Plata.

Napoleons Invasion auf der Iberischen Halbinsel Anfang des 19. Jhs. beschleunigte dann den Machtverfall der Spanier und Portugiesen und rief in der gesamten Region starke Unabhängigkeitsbewegungen auf den Plan. Uruguays bedeutendster Nationalheld José Gervasio Artigas trug sich anfangs mit dem Gedanken, eine Allianz mit dem heutigen Argentinien und Südbrasilien einzugehen, sah sich schließlich jedoch gezwungen, nach Paraguay zu fliehen. Hier stellte er sich neu auf und gründete die berühmten „33 Orientales", eine Gruppe von überzeugten uruguayischen Patrioten unter General Juan Lavalleja, die mit der Unterstützung Argentiniens dann am 19. April 1825 den Río Uruguay überquerte und Uruguay allmählich von der Vorherrschaft der Brasilianer befreite. 1828 wurde Uruguay nach dreijährigem Ringen in einem von den Briten vermittelten Vertrag als kleiner, unabhängiger Pufferstaat zwischen den aufstrebenden Kontinentalmächten etabliert.

Mehrere Jahrzehnte lang war die Unabhängigkeit Uruguays ein zerbrechliches Gut. Zwischen den beiden jungen politischen Parteien, den Blancos und den Colorados (benannt nach den weißen bzw. roten Armbinden, die sie trugen), herrschte Bürgerkrieg. Argentinien belagerte Montevideo von 1838 bis 1851, Brasilien stellte eine ständige Bedrohung dar. In der zweiten Hälfte des 19. Jhs. konsolidierte sich die Lage dann durch die Anerkennung der Unabhängigkeit Uruguays in der Region und durch das Erstarken der Wirtschaft, die im Wesentlichen auf der Rindfleischindustrie und Wollproduktion basierte.

Anfang des 20. Jhs. führte Staatspräsident José Batlle y Ordóñez, ein Mann mit Visionen, Innovationen wie Renten, Farmkredite, Arbeitslosenhilfe und den achtstündigen Arbeitstag ein. Staatliche Intervention führte zur Verstaatlichung vieler Industrien, zu neuen Wirtschaftszweigen – und zu einer Epoche allgemeinen Wohlstands. Die Reformen Batlles wurden größtenteils durch Besteuerung der Viehwirtschaft finanziert, und als dann in der Mitte des Jahrhunderts die Exporte zurückgingen, fing der Wohlfahrtsstaat an zu zerbröckeln. Anfang der 1970er-Jahre begann eine Epoche der Militärdiktatur, in der Folter zur Tagesordnung gehörte. Mehr als 60 000 Bürger wurden willkürlich inhaftiert, bis dann die 1980er-Jahre die Rückkehr zur Demokratie mit sich brachten.

Kultur

Eines stellen die Uruguayer sofort klar: Dass sie mit ihren Vettern jenseits des Río de la Plata, den *porteños*, absolut nichts gemein haben. Während die Argentinier manchmal dreist und arrogant wirken, gibt sich der Uruguayer eher bescheiden und entspannt. Und während Argentinien stets eine regionale Supermacht war, stand Uruguay immer im Schatten des großen Nachbarn. Witze, dass Punta del Este eine Vorstadt von Buenos Aires sei, werden auf dieser Seite des Río de la Plata jedenfalls nicht so leicht geschluckt. Dennoch gibt es natürlich auch viele Ähnlichkeiten: die generelle Wertschätzung von Kunst, der italienische Einfluss und das Erbe der Gauchos.

FESTE & EVENTS

Der Karneval von Uruguay dauert über einen Monat und ist viel umtriebiger als sein Gegenstück in Argentinien. Die Semana Santa (Karwoche) heißt mittlerweile Semana del Turismo (Woche des Tourismus) – dann fahren viele Uruguayer aus der Stadt heraus, und dementsprechend schwierig gestaltet es sich, zu dieser Zeit eine Unterkunft zu finden. Weitere interessante Events sind die Fiesta de la Patria Gaucha in Tacuarembó und die im ganzen Land begangenen Días del Patrimonio Anfang Oktober; dann dürfen Besucher die bedeutendsten historischen und kulturellen Monumente des Landes kostenlos besichtigen.

Die Uruguayer lassen sich nicht so leicht aus der Ruhe bringen und behaupten mit Stolz, das Gegenteil der hitzköpfigen Latinos zu sein. Der Sonntag bleibt der Familie und Freunden vorbehalten; dann wird eine halbe Kuh auf die *parrilla* geworfen, alle machen es sich gemütlich und nippen an ihrem Mate. Der Bildungsstand der Bevölkerung ist hoch und die Kluft zwischen Arm und Reich längst nicht so krass wie in anderen Ländern Lateinamerikas.

Bevölkerung

Mit 3,3 Mio. Einwohnern ist Uruguay das kleinste spanischsprachige Land Südamerikas. Die Bevölkerung ist überwiegend weiß (88 %), 8 % sind Mestizen (Menschen mit spanischem und indigenem Blut), 4 % sind Farbige. Indigene Völker sind praktisch nicht vorhanden. Die durchschnittliche Lebenserwartung der Menschen liegt bei gut 77 Jahren und ist somit eine der höchsten Lateinamerikas. Lesen und schreiben können 98,5 %, was ebenfalls viel ist; das Bevölkerungswachstum liegt mit 0,27 % hingegen eher niedrig. Die Bevölkerungsdichte beträgt ungefähr 19 Einwohner pro Quadratkilometer.

Religion

In Uruguay leben in Relation zur Gesamtbevölkerung mehr bekennende Atheisten als in jedem anderen Land Lateinamerikas. Einer amerikanischen Umfrage zur Religionszugehörigkeit aus dem Jahr 2008 zufolge, halten sich nur etwas mehr als die Hälfte der Uruguayer für religiös. Rund 47 % bezeichnen sich als römisch-katholisch, 11 % rechnen sich anderen christlichen Konfessionen zu. Es existiert eine kleine jüdische Minderheit von rund 18 000 Gläubigen, die nahezu alle in Montevideo leben.

Sport

Die Uruguayer sind – wie fast alle Lateinamerikaner – verrückt nach *fútbol* (Fußball). Uruguay hat zweimal die Weltmeisterschaften gewonnen, darunter das erste Turnier, das 1930 in Montevideo ausgetragen wurde. Die Nationalmannschaft – genannt La Celeste (die Hellblaue) – macht regelmäßig auf internationaler Ebene von sich reden; sie gewann 2011 die Copa America und verlor bei der Weltmeisterschaft in Brasilien 2014 erst im Finale gegen Deutschland.

Die beiden bedeutendsten *fútbol*-Mannschaften sind Nacional und Peñarol, die beide in Montevideo beheimatet sind. Wer ein Spiel dieser beiden Mannschaften besuchen möchte, sollte sich dort lieber einen Platz an den Seitenlinien suchen und nicht hinter den Toren – es sei denn, man findet es toll, sich von den fanatischen Fans aufmischen zu lassen.

Die **Asociación Uruguayo de Fútbol** (☎ 2400-7101; www.auf.org.uy; Guayabos 1531) in Montevideo hält Informationen zu Spielen und Spielstätten bereit.

Kunst & Kultur

Viele Einwohner hat Uruguay zwar nicht, dafür aber eine beeindruckende literarische und künstlerische Tradition. Als größter Philosoph und Essayist des Landes gilt José Enrique Rodó. Sein Essay *Ariel* – ein Klassiker der Landesliteratur – vergleicht die beiden Zivilisationen Nord- und Südamerika. Zu den bedeutenden modernen Schriftstellern zählen Juan Carlos Onetti (1909–94), Mario Benedetti (1920–2009) und Eduardo Galeano (1940–2015). Das Theater ist ebenfalls überaus populär, und Dramatiker wie Mauricio Rosencof (geb. 1933) sind dementsprechend prominent.

Zu den renommiertesten Malern Uruguays zählen Juan Manuel Blanes (1830–1901), Pedro Figari (1861–1938) und Joaquín Torres García (1874–1949), deren Werken in Montevideo jeweils ein Museum gewidmet ist. Unter den Bildhauern ist José Belloni (1882–1965) zu nennen; seine lebensgroßen Bronzen sind in den Parks von Montevideo zu bewundern.

Tango steht in Montevideo hoch im Kurs. Die Uruguayer nehmen die Tangolegende Carlos Gardel als Sohn des Landes für sich in Anspruch, und einer der bekanntesten Tangos, *La Cumparsita*, wurde von dem Uruguayer Gerardo Matos Rodríguez komponiert. Im Karneval vibrieren die Straßen von Montevideo beim energiegeladenen Getrommel von *candombe,* einem Rhythmus, der eigentlich aus Afrika stammt und von den Sklaven ab 1750 in Uruguay heimisch gemacht wurde; außerdem treten in der ganzen Stadt *murgas,* satirische Musiktheatergruppen auf. In der aktuellen, zeitgenössischen Musikszene haben mehrere Rockbands aus Uruguay auf beiden Seiten des Río de la Plata ihre Fangemeinden, beispielsweise die Buitres, La Vela Puerca und No Te Va Gustar.

Essen & Trinken

Die Küche von Uruguay dreht sich um Fleisch vom Grill. *Parrillas* (Restaurants mit gigantischen Holzkohlegrills, auf denen jede Menge Fleisch brutzelt) gibt es an jeder Ecke, und *asados* (Grillfeten) am Wochenende haben Tradition. *Chivitos* (Steak-Sandwiches mit reichem Topping) sind enorm beliebt, was auch für die *chivitos al plato* gilt, die mit Pommes auf einem Teller serviert werden und nicht in einem Riesenbrötchen. Vegetarier müssen sich oft mit Pizza und Pasta begnügen, die allenthalben erhältlich sind (es gibt aber auch ein paar vegetarische Lokale). An der Küste sollte man die hervorragenden Meeresfrüchte genießen. Die Desserts sind ein Traum aus Meringe, *dulce de leche* (Milch-Karamell-Creme), geschmolzenem Zucker und Vanillesoße.

In Uruguay lässt sich Leitungswasser fast überall trinken. Die Weine aus Uruguay – allen voran die Tannats – sind hervorragend, und auch die einheimischen Biermarken (Patricia, Pilsen und Zillertal) schmecken recht gut.

Die Uruguayer konsumieren noch mehr Mate-Tee (ein leicht bitterer Tee, der nur in Südamerika gedeiht) als die Argentinier. Wenn sich die Gelegenheit bietet, sollte man ihn auf jeden Fall probieren – es gibt nichts Schöneres, als einen Nachmittag mit neuen Freunden zu vertrödeln und dabei die Mate-Kalabasse kreisen zu lassen.

In wichtigen Touristendestinationen wie Punta del Este und Colonia stellen die Restaurants das *cubierto* in Rechnung – eine geringfügige Gebühr für das Gedeck und den Korb mit dem Brot vor dem Essen.

Natur & Umwelt

Uruguay ist zwar eines der kleinsten Länder Südamerikas, nach europäischen Maßstäben aber trotzdem recht groß. Das Staatsgebiet umfasst 176 215 km² und ist damit halb so groß wie Deutschland.

Im Landesinnern verlaufen zwei Gebirgszüge: die Cuchilla de Haedo westlich von Tacuarembó und die Cuchilla Grande im Süden von Melo; keiner der Berge übersteigt die Höhe von 500 m. Westlich von Montevideo ist das Land recht flach. Der Río Negro fließt durch die Landesmitte und schafft eine natürliche Trennlinie zwischen Nord und Süd. Die Atlantikküste kann mit beeindruckenden Stränden, Dünen, Landzungen

TYPISCHE SPEISEN & GETRÄNKE

Asado Uruguays kulinarische Leidenschaft sind gemischte Grillspezialitäten vom Holzkohlegrill, bestehend aus verschiedenen Stücken Rind- und Schweinefleisch, Chorizo, *morcilla* (Blutwurst) und vielem mehr.

Chivito Eine Cholesterinbombe von einem Steak-Sandwich, auf dem sich Schinken, Speck, gebratenes oder gekochtes Ei, Käse, grüner Salat, Tomaten, Oliven, eingelegtes Gemüse. Paprika und Mayonnaise nur so türmen.

Ñoquis Entsprechen den Kartoffelklößchen, die bei den Italienern *gnocchi* heißen und traditionell am 29. eines Monats serviert werden.

Buñuelos de algas Pikante Algen im Schmalzteigmantel – eine Spezialität an der Küste von Rocha.

Tannat Uruguays geliebter, international renommierter Rotwein.

Grappamiel Ein starker Weinbrand, der dem italienischen Grappa ähnelt, durch den süßen Honig aber sehr mild schmeckt.

und Lagunen aufwarten, die Steppen und Wälder Uruguays erinnern an die argentinische Pampa oder an Südbrasilien. Im Osten, entlang der brasilianischen Grenze, haben sich Areale mit Palmensavanne erhalten.

Uruguay bietet einer Fülle von Vögeln einen Lebensraum, und zwar vor allem in der Provinz Rocha mit ihren vielen Lagunen. Die meisten großen Landsäugetiere sind verschwunden, aber gelegentlich flitzt noch ein Nandu durchs Grasland im Nordwesten des Landes. Wale, Robben und Seelöwen lassen sich häufig an der Küste sehen.

PRAKTISCHE INFORMATIONEN

ⓘ Allgemeine Informationen

AKTIVITÄTEN

Die Wellen in Punta del Diablo, La Paloma, La Pedrera und Punta del Este eignen sich her-

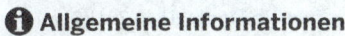

URUGUAY ALLGEMEINE INFORMATIONEN

vorragend zum Surfen. Cabo Polonio und die Lagunen an der Küste der Provinz Rocha bieten tolle Gelegenheiten, Wale und Vögel zu beobachten. Die Strandszene von Punta del Este gibt sich mondäner mit kostspieligeren Freizeitbeschäftigungen wie Parasailing, Paragliding und Jetskifahren.

Im Landesinneren sind Ausritte beliebt, die meisten Touristen-estancias bieten sie an (auch für Anfänger).

BOTSCHAFTEN & KONSULATE

Alle hier angegebenen Botschaften und Konsulate befinden sich in Montevideo:

Argentinien Botschaft (☎2902-8166; eurug. cancilleria.gov.ar; Cuareim 1470); Konsulat (☎2902-8623; cmdeo.mrecic.gov.ar; WF Aldunate 1281)

Bolivien (☎2708-3573; Prudencio del Pena 2469)

Brasilien Botschaft (☎2707-2119; montevideu.itamaraty.gov.br; Artigas 1394); Konsulat (☎2901-2024; cgmontevideu.itamaraty.gov.br; Convención 1343, 6. St.)

Chile (☎2916-4090; 25 de Mayo 575)

Deutschland (☎2902-5222; www.montevideo. diplo.de; La Cumparsita 1435)

Ecuador (☎2711-0448; Juan María Pérez 2810)

Österreich (☎2915-5431; Misiones 1381, Büro 102)

Paraguay (☎2710-4090; García Cortinas 23654)

Peru (☎2707-6862; Obligado 1384)

Schweiz (☎2711-5545; Féderico Abadie 2936, 11. St.)

USA (☎1770-2000; uruguay.usembassy.gov; Lauro Muller 1776)

FEIERTAGE

Año Nuevo (Neujahr) 1. Januar

Día de los Reyes (Dreikönigstag) 6. Januar

Viernes Santo/Pascuas (Karfreitag/Ostern) März/April (Termine unterschiedlich)

Desembarco de los 33 (Rückkehr der 33 Exil-Uruguayer) 19. April; zu Ehren der Exilanten, die 1825 nach Uruguay zurückkehrten, um mit Hilfe der Argentinier das Land von der brasilianischen Herrschaft zu befreien

Día del Trabajador (Tag der Arbeit) 1. Mai

Batalla de Las Piedras (Schlacht von Las Piedras) 18. Mai; gedenkt dieser wichtigen Schlacht beim Kampf um die Unabhängigkeit

Natalicio de Artigas (Geburtstag von General Artigas) 19. Juni

Jura de la Constitución (Jahrestag der Verfassung) 18. Juli

Día de la Independencia (Unabhängigkeitstag) 25. August

Día de la Raza (Jahrestag der Entdeckung Amerikas durch Kolumbus) 12. Oktober

Día de los Muertos (Allerseelen) 2. November

Navidad (Weihnachtstag) 25. Dezember

FRAUEN UNTERWEGS

Frauen werden generell mit Respekt behandelt. In Uruguay als Frau allein zu reisen ist erheblich sicherer als in vielen anderen Ländern Lateinamerikas.

GELD

Preise sind in *pesos uruguayos* (Ur$) angegeben, der offiziellen Währung von Uruguay. Geldscheine gibt es zu 20, 50, 100, 200, 500, 1000 und 2000 Pesos, Münzen zu ein, zwei, fünf, zehn und 50 Pesos.

US-Dollar werden in Touristenzentren im Allgemeinen angenommen; dort geben auch viele Unterkünfte ihre Preise in US$ an. Aber Achtung: Die Wechselkurse an den Hotelrezeptionen sind schlecht. In vielen Fällen kommt man besser weg, wenn man in Pesos bezahlt. Außerhalb der Touristenzentren werden Dollars eher selten akzeptiert.

Im Gegensatz zu Argentinien existiert in Uruguay kein Schwarzmarkt (auch: mercado azul, d. h. „blauer Markt"), auf dem es für Euro oder US-Dollar bessere Wechselkurse gibt.

Geldautomaten

Geldautomaten sind weit verbreitet, selbst im kleinsten Städtchen im Landesinneren bereitet es kein Problem, mit der Maestro-EC-Karte oder Kreditkarte Bargeld zu ziehen. Die Geldautomaten sind mit einem grünen Banred- oder einem blauen Redbrou-Logo gekennzeichnet und an die wichtigsten internationalen Bankensysteme angeschlossen. Die Automaten geben Geldscheine aus, und zwar jeweils ein Vielfaches von 100 Pesos. An vielen mit US$ gekennzeichneten Geldautomaten lassen sich auch Dollar ziehen, allerdings ebenfalls immer nur in einem Vielfachen von 100 US$.

WAS GIBT'S FÜRS GELD?

Budget-Hotelzimmer 1200–1800 Ur$

Chivito (typisches Steak-Sandwich) 155–330 Ur$

Busfahrt in Montevideo 26 Ur$

Flasche einheimisches Bier (1 l) 150 Ur$

Kaffee 70 Ur$

Kreditkarten

Kreditkarten genießen große Akzeptanz. Die meisten gehobenen Hotels, Restaurants und Geschäfte nehmen Kreditkarten an.

Geldwechsel

Es gibt in Montevideo, Colonia, in den Ferienorten am Atlantik sowie in Grenzorten wie Chuy *casas de cambio* (Wechselstuben). Sie haben längere Öffnungszeiten als Banken, der Wechselkurs in diesen Einrichtungen ist allerdings oft schlechter als am Bankschalter.

Trinkgeld

➡ In Restaurants gibt man 10 % des Rechnungsbetrags.

➡ Im Taxi wird der Fahrpreis um ein paar Pesos aufgerundet.

GESUNDHEIT

Impfungen sind für Reisen nach Uruguay nicht erforderlich. Es traten im März 2016 vermehrt Fälle von Dengue-Fieber auf; über den aktuellen Stand informiert die Website des Auswärtigen Amtes. Vom Zika-Virus ist Uruguay nicht betroffen (Stand: Mai 2016). Uruguay verfügt über ein gutes öffentliches Gesundheitssystem. Leitungswasser kann gefahrlos getrunken werden.

INTERNETZUGANG

WLAN-Zonen und Internetcafés sind in Städten und größeren Ortschaften an der Tagesordnung. Antel-Läden (staatliche Telefongesellschaft) verkaufen für freie Handys SIM-Karten mit preislich akzeptablen Datentarifen und bieten auch oft kostenloses WLAN.

NOTFÄLLE

Unter der Nummer ☎ 911 kann man in Notfällen die Polizei und die Feuerwehr rufen.

ÖFFNUNGSZEITEN

Banken Mo–Fr 13–18 Uhr.

Bars, Kneipen & Clubs 18 Uhr bis open end. Richtig los geht es erst ab Mitternacht.

Restaurants 12–15 & 20–24 Uhr oder länger. Wenn es Frühstück gibt, wird bereits gegen 8 Uhr geöffnet.

PREISE: ÜBERNACHTEN

Die folgenden Preise gelten für ein Doppelzimmer mit Bad während der Hochsaison. Das Frühstück ist in der Regel inbegriffen.

**$** unter 75 US$

**$$** 75–150 US$

**$$$** über 150 US$

PREISE: ESSEN

Die folgenden Preise gelten für ein Standard-Hauptgericht:

**$** unter 300 Ur$

**$$** 300–450 Ur$

**$$$** über 450 Ur$

Geschäfte Mo–Sa 9–13 & 15–19 Uhr. In größeren Städten haben viele Läden über Mittag durchgehend geöffnet und/oder auch sonntags.

POST

Correo Uruguayo (www.correo.com.uy), die Post des Landes, verfügt über Filialen in ganz Uruguay.

RECHTSFRAGEN

Uruguay hat so ziemlich die laschsten Drogengesetze in ganz Lateinamerika. Der Besitz von kleineren Mengen Marihuana oder anderen Drogen für den persönlichen Gebrauch wurde legalisiert – was allerdings nicht für Touristen gilt! Der Verkauf von Drogen ist generell weiterhin strafbar.

REISEN MIT BEHINDERUNG

Langsam richtet sich Uruguay auf das Wohl von Reisenden mit Behinderung ein. In Montevideo beispielsweise finden sich neu gebaute Rampen und Toiletten mit Sonderausstattung an so exponierten Locations wie der Plaza Independencia und dem Teatro Solís; außerdem bieten einige Buslinien behindertengerechte Einstiege, und es gibt immer mehr Geldautomaten, die auch Personen mit Sehbehinderung bedienen können. Dennoch bleibt noch viel zu tun. Websites (auf Spanisch) mit nützlichen Informationen für Menschen mit Behinderung sind pronadis.mides.gub.uy, www.accesibilidad.gub.uy und www.discapacidaduruguay.org.

SCHWULE & LESBEN

Uruguay gilt generell als aufgeschlossen gegenüber Schwulen, Lesben, Bi-, Trans-, Intersexuellen und Queers. 2008 erkannte Uruguay als erstes Land Lateinamerikas gleichgeschlechtliche Verbindungen an, 2013 wurden gleichgeschlechtliche Ehen legalisiert. In Montevideo ist die **Friendly Map** (www.friendlymap.com.uy) im Taschenbuchformat erhältlich, in der sämtliche GLBT-freundliche Unternehmen im ganzen Land zusammengestellt sind.

STROM

In Uruguay werden dieselben Stecker verwendet wie in Argentinien.

TELEFON

Die Landesvorwahl von Uruguay ist ☑ 598. **Antel**, (www.antel.com.uy) die staatliche Telefongesellschaft, unterhält Filialen in jeder Stadt.

In Uruguay haben alle Festnetz-Telefonnummern acht Ziffern; in Montevideo beginnen sie mit der Zahl 2, im übrigen Land mit 4. Handynummern bestehen aus einer dreistelligen Kennung (am häufigsten ☑ 099), gefolgt von der sechsstelligen Nummer. Bei einem Inlandsgespräch entfällt die erste Null.

Handys

Drei Anbieter – **Antel** (www.antel.com.uy), **Claro** (www.claro.com.uy) und **Movistar** (www.movistar.com.uy) – bieten in Uruguay einen Handy-Service an. Anstatt teure Roaminggebühren zu bezahlen, bringen viele Reisende ein freies Handy mit – oder kaufen sich ein billiges Gerät vor Ort – und legen dann eine einheimische SIM-Karte mit Prepaid-System ein. SIM-Karten sind in allen Antel-Läden erhältlich; das Guthaben kann an jeder Kasse im Supermarkt, in den Shoppingmalls und an den Kiosken am Straßenrand im ganzen Land aufgeladen werden.

TOURISTENINFORMATION

Das **Staatliche Tourismusministerium** (Ministerio de Turismo y Deporte; www.turismo.gub.uy) unterhält zehn Büros im ganzen Land. Es sind hier hervorragende, kostenlose Landkarten zu jeder der 19 Provinzen Uruguays erhältlich, außerdem gibt es Spezialbroschüren zu den Themen *estancia*-Tourismus, Karneval, Surfen und anderen für Uruguay-Reisende interessanten Bereichen. Die meisten Orte verfügen über eine städtische Touristeninformation, die sich häufig am Hauptplatz oder am Busbahnhof befindet.

UNTERKUNFT

Uruguay verfügt über ein hervorragendes Netz an Hostels und Campingplätzen, und zwar vor allem an der Atlantikküste. Weitere Billigquartiere sind *hospedajes* (Privatzimmer) und *residenciales* (Budgethotels).

Posadas (Gasthöfe) gibt es in allen Preisklassen, sie sind meist gemütlicher als Hotels. Die wiederum sind je nach Ausstattung mit einem bis zu fünf Sternen klassifiziert.

Auf dem Land bieten *estancias turísticas* (mit dem blauen Logo des Nationalen Tourismusministeriums gekennzeichnet) Unterkunft auf einer Farm.

VERSICHERUNG

Eine weltweite Reiseversicherung ist erhältlich unter www.lonelyplanet.com/travel-insurance. Sie kann jederzeit online gekauft, erweitert und geltend gemacht werden, selbst wenn man bereits unterwegs ist. Eine Alternative ist, zu Hause eine Versicherung abzuschließen; es sind auch kombinierte Kranken-, Gepäck- und Reiserücktrittskostenversicherungen auf dem Markt.

VISUM

Staatsbürger aus Deutschland, Österreich, der Schweiz und vielen anderen Ländern Westeuropas erhalten bei der Einreise automatisch eine Touristenkarte, die 90 Tage gültig ist und sich um weitere 90 Tage verlängern lässt. Staatsbürger anderer Länder benötigen ggf. ein Visum. Die offizielle Liste mit den derzeitigen Visabestimmungen findet sich nach Nationalitäten geordnet unter migracion.minterior.gub.uy.

ZEIT

Die Zeit in Uruguay liegt – wie in Argentinien – vier Stunden hinter der MEZ zurück. Während der europäischen Sommerzeit ergibt sich ein Zeitunterschied von fünf Stunden. Die Sommerzeit wurde 2015 in Uruguay abgeschafft.

ⓘ An- & Weiterreise

Die meisten Reisenden, die mit dem Schiff von Buenos Aires übersetzen, kommen in Colonia, Montevideo oder in Carmelo an. Ein paar Fluglinien wie Iberia, Air Europa und Air France bieten Direktflüge nach Montevideo an; Lufthansa fliegt über São Paulo nach Montevideo, diverse andere Fluglinien über Buenos Aires. Außerdem gibt es noch drei Brücken, die über den Río Uruguay nach Argentinien führen, sowie sechs große Grenzübergänge nach Brasilien.

Flüge, Autos und Exkursionen lassen sich online buchen unter lonelyplanet.com/bookings.

Grenzübergänge von Argentinien

VON	NACH	ROUTE
Buenos Aires	Montevideo	Schiff (Buquebus)
Buenos Aires	Carmelo	Schiff (Cacciola)
Tigre	Colonia	Schiff (Buquebus, Colonia Express, Seacat)
Gualeguaychú	Fray Bentos	Puente General San Martín (Brücke)
Colón	Paysandú	Puente General Artigas (Brücke)
Concordia	Salto	Represa Salto Grande (Damm)
Concordia	Salto	Schiff (Transporte Fluvial San Cristóbal)

Grenzübergänge von Brasilien

VON	NACH	ROUTE
Aceguá	Aceguá	Schnellstraße BR-153/UR-8
Barra do Quaraí	Bella Unión	Schnellstraße BR-472/UR-3
Chuí	Chuy	Schnellstraße BR-471/UR-9
Jaguarão	Río Branco	Schnellstraße BR-116/UR-26
Quaraí	Artigas	Schnellstraße BR-377/UR-30
Santana do Livramento	Rivera	Schnellstraße BR-293/UR-5

EINREISE NACH URUGUAY

Alle Ausländer benötigen für die Einreise nach Uruguay einen Pass. Ausgenommen sind Staatsbürger der Nachbarländer; sie benötigen nur eine Kennkarte.

FLUGZEUG

Am **Carrasco International Airport** (S. 621) von Montevideo kommen die meisten Reisenden an. Ein paar Direktflüge von Argentinien und Brasilien steuern auch den **Punta del Este International Airport** (Aeropuerto de Punta del Este; ☑ 4255-9777; www.puntadeleste.aero) an.

Die neueste Inlandsfluglinie Uruguays, **Alas Uruguay** (☑ 2710-4149; www.alasuruguay.com. uy) nahm im Dezember 2015 den Flugbetrieb auf und löste Pluna ab, das nach seiner Pleite im Juli 2012 den Betrieb einstellte.

AUF DEM LANDWEG & ÜBERS MEER

Uruguay grenzt an die argentinische Provinz Entre Ríos und den südbrasilianischen Bundesstaat Rio Grande do Sul. Die wichtigsten Schnellstraßen und Busverbindungen sind generell gut, wobei Busse von Montevideo nach Buenos Aires langsamer und weniger komfortabel sind als die Fähren über den Río de la Plata. Wer die Iguazú-Wasserfälle besuchen möchte, sollte die Route über Argentinien wählen; sie ist schneller, billiger und unkomplizierter als die Anreise über Brasilien.

ⓘ Unterwegs vor Ort

AUTO & MOTORRAD

Reisende, die sich weniger als 90 Tage in Uruguay aufhalten, benötigen den gültigen Führerschein ihres Heimatlands. Die Uruguayer pflegen einen überaus rücksichtsvollen Fahrstil, und sogar im quirligen Montevideo geht es im Vergleich zu Buenos Aires noch geruhsam zu.

Aufgrund einer staatlichen Verordnung verlangen alle Tankstellen – also auch die allgegenwär-tigen staatlichen Ancap-Tankstellen – denselben Preis für Treibstoff. Bleifreies Benzin kostete während der Recherchen zu diesem Reiseführer 42,50 Ur$ pro Liter.

Mietwagen

Preiswerte Mietwagen kosten in Uruguay während der Hauptsaison ab 1500 Ur$ pro Tag, wobei Steuer und Versicherung bereits inbegriffen sind. Buchungen übers Internet kommen oft billiger, als ein Auto vor Ort zu mieten. Die bei den meisten Kreditkartenunternehmen automatisch inbegriffene Versicherung (Vollkasko, Diebstahl) gilt auch für Mietwagen in Uruguay.

Straßenverkehrsregeln & Gefahren

Es ist Pflicht, tagsüber auf allen Schnellstraßen die Scheinwerfer einzuschalten. In den meisten Städten sind Einbahnstraßen, die abwechselnd in die eine bzw. andere Richtung zu befahren sind, die Norm; die gestattete Fahrtrichtung zeigt ein Pfeil an.

Außerhalb von Montevideo gibt es an den meisten Kreuzungen keine Stoppschilder oder Ampeln; Vorfahrt hat, wer zuerst an der Ecke ankommt – eine Nervenprobe für Leute ohne Fahrpraxis in Uruguay!

Die Schnellstraßen, die von Montevideo in alle Himmelsrichtungen verlaufen, sind generell in hervorragendem Zustand, was vor allem für die Ruta 1 nach Colonia del Sacramento sowie die Ruta 9 (die Interbalnearia) nach Punta del Este gilt. Außerhalb der Hauptstadt und der Touristenzentren am Meer ist der Verkehr minimal und stellt kaum ein Problem dar; im Landesinnern sind manche Straßen allerdings ramponiert. Jedenfalls sollte man auf umherlaufendes Vieh und wilde Tiere achten.

Geschwindigkeitsbegrenzungen sind deutlich ausgeschildert, werden aber kaum durchgesetzt. Willkürliche Polizeikontrollen sind selten.

BUS

Die Busse in Uruguay sind komfortabel, die amtlich festgesetzten Fahrpreise halten sich im Rahmen, und die Entfernungen sind kurz. Viele Unternehmen bieten im Fahrzeug sogar kostenloses WLAN an. In einigen Orten, die keinen eigenen Busbahnhof besitzen, unterhalten die verschiedenen Unternehmen ihre Büros in Fußweite voneinander entfernt zentral am Hauptplatz.

Es ist nicht unbedingt notwendig, einen Platz zu reservieren – außer in der Hochsaison und zur Hauptferienzeit. In der Hauptreisezeit setzen die Unternehmen oft mehrere Busse gleichzeitig zu einem der häufig nachgefragten Ziele ein – auf der Fahrkarte ist dann jeweils auch die Nummer des entsprechenden Busses vermerkt. Beim Einsteigen sollte man sich also beim Fahrer rückversichern, dass man in den richtigen Bus einsteigt, sonst kann es leicht passieren, dass man womöglich auf dem richtigen Sitzplatz, aber im falschen Bus sitzt und der Sitzplatz von einem anderen Fahrgast beansprucht wird.

In den meisten Städten, die einen Busbahnhof besitzen, gibt es dort auch eine Möglichkeit zur Gepäckaufbewahrung und das in der Regel zu moderaten Preisen.

NAHVERKEHR

Taxis, *remises* (vorbestelltes Funktaxi) und Lokalbusse funktionieren etwa so wie in Argentinien auch. Taxis verfügen über einen Gebührenzähler. In der Zeit von 22 Uhr bis 6 Uhr sowie an

Sonn- und Feiertagen gelten allerdings um 20 % höhere Fahrpreise als sonst. Für mitgeführtes Gepäck wird ein geringfügiger Aufschlag berechnet. Die Fahrgäste geben dem Fahrer üblicherweise ein Trinkgeld, indem sie den Fahrpreis auf den nächsthöheren glatten Betrag oder auch auf einen Fünfer aufrunden.

Das städtische Busnetz ist in Montevideo und anderen urbanen Gebieten hervorragend ausgebaut; in kleineren Küstenorten wie etwa La Paloma wird der bescheidenere öffentliche Nahverkehr mit sogenannten *micros* (Minibussen) gewährleistet.

Argentinien verstehen

Argentinien aktuell

Argentinien hat zwei Gesichter. Das Land kennt beides, Wohlstand und Niedergang. Momentan liegt die Inflationsrate hoch und die Wirtschaft kommt nicht richtig in Fahrt. Dennoch ist ein neuer Aufschwung jederzeit möglich. Für frischen Optimismus und eine Stimmung des Wandels sorgt auch der 2015 vereidigte neue Präsident, der Cristina Kirchner abgelöst hat. Und der (argentinische) Papst rüttelt weiterhin an althergebrachten Strukturen der katholischen Kirche und wird dafür von Millionen Gläubigen verehrt.

Die besten Bücher

Der Kuss der Spinnenfrau (Manuel Puig, 1976) Langsam entwickelt sich eine Beziehung zwischen zwei sehr unterschiedlichen Insassen eines Gefängnisses in Buenos Aires. Das Buch diente als Vorlage für den preisgekrönten Film von 1985.
In Patagonien. Reise in ein fernes Land (Bruce Chatwin; 1977) Ein lesenswertes Buch über die Geschichte und die Mythen Patagoniens.
The Motorcycle Diaries: Latinoamericana. Tagebuch einer Motorradreise 1951/52 (1993, Ernesto Che Guevara et. al.) Die Reisetagebücher des argentinischen Revolutionärs.
And the Money Kept Rolling In (and Out) (Paul Blustein; 2005) So hat der IWF dem bankrotten Argentinien geholfen.

Die schönsten Filme

La historia oficial (Die Verschwundenen; 1985) Ein preisgekrönter Film über den schmutzigen Krieg.
Nueve reinas (Die neun Königinnen; 2000) Zwei Betrüger planen das ganz große Ding.
El secreto de sus ojos (In ihren Augen; 2009) Der Thriller erhielt 2010 den Oscar als bester ausländischer Film.
Relatos salvajes (Wild Tale – Jeder dreht mal durch!, 2014) Die schwarze Komödie umfasst sechs Episoden.

Ein Neuanfang

Im Dezember 2015 wurde Mauricio Macri ins Amt des Präsidenten eingeführt. Zuvor war er – seit 2007 – Bürgermeister von Buenos Aires, und er war bereits Präsident des Fußballvereins Boca Juniors. Bei der Wahl siegte er zur allgemeinen Überraschung knapp gegen Daniel Scioli, den Wunschkandidaten von Cristina Kirchner. Damit beendete er eine zwölfjährige Phase peronistischen Regierens im Lande. Macri versprach einen drastischen Wandel der Wirtschaftspolitik, und er setzte seine Worte auch sofort in die Tat um: Die Devisenkontrolle wurde aufgehoben (womit der Schwarzmarkt für US-Dollars über Nacht verschwand), Exportsteuern wurden reduziert (um den Handel mit landwirtschaftlichen Erzeugnissen zu erleichtern) und überflüssige Stellen in der öffentlichen Verwaltung wurden gestrichen.

Mit diesen Maßnahmen verfolgt Macri das Ziel, die Wirtschaft wieder zu beleben und ausländische Investoren ins Land zu locken und dabei gleichzeitig die gewaltige Verschuldung abzubauen; und schließlich möchte er die hohe Inflationsrate senken. Allerdings geht er einen völlig anderen Weg als Cristina Kirchner, die auf staatliche Eingriffe und erhöhte Staatsausgaben setzte und die Reserven der Zentralbank nutzte, um den Peso künstlich zu stützen. Zudem will Macri die Beziehungen zu Wirtschaftsmächten wie Brasilien und den USA stärken und auf Distanz zu Ländern wie dem Iran und Venezuela gehen, die Cristina Kirchner enger verbunden waren. Macri vertraut also eher dem freien Markt – im Unterschied zur linksgerichteten, um staatliche Lenkung bemühten Politik seiner Vorgänger.

Die Wirtschaftskrise

Mit der Abwertung der argentinischen Währung im Jahr 2002 entstand eine wachsende Nachfrage nach den urplötzlich preiswerten Agrarprodukten des Landes. Flankiert durch ein explosionsartiges Wachstum

und erhebliche öffentliche Ausgaben in Brasilien und China, hielt diese Boomphase in Argentinien bis 2007 an und erlebte 2010 sogar einen weiteren Höhepunkt. Mittlerweile aber haben eine hohe Inflation, ein stärkerer Peso und ein insgesamt niedriges Preisniveau die weitere Entwicklung der Wirtschaft gebremst.

Im Oktober 2011 unternahm die Regierung sogar den Versuch, den Kapitalfluss ins Ausland zu stoppen; Argentinier, die US-Dollar erwerben wollten, mussten diesen Bedarf begründen. Damit schuf die Regierung aber sofort einen Schwarzmarkt für den begehrten stabilen US-Dollar. Der Immobilienmarkt kam gänzlich zum Erliegen, denn Immobiliengeschäfte wurden fast ausschließlich in Dollars abgewickelt.

Wirtschaftsfachleute sind der Ansicht, die neue Regierung müsse ihre Ausgaben zurückfahren, die Inflation in den Griff bekommen und insgesamt transparenter werden, um Investitionen zu erleichtern. Ob es dem neuen Präsidenten wirklich gelingt, die Wirtschaft zu beleben, oder ob am Ende alles noch schlimmer wird, bleibt abzuwarten. Immerhin liegt wieder Optimismus in der Luft – denn viele glauben, auf den völligen Niedergang müsse ja endlich ein Aufschwung folgen.

Jeder liebt den Papst

Nachdem Kardinal Jorge Mario Bergoglio, der Erzbischof von Buenos Aires, im März 2013 zum Papst gewählt wurde, nahm er den Namen Franziskus an. Er war nicht nur der erste Papst, der diesen Namen wählte, er war auch der erste Papst vom amerikanischen Kontinent und der erste, der dem Jesuitenorden entstammte. Mit Sicherheit ist er außerdem noch der erste Papst, der mit Mate großgeworden ist, der in *milongas* Tango getanzt hat und der den Fußballverein San Lorenzo leidenschaftlich unterstützt.

Bergoglio lebte auch als Bischof bescheiden, er verschmähte das erzbischöfliche Palais in Olivos, blieb lieber in seinem kleinen Apartment und fuhr mit dem Bus und der Subte durch Buenos Aires. Als Papst ist er diesen Gewohnheiten treu geblieben und folgt damit seinem Namenspatron, dem heiligen Franziskus, der einst weltlichen Besitz verschmähte. Dank dieser Bescheidenheit und seiner warmherzigen Art wurde Franziskus ein sehr beliebtes Kirchenoberhaupt.

Einige Äußerungen des Papstes wurden allerdings von konservativen Kirchenvertretern und manchen politischen Parteien sehr reserviert aufgenommen. Franziskus hat den Kapitalismus kritisiert, er hat sich nicht gegen die Evolutionslehre gestellt und die Bedeutung des Umweltschutzes betont. Zudem hat er die Rolle der Frauen in der Kirche gewürdigt. Homosexuelle Eheschließungen lehnt er zwar weiterhin ab, Homosexuellen soll man aber nach seinen Worten mit Liebe und Respekt begegnen.

Viele Katholiken fühlen sich von Franziskus „verstanden“, und seine Beliebtheit reicht über den Kreis der Gläubigen hinaus.

FLÄCHE: **2,8 MIO. KM²**

EINWOHNER: **43 MIO.**

BIP: **540 MRD. US$**

INFLATION: **26 % (NICHT AMTLICH)**

ARBEITSLOSIGKEIT: **7,5 %**

Wenn in Argentinien 100 Menschen lebten, wären ...

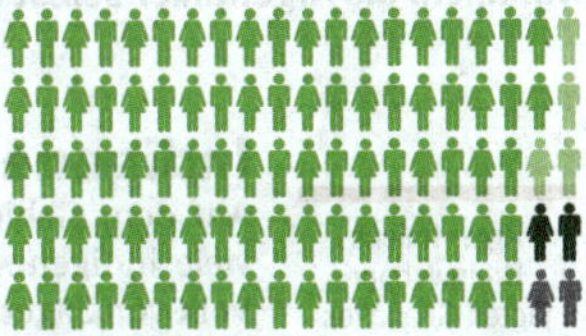

92 römisch-katholisch
2 Juden
2 Protestanten
4 Sonstige

Ethnische Zugehörigkeit

(% der Bevölkerung)

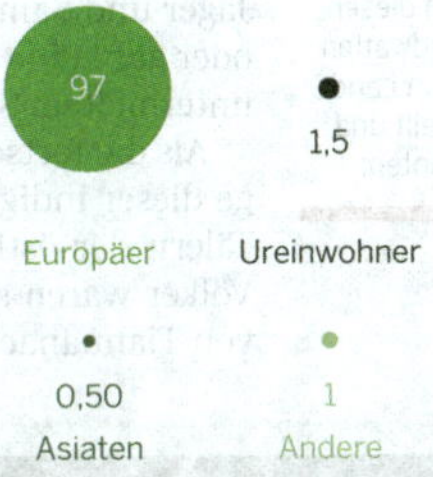
97
Europäer
1,5
Ureinwohner
0,50
Asiaten
1
Andere

Einwohner pro km²

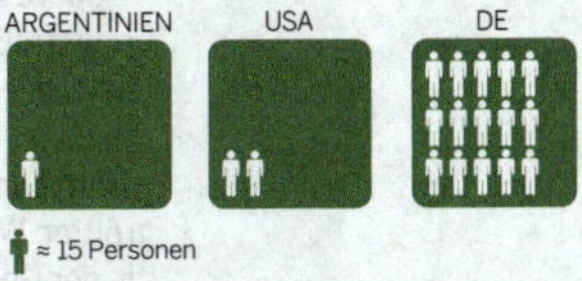
ARGENTINIEN
USA
DE
≈ 15 Personen

Geschichte

Wie alle lateinamerikanischen Staaten hat auch Argentinien eine stürmische und wechselvolle Geschichte vorzuweisen, zuweilen geprägt von Tyrannei, Korruption und großer Not. Es gab in Argentiniens Historie aber durchaus auch glanzvolle Zeiten, beispielsweise den erfolgreichen Kampf gegen die spanische Kolonialmacht. Einstmals zählte das Land sogar zu den wirtschaftlich erfolgreichsten der Welt. Internationalen Ruhm erlangten beispielsweise die Gestalt des Gaucho, Evita Perón und Che Guevara. Kenntnisse über die Geschichte Argentiniens sind außerordentlich hilfreich, um die Gegenwart und vor allem die Argentinier selbst besser zu verstehen.

Indigene Völker

Argentiniens Ureinwohner jagten Guanakos und Nandus (große straußenartige Vögel) mit unterschiedlichen Waffen, darunter *boleadoras*. Diese an Stricken befestigten schweren Steinkugeln warf man um die Beine der Beutetiere. Heute werden Repliken dieser alten Jagdwaffen überall im Land hergestellt und angeboten.

Auf dem Gebiet des heutigen argentinischen Staates gab es einstmals viele indigene Völker. In den weiten Pampas lebten die Querandí, ein Volk von Jägern und Sammlern. Im Norden waren die Guaraní zu Hause; dieses halbsesshafte Volk betrieb bereits Ackerbau und Fischfang. Im Seengebiet und in Patagonien siedelten die Pehuenches und die Puelches, die sich von den Samen („Pinienkernen") der Araukarie (einer Nadelbaumart) ernährten, während die Mapuche aus dem Westen in diese Region vordrangen und die Spanier gleichzeitig südwärts vorstießen. Heute gibt es noch einige Mapuche-Reservate, vor allem in der Gegend rund um Junín de los Andes.

Bevor sie von den Europäern ausgelöscht wurden, lebten indigene Völker wie die Selk'nam, Haush, Yámana und Kawesqar auch im tiefen Süden, in Feuerland (Tierra del Fuego), und zwar als nomadisierende Jäger und Sammler. Trotz des häufig rauen Klimas trugen sie nur wenig oder gar keine Kleidung, weshalb sie permanent brennende Feuerstellen unterhielten. So kam die Region auch zu ihrem Namen.

Als die fortschrittlichste Region galt der Nordwesten des Landes. Einige dieser indigenen Völker, insbesondere die Diaguita, betrieben in den Tälern der östlichen Ausläufer der Anden Bewässerungsfeldbau. Diese Völker waren stark beeinflusst von der fortschrittlichen Aymara-Kultur von Tiahuanaco (Bolivien) und vom mächtigen Inka-Reich, welches sich

ZEITACHSE

10 000 v. Chr.	7370 v. Chr.	4000 v. Chr.
Nachfahren der Menschen, die rund 20 000 Jahre zuvor die Beringstraße überquert hatten, erreichen das heutige Argentinien. Damit endet eine der größten Wanderungen in der Geschichte der Menschheit.	In der berühmten Cueva de las Manos hinterlassen Angehörige der Toldense-Kultur erste Abbildungen von menschlichen Händen. Die Bilder zeigen, wie lange diese Region schon besiedelt ist.	Die Yámana (Yaghan), auch bekannt als Feuerland-Indianer, lassen sich auf den südlichsten Inseln nieder. Damit war die Wanderung abgeschlossen; weiter konnten Menschen nicht mehr vordringen.

im 15. Jh. von Peru aus südwärts ausbreitete. In der heutigen argentinischen Provinz Salta befindet sich die beeindruckende Ruinenanlage von Quilmes, eine der besterhaltenen Stätten der Prä-Inka-Kultur.

Ankunft der Spanier

Über ein Jahrzehnt nachdem Christoph Kolumbus zufällig den amerikanischen Kontinent „entdeckt" hatte, zogen die ersten Europäer die Flussmündung des Río de la Plata hinauf. Auslöser für die Erkundungen der Region waren Gerüchte über große Silbervorkommen. Der Spanier Sebastian Cabot nannte den Fluss hoffnungsvoll „Río de la Plata" (Silberfluss), und euphorisch taufte man Teile des neuen Territoriums auf das lateinische Wort für Silber *(argentum)*. Die wertvollen Bodenschätze, die die Spanier im Inkareich von Peru fanden, wurden hier, in diesem irrtümlich falsch benannten Land, allerdings niemals entdeckt.

Den ersten Versuch einer Siedlungsgründung an der Flussmündung unternahm 1536 der spanische Adelige Pedro de Mendoza. Er landete im heutigen Buenos Aires. Nachdem die Siedler versucht hatten, von den Querandí Nahrungsmittel zu stehlen, zeigten die Ureinwohner sich allerdings gnadenlos: Nach weniger als vier Jahren floh Mendoza zurück nach Spanien – und zwar ohne ein einziges Gramm Silber. Die zurückgelassenen Truppen zogen flussaufwärts in die friedlichere Umgebung von Asunción, wo die heutige Hauptstadt von Paraguay liegt.

Die Überlegenheit des Nordwestens

Obwohl die spanische Armee Buenos Aires 1580 neu gründete, blieb diese Siedlung im Vergleich zu den Neugründungen in den Anden tiefste Provinz. Die Siedlungen in den Anden wurden von einer anderen spanischen Truppe gegründet, die von Alto Perú (heute Bolivien) aus nach Süden vorrückte. Dank enger Verbindungen zur Festung von Lima und mit genügend Geld durch die Silbermine von Potosí konnten die Spanier zwei Dutzend Städte gründen, darunter auch das weit südlich gelegene Mendoza (1561). Dies alles geschah in der zweiten Hälfte des 16. Jhs.

Die zwei wichtigsten Zentren waren Tucumán (gegründet 1571) und Córdoba (gegründet 1573). Tucumán lag im Herzen einer reichen Agrarregion und versorgte Alto Perú mit Getreide, Baumwolle und Vieh. Córdoba wurde zum wichtigen Wissenschaftszentrum, und die Jesuitenmissionare gründeten *estancias* (riesige Farmen) in den Sierras, um Alto Perú mit Maultieren, Essen und Wein zu versorgen. Córdobas Manzana Jesuítica (Jesuitenblock) ist heute das am besten erhaltene Ensemble von Kolonialgebäuden im ganzen Land. Einige jesuitische *estancias* in den Pampinen Sierren sind ebenfalls erhalten – zusammen mit den Hauptplazas von Salta (gegründet 1582) zählen sie zu den schönsten und eindrucksvollsten Werken der Kolonialarchitektur in Argentinien.

The Mission (1986) mit Robert de Niro und Jeremy Irons ist ein Historienfilm über die Zeit der Jesuitenmissionen und Missionare im Südamerika des 18. Jhs. Eine ideale Einstimmung auf eine Reise zu den Missionsstationen im Norden des Landes!

1480 n. Chr.	1536	1553	1561
Das Reich der Inka erstreckt sich bis in die Anden im Nordwesten des heutigen Argentiniens. Damals blühten hier die am weitesten entwickelten indigenen Kulturen des Landes, darunter die der Diaguita und Tafí..	Pedro de Mendoza gründet Puerto Nuestra Señora Santa María del Buen Aire am Ufer des Río de la Plata. Allerdings verderben es sich die Spanier mit den Ureinwohnern, die die Siedler schnell wieder verjagen.	Francisco de Aguirre gründet Santiago del Estero und betreibt die spanische Kolonisierung Argentiniens von Alto Perú aus. Der Ort gilt heute als älteste durchgehend bewohnte Stadt im ganzen Land.	Spanier gründen Mendoza. Sie suchen nach einem Zugang zum Río de la Plata, der eine Versorgung mit Nachschub und Truppen gewährleisten soll.

Buenos Aires: vom Schwarzhandel zur reichen Metropole

Während der Nordwesten aufblühte, litt Buenos Aires fast zwei Jahrhunderte lang unter den Handelsbeschränkungen der spanischen Krone. Da der Hafen für den Handel geeignet war, begannen frustrierte Kaufleute mit dem Schmuggel, der illegale Handel mit dem portugiesischen Brasilien und den nicht-spanischen europäischen Mächten florierte. Der Reichtum trieb das Wachstum der Stadt voran.

Mit dem Niedergang der Silberminen in Potosí im späten 18. Jh. war die spanische Krone gezwungen, Buenos Aires Bedeutung im transatlantischen Handel anzuerkennen: Spanien musste die Beschränkungen aufweichen und erkannte Buenos Aires 1776 sogar zur Hauptstadt des neuen Vizekönigreichs Río de la Plata, zu dem auch Paraguay, Uruguay und die Minen in Potosí gehörten.

Die in dem neuen Vizekönigreich aufflammenden Streitigkeiten über Handelsrechte wurden rasch in den Hintergrund gedrängt, als die Briten mehrere erfolglose Versuche (1806 und 1807) unternahmen, Buenos Aires zu besetzen (während der Napoleonischen Kriege trachteten die Briten danach, die spanischen Kolonien zu unterwerfen). Der erfolgreiche Widerstand gegen die Angreifer kam ohne spanische Hilfe zustande, die britischen Truppen wurden zurückgeschlagen.

Ab der Mitte des 18. Jhs. betraten in den Pampas die Gauchos die Bildfläche. Die geschickten Reiter, die das südamerikanische Gegenstück zu den nordamerikanischen Cowboys darstellen, verdienten ihren Lebensunterhalt als Viehhirten und betrieben auch Pferdehandel, indem sie verwilderte Pferde einfingen. Diese Tiere waren die Nachkommen jener Vierbeiner, die einst von den spanischen Konquistadoren eingeführt worden waren.

> Eine der bekanntesten zeitgenössischen Darstellungen aus der Zeit kurz nach der Unabhängigkeit ist Domingo Faustino Sarmientos *Das Leben in der Argentinischen Republik in den Tagen des Tyrannen* (1868). Großartig ist auch das Werk *Barbarei und Zivilisation. Das Leben des Facundo Quiroga* (1845).

Unabhängigkeit & innere Unruhen

Gegen Ende des 18. Jhs. wuchs unter den *criollos* (den in Argentinien geborenen Kolonisten) die Unzufriedenheit; ihre Geduld mit den spanischen Autoritäten war aufgebraucht. Die Vertreibung der britischen Truppen aus Buenos Aires gab den Menschen des Río de la Plata neues Selbstvertrauen und die Gewissheit, auch ohne Spanien existieren zu können. Nachdem Napoleon 1808 in Spanien eingefallen war, erklärte Buenos Aires am 25. Mai 1810 seine Unabhängigkeit.

Die Unabhängigkeitsbewegungen in ganz Südamerika waren sich schließlich einig in dem Wunsch, die Spanier ganz loszuwerden. Unter der Führung von General José de San Martín und anderen erklärten die Vereinten Provinzen von Río de la Plata (den Vorläufer der Republik Argentinien) offiziell am 9. Juli 1816 in Tucumán ihre Unabhängigkeit.

1573	1580	1609	1767
Der Gouverneur von Tucumán, Jerónimo Luis de Cabrera, gründet die Stadt Córdoba. Der Ort wird zum wichtigen Knotenpunkt der Handelsstraßen zwischen Chile und Alto Perú.	Spanische Truppen gründen die Siedlung Buenos Aires ein zweites Mal. Im Vergleich zu den Festungen Mendoza, Tucumán und Santiago del Estero bleibt die spätere Hauptstadt aber noch relativ unbedeutend.	Die Jesuiten beginnen im Nordosten des Landes mit dem Bau von Missionsstationen, darunter San Ignacio Miní (1610), Loreto (1632) und Santa Ana (1633). Die Guaraní werden in *reducciones* angesiedelt.	Die spanische Krone vertreibt die Jesuiten aus ihren südamerikanischen Besitzungen; die Missionsgemeinden verfallen hierauf schnell.

Trotz ihres neuen Status gehörten die Provinzen nur dem Namen nach zusammen. Es gab keine Zentralgewalt, und die regionalen Unterschiede innerhalb Argentiniens, die unter spanischer Herrschaft weniger auffällig gewesen waren, wurden unübersehbar. Lokale Machthaber gewannen zunehmend an Einfluss; sie widersetzten sich Buenos Aires genauso heftig, wie Buenos Aires sich Spanien widersetzt hatte.

In Argentiniens Politik standen sich zwei Parteien gegenüber – die Föderalisten, die für eine Autonomie der Provinzen eintraten, und die Unitaristen in Buenos Aires, die für eine starke Zentralgewalt waren. Fast 20 Jahre lang gab es blutige Konflikte zwischen den beiden Fraktionen.

Die Herrschaft Rosas'

Juan Manuel de Rosas wurde in der ersten Hälfte des 19. Jhs. in der Provinz Buenos Aires als Caudillo bekannt. Er vertrat die Interessen der ländlichen Eliten und der Landeigentümer, seit 1829 im Amt des Gouverneurs dieser Provinz. Zwar machte er sich für den Föderalismus stark, setzte sich aber auch dafür ein, die politische Macht in Buenos Aires zu zentralisieren. So verlangte er, dass der internationale Handel über Buenos Aires laufen müsse. Er hielt sich über 20 Jahre an der Macht (bis 1852), und manche seiner „Errungenschaften" waren erste Vorboten für die unheilvolle Zukunft des Landes: Er gründete die Geheimpolizei, die berüchtigte *mazorca*, und führte die Folter ein.

Unter Rosas beherrschte Buenos Aires den neuen Staat. Doch seine Radikalität brachte viele gegen ihn auf, darunter seine ehemals wichtigsten Verbündeten. Schließlich stellte ein rivalisierender Caudillo namens Justo José de Urquiza eine mächtige Armee zusammen und vertrieb den Gouverneur. Urquizas erste Amtshandlung war die Ausarbeitung einer Verfassung, die am 1. Mai 1853 in Santa Fe angenommen wurde.

Ein kurzes Aufblühen

Bartolomé Mitre, der im Jahr 1862 zum ersten offiziellen Präsidenten der Republik Argentinien gewählt wurde, wollte den Aufbau der Nation vorantreiben und die Infrastruktur des Landes stärken. Diese Ziele musste er jedoch dem Tripel-Allianzkrieg gegen Paraguay (1864–1870) unterordnen. Erst als Domingo Faustino Sarmiento, ein Pädagoge und Journalist aus San Juan, das Präsidentenamt übernahm, ging die Entwicklung tatsächlich zügig voran.

Die Wirtschaft von Buenos Aires boomte und zog viele Einwanderer aus Spanien, Italien, Deutschland und Osteuropa an. Die Neuankömmlinge wohnten dicht gedrängt in den Mietshäusern des Hafenviertels. In den dortigen Freudenhäusern und in den rauchgeschwängerten Kneipen und Cafés entstand der berühmte Tanz von Buenos Aires: der Tango. In

Die faszinierende, fiktive Biographie von Tomás Eloy Martínez, *The Perón Novel* (1998), über den Expräsidenten Juan Perón gipfelt in seiner Rückkehr nach Buenos Aires im Jahr 1973.

1776	1806/07	25. Mai 1810	9. Juli 1816
Spanien ernennt Buenos Aires zur Hauptstadt des neuen Vizekönigreichs Río de la Plata. Das Staatsgebiet umfasst Teile der heutigen Länder Paraguay und Uruguay und die Bergwerke von Potosí in Bolivien.	Zur Zeit der Koalitionskriege versucht Großbritannien, sich die spanischen Besitzungen in Südamerika einzuverleiben. 1806 und 1807 greifen britische Truppen Buenos Aires an, werden aber zurückgeschlagen.	Buenos Aires erklärt seine Unabhängigkeit von Spanien, auch wenn es noch einige Jahre dauern wird, bis die Unabhängigkeit wirklich auf allen Ebenen umgesetzt ist.	Nachdem die Unabhängigkeitsbestrebungen überall in Südamerika erfolgreich waren, lösen sich auch die Vereinigten Provinzen von Río de la Plata in Tucumán formell von Spanien.

EVITA, HOFFNUNG DER ARMEN

„Ich komme wieder und werde Millionen sein."
Eva Perón, 1952

Die aus einfachen Verhältnissen stammende María Eva Duarte de Perón stieg an der Seite von Präsident Juan Perón bis an die höchste Spitze der Macht. Zweifellos zählt sie zu den meistverehrten politischen Gestalten des letzten Jahrhunderts. Die von allen liebevoll Evita genannte First Lady Argentiniens überstrahlt heute in mancher Hinsicht auch ihren Ehemann, der das Land von 1946 bis 1955 regierte.

Im Alter von 15 Jahren verließ Eva Duarte ihre Heimatstadt Junín in Richtung Buenos Aires, um dort als Schauspielerin oder beim Rundfunk zu arbeiten. Ihre große Chance sollte im Jahr 1944 kommen, als sie an einem Benefizkonzert im Luna Park in Buenos Aires teilnahm. Hier traf sie erstmals den Oberst Juan Perón, der sich in sie verliebte und sie ein Jahr später heiratete.

Kurz nachdem Perón 1946 die Präsidentschaftswahlen gewonnen hatte, begann Evita mit ihrer Tätigkeit im Arbeits- und Sozialministerium. Während der zwei Amtsperioden Peróns unterstützte Evita ihrer Ehemann durch ihr Charisma und ihre Fürsorge für die Armen, von denen sie glühend verehrt wurde. Sie ließ Armenhäuser bauen, sie richtete Hilfsprogramme für Kinder ein und ließ Kleidung und Essen an die Bedürftigen verteilen. Ihr soziales Engagement war vorbildlich, sie setzte sich für die Rechte alter Menschen ein und sprach sich erfolgreich für das Frauenwahlrecht aus.

Noch im gleichen Jahr, als Perón den Wahlkampf für seine zweite Amtszeit gewann, starb Evita 1952 im Alter von nur 33 Jahren an Krebs. Ihr Tod war ein schwerer Schlag für das Land und die Präsidentschaft ihres Mannes.

Obwohl man mit Evitas Namen vor allem soziale Gerechtigkeit für jene Menschen verbindet, die sie *descamisados* (die Hemdlosen) nannte, war die Regierungszeit an der Seite ihres Mannes sehr umstritten. Beide regierten das Land mit eiserner Faust. Sie ließen Oppositionelle verhaften und Zeitungen wie das *Time Magazine* verbieten, die es gewagt hatte, sie als „uneheliches Kind" zu bezeichnen. Trotzdem lässt sich nicht bestreiten, dass sie die Gleichberechtigung der Frauen auf allen Ebenen der argentinischen Gesellschaft ausweitete und den Armen des Landes half.

Heute genießt Evita beinahe schon Heiligenstatus. Wer mehr über sie wissen möchte, dem sei der Besuch des Museo Evita empfohlen. Ihr Grab liegt auf Friedhof Recoleta. Lesenswert ist die mit Hilfe eines Ghostwriters geschriebene Biografie *La razón de mi vida* (Die Mission meines Lebens; 1951).

anderen Teilen des Landes stellten Basken und Iren die ersten Schafhirten; der Export von Schafen und Schafwolle sollte sich in den Jahren zwischen 1850 und 1880 verzehnfachen.

Der Zugang in den Süden der Pampas und nach Patagonien blieb den Siedlern zunächst noch verwehrt, da die Mapuche und Tehuelche erbit-

1829	1852	1862	1864–1870
Caudillo Juan Manuel de Rosas wird Gouverneur der Provinz Buenos Aires und damit faktisch Regent der argentinischen Konföderation. 20 Jahre lang führt er ein strenges Regiment.	Rosas' ehemaliger Verbündeter Justo José de Urquiza besiegt den Gouverneur in der Schlacht von Caseros. 1853 erhält Argentinien seine erste Verfassung.	Bartolomé Mitre wird zum Präsidenten der neuen Republik Argentinien gewählt. Er lässt das Schienennetz anlegen, sorgt für die Gründung der Post und stellt eine Armee auf.	Es kommt zum Tripel-Allianz-Krieg zwischen Paraguay auf der einen und Argentinien, Brasilien und Uruguay auf der anderen Seite. Der Krieg endet mit einer Niederlage Paraguays.

terten Widerstand leisteten. Im Jahr 1878 begann General Julio Argentino Roca mit einem wahren Vernichtungsfeldzug gegen jene indigenen Völker, der Conquista del Desierto (Eroberung der Wüste) genannt wird. Mit der gewaltsamen Eroberung des Südens wurden in Patagonien neue Siedlungsgebiete erschlossen.

An der Wende zum 20. Jh. verfügte Argentinien über ein gut entwickeltes Eisenbahnnetz, das zum Großteil mit britischem Geld finanziert worden war und das sich von Buenos Aires aus in alle Himmelrichtungen erstreckte. Trotzdem zeichnete sich bald schon eine Wirtschaftskrise bedrohlich ab, denn die Industrie konnte den ungebremsten Zuzug von Einwanderern ganz einfach nicht mehr kompensieren. Arbeiterunruhen waren die Folge, die Importrate übertraf die der Exporte.

Mit der Weltwirtschaftskrise riss das Militär schließlich in einem Staatsstreich die Macht an sich. Juan Domingo Perón, ein gewiefter und gerissener Offizier, war der erste, der versuchte, die wirtschaftlichen Probleme in den Griff zu bekommen.

Juan Perón

Juan Perón wurde in den 1940er-Jahren zum meistverehrten, aber auch verhasstesten Politiker Argentiniens. Bekannt wurde er als Arbeitsminister, nachdem ein Militärputsch die Regierung 1943 entmachtete. Mit der Unterstützung von Eva Duarte („Evita"), seiner zweiten Ehefrau, gewann er die Präsidentschaftswahlen von 1946.

Bei seinen Reisen durch das faschistische Italien und Deutschland hatte Perón gelernt, wie wichtig Großauftritte im öffentlichen Leben waren, und so entwickelte er seinen eigenen Faschismus-Stil in sehr lockerer Anlehnung an Mussolini. Vom Balkon der Casa Rosada herab nahm er riesige Truppenparaden ab, die gleichermaßen charismatische Evita stets an seiner Seite. Obwohl sie überwiegend mittels Erlassen regierten und keinen politischen Konsens suchten, legalisierten die Peróns die Gewerkschaftsbewegung, stärkten die politischen Rechte der Arbeiter, sicherten den Frauen das Wahlrecht und öffneten geeigneten Bewerbern aus allen Schichten der Bevölkerung den freien Zugang zu einem Universitätsstudium. Natürlich machte er sich mit dieser Sozialpolitik unter den Konservativen und den Angehörigen der wohlhabenden Schichten nicht unbedingt Freunde.

Wirtschaftliche Nöte und die Inflation überschatteten 1952 Peróns Start in seine zweite Amtszeit. Evitas Tod im selben Jahr war ein schwerer Schlag für das ganze Land – wie auch für die Beliebtheit des Präsidenten. Nach einem Militärputsch schickte man ihn 1955 ins spanische Exil. Es folgten fast drei Jahrzehnte einer schlimmen Militärherrschaft.

Im Exil schmiedete Perón Pläne für seine Rückkehr nach Argentinien. In den späten 1960er-Jahren kam es zu einer Verschlechterung der

Nunca Más (Nie wieder; 1984) ist der offizielle Bericht der Nationalkommission über das Verschwinden von Personen. Die Dokumentation enthält zahllose Details über Entführungen und Folterungen durch das Militär zwischen 1976 und 1983, also in der Zeit des Schmutzigen Krieges.

1865	1868	1869–1895	1926
Mehr als 150 Immigranten aus Wales erreichen an Bord der *Mimosa* die Küste Patagoniens; in der Provinz Chubut entsteht die erste walisische Kolonie auf argentinischem Boden.	Domingo Faustino Sarmiento aus San Juan wird zum Präsidenten gewählt. Er wirbt international um Zuwanderer, reformiert das Bildungswesen und bemüht sich, den europäischen Charakter des Landes zu festigen.	Die argentinische Wirtschaft boomt, und der Zustrom von Einwanderern aus Italien und Spanien schwillt an. Die Einwohnerzahl von Buenos Aires wächst von 90 000 auf 670 000. In der Hauptstadt kommt der Tango in Mode.	Ricardo Güiraldes veröffentlicht *Don Segundo Sombra*, ein Werk, das schon bald zum Klassiker der Gaucho-Literatur avanciert. Das Buch verdeutlicht die Bedeutung des Gauchos für die argentinische Gesellschaft.

DIE MÜTTER VON DER PLAZA DE MAYO

1977 waren unter General Jorge Rafael Videla besonders viele brutale Menschenrechts-verletzungen in Argentinien zu beklagen. Eines Tages zogen 14 Mütter gemeinsam zur Plaza de Mayo in Buenos Aires: Sie wussten sehr genau, dass die Militärregierung öffentliche Versammlungen strikt untersagt hatte und wirkliche oder vermeintliche Dissidenten keine Gnade zu erwarten hatten – Folter und Tod waren allgegenwärtig. Die Mütter aber versammelten sich trotzdem und verlangten Aufklärung über das Schicksal ihrer Kinder, die im Zuge der Ausschaltung jeglicher Opposition einfach verschwunden waren.

Die Gruppe, die sich selbst den Namen „Las Madres de la Plaza de Mayo" (Die Mütter von der Plaza de Mayo) gab, wurde bald zur Keimzelle einer mächtigen sozialen Bewegung. Diese Mütter waren die einzige politische Bewegung, die den mächtigen Generälen offen trotzte. Ihr Protest war gerade auch deshalb so wirkungsvoll, weil sie in ihrer Rolle als Mütter auftraten – das machte sie in der argentinischen Kultur praktisch unangreifbar. Hier zeigten Frauen erstmals sehr entschieden ihre Macht; heute geht man davon aus, dass nicht zuletzt dieser Protest einen wichtigen Beitrag zur Ablösung der Militärdiktatur in Argentinien geleistet hat.

Auch nachdem Argentinien 1983 wieder von einer zivilen Regierung geleitet wurde, blieb das Schicksal vieler Verschollener ungeklärt, die Mütter setzten ihre Protestzüge fort und forderten weiter Aufklärung und Vergeltung. 1986 teilte sich die Bewegung in zwei Gruppierungen: Eine davon, Línea Fundadora, die den Gründerinnen näherstand, setzte sich für die Suche nach den sterblichen Überresten der Verschleppten ein und forderte vehement, die Täter vor Gericht zu stellen.

Die zweite Gruppe, bekannt als Asociación Madres de Plaza de Mayo, hielt im Januar 2006 den letzten ihrer alljährlichen Protestzüge ab, denn die Mütter gaben sich damit zufrieden, dass der Staatspräsident nun auf ihrer Seite stand. Allerdings versammeln sich jeden Donnerstagnachmittag noch immer Angehörige der Línea Fundadora zum stillen Gedenken an die zahlreichen Opfer der Militärjunta – und aus Protest gegen andere soziale Ungerechtigkeiten.

Die Hoffnungen sind auch heute nicht ganz unbegründet: Im Jahr 2014 fand eine der berühmtesten Großmütter, Estela Carlotta, schließlich nach 36 Jahren des Suchens ihren Enkel. Das ganze Land freute sich mit ihr – vielleicht in der Hoffnung auf weitere glückliche Familienzusammenführungen.

wirtschaftlichen Situation, zu Streiks, politisch motivierten Entführungen und Guerrillakriegen. Während dieser turbulenten Ereignisse kehrte Perón nach Argentinien zurück. Im Jahr 1973 wurde er erneut zum Staatspräsidenten gewählt. Allerdings blieb seine Amtszeit, nach 18-jährigem Exil, blass und ohne Erfolg. Chronisch krank, starb Perón Mitte 1974 und hinterließ ein in sich zerrissenes Land und seine unqualifizierte dritte Ehefrau, Isabel.

1946	1952	1955	1976–1983
Juan Perón gewinnt die Präsidentschaftswahl; er setzt rasch einschneidende Reformen der politischen Strukturen durch. Evita engagiert sich für Frauen und Kinder der Armen.	Eva Perón stirbt am 26. Juli im Alter von 33 Jahren an Krebs, nur ein Jahr nach Beginn der zweiten Amtszeit ihres Ehemannes. Der Tod seiner populären Frau schwächt Juan Perón auch in politischer Hinsicht.	Als die Wirtschaft in eine Phase der Rezession gerät, verliert Präsident Perón weiter an Rückhalt; nach einem Militärputsch wird er seines Amtes enthoben und ins spanische Exil verabschiedet.	Unter General Jorge Videla übernimmt eine Militärjunta die Regierungsgewalt und entfacht den sogenannten Schmutzigen Krieg. Innerhalb von acht Jahren „verschwinden" schätzungsweise 30 000 Menschen.

Der Schmutzige Krieg & die Verschwundenen

In den späten 1960er- und frühen 1970er-Jahren war die regierungsfeindliche Stimmung auf ihrem vorläufigen Höhepunkt angekommen. Aus Straßenkämpfen und gewaltsamen Demonstrationen wurden schwere Kämpfe. Bewaffnete Guerillagruppen bekämpften das Militär, die politische Elite und den US-Einfluss in Lateinamerika. Terroristische Aktivitäten links- und rechtsextremer Gruppen waren an der Tagesordnung. Hinzu kam die erdrückend hohe Korruption und Isabel Peróns unübersehbare Inkompetenz – Argentinien taumelte am Abgrund.

Am 24. März 1976 kommandierte Armeegeneral Jorge Rafael Videla (1925–2013) zusammen mit Admiral Emilio Massera und Luftwaffengeneral Agosti einen Militärputsch und übernahm die Staatskontrolle. Damit läutete er eine Epoche des Terrors und der Gewalt ein. Videlas erklärtes Ziel war die Vernichtung der Guerrillabewegungen und die Herstellung der gesellschaftlichen Ordnung. Während dieser Zeit fand der vom Regime euphemistisch so bezeichnete „Prozess der Nationalen Reorganisation" statt. Gemeint waren übers Land ziehende Militäreinheiten, die jeden einsperrten, folterten und töteten, der auf ihrer Liste verdächtiger Linker stand.

Zwischen 1976 und 1983, in einer Zeit, die heute Guerra Sucia, „Schmutziger Krieg" genannt wird, „verschwanden" laut Schätzungen etwa 15 000 Menschen. Der Schmutzige Krieg endete erst, als das argentinische Militär einen echten Krieg führte: den Versuch, die britischen Falklandinseln (Islas Malvinas) zu annektieren.

Der Krieg um die Falklandinseln (Malvinas)

Mit Argentiniens Wirtschaft ging es unter der Militärherrschaft weiter bergab bis zum völligen Zusammenbruch. Zu einer wirksamen „Nationalen Reorganisation" kam es nicht. Ende 1981 wurde General Leopoldo Galtieri neuer Präsident. Um sich trotz der Wirtschaftskrise und der sozialen Unruhen an der Macht zu halten, spielte Galtieri die nationalistische Karte aus und startete im April 1982 eine Invasion der Falklandinseln (ein britisches Überseegebiet), um die Briten endgültig von dieser Inselgruppe zu verjagen, die Argentinien schon seit 150 Jahren als Islas Malvinas für sich allein beanspruchte.

Galtieri hatte allerdings die britische Premierministerin Margaret Thatcher unterschätzt; nach nur 74 Tagen mussten die kaum ausgebildeten, schlecht motivierten und hauptsächlich aus Teenagern bestehenden argentinischen Truppen kläglich aufgeben. Das Militärregime brach nach der Niederlage in sich zusammen, und im Jahr 1983 wurde Raúl Alfonsín zum Präsidenten gewählt.

Hectór Oliveras Film *Schmutziger Kleinkrieg* (1983) ist eine herausragende schwarze Komödie, die kurz vor dem Militärputsch von 1976 in einer fiktiven Stadt spielt.

Der Falklandkrieg ist in Argentinien noch heute ein sehr sensibles Thema. Man sollte in Gegenwart von Argentiniern nicht von den Falklandinseln sprechen, sondern diese Inselgruppe immer nur „Malvinas" nennen. Viele Argentinier sind der Meinung, dass dieses Archipel schon immer zu ihrem Land gehört habe.

1982	1983	1989	1999–2000
Als die Wirtschaft wieder einmal vor dem Zusammebruch steht, besetzt General Leopoldo Galtieri die britischen Falklandinseln. Im Überschwang nationaler Begeisterung vergessen viele die Misere des Landes.	Nach dem Scheitern des Falklandkrieges und angesichts einer kollabierenden Wirtschaft übernimmt Raúl Alfonsín das Präsidentenamt – als erster Zivilist seit 1976.	Der Peronist Carlos Menem folgt Alfonsín als Präsident; durch marktwirtschaftliche Reformen bändigt er die Hyperinflation, die 200 % pro Monat erreicht hatte.	Fernando de la Rua ist als Menems Amtsnachfolger mit einer angeschlagenen Volkswirtschaft konfrontiert. Die Agrarexporte gehen zurück. Der IWF gewährt Argentinien einen Kredit von 40 Mio. US$.

Folgen des Schmutzigen Krieges

Die von Präsident Alfonsín 1983 in Auftrag gegebene Untersuchung über die Menschenrechtsverletzungen des Militärs während des Schmutzigen Kriegs war sehr erfolgreich. Zahlreiche hochrangige Offiziere wurden wegen Entführungen, Folter und Mord angeklagt. Die Einführung von Militärreformen mündete in einen versuchten Staatsstreich durch das Militär. Daraufhin erließ die Regierung Amnestiegesetze für die Verbrechen des Militärs. In dem Ley de la Obediencia Debida (Gesetz über die Gehorsamspflicht) wurden ehemalige Mitglieder des Militärregimes bis zum Rang eines Brigadegenerals von der Strafverfolgung ausgenommen. Durch das Ley de Punto Final (Schlussstrichgesetz) wurde eine Frist für die Eröffnung neuer Verfahren gegen die ehemaligen Mitglieder der Militärregierung festgelegt. Jahre später, 2003, wurden diese umstrittenen Gesetze annulliert. Die Verbrechen während des Schmutzigen Kriegs wurden danach wieder verfolgt. Mehrere Offiziere sind in den Folgejahren angeklagt und verurteilt worden. Ungeachtet dessen blieben viele führende Militärs aus jener Zeit auf freiem Fuß.

Die Jahre unter Carlos Menem

Carlos Saúl Menem wurde 1989 ins Präsidentenamt von Argentinien gewählt. Rasch setzte Menem eine Politik der radikalen Deregulierung von Märkten ins Werk. Indem er den Wechselkurs des Peso an den US-Dollar band, erzeugte er eine ökonomische Scheinstabilität; die Entwicklung kam damals der Mittelschicht zugute, die von einem ungeahnten Aufschwung profitierte. Diese Jahre – mit ihrer Privatisierung von Staatsunternehmen – gelten aber mittlerweile als eine der Ursachen für den Zusammenbruch der argentinischen Wirtschaft im Jahr 2002; damals musste der überbewertete Peso drastisch abgewertet werden.

Menem blieb bis 1999 Präsident. Im Jahr 2003 bewarb er sich erneut um dieses Amt, musste sich allerdings nach dem ersten Wahlgang geschlagen geben. Im Jahr 2005 zog er für seine Heimatprovinz La Rioja in den Senat ein; zwei Jahre später scheiterte er allerdings mit dem Versuch, Gouverneur zu werden. Überhaupt war Menems Karriere nach Ende seiner Präsidentschaft von Skandalen überschattet. Bereits 2001 stand er unter dem Verdacht des gesetzwidrigen Waffenhandels mit Kroatien und Ecuador; nach fünf Monaten wurden die Untersuchungen eingestellt (2008 wurde erneut Anklage erhoben, die Anklage wurde aber wieder fallen gelassen). 2009 warf man ihm Bestechung und Behinderung der Justiz vor, und zwar in Bezug auf den Bombenanschlag auf das AMIA-Gebäude, ein jüdisches Gemeindezentrum in Buenos Aires, im Jahr 1994. Die Ermittlungen der Strafbehörden gestalteten sich sehr schwierig, ebenso konnte die Urheberschaft der Attentäter nicht ein-

Carlos Menems syrische Herkunft brachte ihm den Spitznamen „El Turco" (Der Türke) ein. Im Jahr 2001 heiratete er die 35 Jahre jüngere Cecilia Bolocco, eine ehemalige Miss Universum; mittlerweile ist das Paar wieder geschieden.

2002	2003	2007	2010
Präsident Eduardo Duhalde wertet den Peso ab und stellt die Tilgung der internationalen Verbindlichkeiten in Höhe von 140 Mrd. US$ ein. Es handelt sich um die wohl größte Insolvenz der Weltgeschichte.	Nachdem Carlos Menem sich nach anfänglichen Erfolgen aus dem Rennen um eine erneute Präsidentschaft zurückgezogen hat, wird Néstor Kirchner zum Präsidenten des Landes gewählt.	Cristina Fernández de Kirchner gewinnt die Präsidentschaftswahl.	Néstor Kirchners plötzlicher Tod ist in schwerer Schlag für die Familie, denn man hatte allgemein mit einer erneuten Kandidatur des einstigen Präsidenten gerechnet.

wandfrei geklärt werden. Im Juni 2013 wurde Menem wegen illegalen Waffenschmuggels nach Kroatien und Ecuador zu sieben Jahren Haft verurteilt. Aber als Abgeordneter des Senats genoss Menem Immunität und musste die Haftstrafe nicht antreten.

„La Crisis"

Im Jahr 1999 stand Argentinien vor einer drohenden Wirtschaftskrise. Sein Amtsnachfolger Fernando de la Rua übernahm ein schweres Erbe: eine extrem instabile Wirtschaftslage und 114 Mrd. US$ Auslandsschulden. Da der Peso ja fest an den Dollarkurs gebunden war, konnten argentinische Unternehmen sich international nicht mehr behaupten, der Export ging drastisch zurück. Gleichzeitig fielen die Preise für Agrarprodukte auf dem Weltmarkt – ein schwerer Schlag für ein Land, das stark von Agrarexporten abhängig war.

2001 stand die argentinische Wirtschaft vor dem Kollaps. Die Regierung, insbesondere Wirtschaftsminister Domingo Cavallo, versuchte der Defizitfinanzierung und der hohen Staatsausgaben Herr zu werden. Doch dies misslang. Daraufhin begannen die Argntinier, speziell die Mittelschicht, ihre Konten zu plündern. Um die Kapitalflucht zu vehindern, führte Cavallo das System zur Beschränkung des Bargeldumlaufs ein, d. h. es durften höchstens 250 Pesos Bargeld pro Woche abgehoben werden – dies war der Anfang vom Ende.

Mitte Dezember war die Arbeitslosenquote auf 18,3 % gestiegen, die Gewerkschaften riefen zu landesweiten Streiks auf. Schließlich erreichten die Proteste und Demonstrationen am 20. Dezember ihren Höhepunkt, als die Mittelschicht lautstark gegen de la Ruas Wirtschaftspolitik protestierte. Unruhen griffen auf das ganze Land über und Präsident de la Rua trat zurück. Danach drückten sich drei Interimspräsidenten gegenseitig die Klinke in die Hand, bevor Eduardo Duhalde im Januar 2002 die Amtsgeschäfte aufnahm – als fünfter Präsident innerhalb von nur zwei Wochen! Duhalde ordnete die Abwertung des argentinischen Peso an und ließ verlauten, dass sich die Auslandschulden Argentiniens auf 140 Mrd. US-Dollar beliefen.

Néstor Kirchner

Die Abwertung des Peso wirkte sich letztendlich positiv aus, die konkurrenzfähigeren Preise auf dem Weltmarkt ermöglichten einen wahren Exportboom für argentinische Produkte. Dafür explodierten in Argentinien die Preise und stürzten dabei weite Teile der leidgeprüften argentinischen Mittelschicht in die Armut. Bei den Präsidentschaftswahlen im April 2003 besiegte Néstor Kirchner, der Gouverneur von Santa Cruz, den Gegenkandidaten Carlos Menem, den Ex-Präsidenten.

Argentinien verdankt der Wirtschaftskrise mindestens zwei neue Ausdrücke: *El corralito* (wörtlich: ein Stück Weideland) kam während der Wirtschaftskrise in Argentinien („La Crisis") auf und wurde umgangssprachlich für die Deckelung von Bargeldabhebungen gebraucht. *Cacerolazo* (vom Wort *cacerola* abgeleitet, das Tiegel oder Pfanne bedeutet) steht für den lautstarken Lärm auf Demonstrationen, der mit Töpfen und Pfannen erzeugt wird.

2011	2012	Januar 2015	November 2015
Cristina Kirchner wird als Präsidentin wiedergewählt; wenige Monate später unterzieht sie sich erfolgreich einer Krebsoperation.	Die Inflationsrate liegt bei über 25 %, auch wenn seitens der Behörden nur knapp 10 % eingeräumt werden. Kirchner schränkt den Handel mit US-Dollars ein, erzeugt damit aber einen riesigen Schwarzmarkt.	Sonderstaatsanwalt Alberto Nisman wird in seiner Wohnung ermordet. Er hatte Cristina Kirchner beschuldigt, die Ermittlungen zum Bombenanschlag auf das jüdische Gemeindezentrum im Jahr 1994 zu behindern.	Mauricio Macri, der Bürgermeister von Buenos Aires, gewinnt die Präsidentenwahl gegen Daniel Scioli.

Gegen Ende seiner Amtszeit im Jahr 2007 war Kirchner einer der beliebtesten Präsidenten des Landes. Er hob die Amnestiegesetze zugunsten der Mitglieder der Militärregierung (1976–1983) auf und ließ die während des Schmutzigen Kriegs begangenen Verbrechen wieder verfolgen. Er bekämpfte zudem die staatliche Korruption und löste die strikte Ausrichtung an der US-Wirtschaft (er orientierte sich lieber an den Nachbarstaaten Argentiniens). Schließlich beglich er 2005 die argentinischen Schulden beim IWF. Gegen Ende seiner Amtszeit lag die Arbeitslosigkeit bei unter 9 % – 2002 waren es noch knapp 25 % gewesen.

Trotzdem war nicht alles rosig. Dass Argentinien seine Schulden begleichen konnte, war zwar großartig, doch folgte daraus nicht zwangsläufig wirtschaftliche Stabilität. Während Kirchners Amtszeit traten eine Reihe von Problemen auf: eine hohe Inflationsrate als Folge zunehmender Energieknappheit; eine ungleiche Verteilung des Wohlstands; eine wachsende Kluft zwischen Arm und Reich, die allmählich zur Auflösung der Mittelschicht führte.

Nachdem sich die Argentiner mit Kirchners Politik insgesamt trotzdem sehr zufrieden zeigten, wurde die Kandidatur seiner Ehefrau, der Senatorin Cristina Fernández de Kirchner, für die Wahlen 2007 allgemein begrüßt. Cristina gewann schließlich die Wahlen mit einem Vorsprung von 22 % vor dem nächsten Kandidaten und wurde die erste frei gewählte Präsidentin des Landes.

Turbulente Zeiten unter Cristina Kirchner

Als Néstor Kirchner wegen der Kandidatur seiner Frau in den Hintergrund trat, vermuteten viele zunächst, „Königin Cristina" (wie sie wegen ihres Auftretens gern genannt wurde) sei vermutlich nicht viel mehr als eine Marionette ihres Ehemannes, der hinter den Kulissen die Fäden in der Hand behalten wolle. Eine schwache Opposition und der anhaltende Einfluss ihres Mannes waren einige der Gründe für Cristinas eindeutigen Sieg; klare politische Stellungnahmen hatte sie während ihres Wahlkampfes eher vermieden. Mit ihr bekam Argentinien zwar nicht zum ersten Mal ein weibliches Staatsoberhaupt (Isabel Perón bekleidete nach dem Tod ihres Ehemannes dieses Amt knapp zwei Jahre lang, sie wurde aber als Vizepräsidentin ohne eine allgemeine Wahl zur Nachfolgerin bestimmt); Cristina war jedenfalls die erste Frau, die in Argentinien direkt vom Volk in dieses Amt gewählt wurde. Man hat die Anwältin und Senatorin oft mit Hillary Clinton verglichen; als modebewusste Politikerin mit einer Vorliebe für elegante Kleidung und Designer-Handtaschen erinnert sie aber auch ein wenig an Evita. Cristinas turbulente Amtszeiten waren überschattet von Skandalen, unpopulären Entscheidungen und dramatisch schwankenden Zustimmungsraten; hinzu kam eine Inflation, die nach inoffiziellen Schätzungen 30 % erreichte. Doch gibt es auch Positives aus Cristinas Amtszeit zu vermelden: Während der ersten Jahre unter der Präsidentin Kirchner wuchs die Wirtschaft sichtlich; Sozialprogramme wurden auf den Weg gebracht, und seit Juli 2010 sind in Argentinien gleichgeschlechtliche Eheschließungen möglich.

Am 27. Oktober 2010 starb Néstor Kirchner unerwartet an den Folgen eines Herzinfarkts. Da man mit einer erneuten Kandidatur seiner Witwe im Jahr 2011 rechnete, galt dieser Todesfall allgemein als schwerer Schlag für Cristina und die Kirchner-Dynastie. Die Bevölkerung stand jedoch zur Präsidentin, und ihre Popularität war Anfang 2011 noch immer so hoch, dass sie als Präsidentin wiedergewählt wurde. Ihre Wahlversprechen waren allerdings sehr populistisch; so versprach sie, Einkommen zu steigern, die Industrie zu stärken und Argentiniens Wirtschaftsboom nachhaltig zu festigen. Diese vollmundigen Ankündigungen wirkten wie ein Zauber, der aber schon sehr bald verflog.

So lebt man in Argentinien

In ganz Lateinamerika gelten die Argentinier als selbstverliebt. „Wie begeht ein Argentinier Selbstmord?" lautet eine uralte Scherzfrage. „Indem er von seinem Ego herunterspringt." Hinter diesem Klischee steckt ein Körnchen Wahrheit, vor allem in Bezug auf die Bewohner von Buenos Aires. Andererseits ist die warmherzige Art und die Liebe zur Geselligkeit sehr viel typischer für das Wesen der Argentinier.

Regionale Identität

Argentinier sind recht selbstbewusst, forsch und leidenschaftlich und deshalb gern bereit zu ausgedehnten Unterhaltungen; ein Plausch nach dem Abendessen oder bei einer Tasse Kaffee kann sich leicht bis in die frühen Morgenstunden hinziehen. Dennoch neigen die Menschen hier durchaus auch zum Grübeln. Dieser Wesenszug wurzelt in einem Pessimismus, den sich die Argentinier im Laufe der Geschichte angewöhnt haben – beim Blick auf ihr Land, das gegen Ende des 19. Jhs. und im frühen 20. Jh. zu den führenden Wirtschaftsmächten der Welt zählte und schließlich in einem Sumpf internationaler Schulden endete. Auf dem Weg dorthin haben die Argentinier diverse Militärputsche und staatliche Unterdrückung erlebt und zusehen müssen, wie ihr geliebtes Argentinien von korrupten Politikern ausgeplündert wurde. Aber diese melancholische Stimmungslage ist nur ein Teil des Gesamtbildes. Man muss alles zusammen betrachten, denn erst dann lässt sich erkennen, wie die Argentinier wirklich sind: nämlich fröhlich, leidenschaftlich und stolz. Und man wird lernen, sie dafür zu lieben.

In Argentinien sind Wangenküsse zur Begrüßung ganz selbstverständlich – auch unter Männern. Bei formellen Anlässen und geschäftlichen Zusammenkünften ist der Handschlag allerdings vorzuziehen.

Lebensart

Obwohl mehr als ein Drittel der Gesamtbevölkerung in Buenos Aires lebt, unterscheidet sich die Hauptstadt doch überraschend deutlich vom Rest Argentiniens, wenn nicht gar Lateinamerikas. Wie überall in Argentinien wird der individuelle Lebensstil meist vom Geldbeutel bestimmt: Ein modernes Apartment einer jungen Kreativen im Viertel Las Cañitas von Buenos Aires steht im krassen Gegensatz zu einem Familienhaus in einem der armen Viertel der Metropole, wo bereits Strom und sauberes Wasser Luxus sind.

Auch Geografie und ethnische Herkunft spielen eine bedeutende Rolle: Denn das Leben in Buenos Aires hat sehr wenig mit dem einer indianischen Familie zu tun, die in einem Lehmziegelhaus in einem einsamen Tal der nordöstlichen Anden lebt. Dort wird die Existenz noch durch Subsistenzlandwirtschaft gesichert, und die Erdgöttin Pachamama ist wesentlich präsenter als beispielsweise die Kultfigur Evita. In Regionen wie beispielsweise den Pampas, der Provinz Mendoza oder Patagonien wird der Alltag noch sehr stark von der Natur, den Jahreszeiten und vom Aufenthalt im Freien geprägt, und die Menschen dort sind bodenständig und freundlich.

ETIKETTE

Was die Umgangsformen betrifft, schadet es nie, ein paar landestypische Regeln parat zu haben.

Immer gut

➡ Man begrüßt Leute mit *buenos días* (guten Morgen), *buenas tardes* (guten Tag) oder *buenas noches* (guten Abend).

➡ In kleineren Dörfern begrüßt man die Menschen auf der Straße, und man grüßt beim Betreten eines Ladens.

➡ Man gibt und empfängt Wangenküsse *(besos)*.

➡ Im Gespräch mit Älteren oder bei eher förmlichen Gelegenheiten gebraucht man die Anredeform *usted*.

➡ Auf angemessene Kleidung achten; in Buenos Aires tragen nur Sportler und Touristen Shorts.

Auf keinen Fall

➡ Die Islas Malvinas sollte hier niemand „Falklandinseln" nennen; außerdem spricht man Fremde nicht auf den „schmutzigen Krieg" an.

➡ Niemals behaupten, Brasilien sei im *fútbol* eigentlich besser als Argentinien und Pelé sei ein größerer Fußballer als Maradona. Und niemals das Wort *soccer* in den Mund nehmen!

➡ In Bars lässt man sich nicht vor Mitternacht blicken, in Clubs erscheint man ab 3 Uhr, und zu einer Essenseinladung kommt man nie ganz pünktlich, sondern immer ein wenig verspätet.

➡ Wenn man von Leuten aus den USA spricht, werden diese niemals „Amerikaner" bzw. *americanos* genannt; üblich ist die Bezeichnung *estadounidenses* (oder *norteamericanos*). „Amerikaner" sind schließlich auch die Argentinier – so wie alle Bewohner Süd- und Mittelamerikas.

Argentinien besitzt eine relativ starke Mittelschicht, die allerdings in den zurückliegenden Jahren merklich geschrumpft ist; die Armut im Land hat zugenommen. Auf der anderen Seite des sozialen Spektrums gibt es aber durchaus erstaunlich viele wohlhabende Stadtbewohner, die sich den Umzug in sogenannte *countries* (abgetrennte und speziell gesicherte Viertel) leisten können.

Eines jedenfalls ist den meisten Argentiniern gemeinsam: die starke Familienverbundenheit. Eine normale Angestellte aus Buenos Aires besucht zum Beispiel regelmäßig am Wochenende ihre Familie, und ein Cafébesitzer in San Juan trifft sich sonntags häufig mit seinen Freunden draußen auf der Familien-*Estancia* zum Grillen. Und vor allem in den ärmeren Haushalten wohnen die Kinder normalerweise bei den Eltern, bis sie selbst heiraten.

> Von den Erwerbstätigen in Argentinien sind über 40 % Frauen, und mehr als ein Drittel der Sitze im Kongress wird derzeit ebenfalls von Frauen eingenommen.

Der Sport

Fútbol (Fußball) ist ein wichtiger Bestandteil des argentinischen Alltags, und Spieltage erkennt man am lauten Jubel bzw. an Ausrufen des Entsetzens, die aus Läden und Cafés auf die Straße schallen. Die Nationalmannschaft stand schon fünfmal im Finale einer Weltmeisterschaft und hat zweimal den WM-Titel geholt – 1978 und 1986. Daneben hat die Mannschaft aus Argentinien schon zweimal olympisches Gold gewonnen, nämlich bei den Spielen von 2004 und 2008. Die beliebtesten Mannschaften der Ersten Liga sind die Boca Juniors und River Plate;

insgesamt gibt es allein in Buenos Aires rund zwei Dutzend Profi-Mannschaften. Berüchtigt sind die fanatischen Hooligans, hier *barra brava* genannt; sie stehen den europäischen Fanatikern in nichts nach. Zu den bekanntesten Spielern des Landes zählen Diego Maradona, Gabriel Batistuta und natürlich Lionel Messi, der bereits fünfmal zum Weltfußballer des Jahres gewählt wurde.

Rugby wird in Argentinien immer populärer – spätestens, seit Los Pumas, das Nationalteam, bei der Weltmeisterschaft 2007 den Gastgeber Frankreich im Eröffnungsspiel besiegt hat – und noch ein zweites Mal im „kleinen Finale" um den dritten Platz. 2015 kamen die Pumas immerhin ins Halbfinale des World Cups – gemeinsam mit den traditionellerweise besten Teams der Welt aus Südafrika, Australien und Neuseeland.

Beliebt sind aber auch Pferderennen, Tennis, Basketball, Golf und Boxen. Die weltbesten Polopferde und -spieler kommen aus Argentinien, und die berühmte Dakar-Rallye (früher: Paris–Dakar) findet seit 2009 überwiegend auf argentinischem Boden statt.

Argentiniens traditionelle Sportart heißt Pato. Es handelt sich dabei um ein Spiel für Reiter; dabei mischen sich Elemente aus Polo und Basketball. Ursprünglich war das Spielgerät eine Ente *(pato)*; heute verwendet man zum Glück einen Ball, der in einer Halterung aus Ledergurten steckt. Der Sport hat zwar eine ehrwürdige Tradition, er spielt heute aber keine große Rolle mehr.

Jimmy Burns' Buch *Die Hand Gottes* (1998) ist immer noch das Buch schlechthin über die Fußballlegende Diego Maradona. Man lernt daraus eine Menge, selbst wenn man nicht zu den fanatischen Fußballfans gehört.

SO LEBT MAN IN ARGENTINIEN DER SPORT

Argentinische Musik

Argentinien kennt eine Vielzahl musikalischer Genres; international am bekanntesten ist natürlich der berühmteste Exportartikel des Landes, der Tango. Getanzt wird aber auch zu ganz anderen Melodien, ob nun zum _chamamé_ in Corrientes, zum _cuarteto_ in Córdoba oder zur _cumbia villera_ in den Armenvierteln von Buenos Aires.

Tango

Wer in den Zauber des Tango eintauchen möchte, der sollte das mit Hilfe der Tango-Legende Carlos Gardel (1887–1935) versuchen. Anschließend empfiehlt es sich, sich auf die Musik des Violonvirtuosen Juan d'Arienzo zu stürzen, dessen Orchester in den 1930er-Jahren und bis Anfang der 1940er-Jahre den Tango beherrschte, bis er von den Bandleadern Osvaldo Pugliese und Héctor Varela abgelöst wurde. Der eigentliche Held der Tango-Szene jener Jahre war allerdings der _Bandoneón_-Spieler Aníbal Troilo mit seinem akkordeonartigen Instrument.

Der Star von heute ist Astor Piazzolla, der den Tango als Erster aus den Tanzsälen in die Konzerthallen geholt hat. Sein _tango nuevo_ (ein traditioneller Tango mit modernem Einschlag) richtet sich vor allem an Zuhörer. Piazzolla war damit auch ein Vorläufer von Stilmischungen, die in den 1970er-Jahren auftauchten und von Neo-Tango-Gruppen wie Gotan Project, Bajofondo Tango Club und Tanghetto verbreitet wurden.

Wer sich als Tango-Interessierter in Buenos Aires aufhält, sollte auf das Orquesta Típica Fernández Fierro achten, das die althergebrachten Tangostücke auf ganz neue Weise interpretiert, aber auch eigene Neu-

GARDEL & DER TANGO

Im Juni 1935 beging eine Kubanerin in Havanna Selbstmord; zur gleichen Zeit versuchten zwei weitere Frauen in New York und in Puerto Rico, sich mit Gift das Leben zu nehmen. Alle drei trauerten um den gleichen Mann – den Tangosänger Carlos Gardel, der soeben bei einem Flugzeugabsturz in Kolumbien zu Tode gekommen war.

Gardel wurde in Frankreich geboren, doch als er drei Jahre alt war, nahm seine mittellose alleinstehende Mutter ihn mit nach Buenos Aires. Als Kind begeisterte er die Nachbarn mit seinem leidenschaftlichen Gesang, später begann er eine erfolgreiche Karriere als Sänger.

Gardel spielte eine beachtliche Rolle bei der Schaffung des Tango-_canción,_ des von Gesang begleiteten Tango; ihm gelang es beinahe im Alleingang, diesen Stil aus den Mietskasernen von Buenos Aires nach Paris und New York zu tragen. Seine gewandte, sehr charakteristische Stimme und sein Charisma machten ihn in ganz Lateinamerika rasch zu einem Star – vor allem während der Goldenen Zeit des Tango in den 1920er- und 1930er-Jahren. Seine spätere Filmkarriere fand leider durch den erwähnten Flugzeugabsturz ein frühes Ende.

Seine Verehrer lauschen seiner Stimme bis heute; ein geflügeltes Wort lautet: „Gardel singt jeden Tag besser."

kompositionen zur Aufführung bringt (interessant ist die preisgekrönte Dokumentation *Orquesta Típica* von Nicolas Entel). Lohnend sind zudem das junge Orquesta Típica Imperial und El Afronte.

Bedeutende Tangosänger der Gegenwart sind Susana Rinaldi, Daniel Melingo, Adriana Varela und die bereits im Jahr 2005 verstorbene Eladia Blásquez.

Folk-Musik

Folk-Musik wird in Argentinien *folklore* oder *folklórico* genannt. Inspiriert ist sie von der Musik der nordwestlichen Anden und den Ländern des Nordens, vor allem Bolivien und Peru. Sie vereint mehrere populäre Stilrichtungen wie *chamamé, chacarera* und *zamba*.

Atahualpa Yupanqui (1908–1992)war zweifellos der bedeutendste zeitgenössische Folklore-Musiker Argentiniens. Seine besondere Art von Musik hat sich aus der Musik-Bewegung des *nueva canción* („neues Lied") entwickelt, die in den 1960er-Jahren ganz Lateinamerika überschwemmte. Diese neue Musikrichtung war in der Folklore-Musik verwurzelt und behandelte in ihren Texten oft soziale und politische Themen. Ihre Grande Dame war die Argentinierin Mercedes Sosa (1935–2009) aus Tucumán; sie hat mehrere Latin Grammys gewonnen.

Zu den zeitgenössischen argentinischen *folklórico*-Musikern zählt auch der Akkordeonist Chango Spasiuk, ein virtuoser Vertreter der *chamamé*-Musik. Horacio Guarany ist ein zeitgenössischer Sänger, Songwriter und Gitarrist, der für sein Album *Cantor de Cantores* im Jahr 2004 für den Latin Grammy in der Kategorie „Best Folk Album" nominiert worden war.

Die Sängerin und Schlagzeugerin Mariana Baraj experimentiert mit der traditionellen Folk-Musik Lateinamerikas, mischt aber auch Elemente aus Jazz und klassischer Musik und eigene Improvisationen hinein. Und die beiden ersten Alben von Soledad Pastorutti waren die bestverkauften Titel, die Sony jemals in Argentinien auf den Markt gebracht hat.

Weitere renommierte Vertreter des argentinischen *folklórico* sind Eduardo Falú, Víctor Heredia, Los Chalchaleros und León Gieco (auch bekannt als der argentinische Bob Dylan).

Murga ist eine Art körperbetontes Musiktheater mit Sängern und Perkussionsinstrumenten. Bei der ursprünglich aus Uruguay stammenden *murga* wird in Argentinien der Schwerpunkt eher auf Tanz denn auf Gesang gelegt. Vor allem während des Karnevals ist diese aufregende Musik zu hören.

Rock & Pop

Musiker wie Charly García, Fito Páez und Luis Alberto Spinetta sind Ikonen des *rock nacional* (argentinischer Rock). Soda Stereo, Sumo, Los Pericos und die Grammy-Gewinner Los Fabulosos Cadillacs rockten in Argentinien bereits in den 1980er-Jahren. Bersuit Vergarabat ist immer noch eine der besten Rockbands Argentiniens – mit einer musikalischen Komplexität, die ihresgleichen sucht. Die R&B-Band Ratones Paranoicos trat 1995 als Vorgruppe der Rolling Stones auf, während La Portuaria – ein Mix aus Latin, Jazz und R&B spielt.

Andere bekannte argentinische Bands sind Babasónicos, die Punk-Rocker Attaque 77, die Fusion-Rockbands Los Piojos, außerdem Los Redonditos de Ricota, Los Divididos, Catupecu Machu und Gazpacho. Illya Kuryaki und die Valderramas vertreten eine Mischung aus Metal und Hip-Hop, während Miranda! einen recht eingängigen Electro-Pop produziert. Der stilistisch nicht eindeutig festgelegte Kevin Johansen singt auf Englisch und Spanisch.

Der in Córdoba Anfang der 1940er-Jahre entstandene *cuarteto* ist Argentiniens ursprüngliche Popmusik. Vom Bürgertum und der Oberschicht wird sie wegen ihrer starken Rhythmen und des Off-beat verachtet, ebenso natürlich wegen der proletarischen Texte. Es ist also eher eine Musik vom Rand der Gesellschaft. Zwar ist der Stil eindeutig *cordobés* (aus Córdoba), die Musik wird aber in Arbeiterkneipen, Clubs und Stadien überall im Land gespielt.

Electrónica & mehr

Electrónica schlug in den 1990er-Jahren wie eine Bombe in Argentinien ein und hat im Bereich der Popmusik mittlerweile ganz unterschiedliche Formen angenommen.

Immer beliebter werden Tanzclubs mit DJs; dazu zählen Aldo Haydar (Progressive House), Bad Boy Orange (Drum 'n' bass), Diego Ro-K („der Maradona unter Argentiniens DJs") and Gustavo Lamas (mit einer Mixtur aus Pop und Electro-House). Der preisgekrönte Hernán Cattáneo ist schon mit Paul Oakenfold aufgetreten und hat auf dem Burning-Man-Festival gespielt.

Música tropical – ein lebendiger, afro-lateinamerikanischer Sound aus Salsa, *merengue* und vor allem *cumbia* – hat Argentinien seit einigen Jahren fest im Griff. Die *cumbia* stammt ursprünglich aus Kolumbien; sie verbindet ansteckende Tanzrhythmen mit munteren Melodien, häufig von Blechbläsern vorgetragen.

In der argentinischen Musik ist häufig zu beobachten, dass Elemente der elektronischen Musik mit traditionelleren Klängen vermischt werden. So verleihen die sanften Harmonien von Onda Vaga dem traditionellen Folk einen Hauch von Jazz, und Juana Molinas Electrónica-Musik wurde schon mit den Klängen von Björk verglichen. Chancha Via Circuito steht dagegen für eine Mischung aus *electrónica* und *cumbia*.

Literatur & Film

Vielleicht liegt es an der Landesgeschichte, die von Zeiten der Unterdrückung durch autoritäre Herrscher bestimmt war; jedenfalls hat Argentinien ein bedeutendes literarisches Erbe hervorgebracht, und viele zeitgenössische Autoren lassen sich gerade von den dunkelsten Episoden der Vergangenheit inspirieren. Das Land besitzt aber auch eine lebendige Filmindustrie und hat bereits zweimal einen Oscar für den besten ausländischen Film errungen (1985 und 2009), was bisher keinem der lateinamerikanischen Nachbarn gelungen ist.

Literatur

Zum Begründer der argentinischen *gauchesco*-Literatur wurde der Dichter, Journalist und Politiker José Hernández (1831–1886) der mit seinem erfolgreichen Epos *Martín Fierro* (1872) den Gaucho-Mythos im Land ins Leben rief. Trotz einer faszinierenden Geschichte erreichte die argentinische Literatur aber erst in den 1960er- und 1970er-Jahren ein internationales Publikum, als die Werke von Autoren wie Jorge Luis Borges, Luisa Valenzuela, Julio Cortázar, Ernesto Sabato, Adolfo Bioy Casares und Silvina Ocampo erstmals in viele Sprachen übersetzt wurden.

Jorge Luis Borges (1899–1986) gilt als der strahlendste Stern am literarischen Firmament Argentiniens. Er ist weltbekannt für die fantastischen Welten in seinen vielschichtigen und differenzierten Erzählungen. In seinen frühen Erzählungen wie *Der Tod und der Kompass* ging er spielerisch mit typisch argentinischen Themen um. Seine späteren Werke wie *Die Bibliothek von Babel, Die Kreisförmigen Ruinen* und *Der Garten der Pfade* werden der Fantastischen Literatur zugerechnet. 1999 erschien mit *Gesammelte Werke* eine umfassende Ausgabe in zwölf Bänden.

Ein weiterer berühmter argentinischer Autor ist Julio Cortázar (1914–1984), der von Borges entdeckt wurde und anfangs sehr von ihm beeinflusst war, sich später aber ganz anders entwickelt hat. Seine Erzählungen und Romane sind eher anthropologisch fundiert und beschäftigen sich mit normalen Menschen in einer Welt, in der das Surreale schon fast alltäglich geworden ist. Sein berühmtestes Buch trägt den Titel *Rayuela*.

Ein weiterer großer Schriftsteller ist Ernesto Sabato (1911–2011), dessen komplexe und kompromisslose Romane großen Einfluss auf die spätere argentinische Literatur ausüben sollten. *Der Tunnel* (1948) ist ein fesselnder existenzialistischer Roman über einen besessenen, geistig verwirrten Maler.

Adolfo Bioy Casares' (1914–1999) Science-Fiction-Roman *Morels Erfindung* (1940) inspirierte nicht nur Alain Resnais zu seinem Filmklassiker *Letztes Jahr in Marienbad,* sondern enthielt auch die Idee für das Holodeck, das in den diversen *Star-Trek*-TV-Serien häufig eine Rolle spielt.

Die heutige Generation argentinischer Autoren ist eher realitätsbezogen, behandelt häufig den Einfluss der Volkskultur und setzt sich mit den politischen Konflikten Argentiniens in den 1970er-Jahren auseinander. Eine ihrer herausragenden Gestalten ist Manuel Puig (1932–1990), Autor von *Der Kuss der Spinnenfrau.* Wie viele andere argentinische Au-

Victoria Ocampo (1890–1979) war eine berühmte Schriftstellerin, Verlegerin und Intellektuelle, die in den 1930er-Jahren *Sur,* eine renommierte Kulturzeitschrift, gründete. Ihre Villa bei Buenos Aires kann besichtigt werden.

toren auch, hat Puig viele seiner Werke im Exil geschrieben, weil er in der Perón-Ära flüchten musste und sich schließlich bis zu seinem Tod in Mexiko niederließ.

Osvaldo Soriano (1943–1997) war der wohl beliebteste zeitgenössische argentinische Autor; seine bekanntesten Werke heißen *A Funny Dirty Little War* (1986) und *Winterquartiere* (1989). Als Verfasser von Kurzgeschichten und Kriminalromanen hat sich Juan José Saer (1937–2005) einen Namen gemacht. Der jüngste unter den argentinischen Erfolgsautoren ist Rodrigo Fresán (geb. 1963), dessen Roman *The History of Argentina* (1991) zum international beachteten Bestseller wurde.

Weitere bemerkenswerte zeitgenössische Autoren sind Ricardo Piglia, Tomás Eloy Martínez, Andrés Neuman, César Aira, Oliverio Coelho, Pedro Mairal, Iosi Havilio und Samanta Schweblin.

Kino

Als einer der bedeutendsten Beiträge Argentiniens zum Film gilt Luis Puenzos *Die offizielle Geschichte* (1985), eine Geschichte, die auf wahren Ereignissen während des sogenannten Schmutzigen Krieges basiert. Ein anderer international bekannter Streifen ist Héctor Babencos *Kuss der Spinnenfrau* (1985), eine Verfilmung des Romans von Manuel Puig. Beide Filme gewannen Oscars.

Der neue argentinische Film sorgte in den 1990er-Jahren für Aufsehen, in denen die Wirtschaftskrise und politische Themen die vorherrschenden Sujets waren. Zu den herausragenden Filmen dieser cineastischen Bewegung zählen Martín Rejtmans *Rapado* (1992) und *Pizza, birra, faso* (Pizza, Bier, Zigaretten; 1998) von Adrián Caetano und Bruno Stagnaro.

Pablo Trapero ist einer von Argentiniens wichtigsten Filmemachern. Zu seinen Werken zählen der preisgekrönte Film *Mundo grúa* (1999), das Road Movie *Familia rodante* (Rolling Family, 2004) und *Nacido y criado* (2006), eine nüchterne Geschichte über einen Patagonier, der in Ungnade fällt. Sein Film noir von 2010 *Carancho* lief beim Festival von Cannes; 2015 gewann *El Clan* den Silbernen Löwen bei den internationalen Filmfestspielen in Venedig.

Von Daniel Burman stammen unter anderem die Filme *Esperando al mesías* (2000), *El abrazo partido* (2004) und *Derecho de familia* (2006). Sein jüngster Film, *El misterio de la felicidad* (2015), ist eine herzliche Komödie über Liebe, Freundschaft und Glück. Burman ist auch bekannt als Coproduzent von Walter Salles' von Che Guevara inspiriertem *The Motorcycle Diaries (Die Reise des jungen Che, 2004)*.

Einen bemerkenswerten Beitrag zum argentinischen Film hat auch der leider früh verstorbene Fabián Bielinsky geleistet. Sein schmales, aber beeindruckendes Werk umfasst die preisgekrönten *Nueve reinas* (Nine Queens – Die Neun Königinnen; 2000). Sein letzter Film, *El Aura* (2005), war Argentiniens offizieller Beitrag für den Academy Award, die Oscar-Verleihung des Jahres 2006.

Lucrecia Martels Debüt von 2001 *La ciénaga* (Der Morast) und *La niña santa* (Das heilige Mädchen, 2004) befassen sich mit Themen des gesellschaftlichen Verfalls, der argentinischen Bourgeoisie und der Sexualität im Zeichen des Katholizismus. Ihr eindrucksvolles *La mujer sin cabeza* (Die Frau ohne Kopf, 2008) wurde in Cannes präsentiert. Die Dramen eines weiteren renommierten Regisseurs, Carlos Sorin – darunter *Historias mínimas* (2002), *Bombón el perro* (Bombón, eine Geschichte aus Patagonien, 2004), *La Ventana* (2008) und *Días de pesca* (2012) –, sind in Patagonien angesiedelt.

Juan José Campanellas *El hijo de la novia* (Der Sohn der Braut) wurde 2001 in der Kategorie Bester fremdsprachiger Film für einen Oscar no-

Metegol (Underdogs; 2013) ist ein 3D-Film von Juan José Campanella; er kostete 22 Millionen US$ und ist damit der teuerste argentinische Film, der jemals produziert wurde.

miniert. *Luna de avellaneda* (2004) ist eine kluge Geschichte über einen Club und jene, die in retten wollen. 2009 erhielt Campanella den Oscar für den Besten fremdsprachigen Film für *El secreto de sus ojos* (In ihren Augen). 2010 gewann *El hombre de al lado* (2009) von Mariano Cohn und Gastón Duprat einen Preis für die Kameraführung beim Sundance Film Festival.

Weitere bemerkenswerte Filme sind Lucía Puenzos *XXY* (2007), die Geschichte eines 15-jährigen Hermaphroditen, und Juan Diego Solanas' *Nordeste* (Ein weiter Weg zum Glück, 2005), der sich mit schwierigen gesellschaftlichen Themen wie Kinderhandel befasst. Beide wurden in Cannes gezeigt. 2013 führte Puenzo bei *Wakolda* Regie, einer wahren Geschichte über eine Familie, die ohne das zu wissen, mit Josef Mengele während seines Exils in Südamerika lebte. Und schließlich die schwarze Komödie *Relatos salvajes* (Wild Tales – Jeder dreht mal durch, 2014) von Damián Szifron. Sie wurde in der Kategorie Bester fremdsprachiger Film für den Oscar nominiert.

Das größte Filmereignis in Argentinien ist das Buenos Aires International Festival of Independent Film, das im April stattfindet. Unter www.bafici.gov.ar finden sich weitere Informationen.

LITERATUR & FILM KINO

Natur & Umwelt

Jeder, der mit Abenteuergeschichten oder Expeditionsberichten aufgewachsen ist, hat seine festgefügten Argentinienbilder im Kopf: die Magellanpinguine der Atlantikküste, die sturmumtoste, geheimnisvolle Landschaft Patagoniens und Feuerlands, die unendliche Leere der Pampas, die Gipfel der Anden und die donnernden Iguazú-Fälle. Das von den Subtropen bis zum Rand Antarktikas reichende Land besitzt Naturwunder ohnegleichen.

Geografie

Mit einer Gesamtfläche von 2,8 Mio. km² ist Argentinien das achtgrößte Land der Erde und das zweitgrößte des südamerikanischen Kontinents. Es erstreckt sich von La Quiaca an der bolivianischen Grenze im Norden, wo die Sommer brütend heiß werden können, bis nach Ushuaia in Feuerland, einem Ort, an dem nur wahrhaft hartgesottene Einheimische

Oben Die Iguazú-Fälle (S. 221)

und ein paar verrückte Reisende den Winter aushalten. Dazwischen liegen annähernd 3500 km Land, die völlig unterschiedliche Landschaften, Geländeformen und Vegetationszonen aufweisen.

Die Zentralen & die Nördlichen Anden

Im äußersten Norden des Landes liegt der südliche Ausläufer des bolivianischen *Altiplano*, eine nur dünn besiedelte Hochebene zwischen 3000 und 4000 m, die von noch höheren Vulkanen überragt wird. Obwohl es hier tagsüber erstaunlich heiß werden kann, fallen die Temperaturen nachts fast immer unter den Gefrierpunkt. Der andine Nordwesten Argentiniens wird auch als Puna bezeichnet.

Weiter südlich, in den trockenen Provinzen San Juan und Mendoza, erreichen die Anden mit 6962 m im Cerro Aconcagua ihre größte Höhe. Der Gipfel, der wegen der Winde keine Eiskappe trägt, ist gleichzeitig auch der höchste Berg der westlichen Hemisphäre (Halbkugel). Im Winter zeigen sich die Gipfelgrate schneebedeckt. Die Regenmenge an den Osthängen reicht zwar nicht aus, um Nutzpflanzen anzubauen, bringt aber beständig wasserführende Bäche und Flüsse hervor, mit denen die Weinbaugebiete in den Provinzen Mendoza, San Juan und San Luis bewässert werden. Der Winter in der Provinz San Juan ist die Jahreszeit der *zonda*: Der heiße, von den Andengipfeln fallende trockene Wind lässt die Temperaturen dramatisch ansteigen.

Der Chaco

Östlich der Anden und ihrer Vorgebirge besteht ein Großteil Nordargentiniens aus subtropischen Niederungen. Diese heiße Region, bekannt als argentinischer Chaco, ist Teil der viel größeren Region Gran Chaco, einer sehr zerklüfteten, weitgehend unbewohnten Landschaft, die sich bis nach Bolivien, Paraguay und Brasilien zieht. Der Gran Chaco mit seinen Trockenwäldern und Savannen grenzt im Süden an die Pampa. Der argentinische Chaco erstreckt sich über die Provinzen Chaco, Formosa und Santiago del Estero, die östlichen Bezirke der Provinzen Jujuy, Catamarca und Salta sowie die nördlichsten Teile der Provinzen Santa Fe und Córdoba.

Der Chaco hat eine ausgeprägte Wintertrockenzeit, die Sommer sind dort überall brutal heiß. Von Osten nach Westen nimmt die Regenmenge ab. Der feuchte Chaco – der Ostteil der Provinzen Chaco und Formosa und der Nordwesten der Provinz Santa Fe – erhält mehr Regen als der trockene Chaco. Er erstreckt sich wiederum über das Zentrum und den Westen der Provinz Chaco, die Provinz Formosa, einen Großteil der Provinz Santiago del Estero und Teile der Provinz Salta.

Mesopotamia

Die Region wird auch als Litoral (Küstenrand) bezeichnet und umfasst den Nordosten Argentiniens zwischen Río Paraná und Río Uruguay. Hier ist das Klima mild – in den Provinzen Entre Ríos und Corrientes, aus denen Mesopotamia im Wesentlichen besteht, fällt der Niederschlag in großen Mengen. Heiß und feucht ist es in Misiones, einer politisch wichtigen Provinz, die an drei Seiten von Brasilien und Paraguay eingerahmt wird. Hier liegen Teile der Iguazú-Fälle, die vom südbrasilianischen Paraná-Plateau herabstürzen. Kleinere sommerliche Überflutungen sind in ganz Mesopotamia und im östlichen Chaco an der Tagesordnung, im Westen werden jedoch nur die unmittelbaren Flussniederungen überschwemmt.

Die Pampas & die Atlantikküste

Die Pampas sind Argentiniens landwirtschaftliches Kernland. Sie werden vom Atlantik und Patagonien begrenzt und erstrecken sich fast bis

NATUR & UMWELT GEOGRAFIE

Die Mündung des Río de la Plata ist erstaunliche 200 km breit und damit die breiteste Flussmündung weltweit; manche Geografen sprechen allerdings eher von einem Mündungsdelta.

Die Iguazú-Fälle bestehen aus mehr als 275 einzelnen Fällen, wovon einige über 80 m hoch sind. Sie sind knapp 3 km breit und gelten als die wohl beeindruckendsten Wasserfälle auf Erden.

Parque Nacional Tierra del Fuego (S. 588)

in die Provinz Córdoba und die Pampinen Sierren. Verwaltungspolitisch umfasst die Region die Provinzen Buenos Aires und La Pampa sowie (kleine) südliche Teile der Provinzen Santa Fe und Córdoba.

Das Gebiet teilt sich in die eher feuchten Pampas an der Küste und die trockenen Pampas im westlichen Landesinneren und im Süden. Über ein Drittel der argentinischen Bevölkerung lebt in und um Buenos Aires. Die Jahresniederschlagsmenge liegt bei 900 mm, doch schon einige Hundert Kilometer Richtung Westen misst diese Säule nur noch die Hälfte.

Da die Landschaft sehr flach ist, kommt es in manchen Gegenden in der Nähe der wenigen Flüsse häufig zu Überschwemmungen. Nur die aus Granitgestein bestehende Sierra de Tandil (484 m) und die Sierra de la Ventana (1273 m) im Südwesten der Provinz Buenos Aires sowie die Sierra de Lihué Calel lockern das ansonsten eher eintönige Landschaftsbild der von Gras bedeckten Ebene ein wenig auf.

Entlang der Atlantikküste besitzt die Provinz Buenos Aires Sandstrände, die häufig von Dünen eingefasst sind; diese Landschaft begünstigte den Ausbau von Badeorten. Südlich von Viedma tauchen Klippen auf, aber ansonsten bleibt die Landschaft bis nach Patagonien hinein insgesamt eher eintönig.

> Der größte bisher bekannte Dinosaurier ist der *Argentinosaurus huinculensis*; er wurde in der Provinz Neuquén entdeckt. Der Pflanzenfresser erreichte eine Länge von 40 m und eine Höhe von 18 m, er wog 70 Tonnen.

Patagonien & das Seengebiet

Das immer aufs Neue lockende Patagonien beginnt südlich des Río Colorado, der vom Südostabhang der Anden kommt und nördlich an der Stadt Neuquén vorbei Richtung Meer fließt. Die Seenregion ist ein Teil Patagoniens, zu dem die Provinzen Neuquén, Río Negro, Chubut und Santa Cruz gehören. Die Anden trennen es vom chilenischen Patagonien.

Die Kordillere der Anden ragt so hoch auf, dass die Stürme vom Pazifik das meiste ihrer Niederschlagsfracht bereits auf der chilenischen Seite abgeladen haben. Am südlichsten Rand von Patagonien gibt es

Lamas

allerdings so viel Eis und Schnee, dass hier die größten Gletscher der südlichen Hemisphäre außerhalb der Antarktis entstehen konnten.

Östlich der Anden-Vorgebirge weiden auf den trockenen und kühlen Steppen Patagoniens zahlreiche Schafherden. Für eine so weit südlich gelegene Gegend sind die Temperaturen jedoch relativ gemäßigt, sogar im Winter, wenn gleichmäßiger Luftdruck die stürmischen Winde, die sonst fast das ganze Jahr über wehen, etwas abmildert.

Außerhalb von Städten wie Comodoro Rivadavia und Río Gallegos ist Patagonien nur sehr dünn besiedelt. Die starken Gezeiten an der Atlantikküste lassen keine größere Häfen zu. Im Tal des Río Negro und an der Flussmündung des Río Chubut (unweit der Stadt Trelew) wird Obst angebaut.

Feuerland (Tierra del Fuego)

Das südlichste dauerhaft besiedelte Gebiet der Welt ist Feuerland (Tierra del Fuego), das aus einer großen Insel (Isla Grande) besteht. Das Gebiet zwischen Chile und Argentinien ist ungleich aufgeteilt (der chilenische Westteil ist gut doppelt so groß) und besteht aus vielen kleinen Inseln.

Als Europäer zum ersten Mal die Magellanstraße durchquerten (sie trennt die Isla Grande vom patagonischen Festland), erhellten die vielen Feuerstellen der Yaghan die Küste – daher der spätere Name Feuerland.

Die nördliche Hälfte der Isla Grande, die den patagonischen Steppen ähnelt, gehört ganz den grasenden Schafen, die südliche Hälfte hingegen ist bergig und teilweise von Wäldern und Gletschern bedeckt. Ähnlich wie in Patagonien sind die Winter nur selten hart.

Flora & Fauna

Ein so riesiges und vielfältiges Land wie Argentinien bietet natürlich eine artenreiche Tier- und Pflanzenwelt Der subtropische Regenwald,

Die Península Valdés ist einer der wenigen Orte der Welt, an dessen Küste man Schwertwale (Orcas) dabei beobachten kann, wie sie sich bei der Robbenjagd bis unmittelbar an den Strand vorwagen. Um dieses Naturschauspiel sehen zu können, muss man allerdings sehr viel Glück haben.

CAPYBARAS

• •

Mit seinen Schwimmhäuten zwischen den Zehen rangiert das Wasserschwein oder Capybara, ein semiaquatisch lebendes Säugetier, dem man in Esteros del Iberá begegnet, auf dem schmalen Grat zwischen einem niedlichen und einem hässlichen Wesen. Das größte Nagetier der Erde kann bis zu 75 kg schwer werden und wird auf Spanisch *carpincho* genannt.

Die zu Wasser wie zu Land heimischen und irgendwie drolligen Tiere ernähren sich von großen Mengen an Wasserpflanzen und Gräsern. Die Nagetiere leben in kleinen Herden, bestehend aus vier bis sechs Weibchen und jeweils einem dominanten Männchen Die Männchen besitzen auf der Schnauzenspitze eine markante Duftdrüse, mit der sie ihr Territorium markieren. Der putzige Nachwuchs stellt sich meist im Frühjahr ein.

Im Iberá-Gebiet steht das Wasserschwein unter Schutz, in anderen Gegenden wird es als Nutztier gehalten bzw. wegen seiner Haut gejagt, die zu weichem und geschmeidigem Leder verarbeitet wird. Das Fleisch des Tiers gilt in traditionell geprägten Gegenden sogar als Delikatesse.

die Palmensavannen, die Wüsten der Hochebenen, die flachen Steppen, das feuchte Weideland, alpiner und subantarktischer Wald und die Küstengebiete besitzen jeweils eine ganz eigene Flora und Fauna.

Tiere

Argentiniens Nordosten bietet die vielfältigste Tierwelt des ganzen Landes. Eine der besten Regionen Südamerikas, um Tiere in freier Wildbahn zu beobachten, sind die sumpfigen Esteros del Iberá, eine Reserva Natural in der Provinz Corrientes, wo man überall Tiere wie Zackenhirsche, Wasserschweine und Kaimane sowie etliche Zugvögel oder den seltsamen Wehrvogel zu Gesicht bekommt. Das Gelände ist vergleichbar mit dem berühmten Pantanal in Brasilien – landschaftlich aber vielleicht sogar noch schöner!

Im trockeneren Nordwesten ist das auffälligste Tier ein Haustier, nämlich das Lama, aber seine wilden Verwandten, Guanako und Vicuña, bekommt man ebenfalls zu sehen. Bei einer Fahrt nach Salta durch den Parque Nacional Los Cardones ist die Chance am größten, diese Tiere mit dem markanten rötlich ockergelben Fell zu erspähen. Viele Vögel, darunter Flamingos, leben an den hoch gelegenen Salzseen im Nordwesten der Anden.

In weniger dicht besiedelten Gebieten, zu denen die trockenen Pampas der Provinz La Pampa gehören, sind Guanakos und Füchse nicht ungewöhnlich. Die vielen Gewässer bieten der Vogelwelt einen hervorragenden Lebensraum.

Vor allem in Patagonien und Feuerland gibt es viele frei lebende Wildtiere – von den Magellanpinguinen, Kormoranen, Tölpeln und Möwen bis hin zu Seelöwen, Pelzrobben, See-Elefanten und sogar Walen und Orcas. In mehreren Küstenschutzgebieten von der Provinz Río Negro bis nach Feuerland fühlen sich unzählige Tiere sicher.

Die südlichen Küsten zählen zu den größten Besucherattraktionen der jeweiligen Region. Im Inneren der patagonischen Steppe wie auch im Nordwesten ist das lamaähnliche Guanako heimisch. Flugunfähige, straußenähnliche Nandus eilen in kleinen Gruppen über die Ebenen.

Pflanzen

Die vielfältigste Pflanzenwelt findet sich im Nordosten Argentiniens, in der Seenregion, in den patagonischen Anden und den subtropischen Wäldern des Nordwestens.

Oben Seelöwe und
Kormorane, Ushuaia
(S. 571)
Rechts Purmamarca
(S. 285)

ESTIVILLML / GETTY IMAGES ©

Der Gletscher Perito Moreno (S. 538)

In den hohen nördlichen Anden besteht die Vegetation aus spärlichen Grasbüscheln und niedrigen, weitläufig verteilten Sträuchern. In den Provinzen Jujuy und La Rioja wachsen hingegen riesige, säulenförmig verzweigte *cardón*-Kakteen, die der sonst leeren Landschaft einen eigentümlichen Reiz verleihen. In der Anden-Vorkordillere – zwischen dem Chaco und den eigentlichen Anden – liegt ein Streifen dichten, subtropischen Nebelwalds, die sogenannten Yungas. Hier gedeihen die Pflanzen dank des Sommerregens sehr üppig, das Gebiet zählt zu den Regionen mit der höchsten Biodiversität des Landes.

Der feuchte Chaco besteht aus Grasland und Galeriewäldern mit vielen Baumarten, etwa dem *quebracho colorado* und der Carandaypalme. Der trockene Chaco trägt trotz seiner Ausgedörrtheit immer noch eine reiche Vegetation. Hier findet man einen dichten Unterwuchs aus niedrigem Dorngebüsch.

Im regenreichen Mesopotamia wachsen Sumpfwälder ebenso wie Savannen (in höheren Lagen). Die ursprüngliche Vegetation der Provinz Misiones besteht aus dichten subtropischen Wäldern, in den höheren Lagen wachsen Araukarien.

Die vormals dicht mit Gras überzogenen argentinischen Pampas haben durch Überweidung und den großflächigen Anbau von Feldfrüchten, wie Sojabohnen, gelitten. Heute gibt es kaum noch natürliche Vegetation – außer an Wasserläufen wie dem Río Paraná.

Ein Großteil von Patagonien liegt im Regenschatten der chilenischen Anden, sodass die Steppen im südöstlichen Argentinien den kargen Weiden des trockenen Andenhochlands ähneln. Zur Grenze hin stößt man auf dichte Ansammlungen von *Nothofagus* (Südbuche in mehreren Arten) und auf Nadelwälder der Araukarie, die ihre Existenz den Winterstürmen verdanken, die über die Kordilleren fegen. Der Norden von

Feuerland ist praktisch eine Fortsetzung der patagonischen Steppe, die starken Niederschläge an den Bergen im Süden lassen dort Wälder mit Südbuchen gedeihen.

Argentiniens Schutzgebiete

Argentiniens National- und Provinzparks bieten eine große Vielfalt verschiedener Landschaften, von den feucht-heißen Tropen des Parque Nacional Iguazú über die herabstürzenden Gletscherbrocken des Parque Nacional Los Glaciares bis hin zu den artenreichen Küstengewässern der Reserva Faunística Península Valdés.

Argentinien zählt zu den ersten Staaten Lateinamerikas, die Nationalparks eingerichtet haben; in Argentinien entstand der erste Park bereits Anfang des 20. Jhs., als der Geograf und Entdecker Francisco P. Moreno ein Areal bei Bariloche mit einer Fläche von 75 km² an den Staat übertrug – unter der Bedingung, dass dieses Land erhalten bleibe und der Freude und Erholung aller Bürger des Landes diene. 1934 wurde diese Fläche zum Bestandteil des Parque Nacional Nahuel Huapi, des ersten argentinischen Nationalparks.

Seither hat das Land zahlreiche weitere Parks und Schutzgebiete ausgewiesen – die meisten davon, aber nicht alle, in den Anden. Daneben unterhalten auch die Provinzen eigene wichtige Parks und Schutzgebiete, beispielsweise die Reserva Faunística Península Valdés, die dem Verband der Nationalparks nicht angehört, aber dennoch Beachtung verdient. Einige der Nationalparks sind sogar stärker auf Besucherzahlen ausgelegt als die Provinzparks; das sind allerdings Ausnahmen.

Wer sich zu Anfang in Buenos Aires aufhält, kann dort die zentrale Verwaltung der Nationalparks (www.parquesnacionales.gob.ar) aufsuchen und sich dort mit Karten und Broschüren eindecken; die Informationszentren der Parks sind mit diesem Material manchmal nur recht knapp bestückt.

Praktische Informationen

Allgemeine Informationen

Arbeiten in Argentinien

➡ Wer nicht eine spezielle Befähigung, einen ausgefallenen Beruf und/oder gute Spanischkenntnisse vorweisen kann, wird sich schwer damit tun, in Argentinien einen bezahlten Job zu finden. Zu den wenigen Möglichkeiten zählt das Unterrichten von Deutsch oder Englisch und vielleicht noch ein Job in einem Hostel oder einer Expat-Bar. Und reich werden nur die wenigsten in Argentinien.

➡ Das Unterrichten in einer Sprachenschule ist eine der wenigen Möglichkeiten, die sich Ausländern bieten. Mehr als 20 Stunden unterrichtet kaum einer, denn durch Vor- und Nachbereitungszeiten kommen da pro Tag schnell mal ein bis zwei zusätzliche Stunden zusammen, die nicht bezahlt werden. Frustrierend ist häufig die Arbeit mit unfreundlichen Kollegen, die Zeit, die man zum Einlösen der Gehaltsschecks auf der Bank verbringt sowie die über den Tag verteilten und immer wieder auch mal ausfallenden Unterrichtsstunden. Entsprechend hoch ist die Fluktuation, nur wenige Lehrer unterrichten länger als ein Jahr.

➡ Ein international anerkanntes TEFL-Sprachzeugnis kann für angehende Sprachlehrer ganz hilfreich sein, wird aber nicht zwingend verlangt (siehe www.teflbu enosaires.com). Mehr Geld verdient man mit Privatunterricht, hat aber dabei das Problem, sich selbst um eine ausreichende Zahl an Schülern kümmern zu müssen. Dazu kommen die Ausfälle während der Ferienzeiten wie die Monate Dezember bis Februar, wenn die meisten Einheimischen die Hauptstadt in Richtung Sommerurlaub verlassen.

➡ Wer immer noch die Absicht hat, als Lehrer zu arbeiten, der sollte die Sprachenschulen anrufen, sich in Expat-Bars umhören und sich ein eigenes Netzwerk aufbauen. Im März stellen die Sprachenschulen in der Regel ihr Kursprogramm zusammen, dann findet man am schnellsten eine Anstellung. Viele Lehrer arbeiten mit einem 3-Monats-Touristenvisum und müssen daher alle drei Monate nach Uruguay ausreisen, um ein neues Touristenvisum zu bekommen. Die Alternative dazu ist die Verlängerung des Visums über die Einwanderungsbehörde.

➡ Hilfreich bei der Jobsuche kann das folgende Portal sein: www.landingpadba. com/jobs-and-working-in-argentina. Anzeigen findet man unter http:// buenosaires.en.craigslist.org oder einfach selbst in Foren der Expat-Website www. baexpats.org nachfragen.

Botschaften & Konsulate

Die meisten Länder unterhalten Botschaften und Konsulate in Buenos Aires, manche Staaten besitzen zusätzlich Konsulate in einigen größeren Städten des Landes (vor allem in der Nähe der Grenze.

Bolivien (☎011-4394-1463; www.embajadadebolivia.com. ar; Av Corrientes 545)

Brasilien, Botschaft und Konsulat (☎011-4515-6500; www.conbrasil.org.ar; Carlos Pellegrini 1363, 5. Stock)

Chile (☎011-4808-8601; www. chile.gob.cl/argentina; Tagle 2762)

Deutschland (☎011-4778-2500; www.buenosaires.diplo. de; Villanueva 1055)

Italien (☎011-4114-4800; www.consbuenosaires.esteri.it; Reconquista 572)

Österreich (☎011-4809-5800; www.bmeia.gv.at/ botschaft/buenos-aires.html; French 3671)

Schweiz (☎011-4311-6491; www.eda.admin.ch/ buenosaires; Av Santa Fe 846, 12° piso)

Uruguay (☎011-4807-3040; www.embajadadeluruguay.com. ar; Av General Las Heras 1907)

Ermäßigungen

➡ Die internationale Studentenkarte (International Student Identity Card; ISIC) erhält man über die Website: www.isic.org. Mit diesem Studentenausweis bekommt man Ermäßigungen bei Fahrten mit öffentlichen Verkehrsmitteln und bei Museumseintritten. Alle offiziell aussehenden (nationalen) Studentenausweise werden als Ersatz akzeptiert – allerdings kann man sich nicht darauf verlassen.

→ Die HI-Karte (Jugendherbergsausweis) ist in jedem **HI hostel** (www.hihostels.com) erhältlich, mit ihr bekommt man in allen HI-Unterkünften einen Preisnachlass. Mit der **HoLa-Karte** (www.holahostels.com) werden vergleichbare Vergünstigungen für ein anderes Netz an Hostels gewährt.

→ Reisende, die älter als 60 Jahre sind, erhalten teilweise einen Seniorenrabatt in Museen und ähnlichen Einrichtungen. In der Regel genügt dafür die Vorlage des Passes mit dem Geburtsdatum als Nachweis.

Essen

Siehe auch „Essen & Trinken wie die Einheimischen" (S. 42) mit Informationen zur argentinischen Küche.

Die folgenden Preise beziehen sich auf ein Standard-Hauptgericht.

$ unter 110 Arg$

$$ 110–180 Arg$

$$$ über 180 Arg$

Feiertage

Die Regierungsbehörden und Geschäfte haben an vielen der argentinischen Feiertage geschlossen. Wenn ein Feiertag auf die Wochenmitte oder einen Tag am Wochenende fällt, wird er oft auf den nächstliegenden Montag verschoben. Fällt er auf einen Dienstag oder Donnerstag, werden die Brückentage zu einen arbeitsfreien Tag..

An Feiertagen sind die öffentlichen Verkehrsmittel

(Züge, Fernbusse) oft ausgebucht und sollten daher frühzeitig gebucht werden. Auch Unterkünfte in Hotels sollte man für diesen Zeitraum frühzeitig reservieren.

Bei den folgenden Feiertagen handelt es sich nur um nationale Feiertage, dazu kommen noch die Provinzfeiertage, die von Provinz zu Provinz deutlich voneinander abweichen.

1. Januar Año Nuevo, Neujahr.

Februar/März Karneval. Das Datum variiert von Jahr zu Jahr, die Feierlichkeiten finden Montag und Dienstag statt.

24. März Día de la Memoria; Gedenktag. An diesem Tag wird an den Beginn der Diktatur 1976 und den darauffolgenden „Schmutzigen Krieg" erinnert.

März/April Semana Santa, Karwoche. Das Datum variiert, viele Geschäfte schließen am Gründonnerstag und Karfreitag. Hauptreisewoche.

2. April Día de las Malvinas. An diesem Tag gedenkt man der Gefallenen des Falklandkriegs 1982.

1. Mai Día del Trabajador; Tag der Arbeit.

25. Mai Día de la Revolución de Mayo. Erinnert an die Revolution von 1810 gegen Spanien.

20. Juni Día de la Bandera; Flaggentag. An diesem Tag starb Manuel Belgrano. Der militärische Führer hat die Staatsflagge geschaffen.

9. Juli Día de la Independencia; Unabhängigkeitstag.

August (3. Mo im Monat) Día del Libertador San Martín. Todestag von José de San Martín (1778–1850).

12. Oktober (2. Mo im Monat) Día del Respeto a la Diversidad Cultural. An diesem Tag gedenkt man der kulturellen Vielfalt der Nation.

20. November (4. Mo im Monat) Día de la Soberanía Nacional; Tag der nationalen Souveränität.

8. Dezember Día de la Concepción Inmaculada. Tag der

unbefleckten Empfängnis der Jungfrau Maria.

25. Dezember Navidad; Weihnachten.

Heiligabend und der Neujahrstag sind nur halbe Feiertage, manche Geschäfte haben daher nur einen halben Tag geschlossen.

Frauen unterwegs

→ Argentinien ist für Frauen manchmal eine echte Herausforderung, vor allem dann, wenn sie jung, alleine unterwegs oder ein unkonventioneller Typ sind. In mancherlei Hinsicht ist das Land sicherer als viele Orte in Europa, den USA oder viele andere lateinamerikanische Länder, aber der Umgang mit der Maschismo-Kultur kann dann doch sehr aufreibend sein.

→ Den Verstand vom Testosteronüberschuss vernebelt, lässt sich so mancher Argentinier völlig ungeniert über weibliche Reize aus. Das kann passieren, wenn Frau alleine auf der Straße unterwegs ist, aber auch zusammen mit anderen Frauen – niemals aber in Begleitung eines Mannes. Die verbale Anmache geht teils unter die Gürtellinie, begleitet von Pfiffen und Schnalzen und *piropos* (anzüglichen Kommentaren). Häufig sind sie vulgär, manchmal aber auch ganz originell.

→ Am besten ignoriert man als Frau entsprechende Kommentare. Diese Art der Kommunikation ist ein Teil der lateinamerikanischen Kultur: Viele Argentinierinnen genießen sie als „Komplimente" – und viele Männer meinen sie nicht beleidigend.

→ Zu den Pluspunkten des Machismo gehört übrigens, dass Männer die Damen stets die Tür aufhalten und sie immer zuerst eintreten lassen – auch im Bus. Wer also dieses Angebot sofort annimmt, hat bessere Chancen auf einen Sitzplatz.

Freiwilligen-
dienst

➡ Argentinien bietet zahlreiche Freiwilligendienste an,
von der Lebensmittelausga-
gabe in den *villas miserias*
(Slums) bis hin zur Mitarbeit
auf einer Biofarm. Einige Anbieter freuen sich allein über
die Zeit, die die Freiwilligen
einsetzen, andere wünschen
eine kleine Spende – und
manche verlangen sogar
Hunderte von Dollars (von
denen ein mehr oder weni-
ger großer Teil direkt an die
Bedürftigen fließt. Vor der
endgültigen Entscheidung
für eine Organisation sollte
man sich mit anderen Freiwilligen über ihre Erfahrungen
austauschen.

Aldea Luna (www.aldealuna.
com.ar) Arbeit auf einer Farm in
einem Naturschutzgebiet.

Anda Responsible Travel
(www.andatravel.com.ar/en/
volunteering) Reisebüro in
Buenos Aires, das lokale Gemeinschaften unterstützt.

Centro Conviven (http:/
/centroconviven.blogspot.
com) Hilft Kindern in den Slums
(*villas*) von Buenos Aires.

Conservación Patagonica
(www.conservacionpatagonica.
org/) Mithilfe beim Aufbau eines
Nationalparks.

Eco Yoga Park (www.
ecoyogavillages.org/volunteer-
programs) Mitarbeit auf einer
Biofarm, Bau von Ökohäusern
und Unterrichten der lokalen
Bevölkerung.

**Fundación Banco de Ali-
mentos** (www.bancodealimen-
tos.org.ar) Kurzfristige Mitarbeit
in einer Lebensmittelausgabe.

**Habitat for Humanity
Argentina** (www.hpha.org.
ar) Hilft bei der Beschaffung von
günstigem Wohnraum.

Patagonia Volunteer (www.
patagoniavolunteer.org) Arbeit
in Patagonien.

Volunteer South America
(www.volunteersouthamerica.
net) Hat eine Liste aller NGOs,
die Freiwilligendienste in Südamerika anbieten.

WWOOF Argentina (www.
wwoofargentina.com) Biofar-
men in Argentinien.

Geld

➡ Die argentinische Währung
ist der Peso (Arg$). Bezahlt
wird bar oder mit Karte.

Bargeld

➡ Die Scheine sind mit fol-
gendem Nominalwert im
Umlauf: 2, 5, 10, 20, 50 und
100 Pesos (neue 200- und
500-Peso-Scheine kommen
2016 in Umlauf, ein 1000-Pe-
so-Schein möglicherweise
2017).

➡ Ein Peso entspricht 100
centavos; Münzen sind im
Wert von 1, 2,5, 10, 25 und 50
centavos im Umlauf.

➡ Derzeit akzeptieren die
meisten touristischen Betriebe US$, man sollte sich aber
nicht darauf verlassen.

➡ Keine Angst bei dreckigen
oder völlig zerfledderten
argentinischen Banknoten:
sie werden ohne Zögern
überall akzeptiert. Einige
Geschäfte/Unterkünfte
verweigern aber die Annahme von beschädigten oder
beschrifteten ausländischen
Banknoten, Devisen aus dem

Ausland sollten daher möglichst druckfrisch mitgenommen werden.

➡ In den letzten Jahren sind
gefälschte inländische wie
ausländische Banknoten zu
einem Problem geworden,
aus diesem Grund sind Ge-
schäftsleute sehr skeptisch
bei der Zahlung mit großen
Scheinen. Gleiches gilt für
die Annahme: Bei jedem
Schein mit einem größeren
Betrag sollte man auf das
Wasserzeichen achten und
sich schon vor der Ankunft
im Land mit dem Aussehen
der verschiedenen Scheine
vertraut machen. Eine Hilfe
dabei bietet die Website
www.landingpadba.com/ba-
basics-counterfeit-money.
Die Erfahrung zeigt, dass
man vor allem in Nachtclubs
und bei nächtlichen Taxifahrten große (und möglicher-
weise gefälschte) Scheine
angedreht bekommt.

➡ Wer große Scheine mit
dem Kauf von Kleinigkeiten
loswerden will, wird möglicherweise Schwierigkeiten
bekommen – am einfachsten
geht es noch in großen Su-
permärkten und in Restau-
rants. Generell sollte man
immer genug Wechselgeld
dabei haben – in kleinen
Scheinen und Münzen.

Geldautomaten

➡ *Cajeros automáticos*
(Geldautomaten) stehen
in fast allen Städten; mit
einer entsprechenden Karte
kann man Geld abheben.
Geldautomaten sind der
beste Weg, um an Geld zu
kommen – fast alle Auto-
maten bieten eine englische
Gebrauchsanweisung. Die
Höhe der ausgegebenen
Geldmenge richtet sich nach
dem Limit der Hausbank,
eine kleine Gebühr erhebt die
lokale Bank, die den Geldautomaten bereitstellt. Dazu
kommen noch die Gebüh-
ren seitens der Hausbank.
Abgehoben werden kann
mehrmals am Tag, jedes Mal
fallen allerdings von neuem
die Gebühren der lokalen
wie der Heimatbank an. Die

ARGENTINIENS „BLAUER MARKT"

Im Dezember 2015 wurden die Devisenkontrollen abgeschafft, was zu einer sinkenden Nachfrage nach US-Dollar auf Argentiniens „blauem Markt" (sprich Schwarzmarkt) führte. Dennoch hört man auch jetzt noch Leute
auf der Calle Florida in Buenos Aires, die *cambio, cambio, cambio* rufen. Am besten ignoriert man sie.

Geldautomaten von Banelco erlauben in der Regel das Abheben höherer Beträge.

Geldwechsel

➡ US-Dollar sind die beliebteste ausländische Währung, an der Grenze ist aber auch der Umtausch von Pesos aus Chile bzw. Uruguay möglich.

➡ Bargeld in Euro oder Dollar kann in größeren Städten sowohl in Banken als auch in *cambios* (Wechselstuben) getauscht werden, das Tauschen anderer Währungen wird außerhalb der Hauptstadt schwierig.

➡ Wer Geld tauschen will, muss sich mit seinem Reisepass ausweisen. Generell sollte man Angebote, auf der Straße schwarz zu tauschen, ablehnen.

Kreditkarten

➡ Viele (aber nicht alle!) touristischen Dienstleister, größere Geschäfte, Hotels und Restaurants – vor allem in den größeren Städten – akzeptieren Kreditkarten von namhaften Instituten wie Visa und MasterCard.

➡ Die gängigsten Kreditkarten sind Visa und MasterCard, American Express und einige andere Karten werden z. T. angenommen. Vor der Abreise sollte man unbedingt sein Kreditinstitut und die Heimatbank über den Zeitraum informieren, in dem man sich in Argentinien (oder einem anderen Land) aufhält.

➡ Einige Geschäfte berechnen bei der Zahlung mit Kreditkarte einen *recargo* (Aufschlag) in Höhe von 5 bis 10 % auf die fällige Summe. Zu bedenken ist auch, dass schlussendlich nicht der Wechselkurs des Kauftages, sondern derjenige des Abrechnungsdatums zugrunde gelegt wird – manchmal vergehen bis dahin Wochen.

➡ Wer seine Restaurantrechnung mit Kreditkarte bezahlen will, sollte wissen, dass das Trinkgeld in der Regel nicht auf die Rechnung

aufgeschlagen werden kann. Viele einfache Hotels und private Tour-Unternehmen akzeptieren von Haus aus keine Kreditkarten. Anderswo erhält man wiederum einen kleinen Nachlass bei Barzahlung.

Reiseschecks

➡ Für das Einlösen von Reiseschecks werden sehr hohe Gebühren fällig. Sie sind zudem nur schwer einzulösen und für Reisen in Argentinien ausdrücklich *nicht* zu empfehlen. Geschäfte akzeptieren *keine* Reiseschecks, außerhalb der Hauptstadt wird der Umtausch noch schwerer als er ohnehin schon ist.

Steuern & Rückerstattungen

➡ Eine der wichtigsten Einnahmequellen des Staates ist die Mehrwertsteuer (Impuesto de Valor Agregado - IVA) in Höhe von 21 %. Unter bestimmten Umständen können sich ausländische Besucher beim Kauf von argentinischen Produkten diese Mehrwertsteuer bei der Ausreise erstatten lassen. Ein „Tax Free"-Logo (in Englisch) an der Laden-

scheibe weist darauf hin. Vor dem Kauf sollte man sich allerdings rückversichern, dass das Geschäft auch wirklich an dem „Tax-free"-Programm teilnimmt.

➡ Grundsätzlich muss der Kaufwert in diesen Läden bei über 70 Arg$ liegen. Ist dem so, legt man dem Verkäufer seinen Pass vor, der dann alle notwendigen Daten in ein Erstattungsformular einträgt. Bei der Ausreise müssen die gekauften Gegenstände im Handgepäck mitgeführt und dem Zollbeamten vorgelegt werden. Dieser kontrolliert die gekauften Gegenstände und vergleicht sie mit den Einträgen in den entsprechenden Formularen und stempelt sie schließlich ab. Von ihm erfährt man auch, wo man sich die Mehrwertsteuer erstatten lassen kann. Für das Prozedere sollte man entsprechend Zeit am Flughafen einplanen.

Tringeld & Handeln

In Restaurants und Cafés ist es üblich, 10 % der Rechnungssumme als Trinkgeld zu geben – vorausgesetzt, man ist mit dem Service zufrieden. Wichtig zu wissen: Wenn das Servicepersonal die Rechnung mit dem Geld wegträgt und *gracias* sagt, bedeutet das, dass es das Wechselgeld behalten wird. Wer als Gast sein Wechselgeld zurückhaben möchte, sagt statt *„gracias" „cambio, por favor"* (das Wechselgeld, bitte).

Trinkgeld kann in Argentinien bei Kreditkartenzahlung nicht einfach so zur Rechnungssumme addiert werden – das Trinkgeld muss in diesem Fall bar bezahlt werden. Das *cubierto,* das in einigen Restaurants als eigener Posten auf der Rechnung erscheint, ist nicht das Trinkgeld, sondern ein Aufschlag, der für Gedeck und Brot erhoben wird.

Barkeeper Erwarten kein Trinkgeld. Wer etwas geben will, bezahlt einfach pro Drink oder Cocktail ein paar Pesos mehr.

Gepäckträger bei Bussen Ein paar Pesos.

Lieferservice Ein paar Pesos.

Reinigungspersonal in den Hotels Ein paar Pesos pro Tag (allerdings nur in guten Hotels und bei zufriedenstellender Leistung).

Gepäckträger in Hotels Ein paar Pesos.

Restaurantbedienung 10 %; 15 % in Spitzenrestaurants mit überragendem Service.

Spas 15 %.

Taxifahrer Kein Trinkgeld, außer wenn sie beim Tragen großer Gepäckstücke helfen. Viele Fahrgäste runden den fälligen Betrag aber auf.

Tourguide 10 bis 15 %.

Gesundheit

➡ Argentinien hat ein gutes medizinisches und zahnärztliches Gesundheitssystem. Die Hygiene und die sanitären Einrichtungen haben in Restaurants einen relativ hohen Standard, auch das Leitungswasser ist generell überall trinkbar. Wer dabei auf Nummer sicher gehen will, fragt vor Ort noch einmal direkt nach: *¿Se puede tomar el agua de la canilla?* – Ist das Leitungswasser trinkbar?

➡ Die öffentliche Gesundheitsversorgung ist zufriedenstellend und kostenlos, sogar für Ausländer. Häufig muss man allerdings lange auf eine Behandlung warten und muss sich darüber im Klaren sein, dass die Qualität von Ort zu Ort unterschiedlich sein kann. Wer die finanziellen Möglichkeiten hat, nutzt die privaten, qualitativ besseren Gesundheitseinrichtungen. Dort muss man sowohl Ärzte als auch Krankenhäuser meist in bar bezahlen. Das medizinische Personal spricht oft Englisch.

➡ Bei lebensbedrohlichen Krankheiten will wahrscheinlich jeder möglichst umgehend in sein Heimatland ausgeflogen werden, für diese Flüge fallen hohe Kosten an. Aus diesem Grund sollte man vor Reiseantritt sicherstellen, eine entsprechende Reise-Krankenversicherung zu haben, die solche Kosten deckt. Die Botschaften können vor Ort Adressen von Ärzten und Krankenhäusern vermitteln.

➡ Wer regelmäßig Medikamente nehmen muss, sollte sich ein entsprechendes Schreiben von seinem Hausarzt ausstellen lassen, in dem die Behandlung und die verschriebenen Medikamente aufgeführt werden (auch die Wirkstoffe in den Medikamenten und die Generika). Sinnvoll ist es auch, die Medikamente in den Originalverpackungen mitzunehmen. Die meisten argentinischen Apotheken sind gut ausgestattet.

➡ Die Website wwwnc.cdc.gov/travel/destinations/argentina.htm informiert über die notwendigen Impfungen.

Denguefieber

➡ Denguefieber ist eine Virusinfektion und in ganz Südamerika verbreitet. Übertragen wird das Fieber von der Aedes-Stechmücke, die tagsüber sticht und vor allem in künstlichen Wasserbehältern wie Kanistern, Zisternen, Plastikeimern und ausrangierten Autoreifen ihre Eier ablegt. Daher ist das Fieber vor allem in dicht besiedelten städtischen Gegenden verbreitet.

➡ 2009 wurden mehrere Tausend Fälle von Denguefieber in den nördlichen Provinzen des Landes gemeldet, seither sind die Fallzahlen allerdings rapide gefallen.

➡ Die Symptome erinnern an eine klassische Grippe: Fieber, Bauch-, Muskel-, Gelenk- und Kopfschmerzen, gefolgt von einem Ausschlag. Die Bauchschmerzen sind sehr unangenehm für den Patienten, klingen aber meist nach ein paar Tagen ab.

Internetzugang

➡ WLAN ist in den vielen (aber nicht allen) Hotels, Cafés, Restaurants und Flughäfen verfügbar, in der Regel meist mit gutem Empfang und gratis.

➡ Internetcafés und *locutorios* (Telefonzentralen) mit einem einigermaßen schnellen Zugang finden sich in fast allen argentinischen Städten.

➡ Um den sogenannten Klammeraffen @ *(arroba)* auf einer argentinischen Tastatur zu finden, muss man die Alt-Taste gedrückt halten oder AltGr-2 schreiben. Sollte es nicht klappen, fragt man die Angestellten *¿Cómo se hace la arroba?'* (Wie kann ich das @-Zeichen schreiben?

Karten

➡ Die Touristenformationen verteilen alle Gratis-Stadtpläne, die für eine Stadtbesichtigung ausreichend gut sind.

➡ Der argentinische Automobilclub **Automóvil Club Argentino** (ACA; Karte S.92; www.aca.org.ar) unterhält Büros in fast allen Städten.

Er verlegt hervorragende Provinzkarten und Stadtpläne, die vor allem für Autofahrer sehr hilfreich sind. Mitglieder ausländischer Automobilclubs erhalten die Karten ermäßigt, dafür die Mitgliedskarte vorweisen.

→ Geografisch Interessierte können beim **Instituto Geográfico Nacional** (☎011-4576-5576; www.ign.gob.ar; Av Cabildo 381) in Buenos Aires hervorragende topografische Karten erwerben.

Kurse

→ Argentinien ist eine beliebte Destination, um Spanisch zu lernen. Die Mehrzahl der Sprachenschulen finden sich in Buenos Aires , aber es gibt auch hervorragende in größeren Städten wie Mendoza und Córdoba.

→ Tango-Kurse sind in Buenos Aires sehr beliebt und nachgefragt, auch Kochkurse werden in der Hauptstadt angeboten – sowohl für die argentinische als auch für die internationale Küche.

→ Es lohnt sich, vor Ort andere Reisende nach ihren Erfahrungen und Empfehlungen zu fragen, auf diese Weise findet man einfachsten die für einen persönlich beste Sprachenschule und die besten Tango- und Kochkurse.

Öffnungszeiten

Es gibt immer Ausnahmen – die im Folgenden genannten Zeiten sind die allgemeingültigen Öffnungszeiten:

Banken Mo–Fr 8–15/16 Uhr, teilweise Sa bis 13 Uhr.

Bars 20/21 Uhr bis 4 oder 6 Uhr früh (im Zentrum öffnen und schließen manche Bars früher).

Cafés Täglich 6–24 Uhr, teilweise auch deutlich länger.

Geschäftszeiten 8–17 Uhr.

Läden Mo–Sa 9/10 bis 20/21 Uhr

Nachtclubs Fr und Sa 1/2 Uhr bis 6 oder 8 Uhr früh.

Postämter Mo–Fr 8–18, Sa 9–13 Uhr.

Restaurants 12–15.30 und 20–24 oder 1 Uhr (am Wochenende auch länger).

Post

→ Die oft unzuverlässig arbeitende **Correo Argentino** (www.correoargentino.com.ar) ist der staatliche Postdienst.

→ Wichtige Sendungen sollte man als Einschreiben – *certificado* – verschicken.

→ Pakete mit einem Gewicht unter 2 kg können von jedem Postamt verschickt werden, schwerere Sendungen müssen über den Zoll (*aduana*) versendet werden. In Buenos Aires liegt das Zollamt in der Nähe des Busterminals Retiro, nach Correo Internacional fragen. Wer etwas verschicken will, weist sich mit seinem Reisepass aus und zeigt die zu verschickende Ware dem Zollbeamten. Erst danach darf alles versandfertig verpackt werden.

→ Nationale Zustelldienste wie **Andreani** (www.andreani.com.ar) und **OCA** (Karte S. 62; ☎4311-5305; www.oca.com.ar; Viamonte 526, Microcentro) sowie internationale Kurierdienste wie DHL und FedEx arbeiten zuverlässiger als die staatliche Post, verlangen dafür aber auch einen deutlich höheren Preis. DHL und FedEx haben ausschließlich in den Großstädten eigene Büros, Andreani und OCA übernehmen die Zustellung ins Landesinnere.

→ Wer ein Paket erwartet, sollte sich in Geduld üben. Fast alle Pakete kommen zunächst im internationalen Retiro-Büro in der Nähe des Terminals Buquebus. Wer etwas abholen muss, sollte sich auf lange Wartezeiten (manchmal Stunden) einstellen, zunächst einmal, um überhaupt das Gebäude betreten zu dürfen, dann um

---

PRAKTISCH & KONKRET

Adressen Das Wort *local* bezieht sich auf eine Wohnung oder ein Büro . Der Adresszusatz s/n – die Abkürzung für *sin numero* (ohne Nummer) – verweist auf eine Adresse ohne Hausnummer.

Fotografieren Viele Fotoläden können Digitalbilder von der Kamera herunterladen und auf CDs brennen oder ausdrucken. Auch die klassischen Negativ- und Diafilme können gekauft und die Bilder/Dias entwickelt werden.

Maße & Gewichte Es gilt das metrische System.

Rauchen Über ein Rauchverbot entscheiden die einzelnen Provinzen. In Buenos Aires ist das Rauchen in geschlossenen öffentlichen Räumen verboten, dazu zählt die Mehrheit aller Bars, Restaurants und die öffentlichen Verkehrsmittel.

Wäscherei Gut arbeitende *lavanderías* (Wäschereien) finden sich überall im Land.

Zeitungen Die großen Zeitungen sind die gemäßigte *Clarín* (www.clarin.com), die konservative *La Nación* (www.lanacion.com.ar) und die linke *Página 12* (www.pagina12.com.ar). Eine englischsprachige Tageszeitung erscheint in der Hauptstadt, der *Buenos Aires Herald* (www.buenosairesherald.com). *Argentina Independent* (www.argentinaindependent.com) ist eine hervorragende englischsprachige Onlinezeitung.

den Inhalt vom Zoll prüfen zu lassen. Zudem wird eine Gebühr fällig. Auf keinen Fall sollte man sich Wertsachen schicken lassen oder selbst verschicken.

Rechtsfragen

➡ Die argentinischen Polizeibeamten sind befugt, zu jeder Zeit und ohne Angabe von Gründen nach dem Personalausweis oder Reisepass zu fragen. - was aber in der Realität recht selten passiert. Es empfiehlt sich, immer eine Kopie des Reisepasses bei sich zu tragen und – noch viel wichtiger – *immer* höflich und kooperativ zu sein.

➡ Drogen und die meisten anderen Substanzen, die in den USA und Europa illegal sind, sind auch in Argentinien verboten. Eine Ausnahme ist Marihuana, das entkriminalisiert wurde (in Uruguay kann es legal konsumiert werden).

➡ Wer verhaftet wird, hat ein Recht auf einen Anwalt, einen Anruf und zur Aussageverweigerung (außer den Angaben zum Namen, der Nationalität, dem Alter und der Reisepassnummer). Auf keinen Fall sollte man irgendetwas unterschreiben, bevor man mit einem Anwalt gesprochen hat. Wer nicht Spanisch spricht, bekommt einen Übersetzer zur Seite gestellt.

Reisen mit Behinderung

➡ Als Reisender mit Behinderung hat man es in Argentinien nicht leicht. Besonders Rollstuhlfahrer werden schnell feststellen, dass die engen, unebenen und stark frequentierten Gehsteige nur schwer zu befahren sind. Das Überqueren einer Straße ist schwierig, da nicht jede Straßenecke Rampen hat (und wenn es sie gibt, sind sie oft in schlechtem Zustand). Dazu kommt, dass argentinische Autofahrer wenig

Geduld mit langsamen Fußgängern und Rollstuhlfahrern haben.

➡ Nur wenige Busse haben *piso bajo*: Sie können die Einstiegsrampen so weit absenken, dass man mit dem Rollstuhl hineinfahren kann und auch innen ausreichend Platz zum Parken hat. Die U-Bahn (Subte) in Buenos Aires ist nicht für Rollstuhlfahrer geeignet.

➡ Internationale Hotelketten und einige andere Hotels bieten behindertengerechte Zimmer. Einige Restaurants, touristische Sehenswürdigkeiten und öffentliche Gebäude haben ebenfalls Rampen, selten sind aber die Toilettenräume mit einem Rollstuhl erreichbar. In größeren Städten findet man in den Einkaufszentren entsprechend gebaute Räumlichkeiten.

➡ In Buenos Aires bietet **QRV Transportes Especiales** (☎ 011-4306-6635, 011-15-6863-9555; www.qrvtransportes.com.ar) private Transporte und Stadtrundfahrten in behindertengerecht umgebauten Vans an.

➡ Einmal abgesehen von Information in Brailleschrift bei Geldautomaten hat sich für Blinde leider wenig zur Verbesserung ihrer Situation getan. Selbst Ampeln sind nur selten mit einem akustischen Warnsignal ausgerüstet.

➡ Die **Biblioteca Argentina Para Ciegos** (Argentine Library for the Blind; BAC; ☎ 011-4981-0137; www.bac.org.ar; Lezica 3909) in Buenos Aires bietet eine Reihe von Büchern (auf Spanisch) und weitere Hilfsmittel in Brailleschrift an.
Weitere Informationen erhält man bei folgenden internationalen Organisationen:

Flying Wheels Travel (www.flyingwheelstravel.com)

Mobility International USA (www.miusa.org)

Society for Accessible Travel & Hospitality (www.sath.org)

Schwule & Lesben

➡ In den letzten Jahren ist Argentinien immer schwulenfreundlicher geworden. Buenos Aires zählt heute zu den Top-Destinationen für Schwule – mit ausgewiesenen Hotels und B&Bs, Bars und Nachtclubs. Alljährlich findet in der Hauptstadt Südamerikas größte Schwulenparade statt; 2002 wurde in Buenos Aires Südamerikas erste gleichgeschlechtliche Partnerschaft eingetragen. Seit Juli 2010 sind in Argentinien auch gleichgeschlechtliche Zivilehen erlaubt.

➡ Auch wenn Buenos Aires (und mit Abstrichen auch die anderen argentinischen Großstädte) immer toleranter werden, fühlt sich die Mehrheit der Argentinier beim Thema Homosexualität nach wie vor sehr unwohl. Homophobie äußert sich dabei selten in Form von physischer Gewalt. Die meisten schwulen Reisenden verlassen Argentinien daher mit durchwegs positiven Eindrücken.

➡ Argentinische Männer stellen ihre Körperlichkeit deutlich offener zur Schau als Europäer. Ein Begrüßungskuss auf die Wange unter Männern oder eine herzhafte Umarmung finden auch eingefleischte Heteros völlig in Ordnung. Lesben, die Hand in Hand durch die Straßen gehen, werden kaum Aufsehen erregen, da das auch viele (heterosexuelle) Argentinierinnen tun. Schwule sollten darauf lieber verzichten. Im Zweifelsfall verhält man sich am besten diskret.

Sicher reisen

➡ Für Ausländer ist Argentinien eines der sichersten Länder Lateinamerikas. Das heißt allerdings nicht, dass man nachts betrunken mit der Brieftasche in der Hand durch die Straßen ziehen sollte.

Mit gesundem Menschenverstand ist man aber in argentinischen Großstädten ähnlich sicher unterwegs wie in London, Paris oder New York. Andererseits sollte auch nicht unerwähnt bleiben, dass die Kriminalitätsrate steigt.

Kleinkriminalität

Die Wirtschaftskrise 1999–2001 hat viele Menschen in die Armut gestoßen, die Straßenkriminalität (Taschendiebstahl, Wegreißen von Handtaschen oder Rucksäcken und bewaffnete Überfälle) ist gestiegen, allen voran in Buenos Aires. Vor allem dort sollte man sich vor Taschendieben in überfüllten Bussen, der Subte (U-Bahn) oder gut besuchten Straßenmärkten (*ferias*) in Acht nehmen. Dennoch fühlen sich die meisten Besucher in den Großstädten sicher. Und in den Kleinstädten in der Provinz muss man ohnehin schon suchen, um einen Ganoven zu finden, der einen ausraubt ...

Busbahnhöfe sind naturgemäß neuralgische Punkte, wo schon manchem sein Gepäck abhandengekommen ist. Von Haus aus sind Busbahnhöfe sicher: Hier trifft man auf Familien, die auf Reisen gehen oder jemanden verabschieden. Gleichzeitig haben es Diebe in dem Gewühl oft ziemlich leicht, Straftaten zu begehen. Die wichtigste Maßnahme ist daher, immer sein Gepäck im Auge zu behalten. Das gilt insbesondere für den Bahnhof Retiro in Buenos Aires.

In Straßencafés und an Restauranttischen sollte man immer darauf achten, dass man seine Tasche nah am Körper hat bzw. sie fühlen kann. Hilfreich ist auch, einen Gurt um das Bein oder Stuhlbein zu binden. Eine weitere Sicherheitsmaßnahme ist, offensichtlich teure Elektronikgeräte wie Laptops, iPods oder iPads so wenig wie möglich in der Öffentlichkeit zu nutzten. Weitere neuralgische Punkte sind Sehenswürdigkeiten und Touristenattraktionen sowie überfüllte öffentliche Verkehrsmittel.

In Buenos Aires stellt die **Touristenpolizei** (☎011-4346-5748, 0800-999-5000) bei Bedarf Übersetzer bereit und hilft Opfern von Diebstählen.

Mahnwachen & Demonstrationen

Proteste auf öffentlicher Straße gehören inzwischen zum Straßenbild in Argentinien, vor allem in der Hauptstadt rund um die Plaza de Mayo. Touristen bemerken von solchen Protesten in Buenos Aires häufig nicht viel mehr, als dass der Verkehr behindert ist (oder zum Erliegen kommt) und in Form von Schwierigkeiten, die Plaza de Mayo und die Casa Rosada zu besuchen.

Im Land gibt es zahllose *gremios* und *sindicatos* (Gewerkschaften); gefühlt streikt jeden Tage eine andere von ihnen. Wenn die Verkehrsbetriebe bestreikt werden, ist man als Tourist möglicherweise auch direkt davon betroffen, weil man unter Umständen nicht rechtzeitig zum Flughafen oder Busbahnhof kommt oder Flüge, Zug- oder Busfahrten ganz ausfallen. Von daher ist es sinnvoll, sich vor einer Reise über die aktuelle Nachrichtenlage zu informieren.

Autofahren

Als Fußgänger auf Argentiniens Straßen unterwegs zu sein, ist möglicherweise das größte Risiko auf der gesamten Reise. Viele Autofahrer steigen aufs Gas, sobald die Ampeln auf Grün zu wechseln scheinen , sie fahren extrem schnell und wechseln unkalkulierbar die Fahrbahn. Auch wenn Fußgänger an Straßenecken und Zebrastreifen offiziell im Recht sind, kümmert das die wenigsten hinter ihrem Steuer. Kaum einer nimmt den Fuß vom Gas, nur weil ein Fußgänger die Straße queren will. Großen Respekt sollte man auch vor den Bussen haben, sie sind allein schon durch ihre schiere Größe lebensgefährlich und ihre Fahrer verhalten sich extrem rücksichtslos.

Polizei & Militär

Polizei und Militär stehen im Ruf, korrupt und/oder verantwortungslos zu sein, was sich aber im Umgang mit Ausländern nicht unbedingt bestätigen lässt. Wer (vor allem als Autofahrer) das Gefühl hat, um Bestechungsgeld gebeten zu werden, zahlt entweder gleich aus freien Stücken oder er bittet die Beamten höflich, ihn zur nächsten Polizeistation zu begleiten, um dort den Vorfall in Ruhe zu klären. Beim Stichwort Polizeiwache wird in den meisten Fällen dann nicht weiter nachgehakt – es kann aber auch passieren, dass man dadurch erst recht ins Labyrinth des argentinischen Polizeisystems gerät. Manchmal ist es schon hilfreich, so zu tun, als würde man kein Spanisch verstehen.

BEGEHRTE ELEKTRONIK

Jeder ausländische Besucher sollte wissen, dass der Kauf eines Smartphones, vor allem eines iPhones, in Argentinien extrem teuer ist, was an den hohen Importsteuern liegt. Die begehrten Geräte sind auch nicht überall im Land erhältlich. Wer sein eigenes Smartphone dabei hat, sollte es nicht unnötig herumzeigen und schon gar nicht irgendwo unbeaufsichtigt liegen lassen. Gleiches gilt für Tablet-Computer und Laptops.

Strom

➧ Die Stromspannung liegt bei 220 V, 50 Hertz. Die notwendigen Adapter erhält man in fast allen Haushaltswarenläden (*ferretería*).

➧ Die meisten elektronischen Geräte (etwa Kameras, Telefone oder Computer) haben eine duale oder automatische Netzanpassung. Auf Ladegeräten von Laptops, Tablets, Handys, Kameras, elektrischen Zahnbürsten usw. findet sich meistens der Hinweis: „INPUT: 100–240 V, 50/60 Hz". Diese Ladegeräte können in Argentinien genutzt werden.

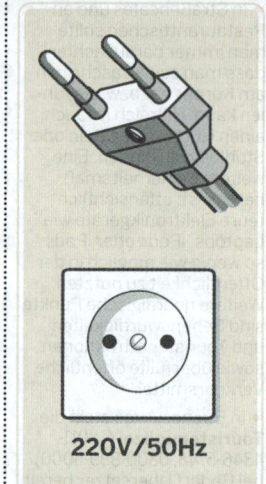

220V/50Hz

220V/50Hz

Telefon

➧ Wer von einem öffentlichen Telefon aus telefonieren will, bezahlt entweder mit Peso-Münzen oder *tarjetas telefónicas* – Telefonkarten, die es an vielen Kiosken zu kaufen gibt. Vor einem Telefonat sollte man darauf achten, ein ausreichend großes Guthaben auf der Karte bzw. genügend Münzen zu haben: Die Zeit, die man telefonieren kann, bevor die Leitung getrennt wird, ist relativ kurz.

➧ Gratisnummern beginnen mit 0800, mit ihnen kann man ausschließlich innerhalb des Landes telefonieren. Für alle Telefonnummern, die mit einer ☎0810 beginnen, wird nur der Ortstarif berechnet, egal, von wo aus man in Argentinien telefoniert.

➧ Auslandsgespräche lassen sich am günstigsten über Online-Services wie Skype oder Google Voice führen, die Alternative ist eine Telefonkarte. Internationale Telefongespräche können auch von den *locutorios* geführt werden, das ist aber die teuerste Variante.

➧ Bei einem Auslandsgespräch wird zunächst die Vorwahlnummer ☎00 gewählt, dann die Landesnummer (Deutschland 49, Schweiz 41, Österreich 43),

dann die Ortsvorwahl (ohne 0) und zuletzt die Teilnehmernummer.

Feuerwehr (☎100)

Medizinischer Notfall (☎107)

Polizei (☎101, in einigen größeren Städten 911)

Telefonvermittlung (☎110)

Touristenpolizei (☎011-4346-5748, 0800-999-5000) In Buenos Aires.

Mobiltelefon

➧ Am einfachsten telefoniert man, wenn man ein entsperrtes Tri- oder Quad-Band-Handy mitnimmt. Für dieses kauft man eine günstige SIM-Karte (mit einer argentinischen Telefonnummer) und außerdem ein Guthaben (*carga virtual*) in gewünschter Höhe. Sowohl die SIM-Karte als auch das Guthaben können in vielen Kiosken und *locutorios* gekauft werden– die Aufkleber „*recarga facil*" bzw. „*saldo virtual*" weisen darauf hin. Auch viele Argentinier telefonieren mit diesen Prepaid-Karten. Mit entsprechenden SIM-Karten hat man auch WLAN-Zugang.. Wer sein Handy entsperren lassen will, sollte vor Ort nach einem Laden fragen.

➧ Die Alternative ist der Kauf eines Handys mit SIM-Karte, meist erhält man damit schon ein kleines Guthaben für erste Gespräche. Das Ausleihen eines Handys lohnt sich selten, es ist meist günstiger, gleich ein Handy zu kaufen.

➧ Wer mit einem iPhone oder anderen Smartphones reist, sollte sich vor Reiseantritt über die anfallenden Roamingkosten informieren. Sehr günstig und teilweise sogar gratis ist das Telefonieren über VoIP-Systeme (Voice over Internet Protocol) wie Skype. Da sich auf diesem Gebiet viel ändert, sollte man sich auch hier zeitnah vor der Abreise informieren.

➧ Alle Handynummern in Argentinien beginnen mit einer ☎15. Wer vom Festnetz aus eine Handynummer anruft, muss zunächst die Vorwahlnummer für die Region und dann die ☎15 wählen. Wer von einem Handy aus ein anderes Handy anruft, kann die ☎15 weglassen.

➧ Beim Versenden einer Textnachricht kann die ☎15 weggelassen werden. Whatsapp ist inzwischen sehr beliebt, um kostenfreie

Textnachrichten zu versenden, Voraussetzung ist allerdings, dass beide Teilnehmer Whatsapp installiert haben.

Telefonkarten

➡ Telefonkarten werden in vielen Kiosken verkauft, mit ihnen sind Inlands- wie Auslandsgespräche billiger als wenn man direkt anruft. Das funktioniert aber nur über einen festen Anschluss von einem Privathaushalt oder einem Hotel aus (sofern man aus dem Hotel direkt hinauswählen darf). Die Telefonkarten funktionieren jedoch selten in öffentlichen Telefonzellen.

➡ In einigen *locutorios* dürfen solche Telefonkarten genutzt werden, ein Anruf ist trotz der verlangten Zuschlags immer noch billiger als die Direktwahl. Wer eine entsprechende Telefonkarte kaufen möchte, sollte dem Geschäft das Land nennen, in das er telefonieren will und bekommt dann die dazu geeignete Karte.

Locutorios & Internetcafés

➡ Inlandsgespräche führt man am besten in einem *locutorio*, einem kleinen Telefonzentrum mit Einzelkabinen. Nach dem Telefonat wird das Gespräch abgerechnet.

➡ *Locutorios* gibt es fast überall. Die anfallenden Gebühren entsprechen denen eines öffentlichen Fernsprechers, bieten aber den Vorteil, dass es hier deutlich ruhiger zugeht und man nicht Gefahr läuft, ohne ein ausreichend hohes Guthaben dazustehen. In den meisten *locutorios* finden sich auch Telefonbücher.

➡ Wer von einem *locutorio* aus ein Ferngespräch führen will, sollte sich nach den günstigsten Zeiten dafür erkundigen, in der Regel ist das nach 22 Uhr und an den Wochenenden. Günstiger ist das Telefonat über das Internet (Skype) – viele Internet-

cafés haben die notwendige Software installiert.

➡ Das Versenden eines Faxes ist billig und von den meisten *locutorios* und Internetcafés aus möglich.

Toiletten

➡ Öffentliche Toiletten sind in Argentinien besser als in vielen anderen südamerikanischen Staaten, aber auch hier gibt es die Ausnahmen von der Regel. Empfindliche sollten in besseren Restaurants und Cafés einkehren. Auch die großen Einkaufszentren haben oft öffentliche Toiletten, Gleiches gilt für die internationalen Fast-Food-Ketten.

➡ Toilettenpapier sollte man grundsätzlich immer selbst mitbringen, es ist häufig nicht vorhanden. Auch muss man damit rechnen, dass es weder Seife noch Papierhandtücher noch warmes Wasser gibt.

➡ In kleineren Städten wird teilweise eine kleine Gebühr für die Benutzung öffentlicher Toiletten erhoben. Wichtig für Reisende mit

Kleinkindern: Möglichkeiten zum Wechseln von Windeln sind nicht überall zu finden.

➡ In einigen Hotels gibt es zusätzlich zur Toilette auch Bidets. Bei diesen sollte man den Wasserhahn vorsichtig aufdrehen, um keine unliebsame Überraschungen zu erleben.

Touristeninformation

➡ Argentiniens nationale Tourismusbehörde ist das **Ministerio de Turismo** (www.turismo.gov.ar), es hat seine Hauptniederlassung in Buenos Aires.

➡ In fast jeder Stadt oder Kleinstadt findet man eine Touristeninformationen, die ihr Büro meist in der Nähe des Hauptplatzes oder des Busbahnhofes unterhält. Alle Provinzen betreiben zudem eine eigene Vertretung in der Hauptstadt. Die meisten sind sehr gut organisiert; sie pflegen einen Datenbestand mit touristischen Informationen und lohnen auf jeden Fall einen Besuch vor der Reise durchs Land.

EIN ANRUF IN ARGENTINIEN

Bei einem Anruf aus dem Ausland in Argentinien wählt man zunächst die internationale Vorwahl von Argentinien ☎0054, dann die Regionalvorwahl (ohne 0) und zuletzt die Anschlussnummer des gewünschten Teilnehmers. Wer aus Europa beispielsweise einen Teilnehmer in Buenos Aires anruft, wählt:

➡ ☎0054 (Ländervorwahl), dann die ☎11 (Vorwahl von Buenos Aires), anschließend die Teilnehmernummer.

➡ Eine Festnetznummer in Buenos Aires (sie ist in der Regel achtstellig) sieht also wie folgt aus: ☎0054-11-xxxx-xxxx

Wer aus dem europäischen Ausland eine Handynummer anrufen möchte, wählt die Ländervorwahl ☎0054, dann eine ☎9 (ohne 0) und schließlich die Teilnehmernummer, allerdings ohne die ☎15, mit der die meisten argentinischen Handynummern beginnen. Eine Handynummer in Buenos Aires, die aus Europa angerufen wird, sieht wie folgt aus:

➡ ☎0054-9-11-xxxx-xxxx

Unterkunft

➡ Das Spektrum an Übernachtungsmöglichkeiten reicht von Zeltplätzen bis zu 5-Sterne-Luxushotels. In den touristischen Unterkünften spricht zumindest ein Teil der Angestellten etwas Englisch, in den Provinzen muss man meist seine eigenen Spanischkenntnisse hervorkramen, um sich zu verständigen.

➡ Mit Ausnahme der extrem günstigen Hotels haben alle anderen Zimmer mit eigenem Bad, bei der Mehrzahl der Unterkünfte ist im Preis auch ein Frühstück enthalten. Dabei handelt es sich in der Regel um *medialunas* (Croissants) und einen milden Kaffee bzw. einen Tee. Viele Hotels geben bei einem längeren Aufenthalt (eine Woche oder mehr) eine Ermäßigung, dies sollte man aber *vor* dem Bezug des Zimmers abklären.

➡ Die Inflation in Argentinien ist hoch, sie liegt (inoffiziell) bei rund 26 %. Es empfiehlt sich daher, sich vor Reiseantritt über die aktuellen Preise zu informieren, so vermeidet man vor Ort unliebsame Überraschungen.

➡ Die im Reiseführer genannten Preise werden meist in US$ statt in Pesos angegeben, viele Unterkünfte hängen ihre Preise ebenfalls in US$ aus, um nicht von der Inflation überrollt zu werden.

➡ Günstige Hotels und Hotels der mittleren Preislage haben in der Regel die anfallenden Steuern schon eingerechnet. Die Spitzenhotels verzichten darauf, sodass man selbst die rund 21 % noch dazu addieren muss.

➡ Für Barzahlungen (in der Regel in mittel- bis hochpreisigen Hotels) erhält man manchmal einen zehnprozentigen Preisnachlass. Es kann aber auch genauso passieren, dass bei der Zahlung mit Kreditkarte eine „Gebühr" erhoben wird. Bei Zahlung mit einer ausländischen Kreditkarte wird manchmal – aber nicht immer – auf diese Gebühr verzichtet.

➡ Als Hochsaison gelten generell die Monate Januar und Februar (in dieser Zeit nehmen die Argentinier ihre Sommerferien), außerdem die Karwoche und die Monate Juli und August (außer in Patagonien). In der Hochsaison sollte man daher immer im Voraus reservieren. Außerhalb der genannten Hochsaisonzeiten fallen die Preise zum Teil um 20 bis 50 %.

➡ Wer online bucht, sollte sich die Internetadresse www.despegar.com anschauen. Günstige Preise erzielt man jedoch am besten, wenn man das Hotel direkt kontaktiert.

Cabañas

➡ In einigen touristischen Gegenden – vor allem am Strand und im Landesinneren – werden cabañas vermietet. Dabei handelt es sich in der Regel um hüttenartige Unterkünfte, von denen fast alle eine eingerichtete Küche besitzen. Cabañas sind vor allem für Gruppen bzw. Familien interessant, da sie häufig mehrere Schlafräume haben. Allerdings liegen sie oft etwas abgelegen, sodass man fast immer ein eigenes Fahrzeug benötigt, um dorthin zu kommen. Die Touristeninformationen vor Ort sind die besten Anlaufstellen, um sich über cabañas in der Gegend zu informieren.

Campingplätze & Refugios

➡ Zelten bzw. Campen kann eine traumhafte Möglichkeit sein, Argentinien kennenzulernen – vor allem im Seengebiet und in Patagonien, wo es entsprechend viele gute Zeltplätze gibt.

➡ In vielen argentinischen Städten finden sich zudem ansprechende städtische Campingplätze – allerdings in sehr unterschiedlicher Qualität: Manche liegen herrlich unter schattigen Bäumen, andere sind überfüllt und wenig gepflegt.

➡ Private Zeltplätze haben meist eine gute Infrastruktur: heiße Duschen, Toiletten, Waschgelegenheiten, Grillplätze, Restaurants oder *confiterías* (Cafés) und einen kleinen Lebensmittelladen. Die kostenlosen Zeltplätze sind oft hervorragend gepflegt, vor allem diejenigen im Seengebiet. Meist fehlt es aber an Infrastruktur. Städtische Zeltplätze sind peiswert, aber vor allem an den Wochenenden beliebte Party-Orte.

➡ Argentinische Campingausrüstung ist häufig teurer und qualitativ schlechter, als man es von Europa her gewöhnt ist.

➡ Die Kocher funktionieren meist mit Butankartuschen, die jedoch nicht im Flugzeug transportiert werden dürfen.

➡ Lästig sind auch die Heerscharen an Mücken, aber fast überall sind Mückenschutzmittel erhältlich.

➡ In und rund um Nationalparks, vor allem im Seengebiet und im Süden des Landes, findet man viele Zeltplätze und Möglichkeiten zum Übernachten. Einige Parks bieten kostenlose oder günstige *refugios* (einfache Schutzräume bzw. Schutzhütten) an, in denen Wanderer Kochmöglichkeiten und rustikale Lager vorfinden.

Estancias

➡ Es gibt kaum eine typischere Übernachtungsmöglichkeit als eine argentinische *estancia* (traditionelles Farmhaus, das im Nordwesten auch *finca* genannt wird). *Estancias* sind eine wunderbare Gelegenheit, in einem abgelegenen Landesteil ein paar ruhige Tage zu verbringen – Wein, Pferde und ein *asado* (ein traditioneller Grillabend) sind dort fast schon selbstverständlich.

➡ *Estancias* finden sich vor allem in der Region um Buenos Aires, in der Nähe von Esteros del Iberá, überall im Seengebiet und in Patagonien. Vor allem in Patagonien sind sie häufig auf Angler und Sportfischer ausgerichtet. Die Übernachtung ist nicht gerade billig. Der Preis schließt aber in der Regel Vollpension und einige Aktivitäten mit ein.

Hospedajes, Pensiones & Residenciales

➡ Die preiswertesten Unterkünfte sind die Hostels, die in ganz unterschiedlicher Ausprägung anzutreffen sind.

➡ Bei einer *hospedaje* handelt es sich meist um ein großes Familienwohnhaus, in dem einige Zimmer (in der Regel mit Gemeinschaftsbad) vermietet werden.

➡ Vergleichbar damit ist die *pensión*, die ebenfalls Kurzaufenthalte in einem Familienhaus anbietet, teilweise aber auch ständige Mieter hat.

➡ *Residenciales* sind in der Regel Gebäude, die für kurzfristige Übernachtungen konzipiert sind. Einige von ihnen – euphemistisch als *albergues transitorios* bezeichnet – richten sich an Kunden, die nur *sehr, sehr* kurz bleiben, meist nur

zwei Stunden. Die *albergues transitorios* werden meist von jungen argentinischen Pärchen aufgesucht, die zu Hause keine Privatsphäre haben.

➡ Die Zimmer und deren Ausstattung sind bescheiden, oft sogar sehr einfach, aber meist sauber. Am preiswertesten sind die Zimmer, die über ein Gemeinschaftsbad verfügen.

Hostels

➡ Hostels sind im Land weit verbreitet – mal sind sie extrem einfach möbliert, mal wunderschön eingerichtet und mit einer Ausstattung versehen, die die vieler einfacher Hotels übertrifft. Die meisten Hostels liegen in ihrer Ausstattung zwischen den genannten Extremen, alle haben sie aber eine Gemeinschaftsküche, Gemeinschaftsbäder, Aufenthaltsräume und Schlafsäle. Die Mehrzahl von ihnen vermietet auch ein paar Doppelzimmer mit oder ohne Bad.

➡ In Hostels trifft man oft andere Reisende, sowohl aus Argentinien als auch aus anderen Ländern, und das vor allem, wenn man alleine unterwegs ist. Oftmals werden auch soziale Events wie *asados* veranstaltet, und es werden Ausflüge in die Umgebung angeboten. Man sollte jedoch bedenken, dass Argentinier Nachteulen sind und die Hostelgäste es

ihnen meistens gleichtun. Also am besten Ohrstöpsel mitbringen.

➡ Mitglieder entsprechender Organisationen und Dachverbände, darunter z. B. **Hostelling International** (HI; www.hihostels.com) und **HoLa** (www.holahostels.com) erhalten Ermäßigungen.

Hotels

➡ Argentinische Hotels erlebt man in ganz unterschiedlicher Ausprägung – von bedrückenden 1-Stern-Häusern bis hin zu luxuriösen 5-Sterne-Tempeln mit einem hervorragenden Service. Was die Wahl noch schwerer gestaltet, ist die Tatsache, das manche 1- oder 2-Sterne-Hotels besser sind als die 3- oder 4-Sterne-Unterkünfte.

➡ Generell vermieten die meisten Hotels Zimmer mit Bad, oft finden sich in den Zimmern auch ein Telefon und ein Fernseher mit Kabelprogramm; manche Hotels bieten ihren Gästen sogar Mikrowellen und/oder Küchenzeilen. Einige Hotels haben eigene *confiterías* oder Restaurants, fast alle servieren morgens ein Frühstück (sei es in Form von ein paar *medialunas* und Kaffee oder als komplettes amerikanisches Frühstücksbüfett).

Rentals & Homestays

➡ Wer bei einem geplanten längeren Aufenthalt gleich

ARGENTINIENS TASA DE RECIPROCIDAD

Von den Bürgern einiger Staaten wird bei ihrer Ankunft eine Gebühr (*tasa de reciprocidad*) verlangt. Diese Gebühr entspricht in etwa dem, was von Argentiniern umgekehrt bei der Ankunft in den entsprechenden Ländern verlangt wird (z. B. bei der Einreise in die USA, Kanada oder Australien). Die Gebühr kann auch per Kreditkarte bezahlt werden, weitere Informationen finden sich unter: www.migraciones.gov.ar/accesibleingles (auf „Reciprocity Fee" klicken).

ein Haus oder eine Wohnung mietet, kommt – vor allem in der Gruppe – möglicherweise günstiger weg. Das gilt vor allem während der Hochsaison in Urlaubsorten wie Bariloche oder in Badeorten an der Atlantikküste (sehr frühzeitig buchen). Wer sich dafür interessiert, dem helfen die Touristinformationen mit Ansprechpartnern weiter. Nützlich sind ansonsten auch Organisationen wie www.airbnb.com.

➡ Während der Urlaubsmonate vermieten viele Familien im Landesinneren Zimmer an Gäste. Oft sind das richtige Schnäppchen, weil man meist auch die Möglichkeit zum Kochen und Waschen hat und als Bonus noch in Kontakt mit den Einheimischen kommt. Die Touristeninformationen in kleineren Orten haben manchmal Adresslisten ausliegen und können Empfehlungen geben.

Versicherung

➡ Es lohnt sich auf alle Fälle, eine Reiseversicherung abzuschließen, die Diebstahl, Verlust, medizinische Probleme und die Stornierung einer Reise bzw. deren Ausfall abdeckt. Einige Policen schließen dezidiert „gefährliche Aktivitäten" wie Tauchen, Skifahren, Klettern und teilweise sogar Wandern (Trekking) aus – entsprechend sorgfältig sollte man das Kleingedruckte lesen. Und ganz wichtig ist auch,

sicherzustellen, dass mit der Reiseversicherung die Kosten für einen Krankenhausaufenthalt bzw. einen medizinisch notwendigen Heimflug gedeckt sind.

➡ Wichtig ist es auch, alle Papiere zu sammeln, die für eine Rückerstattung von verauslagten Kosten relevant sind. Wird der Flug mit einer Kreditkarte bezahlt, ist automatisch schon eine (eingeschränkte) Reiseversicherung enthalten – in diesem Fall sollte mit der Kreditkartengesellschaft geklärt werden, welche Kosten gedeckt sind.

➡ Weltweit gültige Reiseversicherungen lassen sich über www.lonelyplanet.com/travel-insurance abschließen. Diese können online gekauft und erweitert werden – selbst wenn man schon auf Reisen ist.

Visum

➡ Deutsche, Österreicher und Schweizer brauchen für die Einreise nach Argentinien kein Visum. Bei der Ankunft erhält man einen 90 Tage gültigen Stempel im Reisepass.

➡ Minderjährige Kinder, die mit nur einem Elternteil reisen, brauchen ein notariell beglaubigtes Schriftstück, in dem sich der nicht mitreisende Elternteil damit einverstanden erklärt, dass das Kind mit dem anderen Elternteil unterwegs ist. Eltern sollten auch ggf. eine Kopie der Sorgerechtsdokumente

dabei haben. In den meisten Fällen wird aber nach keinem Dokument gefragt.

➡ Deutsche, Österreicher und Schweizer brauchen auch für die Einreise in die Nachbarländer Brasilien, Bolivien Paraguay und Uruguay kein Visum. Da sich die Bestimmungen aber jederzeit ändern können, sollte man sich vorab auf den Webseiten der jeweiligen Botschaften informieren.

Visumsverlängerung

➡ Wer länger als 90 Tage im Land bleiben will, muss sich auf einen bürokratischen Marathon gefasst machen und das Einwanderungsbüro in Buenos Aires aufsuchen: **Dirección Nacional de Migraciones** (☎ 4317-0234; www.migraciones.gov.ar/accesibleingles/?categorias; Antártida Argentina 1355; ⊙ Mo–Fr 8–14 Uhr).

➡ Die fällige Gebühr beträgt 600 Arg$ für alle Nicht-Mercosur-Nationen. Interessanterweise entspricht die Gebühr der Strafe, die fällig wird, wenn man länger als die erlaubten 90 Tage im Land ist und erwischt wird.

➡ Eine Alternative ist die ein- oder zweitägige Ausreise nach Colonia oder Montevideo (Uruguay; Colonia lässt sich bequem im Rahmen eines Tagesausflugs besuchen) oder nach Chile vor Ablauf des Visums. Anschließend kann man erneut mit einem 90-Tage-Visum einreisen.

Zeit

➡ Der Zeitunterschied zur MEZ beträgt 4 Stunden, während der europäischen Sommerzeit 5 Stunden. Wenn es in Argentinien also 12 Uhr ist, dann ist es in Deutschland, Österreich und der Schweiz schon 16 Uhr, während der Mitteleuropäischen Sommerzeit 17 Uhr.

➡ Argentinien zählt die Uhrzeit offiziell nach dem 24-Stunden-System (im

Schriftverkehr), aber verwendet auch das 12-Stunden-System.

Zoll

➡ Argentinische Beamte verhalten sich gegenüber ausländischen Touristen in der Regel höflich und der Situation entsprechend angemessen. Elektronische Geräte, dazu zählen Laptops, Kameras und Handys, dürfen zollfrei ins Land eingeführt werden – vorausgesetzt, sie werden auch wieder ausgeführt, sprich nicht im Land verkauft. Wer viele elektronische Geräte mit sich führt, sollte für diese vorab eine Liste erstellen (inklusive Seriennummer) und diese ausgedruckt mitnehmen; alternativ kann man auch die Kaufbelege mitführen.

➡ Je nachdem, aus welchem Nachbarland man nach Argentinien einreist, hat der Zoll einen anderen Schwerpunkt: Wer aus den zentralen Andenstaaten einreist, muss damit rechnen, auf Drogen kontrolliert zu werden, bei den anderen Nachbarstaaten liegt der Fokus auf Obst und Gemüse, das meist vor dem Grenzübertritt konfisziert wird. Wer illegal Drogen mit sich führt, muss mit erheblichen Schwierigkeiten rechnen – egal, aus welchem Land er einreist.

Verkehrsmittel & -wege

AN- & WEITERREISE

➡ Flüge, Touren und Bahnkarten können über die Website lonelyplanet.com/bookings gebucht werden.

Einreise

➡ Die Einreise nach Argentinien ist problemlos, die Einwanderungsbeamten an den Flughäfen arbeiten in der Regel schnell im Vergleich zu ihren Kollegen an den sonstigen Grenzübergängen. Die benötigen oft deutlich länger, um Reisepapiere und Gepäck zu überprüfen.

Reisepass

➡ Alle in Argentinien einreisenden Ausländer brauchen einen Reisepass, der ab dem Einreisedatum noch mindestens sechs Monate lang gültig ist. Eine Gültigkeit über das geplante Ausreisedatum hinaus wird empfohlen.

➡ Innerhalb des Landes ist die Polizei berechtigt, sich jederzeit den Personalausweis oder den Reisepass zur Überprüfung der Identität vorzeigen zu lassen; sie tun das allerdings nur selten ohne berechtigten Anlass. Aus diesem Grund sollte man immer zumindest eine Kopie des Reisepasses mit sich führen. Davon abgesehen benötigt man den Ausweis auch zum Betreten eines Regierungsgebäudes, zur Erstattung der Mehrwertsteuer in Tax-Free-Läden, zum Tausch von Geld in Banken etc.

Rück- oder Weiterreiseticket

➡ Wer mit dem Flugzeug einreist, muss offiziell auch ein Rückreiseticket vorweisen können, was aber nur selten von den Beamten kontrolliert wird, wenn man erst einmal im Land ist. Dagegen wird es in der Regel von den Fluggesellschaften im Heimatland gefordert. Die Mehrheit der Fluggesellschaften

---

TIPPS FÜR DIE ANKUNFT: AEROPUERTO INTERNACIONAL MINISTRO PISTARINI (EZEIZA)

➡ Wer nach seiner Ankunft auf dem Flughafen Ezeiza Geld wechseln möchte, der sollte wissen, dass die Wechselstuben (*cambios*) am Flughafen generell zu schlechten Kursen tauschen.

➡ Bessere Kurse bieten dagegen die Schalter der lokalen Banken. Nach dem Passieren des Zolls betritt man die Ankunftshalle, wendet sich dort scharf rechts und stößt auf den kleinen Schalter der Banco de la Nación. Die Bank hat auch einen Geldautomaten, der rund um die Uhr zugänglich ist, vor dem sich allerdings immer lange Schlangen bilden. Im Flughafengebäude stehen weitere Geldautomaten, die alle den offiziellen Wechselkurs berechnen.

➡ Ein Schalter der Touristeninformation befindet sich gleich beim Taxistand von Taxi Ezeiza.

➡ Shuttlebusse und Taxis fahren in regelmäßigen Abständen ins Stadtzentrum.

➡ Wer von Ezeiza ins Ausland fliegt, sollte zwei bis drei Stunden vor der Abflugzeit am Flughafen sein. Durch die Sicherheits- und Ausreiseformalitäten gibt es meist lange Schlangen, dazu kommt, dass der Verkehr auf der Strecke nach Ezeiza of sehr zähfließend ist – es kann über eine Stunde dauern, vom Zentrum die 35 km lange Strecke zum Flughafen zurückzulegen.

verweigern das Betreten des Flugzeugs ohne einen Nachweis über die Weiterreise – egal, ob die Person ein One-way-Ticket gekauft hat oder nicht. Hintergrund dieser strikten Regelung ist die Verpflichtung der Airline, ihre Passagiere wieder heimfliegen zu müssen, sollte dieser die Einreise nach Argentinien verwehrt werden. Details im Einzelfall sind am besten bei der Fluggesellschaft zu erfragen.

Mit dem Flugzeug

→ Von den meisten europäischen Hauptstädten und wichtigen Flughäfen werden Flüge nach Argentinien angeboten. Wer zunächst noch andere Ziele auf der Liste stehen hat, kann aber auch in Nachbarländern wie Brasilien oder Chile landen und dann auf dem Landweg weiter nach Argentinien reisen.

Flughäfen & Fluglinien

→ Die meisten internationalen Flüge kommen am **Aeropuerto Internacional Ministro Pistarini** (Ezeiza; ☏ 011-5480-6111; www.aa2000.com.ar) von Buenos Aires an, der etwa 35 km außerhalb liegt und mit dem Shuttlebus oder Taxi in 40 bis 60 Minuten zu erreichen ist.

→ In der Nähe der Innenstadt von Buenos Aires liegt der **Aeroparque Internacional Jorge Newbery** (Aeroparque; ☏ 011-5480-6111; www.aa2000.com.ar), auf dem die meisten der Inlandsflüge, aber auch einige wenige internationale Flüge aus den Nachbarländern abgewickelt werden.

→ Es gibt noch einige andere internationale Flughäfen im Land. Die wichtigsten Infos zu den meisten argentinischen Flughäfen lassen sich online bei **Aeropuertos Ar-**

gentina 2000 (www.aa2000.com.ar) abrufen.

→ **Aerolíneas Argentinas** (www.aerolineas.com.ar) ist die staatliche Fluglinie und hat international einen ganz ordentlichen Ruf.

Auf dem Landweg
Grenzübergänge

→ Es gibt zahlreiche Grenzübergänge zu den Nachbarstaaten Bolivien, Brasilien, Chile, Paraguay und Uruguay, im Folgenden werden die wichtigsten Übergänge aufgeführt. Sofern die Reisepapiere komplett und in Ordnung sind, ist der Grenzübertritt schnell erledigt. .

BOLIVIEN
Von La Quiaca nach Villazón
Viele Busse aus Jujuy und Salta nach La Quiaca überqueren die Grenze an diesem Übergang. Alle Grenzgänger begeben sich

KLIMAWANDEL & REISEN

Der Klimawandel stellt eine ernste Bedrohung für unsere Ökosysteme dar. Zu diesem Problem tragen Flugreisen immer stärker bei. Lonely Planet sieht im Reisen grundsätzlich einen Gewinn, ist sich aber der Tatsache bewusst, dass jeder seinen Teil dazu beitragen muss, um die globale Erwärmung zu verringern.

Fliegen & Klimawandel

Fast jede Art der motorisierten Fortbewegung erzeugt CO_2 (die Hauptursache für die globale Erwärmung), doch Flugzeuge sind mit Abstand die schlimmsten Klimakiller – nicht nur wegen der großen Entfernungen und der entsprechend großen CO_2-Mengen, sondern auch, weil sie diese Treibhausgase direkt in hohen Schichten der Atmosphäre freisetzen. Die Zahlen sind erschreckend: Zwei Personen, die von Europa in die USA und wieder zurück fliegen, erhöhen den Treibhauseffekt in demselben Maße wie ein durchschnittlicher Haushalt in einem ganzen Jahr.

Emissionsausgleich

Die englische Website www.climatecare.org und die deutsche Internetseite www.atmosfair.de bieten sogenannte CO_2-Rechner. Damit kann jeder ermitteln, wie viel Treibhausgase seine Reise produziert. Das Programm errechnet den zum Ausgleich erforderlichen Betrag, mit dem Reisende nachhaltige Projekte zur Reduzierung der globalen Erwärmung unterstützen können, beispielsweise Projekte in Indien, Honduras, Kasachstan und Uganda.

Lonely Planet unterstützt gemeinsam mit Rough Guides und anderen Partnern aus der Reisebranche das CO_2-Ausgleichsprogramm von climatecare.org.

Alle Reisen von Mitarbeitern und Autoren von Lonely Planet werden ausgeglichen. Weitere Informationen gibt es auf www.lonelyplanet.com.

zu Fuß über eine Brücke hinüber zum bolivianischen Grenzposten.

Von Aguas Blancas nach Bermejo Ab Orán, wohin man mit dem Bus von Salta und Jujuy reist, nimmt man den Bus nach Aguas Blancas und weiter nach Bermejo. Von dort fahren Busse nach Tarija.

Von Salvador Mazza (Pocitos) nach Yacuiba Busse von Jujuy und Salta fahren nach Salvador Mazza an der bolivianischen Grenze. Wenn man diese überschritten hat, nimmt man sich ein Gemeinschaftstaxi nach Yacuiba.

BRASILIEN

→ Der meistgenutzte Grenzübergang ist derjenige von Puerto Iguazú nach Foz do Iguaçu. In den Kapiteln über die beiden Orte finden sich Hinweise auf die Grenzformalitäten. Ein weiterer Grenzübergang ist der von Paso de los Libres nach Uruguaiana (Brasilien).

CHILE

Zwischen Argentinien und Chile gibt es eine ganze Reihe von Grenzübergängen. Mit Ausnahme von Patagonien müssen dabei jedoch auf dem Landweg immer wieder die Anden überquert werden. Je nach den Wetterverhältnissen sind einige höher gelegene Passstraßen im Winter geschlossen – selbst die viel befahrene Strecke Mendoza–Santiago entlang der RN 7 kann immer mal wieder wegen schwerer Stürme gesperrt sein. Vor allem bei Reisen über die Anden sollte man sich vorab über die Wetterprognosen informieren. Die hier genannten Übergänge werden am häufigsten genutzt:

→ **Von Bariloche nach Puerto Montt** Der Grenzübergang über die Anden nach Chile ist in der Regel kein Problem. Sehr gefragt ist die fantastische, landschaftlich faszinierende zwölfstündige kombinierte Bus-/Bootsreise, die im Winter ganze zwei Tage dauert.

→ **Von El Calafate nach Puerto Natales und zum Parque Nacional Torres del Paine** Die wohl populärste Route der Region führt vom Glaciar Perito Moreno (bei El Calafate) zum Parque Nacional Torres del Paine (bei Puerto Natales). Im Sommer sind täglich mehrere Busse auf der Strecke unterwegs, in der Nebensaison ein bis zwei Fahrzeuge pro Tag.

→ **Von Los Antiguos nach Chile Chico** Wer von Chile aus nach Argentinien einreist, kann über die anstrengende RN 40 Richtung El Chaltén und El Calafate weiterreisen. Die Fahrt empfiehlt sich allerdings nur im Sommer, wenn öffentliche Busse auf der Strecke unterwegs sind.

→ **Von Mendoza nach Santiago** Die beliebteste Busverbindung zwischen den beiden Andenstaaten führt am 6962 m hohen Aconcagua vorbei.

→ **Von Salta nach San Pedro de Atacama (via Jujuy, Purmamarca und Susques)** Die zehnstündige Bustour über den Altiplano präsentiert eine grandiose Landschaft.

→ **Von Ushuaia nach Punta Arenas** Im Sommer fahren täglich Busse, im Winter nur einige wenige. Je nach Wetter dauert die Fahrt 10 bis 12 Stunden, unterwegs muss auf die Fähre entweder in Porvenir oder Punta Delgada/Primera Angostura umgestiegen werden.

PARAGUAY & URUGUAY

→ Es gibt zwei direkte Grenzübergänge zwischen Argentinien und Paraguay: von Clorinda nach Asunción und von Posadas nach Encarnación. Auch von der argentinischen Seite (Puerto Iguazú) kann man via Brasilien nach Ciudad del Este in Paraguay reisen.

→ Grenzübergänge zwischen Argentinien und Uruguay sind u.a.: Gualeguaychú nach Fray Bentos, Colón

nach Paysandú und Concordia nach Salto. Da der Rio Uruguay der Grenzfluss ist, muss jeweils eine Brücke überquert werden. Busse von Buenos Aires nach Montevideo und zu anderen Küstenstädten brauchen länger und sind weniger komfortabel als die Fähren oder die Bus-Fähre-Kombinationen über den Río de la Plata.

Bus

→ Von allen Nachbarländern ist eine Einreise mit dem Bus möglich. Die Busse sind in der Regel komfortabel, modern und sauber. Mit gültigen Einreisepapieren ist der Grenzübertritt problemlos.

Auf dem Fluss

Zwischen Uruguay und Buenos Aires verkehren mehrere Fähren und Tragflächenboote, teilweise ist eine Busfahrt eingeschlossen.

→ **Von Buenos Aires nach Colonia** Täglich legen Fähren (Fahrzeit 1–3 Std.) nach Colonia ab, von dort gibt es einen Busanschluss nach Montevideo (weitere 3 Std.).

→ **Von Buenos Aires nach Montevideo** Hochgeschwindigkeitsfähren rasen mit Fahrgäste in nur 2¼ Std. vom Zentrum in Buenos Aires in die Hauptstadt Uruguays.

→ **Von Tigre nach Carmelo** Regelmäßig fahrende Passagierfähren rasen von Buenos Aires' Vorort Tigre nach Carmelo (2½ Std., ab Tigre auch nach Montevideo).

UNTERWEGS VOR ORT

Auto & Motorrad

→ Da das Land riesig ist, sind viele Landesteile nur mit einem eigenen Fahrzeug erreichbar – trotz des sehr gut ausgebauten Bus- und Bahnnetzes. Das gilt vor allem für Patagonien, wo die

Distanzen riesig sind und die Busse nur sehr unregelmäßig fahren.

Autokauf

➜ Für Ausländer gestaltet sich der Kauf eines Autos kompliziert. Grundvoraussetzung sind eine feste Wohnadresse in Argentinien, ein Documento Nacional de Identidad (DNI; eine Art Ausweis) und die Barzahlung. Wer einen Gebrauchtwagen kaufen will, muss die Fahrzeugpapiere in entsprechenden Büros von einem Halter auf den nächsten überschreiben lassen, dabei muss der alte Halter anwesend sein und alle notwendigen Papiere vorzeigen können. Vor dieser Überschreibung sollte man sicherstellen, dass alle Versicherungen, unbezahlten Rechnungen/ Strafzettel und Steuern vom Vorbesitzer/Halter bezahlt wurden.

➜ Spanischkenntnisse sind beim Autokauf sehr hilfreich. Ein Auto zu versichern, ist ohne DNI extrem schwierig, wenn nicht gar unmöglich. Als Ausländer ohne DNI kann man zwar ein Auto besitzen, aber man darf theoretisch nicht ohne notarielle Beglaubigung aus dem Land fahren. Diese Beglaubigung ist nur schwer zu bekommen.

➜ Wer nach all den Hinweisen immer noch ein Fahrzeug kaufen möchte, sollte sich über die aktuelle Situation im Internet und bei den Botschaften erkundigen.

Automobilclubs

➜ Wer plant, mit einem Auto durch das Land zu reisen, sollte Mitglied des argentinischen Automobilclubs **Automóvil Club Argentino** (ACA; Karte S. 92; www.aca. org.ar) werden. Der Club unterhält Büros, Tankstellen und Werkstätten im ganzen Land und bietet einen Pannen- und Abschleppdienst in und rund um die wichtigsten touristischen Ziele an. ACA erkennt die Mitgliedschaft eines großen Clubs in Europa

an und gewährt deren Mitgliedern Vorteile wie Pannendienst und Ermäßigungen beim Kauf von Karten bzw. bei Unterkünften. Unbedingt an den Mitgliedsausweis denken!

Mit dem eigenen Auto

➜ Wer ein eigenes Auto in Südamerika einführen will, sollte das am besten über Chile tun. Möglich ist aber auch die direkte Verschiffung. Das Auto durch den Zoll zu bringen, erfordert eine Menge Papierkram.

Benzin

➜ Die Preise für *nafta* (Benzin) lagen bei Redaktionsschluss um etwa ein Drittel unter den deutschen, österreichischen und Schweizer Preisen. Normalbenzin (*común*) ist von schlechter Qualität und soll abgeschafft werden; daher unbedingt Super oder Super Plus tanken. In Patagonien sind die Benzinpreise noch einmal um etwa ein Drittel günstiger als in den restlichen Landesteilen.

➜ *Estaciones de servicio* (Tankstellen) gibt es überall, allerdings sollte man außerhalb der Städte immer einen Blick auf die Tankanzeige werfen und an jeder Tankstelle den Tank wieder auffüllen. In Patagonien empfiehlt sich sogar die Mitnahme von Reservekanistern, da die Tankstellen nicht immer zuverlässig mit Benzin beliefert werden.

Führerschein & sonstige Dokumente

➜ Streng genommen braucht jeder ausländische Autofahrer neben seinem nationalen auch den internationalen Führerschein. Doch die wenigsten Mietwagenfirmen fragen danach. . Bei einer Verkehrskontrolle wird nach den Fahrzeugpapieren, den Versicherungsunterlagen und den Unterlagen zur KFZ-Steuer gefragt, sie sollten alle gültig sein.

➜ Fahrer argentinischer Fahrzeuge müssen die grüne Karte *(tarjeta verde)* vorlegen. Bei einem Leihwagen sollte man sich unbedingt *vor* Fahrtantritt vergewissern, dass sie im Handschuhfach liegt. Bei ausländischen Fahrzeugen zeigt man stattdessen die Zollzulassung.

➜ Es besteht Versicherungspflicht, und die Polizei kontrolliert auch mit großer Vorliebe den Nachweis.

Mietwagen

➜ Wer einen Wagen mieten will, muss mindestens 21 Jahre alt sein, eine Kreditkarte und einen gültigen nationalen Führerschein vorlegen können. Die Mietwagenfirmen fragen nur selten nach einem Internationalen Führerschein.

➜ Bei Abschluss eines Vertrages sollte man genau prüfen, wie viele Freikilometer enthalten sind. Es gibt zwar Verträge mit unbegrenzter Kilometerzahl, die sind aber in der Regel erheblich teurer

FÜR AUTOFAHRER

Eine sehr nützliche Website für alle, die mehr über die Straßen in Argentinien erfahren wollen, ist die Seite www.ruta0.com. Hier kann man beispielsweise zwei Punkte angeben und bekommt Strecken vorgeschlagen (man kann u. a. zwischen Pisten und geteerten Straßen wählen), und es werden die jeweiligen Entfernungen (in Kilometern), Fahrzeiten und sogar die Benzinkosten genannt. Was noch fehlt, ist der Hinweis, wo und wie man den verrückten argentinischen Autofahrern ausweichen kann.

(abhängig vom Fahrziel). Deutlich günstiger ist es, ein Auto schon im Heimatland zu reservieren. Alternativ kann man Websites wie www.despegar.com oder www.webcarhire.com nutzen.

➜ Günstigere Mietpreise findet man oft bei einer Reservierung über eine der international tätigen Mietwagenfirmen im Heimatland, online kann man es über Websites wie www.despegar.com versuchen.

➜ Zu den günstigsten Orten, einen Wagen zu leihen, zählt Bariloche. Die Stadt bietet sich z. B. an, wenn man mit einem Mietwagen nach Patagonien fahren will. Wer mit dem Leihwagen nach Chile reisen möchte, muss mit zusätzlichen Kosten rechnen.

➜ Für das Leihen eines Motorrades muss der Fahrer mindestens 25 Jahre alt sein. Ein empfehlenswerter Anbieter in Buenos Aires (bzw. Neuquén) ist **Motocare** (☎4761-2696; www.motocare.com.ar/rental; Echeverria 738, Vicente Lopez, Buenos Aires). Zu den beliebten Modellen zählt z. B. eine Honda Transalp 700s. Am besten ist es, seinen eigenen Helm und Schutzkleidung von zu Hause mitzubringen. Motorräder sind vor allem für lange Fahrten über Land empfehlenswert.

Straßenverkehrs-ordnung & Unfälle

➜ Wer darüber nachdenkt, in Argentinien mit einem Auto zu reisen, sollte bedenken, dass die Argentinier sehr aggressive Fahrer sind und generell Geschwindigkeitsbeschränkungen, Straßenschilder und teilweise sogar Ampeln ignorieren.

➜ Von Nachtfahrten wird grundsätzlich abgeraten, in vielen Gegenden liegen Tiere auf der Straße, weil es dort angenehm warm ist.

➜ Im Auto sollten sich immer ein gut leuchtendes Warnsignal (balizas) und ein Feuerlöscher (matafuego) befinden.

➜ Die Fahrzeuge sollten über Kopfstützen verfügen, Gurte sind für alle Insassen verpflichtend (obwohl viele Einheimische sich nicht daran halten).

➜ Ebenfalls verpflichtend sind Motorradhelme, allerdings wird die Einhaltung nicht ernsthaft verfolgt.

➜ Auf den Highways fahren nur wenige Verkehrspolizisten Patrouille, sie stehen aber an wichtigen Straßenkreuzungen und Straßenposten und kontrollieren peinlich genau die Dokumente und das Equipment. Oft dienen diese Kontrollen als Vorwand für eine Bestechung. Wer sich unsicher ist, kann höflich darauf bestehen, die Botschaft oder das Konsulat zu kontaktieren. Wer zahlen will, um seine Ruhe zu haben und weiterfahren zu können, fragt ¿Puedo pagar la multa ahora?– „Kann ich das Bußgeld sofort zahlen?"

Versicherung

➜ Eine gültige Versicherung ist in Argentinien Pflicht, die Polizei überprüft die Papiere an den Checkpoints.

➜ Wer plant, mit dem Wagen zu eines der Nachbarländer zu reisen, muss vorab sicherstellen, dass die KFZ-Versicherung die Fahrt dorthin abdeckt (meist fallen dafür Zusatzkosten an).

➜ Zu den renommierten argentinischen Autoversicherern zählen **Mapfre** (www.mapfre.com.ar) und **ACA** (www.aca.org.ar).

Bus

➜ Wer länger in Argentinien unterwegs ist, wird schnell die Vorteile des hervorragenden argentinischen Busnetzes schätzen lernen. Die Fernbusse (micros) sind schnell, überraschend komfortabel und bieten teilweise ein fast schon luxuriöses Reiseerlebnis. Auch die Argentinier selbst sind mehrheitlich mit Bussen im Land unterwegs. Großes Reisegepäck wird fachkundig in den „Katakomben" der Busse verstaut. Vor allem in den Erste-Klasse-Bussen sind die Sicherheitsstandards hoch: Das Personal kümmert sich zuverlässig um die Taschen der Reisenden. Für längere Fahrten, zum Beispiel von Buenos Aires nach Mendoza, empfehlen Sie Nachtbusse. Sie ersparen Übernachtungskosten.

➜ Viele Städte haben einen zentralen Busbahnhof, wo jede Busgesellschaft ihren eigenen Schalter besitzt. Einige Gesellschaften hängen ihre Fahrpläne gut sichtbar aus, der Fahrpreis und die Abfahrtszeiten stehen in der Regel auf dem Karte. In so gut wie allen größeren Bahnhöfen gibt es Toiletten, Möglichkeiten zur Gepäckaufbewahrung, Imbissstände, Kioske und Zeitungsverkäufer. In touristisch interessanten Städten unterhält meist auch die Touristeninformation ein Büro im Bahnhof. In der Regel sind nur wenige Hotelschlepper unterwegs, wenn überhaupt. Eine unrühmliche Ausnahme bildet leider El Calafate.

➜ Zwei sehr gute Websites, auf denen man Fahrkarten für Fernbusreisen online kaufen kann (und das sogar ohne Gebühren), sind www.plataforma10.com und www.omnilineas.com.

Klassen & Fahrtkosten

➜ Die meisten Busgesellschaften betreiben moderne Busse mit ausreichend Platz, bequemen Sitzen, Panoramafenstern, Klimaanlagen, Fernsehern, Toiletten (eigenes Toilettenpapier mitbringen) und teilweise sogar mit Bordpersonal, das auf Wunsch Kaffee und Snacks serviert.

➜ Bei Fahrten über Nacht lohnen sich die zusätzlichen Pesos für ein coche cama (Bus mit Liegesitzen): Die Sitze sind ausreichend breit, lassen sich fast horizontal umlappen und sind bequem. Noch mehr Luxus genießt man im *ejecutivo*, der aber nur auf einigen beliebten Busstrecken verkehrt. Die Alternative sind die weniger komfortablen *semi-cama*, in denen die Sitze zumindest etwas verstellbar sind. Am günstigsten sind die *Común*-Busse, die vor allem auf Kurzstrecken (unter 5 Std.) unterwegs sind. Auf diesen Strecken gibt es fast keine Alternative zu *Común*- oder *Semi-cama*-Bussen, angesichts der kurzen Fahrzeit ist das aber auch kein Problem.

→ Der Preis für eine Buskarte richtet sich nach der Saison, der gewählten Klasse und der Busgesellschaft. Am teuersten sind in der Regel die Fahrten nach Patagonien. Viele Gesellschaften akzeptieren Kreditkarten als Zahlungsmittel.

Reservierungen

→ Häufig ist es nicht nötig, Buskarten im Vorfeld zu kaufen, es sei denn, man will an einem Freitag zwischen den großen Städten reisen oder über Nacht mit einem *coche cama* fahren: Diese Karten sind immer schnell ausverkauft. In der Ferienzeit, ab Ende Dezember bis Februar, im Juli und August, sind die Fahrkarten schnell vergeben. Sobald man irgendwo ankommt – vor allem in Städten, aus denen nur wenige Busse woanders hinfahren –, sollte man sich sofort nach den entsprechenden Busgesellschaften erkundigen und wenn möglich gleich auch die Weiterfahrt reservieren.

→ Wenn Busbahnhöfe weit außerhalb der Großstädte oder Städte liegen, dann unterhalten die Busgesellschaften häufig ein Büro in der Innenstadt, wo Fahrkarten ohne Aufpreis verkauft werden. Die Unterkünfte kennen die Adressen.

Saisonbusse

→ Im Seengebiet und in Nordpatagonien bestehen in den Sommermonaten (Nov.–März) gute Verbindungen: Dann sind Microbusse zu den beliebtesten Zeltplätzen unterwegs, größere Busse fahren um die Seen, zu den Startpunkten der Trekkingtouren und zu allen weiteren beliebten Sehenswürdigkeiten. Sobald die Saison vorbei ist, dünnen die Verbindungen schlagartig aus.

→ Die berühmte RN 40 (Ruta Nacional Cuarenta - Route 40) in Patagonien wurde früher nur unregelmäßig befahren und war nicht viel mehr als eine Piste. Inzwischen ist sie in weiten Teilen geteert (dennoch ist es immer noch ratsam, mit einem Allradfahrzeug zu fahren). Doch auch heute noch fahren nur selten öffentliche Busse auf der Strecke, in der Hauptreisezeit befahren vor allem die teuren „Microbusse" die RN 40.

Fähre/Schiff

→ Die Möglichkeiten, mit dem Schiff auf dem Meer, einem See oder Fluss zu reisen, sind in Argentinien sehr beschränkt. Regelmäßige Verbindungen bestehen zwischen Uruguay und Chile im Seengebiet. Weiter südlich hat man die Möglichkeit, auf Schiffen den Beagle-Kanal in Feuerland (Tierra del Fuego) zu befahren.

→ Wer unbedingt auf's Wasser möchte, kann auch vom hauptstädtischen Vorort Tigre mit der Fähre oder dem Boot das Mündungsdelta des Río de la Plata erkunden: In Tigre werden verschiedene Ausflüge angeboten.

Fahrrad

→ Wer plant, mit dem Rad durchs Land zu fahren, wird in Argentinien tolle Möglichkeiten vorfinden. Beim Radfahren erlebt man die Landschaft deutlich intensiver und ist wesentlich unab-

hängiger als bei Fahrten mit öffentlichen Verkehrsmitteln. Auch der Kontakt zu den Einheimischen ist einfacher und intensiver.

→ Straßenräder eignen sich für Fahrten auf den asphaltierten Straßen, die aber oft eng und nicht so gepflegt wie in Europa sind. Die bessere Wahl ist ein *todo terreno* (Mountainbike): Es ist sicherer, bequemer und besser geeignet für die schlecht asphaltierten Straßen und die unzähligen Schotterstraßen, die das ganze Land durchziehen. In den letzten Jahren sind die argentinischen Fahrräder besser geworden, aber qualitativ immer noch ein gutes Stück von den europäischen Standards entfernt.

→ Bei längeren Radtouren innerhalb Argentiniens stößt man auf zwei Hauptprobleme: Da ist einmal der starke Gegenwind, der vor allem in Patagonien zur Kriechgeschwindigkeit zwingen kann, zum anderen die argentinischen Autofahrer, deren Fahrweise eine ständige Bedrohung für Radfahrer ist. Da hilft nur, sich als Radfahrer deutlich sichtbar zu kleiden und auf alle Fälle einen Schutzhelm zu tragen.

→ Radfahrer sollten ein gut sortiertes Reparaturset und die wichtigsten Ersatzteile für ihr Rad mitbringen und sich mit einem guten Satz Karten ausrüsten. Diese bekommt man am besten im Land selbst. Es lohnt sich, bei Einheimischen nachzufragen, ob man auch wirklich in die richtige Richtung fährt und wie die Straßenverhältnisse sind. Bei Radtouren in Patagonien sind ein Windstopper und warme Kleidung notwendig. Und gut zu wissen: Auf vielen Straßen ist man oft alleine unterwegs!

Fahrradverleih

→ In vielen touristischen Regionen lassen sich Fahrräder (vor allem Mountainbikes) ausleihen, z. B. an der Atlantikküste, in Mendoza, Bariloche und anderen Städten des argentinischen Seengebiets und im Zentrum von Córdoba. Abgerechnet wird nach Stunden.

Fahrradkauf

➜ In vielen Städten sind Fahrradgeschäfte zu finden. Sehr gute Räder sind sehr teuer, manche Ersatzteile nur schwer zu bekommen. Wer in Argentinien ein Rad kaufen möchte, sollte sich in Buenos Aires umschauen –in anderen Städten ist die Auswahl meist sehr bescheiden.

Flugzeug
Argentinische Fluglinien

➜ Die staatliche Fluggesellschaft **Aerolíneas Argentinas** (www.aerolineas. com.ar) bietet die meisten Inlandsflüge, ist aber nicht zwangsläufig besser als ihre Mitbewerber. Weitere Fluggesellschaften, die Inlandsflüge anbieten, sind **LAN** (www.lan.com) und **Líneas Aéreas del Estado** (LADE; www.lade.com.ar), der zivile Zweig der Luftwaffe. LADE hat oft die günstigsten Tickets im Angebot und ist auf Patagonien spezialisiert. Die Fluglinie bietet aber nur wenige und zumeist kurze Flüge an.

➜ Die Buchung von Flügen durchs Land kann schwierig werden, vor allem über die Feiertage (Weihnachten und Ostern) und während der Ferienmonate Januar, Februar und Juli. Die Plätze sind häufig ausgebucht, entsprechend früh sollten sie also reserviert werden.

➜ Fast alle Inlandsflüge steuern den **Aeroparque Internacional Jorge Newbery** (Aeroparque; ☎ 011-5480-6111; www.aa2000.com.ar) an; er liegt nur einige Kilometer nördlich des Zentrums von Buenos Aires. Leider muss erwähnt werden, dass auf argentinische Inlandsflüge oft sehr wenig Verlass ist – Flüge werden häufig storniert oder sind verspätet und die

Bediensteten streiken nicht selten. Es ist immer gut, die Reiseplanung zeitlich nicht zu eng zu fassen; so sollte man beispielsweise immer einen Puffertag zwischen Inlands- und internationalem Flug einplanen.

Trampen

➜ Innerhalb Südamerikas zählt Argentinien zusammen mit Chile sicher zu den besten Ländern zum Trampen (*hacer dedo*). Wenig Glück haben Tramper meist bei den Privatwagen, die in der Regel schon mit Familienmitgliedern vollgestopft sind, mehr Glück hat man meist bei LKW-Fahrern. Ein guter Platz zum Fragen sind die Tankstellen (*estaciones de servicio*) an den Ausfallstraßen der großen Städte, wo die LKW-Fahrer meist noch einmal auftanken.

➜ In Patagonien mit seinen riesigen Distanzen und dem geringen Verkehrsaufkommen müssen Tramper damit rechnen, lange auf eine Mitfahrgelegenheit warten zu müssen. Für das Warten empfiehlt sich warme, windabweisende Kleidung und ausreichend Proviant.

➜ Wer erfolgreich ein Fahrzeug angehalten hat, sollte zunächst etwas über die allgemeine Reise erzählen wie etwa *visitando Argentina de Canada* (sind von Kanada bis hinunter nach Argentinien gefahren) statt gleich mit dem gewünschten Ziel ins Haus zu fallen. Der Grund: Die Argentinier sind fasziniert von den reiselustigen Ausländern.

➜ Wie in jedem anderen Land der Welt ist das Trampen auch in Argentinien nicht vollkommen sicher. Wer sich dennoch dafür entscheidet, sollte sich immer des kleinen, aber durchaus vorhandenen Restrisikos bewusst sein. Zur Sicherheit empfiehlt es sich, zumindest zu zweit unterwegs zu sein und am besten eine dritte Person über das

Reiseziel und den geplanten Verlauf der Reise zu informieren.

Nahverkehr
Bus

➜ Die innerstädtischen Busse in Argentinien (*colectivos*) sind berüchtigt dafür, überfüllt die Straßen entlangzubrettern und bei halsbrecherischem Tempo schwarzen Qualm auszustoßen. Unterwegs mit diesen Bussen erlebt man die jeweilige Stadt hautnah – sofern man das oft etwas komplexe Bussystem begreift. Die Busse sind eindeutig erkennbar nummeriert, auch das Endziel ist deutlich ausgeschrieben. Aber Achtung: Manchmal haben Busse gleiche Nummern, fahren aber teilweise andere Zwischenstationen an (vor allem in großen Städten). Deshalb auf die entsprechenden Hinweisschilder schauen. Um sicherzugehen, wohin der Bus fährt, lohnt sich die Frage: *¿Va este colectivo (al centro)?* Fährt dieser Bus (ins Zentrum)?

➜ Die meisten Busse bezahlt man beim Einsteigen mit Münzgeld. In einigen Städten wie Buenos Aires, Mendoza und Mar del Plata muss man vorab einen Fahrschein kaufen; meist sind diese am Kiosk erhältlich.

U-Bahn

➜ Es gibt sie nur in Buenos Aires unter dem Namen Subte – und sie ist das schnellste und preiswerteste Verkehrsmittel in der Innenstadt.

Taxi & Remise

➜ Die Hauptstädter fahren viel mit Taxis, die in der Regel ein digitales Taxameter haben und ungefähr so viel wie in Europa kosten. Außerhalb der Hauptstadt sind Taxameter weit verbreitet, aber nicht immer eingebaut. Wenn sie fehlen, sollte man vor Fahrtantritt einen Pauschalpreis vereinbaren.

➡ *Remises* sind nicht gekennzeichnete Funktaxis, die in der Regel ohne Taxameter in einem festgelegten Abschnitt unterwegs sind. Für die Fahrt zahlt man einen Fixpreis (vergleichbar denen der Taxis). Alle Läden und Unterkünfte bestellen sie auf Wunsch.

➡ In Gegenden, wo die Versorgung mit öffentlichen Nahverkehrsmitteln eher spärlich ist, ist das Mieten eines Taxis oder einer *remise* mit Fahrer für einen ganzen Tag eine interessante Option. Die Variante ist natürlich sehr bequem und für Gruppen durchaus günstig, vor allem dann, wenn man eine Ausflugsfahrt plant. Auf jeden Fall sollte mit dem Fahrer im Voraus ein Fixpreis vereinbart werden.

Zug

➡ Viele Jahre lang gab es nur wenige Fernreisezüge, in den letzten Jahren wurde aber stark am Ausbau des Bahnnetzes gearbeitet. Gute Informationsquellen im Internet sind www.seat61.com/southamerica.htm und www.sofse.gob.ar.

➡ Die meisten Züge verkehren in Buenos Aires und den umliegenden Provinzen. In der Ferienzeit wie Weihnachten und den nationalen Feiertagen gestaltet sich der Kauf einer Fahrkarte schwierig.

➡ Die Zugpreise liegen meistens unter denen der Busse, dafür sind die Züge aber auch deutlich langsamer unterwegs, fahren seltener und zu weniger Zielen.

➡ Die Fernreisezüge haben alle Schlafwagen.

➡ Eisenbahnfreunde werden die Fahrt mit der Schmalspurbahn *La Trochita* genießen, die auf den 20 km langen Strecken von Esquel nach Nahuel Pan fährt. Eine weitere legendäre Strecke ist die touristisch interessante und landschaftlich absolut spektakuläre Fahrt mit dem *Tren a las Nubes* (Zug in die Wolken) in der Provinz Salta. Unterwegs überquert die Bahn in einer Höhe von 4220 m einen Wüstencanyon – allerdings ist sie auch berüchtigt für ihren unzuverlässigen Fahrplan. Und schließlich gibt es noch die landschaftlich großartige Traumstrecke mit dem *Tren Patagónico*, die von Bariloche nach Viedma führt.

Sprache

Die Aussprache des lateinamerikanischen Spanisch ist nicht kompliziert, denn die meisten Laute unterscheiden sich nicht allzu sehr von deutschen Lauten. In Zweifelsfällen hilft ein Blick auf die Aussprachehinweise in blauer Schrift. Wissen sollte man, dass der ch-Laut vielfach im Rachen gebildet wird, etwa wie beim deutschen Wort „ach"; v und b ähneln einem stimmhaften „w" und liegen streng genommen irgendwo zwischen „w" und „b"; das r wird stark gerollt. Wichtig ist auch, dass die Buchstaben ll (die im größten Teil Lateinamerikas ly oder schlicht y ausgesprochen werden) und das y in Argentinien als stimmloses „sch" bzw. stimmloses „sch" gesprochen werden – also wie das „j" in „Journal" oder eben wie ein deutsches „sch". Diese Eigenart verleiht dem argentinischen Spanisch einen besonderen Lokalkolorit. In der Lautschrift wird in diesem Sprachführer die Umschreibung mit sch gewählt. An die Eigentümlichkeit gewöhnt man sich rasch, vor allem im Umgang mit den Einheimischen.

Betonte Silben werden im Spanischen mit einem Akzentzeichen (Akut) wiedergegeben (z.B. días), in der Lautschrift zeigen kursiv gesetzte Silben die Betonung an.

In diesem Kapitel wurde die höfliche Anredeform gewählt; wo sowohl die höfliche als auch die informelle Form angegeben sind, werden sie durch die Abkürzungen „höfl."

und „inf." unterschieden. Wo erforderlich, enthält der Sprachführer die maskuline und feminine Form eines Wortes; die jeweiligen Varianten sind durch einen Schrägstrich getrennt, die maskuline Form steht an erster Stelle, z.B. bei perdido/a (m/f).

ESSEN GEHEN

Könnte ich bitte die Speisekarte bekommen?
¿Puedo ver el menú,		pue·do wer el me·nu
por favor?		por fa·wor

Was empfehlen Sie?
¿Qué me recomienda?   ke me re·ko·myen·da

Haben Sie vegetarische Gerichte?
¿Tienen comida	tye·nen ko·mi·da
vegetariana?	we·che·ta·rya·na

Ich esse kein (rotes Fleisch).
No como (carne roja).   no ko·mo (kar·ne ro·cha)

Das war köstlich!
¡Estaba buenísimo!   es·ta·ba bue·ni·si·mo

Prost! ¡Salud!   sa·lu

Die Rechnung, bitte.
La cuenta, por favor.   la kuen·ta por fa·wor

Ich hätte gern einen
Quisiera una		ki·sye·ra u·na
Tisch für ...	mesa para ...	me·sa pa·ra ...
(acht) Uhr	las (ocho)	las (o·cho)
(zwei) Personen		
(dos) personas		(dos) per·so·nas

NOCH MEHR SPANISCH?

Detailliertere Hinweise und viele weitere Wendungen finden sich im *Latin American Spanish Phrasebook* von Lonely Planet. Man bekommt das Buch im **shop.lonelyplanet.com** und bei Internetbuchhändlern. Im **shop.lonely planet.de**, im Buchhandel und bei Internetbuchhändlern erhältlich ist außerdem der nützliche *Spanisch Reise-Sprachführer*, ebenfalls von Lonely Planet.

Grundwortschatz

Abendessen	almuerzo	al·muer·so
Aperitiv	aperitivo	a·pe·ri·ti·wo
Essen	comida	ko·mi·da
Flasche	botella	bo·te·scha
Frühstück	desayuno	de·sa·schu·no
Gabel	tenedor	te·ne·dor
Glas	vaso	wa·so

Hauptgericht	plato principal	*pla*·to prin·si·*pal*
heiß (warm)	caliente	ka·*lyen*·te
(zu) kalt	(muy) frío	(muy) *fri*·o
Kinderteller	menú infantil	me·*nu* in·fan·*til*
Löffel	cuchara	ku·*cha*·ra
Messer	cuchillo	ku·*chi*·yo
mit/ohne	con/sin	kon/sin
Mittagessen	cena	*se*·na
Restaurant	restaurante	res·tau·*ran*·te
Schüssel	bol	bol
Teller	plato	*pla*·to

Fleisch & Fisch

Ente	pato	*pa*·to
Fisch	pescado	pes·*ka*·do
Hähnchen	pollo	*po*·scho
Kalb	ternera	ter·*ne*·ra
Lamm	cordero	kor·*de*·ro
Rindfleisch	carne de vaca	*kar*·ne de *wa*·ka
Schwein	cerdo	*ser*·do
Truthahn	pavo	*pa*·wo

Obst & Gemüse

Ananas	ananá	a·na·*na*
Apfel	manzana	man·*sa*·na
Aprikose	damasco	da·*mas*·ko
Artischocke	alcaucil	al·kau·*sil*
Banane	banana	ba·*na*·na
Bohnen	chauchas	*tschau*·tschas
Erbsen	arvejas	ar·*we*·chas
Erdbeere	frutilla	fru·*ti*·scha
Gemüse	verdura	wer·*du*·ra
Gurke	pepino	pe·*pi*·no
Kartoffel	papa	*pa*·pa
Kirsche	cereza	se·*re*·sa
Kohl	repollo	re·*po*·scho
Kürbis	zapallo	sa·*pa*·scho
Linsen	lentejas	len·*te*·chas
Mais	choclo	*tscho*·klo
Möhre, Karotte	zanahoria	sa·na·o·*rya*
Nüsse	nueces	*nue*·ses
Obst	fruta	*fru*·ta
Orange	naranja	na·*ran*·cha
(rote/grüne) Paprika	pimiento (rojo/verde)	pi·*myen*·to (ro·cho/*wer*·de)
Pfirsich	durazno	du·*ras*·no
Pflaume	ciruela	sir·*we*·la

Pilz	champiñón	cham·pi·*nyon*
Rote Beete	remolacha	re·mo·*la*·cha
Salat	lechuga	le·*tschu*·ga
Sellerie	apio	*a*·pyo
Spargel	espárragos	es·*pa*·ra·gos

LUNFARDO

Hier einige Ausdrücke des *lunfardo* (Slang), den man unterwegs bestimmt einmal zu hören bekommt.

boliche – Disko oder Nachtclub

boludo – Trottel, Idiot; oft freundschaftlich gemeint, gegenüber Fremden aber sehr beleidigend (und härter als in der hier aufgeführten Übersetzung)

bondi – Bus

buena onda – „Good Vibrations"

carajo – Scheißkerl, Arsch; verdammt

chabón/chabona – Kerl, Typ/Mädel (freundlich)

che – Hey

diez puntos – OK, cool (wörtlich: 10 Punkte)

fiaca – Faulheit, Bequemlichkeit

guita – Geld

laburo – Job

macanudo – toll, klasse

mango – ein Peso

masa – etwas Cooles, Großartiges

mina – Frau

morfar – essen

pendejo – Idiot

piba/pibe – cooler junger Typ/junges Mädchen

piola – cool, clever

pucho – Zigarette

re – sehr; z. B. *re interestante* (sehr interessant)

trucho – Fälschung, Imitation, schlechte Qualität

¡Ponete las pilas! – Weitermachen! (wörtlich: Leg die Batterien ein!)

Me mataste. – Ich weiß es nicht, keine Ahnung. (wörtlich: Du hast mich getötet)

Le faltan un par de jugadores. – Er ist nicht ganz bei Sinnen. (wörtlich: Ihm fehlen ein paar Spieler)

che boludo – Der allertypischste *porteño*-Satz. Einfach einen freundlichen Jugendlichen fragen, der wird es einem erklären.

Spinat	espinacas	es·pi·na·kas
Tomate	tomate	to·ma·te
Trauben	uvas	u·was
Wassermelone	sandía	san·di·a
Zitrone	limón	li·mon
Zwiebel	cebolla	se·bo·scha

Sonstiges

Brot	pan	pan
Butter	manteca	man·te·ka
Ei	huevo	ue·wo
Essig	vinagre	wi·na·gre
Honig	miel	myel
Käse	queso	ke·so
Marmelade	mermelada	mer·me·la·da
Öl	aceite	a·sey·te
Paprika	pimienta	pi·myen·ta
Pasta	pasta	pas·ta
Reis	arroz	a·ros
Salz	sal	sal
Zucker	azúcar	a·su·kar

Getränke

Bier	cerveza	ser·we·sa
Kaffee	café	ka·fe
Milch	leche	le·tsche
(Orangen-) Saft	jugo (de naranja)	chu·go (de na·ran·cha)
Tee	té	te

| (Mineral-) Wasser | agua (mineral) | a·gwa (mi·ne·ral) |
| Wein (Rot-/Weiß-) | vino (tinto/ blanco) | wi·no (tin·to/ blan·ko) |

KONVERSATION & NÜTZLICHES

Hallo/Guten Tag.	Hola.	o·la
Auf Wiedersehen.	Adiós./Chau.	a·dyos/tschau
Wie geht es Ihnen?	¿Qué tal?	ke tal
Danke, gut.	Bien, gracias.	byen gra·syas
Entschuldigen Sie.	Perdón.	per·don
Tut mir leid.	Lo siento.	lo syen·to
Bitte.	Por favor.	por fa·wor
Danke.	Gracias.	gra·syas
Gern geschehen.	De nada.	de na·da
Ja./Nein.	Sí./No.	si/no
Ich heiße ...	Me llamo ...	me scha·mo ...

Wie heißen Sie?

| ¿Cómo se llama Usted? (höfl.) | | ko·mo se scha·ma u·ste |
| ¿Cómo te llamas? (inf.) | | ko·mo te scha·mas |

Sprechen Sie Englisch/Deutsch?

¿Habla inglés/alemán? (höfl.)		a·bla in·gles/a le man
¿Hablas inglés/alemán? (inf.)		a·blas in·gles/a le man
Ich verstehe nicht.	Yo no entiendo.	yo no en·tyen·do

EL VOSEO

Das Spanisch der Río-de-la-Plata-Region unterscheidet sich vom Spanisch in Spanien und dem übrigen Lateinamerika, und zwar vor allem, was die Verwendung der informellen Anrede „du" angeht. Anstatt des *tuteo* (Gebrauch von *tú*) bevorzugen die Argentinier in der Regel den *voseo* (Gebrauch von *vos*); es handelt sich dabei um ein Relikt aus dem Spanisch des 16. Jhs., das eine etwas veränderte Grammatik erfordert. Alle Verben verändern sich dabei in Schreibung, Betonung und Aussprache. Beispiele für Verben auf -ar, -er und -ir sind unten aufgelistet – das Pronomen tú ist der Unterscheidung halber mit angegeben. Die Imperativformen (Befehlsform) weichen ebenfalls ab, der verneinte Imperativ hingegen ist im *tuteo* und *voseo* identisch.

Die spanischen Beispielsätze in diesem Buch verwenden die Form *vos*. Bittet ein Argentinier einen Fremden, ihn zu duzen, sagt er „Me podés tutear", auch wenn er selbst im Gespräch weiterhin die *vos*-Formen benutzt.

Verb	Tuteo	Voseo
hablar (sprechen): Du sprichst./Sprich!	*Tú hablas./¡Habla!*	*Vos hablás./¡Hablá!*
comer (essen): Du isst./Iss!	*Tú comes./¡Come!*	*Vos comés./¡Comé!*
venir (kommen): Du kommst./Komm!	*Tú vienes./¡Ven!*	*Vos venís./¡Vení!*

NOTFÄLLE

Hilfe!	*¡Socorro!*	*so·ko·ro*
Gehen Sie weg!	*¡Vete!*	*we·te*
Rufen Sie ...!	*¡Llame a ...!*	*scha·me a ...*
einen Arzt	*un médico*	*un me·di·ko*
die Polizei	*la policía*	*la po·li·si·a*

Ich habe mich verirrt. *Estoy perdido/a.*
es·toy per·di·do/a (m/f)

Ich bin krank. *Estoy enfermo/a.*
es·toy en·fer·mo/a (m/f)

Ich bin allergisch gegen (Antibiotika).
Soy alérgico/a a — *soy a·ler·chi·ko/a a*
(los antibióticos). — *(los an·ti·byo·ti·kos)* (m/f)

Wo sind die Toiletten? *¿Dónde están los baños?*
don·de es·tan los ba·nyos

SHOPPEN & SERVICE

Ich hätte gern ... *Quisiera comprar ...*
ki·sye·ra kom·prar ...

Ich schaue mich nur um. *Sólo estoy mirando.*
so·lo es·toy mi·ran·do

Kann ich mir das ansehen? *¿Puedo verlo?*
pue·do wer·lo

Es gefällt mir nicht. *No me gusta.* *no me gus·ta*

Was kostet das? *¿Cuánto cuesta?*
kuan·to kues·ta

Das ist zu teuer. *Es muy caro.* *es muy ka·ro*

Können Sie den Preis heruntersetzen?
¿Podría bajar un — *po·dri·a ba·char un*
poco el precio? — *po·ko el pre·syo*

In der Rechnung ist ein Fehler.
Hay un error en la cuenta — *ai un e·ror.*
en la kuen·ta

Geldautomat	*cajero automático*	*ka·che·ro au·to·ma·ti·ko*
Internetcafé	*cibercafé*	*si·ber·ka·fe*
Kreditkarte	*tarjeta de crédito*	*tar·che·ta de kre·di·to*
Markt	*mercado*	*mer·ka·do*
Post	*correos*	*ko·re·os*
Touristeninfor-mation	*oficina de turismo*	*o·fi·si·na de tu·ris·mo x*

UHRZEIT & DATUM

Wie spät ist es?	*¿Qué hora es?*	*ke o·ra es*
Es ist (10) Uhr.	*Son (las diez).*	*son (las dyes)*
Es ist halb (zwei).	*Es (la una) y media.*	*es (la u·na) i me·dya*
Morgen	*mañana*	*ma·nya·na*
Nachmittag	*tarde*	*tar·de*
Abend	*noche*	*no·tsche*

Schilder

Abierto	Geöffnet
Cerrado	Geschlossen
Entrada	Eingang
Hombres/Varones	Herren
Mujeres/Damas	Damen
Prohibido	Verboten
Salida	Ausgang
Servicios/Baños	Toiletten

gestern	*ayer*	*a·scher*
heute	*hoy*	*oy*
Morgen	*mañana*	*ma·nya·na*
Montag	*lunes*	*lu·nes*
Dienstag	*martes*	*mar·tes*
Mittwoch	*miércoles*	*myer·ko·les*
Donnerstag	*jueves*	*chue·wes*
Freitag	*viernes*	*wyer·nes*
Samstag	*sábado*	*sa·ba·do*
Sonntag	*domingo*	*do·min·go*

UNTERKUNFT

Ich hätte gern ein ... *Quisiera una* — *ki·sye·ra u·na*
Zimmer. *habitación ...* *a·bi·ta·syon ...*

Einzel	*individual*	*in·di·wi·dual*
Doppel	*doble*	*do·ble*

Was kostet es pro Nacht/Person?
¿Cuánto cuesta por noche/per sona?
kuan·to kues·ta por no·tsche/per·so·na

Ist das Frühstück enthalten?
¿Incluye el desayuno? *in·klu·sche el de·sa·schu·no*

Bad	*baño*	*ba·nyo*
Bett	*cama*	*ka·ma*
Campingplatz	*terreno de cámping*	*te·re·no de kam·ping*
Fenster	*ventana*	*wen·ta·na*
Hotel	*hotel*	*o·tel*
Jugendherberge	*albergue juvenil*	*al·ber·ge chu·we·nil*

Fragen

Wann?	*¿Cuándo?*	*kuan·do*
Warum?	*¿Por qué?*	*por ke*
Was?	*¿Qué?*	*ke*
Wer?	*¿Quién?*	*kyen*
Wie?	*¿Cómo?*	*ko·mo*
Wo?	*¿Dónde?*	*don·de*

| Klimaanlage | aire acondi-cionado | *ai·re a·kon·di·syo·na·do* |
| Pension, Herberge | hostería | *os·te·ri·a* |

VERKEHR

Boot	barco	*bar·ko*
Bus	colectivo/micro	*ko·lek·ti·wo/mi·kro*
Flugzeug	avión	*a·wyon*
Zug	tren	*tren*
erster	primero	*pri·me·ro*
letzter	último	*ul·ti·mo*
nächster	próximo	*prok·si·mo*
Eine ... Fahrkarte, bitte.	Un boleto de ..., por favor.	*un bo·le·to de ... por fa·wor*
1. Klasse	primera clase	*pri·me·ra kla·se*
2. Klasse	segunda clase	*se·gun·da kla·se*
einfach	ida	*i·da*
hin & zurück	ida y vuelta	*i·da i vuel·ta*

Ich möchte nach ... *Quisiera ir a ... ki·sye·ra ir a ...*

Hält er in ...? ¿Para en ...? *pa·ra en ...*

Welche Haltestelle ist dies?
¿Cuál es esta parada? *kual es es·ta pa·ra·da*

Wann kommt er an/fährt er ab?
¿A qué hora llega/ sale *a ke o·ra sche·ga/ sa·le*

Sagen Sie mir bitte Bescheid, wenn wir ... erreichen ¿Puede avisarme *pue·de a·wi·sar·me* cuando lleguemos *kuan·do sche·ge·mos* a ...? *a ...*

Ich möchte hier gern aussteigen.
Quiero bajarme aquí. *kye·ro ba·char·me a·ki*

Bahnhof	estación de trenes	*es·ta·syon de tre·nes*
Bahnsteig	plataforma	*pla·ta·for·ma*
Bushaltestelle	parada de colectivo	*pa·ra·da de ko·lek·ti·wo*
Fahrkartenschalter	taquilla	*ta·ki·scha*
Fahrplan	horario	*o·ra·ryo*
Flughafen	aeropuerto	*a·e·ro·puer·to*
Ich möchte ein ... mieten	Quisiera alquilar ...	*ki·sye·ra al·ki·lar ...*
Auto	un coche/ auto	*un ko·tsche/ au·to*
Fahrrad	bicicleta	*u na bi·si·kle·ta*
Geländewagen	un todo-terreno	*un to·do-te·re·no*
Motorrad	una moto	*u·na mo·to*

Zahlen

1	uno	*u·no*
2	dos	*dos*
3	tres	*tres*
4	cuatro	*kua·tro*
5	cinco	*sin·ko*
6	seis	*seys*
7	siete	*sye·te*
8	ocho	*o·tscho*
9	nueve	*nue·we*
10	diez	*dyes*
20	veinte	*veyn·te*
30	treinta	*treyn·ta*
40	cuarenta	*kua·ren·ta*
50	cincuenta	*sin·kuen·ta*
60	sesenta	*se·sen·ta*
70	setenta	*se·ten·ta*
80	ochenta	*o·tschen·ta*
90	noventa	*no·wen·ta*
100	cien	*syen*
1000	mil	*mil*

Benzin	nafta	*naf·ta*
Helm	casco	*kas·ko*
Kfz-Mechaniker	mecánico	*me·ka·ni·ko*
Werkstatt	estación de servicio	*es·ta·syon de ser·wi·syo*
trampen	hacer dedo	*a·ser de·do*

Ist dies die Straße nach ...?
¿Se va a ... por esta carretera? *se wa a ... por es·ta ka·re·te·ra*

Kann ich hier parken? ¿Puedo estacionar acá?
pue·do e·sta·syo·nar a·ka

Der Wagen hat eine Panne.
El coche se ha averiado.
el ko·tsche se a a·we·rya·do

Ich habe kein Benzin mehr.
Me he quedado sin nafta. *me e ke·da·do sin naf·ta*

Der Reifen hat keine Luft mehr.
Tengo una goma pinchada
ten·go u·na go·ma pin·tscha·da

WEGWEISER

Wo ist ...? ¿Dónde está ...? *don·de es·ta ...*

Wie lautet die Anschrift? ¿Cuál es la dirección?
kual es la di·rek·syon

Könnten Sie das bitte aufschreiben?
¿Puede escribirlo, *pue·de es·kri·bir·lo,*
por favor? *por fa·wor*

Können Sie es mir zeigen (auf der Karte)?
¿Me lo puede indicar *me lo pue·de in·di·kar*
(en el mapa)? *(en el ma·pa)*

an der Ecke	*en la esquina*	*en la es·ki·na*
an der Ampel	*en el*	*en el*
	semáforo	*se·ma·fo·ro*
hinter …	*detrás de …*	*de·tras de …*

vor …	*enfrente de …*	*en·fren·te de …*
links	*izquierda*	*is·kyer·da*
in der Nähe von	*cerca*	*ser·ka*
neben …	*al lado de …*	*al la·do de …*
gegenüber …	*frente a …*	*fren·te a …*
rechts	*derecha*	*de·re·tscha*
geradeaus	*todo recto*	*to·do rek·to*

GLOSSAR

acequia – Bewässerungs-graben

aerosilla – Sessellift

alcalde – Bürgermeister

alerce – großer Nadelbaum, dem kalifornischen Redwood im Erscheinungsbild ähnlich; nach ihm wurde der argentinische Parque Nacional Los Alerces benannt

arroyo – Bach, kleiner Fluss

arte rupestre – Höhlenma-lerei

autopista – Autobahn

baliza – Rückstrahler

balneario – jede zum Baden geeignete Zone, inklusive Strandresorts und Strände an Flüssen oder Seen

bandoneón – Instrument im Stil einer Ziehharmonika, das beim Tango verwendet wird

barrio – Stadtviertel

cabildo – Rathaus aus der Kolonialzeit; auch das Gebäude, in dem der Stadt-rat zusammentrat

cajero automático – Geld-automat

caldén – typische Baumart, die in der trockenen Pampa gedeiht

camarote – Schlafwagen erster Klasse

cambio – Wechselstube; auch: *casa de cambio*

campo – Land; auch: Feld oder Koppel

cartelera – Agentur für Billigtickets

casa de cambio – Wechsel-stube, oft als *cambio* abgekürzt

casa de familia – Familien-unterkunft

casa de gobierno – wörtlich „Regierungsgebäude", heute oft als Museum, Bürokomplex etc. genutzt

castellano – Begriff, der in Südamerika für die spanische Sprache verwendet wird, wie sie in ganz Lateinamerika gespro-chen wird; wörtlich bezieht sich der Begriff auf das kastilische Spanisch

catarata – Wasserfall

centro cívico – Bürgerzen-trum

cerro – Hügel, kleinerer Berg

certificado – Einschreibesen-dung (Post)

chacarera – traditioneller Volkstanz

chacra – kleiner, unabhängiger Hof

chamamé – Volksmusik aus Corrientes

coche cama – Bus mit Liegesitzen

coima – Bestechungsgeld; derjenige, der besticht, wird als *coimero* bezeichnet

colectivo – Bus innerhalb einer Ortschaft

combi – Reisebus

común – Standardkategorie (Bus, Zug etc.)

conjunto – Musikgruppe

contrabajo – Kontrabass

correo – Postamt

corriente – Strömung

criollo – in der Kolonialzeit Bezeichnung für einen in Südamerika geborenen Spanier, heute für einen Lateinamerika-ner europäischer Herkunft; der Begriff wird auch für die halb-wilden Rinder und Pferde der Pampa verwendet

cruce – Straßenkreuzung

dique – Damm, Deich; so ent-standene Stauseen werden gern als Erholungsgebiet genutzt; auch: Trockendock

edificio – Gebäude

ejecutivo – gehobene Klasse (Zug, Bus, Hotel etc.)

esquina – Straßenecke

estación de servicio – Tankstelle

estancia – weitläufige Ranch mit Rindern und Schafen, die vom Eigentümer oder einem Verwalter (*estanciero*) und Arbeitern bewirtschaftet wird; heute oft luxuriöse Hotelanlagen, wo man reiten, Tennis spielen

und schwimmen kann – übers Wochenende oder auch längere Zeiträume

este – Osten

fútbol – Fußball

horario – Stundenplan, Fahrplan

locutorio – privater Telefonla-den für Ferngespräche; oft mit Fax- und Internet-Service

manzana – wörtl. Apfel; auch: Wohnblock

mercado artesanal – Markt für Kunsthandwerk

meseta – ostpatagonische Steppe

mestizo – Person halb indiani-scher, halb spanischer Herkunft

milonga – Tangotanzveranstal-tung oder Tanz

mirador – Aussichtspunkt, meist auf einem Berg, aber auch auf Gebäuden

municipalidad – Rathaus

nafta – Benzin

neumático – Ersatzreifen

norte – Norden

oeste – Westen

parada – Bushaltestelle

paraje – Pumpe, Zapfsäule

paseo – Ausflug, aber auch Stadtbummel oder Spaziergang

peatonal – Fußgängerzone, meist in der Innenstadt größerer Städte in Argentinien

pehuén – Araukarie; Baumart im Süden von Patagonien

peña – Lokal, in dem oft spon-tan Volksmusik gespielt wird

picada – in ländlichen Gebieten Weg durch dichte Wälder oder Berge; auch: Knabberzeug, Imbiss

piropo – Kompliment

piso – Stockwerk

porteño/a – Einwohner/in von Buenos Aires, nämlich Anwohner des *puerto*, Hafen

precordillera – Ausläufer der Anden

primera – erste Klasse im Zug

propina – Trinkgeld, zum Beispiel im Restaurant oder Taxi

pulpería – Laden oder Kneipe auf dem Land

quebracho – Quebrachobaum; im Chaco häufige Baumart; Lieferant von Tannin, das in der Lederindustrie benötigt wird

rambla – Promenade

rancho – Landhaus oder Farm aus Stein mit Reetdach

recargo – Preisaufschlag von meist zehn Prozent, der bei Bezahlung mit Kreditkarte in Geschäften hinzukommt

reducción – indianische Siedlung, die von spanischen Missionaren während der Kolonialzeit gegründet wurde; am berühmtesten sind die Jesuiten-Missionen im Dreiländereck Argentinien, Paraguay und Brasilien

refugio – Hütte in einem Nationalpark oder in einer abgelegenen Gegend

remise – Funktaxi ohne Taxameter mit Festpreisen für bestimmte Strecken; auch: *remís*

riacho – Bach

ripio – Kies

rotonda – Kreisverkehr

RN – Ruta Nacional; Nationalstraße

RP – Ruta Provincial; Provinzstraße

ruta – Straße

s/n – sin número, Adresse mit einer Straße ohne Hausnummer

semáforo – Ampel

semi-cama – Bus mit Liegesitzen

sendero – Trekkingpfad im Wald

servicentro – Tankstelle

siesta – längere Mittagspause, um zu essen und ein Nickerchen zu halten

Subte – U-Bahn von Buenos Aires

sur – Süden

tarjeta magnética – Busfahrkarte mit Magnetstreifen

tarjeta telefónica – Telefonkarte

tarjeta verde – grüne Karte; Fahrzeugdokument, das der Autofahrer bei sich führen muss

teleférico – Seilbahn

tola – Gebüsch, das im Altiplano im Nordwesten von Argentinien auf großer Höhe wächst

trapiche – Zuckermühle

turista – zweite Klasse im Zug, meist nicht besonders bequem

zapateo – folkloristischer Stepptanz

zona franca – Freihandelszone

zonda – heißer, trockener Wind aus den Anden

GLOSSAR: SPEISEN & GETRÄNKE

agua de la canilla – Leitungswasser

agua mineral – Mineralwasser, *con/sin gas* (mit/ohne Kohlensäure)

ajo – Knoblauch

alfajor – zwei flache Kekshälften, gefüllt mit *dulce de leche* und von außen mit Schokolade oder Baiser überzogen

almuerzo – Mittagessen

amargo – bitter

asado – Argentinisches Grillfleisch oder die Grillveranstaltung selbst (Letztere oft als sonntägliches Familientreffen)

bien cocido – gut durchgebraten (Steak)

bife (de chorizo/costilla/lomo) – (Sirloin-/T-Bone-/Filet-) Steak

bombilla – Strohhalm aus Metall mit Filter zum Trinken von Mate

bondiola – Schulterbraten vom Schwein

budín de pan – Brotpudding

café – Kaffee

casero – hausgemacht

carne – Fleisch (in der Regel Rindfleisch)

cerdo – Schweinefleisch

cena – Abendessen

cerveza – Bier

chimichurri – eine Marinade fürs Fleisch, normalerweise mit Petersilie, Knoblauch, Gewürzen und Olivenöl

chinchulines – Eingeweide

choclo – Mais

chopp – Fassbier

choripán – eine gut gewürzte Wurst, normalerweise in einem Brot oder Brötchen gereicht

chorizo – Wurst (nicht zu verwechseln mit *bife de chorizo*)

comedor – einfache Cafeteria

confitería – Laden, der Imbissgerichte anbietet

cortado – Espresso mit aufgeschäumter Milch

costillas – Rippchen

crudo – roh

cubierto – im Restaurant der Preis für Brot und Gedeck

desayuno – Frühstück

dulce – süß

dulce de leche – Argentiniens typische Süßigkeit: eine Art dickflüssiger, milchiger Karamell

empanada – mit Fleisch oder Gemüse gefüllte Teigtasche; in Argentinien ein beliebter Snack

entrada – Vorspeise

entraña – Saumfleisch, Kronfleisch

facturas – Gebäck; auch: Rezepte

frito/a – gebraten

fruta – Obst

frutos secos – Nüsse (Nüsse heißen auch *nueces*)

helado – Eiscreme

heladería – Eisdiele

hielo – Eis

hígado – Leber

hongo – Pilze (auch: *champiñón*)

huevos – Eier

jamón – Schinken

jarra – Kanne, Krug

jengibre – Ingwer

jugo (exprimido) – Saft (frisch gepresst)

jugoso – mittel (beim Steak); allgemein für „saftig"

lengua – Zunge

lenguado – Flunder

licuado – Obst-Shake

locro – traditioneller Eintopf mit Mais und Fleisch aus dem Norden Argentiniens

lomito – ein Steak-Sandwich

lomo – Filet

manteca – Butter

mariscos – Meeresfrüchte

matambre – eine dünne Scheibe Rindfleisch, manchmal gerollt und gefüllt *(matambre relleno)*

mate – ein Flaschenkürbis zum Servieren von *yerba mate* oder dem Tee selbst

medialuna (de manteca/de grasa) – Croissant (süß/herzhaft)

merienda – Nachmittagstee

merluza – Seehecht

mermelada – Marmelade oder Gelée

miel – Honig

milanesa – paniertes Kotelett (in der Regel vom Rind)

minuta – im Restaurant oder einer *confitería* ein kleines Gericht wie Spaghetti oder *milanesa*

mollejas – Kalbsbries

morcilla – Blutwurst

ñoquis – Gnocchi

ojo de bife – Rib-Eye-Steak, Hohe Rippe

pancho – Hot Dog

papas frita – Pommes frites

parrillada – Grillplatte mit Steaks und anderen Rindfleischsorten

parrilla – ein auf Steaks spezialisiertes Restaurant

pescado – Fisch

picada – Platte mit Käse und Räucherfleisch

pollo – Hähnchen

postre – Dessert

propina – Trinkgeld

puchero – Suppe mit Fleisch und Gemüse, oft mit Reis serviert

recargo – Aufpreis (z. B. für Kreditkarten, gewöhnlich etwa 10 %)

rotisería – Lokal mit Speisen zum Mitnehmen

sandwiches de miga – dünne Sandwiches aus krustenlosem Weißbrot

sorrentino – gefüllte Pasta, ähnlich wie Ravioli, aber groß und rund

submarino – heiße Milch mit einem Riegel dunkler Schokolade

tallarines – Nudeln

tenedor libre – wörtlich „freie Gabel"; ein All-you-can-eat-Restaurant

tira de asada – Rinderrippchen vom Grill

vacio – Flankensteak

verduras – Gemüse

vegetariano/a – (m/f) Vegetarier

vinoteca –Weinlokal

vino (blanco/tinto) – (roter/weißer) Wein

yerba mate – „Tee aus Paraguay" *(Ilex paraguariensis)*, der in Argentinien und Uruguay in großen Mengen konsumiert wird

Hinter den Kulissen

WIR FREUEN UNS ÜBER EIN FEEDBACK

Post von Reisenden zu bekommen ist für uns ungemein hilfreich – Kritik und Anregungen halten uns auf dem Laufenden und helfen, unsere Bücher zu verbessern. Unser reiseerfahrenes Team liest alle Zuschriften genau durch, um zu erfahren, was an unseren Reiseführern gut und was schlecht ist. Wir können solche Post zwar nicht individuell beantworten, aber jedes Feedback wird garantiert schnurstracks an die jeweiligen Autoren weitergeleitet, rechtzeitig vor der nächsten Nachauflage.

Wer Ideen, Erfahrungen und Korrekturhinweise zum Reiseführer mitteilen möchte, hat die Möglichkeit dazu auf www.lonelyplanet.com/contact/guidebook_feedback/new. Unter www.lonelyplanet.de/kontakt erreichen uns Anmerkungen speziell zur deutschen Ausgabe.

Hinweis: Da wir Beiträge möglicherweise in Lonely-Planet-Produkten (Reiseführern, Websites, digitale Medien) veröffentlichen, ggf. auch in gekürzter Form, bitten wir um Mitteilung, falls ein Kommentar nicht veröffentlicht oder ein Name nicht genannt werden soll. Wer Näheres über unsere Datenschutzpolitik wissen will, erfährt das unter www.lonelyplanet.com/privacy

DANK VON LONELY PLANET

Wir danken den Reisenden, die mit der letzten Ausgabe unterwegs waren und uns nützliche Hinweise, gute Ratschläge und interessante Begebenheiten übermittelt haben: Badong Abesamis, Nicole Binkert, Segimon Castañer, Andrew Chang, Sebastian Dawid, Ian Dicks, Annemieke Drenth, Jessica Edmonds, Jonathan Freeman, Marta Garicano, Juliette Giannesini, Tim Laslavic, Guadalupe Lazzaroni, Felipe Leder, Carolina Lozano, Oleg Margulis, Caroline Monja, Malena Motta, Dennis Oman, Toine van Riel, Christoph Ris, Annett Schlenker, Linda Thomson, Daniëlle Wolbers, Jeroen Zomerdijk

DANK DER AUTOREN

Sandra Bao

Dies war das erste Mal, dass ich nach Buenos Aires zurückgekehrt bin, ohne meine Patentante Elsa Mallarini dort anzutreffen, die kurz zuvor verstorben war. Ihre Umarmungen und ihr Lächeln werden mir fehlen.

Meine Mitautoren haben meine Wünsche so geduldig wie immer ertragen. Dank sagen möchte ich aber auch Graciela und Silvia Guzmán, Lucas Markowiecki, Lisa Power, Sylvia Zapiola, Madi Lang, Jed Rothenburg und Ivan Carrasco. *Cariños* an meine Eltern Fung und David Bao und an meinen Bruder Daniel. Und wie immer danke ich ganz besonders meinem Ehemann, Ben Greensfelder.

Gregor Clark

Muchísimas gracias an die vielen Uruguayer und die dort ansässigen Expats, die mich an ihrem Wissen und ihrer Liebe zum Land teilhaben ließen. Besonders danke ich Gloria, Tino, Miguel, Monica, Karen, Pasca, Alain, Youri, Cecilia, Juan Manuel, Susana, Bilingue, Lucia und Rodney. Daheim möchte ich Gaen, Meigan und Chloe Dank sagen; sie sorgen dafür, dass die Heimkehr immer der schönste Teil der Reise wird.

Bridget Gleeson

Ich bin meinen Freunden in Buenos Aires dankbar dafür, dass sie mir in La Pampa und in der Provinz Buenos Aires allerlei persönliche Kontakte verschafft haben. Sebastián, mein ganz persönlicher Führer in Santa Rosa, und meine Schwester Elisabeth haben die Fahrt in überfüllten Zügen nach La Plata mit mir zusammen ertragen; Rodolfo danke ich für die vielen Orte, die er mir gezeigt hat – San Antonio de Areco, die Strände, Tandil und vor allem Luján.

Carolyn McCarthy

Ich bin den vielen Einheimischen sehr verbunden, deren Kenntnisse in dieses Buch eingeflossen sind. Besonders herzlich danke ich Ben und Wendy für ihre nette Begleitung und das Autofahren. Dank sagen möchte ich aber auch Cecilia, RAMIRO und Marcelo, den großzügigen Gastgebern Pato und Ivor, dem Team von Cabo Raso, Gaston, Tinio und Silvina, die mir meinen Hut und sonstiges wiederbeschafft hat, außerdem Jaime für seine großartige Führung, Anita für ihre Hilfe und Sandra für gute Entscheidungen. Übrigens: Bei der Herstellung dieses Buches sind keine Pinguine zu Schaden gekommen.

Andy Symington

Vielen Menschen bin ich dankbar für ihre Hinweise und die vielen Gespräche unterwegs. Besondere Danksagungen gehen an Ernesto Aguirre, Fernanda Rubio, Lisandro Trini, Carolina Morgado, den verstorbenen Douglas Tompkins, Ignacio Jiménez Pérez, China Sánchez, Laura Hoogen, Ezequiel Bermejo, Juan Antonio Lauro, Verónica Iwasita, F.Ocampo, Ceferino den Truckfahrer und andere. In León danke ich Eduardo Cuadrado Diago, José Eliseo Vázquez González, Conchi Martínez Velasco, Mark Hayward und Manuel Sánchez Villalba. Natürlich danke ich meiner Familie für ihre Unterstützung, außerdem MaSovaida Morgan, Sandra Bao, meinen Mitautoren und dem Rest des Lonely-Planet-Teams.

Lucas Vidgen

Wieder einmal danke ich zunächst einmal allen Argentiniern dafür, dass sie ein Land geschaffen haben, in dem man so wunderbar reisen und arbeiten kann. Dankbar bin ich aber auch Guillermo Santos, der einen großen Umweg gefahren ist, nur um mich sicher ans Ziel zu bringen, und „Peluca" Dominguez für ihre kenntnisreichen Ausführungen über die Geschichte von San Marcos. América danke ich für ein großartiges Jahr am Ende eines großartigen Jahrzehnts, und ich bedanke mich bei Sofía und Teresa, einfach weil es sie gibt – und weil sie da sind, wenn ich heimkehre.

QUELLENNACHWEIS

Die Daten in den Klimatabellen stammen von Peel MC, Finlayson BL & McMahon TA (2007), Aktualisierte Weltkarte der Köppen-Geiger-Klimaklassifikation, *Hydrology and Earth System Sciences*, 11, 163344. Abbildung auf dem Umschlag: Cerro Torre, Galyna Andrushko/Shuttershock ©

ÜBER DIESES BUCH

Dies ist die 6. deutsche Auflage von *Argentinien*, basierend auf der mittlerweile 10. englischen Auflage. Verfasst wurde das Buch von Sandra Bao, Gregor Clark, Bridget Gleeson, Carolyn McCarthy, Andy Symington und Lucas Vidgen. Sandra, Gregor, Carolyn, Andy und Lucas waren bereits für die vorhergehende Auflage

verantwortlich. Betreut wurde der Band von folgenden Mitarbeitern:

Verantwortliche Redakteurin MaSovaida Morgan

Projektredaktion Kate Chapman, Saralinda Turner

Leitung der Kartografie Mark Griffiths

Layout Virginia Moreno

Redaktionsleitung Andi Jones, Karyn Noble

Redaktion Nigel Chin

Redaktionsassistenz Bruce Evans, Carly Hall, Victoria Harrison, Gabrielle Innes, Bella Li, Anne Mulvaney, Susan Paterson, Monique Perrin, Fionnuala Twomey

Kartografie Michael Garrett, Anthony Phelan

Bildredaktion für den Umschlag Naomi Parker

Dank an Carolyn Boicos, Anita Banh, Victoria Smith, Luna Soo, Maureen Wheeler

Register

Karten **000**
Abbildungen **000**

Kartenlegende

Sehenswertes

- Strand
- Vogelschutzgebiet
- Buddhistisch
- Burg/Schloss/Palast
- Christlich
- Konfuzianisch
- Hinduistisch
- Islamisch
- Jainistisch
- Jüdisch
- Denkmal
- Museum/Galerie/Hist. Gebäude
- Ruine
- Shintoistisch
- Sikh-Religion
- Taoistisch
- Weingut/Weinberg
- Zoo/Naturschutzgebiet
- andere Sehenswürdigkeit

Aktivitäten, Kurse & Touren

- Bodysurfen
- Tauchen
- Kanu/Kajak
- Kurse/Touren
- Sento-Bad/Onsen
- Skifahren
- Schnorcheln
- Surfen
- Schwimmbad/Pool
- Wandern
- Windsurfen
- andere Aktivität

Schlafen

- Schlafen
- Camping

Essen

- Essen

Ausgehen & Nachtleben

- Ausgehen & Nachtleben
- Café

Unterhaltung

- Unterhaltung

Shoppen

- Shoppen

Praktisches

- Bank
- Botschaft/Konsulat
- Krankenhaus/Arzt
- Internet
- Polizei
- Post
- Telefon
- Toilette
- Touristeninformation
- andere Information

Landschaft

- Strand
- Hütte
- Leuchtturm
- Aussichtspunkt
- Berg/Vulkan
- Oase
- Park
- Pass
- Picknickplatz
- Wasserfall

Bevölkerung

- Hauptstadt (National)
- Hauptstadtl (Staat/Provinz)
- Stadt/Großstadt
- Ort/Dorf

Verkehrsmittel

- Flughafen
- Grenzübergang
- Bus
- Cable Car/Seilbahn
- Radfahren
- Fähre
- Metrohaltestelle/-station
- Monorail
- Parkplatz
- Tankstelle
- S-Bahn-Haltestelle
- Taxi
- Bahnhof/Zugstrecke
- Tram/Straßenbahn
- U-Bahn-Station
- anderes Verkehrsmittel

Hinweis: Nicht alle hier aufgeführten Symbole sind auf den Karten dieses Buches zu finden

Verkehrswege

- Mautstraße
- Autobahn
- Hauptstraße
- Landstraße
- Nebenstraße
- Weg
- Piste/unbefestigter Weg
- Straße in Bau
- Platz/Fußgängerzone/Mall
- Treppe
- Tunnel
- Fußgängerbrücke
- Wanderung/Wanderweg
- Wanderung mit Abstecher
- Wanderpfad

Grenzen

- Internationale Grenze
- Bundesstaat/Provinz
- umstrittene Grenze
- Regional/Vorort
- Gewässergrenze
- Klippen
- Mauer

Gewässer

- Fluß, Bach
- periodischer Fluss
- Kanal
- Wasserfläche
- Trocken-/Salz-/period. See
- Riff

Fläche

- Flughafen/Flugpiste
- Strand/Wüste
- Friedhof (christlich)
- Friedhof (andere Religion)
- Gletscher
- Watt
- Park/Wald
- Sehenswertes (Gebäude)
- Sportanlage/-platz
- Sumpf/Mangroven

UNSERE AUTOREN

Sandra Bao

Hauptautorin, Buenos Aires Sandras Mutter und ihre Familie flohen in den Jahren nach dem Zweiten Weltkrieg vor den chinesischen Kommunisten; auf dieser Flucht bestiegen sie schließlich ein Frachtschiff, das sie 1952 nach Argentinien brachte. Dort genossen sie das sorgenfreie Leben der *porteños* (mit samstäglichen *asados*), bis die Familie es 1974 erneut mit schwierigen politischen Verhältnissen zu tun bekam. Zum zweiten Mal machten sich die Baos auf die Suche nach dem Gelobten Land – und ließen sich in den USA nieder.

Sandra ist trotz allem stolz darauf, eine *porteña* zu sein; als Erwachsene ist sie regelmäßig in ihre alte Heimat zurückgekehrt. Dabei hat sie die Höhenflüge und Talfahrten des Peso hautnah miterlebt. Bei dieser Recherchereise hat sie wieder einmal neue Steakhäuser, Weinlokale und Sehenswürdigkeiten entdecken können. In den letzten 15 Jahren hat sie übrigens an Dutzenden von Lonely Planets mitgearbeitet. Bei diesem Buch war Sandra auch für die Kapitel „Reiseplanung", „Argentinien verstehen" und die „Praktischen Informationen" verantwortlich.

Gregor Clark

Uruguay Während der vergangenen 25 Jahre ist Gregor immer wieder kreuz und quer durch Südamerika gereist, wobei ihm Uruguay ganz besonders ans Herz gewachsen ist, ein Land, das er während der Recherchen für die letzten vier Auflagen dieses Buches intensiv bereist hat. Dieses Mal ist er den Viehherden der Estancia Panagea als Reiter gefolgt, er hat *buñuelos de algas* in Cabo Polonio gekostet und im Valle del Lunarejo die Rosalöffler beobachtet. Gregor hat bereits an zwei Dutzend Lonely Planets mitgewirkt. Er lebt in Vermont in den USA.

Mehr über Gregor:
http://auth.lonelyplanet.com/profiles/gregorclark

Bridget Gleeson

Die Pampas & die Atlantikküste Bridget lebt in Buenos Aires und arbeitet dort als Reisejournalistin und gelegentlich auch als Fotografin. Eigentlich kannte sie schon jede Ecke des Landes, La Pampa war ihr bis jetzt aber noch völlig unbekannt. Die Recherchereise hat ihr deshalb besonders interessante Einblicke in den Charakter und die Kultur Argentiniens eröffnet.

Carolyn McCarthy

Patagonien, Feuerland Carolyn begeisterte sich für Argentinien, als sie in Buenos Aires Englisch unterrichtete; damals bewegte sich der Peso gerade auf gleicher Höhe mit dem US-Dollar. In Patagonien ist sie seither häufig unterwegs. Für diese Ausgabe ist sie 7500 km weit durchs Land gereist, sie ist in Nationalparks gewandert, hat *estancias* besucht und Weinkarten studiert. Carolyn war schon an mehr als 20 Lonely Planets beteiligt, sie schreibt aber auch für National Geographic und andere Zeitschriften.

Mehr über Carolyn:
http://auth.lonelyplanet.com/profiles/carolynmccarthy

Andy Symington

Die Iguazú-Fälle & der Nordosten, Salta & der andine Nordwesten Andys Beziehung zu Argentinien umfasst mittlerweile vier Generationen: Seine Großmutter lebte hier in den 1920er-Jahren, und sein Urgroßvater besaß im Nordosten eine Mate-Plantage. Andy selbst besuchte das Land erstmals zusammen mit seinem eigenen Vater – und seither ist er diesem Land verfallen, er hat es immer wieder durchquert, hat in Buenos Aires gelebt und gearbeitet, schätzt aber auch das ländliche Argentinien. Andy stammt aus Australien, er lebt zurzeit in Nordspanien und hat für Lonely Planet schon an vielen Projekten mitgewirkt.

Lucas Vidgen

Córdoba & die Pampinen Sierren, Mendoza & die Zentralen Anden, Bariloche & das Seengebiet Lucas war 2001 zum ersten Mal in Argentinien; seither liebt er dort beides – die Weite der Landschaft und die kosmopolitischen Großstädte. Auch die großen, köstlichen Steaks und der Wein haben es ihm angetan. Lucas hat an mehreren Lonely-Planet-Bänden über Lateinamerika mitgearbeitet. Momentan lebt er teils in seiner Heimatstadt, im australischen Melbourne, teils in seiner Wahlheimat Quetzaltenango in Guatemala.

DIE LONELY PLANET STORY

Ein uraltes Auto, ein paar Dollar in den Hosentaschen und Abenteuerlust, mehr brauchten Tony und Maureen Wheeler nicht, als sie 1972 zu der Reise ihres Lebens aufbrachen. Diese führte sie quer durch Europa und Asien bis nach Australien. Nach mehreren Monaten kehrten sie zurück – pleite, aber glücklich –, setzten sich an ihren Küchentisch und verfassten ihren ersten Reiseführer *Across Asia on the Cheap*. Binnen einer Woche verkauften sie 1500 Bücher und Lonely Planet war geboren. Heute unterhält der Verlag Büros in Melbourne (Australien), London und Oakland (USA) mit über 600 Mitarbeitern und Autoren. Sie alle teilen Tonys Überzeugung, dass ein guter Reiseführer drei Dinge tun sollte: informieren, bilden und unterhalten.

Lonely Planet Global Limited

Unit E, Digital Court,
The Digital Hub,
Rainsford Street,
Dublin 8,
Ireland

Verlag der deutschen Ausgabe:

MAIRDUMONT, Marco-Polo-Str. 1, 73760 Ostfildern,
www.lonelyplanet.de, www.mairdumont.com,
lonelyplanet-online@mairdumont.com

Chefredakteurin deutsche Ausgabe: Birgit Borowski

Übersetzung: Dr. Birgit Beile-Meister, Beatrix Gehlhoff, Christiane Gsänger, Waltraud Horbas, Raphaela Moczynski, Dr. Annegret Pago, Dr. Thomas Pago, Christiane Radünz, Jutta Ressel M.A., Beatrix Thunich, Renate Weinberger

An früheren Auflagen haben außerdem mitgewirkt:

Christel Klink, Robert Kutschera, Cristoforo Schweeger, Dr. Heinz Vestner; Brigitte Beier, Marion Gieseke, Dr. Horst Leisering, Guido Meister; Dr. Ulrike Jamin-Mehl, Jürgen Scheunemann; Linde Wiesner

Redaktion und technischer Support: CLP Carlo Lauer & Partner, Riemerling

Argentinien

6. deutsche Auflage Dezember 2016, übersetzt von *Argentina 10th edition*, August 2016, Lonely Planet Global Limited

Deutsche Ausgabe © Lonely Planet Global Limited, Dezember 2016
Fotos © wie angegeben 2016
Printed in Poland

MIX
Papier aus verantwortungsvollen Quellen
FSC® C018236
www.fsc.org